Lehrbuch des Privatrechts

herausgegeben von Reinhard Bork

Medienrecht

von

Axel Beater

Mohr Siebeck

Axel Beater, geboren 1961: Promotion 1988; Habilitation in Göttingen 1994; seit 1996 Ordinarius in Greifswald mit den Forschungsschwerpunkten Deliktrecht, Wettbewerbsrecht, Medienrecht und Immaterialgüterrecht.

ISBN 978-3-16-149315-7

Die Deutsche Nationalbibliothek verzeichnet diese Publikation in der Deutschen Nationalbibliographie; detaillierte bibliographische Daten sind im Internet über *http://dnb.d-nb.de* abrufbar.

Das Buch wurde von Gulde-Druck in Tübingen gesetzt, auf alterungsbeständiges Werkdruckpapier gedruckt und von der Buchbinderei Spinner in Ottersweier gebunden.

Vorwort

Das Medienrecht wird tendenziell nicht als einheitliche Materie, sondern in speziellen Ausprägungen betrieben. Auf der Ebene der Universitäten stehen dem Zivilrechtler das Presse- und das Äußerungsdeliktsrecht nahe, das Rundfunkrecht ist eine verfassungsrechtliche Domäne und das Recht der Telemedien/Neuen Medien wird durch nochmals andere Zusammenhänge bestimmt. Ebenso sind medienrechtlich tätige Praktiker vielfach zur Spezialisierung gezwungen. Auch in diesem Buch scheinen letztlich fachliche Präferenzen durch, nämlich solche für das Delikts-, Urheber-, Wirtschafts- und Presserecht. Die Regel „Schuster bleib bei deinen Leisten" bewahrt den Einzelnen vor Fehlern, ist für das Medienrecht aber gleichwohl nicht unbedingt vorteilhaft. Sie begünstigt ein Spezialistentum, das sich auf das eigene Gebiet beschränkt und auf die anderen Bereiche wenig achtet. Der Blick auf die große Schnittmenge, die zwischen den einzelnen Teilmaterien des Medienrechts besteht, kommt dabei schnell zu kurz. Dies kann dazu führen, dass wichtige medienrechtliche Fragestellungen verschüttet werden. Wer sich einmal die Mühe macht und auflistet, welche mitunter völlig unterschiedlichen Fächer an diversen Fakultäten unter der Überschrift „Medienrecht" angeboten, gelehrt und geprüft werden, kommt aus dem Staunen nicht heraus.

Gerade die Konzentration auf die gemeinsamen Ausgangsprobleme ist jedoch weiterführend und für jeden wichtig, der nach übergreifenden Zusammenhängen fragt. Dieses Lehrbuch begreift das Medienrecht als einheitliches Gebiet. Es richtet dazu den Blick auf die Presse, den Rundfunk und die Telemedien/Neuen Medien. Die materielle Berechtigung dafür ergibt sich daraus, dass den Massenmedien in der demokratischen Industriegesellschaft spezielle Funktionen und Aufgaben zukommen, nämlich die Demokratiefunktion, die Wirtschaftsfunktion und die Integrationsfunktion. Diese Funktionen sind für Presse, Rundfunk und Telemedien/Neue Medien im Grundsatz identisch, auch wenn die jeweiligen Medien im Einzelnen einen unterschiedlichen Zuschnitt haben. Massenmedien sind deshalb nicht Organisationen oder Unternehmen wie alle anderen auch, sondern unterliegen Sondermaßstäben. Das macht das Medienrecht zur einheitlichen und eigenständigen Materie, die mehr ist als eine Ansammlung diverser Einzelaspekte.

Dieser Ansatz bedingt eine Gewichtung des Buchs, die manches Detailproblem und diverse Sonderfragen einzelner Medien zurückstellt. Er hat weiterhin eine veränderte Darstellungsweise zur Folge, die nach einer Ausrichtung an genuin medienrechtlichen Anforderungen strebt. Dazu gehört auch eine Behandlung der Materie anhand zahlreicher Urteile und Einzelfälle, weil das Medienrecht in besonderer Weise Richter- und Fallrecht ist. Zugleich wird es hingenommen, dass sich der Aufbau des Buchs nicht mit den bisherigen Darstellungs- und Lesegewohnheiten deckt. Wenn ein wissenschaftlich ausgerichtetes Lehrbuch das Medienrecht als eigenständiges Gebiet ansieht, dann muss es auch die sich daraus ergebenden Folgen für die Darstellung ziehen. Aus diesem Grund wird der Stoff überwiegend weder nach den klassischen Rechtssäulen, noch nach unterschiedlichen Medien oder nach mehr oder weniger etablierten Fallgruppen untergliedert. Vielmehr behandelt die Darstellung nach dem Grundlagenteil und den Rechtsgrundlagen zunächst die unternehmerischen Grundvoraussetzungen von Medien (Freiheit und Vielfalt, Gründung, Innenrecht, Finanzierung, publizistischer und ökonomischer Wettbewerb) und geht dann auf die Information der Öffentlichkeit und den öffentlichen Meinungsprozess ein. Im Anschluss daran werden die Beschaffung und Überprüfung von Informationen durch die Medien, danach das eigentliche „Kerngeschäft" der Medien (zutreffende, unrichtige und inhaltlich unzulässige Informationen, Wort- und Bildberichterstattung) und schließlich das „Aufsichtsrecht" (Macht und Kontrolle der Medien, Gegendarstellung, zivilrechtliche Ansprüche) behandelt.

Das Buch ist unter extrem schwierigen Arbeitsbedingungen entstanden. Der Greifswalder Studienbetrieb erlaubt keine medienrechtlichen Lehrverstaltungen, in den „Fachbibliotheken" Vorpommerns stehen nicht einmal Standardperiodika wie das AfP und das hiesige planwirtschaftliche Wissenschaftsdenken hat mir mit großer Zuverlässigkeit weitere Hindernisse in den Weg gestellt. Zu meinem Erstaunen haben diese Hürden aber zumindest eine erste Auflage dieses Buchs nicht verhindert und sind mir in gewisser Weise sogar ein Ansporn gewesen. Auch hatte ich das Glück, aus fachlichen Gesprächen und Diskussionsrunden schöpfen zu dürfen. An erster Stelle möchte ich meinen Freunden und Kollegen Prof. Dr. Peter Gotthardt und Prof. Dr. Stefan Habermeier danken, die sich immer wieder zum intensiven Austausch bereitfanden und denen ich wertvolle Anregungen verdanke. Ebenso bedanke ich mich herzlich bei meinem Kollegen Prof. Dr. Joachim Lege, der Grundideen des Buchs mit mir diskutiert hat. Weitere engagierte Unterstützung habe ich durch meine früheren bzw. derzeitigen Mitarbeiter Herrn Friedrich Beyer, Frau Vera Hiller, Frau Dr. Alexandra Lehmann, Frau Alexandra Madel und Herrn René Schmeling bekommen. Sie haben über zweieinhalb Jahre sämtliche Kapitel gegengelesen und dann in gemeinsamer Runde mit mir erörtert. Manche Anregung aus diesem Kreis ist in das Buch eingeflossen. Frau Madel hat außerdem wertvolle Vorarbeiten zur Rundfunkgeschichte beigetragen. Das Manuskript wurde im November 2006 abgeschlossen. Auf einzelne spätere Quellen konnte noch hingewiesen werden. Im Vorgriff auf den Neunten Rundfunkänderungsstaatsvertrag und das Telemediengesetz, das während der Drucklegung dieses Buchs beschlossen wurde, verwendet das Buch die Bezeichnung „Telemedien" und führt bei den Gesetzesnachweisen die Regelungen von TMG-E und RStV-E nach Möglichkeit mit auf.

Greifswald, März 2007 Axel Beater

Inhaltsübersicht

Inhaltsverzeichnis

Abkürzungsverzeichnis

a.A.	anderer Ansicht
aaO.	am angeführten Ort
ABl.	Amtsblatt
ABl. EG	Amtsblatt der Europäischen Gemeinschaft
Abs.	Absatz
A.C.	Appeal Cases, Law Reports
AcP	Archiv für die civilistische Praxis
a.E.	am Ende
a.F.	alte Fassung
AfP	Archiv für Presserecht / Zeitschrift für Medien- und Kommunikationsrecht
AG	Amtsgericht
All E.R.	All England Law Reports
ALR	Allgemeines Landrecht (Preußen)
Alt	Alternative
Anm.	Anmerkung
AnwBl	Anwaltsblatt
AO	Abgabenordnung
AöR	Archiv des öffentlichen Rechts
ArbGG	Arbeitsgerichtsgesetz
ARD	Arbeitsgemeinschaft der Rundfunkanstalten Deutschlands
ARD-StV	ARD-Staatsvertrag
Art.	Artikel
AT	Allgemeiner Teil
BAG	Bundesarbeitsgericht
BAGE	Entscheidungen des Bundesarbeitsgerichts
BB	Der Betriebs-Berater
Bd.	Band
BDH	Bundesdisziplinarhof
BDHE	Entscheidungen des Bundesdisziplinarhofs
Bem.	Bemerkung
BetrVG	Betriebsverfassungsgesetz
BG	Schweizerisches Bundesgericht
BGB	Bürgerliches Gesetzbuch
BGBl	Bundesgesetzblatt
BGE	Entscheidungen des Schweizerischen Bundesgerichts
BGH	Bundesgerichtshof
BGHSt	Entscheidungen des Bundesgerichtshofs in Strafsachen
BGHZ	Entscheidungen des Bundesgerichtshofs in Zivilsachen
BKartA	Bundeskartellamt
BLM	Bayerische Landeszentrale für neue Medien
BR-Drucks.	Bundesrats-Drucksache
BT	Bundestag
BT-Drucks.	Bundestags-Drucksache
BVerfG	Bundesverfassungsgericht
BVerfGE	Entscheidungen des Bundesverfassungsgerichts

BVerwG	Bundesverwaltungsgericht
BVerwGE	Entscheidungen des Bundesverwaltungsgerichts
BW	Baden-Württemberg
bzw.	beziehungsweise
Ch.D.	Chancery Devision
CR	Computer und Recht
DB	Der Betrieb
ders.	derselbe
d.h.	das heißt
dies.	dieselbe, dieselben
Diss.	Dissertation
DJ	Deutsche Justiz – Rechtspflege und Rechtspolitik, Amtliches Blatt der deutschen Rechtspflege
DJZ	Deutsche Juristenzeitung
DR	Deutsches Recht
DRiZ	Deutsche Richterzeitung
Drucks.	Drucksache
EG	Europäische Gemeinschaft
EGBGB	Einführungsgesetz zum BGB
EGV	Vertrag über die Europäische Gemeinschaft
Einl.	Einleitung
EMRK	Konvention zum Schutze der Menschenrechte und Grundfreiheiten
E.R.	English Reports
Erw.	Erwägungsgrund
etc.	et cetera
EuGH	Europäischer Gerichtshof
EuGHMR	Europäischer Gerichtshof für Menschenrechte
EuGRZ	Europäische Grundrechtezeitschrift
EuR	Europarecht
EUV	Vertrag über die Europäische Union
f., ff.	folgende
FAZ	Frankfurter Allgemeine Zeitung
FGO	Finanzgerichtsordnung
FGPrax	Praxis der Freiwilligen Gerichtsbarkeit
Fn.	Fußnote
FS	Festschrift
FSF	Freiwillige Selbstkontrolle des Fernsehens
FSK	Freiwillige Selbstkontrolle der Filmwirtschaft
FuR	Film und Recht
GBl.	Gesetzblatt der Deutschen Demokratischen Republik
GeschäftsOBT	Geschäftsordnung des Deutschen Bundestages
GG	Grundgesetz für die Bundesrepublik Deutschland
ggf.	gegebenenfalls
GRUR	Gewerblicher Rechtsschutz und Urheberrecht
GRUR Int.	Gewerblicher Rechtsschutz und Urheberrecht, Internationaler Teil
GWB	Gesetz gegen Wettbewerbsbeschränkungen
H.L.	House of Lords
h.M.	herrschende Meinung
Hrsg.	Herausgeber
HStR	Handbuch des Staatsrechts der Bundesrepublik Deutschland
insb.	insbesondere
iSv.	im Sinne von
iVm.	in Verbindung mit

JMStV	Staatsvertrag über den Schutz der Menschenwürde und den Jugendschutz in Rundfunk und Telemedien
JR	Juristische Rundschau
Jura	Juristische Ausbildung
JuS	Juristische Schulung
JuSchG	Jugendschutzgesetz
JW	Juristische Wochenschrift
JZ	Juristenzeitung
K.B.	Kings Bench Division, Law Reports
KEF	Kommission zur Überprüfung und Ermittlung des Finanzbedarfs der Rundfunkanstalten (§ 1 Abs. 1 RFinStV)
KEK	Kommission zur Ermittlung der Konzentration im Medienbereich (§ 35 Abs. 2 Nr. 1 RStV)
KJ	Kritische Justiz
KJM	Kommission für Jugendmedienschutz (§ 14 JMStV)
K&R	Kommunikation & Recht
KUG	Gesetz betreffend das Urheberrecht an Werken der bildenden Künste und der Photographie
lat.	lateinisch
LG	Landgericht
Lit.	Literatur
lit.	Buchstabe
LKV	Landes- und Kommunalverwaltung
LPrG	Landespressegesetz
LPrG MV	Landespressegesetz Mecklenburg-Vorpommern
LRG MV	Rundfunkgesetz Mecklenburg-Vorpommern
LT	Landtag
MarkenG	Gesetz über den Schutz von Marken und sonstigen Kennzeichen (Markengesetz)
MDR	Monatsschrift für Deutsches Recht
MDStV	Mediendienste-Staatsvertrag
m.E.	meines Erachtens
MMR	MultiMedia und Recht
Mot.	Motive zu dem Entwurf des BGB, Bd. I – V, 1888
MP	Media Perspektiven
M.R.	Master of the Rolls
MRRG	Melderechtsrahmengesetz
MV	Mecklenburg-Vorpommern
mwN.	mit weiteren Nachweisen
NDR	Norddeutscher Rundfunk
NDR-StV	Staatsvertrag über den Norddeutschen Rundfunk
NJ	Neue Justiz
NJW	Neue Juristische Wochenschrift
NJW-RR	NJW-Rechtsprechungs-Report Zivilsachen
Nr.	Nummer
NRW	Nordrhein-Westfalen
NStZ	Neue Zeitschrift für Strafrecht
NVwZ	Neue Zeitschrift für Verwaltungsrecht
NVwZ-RR	NVwZ-Rechtsprechungs-Report-Verwaltungssachen
OGH	Oberster Gerichtshof (Österreich)
OLG	Oberlandesgericht
ÖJZ	Österreichische Juristen-Zeitung

OR	Bundesgesetz betreffend die Ergänzung des Schweizerischen Zivilgesetzbuchs (Fünfter Teil: Obligationenrecht)
OVG	Oberverwaltungsgericht
PatG	Patentgesetz
PresseG	Pressegesetz (Mustergesetz), in: Fechner/Mayer (Hrsg.), Vorschriftensammlung Medienrecht, Nr. 19.
Prot.	Protokolle der Kommission für die zweite Lesung des Entwurfs des BGB, Bd. I – V, 1897
Q.B., Q.B.D.	Queens Bench Division, Law Reports
ReichspreßG	Reichsgesetz über die Presse
RFinStV	Rundfunkfinanzierungsstaatsvertrag
RGebStV	Rundfunkgebührenstaatsvertrag
Rn., Rdn.	Randnote
Rdnr., RdNr.	Randnummer, Randnummern
Rdz., Rz.	Randziffer
RG	Reichsgericht
RGBl	Reichsgesetzblatt
RGSt	Entscheidungen des Reichsgerichts in Strafsachen
RGZ	Entscheidungen des Reichsgerichts in Zivilsachen
RL	Richtlinie
Rspr.	Rechtsprechung
RStV	Rundfunkstaatsvertrag
RStV-E	Neunter Rundfunkänderungsstaatsvertrag, Entwurf und Stand vom 15. 11. 2005
RT	Reichstag
S.	Seite
s.a.	siehe auch
SGG	Sozialgerichtsgesetz
Slg.	Sammlung der Rechtsprechung des Europäischen Gerichtshofs
s.o.	siehe oben
sog.	so genannt
StGB	Strafgesetzbuch
str.	streitig
st. Rspr.	ständige Rechtsprechung
StUG	Stasi-Unterlagen-Gesetz
StVollzG	Strafvollzugsgesetz
s.u.	siehe unten
sUWG	Schweizerisches UWG
taz	die tageszeitung
TDDSG	Teledienstedatenschutzgesetz
TDG	Teledienstegesetz
TKG	Telekommunikationsgesetz
TMG	Telemediengesetz
TMG-E	Telemediengesetz, Entwurf der Bundesregierung vom 14. 6. 2006
u.	und
u.a.	unter anderem
u.ä.	und ähnliches
UFITA	Archiv für Urheber-, Film-, Funk- und Theaterrecht / Archiv für Urheber- und Medienrecht
UKlaG	Unterlassungsklagengesetz
UrhG	Gesetz über Urheberrecht und verwandte Schutzrechte (Urheberrechtsgesetz)
U.S.	United States Supreme Court Reports

u.U.	unter Umständen
UWG 1896	Gesetz zur Bekämpfung des unlauteren Wettbewerbs vom 27. Mai 1896
UWG 1909	Gesetz gegen den unlauteren Wettbewerb vom 7. Juni 1909
UWG	Gesetz gegen den unlauteren Wettbewerb
v.	versus
VBlBW	Verwaltungsblätter für Baden-Württemberg
Verhdlg.	Verhandlungen
VersR	Versicherungsrecht
VerwArch	Zeitschrift für Verwaltungslehre, Verwaltungsrecht und Verwaltungspolitik
VG	Verwaltungsgericht
VO	Verordnung
Vol.	Volume
VVDStRL	Veröffentlichungen der Vereinigung der Deutschen Staatsrechtslehrer
VwGO	Verwaltungsgerichtsordnung
VwVfG	Verwaltungsverfahrensgesetz
WRP	Wettbewerb in Recht und Praxis
WRV	Weimarer Reichsverfassung
WuW	Wirtschaft und Wettbewerb
z.B.	zum Beispiel
ZDF	Zweites Deutsches Fernsehen
ZDF-StV	ZDF-Staatsvertrag
ZEuP	Zeitschrift für Europäisches Privatrecht
ZPO	Zivilprozessordnung
z.T.	zum Teil
ZUM	Zeitschrift für Urheber- und Medienrecht

Literatur

Bamberger/Roth	*Bamberger, Heinz Georg; Roth, Herbert*: Kommentar zum Bürgerlichen Gesetzbuch, 2003
Beater	*Beater, Axel*: Unlauterer Wettbewerb, 2002
Berner	*Berner, Albert Friedrich*: Lehrbuch des Deutschen Preßrechtes, 1876
BK	BK/*Degenhart*, Art. 5 Abs. 1 und 2 GG (Juni 2005)
Bölke	*Bölke, Dorothe*, Presserecht für Journalisten – Freiheit und Grenzen der Wort- und Bildberichterstattung, 2005
Born	*Born, U.*: Reichspreßgesetz, 4. Auflage 1931
Branahl	*Branahl, Udo*: Medienrecht, 4. Auflage 2002
Bullinger	*Bullinger, Martin*: Freiheit von Presse, Rundfunk, Film, in: Isensee/Kirchhof (Hrsg.), Handbuch des Staatsrechts, Bd. VI, 2. Auflage 2001, § 142
Burkart	*Burkart, Roland*: Kommunikationswissenschaft, 4. Auflage 2002
Collmann	*Collmann, August*: Quellen, Materialien und Kommentar des gemein deutschen Preßrechts, 1844
Damm/Rehbock	*Damm, Renate; Rehbock, Klaus*: Widerruf, Unterlassung und Schadensersatz in Presse und Rundfunk, 2. Auflage 2001
Dörr/Schwartmann	*Dörr, Dieter; Schwartmann, Rolf*: Medienrecht, 2006
Dreier	*Dreier, Horst* (Hrsg.): Grundgesetzkommentar, Band I, 2. Auflage 2004
Dreier/Schulze	*Dreier, Thomas; Schulze, Gernot*: Urheberrechtsgesetz, 2. Auflage 2006
Dussel	*Dussel, Konrad*: Deutsche Rundfunkgeschichte, 2. Auflage 2004
Engel-Flechsig/Maennel/Tettenborn	*Engel-Flechsig, Stefan; Maennel, Frithjof A.; Tettenborn, Alexander*: Beck'scher IuKDG-Kommentar, 2001
Erman	*Westermann, Harm Peter* (Hrsg.): BGB, Handkommentar, 11. Auflage 2004
Faulstich	*Faulstich, Werner* (Hrsg.): Grundwissen Medien, 4. Auflage 2000
Fechner	*Fechner, Frank*: Medienrecht, 7. Auflage 2006
Fechner/Mayer	*Fechner, Frank; Mayer, Johannes C.* (Hrsg.): Medienrecht Vorschriftensammlung, 2. Auflage 2006
Fezer	*Fezer, Karl-Heinz* (Hrsg.): Lauterkeitsrecht. Kommentar zum UWG, 2005
Fromm/Nordemann	*Fromm, Friedrich Karl; Nordemann, Wilhelm; Vinck, Kai; Hertin, Paul W.*: Urheberrecht, 9. Auflage 1998
Groß	*Groß, Rolf*: Presserecht, 3. Auflage 1999
Hahn/Vesting	*Hahn, Werner; Vesting, Thomas*: Beck'scher Kommentar zum Rundfunkrecht, 2003
Häntzschel	*Häntzschel, Kurt*: Reichspreßgesetz, 1927

Hefermehl/Köhler/Bornkamm	*Hefermehl, Wolfgang; Köhler, Helmut; Bornkamm, Joachim*: Wettbewerbsrecht, 24. Auflage 2006
Hesse	*Hesse, Albrecht*: Rundfunkrecht, 3. Auflage 2003
Heun	*Heun, Sven-Erik* (Hrsg.): Handbuch des Telekommunikationsrechts, 2002
Kissel/Meyer	*Kissel, Otto Rudolf; Meyer, Herbert*: Gerichtsverfassungsrecht, 4. Auflage 2005
KK	*Pfeiffer, Gerd* (Hrsg.): Karlsruher Kommentar zur Strafprozessordnung, 5. Auflage 2003
Kloepfer	*Kloepfer, Michael*: Informationsrecht, 2002
Liszt	*Liszt, Franz Eduard von*: Das deutsche Reichs-Preßrecht, 1880
Loewenheim/Meessen/Riesenkampff	*Loewenheim Ulrich; Meessen, Karl M.; Riesenkampff, Alexander*: Kartellrecht, Band 1: Europäisches Recht; Band 2: GWB, 2006
Löffler	*Sedelmeier, Klaus; Burkhardt, Emanuel H.* (Hrsg.): Presserecht, 5. Auflage 2006
v. Mangoldt/Klein/Starck	*Starck, Christian* (Hrsg.): Kommentar zum Grundgesetz, Bd. 1, 5. Auflage 2005
Maunz/Dürig	*Maunz, Theodor; Dürig, Günter*: Grundgesetz Kommentar, Stand März 2006
Merten	*Merten, Klaus*: Einführung in die Kommunikationswissenschaft, Bd. 1: Grundlagen, 1999
Merten/Schmidt/Weischenberg	*Merten, Klaus; Schmidt, Siegfried J.; Weischenberg, Siegfried* (Hrsg.): Die Wirklichkeit der Medien, 1994
Meyer-Goßner	*Meyer-Goßner, Lutz*: Strafprozessordnung, 49. Auflage 2006
Möhring/Nicolini	*Nicolini, Käte; Ahlberg, Hartwig*: Urheberrechtsgesetz, 2. Auflage 2000
MünchKomm	Münchener Kommentar zum BGB, 4. Auflage 2001 ff.
Nikles/Roll/Spürck/Umbach	*Nikles, Bruno W.; Roll, Sigmar; Spürck, Dieter; Umbach, Klaus*: Jugendschutzrecht, Kommentar zum JuSchG und JMStV, 2. Auflage 2005
Paschke	*Paschke, Marian*: Medienrecht, 2. Auflage 2000
Petersen	*Petersen, Jens*: Medienrecht, 3. Auflage 2006
Pürer	*Pürer, Heinz:* Publizistik- und Kommunikationswissenschaft, 2003
Prinz/Peters	*Prinz, Matthias; Peters, Butz*: Medienrecht – Die zivilrechtlichen Ansprüche, 1999
Rath-Glawatz/Engels/Dietrich	*Rath-Glawatz, Michael; Engels, Stefan; Giebel, Torsten; Dietrich, Christian*: Das Recht der Anzeige – Print, Rundfunk, Online, 3. Auflage 2006
RGRK	Kommentar zum BGB, Band II, 5. Teil, §§ 812–831, 12. Auflage 1989
Ricker	*Löffler, Martin; Ricker, Reinhart*: Handbuch des Presserechts, 5. Auflage 2005
Sachs	*Sachs, Michael* (Hrsg.): Grundgesetz Kommentar, 3. Auflage 2003
Schack	*Schack, Haimo*: Urheber- und Urhebervertragsrecht, 3. Auflage 2005
Schilken	*Schilken, Eberhard*: Gerichtsverfassungsrecht, 3. Auflage 2003
Schiwy/Schütz/Dörr	*Schiwy, Peter; Schütz, Walter J.; Dörr, Dieter*: Medienrecht – Lexikon für Praxis und Wissenschaft, 4. Auflage 2006

Schönke/Schröder	*Schönke, Adolf; Schröder, Horst*: Strafgesetzbuch, 27. Auflage 2006
Schricker	*Schricker, Gerhard*: Urheberrecht, 3. Auflage 2006
Seitz/Schmidt/Schoener	*Seitz, Walter; Schmidt, German; Schoener, Alexander*: Der Gegendarstellungsanspruch, 3. Auflage 1998
Soehring	*Soehring, Jörg*: Presserecht, 3. Auflage 2000
Soergel	*Soergel, H. T.; Siebert, W.*: Bürgerliches Gesetzbuch, 13. Auflage 2000ff.
Spindler/Schmitz/Geis	*Spindler, Gerald; Schmitz, Peter; Geis, Ivo*: Teledienstegesetz, Teledienstedatenschutzgesetz, Signaturgesetz, 2004
Staudinger	*Staudinger, Julius von*: Kommentar zum BGB, Neubearbeitungen, ab 1993
Stöber	*Stöber, Rudolf*: Deutsche Pressegeschichte, 2. Auflage 2005
Tröndle/Fischer	*Tröndle, Herbert; Fischer, Thomas*: Strafgesetzbuch, 53. Auflage 2006
Wenzel	*Wenzel, Karl Egbert; Burkhardt, Emanuel; Gamer, Waldemar; Strobl-Albeg, Joachim Ritter von*: Das Recht der Wort- und Bildberichterstattung, 5. Auflage 2003

I. Teil: Medienrecht als Rechtsgebiet

§ 1: Begriff, Prinzipien und allgemeine Charakteristika

Ausgewählte Literatur

Bamberger, Medienöffentlichkeit im Lichte der Rundfunkfreiheit, ZUM 2001, 373ff.; *Beater*, Medienrecht als eigenständiges Rechtsgebiet, JZ 2005, 822ff.; *Bullinger*, Genetische Belastung der „öffentlichen Aufgaben" der Presse, AfP 1995, 644f.; *Cole*, Stichwort „Medienrecht" in: Schiwy/Schütz/Dörr, Medienrecht, S. 309ff.; *K. R. Hesse*, Fernsehen und Revolution: Zum Einfluss der Westmedien auf die politische Wende in der DDR, Rundfunk und Fernsehen 38 (1990), 328ff.; *Hoffmann/Sarcinelli*, Politische Wirkungen der Medien, in: Wilke (Hrsg.), Mediengeschichte der Bundesrepublik Deutschland, 1999, S. 720ff.; *Jarren*, Medien- und Öffentlichkeitswandel im modernen Staat, AfP 1994, 191ff.; *Maletzke*, Integration – eine gesellschaftliche Funktion der Massenkommunikation (1980), in: *ders.*, Bausteine zur Kommunikationswissenschaft 1949–1984, 1984, S. 137ff.; *Paschke*, Medienrecht – Disziplinbildende Sinneinheit übergreifender Rechtsgrundsätze oder Chimäre?, ZUM 1990, 209ff.; *Rebe*, Medienrecht als Paradigma „modernen" Rechts, FS Rehbinder 2002, 321ff.; *Weberling*, Zensur(en) durch Gerichte – Über die Notwendigkeit des Studiums des Medienrechts, AfP 2006, 12ff. 1

A. Medienrecht – das eigenartige Rechtsgebiet

Das Medienrecht ist ein junges Gebiet.[1] Was es inhaltlich umfasst, ist nicht exakt definiert und in der Wissenschaft bislang wenig diskutiert worden. Das **Fach wird zumeist nicht ganzheitlich betrieben**, sondern jeweils in Beschränkung auf einen der drei Teile Presserecht, Rundfunkrecht und Recht der Telemedien. Die drei Teilmaterien haben jeweils einen unterschiedlichen Zuschnitt. Das Presserecht ist stark durch delikts- und zum Teil auch strafrechtliche Bezüge geprägt, das Rundfunkrecht wird im Grunde ausschließlich als öffentlich-rechtliche Materie verstanden und für die Telemedien bestehen nochmals anders gelagerte rechtliche Anforderungen. Zugleich werden die Einzelgebiete von unterschiedlichen wissenschaftlichen Gruppen betrieben. Das begünstigt ein gewisses Desinteresse gegenüber solchen Facetten des Medienrechts, die in die jeweils anderen Gebiete fallen. 2

Diese Segmentierung ist maßgeblich dadurch verursacht worden, dass Presse, Rundfunk und Telemedien unabhängig voneinander und in völlig unterschied- 3

---

1 Die Bezeichnung „Medienrecht" ist etwa ab 1985 aufgekommen und hat sich seitdem zunehmend eingebürgert; *Paschke*, Medienrecht, Rdn. 1ff. mwN.

lichen rechtsgeschichtlichen Zusammenhängen entstanden sind. Massenmedien können nur entstehen, wirken und besonderen rechtlichen Beurteilungsbedarf aufkommen lassen, wenn sie die „Massen" auch tatsächlich erreichen und beeinflussen können. Das Aufkommen moderner Massenmedien und das sie betreffende Recht sind daher direkt **mit gesellschaftlichen und technischen Veränderungen verknüpft**. Die Notwendigkeit eines speziellen Presserechts setzt eine „Massenpresse" voraus, die sich nur in einer Gesellschaft ausbilden kann, in der viele Menschen lesen können. In Deutschland entstand dieser Nährboden mit dem Aufkommen der allgemeinen Schulpflicht (siehe Rdnr. 124).[2] Dagegen setzten der Rundfunk und das Internet elektronische Übertragungsmöglichkeiten und technische Errungenschaften voraus, die als solche erst gegen Ende des 19. bzw. in der zweiten Hälfte des 20. Jahrhunderts erfunden wurden (siehe Rdnr. 201 ff., 271). Das macht sie vom Stand der Technik abhängig. Beispielsweise ist das deutsche Rundfunkrecht noch immer maßgeblich von dem Umstand dominiert, dass es zunächst nur eine begrenzte Anzahl von Sendefrequenzen gab, so dass auch nur eine begrenzte Zahl von Rundfunkstationen möglich war. Per Rundfunk und Internet lassen sich überdies nur Menschen erreichen, die eine entsprechende Empfangsmöglichkeit haben. Die Nationalsozialisten versuchten, ihrer Propaganda mit Hilfe des preiswerten „Volksempfängers", der keine Kurzwelle und damit keine feindlichen Sender empfangen konnte, höhere Schlagkraft und Verbreitung zu verleihen. Heute stellt sich das Problem einer unzureichenden Ausstattung mit Empfangsgeräten in Bezug auf das Internet. Aufgrund der noch nicht flächendeckenden Verbreitung von Internetanschlüssen und der unterschiedlichen Zugänglichkeit dieses Mediums wurde für eine gewisse Zeit die Gefahr einer „digitalen Spaltung" der Gesellschaft gesehen und thematisiert.[3]

4 Das Medienrecht ist weiterhin **aufs Engste durch verfassungsgeschichtliche und verfassungsrechtliche Zusammenhänge bestimmt**. Medien hatten und haben aus Sicht des Staates stets eine besondere Bedeutung. Veränderungen des Staatswesens und des Verfassungsrechts haben daher mehr oder weniger zwingend auch Veränderungen des Medienrechts zur Folge. Die Entwicklung des modernen Medienrechts wurde in Deutschland entscheidend durch den Übergang von der NS-Diktatur zur Demokratie und zum Grundgesetz sowie durch die Existenz der neu geschaffenen grundrechtlichen Garantien der Meinungsfreiheit, der Informationsfreiheit sowie der Presse- und Rundfunkfreiheit bestimmt (siehe Rdnr. 32 ff., 137 f., 208 f.). Der verfassungsgeschichtliche Wandel führte dazu, dass die Massenmedien zum Garanten von öffentlicher Information, öffentlicher Kontrolle und öffentlichem Dialog wurden, die für das Funktionieren eines demokratischen Gemeinwesens unverzichtbar sind. Das frühere

2 *Nipperdey*, Deutsche Geschichte 1800–1866: Bürgerwelt und starker Staat, 5. Auflage 1991, S. 451 ff. mwN., 587 ff. mwN.
3 *Kloepfer*, Informationsrecht, § 1 Rn. 17 ff.

Recht aus Kaiserreich, Weimarer Republik und NS-Zeit konnte diesen Aufgaben nicht gerecht werden. Es erlebte einen spektakulären Wandel, der im Grundsatz alle Rechtsbereiche erfasst hat und zum Entstehen des Medienrechts als eigenständiger Disziplin geführt hat.

I. Rechtsquellen

Die normative Basis des Medienrechts ist unterschiedlich. Die Materie wird einerseits auf **verfassungsrechtlicher Ebene** in weitem Umfang durch die Garantien des Art. 5 Abs. 1 GG bestimmt, die vom BVerfG im Einzelnen ausgeformt worden sind. Andererseits ist das Gebiet **nicht als solches gesetzlich normiert**. Es gibt zahlreiche medienrechtliche Bestimmungen, insbesondere die Pressegesetze der einzelnen Bundesländer (z. B. das LPrG MV), den Rundfunkstaatsvertrag (RStV) und den Mediendienstestaatsvertrag (MDStV) bzw. das Telemediengesetz (TMG). Diese Regelwerke haben aber jeweils nur einzelne Medien im Blick und normieren deren rechtliche Behandlung vielfach nur in Bruchstücken. 5

Daneben fußt das Medienrecht auf zwei weiteren Fundamenten. Das eine ist eine zersplitterte Vielzahl gesetzlicher Bestimmungen,[4] die **an sich andere Materien regeln** und aus Gründen des Regelungszusammenhangs einzelne medienrechtliche Fragen als Annex mit einbeziehen oder aus denen sich mittelbar auf medienrechtliche Wertungen schließen lässt. Zum anderen beruht das Medienrecht auf richterlich geschaffenem Recht. Das **Richterrecht** hat für das Gebiet essenzielle Bedeutung. Es ist die Brutstätte für Anforderungen, die im Ausgangspunkt für alle Medien gelten können. Zugleich wirft es in besonderer Weise die Frage nach genuin medienrechtlichen Maßstäben auf. Solche richterrechtlichen Regeln bilden und entwickeln sich freilich schleichend und weitgehend im Verborgenen. Meist geschieht dies, indem gewachsene Prinzipien und Maßstäbe älterer Rechtsbereiche aus medienrechtlichen Gründen infrage gestellt und verändert werden. Das Medienrecht entsteht dann also gerade dadurch, dass es inhaltliche Veränderungen anderer Rechtsgebiete bewirkt. Gerichte können auf diese Weise „Medienrecht" schaffen, ohne dass ihnen dies bewusst ist. Darin liegt zugleich der Grund, warum dieser Zusammenhang bislang wenig aufgegriffen worden ist. Entsprechende – medienrechtlich – bedingte Veränderungen gibt es freilich zuhauf und in allen Rechtsgebieten. So hat sich etwa das Äußerungsdeliktsrecht gegenüber dem ursprünglichen Stand bei Inkrafttreten des BGB weitgehend verändert und seine inhaltlichen Maßstäbe im Grunde komplett ausgetauscht.[5] 6

4 Z. B. §§ 169 Satz 2 GVG, 824 BGB, 48 ff. UrhG, 353d StGB.

5 Siehe etwa RG vom 11. 12. 1913 (Berliner Lokalanzeiger), RGZ 83, 362, 365 f. einerseits und BGH vom 21. 6. 1966 (Teppichkehrmaschine), GRUR 1966, 633 ff. andererseits. Nach *E. Deutsch* FS Klingmüller 1974, 49, 63 führen diese Neuerungen im Zusammenhang mit dem Äußerungsdelikt „zum Niederbrechen sämtlicher bekannter Barrieren des Deliktsaufbaus: Tatbestand, Rechtswidrigkeit und Verschulden werden eins".

7 Damit ist auch schon die rechtsquellentheoretische Besonderheit des Medienrechts angesprochen.[6] Das Gebiet gewinnt seinen Inhalt oft erst durch eine Art **„Negativdefinition"**. Über die Zulässigkeit von Berichterstattungen und sonstigen Tätigkeiten der Medien wird in der Regel nur indirekt und sozusagen unter verkehrtem Vorzeichen entschieden, nämlich in Entscheidungen, die „an sich" andere Gebiete betreffen. Das können das Verfassungsrecht, das Deliktsrecht, das Strafrecht, das Urheberrecht, das Arbeitsrecht, das Prozessrecht, das Verwaltungsrecht, das Wettbewerbs- und Kartellrecht und andere Fächer mehr sein. Zugleich wird die jeweilige Entscheidung nicht von „Medienrechtlern", sondern eben von Arbeits-, Urheber- oder Strafrechtlern etc. gefällt. Die medienrechtlich bedingten Wandlungen des Rechts sind daher als solche häufig kaum erkennbar und finden in einer Vielzahl von unterschiedlichen Bereichen statt, die scheinbar nichts miteinander zu tun haben und auch nicht gemeinsam betrieben werden.

II. Sonderunternehmensrecht der Massenmedien

8 Das Medienrecht ist im Verständnis dieses Buches ein eigenständiges Rechtsgebiet. Es beruht auf **Prinzipien, Wertungen und Strukturen, die speziell für die rechtliche Behandlung der Tätigkeit von Medien gelten** und die es von anderen Rechtsgebieten unterscheiden. Als Kurzformel kann man die Materie als das Sonderunternehmensrecht der Massenmedien charakterisieren.

9 Die Deutung des Medienrechts als Sonderrecht wird im Schrifttum nur vereinzelt vertreten.[7] Dem steht eine durchweg ablehnende Gruppe von Meinungen gegenüber, die freilich einen zu heterogenen und erratischen Charakter hat, als dass sich von einer einheitlichen Linie sprechen ließe. Soweit die wenigen Gesamtdarstellungen bzw. Lernbücher zum Medienrecht und sonstigen Stimmen Stellung beziehen, verneinen sie die Existenz eines eigenständigen Rechtsgebiets oder genuin medienrechtlich-materieller Maßstäbe. Das Medienrecht wird als Gebiet angesehen, das sich in der bloßen Ansammlung unterschiedlicher Normen erschöpfe.[8] Die umfangreichen presserechtlichen Werke definieren das Presserecht zumeist in ähnlicher Weise[9] oder verzichten auf eine Aussage.[10]

6 Siehe Rdnr. 309f., 1044.

7 *Paschke* ZUM 1990, 209, 212ff.; *ders.* Medienrecht, Rdn. 15ff. „Sonderrecht der Massenmedien", das sich aus den Besonderheiten und Erfordernissen der Massenkommunikation ableite. Zum Presserecht mit einem ähnlichen funktionalen Ansatz wie hier *Ricker*, Handbuch des Presserechts, 1.Kap. Rdz. 4 „das für die Presse wegen ihrer geistigen Wirkungskraft geltende Sonderrecht".

8 *Dörr/Schwartmann*, Medienrecht, Rn. 25ff.; *Lecheler* Jura 1998, 225; *Fechner*, Medienrecht, Rn. 5; *Petersen*, Medienrecht, § 1 Rz. 11.

9 *Groß*, Presserecht, Rdn. 9.

10 *Soehring*, Presserecht, Tz. 1.1ff.

Letzteres gilt auch für die rundfunkrechtliche Literatur,[11] die sich von vornherein auf die Darstellung und Auseinandersetzung mit den rundfunkrechtlichen Vorschriften konzentriert. Diese Gegenposition schreibt – zumeist unbewusst – **Lehren aus dem Deutschen Reich und der Weimarer Republik** fort, die das Presserecht als die Summe der Rechtsvorschriften definierten, die sich mit Presseerzeugnissen und Presseunternehmen befassen.[12] Sie übersieht die noch zu behandelnde öffentliche Aufgabe, die den Medien mit dem endgültigen Übergang Deutschlands zur Demokratie zugewachsen ist und ohne die das moderne Medienrecht nicht denkbar ist. Was zu Kaisers Zeiten richtig war, lässt sich für die Medien nicht sachgerecht auf das Heute übertragen.

B. „Unternehmensrecht"

Das Medienrecht ist zunächst Unternehmensrecht. Es muss Fragen beantworten, die sich für Medien **in gleicher Weise wie für andere Unternehmen** stellen und insbesondere für den Privatmann typischerweise keine Rolle spielen. Medien sind im Grunde produzierende Einheiten. Ihr Hauptgeschäft ist es, Informationen zu erlangen, zu bewerten und ggf. zu bearbeiten und sie anschließend zu veröffentlichen. Die Medien bedürfen also eines gewissen Rohstoffs, nämlich der Informationen, und machen daraus ein Produkt, zum Beispiel eine Zeitung oder ein Radioprogramm. Das Medienrecht regelt daher sowohl die Beschaffung und Zugänglichkeit von Informationen als auch eine ausgeprägte „Produkthaftung" der Medien, die zum Beispiel für unzutreffende Berichte einstehen müssen. Diese Bereiche sind das Herzstück des Rechtsgebiets und machen auch den Schwerpunkt dieses Buches aus (siehe §§ 12ff., 15ff., 18ff.). Zugleich regelt das Recht die Gründung von Medienunternehmen, das „Innenrecht" bzw. Arbeitsrecht, die Finanzierungsmöglichkeiten, das wettbewerbliche Verhalten gegenüber anderen Medienunternehmen und schließlich die Frage, ob Medien in ihrer Programmgestaltung einer staatlichen Aufsicht, sonstigen Sanktionsmechanismen oder anderen regulativen Vorgaben unterliegen. Auch diese Fragen sind Teil des Medienrechts (siehe §§ 7ff., 22ff.). 10

Es kann weiterhin sein, dass Unternehmen einem **anderen rechtlichen Maßstab als Privatleute oder private Organisationen** unterliegen, weil sie eben anders strukturiert sind und anders funktionieren. Unternehmen verfügen für ihren Tätigkeitsbereich typischerweise über größere Fachkompetenz als der einzelne Privatmann, weil sie sich permanent und sozusagen von Berufs wegen mit bestimmten Dingen auseinandersetzen müssen, speziell ausgebildete Mitarbeiter haben, über bessere Informationsmöglichkeiten verfügen etc. An Unterneh- 11

11 Hahn/Vesting/*Vesting*, Rundfunkrecht, Einf.; *Hesse*, Rundfunkrecht; *Gersdorf*, Rundfunkrecht.

12 *Häntzschel*, Reichspreßgesetz, S. 1; in der Sache ebenso *Berner*, Lehrbuch des Deutschen Preßrechtes, S. 160ff.; *Born*, Reichspreßgesetz, S. 23ff.

men werden deshalb häufig strengere Anforderungen gestellt, insbesondere erhöhte Sorgfaltsanforderungen. Unternehmen können in Sonderfällen aber auch schutzwürdiger sein als Private, so dass ein milderer Maßstab sinnvoll sein kann. Zum Beispiel können Unternehmen aufgrund ihrer arbeitsteiligen Funktionsweise gegenüber bestimmten Gefahren und Störungen anfällig sein, die einen Einzelnen nicht treffen können.[13]

12 Der Aspekt größerer unternehmerischer Sachkompetenz und einer sich daraus ableitenden größeren Verantwortung beeinflusst die medienrechtliche Sorgfalts- und Recherchepflicht (siehe § 14). Medienunternehmen müssen Äußerungen vor der Veröffentlichung strenger auf ihre Richtigkeit überprüfen als es eine Privatperson tun muss.[14] Im Streitfall der **Kritische Bayer-Aktionäre-Entscheidung** hatte ein privater Verein in einem Flugblatt u.a. behauptet, ein bestimmtes Unternehmen würde „rechte und willfährige Politiker" unterstützen und finanzieren. Der Verein stützte sich zum Beweis für die Richtigkeit seiner Angabe auf entsprechende Presseberichte und öffentliche Äußerungen eines Abgeordneten. Das BVerfG hielt dies für ausreichend. Ein Privater darf sich mit rechtfertigender Wirkung auf unwidersprochene Vorveröffentlichungen der Medien berufen. Macht sich dagegen die Presse Meldungen anderer zu eigen, so hat sie grundsätzlich eigene Nachforschungen anzustellen und muss für unbesehen übernommene Meldungen einstehen.[15]

C. „Massenaspekt"

13 Ein weiteres Charakteristikum des Medienrechts ist der „Massenaspekt". Danach können Vorgänge anders zu beurteilen sein, weil sie in großer Zahl passieren bzw. besonders weitreichende oder massenhafte Wirkungen erzielen. **Quantität kann in Qualität umschlagen** und deshalb veränderte rechtliche Maßstäbe erzwingen. Dieser Effekt zeigt sich in verschiedenen Zusammenhängen. So steht es beispielsweise jedem Unternehmen frei, einen Geschäftspartner, mit dessen Leistung es nicht zufrieden ist, in Zukunft „links liegen zu lassen" und keine Geschäfte mehr mit ihm abzuschließen. Fordert das Unternehmen jedoch Dritte auf, den Geschäftspartner ebenfalls zu meiden, so ist dies als Aufruf zum Boykott grundsätzlich unzulässig.[16] Ähnlich liegt es mit Aussagen, die den Kredit des Betroffenen gefährden können.[17] Wenn etwa ein Bankmitarbeiter solche Aussagen guten Gewissens und in einem vertraulichen Rahmen macht, dann

---

13 Zu solchen Anwendungsfällen *Beater*, Unlauterer Wettbewerb, § 23 Rdnr. 20ff.

14 BVerfG vom 26.8. 2003, NJW 2004, 589 mwN.

15 BVerfG vom 9.10. 1991 (Kritische Bayer-Aktionäre), BVerfGE 85, 1, 22; dazu *Heselhaus* NVwZ 1992, 740ff.; *Hufen* JuS 1992, 961ff.; *Helle* EWiR 1994, 1087f.; *Soehring* NJW 1994, 2926, 2927; *Grimm* NJW 1995, 1697, 1702. Siehe auch BVerfG vom 11.3. 2004, NJW 2003, 1855, 1856.

16 BGH vom 12.3. 1965 (Milchboykott), GRUR 1965, 440, 442 mwN.; BGH vom 27.4. 1999 (Sitzender Krankenhaustransport), GRUR 1999, 1031, 1032f. mwN.

17 Siehe etwa BGH vom 3.11. 1977 (DEGIB), WM 1978, 62, 63 zu § 824 BGB; ausdrücklich sogar § 4 Nr. 8 UWG „vertrauliche Mitteilungen".

kann eine Haftung der Bank gegenüber dem betroffenen Unternehmen selbst dann ausscheiden, wenn die Auskunft unrichtig war. Wird die Äußerung dagegen öffentlich gemacht, so dass sie sehr viele Personen oder im Extremfall sogar jedermann erreicht, dann kann der Äußernde unter Umständen selbst für zutreffende Aussagen einzustehen haben.[18] Sowohl der Boykott als auch die öffentliche kreditgefährdende Äußerung setzen eine Gefahrenlawine in Gang, die eine veränderte rechtliche Beurteilung verlangt. Der Betroffene sieht sich nicht mehr nur einem Einzelnen gegenüber, der ihm weitere Geschäfte oder Kredite verweigert. Er läuft vielmehr Gefahr, von allen Geschäftspartnern oder Kreditgebern gemieden und dadurch in kürzester Zeit in seiner unternehmerischen Existenz zerstört zu werden.[19]

Für Medien, die sich **im Wege der Massenkommunikation an die Öffentlichkeit schlechthin wenden**, hat der Massenaspekt elementare und letztlich systembildende rechtliche Bedeutung. Die zentrale Bedeutung der Medien für das Funktionieren freiheitlicher und demokratischer Gesellschaften ergibt sich gerade aus ihrer Fähigkeit, Informationen massenhaft verbreiten und zugänglich machen zu können. Im gleichen Atemzug beeinträchtigen Enthüllungen und Äußerungen umso stärker, je größer ihr Verbreitungsgrad ist. Veröffentlichungen in den Medien sind die schärfste Waffe, die für den gesamten Äußerungsbereich denkbar ist. Sie sind aufgrund ihrer Reichweite und der besonderen Autorität, die solchen Mitteilungen in der Regel beigemessen wird, für den Betroffenen typischerweise besonders schwerwiegend.[20] Wird etwa eine Liste mit Namen von inoffiziellen Mitarbeitern des Ministeriums für Staatssicherheit in den Medien veröffentlicht, so liegt darin eine schwerere Beeinträchtigung der Betroffenen als dies bei einem Auslegen der Listen in öffentlichen Räumen der Fall wäre.[21] Je verletzender eine Äußerung jedoch ist, umso strengere Anforderungen sind an ihre Rechtfertigung zu stellen.[22] Die bereits angesprochene spezielle Sorgfalts- und Recherchepflicht der Medien ist dafür ein Beispiel und erklärt sich auch aus der besonderen Gefährlichkeit medialer Äußerungen. 14

Das Presserecht ist im 19. Jahrhundert vor allem unter dem Blickwinkel entstanden, dass Zeitungen gefährliche „emittierende Anlagen" sind, vor denen der Staat und rechtschaffene Leute möglichst geschützt werden müssen. Aus Sicht der heutigen Kategorien wäre das damalige Presserecht als eine Art Gewerberecht zu begreifen gewesen. Namentlich die Pressegesetze in den einzelnen Ländern des Deutschen Bundes sahen ihr hauptsächliches Regelungsziel darin, die mögliche Bestrafung verantwortlicher Personen sicherzu- 15

18 Z.B. BGH vom 8.2. 1994 (Bilanzanalyse), NJW 1994, 1281, 1282.
19 Vgl. BGH vom 10.5. 1957 (Spätheimkehrer), BGHZ 24, 200, 206 „Existenzvernichtung des betroffenen Unternehmens oder zu sonstigen wirtschaftlich schwersten Folgen".
20 BGH vom 22.12. 1959 (Alte Herren), BGHZ 31, 308, 313; BVerfG vom 25.1. 1961 (Auf der Wolga verhaftet), BVerfGE 12, 113, 130; BGH vom 21.6. 1966 (Teppichkehrmaschine), NJW 1966, 2010, 2011.
21 BVerfG vom 23.2. 2000, NJW 2000, 2413, 2415.
22 Statt vieler hier nur BGH vom 9.12. 2003 (Luftbildaufnahmen II), NJW 2004, 762, 764.

stellen. Das nachfolgende ReichspreßG von 1874 sah die dringende Notwendigkeit, die Presse von allen, „ihre gedeihliche Wirksamkeit hemmenden unwürdigen Beschränkungen zu befreien“. Es übernahm aber zugleich den in den meisten früheren Gesetzen verankerten repressiven Charakter und sah es als seinen vielleicht wichtigsten Zweck an, „gegen begangene Preßverbrechen und Vergehen eine wirksame Anwendung der Strafgesetze zu sichern“.[23]

D. „Sonderrecht“ und öffentliche Aufgabe der Medien

I. Ausgangsfragen

16 Das Medienrecht ist schließlich ein „Sonderrecht“. Damit ist keine Sonderbehandlung per se gemeint.[24] Medien sind aber anders als andere zu behandeln, wenn dies sachlich geboten ist. Der Sondercharakter des Medienrechts ergibt sich aus der **öffentlichen Aufgabe der Medien,**[25] denen um dieser Aufgabe willen eine rechtlich „in gewisser Hinsicht bevorzugte Stellung“ eingeräumt wird.[26] Die öffentliche Aufgabe überlagert die unternehmerische Tätigkeit der Medien und unterwirft sie eigenen rechtlichen Maßstäben. Sie ist der Schlüssel zum Verständnis des modernen Medienrechts. Sie führt dazu, dass Medien anders als andere Unternehmen und anders als in vordemokratischen Zeiten behandelt werden.

17 In der **öffentlich-rechtlichen Diskussion** wird einer öffentlichen Aufgabe der Medien zum Teil ausgesprochen skeptisch gegenübergetreten.[27] Man fürchtet, dass daraus spezielle Pflichten abgeleitet werden, die den Medien Freiheiten nehmen[28] oder sie gar in eine öffentlich gelenkte „Medienplanwirtschaft“ überführen. Diese Vorsicht mag für den Bereich des öffentlichen Rechts berechtigt sein. Der Terminus „öffentliche Aufgabe“ sendet hier vermutlich ungute „Schlüsselreize“ aus. Er dürfte manchen Autor furchtsam an die durchaus problematischen verfassungsrechtlichen Sondermaßstäbe denken lassen, die das BVerfG für den Rundfunk entwickelt hat.[29] Daneben mag auch die ungute

---

23 Motive zum ReichspreßG, Verhdlg. RT, 2. Legislatur-Periode, I. Session 1874, Dritter Band, Aktenstück Nr. 23, S. 138.

24 „... not to set newsmen apart as a favored class, but to bring fulfillment to the public's right to know“, *Douglas* J. in Branzburg v. Hayes, 408 U.S. 665, 721 (1972).

25 Zur öffentlichen Aufgabe der Medien BGH vom 22. 12. 1959 (Alte Herren), BGHZ 31, 308, 312; BVerfG vom 5. 8. 1966 (Spiegel), BVerfGE 20, 162, 174f.; BVerfG vom 27. 7. 1971 (Mehrwertsteuer), BVerfGE 31, 314, 327ff.; eingehend Löffler/*Bullinger*, § 3 LPG Rdnr. 17ff. mwN.; *Ricker*, Handbuch des Presserechts, 3. Kap. Rdz. 4ff. mwN. Siehe auch Rdnr. 934ff.

26 BVerfG vom 5. 8. 1966 (Spiegel), BVerfGE 20, 162, 176.

27 Frühzeitig bereits *Schnur* VVDStRL 22 (1965), 101, 113ff.

28 Siehe z.B. *Streinz* AfP 1997, 857, 863f. mwN.; *Starck* in v. Mangoldt/Klein/Starck, Art. 5 GG Rdnr. 74ff. mwN.; *Herzog* in Maunz/Dürig, Art. 5 Abs. I, II GG Rdn. 121ff. mwN.; eingehend *Bullinger* HStR Bd. VI, § 142 Rn. 67ff., 81.

29 Siehe Rdnr. 226ff.

rechtsgeschichtliche Konnotation dieses Begriffs[30] eine Rolle spielen. Aus **zivilrechtlicher Sicht** liegen die Dinge aber entscheidend anders. Hier war und ist die Annahme einer öffentlichen Aufgabe das zentrale Instrument, um vielfach überhaupt erst eine Information der Allgemeinheit durch die Medien zu ermöglichen und dogmatisch zu rechtfertigen.

Das Postulat einer öffentlichen Aufgabe der Medien geht maßgeblich auf die **Spiegel-Entscheidung** des BVerfG bzw. die **„Spiegelaffäre“** während der Adenauer-Ära zurück. 18
Das Nachrichtenmagazin DER SPIEGEL hatte unter dem Titel „Bedingt abwehrbereit“ einen Beitrag über eine Militärübung der NATO veröffentlicht. Daraufhin wurden im Herbst 1962 in einer polizeilichen, spektakulär aufgezogenen Aktion unter dem Vorwurf des Landesverrats und der Beamtenbestechung der Herausgeber und mehrere Redakteure des Magazins festgenommen sowie Verlagsräume besetzt und durchsucht.[31] Der Vorwurf erwies sich später als haltlos.[32] Der hinter dem Vorgehen stehende politische Versuch, die Presse einzuschüchtern und kritische Berichterstattung zu behindern, löste eine schwere innenpolitische Krise aus. Sie führte u.a. zum Rücktritt des damaligen Bundesverteidigungsministers *Franz Josef Strauß*. Das BVerfG gab der Verfassungsbeschwerde der Journalisten nur in Teilen statt und hielt sie im Übrigen bei vier zu vier Richterstimmen für nicht begründet. Die Entscheidung hat gleichwohl wesentliche juristische wie rechtsgeschichtliche Bedeutung. Zum einen enthält sie grundlegende Ausführungen zur verfassungs- und staatsrechtlichen Bedeutung der Presse in einem demokratischen Gemeinwesen und in diesem Zusammenhang eben auch zu der sich daraus ergebenden „öffentlichen Aufgabe“.[33] Zugleich ist sie mit einem dramatischen öffentlichen und juristischen Bewusstseinswandel verbunden, der die weitere Entwicklung des Medienrechts entscheidend prägte.

Die Überlagerung des Unternehmensrechts der Medien durch deren öffentliche Aufgabe kann sich auf alle Facetten der rechtlichen Beurteilung auswirken. Vor 19
allem das Kerngeschäft der Medien, das Informieren der Öffentlichkeit, unterliegt Sondermaßstäben. Die gravierendste Konsequenz ist die Figur des **öffentlichen Informationsinteresses** (siehe Rdnr. 934ff., 950ff., 978ff.). Sie gewährt die Berechtigung, auch über Vorgänge zu berichten, deren Veröffentlichung in Rechte Betroffener eingreift und ohne die Annahme eines solchen „öffentlichen“ Interesses rechtlich unzulässig wäre. Der Schutz des öffentlichen Informations- und Meinungsbildungsprozesses bewirkt auch, dass Medien insoweit anders behandelt werden als andere Unternehmen. Besonders deutlich wird dies am Beispiel von Äußerungen über Mitbewerber. Unternehmen anderer „Branchen“ ist es durch das Wettbewerbsrecht vielfach untersagt, sich öffentlich negativ

---

30 Siehe Rdnr. 135. Eingehend zur „genetischen Belastung“ der öffentlichen Aufgabe der Medien *Bullinger* AfP 1995, 644f.

31 Zu Einzelheiten aus zeitgenössischer Sicht *Gresmann*, Spiegel-Affäre, Staats-Affäre, DIE ZEIT vom 2.11. 1962, abgedruckt in: Dönhoff/Schmidt/Sommer (Hrsg.), ZEIT-Geschichte der Bonner Republik 1949–1999, 1999, S. 156ff.

32 BGH vom 13.5. 1965 (Bedingt abwehrbereit), NJW 1965, 1187ff. wies die Eröffnung des strafgerichtlichen Hauptverfahrens zurück.

33 BVerfG vom 5.8. 1966 (Spiegel), BVerfGE 20, 162, 174ff.

über den Konkurrenten zu äußern. Für Pressefehden gelten demgegenüber ungleich großzügigere Maßstäbe.[34]

20 Aus unternehmensrechtlichem Blickwinkel wirkt sich die Überlagerung durch die öffentliche Aufgabe weiterhin auf den unternehmerischen Status und die Betriebstätigkeit von Medien aus, um das Entstehen **medialer Meinungsvielfalt** zu gewährleisten bzw. zu sichern (siehe §7). Im Extremfall werden Medien von Organisationen betrieben, die dem Wettbewerb entzogen und zwingend öffentlich-rechtlicher Natur sind,[35] in der Programmgestaltung vielen prozeduralen und inhaltlichen Vorgaben unterliegen und keine erwerbswirtschaftlichen Ziele verfolgen dürfen (öffentlich-rechtliche Rundfunkanstalten). Ebenso kann es sein, dass die Gründung eines Medienunternehmens nicht ohne weiteres erlaubt ist, sondern von einer staatlichen Genehmigung abhängt (private Rundfunkunternehmen). Soweit Medien privatrechtliche Unternehmen sind, unterliegen sie weiteren Besonderheiten, zum Beispiel einem besonderen Betriebsverfassungsrecht. Aber auch für die unternehmerische Betriebstätigkeit gibt es vielfach Besonderheiten, beispielsweise im Rahmen der Möglichkeit, sich durch Werbung finanzieren zu können. Ebenso darf die Presse in Ausnahme von den allgemeinen kartellrechtlichen Grundsätzen Preise binden.[36]

II. Herstellen von Öffentlichkeit

21 Die öffentliche Aufgabe liegt zunächst im Herstellen von Öffentlichkeit. Die Medien beschaffen Informationen, machen diese der Allgemeinheit zugänglich und bieten eine Plattform für das Entstehen einer öffentlichen Meinung in Rede und Gegenrede.[37] Sie können so beispielsweise politische Missstände aufdecken und der Kontrolle durch die Öffentlichkeit zuführen sowie zugleich die Diskussion etwaiger Abhilfe- und Verbesserungsmaßnahmen ermöglichen. Im Einzelnen sind dabei drei Funktionen voneinander zu trennen.

1. Informationsfunktion

22 Medien haben eine Informationsfunktion, machen also Informationen für den Einzelnen entweder überhaupt erst als solche zugänglich oder ermöglichen eine

---

34 BGH vom 21.6.1966 (Höllenfeuer), BGHZ 45, 296, 302ff. Siehe Rdnr. 745f., 1617.

35 BVerfG vom 27.7.1971 (Mehrwertsteuer), BVerfG 31, 314, 329.

36 §30 GWB. Siehe Rdnr. 824ff.

37 „... in Angelegenheiten von öffentlichem Interesse Nachrichten beschafft und verbreitet, Stellung nimmt, Kritik übt, auf andere Weise an der Meinungsbildung mitwirkt", §3 LPrG MV. „... durch die Herstellung und Verbreitung von Hörfunk- und Fernsehprogrammen als Medium und Faktor des Prozesses freier individueller und öffentlicher Meinungsbildung zu wirken", §11 Abs. 1 Satz 1 RStV. „The function of the press is to explore and investigate events, inform the people what is going on, and to expose the harmful as well as the good influences at work. There is no higher function performed under our constitutional regime", *Douglas* J. in Branzburg v. Hayes, 408 U.S. 665, 722 (1972).

besonders gute Information. Wer sich vor einer Anschaffung über Preisunterschiede verschiedener Anbieter schlau machen möchte, kann über das Internet Auskünfte erhalten, die sonstige Informationsmöglichkeiten des Einzelnen weit übersteigen. Eine Liveübertragung aus dem Bundestag macht den Zuschauern Informationen zugänglich, die der weit überwiegenden Mehrzahl von ihnen sonst nicht offenstehen würden. Der Einzelne kann den Sitzungen des Bundestags unmittelbar beiwohnen, für die Gesamtheit der Bevölkerung reichen weder der Platz noch die logistischen Möglichkeiten aus.

Die wichtigste Konsequenz aus der Informationsfunktion ist, dass **Informationen grundsätzlich als gemeinfrei** angesehen werden.[38] Sie „gehören" niemandem, sondern sind öffentliches Eigentum und stehen den Medien zur freien Nutzung offen. Insbesondere müssen bloße Nachrichten als solche im allgemeinen Informationsinteresse frei bleiben. Das Interesse an einer Information der Öffentlichkeit führt auch dazu, dass Medien nicht auf **Schadensersatz** für solche Veröffentlichungen haften, die sie zuvor pflichtgemäß auf ihren Wahrheitsgehalt überprüft haben und die sich im Nachhinein dann doch als unzutreffend erweisen.[39] 23

2. Kontrollfunktion

Die Möglichkeit, Informationen öffentlich zu machen, weist den Medien in freiheitlichen Gesellschaften eine Kontrollfunktion zu.[40] So kann – um mit den Worten eines der Gründungsväter der US-amerikanischen Verfassung zu sprechen – erreicht werden, **dass die Bürger die Regierung zensieren und nicht umgekehrt die Regierung die Bürger.**[41] Medien sollen Missstände von öffentlicher Bedeutung aufdecken[42] und auf diese Weise verhindern, dass Vorgänge von allgemeinem Interesse „unter der Decke" gehalten werden und sich zuständige Stellen ihrer Verantwortlichkeit entziehen. Die Veröffentlichung setzt den Kritisierten unter Legitimationsdruck. Das drängt ihn zur Abhilfe bzw. zu einer öffentlichen Antwort, wenn er etwa als Politiker wiedergewählt werden möchte oder als Unternehmer auf die öffentliche Wertschätzung seiner Produkte angewiesen ist. In staatsrechtlicher Hinsicht ist die öffentliche Kontrolle zugleich ein gewisses Korrektiv dazu, dass die Staatsgewalt zwar vom Volk ausgeht, aber unmittelbar nur durch Wahlen und Abstimmungen, im Übrigen aber durch besondere Organe ausgeübt wird.[43] In einer parlamentarischen Demokratie lässt es sich nicht vermeiden, dass das Parlament mitunter in eigenen Angele- 24

38 RG vom 29.4. 1930 (Rundfunknachricht), RGZ 128, 330, 340ff. Siehe Rdnr. 1197ff.

39 Siehe Rdnr. 1167, 1186.

40 BVerfG vom 3.6. 1980 (Böll/Walden), BVerfGE 54, 208, 220.

41 „... the censorial power is in the people over the Government, and not in the Government over the people", *Madison*, 4 Annals of Congress, 934 (1794), hier zitiert nach New York Times v. Sullivan, 376 U.S. 254, 275 (1964).

42 BVerfG vom 25.1. 1984 (Wallraff), BVerfGE 66, 116, 137; BGH vom 26.10. 1961 (Waffenhandel), BGHZ 36, 77, 81.

43 Art. 20 Abs. 2 GG.

genheiten entscheidet, zum Beispiel über die Höhe der Abgeordnetendiäten. Gerade in solchen Fällen verlangt das demokratische und rechtsstaatliche Prinzip, „dass der gesamte Willensbildungsprozess für den Bürger durchschaubar ist und das Ergebnis vor den Augen der Öffentlichkeit beschlossen wird. Denn dies ist die einzige wirksame Kontrolle“.[44] Die parlamentarische Demokratie basiert auf dem Vertrauen des Volkes. Ein solches Vertrauen ist nur bei einer Transparenz möglich, die es erlaubt, das politische Geschehen zu verfolgen.

25 Aus medienrechtlicher Sicht hat das Bedürfnis nach öffentlicher Kontrolle beispielsweise Bedeutung, wenn Medien **Informationen publizieren wollen, die auf rechtswidrige Weise gewonnen wurden,**[45] z.B. durch unzulässige Bestechung oder den Bruch dienstrechtlicher Geheimhaltungspflichten. Die Rechtswidrigkeit der Informationsgewinnung hat nicht – wie es das RG zu Bismarcks Zeiten unter Berufung auf das „natürliche Rechtsgefühl“ noch grundsätzlich annahm[46] – automatisch auch die Unzulässigkeit der Informationsnutzung zur Folge. Die Information darf vielmehr rechtmäßig veröffentlicht werden, wenn z.B. ein „sehr ernstes Informationsbedürfnis der Öffentlichkeit“ daran besteht. Aus demselben Grund genießen **Geschäftsinterna von Medienunternehmen** einen besonderen Schutz. Die unbefugte Weitergabe interner redaktioneller Informationen verletzt nicht nur allgemeine unternehmerische Geheimhaltungsinteressen, sondern auch speziell redaktionelle Interessen, weil Medienunternehmen zum Schutz ihrer Informanten in besonderer Weise auf Vertraulichkeit angewiesen sind.[47] Ohne einen solchen speziellen Schutz würden u.U. Quellen versiegen, die den Medien das Erfüllen ihrer Kontrollaufgabe vielfach erst ermöglichen. Diese Aufgabe ist typischerweise gerade im Zusammenhang mit Informationen gefragt, die nicht auf der Straße liegen und oft nur durch vertrauliche Mitteilungen in Erfahrung gebracht werden können. Aus demselben Grund kennt das Medienrecht besondere Zeugnisverweigerungsrechte[48] und einen speziellen Schutz vor Beschlagnahmen und Durchsuchungen.[49]

3. Dialogfunktion

26 Die Medien sind schließlich aufgrund ihrer Dialogfunktion das zentrale Verbindungsorgan zwischen der Öffentlichkeit und den von der öffentlichen Meinungsbildung Betroffenen, also namentlich zwischen dem Volk und den gewählten Vertretern in Parlament und Regierung. Die Presse „fasst die in der Gesellschaft und ihren Gruppen unaufhörlich sich neu bildenden Meinungen und Forderungen kritisch zusammen, stellt sie zur Erörterung und trägt sie an die politisch handelnden Staatsorgane heran, die auf diese Weise ihre Entschei-

44 BVerfG vom 5.11.1975 (Abgeordnetenentschädigung), BVerfGE 40, 296, 327.
45 BVerfG vom 25.1.1984 (Wallraff), BVerfGE 66, 116, 139. Siehe Rdnr. 1106ff.
46 RG vom 28.12.1899 (Otto von Bismarck), RGZ 45, 170, 173.
47 BVerfG vom 25.1.1984 (Wallraff), BVerfGE 66, 116, 133f. Siehe Rdnr. 1073ff., 1148ff.
48 §§ 53 Abs. 1 Nr. 5 StPO, 383 Abs. 1 Nr. 5 ZPO, 102 Abs. 1 Nr. 4 AO.
49 §§ 97, 103 StPO.

dungen auch in Einzelfragen der Tagespolitik ständig am Maßstab der im Volk tatsächlich vertretenen Auffassungen messen können".[50]

Das Interesse an öffentlichem Dialog ist die Wurzel vieler Anforderungen, die mediale **Meinungsvielfalt** sichern wollen (siehe § 7). Namentlich das Rundfunkrecht kennt Bestimmungen, die sich ausdrücklich diesem Anliegen verschreiben.[51] Die Dialogfunktion wirkt sich aber auch auf die Befugnisse von Medien gegenüber betroffenen Einzelpersonen und Inhabern von Schutzrechten aus. Sie ist der Grund, warum beispielsweise der Einzelne es hinnehmen muss, dass seine Äußerungen von anderen zitiert werden dürfen.[52] Ebenso muss der Urheber das Zitat seines Werkes zum Zwecke der Auseinandersetzung dulden. Dialog und Auseinandersetzung sind nur möglich, wenn auf andere Bezug genommen werden darf. Das korrekte Zitat fremder Äußerungen oder Werke gibt diese exakt wieder und ermöglicht dadurch eine besonders präzise Auseinandersetzung mit anderen Standpunkten. 27

Im Hinblick auf die Dialogfunktion ist es geboten, zwischen **Massenmedien**, die periodisch und in kurzen Zeitintervallen bzw. sogar permanent erscheinen,[53] und sonstigen Informationsquellen, wie zum Beispiel Büchern und Filmen, zu trennen. Letztere beschränken sich im Grunde auf eine „Einmalinformation", selbst wenn diese im Wege der Massenkommunikation verbreitet wird. Sicherlich kann ein einzelner Autor Enthüllungsjournalismus oder Wirtschaftsaufklärung betreiben und insoweit im Einzelfall genauso wie ein Medienunternehmen zu behandeln sein. Ebenso können einzelne Filme oder Bücher zur öffentlichen Meinungsbildung in wichtiger Weise beitragen, Missstände aufdecken und in Gestalt der Harry Potter-Geschichten auch die Sozialisation ganzer Schülergenerationen beeinflussen. Die Hauptlast und besondere Bedeutung zur Erfüllung dieser Aufgaben liegt jedoch bei den klassischen Massenmedien Rundfunk und Presse sowie zukünftig möglicherweise auch bei den Telemedien. Das legt es nahe, das medienrechtliche Augenmerk und die Maßstäbe dieses Gebiets vor allem auf diese Medien zuzuschneiden. Nur sie können Diskussionsforen herstellen. Sie sind aufgrund ihrer Aktualität und Periodizität viel schneller, wirksamer und besser in der Lage, auch die übrigen gesellschaftlichen Aufgaben zu erfüllen, als dies dem Buch, dem Film und jedem Einzelnen möglich ist. Hier schlägt (zeitliche) Quantität abermals in Qualität um. 28

Diese sich aus der Dialogfunktion ableitende Unterscheidung liegt dem **Gegendarstellungsrecht** besonders deutlich zugrunde. Das Gegendarstellungsrecht erklärt sich maßgeblich aus dem Interesse der Öffentlichkeit und der Medien selbst an richtiger Information[54] und setzt dazu auf das Prinzip von Rede und Gegenrede. Es ist deshalb in Bezug 29

50 BVerfG vom 5.8. 1966 (Spiegel), BVerfGE 20, 162, 174f.
51 §§25ff. RStV.
52 Siehe Rdnr. 1138f., 1239ff.
53 Siehe z.B. §6 Abs. 4 LPrG MV „periodische Druckwerke"; §9 Satz 2 UWG „periodische Druckschriften".
54 BGH vom 6.4. 1976 (PANORAMA), BGHZ 66, 182, 195; BVerfG vom 14.1. 1998 (Gegendarstellung auf Titelseite), BVerfGE 97, 125, 146. Siehe Rdnr. 1791, 1794ff.

auf die Massenmedien sinnvoll, die den öffentlichen Dialog entscheidend betreiben und ermöglichen. Dementsprechend ist die Gegendarstellung beispielsweise gegenüber Tatsachenbehauptungen in periodischen Druckwerken (Zeitungen, Zeitschriften)[55] oder von Anbietern von journalistisch-redaktionell gestalteten Angeboten im Sinne von § 10 Abs. 3 MDStV (= § 56 RStV-E) möglich.[56] Sie kann dagegen weder im Zusammenhang mit Tatsachenangaben in Büchern verlangt werden, noch greift der Gegendarstellungsanspruch gegenüber jedermann ein, der eine Homepage unterhält.[57]

III. Bedeutung der Medien in Massengesellschaften

1. Ausgangsfragen

30 Die öffentliche Aufgabe der Medien und der Sondercharakter des Medienrechts erklären sich weiterhin aus der besonderen Bedeutung, die Medien in einer Massengesellschaft haben. Die vorgestellten Zusammenhänge beschränken sich nicht darauf, lediglich Handlungsparameter einer besonderen Branche, nämlich der „Informationsbranche", zu beschreiben. Die Bedeutung der Medien, die manche – um mit einem geflügelten Wort zu sprechen – sogar als die „Vierte Gewalt" ansehen,[58] geht weit darüber hinaus. Ihr Einfluss ergibt sich daraus, dass Informationen das Verhalten von Menschen beeinflussen und verändern können. Aufgrund des Massenaspekts sind Medien in der Lage, viele oder sogar alle Menschen eines Landes mit Informationen zu versorgen. Die **Möglichkeit der einheitlichen und zugleich massenhaften Information** ist ein Instrument, das ganze Gesellschaften erreichen, beeinflussen und unter Umständen sogar beherrschen kann.[59]

31 Ein spektakuläres Beispiel ist die **deutsche Wiedervereinigung**. Es lässt sich ohne weiteres überlegen, ob die Medien auf diesen Prozess einen möglicherweise sogar entscheidenden Einfluss gehabt haben. Das Westfernsehen „bildete einen Artikulationsverstärker für die Oppositions- und Reformgruppen, stellte Öffentlichkeit über die Ausreise- und Fluchtbewegung, über Demonstrationen und Protestereignisse her und förderte damit das Entstehen eines kollektiven Oppositionsbewusstseins".[60] Bereits der massenhafte Transport entsprechender Informationen kann als solcher Solidarisierungs- und

---

55 Z.B. § 10 Abs. 1 Satz 1 LPrG MV.

56 *Soehring*, Presserecht, Tz. 29.71.

57 LG Düsseldorf vom 29.4. 1998, AfP 1998, 420.

58 *Löffler*, Presserecht Bd. 1, 2. Auflage 1969, Grundlagen/Bedeutung, Anm. 57ff. Siehe Rdnr. 1706ff.

59 „Ich möchte glauben, dass die Erfindung des Radios größere Verantwortung mit sich bringt als die Erfindung der Atombombe. Denn Propaganda greift tiefer als Bomben. Die Bombe kann den Leib töten. Wer aber will, dass Bomben fallen, muss die Seelen der Menschen bewegen, mit deren stillschweigender Zustimmung die Bomben geworfen werden. Ich nenne das Radio deshalb nicht schlecht, aber verantwortungsvoll, denn es ist eines der Mittel, auf die Seelen der Menschen zu wirken. Wer es benutzt, muss wissen, was er tut", *C.F. von Weizäcker*, 1950, zitiert nach Herrmann/Lausen, Rundfunkrecht, § 1 Rn. 1.

60 *K. R. Hesse* Rundfunk und Fernsehen 38 (1990), 328; siehe auch *Kepplinger* Communicatio Socialis. Internationale Zeitschrift für Kommunikation in Religion, Kirche und Gesellschaft 37 (2004), 139, 149.

Unterstützungseffekte massiv begünstigen, die ohne die Basis einer entsprechenden gemeinsamen Informationsgrundlage nur schwer denkbar sind. In der Einschätzung des DDR-Bürgerrechtlers *Jens Reich* ging der Einfluss der Medien, insbesondere des Fernsehens, noch darüber hinaus. Es habe eine „massive Wechselwirkung zwischen tatsächlichem Ablauf und elektronischem Schein" gegeben. Die aufgeregte Darstellung der Westmedien habe einerseits die Anhänger des Systems gelähmt, andererseits bei den Regimegegnern und den von ihnen Mitgerissenen einen lawinenartigen Verstärkungseffekt erzeugt.[61]

Diktaturen gehen typischerweise mit der staatlichen Okkupation der Massenmedien einher. Solche Regime vertragen sich nun einmal weder mit unabhängigen Medien noch mit der Meinungs- und Informationsfreiheit.[62] Sie sind nicht an einer Kontrolle durch die Allgemeinheit und ebenso wenig an einem ernsthaften öffentlichen Dialog interessiert. 32

Diktatorische Staaten streben meist danach, bereits die schlichte Information als solche zu unterbinden. Die Nationalsozialisten stellten das absichtliche Hören und das vorsätzliche Verbreiten ausländischer Radiosender unter Zuchthausstrafe.[63] Heute ermöglicht das Internet vielen Menschen in unfreien Staaten einen Zugang zu unzensierten Nachrichten. In der **Volksrepublik China** wird nach wie vor versucht, diese Quelle unliebsamer Informationsmöglichkeiten zu beschränken. Zugleich versuchen Diktaturen typischerweise, die Möglichkeiten der Massenkommunikation für eigene Zwecke, d.h. in der Regel zur Stützung der eigenen Herrschaft einzuspannen. *Hitler* maß der Presse schon 1925 eine ausschlaggebende machtpolitische Bedeutung zu.[64] Der **Nationalsozialismus** betrieb unmittelbar nach der Machtergreifung die „Gleichschaltung" der Medien. Eine zentrale Folge war, dass eine von Diktatoren stets gefürchtete öffentliche Kontrolle durch unabhängige Medien nicht mehr stattfinden konnte. Es ist natürlich heikel zu fragen, ob etwa der Holocaust erschwert oder gar verhindert worden wäre, wenn unabhängige Medien darüber in Deutschland öffentlich hätten berichten können. Gleichwohl dürfte doch als Minimalbefund anzunehmen sein, dass der Widerstand im Kleinen wie im Großen zumindest deutlich erleichtert worden wäre. Es macht einen zentralen Unterschied, ob Vorgänge durch Medien weithin öffentlich gemacht werden. Die Veröffentlichung wirkt namentlich schweigenden Mehrheiten entgegen, die zwar um bestimmte Dinge wissen, sich aber nicht trauen, diese auch öffentlich zu thematisieren. Auf jeden Fall sind staatlich gelenkte Massenmedien ein gefährliches machtpolitisches Instrument, das zu Propa- 33

---

61 *Reich* DIE ZEIT vom 30.9.1994, S.7.

62 „... it is only through free debate and free exchange of ideas that government remains responsive to the will of the people and peaceful change is effected. The right to speak freely and to promote diversity of ideas and programs is therefore one of the chief distinctions that sets us apart from totalitarian regimes", *Douglas* J. in Terminiello v. Chicago, 337 U.S. 1, 4 (1949).

63 VO über außerordentliche Rundfunkmaßnahmen vom 1.9.1939, RGBl I 1939, S.1683.

64 „Es ist ein Staats- und Volksinteresse ersten Ranges, zu verhindern, daß diese Menschen in die Hände schlechter, unwissender oder gar übelwollender Erzieher geraten. Der Staat hat deshalb die Pflicht, ihre Erziehung zu überwachen und jeden Unfug zu verhindern. Er muß dabei besonders der Presse auf die Finger sehen ... [und] darf sich nicht beschwätzen lassen, seine Pflicht zu versäumen und der Nation die Kost vorzuenthalten, die sie braucht und die ihr gut tut", *Adolf Hitler*, Mein Kampf, Bd. I, 1925, zitiert nach 39. Auflage 1935, S.264.

gandazwecken[65] bis hin zur Kriegsführung genutzt wird.[66] Die **DDR** sah im Fernsehen vornehmlich ein „Agitationsinstrument“, dessen Hauptaufgabe darin bestand, „bei der geistigen Formung des Menschen der sozialistischen Gesellschaft mitzuhelfen“.[67] Zugleich versuchte sie während des Kalten Krieges, mit Hilfe des „Deutschen Freiheitssenders 904“ und des „Deutschen Soldatensenders 935“ in Westdeutschland verdeckt Propaganda zu betreiben.[68]

34 Moderne Demokratien ziehen aus diesen Zusammenhängen durchweg die Konsequenz, „Kommunikationsfreiheiten“ zu garantieren, um so für den Einzelnen Informations- und Meinungsvielfalt zu schaffen und die Massenmedien vor staatlicher Vereinnahmung zu schützen. Freie, nicht von der öffentlichen Gewalt gelenkte, keiner Zensur unterworfene Medien sind ein „Wesenselement des freiheitlichen Staates und für die moderne Demokratie unentbehrlich“.[69] In demokratischen Industriegesellschaften kommen den Medien drei Funktionen[70] zu: die **Demokratiefunktion**, die **Wirtschaftsfunktion** und die **Integrationsfunktion**. Sie sind der Grund für fundamentale Veränderungen gegenüber dem früheren Recht und erklären, warum und in welcher Weise die Tätigkeit unabhängiger Medien für eine Gesellschaft wichtig ist und deshalb herausragenden rechtlichen Schutz genießen muss. Die drei Funktionen geben bei aller Unterschiedlichkeit Aufschluss über die Maßstäbe und die Berechtigung eines eigenständigen Rechtsgebiets, das nicht die Medien privilegieren, sondern letztlich uns allen nutzen soll.[71] „Aufschluss“ bedeutet nicht, dass sich aus ihnen durch-

---

65 „Der Rundfunk von heute hat kein anderes Ziel als der nationalsozialistischen Bewegung zu dienen; aber er hat die Pflicht, ihr richtig zu dienen. Mit einem Programm bloßer politischer Reden aber kann er ihr nicht in der richtigen Weise dienen, weil der Hörer, ermüdet durch die Anstrengung seiner Aufmerksamkeit, einfach abschalten würde. ... Der Rundfunk, wie er heute ist, enthält sich nur scheinbar der Propaganda, er bringt sie indirekt“, *Hadamovsky*, Der Rundfunk im Dienste der Volksverführung, 1934, S. 22.

66 „Im modernen Krieg kämpft der Gegner nicht nur mit militärischen Waffen, sondern auch mit Mitteln, die das Volk seelisch beeinflussen und zermürben sollen. Eines dieser Mittel ist der Rundfunk. Jedes Wort, das der Gegner herübersendet, ist selbstverständlich verlogen und dazu bestimmt, dem deutschen Volk Schaden zuzufügen. Die Reichsregierung weiß, daß das deutsche Volk diese Gefahr kennt, und erwartet daher, daß jeder Deutsche aus Verantwortungsbewusstsein heraus es zur Anstandspflicht erhebt, grundsätzlich das Abhören ausländischer Sender zu unterlassen ...“, VO über außerordentliche Rundfunkmaßnahmen vom 1. 9. 1939, RGBl I 1939, S. 1683.

67 *Adameck*, Der Deutsche Fernsehfunk, in: Verband der Deutschen Journalisten (Hrsg.), Journalistisches Handbuch der Deutschen Demokratischen Republik, Leipzig 1960, S. 119; *ders.*, Die Rolle des Fernsehens bei der Bewusstseinsbildung seiner Zuschauer, in: Einheit 11/1962, S. 75.

68 Dazu *Wilke/Sartoris* in: Wilke (Hrsg.), Pressepolitik und Propaganda – Historische Studien vom Vormärz bis zum Kalten Krieg, 1997, S. 286ff.

69 BVerfG vom 5. 8. 1966 (Spiegel), BVerfGE 20, 162, 174; BVerfG vom 6. 11. 1979 (Kölner Stadtanzeiger), BVerfGE 52, 283, 296 mwN.

70 Überblick dazu aus kommunikationswissenschaftlicher Sicht *Burkart*, Kommunikationswissenschaft, S. 378ff. mwN.

71 „... not for the benefit of the press so much as for the benefit of all of us“, *Brennan* J. in Time v. Hill, 385 U.S. 374, 389 (1967).

weg zwingende Rechtsfolgen ableiten. Die rechtlichen Konsequenzen verlangen nach Diskussion und Begründung und werden im Einzelnen nie unstreitig sein. Die Medienfunktionen liefern aber etwas Grundlegendes: den roten Faden für das Verständnis und letztlich die Grundparameter des Medienrechts.

2. Demokratiefunktion

Die Massenmedien sind das zentrale Element der öffentlichen Meinungsbildung, 35
die für eine Demokratie unverzichtbar ist. Die demokratische Staatsform setzt voraus, dass alle Wahlberechtigten (= die „Masse") in der Lage sind bzw. in die Lage versetzt werden, sich eine gleichermaßen fundierte, eigene und unabhängige Meinung zu bilden. Erst das durch die Medien ermöglichte und vermittelte Zusammenspiel von öffentlicher Information, öffentlicher Kontrolle und öffentlichem Dialog schafft diese Voraussetzung.[72] Die Medien werden auf diese Weise zu einem **Sicherungsinstrument für Funktionsvoraussetzungen der Demokratie** und letztlich zu einem Garanten für das demokratische Staatswesen schlechthin. „Eine verantwortliche Teilhabe der Bürger an der politischen Willensbildung des Volkes setzt voraus, dass der Einzelne von den zu entscheidenden Sachfragen, von den durch die verfassten Staatsorgane getroffenen Entscheidungen, Maßnahmen und Lösungsvorschlägen genügend weiß, um sie beurteilen, billigen oder verwerfen zu können".[73]

Ein wichtiges Anwendungsfeld der Demokratiefunktion ist beispielsweise die 36
zivilrechtliche Haftung der Medien, deren rechtlicher Zuschnitt von der Demokratiefunktion geradezu durchtränkt worden ist. Das ursprüngliche Äußerungsdeliktsrecht war prinzipiell auf den Verletzer und den Verletzten, also allein auf ein Zweipersonenverhältnis zugeschnitten. Es ist eine grundsätzliche Zäsur, wenn nunmehr auch Drittinteressen zu berücksichtigen sind und beispielsweise eine Beeinträchtigung von Persönlichkeitsrechten im öffentlichen Informationsinteresse gerechtfertigt sein kann.[74] Das öffentliche Informationsinteresse hat bei der Abwägung mit Schutzinteressen Betroffener besonders hohes Gewicht, wenn die Demokratiefunktion betroffen ist, etwa weil jemand durch öffentliche Äußerungen politisch Stellung beziehen will.[75]

---

72 „Freie Meinungsbildung als Voraussetzung sowohl der Persönlichkeitsentfaltung als auch der demokratischen Ordnung vollzieht sich in einem Prozess der Kommunikation, der ohne Medien, die Informationen verbreiten und selbst Meinungen äußern, nicht aufrechterhalten werden könnte", BVerfG vom 22.2. 1994 (Rundfunkgebühr), BVerfGE 90, 60, 87.

73 BVerfG vom 2.3. 1977 (Wahlwerbung), BVerfGE 44, 125, 147. „Without the information provided by the press most of us and many of our representatives would be unable to vote intelligently or to register opinions on the administration of government generally", *White* J. in Cox Broadcasting v. Cohn, 420 U.S. 469, 492 (1975).

74 Grundlegend BGH vom 22.12. 1959 (Alte Herren), BGHZ 31, 308, 312.

75 Siehe Rdnr. 951 ff.

3. Wirtschaftsfunktion

37 Die Wirtschaftsfunktion der Medien ist anders als die Demokratiefunktion auf Informationen und Vorgänge wirtschaftlicher Natur und nicht auf politische Aspekte bezogen. Sie betrifft aber in grundsätzlich gleicher Weise das Herstellen von Öffentlichkeit, das Informieren des Einzelnen, die Kontrollaufgabe im Hinblick auf Missstände und eine mögliche öffentliche Debatte. Massenmedien sind aufgrund ihres Verbreitungsgrads und ihrer Periodizität das optimale Mittel zur Verbreitung von Informationen und dementsprechend auch die wohl wichtigste Informationsmöglichkeit des Einzelnen in wirtschaftlichen Angelegenheiten. Die Telemedien verschaffen sogar Informationsmöglichkeiten einer Qualität, wie sie noch vor wenigen Jahren schlechthin nicht vorstellbar war. Die wirtschaftliche Information durch die Massenmedien liegt im **Interesse des Einzelnen**, dem sie bei der Bewältigung von Schwierigkeiten und Streitigkeiten des täglichen Lebens hilft.[76] Er könnte sich solche Kenntnisse ansonsten nur mühevoll oder aber gar nicht verschaffen. Die Wirtschaftsfunktion geht aber auch darüber hinaus, weil die Medien eine Markttransparenz schaffen, die nicht nur dem einzelnen Verbraucher, sondern zugleich einem **„volkswirtschaftlichen Gesamtinteresse“** dient.[77]

38 Für das amerikanische Recht ist **Virginia State Board of Pharmacy v. Virginia Citizens Consumer Council** im Zusammenhang mit der Zulässigkeit vergleichender Preiswerbung für Medikamente einmal sogar soweit gegangen, die Wichtigkeit von „commercial information“ ansatzweise über die von politischen Nachrichten zu stellen.[78] Eine über 200 Jahre in sich gefestigte Demokratie kann sich derartige Überlegungen erlauben. Das Deutschland der Nachkriegszeit setzte andere Prioritäten. Hier stand zunächst die Demokratiefunktion der Medien klar im Vordergrund. Dass die Wahrnehmung öffentlicher Interessen durch die Massenmedien auch im Hinblick auf wirtschaftsrelevante Berichterstattung schutzwürdig ist, hat die Rspr. erst etwas später anerkannt. Die grundlegenden Entscheidungen stammen aus den 60er Jahren.[79]

39 Die vielleicht bedeutendste Folge der Wirtschaftsfunktion ist, dass wirtschaftsbezogene Aussagen der Medien grundsätzlich an den milden **deliktsrechtlichen Maßstäben und nicht am Wettbewerbsrecht** gemessen werden.[80] Medien werden dadurch großzügiger behandelt als in Konkurrenz stehende Wirtschaftsunternehmen. Stammen öffentliche Äußerungen über die Qualität unternehme-

---

76 BVerfG vom 15.1.2004, NJW 2004, 672.

77 BGH vom 9.12.1975 (Warentest II), BGHZ 65, 325, 332.

78 „As to the particular consumer's interest in the free flow of commercial information, that interest may be as keen, if not keener by far, than his interest in the day's most urgent political debate“, *Blackmun* J. in Virginia State Board of Pharmacy v. Virginia Citizens Consumer Council, 425 U.S. 748, 763 (1976).

79 BGH vom 21.6.1966 (Höllenfeuer), BGHZ 45, 296ff.; BGH vom 21.6.1966 (Teppichkehrmaschine), GRUR 1966, 633ff.; BGH vom 18.10.1966 (Warentest I), GRUR 1967, 113ff.

80 Siehe Rdnr. 736ff., 741ff.

rischer Leistungen von einem konkurrierenden Unternehmen, so sind sie grundsätzlich nach den wettbewerbsrechtlichen Maßstäben des UWG zu beurteilen. Diese sind typischerweise „streng“ bzw. im Hinblick auf die hier interessierende Problematik tendenziell äußerungsfeindlich. Die wichtigste Wurzel für die Äußerungsfeindlichkeit des Wettbewerbsrechts ist das richterliche Wunschbild eines „friedlichen Wettbewerbs“(!),[81] das die Materie über fast 100 Jahre entscheidend geprägt hat. Ein solches Wunschbild ist mit medienrechtlichen Zielsetzungen schlechterdings unvereinbar, was das Entstehen von Sondermaßstäben für die Medien stark begünstigt haben dürfte. Meinungsfreiheit ist per se auf Widerstreit angelegt. Bereits jede Meinungsäußerung als solche trägt die Tendenz zu Streit und Ärger in sich.[82] Dies gilt erst recht, wenn man die Aufgabe von Medien darin sieht, auf Missstände von öffentlicher Bedeutung hinzuweisen,[83] die Leserschaft über eine gefährliche, die Allgemeinheit interessierende Entwicklung zu unterrichten und in der Öffentlichkeit für ein Eingreifen des Gesetzgebers zu werben.[84] Es ist daher nur folgerichtig, dass Äußerungen der Medien grundsätzlich nicht dem UWG, sondern einem „Sonderrecht“ unterworfen werden.

4. Integrationsfunktion

Die Massenmedien haben schließlich eine Integrationsfunktion. Sie hat viel- 40
leicht sogar einen politischeren Charakter als die Demokratiefunktion und eine eminente gesellschaftliche Bedeutung, die in der allgemeinen juristischen Wahrnehmung nicht immer Aufmerksamkeit findet. Die Integrationsfunktion umfasst anders als die Demokratie- und die Wirtschaftsfunktion keine Kontrollaufgabe. Sie ist eine Konsequenz aus den besonderen Möglichkeiten der Medien zur Beeinflussung und ihrer allgemeinen Bedeutung für das gesellschaftliche Leben ebenso wie für den Einzelnen. Schon mit den ersten Lebenszeichen des Rundfunks in der Weimarer Republik wurde angenommen, dass dieses neue Massenmedium „die durch politische und religiöse Unterschiede getrennten Volksklassen zu einer an Zahl unbeschränkten, geistig verbundenen Hörgemeinde zusammen[fasst]“ und so vielleicht berufen sein wird, „Trennendes zu beseitigen, Gemeinschaftssinn und Staatsgedanken zu kräftigen und letzten Endes der ersehnten Volksgemeinschaft die Wege zu ebnen“.[85] Heute wird Hörfunk, Fern-

81 So wörtlich RG vom 10. 1. 1902 (Künstliches Mineralwasser), RGZ 50, 107, 108.

82 One „function of free speech under our system of government is to invite dispute. … It may indeed best serve its high purpose when it induces a condition of unrest, creates dissatisfaction with conditions as they are, or even stirs people to anger. Speech is often provocative and challenging. It may strike at prejudices and preconceptions and have profound unsettling effects as it presses for acceptance of an idea“, *Douglas* J. in Terminiello v. Chicago, 337 U.S. 1, 4 (1949).

83 BVerfG vom 25. 1. 1984 (Wallraff), BVerfGE 66, 116, 137.

84 BGH vom 26. 10. 1961 (Waffenhandel), BGHZ 36, 77, 81.

85 So der damalige Staatssekretär *Hans Bredow*, zitiert nach Schumacher, Radio als Mesehen und Presse eine maßgebende Wirkung für die „**Integration der Gemeinschaft in allen Lebenslagen**" zugesprochen.[86] Die Pflicht des öffentlich-rechtlichen Rundfunks zur Grundversorgung umfasst auch das „kulturelle Leben in der Bundesrepublik",[87] der private Rundfunk soll die Zusammengehörigkeit im vereinten Deutschland fördern und einen angemessenen Anteil an Kultur und Bildung enthalten,[88] und schließlich wird auch die Aufgabe der Presse darin gesehen, allgemein zur „Bildung" beizutragen.[89]

41 Die Medien haben eine **zentrale Bedeutung für die gesellschaftliche Integration** erlangt,[90] zum Beispiel für die Sozialisation von Kindern und Jugendlichen. Ihnen wurden in frühen Gesellschaftsformen fast alle Rollen innerhalb des Verwandtschaftsverbands vermittelt. Zum Beispiel lebte der Vater dem Sohn praktisch alle seine Rollen vor: Vater, Bauer, Krieger, Handwerker, Christ, Dorfältester usw. In späteren Gesellschaften sind weitere Institutionen hinzugekommen, etwa Kirchen, Schulen, Vereine, Universitäten und schließlich die Massenmedien. Die moderne Industriegesellschaft führt zu starken Differenzierungen. Sie fordert die Kenntnis von Verhaltensweisen, die spezifisch orientiert sind und die ein Einzelner nicht mehr „vorleben" kann. Die Massenmedien stellen nun ebenfalls Muster für solche Rollen bzw. für die Sozialisation von Kindern und Jugendlichen bereit.

42 Der Integrationseffekt ist nicht auf Heranwachsende oder eine andere bestimmte Personengruppe beschränkt. Er kann prinzipiell die gesamte Gesellschaft erfassen. Massenmedien schaffen **grundsätzliche kulturelle Gemeinsamkeiten**. Die Bereiche möglicher Wirklichkeitserfahrung sind in komplexen Industriegesellschaften so vielfältig geworden, dass es für den Einzelnen unmöglich ist, über alle in einer Gesellschaft bereitgestellten Erfahrungs-, Denk- und Handlungsweisen verfügen zu können. Mit ihrer sozialen Orientierungsleistung bringen die Massenmedien gleichsam ein Stück dieser verloren gegan-

---

dium und Faktor des aktuellen Geschehens, in: Leonhard (Hrsg.), Programmgeschichte des Hörfunks in der Weimarer Republik, 1997, S. 467f. Nach den Richtlinien über den Rundfunk von 1932 (abgedruckt bei Bausch, Der Rundfunk im politischen Kräftespiel der Weimarer Republik 1923–1933, 1956, S. 212ff.) arbeitet der Rundfunk mit an den „Lebensaufgaben des deutschen Volkes" und trägt dazu bei, „die natürliche Einordnung der Menschen in Heimat und Familie, Beruf und Staat ... zu erhalten und zu festigen. Der Rundfunk spricht darum die Hörer nicht nur als Einzelmenschen, sondern auch als Glieder dieser natürlichen Ordnungen des Volkes an ...".

86 BVerfG vom 5.6. 1973 (Lebach I), BVerfGE 35, 202, 222; § 5 Abs. 3 Satz 3 ZDF-StV „... die Zusammengehörigkeit im vereinten Deutschland fördern sowie der gesamtgesellschaftlichen Integration in Frieden und Freiheit ... dienen".

87 BVerfG vom 4.11. 1986 (Niedersachsen), BVerfGE 73, 118, 158; ähnlich BVerfG vom 24.3. 1987 (Baden-Württemberg), BVerfGE 74, 297, 324.

88 § 41 Abs. 1 Satz 3, Abs. 2 Satz 1 RStV.

89 § 3 LPrG MV.

90 Dazu *Burkart*, Kommunikationswissenschaft, S. 383ff. mwN. „Was wir über unsere Gesellschaft, ja über die Welt, in der wir leben, wissen, wissen wir durch die Massenmedien", *Luhmann*, Die Realität der Massenmedien, 2. Auflage 1996, S. 9.

genen Gemeinsamkeit im Erleben und Handeln der Menschen wieder zurück. Die Übertragung von Fußballspielen beispielsweise beschränkt sich nicht auf die Unterhaltung des einzelnen Zuschauers. Sie ist vielfach eine Art „sozialer Kitt", der gemeinsamen Gesprächsstoff schafft und Menschen zusammenführt. Wer umgekehrt von diesem „Medienerlebnis" ausgeschlossen ist, läuft auch Gefahr einer gesellschaftlichen Isolation. Der Integrationsaspekt hat damit eine eminent staatstragende Funktion. Die erfolgreiche Integration sorgt dafür, „dass der Mensch über seinen eigenen Erfahrungshorizont ... hinaus die Gesellschaft als Ganzes sieht und sich ihr zugehörig fühlt, sich mit ihr identifiziert".[91]

Die rechtliche Folgebedeutung der Integrationsfunktion liegt vornehmlich in 43
der Frage, ob an Informationen, die irgendwie „trivial" erscheinen oder reinen Unterhaltungscharakter haben, ein öffentliches Interesse besteht und welches Gewicht diesem Interesse bei der Abwägung mit kollidierenden Schutzinteressen ggf. zukommt.[92] Die Problematik mutet einfach an, ist aber zum Teil sehr umstritten und immer wieder Auslöser neuer Kontroversen. Der verfassungsrechtliche Auftrag des Rundfunks zur „Grundversorgung" und die aus der Rundfunkfreiheit resultierenden Garantien beispielsweise erstrecken sich ausdrücklich auch auf Unterhaltung, da die Rundfunkanstalten in öffentlicher Verantwortung stehen, Aufgaben der öffentlichen Verwaltung wahrnehmen und „eine integrierende Funktion für das Staatsganze" erfüllen.[93] Zur Information im Sinne des klassischen Rundfunkauftrags gehört deshalb auch „die gegenständlich uneingeschränkte Information über alle Lebensbereiche unter Zugrundelegung publizistischer Kriterien", zum Beispiel die Berichterstattung über Fußballspiele.[94]

E. Atypische Konstellationen

Die beschriebenen Funktionen und Besonderheiten sind im Zusammenhang mit 44
der Tätigkeit von Massenmedien relevant. Das schließt nicht aus, dass es angemessen sein kann, einzelne medienrechtliche Maßstäbe im atypischen Sonderfall auch einmal auf „Nichtmedien" bzw. in Sachverhalten ohne Medienbeteiligung anzuwenden.

Ein Anwendungsfall sind Konstellationen, in denen sich Institutionen im Wege der Mas- 45
senkommunikation zu Themen äußern, für die ihnen aufgrund ihres Tätigkeitsbereichs eine spezielle Kompetenz zugemessen wird, und die Äußerung zugleich besondere Schädigungsgefahren für den Betroffenen mit sich bringt. Die Rspr. hat z.B. besondere Prüfungspflichten für eine politische Partei angenommen, die zu Wahlkampfzwecken Bür-

91 *Maletzke*, Bausteine zur Kommunikationswissenschaft, 1984, S. 137, 139.
92 Siehe Rdnr. 957ff.
93 BVerfG vom 27.7. 1971 (Mehrwertsteuer), BVerfGE 31, 314, 329.
94 BVerfG vom 17.2. 1998 (Kurzberichterstattung), BVerfGE 97, 228, 257.

ger in ihrer Wahlkampfillustrierten abbildet,[95] und für den Sektenbeauftragen einer öffentlich-rechtlich korporierten Religionsgemeinschaft, der sich in Wahrnehmung seiner kirchlichen Aufgaben in den Medien kritisch über die Tätigkeit eines Psychotherapeuten und möglichen „Führer einer Psychosekte" äußert.[96]

95 BGH vom 27.11. 1979 (Wahlkampf-Illustrierte), NJW 1980, 994, 995; dazu zustimmend *Klosterfelde* GRUR 1980, 261f.
96 BGH vom 20.2. 2003 (Kirchlicher Sektenbeauftragter), BGHZ 154, 54, 62f.

II. Teil: Grundbegriffe, Rechtsgrundlagen, Schutzrechte

§ 2: Überblick und Ausgangsfragen

Ausgewählte Literatur

Blaue, Meinungsrelevanz und Mediennutzung – Zu Konvergenz und Regulierung elektronischer Medien, ZUM 2005, 30ff.; *Depenheuer*, Informationsordnung durch Informationsmarkt, AfP 1997, 669ff.; *Dörr*, Medienfreiheit im Binnenmarkt, AfP 2003, 202ff.; *Fiedler*, Schleichende Aushöhlung der Presse- und Meinungsfreiheit durch die Europäische Union?, AfP 2006, 320ff.; *Gounalakis*, Konvergenz der Medien – Sollte das Recht der Medien harmonisiert werden?, Gutachten C zum 64. DJT, Verhdlg. DJT 2002; *ders.*, Regulierung von Presse, Rundfunk und elektronischen Diensten in der künftigen Medienordnung, ZUM 2003, 180ff.; *Hain*, Regulierung in den Zeiten der Konvergenz – Wirtschaftsrechtliche und/oder medienrechtliche Steuerung?, K&R 2006, 325ff.; *Holoubek*, Medienfreiheit in der EMRK, AfP 2003, 193ff.; *Klein*, Maßstäbe für die Freiheit der öffentlichen und privaten Medien, DÖV 1999, 758ff.; *Kübler*, Lüth: eine sanfte Revolution, KritV 2000, 313ff.; *ders.*, Legitimationsfragen der Medienregulierung, AfP 2002, 277ff.; *Michael*, Mittelbare Drittwirkung spezifisch europäischen Verfassungsrechts am Beispiel des Schutzes der Privatsphäre vor der Presse, AfP 2006, 313ff.; *Ossenbühl*, Medienfreiheit und Persönlichkeitsschutz – Die Entscheidungsstruktur des BVerfG in kritischer Perspektive, Bitburger Gespräche Jb 1999/I, S. 73ff.; *Rudolf*, Informationsfreiheit und Persönlichkeitsschutz im Kontext des Völker- und Europarechts, Bitburger Gespräche Jb 1999/I, S. 135ff.; *Schmitt Glaeser*, Das Grundrecht auf Informationsfreiheit, Jura 1987, 567ff.; *Schoch*, Konvergenz der Medien – Sollte das Recht der Medien harmonisiert werden?, JZ 2002, 798ff.; *Schwarze*, Die Medien in der europäischen Verfassungsreform, AfP 2003, 209ff.; *Stürner*, Medien zwischen Regulierung und Reglementierung – Sanktionen gegen Medien?, AfP 2002, 283ff. 46

A. Rechtsgrundlagen im Überblick

I. Trennung zwischen den Medien und Konvergenz

Die rechtlichen Grundlagen des Medienrechts sind zersplittert. Es gibt keine einheitlichen Vorschriften für die Massenmedien schlechthin, sondern **jeweils spezielle Normen für die Presse, den Rundfunk und die Telemedien**. So formuliert das Grundgesetz kein einheitliches Mediengrundrecht, sondern geht in Art. 5 Abs. 1 Satz 2 GG von einer Funktionsteilung der drei Medien Presse, Rundfunk und Film aus, die jeweils eigenen Bedingungen unterliegen. Technische Neuerungen und damit auch die Telemedien sind nach derzeitigem Ver- 47 ständnis in diese Struktur einzuordnen.[1] Diese Trennung zwischen den verschiedenen Medien findet sich auch im europäischen Recht und auf der Ebene des einfachgesetzlichen Rechts. Sie führt dazu, dass die einzelnen Medien zum Teil verschiedenen Bestimmungen und Anforderungen unterliegen. Die Presse- und die Rundfunkfreiheit haben beispielsweise einen unterschiedlichen verfassungsrechtlichen Inhalt. Auf der Ebene des Gemeinschaftsrechts spielen Normen für die Presse kaum eine Rolle, während das Recht der elektronischen Medien und insbesondere das per se weltweit relevante Internet bereits in ganz erheblichem Umfang „europäisiert" sind. Schließlich haben auch die deutschen Bundesländer in der Regel keine allgemeinen Mediengesetze, sondern jeweils spezielle Regelungswerke für die Presse, den Rundfunk und die Telemedien erlassen.

48 Diese Trennung zwischen den einzelnen Medien ist aus rechtshistorischer Perspektive einfach zu erklären. Presse, Rundfunk und Telemedien sind nacheinander zu verschiedenen Zeiten entstanden, was ihre Regelung in separaten Gesetzen nachhaltig begünstigt hat. So konnten etwa die im 19. Jahrhundert für die Presse und Druckwerke entwickelten Normen naturgemäß gar nicht auf die Bedürfnisse „elektronischer" Medien zugeschnitten sein. Mit dem späteren Aufkommen von Radio und Fernsehen im 20. Jahrhundert stellten sich viele komplett neuartige Fragen, für deren Beantwortung die presserechtlichen Normen nichts hergaben. Nähere Überlegungen darüber, ob Maßstäbe des Presserechts auch für den Rundfunk bzw. allgemein für die Massenmedien angemessen sind, wurden dabei nicht angestellt. Der Gesetzgeber reagiert auf das Entstehen neuartiger Regelungsnotwendigkeiten oftmals pragmatisch und weicht der Klärung von Grundsatzfragen tendenziell aus. Diese Gesetzgebungspolitik ist für sich genommen durchaus vorteilhaft, da beim Aufkommen von Neuerungen vielfach nicht hinreichend beurteilt werden kann, welche Wirkungen und Veränderungen die betreffenden Neuerungen tatsächlich mit sich bringen.

49 Fragt man aus heutiger Sicht danach, **ob die Aufspaltung in Spezialgesetze sachlich richtig ist**, so ergibt sich ein unterschiedlicher Befund. Die einzelnen Medien bringen Besonderheiten mit sich, die eine speziell presse-, rundfunk- oder mediendiensterechtliche Behandlung rechtfertigen oder sogar erzwingen. Unterschiede aufgrund der Natur der Sache bestehen beispielsweise in Anbetracht der unterschiedlichen Finanzierungs- und Werbemöglichkeiten,[2] im Hinblick auf die unterschiedlichen Informationsmöglichkeiten der Medien bzw. das unterschiedliche Nutzungsverhalten von Lesern, Zuschauern und Zuhörern[3] sowie wegen der unterschiedlichen Wirkungen insbesondere von Bild- und Wortberichterstattungen.[4] Das BVerfG hat mit der Unterscheidung zwischen den außenpluralistischen Medien (Presse, Telemedien), dem binnenpluralistisch verfassten öffentlich-rechtlichen Rundfunk und dem gemischten Anforde-

---

1 *Bethge* in: Sachs, Art. 5 GG Rdn. 118.
2 Siehe Rdnr. 621 ff.
3 Siehe Rdnr. 905 ff.
4 Siehe Rdnr. 1252 ff., 1429 ff.

rungen unterliegenden privaten Rundfunk weitere zentrale Unterscheidungen eingebaut.[5] Es ist aber fraglich, ob sich die de lege lata für die Medien geltenden Regelungsunterschiede durchweg auf solche sachlichen Unterschiede zurückführen lassen. Das pragmatische Vorgehen des Gesetzgebers bringt die Gefahr mit sich, dass Regelungen jeweils nur das betreffende Medium, nicht aber die Medienlandschaft als Ganzes im Auge haben. Das Bestehen unterschiedlicher Normen kann zu Wertungswidersprüchen führen. Es wirft namentlich auf der Ebene der einfachgesetzlichen Normen erhebliche Abgrenzungsprobleme insbesondere zwischen rundfunk- und mediendiensterechtlichen Vorschriften auf. Zugleich dominieren Abgrenzungskriterien, die manchmal etwas zufällig bzw. rein „technisch" anmuten.

Beispiele: Ein jeweils montags erscheinendes Wochenmagazin stellt bereits samstags einige Ausschnitte der späteren Ausgabe ins „Netz". Gelten dafür nun die presserechtlichen oder die mediendiensterechtlichen Normen?[6] Ein Internetunternehmen überträgt das Fußballländerspiel im Internet. Gelten dafür die Normen des RStV oder des MDStV?[7] Ein TV-Sender veranstaltet eine „Presseschau", in der Zeitungsartikel abgebildet und vorgelesen werden.[8] Die Unterscheidungen haben Bedeutung, z.B. im Hinblick auf Werberegulierungen[9] sowie für die Zulassungsfreiheit bzw. die Zulassungsvoraussetzungen und für das Aufsichtsrecht. Beispielsweise bedarf eine Medientätigkeit keiner Zulassung, wenn sie unter das Presse- oder das Mediendiensterecht fällt.[10] Handelt es sich dagegen um Rundfunk, so ist die Tätigkeit nur nach Maßgabe eines genau geregelten Zulassungsverfahrens erlaubt.[11] 50

Die Beispiele zeigen, dass sich die ursprünglich klaren Unterschiede zwischen den einzelnen Medien in Teilbereichen immer stärker auflösen. Die Konvergenz zwischen den Medien hat eine umfangreiche rechtspolitische Diskussion darüber entstehen lassen, ob und in welchem Umfang die Medien einem einheitlichen Regelungsregime unterworfen werden sollten.[12] Sie wird hauptsächlich über zwei Aspekte geführt. Zum einen sind vor allem die „elektronischen" Medien betroffen, also der Rundfunk und die Telemedien, die derzeit einem noch weitgehend unterschiedlichen Regelungsregime unterliegen.[13] Zum anderen geht es um die Frage, ob Meinungsvielfalt vornehmlich durch staatliche Regulierung 51

---

5 Zu Außen- und Binnenpluralismus siehe Rdnr. 481ff.
6 Es gilt Mediendiensterecht. Siehe Rdnr. 287.
7 Es gilt Rundfunkrecht. Siehe Rdnr. 256, 288.
8 Es gilt Rundfunkrecht. Siehe Rdnr. 169.
9 §§13 MDStV (= §58 RStV-E), 16, 45 RStV. Siehe Rdnr. 667ff.
10 Z.B. §§2 LPrG MV, 4 MDStV (= §54 Abs. 1 Satz 1 RStV-E). Zur Zulassungsfreiheit außenpluraler Medienunternehmen siehe Rdnr. 493.
11 §§20ff. RStV. Zur Zulassung privater Rundfunkunternehmen siehe Rdnr. 523ff.
12 Dazu *Hain* K&R 2006, 325ff.; ausführlich *Gounalakis* Verhdlg. DJT 2002 Gutachen C, der zu differenzierenden Ergebnissen gelangt; für eine „Harmonisierung" *Schoch* JZ 2002, 798ff.; für eine grundsätzliche Beibehaltung unterschiedlicher Regelungen *Blaue* ZUM 2005, 30ff.
13 Siehe §§4, 5.

oder durch privatrechtliche Medienstrukturen erreicht werden soll. Sie wird hier zunächst ausgeklammert und an späterer Stelle behandelt.[14]

II. Gefüge und Hierarchie der medienrechtlichen Normen

52 Das Medienrecht wird ganz maßgeblich dadurch geprägt, dass die relevanten Normen auf unterschiedlichen Stufen der Rechtsquellenhierarchie stehen. Die einschlägigen Vorschriften unterscheiden sich außerdem maßgeblich in ihrem Regelungsgehalt. Das Grundgesetz und die EMRK normieren die diversen Kommunikationsgrundrechte bzw. die Meinungsfreiheit, das europäische Gemeinschaftsrecht hat vornehmlich für wirtschaftsrechtliche Fragen Bedeutung und die Bundesgesetze enthalten in der Regel allein Vorschriften mit mittelbar medienrechtlichem Gehalt. Die Landesrechte kennen schließlich Gesetze, deren Bezeichnungen als „Pressegesetz“ oder „Mediengesetz“ zwar an allgemeine Regelungen denken lassen, die sich aber vielfach nur auf das Normieren von Teilaspekten beschränken.

1. Grundgesetz und EMRK

53 An der Spitze stehen die durch **Art. 5 Abs. 1 GG** normierten Kommunikationsgrundrechte: die Meinungsfreiheit, die Informationsfreiheit sowie die Freiheit von Presse, Rundfunk und Film. Sie binden Gesetzgebung, vollziehende Gewalt und Rechtsprechung als unmittelbar geltendes Recht (Art. 1 Abs. 3 GG) und werden noch im Einzelnen vorgestellt.[15]

54 Die Grundrechte werden auf europäischer Ebene durch die einschlägigen Normen der EMRK ergänzt, insbesondere schützt **Art. 10 EMRK** die Meinungsfreiheit. Die EMRK ist vor allem für solche Länder in Europa wichtig, die keinen verfassungsrechtlichen Grundrechtskatalog haben, wie ihn das Grundgesetz für das deutsche Recht aufstellt. Zu nennen sind zum Beispiel Großbritannien, Österreich und die Schweiz. Die Bestimmungen der EMRK haben ferner Einfluss auf das europäische Gemeinschaftsrecht, da der EuGH bei der Auslegung gemeinschaftsrechtlicher Normen zum Teil auf die EMRK zurückgreift.[16] Die zu den einschlägigen Normen ergangene Rechtsprechung des EuGHMR gibt zugleich Aufschluss über die unterschiedliche Rechtslage in den beteiligten Ländern und kann auch gewisse indirekte Angleichungseffekte mit sich bringen. Im deutschen Recht sind die Entscheidungen des EuGHMR bei der Ge-

---

14 Siehe Rdnr. 481 ff., 485 ff., 510 ff.

15 Einen Überblick zu sämtlichen „medienrechtlichen“ Entscheidungen des BVerfG, die in chronologischer Reihenfolge und inhaltlicher Skizzierung aufgelistet werden, gibt *Schütz*, Stichwort „BVerfG-Entscheidungen zum Medienrecht“, in: Schiwy/Schütz/Dörr, Medienrecht, S. 40 ff.

16 EuGH vom 26.6. 1997 (Familiapress) – Rs. C-368/95, Slg. 1997 I, S. 3689 ff. Rn. 18, 25 f.

setzesauslegung zu berücksichtigen.[17] Dies gilt auch für die Bestimmung von Inhalt und Reichweite von Grundrechten, die nach Möglichkeit so auszulegen sind, dass kein Konflikt mit den völkerrechtlichen Verpflichtungen Deutschlands entsteht.[18] Die im Grundgesetz normierten Grundrechte sind gegenüber den aus der EMRK folgenden Maßstäben aber vorrangig und setzen sich ihnen gegenüber durch,[19] falls sich die Rechtsprechungslinien von BVerfG und EuGHMR nicht miteinander decken sollten.[20]

2. Europäisches Gemeinschaftsrecht

Das europäische Gemeinschaftsrecht kennt keine allgemeinen medienrechtlichen Vorschriften und nimmt eine Sonderstellung ein. Seine Bedeutung für das Medienrecht lässt sich nur schwer auf einen einheitlichen Nenner bringen, weil das Gemeinschaftsrecht in unterschiedlichen Zusammenhängen für das Medienrecht relevant werden kann. Bisher ist es vor allem auf der Ebene der Rechtsetzung wichtig geworden. Die EG ist – im Rahmen ihrer Kompetenzen – zum Erlass von Verordnungen und Richtlinien befugt.[21] Während Verordnungen unmittelbar gelten, müssen Richtlinien von den nationalen Parlamenten der Mitgliedstaaten in geltendes Recht umgesetzt werden. Dabei sind die Mitgliedstaaten zur Umsetzung innerhalb einer bestimmten Frist verpflichtet und müssen die Richtlinie vollinhaltlich umsetzen.[22] Sie haben dazu bei der Wahl der Form und der Mittel nach dem Grundsatz „effet utile“ (= praktische Wirksamkeit) diejenigen zu ergreifen, die für die Gewährleistung der praktischen Wirksamkeit der Richtlinien unter Berücksichtigung des mit ihnen verfolgten Zwecks am besten geeignet sind.[23] Solche **Richtlinien** gibt es für das Fernsehen[24] und den elektronischen Geschäftsverkehr bzw. die Telemedien.[25] Die EG ist dabei, diese 55

17 BVerfG vom 14.10. 2004, BVerfGE 111, 307, 317; BVerfG vom 28.12. 2004, NJW 2005, 1105, 1107.

18 BVerfG vom 14.10. 2004, BVerfGE 111, 307, 318; dazu *Klein* JZ 2004, 1863ff.; *Grupp* DVBl 2005, 133ff.; *Bergmann* EuGRZ 2004, 620ff.; *Breuer* NVwZ 2005, 412ff.

19 BVerfG vom 14.10. 2004, BVerfGE 111, 307, 324.

20 Praktische medienrechtliche Bedeutung hat die Frage durch BVerfG vom 15.12. 1999 (Caroline von Monaco), BVerfGE 101, 361ff. einerseits und EuGHMR vom 24.6. 2004 (von Hannover/Deutschland), NJW 2004, 2647ff. andererseits erlangt. Dazu aus verfassungsrechtlicher Sicht *Starck* JZ 2006, 76ff. mwN.; *Michael* AfP 2006, 313ff. mwN.; *Rinsche* FS Damm 2005, 156ff. Zur inhaltlichen Frage siehe Rdnr. 969ff.

21 Art. 249 Abs. 2, Abs. 3 EGV.

22 EuGH vom 10.4. 1984 (Harz/Deutsche Tradax) – Rs. 79/83, Slg. 1984, S. 1921ff. Rn. 15 „vollständige Wirksamkeit der Richtlinie entsprechend ihrer Zielsetzung zu gewährleisten“.

23 EuGH vom 8.4. 1976 (Royer) – Rs. 48/75, Slg. 1976, S. 497ff. Rn. 69/73.

24 RL 89/552/EWG vom 3.10. 1989 über Fernsehtätigkeit, ABl. EG 1989, L 298/23 = GRUR Int. 1990, 134ff.; RL 97/36/EG vom 30.6. 1997 über Fernsehtätigkeit, ABl. EG 1997, L 202/60 = GRUR Int. 1998, 120ff.

25 RL 2000/31/EG vom 8.6. 2000 über elektronischen Geschäftsverkehr, ABl. EG 2000, L 178/1 = GRUR Int. 2000, 1004ff.

Bestimmungen zu ändern und wird sie in Zukunft voraussichtlich in einer Richtlinie über audiovisuelle Mediendienste einheitlich regeln.[26]

56 Das Gemeinschaftsrecht kann weiterhin vor allem in **medienwirtschaftlichen Zusammenhängen** Bedeutung erlangen, weil und soweit seine Wettbewerbs- und Beihilferegeln auch auf Medienunternehmen anwendbar sind.[27] Außerdem verpflichtet der EG-Vertrag die Gemeinschaft zur Errichtung eines Gemeinsamen Marktes und statuiert dazu ökonomisch motivierte **Grundfreiheiten**, namentlich die Warenverkehrsfreiheit und Dienstleistungsfreiheit. Diese Freiheiten setzen den nationalen Rechten bestimmte Grenzen und können in diesem Rahmen auch für die Medien relevant werden.[28] Die Regeln zum Schutz der Warenverkehrsfreiheit (Art. 28 EGV) greifen beispielsweise ein, sofern nationale Normen geeignet sind, den Handel zwischen den Mitgliedstaaten unmittelbar oder mittelbar, tatsächlich oder potenziell zu verhindern.[29] Eine derartige Beschränkung kann jedoch u.a. aus Gründen des nationalen Kulturguts oder des geistigen Eigentums (Art. 30 EGV) sowie aus „Erwägungen des Gemeinwohls"[30] gerechtfertigt sein. Als ein derartiger Grund des Gemeinwohls können auch medienspezifische Aspekte in Betracht kommen. So hat der EuGH im Zusammenhang mit einer Bestimmung des österreichischen Rechts, nach der Preisausschreibungen und Verlosungen in Zeitschriften verboten waren, angenommen, dass der Schutz der „Medienvielfalt" Beschränkungen des freien Wettbewerbs rechtfertigen kann.[31] Das Gericht leitete dies aus dem Bezug zu der in Art. 10 EMRK verbürgten Meinungsfreiheit und der besonderen Bedeutung der Medienvielfalt für eine demokratische Gesellschaft ab.

3. Bundesgesetze

57 Einfachgesetzliche Rechtsquellen haben für das Medienrecht eine unterschiedliche Bedeutung. Auf der Ebene des Bundesrechts gibt es im Kern **keine genuinen Mediengesetze**. Insbesondere hat der Bund von seiner früheren Kompetenz zum Erlass von Rahmengesetzen über die allgemeinen Rechtsverhältnisse der Presse (Art. 75 Nr. 2 GG a.F.)[32] keinen Gebrauch gemacht. Für den Bereich der übrigen bzw. der elektronischen Medien steht dem Bund ohnehin keine Gesetz-

---

26 Dazu *Kleist/Scheuer* MMR 2006, 127ff.; *dies.* MMR 2006, 206ff.; *Stender-Vorwachs/Theißen* ZUM 2006, 262ff.; *Leitgeb* ZUM 2006, 837ff.

27 Art. 81f., 86, 87ff. EGV. Zur Einordnung der Rundfunkgebühr siehe Rdnr. 691ff.

28 Überblick dazu bei *Dörr* AfP 2003, 202ff. mwN.

29 EuGH vom 11. 7. 1974 (Dassonville) – Rs. 8/74, Slg. 1974, S. 837ff. Rn. 5.

30 So die Formulierung in EuGH vom 16. 12. 1980 (Fietje) – Rs. 27/80, Slg. 1980, S. 3839ff. Rn. 9; ähnlich („im allgemeinen Interesse liegendes Ziel") EuGH vom 20. 2. 1979 (Cassis de Dijon) – Rs. 120/78, Slg. 1979, S. 649ff. Rn. 14.

31 EuGH vom 26. 6. 1997 (Familiapress) – Rs. C-368/95, Slg. 1997 I, S. 3689ff. Rn. 18, 25f.; zu Art. 49 EGV ebenso EuGH vom 28. 10. 1999 (ARD) – Rs. C6/98, Slg. 1999 I, S. 7599ff. Rn. 50 „Erhaltung einer bestimmten Programmqualität im Rahmen der Kulturpolitik".

32 Dazu *Groß*, Presserecht, Rn. 17ff. mwN.

gebungskompetenz zu. Die Kompetenzen für das Postwesen und die Telekommunikation (Art. 73 Nr. 7, 87f Abs. 1 GG) beschränken sich auf den sende- bzw. übertragungstechnischen Bereich unter Ausschluss der Studiotechnik und erfassen namentlich nicht den Rundfunk als Ganzes.[33]

Es gibt auf Bundesebene aber viele **Vorschriften, die mittelbar medienrechtliche Fragen regeln.**[34] Sie gelten also in ganz Deutschland und grundsätzlich für alle Medien in gleicher Weise. Der Bund kann zum Erlass solcher Normen namentlich dann berechtigt sein, wenn eine ihm zugewiesene Materie – etwa das Urheberrecht oder das Wirtschaftsrecht[35] – „verständigerweise nicht geregelt werden kann, ohne dass zugleich eine nicht ausdrücklich zugewiesene andere Materie mitgeregelt wird, wenn also ein Übergreifen in nicht ausdrücklich zugewiesene Materien unerlässliche Voraussetzung ist für die Regelung einer der Bundesgesetzgebung zugewiesenen Materie".[36] 58

4. Landesgesetze

Landesgesetze haben für das Medienrecht eine hohe Bedeutung. Die Verfassung hat sich im Interesse einer wirksamen Teilung der Gewalten bewusst für einen förderalistischen Staatsaufbau entschieden.[37] Die Gesetzgebungskompetenz für das Medienrecht liegt daher grundsätzlich bei den Ländern (Art. 70 Abs. 1 GG). Diese Zuständigkeitsverteilung wirkt Möglichkeiten einer „Gleichschaltung von Medien" (siehe Rdnr. 33, 134ff., 204ff.) entgegen und wird vom BVerfG streng befolgt.[38] Gesetzgebungskompetenzen des Bundes lassen sich dabei auch nicht aus der Natur der Sache oder etwa der Überlegung ableiten, die Veranstaltung von Rundfunksendungen sei eine überregionale Aufgabe oder zur nationalen Repräsentation des Bundes nach innen erforderlich. 59

Die einschlägigen landesgesetzlichen Regelungen haben weitgehend verfassungskonkretisierenden Gehalt. Maßnahmen des Gesetzgebers, den sachlichen Gehalt der Kommunikationsfreiheiten zu verdeutlichen und auf konkrete gesetzliche Vorschriften „herunterzubrechen", sind an sich billigenswert und zum Teil auch erforderlich. Jede derartige Regelung muss jedoch ihrerseits den Maßstäben von Art. 5 Abs. 1, Abs. 2 GG genügen und läuft Gefahr, mit der Verfassung in Widerspruch zu geraten.[39] Die landesrechtlichen Pressebestimmungen **orientieren sich daher typischerweise stark an den Vorgaben des Verfas-** 60

---

33 BVerfG vom 28.2. 1961 (Deutschland-Fernsehen), BVerfGE 12, 205, 225ff.

34 Z.B. §§ 823 Abs. 1, 824 BGB, 48ff. UrhG, 30, 35 Abs. 2 Satz 2, 38 Abs. 3 GWB, 9 Satz 2 UWG, 185ff., 353d StGB, 169 GVG. Zu dieser rechtsquellentheoretischen Besonderheit des Medienrechts siehe Rdnr. 7, 309f.

35 Art. 73 Nr. 9, Art. 74 Nr. 11 GG.

36 BVerfG vom 16.6. 1954, BVerfGE 3, 407, 423; BVerfG vom 28.2. 1961 (Deutschland-Fernsehen), BVerfGE 12, 205, 237.

37 BVerfG vom 28.2. 1961 (Deutschland-Fernsehen), BVerfGE 12, 205, 229.

38 BVerfG vom 28.2. 1961 (Deutschland-Fernsehen), BVerfGE 12, 205, 225ff.

39 Vgl. BVerfG vom 20.12. 1960, BVerfGE 12, 45, 53.

sungsrechts und an den einschlägigen Urteilen. So enthalten beispielsweise fast alle Pressegesetze Vorschriften über die öffentliche Aufgabe der Presse, die zunächst in der Zivilrechtsprechung und anschließend vom BVerfG formuliert worden war.[40] Ebenso begreift der RStV den Rundfunk als Medium und Faktor der öffentlichen Meinungsbildung und übernimmt damit eine Formulierung der Verfassungsrechtsprechung.[41]

61 Die jeweiligen Mediengesetze stehen gleichwohl in einem **anderen Regelungszusammenhang als die verfassungsrechtlichen Kommunikationsfreiheiten**. Daher können rechtliche Tatbestandsmerkmale in Verfassungsrecht und Gesetzesrecht selbst dann unterschiedliche Inhalte haben, wenn sie mit identischen sprachlichen Formulierungen bezeichnet werden. Verfassung und Landesgesetze können also insbesondere etwas Unterschiedliches meinen, wenn sie von Presse oder von Rundfunk sprechen.[42] Die verfassungsrechtlichen Begriffe sind in aller Regel umfassender. Sie legen fest, welche Bereiche, Lebenssachverhalte und Vorgänge im Interesse der öffentlichen Meinungsbildung sowohl Schutz vor staatlichen Eingriffen genießen als auch allgemein vor Beschränkungen geschützt werden müssen. Presse- und Rundfunkgesetze beziehen sich dagegen nur auf bestimmte Ausschnitte der Materie. So entscheidet etwa der gesetzliche Rundfunkbegriff allein darüber, ob eine mediale Tätigkeit anhand der Normen des RStV zu beurteilen ist und den dort vorgesehenen Regelungen unterliegt, also zum Beispiel im Hinblick auf Programm, Zulassung und Werbebeschränkungen bestimmten Anforderungen genügen muss. Zugleich ist der Gesetzgeber aufgrund seiner weiten Gestaltungsfreiheit nicht grundsätzlich daran gehindert, bestimmte Veranstaltungen, die verfassungsrechtlich möglicherweise als Rundfunk anzusehen sind, von dem einfachgesetzlichen Rundfunkbegriff auszunehmen und einem anderen Regelungsregime zu unterwerfen als den „klassischen" Rundfunk.[43] Relevant wird dies im Zusammenhang mit den so genannten Mediendiensten. Sie gelten nicht als Rundfunk im Sinne des RStV, sondern sind vielmehr nach den Normen des MDStV (= §§ 54ff. RStV-E, TMG-E) zu beurteilen. Die verfassungsrechtliche Einordnung der Mediendienste ist dagegen umstritten. Manche Stimmen fassen sie unter die Rundfunkfreiheit, andere lehnen diese Einordnung ab.[44]

---

40 Siehe z.B. § 3 LPrG MV; *Fechner/Mayer* (Hrsg.), Vorschriftensammlung Medienrecht, § 3 PresseG mwN.; BGH vom 22.12.1959 (Alte Herren), BGHZ 31, 308, 312; BVerfG vom 5.8.1966 (Spiegel), BVerfGE 20, 162, 174f.

41 Siehe § 11 Abs. 1 Satz 1 RStV; BVerfG vom 28.2.1961 (Deutschland-Fernsehen), BVerfGE 12, 205, 260.

42 Zu den abweichenden Pressebegriffen BK/*Degenhart*, Art. 5 Abs. 1 und 2 GG Rdnr. 407ff. Siehe auch Rdnr. 163, 254.

43 BVerwG vom 21.9.2005 (Ladenfunk), NJW 2006, 632, 633 mwN.

44 Zu diesem Streit siehe Rdnr. 274ff.

a. Presse

Für die **Presse** gilt in den meisten Bundesländern ein eigenes LPrG.[45] Die Regelungen gehen zum Teil auf gemeinsame Wurzeln zurück, nämlich das ReichsPreßG und einen früheren Modellentwurf der Länder.[46] Da die Länder bei ihrer Pressegesetzgebung außerdem „förderale Rechtsvergleichung" betreiben und sich an den anderen Landesrechten orientieren, basieren die Regelungen weitgehend auf ähnlichen Maßstäben. Im Detail gibt es gleichwohl Unterschiede, etwa im Gegendarstellungsrecht. Zugleich ist die Auslegung und Anwendung des Landespresserechts allein Aufgabe der ordentlichen Landesgerichtsbarkeit.[47] Der BGH kann dazu grundsätzlich nicht judizieren, da er nur zuständig ist, wenn vorinstanzliche Entscheidungen Bundesrecht verletzen.[48] Das Presserecht unterliegt aus diesen Gründen insgesamt einem uneinheitlichen Regelungsregime. 62

b. Elektronische Medien

Für die elektronischen Medien gilt ein etwas anderer Befund. Das **Rundfunkrecht** wird durch den RStV und weitere Staatsverträge zwischen sämtlichen oder mehreren Bundesländern geprägt. Die Staatsverträge müssen zwar in der Regel noch von den Ländern umgesetzt werden, führen aber für ihren Anwendungsbereich zu einheitlichen Regelungen. Sofern die Verwaltungsgerichte über Verletzungen des RStV zu urteilen haben, ermöglicht eine ausdrückliche Regelung außerdem den Rechtsweg zum BVerwG und damit eine bundeseinheitliche Revisionsrechtsprechung.[49] Zwischen den Rundfunkgesetzen der Länder, die häufig „Mediengesetz" genannt werden, gibt es im Detail jedoch durchaus Unterschiede, etwa im Zusammenhang mit der Rundfunkaufsicht. 63

Ähnlich liegt es für die **Telemedien**. Auch ihre Beurteilung ist in Landesgesetzen geregelt, für die der MDStV (= §§54ff. RStV-E) vielfach einen einheitlichen Maßstab vorgibt. Im Übrigen ist auch hier eine bundeseinheitliche Revisionsrechtsprechung durch das BVerwG möglich.[50] 64

---

45 In Baden-Württemberg und im Saarland ist das Presserecht in Mediengesetzen normiert, die auch das Landesrundfunkrecht regeln.

46 Modellentwurf der Ständigen Konferenz der Innenminister der Länder für ein Landespressegesetz vom 20.1.1963, AfP 1963, 329ff.; ebenfalls abgedruckt bei *Scheer*, Deutsches Presserecht, 1966, S.155ff.

47 §13 GVG.

48 §§133 GVG, 545 Abs.1 ZPO.

49 §48 RStV; dazu BVerwG vom 21.9.2005 (Ladenfunk), NJW 2006, 632, 633 mwN.

50 §23 MDStV.

III. Gesetzesauslegung und Drittwirkung der Grundrechte

1. Objektive Wertordnung

65 Die Auslegung der gesetzlichen Regeln bestimmt sich nach den üblichen Methoden, also namentlich nach dem Wortlaut, dem historischen Ursprung, der Systematik und dem Zweck der betreffenden Norm. Für die Anwendung mediengesetzlicher Normen sind darüber hinaus die grundrechtlichen Wertungen wichtig. Das BVerfG versteht seit der berühmten Lüth-Entscheidung die Grundrechte nicht allein als Abwehrrechte des Bürgers gegen den Staat, sondern zugleich als eine **objektive Wertordnung, die „für alle Bereiche des Rechts" gilt.**[51] Die grundrechtlichen Wertungen sind allgemein bei der Auslegung gesetzlicher Anforderungen sowie der Ausfüllung von zivilrechtlichen Generalklauseln zu beachten.[52] Sie können sich sowohl auf materielle Voraussetzungen als auch auf einzelne zivilrechtliche Anspruchsarten auswirken.

66 Das BVerfG beschränkt die Überprüfung fachgerichtlicher Entscheidungen darauf, ob die Fachgerichte bei der Auslegung oder Anwendung rechtlicher Normen gerade die **Bedeutung und Tragweite des betroffenen Grundrechts verkannt** haben.[53] Die Verfassungsrichter urteilen prinzipiell nur über verfassungsrechtliche Grenzen, nicht aber darüber, welche von mehreren verfassungsrechtlich zulässigen Lösungen die zivilrechtlich oder strafrechtlich beste wäre.[54] Das BVerfG gesteht sich für die Beurteilung jedoch einen „gewissen Spielraum" zu und sieht die Grenzen seiner Eingriffsmöglichkeiten nicht als starr und gleichbleibend an. Es will sich eine „Berücksichtigung der besonderen Lage des Einzelfalls" offenhalten[55] und macht die Reichweite der Überprüfung von der Intensität der Grundrechtsbeeinträchtigung abhängig.[56] Bei der Beurteilung äußerungsrechtlicher Fälle ist das BVerfG ausgeprochen sensibel. Insbesondere die

---

51 BVerfG vom 15.1. 1958 (Lüth), BVerfGE 7, 198, 205. Zur Drittwirkung *Schwabe*, Die sogenannte Drittwirkung der Grundrechte, 1971; *Zippelius* FS Hubmann 1985, 511ff.; *Böckenförde* Der Staat 29 (1990), 2, 10f.; *Classen* AöR 122 (1997), 65ff.; *Sachs* in: Sachs, Vor Art.1 GG Rdn. 31ff.; aus zivilrechtlicher Sicht *Canaris* AcP 184 (1984), 201ff.; *Medicus* AcP 192 (1992), 40, 43ff.; eine unmittelbare Drittwirkung bejaht *J.Hager* JZ 1994, 373ff.

52 BVerfG vom 15.1. 1958 (Lüth), BVerfGE 7, 198, 205, 208; BVerfG vom 26.6. 1990 (Zwangsdemokrat), BVerfGE 82, 272, 280 (st. Rspr.).

53 BVerfG vom 10.6. 1964, BVerfGE 18, 85, 92f.

54 BVerfG vom 13.2. 1996, BVerfGE 94, 1, 9f.; BVerfG vom 15.12. 1999 (Caroline von Monaco), BVerfGE 101, 361, 388; siehe auch *Schulze-Fielitz* in: Dreier, Art.5 I, II GG Rn.206ff.; *Wolter* Der Staat 36 (1997), 426, 429ff.; *Bender*, Die Befugnis des BVerfG zur Prüfung gerichtlicher Entscheidungen, 1991.

55 BVerfG vom 11.5. 1976 (Gewerkschaftspresse), BVerfGE 42, 143, 148.

56 BVerfG vom 3.6. 1980 (Böll/Walden), BVerfGE 54, 208, 215f.; BVerfG vom 22.6. 1982 (NPD Europas), BVerfGE 61, 1, 6; BVerfG vom 3.6. 1987 (Strauß-Karikatur), BVerfGE 75, 369, 376; BVerfG vom 25.3. 1992 („geb. Mörder"), BVerfGE 86, 1, 10 stellt darauf ab, ob der infrage stehende Eingriff geeignet ist, über den konkreten Fall hinaus präventive Wirkungen zu entfalten, d.h. in künftigen Fällen die Bereitschaft mindern zu können, von dem betroffenen Grundrecht Gebrauch zu machen. Kritisch *Kiesel* NVwZ 1992, 1129, 1131f.; *Ossenbühl* JZ 1995, 633, 640.

Frage, wie Äußerungen auszulegen sind bzw. welchen Inhalt sie haben, wird von den Verfassungsrichtern in einem sehr weiten Umfang überprüft. Sie ist mehr oder weniger zu einer verfassungsrechtlichen Domäne geworden.[57]

2. Exkurs: Drittwirkung und Entwicklung des Medienrechts

Die Drittwirkungslehre verschaffte dem Verfassungsrecht und damit auch den 67
seinerzeit noch neuen Wertentscheidungen des Grundgesetzes Relevanz für alle Gebiete des deutschen Rechts. Das ermöglichte und erleichterte es, früheres Recht aus Zeiten von Kaiserreich, Weimarer Republik und NS-Diktatur zu überwinden, soweit es den Anforderungen des modernen Medienrechts nicht gerecht wurde. Die Bedeutung dieser Neuerung für das Medienrecht kann nicht hoch genug eingeschätzt werden. Sie ist nicht weniger als die **Geburtsstunde des modernen Medienrechts**,[58] denn sie leitete einen grundlegenden Wandel in der Auslegung insbesondere der äußerungsrechtlichen Normen des Zivil- und Strafrechts ein. Diese Entwicklung führte zur allgemeinen Anerkennung des öffentlichen Informationsinteresses als zivil- und strafrechtlichen Legitimations- und Rechtfertigungstatbestand. Insgesamt eröffnete sie den Medien Möglichkeiten der Berichterstattung, die ihnen zuvor nicht offenstanden (siehe Rdnr. 936ff.).

Am Anfang dieser Entwicklung stand die **Schaffung des allgemeinen Persönlichkeits-** 68
rechts. Der BGH erkannte es 1954 in der **Leserbriefe-Entscheidung**, also zeitlich vier Jahre vor der Lüth-Entscheidung des BVerfG, erstmals an. Das Gericht leitete dieses Recht aus dem Verfassungsrecht ab, um einen Gleichklang des Zivilrechts mit den verfassungsrechtlichen Garantien der Menschenwürde und der freien Entfaltung der Persönlichkeit zu erreichen.[59] Nachdem das Grundgesetz das Recht des Menschen auf Achtung seiner Würde und das Recht auf freie Entfaltung seiner Persönlichkeit auch als privates, von jedermann zu achtendes Recht anerkenne, soweit dieses Recht nicht die Rechte anderer verletze oder gegen die verfassungsmäßige Ordnung oder das Sittengesetz verstoße, müsse das allgemeine Persönlichkeitsrecht als ein verfassungsmäßig gewährleistetes Grundrecht angesehen werden.[60] Der BGH brach dadurch mit der etablierten Judikatur des RG, das ein solches Recht aus prinzipiellen Gründen bis zuletzt abgelehnt hatte. Zugleich zog das Gericht damit die erforderliche Konsequenz daraus, dass mit dem Fördern von Öffentlichkeit erhöhte Gefährdungen für die Persönlichkeit und namentlich die Ehre des Einzelnen verbunden sind, die zu Zeiten des RG keinen vergleichbaren Gefährdungen ausgesetzt waren (siehe Rdnr. 331).

Im Streitfall der nachfolgenden **Lüth-Entscheidung** hatte der Senatsdirektor und Lei- 69
ter der staatlichen Pressestelle in Hamburg die Filmverleiher, die Kinobesitzer und das Publikum dazu aufgerufen, den Film „Unsterbliche Geliebte“ zu boykottieren. Der Film war ein Comeback-Versuch eines Regisseurs, der Ende der 30er Jahre als Drehbuchautor

57 Siehe Rdnr. 1540ff.

58 Medienrecht entsteht in solchen Fällen durch die medienrechtlich motivierte Inhaltsveränderung von Normen, die an sich keine medienrechtlichen Gegenstände regeln. Zu dieser rechtsquellentheoretischen Besonderheit des Medienrechts siehe Rdnr. 7, 309f.

59 BGH vom 25.5. 1954 (Leserbriefe), BGHZ 13, 334, 338 mwN.

60 BGH vom 25.5. 1954 (Leserbriefe), BGHZ 13, 334, 338.

und Regisseur an der Herstellung des antisemitischen Films „Jud Süß“ mitgewirkt hatte, der zur propagandistischen Vorbereitung des Holocaust diente. Gegen den Boykottaufruf erwirkten die Herstellerin und die Verleiherin des Films 1951 vor dem LG eine einstweilige Unterlassungsverfügung. Das BVerfG hob den Gerichtsentscheid 1958 auf und verwies die Sache an das LG zurück.[61] Der von ihm dabei entwickelte Gedanke der objektiven Wertordnung war eine zentrale Neuerung. Das Gericht hätte stattdessen auch argumentieren können, dass es sich bei dem LG um einen Träger öffentlicher Gewalt handele und dass die Unterlassungsverfügung ein hoheitlicher Eingriff in das subjektive Grundrecht der Meinungsfreiheit des Beschwerdeführers Lüth gewesen sei. Das BVerfG ging diesen Weg jedoch bewusst nicht und beugte so einer möglichen Prozessflut vor.[62] Das Gericht vermied es dadurch, sich selbst zu einer Superrevisionsinstanz zu machen, die sämtliche fachgerichtlichen Entscheidungen nach Maßgabe der einschlägigen Fachgesetze auf Richtigkeit überprüft.

70 Bereits 1959 folgte die **Anerkennung des öffentlichen Informationsinteresses**, zu dessen Wahrnehmung die Medien berechtigt sind und das Äußerungen legitimieren kann, die ansonsten rechtswidrig wären (siehe Rdnr. 934f.). War die Anerkennung des Persönlichkeitsrechts bereits eine Großtat, so muss die Entwicklung eines solchen äußerungsrechtlichen Rechtfertigungstatbestands aus Sicht des Medienrechts als noch bedeutender eingestuft werden. Die **Alte Herren-Entscheidung** nahm dabei nicht nur ausdrücklich auf das Lüth-Urteil Bezug, sondern läuft auf eine „verfassungsrechtliche“ Abwägung zwischen der Pressefreiheit und dem grundgesetzlich geschützten Recht des Einzelnen auf die freie Entfaltung seiner Persönlichkeit und insbesondere der Wahrung seiner Ehre hinaus. Im Streitfall ging es um den Bericht eines Nachrichtenmagazins über die Mitglieder einer akademischen Burschenschaft und damit im Zusammenhang stehende Äußerungen über die Bedeutung von Konzentrationslagern während der NS-Zeit. Der BGH leitete die Rechtmäßigkeit der betreffenden Äußerungen aus einer „erweiterten Anwendung des § 193 StGB“ ab[63] und statuierte so letztlich einen ungeschriebenen äußerungsrechtlichen Rechtfertigungsgrund, den der Gesetzestext in dieser Form nicht kennt. Der BGH brach dadurch abermals mit der Rechtsprechung des RG. Das RG hatte der Presse kritische Berichterstattungen nur erlaubt, wenn der Verfasser eines Zeitungsartikels sich darin gegen einen Missstand wendete, von dem er selbst betroffen war.[64] Die neue Linie des BGH eröffnete den Medien bis dahin nicht bestehende Möglichkeiten der Berichterstattung. Dieser Wandel stieß freilich auf erhebliche Kritik und Widerstände. Die Erweiterung der Spielräume für Protest und Kritik, für den öffentlichen Diskurs und die demokratische Meinungsbildung sind dabei nicht für, sondern durchaus auch gegen die Massenmedien erstritten worden! Es waren nicht nur die Filmindustrie (Lüth), sondern auch die Matadore der Nachkriegspresse wie Augstein, Bucerius und Springer, die es immer wieder versuchten, sich lästiger Kritik mit Hilfe der Justiz zu entziehen, anstatt sich einer öffentlichen Erörterung ihres Tuns zu stellen.[65]

---

61 BVerfG vom 15.1. 1958 (Lüth), BVerfGE 7, 198, 203ff.

62 Eingehend *Kübler* KritV 2000, 313ff.

63 BGH vom 22.12. 1959 (Alte Herren), BGHZ 31, 308, 312.

64 U.a. RG vom 11.12. 1913 (Berliner Lokalanzeiger), RGZ 83, 362, 365f.; RG vom 20.6. 1935, RGZ 148, 154, 159f.

65 Siehe BVerfG vom 25.1. 1961 (Auf der Wolga verhaftet), BVerfGE 12, 113ff. [Spiegel/Augstein]; BGH vom 21.6. 1966 (Höllenfeuer), BGHZ 45, 296ff. [Stern/Bucerius]; BVerfG vom 25.1. 1984 (Wallraff), BVerfGE 66, 116ff. [Bild/Springer].

Man kann sogar soweit gehen zu sagen, dass dem deutschen Recht eine gewisse Vorreiterstellung zugekommen ist, gerade weil es insoweit nicht von gewachsenen Rechtstraditionen geprägt und eingeschränkt wurde.[66] 71

Der „**Modernisierungsvorteil**" **des deutschen Rechts** zeigt sich besonders deutlich, wenn man einen vergleichenden Blick auf das **englische Recht** als das Recht der ältesten Demokratie der Welt richtet. Das common law ist stark an Traditionen gebunden, insbesondere kennt es eine weitgehende Bindung der englischen Gerichte an Vorentscheidungen. Die Bindung gilt daher auch für Entscheidungen, die aus der Vormedienzeit stammen und deren Maßstäbe u.U. grundsätzlicher Überprüfung bedürften. Dies hat im Zusammenhang mit den Medien zu einem tendenziell widersprüchlichen Recht geführt. Einerseits gewährleistet der tort of defamation einen Schutz vor unwahren herabsetzenden Presseäußerungen, der weit reicht und kein Verschulden voraussetzt. Umgekehrt hat die Pressefreiheit absoluten Vorrang vor Persönlichkeitsrechten Einzelner, die nicht als solche anerkannt wurden. Gerade im Hinblick auf den Persönlichkeitsschutz klebten die Richter an den tradierten Regeln, die dem neu entstandenen Schutzbedürfnis nach einem right to privacy nicht gerecht wurden. Der Anerkennung eines solchen Schutzrechts standen freilich berechtigte Zweifel entgegen. Sollen und dürfen die englischen Gerichte ein solch grundlegendes Recht aus eigener Kompetenz überhaupt schaffen und die Pressefreiheit beschränken, wenn das englische Parlament als höchster Souverän[67] ein solches Recht trotz immer wieder neuer politischer Vorstöße in diese Richtung bislang nicht geschaffen hat? Die englischen Richter haben dies mit guten Gründen lange abgelehnt. Sie wollten sich eine derartige Kompetenz nicht zusprechen und sich so an die Stelle einer parlamentarischen Entscheidung setzen.[68] Eine verfassungsrechtliche Legitimation für eine solche Rechtsprechung gab es nicht, denn obwohl es in der englischen Geschichte durchaus revolutionäre Umstürze und Unabhängigkeitsbestrebungen gegeben hat[69] – ein König wurde bekanntlich ja sogar einmal geköpft –, so haben diese doch nicht zu einer dem Parlament übergeordneten Verfassung im modernen Sinne geführt.[70] Die Schaffung des Human Right Acts, der 2000 in Kraft getreten ist und u.a. Art.8 Abs.1 EMRK in das englische Recht inkorporiert hat, hat die Situation nunmehr verändert, ohne dass damit jedoch bereits ein umfassender Persönlichkeitsschutz vorgezeichnet wäre.[71] 72

IV. Gesetzesauslegung und EG-Richtlinien

Für die Auslegung gesetzlicher Normen sind weiterhin Vorgaben des europäischen Gemeinschaftsrechts zu beachten. Insbesondere ist bei Bestimmungen 73

66 *Beater*, Zivilrechtlicher Schutz vor der Presse als konkretisiertes Verfassungsrecht, 1996, S.80ff. mwN.
67 „... an Act of Parliament can do no wrong, though it may do several things that look pretty odd ...", *Holt* C.J. in City of London v. Wood, [1701] 12 Mod.Rep.669, 687/688; 88 E.R. 1592, 1602.
68 „... it is no function of the courts to legislate in a new field", *Megarry* V.C. in Malone v. Metropolitan Police Commissioner, [1979] 1 Ch. 344, 372.
69 Dazu *Hatschek*, Englische Verfassungsgeschichte, Neudruck der Ausgabe München 1913, 2. Auflage 1978, herausgegeben von Walter Kienast und Gerhard A. Ritter, S.325ff.
70 *Pollard*, Constitutional and Administrative Law, 1990, 509.
71 Siehe z.B. *Hoppe* ZUM 2005, 41ff. mwN.

des RStV und des MDStV zu berücksichtigen, dass diese vielfach auf Richtlinien der EG zurückgehen. Es ist umstritten, ob daraus eine Pflicht zur richtlinienkonformen Auslegung solcher Vorschriften folgt.[72] Der EuGH hat in zahlreichen Entscheidungen unter Berufung auf Art. 10 EGV eine Pflicht der nationalen Gerichte angenommen, das zur Durchführung einer Richtlinie erlassene Gesetz „im Lichte des Wortlauts und des Zwecks der Richtlinie" auszulegen,[73] zugleich aber auch gewisse Grenzen dieser Bindung akzeptiert.[74] Aus deutscher Sicht stellt sich das Problem jedenfalls dann nicht, wenn der deutsche Gesetzgeber gerade mit dem Ziel einer richtlinienkonformen Umsetzung tätig geworden ist und das von ihm erlassene Gesetz folglich dieser Zielrichtung entsprechend ausgelegt werden kann. Anders liegt es dagegen, wenn der Gesetzgeber inhaltlich bewusst von der Richtlinie abweicht.[75] Meines Erachtens ist für richtlinienkonforme „Auslegung" dann kein Raum. Die fehlerhafte bzw. unterlassene Umsetzung löst andere, nämlich gemeinschaftsrechtliche Folgen aus und kann insbesondere zu einem Vertragsverletzungsverfahren[76] und zur unmittelbaren Wirkung der Richtlinie führen.

74 Über die **Auslegung der Richtlinien** selbst hat allein der EuGH zu urteilen. Unter den Voraussetzungen des Vorabentscheidungsverfahrens, das auch die Entscheidung über die Gültigkeit und die Auslegung von Richtlinien und Verordnungen erfasst,[77] ist ein letztinstanzlich tätiges nationales Gericht zur Vorlage an den EuGH verpflichtet, während die übrigen Gerichte ein Vorlagerecht haben. Das Vorabentscheidungsverfahren und die dadurch dem EuGH vorbehaltene Auslegungsbefugnis sollen gewährleisten, dass das Gemeinschaftsrecht einheitlich angewandt wird.[78] Das nationale Gericht hat dabei in eigener Zuständigkeit zu beurteilen, ob für den Erlass seiner eigenen Entscheidung auch eine Entscheidung des EuGH über eine gemeinschaftsrechtliche Frage erforderlich ist. Der EuGH gesteht den nationalen Gerichten in diesem Zusammenhang auch eine gewisse Beurteilung des Gemeinschaftsrechts zu.[79] Die Vorlage an den EuGH ist nicht er-

---

72 Zu den zahlreichen Differenzierungen *Jarass* EuR 1991, 211ff.; *Ress* DÖV 1994, 489ff.; *Lutter* JZ 1992, 593ff.; zurückhaltend *Di Fabio* NJW 1990, 947ff. jeweils mwN.

73 EuGH vom 10.4. 1984 (Colson und Kamann/Land Nordrhein-Westfalen) – Rs. 14/83, Slg. 1984, S.1981ff. Rn.26; EuGH vom 10.4. 1984 (Harz/Deutsche Tradax GmbH) – Rs. 79/83, Slg. 1984, S.1921ff. Rn.26; EuGH vom 15.5. 1986 (Johnston/Chief Constable of the Royal Ulster Constabulary) – Rs. 222/84, Slg. 1986, S.1651ff. Rn.53; EuGH vom 8.10. 1987 (Kolpinghuis Nijmegen) – Rs. 80/86, Slg. 1987, S.3969ff. Rn.12; EuGH vom 14.7. 1994 (Faccini Dori) – Rs. C-91/92, Slg. 1994 I, S.3325ff. Rn.26.

74 EuGH vom 8.10. 1987 (Kolpinghuis Nijmegen) – Rs. 80/86, Slg. 1987, S.3969ff. Rn.13f. mwN. sah die Grenzen „in den allgemeinen Rechtsgrundsätzen, die Teil des Gemeinschaftsrechts sind, und insbesondere in dem Grundsatz der Rechtssicherheit und im Rückwirkungsverbot".

75 So im Zusammenhang mit der RL 78/660/EWG vom 25.7. 1978, ABl. EG 1978, L 222/11ff. und §264 Abs.2 HGB; siehe BT-Drucks. 9/1878, S.77.

76 Art.226ff. EGV.

77 Art.234 Abs.1 lit. b EGV.

78 EuGH vom 22.10. 1987 (Foto Frost/Hauptzollamt Lübeck-Ost) – Rs. 314/85, Slg. 1987, S.4199ff. Rn.15.

79 EuGH vom 6.10. 1982 (CILFIT/Ministero della sanità) – Rs. 283/81, Slg. 1982, S.3415ff. Rn.10ff.; siehe auch BVerfG vom 27.8. 1991, NJW 1992, 678.

forderlich, wenn die betreffende Frage bereits in einem gleichgelagerten Fall Gegenstand einer Vorabentscheidung gewesen ist. Sie ist ferner entbehrlich, wenn bereits eine gesicherte Rechtsprechung des EuGH vorliegt, durch die die betreffende Rechtsfrage gelöst ist, oder wenn die richtige Anwendung des Gemeinschaftsrechts derart offenkundig ist, dass keinerlei Raum für einen vernünftigen Zweifel an der Entscheidung der gestellten Frage bleibt. Das nationale Gericht muss im letztgenannten Fall jedoch davon überzeugt sein, dass auch für die Gerichte der übrigen Mitgliedstaaten und für den EuGH die gleiche Gewissheit besteht.

V. Verfassungsrechtliche Grundanforderungen und gesetzliche Regelung der Medienordnung

Die Verfassung gebietet ein Mediensystem, das insgesamt in dem erforderlichen 75 Maß Meinungsvielfalt, öffentliche Information, öffentliche Kontrolle und öffentlichen Dialog durch die Medien sicherstellen kann. Die Kommunikationsfreiheiten von Art. 5 Abs. 1 GG geben insoweit ein einheitliches Ziel vor, nämlich die „Gewährleistung freier individueller und öffentlicher Meinungsbildung, dies in einem umfassenden, nicht auf bloße Berichterstattung oder die Vermittlung politischer Meinung beschränkten, sondern jede Vermittlung von Information und Meinung umfassenden Sinne".[80] Die Medien und der öffentliche Meinungsprozess werden nach der Grundkonzeption des Art. 5 Abs. 1 GG bereits weitgehend dadurch geschützt und gewährleistet, dass die Kommunikationsfreiheiten **Abwehrrechte** sind und insbesondere vor staatlichen Eingriffen und Beschränkungen sichern.

In bestimmten Bereichen ist darüber hinaus das **Parlament von Verfassungs wegen zur Schaffung gesetzlicher Regelungen für die Medien verpflichtet**. 76 Dies gilt vor allem für den Bereich des Rundfunks. Hier legt das BVerfG dem Gesetzgeber die Pflicht auf, das zur Gewährleistung der Rundfunkfreiheit Wesentliche gesetzlich zu regeln. Die Legislative muss eine Rundfunkrechtsordnung schaffen, die den Rundfunk zur Erfüllung der Aufgabe befähigt, die ihm für die öffentliche Meinungsbildung in herausgehobener Weise zukommt (siehe Rdnr. 239ff.).[81] Für den Bereich der Presse ist in Sonderkonstellationen eine Regelungspflicht des Gesetzgebers denkbar, wenn die Freiheitlichkeit des Pressewesens sonst insgesamt gefährdet wäre.[82] Praktische Bedeutung hat diese Möglichkeit bislang jedoch nicht. Schließlich ist der Gesetzgeber nach der Rechtsprechung des BVerfG auch verpflichtet, Vorkehrungen gegen das Entstehen von vorherrschender Meinungsmacht zu treffen, die sich auch aus einer Kombination von Einflüssen in Rundfunk und Presse ergeben kann.[83]

---

80 Z.B. BVerfG vom 16.6. 1981 (FRAG), BVerfGE 57, 295, 319 mwN.

81 BVerfG vom 28.2. 1961 (Deutschland-Fernsehen), BVerfGE 12, 205, 263; BVerfG vom 16.6. 1981 (FRAG), BVerfGE 57, 295, 320; BVerfG vom 24.3. 1987 (Baden-Württemberg), BVerfGE 74, 297, 324.

82 BVerfG vom 5.8. 1966 (Spiegel), BVerfGE 20, 162, 175f. Siehe Rdnr. 157.

83 BVerfG vom 4.11. 1986 (Niedersachsen), BVerfGE 73, 118, 172ff., 175.

77 Darüber hinausreichende konkrete Einzelanforderungen oder Modelle für die Struktur des Medienwesens sowie sonstige Regelungsaufträge an den Gesetzgeber gehen aus der Verfassung grundsätzlich nicht hervor. Dem Parlament steht daher im Hinblick auf die Regelung des Rundfunkwesens und des Medienwesens insgesamt weitgehend Gestaltungsfreiheit zu.[84] Es steht beispielsweise weder vor der Alternative, nur öffentlich-rechtlichen oder nur privaten Rundfunk zuzulassen, noch muss es, wenn es sich für ein duales Rundfunksystem entscheidet, die beiden Sektoren strikt voneinander trennen.[85] Das Grundgesetz verpflichtet den Gesetzgeber ebenso wenig zur rundfunkrechtlichen „Modellkonsistenz", noch gebietet es gar eine strikte Trennung von Rundfunk und Presse.[86] Soweit die Legislative einschlägige Regelungen trifft, muss sie jedoch stets etwaige Folgewirkungen bedenken, die sich für die Medien ergeben und deren Freiheit beschränken könnten. Wenn der Gesetzgeber beispielsweise dem Rundfunk eine Finanzierung durch Werbung erlaubt und dadurch der gesamten Presse existenzwichtige Finanzquellen entzogen würden bzw. der Bestand und die Funktionsfähigkeit der Presse gefährdet würden, so läge darin ein gravierender Eingriff in die Pressefreiheit.[87]

B. Zensurverbot

I. Ausgangsfragen

78 Nach Art. 5 Abs. 1 Satz 3 GG findet eine „Zensur" nicht statt. Die grundsätzliche Bedeutung dieser etwas versteckt normierten Regelung für das Medienrecht kann gar nicht hoch genug eingeschätzt werden. Sie ist der Schlusspunkt eines jahrhundertelangen politischen Kampfes gegen die Zensurpraktiken des Obrigkeitsstaats. Ein solches System hat in Deutschland seit dem Mittelalter geherrscht und ist erst mit dem Grundgesetz endgültig überwunden worden (siehe Rdnr. 121 ff.). Es ist dem Staat seitdem nicht mehr erlaubt, kritische Beiträge vor ihrem Erscheinen zu unterdrücken. Das Grundgesetz ist allerdings unpräzise, wenn es allein von „Zensur" spricht. Vielmehr muss zwischen Vorzensur und Nachzensur getrennt werden, auch wenn die „Nachzensur" in der Regel nicht so bezeichnet wird. Vor- und Nachzensur stehen für **unterschiedliche Philosophien im Umgang mit Medieninhalten**, die in irgendeiner Form unzulässig oder rechtswidrig sind. Um Art. 5 Abs. 1 Satz 3 GG und die damit verbundene Grundsatzwertung richtig zu verstehen, ist es wichtig, sich die un-

84 BVerfG vom 5. 2. 1991 (WDR), BVerfGE 83, 238, 308.
85 BVerfG vom 5. 2. 1991 (WDR), BVerfGE 83, 238, 305.
86 BVerfG vom 5. 2. 1991 (WDR), BVerfGE 83, 238, 305.
87 BVerfG vom 4. 11. 1986 (Niedersachsen), BVerfGE 73, 118, 180; BVerfG vom 5. 2. 1991 (WDR), BVerfGE 83, 238, 307.

terschiedlichen Wirkungsweisen eines Vor- und eines Nachzensursystems deutlich zu machen.

Vorzensur meint, dass etwas nur erscheinen bzw. veröffentlicht werden darf, wenn dies zuvor von einem Zensor erlaubt wurde. Demgegenüber meint „**Nachzensur**", dass jemand zwar nicht an einer Äußerung gehindert, wohl aber im Nachhinein für die Äußerung verantwortlich gemacht werden kann. Es ist eben nicht so, dass Äußerungen keinen rechtlichen Grenzen unterliegen. Die Verfassung führt in Art. 5 Abs. 2 GG solche Grenzen sogar ausdrücklich auf. Das Verbot der Vorzensur bzw. ein „Nachzensursystem" bringt also für den Sich-Äußernden nicht nur Vorteile, sondern auch Gefahren, da es das Äußerungsrisiko auf ihn überträgt.[88] 79

Im Einzelnen haben Vor- und Nachzensur jeweils diverse Vor- und Nachteile. Die Diskussion darüber war bei Schaffung des Grundgesetzes nicht neu. Sie wurde schon vor fast 200 Jahren zu Zeiten des Deutschen Bundes intensiv geführt, als die Bundesversammlung über den Zuschnitt des Presserechts in den einzelnen deutschen Ländern entscheiden musste. Für ihre Beratungen beauftragte sie den Gesandten *von Berg* mit einer umfassenden Darstellung der geltenden Landesrechte. Dieser unterschied das „Justizsystem" (= Nachzensur) und das „Polizeisystem" (= Vorzensur). Seine Ausführungen zum „**Justizsystem**",[89] das unserem heutigen Recht zugrunde liegt und sich im Deutschen Bund nicht durchsetzte, hatten aus heutiger Sicht geradezu prophetische Kraft.[90] Ein solches System betrachte den Gebrauch der Presse wie jede andere Handlung, die den Staat erst dann etwas angehe, wenn sie in Rechte der Allgemeinheit oder des Einzelnen eingreife. Unzulässige Äußerungen fielen nicht in den Aufgabenbereich einer besonderen Behörde, sondern sie könnten allein von den Staatsanwaltschaften oder verletzten Einzelnen gerichtlich verfolgt werden. Ein solches System sehe sich großen Sanktionierungsproblemen gegenüber. Es könne eine Schrift oder Äußerung nicht als solche untersagen, sondern müsse einen zivil- oder strafrechtlich Verantwortlichen bestimmen. Es stoße auf besondere Schwierigkeiten, wenn Äußerungen irgendwie anonym gemacht würden oder sich ihr Urheber bzw. der „Verantwortliche" nicht ermitteln lasse. Eine Privatklage sei weiterhin nur möglich, wenn der Kläger auch selbst bzw. in eigenen Rechten verletzt sei. Schließlich könne dem Sich-Äußernden in einem Justizsystem sogar das Risiko einer Bestrafung drohen. Für manche Schriftsteller, Herausgeber, Verleger und Drucker würde daher in den Augen *von Bergs* in der Vorzensur „eine wohlthätige Zuflucht" liegen. 80

Das „**Polizeisystem**" beruhe demgegenüber auf dem Grundsatz, dass es besser sei, Verbrechen und Vergehen zu verhüten, als sie ungehindert entstehen zu lassen und dann zu bestrafen.[91] Es sei aber zu fragen, ob die Vorzensur als Mittel zur Verhütung von Pressevergehen „nicht nachtheiligere Wirkungen hervorbringe, als der Mißbrauch der Presse selbst besorgen läßt, und ob nicht in der Anwendung ein Unterdrückungs-System entstehe, welches den Geistesverkehr auf eine gemeinschädliche Weise gefährdet?" Genau in 81

88 *Starck* in v.Mangoldt/Klein/Starck, Art. 5 GG Rdnr. 172.

89 *von Berg*, Vortrag vom 18. 10. 1818 vor der Bundesversammlung des Deutschen Bundes, abgedruckt in *Collmann*, Quellen, Materialien und Kommentar des gemein deutschen Pressrechts, 1844, S. 175, 184ff.

90 Zu den Sanktionsdefiziten des modernden Medienrechts siehe Rdnr. 1716ff.

91 *von Berg*, Vortrag vom 18. 10. 1818 vor der Bundesversammlung des Deutschen Bundes, abgedruckt in *Collmann*, Quellen, Materialien und Kommentar des gemein deutschen Pressrechts, 1844, S. 175, 223ff.

diesen beschränkenden Effekten liegt aus heutiger Sicht der entscheidende Nachteil der Vorzensur: Sie gefährdet die in der Demokratie unverzichtbare **öffentliche Kontrolle des Staates durch unabhängige Medien** (siehe Rdnr. 24f.) und schränkt den wichtigen **öffentlichen Wettbewerb der Meinungen** ein (siehe Rdnr. 470ff.).

II. Verbot der Vorzensur durch Art. 5 Abs. 1 Satz 3 GG

82 Art. 5 Abs. 1 Satz 3 GG gilt für alle Kommunikationsfreiheiten, verbietet die Zensur also sowohl im Hinblick auf die Meinungs- und Informationsfreiheit als auch in Bezug auf Presse, Rundfunk und Film. Die Vorschrift ist in ihrer sprachlichen Fassung aber zu weit geraten und meint mit ihrem kategorischen Verbot jeder Zensur nur die **Vorzensur.**[92] Ist das Geisteswerk erst einmal an die Öffentlichkeit gelangt und kann es folglich seine Wirkung entfalten, so gelten die allgemeinen Regeln über die Meinungs- und Pressefreiheit und deren Schranken. Die spezielle Schrankenregelung in Art. 5 Abs. 2 GG wäre gegenstandslos, wenn das Verbot auch die Nachzensur bzw. solche Kontroll- und Repressivmaßnahmen erfassen würde, die erst nach der Veröffentlichung eines Geisteswerks einsetzen.[93]

83 Eine Vorzensur ist **jede einschränkende Maßnahme vor der Herstellung oder Verbreitung des Geisteswerks**, insbesondere das Abhängigmachen von einer behördlichen Vorprüfung und Genehmigung seines Inhalts.[94] Bezogen auf Filmwerke ist eine unzulässige Vorzensur gegeben, wenn es etwa generell verboten wird, ungeprüfte Filme der Öffentlichkeit zugänglich zu machen, und eine vorherige behördliche Überprüfung vorgeschrieben wird. Schon die Existenz eines Kontroll- und Genehmigungsverfahrens lähmt das Geistesleben. Deshalb darf es keine Ausnahme vom Zensurverbot geben, auch nicht durch allgemeine Gesetze nach Art. 5 Abs. 2 GG.[95] Eine Vorzensur liegt dagegen nicht vor, wenn eine Verschärfung des Gegendarstellungsrechts zulasten der Presse dazu führen kann, dass es dadurch bei den Pressemitarbeitern zu einer „Schere im Kopf" kommt.[96]

84 Die Abgrenzung zwischen Vor- und Nachzensur im Zusammenhang mit Filmen betrifft die **Tanz der Teufel-Entscheidung**. Im – hier etwas vereinfacht dargestellten – Streitfall stand infrage, ob ein Horrorfilm eine strafbare Gewaltdarstellung[97] war. Ein Filmverleihunternehmen hatte eine Kinofassung des Films vor seiner Veröffentlichung der FSK (= Freiwillige Selbstkontrolle der Filmwirtschaft) vorgelegt und die Kennzeichnung „Nicht freigegeben unter 18 Jahren" beantragt. Die FSK erteilte die begehrte Kennzeichnung jedoch nicht, da eine Einordnung des Films als strafbare Gewaltdarstellung in Betracht kam. Zur gleichen Zeit war die von einem anderen Unternehmen vertriebene

92 *Herzog* in Maunz/Dürig, Art. 5 Abs. I, II GG Rdn. 78, 298.
93 BVerfG vom 25.4. 1972 (Der lachende Mann), BVerfGE 33, 52, 72.
94 BVerfG vom 25.4. 1972 (Der lachende Mann), BVerfGE 33, 52, 72.
95 BVerfG vom 25.4. 1972 (Der lachende Mann), BVerfGE 33, 52, 72.
96 *Bethge* in: Sachs, Art. 5 GG Rdn. 134 mwN.
97 § 131 StGB. Siehe Rdnr. 1696.

Videofassung des Films durch richterliches Urteil eingezogen worden. Nachdem die Kinoversion daraufhin mehrfach veränderte Fassungen erhalten hatte, gelangte sie schließlich an die Staatsanwaltschaft. Diese leitete aus dem Kennzeichnungsantrag des Filmverleihers ab, dass die betreffende Videokassette zur Verbreitung bestimmt sei. Das daraufhin eingeleitete Ermittlungsverfahren wurde im Weiteren mit gerichtlicher Zustimmung wegen geringer Schuld eingestellt. Zugleich stellte die Staatsanwaltschaft einen Antrag auf Einziehung der Kassette, dem das Amtsgericht entsprach. Das BVerfG stellte daraufhin klar, dass das Kennzeichnungsverfahren nicht so gehandhabt werden darf, dass ein Antragsteller nicht mehr frei darüber entscheiden kann, ob er den zur Kennzeichnung vorgelegten Film verbreiten will oder nicht.[98] Ein Antragsteller, der die Kennzeichnung eines Films mit „Nicht freigegeben unter 18 Jahren" begehrt, hat noch nicht über die Verbreitung des Films entschieden. Wird durch eine Beschlagnahme gleichwohl die Verbreitung des Films verhindert, ohne dass dem Antragsteller zuvor Gelegenheit gegeben wurde, wegen der im Kennzeichnungsverfahren deutlich gewordenen strafrechtlichen Bedenken von der Verbreitung Abstand zu nehmen, so kommt dies einer Zensur gleich und verstößt gegen Art. 5 Abs. 1 Satz 3 GG.

Das Verbot richtet sich allein gegen **staatliche Zensurmaßnahmen**. Es greift 85 daher nicht im Zusammenhang mit vorbeugenden Unterlassungsansprüchen bzw. mit präventiv wirkenden einstweiligen Verfügungen in Pressesachen ein.[99] Solche Verfügungen werden zwar von Gerichten bzw. staatlichen Organen erlassen, sie kommen aber nur auf Antrag von Privatpersonen zustande, die sich gegen bevorstehende Verletzungen ihrer Rechte verteidigen. Die Untersagung bestimmter Sendeinhalte durch die Geschäftsleitung eines privaten Rundfunkunternehmens wird von Art. 5 Abs. 1 Satz 3 GG ebenso wenig erfasst, wie die Entscheidung einer Zeitung, einen bestimmten Artikel nicht zu publizieren. Die Weigerung von streikenden Druckern, bestimmte Artikel zu setzen, ist unter dem Gesichtspunkt des Zensurverbots irrelevant. Gleiches gilt für anstaltsinterne Kontrollmechanismen im öffentlich-rechtlichen Rundfunk. Die Herausnahme bzw. Nichtabnahme von geplanten Sendungen durch den Intendanten bzw. den von ihm bestellten verantwortlichen Redakteur ist kein Fall des Art. 5 Abs. 1 Satz 3 GG.[100] Das Verbot der Vorzensur schließt ebenso eine freiwillige Selbstkontrolle, zum Beispiel der Filmwirtschaft (FSK) oder des Fernsehens (FSF), nicht aus, solange es keinen schädlichen staatlichen Einfluss auf die entsprechenden Kontrollgremien gibt.[101]

98 BVerfG vom 20. 10. 1992 (Tanz der Teufel), BVerfGE 87, 209, 232.
99 *Starck* in v.Mangoldt/Klein/Starck, Art. 5 GG Rdnr. 175 mwN.
100 *Bethge* in: Sachs, Art. 5 GG Rdn. 134f.; *Starck* in v.Mangoldt/Klein/Starck, Art. 5 GG Rdnr. 175 mwN. und Differenzierungen.
101 *Starck* in v.Mangoldt/Klein/Starck, Art. 5 GG Rdnr. 177 mwN.

C. Grundlinien von Art. 5 Abs. 1, Abs. 2 GG

I. Ausgangsfragen

86 Art. 5 Abs. 1, Abs. 2 GG ist die verfassungsrechtliche Basis des gesamten modernen Medienrechts, dessen Demokratiefunktion die Meinungs- und Informationsfreiheit des Einzelnen, die freie Kontrolle staatlichen Handelns und das Herstellen von Öffentlichkeit bzw. des öffentlichen Dialogs verlangt.[102] Im Einzelnen normiert Art. 5 Abs. 1 Satz 1 GG die Meinungsfreiheit (1. Alt) und die Informationsfreiheit (2. Alt) sowie Art. 5 Abs. 1 Satz 2 GG die Pressefreiheit (1. Alt) und die Freiheit der Berichterstattung durch Rundfunk (2. Alt) und Film (3. Alt). Diese **Kommunikationsfreiheiten** haben weitgehend einheitliche dogmatische Strukturen, insbesondere unterliegen sie grundsätzlich denselben in Art. 5 Abs. 2 GG normierten Schranken. Die gemeinsamen Grundlinien sollen in diesem Abschnitt am Beispiel von Meinungs- und Informationsfreiheit vorgestellt werden. Die für das Medienrecht besonders wichtigen Freiheiten von Art. 5 Abs. 1 Satz 2 GG werden dann zusammen mit den einschlägigen gesetzlichen Regelungen in den nächsten Kapiteln behandelt (§§ 3–5).

1. Individuelle und institutionelle Schutzrichtung

87 Die Kommunikationsfreiheiten und insbesondere die Meinungsfreiheit sind zunächst im Sinne klassischer liberaler Abwehrrechte gegen staatliche Bevormundung im Interesse des einzelnen Grundrechtsträgers geschützt.[103] Die genannten Freiheiten sind aber auch für das Funktionieren einer demokratischen Gesellschaft, die zwingend auf individuelle und öffentliche Meinungsbildung angewiesen ist, unverzichtbar.[104] Die Kommunikationsgrundrechte werden daher sowohl im **Individualinteresse**, also zum Schutz und im Interesse des betroffenen Einzelnen, als auch mit einer **institutionellen Zielsetzung**, d.h. im Hinblick auf ihre Bedeutung für ein demokratisches Gemeinwesen und den öffentlichen Meinungsbildungsprozess geschützt.[105] Soweit die beiden Maßstäbe miteinander in Konflikt geraten,[106] ist zu beachten, dass die Orientierung der

---

102 Siehe Rdnr. 21ff., 35.

103 „... ein Stück sittlich notwendiger Lebensluft für den Einzelnen, die Wahrheit sagen zu dürfen", *Smend* VVDStRL 4 (1928), 44, 50. „... the matrix, the indispensable condition of nearly every other form of freedom", *Cardozo* J. in Palko v. Connecticut, 302 U.S. 319, 327 (1937).

104 „Für eine freiheitlich-demokratische Staatsordnung ... schlechthin konstituierend", BVerfG vom 15. 1. 1958 (Lüth), BVerfGE 7, 198, 208 (zur Meinungsfreiheit); ähnlich BVerfG vom 3. 10. 1969 (Leipziger Volkszeitung), BVerfGE 27, 71, 82 (zur Informationsfreiheit); BVerfG vom 5. 8. 1966 (Spiegel), BVerfGE 20, 162, 174 (zur Pressefreiheit); BVerfG vom 16. 6. 1981 (FRAG), BVerfGE 57, 295, 319f. (zur Rundfunkfreiheit).

105 Eingehend *Herzog* in Maunz/Dürig, Art. 5 Abs. I, II GG Rdn. 5ff. mwN.

106 Dazu *Starck* in v. Mangoldt/Klein/Starck, Art. 5 GG Rdnr. 8ff. mwN.; BK/*Degenhart*, Art. 5 Abs. 1 und 2 GG Rdnr. 22 mwN.

Kommunikationsgrundrechte an ihrer Bedeutung für die öffentliche Meinungsbildung nicht dazu führen darf, den Schutz des individuellen Grundrechtsträgers mehr oder weniger abzuschaffen. Der Einzelne ist kein „Funktionär der demokratischen Staatsordnung", sondern ein Mensch und darf nicht auf seine Funktion als Bürger reduziert werden.[107] Dementsprechend gibt es keine verfassungsrechtliche Pflicht des Einzelnen oder der Presse, an der politischen Meinungsbildung mitzuwirken.[108] Die Verfassung gewährt vielmehr auch negative Freiheiten wie das Recht, keine Meinung zu haben oder sich nicht zu informieren.

Die individuelle und die institutionelle Komponente haben bei den einzelnen, 88
in Art. 5 Abs. 1 GG normierten Grundrechten jedoch ein unterschiedliches Gewicht. Beispielsweise ist die Pressefreiheit viel stärker durch die individuelle Schutzrichtung geprägt als dies bei der Rundfunkfreiheit der Fall ist, die ganz maßgeblich durch institutionelle Kriterien bestimmt wird. Aufgrund dieser vielschichtigen Bezüge lässt sich Art. 5 GG nicht auf der Grundlage nur einer Grundrechtstheorie und einer von dieser bestimmten Auslegungsmethode erschließen, sondern nur mit Hilfe mehrdimensionaler und multifunktionaler grundrechtsdogmatischer Ansätze „in den Griff bekommen".[109]

2. Stufen der Grundrechtsprüfung

Die Prüfung, ob eine gesetzliche Regelung, die Auslegung rechtlicher Normen 89
durch die Gerichte oder sonstige Maßnahmen gegen Art. 5 Abs. 1 GG verstoßen, bestimmt sich nach einer bestimmten Folge. Sie beruht auf einer bewussten Abschichtung von Sachfragen und muss daher korrekt beachtet werden.

Zunächst ist zu klären, ob der **Schutzbereich** des Grundrechts eröffnet ist. 90
Auf dieser Stufe geht es vornehmlich um die Bestimmung des richtigen Prüfungsmaßstabs. So kann etwa zu entscheiden sein, ob etwas eine „Meinung" ist und von Art. 5 Abs. 1 Satz 1 1.Alt GG erfasst wird. Ebenso kann sich beispielsweise die Frage stellen, ob sich der grundrechtliche Schutz eines Medienunternehmens nach den Regeln über die Pressefreiheit oder nach denen bestimmt, die für den Rundfunk gelten.

Anschließend ist zu untersuchen, ob die grundrechtliche Freiheit beeinträch- 91
tigt worden ist bzw. ob ein **Eingriff** vorliegt. Diese Prüfung entscheidet darüber, ob eine Maßnahme aus Sicht des Grundrechtsschutzes überhaupt Regelungs- und Beurteilungsbedarf mit sich bringt und an den weiteren Anforderungen von Art. 5 GG zu messen ist.[110] In Betracht kommen zunächst alle staatlichen

107 *Bethge* in: Sachs, Art. 5 GG Rdn. 19f. mwN.
108 *Starck* in v.Mangoldt/Klein/Starck, Art. 5 GG Rdnr. 2 mwN.
109 *Bethge* in: Sachs, Art. 5 GG Rdn. 12 mwN.
110 Allgemein zu den verfassungsrechtlichen Kategorien des Grundrechtseingriffs und sonstigen Grundrechtsbeeinträchtigungen *Sachs* in: Sachs, Vor Art. 1 GG Rdn. 78ff., 83ff. mwN.

Maßnahmen, die final in den Schutzbereich eingreifen.[111] Beispiele sind das Verbieten bestimmter Meinungsäußerungen, der Ausschluss eines Journalisten von einer Gerichtsverhandlung[112] oder strafprozessuale Maßnahmen gegen ein Presseunternehmen oder einen einzelnen Presseangehörigen. Ein Eingriff kann aber auch in einer faktischen Beeinträchtigung liegen.[113] Die Rechtsprechung stellt insoweit geringe Anforderungen und lässt schon die Möglichkeit indirekter oder mittelbarer Auswirkungen auf die grundrechtliche Freiheit genügen. So kann ein grundrechtsrelevanter Eingriff beispielsweise bereits darin liegen, dass eine Zeitung im Verfassungsschutzbericht genannt wird.[114]

92 Als nächster Schritt sind bestimmte Anforderungen an die **Schranken** zu untersuchen. Eine Beschränkung, die auf eine gesetzliche Vorschrift zurückgeht, kann in der Regel nur rechtens sein, wenn das betreffende Gesetz seinerseits bestimmten Anforderungen genügt bzw. ein „allgemeines Gesetz" im Sinne von Art. 5 Abs. 2 GG ist. Auf einer letzten Stufe ist schließlich eine **Gesamtabwägung** zwischen den im Einzelfall relevanten Interessen und Rechten der Beteiligten erforderlich.

II. Schutzbereich der Meinungsfreiheit

93 Das Grundgesetz schützt die Meinungsfreiheit sowohl im Interesse der Persönlichkeitsentfaltung des Einzelnen, als auch im Interesse des demokratischen Prozesses, für den sie konstitutive Bedeutung hat.[115] Wahrheiten und überzeugende Lösungen lassen sich auf Dauer nur dann entdecken, wenn jeder Mensch denken kann, was er will, und sagen darf, was er denkt.[116] Der Schutzbereich des Grundrechts erfasst **alle Äußerungen mit meinungsbildendem Inhalt**, ist also nicht auf „politische" Äußerungen beschränkt. Es sind beispielsweise auch kommerzielle Meinungsäußerungen sowie reine Wirtschaftswerbung mit einzubeziehen, sofern diese einen wertenden, meinungsbildenden Inhalt haben.[117] Über seinen Wortlaut hinaus, der Wort, Schrift und Bild beispielhaft aufführt,

---

111 *Starck* in v.Mangoldt/Klein/Starck, Art. 5 GG Rdnr. 189; *Schulze-Fielitz* in: Dreier, Art. 5 I, II GG Rn. 124ff.

112 BVerfG vom 6.2. 1979 (Kölner Volksblatt), BVerfGE 50, 234, 240.

113 *Starck* in v.Mangoldt/Klein/Starck, Art. 5 GG Rdnr. 189; *Schulze-Fielitz* in: Dreier, Art. 5 I, II GG Rn. 128ff.

114 BVerfG vom 24.5. 2005 (Junge Freiheit), NJW 2005, 2912, 2913f.

115 BVerfG vom 15.1. 1958 (Lüth), BVerfGE 7, 198, 208; BVerfG vom 26.6. 1990 (Zwangsdemokrat), BVerfGE 82, 272, 281; BVerfG vom 25.8. 1994 (Soldaten sind Mörder), NJW 1994, 2943.

116 „... freedom to think as you will and to speak as you think are means indispensable to the discovery and spread of political truth", *Brandeis* J. in Whitney v. California, 274 U.S. 357, 375 (1927).

117 BVerfG vom 12.12. 2000 (Schockwerbung), BVerfGE 102, 347, 359 mwN.; dazu *Manssen* JuS 2001, 1169ff.; *Wassermeyer* GRUR 2002, 126ff. BVerfG vom 1.8. 2001 (Therapeutische Äquivalenz), GRUR 2001, 1058, 1059; BVerfG vom 6.2. 2002 (Tier- und Artenschutz), GRUR 2002, 455.

schützt das Grundrecht ggf. auch andere **Ausdrucksformen**, zum Beispiel Uniformen, Symbole, Musik oder Gesten.[118] In den Schutzbereich fallen sowohl Meinungen als auch in einem bestimmten Umfang Tatsachenäußerungen. Eine weitergehende Differenzierung zwischen Meinungen und Tatsachen findet im Rahmen der Schutzbereichsprüfung nicht statt (wohl aber bei der späteren Abwägung). Gleichwohl ist bereits auf dieser Stufe zwischen den Äußerungsformen zu trennen. Es ist daher durch Auslegung zu bestimmen, welchen Inhalt die infrage stehende Äußerung hat und in welche der beiden Kategorien sie dementsprechend fällt (zur Auslegung siehe Rdnr. 1540ff.).

Der Begriff der **Meinung** ist weit zu verstehen[119] und umfasst Stellungnahmen, Wertungen, wertende Urteile, Werturteile, Beurteilungen, Einschätzungen, wertende Ansichten, Anschauungen und Auffassungen (zum Begriff siehe Rdnr. 1611ff.). Meinungen sind im Unterschied zu Tatsachenbehauptungen durch das Element der Stellungnahme, des Dafürhaltens oder Meinens geprägt.[120] Sie genießen den Schutz des Grundrechts, ohne dass es darauf ankäme, „ob die Äußerung wertvoll oder wertlos, richtig oder falsch, begründet oder grundlos, emotional oder rational ist. Auch scharfe und übersteigerte Äußerungen fallen grundsätzlich in den Schutzbereich von Art. 5 Abs. 1 Satz 1 GG".[121] Die Verfassung gewährt dem Äußernden auch das Recht, für die Kundgabe seiner Meinung diejenigen Umstände auszuwählen, von denen er sich die größte Verbreitung oder die stärkste Wirkung seiner Meinungskundgabe verspricht.[122] Der verfassungsrechtliche Schutz ist weiterhin unabhängig davon, ob der Äußernde mit seiner Meinung zugleich Tatsachen mitteilt, die dem Adressaten eine kritische Beurteilung der präsentierten Meinung ermöglichen. Daher kann grundsätzlich nicht zulasten des Äußernden berücksichtigt werden, dass er keine oder keine nennenswerte tatsächliche Basis für seine Meinungen mitteilt. Nach Art. 5 Abs. 1 Satz 1 GG soll jeder frei sagen können, was er denkt, selbst wenn er keine nachprüfbaren Gründe für sein Urteil abgeben kann.[123] 94

Tatsachenangaben (zum Begriff siehe Rdnr. 1576ff.) fallen in den Schutzbereich von Art. 5 Abs. 1 Satz 1 GG, weil und soweit sie eine Voraussetzung für das Bilden von Meinungen sind, das Art. 5 Abs. 1 GG gewährleistet.[124] Der Schutz der Meinungsfreiheit für Tatsachenbehauptungen endet freilich dort, wo sie zu 95

118 *Bethge* in: Sachs, Art. 5 GG Rdn. 44. Zu den diversen „Kanälen" menschlicher Kommunikation siehe Rdnr. 902ff.

119 BVerfG vom 22.6. 1982 (NPD von Europa), BVerfGE 61, 1, 9.

120 BVerfG vom 22.6. 1982 (NPD von Europa), BVerfGE 61, 1, 9; BVerfG vom 9.10. 1991 (Kritische Bayer-Aktionäre), BVerfGE 85, 1, 14; BVerfG vom 13.4. 1994 (Auschwitzlüge), BVerfGE 90, 241, 247.

121 BVerfG vom 9.10. 1991 (Kritische Bayer-Aktionäre), BVerfGE 85, 1, 14f.; BVerfG vom 23.3. 1971, BVerfGE 30, 336, 347; BVerfG vom 20.4. 1982 (Kredithaie), BVerfGE 60, 234, 241.

122 BVerfG vom 10.10. 1995 (Nato-Herbstmanöver), BVerfGE 93, 266, 289.

123 BVerfG vom 11.5. 1976, BVerfGE 42, 163, 170f.

124 BVerfG vom 9.10. 1991 (Kritische Bayer-Aktionäre), BVerfGE 85, 1, 15.

der verfassungsrechtlich vorausgesetzten Meinungsbildung nichts beitragen können. Die erwiesen oder bewusst unwahre Tatsachenbehauptung wird daher nicht von der Meinungsfreiheit umfasst.[125]

96 Geschützt wird auch die **negative Meinungsfreiheit**, also das Recht keine Meinung zu haben oder zu äußern bzw. nichts äußern zu müssen, was man nicht äußern will.[126]

III. Schutzbereich der Informationsfreiheit

97 Die in Art. 5 Abs. 1 Satz 1 2. Alt GG normierte Informationsfreiheit ist eine direkte Reaktion auf die NS-Zeit und das damalige Verbot, ausländischen Rundfunk zu hören.[127] Sie garantiert das Recht, sich aus allgemein zugänglichen Quellen selbst und ungehindert zu informieren. Das Grundrecht dient dem Schutz des Einzelnen, denn „in der modernen Industriegesellschaft [ist] der Besitz von Informationen von wesentlicher Bedeutung für die soziale Stellung des Einzelnen".[128] Der Grundrechtsschutz verfolgt aber auch institutionelle Zielrichtungen. Die Informationsfreiheit ist als wichtiges Pendant zur Meinungsfreiheit in gleicher Weise wie diese schlechthin konstituierend für die demokratische Ordnung, denn „mit zunehmender Informiertheit erkennt der Bürger Wechselwirkungen in der Politik und ihre Bedeutung für seine Existenz und kann daraus Folgerungen ziehen".[129]

98 Das Grundrecht steht **jedermann** zu, gilt also für Private wie für Medien in grundsätzlich gleicher Weise.[130] Wollen Medienunternehmen Aufnahme- und Übertragungsgeräte nutzen, um Informationen mit Hilfe des Rundfunks oder anderer Medien verbreiten zu können, so greift Art. 5 Abs. 1 Satz 1 2. Alt GG nicht ein, doch können insoweit die Rundfunk- oder die Pressefreiheit in Betracht kommen.

1. Quelle

99 Unter Quelle sind **alle Träger von Informationen beliebiger Art** zu verstehen. Darunter fallen auch neue Kommunikationstechniken, etwa das Internet oder digitales Fernsehen. Erfasst werden insbesondere alle Medien bzw. „Zeitungen und andere Massenkommunikationsmittel".[131] Der Grundrechtsschutz besteht weiterhin nur in Bezug auf **allgemein zugängliche** Quellen. Die Quelle muss

125 BVerfG vom 9. 10. 1991 (Kritische Bayer-Aktionäre), BVerfGE 85, 1, 15.
126 BK/*Degenhart*, Art. 5 Abs. 1 und 2 GG Rdnr. 147 mwN.; *Herzog* in Maunz/Dürig, Art. 5 Abs. I, II GG Rdn. 40 mwN.
127 Siehe Rdnr. 33.
128 BVerfG vom 3. 10. 1969 (Leipziger Volkszeitung), BVerfGE 27, 71, 81.
129 BVerfG vom 3. 10. 1969 (Leipziger Volkszeitung), BVerfGE 27, 71, 82.
130 BVerfG vom 24. 1. 2001 (Politbüro-Prozess), BVerfGE 103, 44, 59; *Bullinger* HStR Bd. VI, § 142 Rn. 15.
131 BVerfG vom 3. 10. 1969 (Leipziger Volkszeitung), BVerfGE 27, 71, 83; BK/*Degenhart*, Art. 5 Abs. 1 und 2 GG Rdnr. 320, 328.

technisch geeignet und bestimmt sein, der Allgemeinheit, d.h. einem individuell nicht bestimmbaren Personenkreis, Informationen zu verschaffen. Es reicht aus, dass die Quelle an irgendeinem Ort allgemein zugänglich ist, mag sich dieser auch außerhalb des Inlands befinden.[132] Die Allgemeinzugänglichkeit steht nicht zur Disposition des Staates. Wird die Möglichkeit des allgemeinen Zugangs durch staatliche Maßnahmen beeinträchtigt, so verliert die Quelle ihre allgemeine Zugänglichkeit nicht. Entscheidend ist allein die tatsächliche Art der Abgabe der Information, nicht die staatliche Bestimmung oder Verfügung. Zeitungen und andere Massenkommunikationsmittel sind von Natur aus allgemein zugängliche Informationsquellen. Ebenso sind öffentliche Gerichtsverhandlungen eine allgemein zugängliche Informationsquelle. Ein rechtswidriges Einschleichen in Redaktionsräume legitimiert die Informationsfreiheit dagegen nicht.[133]

2. Bestimmungsrecht

Über die Zugänglichkeit und die Art der Zugangseröffnung entscheidet, wer 100
nach der Rechtsordnung über ein entsprechendes Bestimmungsrecht verfügt. Das Bestimmungsrecht richtet sich nach den allgemeinen Vorschriften, für Privatpersonen insbesondere nach denen des bürgerlichen Rechts, für den Staat vornehmlich nach denen des öffentlichen Rechts. Für Informationen aus dem privaten bzw. dem nichtstaatlichen Bereich kann der Berechtigte in vollem Umfang bestimmen, in welchem Ausmaß sie zugänglich sind.[134] Er kann sein **Bestimmungsrecht in differenzierender Weise ausüben und Modalitäten des Zugangs festlegen**, zum Beispiel durch das Erfordernis der Eintrittszahlung oder der Einwilligung in Fotoaufnahmen bei einem Konzert.[135]

Wenn etwa jemand Auskunft über persönliche Angelegenheiten geben möchte, dann steht 101
es ihm frei, nur bestimmten Medien Auskunft zu erteilen und mit ihnen so genannte **Exklusivitätsverträge** zu schließen, die andere Medienunternehmen von dieser „Quelle" abschneiden (siehe Rdnr. 1228ff.). Der Einzelne ist nicht zur Gleichbehandlung der Medien verpflichtet. Dasselbe gilt für private Unternehmen. Der Veranstalter von öffentlichen Ereignissen, Sportwettkämpfen oder „Events" kann nach eigener Entscheidung Journalisten den **Zugang zu der Veranstaltung verweigern** (siehe Rdnr. 1033ff.) oder ihnen eine Bild- oder Liveberichterstattung untersagen (siehe Rdnr. 1405, 1474). Das eröffnet ihm geschäftliche Vermarktungsmöglichkeiten, indem er **Übertragungs- bzw. „Sportrechte"** an das Medienunternehmen verkauft, das am meisten dafür bezahlt.

Die Ausübung des Bestimmungsrechts ist für Dritte keine Beschränkung im 102
Sinne von Art. 5 Abs. 2 GG. Sie ist allein daran zu messen, ob sie im Einzelnen vom Recht zur Bestimmung gedeckt ist.[136]

132 BVerfG vom 3. 10. 1969 (Leipziger Volkszeitung), BVerfGE 27, 71, 84.
133 BVerfG vom 25. 1. 1984 (Wallraff), BVerfGE 66, 116, 137. Siehe Rdnr. 1098f., 1116f.
134 BK/*Degenhart*, Art. 5 Abs. 1 und 2 GG Rdnr. 338ff.
135 BVerfG vom 24. 1. 2001 (Politbüro-Prozess), BVerfGE 103, 44, 60f.
136 BVerfG vom 24. 1. 2001 (Politbüro-Prozess), BVerfGE 103, 44, 60.

3. Sonstiges

103 Die Informationsfreiheit schützt nur den **Zugang** zu Quellen bzw. zu freiwillig angebotenen Informationen. Sie verschafft als reines Abwehrrecht weder einen Anspruch auf Information, noch einen Anspruch auf Erschließung neuer Informationsquellen.[137] Soweit der Empfang von technischen Anlagen abhängt, die eine an die Allgemeinheit gerichtete Information erst individuell erschließen, erstreckt sich der Grundrechtsschutz auch auf die Beschaffung und Nutzung solcher Anlagen (Empfangsgeräte, Parabolantennen etc.).[138]

104 Ein **Eingriff** in die Informationsfreiheit kann bereits in einer zeitlichen Verzögerung als solchen liegen, die infolge einer staatlichen Kontrolle eintritt.[139]

IV. Schranken

105 Nach Art. 5 Abs. 2 GG finden die Kommunikationsfreiheiten ihre Schranken in den gesetzlichen Bestimmungen zum Schutze der Jugend, im Recht der persönlichen Ehre und in den allgemeinen Gesetzen. Die drei Schranken haben an sich nebeneinander Bestand, lassen sich jedoch nicht mikroskopisch voneinander trennen[140] und haben in der Rechtsprechung des BVerfG eine unterschiedliche praktische Bedeutung entwickelt. Das Gericht hat vor allem darauf verzichtet, die Ehre als eigenständige Schrankenkategorie zu akzentuieren. Die Richter stellen in den einschlägigen Konstellationen vielmehr auf die jeweilige Ehrschutznorm[141] ab und messen diese an den Anforderungen, die sie für allgemeine Gesetze entwickelt haben.[142]

1. Allgemeine Gesetze

a. Begriff

106 Der Begriff des allgemeinen Gesetzes ist im Grundgesetz nicht näher bestimmt, seit jeher umstritten und wegen der vielfältigen Zielsetzungen von Art. 5 GG wohl auch nicht einheitlich definierbar. Nach der Systematik der Schrankentrias dürften die allgemeinen Gesetze an sich nicht mit der allgemeinen Rechtsordnung gleichgesetzt werden, weil sonst die beiden anderen Schrankenelemente –

---

137 BVerfG vom 24. 1. 2001 (Politbüro-Prozess), BVerfGE 103, 44, 59.

138 BVerfG vom 9. 2. 1994, BVerfGE 90, 27, 32. Das besondere Informationsinteresse eines ausländischen Wohnungseigentümers kann dazu führen, dass die übrigen Wohnungseigentümer die Installation einer Parabolantenne akzeptieren müssen, selbst wenn für die Wohnungsanlage bereits ein Kabelanschluss besteht, BGH vom 22. 1. 2004 (Parabolantenne), BGHZ 157, 322, 326f.

139 BVerfG vom 14. 10. 1969, BVerfGE 27, 88, 98.

140 *Bethge* in: Sachs, Art. 5 GG Rdn. 141.

141 Insbesondere §§ 185ff. StGB, 823 Abs. 1, 823 Abs. 2 Satz 1, 824, 826 BGB.

142 Siehe etwa BVerfG vom 10. 10. 1995 (Nato-Herbstmanöver), BVerfGE 93, 266, 290f.

der Jugendschutz und der Ehrenschutz – überflüssig wären.[143] Die verfassungsrechtliche Entwicklung hat jedoch tendenziell diesen Weg genommen. Das BVerfG versteht das Erfordernis der Allgemeinheit so, dass damit grundsätzlich jedes **Sonderrecht gegen den Prozess freier Meinungsbildung ausgeschlossen** werden soll, das die geistige Wirkung von Meinungsäußerungen zu unterbinden sucht.[144] Es sieht daher in ständiger Rechtsprechung solche Gesetze als „allgemeine" an, „die nicht eine Meinung als solche verbieten" oder sich gegen eine „Äußerung als solche richten", sondern vielmehr dem „Schutz eines schlechthin, ohne Rücksicht auf eine bestimmte Meinung, zu schützenden Rechtsguts dienen", das gegenüber der Betätigung der Meinungsfreiheit Vorrang hat.[145] Kernpunkte sind damit die Meinungsneutralität des Gesetzes und sein Schutzgegenstand.

Allgemeine Gesetze sind beispielsweise die Strafvorschriften gegen Landes- 107
verrat[146] und Beleidigung,[147] Bestimmungen des Strafverfahrensrechts über die Beschlagnahme von Beweismitteln,[148] die für Richter und Beamte geltenden Gebote zu politischer Zurückhaltung,[149] arbeitsrechtliche Bestimmungen zum Schutz des Betriebsfriedens[150] und die wettbewerbliche Generalklausel.[151] Aus medienrechtlicher Sicht bereitet die Einordnung von **Gegendarstellungsnormen** besondere Probleme. Sie sind medienspezifisches Sonderrecht par excellence und lassen sich nach den üblichen Regeln nur schwerlich als Schranke der Pressefreiheit rechtfertigen.[152] Die Verpflichtung zur Gegendarstellung greift in die Freiheit des betroffenen Medienunternehmens ein. Sie dient ihrer Zielsetzung nach jedoch gerade dazu, die öffentliche Meinungsbildung durch Dialog und das Prinzip von Rede und Gegenrede zu fördern.[153] Sie ist also im Hinblick auf die individuelle Komponente von Art. 5 GG zweifelsohne eine Beschränkung der grundrechtlichen Freiheiten, während sie in Bezug auf die institutionelle Komponente derselben Zielsetzung dient, der auch die Kommunika-

---

143 *Bethge* in: Sachs, Art. 5 GG Rdn. 142.
144 BVerfG vom 3. 12. 1985 (Flick-Spendenaffäre), BVerfGE 71, 206, 214; BVerfG vom 26. 2. 1997 (Radio Dryeckland), BVerfGE 95, 220, 236.
145 BVerfG vom 15. 1. 1958 (Lüth), BVerfGE 7, 198, 209f.; BVerfG vom 6. 2. 1979 (Ausschluss aus Gerichtsverhandlung), BVerfGE 50, 234, 241; BVerfG vom 3. 12. 1985 (Flick-Spendenaffäre), BVerfGE 71, 206, 214.
146 BVerfG vom 5. 8. 1966 (Spiegel), BVerfGE 20, 162, 177.
147 BVerfG vom 10. 10. 1995 (Nato-Herbstmanöver), BVerfGE 93, 262, 291.
148 BVerfG vom 1. 10. 1987 (Beschlagnahme von Filmmaterial), BVerfGE 77, 65, 75.
149 BVerfG vom 22. 5. 1975, BVerfGE 39, 334, 367.
150 BAG vom 3. 12. 1954, BAGE 1, 185, 194f.; BVerfG vom 28. 4. 1976, BVerfGE 42, 133, 140f.
151 BVerfG vom 15. 11. 1982 (X), BVerfGE 62, 230, 248; BVerfG vom 12. 12. 2000 (Schockwerbung I), BVerfGE 102, 347, 360 mwN.
152 *Groß* AfP 1994, 264, 266; *Bethge* in: Sachs, Art. 5 GG Rdn. 144; a.A. *Ricker*, Handbuch des Presserechts, 23. Kap. Rdz. 10ff. mwN.
153 Siehe Rdnr. 1791, 1794ff.

tionsfreiheiten verpflichtet sind. Das BVerfG sieht Gegendarstellungsansprüche als verfassungskonform an und führt ihre verfassungsrechtliche Verankerung auf das Persönlichkeitsrecht zurück.[154]

b. Wechselwirkungslehre

108 Die von den Kommunikationsfreiheiten erfassten Güter sind zu gewichtig, als dass sie ohne weiteres zur Disposition des Gesetzgebers bzw. allgemeiner Regelungsgegenstände stehen. Das BVerfG hat deshalb in Eingrenzung des Wortlauts von Art. 5 Abs. 1, Abs. 2 GG zusätzliche Voraussetzungen für die Einschränkung der genannten Grundrechte aufgestellt. Nach der so genannten Wechselwirkungslehre müssen die allgemeinen Gesetze „in ihrer das Grundrecht beschränkenden Wirkung ihrerseits **im Lichte der Bedeutung dieses Grundrechts gesehen und so interpretiert werden**, dass der besondere Wertgehalt dieses Rechts, der in der freiheitlichen Demokratie zu einer grundsätzlichen Vermutung für die Freiheit der Rede in allen Bereichen, namentlich aber im öffentlichen Leben, führen muss, auf jeden Fall gewahrt bleibt".[155] Die Wechselwirkung ist bei der Auslegung der Tatbestandsmerkmale des einschlägigen Gesetzes als auch bei der Anwendung durch die Fachgerichte zu beachten. Die Einschränkung der Freiheiten aus Art. 5 Abs. 1 GG muss geeignet und erforderlich sein, den Schutz zu bewirken, den die betreffende Vorschrift sichern soll. Zugleich muss das, was mit der Vorschrift erreicht wird, in einem angemessenen Verhältnis zu den Einbußen stehen, die durch das Beschränken der Kommunikationsfreiheiten entstehen.[156]

109 Auch diese Anforderungen wurden maßgeblich durch die bereits vorgestellte **Lüth-Entscheidung** begründet. Im Streitfall hatte das LG das Unterlassungsgebot auf § 826 BGB und damit auf ein „allgemeines Gesetz"gestützt. Das BVerfG lehnte es aber ab, die Grenze der Meinungsfreiheit mit dem bloßen zivilrechtlichen Regelungsgehalt von § 826 BGB gleichzusetzen, und entwickelte die Wechselwirkungslehre. Dafür, wie im Einzelfall zwischen dem Grundrecht der freien Meinungsäußerung und dem einschränkenden „allgemeinen Gesetz" zu entscheiden ist, führte das Urteil das Instrument der Güterabwägung ein. Die Meinungsfreiheit muss zurücktreten, wenn ihre Ausübung „schutzwürdige Interessen eines anderen von höherem Rang" verletzen würde, was wiederum „aufgrund aller Umstände des Falles zu ermitteln" sei.[157]

110 Ein Beispiel für die verfassungskonforme Auslegung des strafrechtlichen Beleidigungstatbestandes ist die **Nato-Herbstmanöver-Entscheidung** des BVerfG. Sie betraf mehrere Streitfälle, u. a. hatte ein anerkannter Kriegsdienstverweigerer anlässlich eines Manövers der Nato auf ein Betttuch mit roter Farbe den Text „A Soldier is a Murder"

---

154 BVerfG vom 8.2. 1983 (Türken in Bingen), BVerfGE 63, 131, 142; eingehend *Bethge* in: Sachs, Art. 5 GG Rdn. 164 ff. mwN.

155 BVerfG vom 15.1. 1958 (Lüth), BVerfGE 7, 198, 208 f.; BVerfG vom 28.4. 1976, BVerfGE 42, 133, 141; BVerfG vom 20.4. 1982 (Kredithaie), BVerfGE 60, 234, 240.

156 BVerfG vom 13.1. 1982 (Freie Rundfunkmitarbeiter I), BVerfGE 59, 231, 265.

157 BVerfG vom 15.1. 1958 (Lüth), BVerfGE 7, 198, 210 f.

geschrieben und es an einer Straßenkreuzung am Ortsrand aufgehängt. Das Tuch wurde später von der Polizei entfernt und der Kriegsdienstverweigerer auf einen Strafantrag hin wegen Beleidung zu einer Geldstrafe verurteilt. Die Beleidigung war in Bezug auf eine staatliche Einrichtung bejaht worden. Es stand also kein Schutz von persönlicher Ehre infrage, sondern bei der Anwendung des Straftatbestands ging es allein um den Schutz der öffentlichen Anerkennung von staatlichen Institutionen, damit diese ihre Funktion erfüllen können. Die hoch umstrittene Entscheidung des BVerfG nahm daher an, dass der Meinungsfreiheit für die Auslegung der Strafnorm in solchen Fällen ein besonders hohes Gewicht zukomme, weil dieses Grundrecht gerade aus dem besonderen Schutzbedürfnis der Machtkritik erwachsen sei und darin unverändert seine Bedeutung finde.[158] Im Ergebnis hielt das Strafurteil den Anforderungen des BVerfG nicht stand.[159]

Die **Junge Freiheit-Entscheidung** des BVerfG betrifft die Auslegung eines Gesetzes 111 über die Veröffentlichung von Berichten des Verfassungsschutzes, die zur Information der Öffentlichkeit und zur Aufklärung über verfassungsfeindliche Bestrebungen und Tätigkeiten dienen. Wenn die Nennung in einem solchen Bericht an Meinungsäußerungen oder Presseveröffentlichungen anknüpft, dann muss bei der Gesetzesauslegung die besondere Bedeutung der Meinungs- und der Pressefreiheit für die Demokratie berücksichtigt werden. Die genannten Freiheiten lassen auch eine kritische Auseinandersetzung mit Verfassungsgrundsätzen und -werten zu. Eine Kritik an der Verfassung und ihren wesentlichen Elementen ist ebenso erlaubt wie die Äußerung der Forderung, tragende Bestandteile der freiheitlich demokratischen Grundordnung zu ändern.[160] Daher reicht die bloße Kritik an Verfassungswerten nicht schon als Anlass aus, um eine verfassungsfeindliche Bestrebung im Sinne der verfassungsschutzgesetzlichen Normen zu bejahen und allein deshalb die betreffende Zeitung bereits im Verfassungsschutzbericht zu nennen.[161]

2. Jugendschutz

Jugendschutznormen sind eine selbstständige Schranke. Anders als die allge- 112 meinen Gesetze können Bestimmungen zum Schutz der Jugend Grundrechtseingriffe auch legitimieren, wenn sie sich gegen bestimmte inhaltliche Meinungen richten. Der Schutz der ungestörten Entwicklung der Jugend ist ein verfassungsrechtlich bedeutsames Interesse und ein wichtiges Gemeinschaftsanliegen.[162]

Der Jugendschutz ist nicht allein ein verfassungsrangiges Gegenrecht zu den 113 Kommunikationsfreiheiten. Vielmehr sind in erster Linie die vom Gesetzgeber zu schaffenden Bestimmungen des einfachen Rechts maßgebend. Der Gesetzgeber darf dabei für sich eine gewisse Einschätzungsprärogative beanspruchen,

158 BVerfG vom 10.10. 1995 (Nato-Herbstmanöver), BVerfGE 93, 266, 293; dazu *Gounalakis* NJW 1996, 481ff.; *Otto* NStZ 1996, 127f.; *Zuck* JZ 1996, 364f.; *Haas* GA 1996, 473ff. Siehe auch Rdnr. 1541.

159 BVerfG vom 10.10. 1995 (Nato-Herbstmanöver), BVerfGE 93, 266, 305ff.

160 BVerfG vom 24.5. 2005 (Junge Freiheit), NJW 2006, 2912, 2915; dazu *Bertram* NJW 2006, 2890f.

161 BVerfG vom 24.5. 2005 (Junge Freiheit), NJW 2006, 2912, 2915.

162 BVerfG vom 23.3. 1971, BVerfGE 30, 336, 347f.; BVerfG vom 13.1. 1988, BVerfGE 77, 346, 356.

muss sich aber an grundlegenden Entscheidungen der Verfassung wie Menschenwürde, Persönlichkeitsrecht, Friedensgebot oder Völkerverständigung orientieren.[163] Er kann auf Generalklauseln zurückgreifen und sich beispielsweise auf Schriften beziehen, die offensichtlich geeignet sind, Kinder oder Jugendliche sittlich schwer zu gefährden.[164] Ein allgemeines Sittenwächteramt ist ihm aber ebenso untersagt wie eine Missachtung des Gebots der weltanschaulichen Neutralität. Zugleich müssen die einschlägigen Tatbestände des Jugendschutzrechts auch auf der Ebene der Rechtsanwendung verfassungskonform ausgelegt werden.

114 In der **Wahrheit für Deutschland-Entscheidung** hat das BVerfG in der Indizierung eines Buches als jugendgefährdend einen Verstoß gegen Art. 5 Abs. 1 Satz 1 GG gesehen,[165] soweit diese sich auf die Begründung stützte, das Buch stelle die Schuldfrage des Zweiten Weltkriegs geschichtlich falsch dar. Das Gericht hielt die Wertung, dass die Verharmlosung der NS-Ideologie eine Gefahr für die Jugend entstehen lassen könne, für „zwar nachvollziehbar“. Es müsse jedoch berücksichtigt werden, dass das Gefährdungspotenzial solcher mittelbarer Auswirkungen besonders schwer einzuschätzen sei. Vor allem sei jedoch zu bedenken, dass Äußerungen zur Geschichtsinterpretation, insbesondere solche, die sich auf die jüngere deutsche Geschichte bezögen, als Beitrag zur politischen Meinungsbildung in den Kernbereich des Schutzes fallen, den Art. 5 Abs. 1 Satz 1 GG gewährleiste. Dies gelte unabhängig davon, ob sie im Spektrum gängiger Lehrmeinungen oder weit außerhalb davon lägen, ob sie gut begründet erschienen oder es sich um anfechtbare Darstellungen handele.

V. Einzelfallabwägung

115 Die Grundrechtseinschränkung ist nur gerechtfertigt, wenn die Meinungsfreiheit auch im konkreten Einzelfall gegenüber den Rechtsgütern zurücktreten muss, die das allgemeine Gesetz oder die einschlägige Jugendschutznorm schützt. Da sich die Prüfung auf den Einzelfall bezieht, lassen sich die Abwägungskriterien weder generell und abstrakt noch abschließend bestimmen. Das BVerfG hat eine Reihe von Regelsätzen und Vermutungen entwickelt, die eine gewisse allgemeine Orientierung ermöglichen, aber im konkreten Streitfall stets aufs Neue überlegt und abgewogen werden müssen. Die Abwägung hat zu berücksichtigen, dass kritische Meinungsäußerungen zu gesellschaftlichen, politischen und sozialen Problemen einen besonderen Schutz genießen und deshalb gegenüber anderen Rechtsgütern und Interessen nur zurückzutreten haben, wenn die Einschränkung im konkreten Einzelfall zum Schutz hinreichend gewichtiger Gemeinwohlbelange bzw. schutzwürdiger Rechte und Interessen Dritter geeignet, erforderlich und angemessen ist. Einzelkonstellationen dieser Abwägung werden eingehend in späteren Teilen dieses Buches vorgestellt und sollen daher an dieser Stelle nur skizziert werden.

---

163 *Bethge* in: Sachs, Art. 5 GG Rdn. 161 mwN.

164 Dazu BVerfG vom 13. 1. 1988, BVerfGE 77, 346, 356ff.

165 BVerfG vom 11. 1. 1994 (Wahrheit für Deutschland), BVerfGE 90, 1, 19ff. Siehe auch Rdnr. 478f.

Das wichtigste Kriterium ist, ob die betreffende Äußerung in die öffentliche Meinungsbildung eingreift bzw. ein **öffentliches Informationsinteresse** bedient (siehe §11). Das Ausmaß des verfassungsrechtlichen Schutzes kann dann vom Inhalt der Meinungsäußerung (siehe Rdnr. 950ff.) und davon abhängen, in welchem Umfang sich die öffentliche Diskussion für eine Angelegenheit interessiert (siehe Rdnr. 978ff.). „Beiträge zur Auseinandersetzung in einer die Öffentlichkeit wesentlich berührenden Frage genießen stärkeren Schutz als Äußerungen, die lediglich der Verfolgung privater Interessen dienen".[166] Das BVerfG geht von einer grundsätzlichen Vermutung für die Zulässigkeit der freien Rede aus, wenn es sich um einen Beitrag zum geistigen Meinungskampf in einer die Öffentlichkeit wesentlich berührenden Frage handelt.[167] 116

Im Rahmen der Abwägung kann zwischen Meinungen und Tatsachenäußerungen abzustufen sein (siehe §§18–20). **Meinungen** genießen einen weitreichenden Schutz, weil sie aus Sicht des Verfassungsrechts stärker als Tatsachenangaben von legitimen Gegeninteressen des Äußernden getragen sind.[168] Dagegen gilt für **Tatsachen** der Satz, dass die Vermutung zugunsten der freien Rede spreche, nur eingeschränkt. Soweit Tatsachenbehauptungen nicht von vornherein außerhalb des Schutzes von Art. 5 Abs. 1 Satz 1 GG bleiben, sind sie Einschränkungen im Interesse anderer Rechtsgüter leichter zugänglich als Meinungsäußerungen.[169] 117

Besonders häufig ist zwischen der Meinungsfreiheit und beeinträchtigten Persönlichkeitsinteressen abzuwägen. Leitlinien für diese Abwägung, die ebenfalls in weiteren Abschnitten dieses Buches behandelt wird,[170] listet beispielsweise die bereits angesprochene Nato-Herbstmanöver-Entscheidung (siehe Rdnr. 110) auf. 118

Danach[171] hat die Meinungsfreiheit stets zurückzutreten, wenn die Äußerung die **Menschenwürde** eines anderen antastet. Die Annahme, dass der Gebrauch der Meinungsfreiheit auf die unantastbare Menschenwürde durchschlägt, bedarf jedoch stets einer sorgfältigen Begründung. Ebenso treten herabsetzende Äußerungen, d.h. Formalbeleidigungen und **Schmähungen**, regelmäßig hinter dem Ehrenschutz zurück. Der Begriff der Schmähung ist nach den verfassungsgerichtlichen Maßstäben aber eng zu verstehen und nur zu bejahen, wenn nicht mehr die Auseinandersetzung in der Sache, sondern die Diffamierung der Person im Vordergrund steht.[172] Im Übrigen wendet das BVerfG die Vermutung zugunsten der Freiheit von Beiträgen zur öffentlichen Meinungsbildung auch auf solche Äußerungen an, die Persönlichkeitsinteressen beeinträchtigen. Abweichungen davon bedürfen einer Begründung, die der konstitutiven Bedeutung der Meinungsfreiheit für die Demokratie, in der die Vermutungsregel wurzele, Rechnung trage. 119

---

166 BVerfG vom 26.6. 1990 (Zwangsdemokrat), BVerfGE 82, 272, 281; eingehend BK/*Degenhart*, Art. 5 Abs. 1 und 2 GG Rdnr. 192ff. mwN.; kritisch *Bullinger* HStR Bd. VI, §142 Rn. 43f.

167 Z.B. BVerfG vom 13.5. 1980 (Römerberg-Gespräche), BVerfGE 54, 129, 137f.

168 BVerfG vom 9.10. 1991 (Kritische Bayer-Aktionäre), BVerfGE 85, 1, 16f.

169 BVerfG vom 9.10. 1991 (Kritische Bayer-Aktionäre), BVerfGE 85, 1, 16f.

170 Siehe Rdnr. 355ff., 950ff., 978ff., 1119ff., 1268ff., 1448ff.

171 BVerfG vom 10.10. 1995 (Nato-Herbstmanöver), BVerfGE 93, 266, 293ff.; zur Abwägung zwischen Meinungsfreiheit und unternehmerischen Interessen BVerfG vom 20.4. 1982 (Kredithaie), BVerfGE 60, 234, 240f. mwN.

172 Zu Schmähungen siehe Rdnr. 1616ff.

§ 3: Presse

Ausgewählte Literatur

120 *Eisenhardt*, Die Garantie der Pressefreiheit in der Bundesakte von 1815, Der Staat 1971, 339ff.; *Groß*, Zum Presseordnungsrecht, AfP 1993, 548ff.; *ders.*, Zur Gesetzgebungszuständigkeit für das Pressewesen, AfP 1997, 503ff.; *Koszyk*, Presse unter alliierter Besatzung, in: Wilke (Hrsg.), Mediengeschichte in der Bundesrepublik Deutschland, 1999, S. 31ff.; *ders.*, Die Deutsche Presse im 19. Jahrhundert, Geschichte der deutschen Presse, Teil II, 1966; *Kunig*, Die Pressefreiheit, Jura 1995, 589ff.; *Lindemann*, Deutsche Presse bis 1815, Geschichte der deutschen Presse, Teil I, 1969; *Löffler*, Massenmedien, Presse, Zeitung und Zeitschrift als Rechtsbegriff, FS Bappert 1964, 117ff.; *Papier*, Pressefreiheit zwischen Konzentration und technischer Entwicklung, Der Staat 18 (1979), 422ff.; *Schneider*, Pressefreiheit und politische Öffentlichkeit – Studien zur politischen Geschichte Deutschlands bis 1848, 1966; *Stöber*, Deutsche Pressegeschichte, 2. Auflage 2005; *Streinz*, Der Einfluss der Verfassungsrechtsprechung auf die Pressefreiheit, AfP 1997, 857ff.; *Terwiesche*, Konstitutionalismus und Nationalsozialismus: Beginn und vorläufiges Ende der Grundrechte, JR 1997, 227ff.

A. Rechtsgeschichtlicher Überblick

I. „Pressefrühzeit"

121 Die „Pressefrühzeit" wurde aus rechtsgeschichtlicher Sicht vor allem durch die **Zensur** und durch Presseunfreiheit bestimmt. Die Zensur geht ursprünglich auf den Absolutheitsanspruch der Kirche im Mittelalter zurück. Wer ein Buch druckte, las oder schrieb, das nicht die bischöfliche Druckgenehmigung („imprimatur" = lat.: es wird gedruckt) erhalten hatte, dem drohte der Ausschluss aus der Kirche. Die Zensur blieb im Weiteren aber nicht auf den kirchlichen Bereich beschränkt. Sie wurde zur weltlichen Zensur, die durch die jeweiligen Landesherren ausgeübt wurde. Sie hat in Deutschland eine besonders lange Tradition erlangt und ist erst durch das Grundgesetz endgültig überwunden worden.

122 Anfänge einer Pressegesetzgebung im Heiligen Römischen Reich deutscher Nation gehen auf Karl V. und das 16. Jahrhundert zurück. Sie finden sich vor allem in „Polizeiordnungen".[1] Eine ausführliche Regelung des damaligen Presse- und Zensurrechts enthält beispielsweise die **Polizeiordnung von 1577** in Titel 35 unter der Überschrift „Von Buchtruckern, Schmähschrifften, schmälichen Gemäls, Gedichten und Anschlägen".[2] § 1 normierte die Vorzensur und verbot das Herstellen, Anbieten und Ausbreiten unzensier-

---

1 *Berner*, Lehrbuch des Deutschen Preßrechtes, S. 14ff.

2 Abgedruckt bei *Collmann*, Quellen, Materialien und Kommentar des gemein deutschen Preßrechts, 1844, S. 14ff.

ter Schriften. Schmähschriften und Schmähbilder wurden gesondert verboten. § 2 drohte Buchdruckern, Verlegern und Händlern bei Verstoß ein Berufsverbot und weitere Strafen an. § 3 wies die für die Zensur zuständigen Stellen der Obrigkeit an, nichts drucken zu lassen, was der christlichen allgemeinen Lehre oder dem Augsburger Religionsfrieden widerspricht oder was Unruhe oder Weiterung verursacht. Die §§ 4, 5 gaben dem Reich die Möglichkeit, selbst einzuschreiten und Strafen zu verhängen, falls der jeweilige Landesherr seiner Aufgabe nicht oder unzureichend nachkam. Nach § 6 sollte die Obrigkeit zum Drucker nur denjenigen zulassen, der Bürger war und für redlich, tauglich und ehrbar erkannt wurde.

Die Bezeichnung Presse ist etymologisch aus dem Wort „pressen" entstanden, das frü- 123
her wiederum mit „drucken" gleichzusetzen war. Das Druckgewerbe hatte sich aus der Goldschmiedekunst und den mittelalterlichen Künsten der Briefeschreiber und Formschneider entwickelt. Es unterschied sich in handwerklicher und kaufmännischer Hinsicht nicht von anderen Handwerken und unterlag damit den **allgemeinen gewerberechtlichen Regeln**. Die Drucker waren daher insbesondere den Zunftregeln und dem Zunftzwang, also dem Prinzip der Gewerbeunfreiheit unterworfen. Gewerbetreibende konnten von diesen Beschränkungen durch spezielle Privilegien entbunden werden, die es auch in Form spezieller **Druckprivilegien** gab. Diese umfassten u.a. einen Schutz vor Nachdruck und verschafften erhebliche wettbewerbliche Vorteile gegenüber konkurrierenden Unternehmen. Es wird für wahrscheinlich gehalten, dass im 17. und 18. Jahrhundert mehr Zeitungsverbote auf die Intervention von Konkurrenten als auf die Zensur zurückgingen.[3] Noch im 19. Jahrhundert war die Herausgabe von Zeitungen in Preußen genehmigungs- bzw. konzessionspflichtig. In der Konzession erwuchs dem Staat ein weiteres Instrument, um unliebsame Zeitungen und Drucker einzuschränken bzw. für eine innere Zensur zu sorgen. Preußen nahm 1810 die Zeitungsgründung ausdrücklich von der Gewerbefreiheit aus.[4]

II. 19. Jahrhundert

Die aus heutiger Sicht entscheidenden Entwicklungen von Presse und Presse- 124
recht begannen mit dem 19. Jahrhundert.[5] Dies gilt zunächst für die **technischen Voraussetzungen**, derer das Massenmedium Presse bedarf. Die Drucktechnik wurde nach der revolutionären Erfindung des Buchdrucks mit beweglichen Lettern durch *Johannes Gutenberg* im Jahr 1450[6] naturgemäß immer weiterentwickelt. Das Druckerwesen wandelte sich ab 1800 immer stärker vom Gewerbe alter Schule zur Industrie und machte vor allem in der zweiten Hälfte des 19. Jahrhunderts rasante Fortschritte.[7] Rotationstechnik (1865) und Setztechnik kamen auf. Es wurde weiterhin möglich, Druckzeilen gleichzeitig zu setzen und zu gießen (Linotype, 1885) und Bilder in die Rotationspresse aufzunehmen (Au-

3 *Stöber*, Deutsche Pressegeschichte, S. 115.
4 *Lindemann*, Deutsche Presse bis 1815 – Geschichte der deutschen Presse Teil I, 1969, S. 262f.
5 Zur Entwicklung von Presse und Presserecht im 19. Jahrhundert *Koszyk*, Die Deutsche Presse im 19. Jahrhundert, Geschichte der deutschen Presse, Teil II, 1966; *Schneider*, Pressefreiheit und politische Öffentlichkeit – Studien zur politischen Geschichte Deutschlands bis 1848, 1966; *Arnold*, Pressefreiheit und Zensur im Baden des Vormärz, 2003.
6 Zu Einzelheiten *Stöber*, Deutsche Pressegeschichte, S. 20ff. mwN.
7 Dazu *Steinberg*, Die schwarze Kunst, 3. Auflage 1988, S. 344ff.

totypie, 1881).[8] Eine ähnliche Entwicklung nahm die Fähigkeit, Papier preiswert und in großen Mengen herzustellen.[9] Die dritte Komponente schließlich ist die Alphabetisierungsrate der Bevölkerung. Sie hängt zentral mit der Schulbildung zusammen, für die es große regionale Unterschiede gab. Zu einer flächendeckenden allgemeinen Schulpflicht kam es erst spät. Sie machte während der ersten beiden Drittel des 19. Jahrhunderts die Deutschen aus einem Volk von Nicht-Lesern zu einem Volk von Lesern.[10]

125 Bücher und Schriften gibt es seit alters her. Druckwerke in Gestalt von Flugschriften, Flugblättern und „Neuen Zeitungen“ sollen in Deutschland etwa ab dem 15. Jahrhundert aufgekommen sein.[11] Solche Druckschriften aus der „Pressefrühzeit“ erreichten zum Teil erstaunliche Auflagen. Dennoch lässt sich wohl erst für das 19. Jahrhundert von einer Presse sprechen, die als Vorläufer der heutigen Massenmedien eingeordnet werden kann. Die eben beschriebenen technischen und gesellschaftlichen Veränderungen in dieser Zeit gehen einher mit einem rapiden Ansteigen der pressestatistischen Kerngrößen, also der Zahl der Titel, der Erscheinungsweise, der Auflagenhöhe, der Redaktionsgröße und der Publizisten. In Preußen stieg zwischen 1824 und 1847 die Zahl der Zeitungen von 96 und einer Gesamtauflage von 35.000 auf 118 Zeitungen und eine Gesamtauflage von 76.000. 1850 sollen dann bereits 182 Zeitungen erschienen sein.[12]

126 Die rechtsgeschichtliche Entwicklung des Pressewesens im 19. Jahrhundert wird durch zahlreiche Faktoren bestimmt. Verfassungsgeschichtlich entstanden nach dem Untergang des alten Reichs zunächst der Deutsche Bund (1815) und schließlich das Deutsche Reich (1871). Zugleich nahm das Streben nach Meinungs- und Pressefreiheit unter dem Eindruck der französischen Revolution und der Lehren der Aufklärung zu und drängte die Zensur immer stärker zurück. Die auf dem Wiener Kongress verabschiedete Bundesakte von 1815 kündigte in Art. 18 an, dass sich die Bundesversammlung der 33 souveränen deutschen Staaten gleich bei ihrer ersten Zusammenkunft mit der Frage der Pressefreiheit beschäftigen würde.[13] Im **Deutschen Bund** übernahmen jedoch mit Österreich und Preußen die beiden größten Staaten die Führung, die sich bei aller sonstigen Rivalität in dem Bestreben einig waren, das Aufkommen liberaler, freiheitlicher Kräfte zu verhindern. Der Karlsbader Bundesbeschluss erklärte 1819 die in den einzelnen Bundesstaaten bestehenden Zensurvorschriften für ungenügend.[14] Die gesamte periodische Presse und sämtliche Schriften von bis zu 20 Druckbogen wurden der Zensur unterworfen, in Preußen und Öster-

8 Angaben nach *Löffler*, Presserecht, 1. Auflage 1955, Einl C Anm. 48. Allgemein zur Entwicklung der Drucktechnik *Stöber*, Deutsche Pressegeschichte, S. 118ff. mwN.

9 *Stöber*, Deutsche Pressegeschichte, S. 128f.

10 *Nipperdey*, Deutsche Geschichte 1800–1866: Bürgerwelt und starker Staat, 5. Auflage 1991, S. 451ff. mwN., 587ff. mwN.

11 *Stöber*, Deutsche Pressegeschichte, S. 34ff.

12 *Stöber*, Deutsche Pressegeschichte, S. 158ff. mwN.

13 *Eisenhardt* Der Staat 1971, 339ff.

14 *Berner*, Lehrbuch des Preßrechtes, S. 50f.

reich auch Schriften mit größerem Umfang. Im Einzelnen oblagen die gesetzliche Umsetzung der bundesrechtlichen Vorgaben und die Ausübung der Zensur jedoch den Ländern, die davon sehr unterschiedlichen Gebrauch machten. In manchen Ländern herrschten Toleranz oder sogar näherungsweise Pressefreiheit (Hannover, Weimar, Mecklenburg), in anderen harte Unterdrückung. Strenge Zensur gab es insbesondere im absolutistischen Preußen, in dem Dinge wie ein öffenlicher Dialog oder gar eine öffentliche Kontrolle überhaupt nicht vorstellbar waren. Die im Deutschen Bund entstandenen Landespressegesetze und in Teilen auch noch das ReichspreßG 1874 bezweckten vor allem die Schaffung von Sonderregeln über Täterschaft und Teilnahme, um „Urheber" rechtsverletzender Artikel bestrafen zu können. Die „eigenthümliche Natur der durch die Presse verübten Vergehen" brachte es in den Augen der damaligen Gesetzgeber nämlich mit sich, dass „mit der Anwendung der allgemeinen strafrechtlichen Grundsätze über die Urheberschaft [= heute: Täterschaft] und Teilnahme auf diesem Gebiete nicht auszureichen" sei.[15]

Zu einem deutschlandweit einheitlichen Pressegesetz kam es erst im **Deutschen Reich**. Die Bismarck'sche Reichsverfassung sprach dem Reich in Art. 4 Nr. 16 die Gesetzgebungskompetenz für die Bestimmungen über die Presse zu. Die Schaffung eines solchen Gesetzes wurde im Reichstag alsbald von einer Gruppe um den Abgeordneten *Windthorst* gefordert, um die Presse von allen „hemmenden und unwürdigen Beschränkungen des in den meisten Staaten des Deutschen Reichs geltenden Präventiv-Systems", aufgrund dessen die Presse staatlicher Zulassungen bedurfte, zu befreien.[16] Nach heftigen politischen Diskussionen[17] wurde 1874 das Reichspreßgesetz verabschiedet. Es sollte fast 90 Jahre lang in Deutschland gelten und ist im Kern der Vorläufer der heutigen Landespressegesetze. Das **ReichspreßG ging vom Grundsatz der Pressefreiheit** aus (§ 1). Es schützte damit die gesamte Tätigkeit, die zur Verbreitung geistigen Stoffes durch den Druck gehört.[18] Das Gesetz brachte den prinzipiellen Wegfall der Zensur, des Konzessionszwangs und von sonstigen Präventivmaßnahmen oder Instrumenten zur Gängelung der Presse, wie etwa Sonderbesteuerungen. Es wurde als eine ausschließlich öffentlich-rechtliche Regelung angesehen,[19] sprach der Presse aber keine „öffentliche Aufgabe" zu. 127

Im Einzelnen erklärte sich das Gesetz auf alle Erzeugnisse der Buchdruckerpresse anwendbar (§ 2). Nach § 4 durfte die Befugnis zum selbstständigen Betrieb irgendeines Pressegewerbes oder sonst zur Herausgabe und zum Vertrieb von Druckschriften weder 128

15 Motive ReichspreßG, Verhdlg. RT, 2. Legislatur-Periode, I. Session 1874, Dritter Band, Aktenstück Nr. 23, S. 138.

16 Antrag der Abgeordneten *Windthorst* und Genossen, betreffend den Erlaß eines Reichspreßgesetzes, vom 12.3. 1873, Verhdlg. RT, 1. Legislaturperiode, IV. Session, 1873, Anlagen, Aktenstück Nr. 11, S. 35f.

17 Zu Einzelheiten *Löffler*, Presserecht, 1. Auflage 1955, Einl C Anm. 34ff.; *Stöber*, Deutsche Pressegeschichte, S. 146ff. mwN.

18 *Häntzschel*, § 1 ReichspreßG Anm. 2.

19 *Häntzschel*, ReichspreßG, Einleitende Bestimmungen, S. 10.

im administrativen noch im richterlichen Wege entzogen werden. Daneben enthielt das Gesetz Bestimmungen über das Impressum (§ 6), den verantwortlichen Redakteur (§§ 7, 8) und die Ablieferungspflicht (§ 9). Der verantwortliche Redakteur einer periodischen Druckschrift, die Anzeigen aufnimmt, wurde verpflichtet, die ihm von öffentlichen Behörden mitgeteilten amtlichen Bekanntmachungen auf deren Verlangen gegen Zahlung der üblichen Gebühren in das Blatt aufzunehmen (§ 10). § 11 enthielt eine Pflicht zur „Berichtigung", den Vorläufer der heutigen Gegendarstellung. Nach § 15 konnten in Zeiten der Kriegsgefahr oder des Krieges Veröffentlichungen über Truppenbewegungen oder Verteidigungsmittel durch den Reichskanzler mittels öffentlicher Bekanntmachung verboten werden. Daneben enthielt das Gesetz zahlreiche Straftatbestände (§§ 18f.) und Regelungen über die strafrechtliche Verantwortlichkeit des verantwortlichen Redakteurs, des Verlegers und weiterer Personen (§§ 20f.). Eine Beschlagnahme von Druckschriften war möglich, unter bestimmten Umständen auch ohne richterliche Anordnung (§§ 23ff.).

129 Man muss sich zugleich bewusst machen, was es im damaligen Presserecht nicht gab. Die Reichsverfassung kannte **keinen verfassungsrechtlichen Schutz der Meinungs- und Pressefreiheit**. Der Reichsgesetzgeber konnte die Pressefreiheit daher jederzeit mit einfacher Mehrheit einschränken oder gar aufheben. Das Parlament machte davon wiederholt Gebrauch. Ein weithin bekannter Anwendungsfall ist die Sozialistengesetzgebung Bismarcks.[20] Danach wurden u.a. alle Druckschriften verboten, die sozialdemokratische, „auf Untergrabung der bestehenden Staats- oder Gesellschaftsordnung gerichtete Bestrebungen" verfolgten.

III. Weimarer Republik

130 Das Entstehen der **Weimarer Republik** und der damit verbundene zeitweilige Übergang Deutschlands zu einer – fragilen – Demokratie führten für das Presserecht kaum zu grundsätzlichen Veränderungen. Die Weimarer Reichsverfassung normierte allerdings Grundrechte. Insbesondere stellte Art. 118 Abs. 1 Satz 1 WRV das Recht eines jeden Deutschen unter Schutz, seine Meinung durch Wort, Schrift, Druck, Bild oder in sonstiger Weise frei zu äußern. Die Einschränkung der Meinungsfreiheit war nur aufgrund eines allgemeinen Gesetzes zulässig. Die Zensur wurde untersagt. Gesetzliche Maßnahmen zur Bekämpfung von „Schund- und Schmutzliteratur" sowie zum Schutz der Jugend bei öffentlichen Schaustellungen und Darbietungen erklärte die Verfassung aber für zulässig.[21] Die in der WRV verankerten Grundrechte – vom RG als das damalige „Heiligtum des deutschen Volkes" bezeichnet[22] – waren aber von geringerer „Standfestigkeit" und Bedeutung als die heutigen Art. 1ff. GG. Zum einen wa-

20 Gesetz gegen die gemeingefährlichen Bestrebungen der Sozialdemokratie vom 21.10. 1878.

21 Art. 118 Abs. 2 Satz 2 WRV; „Schund- und Schmutz-Gesetz" vom 18.12. 1926, RGBl I 1926, 148.

22 RG vom 28.4. 1921, RGZ 102, 161, 165.

ren die Grundrechte für die Auslegung des damaligen einfachgesetzlichen Rechts unbeachtlich. Zur Lehre von der mittelbaren Drittwirkung kam es erst später in der Bundesrepublik (siehe Rdnr. 65, 67 ff.). Zum anderen sprach Art. 48 Abs. 2 Satz 1 WRV dem Reichspräsidenten ein **Notverordnungsrecht** zu, wenn die öffentliche Sicherheit und Ordnung im Reich erheblich gestört oder gefährdet wurde. Er war dadurch befugt, die Meinungsfreiheit und bestimmte andere Grundrechte außer Kraft zu setzen. Es kam zu mehreren solchen Notverordnungen,[23] die u. a. eine Zensur für Flugblätter und Plakate einführten.[24]

Wichtig ist weiterhin, dass es nach wie vor keine verfassungsrechtlichen Ga- 131
rantien für die Presse gab. Art. 118 WRV schützte nur die Meinungsfreiheit, nicht dagegen eine darüber hinausreichende Pressefreiheit. Obwohl Meinungs- und Pressefreiheit schon seit längerem nicht mehr gleichgesetzt wurden,[25] hatte man schlicht vergessen, die Pressefreiheit in der Verfassung besonders aufzuführen bzw. ging irrigerweise davon aus, dass die Meinungsfreiheit ohne weiteres die gesamte Pressefreiheit mit umfasste.[26] Der Schutz der Pressefreiheit blieb also wie im Deutschen Reich dem einfachen Gesetzgeber überlassen. Er konnte nach wie vor sowohl einschränkende Gesetze erlassen als auch Behörden und staatliche Institutionen zum Erlass die Presse beschränkender Anordnungen ermächtigen.[27] Reichspräsident, Parlament und Regierung machten von ihren Kompetenzen nachhaltig Gebrauch. Die Vertreter der radikalen Parteien sollen im Reichstag darüber gestritten haben, wessen Presse wegen staatsgefährdender Äußerungen stärker behindert wurde.[28] Die wohl prominentesten Regelungen sind die Gesetze zum Schutz der Republik.[29] Sie eröffneten Möglichkeiten, politische Druckschriften in zusätzlichen Fällen ohne richterliche Anordnung zu beschlagnahmen und sie für vier bis sechs Wochen zu verbieten.

Exkurs: Es ist interessant, dass Art. 118 Abs. 2 Satz 1 WRV **für Lichtspiele eine Vorzen- 132
sur nicht kategorisch ausschloss**. Dem Gesetzgeber war vielmehr der Erlass entsprechender Bestimmungen erlaubt. Er machte alsbald davon Gebrauch.[30] Sogleich nach Entstehen der neuen Technik wurden Filme als Kommunikationsmittel mit besonderem

---

23 Die wichtigste ist die Verordnung des Reichspräsidenten zum Schutz von Volk und Staat vom 28. 2. 1933, RGBl I 1933, 83.

24 § 10 Abs. 2 der Verordnung des Reichspräsidenten zur Bekämpfung politischer Ausschreitungen vom 28. 3. 1931, RGBl 1931, 79.

25 Art. 143 der Paulskirchenverfassung vom 28. 3. 1849; *Häntzschel*, § 1 ReichspreßG Anm. 9.

26 *Löffler*, Presserecht, 1. Auflage 1955, § 1 ReichspreßG Anm. 13. Selbst nach Inkrafttreten des Grundgesetzes wurde die Pressefreiheit zum Teil noch als Unterfall der Meinungsfreiheit angesehen und Art. 5 Abs. 1 Satz 2 GG als logisch überflüssig und Norm mit rein politischem Charakter angesehen. Erst BVerfG vom 25. 1. 1961 (Auf der Wolga verhaftet), BVerfGE 12, 113, 125 machte dem ein Ende.

27 RG vom 4. 10. 1920, RGSt 55, 88, 90; *Häntzschel*, § 1 ReichspreßG Anm. 4b; *Born*, ReichspreßG, S. 51.

28 *Petersen*, Literatur und Justiz in der Weimarer Republik, 1988, S. 85 ff. mwN.

29 Gesetz vom 21. 7. 1922, RGBl I 1922, 585; Gesetz vom 25. 3. 1930, RGBl I 1930, 91.

30 Lichtspielgesetz vom 12. 5. 1920, RGBl I 1920, 953.

Gefahrenpotenzial eingestuft.[31] Das Lichtspielgesetz statuierte eine generelle Genehmigungspflicht für alle zur öffentlichen Vorführung bestimmten Filme. Die Zulassung war zu versagen, wenn die Vorführung des Bildstreifens geeignet war, „die öffentliche Ordnung und Sicherheit zu gefährden, das religiöse Empfinden zu verletzen, verrohend oder entsittlichend zu wirken, das deutsche Ansehen oder die Beziehungen Deutschlands zu auswärtigen Staaten zu gefährden".

133 Die damalige Einschätzung erklärt sich aus den besonderen Wirkungen, die bewegte und vertonte Bilder von der bloßen Wortberichterstattung unterscheiden.[32] Darin mag ein Grund liegen, warum auch das Grundgesetz 30 Jahre später die Filmfreiheit als eigenes Kommunikationsgrundrecht schützen sollte. Das Medium Film, das sich letztlich doch auf eine Einmalinformation beschränkt und weder aktuell sein, noch öffentlichen Dialog gewährleisten kann (siehe Rdnr. 28), hat die ihm damals eher intuitiv zugedachte Bedeutung für die öffentliche „Kommunikation" nicht erlangt. Erst das danach aufgekommene und viel später in der Bundesrepublik zum audiovisuellen Massenmedium gewordene Fernsehen nahm die dominante Position als Leitmedium ein.

IV. NS-Diktatur

134 Für das NS-Regime betrieb *Joseph Goebbels* als Minister des neuen Minsteriums für Volksaufklärung und Propaganda umgehend die „Gleichschaltung" der Presse (siehe auch Rdnr. 204). Das ReichspreßG galt zwar formal weiter, wurde aber inhaltlich bedeutungslos gemacht. Ein wichtiges Mittel dazu war die Schaffung der **Reichspressekammer** durch das Reichskulturkammergesetz.[33] Nach den neuen Regelungen durfte als Journalist nur arbeiten, wer Mitglied der Reichspressekammer war. Die verantwortlichen Stellen wurden alsbald mit politisch zuverlässigen Parteimitgliedern besetzt. Zugleich konnte ein Mitglied aus der Reichspressekammer ausgeschlossen werden, wenn es nicht die „erforderliche Zuverlässigkeit" besaß. Darin lag eine neue Qualität in der Beschränkung der Presse.[34] Der Polizeistaat des 19. Jahrhunderts und im Grundsatz auch noch die Reichsregierung in der Weimarer Zeit hatten sich mit Zensur, Beschlagnahme und Zeitungsverbot gegen unerwünschte Druckschriften gewandt und versucht, deren Verbreitung zu verhindern. Der totalitäre NS-Staat ging darüber hinaus. Er erfasste alle in der Presse tätigen Menschen ausnahmslos und unterwarf sie seiner Kontrolle und Weisung.

135 Von zentraler Wichtigkeit war das **Schriftleitergesetz**.[35] Es definierte die Gestaltung des geistigen Inhalts von Zeitungen und politischen Zeitschriften als **„öffentliche Aufgabe"** (§ 1). Damit wurde zum ersten Mal der Begriff verwendet, der auch im heutigen Medienrecht eine zentrale Bedeutung hat (siehe Rdnr. 16ff.). Aus der rein sprachlichen Übereinstimmung dürfen keine falschen

31 *Petersen*, Zensur in der Weimarer Republik 1995, S. 50ff.; *Kunig* Jura 1995, 589, 590.
32 Siehe Rdnr. 1252ff.
33 Reichskulturkammergesetz vom 22. 9. 1933, RGBl I 1933, 661. Verordnung zur Durchführung des Reichskulturkammergesetzes vom 1. 11. 1933, RGBl I 1933, 797.
34 *Löffler*, Presserecht, 1. Auflage 1955, Einl C Anm. 54.
35 Schriftleitergesetz vom 4. 10. 1933, RGBl I 1933, 713.

Schlüsse gezogen werden. Das damalige Regime nutzte den Begriff juristisch nicht im heutigen Sinne, sondern allein als Mittel zur staatlichen Steuerung und Beherrschung der Presse. Die Wahrnehmung der öffentlichen Aufgabe wies das Gesetz ausdrücklich nicht den Verlegern zu, unter denen Goebbels zu viele liberale und konfessionell gebundene Persönlichkeiten ausmachte,[36] sondern den Schriftleitern bzw. den Redakteuren. Die beruflichen Rechte und Pflichten der Schriftleiter und der Journalisten wurden gesetzlich so geregelt, dass sie mehr oder weniger zur Disposition des Regimes standen. Als Journalist durfte nur tätig sein, wer u.a. „arischer" Abstammung war und nicht mit einer Person von „nichtarischer" Abstammung verheiratet war und über politische Eignung verfügte (§5 Nr.3, Nr.7). Schriftleiter waren verpflichtet, alles aus den Zeitungen fernzuhalten, was beispielsweise geeignet war, „die Kraft des Deutschen Reiches nach außen oder im Innern, den Gemeinschaftswillen des deutschen Volkes, die deutsche Wehrhaftigkeit, Kultur oder Wirtschaft zu schwächen" (§14 Nr.2). Jeder Versuch, einen Redakteur zu einer „berufswidrigen" Gestaltung der Zeitung zu veranlassen, wurde als Pressebestechung bzw. Pressenötigung bestraft (§§38–40). Weiterhin war der Reichsminister für Volksaufklärung und Propaganda befugt, aus „dringenden Gründen des öffentlichen Wohls" jederzeit die Löschung eines Schriftleiters in der Berufsliste und damit den Ausschluss aus dem Beruf zu verfügen (§35). Die Entscheidung stand im freien Ermessen des Ministers, war nicht anfechtbar und bedurfte keiner Begründung.

In der Anfangszeit setzte das Regime vor allem auf Zeitungsverbote, um die 136
oppositionelle Presse auszuschalten. Es betrieb wiederholt **politische „Säuberungen" der Verlegerschaft**, um die Presse in Zeiten des Krieges oder einer Krise sicher in der Hand zu haben.[37] Dazu setzte man sowohl an der politischen Zuverlässigkeit von Einzelpersonen an, als auch an der Gewerbeberechtigung von bestimmten Personengruppen und Unternehmensformen. Es handelte sich um scharfe Waffen, deren Androhung in aller Regel bereits genügte, um verängstigte Verleger zu einem „freiwilligen" Verkauf ihrer Verlage oder Verlagsbeteiligungen zu veranlassen. Hunderte von Zeitungsverlegern verloren auf diesem Wege ihre Stellung. Am härtesten wurden die katholische und die liberale Presse getroffen, die der Zentrumspartei bzw. der Demokratischen Partei nahestanden.[38] Die sozialdemokratische und kommunistische Presse war bereits 1933 beseitigt und ihr Vermögen als „volks- und staatsfeindliches Vermögen" entschädigungslos eingezogen worden.[39] In den späteren Jahren, als die oppositionellen Blätter ausgeschaltet waren, arbeitete das Regime vor allem mit verbindlichen inhaltlichen Vorgaben an die Schriftleiter. Zwischen 1933 und 1945 sollen auf diese Weise etwa 80.000 bis 100.000 Presseanweisungen und Tagesparolen

36 *Löffler*, Presserecht, 1. Auflage 1955, Einl C Anm.55 mwN.
37 *Löffler*, Presserecht, 1. Auflage 1955, Einl C Anm.56 mwN.
38 *Löffler*, Presserecht, 1. Auflage 1955, Einl C Anm.56 mwN.
39 Gesetz über die Einziehung volks- und staatsfeindlichen Vermögens vom 14.7. 1933, RGBl I 1933, 479.

ausgegeben worden sein.[40] Die Zahl der Zeitungen sank von 4703 (1932) auf 3000 (1939) und schließlich auf 977 (1944). Bei Ende des Zweiten Weltkriegs und der NS-Diktatur stand ein Großteil der deutschen Presse (82,5% der Gesamtauflage aller Zeitungen) im Besitz des Eher-Verlages, der zur NSDAP gehörte.[41]

V. Alliierte Besatzung, Sonstiges

137 Die alliierten Siegermächte waren davon überzeugt, dass die deutschen Medien vor 1933 Schuld am Aufkommen des Nationalsozialismus gehabt und nach 1933 erheblich zur Stabilisierung der Dikatur beigetragen hatten. In Zukunft sollten die Medien zur Umerziehung der Deutschen beitragen und so die Demokratisierung des Landes fördern. Trotz regionaler Unterschiede und Abweichungen zwischen den Besatzungszonen kam es im Kern zu einem dreistufigen Verfahren.[42] Zunächst folgte auf den nationalsozialistischen Propagandalärm eine Phase der Stille („blackout"). Anschließend erschienen ausschließlich Blätter, die von den regionalen Militärs der jeweiligen Besatzungsmacht verantwortet wurden. Schließlich ging in einer dritten Phase die Presse unter alliierter Kontrolle wieder in deutsche Hände über. Wer eine Zeitung oder Zeitschrift verlegen wollte, bedurfte dazu einer Lizenz. Sie wurde nur an neue Persönlichkeiten vergeben, deren demokratische Einstellung gesichert schien, während sie politisch bzw. NS-belasteten Personen nicht erteilt wurde. Zugleich wurden viele Altverleger durch die Maßnahmen der Besatzungsmächte veranlasst, ihre Druckereien den Lizenzinhabern zur Zeitungsherausgabe für mehrere Jahre zur Verfügung zu stellen. Ende 1947 erschienen in Deutschland rund 150 Lizenzzeitungen. Ihr Zuschnitt war in den einzelnen Besatzungszonen unterschiedlich. Die amerikanische Besatzungsmacht begünstigte Gemeinschaftszeitungen, bei denen Vertreter verschiedener Parteirichtungen zusammenwirkten, die britische und die sowjetische Besatzungsmacht bevorzugten Parteizeitungen und im französischen Sektor wurde über die Lizenzierung von Fall zu Fall entschieden.[43] Für den Bereich der Bundesrepublik wurde die Presse schließlich 1949 komplett freigegeben.[44] Im Osten Deutschlands überdauerte die „Lizenzierungspraxis" fast die gesamte DDR[45] und wurde erst 1990 durch Beschluss der Volkskammer aufgehoben.[46]

---

40 *Stöber*, Deutsche Pressegeschichte, S. 151 f. mwN.
41 *Löffler*, Presserecht, 1. Auflage 1955, Einl C Anm. 57.
42 *Stöber*, Deutsche Pressegeschichte, S. 152 f.
43 *Löffler*, Presserecht, 1. Auflage 1955, Einl C Anm. 57.
44 Gesetz Nr. 5 der Alliierten Hohen Kommission vom 21. 9. 1949.
45 Eingehend *Strunk*, Zensur und Zensoren. Medienkontrolle und Propagandapolitik unter sowjetischer Besatzungsherrschaft in Deutschland, 1996; *Barck/Langermann/Lokatis*, „Jedes Buch ein Abenteuer" – Zensur-System und literarische Öffentlichkeiten in der DDR bis Ende der sechziger Jahre, 2. Auflage 1998.
46 *Stöber*, Deutsche Pressegeschichte, S. 153.

Das **ReichspreßG** galt in der im Weiteren entstandenen Bundesrepublik nach Art. 123 GG zunächst als Landesrecht fort.[47] In den Bundesländern Bayern, Hessen, Baden-Württemberg, die zur amerikanischen Besatzungszone gehörten, wurde es bereits 1949 durch neue Landespressegesetze bzw. eine neue gesetzliche Vollregelung des Pressewesens außer Kraft gesetzt.[48] In anderen Bundesländern galt es noch längere Zeit entweder als ergänzendes Landesrecht oder gar in vollem Umfang weiter. Im Juli 1966 gab sich Nordrhein-Westfalen als letztes Bundesland ein Landespressegesetz, so dass das ReichspreßG zu diesem Zeitpunkt vollends seine Geltung in den alten Bundesländern verlor. 138

B. Pressefreiheit des Grundgesetzes

Art. 5 Abs. 1 Satz 2 1.Alt GG gewährleistet die Pressefreiheit zum einen als ein subjektives Grundrecht für die im Pressewesen tätigen Personen und Unternehmen, das seinen Trägern Freiheit gegenüber staatlichem Zwang verbürgt und ihnen in gewissen Zusammenhängen eine bevorzugte Rechtsstellung sichert. Das Grundrecht basiert zum anderen auf einer objektiv-rechtlichen Seite und sichert auch das Institut „Freie Presse", um der Funktion der Presse im demokratischen Staat Rechnung zu tragen. Es unterliegt den Schranken von Art. 5 Abs. 2 GG und dem Verbot der Vorzensur nach Art. 5 Abs. 1 Satz 3 GG, die bereits vorgestellt worden sind. 139

I. Verfassungsrechtlicher Pressebegriff

Der Begriff „Presse" beschreibt den Anwendungsbereich von Art. 5 Abs. 1 Satz 2 1.Alt GG. Er ist verfassungsrechtlich weit und formal auszulegen[49] und umfasst **alle zur Verbreitung geeigneten und bestimmten Druckwerke und Informationsträger**, die nicht dem Film- und Rundfunkbegriff unterfallen,[50] zum Beispiel auch Schallplatten, Videokassetten, CD-ROMs und Disketten.[51] Die Vermittlung „nichtgedruckter" bzw. unverkörperter Informationen fällt dagegen unter den Rundfunk- und Filmbegriff.[52] Maßgeblich ist die Körperlichkeit 140

47 Löffler/*Bullinger*, Einl Rdnr. 83f. mwN.

48 Zu den frühen gesetzlichen Voll- und Teilregelungen des Presserechts durch die westdeutschen Bundesländer Löffler/*Bullinger*, Einl Rdnr. 80 mwN.

49 BVerfG vom 14.2. 1973 (Soraya), BVerfGE 34, 269, 283; BVerfG vom 25.1. 1984 (Wallraff), BVerfGE 66, 116, 134; BVerfG vom 8.10. 1996, BVerfGE 95, 28, 35; im Grundsatz auch *Herzog* in Maunz/Dürig, Art. 5 Abs. I, II GG Rdn. 129ff. mwN. und „Ergänzungen".

50 BVerfG vom 8.10. 1996, BVerfGE 95, 28, 35; BK/*Degenhart*, Art. 5 Abs. 1 und 2 GG Rdnr. 397.

51 *Bethge* in: Sachs, Art. 5 GG Rdn. 68; *Starck* in v.Mangoldt/Klein/Starck, Art. 5 GG Rdnr. 59 jeweils mwN.

52 *Bethge* in: Sachs, Art. 5 GG Rdn. 73a mwN.

zum Zeitpunkt der Übermittlung. Werden Inhalte gegenstandslos übermittelt und erst anschließend vom Empfänger in Papierform ausgedruckt, so geht es nicht um Presse.[53] Ohne Bedeutung sind der Inhalt des Druckwerks und die Häufigkeit seines Erscheinens, so dass auch einmalig erscheinende Druckwerke erfasst werden. Zur Presse gehören alle Publikationen, die in gedruckter und zur Verbreitung geeigneter und bestimmter Form am Kommunikationsprozess teilnehmen oder teilnehmen sollen.[54] Dementsprechend gilt die Pressefreiheit auch für Werkszeitungen, die nur unternehmensintern verteilt werden, da auch gruppeninterne Publikationen dazu beitragen, eine freie individuelle und öffentliche Meinungsbildung zu ermöglichen.[55] Im Hinblick auf ihre funktionale Bedeutung für das Pressewesen fällt weiterhin auch die **Tätigkeit von Presseagenturen** in den Schutzbereich des Art. 5 Abs. 1 Satz 2 1. Alt GG.[56]

141 Der Begriff „Presse" ist nicht von einer – an welchen Maßstäben auch immer ausgerichteten – Bewertung des Druckerzeugnisses abhängig. Der Schutzbereich der Pressefreiheit ist **für alle Presseveröffentlichungen ohne Rücksicht auf deren Wert** eröffnet[57] und insbesondere weder auf die „seriöse" Presse noch auf „seriöse" Presseagenturen beschränkt.[58] Der Grundrechtsschutz ist namentlich nicht auf den politischen Bereich begrenzt, selbst wenn ihm dort im Interesse einer funktionierenden Demokratie besondere Bedeutung zukommt. Er umfasst beispielsweise auch den Bereich der Unterhaltung (zum öffentlichen Informationsinteresse in Bezug auf Unterhaltung siehe Rdnr. 957ff.).[59] „Politische" oder „seriöse" Presse einerseits und Unterhaltungspresse andererseits stehen verfassungsrechtlich aber nicht durchweg auf derselben Stufe. „Bei der Abwägung zwischen der Pressefreiheit und anderen verfassungsrechtlich geschützten Rechtsgütern kann berücksichtigt werden, ob die Presse im konkreten Fall eine Angelegenheit von öffentlichem Interesse ernsthaft und sachbezogen erörtert, damit den Informationsanspruch des Publikums erfüllt und zur Bildung der öffentlichen Meinung beiträgt oder ob sie lediglich das Bedürfnis einer mehr oder minder breiten Leserschicht nach oberflächlicher Unterhaltung befriedigt".[60]

---

53 *Bethge* in: Sachs, Art. 5 GG Rdn. 73a mwN.; *Starck* in v. Mangoldt/Klein/Starck, Art. 5 GG Rdnr. 102 mwN.; BK/*Degenhart*, Art. 5 Abs. 1 und 2 GG Rdnr. 410 mwN.; *Schulze-Fielitz* in: Dreier, Art. 5 I, II GG Rn. 93.

54 BVerfG vom 8. 10. 1996, BVerfGE 95, 28, 35.

55 BVerfG vom 8. 10. 1996, BVerfGE 95, 28, 35.

56 BVerfG vom 2. 5. 2006 (Luftbildaufnahmen II), NJW 2006, 2836, 2337 Rdnr. 11.

57 BVerfG vom 11. 3. 1969, BVerfGE 25, 296, 307.

58 BVerfG vom 14. 2. 1973 (Soraya), BVerfGE 34, 269, 283; BVerfG vom 2. 5. 2006 (Luftbildaufnahmen II), NJW 2006, 2836, 2837 Rdnr. 11.

59 BVerfG vom 15. 12. 1999 (Caroline von Monaco), BVerfGE 101, 361, 389f. mwN.

60 BVerfG vom 14. 2. 1973 (Soraya), BVerfGE 34, 269, 283; in der Sache ebenso BVerfG vom 6. 2. 1979 (Kölner Volksblatt), BVerfGE 50, 234, 240; BVerfG vom 25. 1. 1984 (Wallraff), BVerfGE 66, 116, 134; BK/*Degenhart*, Art. 5 Abs. 1 und 2 GG Rdnr. 192ff.; *Schulze-Fielitz* in: Dreier, Art. 5 I, II GG Rn. 162ff. mwN.

II. Funktionaler Schutzbereich

Die Pressefreiheit ist weder ein Spezialgrundrecht für drucktechnisch verbreitete Meinungen noch eine auf die Presse gemünzte verstärkende Wiederholung der Meinungsfreiheit. Bei der besonderen Garantie der Pressefreiheit geht es um „die einzelne Meinungsäußerungen übersteigende Bedeutung der Presse für die freie individuelle und öffentliche Meinungsbildung“,[61] d.h. um die **Sicherung von öffentlicher Information, öffentlicher Kontrolle und öffentlichem Dialog** (siehe Rdnr. 21 ff.). Der grundrechtliche Schutz bezieht sich daher vor allem auf die Voraussetzungen, die gegeben sein müssen, damit die Presse ihre Aufgabe im Kommunikationsprozess erfüllen kann. Für die Bestimmung des Schutzbereichs der Pressefreiheit kommt es also wesentlich darauf an, was notwendige Bedingung der Funktion einer freien Presse ist.[62] Die Pressefreiheit ist daher berührt, „wenn es um die im Pressewesen tätigen Personen in Ausübung ihrer Funktion, um ein Presseerzeugnis selbst, um seine institutionell-organisatorischen Voraussetzungen und Rahmenbedingungen sowie um die Institution einer freien Presse überhaupt geht“.[63] 142

1. Gründungsfreiheit

Die Pressefreiheit umfasst die Pressetätigkeit in sämtlichen Aspekten. Ihr unternehmerischer Ausgangspunkt ist die Gründungsfreiheit. Das Grundrecht sichert sowohl die Befugnis, den Betrieb eines Presseunternehmens nach eigener Entscheidung aufzunehmen, fortzuführen oder einzustellen,[64] als auch den freien Zugang zu den Presseberufen.[65] Es zielt damit auf eine staatsfreie, sich im gesellschaftlichen Raum selbst bildende und nach privatwirtschaftlichen und privatrechtlichen Anforderungen funktionierende Presse. Zugleich ist die Gründungs- und Zugangsfreiheit ein wichtiges Mittel, um die Existenz möglichst vieler Presseerzeugnisse und dadurch eine publizistische Vielfalt im Pressewesen zu erreichen (siehe Rdnr. 492f.). 143

2. Publizistische Freiheit und Tendenz

Das zentrale Element der Pressefreiheit ist das Recht auf publizistische Autonomie, d.h. die Befugnis, **„Art und Ausrichtung, Inhalt und Form eines Publikationsorgans frei zu bestimmen“**.[66] Die freie individuelle und öffentliche Mei- 144

61 BVerfG vom 9. 10. 1991 (Kritische Bayer-Aktionäre), BVerfGE 85, 1, 12 mwN.
62 BVerfG vom 25. 1. 1984 (Wallraff), BVerfGE 66, 116, 134.
63 BVerfG vom 9. 10. 1991 (Kritische Bayer-Aktionäre), BVerfGE 85, 1, 13.
64 BVerfG vom 5. 8. 1966 (Spiegel), BVerfGE 20, 162, 175f.; BVerfG vom 14. 1. 1998 (Gegendarstellung auf Titelseite), BVerfGE 97, 125, 144 mwN.; *Bullinger* HStR Bd. VI, § 142 Rn. 27.
65 BVerfG vom 5. 8. 1966 (Spiegel), BVerfGE 20, 162, 175f.
66 BVerfG vom 15. 12. 1999 (Caroline von Monaco), BVerfGE 101, 361, 389.

nungsbildung kann „nur unter den Bedingungen einer freien Berichterstattung gelingen, der bestimmte Gegenstände oder Darbietungsweisen weder vorgegeben noch entzogen sind. Die Presse muss nach publizistischen Kriterien entscheiden können, was sie des öffentlichen Interesses für wert hält und was nicht".[67] Die Presse ist daher bei der Auswahl, Gewichtung und Verbreitung von Nachrichten und Meinungen frei.[68] Sie muss über die Gretchenfrage, „Berichten oder verzichten?",[69] grundsätzlich in eigener Kompetenz und Verantwortung bestimmen können. Dasselbe gilt für die Entscheidungen beispielsweise über den Anteil von Bild- und Wortberichterstattung,[70] das Ausmaß der Unterhaltung[71] und die redaktionellen Darstellungsformen.[72]

145 Die publizistische Freiheit wird beispielsweise verletzt, wenn es einem Presseorgan verwehrt wird, die **Äußerungen Dritter abzudrucken** und die Äußerung des Dritten zugleich von der Meinungsfreiheit geschützt ist. Dies gilt auch für den Abdruck von Werbeanzeigen, die einen meinungsbildenden Gehalt haben.[73] Die Pressefreiheit schützt dagegen keine falschen Nachrichten und findet eine Schranke in der **Sorgfaltspflicht der Presse** (siehe § 14), die in den LPrG normiert ist.[74] Die Presse ist wegen ihrer Bedeutung für die öffentliche Meinungsbildung gehalten, Nachrichten und Behauptungen, die sie weitergibt, auf ihren Wahrheitsgehalt zu überprüfen.[75]

146 Das Grundrecht sichert auch **negative Freiheiten**, also namentlich das Recht der Presse, keine Meinung zu äußern bzw. nichts äußern zu müssen, was sie nicht äußern will. Dementsprechend sind Verpflichtungen zum Abdruck von Gegendarstellungen sowie zum Widerruf, zur Berichtigung oder zur Unterlassung bestimmter Äußerungen an Art. 5 Abs. 1 Satz 2 GG zu messen.[76] Es ist jedoch zu beachten, dass nach geltendem Recht Ansprüche auf Gegendarstellung sowie auf Widerruf und Berichtigung nur im Zusammenhang mit Tatsachenäußerungen, nicht aber gegenüber Meinungsäußerungen eingreifen.

147 Die Pressefreiheit greift ebenso ein, wenn der Verleger **zur Veröffentlichung von Informationen verpflichtet werden soll** (siehe Rdnr. 558 ff.), etwa zum Abdruck von Telefonnummern, Anschriften und Serviceangeboten lokaler Notfall- und Rettungsdienste.[77] Aus gleichem Grund steht es grundsätzlich im Belieben eines Verlags, die Annahme ihm nicht genehmer Anzeigen abzulehnen.[78]

---

67 BVerfG vom 15.12. 1999 (Caroline von Monaco), BVerfGE 101, 361, 389.
68 BVerfG vom 2.4. 1974 (Volksentscheid Baden-Württemberg), BVerfGE 37, 84, 91.
69 Formulierung von *Bölke*, Presserecht, S. 1.
70 BVerfG vom 15.12. 1999 (Caroline von Monaco), BVerfGE 101, 361, 389.
71 BVerfG vom 15.12. 1999 (Caroline von Monaco), BVerfGE 101, 361, 390.
72 Zu den redaktionellen Darstellungsformen siehe Rdnr. 918 ff.
73 BVerfG vom 12.12. 2000 (Schockwerbung), BVerfGE 102, 347, 359.
74 Eingehend *Starck* in v.Mangoldt/Klein/Starck, Art. 5 GG Rdnr. 69 mwN.
75 BVerfG vom 25.1. 1961 (Auf der Wolga verhaftet), BVerfGE 12, 113, 130.
76 *Starck* in v.Mangoldt/Klein/Starck, Art. 5 GG Rdnr. 227.
77 LG Leipzig vom 23.7. 2004 (Rettungsambulanz Werdau), AfP 2004, 577 f. Siehe Rdnr. 563, 848.
78 BVerfG vom 4.4. 1967 (Südkurier), BVerfGE 21, 271, 278; BVerfG vom 24.3. 1976 (Volksentscheid Montabaur), BVerfGE 42, 53, 62.

Das Grundrecht schützt weiterhin die Freiheit, „die **Tendenz einer Zeitung festzulegen**, beizubehalten, zu ändern und diese Tendenz zu verwirklichen",[79] sie also nach freier publizistischer und unternehmerischer Entscheidung auf dem Markt zu positionieren, beispielsweise als „Revolverblatt" oder „seriösen" Titel, als politisch „rechte" oder „linke" Zeitung, als investigatives oder kommentierendes und reflektierendes sowie als lokales oder überregionales Blatt. Private Presseunternehmen sind anders als insbesondere die öffentlich-rechtlichen Rundfunkanstalten weder zur inhaltlichen Ausgewogenheit und Vielfalt noch zur Neutralität im Wahlwettbewerb der politischen Parteien verpflichtet.[80] Die Befugnis zur Tendenzfestlegung steht in unmittelbarem Zusammenhang mit dem Streben nach **Meinungsvielfalt durch Außenpluralismus** (siehe Rdnr. 481f., 487ff.). Wenn es eine möglichst große Zahl selbstständiger und vom Staat unabhängiger Presseerzeugnisse gibt, die sich in ihrer Tendenz, politischen Färbung und weltanschaulichen Grundhaltung voneinander unterscheiden, so stellt sich im publizistischen Wettbewerb automatisch Meinungsvielfalt ein,[81] die dem Einzelnen optimale Informationsmöglichkeiten bietet. 148

Der Grundrechtsschutz wirkt sich daher zentral auf das **Innenrecht von Presseunternehmen** aus (siehe Rdnr. 537ff., 541). Es darf beispielsweise nicht sein, dass der Betriebsrat seine arbeitsrechtlichen Befugnisse zu Beschlüssen nutzt, die auf die publizistische Tendenz des Presseunternehmens zurückwirken können.[82] 149

3. Publizistische Vorbereitungstätigkeit

Die Pressefreiheit erfasst weiterhin den „gesamten Bereich publizistischer Vorbereitungstätigkeit",[83] d.h. die institutionelle Eigenständigkeit der Presse **von der Beschaffung der Informationen bis zur Verbreitung** der Nachricht und Meinung.[84] 150

Als eine zentrale Funktionsbedingung der Pressetätigkeit wird der **prinzipiell ungehinderte Zugang der Presse zur Information** (siehe § 12) geschützt,[85] da die Presse erst dadurch in den Stand versetzt wird, die ihr in der freiheitlichen Demokratie eröffnete Rolle wirksam wahrzunehmen. Gleiches gilt für das **Prüfen, Sammeln, Kombinieren und Archivieren von Informationen** und vergleichbare Tätigkeiten.[86] Ebenso sichert Art. 5 Abs. 1 Satz 2 GG die **Vertraulichkeit der Redaktionsarbeit** (siehe Rdnr. 1073ff., 151

79 BVerfG vom 6.11. 1979 (Kölner Stadtanzeiger), BVerfGE 52, 283, 296.
80 BVerfG vom 24.3. 1976 (Volksentscheid Montabaur), BVerfGE 42, 53, 62.
81 BVerfG vom 6.11. 1979 (Kölner Stadtanzeiger), BVerfGE 52, 283, 296 mwN.
82 BVerfG vom 6.11. 1979 (Kölner Stadtanzeiger), BVerfGE 52, 283, 296ff.
83 BVerfG vom 6.2. 1979 (Kölner Volksblatt), BVerfGE 50, 234, 240; BVerfG vom 14.7. 1994 (Strafverfahren Erich Honecker), BVerfGE 91, 125, 134.
84 BVerfG vom 6.10. 1959, BVerfGE 10, 118, 121; BVerfG vom 5.8. 1966 (Spiegel), BVerfGE 20, 162, 176; BVerfG vom 14.7. 1994 (Strafverfahren Erich Honecker), BVerfGE 91, 125, 134.
85 BVerfG vom 6.2. 1979 (Kölner Volksblatt), BVerfGE 50, 234, 240; BVerfG vom 14.7. 1994 (Strafverfahren Erich Honecker), BVerfGE 91, 125, 134.
86 *Starck* in v.Mangoldt/Klein/Starck, Art. 5 GG Rdnr. 63.

1148ff.).[87] Wenn die Vertraulichkeit nicht gewährleistet ist, wird auch nicht offen und ohne Rücksicht auf die Gefahr verkürzter oder entstellter Weitergabe gesprochen. Es wäre mit dem Grundrecht außerdem unvereinbar, wenn staatliche Stellen sich Einblick in die Vorgänge verschaffen dürften, die zur Entstehung einer Zeitung oder Zeitschrift führen.[88]

152 Die Kommunikationsfreiheiten schützen **nicht die rechtswidrige Beschaffung von Informationen.**[89] Das Verfassungsrecht sichert aber das **Vertrauensverhältnis zwischen Presse und privaten Informanten** (siehe Rdnr. 1073ff.), denn solche Informationsquellen sprudeln nur, wenn sich der Informant grundsätzlich auf die Wahrung des Redaktionsgeheimnisses verlassen darf.[90] Die Presse kann deshalb insbesondere berechtigt sein, die Anonymität von Informanten zu wahren und im Rahmen von Ermittlungsverfahren ein entsprechendes Zeugnisverweigerungsrecht in Anspruch zu nehmen. Weiterhin fällt auch die **Verbreitung rechtswidrig erlangter Informationen** in den Schutzbereich des Art. 5 Abs. 1 GG (siehe Rdnr. 1106ff.).[91] Wenn der Presse beispielsweise die Veröffentlichung dessen untersagt wäre, was ein Informant auf rechtswidrige Weise erlangt und ihr zugetragen hat, dann wäre ihre öffentliche Kontrollfunktion bzw. die Aufgabe gefährdet, auf Missstände von öffentlicher Bedeutung hinzuweisen.[92]

4. Werbung

153 Der verfassungsrechtliche Schutz der Presse schließt die Akquisition und Verbreitung von Werbung ausdrücklich mit ein. Die Pressefreiheit umfasst auch den Anzeigenteil. Das BVerfG hat dies zunächst mit „publizistischen" Überlegungen bzw. mit der **Informationsfunktion der Presse**[93] begründet. Auch Anzeigen seien letztlich „Nachrichten". Durch den Abdruck von Anzeigen bringe die Presse ebenso wie bei Nachrichten im redaktionellen Teil ihren Lesern ohne eigene Stellungnahme Dinge zur Kenntnis und informiere sie über die in den Anzeigen enthaltenen wirtschaftlichen Möglichkeiten oder über die in ihnen etwa enthaltenen, von anderen geäußerten Meinungen. Dies gehöre zu der typischen Aufgabe der Presse.[94] Das Gericht ließ dagegen offen, ob die Pressefreiheit das Anzeigenwesen auch deshalb erfasst, weil die Einnahmen aus dem Anzeigenteil der Presse wirtschaftliche Autonomie sichern. Diese Autonomie ist die unentbehrliche wirtschaftliche Voraussetzung für das Bestehen einer vom Staat unabhängigen Presse. Sie darf deshalb nicht durch staatliche Maßnahmen beeinflusst werden. Später hat das BVerfG zumindest ergänzend auch darauf

87 BVerfG vom 5.8. 1966 (Spiegel), BVerfGE 20, 162, 176; BVerfG vom 10.5. 1983 (Buchführungshelfer), BVerfGE 64, 108, 115.
88 BVerfG vom 25.1. 1984 (Wallraff), BVerfGE 66, 116, 135.
89 BVerfG vom 25.1. 1984 (Wallraff), BVerfGE 66, 116, 137; BVerfG vom 15.12. 1999 (Caroline von Monaco), BVerfGE 101, 361, 394.
90 BVerfG vom 28.11. 1973, BVerfGE 36, 193, 204.
91 BVerfG vom 25.1. 1984 (Wallraff), BVerfGE 66, 116, 137ff.
92 BVerfG vom 20.4. 1982 (Kredithaie), BVerfGE 60, 234, 240f. Zur Kontrollfunktion der Massenmedien siehe Rdnr. 24f.
93 Zur Informationsfunktion der Massenmedien siehe Rdnr. 22f.
94 BVerfG vom 4.4. 1967 (Südkurier), BVerfGE 21, 271, 278ff.

abgestellt, dass der Anzeigenteil Bedeutung „für die Erhaltung [der] **wirtschaftlichen Grundlagen** als wesentlicher Voraussetzung für die Unabhängigkeit" der Presse hat.[95]

Die Pressefreiheit umfasst auch die **Werbung für Presseerzeugnisse**. Auch wenn die Werbung für ein Presseerzeugnis das Presseerzeugnis selbst nicht transportiert, stellt sie es doch der Öffentlichkeit vor. Sie dient damit als Kommunikationsmittel, das Art und Gegenstand der Berichterstattung so ankündigt, dass die Öffentlichkeit Kenntnis von der Berichterstattung erlangt und dadurch die Informationsgelegenheit wahrnehmen kann. Die Eigenwerbung der Presse wird durch die Pressefreiheit geschützt, weil sie den Absatz des betreffenden Presseerzeugnisses fördert und auf diese Weise zur Verbreitung von Informationen beiträgt.[96] 154

5. Personen, Hilfstätigkeiten

In den **persönlichen Schutzbereich** sind alle Personen einbezogen, die im Pressewesen tätig sind, also Journalisten, Redakteure, Verleger und Herausgeber des Druckwerkes.[97] Als prinzipiell staatsgerichtetes Abwehrrecht verleiht die Pressefreiheit Redakteuren und Journalisten grundsätzlich aber keine Rechte gegenüber ihrem Verleger bzw. Arbeitgeber. Eine so genannte „innere Pressefreiheit" gibt es als solche nicht (siehe Rdnr. 539ff.).[98] 155

Die Pressefreiheit kann auch über die genannten Bereiche hinaus eingreifen, denn sie erfasst eben alle Tätigkeiten, die für das Funktionieren einer freien Presse notwendig sind. Dies kommt beispielsweise im Hinblick auf den Vertrieb von Presseerzeugnissen in Betracht.[99] Eine entsprechende selbstständig ausgeübte Tätigkeit genießt verfassungsrechtlichen Schutz, wenn sie typischerweise pressebezogen ist, in enger organisatorischer Bindung an die Presse erfolgt und wenn sich die staatliche Regulierung dieser Tätigkeit zugleich einschränkend auf die Meinungsverbreitung auswirkt.[100] 156

6. Institutionelle Garantie

Art. 5 Abs. 1 Satz 2 GG enthält nicht nur ein subjektives Abwehrrecht gegen staatliche Eingriffe in die Pressefreiheit, sondern garantiert als objektive Grundsatznorm auch die Freiheitlichkeit des Pressewesens insgesamt bzw. das Institut „Freie Presse" als solches.[101] Die institutionelle Garantie der freien Presse be- 157

---

95 BVerfG vom 10.5. 1983 (Buchführungshelfer), BVerfGE 64, 108, 114.
96 BGH vom 14.5. 2002 (Marlene-Bildnis), BGHZ 151, 26, 30f.
97 BVerfG vom 5.8. 1966 (Spiegel), BVerfGE 20, 162, 175.
98 *Bethge* in: Sachs, Art. 5 GG Rdn. 81f.; *Starck* in v.Mangoldt/Klein/Starck, Art. 5 GG Rdnr. 90ff. jeweils mwN.
99 *Starck* in v.Mangoldt/Klein/Starck, Art. 5 GG Rdnr. 63 mwN.
100 BVerfG vom 13.1. 1988, BVerfGE 77, 346ff.
101 BVerfG vom 6.6. 1989 (Postzeitungsdienst), BVerfGE 80, 124, 133; dazu eingehend und kritisch *Bullinger* HStR Bd. VI, § 142 Rn. 34ff. mwN.

zieht sich ihrem Sinn nach allein auf die periodische Massenpresse und Druckwerke, die in ihrer Wirkung auf die öffentliche Meinung der periodischen Massenpresse gleichkommen.[102] Für Flugblätter, Rätselzeitschriften, Fachzeitschriften sowie Bücher, Platten und Kassetten ohne aktuell-politischen Charakter gilt sie nicht. Sie hat bislang keine unmittelbare praktische Bedeutung erlangt und begründet namentlich keinen Anspruch des einzelnen Medienunternehmens auf staatliche Subventionierung.[103] Anwendungsfälle sind vor allem in Bezug auf wirtschaftliche und wettbewerbliche Zusammenhänge denkbar (siehe Rdnr. 772ff.), etwa wenn dem freien Pressewesen Gefahren aus der Bildung von Meinungsmonopolen erwachsen würden.[104]

C. Pressegesetze

158 Die rechtliche Behandlung der Presse bestimmt sich unterhalb des Verfassungsrechts nach den einfachgesetzlichen Regelungen. Mit Abstand an erster Stelle stehen dabei die **LPrG der einzelnen Bundesländer**. Die weitaus meisten Länder haben spezielle Pressegesetze erlassen, während Baden-Württemberg und das Saarland die Presseregeln in ein allgemeines Mediengesetz integriert haben. Die einschlägigen Bestimmungen regeln in einfachgesetzlicher Konkretisierung der Pressefreiheit diverse Rechte und Pflichten der Presse. Die Gesetzgebung der Länder zum Presserecht lehnt sich – notwendigerweise (siehe Rdnr. 60) – vielfach an die verfassungsrechtlichen Vorgaben an. Sie ist im Übrigen in aller Regel nicht durch besondere Innovationsfreude und erst recht nicht durch Mut gegenüber den Medien gekennzeichnet.[105]

159 Die einzelnen LPrG sind einander **in Aufbau und Regelungsgegenständen weitgehend ähnlich**.[106] Sie normieren in einem ersten Teil zunächst Grundsätze, die allgemein für die „Presse" gelten und von denen die meisten mehr oder weniger deklaratorischen Regelungsgehalt haben. Als zweiter Teil schließen sich dann Vorschriften über verschiedene „Druckwerke" an. Sie enthalten bestimmte Definitionen und Unterscheidungen und sehen handfeste Regelungen vor, namentlich über das Impressum, Anforderungen an den verantwortlichen Redakteur, die Pflicht zur Kennzeichnung entgeltlicher Veröffentlichungen, den Gegendarstellungsanspruch sowie Straf- und Ordnungswidrigkeitstatbestände.

---

102 *Bullinger* HStR Bd. VI, § 142 Rn. 35.

103 BVerfG vom 6. 6. 1989 (Postzeitungsdienst), BVerfGE 80, 124, 133. Siehe Rdnr. 599.

104 BVerfG vom 5. 8. 1966 (Spiegel), BVerfGE 20, 162, 175f.

105 Zur politischen Ohnmacht des Gesetzgebers gegenüber den Medien siehe Rdnr. 1711ff.

106 Eine aktuelle Zusammenstellung in Form eines Pressemustergesetzes enthält *Fechner/Mayer* (Hrsg.), Vorschriftensammlung Medienrecht, Nr. 19.

Vereinzelt finden sich presserechtliche Regelungen auch in anderen als den speziellen Presse- oder Mediengesetzen. Vor allem **wirtschaftsrechtliche Bundesgesetze** enthalten Vorschriften,[107] die bestimmte, die Presse betreffende Fragen regeln. Sie beziehen sich zum Teil explizit auf die Presse oder trennen sogar zwischen verschiedenen Presseprodukten, wie Zeitungen, Zeitschriften und Druckschriften oder zwischen periodischen und nicht periodischen, auf Aktualität ausgerichteten und anderen Blättern. Sofern und soweit sich diese Regelungen aus medienspezifischen Gründen bzw. aus der besonderen Bedeutung der Presse erklären, sind sie in gleicher Weise wie die landesgesetzlichen Pressevorschriften verfassungskonform auszulegen. In der Regel will der Gesetzgeber die von ihm verwendeten Voraussetzungen im „Geist der Pressegesetzgebung" verstanden wissen und findet darin im Schrifttum Gefolgschaft.[108] Die einschlägigen Normen werden an dieser Stelle ausgeklammert und später im jeweiligen urheber- oder wirtschaftsrechtlichen Sachzusammenhang behandelt. 160

I. Gesetzlicher Pressebegriff

Die Landespresse- bzw. Landesmediengesetze enthalten Bestimmungen, die sich allgemein auf die „Presse" beziehen. Es handelt sich insoweit um einen Sammelbegriff, der das Pressewesen in seiner Gesamtheit umfasst, also namentlich die Presseunternehmen, Presseerzeugnisse und die in der Pressearbeit Tätigen meint.[109] Inhaltlich definiert der Gesetzgeber den Begriff der Presse – aus den bereits angeführten Gründen – nicht und eine Definition kann auch weitgehend unterbleiben. Die meisten dieser Normen laufen nämlich darauf hinaus, verfassungsrechtliche Vorgaben deklaratorisch in das Gesetz zu übernehmen. Es ist daher gar nicht notwendig, einen einfachgesetzlichen Begriff der Presse zu definieren, soweit es um die Freiheit der Presse,[110] die Zulassungsfreiheit der Pressetätigkeit[111] und die öffentliche Aufgabe der Presse[112] geht. Dasselbe gilt auch, soweit die einschlägigen Normen die Sorgfaltspflicht der Presse normieren,[113] da insoweit allein eine öffentlich-rechtliche Pflicht der Presse infrage steht, deren Verletzung keine Rechtsfolgen auslöst.[114] 161

---

107 §§48 Abs. 1 Nr. 1, 49, 50 UrhG, 30, 35 Abs. 2 Satz 2, 38 Abs. 3 GWB, 9 Satz 2 UWG.
108 So z.B. Amtliche Begründung zu §9 Satz 2 UWG, BT-Drucks. 15/1487, S. 1, 23; Fezer/*Koos*, §9 UWG Rn. 39.
109 *Ricker*, Handbuch des Presserechts, 1.Kap. Rdz. 6; *Groß*, Presserecht, Rn. 6.
110 Z.B. §1 LPrG MV; *Fechner/Mayer* (Hrsg.), Vorschriftensammlung Medienrecht, §1 PresseG mwN.
111 Z.B. §2 LPrG MV; *Fechner/Mayer* (Hrsg.), Vorschriftensammlung Medienrecht, §2 PresseG mwN.
112 Z.B. §3 LPrG MV; *Fechner/Mayer* (Hrsg.), Vorschriftensammlung Medienrecht, §3 PresseG mwN.
113 Z.B. §6 LPrG MV; *Fechner/Mayer* (Hrsg.), Vorschriftensammlung Medienrecht, §5 PresseG mwN.
114 Siehe Rdnr. 1165f.

162 Soweit die Landesgesetze einen Anspruch auf Auskunft normieren, den Vertreter der Presse gegen Behörden haben (siehe Rdnr. 1057ff.),[115] kann sich das Definitionsproblem stellen. Der gesetzliche Begriff der Presse ist verfassungskonform auszulegen[116] und wird daher wie im Verfassungsrecht **weit und funktional verstanden**. Er umfasst alles, was gedruckt oder an Textlichem sonst vervielfältigt ist.[117] Der Begriff ist auch nicht auf die periodische Presse bzw. auf klassische Zeitungen oder Zeitschriften beschränkt, sondern erfasst auch die Buchpresse und Nachrichtenagenturen.[118]

II. Druckwerke

163 Die Landesgesetze stellen in zahlreichen Vorschriften entscheidend auf den Begriff des Druckwerks ab. Es handelt sich um eine Ausgangskategorie, die zunächst in ihrer Grundform vorgestellt werden soll. Der Begriff meint das eigentliche **Presseprodukt**. Die einschlägigen pressegesetzlichen Normen beziehen sich also nicht auf den gesamten funktionalen Tätigkeitsbereich der Presse und regeln damit einen engeren Bereich als Art. 5 Abs. 1 Satz 2 1. Alt GG. Dies hat beispielsweise Bedeutung für Vorbereitungstätigkeiten, die noch nicht zu einem presserechtlichen „Druckwerk", sondern erst zu Korrekturdruckfahnen geführt haben. Diese fallen nicht unter die für Druckwerke geltenden pressegesetzlichen Normen, können aber durchaus verfassungsrechtlichen Schutz genießen.

164 Das Druckwerk ist ein wichtiger Rechtsbegriff des gesetzlichen Presserechts, von dessen Inhalt und Reichweite zahlreiche Rechtsfolgen abhängen. Ist etwas ein Druckwerk im presserechtlichen Sinn, so unterfällt es insbesondere der Impressums- und Ablieferungspflicht[119] sowie speziellen Straf- und Ordnungswidrigkeitstatbeständen.[120] Der Begriff des Druckwerks ist denkbar weit und kann selbst Bierdeckel mit politischer Aufschrift erfassen.[121] Diese Weite erklärt sich heute aus den verfassungsrechtlichen Folgewirkungen der Pressefreiheit, die selbstverständlich auch in Bezug auf „Druckwerke" zu beachten ist. Ihre rechtshistorische Wurzel ist dagegen eine ganz andere. Sie liegt in den Zensurinteressen und dem Presseverständnis des Obrigkeitsstaats, der jeder Verbreitung unabhängiger Schriften skeptisch gegenüber stand und eine möglichst perfekte

---

115 Z.B. § 4 LPrG MV; *Fechner/Mayer* (Hrsg.), Vorschriftensammlung Medienrecht, § 4 PresseG mwN.

116 *Köhler* NJW 2005, 2337.

117 Löffler/*Wenzel*, § 4 LPG Rdnr. 35.

118 Löffler/*Wenzel*, § 4 LPG Rdnr. 38.

119 Z.B. §§ 7, 11 LPrG MV; *Fechner/Mayer* (Hrsg.), Vorschriftensammlung Medienrecht, §§ 7, 12 PresseG mwN. Zur Impressumspflicht siehe Rdnr. 1758.

120 Z.B. §§ 19, 21 LPrG MV; *Fechner/Mayer* (Hrsg.), Vorschriftensammlung Medienrecht, §§ 14f. PresseG mwN. Zu den Straftat- und Ordnungswidrigkeitstatbeständen siehe Rdnr. 1757ff.

121 Löffler/*Löhner*, § 7 LPG Rdnr. 7.

Sanktionierung anstrebte, die mit Hilfe eines weitreichenden Presseordnungs- bzw. Pressestrafrechts erreicht werden sollte.

1. Grundelemente des Druckwerkbegriffs

Die Landesgesetze enthalten mehr oder weniger inhaltsgleiche Legaldefinitionen. Danach sind Druckwerke alle „Schriften, besprochene Tonträger, bildliche Darstellungen mit und ohne Schrift, Bildträger und Musikalien mit Text oder Erläuterungen", die „mittels der Buchdruckerpresse oder eines sonstigen zur Massenherstellung geeigneten Vervielfältigungsverfahrens" hergestellt wurden und „zur Verbreitung bestimmt" sind (z.B. § 6 Abs. 1 LPrG MV).[122] Diese und ähnliche Definitionen sowie die weiteren pressegesetzlichen Bestimmungen umschreiben die inhaltlichen Voraussetzungen von Druckwerken aber etwas unvollständig. Maßgebend sind vier Kriterien,[123] die sich vorwiegend aus den Spezifika des Medienrechts und zum Teil aus systematischen Überlegungen ableiten. 165

Ein Druckwerk setzt zunächst einen **geistigen Sinngehalt** voraus.[124] Die Anforderung ergibt sich aus der öffentlichen Aufgabe der Medien.[125] Das wichtigste Spezifikum des Presse- und Medienrechts liegt gerade darin, dass es um die Verbreitung von Informationen und Inhalten bzw. um das Herstellen von Öffentlichkeit geht, die eine Plattform für Information und Meinungsaustausch schafft und so Einstellungen, Entscheidungen und Verhaltensweisen von Menschen beeinflussen kann. „Mitteilungen" ohne einen geistigen Sinngehalt können zur Erfüllung dieser Aufgabe nichts beitragen und fallen daher nicht unter das Presserecht. Deshalb sind etwa Prüfungstafeln von Augenärzten, mit denen die Sehschärfe bestimmt wird, oder sinnlose Zusammenstellungen von Buchstaben, Zahlen, Linien oder Farben keine Druckwerke im Sinne des Presserechts.[126] Umgekehrt reicht es für die Einordnung als Druckwerk aus, wenn der Sinngehalt nur von Eingeweihten verstanden wird (Geheimzeichen einer Sekte).[127] 166

Ebenfalls aus der öffentlichen Aufgabe der Medien bzw. aus dem Massenaspekt[128] erklärt sich die Voraussetzung, dass das Produkt **zur Verbreitung bestimmt** sein muss. Entscheidend ist die subjektive Zwecksetzung der Verfasser bzw. Hersteller, auf die Öffentlichkeit bzw. eine „Vielzahl von Lesern"[129] zu zie- 167

---

122 Ferner § 7 Abs. 1 LPrG NRW; *Fechner/Mayer* (Hrsg.), Vorschriftensammlung Medienrecht, § 6 Abs. 1 PresseG mwN.; *Groß*, Presserecht, Rn. 3 mwN.

123 Löffler/*Löhner*, § 7 LPG Rdnr. 15ff.; *Ricker*, Handbuch des Presserechts, 12.Kap. Rdz. 5ff.

124 Löffler/*Löhner*, § 7 LPG Rdnr. 15; *Ricker*, Handbuch des Presserechts, 12.Kap. Rdz. 5.

125 Zur öffentlichen Aufgabe der Medien siehe Rdnr. 16ff.

126 Löffler/*Löhner*, § 7 LPG Rdnr. 16 mwN.

127 *Ricker*, Handbuch des Presserechts, 12.Kap. Rdz. 5.

128 Zum Massenaspekt siehe Rdnr. 13ff.

129 BGH vom 14. 12. 1988, BGHSt 36, 51, 53.

len und sich nicht auf persönliche Gebrauchszwecke zu beschränken. Wenn etwa ein Fotograf die von ihm auf Bestellung hergestellten Porträts an den Porträtierten abliefert, so liegt keine Bestimmung zur Verbreitung und damit kein Druckwerk vor, während zum Handel bestimmte Fotografien als Druckwerk einzuordnen sind.[130] Ebenfalls kein presserechtliches Druckwerk sind Zwischenerzeugnisse wie Schriftproben, Korrekturbögen und Druckfahnen,[131] die als solche eben zum internen Gebrauch und noch nicht für die Öffentlichkeit gedacht sind. Wird ein ursprünglich zum persönlichen oder internen Gebrauch bestimmtes Erzeugnis später doch verbreitet, so wird es mit dem Wandel der Verwendungsabsicht zum Druckwerk.[132] Eine entgeltliche oder gewerbliche Verbreitung ist nicht erforderlich. Zugleich reicht die Willensrichtung als solche aus, zu einer tatsächlichen Verbreitung braucht es nicht gekommen zu sein.

168 Aus demselben Grund setzen Druckwerke eine bestimmte Herstellungsweise voraus, nämlich die Herstellung mittels der Buchdruckerpresse oder eines sonstigen **zur Massenherstellung geeigneten Vervielfältigungsverfahrens**. Der Begriff des Druckwerks erfasst also „von Hand“ oder per Schreibmaschine hergestellte Produkte nicht und weicht insoweit von dem der „Schrift“ im Sinne des Strafrechts ab.[133] Es genügt andererseits, dass das Verfahren generell für die Massenproduktion geeignet ist, ohne Rücksicht darauf, ob im konkreten Fall auch eine Vielzahl von Exemplaren hergestellt wurde.[134]

169 Schließlich ist eine **stoffliche Verkörperung** erforderlich,[135] die den geistigen Inhalt trägt und zur körperlichen Verbreitung befähigt. Ein Druckwerk liegt also vor, sobald ein erstes Exemplar hergestellt worden ist. Die Voraussetzung klammert zum einen nur mündlich gemachte Aussagen aus dem Presserecht aus und beschränkt die Materie auf körperlich fixierte und zugängliche Sinngehalte, die jederzeit wieder nachgelesen, vervielfältigt und weitergegeben werden können.[136] Sie dient zum anderen zur systematischen Abgrenzung des Presserechts vom übrigen Medienrecht, namentlich vom Rundfunkrecht und dem Recht der Telemedien. Optische Projektionen (Fernsehen, Film, Leuchtreklame), Rundfunkdarbietungen und Telekommunikation sind keine Druckwerke. Aufgrund einer fehlenden Materialisierung ist daher nach h.M. nicht das Presserecht, sondern das Mediendiensterecht anwendbar, soweit Presseerzeugnisse zusätzlich über das Internet wortgleich veröffentlicht werden.[137]

---

130 Löffler/*Löhner*, §7 LPG Rdnr. 21.

131 Löffler/*Löhner*, §7 LPG Rdnr. 20; *Ricker*, Handbuch des Presserechts, 12. Kap. Rdz. 8.

132 *Ricker*, Handbuch des Presserechts, 12. Kap. Rdz. 8.

133 *Groß*, Presserecht, Rn. 3f.

134 *Ricker*, Handbuch des Presserechts, 12. Kap. Rdz. 7.

135 Löffler/*Löhner*, §7 LPG Rdnr. 18; *Ricker*, Handbuch des Presserechts, 12. Kap. Rdz. 6.

136 BGH vom 3. 10. 1962, BGHSt 18, 63, 64.

137 *Ricker*, Handbuch des Presserechts, 12. Kap. Rdz. 6a mwN.; vertiefend und differenzierend *Bullinger* JZ 1996, 385, 388.

2. Presseredaktionelle Zuliefererunternehmen

Die Landesgesetzgeber erstrecken den Begriff des Druckwerks und damit den Anwendungsbereich des Presserechts auch auf das Material, das Presseunternehmen von redaktionellen „Zuliefererbetrieben" erhalten (z.B. §6 Abs.2 LPrG MV).[138] Diese Pressedienste sind in der „Informationskette" auf der vorgelagerten Stufe tätig, d.h. sie leiten ihr Material fast ausschließlich den Zeitungen und Zeitschriften zu und wenden sich im Allgemeinen nicht selbst an die Öffentlichkeit. Sie betreiben also keine Masseninformation im typischen Sinne und würden nach den dargestellten klassischen Maßstäben nicht unter den Druckwerkbegriff fallen. Das ReichspreßG hatte sie deshalb noch von seinem Anwendungsbereich ausgenommen.[139] Die heutige Einbeziehung in das Presserecht erklärt sich neben der praktischen Bedeutung der Zulieferer für die Presseunternehmen vor allem aus ihrem **besonderen Einfluss auf die Information der Öffentlichkeit.**[140] Nur wenige große und kapitalstarke Presseunternehmen sind heute in der Lage, den umfangreichen und vielfältigen Zeitungsstoff mit einem eigenen Redaktionsstab selbst herzustellen.[141] Den Zuliefererunternehmen ist deshalb eine starke Bedeutung für den öffentlichen Meinungsbildungsprozess zugewachsen. Die oft gebrauchte Bezeichnung als „Hilfsunternehmen der Presse" ist daher irreführend, soweit sie eine gewisse Unwichtigkeit suggeriert. 170

Die jeweiligen Bestimmungen[142] beziehen zunächst **alle Unternehmen mit einer presseredaktionellen Zuliefererfunktion** mit ein. Sie zählen dazu beispielhaft besonders wichtige Unternehmensformen auf, stellen aber durch die Einbeziehung von „ähnlichen Unternehmen" sicher, dass der gesamte Kreis der presseredaktionellen Zulieferer einbezogen wird und die Anwendbarkeit des Presserechts zukünftigen Entwicklungen Rechnung tragen kann. Die im Gesetz genannten Unternehmen unterscheiden sich im „Bearbeitungsgrad" des von ihnen Gelieferten.[143] Nachrichtenagenturen sind sozusagen ein medialer Rohstofflieferant. Sie tragen systematisch und permanent Nachrichten zusammen, die sie gegen Entgelt ihren Vertragspartnern, sprich den Medienredaktionen, bereitstellen. Pressekorrespondenzen stellen darüber hinausreichende „Produktelemente" zur Verfügung, etwa in Gestalt von Zeitungsromanen oder Kommentaren. Materndienste schließlich verkaufen einen inhaltlich wie technisch mehr oder weniger vollständig vorbereiteten Redaktionsstoff, der vom abnehmenden 171

---

138 *Fechner/Mayer* (Hrsg.), Vorschriftensammlung Medienrecht, §6 Abs.2 PresseG mwN.

139 §13 ReichspreßG.

140 Vgl. BVerfG vom 28.3.2003, NJW 2005, 589, 590 „hervorgehobene meinungsbildende Funktion".

141 Löffler/*Löhner*, §7 LPG Rdnr.42 mwN.

142 Die gesetzestechnische Umsetzung ist missglückt. Satz 1 und 2 der Bestimmungen beziehen sich jeweils auf denselben Kreis von Unternehmen und treffen allein in Bezug auf die erfassten Informationen unterschiedliche Regeln, Löffler/*Löhner*, §7 LPG Rdnr.48.

143 Zum Folgenden Löffler/*Löhner*, §7 LPG Rdnr.49ff. mwN.

Presseunternehmen direkt gedruckt werden kann. „Ähnliche Unternehmungen" sind vor allem Bildagenturen, die sich auf die Belieferung von Zeitungen und Zeitschriften mit Bildmaterial spezialisiert haben.

172 In sachlicher Hinsicht sind **Mitteilungen** von Zulieferern erforderlich, die vervielfältigt sind und die Presse mit Beiträgen in Wort, Bild oder ähnlicher Weise versorgen. Kraft einer gesetzlichen Fiktion[144] gelten solche Mitteilungen darüber hinaus aber **ohne Rücksicht auf die technische Form ihrer Lieferung** als Druckwerk. Es ist insoweit keine Herstellung im Wege der Massenvervielfältigung erforderlich, so dass auch einzelne Schreiben an eine bestimmte Redaktion oder Schreibmaschinendurchschläge erfasst werden.[145] Ebenso ist eine gegenständliche Verkörperung entbehrlich. Das Presserecht greift für diesen Bereich also auch dann ein, wenn Mitteilungen zum Beispiel durch Funk, Telefax, Fernschreiber oder fernmündlich übermittelt werden.[146]

3. Amtliche und „harmlose" Druckwerke

173 Bestimmte Erzeugnisse erfüllen die Druckwerksvoraussetzungen, werden von zahlreichen Landesrechten[147] aber gleichwohl aus dem Anwendungsbereich des Presserechts ausgenommen. Sie sind der Geltung der landespressegesetzlichen Regelungen durchweg entzogen, unterfallen also beispielsweise weder der Impressumspflicht noch den speziellen presserechtlichen Verjährungsregeln.[148]

174 Die presserechtlichen Pflichten gelten nach diesen Gesetzen nicht für **amtliche Druckwerke**, soweit diese ausschließlich amtliche Mitteilungen enthalten (z.B. §6 Abs.3 Nr.1 LPrG MV).[149] Die Befreiung wurde ursprünglich auf die Überlegung gestützt, dass in solchen Fällen kein Missbrauch der Pressefreiheit zu befürchten sei.[150] Ihre rechtspolitische Berechtigung ist heute in Zweifel zu ziehen,[151] denn das Presserecht kann nicht mehr wie zu früheren, obrigkeitsstaatlichen Zeiten allein auf die Zielsetzung beschränkt werden, Missbräuche der Pressefreiheit zu bekämpfen. Die einschlägigen Normen sollten daher im Zweifel eng ausgelegt werden. Sie erfassen Druckerzeugnisse, die von „Ämtern", also von bundesdeutschen Behörden, Gerichten, Universitätsfakultäten oder Industrie- und Handelskammern, in eigenem Namen herausgegeben werden. Die Befreiung greift dagegen nicht ein, wenn amtliche Informationen in nicht amt-

---

144 Z.B. §6 Abs.2 Satz 2 LPrG MV; *Fechner/Mayer* (Hrsg.), Vorschriftensammlung Medienrecht, §6 Abs.2 Satz 2 PresseG mwN.

145 Löffler/*Löhner*, §7 LPG Rdnr.53.

146 Löffler/*Löhner*, §7 LPG Rdnr.53 mwN.

147 LPrG Bayern und LPrG Sachsen enthalten keine entsprechenden bzw. inhaltlich abweichenden Vorschriften.

148 BGH vom 21.12. 1994 (Kapitalanlageprospekte), AfP 1995, 415, 416.

149 *Fechner/Mayer* (Hrsg.), Vorschriftensammlung Medienrecht, §6 Abs.3 Nr.1 PresseG mwN.

150 *Häntzschel*, §12 ReichspreßG vor Anm.1.

151 Löffler/*Löhner*, §7 LPG Rdnr.57.

lichen Blättern veröffentlicht werden.[152] Ebenso gilt die Befreiung nur für „ausschließlich" amtliche Mitteilungen, während Druckwerke, die einen gemischten oder durchweg keinen amtlichen Inhalt haben[153] oder kommerzielle Anzeigen oder Buchbesprechungen enthalten,[154] dem Presserecht unterfallen. Tatsachenangaben in einem solchen Druckwerk können daher, wenn die weiteren Voraussetzungen für ein periodisches Druckwerk erfüllt sind, insbesondere Gegendarstellungsansprüche Betroffener zur Folge haben.[155]

Die jeweiligen Landesrechte klammern weiterhin „**harmlose Druckwerke**" 175
vom Presserecht aus. Damit sind Druckwerke gemeint, die nur zu Zwecken des Gewerbes und Verkehrs, des häuslichen und geselligen Lebens dienen, etwa Formulare, Preislisten, Werbedrucksachen, Familienanzeigen, Geschäfts-, Jahres- und Verwaltungsberichte und dergleichen, sowie Stimmzettel für Wahlen (z.B. § 6 Abs. 3 Nr. 2 LPrG MV).[156] Anwendungsfälle sind beispielsweise Kapitalanlageprospekte und Ansichtskarten.[157] Derartige Druckwerke wurden zu Kaisers Zeiten aus dem Presserecht ausgenommen, weil man sie für „ungefährlich" hielt.[158] Heute ist die Begründung anders zu formulieren und liegt darin, dass derartige Erzeugnisse für den öffentlichen Meinungsbildungsprozess typischerweise völlig unbeachtlich sind. Anders liegt es dagegen, soweit entsprechende Druckwerke dem Gesamteindruck und objektiven Zuschnitt nach einen meinungsbildenden Charakter haben.[159] Entsprechende Erzeugnisse, die beispielsweise zum Boykott auffordern oder einen politischen Streik rechtfertigen, werden vom Presserecht erfasst.[160] Ebenfalls presserechtliche Druckwerke sind die so genannten Anzeigenblätter, die sich allein durch Inserate finanzieren und dementsprechend zwar überwiegend aus Werbung bestehen, aber eben auch redaktionelle Teile enthalten und damit am öffentlichen Meinungsbildungsprozess teilnehmen.[161]

152 BGH vom 6. 12. 1966, NJW 1967, 562.
153 Löffler/*Löhner*, § 7 LPG Rdnr. 56; *Burkhardt* in: Wenzel, Das Recht der Wort- und Bildberichterstattung, § 11 Rz. 35.
154 *Groß*, Presserecht, Rn. 344.
155 Löffler/*Löhner*, § 7 LPG Rdnr. 56.
156 *Fechner/Mayer* (Hrsg.), Vorschriftensammlung Medienrecht, § 6 Abs. 3 Nr. 2 PresseG mwN.
157 BGH vom 21. 12. 1994 (Kapitalanlageprospekte), AfP 1995, 415, 416; RG vom 13. 11. 1902 (Ansichtspostkarten), RGSt 36, 11, 14.
158 RG vom 13. 11. 1902 (Ansichtspostkarten), RGSt 36, 11, 13 „Gefahr des Missbrauchs".
159 RG vom 13. 11. 1902 (Ansichtspostkarten), RGSt 36, 11, 13f.; *Ricker*, Handbuch des Presserechts, 12. Kap. Rdz. 20 mwN.
160 Löffler/*Löhner*, § 7 LPG Rdnr. 60.
161 Löffler/*Löhner*, § 7 LPG Rdnr. 61; *Ricker*, Handbuch des Presserechts, 12. Kap. Rdz. 22.

III. Periodische Druckwerke

176 Das Presserecht unterscheidet weiterhin nicht periodische und periodische Druckwerke. Für das periodische Druckwerk als dem „Pulsschlag des Zeitgeistes“[162] bestehen spezielle Regeln, die sich aus der **gesteigerten Bedeutung von periodischen Druckwerken für die öffentliche Meinungsbildung** erklären. An dieser Stelle trennt sich die rechtliche Beurteilung von Büchern, die eben nur einfache Druckwerke sind, von den juristischen Anforderungen an die periodische Presse. Für die Presse gelten andere Regeln als für Bücher, weil sie als Massenmedium in besonderer Weise zur öffentlichen Information, zur öffentlichen Kontrolle und zum öffentlichen Dialog beitragen kann und daher eigenen medienrechtlichen Maßstäben unterliegen muss.

177 Der Leserkreis und der Einfluss der periodischen Presse „sind weit größer als der des Buches. Ihre Auflagenhöhe, ihre Aktualität und der im Vergleich zur Reichhaltigkeit des Inhalts niedrigere Preis ihrer Erzeugnisse sichern der periodischen Presse eine enorme Streukraft und Wirkungsfähigkeit. Indem sie periodisch erscheint, besitzt sie ständig das Ohr des Publikums. In allen Auseinandersetzungen behält sie das letzte Wort und überwindet mit der Regelmäßigkeit des Erscheinens ihre Schwäche: die Gebundenheit an den flüchtigen Tag. Hinzu kommt bei der Zeitung das meist stillschweigende Zurücktreten der Verfasser und Mitarbeiter hinter der Stimme des Presseorgans. Die Anonymität, mit der die Presse im Namen der öffentlichen Meinung auftritt, wird bei der Masse zur Autorität. In dieser den ‚Auch-Druckwerken‘ gegenüber um ein Vielfaches gesteigerten Macht der periodischen Presse liegt nach der Auffassung des Gesetzgebers ihre Gefährlichkeit, die gesetzliche Schranken gegen einen Missbrauch dieser Macht erfordert.“[163]

178 Aus diesen Gründen kann beispielsweise eine Gegendarstellung nur gegenüber Tatsachenangaben verlangt werden, die in einem periodischen Druckwerk gemacht worden sind,[164] weil die periodische Erscheinungsweise das betreffende Druckwerk in besonderer Weise für den öffentlichen Dialog prädestiniert.[165] Periodische Druckwerke unterliegen einer erweiterten Impressumspflicht,[166] aus der sich inzident eine Pflicht zur Bestellung eines verantwortlichen Redakteurs ergibt.[167] Sie unterliegen weiterhin besonderen Anforderungen in Bezug auf die Offenlegung der unternehmerischen Finanzierungsverhältnisse[168] und die

---

162 *Berner*, Lehrbuch des Deutschen Preßrechtes, S. 207.

163 *Löffler*, Presserecht, Band II, 2. Auflage 1968, § 7 LPG Rdz. 63.

164 Z.B. 10 Abs. 1 Satz 1 LPrG MV; *Fechner/Mayer* (Hrsg.), Vorschriftensammlung Medienrecht, § 10 Abs. 1 Satz 1 PresseG mwN.

165 Siehe Rdnr. 28f.

166 § 7 Abs. 2 LPrG MV; *Fechner/Mayer* (Hrsg.), Vorschriftensammlung Medienrecht, § 7 Abs. 2 PresseG mwN.

167 Löffler/*Löhner*, § 7 LPG Rdnr. 67. Zum verantwortlichen Redakteur siehe Rdnr. 187ff., 1759ff.

168 § 7 Abs. 4 LPrG MV; *Fechner/Mayer* (Hrsg.), Vorschriftensammlung Medienrecht, § 11 PresseG mwN.

Kennzeichnung entgeltlicher Veröffentlichungen[169] sowie in strafrechtlicher Hinsicht.[170]

1. Allgemeine Voraussetzungen

Periodische Druckwerke sind solche, die „in ständiger, wenn auch unregelmäßiger Folge und im Abstand von nicht mehr als sechs Monaten erscheinen" (z.B. §6 Abs.4 LPrG MV).[171] Der Begriff ist also nicht auf Zeitungen und Zeitschriften im klassischen Sinne (dazu sogleich) beschränkt, sondern kann auch regelmäßig erscheinende Flugblätter oder Plakate erfassen,[172] die etwa für die soziale Marktwirtschaft werben. **Erscheinen** setzt ein öffentliches Zugänglichmachen voraus, also die Verbreitung in einer nicht ganz geringfügigen Auflage.[173] Das Kriterium des **ständigen** Erscheinens verlangt ein Erscheinen in wiederkehrender Folge, setzt aber weder Regelmäßigkeit noch eine Absicht „ewiger Wiederkehr" voraus.[174] Erforderlich ist eine wesensmäßige Gleichartigkeit und eine inhaltliche Abgeschlossenheit der jeweils erscheinenden Ausgaben, was nach dem Gesamtcharakter der einzelnen Ausgabe zu beurteilen ist. Die einzelnen Titel einer Taschenbuchreihe, die einzelnen Teile eines in Abständen erscheinenden Lieferwerks oder eines Romans sind daher keine periodischen Druckschriften.[175] Die zeitliche **Sechsmonatsgrenze** schließlich verlangt, dass das Druckwerk nach dem Willen der Herausgeber mindestens alle sechs Monate erscheint.[176] Einzelne Fristüberschreitungen sind unbeachtlich, sofern es eine übliche Erscheinungszeit gibt und diese innerhalb der Sechsmonatsfrist liegt. 179

Es ist im Übrigen umstritten, ob die Häufigkeit des Erscheinens für die Anforderung „ständigen" Erscheinens beachtlich ist oder nicht. Der Streit hat vor allem Bedeutung für die Beurteilung von **Druckwerken während der Wahlkampfzeit** wie Flugblätter, Broschüren, Postwurfsendungen, Wahlkampfzeitungen und Sonderausgaben von Parteiblättern. Hier kann zwar eine wiederkehrende und sogar regelmäßige Erscheinungsweise vorliegen, doch ist der Gesamtzeitraum von vornherein durch den Wahltermin begrenzt. Diskutiert wird dabei namentlich die Frage, ob gegenüber solchen Blättern Gegendarstellungsansprüche bestehen können. Dies ist aus teleologischen Gründen zu bejahen.[177] 180

---

169 Z.B. §9 LPrG MV; *Fechner/Mayer* (Hrsg.), Vorschriftensammlung Medienrecht, §9 Abs.1 Satz 1 PresseG mwN. Zu dieser Pflicht siehe Rdnr.641ff.

170 Z.B. §19 Abs.2 Nr.1 LPrG MV.

171 *Fechner/Mayer* (Hrsg.), Vorschriftensammlung Medienrecht, §6 Abs.4 PresseG mwN.

172 LG Berlin vom 13.4. 1999, AfP 2000, 98, 99 mwN.; *Burkhardt* in: Wenzel, Das Recht der Wort- und Bildberichterstattung, §11 Rz.36.

173 *Burkhardt* in: Wenzel, Das Recht der Wort- und Bildberichterstattung, §11 Rz.36. Art.6 Abs.3 LPrG Bayern verlangt grundsätzlich eine Auflage von mehr als 500 Stück.

174 Löffler/*Löhner*, §7 LPG Rdnr.77f.

175 Löffler/*Löhner*, §7 LPG Rdnr.79; *Burkhardt* in: Wenzel, Das Recht der Wort- und Bildberichterstattung, §11 Rz.37.

176 Löffler/*Löhner*, §7 LPG Rdnr.78.

177 *Seitz/Schmidt/Schoener* NJW 1980, 1553, 1554; *Burkhardt* in: Wenzel, Das Recht der

Die Sonderregeln für die periodische Presse und die Gegendarstellung erklären sich gerade aus der besonderen Bedeutung solcher Druckwerke für die öffentliche Information und den öffentlichen Dialog. Die genannten Wahlkampfschriften sind wesensbedingt auf die besondere Konstellation eines gesteigerten öffentlichen Informationsbedürfnisses zugeschnitten und sie wollen exakt dieses öffentliche Interesse bedienen.

2. Zeitungen, Zeitschriften

181 Zeitungen und Zeitschriften werden von den Pressegesetzen als Haupterscheinungsformen periodischer Druckwerke explizit aufgezählt. Sie sind darüber hinaus aber auch einzelnen Regelungen unterworfen, die nicht allgemein für periodische Druckwerke, sondern eben nur für Zeitungen und Zeitschriften oder nur für eine dieser beiden Kategorien gelten. Insbesondere können für Zeitungen erweiterte Impressumspflichten gelten (z.B. §7 Abs.3 LPrG MV).[178] Daneben finden sich namentlich im Urheberrecht entsprechende Vorschriften.[179]

182 Die über die allgemeinen Kriterien des periodischen Druckwerks hinausreichenden Wesensmerkmale der **Zeitung** sind ihr tagebuchartiger Charakter und ihre Aktualität.[180] Dagegen ist keine „Universalität" im Sinne einer thematischen Offenheit erforderlich. Auch Blätter, die allein über begrenzte eigenständige Lebensbereiche berichten, zum Beispiel über Wirtschaft, sind Zeitungen.[181] Im Unterschied dazu ist für die **Zeitschrift** charakteristisch, dass sie keinen Tagebuchcharakter hat, sondern sich auf ihrem Gebiet mit einzelnen Problemen und Vorgängen befasst.[182] Die thematische und inhaltliche Ausrichtung ist im Übrigen unerheblich, so dass etwa auch wissenschaftliche Zeitschriften dem Presserecht unterfallen und beispielsweise Gegendarstellungsansprüche auslösen können.[183]

183 In Grenzfällen bestimmt sich die Einordnung danach, **welche Momente im Einzelfall überwiegen**. Beispielsweise wird eine Tageszeitung nicht dadurch zur Zeitschrift, dass sie sich neben der laufenden Berichterstattung in besonde-

---

Wort- und Bildberichterstattung, §11 Rz.36 mwN.; a.A. *Ricker*, Handbuch des Presserechts, 12.Kap. Rdz. 18.

178 *Fechner/Mayer* (Hrsg.), Vorschriftensammlung Medienrecht, §7 Abs.3 PresseG mwN.

179 §§38 Abs.3 Satz 1, 49 Abs.1 UrhG.

180 BGH vom 27.1. 2005 (WirtschaftsWoche), NJW 2005, 2698, 2700 (zu §49 Abs.1 UrhG); *Löffler* FS Bappert 1964, 117, 125f.; Löffler/*Löhner*, §7 LPG Rdnr.11; Löffler/*Bullinger*, Einl Rdnr.15; *Ricker*, Handbuch des Presserechts, 1.Kap. Rdz. 16; *Groß*, Presserecht, Rn.8 mwN.; zum Begriff der Zeitung aus kommunikationswissenschaftlicher Sicht *Merten*, Einführung in die Kommunikationswissenschaft, Bd.1, S.146ff. mwN.

181 Löffler/*Löhner*, §7 LPG Rdnr.11.

182 *Löffler* FS Bappert 1964, 117, 126; Löffler/*Löhner*, §7 LPG Rdnr.12; Löffler/*Bullinger*, Einl Rdnr.16; *Ricker*, Handbuch des Presserechts, 1.Kap. Rdz. 17; *Groß*, Presserecht, Rn.8 mwN.; zum Begriff der Zeitschrift aus kommunikationswissenschaftlicher Sicht *Merten*, Einführung in die Kommunikationswissenschaft, Bd.1, S.315f. mwN.

183 BGH vom 9.4. 1963 (Geisterreigen), NJW 1963, 1155.

rem Maße der Erörterung wichtiger Zeitfragen widmet.[184] Die Behandlung so genannter **Anzeigenblätter**, die sich ausschließlich aus Anzeigeneinnahmen finanzieren und kostenlos an die Haushalte verteilt werden, aber zugleich einen redaktionellen Teil haben, hängt vom Einzelfall ab. Eine Qualifizierung als Zeitschrift kommt nicht in Betracht, weil bzw. sofern es an der intensiven Beschäftigung mit besonderen Fragen oder Problemen fehlt.[185] Die Einordnung als Zeitung scheidet aus, wenn der redaktionelle Teil eine unerhebliche Bedeutung hat. Ein Zeitungscharakter ist aber umso eher zu bejahen, je mehr Bedeutung der redaktionelle Teil hat[186] bzw. je mehr das fragliche Blatt geeignet ist, die „Funktion einer Zeitung" für die öffentliche Meinungsbildung zu erfüllen.[187]

IV. Presserechtlich relevante Personen

Das Presserecht normiert, welche Personen für die Erfüllung der presserechtlichen Pflichten verantwortlich sind. Die wichtigsten dieser Personen sind der Verleger und der verantwortliche Redakteur. 184

1. Verleger

Verleger im Sinne des Presserechts ist der **Unternehmer, der das Erscheinen und Verbreiten von Druckwerken bewirkt**.[188] Er ist der Inhaber des Verlagsunternehmens, wobei eine faktische Inhaberschaft ausreicht, so dass auch ein Pächter, Nießbraucher, Mieter oder bloßer Besitzer des Unternehmens Verleger sein kann. Andere Personen sind selbst dann keine Verleger, wenn sie im Unternehmen eine herausragende Stellung haben.[189] Wird das Unternehmen von einer juristischen Person betrieben, so haftet als Verleger jedoch der mit der selbstständigen Oberleitung des Verlagsbetriebs betraute Betriebsleiter oder Direktor.[190] Die presserechtliche Einordnung als Verleger ist unabhängig davon, ob die betreffende Person urheber- und verlagsrechtlich oder gegenüber dem Autor in sonstiger Hinsicht zur Veröffentlichung überlassener Texte berechtigt ist.[191] 185

Der Verleger hat namentlich für das Impressum, den Abdruck von Gegendarstellungen, die Kennzeichnung entgeltlicher Veröffentlichungen, die Abliefe- 186

184 Löffler/*Löhner*, § 7 LPG Rdnr. 13.
185 Löffler/*Löhner*, § 7 LPG Rdnr. 14.
186 *Ricker*, Handbuch des Presserechts, 1.Kap. Rdz. 16; a.A. Löffler/*Löhner*, § 7 LPG Rn. 14, die eine Zeitungseigenschaft wegen des Fehlens einer tagebuchartigen Berichterstattung generell verneint.
187 So zu § 1 UWG a.F. BGH vom 27.1. 1956 (Freiburger Wochenbericht), BGHZ 19, 392, 398; BGH vom 22.11. 1984 (Bliestal-Spiegel), GRUR 1985, 881, 882.
188 OLG Düsseldorf vom 13.9. 1979 (Buback-Nachruf), NJW 1980, 71; Löffler/*Löhner*, § 8 LPG Rdnr. 49 mwN.; *Ricker*, Handbuch des Presserechts, 13.Kap. Rdz. 18.
189 Löffler/*Löhner*, § 8 LPG Rdnr. 54.
190 Löffler/*Kühl*, § 20 LPG Rdnr. 133 mwN.
191 *Ricker*, Handbuch des Presserechts, 13.Kap. Rdz. 18 mwN.

rung der Pflichtexemplare und die Bestellung des verantwortlichen Redakteurs einzustehen.[192] Der Verleger nicht periodischer Druckwerke hat außerdem eine **Aufsichtspflicht**, kraft derer er verhindern muss, dass mittels des Druckwerks strafbare Handlungen begangen werden.[193]

2. Verantwortlicher Redakteur

187 Verantwortlicher Redakteur ist, wer **im Auftrag des Verlegers das Druckwerk auf strafrechtlich relevante Äußerungen zu prüfen hat und kraft seines Einspruchs Veröffentlichungen verhindern kann.**[194] Dem verantwortlichen Redakteur obliegt also die Kontrolle des Inhalts von Beiträgen, um eine straf- oder zivilrechtliche Haftung auszuschließen. Er ist nicht mit dem Chefredakteur eines Blatts gleichzusetzen,[195] der andere Aufgaben hat, nämlich die ihm unterstellte Redaktion organisatorisch leiten sowie die planerische und organisatorische Gestaltung und den wirtschaftlichen Erfolg des Blatts verantworten muss. Ausschlaggebend für die Einordnung als verantwortlicher Redakteur ist das tatsächliche Innehaben einer entsprechenden Position und Befugnis.[196] Die Benennung im Impressum ist nicht schlechthin entscheidend. Sie kann lediglich eine Beweisfunktion haben, aber als formaler Vorgang nicht der konstitutive Akt für das Entstehen strafrechtlicher Pflichten sein. Zum einen bestehen die Aufgaben des verantwortlichen Redakteurs bereits vor dem Erscheinen von Druckwerk und Impressum.[197] Zum anderen würde ansonsten Umgehungspraktiken durch das Benennen von Strohmännern Vorschub geleistet.

188 Der verantwortliche Redakteur ist als juristische Kategorie vom Presserecht geschaffen worden, um **Haftungs- und Verantwortlichkeitslücken entgegenzuwirken**. Der Täter von Presseinhaltsdelikten kann wegen der Anonymität der Presse und des Zusammenwirkens vieler Kräfte bei der Herstellung eines Druckwerks häufig nicht ermittelt werden. Ein Verstoß gegen presserechtliche Pflichten soll aber weder aus solchen Gründen sanktionslos bleiben, noch soll es den Anreiz und die Möglichkeit geben, unter dem Deckmantel der Anonymität individueller Verantwortung ausweichen zu können. Aus diesem Grund darf als verantwortlicher Redakteur auch nur tätig und beschäftigt werden, wer seinen

---

192 Z.B. §§9, 10, 11, 20 Nr.1, Nr.3, 21 Abs.1 Nr.1, Nr.2 LPrG MV; *Fechner/Mayer* (Hrsg.), Vorschriftensammlung Medienrecht, §§9, 10, 12, 14 Nr.1, Nr.3, 15 Abs.1 Nr.1, Nr.2 PresseG mwN.

193 Z.B. §19 Abs.2 Nr.2 LPrG MV.

194 BGH vom 20.2. 1990 („Radikal"), BGHSt 36, 363, 366 mwN.; BGH vom 9.4. 1997, BGHSt 43, 41, 49f.

195 OLG Celle vom 30.8. 1995, AfP 1996, 274, 275; *Ricker*, Handbuch des Presserechts, 13.Kap. Rdz. 21 mwN.

196 BGH vom 23.8. 1979 (Mescalero-Artikel), NJW 1980, 67; BGH vom 20.2. 1990 („Radikal"), BGHSt 36, 363, 366f.; KG vom 26.11. 1997 (Rasende Weißwurst), AfP 1998, 324; *Engels* AfP 2005, 39, 40f. mwN.

197 KG vom 26.11. 1997 (Rasende Weißwurst), AfP 1998, 324.

ständigen Aufenthalt in Deutschland hat, die bürgerlichen Ehrenrechte besitzt und ein öffentliches Amt bekleiden kann, unbeschränkt geschäftsfähig ist und unbeschränkt strafrechtlich verfolgt werden kann (z.B. §8 Abs.1 LPrG MV).[198]

Das französische Recht sah in einem Gesetz von 1795 vor, dass der Herausgeber einer Druckschrift stets die strafrechtliche Verantwortung für anonyme Artikel zu tragen habe, und dehnte diese Haftung schließlich sogar auf alle Artikel von Druckschriften aus. Die Presse setzte sich gegen die ihr unbequeme Sonderhaftung zur Wehr, indem sie als „éditeurs responsables" brauchbare und willige Leute einstellte, die keinen finanziellen oder geistigen Anteil am Schaffen der Zeitung hatten, sich aber dafür anstellen und bezahlen ließen, dass sie die Haftung übernahmen und notfalls die Strafe absaßen („**Sitzredakteur**").[199] 189

Den verantwortlichen Redakteur treffen besondere presserechtliche Pflichten und er unterliegt einer verschärften straf- und ordnungswidrigkeitsrechtlichen Haftung (siehe Rdnr. 1759ff.). Insbesondere ist der verantwortliche Redakteur eines periodischen Druckwerks verpflichtet, das **Druckwerk von strafbaren Inhalten freizuhalten bzw. Presseinhaltsdelikte zu verhindern**.[200] 190

Anders als der verantwortliche Redakteur nehmen die sonstigen Redakteure und der Chefredakteur keine presserechtliche Sonderstellung ein. Begriff, Stellung und rechtliche Behandlung dieser Personen sind pressegesetzlich nicht geregelt. 191

V. Presserechtliche Pflichten

1. Impressum

Zahlreiche Regeln verpflichten die Presse zur **„Transparenz" nach außen**. Die wichtigste Pflicht ist der Impressumszwang. Er lässt sich zum einen aus der Bedeutung der Presse für die öffentliche Meinungsbildung rechtfertigen. Eine sachgerechte Meinungsbildung setzt voraus, dass der Bürger mit Hilfe des Impressums feststellen kann, auf welche Person eine veröffentlichte Information letztlich zurückgeht.[201] Zum anderen – und hierin liegen sowohl die rechtsgeschichtliche Wurzel als auch die praktische Hauptbedeutung der Impressumspflicht[202] – soll der Presse die Möglichkeit verbaut werden, sich bei kritischen Publikationen einer straf- und zivilrechtlichen Haftung durch die **Flucht in die Anonymität** entziehen zu können.[203] Bei großen Presseunternehmen ist es für 192

---

198 *Fechner/Mayer* (Hrsg.), Vorschriftensammlung Medienrecht, §8 PresseG mwN.
199 *Löffler*, Presserecht, 1. Auflage 1955, Vorbem §§7/8 ReichspreßG Anm. 2a.
200 Z.B. §19 Abs.2 Nr.1 LPrG MV. Siehe Rdnr. 1759.
201 *Ricker*, Handbuch des Presserechts, 13.Kap. Rdz. 3 mwN.
202 Siehe *Ricker*, Handbuch des Presserechts, 13.Kap. Rdz. 2 mwN.
203 Löffler/*Löhner*, §9 LPG Rdnr. 2.

einen Außenstehenden typischerweise besonders schwer, den für ein Pressevergehen verantwortlichen Täter zu ermitteln, zumal sich das Medienunternehmen gegenüber entsprechenden Auskunftsklagen u.U. sogar auf das Redaktionsgeheimnis berufen könnte.

193 In einem Impressum müssen insbesondere Name oder Firma und Anschrift des Druckers und des Verlegers angegeben werden (z.B. §7 Abs. 1 LPrG MV).[204] Für periodische Druckwerke bestehen darüber hinaus weiter reichende Angabepflichten. Ihr Impressum muss auch den Namen und die Anschrift des verantwortlichen Redakteurs mitteilen.[205] Im Einzelnen sind detaillierte Anforderungen zu beachten, wenn es beispielsweise mehrere verantwortliche Redakteure gibt, wenn eine Zeitung regelmäßig ganze Seiten des redaktionellen Teils fertig übernimmt oder es Neben- und Unterausgaben einer Hauptzeitung gibt. Ebenso ist für den Anzeigenteil ein Verantwortlicher zu benennen, für den die Vorschriften über den verantwortlichen Redakteur entsprechend gelten.[206] Aus dem Zweck des Impressums ergibt sich, dass Angaben nur dann der gesetzlichen Pflicht genügen, wenn sie so klar und eindeutig sind, dass sie eine problemlose Identifizierung der betreffenden Personen ermöglichen.[207]

2. Weitere Pflichten

194 Es gibt weitere „Transparenzpflichten", die einen gewissen wirtschaftlichen Bezug haben. Die Presse muss entgeltliche Veröffentlichungen als **Anzeige** kenntlich machen,[208] um sowohl Leser vor unzulässigen Werbeformen zu schützen als auch die Glaubwürdigkeit des redaktionellen Teils zu sichern (siehe Rdnr. 641 f.). Mehrere Pressegesetze sehen weiterhin vor, dass der Verleger eines periodischen Druckwerks außerdem in regelmäßigen Zeitabschnitten im Druckwerk offenlegen muss, wer an der **Finanzierung des Unternehmens beteiligt** ist.[209] Die Offenlegung der Beteiligungsverhältnisse ist wichtig, um mögliche Beeinflussungen des Blatts durch entsprechende Finanzierungszusammenhänge erkennbar zu machen (siehe Rdnr. 589 ff.).

195 Die Presse ist ebenso verpflichtet, sich bei Äußerungen zu einer **Gegendarstellung**, die in derselben Nummer wie die Gegendarstellung erscheinen, auf

---

204 *Fechner/Mayer* (Hrsg.), Vorschriftensammlung Medienrecht, §7 Abs. 1 PresseG mwN.

205 Z.B. §7 Abs. 2 Satz 1 LPrG MV; *Fechner/Mayer* (Hrsg.), Vorschriftensammlung Medienrecht, §7 Abs. 2 Satz 1 PresseG mwN.

206 §7 Abs. 2 Satz 4 LPrG MV.

207 BGH vom 13.7. 1989 (Impressumspflicht), GRUR 1989, 830, 831; OLG Karlsruhe vom 10.3. 1992, AfP 1992, 373, 374.

208 Z.B. §9 LPrG MV; *Fechner/Mayer* (Hrsg.), Vorschriftensammlung Medienrecht, §9 PresseG mwN.

209 Z.B. §7 Abs. 4 LPrG MV; *Fechner/Mayer* (Hrsg.), Vorschriftensammlung Medienrecht, §11 PresseG mwN.

tatsächliche Angaben zu beschränken.[210] So soll eine gleiche publizistische Wirkung bzw. „Waffengleichheit" zwischen dem Presseunternehmen und dem Betreiber der Gegendarstellung erreicht werden (siehe Rdnr. 1850). Schließlich obliegt dem Verleger oder hilfsweise dem Drucker oder sonstigen Hersteller eines Druckwerks eine Ablieferungspflicht, aufgrund derer jeweils ein **Pflichtexemplar** binnen eines Monats nach dem Erscheinen kostenfrei an bestimmte Stellen abzuliefern ist.[211]

Die Ablieferungspflicht war in früheren Zeiten ein zentrales Mittel zur Zensur und Kontrolle der Medien durch die Behörden. Die entsprechende Vorschrift des ReichspreßG war u.a. mit dem „begründeten Interesse der Behörden, ... nicht nur von dem Inhalte der Zeitungen, sondern [auch] von ihrer Existenz zu erfahren", gerechtfertigt worden.[212] Heute legimiert sich die Ablieferungspflicht aus **kulturpolitischen Gründen**. Die Pflicht ist verfassungsgemäß und keine unzulässige Sonderbelastung für Presse- bzw. Verlagsunternehmen, sofern die daraus im Einzelfall resultierende Vermögensbelastung des Verlegers nicht wesentlich ins Gewicht fällt.[213] 196

VI. Kollisionsrechtliche Anwendbarkeit

Da Presseerzeugnisse landesrechtlichen Regeln unterliegen, sich typischerweise aber nicht auf den lokalen Bereich eines einzelnen Bundeslandes beschränken, stellt sich vielfach die Frage, welches Landespressegesetz im Einzelfall anwendbar ist. Die Antwort hängt davon ab, welche **Anwendbarkeitsregelungen** die in Betracht kommenden Landesrechte treffen und um welche presserechtliche **Pflicht** es im Einzelnen geht. 197

Die **Ablieferungspflicht** beurteilt sich in der Regel nach dem Recht des Bundeslands, in dem das Druckwerk verlegt wird.[214] Maßgebend ist also der Sitz des Verlagsunternehmens. Für die **Impressumspflicht** ist dagegen maßgebend, in welchem Bundesland das Druckwerk erscheint.[215] Das ist der Ort, an dem das Druckwerk mit Willen des Verlegers der Öffentlichkeit zugänglich gemacht wird. In der Regel wird es sich dabei um den Verlagsort handeln,[216] da dort normalerweise die Ausgabe des Druckwerks, die Verteilung an das Publikum bzw. die Versendung an den Händler beginnt. Fallen jedoch Verlags- und Ausgabeort 198

---

210 Z.B. §10 Abs. 3 Satz 3 LPrG MV; *Fechner/Mayer* (Hrsg.), Vorschriftensammlung Medienrecht, §10 Abs. 3 Satz 3 PresseG mwN.

211 Z.B. §11 Abs. 1 LPrG MV; *Fechner/Mayer* (Hrsg.), Vorschriftensammlung Medienrecht, §12 Abs. 1 Satz 1, Abs. 2 PresseG mwN.

212 Motive ReichspreßG, Verhdlg. RT, 2. Legislatur-Periode, I. Session 1874, Dritter Band, Aktenstück Nr. 23, S. 140 zu §9 ReichspreßG.

213 BVerfG vom 14.7.1981, BVerfGE 58, 137, 147ff.

214 Z.B. §11 Abs. 1 Satz 1 LPrG MV; *Fechner/Mayer* (Hrsg.), Vorschriftensammlung Medienrecht, §12 Abs. 1 Satz 1 PresseG mwN. „im Geltungsbereich dieses Gesetzes".

215 Z.B. §7 Abs. 1 LPrG MV; *Fechner/Mayer* (Hrsg.), Vorschriftensammlung Medienrecht, §7 Abs. 1 PresseG mwN.

216 BGH vom 13.7.1989 (Impressumspflicht), GRUR 1989, 830, 831.

auseinander, so legt der Zweck der Impressumspflicht, die für den Inhalt des Druckwerks Verantwortlichen kenntlich zu machen, es nahe, den Erscheinungsort dort anzunehmen, wo das rechtliche und tatsächliche Schwergewicht der verlegerischen Tätigkeit liegt, die die öffentliche Verbreitung in die Wege leitet. Das Bedürfnis, die für den Inhalt Verantwortlichen zu ermitteln, wird sich eher dort und weniger im Rechtsbereich des Ortes stellen, an dem der Verlag seinen – ggf. nur formellen – Sitz hat.[217] Im Zusammenhang mit der **Gegendarstellung** treffen die Landespressegesetze keine kollisionsrechtliche Regelung. Die Anwendbarkeit des Landesrechts bestimmt sich daher in entsprechender Anwendung von Art. 40 Abs. 1 Satz 1 EGBGB. Danach ist das Recht des Ortes maßgebend, an dem das Medienunternehmen den betreffenden Beitrag willentlich in die Öffentlichkeit gebracht hat.[218]

---

217 BGH vom 13. 7. 1989 (Impressumspflicht), GRUR 1989, 830, 831.
218 Siehe Rdnr. 1806.

§ 4: Rundfunk

Ausgewählte Literatur

Bethge, Freiheit und Gebundenheit der Massenmedien, DVBl 1983, 369ff.; *Bullinger*, Der Rundfunkbegriff in der Differenzierung kommunikativer Dienste, AfP 1996, 1ff.; *ders.*, Von presseferner zu pressenaher Rundfunkfreiheit, JZ 2006, 1137ff.; *Degenhart*, Funktionsauftrag und „dritte Programmsäule" des öffentlich-rechtlichen Rundfunks, K&R 2001, 329ff.; *Dörr*, Der Einfluss der Judikatur des BVerfG auf das Medienrecht, VerwArch 92 (2001), 149ff.; *Dussel*, Deutsche Rundfunkgeschichte, 2. Auflage 2004; *Engel*, Rundfunk in Freiheit, AfP 1994, 185ff.; *Fink*, Wem dient die Rundfunkfreiheit?, DÖV 1992, 805ff.; *Gersdorf*, Multi-Media: Der Rundfunkbegriff im Umbruch?, AfP 1995, 565ff.; *ders.*, Der verfassungsrechtliche Rundfunkbegriff im Lichte der Digitalisierung der Telekommunikation, 1995; *Grimm*, Schutzrecht und Schutzpflicht – Zur Rundfunkrechtsprechung in Amerika und Deutschland, FS Mahrenholz 1994, 529ff.; *Hesse*, Staatsfreiheit des Rundfunks und SWR-Staatsvertrag, JZ 1997, 1083ff.; *Hoffmann-Riem*, Der Rundfunkbegriff in der Differenzierung kommunikativer Dienste, AfP 1996, 9ff.; *Janik*, Der deutsche Rundfunkbegriff im Spiegel technischer Entwicklungen, AfP 2000, 7ff.; *Jarass*, Rundfunkbegriffe im Zeitalter des Internets, AfP 1998, 133ff.; *Kübler*, Marktversagen und Meinungsfreiheit, FS Mestmäcker 1996, 243ff.; *ders.*, Legitimationsfragen der Medienregulierung, AfP 2002, 277ff.; *Kutsch*, Rundfunk unter alliierter Besatzung, in: Wilke (Hrsg.), Mediengeschichte in der Bundesrepublik Deutschland, 1999, S. 59ff.; *Ladeur*, Grundrechtskonflikte in der „dualen Rundfunkordnung", AfP 1998, 141ff.; *Mahrenholz*, Die gesellschaftliche Bedeutung des öffentlich-rechtlichen Rundfunks, ZUM 1995, 508ff.; *Michel*, Rundfunk und Internet, ZUM 1998, 350ff.; *Neun*, Öffentlich-rechtlicher Rundfunk: Grenzen des Wachstums, 2002; *Niepalla*, Die Grundversorgung durch die öffentlich-rechtlichen Rundfunkanstalten, 1990; *Schmitt Glaeser*, Art. 5 Abs. 1 S. 2 GG als „Ewigkeitsgarantie" des öffentlich-rechtlichen Rundfunks, DÖV 1987, 837ff.; *Scholz*, Zukunft von Rundfunk und Fernsehen: Freiheit der Nachfrage oder reglementiertes Angebot?, AfP 1995, 357ff. 199

A. Ausgangsfragen

Die **Bezeichnung „Rundfunk"** meint juristisch sowohl das Fernsehen als auch den Hörfunk. Etymologisch erklärt sich der Begriff aus technischen Zusammenhängen. „Funk" leitet sich von Ätherschwingungen ab, die durch elektrische Schwingungen erzeugt werden. Deshalb wurde in den Anfängen des Rundfunks zunächst auch von „Funkentelegrafie" oder „Funktelegrafie" gesprochen. Der Wortbestandteil „Rund" ist eine Reminiszenz an die Rundwirkung solcher Wellen.[1] 200

1 *Lerg*, Die Entstehung des Rundfunks. Herkunft und Entwicklung eines publizistischen Mittels, 1965, S. 19.

I. Rechtsgeschichtlicher Überblick

201 Die technische Basis für das Entstehen von Rundfunk war die Entwicklung der drahtlosen Telegrafie. Deren physikalische Grundlagen gehen u.a. auf den deutschen Physiker *Heinrich Rudolf Herz* zurück, dem 1887/1888 der Nachweis elektromagnetischer Wellen gelang. Seine Entdeckung war revolutionär, weil sie die Möglichkeit eröffnete, Nachrichten und andere Informationen über weite und unwegsame Strecken zu verbreiten und den Kontakt mit beweglichen Empfängern zu halten, zum Beispiel mit Schiffen. Dementsprechend sah man das Einsatzgebiet der Funktelegrafie zunächst vor allem in den Bereichen Militär und Schifffahrt sowie im Kolonialfunkverkehr. Eine publizistische Bedeutung erlangte die Funktelegrafie erst während des Ersten Weltkriegs, als sie als Mittel der amtlichen Nachrichtenpolitik genutzt wurde.[2] Zugleich hatte es die technische Entwicklung zunehmend möglich gemacht, nicht allein Morsesignale, sondern auch Sprache und Musik übertragen zu können. Die erste „Rundfunkübertragung" weltweit betraf ein Konzert *Enrico Carusos* in der New Yorker Metropolitan Opera und wird auf das Jahr 1910 datiert. Die ersten regelmäßigen Rundfunksendungen gab es ab November 1920 in den USA (Pittsburgh, Pennsylvania), wo die Zahl der Sender und die Nachfrage nach Empfangsgeräten schnell derart zunahm, dass die Sendungen zunächst allein aus dem Verkauf der Geräte finanziert werden konnten.

202 In der **Weimarer Republik** hatte sich 1923 die „Aktiengesellschaft für Buch und Presse" gegründet, die zur Verbesserung der parlamentarischen Berichterstattung u.a. einen Nachrichtenschnelldienst durch telefonischen Rundspruch organisieren sollte. Dabei sollte das gesamte Reich zentral von einem in Königs-Wusterhausen bei Berlin stehenden Sender mit dem Programm der „Deutschen Stunde" (Gesellschaft für drahtlose Belehrung und Unterhaltung mbH) versorgt werden. Da sich dies als technisch unmöglich erwies, kam es zum Aufbau regionaler Sendegesellschaften, die jeweils eigene Programme verbreiten sollten. Der erste regelmäßige Rundfunkbetrieb startete am 29.10.1923 in Berlin. Nachdem im Weiteren erste regionale Sender und rundfunkrechtliche Normen[3] entstanden, strebte die Reichsregierung zunehmend danach, den Rundfunk zu zentralisieren und zu verstaatlichen bzw. zum politischen Sprachrohr auszubauen. Gegen die Vorschläge *Hans Bredows*, der sich für eine Umgestaltung der Sender in öffentlich-rechtliche Selbstverwaltungskörperschaften aussprach, kam es 1932 zunächst zu einer Anordnung des Innenministers, nach der die Rundfunkgesellschaften der Reichsregierung täglich eine halbe Stunde Sendezeit zur Verfügung stellen mussten. Dadurch sollte dem Kabinett Gelegenheit gegeben werden, seine Auffassung und Tätigkeit der breiten Öffentlichkeit näher zu brin-

---

2 *Lerg*, Die Entstehung des Rundfunks. Herkunft und Entwicklung eines publizistischen Mittels, 1965, S.42f.

3 Richtlinien über die Regelung des Rundfunks vom 2.12.1926, RT-Drucks. III. Wahlperiode 1924/1926, Nr.2776. Dazu *Hesse*, Rundfunkrecht, 1. Kapitel Rz.11ff.

gen.[4] Noch im gleichen Jahr wurden die „Leitsätze für die Neuregelung des Rundfunks“[5] verabschiedet, nach denen alle noch in Privathand befindlichen Geschäftsanteile an Rundfunkgesellschaften in die öffentliche Hand zu überführen waren. Der Rundfunk sollte fortan ausschließlich dem Staat, d.h. zu 51% dem Reich und zu 49% den Ländern gehören. Die Aufgaben des Mediums wurden von den „Richtlinien über den Rundfunk“[6] in einer „Mischung aus christlich-konservativem Vokabular und der Formulierung deutschnationaler Ziele“[7] näher umschrieben. Inhaltlich kreisten sie vor allem um den Integrationsgedanken. Die Demokratie- und vor allem die Kontroll- und Dialogfunktion spielten keine Rolle, was bei einem Staatsrundfunk letztlich nicht überrascht. U.a. galt folgendes:

1. Der deutsche Rundfunk dient dem deutschen Volke. Seine Sendungen dringen unablässig in das deutsche Haus und werden in der ganzen Welt gehört. Dieser Einfluß auf Volk und Familie und die Wirkung im Ausland verpflichten die Leiter und Mitarbeiter zu besonderer Verantwortung. 203

2. Der Rundfunk arbeitet mit an den Lebensaufgaben des deutschen Volkes. Die natürliche Einordnung der Menschen in Heimat und Familie, Beruf und Staat ist durch den Rundfunk zu erhalten und zu festigen. Der Rundfunk spricht darum die Hörer nicht nur als Einzelmenschen, sondern auch als Glieder dieser natürlichen Ordnungen des Volkes an …

4. Der Rundfunk dient allen Deutschen innerhalb und außerhalb der Reichsgrenzen. Er verbindet die Auslandsdeutschen mit dem Reiche und läßt die innerdeutschen Hörer am Leben und Schicksal der Auslandsdeutschen teilnehmen. Die Pflege des Reichsgedankens ist Pflicht des Rundfunks.

5. Der Rundfunk nimmt an der großen Aufgabe teil, die Deutschen zum Staatsvolk zu bilden und das staatliche Denken und Wollen der Hörer zu formen und zu stärken …

Eine der ersten Amtshandlungen der **Nationalsozialisten** war die Gründung des Ministeriums für Volksaufklärung und Propaganda.[8] An seiner Spitze stand *Joseph Goebbels*. Er zog alsbald auch die postalischen Rundfunkkompetenzen an sich und erlangte gegen den Widerstand Preußens schließlich die alleinige Zuständigkeit „für alle Aufgaben der geistigen Einwirkung auf die Nation, der Werbung für Staat, Kultur und Wirtschaft, der Unterrichtung der in- und ausländischen Öffentlichkeit über sie und der Verwaltung aller diesem Zweck dienenden Einrichtungen“.[9] Zugleich wurde die **„Gleichschaltung“ des Rund-** 204

---

4 *Dussel*, Deutsche Rundfunkgeschichte, S.74; *Stuiber*, Medien in Deutschland, Band 2, Rundfunk 1. Teil, 1998, S.157f.

5 Abgedruckt bei *Bausch*, Der Rundfunk im politischen Kräftespiel der Weimarer Republik 1923–1933, 1956, S.205ff.

6 Abgedruckt bei *Bausch*, Der Rundfunk im politischen Kräftespiel der Weimarer Republik 1923–1933, 1956, S.212ff.

7 *Hesse*, Rundfunkrecht, 1. Kapitel Rz.18.

8 Dazu und zum Folgenden *Diller*, Rundfunkpolitik im Dritten Reich; in: ders. (Hrsg.), Rundfunk in Deutschland, Bd.2, München 1980, S.79ff.

9 Verordnung über die Aufgaben des Reichsministers für Volksaufklärung und Propaganda vom 30.6. 1933, RGBl I 1933, 449.

funks betrieben und dazu wurden zunächst die Kompetenzen der Länder aufgehoben.[10] Die bis dahin im Rundfunk bestehenden Programmbeiräte und -ausschüsse wurden abgeschafft und sämtliche Anteile an Rundfunkunternehmen in den Besitz des Reichs überführt. Weiterhin ermächtigte das Reichskulturkammergesetz[11] den Propagandaminister, alle Angehörigen kultureller Berufe in öffentlich-rechtlichen Körperschaften zu organisieren bzw. in Zwangsverbänden zusammenzufassen. Die Dachorganisation war die **Reichskulturkammer**, als deren Präsident Goebbels fungierte. Sie war untergliedert in die Reichsrundfunkkammer sowie die Reichsschrifttum-, Reichspresse- und Reichstheaterkammer und die Reichskammer für Bildende Künste. Letztlich wurden alle Bereiche abgedeckt, die Öffentlichkeitsbezug und Einfluss auf die öffentliche Meinungsbildung haben konnten. In den jeweiligen Berufsfeldern durfte nur arbeiten, wer Mitglied der betreffenden Kammer war. Einen Anspruch auf Mitgliedschaft gab es jedoch nicht und das Regime erreichte die gewünschte Steuerung durch eine entsprechende Definition der Zugangsregeln.[12] In der Reichsrundfunkkammer war alles zusammengefasst, was immer mit dem Rundfunk zu tun hatte, also selbst Funkindustrie und Radiohändler, Handelsvertreter und Antenneninstallateure sowie die Herausgeber und Mitarbeiter von Rundfunkzeitschriften, also auch die Programmkritiker.[13] Die Reichsrundfunkkammer wurde als einzige der Kulturkammern 1939 wieder aufgelöst, weil sich die erwünschte Kontrolle und Steuerung des Rundfunks besser mit Hilfe der Reichsrundfunkgesellschaft erreichen ließ. Sie war noch in der Weimarer Zeit gegründet worden und erlaubte als zentrale Institution insbesondere eine leichtere Kontrolle der Beschäftigungsverhältnisse.

205 Der Rundfunk war Gegenstand intensiver **personeller „Säuberungen“**. Sie setzten bereits ab März 1933 ein und erfassten fast alle Intendanten der bisherigen Rundfunkgesellschaften, sämtliche Hierarchieebenen und insbesondere Juden.[14] Ein wesentlicher Schlüssel dafür war das „Gesetz zur Wiederherstellung des Berufsbeamtentums“[15], das auf Goebbels ausdrückliche Weisung auch auf den Rundfunk angewendet wurde.

206 Das NS-Regime betrieb beharrlich den **Ausbau der Sende- und Empfangsmöglichkeiten**, um alle Orte des Reiches zu erreichen. Bereits 1933 kam der Volksempfänger „VE 301“ auf den Markt, der zunächst zu einem Preis von 76 Reichsmark und damit etwa für die Hälfte dessen angeboten wurde, was bis dahin für ein vergleichbares Gerät gezahlt werden musste.[16] Die Zahl der angemeldeten Rundfunkteilnehmer stieg so von 4,3 Milli-

---

10 Vorläufiges Gesetz zur Gleichschaltung der Länder mit dem Reich vom 31.3.1933, RGBl I 1933, 153; Zweites Gesetz zur Gleichschaltung der Länder mit dem Reich vom 7.4. 1933, RGBl I 1933, 173.

11 Gesetz vom 22.9. 1933, RGBl I 1933, 661f.

12 *Stuiber*, Medien in Deutschland, Band 2, Rundfunk 1. Teil, 1998, S. 169.

13 *Dahl*, Arbeitssender und Volksempfänger. Proletarische Radio-Bewegung und bürgerlicher Rundfunk bis 1945, 1978, S. 112.

14 *Diller*, Rundfunkgeschichte, S. 87ff.

15 Gesetz vom 7.4. 1933, RGBl I 1933, 175ff.

16 *Goebel* Archiv für das Post- und Fernmeldewesen 6/1950, 353, 413.

onen (1933) auf 9,1 Millionen (1939).[17] Diese Entwicklung verstärkte sich, nachdem 1938 mit dem „Deutschen Kleinempfänger" zum Preis von 35 Reichsmark ein nochmals günstigeres Gerät auf den Markt kam. Der Frequenzbereich der Geräte war so ausgelegt, dass hauptsächlich nur deutsche Sender empfangen werden konnten. 1943 war die Zahl der Rundfunkteilnehmer auf über 16 Millionen gestiegen. Ebenso wurde der so genannte „**Gemeinschaftsempfang**" ausgebaut, mit dem annähernd 90% der Bevölkerung erreicht werden konnten. Er war ein wichtiges Mittel zur „Gleichschaltung" und Motivation der Bevölkerung im Sinne der nationalsozialistischen Ziele.[18] Auf diese Weise wurde z.B. am 10.11. 1933 eine Rede Hitlers übertragen. Dazu heulten alle Fabriksirenen im Reich, es herrschte Arbeitsruhe und die anschließende Rede musste in allen deutschen Betrieben gemeinsam angehört werden.[19]

Zu den ersten **Fernsehsendungen** kam es 1935. Das Regime sah im Fernsehen von 207
Anfang an ein „revolutionäres Mittel der Volksaufklärung und Propaganda". Das neue Medium litt jedoch an einer noch unausgereiften Technik und konnte daher nicht die Massenwirkung erreichen, die man ihm zudachte. Beim Start des regelmäßigen Fernsehprogramms gab es in Berlin ca. 50 Geräte, die vor allem Post- und Rundfunkmitarbeitern zur Verfügung standen. Fernsehen wurde daher hauptsächlich in so genannten Fernsehstellen und -stuben der Post empfangen und geschaut. Die Bildschirme der Empfänger waren jeweils 18 mal 22 cm groß und sollen es bis zu 30 Personen ermöglicht haben, das Programm zu verfolgen.[20] Die Olympischen Spiele 1936 wurden intensiv zu propagandistischen Fernsehübertragungen genutzt. Die im Weiteren geplante Massenproduktion des Fernseheinheitsempfängers „FE 1" kam nicht zustande und wurde durch den Ausbruch des Zweiten Weltkriegs endgültig verhindert.

Die dem Zusammenbruch des „Dritten Reichs" nachfolgende **alliierte Besat-** 208
zungszeit von 1945 bis 1950 konzentrierte sich vor allem auf den Aufbau des Hörfunks, da andere Massenkommunikationsmittel aufgrund der zerstörten Infrastruktur und des Papiermangels nicht flächendeckend bereitgestellt werden konnten.[21] Der Hörfunk diente zunächst primär als wichtigster Nachrichtenübermittler. Langfristig sahen die Siegermächte ihre Aufgabe vor allem in der Überwindung der nationalsozialistischen Lehren und der Umerziehung der Deutschen zur Demokratie.

Eines der größten Probleme war die **künftige institutionelle und politische** 209
Organisation des Nachkriegsrundfunks. Während viele deutsche Politiker an die Rundfunkordnung der Weimarer Republik anknüpfen wollten und sich für

---

17 *Pohle*, Der Rundfunk als Instrument der Politik. Zur Geschichte des deutschen Rundfunks von 1923/38, 1955, S. 333.

18 *Pohle*, Der Rundfunk als Instrument der Politik. Zur Geschichte des deutschen Rundfunks von 1923/38, 1955, S. 268f.

19 *Dahl*, Arbeitssender und Volksempfänger. Proletarische Radio-Bewegung und bürgerlicher Rundfunk bis 1945, 1978, S. 114.

20 *Winker*, Fernsehen unterm Hakenkreuz, 1994, S. 93f.

21 *Stuiber*, Medien in Deutschland, Band 2, Rundfunk 1. Teil, 1998, S. 185; *Bausch*, Rundfunkpolitik nach 1945, Erster Teil: 1945–1962, in: ders. (Hrsg.), Rundfunk in Deutschland, Bd. 3 1980, S. 10; *Kutsch*, Rundfunk unter alliierter Besatzung; in: Wilke (Hrsg.), Mediengeschichte der Bundesrepublik Deutschland, 1999, S. 64.

einen staatlich kontrollierten Rundfunk aussprachen,[22] hatte jede alliierte Besatzungsmacht eine eigene, von der Rundfunkstruktur im eigenen Land geprägte Vorstellung von der zukünftigen Rundfunkordnung.[23] Während die USA auf ein überwiegend privates, auf die Selbstregulierung des Marktes vertrauendes System setzten, favorisierte Frankreich eine zentrale staatliche Anstalt. Die amerikanische Vorstellung setzte sich nicht durch, weil es nach dem Kriegsende in Deutschland keine wirtschaftliche Basis für einen privaten Rundfunk gab und weil sich die kapitalkräftigen potenziellen Veranstalter durch ihre Rolle in der NS-Zeit gründlich diskreditiert hatten. Ein zentraler Rundfunk nach französischen Vorstellungen kam nach den Erfahrungen mit der Propaganda Goebbels ebenfalls nicht in Betracht. Daher setzte sich das in der britischen Besatzungszone etablierte Rundfunkkonzept durch, dessen Organisations- und Entscheidungsstrukturen stark an das **Prinzip der „public corporation" der britischen BBC** angelehnt waren. In diesem Zusammenhang entstand Ende September 1945 der Nordwestdeutsche Rundfunk. Sein öffentlich-rechtliches Organisationsmuster diente im Weiteren als Vorbild für die Sender in der amerikanischen Besatzungszone und schließlich auch für die später von westdeutscher Seite eigenständig erlassenen Rundfunkgesetze.

II. Rundfunk, BVerfG und freiheitliches Denken

210 Für die heutigen Rechtsgrundlagen des Rundfunks ist wie für die Presse exakt zu beachten, welchen Rang die betreffenden Vorschriften in der Rechtsquellenhierarchie haben. Die Materie ist gleichwohl anders strukturiert als das Presserecht. Der zentrale Unterschied liegt in einer ausgeprägten **Dominanz des Verfassungsrechts und der Verfassungsrechtsprechung**, wie sie möglicherweise in keinem anderen Rechtsgebiet zu finden ist. Der Rundfunk ist eben nicht ein Massenmedium unter mehreren, sondern hat wegen seiner Breitenwirkung, Aktualität und Suggestivkraft besondere Bedeutung unter den Medien.[24] Ein derartiges Instrument, das Medium und Faktor der öffentlichen Meinungsbildung ist,[25] bringt gleichermaßen Chancen wie Gefahren höchsten Ausmaßes mit sich und kann nur allzu leicht zu demagogischen oder gar diktatorischen Zwecken missbraucht werden. Es überrascht im Hinblick auf die Lehren aus der NS-Zeit nicht, wenn in den Anfängen der Bundesrepublik eine besondere Sensibilität im Hinblick auf den Rundfunk entstand. Dieses Massenmedium war ein entschei-

22 *Bausch*, Rundfunkpolitik nach 1945, Erster Teil: 1945–1962, in: ders. (Hrsg.), Rundfunk in Deutschland, Bd. 3, 1980, S. 9.

23 *Kohl/Hasse*, Medienrecht, in: Schanze (Hrsg.), Handbuch der Mediengeschichte, 2001, S. 165, 176f. mwN.; eingehend *Kutsch*, Rundfunk unter alliierter Besatzung; in: Wilke (Hrsg.), Mediengeschichte der Bundesrepublik Deutschland, 1999, S. 70ff. mwN.

24 BVerfG vom 22.2. 1994 (Rundfunkgebühr), BVerfGE 90, 60, 87; ähnlich FCC v. Pacifica Foundation, 438 U.S. 726, 748 (1978).

25 BVerfG vom 28.2. 1961 (Deutschland-Fernsehen), BVerfGE 12, 205, 260.

dendes Instrument zur Etablierung und Absicherung demokratischer Strukturen in einer Gesellschaft, die nicht von demokratischen Traditionen geprägt war. Es sollte und durfte – und dies gilt in den Augen des deutschen Rechts auch noch heute – daher nicht dem freien Spiel gesellschaftlicher oder ökonomischer Kräfte überlassen bleiben.

Zum zentralen Protagonisten dieses Prozesses hat sich das BVerfG aufgeschwungen. Der böse Satz, dass in der Verfassung alles das steht, was die Richter aus ihr herauslesen, liegt in Bezug auf das Rundfunkrecht keineswegs fern. Die Rundfunkfreiheit ist in ihren konkreten Ausprägungen eine Schöpfung des BVerfG. Das Gericht hat in den Augen seiner Kritiker den Gesetzgeber „nirgendwo so offensichtlich entmannt" wie auf diesem Gebiet[26] und einen „verfassungsgerichtlichen Jurisdiktionsstaat" eingeführt.[27] Zugleich muss die Frage danach erlaubt sein, ob die vom BVerfG eingeforderte Privilegierung des öffentlich-rechtlichen Rundfunks auch heute noch gerechtfertigt bzw. rechtspolitisch richtig ist (siehe auch Rdnr. 496, 683). Das Gericht sieht sich zunehmend der Gefahr gegenüber, die Legitimation des von ihm geschaffenen Sonderrechts für den öffentlich-rechtlichen Rundfunk aus dem schlichten Bestehen dieser Sondermaßstäbe und der bloßen Existenz öffentlich-rechtlicher Anstalten abzuleiten. 211

Ausgangspunkt der verfassungsrechtlichen Judikatur[28] ist die **Deutschland-Fernsehen-Entscheidung**. Sie ist zunächst rechtsgeschichtlich wichtig. Zur Entscheidung stand nicht weniger als ein Versuch der Adenauer-Regierung, einen Staatsrundfunk zu schaffen und rundfunkrechtliche Freiheiten und Kontrollfunktionen auf diese Weise letztlich zu unterlaufen. Das Vorhaben löste eine gravierende innenpolitische Diskussion und Unruhe aus. Es führte gemeinsam mit der etwas späteren „Spiegelaffäre" (siehe Rdnr. 18) zu einem grundlegenden öffentlichen Bewusstseinswandel. Dieser Wandel ließ das Pendel der weiteren Entwicklung stark zugunsten der Medien ausschlagen und ist in seinen Auswirkungen bis heute spürbar.[29] 212

In **rundfunkverfassungsrechtlicher Hinsicht** leitete die Entscheidung die Sondersituation des Rundfunks aus einem Vergleich mit der Presse ab.[30] Während es eine Vielzahl von in der Tendenz unterschiedlichen, miteinander konkurrierenden Presseunternehmen gebe, erfordere die Veranstaltung von Rundfunksendungen einen erheblich größeren finanziellen Aufwand. Zugleich stünde für die terrestrische Verbreitung von Sendungen lediglich eine begrenzte Anzahl von Frequenzen zur Verfügung. Daher sei für den Rundfunk eine dem Pressewesen vergleichbare Vielfalt miteinander konkurrierender Darstellungen nicht möglich, was wiederum besondere Vorkehrungen zur Verwirklichung und Aufrechterhaltung der Rundfunkfreiheit bedinge. Dieser Ansatz fußte auf durchaus angreifbaren Annahmen. Insbesondere ging er von einer Meinungs- und An- 213

26 *Engel* AfP 1994, 185, 186.
27 *Böckenförde*, in: ders. (Hrsg.), Staat, Verfassung, Demokratie, 1999, S. 159, 196.
28 Gesamtüberblick zu den „Rundfunkentscheidungen" des BVerfG bei BK/*Degenhart*, Art. 5 Abs. 1 und 2 GG Rdnr. 628ff.
29 Etwa BGH vom 21.6. 1966 (Höllenfeuer), BGHZ 45, 296, 308 mwN. Siehe Rdnr. 745f., 1616f., 1720ff.
30 BVerfG vom 28.2. 1961 (Deutschland-Fernsehen), BVerfGE 12, 205, 261.

bietervielfalt auf dem Pressesektor aus, die schlicht unterstellt und nicht näher ausgeführt und begründet wurde. Das Urteil klammerte die z.T. erheblichen Marktzutrittsschranken für den Pressemarkt aus, warf tendenziell alle Presseerzeugnisse in einen Topf und leitete daraus publizistische Vielfalt ab. Mit einer angemessenen „publizistischen Marktabgrenzung" hat dies nicht unbedingt etwas zu tun.[31]

214 Die **Mehrwertsteuer-Entscheidung** behielt die ursprüngliche Argumentation 1971 bei, stützte sich aber ergänzend auf die Feststellung, dass sich der Rundfunk zu einem mächtigen Kommunikationsmittel entwickelt habe, das wegen seiner weitreichenden Wirkungen und der Gefahr des Missbrauchs zum Zweck einseitiger Einflussnahme auf die öffentliche Meinung nach Sondermaßstäben verlange.[32]

215 Das BVerfG hat an seiner Linie auch festgehalten, nachdem die technische Entwicklung das Argument der zu knappen Sendefrequenzen mehr und mehr obsolet machte. Zum endgültigen „Schwur" kam es in der **FRAG-Entscheidung**. Nach ihr sind Sondermaßstäbe auch dann notwendig, wenn die durch die Knappheit der Sendefrequenzen und den hohen finanziellen Aufwand bedingte Sondersituation des Rundfunks entfällt.[33] Sie rechtfertigte die verfassungsrechtliche Linie nunmehr allein mit der besonderen Bedeutung dieses Massenmediums für die öffentliche Meinungsbildung. Es möge zwar manches dafür sprechen, dass sich auch bei einem Verzicht auf verfassungsrechtliche Regelungsvorgaben für den Bereich des Rundfunks eine „begrenzte Vielfalt einstellen werde, wie sie etwa im Bereich der überregionalen Tageszeitungen besteht".[34] Es handele sich aber nur um eine Möglichkeit und es sei „ungewiss", ob sich die für die freiheitliche Demokratie konstitutive Meinungsvielfalt für den Bereich des Rundfunks auch einstelle, wenn man auf entsprechende verfassungsrechtliche Vorgaben und Regelungsaufträge an den Gesetzgeber verzichte (zur Meinungsvielfalt siehe Rdnr. 481ff., 495ff.).[35] Dieser Kurs hat naturgemäß ein sehr unterschiedliches Echo gefunden, wobei die Skala von nachhaltiger Unterstützung durch Justiziare öffentlich-rechtlicher Sender[36] über grundsätzliche Befürwortung[37] bis zu kritischen Einordnungen aller denkbaren Schärfegrade[38] reicht. Die FRAG-Entscheidung ist von jedem Urvertrauen in die Freiheit und darin,

---

31 Zur kartellrechtlichen Marktabgrenzung im Bereich der Presse siehe Rdnr. 855, 864f.

32 BVerfG vom 27.7. 1971 (Mehrwertsteuer), BVerfGE 31, 314, 325; dazu *Buri* NJW 1972, 705ff.; *Söhn* JuS 1976, 161ff.

33 BVerfG vom 16.6. 1981 (FRAG), BVerfGE 57, 295, 322; dazu *Platho* FuR 1981, 337ff.; *Lange* FuR 1981, 417ff.; *Vieweg* FuR 1981, 421ff.; *Schmidt-Bleibtreu* DB 1981, 1448ff.; *Scholz* JZ 1981, 561ff.; *Pestalozza* NJW 1981, 2158ff.; *Ricker* NJW 1981, 1925ff.; *Schmidt* DVBl 1981, 920ff.; *Pitschas* JA 1982, 45f.; *Hasenritter* VR 1982, 64ff.

34 BVerfG vom 16.6. 1981 (FRAG), BVerfGE 57, 295, 322.

35 BVerfG vom 16.6. 1981 (FRAG), BVerfGE 57, 295, 323.

36 Z.B. *Hesse*, Rundfunkrecht, 2. Kapitel Rz. 42ff.

37 Z.B. *Bethge* in: Sachs, Art. 5 GG Rdn. 91ff.; *Mahrenholz* ZUM 1995, 508ff.; *Kübler* AfP 2002, 277, 281ff.

38 *Starck* in v.Mangoldt/Klein/Starck, Art. 5 GG Rdnr. 114ff.; BK/*Degenhart*, Art. 5 Abs. 1 und 2 GG Rdnr. 643ff.; *Scholz* AfP 1995, 357ff.; *Engel* AfP 1994, 185ff.; *Fink* DÖV 1992, 805ff.

dass jeder Grundrechtsträger als autonomes, vernunftbegabtes Wesen selbst in der Lage ist, seine Interessen und die Interessen der Gemeinschaft zu erkennen und danach zu handeln,[39] weit entfernt. Sie setzt letztlich darauf, sich im Zweifelsfall weiterhin auf die Seite von Bevormundung, Regulierung und Zwang zu schlagen. Ein „sicherer" Nachweis darüber, in welchem Maß sich Meinungsvielfalt einstellen wird, wenn es zu Veränderungen im Rundfunkrecht kommt, ist niemals möglich. Die Linie dieser Entscheidung läuft auf eine Ewigkeitsgarantie für das vom BVerfG geschaffene Rundfunkrecht und für den öffentlich-rechtlichen Rundfunk hinaus. Den „Mut zur Freiheit", den die Richter in äußerungsrechtlichen Fragen sonst so nachhaltig propagieren, haben sie selbst nicht aufgebracht.

Eine besondere Regulierung des Rundfunks ist in **National Broadcasting Co. v. United** 216
States auch für das amerikanische Recht zunächst vor allem mit dem Mangel an verfügbaren Frequenzen begründet worden.[40] Der US-Supreme Court zog daraus freilich andere Folgerungen als sein deutsches Gegenstück.[41] Während das BVerfG dem Gesetzgeber eine entsprechende Gesetzgebung vorschreibt, hielten die amerikanischen Richter eine entsprechende Gesetzgebung lediglich für verfassungsgemäß, ohne sie gebieterisch einzufordern.[42]

B. Rundfunkfreiheit des Grundgesetzes

Während der Normwortlaut des Grundgesetzes allein die „Berichterstattung 217
durch den Rundfunk" nennt, wird inzwischen allgemein von Rundfunkfreiheit gesprochen.[43] Sie dient als Kommunikationsfreiheit im Ausgangspunkt demselben Ziel wie die übrigen Garantien des Art. 5 Abs. 1 GG, nämlich „der Gewährleistung freier individueller und öffentlicher Meinungsbildung, dies in einem umfassenden, nicht auf bloße Berichterstattung oder die Vermittlung politischer Meinung beschränkten, sondern jede Vermittlung von Information und Meinung umfassenden Sinne".[44] Die daraus für den Rundfunk zu ziehenden Konsequenzen weichen jedoch maßgeblich von den Regeln ab, die namentlich für die Presse bestehen. Das BVerfG spricht dem Rundfunk als „Medium und Faktor des verfassungsrechtlichen Prozesses, in dem sich die Meinungsbildung

39 *Fink* DÖV 1992, 805, 813.

40 „With everybody on the air, nobody could be heard", *Frankfurter* J. in National Broadcasting Co. v. United States, 319 U.S. 190, 212 (1943).

41 National Broadcasting Co. v. United States, 319 U.S. 190, 224, 226f. (1943).

42 Dazu rechtsvergleichend *Kühn*, Meinungsvielfalt im Rundfunk – Die Sicherung von Pluralismus in den Rundfunksystemen Deutschlands und der USA, 2003, S. 143ff., 236ff.; *Grimm* FS Mahrenholz 1994, 529, 530ff.

43 Z.B. BVerfG vom 5.6. 1973 (Lebach I), BVerfGE 35, 202, 222.

44 Z.B. BVerfG vom 16.6. 1981 (FRAG), BVerfGE 57, 295, 319; ähnlich BVerfG vom 24.3. 1987 (Baden-Württemberg), BVerfGE 74, 297, 323 jeweils mwN.

vollzieht“ im Vergleich zu den übrigen Medien eine besondere Bedeutung zu.[45] In seinen Augen lässt sich das Normziel von Art. 5 Abs. 1 GG wegen der „herausragenden kommunikativen Bedeutung“ des Rundfunks nur in dem Maße erreichen, wie der Rundfunk frei, umfassend und wahrheitsgemäß informiert.[46] Daraus erwächst dem Rundfunk eine besondere **„Verantwortungsbeziehung gegenüber der Allgemeinheit“**.[47] Zugleich sind der verfassungsrechtliche Rundfunkbegriff sowie die personelle und gegenständliche Reichweite des Grundrechtsschutzes nicht trennscharf oder gar begrifflich abschließend bestimmt. Maßgebend sind vielmehr Kriterien, die einen gewissen „dynamischen“ Charakter haben und sich an der besonderen öffentlichen Aufgabe des Rundfunks sowie an den Gefahren orientieren, die dem grundrechtlichen Schutzgut drohen.[48]

I. Verfassungsrechtlicher Rundfunkbegriff

218 Der verfassungsrechtliche Rundfunkbegriff bestimmt, welche Medien den speziellen, für den Rundfunk entwickelten verfassungsrechtlichen Maßstäben unterliegen, die im Weiteren noch vorgestellt werden (siehe Rdnr. 222ff.). Der Rundfunkbegriff dient damit zunächst der Abgrenzung gegenüber der Presse und dem Film. Er ist aber noch durch eine weitere Komponente bestimmt, nämlich durch die eben angesprochene besondere Bedeutung des Rundfunks für die öffentliche Meinungsbildung. Dieser weitere Aspekt ist für die Abgrenzung von den Telemedien bedeutsam, die ihre Inhalte zwar ebenfalls „unkörperlich und elektronisch“ übermitteln, bei denen aber gleichwohl umstritten ist, ob sie als Rundfunk im Sinne von Art. 5 Abs. 1 Satz 2 2.Alt GG einzuordnen sind.

219 Der Rundfunkbegriff erfasst „Darbietungen“ bzw. publizistisch aufbereitete Beiträge aller Art und sowohl das Fernsehen als auch den Hörfunk. Rundfunk ist durch eine eigene Herstellungs- und Verbreitungsmethode,[49] insbesondere durch eine Art **elektronische Verbreitungsform** geprägt. Sie unterscheidet ihn von den gegenständlichen Medien Presse und Film. Eine entsprechende elektronische Verbreitung liegt sowohl vor bei einer Verbreitung in terrestrischer Form als auch bei einer über analoge oder digitale Kabel. Dementsprechend können beispielsweise über das Internet verbreitete Inhalte „Rundfunk“ sein. Ebenso setzt Rundfunk **Massenkommunikation** voraus (zur Massenkommunikation siehe Rdnr. 898ff.), die eine räumliche und/oder zeitliche Distanz zwischen Kommunikator und Rezipient überwindet und vom Kommunikator ausgewähl-

---

45 BVerfG vom 5.2. 1991 (WDR), BVerfGE 83, 238, 296 mwN.
46 BVerfG vom 5.2. 1991 (WDR), BVerfGE 83, 238, 296.
47 BVerfG vom 5.2. 1991 (WDR), BVerfGE 83, 238, 300.
48 BVerfG vom 20.2. 1998 (Extra Radio Hof), BVerfGE 97, 298, 312.
49 *Starck* in v.Mangoldt/Klein/Starck, Art. 5 GG Rdnr. 95; BK/*Degenhart*, Art. 5 Abs. 1 und 2 GG Rdnr. 673; *Herzog* in Maunz/Dürig, Art. 5 Abs. I, II GG Rdn. 195.

te Inhalte übermittelt.[50] Dazu ist ferner erforderlich, dass sich das betreffende Medium an eine beliebige, unbestimmte Personengruppe wendet. Manche verlangen dafür eine Adressierung an die Allgemeinheit,[51] andere beziehen auch Sendungen mit ein, die nur für eine spezielle Einrichtung wie etwa ein Krankenhaus oder einen Betrieb veranstaltet werden.[52] Das Übermitteln von Informationen im Wege der Individualkommunikation ist kein Rundfunk, so dass zum Beispiel Teledienste,[53] E-Mails und „private" Chats nicht unter dieses Grundrecht fallen.

Die **weiteren Anforderungen** des Rundfunkbegriffs und damit auch die Ab- 220
grenzung gegenüber elektronischen Medien, die kein Rundfunk sind, lassen sich im Übrigen weder abschließend noch trennscharf definieren. Der Grund für diese Offenheit des verfassungsrechtlichen Rundfunkbegriffs liegt in der dienenden Funktion des Rundfunks für die öffentliche Meinungsbildung. Was zur Gewährleistung öffentlicher Meinungsbildung bzw. zur Erfüllung der dem Rundfunk von Verfassungs wegen auferlegten Kommunikationsaufgabe erforderlich und notwendig ist, hängt in weiten Teilen von dem Informations- und Meinungsbildungsverhalten des Einzelnen und der Öffentlichkeit insgesamt und damit von gesellschaftlichen und technischen Gegebenheiten und Entwicklungen ab.[54] Die rundfunkverfassungsrechtlichen Anforderungen können sich „bei tatsächlichen Veränderungen in dem von Art. 5 Abs. 1 Satz 2 GG geschützten Sozialbereich wandeln. Soll die Rundfunkfreiheit unter den Bedingungen raschen technischen Wandels ihre normative Kraft bewahren, dann darf bei der Bestimmung von Rundfunk nicht nur an eine bereits eingeführte Technik angeknüpft werden. Andernfalls könnte sich die grundrechtliche Gewährleistung nicht auf jene Bereiche erstrecken, in denen gleichfalls die Funktion des Rundfunks, wenn auch mit neuen Mitteln, erfüllt würde".[55]

Dementsprechend kann es erforderlich sein, den Begriff des Rundfunks auf 221
Bereiche zu erstrecken, die ihm zu anderen Zeiten oder unter anderen Umständen nicht zugeschlagen worden wären. Aktuelle Bedeutung hat dies für die **Telemedien** (siehe Rdnr. 274 ff.). Soweit es sich um elektronische Informationsangebote handelt, scheidet eine Qualifikation als Presse grundsätzlich aus. Ob sich damit der Rundfunkbegriff und die mit ihm verbundenen besonderen Regeln automatisch auf alle elektronischen Medien erstrecken, ist offen. Das BVerfG ging 1991 davon aus, dass „rundfunkähnliche Kommunikationsdienste" jedenfalls seinerzeit eine vergleichsweise geringe Bedeutung für die Meinungsbildung

50 *Bethge* in: Sachs, Art. 5 GG Rdn. 90a; *Starck* in v. Mangoldt/Klein/Starck, Art. 5 GG Rdnr. 97; BK/*Degenhart*, Art. 5 Abs. 1 und 2 GG Rdnr. 674.
51 *Bethge* in: Sachs, Art. 5 GG Rdn. 90a.
52 *Starck* in v. Mangoldt/Klein/Starck, Art. 5 GG Rdnr. 97.
53 § 2 Abs. 1, Abs. 2 Nr. 1 TDG.
54 BVerfG vom 4. 11. 1986 (Niedersachsen), BVerfGE 73, 118, 154 f.; BVerfG vom 24. 3. 1987 (Baden-Württemberg), BVerfGE 74, 297, 350 f.
55 BVerfG vom 5. 2. 1991 (WDR), BVerfGE 83, 238, 302; kritisch *Starck* in v. Mangoldt/Klein/Starck, Art. 5 GG Rdnr. 103.

hatten und dass es auch an Anhaltspunkten dafür fehle, dass sie in naher Zukunft neben den herkömmlichen Rundfunk treten könnten.[56] Letztlich klärte das Gericht die grundrechtliche Einordnung aber nicht.

II. Rundfunkfreiheit als Abwehrrecht

222 Die Kommunikationsgrundrechte haben sich seit jeher gegen die Gängelung der Massenmedien durch den Staat gerichtet und noch heute liegt ihr wichtigstes Anwendungsfeld in der **Abwehr staatlicher Einflüsse auf die Berichterstattung.**[57] Die Rundfunkfreiheit schützt dabei nicht nur vor unmittelbaren staatlichen Einflussnahmen auf das Programm, sondern auch vor mittelbaren Programmeinflüssen,[58] zum Beispiel in Gestalt gesetzlicher Regelungen der Rundfunkfinanzierung.[59] Sie ist insoweit ein Abwehrrecht im Sinne der klassischen Freiheitsrechte.[60] Nur Medien, die keinem entscheidenden staatlichen Einfluss unterliegen, können die ihnen in einem demokratischen Gemeinwesen zukommenden Aufgaben und insbesondere eine öffentliche Kontrolle leisten.[61]

223 Die Rundfunkfreiheit sichert als Kommunikationsfreiheit weiterhin in ähnlicher Weise wie die Pressefreiheit bestimmte allgemeine publizistische Freiheiten.[62] Sie sichert zunächst die Möglichkeit, ein Ereignis den Zuhörern und Zuschauern akustisch und optisch in voller Länge oder in Ausschnitten, zeitgleich oder zeitversetzt zu übertragen.[63] Der grundrechtliche Schutz beschränkt sich über den Normwortlaut hinaus nicht auf „Berichterstattung" bzw. das Übermitteln von Nachrichten, sondern erfasst die gesamte Mitwirkung des Rundfunks an der öffentlichen Meinungsbildung.[64] Der Rundfunk genießt **Programmfreiheit.** Unter Programm ist eine auf längere Dauer angelegte, planmäßige und strukturierte Abfolge von Sendungen oder Beiträgen zu verstehen.[65] Auswahl, Inhalt und Gestaltung des Programms sind allein Sache des Rundfunks und müssen sich an publizistischen Kriterien ausrichten können.[66] Für die

56 BVerfG vom 5.2. 1991 (WDR), BVerfGE 83, 238, 302f.
57 BVerfG vom 22.2. 1994 (Rundfunkgebühr), BVerfGE 90, 60, 88; BVerfG vom 24.3. 1987 (Baden-Württemberg), BVerfGE 74, 297, 324.
58 BVerfG vom 5.2. 1991 (WDR), BVerfGE 83, 238, 323 mwN.
59 BVerfG vom 22.2. 1994 (Rundfunkgebühr), BVerfGE 90, 60, 88. Siehe Rdnr. 686.
60 BVerfG vom 16.6. 1981 (FRAG), BVerfGE 57, 295, 320, 333f.
61 BVerfG vom 5.2. 1991 (WDR), BVerfGE 83, 238, 323f. Zur Kontroll- und Demokratiefunktion der Medien siehe Rdnr. 24f., 35.
62 BVerfG vom 14.7. 1994 (Strafverfahren Erich Honecker), BVerfGE 91, 125, 134; *Starck* in v.Mangoldt/Klein/Starck, Art. 5 GG Rdnr. 104ff. mwN.
63 BVerfG vom 7.11. 2000 (ntv), BVerfGE 103, 44, 59.
64 BVerfG vom 28.2. 1961 (Deutschland-Fernsehen), BVerfGE 12, 205, 260; BVerfG vom 16.6. 1981 (FRAG), BVerfGE 57, 295, 319.
65 BVerfG vom 20.2. 1998 (Extra Radio Hof), BVerfGE 97, 298, 310.
66 Z.B. BVerfG vom 13.1. 1982 (Freie Rundfunkmitarbeiter I), BVerfGE 59, 231, 258; BVerfG vom 26.2. 1997 (Radio Dryeckland), BVerfGE 95, 220, 234 mwN.; BVerfG vom 20.2. 1998 (Extra Radio Hof), BVerfGE 97, 298, 310.

öffentlich-rechtlichen Rundfunkanstalten folgt daraus, dass sie selbst bestimmen, was ihr gesetzlicher Programmauftrag in publizistischer Hinsicht verlangt (siehe Rdnr. 501).[67] Im Einzelnen ist für die Programmfreiheit zwischen dem öffentlich-rechtlichen und dem privaten Rundfunk zu unterscheiden. Die Unterscheidung erklärt sich aus unterschiedlichen Konzepten, die für den Bereich des Rundfunks zu Meinungsvielfalt führen sollen und zusammen mit den Programmfreiheiten der übrigen Medien an späterer Stelle behandelt werden (siehe Rdnr. 497ff., 518ff.).

Infolge ihrer Programmfreiheit steht den Rundfunkveranstaltern weiterhin ein Recht 224
der **Personalauswahl** zu (siehe Rdnr. 545ff.).[68] Dagegen hat das BVerfG offengelassen, ob **Wirtschaftswerbung** im Rundfunk von der Programmfreiheit erfasst und in gleicher Weise geschützt wird wie der Anzeigenanteil von Presseerzeugnissen durch die Pressefreiheit.[69]

Die Rundfunkfreiheit schützt ferner die **Programmherstellung** und erfasst dabei so- 225
wohl Eigenproduktionen als auch Auftragsproduktionen, Koproduktionen und die Beteiligung an programmherstellenden Unternehmen.[70] Ebenso umfasst sie alle **Vorbereitungsmaßnahmen, Tätigkeiten und Verhaltensweisen**, die zur Gewinnung und rundfunkspezifischen Verbreitung von Nachrichten und Meinungen im weitesten Sinne gehören (siehe Rdnr. 150ff.).[71] Insbesondere sichert Art. 5 Abs. 1 Satz 2 GG auch **Zeugnisverweigerungsrechte** für den Rundfunk wie für die anderen Massenmedien, um den Medien eine möglichst ungehinderte Beschaffung von Wissen zu ermöglichen und das dafür erforderliche Vertraulichkeitsverhältnis zu den Informanten zu schützen (siehe Rdnr. 1073ff.).[72] Den staatlichen Zugriff auf Material, das die Medien selbst recherchiert haben, hat das BVerfG dagegen zugelassen.[73]

III. Rundfunkfreiheit als dienende Freiheit

Rundfunk ist in den Augen des BVerfG eine „**Sache der Allgemeinheit**" und 226
muss deshalb „in voller Unabhängigkeit überparteilich betrieben und von jeder Beeinflussung freigehalten werden".[74] In der Einschätzung der Richter handelt

67 BVerfG vom 22.2. 1994 (Rundfunkgebühr), BVerfGE 90, 60, 87; BVerfG vom 17.2. 1998 (Kurzberichterstattung), BVerfGE 97, 228, 268 mwN.

68 BVerfG vom 13.1. 1982 (Freie Rundfunkmitarbeiter I), BVerfGE 59, 231, 258ff.

69 BVerfG vom 24.3. 1987 (Baden-Württemberg), BVerfGE 74, 297, 341f. mwN. Für die Einbeziehung der Wirtschaftswerbung in die Rundfunkfreiheit *Bethge* in: Sachs, Art. 5 GG Rdn. 108 mwN. Zum Schutz von Wirtschaftswerbung durch die Pressefreiheit siehe Rdnr. 153f.

70 BVerfG vom 5.2. 1991 (WDR), BVerfGE 83, 238, 303.

71 BVerfG vom 1.10. 1987 (Beschlagnahme von Filmmaterial), BVerfGE 77, 65, 74f.; BVerfG vom 14.7. 1994 (Strafverfahren Erich Honecker), BVerfGE 91, 125, 134; BVerfG vom 7.11. 2000 (ntv), BVerfGE 103, 44, 59.

72 BVerfG vom 26.2. 1997 (Radio Dryeckland), BVerfGE 95, 220, 238.

73 BVerfG vom 1.10. 1987 (Beschlagnahme von Filmmaterial), BVerfGE 77, 65ff. (Beschlagnahme nach StPO von Gegenständen, die sich im Gewahrsam von Angehörigen des Rundfunks befinden).

74 BVerfG vom 27.7. 1971 (Mehrwertsteuer), BVerfGE 31, 314, 327. Zur öffentlichen Auf-

es sich „in Wirklichkeit“ um eine hoheitliche Aufgabe, deren Erfüllung der Staat den öffentlich-rechtlichen Rundfunkanstalten übertragen hat, weil er sie wegen des Gebots der Staatsfreiheit des Rundfunks nicht selbst wahrnehmen kann.[75] Die Rundfunkfreiheit wird deshalb als „dienende Freiheit“ bezeichnet, d.h. sie dient der freien individuellen und öffentlichen Meinungsbildung[76] und wird vom BVerfG entscheidend im Hinblick auf diese Aufgabe „demokratisch funktional“ ausgefüllt. Daraus ergeben sich gravierende Besonderheiten: Die Rundfunkfreiheit ist im Unterschied zu anderen Freiheitsgrundrechten nicht primär als ein Grundrecht zu verstehen, das seinem Träger zum Zweck der Persönlichkeitsentfaltung oder Interessenverfolgung eingeräumt ist. Art. 5 Abs. 1 Satz 2 2. Alt GG beschränkt sich insbesondere nicht darauf, den Rundfunk vor staatlicher Einflussnahme zu sichern und ihn im Übrigen den gesellschaftlichen Kräften zu überlassen.[77] Die Rundfunkfreiheit hat keine „natürliche Freiheiten“ zum Inhalt und ermächtigt ihren Träger nicht zu beliebigem Gebrauch.[78] Sie gewährt anders als die Pressefreiheit beispielsweise keine „urwüchsige und beliebige“ Veranstalterfreiheit[79] in dem Sinne, dass jedermann berechtigt ist, nach seinem Belieben Rundfunk zu veranstalten.

227 Ausgangspunkt ist die Überlegung, dass dem Rundfunk eine bestimmte Funktion für die öffentliche Meinungsbildung obliegt und dass diese Aufgabe nicht erfüllt würde, wenn man den Rundfunk dem „freien Spiel der Kräfte“ überließe.[80] Rundfunkfreiheit in der vom BVerfG gewünschten Weise stellt sich danach nicht von selbst ein, sondern bedarf einer besonderen **Ausgestaltung durch den Gesetzgeber**, die sicherstellt, dass der Rundfunk seine verfassungsrechtlich vorausgesetzten Aufgaben erfüllt. Der Gesetzgeber muss deshalb von Verfassungs wegen eine Rechtsordnung schaffen, die den Rundfunk zur Erfüllung seiner Informationsaufgabe befähigt.[81] Die Legislative unterliegt bei dieser Ausgestaltung der Rundfunkfreiheit jedoch **ihrerseits verfassungsrechtlichen Vorgaben und Strukturprinzipien**, die ihr unterschiedliche, zum Teil nur sehr geringe Spielräume lassen. Insbesondere muss der durch die gesetzliche Regelungsordnung geschaffene Rundfunk staatsfrei sein. Darüber hinaus können

---

gabe der Medien und ihren Funktionen in modernen Massengesellschaften siehe Rdnr. 16ff., 30ff.

75 BVerfG vom 27.7. 1971 (Mehrwertsteuer), BVerfGE 31, 314, 329.

76 BVerfG vom 16.6. 1981 (FRAG), BVerfGE 57, 295, 319f.; BVerfG vom 24.3. 1987 (Baden-Württemberg), BVerfGE 74, 297, 323; BVerfG vom 6.10. 1992 (Hessen 3), BVerfGE 87, 181, 197.

77 BVerfG vom 28.2. 1961 (Deutschland-Fernsehen), BVerfGE 12, 205, 259f.

78 BVerfG vom 5.2. 1991 (WDR), BVerfGE 83, 238, 315.

79 *Bethge* in: Sachs, Art. 5 GG Rdn. 95.

80 BVerfG vom 27.7. 1971 (Mehrwertsteuer), BVerfGE 31, 314, 325; BVerfG vom 16.6. 1981 (FRAG), BVerfGE 57, 295, 323.

81 BVerfG vom 28.2. 1961 (Deutschland-Fernsehen), BVerfGE 12, 205, 263; BVerfG vom 16.6. 1981 (FRAG), BVerfGE 57, 295, 320; BVerfG vom 24.3. 1987 (Baden-Württemberg), BVerfGE 74, 297, 324.

sich aus der Funktion des Rundfunks für die öffentliche Meinungsbildung bzw. aus der Pflicht zur Grundversorgung weitere Anforderungen ergeben.

Die im Weiteren vorzustellenden Anforderungen sind weitgehend für den öf- 228
fentlich-rechtlichen Rundfunk in der Zeit vor dem Entstehen des privaten Rundfunks entwickelt worden. Der private Rundfunk unterliegt anderen Regeln und soll an dieser Stelle zunächst ausgeklammert bleiben (siehe Rdnr. 243ff.).

1. Grundversorgung

Das BVerfG legt dem öffentlich-rechtlichen Rundfunk eine verfassungsrecht- 229
liche Pflicht zur medialen „Grundversorgung" auf, weil er nicht in gleicher Weise wie die privaten Veranstalter auf hohe Einschaltquoten angewiesen ist und daher stärker zu einem inhaltlich umfassenden Programmangebot in der Lage ist.[82] Es handelt sich um eine vom Gericht im Wege der verfassungsrechtlichen Hilfsauslegung geschaffene Kategorie.[83]

Was unter der Grundversorgung zu verstehen ist, lässt sich nicht durch Sub- 230
sumtion im herkömmlichen Sinne bestimmen. Der Inhalt der Grundversorgung ist „**gegenständlich und zeitlich offen und dynamisch**" und allein an die Funktion gebunden, die der Rundfunk im Rahmen des von Art. 5 Abs. 1 GG geschützten Kommunikationsprozesses zu erfüllen hat.[84] Grundversorgung ist nicht mit Mindestversorgung gleichzusetzen und verlangt stets eine Mehrzahl von Programmen.[85] Es müssen die Meinungsvielfalt in der verfassungsrechtlich gebotenen Weise gesichert und für die Gesamtheit der Bevölkerung Programme geboten werden, die umfassend und in der vollen Breite des klassischen Rundfunkauftrags informieren.[86] Der Programmauftrag des öffentlich-rechtlichen Rundfunks hängt in seinem Umfang dabei auch von den technischen Entwicklungen ab und ist – seit Schaffung der dualen Rundfunkordnung aus öffentlich-rechtlichen und privaten Sendern – zugleich relativ in Bezug auf das Angebot der privaten Rundfunkunternehmen zu bestimmen. Der öffentlich-rechtliche Rundfunk hat dafür zu sorgen, dass ein dem klasssischen Rundfunkauftrag entsprechendes Programm für die gesamte Bevölkerung angeboten wird, das im Wettbewerb mit den privaten Veranstaltern mithalten kann.[87]

Die Pflicht zur Grundversorgung hat vor allem für den **publizistischen Zu-** 231
schnitt der Rundfunkprogramme Bedeutung. Der öffentlich-rechtliche Rundfunk muss ein Programm anbieten, in dem sowohl die gegenständliche Breite

---

82 BVerfG vom 4.11. 1986 (Niedersachsen), BVerfGE 73, 118, 157.

83 Dazu kritisch *Starck* in v.Mangoldt/Klein/Starck, Art. 5 GG Rdnr. 121 mwN.

84 BVerfG vom 5.2. 1991 (WDR), BVerfGE 83, 238, 299.

85 BVerfG vom 24.3. 1987 (Baden-Württemberg), BVerfGE 74, 297, 326; BVerfG vom 6.10. 1992 (Hessen 3), BVerfGE 87, 181, 199 mwN.

86 BVerfG vom 24.3. 1987 (Baden Württemberg), BVerfGE 74, 297, 325; BVerfG vom 5.2. 1991 (WDR), BVerfGE 83, 238, 298.

87 BVerfG vom 22.2. 1994 (Rundfunkgebühr), BVerfGE 90, 60, 93 mwN.; BVerfG vom 6.10. 1992 (Hessen 3), BVerfGE 87, 181, 203.

aller Programmsparten als auch eine gleichgewichtige Vielfalt der in der Gesellschaft anzutreffenden Meinungen gewährleistet ist.[88] Dabei beschränkt sich der Programmauftrag in **gegenständlicher Hinsicht** nicht auf politische Funktionen im engeren Sinn. Die Meinungsbildung erhält ebenso von anderen Gegenständen des öffentlichen Interesses Nahrung,[89] ohne dass objektive Kriterien für Relevanz oder Irrelevanz vorgegeben werden könnten. Deswegen gehört zur Information im Sinne des klassischen Rundfunkauftrags die „gegenständlich uneingeschränkte Information über alle Lebensbereiche unter Zugrundelegung publizistischer Kriterien".[90] Der Rundfunkauftrag beschränkt sich also keineswegs auf Nachrichtensendungen, politische Kommentare oder Sendereihen über politische Probleme der Gegenwart, Vergangenheit oder Zukunft,[91] sondern umfasst namentlich auch die Bereiche Unterhaltung und Kultur.[92] In **räumlicher Hinsicht** umfasst die Grundversorgung bundes- und landesbezogene Angelegenheiten, während sie für den regionalen und lokalen Bereich „nicht eindeutig geboten" ist.[93]

232 Die Grundversorgung hat weiterhin ein **technisches Element**. Sie setzt eine Übertragungstechnik voraus, bei der ein Empfang der Sendungen für alle sichergestellt ist.[94] Dementsprechend beschränkt sich die Bestandsgarantie des öffentlich-rechtlichen Rundfunks nicht auf die herkömmliche Technik der terrestrischen Übertragung. Die Pflicht zur Grundversorgung erfasst auch neue Übertragungsformen, sofern diese neben oder gar an die Stelle der terrestrischen Übertragung treten.[95]

233 Die **Baden-Württemberg-Entscheidung** hat angenommen, dass zumindest der Bestand der am 4. November 1986 terrestrisch verbreiteten Programme der öffentlich-rechtlichen Rundfunkanstalten der verfassungsrechtlich unerlässlichen Grundversorgung zuzurechnen sei.[96] Die Aussage ist auch über ihren eigentlichen Gegenstand hinaus aufschlussreich. Sie zeigt sowohl die große Sorge des Gerichts um seine heilige Kuh, den öffentlich-rechtlichen Rundfunk, als auch eine Selbsteinschätzung der eigenen rundfunkrechtlichen Rechtsetzungskompetenz, deren Mut überaus eindrucksvoll ist.

---

88 BVerfG vom 28.2. 1961 (Deutschland-Fernsehen), BVerfGE 12, 205, 262; BVerfG vom 16.6. 1981 (FRAG), BVerfGE 57, 295, 320; BVerfG vom 5.2. 1991 (WDR), BVerfGE 83, 238, 315; BVerfG vom 6.10. 1992 (Hessen 3), BVerfGE 87, 181, 198f.

89 Zum öffentlichen Informationsinteresse in Bezug auf die Demokratie-, Wirtschafts- und Integrationsfunktion der Massenmedien siehe Rdnr. 950ff. Allgemein zu diesen Medienfunktionen siehe Rdnr. 35ff.

90 BVerfG vom 17.2. 1998 (Kurzberichterstattung), BVerfGE 97, 228, 257 zur Kurzberichterstattung über Fußballspiele.

91 BVerfG vom 28.1. 1961 (Deutschland-Fernsehen), BVerfGE 12, 205, 260.

92 BVerfG vom 4.11. 1986 (Niedersachsen), BVerfGE 73, 118, 158; BVerfG vom 22.2. 1994 (Rundfunkgebühr), BVerfGE 90, 60, 90 mwN.

93 BVerfG vom 24.3. 1987 (Baden-Württemberg), BVerfGE 74, 297, 327.

94 BVerfG vom 24.3. 1987 (Baden-Württemberg), BVerfGE 74, 297, 325f.

95 BVerfG vom 5.2. 1991 (WDR), BVerfGE 83, 238, 299.

96 BVerfG vom 24.3. 1987 (Baden-Württemberg), BVerfGE 74, 297, 326.

2. Strukturprinzipien

Rechtsprechung und Lehre haben mehrere Anforderungsgrundsätze entwickelt, die sich aus dem dienenden Charakter der Rundfunkfreiheit ergeben und die verfassungsrechtlichen Strukturprinzipien des öffentlich-rechtlichen Rundfunks bilden.[97] 234

Die Rundfunkanstalten müssen zunächst **staatsfern** sein. Für die Programmgestaltung bedeutet dies, dass es der Rundfunk selbst sein muss, der aufgrund seiner professionellen Maßstäbe bestimmt, was sein Auftrag in publizistischer Hinsicht verlangt.[98] Aus demselben Grund dürfen die Rundfunkanstalten höchstens einer beschränkten staatlichen Rechtsaufsicht unterliegen,[99] da eine staatliche Fachaufsicht den staatlichen Organen Möglichkeiten der mittelbaren Einflussnahme auf das Programm eröffnen würde. 235

Die Rundfunkanstalten sind für ihr Programm **zu Ausgewogenheit und Vielfalt verpflichtet.**[100] Das Verfassungsrecht verlangt, dass der Rundfunk weder dem Staat noch einzelnen gesellschaftlichen Gruppen ausgeliefert wird.[101] Die Anstalten sind Treuhänder der Allgemeinheit und daher **binnenpluralistisch zu organisieren** (zu Einzelheiten siehe Rdnr. 505ff.). Sie müssen dazu ein oder mehrere Organe haben, die aufgrund ihrer pluralistischen Zusammensetzung Gewähr dafür bieten, dass die gesellschaftlich relevanten Gruppen zu Wort kommen können. Die Zusammensetzung muss auf einer sachgerechten, der bestehenden Vielfalt prinzipiell Rechnung tragenden Bestimmung und Gewichtung der maßgeblichen gesellschaftlichen Kräfte beruhen.[102] Sie muss Staatsnähe und Nähe zu einer einzigen gesellschaftlichen, politischen oder sonstigen Gruppe vermeiden. Zugleich müssen solche Organe Kompetenzen haben, die einen effektiven Einfluss sicherstellen und so ein pluralistisches Rundfunkprogramm gewährleisten.[103] Als derartige Kompetenzen kommen direkte Einflüsse auf das Programm durch Programmrichtlinien, Programmberatung und Programmüberwachung sowie indirekte Einflüsse auf das Programm durch Personal- und Finanzentscheidungen in Betracht.[104] 236

---

97 Übersicht dazu bei *Bethge* in: Sachs, Art. 5 GG Rn. 101.

98 BVerfG vom 22.2. 1994 (Rundfunkgebühr), BVerfGE 90, 60, 87; BVerfG vom 17.2. 1998 (Kurzberichterstattung), BVerfGE 97, 228, 268 mwN.; *Herzog* in Maunz/Dürig, Art. 5 Abs. I, II GG Rdn. 213. Siehe Rdnr. 501ff.

99 BVerfG vom 28.2. 1961 (Deutschland-Fernsehen), BVerfGE 12, 205, 261. Siehe Rdnr. 1772ff.

100 BVerfG vom 28.2. 1961 (Deutschland-Fernsehen), BVerfGE 12, 205, 262f.; BVerfG vom 16.6. 1981 (FRAG), BVerfGE 57, 295, 320; BVerfG vom 5.2. 1991 (WDR), BVerfGE 83, 238, 315; BVerfG vom 6.10. 1992 (Hessen 3), BVerfGE 87, 181, 198f. Siehe Rdnr. 495, 497ff.

101 BVerfG vom 28.2. 1961 (Deutschland-Fernsehen), BVerfGE 12, 205, 262; BVerfG vom 5.2. 1991 (WDR), BVerfGE 83, 238, 296.

102 BVerfG vom 16.6. 1981 (FRAG), BVerfGE 57, 295, 325; eingehend BVerfG vom 5.2. 1991 (WDR), BVerfGE 83, 238, 334ff.

103 BVerfG vom 16.6. 1981 (FRAG), BVerfGE 57, 295, 325.

104 *Starck* in v. Mangoldt/Klein/Starck, Art. 5 GG Rdnr. 129; BK/*Degenhart*, Art. 5 Abs. 1 und 2 GG Rdnr. 776.

237 Die Postulate von Staatsferne und Programmausgewogenheit und -vielfalt haben bestimmte verfassungsrechtliche **Finanzierungsanforderungen** zur Folge. Sie setzen eine Finanzausstattung voraus, die den Rundfunk vor mittelbaren Einflussnahmen durch den Staat oder ökonomisch gewichtige private Institutionen sichert.[105] Die Rundfunkfreiheit gebietet daher eine vorrangige Eigenfinanzierung des öffentlich-rechtlichen Rundfunks durch Gebühren.[106]

238 Die Grundversorgung ist durch die öffentlich-rechtlichen Anstalten sicherzustellen. Der Staat trägt daher nach der Rechtsprechung des BVerfG für diese Anstalten eine **Bestands- und Entwicklungsgarantie**,[107] solange die privaten Veranstalter den verfassungsrechtlichen Rundfunkauftrag nicht in vollem Umfang erfüllen.[108] Diese Garantie sichert nicht die Existenz jeder einzelnen Rundfunkanstalt als solcher,[109] wohl aber die Grundversorgung durch die öffentlich-rechtlichen Sender insgesamt. Die verfassungsrechtliche Gewährleistung der Rundfunkfreiheit erstreckt sich daher auch auf die finanziellen Bedingungen, von denen es abhängt, ob der öffentlich-rechtliche Rundfunk den Aufgaben nachkommen kann, die ihm von Verfassungs wegen obliegen.[110] Sie erlaubt es den Sendern ebenso, weitere und neue Programme zu veranstalten, zum Beispiel Regional-, Lokal- oder Spartenprogramme.[111]

3. Parlamentsvorbehalt

239 Das Parlament muss **das zur Gewährleistung der Rundfunkfreiheit Wesentliche gesetzlich regeln** und so die Rundfunkfreiheit vor außerpublizistischen Interessen Dritter schützen. Die dafür notwendigen materiellen, organisatorischen und prozeduralen Regelungen muss der Gesetzgeber selbst treffen und darf sie nicht der Exekutive überlassen.[112] Wie diese rechtliche Ordnung des Rundfunks im Einzelnen ausgestaltet wird, ist grundsätzlich Sache der parlamentarischen Entscheidung. Die Verfassung gibt dem Gesetzgeber keine irgendwie gearteten Modelle für die Rundfunkordnung vor, wohl aber das Ziel, nämlich die Freiheitlichkeit des Rundfunkwesens.[113] Aus dieser verfassungsrechtlichen Verpflichtung zur „Gewährleistung freier und umfassender Berichterstattung“[114] können sich wiederum im Einzelnen zahlreiche Vorgaben und Beschränkungen für den Gesetzgeber ergeben.

---

105 Siehe allgemein Rdnr. 589, 591.
106 BVerfG vom 22.2. 1994 (Rundfunkgebühr), BVerfGE 90, 60, 91. Siehe Rdnr. 681.
107 BVerfG vom 5.2. 1991 (WDR), BVerfGE 83, 238, 298ff.
108 BVerfG vom 5.2. 1991 (WDR), BVerfGE 83, 238, 299.
109 BVerfG vom 5.10. 1993, BVerfGE 89, 144, 153 mwN.
110 BVerfG vom 24.3. 1987 (Baden-Württemberg), BVerfGE 74, 297, 324f., 342; BVerfG vom 5.2. 1991 (WDR), BVerfGE 83, 238, 310.
111 BVerfG vom 24.3. 1987 (Baden-Württemberg), BVerfGE 74, 297, 333ff., 344ff.
112 BVerfG vom 16.6. 1981 (FRAG), BVerfGE 57, 295, 321.
113 BVerfG vom 5.2. 1991 (WDR), BVerfGE 83, 238, 316.
114 BVerfG vom 16.6. 1981 (FRAG), BVerfGE 57, 295, 321f.; BVerfG vom 5.2. 1991 (WDR), BVerfGE 83, 238, 296.

Innerhalb dieser Grenzen stehen dem Gesetzgeber gewisse **medienpolitische Spielräume** offen. In den Augen des BVerfG verfügt die Legislative sogar über einen breiten Gestaltungsspielraum, in dem sie sowohl verschiedene Modelle einer Rundfunkordnung wählen und kombinieren als auch das gewählte Modell in unterschiedlicher Weise ausgestalten kann.[115] Insbesondere schreibt das Grundgesetz weder ein bestimmtes Rundfunkmodell vor, noch zwingt es zu konsistenter Verwirklichung des einmal gewählten Modells.[116] Die Ablösung des öffentlich-rechtlichen Monopolrundfunks durch die Zulassung auch privaten Rundfunks ist ein markantes Beispiel für eine derartige medienpolitische Entscheidung. Auch in Bezug auf den öffentlich-rechtlichen Rundfunk verbleiben dem Gesetzgeber gewisse Spielräume. So sind ihm nach einer Formulierung des BVerfG selbst programmleitende Entscheidungen verfassungsrechtlich nicht „durchweg versagt", so dass er „unterschiedliche Anforderungen an die Programme der Rundfunkveranstalter formulieren" kann.[117] Dass solche Gestaltungsspielräume gleichwohl ziemlich eng umgrenzt sind, zeigt sich am Beispiel der Finanzierung der öffentlich-rechtlichen Sender. Der Gesetzgeber kann den Anstalten eine reine Gebührenfinanzierung vorgeben oder zumindest eine Finanzierung durch Werbung untersagen,[118] stattdessen aber auch eine Mischfinanzierung aus Gebühren und Werbeeinnahmen erlauben.[119] Von Verfassungs wegen muss die Gebührenfinanzierung aber stets die vorrangige Einnahmequelle bleiben und gesetzliche Veränderungen der Finanzierungsmöglichkeiten dürfen die angemessene Finanzausstattung der Rundfunkanstalten nicht gefährden. 240

Dem Schutzbedürfnis des Rundfunks ist freilich durch die Einschaltung des Gesetzgebers nicht unbedingt bereits ausreichend Rechnung getragen. Der Gesetzgeber ist nämlich seinerseits eine Gefahrenquelle für die Rundfunkfreiheit, weil sowohl bei der Regierung als auch bei den im Parlament vertretenen Parteien eine Neigung zur Instrumentalisierung des Rundfunks bestehen kann. Dabei ist vor allem zu bedenken, dass die öffentliche Kontrolle von Parlament und Regierung wesentlich von der Freiheit der Medien abhängt. Der Gesetzgeber muss sich daher **auf die funktionssichernden gesetzlichen Programmvorgaben beschränken** und darf sich keinen darüber hinausreichenden Einfluss auf Inhalt und Form der Programme der Rundfunkveranstalter verschaffen.[120] 241

Die Pflicht zur Ausgestaltung befreit den Gesetzgeber nicht von seiner eigenen Bindung an Art. 5 Abs. 1 Satz 2 2. Alt GG. Sie ermächtigt ihn zu materiellen, organisatorischen und Verfahrensregeln, die an der Aufgabe der Rundfunkfreiheit orientiert sind und deshalb die Form von öffentlicher Information und Mei- 242

115 BVerfG vom 22.2. 1994 (Rundfunkgebühr), BVerfGE 90, 60, 94 mwN.
116 BVerfG vom 5.2. 1991 (WDR), BVerfGE 83, 238, 296.
117 BVerfG vom 22.2. 1994 (Rundfunkgebühr), BVerfGE 90, 60, 94 mwN.
118 BVerfG vom 24.3. 1987 (Baden-Württemberg), BVerfGE 74, 297, 341 ff.
119 BVerfG vom 5.2. 1991 (WDR), BVerfGE 83, 238, 310.
120 BVerfG vom 22.2. 1994 (Rundfunkgebühr), BVerfGE 90, 60, 89 f. mwN.

nungsbildung bewirken können, auf die Art. 5 Abs. 1 GG zielt.[121] Sie berechtigt allein **zur Sicherung der Rundfunkfreiheit, nicht aber zu Eingriffen** in das Grundrecht. Geht der Gesetzgeber über seine Aufgabe und Freiheit zur organisatorischen Gestaltung hinaus und greift er dabei in Rundfunkfreiheiten ein, so ist der Eingriff an den in Art. 5 Abs. 2 GG normierten Schranken zu messen.[122]

IV. Privater Rundfunk

1. Allgemeines

243 Der private Rundfunk ist ab Beginn der 80er Jahre von den Landesgesetzgebern mehr und mehr zugelassen bzw. ermöglicht worden. Die Entwicklung ist eine Folge technischer Neuerungen, aber auch aus einer gewissen Unzufriedenheit mit dem öffentlich-rechtlichen Rundfunk sowie aus parteipolitischen Motiven gespeist worden.[123] Ein verfassungsrechtlicher Privatisierungszwang besteht nicht.[124] Eine völlige Abschaffung bzw. ein Verbot des Privatfunks in Deutschland wäre jedoch sowohl völkerrechtlich als auch gemeinschaftsrechtlich bedenklich.[125]

244 Die rechtliche Beurteilung des privaten Rundfunks hat zu beachten, dass Privatsender Unternehmen sind und als solche gewinnorientiert arbeiten müssen. Sie können daher nicht nach Meinungsvielfalt als solcher streben und müssen ihr Angebot nicht primär an publizistischen, sondern an ökonomischen Kriterien ausrichten. Dies kann zur Folge haben, dass sie sich bewusst auf publizistische Teilbereiche oder reine Unterhaltung beschränken. Ein ganz entscheidender Faktor für die Ausrichtung privater Sender ist, ob sie sich durch Werbung finanzieren, also für ihre Nutzer scheinbar „kostenlos“ sind, oder durch Entgelte ihrer Zuschauer bzw. Hörer (siehe Rdnr. 593 ff.).

---

121 BVerfG vom 16.6. 1981 (FRAG), BVerfGE 57, 295, 320.

122 BVerfG vom 24.3. 1987 (Baden-Württemberg), BVerfGE 74, 297, 334 ff.; BVerfG vom 26.2. 1997 (Radio Dreyeckland), BVerfGE 95, 220, 235 ff. Zu Art. 5 Abs. 2 GG siehe Rdnr. 105 ff.

123 In den siebziger Jahren sind in der Einschätzung des früheren Bundespostministers *Schwarz-Schilling* von neun Chefredakteuren bei öffentlich-rechtlichen Sendern sieben bis acht „Linke“ gewesen. „Wir wussten, dass wir das Monopol der öffentlich-rechtlichen Nachrichtengebung nur durch Wettbewerb brechen konnten“, *Schwarz-Schilling*, zitiert nach DER SPIEGEL vom 19.4. 2003, S. 128. Allgemein zum Entstehen des privaten Rundfunks *Hesse*, Rundfunkrecht, 1. Kapitel Rz. 61 ff.

124 *Bethge* in: Sachs, Art. 5 GG Rdn. 110. Nach bayerischem Medienrecht darf Rundfunk nur in öffentlich-rechtlicher Trägerschaft veranstaltet werden. Träger der „privaten“ Sender ist die öffentlich-rechtliche BLM, der jedoch von den privaten Betreibern regelmäßig komplette Programme geliefert werden. Siehe BVerfG vom 20.2. 1998 (Extra Radio Hof), BVerfGE 97, 298, 310 ff.

125 Siehe allgemein *Bethge* in: Sachs, Art. 5 GG Rdn. 102a f. mwN., nach dessen Einschätzung jedenfalls das Gemeinschaftsrecht eine Abschaffung des Privatfunksystems ausschließt. Zu Art. 10 EMRK EuGHMR vom 24.11. 1993 (Informationsverein Lentia/Österreich), EuGRZ 1994, 549 ff., Rn. 27 ff.

Das Aufkommen des privaten Rundfunks machte es notwendig, die ursprünglich allein für die öffentlich-rechtlichen Anstalten entwickelten verfassungsrechtlichen Lehren um Maßstäbe für den privaten Rundfunk zu ergänzen. Das BVerfG geht davon aus, dass die **Rundfunkfreiheit das gesamte Rundfunksystem betrifft,**[126] auch wenn es dabei den öffentlich-rechtlichen und den privaten Sendern unterschiedliche Aufgaben zuspricht. Das Gericht hat dementsprechend Anforderungen für den privaten Rundfunk entwickelt, die von den Regeln abweichen, die für die öffentlich-rechtlichen Anstalten gelten. 245

Das erste Urteil des BVerfG zur Verfassungsmäßigkeit privaten Rundfunks ist die 246 **FRAG-Entscheidung**. Sie erklärte ein hessisches Gesetz zur Veranstaltung von Rundfunksendungen u.a. deshalb für verfassungswidrig, weil es keine ausreichenden Vorkehrungen dafür treffe, dass auch im privaten Rundfunk alle gesellschaftlich relevanten Kräfte zu Worte kommen könnten.[127] Das zweite grundlegende Urteil ist die **Niedersachsen-Entscheidung**. Sie hielt ein Landesrundfunkgesetz, das als eines der ersten einen Ordnungsrahmen für den Privatfunk geschaffen hatte, im Grundsatz für verfassungskonform, erklärte aber zahlreiche Einzelbestimmungen für verfassungswidrig.[128] Die **Baden-Württemberg-Entscheidung** schließlich sah ein Gesetz als verfassungswidrig an, dass einer öffentlich-rechtlichen Landesrundfunkanstalt die Veranstaltung regionaler und lokaler Rundfunkprogramme untersagte, um so den neu entstehenden privaten Rundfunksendern eine „Aufbauchance" für diesen Bereich zu geben. Dem Nebeneinander von öffentlich-rechtlichem und privatem Rundfunk liege u.a. der Gedanke zugrunde, dass der publizistische Wettbewerb zwischen beiden sich anregend und belebend auf das inländische Gesamtangebot auswirke und die Meinungsvielfalt auf diese Weise gestärkt werde. Verbote von öffentlich-rechtlichen Programmen bzw. von Beiträgen zur geistigen Auseinandersetzung hätten die Meinungsfreiheit noch niemals sichern, geschweige denn fördern können.[129]

2. Verfassungsrechtliche Anforderungen

Der private Rundfunk genießt von Verfassungs wegen in grundsätzlich gleicher 247 Weise wie der öffentlich-rechtliche Rundfunk und die übrigen Medien **Programmfreiheit**, die ihn vor staatlicher Lenkung und privater Indienstnahme sichert.[130] Das BVerfG behandelt im Übrigen aber auch den privaten Rundfunk anders als die Presse und überlässt auch ihn nicht dem freien Spiel der Kräfte. In den Augen der Richter kann für den privaten Rundfunk ebenfalls **nicht auf rechtliche Sicherungen verzichtet** und die Entwicklung im Wege der Deregu-

126 BVerfG vom 4.11. 1986 (Niedersachsen), BVerfGE 73, 118, 157.

127 BVerfG vom 16.6. 1981 (FRAG), BVerfGE 57, 295, 318ff.

128 BVerfG vom 4.11. 1986 (Niedersachsen), BVerfGE 73, 118, 152ff.; dazu *Seemann* DÖV 1987, 129ff.; *Stock* NJW 1987, 217ff.; *Bethge* ZUM 1987, 199ff.; *Fuhr* ZUM 1987, 145ff.; *Kull* AfP 1987, 365ff.; *Hoffmann* JA 1987, 573ff.; *Hufen* JuS 1988, 66ff.; *Schmitt Glaeser* DVBl 1987, 14ff.

129 BVerfG vom 24.3. 1987 (Baden-Württemberg), BVerfGE 74, 297, 332; dazu *Schmitt Glaeser* DÖV 1987, 837ff.; *Seemann* DÖV 1987, 844ff.; *Kull* AfP 1987, 568ff.; *Ory* ZUM 1987, 427ff.; *Bullinger* JZ 1987, 928ff.; *Püttner* VBlBW 1987, 461.

130 BVerfG vom 26.2. 1997 (Radio Dryeckland), BVerfGE 95, 220, 234 mwN.

lierung den Kräften des Marktes anvertraut werden.[131] Der Überlegung, dass private Medienunternehmen wegen der angestrebten Werbeeinnahmen auf möglichst hohe Hörer- oder Zuschauerzahlen angewiesen sind und deshalb von sich aus ein Programm bieten müssen, das nicht lediglich eine Gruppe berücksichtigt, misst das BVerfG keine Bedeutung zu.[132] Ebenso lehnt das Gericht die Überlegung ab, dass bereits durch die Existenz und binnenpluralistische Bindung der öffentlich-rechtlichen Sender eine hinreichende Meinungsvielfalt für den Bereich des Rundfunks gesichert sei. Die durch die öffentlich-rechtlichen Anstalten gewährleistete Vielfalt und die Möglichkeit von gesellschaftlichen Gruppen, zu Wort zu kommen, werde nämlich gestört, wenn nicht gar aufgehoben, wenn ein privater Rundfunk hinzutrete, dem die einseitige Berücksichtigung einzelner Meinungsrichtungen erlaubt sei.[133]

248 Nach dieser Philosophie kann auch die Veranstaltung privaten Rundfunks nur auf der Grundlage einer **gesetzlichen Regelung** zulässig sein.[134] Der Gesetzgeber muss, wenn er sich für eine duale Rundfunkordnung entscheidet, dafür sorgen, „dass die verfassungsrechtlichen Anforderungen gleichgewichtiger Vielfalt in der Berichterstattung im Ergebnis durch das Gesamtangebot aller Veranstalter erfüllt werden".[135] Es ist dem Gesetzgeber aber erlaubt, den Folgen für die Programmgestaltung Rechnung zu tragen, die sich aus der Werbefinanzierung des privaten Rundfunks ergeben und die keine gleiche Verpflichtung auf publizistische Vielfalt zulassen, wie sie den gebührenfinanzierten öffentlich-rechtlichen Anstalten möglich ist. Dieser Unterschied rechtfertigt es, **„an die Breite des Programmangebots und die Sicherung gleichgewichtiger Vielfalt nicht gleich hohe Anforderungen zu stellen wie im öffentlich-rechtlichen Rundfunk"**.[136] Zugleich wird die „Unvollkommenheit" privater Rundfunkveranstalter hingenommen, „solange und soweit" der öffentlich-rechtliche Rundfunk die notwendige Grundversorgung bietet.[137]

249 Das Betreiben eines privaten Senders ist aus diesen Gründen nicht in das unternehmerische Belieben gestellt, sondern an die Erfüllung bzw. Einhaltung der entsprechenden rundfunkrechtlichen Anforderungen gebunden. Der Gesetzgeber muss Regeln für die **Zulassung privater Rundfunkunternehmer** schaffen

---

131 BVerfG vom 16.6. 1981 (FRAG), BVerfGE 57, 295, 324; BVerfG vom 4.11. 1986 (Niedersachsen), BVerfGE 73, 118, 158.

132 BVerfG vom 16.6. 1981 (FRAG), BVerfGE 57, 295, 332.

133 BVerfG vom 16.6. 1981 (FRAG), BVerfGE 57, 295, 324; BVerfG vom 5.2. 1991 (WDR), BVerfGE 83, 238, 297.

134 BVerfG vom 16.6. 1981 (FRAG), BVerfGE 57, 295, 319; BVerfG vom 4.11. 1986 (Niedersachsen), BVerfGE 73, 118, 158f.

135 BVerfG vom 5.2. 1991 (WDR), BVerfGE 83, 238, 297.

136 BVerfG vom 4.11. 1986 (Niedersachsen), BVerfGE 73, 118, 158; BVerfG vom 24.3. 1987 (Baden-Württemberg), BVerfGE 74, 297, 325; BVerfG vom 5.2. 1991 (WDR), BVerfGE 83, 238, 297.

137 BVerfG vom 4.11. 1986 (Niedersachsen), BVerfGE 73, 118, Leitsatz 1a; BVerfG vom 5.2. 1991 (WDR), BVerfGE 83, 238, 316.

und die Voraussetzungen der Erteilung oder Versagung der Erlaubnis selbst bestimmen.[138] Er darf die Zulassung jedoch nicht von Anforderungen abhängig machen, die ein Veranstalten privater Rundfunkprogramme in hohem Maße erschweren oder gar praktisch ausschließen würden.[139] Der Gesetzgeber muss auch Regeln über die Auswahl der Bewerber erlassen, sofern die zur Verfügung stehenden Verbreitungsmöglichkeiten es nicht erlauben, allen Bewerbern die Zulassung zur Veranstaltung privater Rundfunksendungen zu erteilen.[140] Die Frage, wem eine der knappen Möglichkeiten zur Programmveranstaltung zugute kommen soll, darf nicht dem Zufall oder dem freien Spiel der Kräfte überlassen bleiben.

Ebenso gilt das Gebot der **Staatsferne** auch für den privaten Rundfunk. Der 250
Gesetzgeber darf daher beispielsweise staatlichen Genehmigungsbehörden für die Zulassung privater Rundfunkveranstalter keine Handlungs- oder Wertungsspielräume einräumen, die eine inhaltliche Bewertung des Programms notwendig machen oder deren Ausfüllung mittelbar Auswirkungen auf den Programminhalt hat. So sollen sachfremde Einflüsse ausgeschaltet werden, die bereits im Vorfeld der Zulassung als Druckmittel wirken und eine „Selbstzensur" der Antragsteller fördern könnten.[141]

Zu den erforderlichen gesetzlichen Regelungen des privaten Rundfunks ge- 251
hört außerdem die Normierung einer **begrenzten Staatsaufsicht**, die allein der Aufgabe zu dienen hat, die Einhaltung der zur Gewährleistung der Rundfunkfreiheit ergangenen Bestimmungen sicherzustellen.[142]

Die Ausgestaltung dieser Vorgaben durch den Gesetzgeber, d.h. die Anforde- 252
rungen an die Programmvielfalt des privaten Rundfunks insgesamt sowie an die Programmgestaltung und die Zulassung einzelner Rundfunkveranstalter, werden an späterer Stelle zusammen mit den Regelungen behandelt, die für die anderen Medien gelten (siehe Rdnr. 510ff.). Auf die Aufsicht über die privaten Rundfunkunternehmen wird ebenfalls an späterer Stelle eingegangen (siehe Rdnr. 1777ff.).

C. Rundfunkstaatsverträge und -gesetze

Zum gesetzlichen Rundfunkrecht zählt zunächst eine Fülle diverser **landes-** 253
rechtlicher Rundfunk- oder Mediengesetze,[143] die im Rahmen ihres Anwen-

---

138 BVerfG vom 16.6.1981 (FRAG), BVerfGE 57, 295, 326.
139 BVerfG vom 4.11.1986 (Niedersachsen), BVerfGE 73, 118, 157.
140 BVerfG vom 16.6.1981 (FRAG), BVerfGE 57, 295, 327.
141 BVerfG vom 4.11.1986 (Niedersachsen), BVerfGE 73, 118, 183; BVerfG vom 22.2. 1994 (Rundfunkgebühr), BVerfGE 90, 60, 89.
142 BVerfG vom 16.6.1981 (FRAG), BVerfGE 57, 295, 326.
143 Überblick zu den gesetzlichen Regelungen der einzelnen Bundesländer und den zwischen einzelnen Bundesländern geschlossenen Staatsverträgen bei Herrmann/*Lausen*, Rundfunkrecht, §3 Rn. 43ff. mwN.

dungsbereichs sowohl für den öffentlich-rechtlichen als auch für den privaten Rundfunk gelten. Sie werden ergänzt durch **Staatsverträge** zwischen den Bundesländern, die von den beteiligten Ländern jeweils noch in Landesrecht umzusetzen sind. Zahlreiche solcher Staatsverträge sind nur zwischen einzelnen Bundesländern geschlossen worden, können also auch nur für diese Länder Wirkung entfalten. Beispiele sind etwa der NDR-StV und der MDR-StV. Hinzu treten Staatsverträge, die zwischen allen Bundesländern geschlossen wurden. Sie schaffen mit Umsetzung in den Ländern ein bundeseinheitlich geltendes Landesrecht. Der wichtigste dieser Staatsverträge ist der **RStV** (Rundfunkstaatsvertrag), um den es im Weiteren geht. Er wird ergänzt durch weitere Staatsverträge u.a. über die Rundfunkgebühren[144] und die Rundfunkfinanzierung[145] sowie den ARD-StV[146] und den ZDF-StV.[147]

I. Rundfunkbegriff des RStV

254 Der gesetzliche Rundfunkbegriff **definiert den Anwendungsbereich des RStV.** Er legt fest, welche Medien nach den Normen des RStV zu beurteilen sind und zum Beispiel den zahlreichen Werbebeschränkungen unterliegen, die der RStV vorsieht und die für die Presse und die Telemedien eben nicht gelten.[148] Der gesetzliche Begriff folgt damit einer anderen Zweckbindung als sein verfassungsrechtliches Gegenstück und ist enger.[149] Nach **§2 Abs.1 Satz 1 RStV** ist Rundfunk „die für die Allgemeinheit bestimmte Veranstaltung und Verbreitung von Darbietungen aller Art in Wort, in Ton und in Bild und Benutzung elektromagnetischer Schwingungen ohne Verbindungsleitung oder längs oder mittels eines Leiters".

255 Der gesetzliche Rundfunkbegriff setzt also zunächst eine Informationsvermittlung im Wege der **Massenkommunikation** voraus,[150] d.h. eine Bestimmung „für die Allgemeinheit". Das Informationsangebot muss an einen unbestimmten oder jedenfalls für den Anbieter nicht mehr überschaubaren Empfängerkreis gerichtet sein,[151] setzt also ein „Rundum"-Funken voraus. Daran kann es etwa bei Ladenfunk fehlen, der allein von den Betreibern einzelner Lebensmittelgeschäfte empfangen werden kann und dort auf Monitoren wiedergegeben wird.[152]

---

144 RGebStV. Siehe Rdnr. 688ff.
145 RFinStV. Siehe Rdnr. 686.
146 *Fechner/Mayer* (Hrsg.), Vorschriftensammlung Medienrecht, Nr. 23.
147 *Fechner/Mayer* (Hrsg.), Vorschriftensammlung Medienrecht, Nr. 24.
148 §§7f., 15f., 44f. RStV.
149 *Starck* in v.Mangoldt/Klein/Starck, Art. 5 GG Rdnr. 96ff. mwN. Siehe auch BVerwG vom 21.9. 2005 (Ladenfunk), NJW 2006, 632, 633 und Rdnr. 61.
150 Zur Massenkommunikation allgemein und aus Sicht der Kommunikationswissenschaften siehe Rdnr. 898ff. Zur mediengesetzlich verlangten Abgrenzung zwischen Massen- und Individualkommunikation siehe Rdnr. 284f.
151 Hahn/Vesting/*Schulz*, §2 RStV Rn. 40.
152 So OVG NRW vom 13.9. 2004 (Ladenfunk), DÖV 2005, 298, 299.

Rundfunk liegt weiterhin nur bzw. erst mit **Verbreitung** vor, also mit dem Zeitpunkt, ab dem die Öffentlichkeit erreicht wird. Die bloße Übertragung von Inhalten an einen für den Absender überschaubaren Empfängerkreis, der dann wiederum selbst über die Veröffentlichung entscheidet, genügt nicht.[153] Die Vermittlung kann mit **Wort, Ton und Bild** unterschiedliche Kommunikationskanäle nutzen.[154] Eine irgendwie „dynamische" Informationsvermittlung in Gestalt etwa von bewegten Bildern, gesprochenen oder sich verändernden Texten ist nicht erforderlich,[155] doch wird ein solchermaßen „statisches" mediales Angebot typischerweise das Darbietungserfordernis nicht erfüllen. Rundfunk setzt schließlich eine **„elektronische" Übermittlung** voraus, die ihn von der Presse unterscheidet.

Das Erfordernis einer **Darbietung** ist das entscheidende Abgrenzungskriteri- 256
um des Rundfunks gegenüber den Mediendiensten. Sein Inhalt bestimmt sich funktional nach der Bedeutsamkeit des betreffenden Medienangebots für die öffentliche und individuelle Meinungsbildung. Daher ist beispielsweise reines Teleshopping, das weder eine meinungsbildende Funktion hat noch eine solche Zielrichtung verfolgt, als „Werbung ohne Programm"[156] bzw. eine Art audiovisueller Versandhauskatalog kein Rundfunk im Sinne des RStV.[157] Rundfunk ist dadurch gekennzeichnet, dass er aufgrund einer speziellen Programmgestaltung das Publikum in besonderer Weise an sich bindet[158] und aufgrund von Aktualität, Suggestivkraft und Breitenwirkung eine erhöhte „Meinungsrelevanz" hat.[159] Dies unterscheidet den Rundfunk von den Telemedien und die Anwendungsbereiche von RStV und MDStV. Rundfunk und „Breitenwirkung" setzen nicht allein das Erreichen einer großen Zahl von Nutzern voraus. Sie verlangen insbesondere auch, dass die Nutzer gleichzeitig mit einem identischen Inhalt informiert werden, so dass auf diese Weise zum Beispiel eine allgemeine Informationsbasis für die öffentliche Meinungsbildung und gemeinsame Themen geschaffen werden, die als „sozialer Kitt" zur gesellschaftlichen Integration beitragen.[160] Den Telemedien und namentlich dem Internet fehlen diese Funktionen typischerweise. Ihre Eigenheit und Stärke liegen nicht in dem Schaffen einer Gemeinsamkeit für viele, sondern gerade in der unbegrenzten Individualisierbarkeit, die jeden Nutzer mit anderen Informationen versorgt (siehe Rdnr. 276f.).

---

153 Hahn/Vesting/*Schulz*, §2 RStV Rn. 43 mwN.
154 Zu den Kommunikationskanälen siehe Rdnr. 902ff.
155 VG des Saarlandes vom 31.3. 1995 (Monitor Journal), AfP 1995, 619, 620f.
156 *Degenhart* ZUM 1995, 353, 356.
157 Hahn/Vesting/*Ladeur*, §45 RStV Rn. 2.
158 *Bullinger* AfP 1996, 1, 7f.
159 BVerfG vom 22.2. 1994 (Rundfunkgebühr), BVerfGE 90, 60, 90; eingehend Hahn/Vesting/*Schulz*, §2 RStV Rn. 46ff. mwN.
160 Zur Integrationsfunktion der Medien siehe Rdnr. 40ff.

II. Regelungen des RStV im Überblick

257 Der RStV teilt sich in fünf Regelungsabschnitte auf. Er beginnt mit allgemeinen Vorschriften, die für den öffentlich-rechtlichen und den privaten Rundfunk gelten. Dabei werden – in Anlehnung an die Regelungstechnik der europäischen Richtlinien – zunächst zahlreiche Begriffsbestimmungen normiert,[161] etwa die eben behandelte Definition des Rundfunks. Die meisten weiteren Vorschriften haben einen – im Einzelnen sehr unterschiedlichen – Programmbezug[162] und regeln insbesondere allgemeine Programmgrundsätze,[163] die Kurzberichterstattung[164] und die Übertragung von Großereignissen,[165] Fragen im Zusammenhang mit Werbung[166] und Sponsoring[167] sowie allgemeine journalistische Grundsätze für Berichterstattungen und Informationssendungen.[168]

258 Der zweite Abschnitt enthält Vorschriften für den öffentlich-rechtlichen Rundfunk, insbesondere über den Auftrag der Anstalten,[169] die Finanzierung,[170] Werbung[171] und Teleshopping.[172] Der dritte Abschnitt über den privaten Rundfunk regelt u.a. die Zulassung und das Zulassungsverfahren,[173] Maßnahmen zur Sicherung der Meinungsvielfalt,[174] die Aufsicht,[175] Programmgrundsätze[176] und die Sendezeit für Dritte[177] sowie ebenfalls Fragen im Zusammenhang mit der Finanzierung, Werbung und Teleshopping.[178] Schließlich folgen der Abschnitt zu den Übertragungskapazitäten[179] sowie die Übergangs- und Schlussvorschriften.[180]

D. Kabelnetze und Sendefrequenzen (Überblick)

259 Rundfunk und Telemedien sind zwingend auf bestimmte „elektronische" Erfordernisse angewiesen bzw. auf die Nutzung von Kabelnetzen oder Sendefre-

161 § 2 RStV.
162 § 4 (unzulässige Sendungen, Jugendschutz), § 6 RStV (europäische Produktionen, Eigen-, Auftrags- und Gemeinschaftsproduktionen).
163 § 3 RStV. Siehe Rdnr. 518.
164 § 5 RStV. Siehe Rdnr. 1412 ff.
165 § 5a RStV (= § 4 RStV-E). Siehe Rdnr. 1422 ff.
166 § 7 RStV. Siehe insbesondere Rdnr. 644 ff.
167 § 8 RStV. Siehe Rdnr. 662 ff.
168 § 10 RStV. Siehe Rdnr. 1187 ff.
169 § 11 RStV. Siehe Rdnr. 497 ff.
170 §§ 12–14 RStV. Siehe Rdnr. 681 ff.
171 §§ 15 ff. RStV. Siehe Rdnr. 667 ff.
172 § 18 RStV. Siehe Rdnr. 698 f.
173 §§ 20 ff. RStV. Siehe Rdnr. 523 ff.
174 §§ 25 ff. RStV. Siehe Rdnr. 516, 519, 528 ff.
175 §§ 35 ff. RStV. Siehe Rdnr. 1782 ff.
176 § 41 RStV. Siehe Rdnr. 518.
177 § 42 RStV. Siehe Rdnr. 583 ff.
178 §§ 43 ff. RStV.
179 §§ 50 ff. RStV.
180 §§ 54 f. RStV.

quenzen. Der wichtigste „Transportweg“ für Fernseh- und Hörfunkprogramme ist das Breitbandkabelnetz. Im Jahr 2000 waren bundesweit mehr als die Hälfte aller deutschen TV-Haushalte an das Kabelnetz angeschlossen, etwa ein Drittel nutzte den Satellitenempfang und ein Zehntel den terrestrischen Antennenempfang.[181] Der Zugang der Medienunternehmen zu entsprechenden Übertragungskapazitäten oder Kabelnetzen beurteilt sich nach verschiedenen Normen. Die Materie ist juristisch durchweg zersplittert[182] und wird hier nicht im Einzelnen dargestellt. Sie ist sowohl von rapiden technischen und rechtlichen Entwicklungen als auch von der stetig zunehmenden Konvergenz der Medien überlagert, für die das geltende Recht und der Gesetzgeber homogene und einheitliche Regelungsstrukturen erst noch finden müssen.

Soweit die für Rundfunk zur Verfügung stehenden Übertragungskapazitäten 260
nicht ausreichen, sind bei ihrer Vergabe die einschlägigen **verfassungsrechtlichen Vielfaltsanforderungen** zu beachten. Sie gebieten, dass die Vergabe von Übertragungskapazitäten nicht dem Zufall oder dem freien Spiel der Kräfte überlassen bleiben darf. Der Gesetzgeber ist von Verfassungs wegen verpflichtet, die Auswahlentscheidung durch strikte Vorgaben zu strukturieren.[183] Er muss Auswahlregeln und -grundsätze normieren und in diesem Zusammenhang objektiv sachgerechte und individuell zumutbare Kriterien bestimmen, um Meinungsvielfalt sicherzustellen.[184]

Auf gesetzlicher Ebene beurteilen sich die Nutzung und Verteilung von 261
Übertragungskapazitäten zum einen nach speziellen **medienrechtlichen** Vorschriften, nämlich nach Normen des RStV und der einschlägigen Landesgesetze, die inhaltlich zum Teil voneinander abweichen. Für den Zugang speziell zu Breitbandkabelnetzen können zum anderen **telekommunikationsrechtliche** Bestimmungen zu beachten sein.[185] Sie sehen für Anbieter mit marktbeherrschenden Stellungen eine spezielle Missbrauchsaufsicht,[186] eine Verpflichtung zur Gewährung des Netzzugangs[187] sowie entsprechende Entgeltregelungen[188] vor und räumen ggf. auch zivilrechtliche Ansprüche auf Schadensersatz und Unterlassung ein.[189]

---

181 Genaue Zahlen bei Hahn/Vesting/*Wille/Schulz/Fach-Petersen*, §52 RStV Rn. 3.

182 Eingehend *Zagouras*, Konvergenz und Kartellrecht – Die Regulierung des Wettbewerbs im Bereich der Medien und Kommunikationsplattformen nach GWB, TKG und RStV sowie Optionen für eine Umstrukturierung, 2002.

183 BVerfG vom 16.6.1981 (FRAG), BVerfGE 57, 295, 327; BVerfG vom 4.11.1986 (Niedersachsen), BVerfGE 73, 118, 183ff.; BVerfG vom 5.2.1991 (WDR), BVerfGE 83, 238, 315ff., 322ff.

184 BVerfG vom 16.6.1981 (FRAG), BVerfGE 57, 295, 327.

185 Zu den Einzelheiten *Gersdorf*, Grundzüge des Rundfunkrechts, Rn. 446ff.

186 §33 TKG.

187 §35 TKG; dazu BGH vom 10.12.2004 (Verbindung von Telefonnetzen), WuW 2004, 638ff. = WuW/E DE-R 1254ff.

188 §§24ff., 39 TKG.

189 §40 TKG.

I. Breitbandkabelnetze

262 Die rechtlichen Anforderungen, nach denen Kapazitäten von Breitbandkabelnetzen vergeben werden, sind derzeit im Fluss. Sie werden im Ausgangspunkt dadurch überlagert, dass Breitbandkabelnetze ursprünglich Eigentum des Staates bzw. der Deutschen Bundespost waren und dann in private Trägerschaften überführt wurden. Dieser Wandel ist noch nicht abgeschlossen. Er hat zahlreiche Rechtsfragen[190] aufgeworfen. Derzeit erfolgt die Vergabe vielfach hoheitlich durch die Landesmedienanstalten. Sie liegt insoweit nicht in der freien Entscheidung des Netzeigentümers, der bestimmte Fremdnutzungen ggf. schlicht zu akzeptieren hat („**must carry**"). Lediglich kleine Kabelnetze mit bis zu 100 angeschlossenen Haushalten sind vom hoheitlichen Belegungsregime durchweg befreit. Hier sind hoheitliche Vorgaben zur Sicherung der Meinungsvielfalt nicht erforderlich. Man kann davon ausgehen, dass bei derart kleinen Anlagen die Zuschauer selbst ausreichend über die übertragenen Angebote bestimmen können.[191] Im Übrigen sind für den Zugang zu Breitbandkabelnetzen zahlreiche Einzelaspekte zu beachten, insbesondere ist zwischen den einzelnen Medien, zwischen analog und digital arbeitenden Netzen und zwischen Regeln des RStV und landesrechtlichen Bestimmungen zu trennen. Für das Fernsehen enthält § 52 RStV einzelne bundeseinheitlich geltende Bestimmungen.

263 Die Vergabe von **analogen Übertragungskapazitäten** ist besonders komplex. Hier wird eine höhere als die vorhandene Kapazität nachgefragt. Soweit Rundfunkübertragungskapazitäten infrage stehen, sind besondere, sich aus der Rundfunkfreiheit ergebende verfassungsrechtliche Anforderungen zu beachten. Die einschlägigen landesrechtlichen Vorschriften über die Vergabe von Rundfunkübertragungskapazitäten sind im Einzelnen unterschiedlichen Inhalts, lassen sich aber im Kern auf zwei Grundmodelle zurückführen. Manche Landesgesetze stellen selbst eine konkrete Rangfolge nach Gruppen auf, innerhalb derer die Landesmedienanstalt auszuwählen hat (Vorrangmodell). Andere regeln lediglich die Einspeisung von Programmen, die als besonders relevant eingestuft werden, und überlassen die Verteilung der übrigen Kapazitäten der Auswahl der Landesmedienanstalt (Auswahlmodell).[192] Soweit die Landesmedienanstalten entsprechende Belegungsentscheidungen zu treffen haben, steht ihnen ein Beurteilungsspielraum zu. Zur Ausfüllung dieses Spielraums müssen die Landesmedienanstalten Leitlinien und Abwägungsgrundsätze entwickeln, die eine sachgerechte Einordnung der betroffenen Programme gewährleisten.[193] Die konkrete Auswahlentscheidung der Landesmedienanstalten kann gerichtlich nur eingeschränkt überprüft werden.[194] Dementsprechend steht dem einzelnen Rundfunkveranstalter kein Anspruch auf Berücksichtigung, sondern lediglich ein Recht auf eine ermessensfehlerfreie Auswahlentscheidung zu.

---

190 Überblick dazu bei *Schütz*, Kommunikationsrecht, Rn. 440ff.

191 *Schütz*, Kommunikationsrecht, Rn. 444ff. mwN. und Beispielen.

192 *Schütz*, Kommunikationsrecht, Rn. 446ff. mwN; *Gersdorf*, Grundzüge des Rundfunkrechts, Rn. 472ff. mwN., der noch ein weiteres Modell vorstellt.

193 Dazu und zu möglichen Auswahlkriterien *Schütz*, Kommunikationsrecht, Rn. 454f. mwN.

194 Z.B. OVG Lüneburg vom 18.4. 1996, AfP 1997, 572, 575.

Der Gesetzgeber hat bei der Auswahl der Einzelkriterien, die Meinungsvielfalt gewährleisten sollen, einen weiten Gestaltungsspielraum. Dabei ist es ihm beispielsweise erlaubt und auch gemeinschaftsrechtlich unproblematisch, den Regionalbezug und die Deutschsprachigkeit von Rundfunkprogrammen als Kriterium für die Rangfolge anzusehen.[195] Das Landesrecht muss aber die zeitgleiche und unveränderte Weiterverbreitung von **bundesweit empfangbaren Fernsehprogrammen** im Rahmen der vorhandenen technischen Möglichkeiten gestatten.[196] Für die Berücksichtigung von **Mediendiensten** sehen die meisten Landesrechte bislang keine speziellen Regelungen vor.[197] 264

Die Verteilung von **digitalen Übertragungskapazitäten** bestimmt sich in Bezug auf den Hörfunk grundsätzlich nach denselben landesrechtlichen Regeln wie in Bezug auf analoge Netze.[198] Anders liegt es dagegen für digitalisierte Kabelanlagen, über die **Fernsehprogramme** oder **Mediendienste** verbreitet werden. Für sie gilt ein bundesweit einheitliches Recht, nämlich die §52 Abs.3–5 RStV. Danach muss der Betreiber eines solchen Netzes u.a. Übertragungskapazitäten für bestimmte Fernsehprogramme zur Verfügung stellen sowie seine Entgelte und Tarife offenlegen und in bestimmter Weise gestalten.[199] Im Rahmen der verbleibenden Kapazität hat der Netzbetreiber über die Belegung mit Fernsehprogrammen und Mediendiensten zu entscheiden, unterliegt bei der Auswahl aber z.T. bestimmten Vielfaltsanforderungen.[200] 265

II. Satelliten- und terrestrische Sendekapazitäten

Der **Zugang zu Satelliten** bestimmt sich nach dem Recht des Staates, dessen Hoheitsgewalt der betreffende Satellit unterliegt. Derzeit werden die meisten in Deutschland genutzten Satellitensendungen über den ASTRA-Satelliten abgestrahlt. Er unterliegt luxemburgischem Recht, eine besondere medienrechtliche Zugangsregulierung besteht nicht.[201] Soweit eine Satellitennutzung in den Anwendungsbereich des deutschen Rechts fällt, steht die Entscheidung über die Nutzung den Bundesländern gemeinsam zu. Weitere Einzelheiten bestimmen sich nach §51 RStV sowie für bestimmte Altfälle nach vorrangigen früheren Satellitenstaatsverträgen.[202] Reichen die zu vergebenden Kanäle für den angemeldeten Bedarf nicht aus und können sich die Beteiligten nicht über die Verteilung verständigen, so entscheiden die Ministerpräsidenten. Kriterien für die Vergabe sind in einem solchen Fall u.a. die Sicherung der Grundversorgung, eine gleichgewichtige Berücksichtigung des privaten Rundfunks, die Teilhabe des öffentlich-rechtlichen Rundfunks an allen neuen Techniken und Programmformen und die Vielfalt des Programmangebots.[203] Maßgeblich sind dabei ausschließlich die vom deutschen Recht erfassten Satellitenkanäle. Weder der öffentlich-rechtliche noch der private Rundfunk 266

195 *Dörr/Charissé* AfP 1999, 18ff. mwN.
196 §52 Abs.1 Satz 1 RStV.
197 *Schütz*, Kommunikationsrecht, Rn.457.
198 Hahn/Vesting/*Wille/Schulz/Fach-Petersen*, §52 RStV Rn.121 mwN.
199 §52 Abs.3 RStV; dazu *Gersdorf*, Grundzüge des Rundfunkrechts, Rn.479ff. mwN.
200 §52 Abs.4 RStV; *Schütz*, Kommunikationsrecht, Rn.473; *Gersdorf*, Grundzüge des Rundfunkrechts, Rn.482f. mwN.
201 *Schütz*, Kommunikationsrecht, Rn.428.
202 *Schütz*, Kommunikationsrecht, Rn.429ff. mwN.
203 §51 Abs.3 lit. d RStV.

kann darauf verwiesen werden, dass ihr Bedarf bereits durch die Nutzung von Kapazitäten des ASTRA-Satellitensystems gedeckt werde.[204]

267 Die Vergabe **terrestrischer Sendekapazitäten** ist ebenfalls grundsätzlich Sache der Länder[205] und dementsprechend landesrechtlich geregelt.[206] Mehrere Landesmediengesetze sehen vor, dass terrestrische Übertragungskapazitäten lediglich Rundfunkveranstaltern zugewiesen werden dürfen und schließen Mediendienste von diesem Übertragungsweg aus.[207]

204 Hahn/Vesting/*Binder*, §51 RStV Rn. 40.

205 §50 RStV.

206 Dazu *Schütz*, Kommunikationsrecht, Rn. 432ff.; eingehend Hahn/Vesting/*Binder*, §50 RStV Rn. 50ff. mwN.

207 Näher *Schütz*, Kommunikationsrecht, Rn. 438 mwN.

§ 5: Telemedien / Neue Medien

Ausgewählte Literatur

Bullinger, Ordnung oder Freiheit für Multimediadienste, JZ 1996, 385ff.; *Géczy-Sparwasser*, Die Gesetzgebungsgeschichte des Internet, 2003; *Gounalakis*, Der Mediendienste-Staatsvertrag der Länder, NJW 1997, 2993ff.; *Grzeszick*, Neue Medienfreiheit zwischen staatlicher und gesellschaftlicher Ordnung. Das Beispiel des Internets, AöR 123 (1998), 173ff.; *Helle*, Begrenzung der Gegendarstellung im MDStV, CR 1998, 672ff.; *Hochstein*, Teledienste, Mediendienste und Rundfunkbegriff, NJW 1997, 2977ff.; *Knothe*, Neues Recht für Multi-Media-Dienste, AfP 1997, 494ff.; *Kreile*, Stichwort „Telemedien" in: Schiwy/Schütz/Dörr, Medienrecht, S.516ff.; *Kröger/Moos*, Mediendienst oder Teledienst?, AfP 1997, 675ff.; *Kuch*, Der Staatsvertrag über Mediendienste, ZUM 1997, 225ff.; *Ory*, Impressum und Gegendarstellung in Mediendiensten, AfP 1998, 465ff.; *Ring*, Rundfunk und Internet, ZUM 1998, 358ff.; *Scherer*, „Online" zwischen Telekommunikation und Medienrecht, AfP 1996, 213ff.; *Schoch*, Öffentlich-rechtliche Rahmenbedingungen einer Informationsordnung, VVDStRL 57 (1998), 158ff.; *Schulz*, Jenseits der „Meinungsrelevanz" – Verfassungsrechtliche Überlegungen zu Ausgestaltung und Gesetzgebungskompetenzen bei neuen Kommunikationsformen, ZUM 1996, 487ff.; *Seitz*, ePaper-Ausgaben von Zeitungen und Zeitschriften – äußerungsrechtlich im Niemandsland?, FS Damm 2005, S.287ff.; *Stickelbrock*, „Impressumspflicht im Internet" – eine kritische Analyse der neueren Rspr. zur Anbieterkennzeichnung nach §6 TDG, GRUR 2004, 111ff.; *Trute*, Öffentlich-rechtliche Rahmenbedingungen einer Informationsordnung, VVDStRL 57 (1998), 216ff.; *Waldenberger/Hoß*, Das Recht der „elektronischen Presse", AfP 2000, 237ff.; *Weiner/Schmelz*, Die elektronische Presse und andere neue Kommunikationsformen im neuen rechtlichen Regulierungsrahmen, K&R 2006, 453ff. Siehe auch Schrifttumsangaben bei Rdnr. 199. 268

A. Allgemeines

Bislang wurde im Medienrecht häufig der Terminus „Neue Medien" verwendet. 269
Sein Inhalt ist durchaus unklar. Es handelte sich weder um einen inhaltlich fest definierten Ausdruck noch um einen Rechtsbegriff. Die Bezeichnung ist zum Teil mit dem Entstehen des privaten Rundfunks aufgekommen, der manchmal auch noch im heutigen Sprachgebrauch als neues Medium bezeichnet wird. Dieses Buch verwendet die Bezeichnung **„Telemedien"**. Damit sind **„elektronische" Informationsangebote gemeint, die kein öffentlich-rechtlicher oder privater Rundfunk sind bzw. einem anderen Regelungsgefüge als der Rundfunk unterliegen**. Die neue Mediengesetzgebung tendiert dazu, die Neuen Medien als „Telemedien" zu bezeichnen. Der JMStV von 2003 benutzt diesen Ter-

minus bereits.[1] Ebenso ist geplant, die rechtliche Behandlung der Neuen Medien bzw. der „Telemedien" in einem neuen Gesetz (TMG) und in einem eigenen Abschnitt im RStV zu regeln. Es ist daher wahrscheinlich, dass sich diese Bezeichnung in Zukunft auch als rechtlicher Begriff durchsetzt.

270 Inhaltlich erfasst die Kategorie unterschiedliche mediale Angebote. Im Vordergrund steht vor allem das Internet. Die Telemedien sind aber nicht zwingend mit dem Internet gleichzusetzen. Wenn etwa eine Rundfunksendung über das Internet übertragen wird, so handelt es sich nach wie vor um Rundfunk. Zugleich beschränken sich die Telemedien nicht auf den Bereich des Internet. So sind etwa der Fernseh- bzw. „Videotext"[2] und das Teleshopping kein Rundfunk, sondern Mediendienste im Sinne des MDStV und zu den Telemedien zu zählen.

271 Die **Entstehung des Internet**[3] hängt eng mit der Advanced Research Projects Agency (ARPA) zusammen. Das ist eine dem amerikanischen Verteidigungsministerium unterstellte staatliche Institution, deren Aufgabe die militärnahe Grundlagenforschung ist. Sie wurde 1958 gegründet, nachdem der erfolgreiche Start des sowjetischen Satelliten Sputnik I in den USA die Furcht einer wissenschaftlichen Unterlegenheit aufkommen ließ. Eine Abteilung der ARPA konzentrierte sich auf den Computerbereich, um die Möglichkeiten der Analyse von großen Informations- und Datenmengen zu verbessern. Sie sah ihr Hauptanliegen alsbald darin, die Kooperation oder Interaktion zwischen Mensch und Computer zu verbessern. Man war der Überzeugung, dass Computer zu Anderem und „Höherem" eingesetzt werden könnten als zur bloßen Wiedergabe von Zahlen. 1966 begannen dabei Arbeiten zur Entwicklung eines Computernetzwerks, um einen besseren Austausch mit den beteiligten Universitäten zu ermöglichen und ein Medium zur Schaffung von „metacommunities" zu entwickeln. Daraus entstand das „ARPANET", das keine vom Militär oder von anderen staatlichen Stellen vorgegebene Auftragsarbeit war und dessen technische Entwicklung durch weitere Forschungsinstitute in Großbritannien und den USA beeinflusst wurde. Das ARPANET blieb zunächst nur einem bestimmten Kreis von Nutzern zugänglich, nämlich den Vertragspartnern der ARPA. Nach einer ersten öffentlichen Vorführung des ARPANET 1972 setzte man sich zum Ziel, ein weltweit kompatibles „Super-Netzwerk" zu schaffen. Nach einigen Jahren der Testphase wurde das gesamte ARPANET 1983 auf den technischen Übertragungsmodus TCP/IP (= Transmission Control Protocol/Internet Protocol) umgestellt. Im Anschluss daran trug vor allem das Netzwerk der National Science Foundation (NSFNET), das sich ebenfalls für den neuen Übertragungsmodus entschieden hatte, wesentlich zur Verbreitung der neuen Technologie bei. Hatte die „Vernetzung" zunächst hauptsächlich Universitäten in den USA und internationale Forschungseinrichtungen erfasst, so setzte nunmehr ein explosionsartiges Wachstum ein. 1990 stellte das ARPANET seinen Betrieb gänzlich ein und der gesamte Datenverkehr lief über das NSFNET. Dieses Datennetz wurde im Weiteren auch für private und kommerzielle Anwendungen geöffnet.[4]

---

1 §§2 Abs. 1, 3 Abs. 2 Nr. 1 JMStV.
2 §2 Abs. 2 Nr. 3 MDStV.
3 Eingehend *Géczy-Sparwasser*, Die Gesetzgebungsgeschichte des Internet, 2003, S. 32ff.
4 Zu den zahlreichen Details *Géczy-Sparwasser*, Die Gesetzgebungsgeschichte des Internet, 2003, S. 66ff. mwN.

Aus ihm entstand schließlich das World Wide Web, das wir heute als Internet bezeichnen.

B. Grundrechtlicher Schutz

Das Grundgesetz ist zeitlich vor dem Entstehen der Telemedien und namentlich 272
des Internet in Kraft getreten. Es enthält daher keine spezielle Regelung dieser Medien, so wie es für die Presse und den Rundfunk der Fall ist. Die Telemedien sind nach derzeitigem Verständnis vielmehr in die etablierte Struktur von Art. 5 Abs. 1 GG einzuordnen.[5]

I. Meinungsfreiheit

Im Ausgangspunkt ist zunächst festzuhalten, dass jemand, der beispielsweise 273
eine Internetseite betreibt, sich für die darauf gemachten Mitteilungen auf die allgemeine Meinungsfreiheit und Art. 5 Abs. 1 Satz 1 1. Alt GG berufen kann. Die Meinungsfreiheit erfasst alle Äußerungen mit meinungsbildendem Inhalt und neben der Äußerung in Wort, Schrift und Bild auch andere Ausdrucksformen.[6] Dementsprechend genießen beispielsweise Äußerungen, die auf einer Internetseite gemacht werden, grundrechtlichen Schutz.

II. Abgrenzungs- und Einordnungsfragen

Eine weitere grundrechtliche Beurteilung der Telemedien hat zunächst zu ent- 274
scheiden, ob sie einer der in Art. 5 Abs. 1 Satz 2 GG ausdrücklich aufgeführten Kategorien zugeordnet werden und dementsprechend als Presse, Rundfunk oder Film zu behandeln sind. Das BVerfG hat dazu noch nicht definitiv Stellung bezogen. Im Schrifttum finden sich vor allem zwei Ansätze.[7] Der erste ordnet die Telemedien als Rundfunk ein,[8] sieht sie aber zugleich als Sonderkategorie, die den speziellen, für den Rundfunk entwickelten Besonderheiten[9] möglicherweise nur eingeschränkt oder überhaupt nicht unterliegt. Namentlich aufseiten der öffentlich-rechtlichen Rundfunkanstalten wird die Zuordnung des Internet

---

5 *Bethge* in: Sachs, Art. 5 GG Rdn. 118.

6 Siehe Rdnr. 93. Zu den diversen „Kanälen" menschlicher Kommunikation siehe Rdnr. 902ff.

7 Überblicke dazu bei *Starck* in v. Mangoldt/Klein/Starck, Art. 5 GG Rdnr. 100 mwN.; BK/*Degenhart*, Art. 5 Abs. 1 und 2 GG Rdnr. 668f. mwN.

8 *Schoch* VVDStRL 57 (1998), 158, 197; *Bethge* in: Sachs, Art. 5 GG Rdn. 90b; *Schulze-Fielitz* in: Dreier, Art. 5 I, II GG Rn. 100f. mwN.

9 Ausgestaltungsauftrag des Gesetzgebers, Verpflichtung zur Meinungsvielfalt bzw. zu Binnenpluralismus und Ausgewogenheit etc. Siehe Rdnr. 226ff., 243ff.

zum Rundfunk propagiert,[10] um „Geländegewinn" zu erzielen.[11] Der zweite Ansatz[12] scheut vor einer Einordnung als Rundfunk, u.U. aber auch vor der als Presse oder Film zurück. Er befürwortet mehr oder weniger einen grundrechtlichen Schutz sui generis, über dessen Zuschnitt naturgemäß keine Einigkeit herrscht. Der Streit wird wegen seiner starken grundrechtsdogmatischen Bezüge hier nicht geführt, doch sollen mögliche Beurteilungskriterien vorgestellt und skizziert werden. Sie sprechen für eine grundrechtliche Sonderkategorie.

275 Geht man von den **begrifflich/technisch orientierten klassischen Definitionen** aus, so erscheint die Einordnung als Rundfunk fast als zwingend. Informationsangebote der Telemedien werden weitgehend in derselben „elektronischen" Weise übermittelt, derer sich auch der klassische Rundfunk bedient (zum Rundfunkbegriff siehe Rdnr. 218 ff.). Es gibt daher zahlreiche Stimmen, die eine Einbeziehung der Telemedien in den verfassungsrechtlichen Rundfunkbegriff befürworten. Nach denselben Kriterien sind die Telemedien verfassungsrechtlich grundsätzlich nicht als Presse anzusehen. Da sie ihre Informationen „elektronisch" bzw. „körperlos" transportieren, fehlt es an der erforderlichen Verkörperung bzw. der Eigenschaft als „Druckwerk" (zum Pressebegriff siehe Rdnr. 140 f.). Eine Qualifizierung als „Film" scheidet schließlich ebenfalls aus. Art. 5 Abs. 1 Satz 2 3.Alt GG setzt die Verwendung eines chemisch-optischen oder digitalen Bild- und Tonträgers voraus, der durch Vorführung in Filmtheatern u.ä. verwendet wird.[13]

276 Das Einordnungsergebnis wird jedoch brüchig, wenn man es an weiteren Anforderungen misst. Sie zeigen Unterschiede zwischen Rundfunk und Telemedien, die Abweichungen in der verfassungsrechtlichen Beurteilung tragen oder möglicherweise sogar erfordern könnten. Ein erster zentraler Unterschied zwischen dem Rundfunk und den Telemedien besteht im Hinblick auf die **Integrationsfunktion** der Massenmedien. Das Fernsehen ist in der Lage, mit einzelnen Sendungen gleichzeitig große Zuschauergruppen zu erreichen, dadurch sozialen Kitt in Gestalt gemeinsamer Gesprächsinhalte zu vermitteln und auf diese Weise gesellschaftliche Gruppen zu einen.[14] Die „Tagesschau", Übertragungen von Fußballnationalmannschaftsspielen oder diverse Soap Operas im Vorabendprogramm sind nach wie vor feste Positionen im Tagesablauf vieler Menschen. Der Rundfunk hat wegen dieser Form der Breitenwirkung auch eine nach traditionellem Verständnis höhere, vor allem aber eine **andere Bedeutung für die öffentliche Meinungsbildung** als die übrigen Medien und gerade aus dieser Be-

---

10 *Michel* ZUM 1998, 350 ff.

11 So *Starck* in v.Mangoldt/Klein/Starck, Art. 5 GG Rdnr. 100 Fn. 327.

12 Mit Unterschieden im Einzelnen *Bullinger* JZ 1996, 385, 387 ff.; *Degenhart* ZUM 1998, 333, 338 ff.; *Grzeszick* AöR 123 (1998), 173, 180 ff.; siehe auch *Trute* VVDStRL 57 (1998), 216 ff.

13 *Bethge* in: Sachs, Art. 5 GG Rdn. 118 mwN.; BK/*Degenhart*, Art. 5 Abs. 1 und 2 GG Rdnr. 899 f. mwN.

14 Zur Integrationsfunktion der Medien siehe Rdnr. 40 ff.

deutung leitet das BVerfG die Notwendigkeit einer verfassungsrechtlichen Sonderbehandlung des Rundfunks ab.[15] Angebote der Telemedien bzw. auf Internetseiten bringen vergleichbare Effekte nur in einem deutlich geringeren Ausmaß mit sich. Unabhängig davon, dass die Telemedien wohl noch nicht die quantitative Breitenwirkung des Rundfunks erreicht haben, liegt ihre Eigenheit gerade nicht in dem Schaffen einer Gemeinsamkeit für viele, sondern in der unbegrenzten Individualisierbarkeit, die jeden Nutzer mit anderen Informationen versorgen kann. Die Telemedien erzielen keine dem Rundfunk vergleichbare informationelle Breitenwirkung und verlangen daher nach einem eigenen Maßstab.

Mit dem Nutzungsverhalten bei den Telemedien geht ein weiterer wichtiger 277
Unterschied zum Rundfunk einher. Namentlich der Nutzer von Internetseiten bestimmt Zeitpunkt, Zeitraum und Inhalt seines Informationsabrufs selbst und punktuell. Die Entscheidung darüber, welche Informationen abgenommen werden, kann allerdings von den Auslesemaßstäben der Internetsuchmaschinen beeinflusst werden. Sie bleibt gleichwohl in erster Linie eine Entscheidung des einzelnen Nutzers. Dieser ist keiner redaktionell vorgegebenen Programmgestaltung unterworfen. Er steht eher dem Zeitungsleser nahe, der sich gewünschte Informationen selbst herauspickt.[16] Es gibt im Internet **keinen informationellen Schleusenwärter**, der im Sinne einer Rundfunkredaktion darüber entscheidet, welche Informationen die Öffentlichkeit erreichen und welche nicht, und dessen Existenz in besonderer Weise nach Vielfaltsgarantien verlangen würde. Die aus der Sonderstellung des Rundfunks abgeleiteten besonderen Vielfaltsanforderungen passen deshalb nicht.[17] Die Telemedien stehen insoweit viel eher der Presse nahe, die stets auch den Bereich „chaotisch" vertriebener Informationen, wie zum Beispiel Flugblätter, erfasst hat, die von einzelnen Gruppen oder Individuen stammen und verteilt werden.[18] Das Internet ist der Inbegriff freier und vielfältiger Informationsquellen und -foren und bietet aufgrund der weltumgreifenden Zugriffsmöglichkeit Meinungsvielfalt in völlig ungebremster und urwüchsiger, möglicherweise sogar in bestmöglicher Form. Die Gefahr einer Entstehung von „Meinungsmonopolen", die dem Rundfunk wesensimmanent ist, lässt das Internet schwerlich aufkommen.

III. Medienfunktionaler Schutz

Presse und Rundfunk werden besonderen Garantien unterworfen, die sich aus 278
der „die einzelne Meinungsäußerung übersteigende Bedeutung der Presse für

15 Z.B. BVerfG vom 5.2. 1991 (WDR), BVerfGE 83, 238, 296 „herausragende kommunikative Bedeutung [für die] freie Meinungsbildung". Siehe Rdnr. 210ff.
16 Ähnlich *Bullinger* JZ 1996, 385, 388.
17 *Bullinger* JZ 1996, 385, 387f.
18 *Bullinger* JZ 1996, 385, 388.

die freie individuelle und öffentliche Meinungsbildung"[19] bzw. aus der besonderen Stellung des Rundfunks als „Medium und Faktor des verfassungsrechtlichen Prozesses, in dem sich die Meinungsbildung vollzieht",[20] erklären. Dieser Schutz bezieht sich auf die Voraussetzungen, die gegeben sein müssen, damit die Medien ihre Aufgabe im Kommunikationsprozess erfüllen können.[21] Es geht um grundrechtliche Sicherungen, die die im Medienbereich tätigen Personen in Ausübung ihrer Funktion, das Medienerzeugnis selbst, seine institutionell-organisatorischen Voraussetzungen und Rahmenbedingungen sowie die Institution freier Medien als solche erfassen.[22] Soweit Medien in dieser Weise geschützt werden, wird der „gesamte Bereich publizistischer Vorbereitungstätigkeit",[23] d.h. die institutionelle Eigenständigkeit der Medien von der Beschaffung der Informationen bis zur Verbreitung der Nachricht und Meinung grundrechtlich gesichert.[24]

279 Auch die Telemedien müssen grundsätzlich einen **funktional über die Meinungsfreiheit hinausreichenden Schutz** genießen, der dem von Presse und Rundfunk gleichsteht. Ein derartiger Schutz, zu dem das BVerfG noch nicht Stellung nehmen musste, ist an bestimmte Mindestvoraussetzungen geknüpft. Da Art. 5 Abs. 1 GG insgesamt die „Gewährleistung freier individueller und öffentlicher Meinungsbildung" bezweckt,[25] muss die Beurteilung von der Bedeutung abhängen, die das betreffende Medium für die **Sicherung von öffentlicher Information, öffentlicher Kontrolle und öffentlichem Dialog** (siehe Rdnr. 21 ff.) hat. Die Telemedien sind folglich nicht pauschal einzuordnen, sondern es kommt insbesondere auf die Art und den Zuschnitt des Mediums an, um dessen verfassungsrechtliche Einordnung es jeweils geht. Ein entsprechender grundrechtlicher Schutz kann nur für bestimmte Medien in Betracht kommen. Erforderlich ist auf jeden Fall das **Mitteilen meinungsrelevanter Inhalte**, die in dem eben beschriebenen Sinne die Öffentlichkeit informieren und in die Meinungsbildung eingreifen wollen. Die Vermittlung rein kommerzieller Inhalte ohne meinungsbildenden Gehalt reicht nicht aus. Unternehmen, die so genanntes Teleshopping betreiben, genießen für diese Tätigkeit keinen medienfunktionalen Schutz. Ebenso muss im Hinblick auf die Aufgabe der Medien und den Massen-

---

19 BVerfG vom 9.10. 1991 (Kritische Bayer-Aktionäre), BVerfGE 85, 1, 12 mwN.
20 BVerfG vom 5.2. 1991 (WDR), BVerfGE 83, 238, 296 mwN.
21 BVerfG vom 25.1. 1984 (Wallraff), BVerfGE 66, 116, 134.
22 So BVerfG vom 9.10. 1991 (Kritische Bayer-Aktionäre), BVerfGE 85, 1, 13 für die Pressefreiheit.
23 BVerfG vom 6.2. 1979 (Kölner Volksblatt), BVerfGE 50, 234, 240; BVerfG vom 14.7. 1994 (Strafverfahren Erich Honecker), BVerfGE 91, 125, 134.
24 BVerfG vom 6.10. 1959, BVerfGE 10, 118, 121; BVerfG vom 5.8. 1966 (Spiegel), BVerfGE 20, 162, 176; BVerfG vom 14.7. 1994 (Strafverfahren Erich Honecker), BVerfGE 91, 125, 134.
25 Z.B. BVerfG vom 16.6. 1981 (FRAG), BVerfGE 57, 295, 319; ähnlich BVerfG vom 24.3. 1987 (Baden-Württemberg), BVerfGE 74, 297, 323 jeweils mwN.

aspekt erforderlich sein,[26] dass die betreffenden Inhalte **im Wege der Massenkommunikation öffentlich gemacht** werden. Ob und welche weiteren Anforderungen das Verfassungsrecht stellt, lässt sich derzeit nicht sicher bestimmen.

Im Übrigen hat der grundrechtliche Schutz der Telemedien anders als beim 280
Rundfunk keine speziellen Vielfaltsanforderungen und sich daraus ableitende Regelungsaufträge an den Gesetzgeber zur Folge. Es liegt daher nahe, den grundrechtlichen Schutz an den presseverfassungsrechtlichen Maßstäben zu orientieren. Danach gilt auch für die Telemedien das außenpluralistische System, bei dem sich Meinungsvielfalt gerade aus dem Bestehen einer Vielzahl unterschiedlich ausgerichteter Medien ergibt.[27] Daraus folgt zugleich, dass auch die Betreiber von Telemedien Gründungs- und Tendenzfreiheit genießen müssen.

C. Gesetzliche Regelung/Mediendienstestaatsvertrag

Die Zulässigkeit von elektronischen Informationsangeboten und den diversen 281
„Internetaktivitäten" beurteilt sich nach verschiedenen Vorschriften. Grundsätzlich trennt das Recht zwischen Mediendiensten, die dem **MDStV** (Mediendienstestaatsvertrag) unterliegen, und Telediensten, für die das TDG gilt. Einzelne Gesetze fassen beide Dienste auch einheitlich als Telemedien zusammen.[28] Aus Sicht des Medienrechts und dieses Buchs sind allein Angebote mit „medialem" Charakter bzw. die Normen des MDStV relevant. Der Gesetzgeber ist allerdings dabei, die gesetzliche Regelung der Telemedien strukturell zu verändern (siehe Rdnr. 301ff.).

I. Begriff des Mediendienstes

Der MDStV ist anwendbar auf Mediendienste, d.h. für das Angebot und die 282
Nutzung von an die Allgemeinheit gerichteten Informations- und Kommunikationsdiensten in Text, Ton oder Bild, die unter Benutzung elektromagnetischer Schwingungen ohne Verbindungsleitung oder längs oder mittels eines Leiters verbreitet werden (§2 Abs. 1 Satz 1 MDStV).

1. Allgemeinheitsbezug

Erforderlich ist zunächst eine Adressierung an „die Allgemeinheit". Es handelt 283
sich um das zentrale Kriterium zur Abgrenzung gegenüber den Telediensten und dem TDG. Die Abgrenzung wird zwar durch einzelne gesetzliche Beispiele etwas erleichtert, wirft aber gleichwohl erhebliche Unsicherheiten auf und ist

26 Zum Massenaspekt und den Funktionen der Medien in der modernen Demokratie siehe Rdnr. 13ff., 30ff.
27 Siehe Rdnr. 481f.
28 §§2 Abs. 1, 3 Abs. 2 Nr. 1 JMStV.

bislang noch nicht völlig überschneidungsfrei gelungen.[29] Sie richtet sich nach Kriterien, die in unterschiedlicher Form entweder auf die Art des Kommunikationsvorgangs oder auf die vermittelten Inhalte abstellen.

a. Massenkommunikation/Verteildienste

284 Der erforderliche Allgemeinheitsbezug und die Einordnung als Mediendienst kann sich bereits aus der Art und Weise der Übermittlung bzw. daraus ergeben, dass Informationen im Wege der Massenkommunikation[30] vermittelt werden. Für Mediendienste ist eine **Punkt-zu-Multipunkt-Verbreitung** wesentlich, während die Punkt-zu-Punkt-Verbreitung bzw. die Individualkommunikation grundsätzlich vom TDG erfasst wird.[31] Als Mediendienste kommen daher vor allem Verteildienste, d.h. solche Dienste in Betracht, die im Wege einer Übertragung von Daten ohne individuelle Anforderung gleichzeitig für eine unbegrenzte Zahl von Nutzern erbracht werden (§3 Nr.3 MDStV). Es handelt sich um die klassische Erscheinungsform von Massenkommunikation, bei der Inhalte zum Zeitpunkt der Ausstrahlung vom Anbieter einseitig festgelegt werden.[32] Als beispielhafte Anwendungsfälle nennt §2 Abs.2 MDStV das Teleshopping (Nr.1), Fernseh- und Radiotext und vergleichbare Textdienste (Nr.3) sowie Verteildienste, in denen Messergebnisse und Datenermittlungen in Text oder Bild mit oder ohne Begleitton verbreitet werden (Nr.2). In Betracht kommt dafür etwa die Verbreitung von Messungen aus dem Umweltbereich oder von Wetterdaten.

285 Die Abgrenzung zu Telediensten im Sinne von §2 Abs.2 Nr.2 TDG bestimmt sich nach der Art der Informationsvermittlung. Entscheidend ist, ob der Dienst bei einer Gesamtschau an die Allgemeinheit gerichtet ist oder ob der individualkommunikative Charakter im Vordergrund steht.[33] Der MDStV erfasst monomedial vermittelte Dienste und grundsätzlich keine interaktiven, multimedialen Angebote.[34] Deutlich wird dieses Abgrenzungskriterium am Beispiel von Shopping-Angeboten. Während das klassische Teleshopping ein Mediendienst ist, fallen Angebote von Waren und Dienstleistungen in elektronisch abrufbaren Datenbanken mit interaktivem Zugriff und unmittelbarer Bestellmöglichkeit unter §2 Abs.2 Nr.5 TDG. Ebenso wird beispielsweise das Telebanking nicht vom MDStV erfasst.[35]

---

29 *Spindler* in Spindler/Schmitz/Geis, §2 TDG Rn.18.

30 Zur Massenkommunikation allgemein und aus Sicht der Kommunikationswissenschaften siehe Rdnr. 898ff.

31 *Schütz*, Kommunikationsrecht, Rn.209; *Spindler* in Spindler/Schmitz/Geis, §2 TDG Rn.5.

32 *Tettenborn* in Engel-Flechsig/Maennel/Tettenborn, §2 MDStV 1997 Rdnr.51.

33 OVG NRW vom 19.3. 2003 (www.sturmfront.org), AfP 2003, 280, 281.

34 *Tettenborn* in Engel-Flechsig/Maennel/Tettenborn, §2 MDStV 1997 Rdnr.58.

35 §2 Abs.2 Nr.1 TDG.

b. Meinungsbildende Inhalte/Abrufdienste

Von den Verteildiensten sind Abrufdienste zu unterscheiden, die auf Anforderung eines einzelnen Nutzers Daten übertragen (§ 3 Nr. 4 MDStV). Sie sind anders als die Verteildienste **interaktiv**, so dass der Nutzer seinerseits bestimmte Steuerinformationen an den Diensteanbieter senden und auf diese Weise mit ihm „kommunizieren" kann.[36] Auch solche Dienste können Mediendienste sein. Die Abgrenzung gegenüber den Telediensten ist aber besonders schwer, weil der Abrufvorgang einer Punkt-zu-Punkt-Verbreitung nahe steht und stärkere Züge einer Individualkommunikation in sich trägt. 286

Abrufdienste sind nach § 2 Abs. 2 Nr. 4 MDStV Mediendienste, wenn sie Text-, Ton- oder Bilddarbietungen auf Anforderung aus elektronischen Speichern zur Nutzung übermitteln. Außerdem darf nicht die reine Übermittlung von Daten oder der individuelle Leistungsaustausch im Vordergrund stehen, wie es etwa beim Telebanking der Fall ist. Die Einordnung als Mediendienst setzt vielmehr voraus, dass der Abrufdienst „medialen" bzw. **meinungsbildenden Charakter** hat.[37] Dies ergibt sich aus dem systematischen Umkehrschluss aus § 2 Abs. 2 Nr. 2 TDG. Danach liegen Teledienste nicht vor, wenn die redaktionelle Gestaltung zur Meinungsbildung für die Allgemeinheit im Vordergrund steht. Der Allgemeinheitsbezug und damit die Anwendbarkeit des MDStV ergibt sich in solchen Fällen also aus dem inhaltlichen Zuschnitt der vermittelten Informationen. Von einem Mediendienst ist auszugehen, wenn der Dienst der allgemeinen Meinungsbildung dienen soll, also die redaktionelle Gestaltung im Vordergrund steht. Unter redaktioneller Gestaltung ist das Sammeln und Aufbereiten von verschiedenen Informationen oder Meinungen mit Blick auf den potenziellen Empfänger zu verstehen. Die inhaltliche, sprachliche, grafische oder akustische Bearbeitung eines Angebots muss zur Einwirkung auf die öffentliche Meinungsbildung oder der Information zu dienen bestimmt sein.[38] Soweit die über das Internet abrufbare **elektronische Presse** aufgrund der Art der Informationsvermittlung als Abrufdienst einzuordnen ist, fällt sie unproblematisch unter den MDStV.[39] Keine Mediendienste sind dagegen beispielsweise Telespiele,[40] da es ihnen an einem meinungsbildenden Gehalt fehlt. Gleiches gilt für Dienste, bei denen die reine Übermittlung von Dateninformationen im Vordergrund steht (Fahrpläne, Flugpläne, Devisenkurse etc.).[41] 287

---

36 *Tettenborn* in Engel-Flechsig/Maennel/Tettenborn, § 2 MDStV 1997 Rdnr. 52.
37 Z.B. *Spindler* in Spindler/Schmitz/Geis, § 2 TDG Rn. 11f. mwN.; *Lammich* in Moritz/Dreier, E-Commerce, Teil B Rz. 260.
38 OVG NRW vom 19. 3. 2003 (www.sturmfront.org), AfP 2003, 280, 281 mwN.; *Schütz*, Kommunikationsrecht, Rn. 208.
39 *Tettenborn* in Engel-Flechsig/Maennel/Tettenborn, § 2 MDStV 1997 Rdnr. 62f.
40 §§ 2 Abs. 2 Nr. 4 a.E. MDStV, 2 Abs. 2 Nr. 4 TDG.
41 Amtliche Begründung zu § 2 MDStV 1997, LT-Drucks. Nordrhein-Westfalen 12/1954, S. 32.

2. Darbietung, elektronische Vermittlung

288 Im Unterschied zum Rundfunk dienen Mediendienste nur in geringem Maße der öffentlichen Meinungsbildung und zum Teil fehlt bei ihnen die Suggestivkraft der bewegten Bilder.[42] In rechtlicher Hinsicht unterscheiden sich die Mediendienste vom **Rundfunk** dadurch, dass es bei ihnen an einer „Darbietung" fehlt, die für den Rundfunk wesensbestimmend ist. Die Anwendungsbereiche von MDStV und RStV sind insoweit spiegelbildlich ausgestaltet. Hat das elektronische Medium keinen Darbietungsgehalt, so greift der MDStV, andernfalls der RStV ein. Zum Darbietungserfordernis siehe Rdnr. 256.

289 Mediendienste setzen schließlich eine **„elektronische" Übermittlung** voraus, die sie von der Presse unterscheiden.

II. Zulassungs- und Tendenzfreiheit

290 Mediendienste sind im Rahmen der Gesetze zulassungs- und anmeldefrei (§ 4 MDStV = § 54 Abs. 1 Satz 1 RStV-E), d.h. aufgrund einer bewussten Entscheidung des Gesetzgebers[43] nicht den diversen rundfunkrechtlichen Zugangsvoraussetzungen unterworfen. Der Gesetzgeber legt ihnen auch keine redaktionellen Ausgewogenheits- oder Vielfaltsanforderungen auf, so dass sie Tendenzfreiheit genießen. Beides entspricht der außenpluralen Struktur dieser Medien (siehe Rdnr. 485 ff.), die insoweit mit der Presse vergleichbar sind. Der schwierigen Abgrenzung der Mediendienste vom Rundfunk kommt damit wesentliche praktische Bedeutung zu. Wenn mediale Angebote Rundfunk und daher kein Mediendienst sind, unterfallen sie dem RStV und dessen Zulassungsregularien.

291 Es ist missverständlich und vom Gesetzgeber höchst ungeschickt formuliert,[44] wenn **§ 20 Abs. 2 Satz 1 RStV** davon spricht, dass Anbieter von Mediendiensten, die dem Rundfunk zuzuordnen sind, einer rundfunkrechtlichen Zulassung bedürfen. In einem solchen Fall handelt es sich eben nicht um Mediendienste, sondern um Rundfunk. Sieht die zuständige Landesmedienanstalt im Einvernehmen mit allen anderen Landesmedienanstalten ein vom Betreiber als Mediendienst eingestuftes Angebot als Rundfunk an, so muss der Anbieter entweder innerhalb von sechs Monaten einen rundfunkrechtlichen Zulassungsantrag stellen oder den Mediendienst so anbieten bzw. verändern, dass er nicht dem Rundfunk zuzuordnen ist.[45] Anbieter von Mediendiensten sind zur Vermeidung sol-

42 Amtliche Begründung zu § 2 MDStV 1997, LT-Drucks. Nordrhein-Westfalen 12/1954, S. 31.

43 Siehe *Tettenborn* in Engel-Flechsig/Maennel/Tettenborn, § 4 MDStV 1997 Rdnr. 4 ff.

44 Etwa Hahn/Vesting/*Vesting* RStV Einf Rn. 23 „unsystematisch und diffus"; *Schütz*, Kommunikationsrecht, Rn. 266. In § 20 Abs. 2 RStV-E wird die Regelung sprachlich neu gefasst.

45 § 20 Abs. 2 Satz 2 RStV.

cher Unsicherheiten berechtigt, bei der zuständigen Landesmedienanstalt einen Antrag auf rundfunkrechtliche Unbedenklichkeit zu stellen.[46]

III. Journalistisch-redaktionelle Angebote

Der MDStV kennt eine Sonderform des Mediendienstes, nämlich die **elektronische Presse**. Das Gesetz definiert sie als ein journalistisch-redaktionell gestaltetes Angebot, in dem vollständig oder teilweise Inhalte periodischer Druckerzeugnisse in Text oder Bild wiedergegeben oder in periodischer Folge Texte verbreitet werden (§ 10 Abs. 3 Satz 1 MDStV = § 54 Abs. 2 RStV-E). Solche Mediendienste unterliegen gewissen Sonderanforderungen. Diese gehen über die sonstigen mediendiensterechtlichen Regeln hinaus und haben im Ergebnis eine Behandlung zur Folge, die sich bewusst an den presserechtlichen Maßstäben orientiert.[47] Die elektronische Presse muss einen „Verantwortlichen" benennen, den anerkannten journalistischen Grundsätzen entsprechen und kann zur Gegendarstellung verpflichtet sein, was bei sonstigen Mediendiensten nicht der Fall ist. 292

Ob ein Angebot **journalistisch-redaktionell gestaltet** ist, muss aufgrund einer wertenden Betrachtung entschieden werden. Es ist kein allzu strenger Maßstab anzulegen.[48] Aus Gründen des Wertungsgleichklangs mit dem Presserecht werden aber solche Angebote nicht erfasst, die ihrem inhaltlichen Zuschnitt nach „harmlose" Druckwerke wären.[49] Gleiches gilt grundsätzlich für Verteildienste im Sinne von § 2 Abs. 2 Nr. 2 MDStV,[50] die typischerweise keinerlei meinungsbildenden Zuschnitt haben. 293

Das **Periodizitätserfordernis** ist zum einen erfüllt, wenn Inhalte periodischer Druckerzeugnisse wiedergegeben werden. Entscheidend ist also allein, dass der angebotene Text einem periodischen Druckwerk entnommen wurde, während das Diensteangebot selbst keinen periodischen Charakter haben muss.[51] Zum anderen greift die Vorschrift ein, wenn das Diensteangebot selbst periodischen Charakter hat. Das Erfordernis sollte ebenfalls in ähnlicher Weise wie im Presserecht verstanden werden.[52] Es muss daher namentlich voraussetzen, dass das betreffende Informationsangebot in ständiger, wenn auch unregelmäßiger Folge 294

46 § 20 Abs. 2 Satz 3 RStV.

47 Amtliche Begründung zu §§ 6, 10 MDStV 1997, LT-Drucks. Nordrhein-Westfalen 12/1954, S. 35, 38.

48 *Burkardt* in: Wenzel, Das Recht der Wort- und Bildberichterstattung, § 11 Rz. 349.

49 *Helle* CR 1998, 672, 673; *Burkardt* in: Wenzel, Das Recht der Wort- und Bildberichterstattung, § 11 Rz. 349. Grundsätzlich gegen derartige Rückgriffe auf das Presserecht *Dürr*, Der Gegendarstellungsanspruch im Internet, 2000, S. 114 ff. mwN. Zu den „harmlosen" Druckwerken siehe Rdnr. 175.

50 *Burkardt* in: Wenzel, Das Recht der Wort- und Bildberichterstattung, § 11 Rz. 349.

51 *Helle* CR 1998, 672, 673.

52 Ebenso *Waldenberger/Hoß* AfP 2000, 237, 240; gegenüber dem Periodizitätskriterium als solchem zu Recht kritisch *Helle* CR 1998, 672, 673 f.

erscheint.[53] Erforderlich ist, dass gerade durch das stetige und regelmäßige Erscheinen neuer Informationen eine nachhaltige informationelle Wirkung erzielt wird.[54] Mediendienste, die nicht dauerhaft auf eine Teilnahme am öffentlichen Dialog und der öffentlichen Meinungsbildung zielen, werden nicht erfasst.[55] Daher reichen insbesondere das schlichte Betreiben einer privaten Internetseite und die bloße Möglichkeit, diese jederzeit erneuern oder verändern zu können, nicht für die Einordnung als journalistisch-redaktionelles Angebot aus.

IV. Informationspflicht, Verantwortlicher

295 Mediendienste unterliegen Informationspflichten, die – ebenso wie die presserechtliche Impressumspflicht (siehe Rdnr. 192f.) – Transparenz nach außen herstellen sollen.[56] Die betreffenden Informationen sind „leicht erkennbar, unmittelbar erreichbar und ständig verfügbar" zu halten (§ 10 Abs. 1, Abs. 2 MDStV = § 55 Abs. 1 RStV-E). Die betreffenden Informationen müssen also zum einen **optisch leicht wahrnehmbar** sein. Daran fehlt es beispielsweise, wenn keine ausreichende Schriftgröße gewählt wird oder wenn die Informationen bei niedriger, aber noch verbreiteter Bildschirmauflösung nicht vollständig lesbar sind.[57] Zum anderen müssen die Angaben für den Nutzer ohne wesentliche Zwischenschritte bzw. **ohne langes Suchen auffindbar** sein.[58] Die erforderliche unmittelbare Erreichbarkeit setzt nicht zwingend voraus, dass der Nutzer schon in einem einzigen Schritt zu den betreffenden Informationen gelangt.[59] Sie ist beispielsweise zu bejahen, wenn die Informationen über die zwei Links „Kontakt" und „Impressum" erreichbar sind.[60] Der vorsätzliche oder fahrlässige Verstoß gegen die Angabepflichten ist eine Ordnungswidrigkeit.[61] Zugleich spricht die neuere Rechtsprechung[62] der diensterechtlichen Informationspflicht einen verbraucher-

---

53 Siehe Rdnr. 179.

54 LG Düsseldorf vom 29. 4. 1998, AfP 1998, 420.

55 *Ory* AfP 1998, 465.

56 Amtliche Begründung zu § 6 MDStV 1997, LT-Drucks. Nordrhein-Westfalen 12/1954, S. 34.

57 OLG Hamburg vom 20. 11. 2002 (Pflichtangaben), GRUR-RR 2003, 92f.

58 Amtliche Begründung zu § 6 TDG, BT-Drucks. 14/6098, S. 21.

59 BGH vom 20. 7. 2006 (Anbieterkennzeichnung im Internet), NJW 2006, 3633, 3635 Rdnr. 23 mwN.

60 BGH vom 20. 7. 2006 (Anbieterkennzeichnung im Internet), NJW 2006, 3633, 3635 Rdnr. 24.

61 § 24 Abs. 1 Nr. 1 – Nr. 3 MDStV. Siehe Rdnr. 1787.

62 BGH vom 20. 7. 2006 (Anbieterkennzeichnung im Internet), NJW 2006, 3633, 3634 Rdnr. 15; OLG Naumburg vom 16. 3. 2006 (Unvollständiges Webimpressum), K&R 2006, 414f.; vorher bereits *Stickelbrock* GRUR 2002, 111, 115ff. mwN. Zur abweichenden Behandlung von Verstößen gegen die presserechtliche Impressumspflicht siehe BGH vom 13. 7. 1989 (Impressumspflicht), GRUR 1989, 830, 832 und Rdnr. 1758.

schützenden Charakter zu und sieht ihre Missachtung daher als einen Rechtsbruch im Sinne des Wettbewerbsrechts an.[63]

Die Informationspflichten reichen inhaltlich unterschiedlich weit. Es müssen stets Name und Anschrift des Diensteanbieters angegeben werden und bei juristischen Personen auch Name und Anschrift des Vertretungsberechtigten.[64] Anbieter von geschäftsmäßigen Mediendiensten haben darüber hinaus u.a. ihren Namen und die Anschrift, unter der sie niedergelassen sind, sowie die elektronische Adresse, Registereintragungen, bestimmte Behörden und anderes mehr anzugeben.[65] 296

Anbieter von journalistisch-redaktionell gestalteten Angeboten, in denen vollständig oder teilweise Inhalte periodischer Druckerzeugnisse in Text oder Bild wiedergegeben oder in periodischer Folge Texte verbreitet werden, müssen zusätzlich einen **Verantwortlichen** mit Namen und Anschrift benennen (§10 Abs.3 Satz 1 MDStV = §55 Abs.2 Satz 1 RStV-E). Als ein solcher Verantwortlicher kann – wie im Presserecht (siehe Rdnr.187f.) – nur benannt werden, wer bestimmte Anforderungen erfüllt.[66] Eine spezielle strafrechtliche Pflicht trifft den „Verantwortlichen" nicht. 297

V. Sonstige Regelungen des MDStV

Der MDStV dient dem Zweck, **in allen Bundesländern einheitliche Rahmenbedingungen** für die verschiedenen Nutzungsmöglichkeiten elektronischer Mediendienste zu schaffen.[67] Er eröffnet dazu die Möglichkeit einer bundesgerichtlich einheitlichen Judikatur, indem er in Verfahren über die Verletzung seiner Normen die Revision zum BVerwG ermöglicht.[68] Das Regelungswerk definiert zunächst seinen Geltungsbereich bzw. den bereits vorgestellten Begriff des Mediendienstes, bestimmte weitere Rechtsbegriffe, etwa die Verteil- und Abrufdienste,[69] und seine internationale Anwendbarkeit nach dem Herkunftslandprinzip.[70] 298

Der MDStV regelt zahlreiche **allgemeine medienrechtliche Fragen**. Verteildienste und die elektronische Presse haben der journalistischen Wahrheits- und Sorgfaltspflicht zu genügen,[71] müssen Berichterstattung und Kommentar voneinander trennen[72] und bei der Wiedergabe von Meinungsumfragen angeben, ob 299

---

63 Zum wettbewerbsrechtlichen Rechtsbruch bzw. zu den §§3, 4 Nr.11 UWG siehe Rdnr.786ff.
64 §10 Abs.1 MDStV.
65 §10 Abs.2 MDStV.
66 §10 Abs.3 Satz 3 MDStV (= §55 Abs.2 Satz 3 RStV-E).
67 §1 MDStV.
68 §23 MDStV.
69 §§2, 3 MDStV.
70 §5 MDStV.
71 §11 Abs.2 Satz 2 MDStV. Siehe Rdnr.1169ff.
72 §11 Abs.2 Satz 3 MDStV. Siehe Rdnr.1188.

diese repräsentativ sind.[73] Werbung muss als solche klar erkennbar und vom übrigen Inhalt der Angebote eindeutig getrennt sein.[74] Diensteanbieter im Sinne von § 10 Abs. 3 MDStV können zur Gegendarstellung verpflichtet sein[75] und haben gegenüber Behörden ein Recht auf Auskunft.[76] Ferner normiert der MDStV Grundsätze und Einzelfragen der „Verantwortlichkeit" von Diensteanbietern für eigene und fremde Inhalte[77] und ordnet eine Aufsicht durch die nach Landesrecht zuständigen Behörden an.[78] Schließlich enthält die Regelung auch einen umfangreichen Katalog von Ordnungswidrigkeitstatbeständen.[79]

300 Das Mediendiensterecht normiert weiterhin zahlreiche datenschutzrechtliche Regeln, deren Einhaltung einer eigenen Überwachung unterliegt.[80]

D. Neue Gesetzgebung

301 Der Bund und die Länder haben sich 2004 auf Eckpunkte zur Weiterentwicklung der Medienrechtsordnung geeinigt. Sie haben dabei u.a. die Zusammenführung der wirtschaftsbezogenen Regelungen für Tele- und Mediendienste in einem einheitlichen Bundesgesetz vorgesehen. Der Gesetzgeber hat demgemäß damit begonnen, die juristische Behandlung von Medien- und Telediensten neu zu regeln.[81] Hauptsächlich geht es um eine Neustrukturierung der geltenden Vorschriften, während inhaltliche Veränderungen im Hintergrund stehen. Während der Drucklegung dieses Buchs hat der Gesetzgeber das TMG beschlossen.[82]

302 Hauptanliegen der neuen Regelungen ist es, Medien- und Teledienste in einem **Telemediengesetz** (TMG) unter dem Begriff „Telemedien" bereichsspezifisch weiter zu vereinheitlichen. Als Telemedien sind alle elektronischen Informations- und Kommunikationsdienste anzusehen, soweit sie nicht ausschließlich Telekommunikation im Sinne von § 3 Nr. 22 TKG oder Rundfunk nach § 2 Abs. 1 RStV sind.[83] Die bisher erforderliche problematische Abgrenzung zwischen Mediendiensten und Telediensten entfällt. Das TMG enthält alle Anforderungen, die sich derzeit mehr oder weniger wortgleich sowohl im MDStV als auch im

---

73 § 11 Abs. 3 MDStV. Siehe Rdnr. 1190.
74 § 13 Abs. 1 Satz 1 MDStV. Siehe Rdnr. 641 ff.
75 § 14 MDStV. Siehe § 23.
76 § 15 MDStV. Siehe Rdnr. 1057 ff.
77 §§ 6 ff. MDStV. Siehe Rdnr. 1910 ff.
78 § 22 MDStV. Siehe Rdnr. 1782 ff.
79 § 24 MDStV. Siehe Rdnr. 1787.
80 §§ 16 ff., 22 Abs. 1 Satz 1 MDStV.
81 Entwurf der Bundesregierung für ein Gesetz zur Vereinheitlichung von Vorschriften über bestimmte elektronische Informations- und Kommunikationsdienste (EIGVG), BT-Drucks. 16/3078, S. 1 ff. Dazu *Weiner/Schmelz* K&R 2006, 453 ff.; *Bender/Kahlen* MMR 2006, 590 ff.
82 Dazu *Schmitz* K&R 2007, 135 ff.; *Hoeren* NJW 2006, 801 ff.
83 § 1 Abs. 1 TMG-E.

TDG finden. Betroffen sind vor allem die Vorschriften über die Informationspflichten,[84] die Verantwortlichkeit[85] und den Datenschutz.[86] MDStV und TDG fallen weg.

303 An der Unterscheidung von Telemedien und Rundfunk wird festgehalten. Keine Teledienste sind daher die zusätzliche parallele bzw. zeitgleiche Übertragung herkömmlicher Rundfunkprogramme über das Internet (sog. Live-Streaming) und die ausschließliche Übertragung herkömmlicher Rundfunkprogramme über das Internet (sog. Webcasting).[87] Die Behandlung von **Telemedien mit journalistisch-redaktionell gestalteten Angeboten** wird im RStV geregelt, der „**Staatsvertrag für Rundfunk und Telemedien**" heißt.[88] Er nimmt die Vorschriften des MDStV, die einen speziell medienrechtlichen Bezug haben, in sich auf. Dabei handelt es sich insbesondere um die Vorschriften über die Zulassungs- und Anmeldefreiheit,[89] die journalistische Sorgfaltspflicht,[90] zusätzliche Informationspflichten,[91] das Auskunftsrecht,[92] die Gegendarstellung,[93] die Werbung und das Sponsoring[94] sowie über die Aufsicht.[95]

84 §§ 5, 6 TMG-E, 10 MDStV, 6f. TDG.
85 §§ 7ff. TMG-E, 6ff. MDStV, 8ff. TDG.
86 §§ 11 TMG-E, 16ff. MDStV, 3ff. TDDSG.
87 Amtliche Begründung zu § 1 Abs. 1 Satz 1 TMG-E, BT-Drucks. 16/3078, S. 20.
88 RStV-E; Beschluss der Ministerpräsidentenkonferenz vom 22. 6. 2006.
89 §§ 54 Abs. 1 Satz 1 RStV-E, 4 MDStV.
90 §§ 54 Abs. 2 RStV-E, 11 Abs. 2 MDStV.
91 §§ 55 Abs. 1 RStV-E, 10 Abs. 3 MDStV.
92 §§ 55 Abs. 3, 9a RStV-E, 15 MDStV.
93 §§ 56 RStV-E, 14 MDStV.
94 §§ 58 RStV-E, 13 MDStV.
95 §§ 59 RStV-E, 22 MDStV.

§ 6: Private Schutzrechte

Ausgewählte Literatur

304 *Ann*, Die idealistische Wurzel des Schutzes geistiger Leistungen, GRUR Int. 2004, 597ff.; *Baston-Vogt*, Der sachliche Schutzbereich des zivilrechtlichen allgemeinen Persönlichkeitsrechts, 1997; *Beater*, Zivilrechtlicher Schutz vor der Presse als konkretisiertes Verfassungsrecht, 1995; *ders.*, Deliktischer Äußerungsschutz als Rechts- und Erkenntnisquelle des Medienrechts, JZ 2004, 889ff.; *ders.*, Urheberrechtliche Schranken, Werkbegriff und mediale Information, FS Ullmann 2006, 3ff.; *Beater/Habermeier* (Hrsg.), Verletzungen von Persönlichkeitsrechten durch die Medien, 2005; *von Becker*, Parodiefreiheit und Güterabwägung, GRUR 2004, 104ff.; *Bornkamm*, Ungeschriebene Schranken des Urheberrechts, FS Piper 1996, 641ff.; *W. Brinkmann*, Der äußerungsrechtliche Unternehmensschutz in der Rechtsprechung des Bundesgerichtshofes, GRUR 1988, 516ff.; *Brüggemeier*, Privater Schadensersatz beim Ausfall öffentlicher Funktionen?, ZVglRWiss 1982, 62ff.; *Buchner*, Die Bedeutung des Rechts am eingerichteten und ausgeübten Gewerbebetrieb, 1971; *Canaris*, Grundprobleme des privatrechtlichen Persönlichkeitsschutzes, öJBl 1991, 205ff.; *E. Deutsch*, Abwertende Medienkritik, FS Klingmüller 1974, 49ff.; *Ehmann*, Zur Struktur des Allgemeinen Persönlichkeitsrechts, JuS 1997, 193ff.; *Fikentscher*, Das Recht am Gewerbebetrieb (Unternehmen) als „sonstiges Recht", Festgabe Kronstein, 1967, 261ff.; *Forkel*, Zur systematischen Erfassung und Abgrenzung des Persönlichkeitsrechts auf Individualität, FS Hubmann 1985, 93ff.; *ders.*, Das allgemeine Persönlichkeitsrecht, in: Forkel/Sosnitza (Hrsg.), Zum Wandel beim Recht der Persönlichkeit und ihrer schöpferischen Leistungen, 2004, S. 9ff.; *Geiger*, Der urheberrechtliche Interessenausgleich in der Informationsgesellschaft – Zur Rechtsnatur der Beschränkungen des Urheberrechts, GRUR Int. 2004, 815ff.; *Götting*, Persönlichkeitsrechte als Vermögensrechte, 1995; *Haberstumpf*, Urheberrechtlich geschützte Werke und verwandte Schutzrechte, FS GRUR II 1991, 1125ff.; *Hubmann*, Das Persönlichkeitsrecht, 2. Auflage 1967; *ders.*, Die Idee vom geistigen Eigentum, die Rechtsprechung des Bundesverfassungsgerichts und die Urheberrechtsnovelle von 1985, ZUM 1988, 4ff.; *Jehoram*, Freedom of Expression in Copyright Law, [1984] E.I.P.R. 3ff.; *ders.*, Urheberrecht und Freiheit der Meinungsäußerung, Rechtsmissbrauch und Standardschikane, GRUR 2004, 96ff.; *Kepplinger*, Verletzung der Persönlichkeitsrechte durch die Medien: Halten die Annahmen der Juristen den sozialwissenschaftlichen Befunden stand?, Bitburger Gespräche Jb 1999/I, S. 15ff.; *Koppe/Zagouras*, Haftung für Produktkritik, GRUR 2005, 1011ff.; *Kröger*, Informationsfreiheit und Urheberrecht, 2002; *Kübler*, Öffentliche Kritik an gewerblichen Erzeugnissen und beruflichen Leistungen, AcP 172 (1972), 177ff.; *Löffler*, Das Grundrecht auf Informationsfreiheit als Schranke des Urheberrechts, NJW 1980, 201ff.; *Säcker*, Wahrnehmung legitimer politischer Interessen und Deliktsrecht, ZRP 1969, 60ff.; *Scheyhing*, Zur Geschichte des Persönlichkeitsrechts im 19. Jahrhundert, AcP 158 (1959/1960), 503ff.; *K. Schmidt*, Integritätsschutz von Unternehmen nach § 823 Abs. 1 BGB, JuS 1993, 985ff.; *Schricker*, Hundert Jahre Urheberrechtsentwicklung, FS GRUR II 1991, 1095ff.; *Schulze*, Spielraum und Grenzen richterlicher Rechtsfortbildung im Urheberrecht, FS Erdmann 2002, 173ff.; *Schwerdtner*, Das Persönlichkeitsrecht in der deutschen Zivilrechtsordnung, 1977; *Seifert*, Geistiges Eigentum – ein unverzichtbarer Begriff, FS Piper 1996, 769ff.; *Steindorff*, Persönlichkeitsschutz im Zivilrecht, 1983;

Tettinger, Die Ehre – ein ungeschütztes Verfassungsgut?, 1995; *Tilmann*, Haftungsbegrenzung im Äußerungsdeliktsrecht, NJW 1975, 758ff.; *Troller*, Ist der immaterialgüterrechtliche „Numerus Clausus" der Rechtsobjekte gerecht?, Festgabe Gutzwiller, Basel 1959, S. 769ff.; *Wenzel*, Empfiehlt es sich, § 824 Abs. 1 BGB in Anlehnung an den heutigen Stand der Rechtsprechung zum Eingriff in den Gewerbebetrieb und zum Persönlichkeitsrecht neu zu fassen?, GRUR 1970, 278ff.; *Wiethölter*, Zur politischen Funktion des Rechts am eingerichteten und ausgeübten Gewerbebetrieb, KJ 1970, 121ff.; *Zippelius*, Meinungsfreiheit und Persönlichkeitsrecht, FS Hubmann 1985, 511ff.

A. Medienrecht und Privatrecht

Das Zivilrecht dient dem Schutz privater Interessen und Güter. Es ist damit anderen Zielen verpflichtet als das Medienrecht. Dementsprechend verfolgen auch die privaten Schutzrechte mit der Sicherung von Individualpositionen im Ausgangspunkt kein medienrechtliches Anliegen. Trotz ihrer unterschiedlichen Ausgangspunkte stehen Privatrecht und Medienrecht gleichwohl nicht beziehungslos nebeneinander, sondern in einer wichtigen **Wechselbeziehung**. Das Medienrecht lässt sich in zentralen Teilen nur begreifen, wenn man die korrespondierenden privaten Schutzrechte mit einbezieht. Es ist überdies in wesentlichen Bereichen zunehmend privatrechtlich geprägt. 305

Nimmt man die älteren Wurzeln des Medienrechts in den Blick, dann wird deutlich, dass sich das medienrechtliche Verständis verändert hat. Das Gebiet ist – aller scheinbaren Dominanz des Verfassungsrechts zum Trotz – **immer stärker von zivilrechtlichen Maßstäben geprägt**. Besonders klar wird dies am Beispiel des Presserechts, dem ältesten Teil des Medienrechts. Es hatte ursprünglich starke strafrechtliche Wurzeln und wurde zugleich als eine Art „Sondergewerberecht" begriffen. *Liszt* teilte die Materie 1880 in Preßgewerberecht, Preßpolizeirecht, Preßstrafrecht und Preßprozeßrecht ein.[1] Während das Zivilrecht in der damaligen presserechtlichen Wahrnehmung keine Rolle spielte, nimmt es in der heutigen Einschätzung einen wichtigen Platz ein. Eine eindrucksvolle Wandlung hat insbesondere der wichtige Gegendarstellungsanspruch durchlaufen. Die Verweigerung der Gegendarstellung war ursprünglich eine Straftat[2] und die Gegendarstellung selbst wurde im Weiteren als ein öffentlich-rechtliches Institut begriffen.[3] In der neu entstandenen Bundesrepublik sah man den Gegendarstellungsanspruch dann zunächst als gemischtrechtlichen Anspruch mit öffentlich-rechtlichem Einschlag[4] an. Heute ordnet ihn die h.M. als spezielle Ausprägung des allgemeinen Persönlichkeitsrechts[5] ein. 306

Aus Sicht des Medienrechts haben vor allem solche privaten Rechte Bedeutung, die im Kern immaterielle Güter schützen, sprich die Persönlichkeit, geschäft- 307

1 *Liszt*, Das deutsche Reichs-Preßrecht, S. 2.
2 §§ 11, 19 Nr. 3 ReichspreßG.
3 *Häntzschel*, § 11 ReichspreßG Anm. 1f.
4 Dazu *Löffler*, Presserecht, 1. Auflage 1955, § 11 ReichspreßG Anm. 15, 129, 138f.; *Uhlitz* NJW 1962, 526f.; *Groß* NJW 1963, 479f. jeweils mwN.
5 BGH vom 6.4. 1976 (PANORAMA), BGHZ 66, 182, 195 mwN.; BVerfG vom 14.1. 1998 (Gegendarstellung auf Titelseite), BVerfGE 97, 125, 146.

liche Interessen oder geistiges Eigentum. Die betreffenden Schutzrechte lassen sich in zwei Gruppen einteilen. Die eine Kategorie von Normen schützt **denjenigen, den eine Information bzw. eine Berichterstattung inhaltlich betrifft.** Dabei kann es um persönliche Interessen gehen, etwa um das Recht am eigenen Bild oder um einen Schutz davor, dass ein vertrauliches Gespräch unter Eheleuten abgehört und öffentlich gemacht wird. Es können aber auch geschäftliche Interessen berührt sein, zum Beispiel wenn Reportagen oder Warentests die Außendarstellung eines Unternehmens beeinflussen. Die andere Kategorie von Normen dient dem **Schutz „geistigen oder wirtschaftlichen Eigentums"**. So schützt das für die Medien wichtige Urheberrecht den Urheber eines Werkes, weil er das Werk geschaffen hat. Beispielsweise kann ein Fotograf ein Recht „an" einem Foto haben, das er geschossen hat und das die Medien folglich nur veröffentlichen dürfen, wenn er damit einverstanden ist.

308 Rechten, die andere als die genannten immateriellen Güter schützen, kann **im Einzelfall medienrechtliche Bedeutung zuwachsen**. So ist es etwa dem Eigentümer unbenommen, einem Journalisten den Einlass in sein Haus zu verweigern und ihn so vom unmittelbaren Zugang zu Informationen auszuschließen. Das Medienrecht kann vermutlich mit nahezu jedem anderen Rechtsgebiet in Konflikt geraten und ist dann gegenüber den anderen Rechtsmaterien abzugrenzen. Allgemeine medienrechtliche Maßstäbe lassen sich daraus in der Regel aber nicht ableiten.

I. Privatrecht als Rechtsquelle und Grenze des Medienrechts

309 Die angesprochene Wechselbeziehung ergibt sich zunächst aus einer **rechtsquellentheoretischen Besonderheit des Medienrechts**. Da das Gebiet nur unvollständig kodifiziert ist, gewinnt es seine Bedeutung und Reichweite häufig erst durch Gerichtsentscheidungen, die nicht das Medienrecht als solches, sondern „an sich" andere Gebiete betreffen.[6] Wenn medienrechtliche Spezifika auf diese Weise im Rahmen „nichtmedienrechtlicher" Normen berücksichtigt werden, dann wird über die Möglichkeit und Berechtigung von Berichterstattungen und damit über die Bedeutung medienspezifischer Interessen sozusagen unter verkehrtem Vorzeichen entschieden. Das Privatrecht ist das praktisch wohl wichtigste dieser „an sich" anderen Gebiete. Seine Anforderungen müssen häufig mit medienrechtlichen Kriterien abgestimmt werden und zugleich lassen viele zivilrechtliche Differenzierungen, die primär aus dem Blickwinkel eines bestimmten Schutzrechts entwickelt worden sind, mittelbar medienrechtliche Aussagen zu. Zivilrechtliche Anforderungen können auf diese Weise zur **Bildung und Entwicklung medienrechtlicher Grundsätze und Normen** führen.

310 Eine solche Rechtsbildungs- und Entwicklungsfunktion für das Medienrecht hat insbesondere das **Deliktsrecht** erlangt.[7] Es ist im Wesentlichen Richterrecht

6 Siehe auch Rdnr. 7, 1044.
7 *Beater* JZ 2004, 889ff.

und daher in besonderer Weise für Entwicklungen offen. Beispielsweise können persönlichkeitsbeeinträchtigende Äußerungen der Medien durch überwiegende Informationsinteressen der Öffentlichkeit gerechtfertigt sein.[8] Die Schutzinteressen eines Betroffenen müssen umso stärker zurücktreten, je größer das Informationsinteresse der Öffentlichkeit ist.[9] Die deliktsrechtliche Judikatur muss also Regeln darüber entwickeln, was unter dem öffentlichen Informationsinteresse zu verstehen ist, auf was es sich bezieht und nach welchen Maßstäben seine Intensität zu bestimmen ist.

Das Privatrecht setzt den Medien zugleich wichtige **Grenzen**. Es verleiht dem 311 Berechtigten Befugnisse und Auswahlmöglichkeiten, die den staatlichen Stellen nicht zustehen. Während die Medien zur öffentlichen Kontrolle des Staates berechtigt und geradezu aufgerufen sind, ist ihnen eine allgemeine öffentliche Kontrolle der privaten Einzelpersonen grundsätzlich verwehrt. Die Berichterstattung über Privatpersonen und private Unternehmen folgt daher anderen Regeln als die über staatliche Institutionen oder politische Vorgänge. Allgemein hängen die Möglichkeiten der Medien zur Berichterstattung über Privatpersonen davon ab, ob sich die Privatperson für den Schritt in die Öffentlichkeit entscheidet und am öffentlichen Meinungsprozess aktiv teilnimmt oder davon absieht und den Schutz der Privatheit vorzieht.[10] Der Private kann aufgrund subjektiver Rechte weitgehend selbst entscheiden, ob er Informationen gewährt und eine Berichterstattung ermöglicht oder nicht. So steht es etwa dem Urheber frei, sein Werk nicht zu veröffentlichen[11] und damit niemandem zugänglich zu machen. Das Persönlichkeitsrecht gesteht dem Einzelnen das ausdrückliche Recht zu, für sich zu bleiben und sich einer öffentlichen Debatte zu entziehen.[12] Ebenso steht dem Privaten häufig das Recht zu, mit Informationen zu handeln und sie nach eigener Entscheidung bestimmten Medien zu gewähren und anderen Medien vorzuenthalten. Staatliche Stellen sind dagegen zur Gleichbehandlung von Journalisten und zum Teil sogar ausdrücklich zur Auskunft gegenüber den Medien verpflichtet.[13]

II. Privatrecht und medienrechtliche Wertungen

Der juristische Gehalt der einzelnen Schutzrechte führt und zwingt die Ge- 312 richte immer wieder aufs Neue zu wichtigen medienrechtlichen Wertungen.

8 BGH vom 22.12. 1959 (Alte Herren), BGHZ 31, 308, 312.
9 Z.B. BGH vom 19.12. 1995 (Paparazzi-Fotos), BGHZ 131, 332, 342.
10 Z.B. BGH vom 5.5. 1964 (Sittenrichter), NJW 1964, 1471, 1472. Siehe Rdnr. 980ff.
11 §6 Abs. 1 UrhG.
12 Z.B. BGH vom 9.12. 2003 (Luftbildaufnahmen II), NJW 2004, 762, 736 „Recht auf Selbstbestimmung bei der Offenbarung der persönlichen Lebensumstände". Siehe Rdnr. 1357ff.
13 Z.B. §4 LPrG MV; *Fechner/Mayer* (Hrsg.), Vorschriftensammlung Medienrecht, §4 PresseG mwN.; §15 MDStV (= §9a RStV-E); BVerwG vom 3.12. 1974 (Pressefahrt der Bundesbahn), NJW 1975, 891, 892. Siehe Rdnr. 1013, 1057ff., 1070ff.

1. Art und Stärke von Informationsinteressen

313 Aus Sicht des Medienrechts ist zunächst wichtig, dass die Reichweite der Schutzrechte von dem Informations- bzw. Nutzungsinteresse desjenigen abhängt, der das jeweilige Schutzgut beeinträchtigt. Der Schutz privater Rechte ist besonders stark, wenn der Eingriff allein durch kommerzielle Nutzungsinteressen motiviert ist. Er ist dagegen ungleich geringer, wenn die Beeinträchtigung durch Informationsinteressen der Öffentlichkeit begründet bzw. auf mediale Veröffentlichungen zurückzuführen ist, die zur öffentlichen Meinungsbildung dienen.

314 Aus diesem Grund sind **urheberrechtliche Zitatrechte** nur im Interesse der Auseinandersetzung mit dem betroffenen Gegenstand, nicht aber zum Einsparen von Betriebskosten erlaubt.[14] Ebenso ist **persönlichkeitsbeeinträchtigende** Werbung unzulässig,[15] weil das geschäftliche Interesse des Werbenden eine solche Verletzung nicht rechtfertigen kann. Dasselbe nimmt die Rspr. auch für das Interesse von Medien an, bloße Sensationsnachrichten („Knüller") zur Steigerung ihrer Verkaufszahlen zu verbreiten.[16]

315 Das Zivilrecht verlangt nicht nur die Klärung, unter welchen Voraussetzungen von einem öffentlichen Informationsinteresse gesprochen werden kann. Es erfordert auch Aussagen über dessen Stärke. Dies ergibt sich daraus, dass jeweils der Wert des geschützten privaten Guts gegen das tangierte Informationsinteresse abgewogen wird. Dabei gibt es zahlreiche Abstufungen. Methodisch kann diese Stufung bereits vom Gesetzgeber vorgegeben sein oder erst von den Gerichten im Rahmen von Einzelfallabwägungen herzustellen sein.

316 Beim Schutz von Persönlichkeitsrechten ist stets zu überlegen, **ob das öffentliche Informationsinteresse so stark ist**, dass es eine Berichterstattung erfordert, die den Betroffenen namentlich nennt oder seine Identifizierung möglich macht. Die Identifizierung hat typischerweise eine Prangerwirkung zur Folge, die nur durch besonders gravierende Informationsinteressen legitimiert sein kann. Namensnennung, Abbildung oder sonstige Identifikation des Täters sind nur bei Beachtung bestimmter Verhältnismäßigkeitsanforderungen zulässig.[17] Zugleich kann das Ausmaß der Identifizierbarkeit unterschiedlich sein, etwa weil die fragliche Berichterstattung jedermann oder nur einem begrenzten Leserkreis die Identifizierung des Betroffenen ermöglicht.[18]

317 Das UrhG sieht maßgebliche Kriterien für das allgemeine Informationsinteresse in der **Aktualität** von Informationen,[19] in der **Verbreitung von Informationen durch be-**

---

14 OLG Köln vom 13.8. 1993 (Filmausschnitt), GRUR 1994, 47, 48f.; OLG Hamburg vom 25.2. 1993 (Altersfoto), GRUR 1993, 666.

15 Etwa BGH vom 14.5. 2002 (Marlene-Bildnis), BGHZ 151, 26, 30 mwN.

16 BGH vom 26.1. 1965 (Gretna Green), JZ 1965, 411, 413 „Unterhaltungsbedürfnis der Leserschaft"; BGH vom 15.12. 1987 (Intime Beziehungen), NJW-RR 1988, 733, 734.

17 BVerfG vom 5.6. 1973 (Lebach I), BVerfGE 35, 202, 232.

18 BGH vom 24.11. 1987, NJW 1988, 1984, 1985; BVerfG vom 25.11. 1999 (Lebach II), NJW 2000, 1859, 1860f.

19 §§48 Abs.1 Nr.1, 49 Abs.1, Abs.2 UrhG „Tagesfragen"; §50 UrhG „Tagesereignisse".

stimmte Medien[20] oder im Rahmen öffentlicher Veranstaltungen,[21] aber auch darin, ob es um „**politische, wirtschaftliche oder religiöse“ Inhalte** geht.[22] Im Rahmen der urheberrechtlichen Werkvoraussetzungen unterscheidet die Rspr. weiterhin zwischen **fiktiven und realen Inhalten**. Der fiktive Gehalt eines Romans kann ohne weiteres Gegenstand des Urheberrechtsschutzes sein,[23] da er kein auf tatsächliche Fakten bezogenes Informationsbedürfnis bedient. Soweit dagegen Tatsachenberichte und Dokumentationen urheberrechtliche Werke sind, nehmen die in ihnen mitgeteilten Fakten nicht am Urheberschutz teil. Sie müssen im öffentlichen Informationsinteresse frei bleiben.

2. Wort- und Bildberichterstattung

Das Privatrecht bringt weiterhin Aufschluss für die Beurteilung unterschiedlicher Formen der Berichterstattung. Insbesondere differenziert es in mehrfacher Weise zwischen **Bildern und Worten** sowie Informationen anderer Art. Trotz mancher Abweichungen im Einzelnen lassen sich die Unterscheidungen auch darauf zurückführen, dass Bilder und Bildberichterstattung anders wirken als Texte und Wortberichterstattung. Die unterschiedlichen Wirkungsarten sind auch für das Medienrecht wichtig, das in ähnlicher Weise trennen muss. 318

Nach der **Vor unserer eigenen Tür-Entscheidung** sind Wort- und Bildberichterstattung nach unterschiedlichen Maßstäben zu behandeln. Im Streitfall hatte ein Fernsehsender eine Reportage darüber gezeigt, wie sich frühere Unterstützer des NS-Regimes in der Bundesrepublik eingerichtet hatten und wie sie nunmehr (1962) lebten. Dabei wurde auch über einen Arzt berichtet, der mit einer Aussage vor dem Staatsgerichtshof dazu beigetragen hatte, dass einer seiner damaligen Arbeitskollegen zum Tode verurteilt wurde. Der Fernsehsender zeigte Ausschnitte der früheren Verhandlung vor dem Staatsgerichtshof und anschließend Aufnahmen, die den Arzt in seinem heutigen (1962) Leben zeigten. Die Vorinstanz hatte eine Verletzung des Persönlichkeitsrechts abgelehnt. Wenn der Betroffene eine Wortberichterstattung dulden müsse, so könne er auch der bildlichen Darstellung seiner Person und seiner gegenwärtigen Lebensumstände im Fernsehen nicht widersprechen. Der BGH[24] folgte dem nicht: Aus der Zulässigkeit einer Berichterstattung durch Wort, Druck oder Schrift folge nicht, dass auch die bildliche Darstellung einer Person und ihrer aktuellen Lebensumstände auf dem Bildschirm zulässig sei. Die Bildberichterstattung müsse vielmehr an strengere Grenzen gebunden sein, als die Wort- und Schriftberichterstattung. Es gehe auch nicht an, die Zulässigkeit der Bildberichterstattung aus der spezifischen Informationsweise des Fernsehens, das nun einmal auf Bilder angewiesen ist, abzuleiten. Es wäre der Reportage ohne weiteres möglich gewesen, sich auf Archivbilder vom Prozess zu beschränken. 319

---

20 §§48 Abs.1 Nr.1, 49 Abs.1 UrhG, „Zeitungen, Zeitschriften oder andere Informationsblätter“, „Rundfunk“; §49 Abs.2 UrhG „Presse oder Funk“; §50 UrhG „Funk und Film sowie Zeitungen“.

21 §48 Abs.1 Nr.2 UrhG.

22 §49 Abs.1 Satz 1 UrhG.

23 BGH vom 29.4. 1999 (Laras Tochter), BGHZ 141, 267, 277; siehe auch BGH vom 11.3. 1993 (Asterix-Persiflagen), GRUR 1994, 191, 192.

24 BGH vom 16.9. 1966 (Vor unserer eigenen Tür), GRUR 1967, 205ff.; dazu *Bielenberg* GRUR 1967, 209f.; kritisch *Arndt* NJW 1967, 1845ff.; *R.Damm* FS Schweizer 1999, 111, 115ff. Im gleichen Sinne BVerfG vom 5.6. 1973 (Lebach I), BVerfGE 35, 202, 226f.

3. Richtige, unrichtige und inhaltlich unzulässige Berichterstattung

320 Das Privatrecht spielt ferner eine zentrale Rolle für die juristischen Anforderungen an den **Inhalt der Berichterstattung**. Subjektive Rechte können sich gegen richtige, unrichtige oder inhaltlich unzulässige Informationen richten. Ein Schutz gegenüber Wahrheiten kommt in Betracht, wenn aufseiten des Betroffenen besonders gravierende Schutzinteressen berührt sind. Die Voraussetzungen des Schutzes gegenüber unwahren oder inhaltlich unzulässigen Äußerungen sind geringer. Sie werden extrem durch medienrechtlich bedingte Zusatzanforderungen beeinflusst, da die „Richtigkeit" und „Zulässigkeit" von Informationen aus Sicht des Medienrechts die wahrscheinlich wichtigsten rechtlichen Einzelaspekte überhaupt sind.

321 Die Materie ist die Hauptdomäne des **Äußerungsdeliktsrechts**. Es trennt maßgeblich zwischen Tatsachen und Meinungen. In Bezug auf Tatsachen wird in verschiedenen Abstufungen zwischen wahren und unwahren Angaben unterschieden, während Mitteilungen anderen Inhalts entweder eine zulässige Meinungsäußerung oder eine unzulässige Schmähkritik sind. Im Einzelfall kann auch das übrige Privatrecht bedeutsam sein. Z.B. kann das Urheberrecht den Urheber dagegen sichern, dass sein Werk „verfälscht" bzw. in einen unzutreffenden Zusammenhang gestellt wird oder dass sich ein anderer zu Unrecht als Urheber ausgibt.[25]

III. Privatrecht und Tätigkeitsbereiche der Medien

322 Die Wechselbeziehung zwischen Medienrecht und Privatrecht zeigt sich weiterhin darin, dass die juristische Beurteilung **sämtlicher Bereiche der publizistischen Tätigkeit** maßgeblich durch privatrechtliche Wertungen mitbestimmt wird. Die rechtlichen Grundanforderungen an die journalistische Recherche, die Verfügbarkeit von Informationen sowie die Überprüfung und Veröffentlichung von Informationen basieren auf einer nahezu untrennbaren Verknüpfung von medienrechtlichen und schutzrechtlichen Anforderungen.

323 So kann sich das Persönlichkeitsrecht gegen die **Art und Weise der Informationsgewinnung** richten (siehe Rdnr. 1119ff.). Wird etwa ein vertrauliches Gespräch ohne Wissen der Beteiligten abgehört und auf Tonträger aufgenommen, so ist die Veröffentlichung in der Regel unzulässig.[26] Das Persönlichkeitsrecht gewährt jedoch keinen „Bestandsschutz für [das] Vertrauen in den Gesprächspartner",[27] also kein absolutes Recht an Inhalten als solchen. Die Veröffentlichung kann daher zulässig sein, wenn der Journalist den Gesprächsinhalt nicht durch unzulässiges Abhören, sondern vom geschwätzigen anderen Gesprächspartner erfahren hat.

324 Das Privatrecht entscheidet darüber, **ob Informationen überhaupt als solche „frei" sind** (siehe Rdnr. 1216ff.), d.h. von den Medien überhaupt veröffentlicht werden dürfen. Informationen können stattdessen auch Gegenstand individueller Rechte sein, so dass

25 §§ 14 1.Alt, 13 Satz 1 UrhG.
26 BGH vom 19.12.1978 (Abhöraffäre), BGHZ 73, 120, 129; siehe auch § 201 StGB.
27 BGH vom 20.1.1981 (Aufmacher I), BGHZ 80, 25, 42; siehe auch BGH vom 10.3.1987 (BND-Roman), NJW 1987, 2667, 2668.

nur der Inhaber des betreffenden Rechts über sie verfügen darf.[28] Wenn etwa ein Fotograf ein Urheberrecht an der von ihm gemachten Aufnahme hat, dann kann er sowohl über die Veröffentlichung seines Werks[29] als auch darüber frei entscheiden, ob und ggf. welchem Medienunternehmen er die Nutzung des Bildes gestattet und welches Entgelt er dafür verlangt.[30] Wer ein Tagebuch geschrieben und für sich behalten hat, genießt persönlichkeitsrechtlichen Schutz[31] und kann den Inhalt des Tagebuchs nach eigenem Gusto anderen Personen vorenthalten. Ebenso ist es dem Verfasser möglich, einen Exklusivvertrag zu schließen und die Befugnis zur Erstveröffentlichung auf den Vertragspartner zu beschränken.

Ein wichtiger weiterer Anwendungsfall für die gegenseitigen Überlagerungen von Medien- und Zivilrecht ist die **journalistische Wahrheits- und Sorgfaltspflicht** (siehe §14). 325
Sie hat einen Doppelcharakter. Unzutreffende Informationen sind aus medienrechtlicher Sicht zu vermeiden, da sie der öffentlichen Meinungsbildung nicht helfen. Aus zivilrechtlicher Sicht erklärt sich die „Bekämpfung" von Unwahrheiten aus den Schutzinteressen Betroffener, denen die Hinnahme unwahrer Äußerungen nicht zugemutet werden kann. Der konkrete Umfang der Recherchepflicht ist daher im Einzelfall unter Berücksichtigung der betroffenen Interessen zu bestimmen, also namentlich nach den Aufklärungsmöglichkeiten der Medien, dem Grad öffentlicher Informationsinteressen und nach der Schwere der Verletzung, die dem Betroffenen droht.[32]

Private Schutzrechte können weiterhin dazu führen, dass Medien regulär recherchierte 326
und überprüfte **Informationen gleichwohl nicht veröffentlichen** dürfen (siehe Rdnr. 1112ff.). Entsprechende Verbote können sich vor allem aus dem Persönlichkeitsrecht Betroffener ergeben, das im Extremfall selbst der Veröffentlichung zutreffender Informationen entgegenstehen kann.

Das Privatrecht ist für die Medien schließlich auch deshalb bedeutsam, weil es **medi-** 327
enrechtliche Sanktionsdefizite ausgleicht (siehe Rdnr. 1716ff.). Das Zivilrecht trägt in verschiedenen Formen zur Kontrolle der Medien bei. Zum einen kann es vor Öffentlichkeit schützen, indem es durch Unterlassungsansprüche bewirkt, dass unzulässige Äußerungen gar nicht erst veröffentlicht werden. Wenn z.B. ein Betroffener die Sendung einer unwahren Reportage verhindert, so werden sowohl seine subjektiven Rechte als auch die Allgemeinheit und der öffentliche Meinungsbildungsprozess vor unrichtiger Information geschützt. Zum anderen kennt das Zivilrecht einen Schutz durch Öffentlichkeit. Es verleiht dazu Ansprüche auf Berichtigung oder Widerruf, aufgrund derer die Medien eine früher gemachte Äußerung entsprechend korrigieren und so eine entstandene öffentliche Fehlinformation ausgleichen müssen. Schließlich kennt das Zivilrecht Ansprüche auf Geldentschädigung, die in gewissen Grenzen präventive Zwecke verfolgen und die Medien generell von Persönlichkeitsverletzungen abschrecken sollen.

---

28 *Hitlers* „Mein Kampf" darf aus urheberrechtlichen Gründen bis heute in Deutschland und in den Niederlanden nicht verkauft werden. Dazu und zu weiteren Beispielen *Jehoram* GRUR Int. 2004, 96, 97 mwN.

29 §12 Abs.1 UrhG.

30 §§31, 32 Abs.1 Satz 1 UrhG.

31 BGH vom 26.11.1954 (Cosima Wagner), BGHZ 15, 249, 257f.

32 Löffler/*Steffen*, §6 LPG Rdnr. 55ff., 74ff., 106ff., 118ff., 139ff., 151f.

B. Persönlichkeitsrecht

328 Das allgemeine Persönlichkeitsrecht ist von den Zivilgerichten entwickelt worden,[33] heute als solches gewohnheitsrechtlich anerkannt und nach ständiger Rechtsprechung[34] ein sonstiges Recht im Sinne von § 823 Abs. 1 BGB. Es handelt sich um ein **Rahmenrecht**, das im Gegensatz zu den klassischen Deliktstatbeständen viele unscharfe Grenzen hat und dessen Reichweite grundsätzlich erst im Einzelfall bestimmt wird. Die Prüfung, ob eine Handlung das allgemeine Persönlichkeitsrecht verletzt, hat zwischen Schutzbereich, Rechtfertigung des Eingriffs in den Schutzbereich und Pflichtwidrigkeit bzw. Verschulden zu unterscheiden.[35] Dabei sind zunächst die im Einzelfall betroffenen persönlichen Interessen festzustellen und zu benennen oder zu umschreiben, falls sich noch kein Begriff dafür herausgebildet haben sollte.[36] Ansatzpunkte können dafür sowohl in Persönlichkeitsgütern, also sozusagen im erfassten Schutzgut liegen (z.B. Name, Stimme, äußeres Erscheinungsbild, Bekanntheit), sich aber auch aus einem Bedürfnis nach Schutz vor bestimmten Eingriffs- und Verletzungsweisen ergeben (z.B. heimliches Abhören, Aufzeichnen auf Bild- oder Tonträger).[37] Anschließend sind die Stärke des Eingriffs und das Gewicht der Interessen, die den Eingriff möglicherweise legitimieren, im Rahmen einer Gesamtbetrachtung gegeneinander abzuwägen.

329 Das allgemeine Persönlichkeitsrecht wirft vielfach **erhebliche Rechtsunsicherheit** auf, denn es kennt als rechtsgeschichtlich junges Konstrukt nach wie vor Anwendungsbereiche von „generalklauselartiger Weite und Unbestimmtheit".[38] Diese Unschärfe basiert zum einen darauf, dass sich das Recht auf ein immaterielles, gewissermaßen „körperloses" Gut bezieht, das sich nicht trennscharf definieren lässt[39] und überdies gesellschaftlich-kulturellen Wandlungen unterworfen ist. Zum anderen stellt die Rechtsprechung bewusst den Einzelfall in den Vordergrund. Sie hat bislang davon abgesehen, das Persönlichkeitsrecht darüber hinausgehend zu einem klarer konturierten Tatbestand zu verdichten[40] oder strikter zwischen einem uneingeschränkten Schutz für den Persönlichkeitskern und anderen Aspekten der Persönlichkeit zu unterscheiden.[41] Auch

---

33 BGH vom 25.5. 1954 (Leserbriefe), BGHZ 13, 334, 338. Zur Legitimität dieser Rechtsschöpfung BVerfG vom 14.2. 1973 (Soraya), BVerfGE 34, 269, 280ff.

34 BGH vom 2.4. 1957 (Krankenpapiere), BGHZ 24, 72, 77; BGH vom 20.5. 1958, BGHZ 27, 284, 286; BGH vom 20.3. 1968 (Mephisto), BGHZ 50, 133, 143.

35 MünchKomm/*Wagner*, § 823 BGB RdNr. 172 mwN.

36 *Hubmann*, Das Persönlichkeitsrecht, 2. Auflage 1967, S. 156f.; *Baston-Vogt*, Der sachliche Schutzbereich des zivilrechtlichen allgemeinen Persönlichkeitsrechts, 1997, S. 156f.

37 *Forkel* FS Hubmann 1985, 93, 98ff.

38 So BGH vom 2.4. 1957 (Krankenpapiere), BGHZ 24, 72, 78.

39 *Helle*, Besondere Persönlichkeitsrechte, 1991, S. 23ff.

40 Für das Verfassungsrecht BVerfG vom 25.8. 1994 (Soldaten sind Mörder), NJW 1994, 2943 „fallbezogene Abwägung ..., deren Ergebnis sich nicht generell und abstrakt vorwegnehmen lässt".

41 So der Ansatz von *Steindorff*, Persönlichkeitsschutz im Zivilrecht, 1983, S. 9ff.

lehnt die Judikatur bindende, fest umrissene Einzelregeln sowohl für die Abwägung[42] als auch für die Bestimmung des öffentlichen Informationsinteresses ab.[43] Die deliktsrechtlichen Anforderungen sind weiterhin in erheblichem Maße von verfassungsrechtlichen Implikationen überlagert, was zu einer komplizierten Gemengelage führt. Für den Medienbereich trägt zur Rechtsunsicherheit schließlich auch bei, dass mit den persönlichen Schutzinteressen des Betroffenen und dem öffentlichen Informationsinteresse Größen gegeneinander abzuwägen sind, die sich im Grunde nicht aneinander messen lassen.

I. Entwicklung, rechtspolitische Legitimation

Die Anerkennung des Persönlichkeitsrechts ist eine direkte Folge der **verfassungsgeschichtlichen Entwicklung**[44] bzw. des Wandels Deutschlands zu einem demokratischen Staatswesen. Eine Demokratie setzt das Herstellen von Öffentlichkeit und folglich ein Recht voraus, das ein Aufdecken von Missständen, den öffentlichen Meinungskampf und die öffentliche Meinungsbildung schützen muss.[45] Mit dem Fördern von Öffentlichkeit sind untrennbar erhöhte Gefährdungen für die Persönlichkeit und namentlich die Ehre des Einzelnen verbunden, die zu Zeiten des Reichsgerichts keinen vergleichbaren Gefährdungen ausgesetzt waren. Zugleich stellte das Grundgesetz in Reaktion auf die NS-Zeit den Schutz der Menschenwürde und das Recht auf freie Entfaltung der Persönlichkeit bewusst an den Anfang.[46] So soll ein Zusammenleben ermöglicht werden, das auf der Freiheit des Einzelnen beruht und vor „Prangerwirkung"[47] sichert. Diese Hintergründe gebieten den Schutz des Einzelnen in seiner Intimsphäre und vor öffentlichen Stigmatisierungen, wie etwa dem Zwang, einen „Judenstern" tragen zu müssen. 330

Ein weiterer Grund für die Schaffung und die rechtspolitische Legitimität des Persönlichkeitsschutzes liegt in der **technischen und gesellschaftlichen Entwicklung**.[48] Die meisten und vor allem viele besonders gravierende Gefährdungen von Persönlichkeitsrechten sind mit dem Aufkommen von Richtmikrofonen und Teleobjektiven sowie dem Siegeszug von Massenpresse und Fernsehen überhaupt erst möglich geworden. Zugleich hat die **Mediengesellschaft** durch 331

42 Z.B. BVerfG vom 14.4. 1989, NJW 1990, 1980: Ablehnung der Regel, das Berichterstattungsinteresse müsse immer dann dem Persönlichkeitsschutz vorgehen, wenn Gegenstand der Berichterstattung Vorgänge seien, die öffentliche Interessen beanspruchen, aber von den Beteiligten geheim gehalten werden.

43 BVerfG vom 17.2. 1998 (Kurzberichterstattung), BVerfGE 97, 228, 257 „ohne dass objektive Kriterien für Relevanz oder Irrelevanz vorgegeben werden könnten".

44 Dazu *Beater*, Schutz vor der Presse als konkretisiertes Verfassungsrecht, 1996, S. 80ff.

45 Siehe Rdnr. 21ff., 30ff.

46 Zu den Beratungen im Parlamentarischen Rat, JöR n.F. Bd. 1 1951, S. 47.

47 BVerfG vom 5.6. 1973 (Lebach I), BVerfGE 35, 202, 233.

48 BGH vom 5.3. 1963 (Fernsehansagerin), BGHZ 39, 124, 131 „tiefgreifende technische und soziale Entwicklungen"; eingehend *Ehmann* AcP 188 (1988), 230, 244f. mwN.

das Herstellen von zunehmend allumfassender und permanenter Öffentlichkeit frühere kulturelle und psychologische Barrieren beseitigt, die den Einzelnen vor Neugier, Indiskretionen und sonstigen immateriellen Verletzungen sicherten. Der unanständige „Blick durchs Schlüsselloch" beispielsweise mag der menschlichen Natur eigen sein, aber während er ursprünglich nur situationsgebunden und lediglich dem Einzelnen möglich war, steht er heute in perpetuierter Form jedermann nach Belieben offen. Der Wegfall aller dieser Barrieren muss nun durch einen allgemeinen rechtlichen Persönlichkeitsschutz kompensiert werden. Im gleichen Atemzug führt die mit der Massengesellschaft verbundene Anonymität dazu, dass Persönlichkeitsverletzungen besonders gravierend sein können. Sie werden umso weniger durch gesellschaftliche Schutzmechanismen aufgefangen, je größer eine Gesellschaft wird, denn die Bereitschaft, einen anderen beispielsweise gegen Äußerungen zu verteidigen oder ihm Verfehlungen nachzusehen, hängt von persönlicher Verbindung ab und geht in der Anonymität verloren. Das Vordringen der Telemedien und die zunehmende Wandlung zur Informationsgesellschaft werden möglicherweise weitere Neuerungen auslösen.[49]

332 Die Entscheidung des **historischen Gesetzgebers**, der von einer Normierung eines allgemeinen Persönlichkeitsrechts im BGB absah, war für die damaligen Verhältnisse durchaus angemessen. Deutschland war zu Kaisers Zeiten noch keine Mediengesellschaft und man sah damals für ein allgemeines Persönlichkeitsrecht wohl zu Recht kein praktisches Bedürfnis. Deshalb verzichtete man bei Verabschiedung des BGB bewusst darauf, die Ehre in §823 Abs.1 BGB aufzunehmen,[50] und sicherte sie allein vor vorsätzlichen bzw. sittenwidrigen Verletzungen.[51] Das RG wendete vereinzelt §826 BGB auf Persönlichkeitsverletzungen an,[52] lehnte es ansonsten aber ebenfalls ab, über die bestehenden besonderen Persönlichkeitsrechte hinaus ein allgemeines Persönlichkeitsrecht zu entwickeln[53] und z.B. für Ehrverletzungen Schmerzensgeldansprüche zu gewähren.[54]

49 Zu sich abzeichnenden neuen Gefährdungspotenzialen *Wanckel*, Persönlichkeitsschutz in der Informationsgesellschaft, 1999, S.151ff.

50 *Mugdan*, Materialien Bd.II, S.1076f., 1117f. Eingehend zu den Beratungen sowie zur weiteren Entwicklung des Persönlichkeitsschutzes *Gottwald*, Das allgemeine Persönlichkeitsrecht – Ein zeitgeschichtliches Erklärungsmodell, 1996, S.7ff., 14ff., 59ff.; siehe auch *Schwarz*, Privatrechtlicher Schutz der Persönlichkeitsrechte gegenüber den Medien – Entwicklung von 1900 bis heute, Diss. Erlangen 1995. Zum Persönlichkeitsschutz vor Schaffung des BGB *Scheyhing* AcP 158 (1959/60), 503ff.; *Coing* JZ 1958, 558f.

51 §§823 Abs.2 Satz 1 BGB, 185ff. StGB, 826 BGB.

52 RG vom 15.11. 1909, RGZ 72, 175, 176f.; RG vom 6.4. 1932, RGZ 140, 392, 400.

53 RG vom 12.5. 1926, RGZ 113, 413, 414f. mwN.; RG vom 2.9. 1937, RGZ 156, 372, 374.

54 RG vom 6.4. 1932, RGZ 140, 392, 395.

II. Sachlicher Schutzbereich

1. Allgemeines

Die Frage nach dem sachlichen Schutzbereich des Persönlichkeitsrechts bzw. danach, was und wovor dieses Recht schützt, ist im Grunde anmaßend. Die menschliche Persönlichkeit ist unendlich komplex und kann nicht in Gestalt weniger Normsätze erfasst werden.[55] Persönlichkeit lässt sich in aller Regel nur in Ausschnitten und Maßstäben verstehen, die anderen Eigengesetzlichkeiten als denen der juristischen Dogmatik folgen. Der rechtliche Persönlichkeitsschutz läuft weitgehend auf das Recht auf Selbstbestimmung und das Recht auf Achtung des sozialen Geltungsanspruchs hinaus. Er basiert damit auf einer Zweiteilung, die ihrerseits nicht scharf umrissen ist, sich aber aus zwei verschiedenen Blickwinkeln umschreiben lässt. 333

Unter Rückgriff auf die Art. 1 GG, Art. 2 GG lassen sich zunächst eine statische und eine dynamische Komponente des Persönlichkeitsschutzes voneinander trennen.[56] Das **statische Element** gewährt das Recht, „allein gelassen zu werden",[57] also zum Beispiel Schutz vor Enthüllungen bislang unbekannter oder wenig bekannter Dinge und vor Belästigungen jeder Art. Aus Sicht des Medienrechts geht es um den Schutz des Einzelnen vor dem gleißenden Licht der Öffentlichkeit bzw. um das Interesse, nicht zum Gegenstand der Medienberichterstattung und des öffentlichen Interesses zu werden. Das **dynamische Element** erfasst die Handlungs- und Entfaltungsmöglichkeiten des Einzelnen, d.h. namentlich Aspekte der Selbstbestimmung. Das Persönlichkeitsrecht sichert dem Einzelnen die Möglichkeit, seine Fähigkeiten und Kräfte frei zu entfalten.[58] In Bezug auf das Medienrecht ist vor allem relevant, dass der Einzelne aktiv in den öffentlichen Meinungsbildungsprozess eingreifen und zum Beispiel Fehlvorstellungen entgegenwirken kann, die über ihn entstanden oder in Umlauf gebracht worden sind. 334

Unterscheidungsansätze im sozialwissenschaftlichen Schrifttum[59] knüpfen in ähnlicher Weise an die Innen- und Außengerichtetheit der Persönlichkeit an. „**Innengerichtetheit**" meint den Wunsch und die Möglichkeit, sich der sozialen 335

---

55 „Die Schwierigkeit beginnt bereits beim Begriff der Persönlichkeit. Fragen wir uns, was wir darunter verstehen, so meinen wir, es zu wissen, jeder hat eine dunkle Vorstellung davon; versucht man aber diese Vorstellung zu analysieren, so zerrinnt sie wie Nebel vor den Augen", *Hubmann*, Das Persönlichkeitsrecht, 2. Auflage 1967, S. 9.

56 *Dürig* JR 1952, 259, 261 ff.; BGH vom 2.4. 1957 (Krankenpapiere), BGHZ 24, 72, 76 „... die Unantastbarkeit der Menschenwürde und das Recht eines jeden auf die freie Entfaltung seiner Persönlichkeit"; ähnlich BGH vom 20.3. 1968 (Mephisto), BGHZ 50, 133, 139; BGH vom 1.12. 1999 (Marlene Dietrich), BGHZ 143, 214, 218; *Arnauld* ZUM 1996, 286 ff.

57 BVerfG vom 5.6. 1973 (Lebach I), BVerfGE 35, 202, 233; „... the right to be let alone", *Burger* J. in Rowan v. United States Post Office, 397 U.S. 728, 736 (1970).

58 BVerfG vom 11.10. 1978, BVerfGE 49, 286, 298.

59 *Noelle-Neumann* Bitburger Gespräche Jb 1999/I, S. 88 ff.; siehe auch *dies.* FS Schweizer 1999, 63 ff. jeweils mwN.

Gemeinschaft und ihren Wertmaßstäben entziehen zu können. Ein wichtiger Anwendungsfall ist der Schutz vor Belästigung, der dem Einzelnen Freiräume sichert, in denen er frei von öffentlicher Beobachtung und der von ihr erzwungenen Selbstkontrolle sein kann. Solche Freiräume ermöglichen dem Einzelnen Phasen des Alleinseins und Ausgleichs, die für die Persönlichkeitsentfaltung notwendig sind und ohne die sie nachhaltig beeinträchtigt würde.[60] Bei der **„Außengerichtetheit“** geht es dagegen um das Ansehen des Einzelnen in den Augen Dritter bzw. in der Gemeinschaft. Ein wichtiges Beispiel ist der Schutz vor Äußerungen, die den Betroffenen in der Wertschätzung Dritter herabsetzen oder ihn in ein falsches Licht stellen. Ebenso liegt es mit „privaten“ Informationen, deren öffentliche Erörterung oder Zurschaustellung als unschicklich gilt bzw. als peinlich empfunden wird und nachteilige Reaktionen der Umwelt auslösen kann. Die soziale Natur des Menschen macht ihn stark von den Reaktionen seiner Umgebung abhängig und führt zu einer permanenten, automatisch ablaufenden Orientierung an öffentlichen Ansichten.[61] Der Einzelne stellt sich vor, was andere Menschen über ihn sagen, über ihn denken oder urteilen und stellt sein Handeln aus „Konformitätsdruck“ darauf ein. Die englische Sprache verdeutlicht die Unterscheidung. Der Engländer spricht von „me“, wenn er sich selbst in den Augen anderer meint. Er sagt dagegen „I“, wenn er seine eigenen Gedanken äußert.

2. Selbstbestimmung

336 Das Recht auf Selbstbestimmung basiert auf der Annahme, dass der Mensch **als individuelles Wesen über sich selbst verfügen und sein Schicksal eigenverantwortlich gestalten** können muss.[62] Die Selbstbestimmungsbefugnis sichert persönliche Rückzugsmöglichkeiten, indem sie den Einzelnen vor der unerwünschten Neugier seiner Mitmenschen schützt. Sie ist aber keineswegs auf „statische“ Elemente beschränkt, sondern eröffnet vielfache Handlungsoptionen. Der Berechtigte kann aktiv steuern, was er anderen über sich mitteilen oder nicht mitteilen will und bei Bedarf auf diese Weise auch sein „Bild nach außen“ beeinflussen. Er kann seine Angelegenheiten grundsätzlich selbst in die Hand nehmen und eigenverantwortlich entscheiden, zum Beispiel persönliche Angelegenheiten mitteilen oder für sich behalten.[63] Ebenso genießt er Schutz dagegen, dass ihm Äußerungen zugerechnet werden, die er nicht getan hat. Zugleich gehört es zum Wesen der Selbstbestimmung, auch in der Wahl der Beweggründe frei zu sein.[64]

60 BVerfG vom 15.12. 1999 (Caroline von Monaco), BVerfGE 101, 361, 383.
61 Eingehend *Noelle-Neumann* FS Schweizer 1999, 63ff. mwN.
62 BVerfG vom 11.10. 1978, BVerfGE 49, 286, 298.
63 BGH vom 9.12. 2003 (Luftbildaufnahmen II), NJW 2004, 762, 763 „Recht auf Selbstbestimmung bei der Offenbarung der persönlichen Lebensumstände“.
64 BGH vom 26.6. 1979, NJW 1979, 2205, 2206.

Eine wichtige Ausprägung ist die **intellektuelle Selbstbestimmung.**[65] Sie sichert dem Einzelnen die Befugnis, grundsätzlich selbst zu entscheiden, ob, wann und in welchen Grenzen persönliche Äußerungen bzw. von ihm irgendwie mitgeteilte Informationen allgemein zugänglich sind.[66] Eine Verletzung des Persönlichkeitsrechts kann zum Beispiel bereits darin liegen, dass jemand vertrauliche Äußerungen unerlaubt für sich in Erfahrung bringt, die nicht für ihn gedacht waren. Das Eingreifen von § 823 Abs. 1 BGB setzt nicht voraus, dass das Erfahrene einen intimen oder persönlichen Inhalt hat oder den Betroffenen in ein falsches Licht stellt. 337

Ein weiterer zentraler Teil ist die **bildliche Selbstbestimmung.**[67] Sie gewährleistet dem Einzelnen Einfluss- und Entscheidungsmöglichkeiten, wenn es darum geht, ob und innerhalb welcher Grenzen Bilder von ihm angefertigt und offenbart werden dürfen. Beeinträchtigungen durch unerlaubte Bildaufnahmen sind typischerweise ein schwerer Eingriff in das Persönlichkeitsrecht des Betroffenen.[68] 338

Das Persönlichkeitsrecht schützt nach der jüngeren BGH-Judikatur[69] und Stimmen im Schrifttum[70] auch vermögenswerte Interessen der Person, während es ursprünglich als bloßes Abwehrrecht gegenüber Störungen der Intim- und Privatsphäre begriffen wurde.[71] Nach diesem Recht auf **kommerzielle Selbstbe-** 339

---

65 Die – an sich ebenfalls treffende – Bezeichnung „informationelle Selbstbestimmung" wird hier nicht benutzt, da sie vielfach allein im Zusammenhang mit Daten und dem Datenschutzrecht verwendet wird und daher missverstanden werden kann.

66 BGH vom 20.5. 1958, BGHZ 27, 284, 286; BVerfG vom 31.1. 1973 (Tonbandaufnahmen), BVerfGE 34, 238, 246; BVerfG vom 18.9. 1995, NJW 1996, 771, 772 mwN. Überblick dazu bei *Wanckel* FS Engelschall 1996, 265ff. mwN. Sehr kritisch und ein solches Recht im Hinblick auf die allgemeine Informationsfreiheit des Einzelnen weitgehend ablehnend *Langer*, Informationsfreiheit als Grenze informationeller Selbstbestimmung, 1992, S. 177ff.

67 Siehe auch § 201a StGB.

68 BGH vom 16.9. 1966 (Vor unserer eigenen Tür), GRUR 1967, 205, 208.

69 BGH vom 1.12. 1999 (Der blaue Engel), NJW 2000, 2201; BGH vom 1.12. 1999 (Marlene Dietrich), BGHZ 143, 214, 219f.; dazu eingehend *Peukert* ZUM 2000, 710ff.; zustimmend *Staudinger/Schmidt* Jura 2001, 241ff.; *Götting* NJW 2001, 585ff.; *Ladeur* ZUM 2000, 879, 885ff.; ablehnend *Schack* JZ 2000, 1060ff.

70 *Götting*, Persönlichkeitsrechte als Vermögensrechte, 1995, S. 134ff.; *Helle* RabelsZ 60 (1996), 448, 459ff.; *Kläver*, Bereicherungsrechtliche Ansprüche bei einer Verletzung des allgemeinen Persönlichkeitsrechts, 1999, S. 59ff., 71ff.; *Wagner* ZEuP 2000, 200, 220ff.; *C. Ahrens*, Die Verwertung persönlichkeitsrechtlicher Positionen 2001; *Kläver* ZUM 2002, 205, 206ff.; *Amelung*, Der Schutz der Privatheit im Zivilrecht, 2002, S. 182ff.; *Ullmann* AfP 1999, 209ff.; zurückhaltend *Peukert* ZUM 2000, 710ff.; ablehnend *Schack* AcP 195 (1995), 594ff.; *Peifer*, Individualität im Zivilrecht, 2001, S. 283ff.; *ders.* GRUR 2002, 495ff.

71 Das Verfassungsrecht hielt an diesem urprünglichen Verständnis zunächst fest. Siehe BVerfG vom 15.12. 1999 (Caroline von Monaco), BVerfGE 101, 361, 385; zustimmend *Frotscher* ZUM 2001, 555, 563f. Nunmehr hat aber BVerfG vom 22.8. 2006 (Marlene Dietrich), NJW 2006, 3409, 3410 die zivilgerichtliche Judikatur als verfassungsrechtlich unbedenklich eingeordnet. Dazu *Wanckel* NJW 2006, 3411.

stimmung[72] kann eine bekannte Persönlichkeit ihre Popularität und ein damit verbundenes Image wirtschaftlich verwerten, indem sie Dritten im Lizenzwege gestattet,[73] Merkmale der Persönlichkeit wie das Bildnis oder den Namen kommerziell zu nutzen, also zum Beispiel als Marke oder in der Werbung einzusetzen. Zugleich wirkt die Erlaubnis nur gegenüber demjenigen, dem sie erteilt wurde und legitimiert keine Nutzung durch Dritte. Dem Träger des Persönlichkeitsrechts steht also insoweit ein absolutes Verwertungsrecht nach immaterialgüterrechtlichem Vorbild zu. Es ermöglicht dem Betroffenen die Entscheidung seiner eigenen Angelegenheiten und namentlich die Steuerung, welche Bereiche seines Lebens er für sich behält und welche der Öffentlichkeit zugänglich sind. Diese Bestandteile des Persönlichkeitsrechts sind nicht höchstpersönlicher, sondern vermögensrechtlicher Natur. Die aus ihnen folgenden Rechte und Befugnisse gehen deshalb auf den Erben über und können von diesem entsprechend dem ausdrücklichen oder mutmaßlichen Willen des Verstorbenen ausgeübt werden.[74]

3. Sozialer Geltungsanspruch

340 Das Recht auf Achtung des sozialen Geltungsanspruchs betrifft die Befugnisse der Gemeinschaft gegenüber dem Einzelnen als sozialem Wesen. Aus Sicht des Persönlichkeitsschutzes geht es darum, in welchem Maß der Betroffene verhindern kann, dass ihm ein bestimmtes Erscheinungsbild in den Augen Dritter „aufgedrängt" wird. Der Schutz von Menschenwürde und Persönlichkeit verlangt, dass grundsätzlich jeder Einzelne **in der Gemeinschaft als gleichberechtigtes Glied mit Eigenwert, als selbstverantwortliche Persönlichkeit anerkannt** werden muss. Der Satz, „der Mensch muss immer Zweck an sich selbst bleiben", gilt uneingeschränkt für alle Rechtsgebiete.[75] Das Persönlichkeitsrecht sichert den Einzelnen in diesem sozialen Geltungsanspruch,[76] der vor allem durch öffentliche Äußerungen verletzt werden kann. Es schützt vor „Prangerwirkung", die den Einzelnen aus der Gemeinschaft ausschließt.[77] Der Einzelne hat aber keinen Anspruch, nur so von anderen dargestellt zu werden, wie er sich selbst sieht oder gesehen werden möchte.[78] Das Selbstbestimmungsrecht ver-

72 Vgl. BGH vom 26.6. 1981 (Carrera), BGHZ 81, 75, 79 „geistige und wirtschaftliche Selbstbestimmung".

73 Dazu eingehend *Bungart*, Dingliche Lizenzen an Persönlichkeitsrechten, 2003, S. 84ff., 124ff.

74 BGH vom 1.12. 1999 (Marlene Dietrich), BGHZ 143, 214, 220ff.; auch insoweit bestätigend BVerfG vom 22.8. 2006 (Marlene Dietrich), NJW 2006, 3409, 3410.

75 BVerfG vom 21.6. 1977, BVerfGE 45, 187, 228.

76 BGH vom 14.11. 1995 (Willy Brandt), NJW 1996, 593 „soziale Geltung des Verletzten in der Öffentlichkeit".

77 BVerfG vom 23.2. 2000, NJW 2000, 2413, 2414 „Anknüpfungspunkt sozialer Ausgrenzung und Isolierung".

78 BVerfG vom 24.3. 1998, BVerfGE 97, 391, 403; BVerfG vom 15.12. 1999 (Caroline von schafft keinen Schutz gegen geringschätziges Denken oder abfällige Bemerkungen anderer, selbst wenn solche Äußerungen noch so beleidigend sein mögen. Ebenso wenig steht dem Einzelnen eine absolute, uneingeschränkte Herrschaft über „seine" Daten zu.[79] Es kann der Gemeinschaft nicht grundsätzlich verboten sein, Informationen zu nutzen, die aus einer anderen Quelle als von dem Betroffenen selbst stammen.

Die öffentliche Beschädigung seines Ansehens kann einen Betroffenen in besonderer Schärfe, ja sogar existenziell verletzen, indem es ihn **sozial ächtet und zum „gesellschaftlichen Tod"** führt. Das Phänomen ist möglicherweise so alt wie die Menschheit selbst und keine Erscheinung des Medienwesens. Das Mittelalter kannte ein ganzes Arsenal an Ehrenstrafen,[80] die dem Betroffenen Schande brachten. Die wichtigste davon war der „Pranger" (auch: Schandpfahl). Es handelte sich keineswegs um eine leichte, sondern um eine gravierende Strafe. Sie war gezielt auf eine größtmögliche öffentliche Wahrnehmung zugeschnitten.[81] Vielfach sanken Menschen am Pranger bewusstlos zusammen, ohne dass ihnen ein körperliches Leid zugefügt worden war. Heute gehen Stigmatisierungen zumeist auf Veröffentlichungen der Medien zurück. Dann können sich gleich mehrere Faktoren zu einer Wirkungskette addieren,[82] die für den Betroffenen verheerend wirken kann und immer wieder zu spektakulären Selbstmorden geführt hat.[83] Betroffene verfolgen die sie betreffende Berichterstattung besonders intensiv und halten sie für bedeutsamer als die Masse der übrigen Leser, Hörer und Zuschauer. Trotzdem unterstellen sie unbewusst, dass andere die Beiträge in gleicher Intensität aufnehmen und ihnen in gleicher Weise Bedeutung zumessen. Hinzu kommt die Überzeugung, dass die Medien andere Personen mehr beeinflussen als uns selbst. Der weit verbreitete Glaube, medienerfahrene Prominente würden durch öffentliche Berichte emotional weniger verletzt als medienunerfahrene Personen, hält empirischen Untersuchungen nicht stand.[84] 341

Ein wesentlicher Teil der Fälle betrifft übrigens nicht spektakuläre Berichte über Prominente, gravierende Rechtsverletzungen oder allgemein interessierende Themen. Der vorherrschende Verletzungsfall betrifft vielmehr **scheinbar „relativ triviale Alltagsgeschehnisse"**, unbekannte Personen und Veröffentlichungen in Blättern mit enger lokaler Ausrichtung, die den Betroffenen aus deren Sicht unzutreffend Fehler unterstellen oder ihre Äußerungen falsch darstellen.[85] Eine typische Reaktion Verletzter sind Gefühle der Hilflosigkeit und Verlassenheit, die z.T. über viele Monate andauern. Ein im Gefolge der Veröffentlichung verändertes Verhalten anderer Menschen ihnen gegenüber beobachten 342

Monaco), BVerfGE 101, 361, 380; BVerfG vom 10.7. 2002 (Hingerl), NJW 2002, 3767, 3768.

79 BGH vom 9.12. 2003 (Luftbildaufnahmen II), NJW 2004, 762, 765.

80 *von Hentig*, Die Strafe, Band I, Frühformen und kulturgeschichtliche Zusammenhänge, 1954, S. 397ff.

81 *Bader-Weiß/Bader*, Der Pranger – Ein Strafwerkzeug und Rechtswahrzeichen des Mittelalters, 1935, S. 136ff. mwN.

82 Dazu *Kepplinger* Bitburger Gespräche Jb 1999/I, S. 15, 25ff.

83 Uwe Barschel (1987), Raimund Harmsdorf (1998), David Kelly (2003), Jürgen W. Möllemann (2003).

84 *Kepplinger* in: Beater/Habermeier (Hrsg.), Verletzungen von Persönlichkeitsrechten durch die Medien, 2005, S. 117, 123f.

85 *Kepplinger* in: Beater/Habermeier (Hrsg.), Verletzungen von Persönlichkeitsrechten durch die Medien, 2005, S. 117, 124ff.

Betroffene vor allem bei Personen im weiteren sozialen Umfeld, mit denen sie nur gelegentlich in persönlichem Kontakt treten.

343 Gegenüber Äußerungen greift der Schutz des sozialen Geltungsanspruchs ein, weil diese **einen bestimmten Inhalt** haben. Die Schutzbedürftigkeit des Betroffenen ist umso höher, je stärker die Information geeignet ist, Prangerwirkungen hervorzurufen, zum Beispiel weil sie tief sitzende gesellschaftliche Tabus berührt. Der Persönlichkeitsschutz trennt dabei wesentlich zwischen Werturteilen und Tatsachen sowie zwischen wahren und unwahren Tatsachen. Der Betroffene genießt gegenüber unzutreffenden Tatsachen grundsätzlich Schutz, während er vor zutreffenden Tatsachen nur im Einzelfall gesichert wird. Werturteile hat er fast durchweg hinzunehmen.

344 Die Abstufungen und unterschiedlichen Ansatzpunkte des Persönlichkeitsschutzes lassen sich am Beispiel der **Wahlkampf-Illustrierte-Entscheidung** verdeutlichen.[86] Im Streitfall bildete eine Wahlkampfbroschüre eine Heimleiterin ab, die als „Frau, 32 Jahre" bezeichnet und der textlich ein Statement gegen Frauendiskriminierung zugeordnet wurde. Dies geschah ohne Wissen der Abgebildeten, die überdies Mitglied einer anderen Partei war. Darin lag zum einen eine Verletzung des **Selbstbestimmungsrechts**, da man die Klägerin ohne ihr Einverständnis abgebildet hatte und ihr eine Äußerung zuschrieb, die sie gar nicht gemacht hatte. Zum anderen wurde ihr **sozialer Achtungsanspruch** verletzt, weil die Broschüre etwas Unwahres über sie behauptete, nämlich ihre Mitgliedschaft in einer bestimmten politischen Partei. Die Berechtigung des Persönlichkeitsrechts gegenüber dem **traditionellen Ehrenschutz** zeigt sich, wenn man den Streitfall vereinfacht und allein danach fragt, ob die unzutreffende Behauptung über die Mitgliedschaft in einer politischen Partei Schutzansprüche auslöst. Nach den §§ 823 Abs. 2 Satz 1 BGB, 186 StGB wäre Schutz nur möglich, wenn die Falschangabe die Betroffene in der öffentlichen Meinung herabwürdigen könnte. Das lässt sich nicht ohne weiteres annehmen, zumal die Einordnungen in der bayerischen Provinz und in Berlin-Hohenschönhausen sehr unterschiedlich ausfallen würden. Der Schutz der Persönlichkeit bzw. des sozialen Geltungsanspruchs, der im Übrigen gerade anhand einer solchen Konstellation entwickelt worden ist, greift dagegen unproblematisch ein, da der Achtungsanspruch auch individuell durch den Betroffenen selbst bestimmt wird. Es reicht aus, dass der Betroffene in ein falsches bzw. ein Licht gestellt wird, das ihm nicht entspricht. Der Unterschied zwischen den beiden Spielarten innerhalb des Persönlichkeitsschutzes schließlich wird deutlich, wenn die richtige Parteimitgliedschaft öffentlich gemacht wird. Der Achtungsschutz greift dann grundsätzlich nicht ein. Dagegen schützt das Selbstbestimmungsrecht den Betroffenen davor, dass andere „unerlaubt Einblick in seine Seele und ihre unbewussten Regungen nehmen".[87] Es wäre beispielsweise gefordert, wenn politische Ansichten mit Hilfe eines Lügendetektors entlockt würden.

---

86 BGH vom 27.11. 1979 (Wahlkampf-Illustrierte), NJW 1980, 994ff.; dazu *Klosterfelde* GRUR 1980, 261f.

87 BGH vom 16.2. 1954, BGHSt 5, 332, 335.

III. Persönlicher Schutzbereich

Das Persönlichkeitsrecht steht **jedem Menschen** zu. Inhaber entsprechender zivilrechtlicher Ansprüche kann aber nur der **unmittelbar Verletzte** sein, nicht dagegen derjenige, der von den Fernwirkungen eines Eingriffs in das Persönlichkeitsrecht eines anderen lediglich mittelbar belastet wird.[88] Gegen Äußerungen, die sich gegen eine allgemein umschriebene Gruppe richten, kann sich der Einzelne nur wenden, wenn er damit zugleich individuell verletzt bzw. erkennbar wird.[89] Eine solche individuelle Verletzung kommt grundsätzlich nur in Betracht, wenn die betreffende Personengruppe insgesamt klein und überschaubar ist, etwa wenn ein namentlich nicht genanntes Mitglied der Bayerischen Landesregierung mit einem Call-Girl-Ring in Verbindung gebracht wird.[90] Der Familie[91] und der Ehe stehen daher weder eigenständige Persönlichkeitsrechte zu, noch gebietet Art. 6 GG insoweit spezielle Maßstäbe.[92] In der ideellen Beeinträchtigung einzelner Mitglieder einer Familie kann im Ausnahmefall allerdings auch eine Verletzung ihrer übrigen Mitglieder liegen,[93] doch ist die Rechtsprechung mit solchen Annahmen sehr zurückhaltend. Das Deliktsrecht bietet einer Person namentlich dann keinen Schutz, wenn diese von der betreffenden Berichterstattung weder ausdrücklich noch stillschweigend erwähnt wird und sich allein wegen ihrer engen Beziehung zu der Person wehrt, auf die sich die Berichterstattung bezieht.[94] 345

Das allgemeine Persönlichkeitsrecht wirkt über den Tod des ursprünglichen Rechtsträgers hinaus.[95] Es gewährt **postmortalen Schutz**, da auch Tote nach der Verfassung und den „Anschauungen unseres Kulturkreises" ein Recht auf Wahrung ihrer Würde haben.[96] Menschenwürde und freie Selbstentfaltung zu Lebzeiten sind nur dann zureichend gewährleistet, wenn der Mensch für die Zeit 346

---

88 BGH vom 15.4. 1980, NJW 1980, 1790, 1791; BGH vom 6.12. 2005 (Mordkommission Köln), BGHZ 165, 203, 211.

89 Zu den Kriterien für die Erkennbarkeit in der Wort- und Bildberichterstattung *Rehbock/Mensch* FS Damm 2005, 141, 142ff., 145ff.

90 BGH vom 18.12. 1964 (Call-Girl-Ring), BGHSt 19, 235, 236ff. zu §185 StGB.

91 BGH vom 5.3. 1974, VersR 1974, 758, 759; BGH vom 6.12. 2005 (Mordkommission Köln), BGHZ 165, 203, 211f.

92 A.A. wohl *Neidhardt/Gerlach* FS Engelschall 1996, 255ff.

93 BGH vom 25.2. 1969, NJW 1969, 1110, 1111; BGH vom 16.6. 1970, NJW 1970, 1599, 1600.

94 BGH vom 6.12. 2005 (Mordkommission Köln), BGHZ 165, 203, 212f. mwN.

95 BGH vom 26.11. 1954 (Cosima Wagner), BGHZ 15, 249, 259; BGH vom 20.3. 1968 (Mephisto), BGHZ 50, 133, 136f.; BGH vom 6.12. 2005 (Mordkommission Köln), BGHZ 165, 203, 205 mwN.; *Neumann-Duesberg* JZ 1968, 703ff.; *Müller*, Postmortaler Rechtsschutz – Überlegung zur Rechtssubjektivität Verstorbener, 1996, S. 80ff., 227ff.; *Hillgruber* JZ 1997, 975ff.; *Westermann* FamRZ 1968, 561ff.; kritisch *Buschmann* NJW 1970, 2081, 2082ff.; *Schwerdtner* JZ 1968, 703ff.; *ders.* Jura 1985, 105; ablehnend *Stein* FamRZ 1986, 7ff. mwN; zu rechtsvergleichenden Aspekten *Murakami/Escher-Weingart* KritV 1994, 138ff.; *Knellwolf* ZUM 1997, 783ff.

96 BGH vom 20.3. 1968 (Mephisto), BGHZ 50, 133, 138. Im Ergebnis unter Rückgriff auf Art. 1 Abs. 1 GG ebenso BVerfG vom 24.2. 1971 (Mephisto), BVerfGE 30, 173, 194.

nach dem Tode zumindest auf elementare Sicherungen seines Ansehens vertrauen und in dieser Erwartung leben kann.[97] Für postmortale Beeinträchtigungen sind allerdings zahlreiche Besonderheiten zu beachten. So kann die dynamische Komponente des Persönlichkeitsrechts prinzipiell nur in Bezug auf lebende Personen verletzt werden,[98] da sie auf den Schutz von Entfaltungs- und Handlungsmöglichkeiten gemünzt ist. Bestimmte Konstellationen, etwa der persönlichkeitsrechtliche Schutz von Bestattungsmodalitäten und des Leichnams,[99] können sich andererseits nur post mortem ergeben. Im Rahmen der Gesamtabwägung kann weiterhin der Schutz der persönlichen Empfindung des Angegriffenen als solcher nicht mehr ins Gewicht fallen.[100] Deshalb sind Darstellungen, die den Intimbereich berühren, bei Verstorbenen nach einem anderen Wertungsmaßstab als bei Lebenden zu beurteilen.[101]

347 **Kindern** steht sowohl ein eigener Persönlichkeitsschutz als auch ein über das elterliche Erziehungsrecht vermittelter Schutz zu.[102] Sie bedürfen besonderer Protektion, weil sie sich erst zu eigenverantwortlichen Personen entwickeln müssen und ihre Persönlichkeitsentfaltung sehr viel empfindlicher und nachhaltiger gestört werden kann als die Erwachsener. Der Schutz ist auf die Entwicklungsphase des Kindes abzustimmen. Er ist in thematischer und räumlicher Hinsicht umfassender und kann bereits gegenüber persönlichkeitsbezogenen Informationen eingreifen, deren Verbreitung dazu führen kann, dass dem Kind in Zukunft nicht mehr unbefangen begegnet wird oder dass es sich speziellen Verhaltenserwartungen ausgesetzt sieht.[103] Ebenso ist der Schutzgehalt des allgemeinen Persönlichkeitsrechts von Eltern oder Elternteilen im Interesse des Familienschutzes durch Art. 6 Abs. 1, Abs. 2 GG verstärkt, soweit es um die Veröffentlichung von Abbildungen geht, die die spezifisch elterliche Hinwendung zu ihren Kindern zum Gegenstand haben.[104]

348 **Organisationen und sonstigen Institutionen** steht der persönlichkeitsrechtliche Schutz zu, soweit er sinngemäß auf sie anwendbar ist.[105] Dies ist für den Namensschutz und den Ehrenschutz[106] anerkannt, während beispielsweise der

97 BGH vom 20.3. 1968 (Mephisto), BGHZ 50, 133, 139; BGH vom 6.12. 2005 (Mordkommission Köln), BGHZ 165, 203, 205 mwN.

98 BGH vom 6.12. 2005 (Mordkommission Köln), BGHZ 165, 203, 205 mwN.

99 Dazu *Bieler* JR 1976, 224ff.

100 BGH vom 20.3. 1968 (Mephisto), BGHZ 50, 133, 136.

101 BGH vom 20.3. 1968 (Mephisto), BGHZ 50, 133, 136.

102 BGH vom 12.12. 1995, NJW 1996, 985, 986; BVerfG vom 29.7. 2003, NJW 2003, 3262, 3263.

103 BVerfG vom 29.7. 2003, NJW 2003, 3262, 3263 (Veröffentlichung eines Horoskops mit Ausführungen zu angeblichen gegenwärtigen und zukünftigen Eigenschaften einer Prinzentochter).

104 BVerfG vom 15.12. 1999 (Caroline von Monaco), BVerfGE 101, 361, 386.

105 Dazu *Klippel* JZ 1988, 625ff. mwN.; *Leßmann* AcP 170 (1970), 266, 271ff.; gegenüber der „partiellen Anwendung" des Persönlichkeitsrechts auf juristische Personen dagegen kritisch *Kau*, Vom Persönlichkeitsschutz zum Funktionsschutz, 1989, S. 33ff., 37.

106 BGH vom 25.9. 1980, BGHZ 78, 274, 278f. mwN.; BGH vom 5.5. 1981, NJW 1981,

Schutz der Intimsphäre keine Anwendung finden kann. Im Übrigen gelten zahlreiche Besonderheiten. Speziell für Unternehmen und Unternehmensgruppen sind außerdem das Recht am Unternehmen und §824 BGB zu beachten.

IV. Schwere der Beeinträchtigung

1. Allgemeines

Die Schwere der Beeinträchtigung ist für mehrere Aspekte des Persönlichkeits- 349
schutzes von zentraler Bedeutung, insbesondere für die Gesamtabwägung. Je stärker die Beeinträchtigung ist, umso eher wird die Abwägung der beteiligten Interessen zugunsten des Verletzten ausfallen.[107] Die Schwere der Verletzung ist jedoch nicht eindimensional messbar. Sie bestimmt sich nach zahlreichen unterschiedlichen Faktoren und kann auch zu berücksichtigen haben, dass Beeinträchtigungen von den Betroffenen als Individuen naturgemäß verschieden erlebt und empfunden werden.

Die Schwere der Verletzung hängt einmal vom **beeinträchtigten Persönlich-** 350
keitsgut ab. Weit verbreitet ist dazu die Unterscheidung zwischen Intim-, Privat- und Individualsphäre. Sie beruht auf der Überlegung, dass ein Betroffener typischerweise umso schutzwürdiger ist, je stärker sein „innerster Bereich" betroffen wird. Das Sphärendenken versagt allerdings im Zusammenhang mit fortgesetzten Beeinträchtigungen, die einzeln für sich genommen unerheblich sind, sich aber in der Gesamtwirkung zu einer schwerwiegenden Verletzung addieren.

Die **Intimsphäre** genießt als Kernbereich privater Lebensgestaltung absoluten Schutz, 351
selbst überwiegende Interessen der Allgemeinheit können einen Eingriff nicht rechtfertigen.[108] Die Intimsphäre ist von den Gerichten bislang aber eng definiert worden und hat daher geringe praktische Bedeutung.[109] Eingriffe in die **Privatsphäre** sind vom Betroffenen eher hinzunehmen. „Privat" sind in diesem Sinne beispielsweise der häusliche, familiäre und sonstige, der Öffentlichkeit entzogene Umkreis,[110] der Gesundheitszustand[111] sowie die Vermögensverhältnisse einer Person.[112] Die **Individualsphäre** betrifft schließlich die Beziehungen einer Person zu ihrer Umwelt, ihrem Beruf und ihrem Auftreten in der Öffentlichkeit. Eingriffe in diesen Bereich unterliegen nochmals geringeren

---

2117, 2119; BGH vom 22.11. 2005 (Unvollständige Berichterstattung), NJW 2006, 601, 602 Rdnr. 9.

107 BVerfG vom 31.1. 1973 (Tonbandaufnahmen), BVerfGE 34, 238, 249f.; BGH vom 9.12. 2003 (Luftbildaufnahmen II), NJW 2004, 762, 764.

108 BVerfG vom 31.1. 1973 (Tonbandaufnahmen), BVerfGE 34, 238, 245.

109 OLG Hamm vom 2.12. 1969 (Brautpaar), GRUR 1971, 84, 85 (Fotoaufnahmen während der kirchlichen Trauungszeremonie); BGH vom 22.1. 1985 (Humanbiologischer Schulunterricht), NJW 1985, 1617, 1618 (Nacktfotos); BGH vom 24.11. 1987 (Büro-Sex), NJW 1988, 1984, 1985 (sexuelle Telefongespräche mit dem Ehepartner).

110 BGH vom 19.12. 1995 (Paparazzi-Fotos), BGHZ 131, 332, 338f.

111 BGH vom 5.12. 1995 (Caroline II), NJW 1996, 984, 985.

112 OLG Bremen vom 20.5. 1992, MDR 1992, 1033 (Abgabe einer Offenbarungsversicherung).

Zulässigkeitshürden. Veröffentlichungen, die sich auf Angelegenheiten der Individualsphäre beziehen, sind grundsätzlich zulässig, soweit keine unwahren Tatsachenbehauptungen oder ehrverletzenden Äußerungen gemacht werden.

352 Der Beeinträchtigungsgrad kann von speziellen **Eigenschaften des Betroffenen** abhängen. Eine Öffentlichkeitswirkung kann umso tiefgreifender sein, je größer der Bekanntheitsgrad und die Reputation des Betroffenen sind[113] und je stärker eine verletzende Äußerung aufgrund ihres Inhalts und der sonstigen Umstände in Erinnerung bleibt und zur Erörterung anreizt.[114] Ebenso kann in Bezug auf die zukünftigen Handlungsmöglichkeiten des Betroffenen bzw. danach zu unterscheiden sein, in welchem Umfang er in seiner Persönlichkeitsentfaltung beeinträchtigt wird.[115] Verletzungen können sowohl rein punktuell als auch die gesamte Lebensperspektive treffen. Verfälschende öffentliche Darstellungen sind umso schwerwiegender, je stärker sie die Gesamtpersönlichkeit, das wissenschaftliche Lebenswerk[116] oder das Lebensbild[117] eines Menschen betreffen. Besonders schwerwiegend sind Verletzungen, die einer Betroffenen die weitere Ausübung ihres Berufs unmöglich machen[118] oder im Extremfall einem früheren Straftäter sogar jede Resozialisierungschance und letztlich die Aussicht auf eine soziale Integration und ein „normales" Leben nehmen.[119]

2. Medienbezogene Kriterien

353 Äußerungen in den Medien sind aufgrund ihrer **Reichweite und der besonderen Autorität**, die solchen Mitteilungen in der Regel beigemessen wird, für den Betroffenen typischerweise besonders schwerwiegend.[120] Enthüllungen und Äußerungen beeinträchtigen außerdem umso stärker, je größer ihr Verbreitungsgrad ist bzw. je höher die Marktanteile des Mediums, seine geografische Verbreitung und die konkret zu erwartende Auflage bzw. Einschaltquote sind.[121] Mit der Rechtsprechung ist weiterhin anzunehmen, dass die Erstveröffentlichung grundsätzlich stärker verletzt als eine nachfolgende bzw. eine **Veröffentlichung, die sich auf bereits irgendwie publizierte Nachrichten bezieht.**[122] Es

---

113 BGH vom 5.5. 1986, BGHZ 98, 32, 38.
114 BGH vom 10.11. 1961 (Hochzeitsbild), GRUR 1962, 211, 213.
115 BVerfG vom 24.3. 1998, BVerfGE 97, 391, 403, 405; BVerfG vom 25.11. 1999 (Lebach II), NJW 2000, 1859, 1860.
116 BGH vom 17.5. 1984 (Frischzellenkosmetik), GRUR 1984, 907, 908.
117 BGH vom 20.3. 1968 (Mephisto), BGHZ 50, 133, 141ff.
118 BGH vom 26.1. 1971 (Pariser Liebestropfen), NJW 1971, 698, 700f.
119 BVerfG vom 5.6. 1973 (Lebach I), BVerfGE 35, 202, 226ff. Die Beurteilung ändert sich, wenn die öffentliche Empörung aufgrund eines großen zeitlichen Abstands verblasst ist und der Täter kaum identifizierbar gemacht wird, BVerfG vom 25.11. 1999 (Lebach II), NJW 2000, 1859, 1860f.
120 BGH vom 22.12. 1959 (Alte Herren), BGHZ 31, 308, 313; BVerfG vom 25.1. 1961 (Auf der Wolga verhaftet), BVerfGE 12, 113, 130; BGH vom 21.6. 1966 (Teppichkehrmaschine), NJW 1966, 2010, 2011.
121 BGH vom 10.11. 1961 (Hochzeitsbild), GRUR 1962, 211, 213; BGH vom 7.1. 1969, VersR 1969, 349, 350; BVerfG vom 5.6. 1973 (Lebach I), BVerfGE 35, 202, 227f.; BVerfG vom 25.11. 1999 (Lebach II), NJW 2000, 1859, 1860.
122 BGH vom 29.6. 1999 (Ehebruch), NJW 1999, 2893, 2894f. Siehe Rdnr. 997f., 1113.

ist aber zu beachten, dass auch eine „Zweitveröffentlichung“ Persönlichkeitsinteressen beeinträchtigen kann und dass der Betroffene nicht durch eine bereits erfolgte Veröffentlichung automatisch schutzlos werden darf.

Die Schwere der Beeinträchtigung wird ebenso von der Art des Eingriffs und 354
damit auch von den **Eigenheiten des verletzenden Mediums** beeinflusst. Bildberichterstattungen greifen typischerweise stärker als Wort- oder Schriftbeiträge in die Persönlichkeit des Betroffenen ein.[123] Ebenso entfalten aktuelle Bilder eines Betroffenen zumeist eine höhere Prangerwirkung als ältere Bilder oder Archivmaterial. Es kann deshalb sein, dass eine Fernsehreportage über die NS-Vergangenheit eines Arztes zwar Aufnahmen des Betroffenen bei früheren NS-Gerichtsverfahren, nicht aber Bilder senden darf, die ihn in seinem heutigen Leben zeigen.[124] Grundsätzlich ist das Fernsehen wegen des besonderen Anscheins von Authentizität und des Miterlebens, der bequemen Verfügbarkeit und seiner Suggestivkraft sowie seiner großen Reichweite das für den Betroffenen verletzungsintensivste Medium.[125]

V. Legitimierende Informationsinteressen

Der Kreis der rechtlichen Interessen, die Beeinträchtigungen des Persönlich- 355
keitsrechts legitimieren können, ist prinzipiell unbegrenzt. Aus Sicht der Medien ist das **Informationsinteresse der Öffentlichkeit** (siehe § 11), das persönlichkeitsbeeinträchtigende Äußerungen von Medien rechtfertigen kann,[126] mit Abstand am wichtigsten. In Bezug auf personenbezogene Reportagen und das Persönlichkeitsrecht ist dabei auch zu beachten, dass die **Personalisierung** ein grundsätzlich legitimes publizistisches Mittel zur Erregung von Aufmerksamkeit ist.[127]

Je größer das Informationsinteresse der Öffentlichkeit ist, umso stärker muss das Schutz- 356
interesse eines Betroffenen hinter den Belangen der Öffentlichkeit zurücktreten.[128] Generell begründen alle Ereignisse ein hohes öffentliches Informationsinteresse, die die Demokratiefunktion der Medien bzw. den „öffentlichen Meinungskampf“[129] berühren. Das öffentliche Interesse erstreckt sich auch auf Informationen unterhaltenden Charak-

---

123 BGH vom 16.9. 1966 (Vor unserer eigenen Tür), GRUR 1967, 205, 208; ähnlich BVerfG vom 5.6. 1973 (Lebach I), BVerfGE 35, 202, 226f.; BVerfG vom 14.7. 1994 (Strafverfahren Erich Honecker), BVerfGE 91, 125, 135.

124 BGH vom 16.9. 1966 (Vor unserer eigenen Tür), GRUR 1967, 205, 208f.

125 BVerfG vom 3.6. 1980 (Böll/Walden), BVerfGE 54, 208, 216; BVerfG vom 17.2. 1998 (Kurzberichterstattung), BVerfGE 97, 228, 256. Zu einem konkreten Anwendungsfall siehe BGH vom 22.1. 1985 (Humanbiologischer Schulunterricht), NJW 1985, 1617, 1619.

126 Grundlegend BGH vom 22.12. 1959 (Alte Herren), BGHZ 31, 308, 312. Siehe Rdnr. 937ff.

127 BVerfG vom 15.12. 1999 (Caroline von Monaco), BVerfGE 101, 361, 390. Zur Personalisierung als journalistischer Darstellungsform siehe Rdnr. 925ff.

128 Z.B. BGH vom 19.12. 1995 (Paparazzi-Fotos), BGHZ 131, 332, 342.

129 BVerfG vom 25.1. 1984 (Wallraff), BVerfGE 66, 116, 139. Siehe Rdnr. 951ff.

ters,[130] doch ist deren Wert bei der Abwägung mit den widerstreitenden Persönlichkeitsinteressen typischerweise geringer anzusetzen als der von demokratierelevanten Informationen.[131] Das Informationsinteresse kann weiterhin zeitgebunden sein, also in einem aktuellen Zusammenhang hoch sein und mit zunehmender Zeitdauer an Bedeutung verlieren.[132]

VI. Gesamtabwägung, Verhältnismäßigkeitsanforderungen

357 Im Rahmen einer Gesamtbetrachtung sind schließlich die Schwere des Persönlichkeitseingriffs, die Bedeutung möglicher legitimierender Interessen sowie das Vorverhalten des Betroffenen, Handlungsalternativen des Verletzers und sonstige relevante Umstände im Einzelfall gegeneinander zu gewichten. Je stärker eine Beeinträchtigung ist, umso eher verdient der Betroffene Schutz und umso stärkere Anforderungen bestehen für eine etwaige Berechtigung des beeinträchtigenden Handelns aufseiten des Verletzers.[133]

358 Unter Rückgriff auf die Bedeutung der Meinungsfreiheit räumen die Gerichte dem öffentlichen Informationsinteresse im Verhältnis zu anderen Rechtsgütern, insbesondere im Verhältnis zur persönlichen Ehre, einen besonders hohen Rang ein.[134] Das BVerfG geht von einer **grundsätzlichen Vermutung für die Zulässigkeit der freien Rede** aus, wenn es sich um einen Beitrag zum geistigen Meinungskampf in einer die Öffentlichkeit wesentlich berührenden Frage handelt.[135] Das BVerfG schießt damit in den Augen vieler Kritiker über das Ziel hinaus.[136] Mit diesen Stimmen ist Skepsis darüber angebracht, ob eine solche Linie tatsächlich zu einer Verstärkung des um Sachfragen bemühten offenen Meinungsbildungsprozesses und nicht zum Gegenteil führt, nämlich einer Senkung von

---

130 Z.B. BVerfG vom 15.12. 1999 (Caroline von Monaco), BVerfGE 101, 361, 389f. mwN. Siehe Rdnr. 957ff.

131 Z.B. BVerfG vom 29.7. 2003, NJW 2003, 3262, 3263 mwN. Siehe Rdnr. 961f.

132 Z.B. BVerfG vom 5.6. 1973 (Lebach I), BVerfGE 35, 202, 233ff. Siehe Rdnr. 1002ff.

133 BGH vom 19.12. 1978 (Abhöraffäre), BGHZ 73, 120, 128; BGH vom 9.12. 2003 (Luftbildaufnahmen II), NJW 2004, 762, 764.

134 BVerfG vom 15.1. 1958 (Lüth), BVerfGE 7, 198, 208 „... eines der vornehmsten Menschenrechte überhaupt. Für eine freiheitlich-demokratische Staatsordnung ist es schlechthin konstituierend". Kraftvolles Plädoyer für diese Linie bei *Kübler* KritV 2000, 313ff.; *ders.* JZ 1984, 541, 543ff.; *ders.* NJW 1999, 1281ff.; siehe auch *Senfft*, Schmäher vor Gericht, 1993, S. 3ff.; *Grimm* NJW 1995, 1697ff.; *Dressler* Bitburger Gespräche Jb 1995/II, S. 125ff.; rechtsvergleichend *Nolte*, Beleidigungsschutz in der freiheitlichen Demokratie, 1992, S. 4ff., 94ff., 191ff.

135 BVerfG vom 15.1. 1958 (Lüth), BVerfGE 7, 198, 208; BVerfG vom 22.6. 1982 (NPD Europas), BVerfGE 61, 1, 11; BVerfG vom 9.10. 1991 (Kritische Bayer-Aktionäre), BVerfGE 85, 1, 16f.; BVerfG vom 25.8. 1994 (Soldaten sind Mörder), NJW 1994, 2943.

136 *Mackeprang*, Ehrenschutz im Verfassungsstaat, 1990, S. 141ff.; *Forkel* JZ 1994, 637, 640ff.; *Kriele* NJW 1994, 1897ff.; *Ossenbühl* JZ 1995, 633ff.; *Tettinger*, Die Ehre – ein ungeschütztes Verfassungsgut?, 1995, S. 27ff., 35ff.; *Schmitt Glaeser* NJW 1996, 873ff.; *Stark*, Ehrenschutz in Deutschland, 1996, S. 112ff.

Mindeststandards der auch in der Demokratie unverzichtbaren Achtung des Angegriffenen und der Tendenz zur Verrohung politischer Umgangsformen.[137]

Medien müssen darüber hinaus in einem gewissen Rahmen auf die schutz- 359
würdigen Belange der betroffenen Persönlichkeit Rücksicht nehmen[138] und unterliegen dazu der speziellen **Sorgfalts- und Recherchepflicht** (siehe §14). Diese Pflicht reicht umso weiter, je stärker die Äußerung in das Persönlichkeitsrecht eingreift.[139] Außerdem kann der Betroffene eine beeinträchtigende Äußerung aufgrund seines **eigenen öffentlichen Vorverhaltens** ganz oder teilweise hinzunehmen haben.[140] Wer sich selbst öffentlich äußert und so in die öffentliche Meinungsbildung eingreift, hat Reaktionen und Stellungnahmen zu seinem eigenen Vorstoß grundsätzlich zu dulden.

VII. Besondere Persönlichkeitsrechte

Das Zivilrecht kennt besondere, d.h. **speziell gesetzlich geregelte Persönlich- 360**
keitsrechte. Die wichtigsten sind das Recht am eigenen Bild,[141] das Recht am Namen[142] und das Urheberpersönlichkeitsrecht.[143] Weitere Ausprägungen des Persönlichkeitsschutzes finden sich in Gestalt von Schutzgesetzen im Sinne von §823 Abs.2 Satz 1 BGB, namentlich in den strafrechtlichen Normen zum Ehrenschutz[144] und zum Vertraulichkeitsschutz,[145] der im Einzelnen mehrere Varianten kennt. Die Existenz und Notwendigkeit dieser Normen basierte ursprünglich darauf, dass sie vor dem Entstehen des allgemeinen Persönlichkeitsrechts geschaffen wurden und seinerzeit immerhin einzelne Ausprägungen der Persönlichkeit schützten. Mit der Anerkennung und dem Ausbau des allgemeinen Persönlichkeitsrechts ist diese Notwendigkeit entfallen.

Heute werden die besonderen Rechte nur noch als spezielle **Ausprägungen** 361
des allgemeinen Persönlichkeitsrechts begriffen und haben keinen abschließenden Regelungsgehalt.[146] Die Verletzung des allgemeinen Persönlichkeitsrechts ist nach eigenständigen Maßstäben zu beurteilen, die grundsätzlich unabhängig davon gelten, ob zugleich ein besonderes Persönlichkeitsrecht eingreift

137 *Tettinger*, Die Ehre – ein ungeschütztes Verfassungsgut?, 1995, S.27 mwN.
138 BVerfG vom 25.1. 1961 (Auf der Wolga verhaftet), BVerfGE 12, 113, 130; BGH vom 22.12. 1959 (Alte Herren), BGHZ 31, 308, 313; BGH vom 30.1. 1979 (Exdirektor), NJW 1979, 1041.
139 Z.B. BGH vom 3.5. 1977 (Abgeordnetenbestechung), NJW 1977, 1288, 1289. Siehe Rdnr. 1180f.
140 Z.B. BGH vom 5.5. 1964 (Sittenrichter), NJW 1964, 1471, 1472. Siehe Rdnr. 980ff.
141 §§22f. KUG.
142 §12 BGB.
143 §§11–14 UrhG.
144 §§185ff. StGB.
145 §§201–206 StGB.
146 In der „Frühzeit“ des Persönlichkeitsrechts noch anders BGH vom 18.3. 1959 (Caterina Valente), BGHZ 30, 7, 11.

oder nicht.[147] Soweit sich das allgemeine und das besondere Persönlichkeitsrecht miteinander überschneiden, können die gesetzlichen Wertungen der besonderen Regelung im Rahmen der Gesamtabwägung zu berücksichtigen sein. § 823 Abs. 1 BGB ist auf diese Weise zu einem Sammelbecken für den Persönlichkeitsschutz geworden, das die Bildung einheitlicher Maßstäbe erleichtert und dem Entstehen von Sonderentwicklungen und Schutzlücken[148] entgegenwirkt.

362 Die **heutige Bedeutung der besonderen Persönlichkeitsrechte** liegt darin, dass die gesetzliche Fixierung partiell von den Unsicherheiten befreit, die mit den Abwägungen im Rahmen des allgemeinen Persönlichkeitsrechts verbunden sind.[149] Besondere Persönlichkeitsrechte können prinzipiell auch dann Ansprüche verschaffen, wenn die Persönlichkeit nach den Regeln, die für das allgemeine Persönlichkeitsrecht gelten, gar nicht verletzt ist. Die praktische Relevanz dieser Möglichkeit ist freilich nicht sonderlich hoch. Die besonderen Persönlichkeitsrechte müssen nämlich – ggf. im Wege der verfassungskonformen Auslegung – denselben verfassungsrechtlichen Mindestanforderungen genügen wie das allgemeine Persönlichkeitsrecht. Das schließt prinzipielle Wertungswidersprüche zwischen den besonderen Rechten und dem allgemeinen Recht grundsätzlich aus. Der Einfluss des Verfassungsrechts hat darüber hinaus auch zu starken Angleichungen der inhaltlichen Maßstäbe geführt.[150]

363 Anwendungsunterschiede ergeben sich hauptsächlich für **Fälle postmortaler Verletzungen**. Beispielsweise stellt § 22 Satz 3 KUG detaillierte Regeln darüber auf, dass der postmortale Schutz bis zum Ablauf von 10 Jahren andauert. Demgegenüber ist die Dauer des allgemeinen persönlichkeitsrechtlichen Schutzes nicht klar umrissen[151] und daher nicht immer sicher zu beurteilen.

---

147 BGH vom 20.3. 1968 (Mephisto), BGHZ 50, 133, 138 für den postmortalen Persönlichkeitsschutz; BGH vom 26.6. 1981 (Carrera), BGHZ 81, 75, 78 für das Namensrecht; BGH vom 9.7. 1985, BGHZ 95, 212, 214 für den Ehrenschutz; BGH vom 8.6. 1989 (Emil Nolde), BGHZ 107, 384, 390f für das Urheberpersönlichkeitsrecht; für das Recht am eigenen Bild bereits frühzeitig BGH vom 10.5. 1957 (Spätheimkehrer), BGHZ 24, 200, 208; im Schrifttum ähnlich bereits *Wronka* UFITA 69 (1973), 71, 74ff.; abweichend *Funkel*, Schutz der Persönlichkeit durch Ersatz immaterieller Schäden in Geld, 2000, S. 40f., der die besonderen Persönlichkeitsrechte auf der Tatbestands-, nicht aber auf der Rechtsfolgenseite als vorrangig einordnet.

148 Vgl. *Canaris* JBl 1991, 205, 206ff.

149 *Helle*, Besondere Persönlichkeitsrechte, 1991, S. 38f.

150 Besonders weitgehend *Osiander*, Das Recht am eigenen Bild im allgemeinen Persönlichkeitsrecht, 1993, S. 129ff., 175f. In ihren Augen finden die verhältnismäßig festen Tatbestände des KUG kaum noch Anwendung und geben höchstens Hinweise auf die sich gegenüber stehenden Interessen.

151 Dazu BGH vom 20.3. 1968 (Mephisto), BGHZ 50, 133, 140f.

C. Deliktischer Schutz geschäftlicher Interessen

Das Deliktsrecht sichert auch bestimmte geschäftliche Interessen. Es kennt zum einen in § 824 BGB, der einzigen speziell äußerungsrechtlichen Norm des BGB, einen besonderen Schutz vor Kreditgefährdung. Er ist an detailliert geregelte Voraussetzungen geknüpft und kann sowohl Privatpersonen als auch Unternehmen Ansprüche verleihen. Soweit sich der Schutz auf Unternehmen bezieht, ist er eine spezielle Variante des allgemeinen Rechts am Unternehmen im Sinne von § 823 Abs. 1 BGB. Dieses Recht ist ein Rahmenrecht, dessen Reichweite und Grenzen im Einzelfall durch Abwägung bestimmt werden müssen. Es beschränkt sich auf den Schutz rein unternehmerischer Interessen, die es aber nicht nur gegen Äußerungen, sondern auch gegenüber Beeinträchtigungen anderer Art sichern kann. 364

I. Kreditgefährdung

§ 824 BGB sichert bestimmte Grundlagen für die berufliche und unternehmerische Betätigung im Wirtschaftsleben.[152] Als Faustformel lässt sich von einem Schutz der „**geschäftlichen Ehre**“[153] sprechen bzw. von bestimmten wirtschaftlichen Interessen, die auf Vertrauen basieren und in besonderem Maße verletzungsanfällig sind. Namentlich der Glaube an die Kreditwürdigkeit (credere = lat.: jemandem etwas anvertrauen, glauben) bzw. an die Liquidität eines anderen kann bereits durch pures Gerede signifikant erschüttert werden. Entsprechende Falschbehauptungen sind für den Betroffenen aus mehreren Gründen gefährlich. Sie können von jedermann und ohne sonderlichen Aufwand in die Welt gesetzt werden und lassen sich oftmals nur schwer bekämpfen. Solche Äußerungen können den Betroffenen existenziell schädigen, sprich dem Privatmann den wirtschaftlichen Handlungsspielraum nehmen oder im Extremfall ein Unternehmen vernichten, weil ihm die Kunden oder die Geschäftspartner in Scharen davonlaufen. Fehlt es dagegen an einer solchen spezifischen Anfälligkeit des Betroffenen gegenüber unrichtigen geschäftsbezogenen Äußerungen, zum Beispiel weil die Äußerung eine Behörde betrifft, deren Existenz nicht von geschäftlichen Entscheidungen von Kunden und Geschäftspartnern abhängt, so ist § 824 BGB seinem Sinn und Zweck nach nicht anwendbar.[154] 365

Das Gesetz regelt zunächst handlungsbezogen definierte Tatbestandsvoraussetzungen (§ 824 Abs. 1 BGB) und anschließend den Ausschluss des Schadensersatzanspruchs durch das Wahrnehmen berechtigter Interessen (§ 824 Abs. 2 BGB). Die Anwendung der Vorschrift lässt sich nur noch in Teilen aus dem 366

---

152 BGH vom 7. 2. 1984 (Bundesbahnplanungsvorhaben), BGHZ 90, 113, 117.
153 RG vom 6. 4. 1932, RGZ 140, 392, 396 „wirtschaftliche Wertschätzung“.
154 BGH vom 7. 2. 1984 (Bundesbahnplanungsvorhaben), BGHZ 90, 113, 117.

Gesetzeswortlaut ableiten und wird durch einen **medien- und verfassungsrechtlich motivierten Verständniswandel** überlagert.

1. Unwahre Tatsachenangaben

367 Die Haftung greift nur im Zusammenhang mit **unwahren Tatsachenangaben** ein. § 824 BGB sichert die geschäftliche Ehre lediglich, soweit diese auch tatsächlich besteht. Vor der Wahrheit schützt die Vorschrift nicht. Ebenso müssen Verletzungen durch bloße Meinungsäußerungen hingenommen werden. § 824 Abs. 1 BGB ist auch nicht entsprechend anwendbar, wenn jemand eine wahre Tatsache äußert, die von Dritten falsch verstanden wird und sich daraufhin kreditgefährdend auswirkt.[155]

368 Die Auslegung von Äußerungen sowie die Abgrenzung zwischen Meinung und Tatsache bestimmen sich nach den allgemeinen Maßstäben und werden an späterer Stelle behandelt.[156] Bei **Warentests** tendiert die Rspr. beispielsweise dazu, unter Rückgriff auf das Kriterium des Gesamteindrucks Meinungsäußerungen anzunehmen, da sich der Betroffene typischerweise gegen die im Testbericht getroffene Gesamtbewertung wende. Auf solche Wertungen ist § 824 BGB nicht zugeschnitten[157] und letztlich zu starr konzipiert. Die Beurteilung von Warentests soll nicht zentral davon abhängen, ob einzelne angeführte Tatsachenangaben unzutreffend sind, wie es der Wortlaut von § 824 BGB verlangen würde.

2. Schädigungseignung

369 Die geäußerte Tatsache muss geeignet sein, **bestimmte geschäftliche Nachteile** herbeizuführen. Der wichtigste Anwendungsfall, die „Kreditgefährdung", betrifft das allgemeine Vertrauen in die Zahlungsfähigkeit und Zahlungswilligkeit des Betroffenen.[158] Der sonstige Anwendungsbereich wird vom Gesetzeswortlaut nur höchst vage umschrieben, der „sonstige Nachteile" für den „Erwerb" oder das „Fortkommen" verlangt und damit sowohl bereits erworbene als auch für die Zukunft erwartete wirtschaftliche Positionen gleichermaßen mit einbezieht.[159] In enger Auslegung dieser Voraussetzungen nimmt die Rechtsprechung an, dass § 824 BGB **nicht umfassend gegen jede Bedrohung** schützt, die auf eine falsche Information zurückgeführt werden kann. Vielmehr ist erforderlich, dass die Äußerung geschäftliche Verbindungen des Betroffenen bzw. potenzielle oder konkrete Geschäfte mit gegenwärtigen oder zukünftigen Handelspartnern, Kunden oder Mitgliedern gefährden kann.[160] Ebenso ist die Vorschrift

---

155 BGH vom 20.6. 1978, NJW 1978, 2151, 2152.
156 Siehe Rdnr. 1540ff.
157 BGH vom 9.12. 1975 (Warentest II), BGHZ 65, 325, 328, 330.
158 RGRK/*Steffen*, § 824 BGB Rdn. 27.
159 RGRK/*Steffen*, § 824 BGB Rdn. 27.
160 BGH vom 6.10. 1964 (Gewerkschaft ÖTV), BGHZ 42, 210, 219; BGH vom 15.11. 1967 (Teppichreinigung), GRUR 1968, 205, 207.

nicht anwendbar, wenn sich ein Unternehmen auf eine falsche Tatsachenbehauptung hin selbst schädigt.[161]

Die **Bundesbahnplanungsvorhaben-Entscheidung** betraf die Haftung einer Bürgerin- 370
itiative, die mit z.T. unwahren Angaben zu massenhaften Einsprüchen gegen Bauvorhaben eines öffentlichen Unternehmens aufgerufen hatte. Das Ziel war, das Bauvorhaben auf diese Weise zu verzögern und so im Ergebnis zu verhindern. Nach dem Urteil fallen Verfahrensverzögerungen infolge eines auf unwahre Behauptungen gestützten Aufrufs nicht unter § 824 BGB, weil dadurch sozusagen nur außergeschäftliche Nachteile entstehen, während die eigentlichen Geschäftsbeziehungen nicht gefährdet bzw. die Entscheidungen von möglichen Geschäftspartnern nicht berührt werden.[162] Die Einschränkung rechtfertigt sich daraus, dass die starren Maßstäbe des § 824 Abs. 1 BGB nur angemessen sind, wenn die Äußerung potenzielle oder konkrete Geschäfte tangiert, die der Betroffene auf dem Markt schließt oder schließen könnte. Beeinflusst eine unwahre Behauptung die Entscheidungsgrundlage von möglichen Kunden und Geschäftspartnern des Betroffenen, so indiziert dies per se die Rechtswidrigkeit und muss grundsätzlich eine Haftung auslösen. Für Äußerungen, deren Schädigungswirkungen außerhalb solcher Marktprozesse eintreten, ist dagegen eine vergleichbar eindeutige Bewertung nicht möglich. Es ist daher sachgerechter, solche Konstellationen den flexiblen Maßstäben des § 823 Abs. 1 BGB zu unterwerfen und sie nicht über § 824 BGB im Ausgangspunkt von der Wahrheit oder Unwahrheit einzelner Angaben des Aufrufs abhängig zu machen.

Es reicht im Übrigen aus, dass die Angabe zur Beeinträchtigung der geschäft- 371
lichen Ehre **geeignet** ist. Die konkreten Auswirkungen der Gefährdung sind erst bei der Bemessung des Schadensersatzes festzustellen. Der Betroffene wird so von der Schwierigkeit befreit, eine Zerstörung seines „körperlosen" Goodwill nachzuweisen. Wenn eine Illustrierte einem Konkurrenzblatt Fälschungen vorwirft, so ist die Schädigungseignung grundsätzlich auch dann anzunehmen, wenn möglicherweise der überwiegende Teil des Leserpublikums daran gewöhnt ist, in der Mehrzahl solcher Zeitschriften vorwiegend unwahre und gefälschte Berichte vorgesetzt zu bekommen.[163]

Die Äußerung muss ferner einen **hinreichend konkreten Bezug zum Betrof-** 372
fenen haben. Maßgebend für den erforderlichen individuellen Bezug ist die Erkennbarkeit für den angesprochenen Adressatenkreis. Die Äußerung muss sich mit einem bestimmten Adressaten befassen oder doch in enger Beziehung zu seinen Verhältnissen, seiner Betätigung oder seiner gewerblichen Leistung stehen.[164] Allgemeine Aussagen mit wirtschaftlichem Inhalt, die nicht auf einen bestimmten Einzelnen bzw. ein bestimmtes Unternehmen bezogen sind und

---

161 OLG München vom 5.12.1997 (Verstehen Sie Spaß?), AfP 1999, 70, 71.

162 BGH vom 7.2.1984 (Bundesbahnplanungsvorhaben), BGHZ 90, 113, 119ff.; dazu *Spilarewicz* JA 1985, 53ff.; mit unterschiedlicher Kritik im Einzelnen *Schwerdtner* JZ 1984, 1103ff.; *Stürner* FS Lukes 1989, 237, 238ff.; *Steinmeyer* JZ 1989, 781ff.; Staudinger/*J. Hager* (1999) § 824 BGB Rn. 5f.; *Esser/Weyers*, Schuldrecht II/2, 8. Auflage 2000, § 57 I 1, S. 206; Erman/*Schiemann*, § 824 BGB Rdz. 6.

163 BGH vom 20.12.1967 (Kennedy-Bericht), NJW 1968, 644, 645.

164 BGH vom 25.4.1967, MDR 1967, 753; BGH vom 20.12.1988 (Filmbesprechung), GRUR 1989, 222, 223.

sich nur mittelbar zulasten Einzelner auswirken, lösen dagegen keine Haftung aus.[165]

373 Das im Gesetzeswortlaut nicht vorgesehene Kriterium erklärt sich aus dem Streben nach **Gemeinfreiheit von Informationen,**[166] ist aber auch aus unternehmerischer Sicht interessengerecht. Unternehmen haben in der Regel genügend Möglichkeiten, z.B. gegenüber allgemeiner Systemkritik öffentlich Stellung zu nehmen und dabei auch unrichtigen oder übertriebenen Tatsachenbehauptungen entgegenzutreten. Zum anderen ist zu bedenken, dass Unternehmen von allgemeinen unwahren Äußerungen, die nicht speziell auf ein bestimmtes Unternehmen zielen, typischerweise gleichermaßen profitieren wie geschädigt werden können.

374 Die Haftung setzt nicht voraus, dass die Äußerung den betreffenden Hersteller konkret nennt.[167] Wird jemand in einem Fernsehbericht zwar nicht namentlich genannt, ist er aber aus anderen Umständen für einen Teil des Adressatenkreises **identifizierbar**, so kann er von der Berichterstattung unmittelbar beeinträchtigt sein.[168] Die Äußerung braucht weiterhin das Unternehmen nicht „als Ganzes" betreffen.[169] §824 Abs. 1 BGB greift auch ein, wenn über die Arbeitsweise eines Haushaltsgeräts in einer für dessen Wertschätzung nachteiligen Art unrichtig berichtet wird und der betreffende Hersteller erkennbar ist, weil er die betreffenden Geräte als einziger produziert.[170]

3. Behaupten, Verbreiten

375 Die Tathandlung liegt im Behaupten oder Verbreiten der Tatsache, also im **wissentlichen Transportieren des Tatsacheninhalts an Dritte**. Ob der Empfänger von der Mitteilung tatsächlich Kenntnis nimmt oder ihr Glauben schenkt, ist unbeachtlich. Die beiden Tatbestandsalternativen sind an sich gleichwertig. Ihre Abgrenzung voneinander ist aber im Zusammenhang mit Widerrufsansprüchen erforderlich, die nur gegenüber Behauptungen möglich sind.[171] Der Unterschied liegt in der Haltung des Äußernden zum Inhalt der angeführten Tatsache. Behaupten ist das Mitteilen von Tatsachen aus eigenem Wissen oder aus eigener Überzeugung, wenn sich der Äußernde die Behauptung eines Dritten zu eigen macht.[172] Verbreiten ist die Weitergabe fremder Tatsachenbehauptungen, die sich der Äußernde nicht zu eigen macht.[173] Das Verbreiten ist vom Gesetzgeber bewusst mit einbezogen worden, um Schutzlücken zu vermeiden. Wer etwas Falsches äußert, soll der Haftung nicht bereits durch bloße Hilfsformulierungen

---

165 BGH vom 2.7. 1963 (Elektronische Orgeln), NJW 1963, 1871f.; BGH vom 13.10. 1964 (Goggomobile), NJW 1965, 36, 37.

166 Siehe Rdnr. 1197ff., 1216ff.

167 BGH vom 20.12. 1988 (Filmbesprechung), GRUR 1989, 222, 224.

168 BGH vom 10.12. 1991 (Poller), NJW 1992, 1312, 1313.

169 BGH vom 26.4. 1966, NJW 1966, 1857; BGH vom 21.6. 1966 (Teppichkehrmaschine), NJW 1966, 2010, 2011. Die frühere Rspr., z.B. RG vom 25.3. 1930, JW 1930, 1732, 1733, erklärte sich daraus, dass §824 Abs. 2 BGB seinerzeit eng ausgelegt wurde.

170 BGH vom 21.6. 1966 (Teppichkehrmaschine), NJW 1966, 2010, 2011.

171 BGH vom 6.4. 1976 (PANORAMA), BGHZ 66, 182, 189. Siehe Rdnr. 1868f., 1945.

172 BGH vom 20.6. 1969 (Hormoncreme), GRUR 1969, 624, 627. Siehe Rdnr. 1868.

173 Z.B. BGH vom 23.2. 1995 (Schwarze Liste), GRUR 1995, 427, 428. Siehe Rdnr. 1870.

ausweichen können. Er kann vielmehr dafür einzustehen haben, dass er beispielsweise ein Gerücht oder einen bloßen Verdacht weiterträgt. Die Einzelheiten der Haftung von Medien für das Verbreiten sind freilich diffizil und werden in späterem Zusammenhang behandelt (siehe Rdnr. 1870ff.).

§824 BGB greift aufgrund seines Schutzzwecks nur ein, wenn die Tatsache **gegenüber Dritten geäußert** wird. Dies ist bei Aussagen von oder in Massenmedien unproblematisch der Fall, ist aber bereits unterhalb dieser Stufe anzunehmen, wenn es sich um einen kleinen Kreis von Personen handelt, zu dem die Öffentlichkeit keinen Zugang hat.[174] Bereits die Weitergabe gegenüber einer einzigen Person kann ausreichen.[175] Die bloße Äußerung gegenüber dem Verletzten löst mangels Schutzbedürfnisses keinen Anspruch aus,[176] da sie das Verhalten von Geschäftspartnern nicht beeinflussen kann. 376

4. Rechtswidrigkeit, Verschulden, §824 Abs. 2 BGB

Die Anforderungen hinsichtlich der Rechtswidrigkeit und des Verschuldens unterliegen an sich den allgemeinen Regeln. Das Äußern unwahrer und kreditgefährdender Tatsachen ist grundsätzlich geeignet, die Rechtswidrigkeit zu indizieren. Das Verschulden setzt beim Täter zumindest Fahrlässigkeit hinsichtlich der Tatbestandsmäßigkeit seines Handelns voraus,[177] muss also im Hinblick auf das Behaupten oder Verbreiten und die Schädigungseignung gegeben sein. Auf die Schadensfolgen muss sich das Verschulden dagegen entsprechend den allgemeinen deliktsrechtlichen Grundsätzen nicht beziehen. Rechtswidrigkeits- und Verschuldensprüfung werden aber **durch §824 Abs. 2 BGB überlagert**, so dass sich weder der dogmatische Charakter der einzelnen Voraussetzungen noch die Prüfungsreihenfolge auf einen einfachen Nenner bringen lassen. Die Wahrnehmung berechtigter Interessen ist ein Ausschlusstatbestand, der dem Schutz der geschäftlichen Ehre etwas von dem Charakter eines Rahmenrechts verleiht,[178] bei dem die Rechtswidrigkeit nicht indiziert ist, sondern erst im Wege der Abwägung positiv festgestellt werden muss. 377

a. Bedeutung der Prüfungspflicht

Das Verschuldenserfordernis verlangt, dass der Täter die Unrichtigkeit seiner Äußerung kennt oder kennen muss, also infolge von Fahrlässigkeit nicht kennt.[179] 378

---

174 BGH vom 20.12. 1983, BGHZ 89, 198, 202f.
175 BGH vom 11.5. 1973, NJW 1973, 1460f.
176 RG vom 17.2. 1921, RGZ 101, 335, 338f.
177 RGRK/*Steffen*, §824 BGB Rdn. 31; Jauernig/*Teichmann*, §824 BGB Rn. 9; Erman/*Schieman*, §824 BGB Rdz. 1, 7.
178 RGRK/*Steffen*, §824 BGB Rdn. 34.
179 §§122 Abs. 2, 276 Abs. 2 BGB.

Wer die Richtigkeit von Tatsachen nicht kennt, hat vor einer entsprechenden Äußerung deren Richtigkeit zu überprüfen[180] und dazu etwaige Klärungsmöglichkeiten angemessen zu nutzen. Die Rechtsprechung tendiert bei breitenwirksamen Äußerungen von Medien dazu, die Verschuldensprüfung mit der Prüfung von Abs. 2 zusammenzuziehen.[181] Sie hat so die ursprüngliche Dogmatik von § 824 BGB vollständig **durch medienrechtliche Maßstäbe ersetzt** und beurteilt die Haftung der Medien entscheidend nach der medienrechtlichen Recherchepflicht. Genügt ein Medienunternehmen seiner Prüfungspflicht, so entfällt die Haftung mangels Verschuldens bereits nach Abs. 1. Umgekehrt haften die Medien bereits für Äußerungen, die sie nicht ausreichend recherchiert und geprüft haben oder die im Widerspruch zu den im Vorfeld angestellten Recherchen stehen.[182] § 824 Abs. 2 BGB ist dann auf Medien nicht anwendbar, denn unrichtige Berichterstattungen, denen keine sorgfältigen Recherchen zugrunde liegen, sind kein schützenswertes Gut.[183]

379 Für **Handelnde, die kein Medienunternehmen sind**, gelten dagegen die in § 824 BGB ursprünglich vorgesehenen Anforderungen im Prinzip noch heute. Es ist dem Ursprungskonzept der Vorschrift entsprechend nach wie vor ohne weiteres vorstellbar, dass jemand im Privatbereich schuldhaft geschäftsschädigende Behauptungen aufstellt und trotzdem in Wahrnehmung berechtigter Interessen handelt.

b. Wahrnehmen berechtigter Interessen

380 § 824 Abs. 2 BGB stellt klar, dass es an der Wiedergabe von Tatsachen, die geschäftsschädigend sind und sich ggf. später als unzutreffend erweisen, ein haftungsausschließendes berechtigtes Interesse geben kann. Sie nimmt dem Äußernden das Risiko ab, dass sich eine von ihm aufgestellte Behauptung trotz Beachtung der von ihm zu verlangenden Sorgfaltspflichten nachträglich als falsch herausstellt.[184] Die Regelung sollte nach der ursprünglichen Konzeption des BGB zur Berücksichtigung legitimer Mitteilungs- und Informationsinteressen dienen,[185] hat sich aber als zu eng erwiesen.

---

180 BGH vom 12.10. 1965 (Mörder unter uns), NJW 1965, 2395, 2396; BGH vom 17.11. 1992, NJW 1993, 930, 931; RGRK/*Steffen*, § 824 BGB Rdn. 32.

181 BGH vom 21.6. 1966 (Teppichkehrmaschine), NJW 1966, 2010, 2011; BGH 3.12. 1985 (Warentest III), NJW 1986, 981, 982; BGH vom 13.1. 1987, NJW 1987, 1403, 1404; BGH vom 12.5. 1987 (Chemiegift), NJW 1987, 2225, 2226f.; BGH vom 20.12. 1988 (Filmbesprechung), GRUR 1989, 222, 224; *Ricker*, Unternehmensschutz und Pressefreiheit, 1989, S. 125. Zu dogmatischen Einzelheiten Soergel/*Beater*, § 824 BGB Rz. 40ff.

182 BGH vom 28.6. 1994, NJW 1994, 2614, 2616.

183 BGH vom 13.1. 1987, NJW 1987, 1403, 1404; BGH vom 20.12. 1988 (Filmbesprechung), GRUR 1989, 222, 224.

184 BGH vom 12.2. 1985 (Türkol), NJW 1985, 1621, 1622 zu § 193 StGB.

185 *Mugdan*, Materialien Bd. II, S. 1118.

Der **dogmatische Charakter** der Regelung lässt sich nicht bruchlos bestimmen und ist umstritten. Die h.M. nimmt einen Rechtfertigungsgrund an,[186] obwohl die Vorschrift auch bestimmte Sorgfaltsanforderungen aufstellt und insoweit einer Entschuldigungsnorm nahesteht. Meines Erachtens lässt sich die herrschende Deutung nicht damit vereinbaren, dass § 824 Abs. 2 BGB bewusst nur die Schadensersatzpflicht, nicht aber Ansprüche anderer Rechtsfolge ausschließt. Bedeutsam ist dies, wenn die Unwahrheit im Zeitpunkt der Äußerung nicht geklärt werden konnte und sie sich danach herausstellt. Der Gesetzgeber will dann den Äußernden von der Schadensersatzpflicht freistellen und zugleich steht dem Betroffenen für die Zukunft ein Unterlassungsanspruch zu. Die Annahme einer Rechtfertigung würde dem Betroffenen aber den verschuldensunabhängigen Widerrufsanspruch nehmen. Das ist nicht angemessen. Wenn die geschäftliche Ehre durch eine erwiesen unwahre Tatsachenangabe verletzt worden ist, dann muss der Betroffene auch die Möglichkeit haben, die Beseitigung bzw. den Widerruf der fraglichen Äußerung zu verlangen, sofern diese noch nachwirkt. Ein solcher Anspruch darf nicht über die Annahme rechtmäßigen Handelns von vornherein abgeschnitten werden.[187] 381

Der Kreis der berechtigten Interessen erfasst eigene wie fremde Interessen[188] 382 und **auch gemeinschaftswichtige Themen**,[189] also Angelegenheiten, an denen ein ernsthaftes Informationsinteresse der Öffentlichkeit besteht. Die „Berechtigung" beurteilt sich nach einer **umfassenden Abwägung der Interessen** des Äußernden, des Empfängers und des Betroffenen, der Gefährlichkeit und Angemessenheit des gewählten Mittels und weiterer Aspekte. Ein wesentliches Kriterium ist, ob die gemachte Äußerung in Anbetracht des Verhältnisses der beteiligten Interessen zueinander ein angemessenes Mittel war. Wichtig sind insbesondere die Breitenwirkung und der inhaltliche Zuschnitt der Äußerung. Ist eine Äußerung im Rahmen einer öffentlichen, der allgemeinen Meinungsbildung dienenden Auseinandersetzung gefallen, dann ist das Wahrnehmen berechtigter Interessen anzunehmen, wenn es sich um eine adäquate Reaktion auf einen anderen Vorgang handelt, zum Beispiel auf einen unmittelbar vorangegangenen Angriff auf die Ehre des Äußernden.[190] Dabei sind einprägsame, auch starke Formulierungen hinzunehmen, da es der Sinn jeder zur Meinungsbildung beitragenden öffentlichen Äußerung ist, Aufmerksamkeit zu erregen. Auf einen

---

186 BGH vom 12.5. 1987 (Chemiegift), NJW 1987, 2225, 2227; BGH vom 28.6. 1994, NJW 1994, 2614, 2616; *Deutsch/Ahrens*, Deliktsrecht, Rz. 100, 304, 311; *Esser/Weyers*, Schuldrecht II/2, 8. Auflage 2000, § 57 I 2, S. 207; *W. Brinkmann* GRUR 1988, 516, 522f.

187 Die Rspr. behilft sich mit der – unbefriedigenden – Annahme, der Beseitigungsanspruch setze in solchen Fällen „nicht schlechthin" rechtswidriges Handeln voraus, BGH vom 12.1. 1960 (Plagiatsvorwurf I), JZ 1960, 701, 702 mwN; BGH vom 30.11. 1971 (Freispruch), BGHZ 57, 325, 328.

188 BGH vom 15.5. 1959 (Druckaufträge), GRUR 1960, 135, 136f.

189 BGH vom 22.12. 1959 (Alte Herren), BGHZ 31, 308, 312 zu § 193 StGB; BGH vom 21.6. 1966 (Teppichkehrmaschine), NJW 1966, 2010, 2011.

190 BVerfG vom 25.1. 1961 (Auf der Wolga verhaftet), BVerfGE 12, 113, 125f., 130.

Angriff in der Presse darf durchweg auch mit einer Erwiderung in der Presse geantwortet werden.[191]

383 Will jemand Missstände aufzeigen, so ist nach der **DEGIB-Entscheidung** eine Anzeige an die zuständigen Behörden oder an sonstige Stellen ohne weiteres angemessen. Eine sofortige Einschaltung der Presse bedarf dagegen einer höheren Legitimation. Bietet die Anzeige bei der zuständigen Stelle genügende Gewähr dafür, dass die Missstände aufgedeckt und beseitigt werden, und handelt es sich zugleich um schwerwiegende Vorwürfe, so wird es in der Regel unverhältnismäßig sein, die Vorwürfe von vornherein über die Presse auch an die Öffentlichkeit zu bringen.[192]

II. Recht am Unternehmen

1. Allgemeines

384 Das Recht am Unternehmen ist nach herrschendem Verständnis ein sonstiges Recht im Sinne von § 823 Abs. 1 BGB[193] und dient als **Auffangtatbestand für den Schutz von unternehmerischen Rechten oder Interessen** als solchen.[194] Rechtspolitisch hat es den Gerichten zur Entwicklung von Sondermaßstäben für Konstellationen gedient, für deren rechtliche Bewertung das Vorsatzerfordernis des § 826 BGB als zu streng und die §§ 824 BGB, 1 ff. UWG als inhaltlich unpassend angesehen wurden. Die dogmatische Berechtigung dieses Rechts ist nicht einfach zu fassen und auf Sonderkonstellationen beschränkt.[195] In deliktsrechtlicher Hinsicht droht das Recht am Unternehmen auf eine unzulässige und systemwidrige Privilegierung unternehmerischen Vermögens hinauszulaufen,[196] weil es auch gegen fahrlässige Verletzungen sichert, während der Gesetzgeber Privatvermögen bewusst nur vor dem Verstoß gegen spezielle Schutzgesetze und vorsätzliche sittenwidrige Schädigungen schützt und mittelbare Drittschäden allein im Rahmen der §§ 844 f. BGB als relevant ansieht. Aus wettbewerbsrechtlicher Sicht ist im Rahmen von § 823 Abs. 1 BGB ein „Sonderwettbewerbsrecht" entstanden, das Friktionen mit sich gebracht hat und dessen inhaltliche Reichweite kompliziert ist.

---

191 BVerfG vom 25. 1. 1961 (Auf der Wolga verhaftet), BVerfGE 12, 113, 126.

192 BGH vom 3. 11. 1977 (DEGIB), WM 1978, 62, 63.

193 Eingehend Staudinger/*J. Hager* (1999) § 823 BGB Rn. D 3; *Preusche*, Unternehmensschutz und Haftungsbeschränkung im Deliktsrecht, 1974, S. 105 ff., 114 ff.; *K. Schmidt* JuS 1993, 985, 987. Gegen Deutung als sonstiges Recht Erman/*Schiemann* § 823 BGB Rdz. 50 f.; *Medicus*, Bürgerliches Recht, Rz. 614.

194 BGH vom 20. 1. 1981 (Aufmacher I), BGHZ 80, 25, 27 „dem Unternehmen gewährte[r] Interessenschutz"; *Zeuner* in: 25 Jahre Karlsruher Forum 1983 (Beilage VersR 1983), 196, 197 „nicht ein Gegenstand höherer Art, sondern die Freiheit der gewerblichen Betätigung".

195 Dazu Soergel/*Beater*, § 823 BGB Anh. V Rz. 5 ff. mwN.

196 So Larenz/*Canaris*, Schuldrecht II/2, 13. Auflage 1994, § 81 IV 1b, S. 544 ff. mwN.; Erman/*Schiemann*, § 823 BGB Rdz. 49; *Katzenberger*, Recht am Unternehmen und unlauterer Wettbewerb, 1967, S. 11 ff., 37 ff.

Für den hier interessierenden Bereich der Medien stellen sich solche Legitimationsfragen jedoch kaum. Eine **vorrangige Anwendung des §823 Abs.1 BGB auf Medien** und das damit verbundene Zurückdrängen des Wettbewerbsrechts sind gut nachvollziehbar. Dies gilt insbesondere, wenn ein Unternehmen nicht durch einen Mitbewerber, sondern durch Äußerungen der Massenmedien geschädigt wird. Der unterschiedliche Beurteilungsmaßstab rechtfertigt sich daraus, dass sich das **Informationsverhalten der Medien von dem gewerblicher Unternehmen prinzipiell unterscheidet.**[197] Es ist in diesem Zusammenhang sachgerecht, aus der Notwendigkeit unterschiedlicher Maßstäbe abzuleiten, dass Äußerungen der Medien in solchen Fällen nicht am Wettbewerbsrecht, sondern am Deliktsrecht gemessen werden müssen. 385

Sondermaßstäbe gegenüber dem Wettbewerbsrecht sind zum Beispiel im Zusammenhang mit **Warentests** erforderlich, die den Medien über das Deliktsrecht weitgehend erlaubt sind, während vergleichende Werbung unter Mitbewerbern über §6 UWG strenger beurteilt wird.[198] Medienunternehmen verfolgen ebenso wie andere Wirtschaftsunternehmen kommerzielle Interessen und sind genauso wie diese den Gefährdungen ausgesetzt, die durch ökonomische Abhängigkeiten entstehen können. Da sich Zeitungen und Zeitschriften wesentlich über ihre Werbeeinnahmen finanzieren, ist beispielsweise ein Massenblatt, das über die Produkte seines größten Inserenten urteilt, in sehr ähnlicher Weise „beteiligt“ wie ein Unternehmen, das sich über die Qualität der eigenen Waren äußert. Es ginge daher zu weit anzunehmen, sie würden grundsätzlich nicht „in eigener Sache“ urteilen. Gleichwohl ist den Medien die Information der Hauptzweck, während sie für die Wirtschaftsunternehmen vor allem ein Hilfsmittel zum Verkauf eigener Produkte ist. Für ein Wirtschaftsunternehmen würde das Verfassen eines Warentests nur dann Sinn machen, wenn auch das eigene Produkt darin berücksichtigt würde. Es würde daher bei einem solchen Test im Gegensatz zum Medienunternehmen stets in höchstem Maße eigene Wirtschaftsinteressen verfolgen. Zugleich werden Wirtschaftsunternehmen jedoch vor Warenvergleichen oder gar dem Aufdecken von Missständen, die den Konkurrenten betreffen, vielfach zurückschrecken. Der Vergleich eigener Waren mit denen des Konkurrenten und erst recht das Aufdecken von Missständen bei einem Mitbewerber sind ein **geschäftliches Angriffsverhalten, das Unternehmen u.U. aus strategischen Gründen vermeiden**. Es ist, zum Beispiel in gesättigten Märkten mit qualitativ weitgehend gleichen Gütern, sogar denkbar, dass alle Wirtschaftsunternehmen von Warentests absehen, weil sie sich davon keine Erhöhung von Absatzchancen versprechen. Für die Käuferschaft könnte dagegen ein solches 386

197 Im Ergebnis ebenso *T.Brinkmann* NJW 1987, 2721, 2723 mwN.

198 Beispielsweise ist nach §6 Abs.2 Nr.2 UWG und BGH vom 23.4. 1998 (Preisvergleichsliste II), GRUR 1999, 69, 71 mwN. vergleichende Werbung nur zulässig, wenn sie sich auf nachprüfbare, d.h. auf Eigenschaften bezieht, die als solche einem sachlichen Nachweis zugänglich sind.

Testergebnis aufschlussreich sein und sie zu einem – von den Unternehmen oftmals gescheutem – besonders preissensiblen Einkaufsverhalten bewegen.

387 Das **Entstehen des Rechts am Unternehmen** hat keinen „medienrechtlichen“ Hintergrund, sondern ist eng mit dem Entstehen eines eigenständigen Wettbewerbsrechts gegen Ende des 19. Jahrhunderts verknüpft und im Grunde eine rechtsgeschichtliche Zufälligkeit.[199] Das Wettbewerbsrecht bedarf eines Generaltatbestands, auf den das UWG von 1896 jedoch bewusst verzichtet hatte. Das provozierte die Suche nach einem Ausweg, die sich ab 1900 alsbald auf §823 Abs.1 BGB konzentrierte. Bereits 1904 erkannte das RG den eingerichteten und ausgeübten Gewerbebetrieb als ein solches absolutes Recht an.[200] Es blieb im Weiteren erhalten, obwohl der Gesetzgeber 1909 mit §1 UWG a.F. exakt die Vorschrift schuf, die man zuvor über das allgemeine Deliktsrecht erst mühevoll konstruieren musste. Im Unterschied zur Entwicklung des Persönlichkeitsschutzes, die durch verfassungsrechtliche Neuerungen motiviert und erheblich erleichtert wurde, steht das Recht am Unternehmen heute in der Tradition einer lang gewachsenen Judikatur, was notwendige Weiterentwicklungen erschwert.

2. Voraussetzungen im Überblick

388 Das Recht am Unternehmen kann notwendigerweise **nur bedingt einheitliche dogmatische Strukturen** haben. Dies ergibt sich aus der Auffang- und Lückenfüllungsfunktion dieses Rechts, das ein „Sammelbecken für Restfälle“ ist und vornehmlich in Betracht kommt, wenn andere Regeln versagen. Die im Weiteren vorzustellenden „Voraussetzungen“ sind daher sowohl in ihrem Charakter und ihrer Klarheit unterschiedlich als auch nur bedingt materieller Natur. Der Anspruch ist subsidiär, verlangt eine Beeinträchtigung unternehmerischer Interessen und setzt einen Eingriff voraus, der betriebsbezogen sein muss und nicht durch vorrangige Interessen des Handelnden gedeckt sein darf. Sind die Anforderungen hinsichtlich der Subsidiarität und der Betriebsbezogenheit erfüllt, so ist die rechtswidrige Verletzung anhand einer Gesamtabwägung der widerstreitenden Interessen des Unternehmers und des Verletzers zu beurteilen.[201] Die Unzulässigkeit eines beeinträchtigenden Verhaltens wird also nicht durch einen quasi-objektiven, tatbestandlichen Eingriff indiziert, sondern ist im konkreten Einzelfall unter Abwägung der jeweils betroffenen privaten und öffentlichen Interessen durch Herausarbeitung der in der jeweiligen Situation geltenden objektiven Verhaltensanforderungen positiv festzustellen.[202]

---

199 Soergel/*Beater*, §823 BGB Anh. V Rz.2ff. mwN.

200 RG vom 27.2. 1904 (Krimmerläufer), RGZ 58, 24, 29f.; obiter dictum zuvor in RG vom 29.5. 1902 (Rundschreiben), RGZ 51, 369, 373f.; siehe auch RG vom 9.12. 1899 (Granitmuster), RGZ 45, 59, 61f.

201 Z.B. BGH vom 21.4. 1998 (Appartement-Hotelanlage), BGHZ 138, 311, 318ff. mwN.

202 BGH vom 9.12. 1975 (Warentest II), BGHZ 65, 325, 331ff.; *v.Caemmerer* FS DJT II 1960, 49, 83ff., 91; *Brüggemeier* ZVglRWiss 82 (1983), 62, 83.

a. Subsidiarität

Das Subsidiaritätserfordernis[203] soll sicherstellen, dass für §823 Abs. 1 BGB kein Raum bleibt, wenn der fragliche Sachverhalt bereits durch spezielle Normen positiv oder negativ geregelt ist. In systematischer Hinsicht wird damit das Umgehen von Wertungen anderer Rechtsnormen ausgeschlossen. Ob das Recht am Unternehmen als subsidiär zurücktritt, beurteilt sich in den meisten Fällen nach dem Inhalt bzw. der Auslegung der konkurrierenden, auf dem jeweiligen Rechtsgebiet geltenden Norm. Den **speziellen Äußerungstatbeständen** wird grundsätzlich keine abschließende Wirkung beigemessen. Das Recht am Unternehmen greift zwar nicht parallel ein,[204] ist aber ansonsten auf unternehmensschädigende Äußerungen weitgehend anwendbar.[205] 389

Die **§§823 Abs. 2 Satz 1 BGB, 185ff. StGB** entfalten gegenüber dem Recht am Unternehmen keine Sperrwirkung, weil diese Vorschriften die persönliche Ehre schützen und keinen speziellen unternehmerischen Bezug haben, auf den sich das Recht am Unternehmen bezieht. **§824 BGB** sichert mit dem Schutz der geschäftlichen Ehre zwar ebenfalls wirtschaftliche Interessen, hat aber insoweit keinen abschließenden Charakter.[206] Das Recht am Unternehmen kann daher prinzipiell eingreifen, wenn ein Unternehmen durch das Äußern von Meinungen, wahren und solchen unwahren Tatsachen beeinträchtigt wird, die mangels einer speziellen Schädigungsweise nicht unter §824 BGB fallen. Im Verhältnis zu den speziellen wirtschaftsrechtlichen Normen, insbesondere zu den Vorschriften des **UWG**, ist das Recht am Unternehmen durchweg subsidiär.[207] Soweit das UWG jedoch gar nicht auf Medien anwendbar ist, kann §823 Abs. 1 BGB wieder eingreifen. 390

Der Subsidiaritätsgrundsatz gilt nicht im Verhältnis zum **allgemeinen Persönlichkeitsrecht**.[208] Der BGH prüft das Recht am Unternehmen und das allgemeine Persönlichkeitsrecht nebeneinander,[209] hat im Ergebnis aber oftmals zu einem Rückgriff auf das Persönlichkeitsrecht tendiert. Die Inhalte beider Rechte werden von den Gerichten grundsätzlich so definiert, dass sie nicht miteinander deckungsgleich sind. Das schließt jedoch nicht aus, dass in Einzelfällen, die Bezüge zu beiden Schutzbereichen haben, auch beide Rechte in Betracht kommen können. Das Subsidiaritätserfordernis gilt nach der 391

---

203 Grundlegend BGH vom 21.12. 1970 (Fleet), BGHZ 55, 153, 158f.; BGH vom 16.6. 1977 (Fluglotsenstreik), BGHZ 69, 128, 138f.

204 BGH vom 20.12. 1988 (Filmbesprechung), GRUR 1989, 222, 223f.; BGH vom 10.12. 1991 (Poller), NJW 1992, 1312.

205 BGH vom 26.10. 1951 (Constanze I), BGHZ 3, 270, 279; BGH vom 28.11. 1952 (Kreditschutz), BGHZ 8, 142, 144; BGH vom 9.12. 1975 (Warentest II), BGHZ 65, 325, 328; a.A. Larenz/*Canaris*, Schuldrecht II/2, 13. Auflage 1994, §81 III 2c, S. 550; *Assmann/Kübler* ZHR 142 (1978), 413, 425f.

206 BGH vom 26.10. 1951 (Constanze I), BGHZ 3, 270, 279; BGH vom 28.11. 1952 (Kreditschutz), BGHZ 8, 142, 144; BGH vom 9.12. 1975 (Warentest II), BGHZ 65, 325, 328; offenbar a.A. *W. Brinkmann* GRUR 1988, 516, 518.

207 BGH vom 30.1. 1953 (Fernsprechnummer), BGHZ 8, 387, 394f.; BGH vom 24.2. 1983 (Photokina), GRUR 1983, 467, 468.

208 Differenzierend Erman/*Schiemann*, §823 BGB Rdz. 57, 61, der den allgemeinen Ruf des Unternehmens nicht über das Recht am Unternehmen, sondern allein über die analoge Anwendung des allgemeinen Persönlichkeitsrechts schützen will.

209 BGH vom 24.10. 1961 (Waffenhandel), BGHZ 36, 77, 80; BGH vom 13.11. 1990 (Notfalldienst), NJW 1991, 1532f.

Rspr. weiterhin auch nicht gegenüber Ansprüchen aus **§826 BGB**. Die Entwicklung des Rechts am Unternehmen diente nämlich gerade dazu, das als zu hoch angesehene Vorsatzerfordernis des §826 BGB zu überwinden.[210]

b. Unternehmerische Tätigkeit und Interessen

392 Der Schutz steht nur demjenigen zu, der unternehmerisch tätig ist und in der Unternehmenssphäre betroffen wird. Im Einzelnen ist streitig, was darunter zu verstehen ist. Grundsätzlich ist eine „unternehmerische Tätigkeit" anzunehmen, wenn jemand **als Anbieter den Mechanismen des Marktes unterworfen ist und spezifischen geschäftlichen Risiken unterliegt**, die insbesondere den geschäftlichen Angebot- und Nachfrage-Mechanismus betreffen.[211] Das Bestehen eines gegenständlichen „Betriebs", einer irgendwie gegenständlichen Organisationsstruktur oder von Betriebsvermögen ist keine zwingende Voraussetzung.[212] Das sonstige Recht erfasst auch solche Unternehmer, die über keine nennenswerten geschäftlichen Sachanlagen verfügen, zum Beispiel Profisportler.[213] Reine Privattätigkeit ohne jeden geschäftlichen Bezug wird nicht über das Recht am Unternehmen geschützt, weil es an unternehmerischem Risiko fehlt und ein entsprechender Vermögensschutz nach der Systematik der §§823ff. BGB gerade ausgeschlossen sein soll. Die Vorbereitung oder Abwicklung eines Geschäftsbetriebs kann dagegen bereits eine unternehmerische Tätigkeit sein, fällt also nicht in die Privatsphäre.

393 Das Recht am Unternehmen schützt nach der hier vertretenen Ansicht grundsätzlich jedes am Markt tätige Unternehmen. Auf die **Art oder Branche der unternehmerischen Tätigkeit** kommt es nach heute h.M.[214] nicht mehr an. §823 Abs. 1 BGB bietet einen grundsätzlich branchenunabhängigen Schutz, also auch für die Tätigkeit von Rechtsanwälten, Ärzten und Architekten. Auch wenn Gerichtsentscheidungen häufig noch vom „Gewerbebetrieb" sprechen, tendiert die neuere Judikatur doch dazu, insbesondere landwirtschaftliche[215] und freiberuf-

---

210 BGH vom 22.12. 1961 (Gründerbildnis), BGHZ 36, 252, 256; BGH vom 16.6. 1977 (Fluglotsenstreik), BGHZ 69, 128, 139 mwN.

211 Soergel/*Beater*, §823 BGB Anh. V Rz.20ff. mwN.

212 Ebenso Jauernig/*Teichmann*, §823 BGB Rn.97; Bamberger/Roth/*Spindler*, §823 BGB Rn.105; wohl auch Staudinger/*J.Hager* (1999) §823 Rn. D 7; a.A. Erman/*Schiemann*, §823 BGB Rdz. 60.

213 Befürwortend Bamberger/Roth/*Spindler*, §823 BGB Rn.105; *Pfister* SpuRt 1995, 250, 251f.; zweifelnd *Haas/Prokop* JR 1998, 45, 47f.; BGH vom 10.12. 2002 (Eislaufpartner), NJW 2003, 1040, 1041 hat die Frage offengelassen.

214 MünchKomm/*Wagner*, §823 BGB RdNr.183; Staudinger/*J.Hager* (1999) §823 BGB Rn. D 6; *Esser/Weyers*, Schuldrecht II/2, 8. Auflage 2000, §55 I 2c, S.167; Jauernig/*Teichmann*, §823 BGB Rn.97; Bamberger/Roth/*Spindler*, §823 BGB Rn.105; im Grundsatz auch Erman/*Schiemann*, §823 BGB Rdz. 60; OLG Hamburg vom 4.6. 1998, NJW-RR 1999, 1060 (freiberuflich tätiger Grafiker); OLG München NJW-RR 1996, 1487, 1488 (Psychologe); OLG München NJW 1977, 1106 (Arzt); OLG Köln VersR 1996, 234 (Arzt).

215 BGH vom 7.7. 1960, BGHZ 33, 321, 335ff. (zu §196 BGB a.F.).

liche Unternehmen mit einzubeziehen. Der BGH hat es bislang allerdings noch vermieden, die Einbeziehung von anderen als gewerblichen Unternehmen eindeutig zu postulieren.[216] Er neigt in Bezug auf Freiberufler dazu, stattdessen auf das allgemeine Persönlichkeitsrecht auszuweichen.

Der **Kreis der schutzwürdigen unternehmerischen Interessen** kann weder 394
exakt noch abschließend definiert werden, denn es liegt im Wesen des Rechts am Unternehmen als Auffangtatbestand, dass ihm jederzeit neue Anwendungsfälle zuwachsen oder bisherige Anwendungsfälle verloren gehen können. Der BGH hat den Anwendungsbereich einmal mit dem Schutz gegen solche Störungen umschrieben, die verhindern, dass ein Unternehmen zur vollen, in der Gesamtheit seiner Bestandteile und Betriebsmittel begründeten Entfaltung kommt.[217] Das Recht am Unternehmen sichert vor Risiken, denen ein auf dem Markt tätiges Unternehmen nicht ausgesetzt werden darf, wenn es die Möglichkeit haben soll, wirtschaftlich zu funktionieren.[218] Maßgebend sind daher nicht gegenständliche Kriterien, wie „Betriebsgelände" oder „Warenvorräte",[219] sondern **marktbezogene Anforderungen**, die sich weitgehend unter Rückgriff auf wettbewerbsrechtliche bzw. wettbewerbsfunktionale Maßstäbe[220] bestimmen lassen. Der Schutz kann prinzipiell den gesamten unternehmerischen Tätigkeitskreis in seinen einzelnen Erscheinungsformen umfassen,[221] sichert das Unternehmen aber nicht vor Konkurrenz und Wettbewerb als solchen. Deshalb können sich beispielsweise werbefinanzierte private Fernsehsender nicht gegen so genannte Werbeblocker-Geräte wenden, die Werbeeinblendungen automatisch „wegschalten". Es gehört zum Wesen des Wettbewerbs, dass er zur Entwicklung neuer Produkte führt, deren Aufkommen die Bedingungen für die wirtschaftliche Betätigung verändern.[222]

Der Schutz wird in Urteilsformulierungen vielfach auf den **„eingerichteten und ausgeübten"** Gewerbebetrieb beschränkt. Zu der eigentlichen Sachfrage, ob auch eine Tätigkeit geschützt wird, die den Geschäftsbetrieb vorbereitet oder abwickelt, haben allerdings nur wenige Entscheidungen explizit Stellung bezogen. Eindeutig ist, dass auch eine von vornherein zeitlich eng begrenzte unternehmerische Tätigkeit während ihrer Aus- 395

---

216 Für Ärzte offenlassend BGH vom 13.11. 1990 (Notfalldienst), NJW 1991, 1532.

217 BGH vom 9.12. 1958 (Stromkabel), BGHZ 29, 65, 70.

218 BGH vom 9.12. 1958 (Stromkabel), BGHZ 29, 65, 70 „in seiner wirtschaftlichen Tätigkeit, in seinem Funktionieren vor widerrechtlichen Eingriffen bewahrt bleiben".

219 A.A. Erman/*Schiemann*, §823 BGB Rdz. 51f., 55ff., der „Verdinglichung" bzw. Vergleichbarkeit mit dem Eigentum und sonstigen Rechten verlangt.

220 *Beater*, Unlauterer Wettbewerb, §17 Rdnr. 13ff.; in der Sache insoweit ähnlich *Preusche*, Unternehmensschutz und Haftungsbeschränkung im Deliktsrecht, 1974, S. 114ff.; *Schild* WM 1996, 2261, 2264; in Ansätzen auch *Buchner* DB 1979, 1069ff.

221 BGH vom 28.1. 1957, BGHZ 23, 157, 163; BGH vom 24.2. 1983 (Photokina), GRUR 1983, 467, 468; BGH vom 21.4. 1998 (Appartement-Hotelanlage), BGHZ 138, 311, 317 „alles ..., was der unternehmerischen Betätigung und Entfaltung im Wirtschaftsleben dient"; BGH vom 13.10. 1998, NJW 1999, 279, 281 „Eingriffe, die den betrieblichen Organismus oder die unternehmerische Entscheidungsfreiheit betreffen".

222 OLG Frankfurt a.M. vom 23.9. 1999 (TV-Werbeblocker), GRUR 2000, 152, 153.

übung Schutz genießt, z.B. die Tätigkeit eines Messeveranstalters.[223] Der I. Senat des BGH und das BAG neigen dazu, den Schutz über den aktuellen Umfang des Unternehmens hinaus auch auf eine erst geplante Ausweitung des Betätigungsbereiches des Gewerbebetriebes zu erstrecken.[224] Mit der Linie dieser neueren Judikatur ist die Anwendung von §823 Abs.1 BGB auf unternehmerisches Handeln im Vorfeld bzw. in Abwicklung eines Geschäftsbetriebs eindeutig zu befürworten. Für die geplante Ausweitung einer bereits ausgeübten Geschäftstätigkeit, die durch unwahre Behauptungen in der Öffentlichkeit und bestimmte Störmanöver verhindert werden sollte, hat der BGH ohne weiteres auf das Recht am Unternehmen zurückgegriffen.[225]

c. Betriebsbezogenheit

396 Das Recht am Unternehmen schützt nur vor betriebsbezogenen Eingriffen in den unternehmerischen Tätigkeitskreis.[226] Fehlt es daran, so wird in aller Regel nur eine Haftung nach §826 BGB in Betracht kommen. Es handelt sich um ein Instrument zur Haftungsbegrenzung, das keine trennscharfen Grenzen hat und sich aus mehreren Aspekten erklärt. Die Betriebsbezogenheit lässt sich wegen ihrer unterschiedlichen Ansatzpunkte nur bedingt allgemein definieren und ist vielfach fallgruppenbezogen zu beurteilen. Die Rechtsprechung hat wiederholt formuliert, dass ein Eingriff unmittelbar bzw. betriebsbezogen ist, wenn die Handlung zweckbezogen auf die Einschränkung einer unternehmerischen Tätigkeit zielt und sich irgendwie gegen einen Betrieb als solchen richtet.[227] Es darf gerade kein Zufall sein, dass die Handlung ein Unternehmen und keinen Privaten trifft, sondern die Beeinträchtigung muss auf der „Wesenseigentümlichkeit“[228] und Anfälligkeit speziell von Unternehmen beruhen. Praktiken, die sich gezielt gegen das betroffene Unternehmen richten, weil es etwa für eine bestimmte Geschäftspraxis oder politische Überzeugung steht oder weil ein bestimmtes unternehmerisches Bauvorhaben verhindert werden soll, tragen die Betriebsbezogenheit per se in sich.

397 Im **Zusammenhang mit Äußerungen** dient das Kriterium dazu, einen hinreichend konkreten Bezug zum Geschädigten zu verlangen und so wichtigen Freiraum für legitime Äußerungs- und Informationsinteressen zu sichern. Unternehmensschädigende Äußerungen sind betriebsbezogen, wenn sie sich auf ein bestimmtes Unternehmen beziehen,[229] nicht aber, wenn sie keinen individu-

---

223 BGH vom 24.2. 1983 (Photokina), GRUR 1983, 467, 468.

224 BGH vom 24.2. 1983 (Photokina), GRUR 1983, 467, 468f.; BAG vom 20.12. 1963, BAGE 15, 211, 215; restriktiver dagegen noch BGH vom 18.3. 1969, NJW 1969, 1207, 1208 (VI. Senat).

225 BGH vom 7.2. 1984 (Bundesbahnplanungsvorhaben), BGHZ 90, 113, 121ff.

226 Grundlegend BGH vom 9.12. 1958 (Stromkabel), BGHZ 29, 65, 69 mwN.

227 BGH vom 9.12. 1958 (Stromkabel), BGHZ 29, 65, 71, 74.

228 BGH vom 9.12. 1958 (Stromkabel), BGHZ 29, 65, 74; BGH vom 18.1. 1983, NJW 1983, 812, 813.

229 Z.B. BGH vom 17.4. 1984 (Mordoro), BGHZ 91, 117, 121.

ellen Bezug zum geschädigten Unternehmen haben.[230] Mit dem Erfordernis der Betriebsbezogenheit werden weiterhin Konstellationen erfasst, in denen dem Verletzer die schädigenden Folgen seines Tuns unmittelbar bewusst sein mussten, auch wenn er vielleicht auf das Ausbleiben der Verletzung vertraut hat. Die Betriebsbezogenheit stellt damit sicher, dass die Haftung nur eintritt, wenn der Schädiger in ähnlicher Weise gewarnt wurde wie dies bei den Rechtsgütern der Fall ist, die in §823 Abs. 1 BGB explizit aufgeführt werden.[231] Daraus folgt zugleich, dass sich die Betriebsbezogenheit einer Handlung auch aus der Willensrichtung des Verletzers ergeben kann, wenn dieser einen bestimmten Betrieb beeinträchtigen will.[232] Betriebsbezogenheit ist nach diesem Maßstab beispielsweise anzunehmen, wenn ein Fernsehteam Interviews mit unzufriedenen Feriengästen führt und dabei unerlaubt Filmaufnahmen von der Appartementanlage des betroffenen Hoteliers macht.[233] Einem solchen Verletzer sind die potenziell geschäftsschädigenden Wirkungen seines Tuns vollauf bewusst und zugleich geht es um typisch unternehmerische Gefahren.

d. Gesamtabwägung

Über die Zulässigkeit oder Unzulässigkeit des beeinträchtigenden Verhaltens ist 398
im konkreten Einzelfall unter Abwägung der jeweils betroffenen privaten und öffentlichen Interessen zu entscheiden.[234] Ein wichtiges Kriterium ist dabei der **Verhältnismäßigkeitsgrundsatz.**[235] Ist der Anspruchsteller in berechtigten unternehmerischen Interessen beeinträchtigt und handelt zugleich auch der Anspruchsgegner aus an sich legitimen Beweggründen, so sind das Gewicht der beiderseitigen Interessen und das Ausmaß der Beeinträchtigung einander gegenüberzustellen und zu bewerten. Je bedrohlicher eine Handlung für das betroffene Unternehmen ist, umso bedeutender müssen im Einzelfall auch die Gründe sein, die der Handelnde für sich in Anspruch nimmt. In der Regel sind Schädigungen rechtswidrig, die durch ein an sich berechtigtes Anliegen nicht mehr getragen werden. Wird beispielsweise ein Boykott, der wegen einer gesetzeswidrigen Geschäftspraxis des betreffenden Unternehmens zulässig begonnen wurde, auch nach Wegfall seines Anlasses zur „Bestrafung" beibehalten, so wird er in der Regel ab diesem Moment zur unerlaubten Handlung werden.[236] Dane-

230 BGH vom 13.10. 1964 (Goggomobile), NJW 1965, 36, 37.
231 Zu der Warnfunktion dieser Rechtsgüter und Rechte Larenz/*Canaris*, Schuldrecht II/2, 13. Auflage 1994, §76 I 1b, S. 374f.
232 BGH vom 16.6. 1977 (Fluglotsenstreik), BGHZ 69, 128, 139 mwN.
233 A.A. BGH vom 21.4. 1998 (Appartement-Hotelanlage), BGHZ 138, 311, 317.
234 BGH vom 30.5. 1972 (SDS-Demonstration), BGHZ 59, 30, 34; BGH vom 9.12. 1975 (Warentest II), BGHZ 65, 325, 331ff.; BGH vom 21.4. 1998 (Appartement-Hotelanlage), BGHZ 138, 311, 318ff. mwN.; *Brüggemeier* ZVglRWiss 82 (1983), 62, 83.
235 Z.B. BGH vom 31.5. 1974, BGHZ 62, 361, 364 „über das unvermeidbare Maß hinaus".
236 BGH vom 10.5. 1957 (Spätheimkehrer), BGHZ 24, 200, 206 „Grundsatz größtmög-

ben kann auch das Verhalten des Verletzten dazu führen, dass er Angriffe hinnehmen muss, die er sich sonst in dieser Schärfe nicht gefallen lassen müsste.[237]

399 Die **unternehmerischen Interessen des Anspruchstellers** können ein unterschiedliches Gewicht haben, in unterschiedlicher Stärke beeinträchtigt werden und sich außerdem darin unterscheiden, ob eine Störung ad hoc abgestellt werden kann oder selbst bei Einstellung des fraglichen Verhaltens noch weiterwirkt. Letzteres ist typischerweise bei allen Praktiken der Fall, die sich an die Öffentlichkeit wenden und auf diese Weise das Entscheidungsverhalten von tatsächlichen oder potenziellen Geschäftspartnern oder Kunden beeinflussen können. Besonders gravierende Beeinträchtigungen sind zum Beispiel Boykotte, die u.U. sogar die Existenz des betroffenen Unternehmens gefährden. Weniger schwere Beeinträchtigungen können dagegen ungleich eher aufgrund legitimer Interessen des Handelnden hinzunehmen sein.[238]

400 Die Beeinträchtigung kann durch **legitime Interessen des Verletzers** getragen sein und ist gerechtfertigt, wenn diesen Interessen bei Abwägung mit den unternehmerischen Schutzinteressen ein Vorrang einzuräumen ist. Grundsätzlich ist der Anspruchsgegner zur angemessenen Rücksicht auf die Interessen des verletzten Unternehmens verpflichtet. Da ihm die Schädigungsgefahren eines betriebsbezogenen Handelns erkennbar sind, muss er vorgelagerte Prüfungsmöglichkeiten nutzen. Dies ist für bestimmte Äußerungstatbestände anerkannt, nämlich für die Wahrnehmung berechtigter Interessen und allgemein im Zusammenhang mit der Sorgfaltspflicht der Presse. Der dahinter stehende Grundgedanke muss im Rahmen des Rechts am Unternehmen aber allgemein gelten und wird von der Rechtsprechung in der Sache auch herangezogen.[239]

401 Richtet sich der **Anspruch gegen ein Medienunternehmen**, so wird es meist um die Wahrnehmung verfassungsrechtlich geschützter Freiheiten gehen, namentlich der Meinungs- und Pressefreiheit. Es ist angesichts der einschlägigen verfassungsrechtlichen Judikatur inzwischen längst anerkannt, dass die Wahrnehmung legitimer politischer Interessen Beeinträchtigungen des Rechts am Unternehmen erlauben kann,[240] wenn auch die Rechtfertigungsvoraussetzungen im Einzelfall häufig streitig sein mögen. Die Rücksichtspflicht und die Gesamtabwägung sind an den Maßstäben von §824 Abs.2 BGB und der medienrechtlichen Sorgfaltspflicht[241] zu orientieren. Handlungen, die nach diesen Regeln

---

licher Schonung fremder Rechte und der Vermeidung jeder zur Interessenwahrung nicht unbedingt erforderlichen Schadenszufügung".

237 BGH vom 22.2. 1957 (Phylalx-Apparate), GRUR 1957, 360, 362f.

238 BGH vom 28.11. 1952 (Kreditschutz), BGHZ 8, 142, 144; BGH vom 28.1. 1957, BGHZ 23, 157, 163; BGH vom 9.12. 1958 (Stromkabel), BGHZ 29, 65, 70.

239 BGH vom 7.2. 1984 (Bundesbahnplanungsvorhaben), BGHZ 90, 113, 126 „zumutbare Bemühungen um sachliche Unterrichtung"; differenzierend Erman/*Schiemann*, §824 BGB Rdz. 66f.

240 BVerfG vom 15.1. 1958 (Lüth), BVerfGE 7, 198ff. (seinerzeit noch zu §826 BGB); *Säcker* ZRP 1969, 60ff. mwN.

241 BGH vom 18.2. 1962, NJW 1963, 484, 485.

berechtigt sind, sind auch keine rechtswidrige Verletzung des Rechts am Unternehmen.[242] Im Übrigen sind auch die Maßstäbe, unter denen Eingriffe in das Persönlichkeitsrecht aufgrund von Allgemeinheitsinteressen berechtigt sind, vielfach auf das Recht am Unternehmen übertragbar.

3. Unternehmerische Außendarstellung

Ein für das Medienrecht zentraler Bereich ist der Schutz der unternehmerischen 402
Außendarstellung. Das Bild nach außen bzw. die Wertschätzung in den Augen potenzieller Geschäftspartner, Kunden und sonstiger Personen ist für Unternehmen von essenzieller Bedeutung. Ist die Außenwirkung berührt, so kann dies direkt auf die Profitabilität des Unternehmens durchschlagen, insbesondere Geschäftsabschlüsse fördern oder hemmen, aber auch in sonstiger Hinsicht auf das Unternehmen zurückwirken. Im Rahmen der Gesamtabwägung ist aufseiten des betroffenen Unternehmens zu beachten, dass sich öffentliche Angaben über ein Unternehmen stets auch an die Marktgegenseite wenden und ihre beeinträchtigende Wirkung damit in aller Regel lang andauert. Solche Beeinträchtigungen des Unternehmens lassen sich nicht – wie etwa eine Betriebsblockade – schlicht beenden, sondern bringen stets die Gefahr mit sich, in den Köpfen „weiterzuleben". Sie sind auch aus diesem Grund für Unternehmen besonders gefährlich. Andererseits kann die Meinungs- und Pressefreiheit für die Zulässigkeit unternehmensschädigender Äußerungen sprechen. Betrifft ein Beitrag zur Meinungsbildung eine die Öffentlichkeit wesentlich berührende Frage, weil er sich zum Beispiel mit Missständen in einem ganzen Zweig der Wirtschaft auseinandersetzt, so ist die Zulässigkeit einer solchen Kritik an Unternehmen, Waren und Leistungen zu vermuten.[243] Im Interesse der freien Rede und öffentlichen Meinungsbildung müssen im Einzelfall Schärfen und Überspitzungen hingenommen werden.[244]

Unternehmensschädigende Äußerungen sind vor allem danach zu unterscheiden, wie 403
stark sie das Unternehmen beeinträchtigen und von welchen Interessen des Äußernden sie getragen werden. Dafür ist insbesondere die etablierte Unterscheidung zwischen **Meinungsäußerungen und zutreffenden sowie unzutreffenden Tatsachenangaben** wichtig. Die juristische Beurteilung kann weiterhin auch zwischen produkt- und unternehmensbezogenen Äußerungen zu trennen haben. Von diesen gängigen Kategorien sind **rufausbeutende und solche Praktiken zu trennen, die ein Unternehmen z.B. lächerlich machen oder satirisch „aufs Korn" nehmen**. Sie können die unternehmerische Außendarstellung aufs Höchste beeinträchtigen. Ihre Beurteilung wirft sachlich zusätzliche Fragen auf. Davon nochmals zu unterscheiden sind **Boykotte**, die über Beeinträchtigungen der bloßen Außendarstellung deutlich hinausreichen und aufgrund ihrer beson-

242 BGH vom 15.5. 1959 (Druckaufträge), GRUR 1960, 135, 136f.
243 BVerfG vom 20.4. 1982 (Kredithaie), BVerfGE 60, 234, 241; BGH vom 21.6. 1966 (Höllenfeuer), BGHZ 45, 296, 308; BGH vom 9.12. 1975 (Warentest II), BGHZ 65, 325, 331.
244 BVerfG vom 20.4. 1982 (Kredithaie), BVerfGE 60, 234, 241.

deren Gefährlichkeit für das Unternehmen ebenfalls nach speziellen Maßstäben verlangen.

4. Unternehmerische Amortisationsinteressen

404 Das Recht am Unternehmen kann auch Amortisationsinteressen sichern. Der wichtigste Anwendungsfall, die Rufausbeutung oder -herabsetzung, wird bereits durch den Schutz der Außendarstellung erfasst. § 823 Abs. 1 BGB ist vereinzelt aber auch herangezogen worden, um die Amortisationsmöglichkeit solcher Investitionen zu schützen, die im Zusammenhang mit betrieblichen Produkten oder Leistungen gemacht worden sind. Praktische Bedeutung hat dies im Zusammenhang mit **Übertragungs- und Filmrechten** an Sportveranstaltungen erlangt,[245] die an späterer Stelle behandelt werden.[246] Soweit solche Rechte zugunsten des berechtigten Unternehmens absolut geschützt sind, ermöglichen sie subjektive Ausschlussrechte an Informationen. Ein Veranstalter von Boxkämpfen hat es aber hinzunehmen, dass sich Jahre später eine Unterhaltungssendung von rund 2,5 Stunden Dauer mit einem bekannten Boxer befasst und dabei kurze Ausschnitte der früheren Kämpfe (Gesamtdauer 9 Minuten) zeigt.[247] Darüber hinaus ist das Recht auf kostenlose Kurzberichterstattung im Fernsehen[248] zu beachten.

D. Urheberrecht

I. Ausgangsfragen, Schutzanliegen

405 Das Urheberrecht gewährt dem Schöpfer von Werken der Literatur, Wissenschaft und Kunst Schutz „nach Maßgabe" des UrhG (§ 1 UrhG). Die etwas gewundene Formulierung erklärt sich daraus, dass sich geistiges Eigentum – wie alle anderen immateriellen Gegenstände auch – nur in besonders erschwertem Maße rechtlich „einfangen" lässt. Beispielsweise ist der zivilrechtliche Begriff der Sache (§ 90 BGB) relativ einfach zu fassen, da er sich auf ein körperlich wahrnehmbares und damit einfach zu definierendes Substrat bezieht. Dinge wie die „Persönlichkeit" oder „geistiges Eigentum" werfen dagegen bereits in der rechtlichen Ausgangsbestimmung Definitions- und letztlich Wertungsprobleme auf. Für urheberrechtliche Werke kommt darüber hinaus noch die Besonderheit hinzu, dass sie beliebig vervielfältigt werden können und damit theoretisch sowohl unbegrenzt nutzbar als auch unbegrenzt verletzbar sind. Voraussetzungen und

245 BGH vom 14. 3. 1990 (Sportübertragungen), BGHZ 110, 371, 383.
246 Siehe Rdnr. 1401 ff., 1472 ff.
247 BGH vom 29. 4. 1970 (Bubi Scholz), GRUR 1971, 46, 47.
248 § 5 RStV. Siehe Rdnr. 1412 ff.

Reichweite ihres Schutzes sind aus diesen Gründen detailliert gesetzlich geregelt.

Das Urheberrecht ist historisch aus früheren Privilegien für das Buchdruckerhandwerk entstanden[249] und hat insofern keinen direkten medienrechtlichen Hintergrund. Dem Gebiet sind aber erhebliche **medienrechtliche Bedeutungen zugewachsen**. Zum einen kann es den Medien im Interesse des Urheberschutzes Grenzen ziehen, vor allem durch den Schutz von Schriftwerken und Reden sowie von Lichtbildwerken und Lichtbildern. Zum anderen kann das Urheberrecht durch seine Wirkungen deutliche Informationsanreize setzen.[250] Es eröffnet den Medienunternehmen erhebliche Wettbewerbsmöglichkeiten gegenüber ihren Mitbewerbern, indem sie entweder Ausschließlichkeitslizenzen an fremden Werken erlangen oder selbst urheberrechtliche Werke (Texte, Filme etc.) schaffen. 406

Es ist im Einzelnen umstritten, aus welchen ideengeschichtlichen Quellen sich der Schutz des Urhebers legitimiert.[251] Ein zentrales Element liegt in dem naturrechtlichen Gebot des *suum cuique*[252] (= lat.: jedem das Seine) bzw. in der **Vorstellung, dass geistiges Eigentum schutzwürdig** ist.[253] Der Urheber genießt Schutz, weil er etwas Bestimmtes geschaffen hat. Dieses Ausgangsanliegen des Urheberrechts wird deutlich, wenn man die Unterschiede zum Persönlichkeitsrecht betrachtet, das die Person wegen ihres Menschseins und nicht wegen ihrer schöpferischen Tätigkeit schützt. Sie zeigen sich besonders klar bei Bildnissen von Personen. Das Persönlichkeitsrecht bzw. die bildliche Selbstbestimmung schützt den Abgebildeten beispielsweise davor, ohne seine Einwilligung fotografiert zu werden. Dieses Recht steht dem Abgebildeten automatisch zu. Er muss es sich nicht in irgendeiner Weise verdienen. Soweit dagegen die Fotografie ein Werk ist, schützt das Urheberrecht dessen Schöpfer, also den Fotografen. Ihm soll u.a. die Möglichkeit gesichert werden, seine Schöpfung wirtschaftlich verwerten zu können, zum Beispiel indem er Zeitungen den Abdruck einer von ihm gemachten Fotografie gegen Entgelt gestattet und anderen den Abdruck untersagen kann. 407

Urheber- und persönlichkeitsrechtliche Anforderungen müssen nicht nur in Bezug auf die betroffenen Personen, sondern auch in ihrem konkreten Regelungsgehalt voneinander getrennt werden. Vorschriften wie die §§ 50, 51 UrhG, nach denen eine Einwilligung des Urhebers in die Nutzung seines Werks entbehrlich sein kann, normieren lediglich 408

---

249 Eingehend *Gieseke*, Die geschichtliche Entwicklung des deutschen Urheberrechts, 1957.

250 „... intended copyright itself to be the engine of free expression. By establishing a marketable right to the use of ones expression, copyright supplies the economic incentive to create and disseminate ideas“, *O'Connor* J. in Harper & Row v. Nation Enterprises, 471 U.S. 539, 558 (1985).

251 Statt vieler *Ann* GRUR Int. 2004, 597 ff. mwN.

252 *Schack*, Urheber- und Urhebervertragsrecht, Rn. 5.

253 „Intellectual property is ... the most basic form of property because a man uses nothing to produce it other than his mind“, *Bainbridge*, Intellectual Property, 1992, 17.

urheberrechtliche Schranken und sind für das Persönlichkeitsrecht irrelevant. Eine persönlichkeitsrechtlich erforderliche Einwilligung des Abgebildeten können diese Normen daher nicht ersetzen.[254] In dem Konfliktfall, dass jemand ohne sein Einverständnis abgebildet wird, die Abbildung ihrerseits ein urheberrechtliches Werk ist und der Abgebildete Vernichtung verlangt, genießt der Urheber gegenüber dem Abgebildeten prinzipiell keinen Schutz.[255]

409 Die **Cosima Wagner-Entscheidung** betrifft die Veröffentlichung eines Tagebuchs und damit eine Konstellation, in der sich Persönlichkeits- und Urheberschutz auf dieselbe Person beziehen. Ein Tagebuch kann persönlichkeitsrechtlichen Schutz genießen, weil es persönliche Gedanken enthält, die nicht für Dritte gedacht sind. Es kann zugleich ein Schriftwerk und damit auch urheberrechtlich geschützt sein.[256] Urheber- und Persönlichkeitsschutz haben aber jeweils unterschiedliche Reichweiten. Das Urheberrecht sichert Verwertungsmöglichkeiten und hat besondere urheberpersönlichkeitsrechtliche Ausprägungen, erfasst aber sonstige persönlichkeitsrechtliche Aspekte im Grundsatz nicht. Es schließt beispielsweise weder die Wiedergabe der Tagebuchaufzeichnung im privaten Kreis noch das Herstellen von Vervielfältigungsexemplaren zum privaten Gebrauch aus (§§ 19 Abs. 1, 53 Abs. 2 UrhG). Im Streitfall war bedeutsam, dass der urheberrechtliche Schutz zeitlich länger über den Tod des Verfassers hinausreicht (§ 64 UrhG) als der persönlichkeitsrechtliche. Da die Verfasserin des Tagebuchs zum Urteilszeitpunkt bereits über 40 Jahre tot war, konnte nur das Urheberrecht, nicht aber das Persönlichkeitsrecht einer Veröffentlichung entgegenstehen.

II. Werkarten

410 Das Urheberrecht erfasst **nur Werke auf bestimmten Gebieten**, nämlich den Bereichen Literatur, Wissenschaft und Kunst (§ 1 UrhG). Es grenzt sich auf diese Weise vom Anwendungsbereich anderer Normen ab, die ebenfalls geistiges Eigentum sichern. Insbesondere immaterielle Leistungen von irgendwie „technischer" Natur fallen nicht unter das Urheberrecht. Die drei Oberbegriffe Literatur, Wissenschaft und Kunst, unter die sich wegen ihrer Abstraktheit kaum subsumieren lässt, werden in § 2 Abs. 1 UrhG näher konkretisiert.

411 § 2 Abs. 1 UrhG normiert die so genannten Werkarten und zählt auf, welche Werke dem Urheberschutz im Einzelnen zugänglich sind. Aus medienrechtlicher Sicht sind Sprach-, Lichtbild- und Filmwerke die drei wichtigsten Kategorien. **Sprachwerke** (Nr. 1) sind Schöpfungen, bei denen der Werkinhalt durch das Ausdrucksmittel der Sprache transportiert wird.[257] Im Einzelnen unterscheidet das UrhG dazu zwischen Schriftwerken, mündlichen Sprachwerken (Reden) und Computerprogrammen. Das **Lichtbildwerk** (Nr. 5) ist durch die

254 BGH vom 22. 1. 1985 (Humanbiologischer Schulunterricht), NJW 1985, 1617, 1619.

255 Schricker/*Dietz*, § 14 UrhG Rdnr. 37; siehe auch OLG Hamburg vom 8. 1. 1987 (Mikis Theodorakis), NJW-RR 1987, 1533. Aus § 23 Abs. 1 Nr. 4 KUG kann sich etwas anderes ergeben, sofern ein besonderes Kunstinteresse dies gebietet.

256 BGH vom 26. 11. 1954 (Cosima Wagner), BGHZ 15, 249, 254 ff.

257 BGH vom 20. 9. 1955 (Werbeidee), BGHZ 18, 175, 177 f.; BGH vom 15. 11. 1960 (Pfiffikus-Dose), GRUR 1961, 85, 87 mwN.; BGH vom 27. 3. 1963 (Rechenschieber), BGHZ 39, 306, 308.

Art des Schaffens geprägt. Die Fotografie hat in weitem Umfang die Wiedergabe von etwas in der Natur Vorgegebenem unter Zuhilfenahme technischer Mittel zum Inhalt. Sie unterscheidet sich dadurch von anderen Werkarten wie Dichtungen oder Musikwerken, die den inneren Vorstellungen des Urhebers eine Gestalt geben. Das Urheberrecht erfasst weiterhin **Filmwerke** und Werke, die in ähnlicher Weise geschaffen werden (Nr. 6). Auf die Art der körperlichen Festlegung kommt es dabei ebenso wenig an wie bei Lichtbildwerken und Lichtbildern. Eine Speicherung auf Magnetband, Bildplatte und dgl. wird ebenso erfasst wie die Fixierung auf fotomechanischem Wege. Weitere Werkarten sind Werke der Musik (Nr. 2), der Tanzkunst (Nr. 3), der Kunst (Nr. 4) sowie wissenschaftliche und technische Darstellungen (Nr. 7).

Die einzelnen Werkarten werden vielfach unterschiedlichen rechtlichen Maß- 412
stäben unterworfen. Der Satz, dass es **kein einheitliches Urheberrecht für schöpferische Leistungen**, sondern sieben verschiedene Gebiete für den Schutz von Sprachwerken, Musikwerken, Kunstwerken etc. gibt, ist zwar übertrieben, enthält aber auch ein Fünkchen Wahrheit. Man muss sich bewusst machen, dass Werke einen völlig unterschiedlichen Charakter haben können und ggf. bereits kraft der Natur der Sache verschiedene Regelungen verlangen. Ein Sprach- oder Musikwerk lässt sich beispielsweise „zu Gehör bringen“ und verlangt nach einem entsprechenden Schutzrecht (§ 19 Abs. 1, Abs. 2 UrhG), ein pantomimisches Werk oder ein Lichtbildwerk dagegen nicht. Es kann ferner sein, dass im Rahmen von urheberrechtlichen Normen, die scheinbar für alle urheberrechtlichen Werke einheitlich gelten, in Bezug auf die einzelnen Werkarten unterschiedliche Anforderungen gestellt werden. Aus medienrechtlicher Sicht kommt insbesondere hinzu, dass an der Wiedergabe von öffentlichen Reden ein erhebliches, sich aus der Demokratiefunktion der Medien speisendes öffentliches Informationsinteresse bestehen kann. Von daher erklärt sich, dass das UrhG Normen enthält, die speziell diesem Interesse Rechnung tragen sollen (§§ 48, 49 UrhG). Dagegen sind in Bezug auf Werke der Musik oder der Tanzkunst keine spezifischen Regeln erforderlich. Eine Berichterstattung über solche Werke kann vielleicht aufgrund der Integrationsfunktion der Medien Informationsinteressen bedienen, lässt sich aber nicht mit der Berichterstattung beispielsweise über „Reden bei öffentlichen Verhandlungen vor staatlichen Organen“ auf eine Stufe stellen.

Die Abgrenzung der einzelnen Werkkategorien voneinander bestimmt sich 413
nach **unterschiedlichen Kriterien**. Eine wichtige Rolle spielt das Ausdrucksmittel, welches das eigentliche immaterielle Werk transportiert (Nr. 1–3, Nr. 7). Daneben kann es auch auf die Art und Weise, wie das Werk geschaffen wurde (Nr. 5, Nr. 6), und auf weitere Kriterien (Nr. 4) ankommen. Dagegen ist es zumeist unerheblich, ob das Werk körperlich fixiert wurde, etwa auf einem Bild- oder Tonträger, in Skizzen oder in Noten. Der in § 2 Abs. 1 UrhG aufgelistete

Katalog geschützter Werke ist aber **nicht abschließend**, sondern beispielhaft („insbesondere"). Dadurch wird sichergestellt, dass auch Werke, die in den Bereich Literatur, Wissenschaft und Kunst fallen, sich aber nicht exakt in eine vorhandene Werkkategorie fassen lassen, urheberrechtlichen Schutz genießen können.[258]

III. Werkvoraussetzungen

414 §2 Abs.2 UrhG definiert das Werk allgemein als „persönliche geistige Schöpfung". Für die Arbeit mit dieser Definition ist etwas Vorsicht geboten, da die drei Tatbestandsmerkmale in Judikatur und Schrifttum weder klar noch in einheitlicher Weise voneinander getrennt werden. Stattdessen wird in der Regel entscheidend auf das Kriterium der Individualität abgestellt, mit dem die Rechtsprechung bereits frühzeitig gearbeitet hat.[259] Es ist bei der späteren Schaffung des heutigen §2 Abs.2 UrhG nicht ausdrücklich im Gesetzeswortlaut verankert worden, sollte dadurch aber gleichwohl nicht als solches infrage gestellt werden.[260] Die Formulierung „Schöpfung eigentümlicher Prägung" wurde allein deshalb nicht in das Gesetz übernommen, um Werke von geringem schöpferischen Wert nicht von vornherein aus dem Urheberschutz auszunehmen.[261]

1. Geistige Schöpfung

415 Ein **Schöpfung** setzt voraus, dass das Werk auf eine menschlich-gestalterische Tätigkeit des Urhebers zurückgeht.[262] Durch das Tätigwerden muss etwas Neues entstehen und nicht bloß bereits Vorhandenes wiedergegeben werden. Wenn ein vorgefundener Gegenstand als Kunstwerk präsentiert wird, entsteht dadurch kein urheberrechtliches Werk. Erforderlich ist weiterhin ein menschliches Schaffen. Übersetzungen etwa, die durch einen Übersetzungscomputer erstellt werden, sind daher ebenso wenig schutzfähige Werke wie Bilder, die von Affen gemalt wurden etc.

416 **„Geistig"** meint, dass der menschliche Geist im Werk zum Ausdruck kommen bzw. ein Gedanken- oder Gefühlsinhalt durch das Werk mitgeteilt werden muss.[263] Daran fehlt es beispielsweise bei dem Zufallswerk, das auf bloß mechanischer Tätigkeit beruht und deshalb nicht auf geistigem Schaffen basiert. Man-

---

258 Zu konkretem Anwendungsfall siehe BGH vom 6.12. 1985 (Happening), GRUR 1985, 529f.; dazu *Jacobs* GRUR 1985, 530f.

259 Z.B. BGH vom 1.4. 1958 (Mecki I), GRUR 1958, 500, 501.

260 Amtliche Begründung zu §2 Abs.2 UrhG 1965, BT-Drucks. IV/270, S.38 „als persönlich geistige Schöpfung sind Erzeugnisse anzusehen, die durch ihren Inhalt oder durch ihre Form oder durch die Verbindung von Inhalt und Form etwas Neues oder Eigentümliches darstellen".

261 Amtliche Begründung zu §2 Abs.2 UrhG 1965, BT-Drucks. IV/270, S.38.

262 Schricker/*Loewenheim*, §2 UrhG Rdnr.11ff. mwN.

263 Schricker/*Loewenheim*, §2 UrhG Rdnr.18 mwN.

gels einer geistigen Schöpfung liegt auch in sportlichen oder akrobatischen Leistungen kein urheberrechtliches Werk.[264] Den Künsten von *Mohammed Ali* und *Pelé* zum Trotz: Sport bringt keinen bestimmten geistigen Gehalt zum Ausdruck, sondern hat zum Inhalt, dem Körper eine bestimmte Leistung abzuverlangen. Rechte „an" Fußballspielen können sich daher nur aus anderen Quellen als dem Urheberrecht ergeben.

2. Persönlich, Individualität

Der Gesetzeswortlaut verlangt weiterhin eine **„persönliche"** Schöpfung. Die 417
Voraussetzung wird hier mit dem **Erfordernis der Individualität** gleichgesetzt,[265] weil das Individualitätskriterium so an den Wortlaut von §2 Abs.2 UrhG angebunden werden kann und sich der Terminus „persönliche" am ehesten mit Individualität gleichsetzen lässt. In der Sache besteht Einigkeit darüber, dass etwas Geschaffenes nur dann ein Werk ist, wenn es individuelle Ausdruckskraft hat[266] bzw. vom individuellen Geist des Urhebers geprägt ist. Was darunter zu verstehen ist, wird unterschiedlich beschrieben. So werden im Schrifttum beispielsweise eine individuelle, schöpferische Leistung und ein spürbarer Ausdruck einer schöpferischen Persönlichkeit[267] oder Eigentümlichkeit und Gestaltungshöhe[268] verlangt. In ähnlicher Weise spricht die Rechtsprechung von eigenschöpferischer Prägung oder auch von schöpferischer Eigenart oder Eigentümlichkeit.[269] Das Werk muss also das **Ergebnis eines individuellen geistigen Schaffens** sein,[270] die „Handschrift", persönlicher Stil und Temperament des individuellen Werkschöpfers müssen erkennbar sein. Ein ästhetischer Gehalt ist nicht erforderlich.[271] Das Individualitätskriterium ist das mit Abstand wichtigste Erfordernis. Es wirkt als tatbestandliche Voraussetzung des Werkbegriffs

264 Schricker/*Loewenheim*, §2 UrhG Rdnr. 129 mwN.

265 Die Rspr. weicht einer dogmatischen Klärung aus. In den Lehrbüchern und Kommentaren werden die Voraussetzungen von §2 Abs.2 UrhG zumeist inhaltlich definiert und das Erfordernis individueller Gestaltung anschließend behandelt, ohne dass deutlich gemacht wird, ob es sich um eine zusätzliche oder eine konkretisierende Voraussetzung handelt.

266 BGH vom 23.2. 1995 (Mauer-Bilder), BGHZ 129, 66, 70; Schricker/*Loewenheim*, §2 UrhG Rdnr.23; *Schack*, Urheber- und Urhebervertragsrecht, Rn.161f. mwN. Die Gegenansicht, nach der es bei Kunstwerken auf die statistische Einmaligkeit der betreffenden Gestaltung ankommen sollte, hat sich nicht durchsetzen können. Siehe insbesondere *Kummer*, Das urheberrechtlich schützbare Werk, 1968, S.30ff., 80; *K.Schmidt* UFITA 77 (1976), 1, 22ff.

267 *Schack*, Urheber- und Urhebervertragsrecht, Rn.161.

268 Schricker/*Loewenheim*, §2 UrhG Rdnr.24ff.

269 BGH vom 4.10. 1990 (Betriebssystem), BGHZ 112, 264, 270; BGH vom 17.4. 1986 (Anwaltsschriftsatz), GRUR 1986, 739, 740; BGH vom 9.5. 1985 (Inkasso-Programm), BGHZ 94, 276, 285.

270 BGH vom 21.4. 1953 (Lied der Wildbahn I), BGHZ 9, 262, 268; ähnlich BGH vom 23.2. 1995 (Mauer-Bilder), BGHZ 129, 66, 70.

271 BGH vom 9.5. 1985 (Inkasso-Programm), BGHZ 94, 276, 286. EDV-Statikproschutzbegründend und grenzt damit schutzfähige Werke von nicht schutzfähigen Gebilden ab. Durch die Individualität unterscheidet sich das urheberrechtlich geschützte Werk von der nicht geschützten Masse des Alltäglichen, des Banalen, der sich im üblichen Rahmen haltenden Erzeugnisse. Die rein handwerkliche oder routinemäßige Leistung, mag sie auch noch so solide und fachmännisch erbracht sein, genügt dem Individualitätserfordernis grundsätzlich nicht. Auf diese Weise trennt das Urheberrecht die Rede vom belanglosen Gesprächsbeitrag, den künstlerisch gestalteten Gebrauchsgegenstand von der Dutzendware, die literarische Darstellung vom alltäglichen Brief.

418 Die materiellen Anforderungen an die erforderliche Individualität sind im Einzelnen unterschiedlich und **hängen insbesondere von der Werkart ab.**[272] Die Notwendigkeit solcher Unterscheidungen kann aus dem UrhG selbst resultieren. So stellt die Rechtsprechung an die Werkqualität von Zeitungs- und Zeitschriftenartikeln in der Regel geringe Anforderungen[273] und eröffnet so einen prinzipiell weitreichenden Urheberschutz. Das großzügige Verständnis von §2 Abs.2 UrhG ist in solchen Fällen problemlos, da das UrhG den **Interessen der Allgemeinheit** an Information durch zahlreiche Schrankenbestimmungen auf späterer Stufe Rechnung trägt, insbesondere durch die §§48, 49 UrhG. In Bezug auf andere Werkarten kann dies jedoch ganz anders sein. Für Werke im Sinne von §2 Abs.1 Nr.7 UrhG fehlen beispielsweise spezifische Schrankenbestimmungen. Dem Allgemeinheitsinteresse an der Freiheit von wissenschaftlichen Lehren und Methoden muss daher hauptsächlich über eine restriktive Handhabung des Individualitätskriteriums Rechnung getragen werden.

419 Unterschiedliche Maßstäbe können sich auch aus der **unterschiedlichen Natur der einzelnen Werkarten** ergeben. Es gibt beispielsweise unendlich viele Möglichkeiten, Inhalte sprachlich auszudrücken oder Einfälle künstlerisch umzusetzen, während etwa der Urheber einer technischen Darstellung, zum Beispiel eines Stadtplans, grundsätzlich auf die Wiedergabe von bereits Vorhandenem beschränkt ist. Daneben gibt es zahlreiche weitere Gründe. So ist es zum Beispiel für den Kunstschutz notwendig, §2 Abs.1 Nr.4 UrhG sinnvoll auf die geschmacksmusterrechtlichen Schutzmöglichkeiten abzustimmen. Die Rechtsprechung stellt deshalb für Werke der angewandten Kunst strenge Anforderungen,[274] während sie etwa in Bezug auf Werke der bildenden Kunst[275] und auf Musikwerke[276] großzügig ist, weil es für solche Werke keine vergleichbare Abstimmungsnotwendigkeit gibt.

---

gramme können beispielsweise unter §2 Abs.1 Nr.1 UrhG fallen, ohne dass sie „schön" sein müssen.

272 Überblick und Kritik dazu bei Dreier/*Schulze*, §2 UrhG Rdnr.24ff., 32.

273 BGH vom 16.1. 1997 (CB-infobank I), BGHZ 134, 250, 255.

274 BGH vom 5.3. 1998 (Les-Paul-Gitarren), BGHZ 138, 143, 147 mwN. „deutliches Überragen der Durchschnittsgestaltung".

275 Siehe BGH vom 22.6. 1995 (Silberdistel), GRUR 1995, 581, 582 mwN.

276 BGH vom 24.1. 1991 (Brown Girl II), GRUR 1991, 533 „keine zu hohen Anforderungen an die schöpferische Eigentümlichkeit".

Das Individualitätskriterium bestimmt nicht nur das tatbestandliche Eingreifen, sondern auch den **Umfang des urheberrechtlichen Schutzes**, da nur die individuellen Züge eines Werks vor Nachahmung geschützt sind. Es dient insoweit vor allem zur sinnvollen Abstimmung des Urheberrechts auf Interessen der Allgemeinheit. Einen Urheberschutz von abstrakten Ideen, Methoden oder Stilrichtungen gibt es nicht.[277] Das ist aus Sicht desjenigen, der entsprechende Methoden oder Stilrichtungen als erster begründet hat und sie folglich mit einer gewissen Berechtigung als sein geistiges Eigentum ansehen kann, keineswegs einzusehen.[278] Insbesondere kann es sein, dass die Leistung des Betreffenden gerade in dem Erarbeiten solcher Lehren liegt und dennoch schutzlos bleibt.[279] Ein derartiges Ausschlussrecht wäre gleichwohl fatal, da es ein Allgemeingut zugunsten eines Einzelnen monopolisieren würde. Aus dieser Zielrichtung ergibt sich die Notwendigkeit festzulegen, was Ausdruck individueller Gestaltung und damit urheberrechtlich geschützt ist und was vom Urheberschutz nicht erfasst wird und deshalb dem Zugriff der Allgemeinheit offensteht. Diese Trennung ist unabdingbar, aber nicht immer leicht. 420

3. Wahrnehmbare Formgestaltung

Das Werk muss schließlich in seiner konkreten Gestalt der **Wahrnehmung durch die menschlichen Sinne zugänglich** geworden sein.[280] Dabei ist gleichgültig, ob es eines technischen Geräts bedarf, um das Werk wahrnehmbar zu machen. Eine körperliche oder gar dauerhafte Fixierung ist grundsätzlich nicht erforderlich, und das Werk braucht nicht bereits die endgültige Form haben, um urheberrechtlich geschützt zu sein. Auch Entwürfe, Skizzen und Vorstufen können bereits Schutz genießen. Der ungestaltete, noch nicht geäußerte Gedanke ist aber nicht schutzfähig. Der Werkbegriff verlangt außerdem, dass der persönliche geistige Gehalt **im Werk selbst zum Ausdruck kommen** muss. Es reicht nicht aus, dass er sich erst aus zusätzlichen Lehren oder Anweisungen ergibt.[281] 421

Aus diesem Grund ist nach der **Sendeformat-Entscheidung** ein für Fernsehshows entwickeltes Konzept als solches grundsätzlich nicht urheberrechtsfähig, selbst wenn die darin enthaltenen Elemente individuellen Gestaltungsgrad haben sollten.[282] Das hinter der Reihe stehende Konzept sei eine vom Inhalt der einzelnen Sendung losgelöste bloße 422

---

277 Z.B. BGH vom 20.9. 1955 (Werbeidee), BGHZ 18, 175, 177f.; BGH vom 8.6. 1989 (Emil Nolde), BGHZ 107, 384, 391.

278 *Troller*, Festgabe Gutzwiller, Basel 1959, S. 773ff.; siehe auch *Beater*, Nachahmen im Wettbewerb, 1995, S. 358.

279 Siehe OLG Frankfurt a.M. vom 27.8. 1981 (Unternehmen Tannenberg), GRUR 1990, 124, 126.

280 BGH vom 9.5. 1985 (Inkasso-Programm), BGHZ 94, 276, 281.

281 BGH vom 27.3. 1963 (Rechenschieber), BGHZ 39, 306, 308ff.

282 BGH vom 26.6. 2003 (Sendeformat), BGHZ 155, 257, 264f. mwN.; dazu *Berking* GRUR 2004, 109ff.; ablehnend *Heinkelein* GRUR Int. 2004, 378ff.; *Schricker* EWiR 2003, 1205f.; siehe auch *ders.* GRUR Int. 2004, 923ff.

Anleitung zur Formgestaltung gleichartiger anderer Stoffe und deshalb kein Werk. Lässt man sich auf diese Argumentationsschiene ein, so fehlt es an der erforderlichen Wahrnehmbarkeit durch das Werk. In der Sache geht es jedoch um ein allgemeines Freihaltungsbedürfnis, aufgrund dessen Ideen oder Gestaltungsweisen als solche nicht vom Urheberrecht geschützt werden.

IV. Urheber

1. Schöpferprinzip

423 Urheber ist der **Schöpfer des Werks** (§7 UrhG). Da das Urheberrecht die individuelle Gestaltung schützt, ist der Schöpfer des Werks derjenige, der ihm seine individuelle Form und Gestalt gegeben hat bzw. dessen Individualität sich im Werk wiederfindet. Das Urheberrecht an einem Schriftwerk in Gestalt eines Zeitungsartikels steht demjenigen zu, auf den die individuelle Prägung des Beitrags zurückgeht. Kein Urheber ist, wer lediglich Anregungen, Ideen, Informationen oder sonstiges Tatsachenmaterial beigesteuert hat,[283] da solche Elemente die Werkeigenschaft nicht begründen. Der Urheber ist stets eine natürliche Person. Auf seine Rechtsgeschäftsfähigkeit kommt es nicht an. Schöpfer des Werks kann auch ein Geisteskranker (*van Gogh*) oder Minderjähriger (*Mozart*) sein.

424 Das Schöpferprinzip **schließt jede Form von Stellvertretung aus.** Eine juristische Person oder eine Personengesellschaft kann daher als solche niemals Urheber sein.[284] Dasselbe gilt, wenn jemand für einen anderen aufgrund eines Dienstvertrags, Auftrags oder Werkvertrags eine schöpferische Leistung erbringt.[285] Beim Werkschaffen im Rahmen eines privatrechtlichen Arbeitsverhältnisses oder eines Dienstvertrags entsteht das Urheberrecht in der Person des Schaffenden. Arbeitgeber oder Auftraggeber sind grundsätzlich darauf angewiesen, sich die benötigten urheberrechtlichen Nutzungsrechte auf vertraglichem Wege vom Urheber einräumen zu lassen. Nach den allgemeinen Regeln wird auch der „Ghostwriter" typischerweise Urheber sein.[286]

2. Miturheberschaft

425 Eine Miturheberschaft (§8 Abs.1 UrhG) besteht, wenn mehrere Personen schöpferische Beiträge zu einem gemeinsamen Werk geleistet haben.[287] Die Miturheberschaft setzt eine Zusammenarbeit (**„gemeinsam"**) voraus, die auf einer Verständigung über die gemeinsame Aufgabe und auf gegenseitiger Unterordnung unter die Gesamtidee beruht. Es ist gleichgültig, ob die Mitwirkung eines jeden den gleichen Umfang hat oder nicht, sie muss nur schöpferischer Art

283 BGH vom 19.10. 1994 (Rosaroter Elefant), GRUR 1995, 47, 48 mwN.
284 BGH vom 27.9. 1990 (Grabungsmaterialien), BGHZ 112, 243, 248.
285 BGH vom 30.11. 1954 (Indeta), BGHZ 15, 338, 346.
286 Dazu *Schack*, Urheber- und Urhebervertragsrecht, Rn.272f.
287 BGH vom 14.7. 1993 (Buchhaltungsprogramm), BGHZ 123, 208, 212 mwN.

sein. Das Kriterium der Gemeinsamkeit unterscheidet die Miturheberschaft von der Bearbeitung und der freien Benutzung (§§ 23, 24 UrhG), bei denen ein Werk nachträglich von einem anderen umgestaltet und verändert wird. Die Vollendung eines unvollendeten Werkes des gestorbenen Meisters durch seinen Schüler ist daher nicht Miturheberschaft, sondern Bearbeitung oder Werkverbindung. Keine Miturheberschaft, sondern Alleinurheberschaft ist dagegen anzunehmen, wenn ein Beteiligter der alleinige Schöpfer des Werks ist, weil andere („**mehrere**") keinen eigenen schöpferischen Beitrag leisten. Wer einen Werkschöpfer auf eine Idee oder auf einen originellen Gedanken hinweist, ohne an der für das Werk wesentlichen Ausdrucksform mitzuwirken, liefert eine bloße Anregung. Miturheberschaft scheidet ferner aus, wenn sich die „**Anteile gesondert verwerten**" lassen. Es entsteht dann nicht ein Werk, sondern es entstehen mehrere Werke. Wenn A ein Gedicht schreibt und der B es musikalisch vertont, so bewahrt jeder Beitrag seine selbstständige Verwertbarkeit. Es handelt sich um eine Werkverbindung (§ 9 UrhG). Anders liegt es, wenn zwei Wissenschaftler ein Lehrbuch dergestalt gemeinsam verfassen, dass jeder verschiedene Kapitel schreibt. Die Kapitel lassen sich trennen und unterscheiden, sie besitzen im Verkehrsleben aber keine selbstständige Bedeutung. Es liegt dann Miturheberschaft vor.

Besondere Schwierigkeiten tauchen bei der Frage auf, wer **Urheber von Filmwerken** ist. Das Gesetz geht grundsätzlich von einer Miturheberschaft aller aus, die einen schöpferischen Beitrag zum Gesamtwerk geleistet haben. Das ist wohl stets der Regisseur.[288] Urheber können auch der Kameramann, Schauspieler, Filmarchitekten, Filmmaler, Maskenbildner usw. sein. Die Miturheber erlangen ein Urheberrecht am Filmwerk (§ 89 Abs. 1 UrhG). Wer keinen eigenen schöpferischen Beitrag leistet, wird nicht Miturheber. Nicht zu den Urhebern des Filmwerks gehören die Urheber der zu seiner Herstellung benutzten Werke, also zum Beispiel der Urheber des verfilmten Romans oder Schauspiels. Die Verfilmung der benutzten Werke ist eine Bearbeitung oder jedenfalls analog einer solchen zu behandeln (§ 23 Satz 2 UrhG). Ebenfalls kein Urheberrecht an dem Film erlangt der Schöpfer solcher Werke, die für den einzelnen Film geschaffen wurden, zum Beispiel der Drehbuchautor, der Komponist der Filmmusik (§ 89 Abs. 3 UrhG). Der Filmhersteller ist in aller Regel mangels schöpferischen Beitrags nicht Urheber oder Miturheber des Filmwerks, genießt aber einen speziellen Leistungsschutz (§ 94 UrhG). 426

Miturheber werden **als Gesamthand behandelt** (§ 8 Abs. 2, 4 UrhG). Die §§ 705 ff. BGB finden ergänzend Anwendung, soweit sie der besonderen Interessenlage gerecht werden und das UrhG keine Sonderbestimmungen enthält. Die Erträge aus der Nutzung des Werks gebühren den Miturhebern nach dem Um- 427

288 BGH vom 24. 11. 1983 (Filmregisseur), BGHZ 90, 219, 221 ff.

fang ihrer Mitwirkung an der Schöpfung des Werkes, soweit nichts anderes zwischen ihnen vereinbart ist (§ 8 Abs. 3 UrhG).[289]

V. Entstehen des Urheberschutzes

428 Der Urheber erwirbt das Urheberrecht **ipso iure durch die Schöpfung** des Werks. Vom Werk zu unterscheiden ist das Werkstück, d.h. der körperliche Ausdruck des Werks, zum Beispiel ein Buch. Das Urheberrecht erfasst nur das Werk. Werkstücke unterliegen dagegen als körperliche Gegenstände[290] dem allgemeinen Sachenrecht und sind eigentumsfähig. Werkstücke können aber vom Urheberrechtsschutz betroffen sein, wenn sich eine Beeinträchtigung des Werks in ihnen dokumentiert, zum Beispiel bei Entstellungen.[291] Dass der Urheberschutz – anders als bei den gewerblichen Schutzrechten – keinen staatlichen Verleihungs- oder Registrierungsakt erfordert, bedeutet für den Urheber Segen und Fluch zugleich. Er spart dadurch Mühen und Kosten für ein entsprechendes Verleihungs- oder Eintragungsverfahren. Zugleich wird der Urheber jedoch mit erheblicher Rechtsunsicherheit belastet. Er kann in vielen Fällen nicht sicher wissen, ob das von ihm Geschaffene tatsächlich die erforderliche Gestaltungshöhe erreicht und dementsprechend urheberrechtlichen Schutz genießt. Oft wird ihm erst eine rechtskräftig gewordene Gerichtsentscheidung Klarheit verschaffen.

VI. Rechte des Urhebers

429 Das Urheberrecht sichert den Urheber sowohl „in seinen geistigen und persönlichen Beziehungen zum Werk" als auch „in der Nutzung des Werks" und in seinem Interesse an einer angemessenen Nutzungsvergütung (§ 11 UrhG). Sie werden hier nur in ausgewählten medienrechtlichen Bezügen skizziert.

1. Urheberpersönlichkeitsrecht

430 Das Urheberpersönlichkeitsrecht erklärt sich aus der Überlegung, dass ein Werk auch nach Fertigstellung, Veröffentlichung oder Weggabe aller Nutzungsrechte untrennbar mit seinem Schöpfer verbunden bleibt.[292] Es ist Ausdruck seines Denkens und Fühlens, seines Temperaments, seines Stils, kurz seiner Persönlichkeit. Das Werk trägt als das geistige Kind des Schöpfers dessen Wesenszüge auch dann noch an sich, wenn es von ihm getrennt worden ist.

---

289 Siehe BGH vom 5. 3. 1998 (Popmusikproduzenten), GRUR 1998, 673ff.
290 § 90 BGB.
291 § 14 UrhG; Schricker/*Loewenheim*, § 2 UrhG Rdnr. 10.
292 Amtliche Begründung zu § 11 UrhG, BT-Drucks. IV/270, S. 43f.

Die urheberpersönlichkeitsrechtliche Komponente wird vor allem an zwei Aspekten deutlich. Zum einen ist das Urheberrecht als solches **untrennbar mit dem Urheber verbunden**. Dieser kann zwar anderen Nutzungsrechte einräumen, bleibt im Übrigen aber stets Inhaber des Urheberrechts. Daher kann beispielsweise ein „Ghostwriter" nicht mit dinglicher Wirkung auf sein Urheberrecht verzichten. Er kann sich lediglich schuldrechtlich verpflichten, das Urheberpersönlichkeitsrecht nicht auszuüben.[293] Zum anderen können entsprechende Verletzungen die Verpflichtung mit sich bringen, auch den **Nichtvermögensschaden** ersetzen zu müssen (§ 97 Abs. 2 UrhG). Der Anspruch steht nur dem Urheber und bestimmten weiteren Personen zu, nicht aber demjenigen, dem Nutzungsrechte an dem Urheberrecht eingeräumt worden sind. Da das Werk nicht von ihm stammt, kann auch seine geistige und persönliche Beziehung zum Werk nicht beeinträchtigt werden. 431

Das **Veröffentlichungsrecht** ist das ausschließliche Recht des Urhebers zu bestimmen, ob, wann und in welcher Form sein Werk der Öffentlichkeit zugänglich gemacht werden soll (§ 12 Abs. 1 UrhG). Der Urheber soll auf diese Weise davor geschützt werden, dass ein Werk, das er noch nicht als vollendet betrachtet oder das seiner künstlerischen Auffassung nicht – mehr – entspricht, ihm zugerechnet wird.[294] Zugleich werden dem Urheber auf diese Weise wichtige Vermarktungsmöglichkeiten gesichert. 432

Der Urheber hat unterschiedliche Möglichkeiten, sein Werk zu veröffentlichen bzw. eingeschränkt zu veröffentlichen.[295] Häufig wird sich die Freigabeerklärung aus den Umständen ergeben. Wenn der Urheber anderen Nutzungsrechte zur Veröffentlichung eines bereits fertiggestellten Werks einräumt, übt er damit regelmäßig konkludent auch sein Veröffentlichungsrecht aus. In der Veräußerung (Verkauf, Tausch, Schenkung) des Originals eines Werks ohne Übertragung von Nutzungsrechten liegt in der Regel schon die Ausübung des Veröffentlichungsrechts; der Erwerber ist dann grundsätzlich berechtigt, das bis dahin unveröffentlichte Werk auszustellen und damit zu veröffentlichen (§§ 18, 44 Abs. 2 UrhG). Der Urheber kann sein Vorbehaltsrecht eingeschränkt dahin ausüben, dass nur die öffentliche Zurschaustellung, nicht aber eine bleibende Anbringung an öffentlichen Wegen, Straßen oder Plätzen freigegeben wird, um damit die Rechtsfolgen des § 59 UrhG zu vermeiden. 433

Weiterhin kennt § 12 Abs. 2 UrhG einen **Mitteilungsvorbehalt**. Dem Urheber ist es vorbehalten, eine von mittelbaren Verlautbarungen unbeeinflusste Öffentlichkeit zuerst mit seinem Werk selbst oder aber mit einer von ihm autorisierten Mitteilung über sein Werk bekannt zu machen. Die Vorschrift bietet u. a. Schutz gegen ungenehmigte Vorveröffentlichungen durch das verbale Umschreiben musikalischer Abläufe aus Musikwerken oder durch Objektbeschreibungen bei Werken bildender Kunst. Nach Erschöpfung des Mitteilungsvorbehalts insbe- 434

293 *Schack*, Urheber- und Urhebervertragsrecht, Rn. 272, 339.
294 Dreier/*Schulze*, § 12 UrhG Rdnr. 1 mwN.
295 Dazu Dreier/*Schulze*, § 12 UrhG Rdnr. 9ff. mwN.

sondere durch eine Veröffentlichung mit Zustimmung des Urhebers kann jedermann den Inhalt des Werks öffentlich mitteilen oder beschreiben, ohne den Urheber fragen zu müssen.

435 Das Recht auf **Anerkennung der Urheberschaft** (§ 13 Satz 1 UrhG) wird durch unterschiedliche Vorschriften geschützt. An erster Stelle ist dabei das Namensnennungsrecht zu nennen. Der Urheber kann sich jederzeit zu seinem Werk bekennen und sich gegen Übergriffe wehren, zum Beispiel wenn sich Dritte zu Unrecht als Autoren ausgeben. Weiterhin hat der Autor Nennungsrechte gegenüber demjenigen, der das Werk nutzt. Sie werden ergänzt durch die Pflicht zur Quellenangabe nach § 63 UrhG. Der Urheber kann ferner bestimmen, ob das Werk mit einer Urheberbezeichnung zu versehen und welche Bezeichnung zu verwenden ist (§ 13 Satz 2 UrhG). Es ist ihm also überlassen, sein Werk unter seinem Namen, unter einem Decknamen oder anonym zu veröffentlichen.

2. Verwertungsrechte

436 Der Urheber soll von jedem, der das geschaffene Werk genießt, einen „gerechten wirtschaftlichen Lohn" verlangen können.[296] Ihm steht deshalb das ausschließliche Recht zu, das Werk zu verwerten. Das Verwertungsrecht schützt den Urheber grundsätzlich umfassend und erfasst auch neuartige Verwertungsformen, die vom Gesetzgeber noch nicht geregelt worden sind.[297] Die Auflistungen der speziellen Verwertungsrechte in § 15 Abs. 1, Abs. 2 UrhG sind nicht abschließend („insbesondere"). Die Normen trennen im Einzelnen zwischen unterschiedlichen Formen der Nutzung fremder Werke, namentlich zwischen der Verwertung des Werks in körperlicher Form und der Verwertung in unkörperlicher Form durch öffentliche Wiedergabe. Die Verwertungsrechte sind so zugeschnitten, dass sie private Nutzungen in bestimmten Grenzen zulassen, während sie eine öffentliche Nutzung von Werken durch die Massenmedien stets erfassen. Sie ermöglichen dem Urheber sehr differenzierte Vermarktungsmöglichkeiten für sein Werk.

437 Die Verwertung in **körperlicher Form** (§§ 15 Abs. 1, 16–18 UrhG) setzt ein körperliches Werkexemplar voraus, also entweder ein körperliches Original oder Vervielfältigungsstücke des Werks (Bücher, Fotokopien, Tonträger, Bildtonträger, Disketten, elektronische Speicher etc.). Daher ist beispielsweise der Presse oder Verlagsunternehmen ein Abdruck von urheberrechtlich geschützten

296 BGH vom 18. 5. 1955 (Grundig-Reporter), BGHZ 17, 266, 278.

297 Z.B. BGH vom 21. 11. 1952, BGHZ 8, 88ff. (Überspielen von Schallplatten auf Magnettonbänder); BGH vom 18. 5. 1955, BGHZ 17, 266, 269ff. (Erstaufnahme eines Vortrags auf Tonträger). Beiden Vervielfältigungsarten konnte der Gesetzgeber zu Beginn des 20. Jahrhunderts noch nicht Rechnung tragen, sie blieben aber gleichwohl dem Urheber vorbehalten.

Fotografien grundsätzlich nur erlaubt, wenn ihnen das entsprechende Vervielfältigungs- und Verbreitungsrecht eingeräumt wurde (§§ 16, 17 UrhG).

438 Die Verwertung in **unkörperlicher Form** (§§ 15 Abs. 2, 19–22 UrhG) macht dagegen das Werk öffentlich wahrnehmbar, wirkt sich aber weder auf die Zahl der körperlichen Werkexemplare aus, noch bietet sie körperliche Werkexemplare an oder bringt sie in den Verkehr. Ein klassischer Anwendungsfall ist das Zeigen eines Lichtbildwerks im Fernsehen (§ 20 UrhG). Die Wiedergabe ist nach § 15 Abs. 3 UrhG „öffentlich", wenn sie für eine Mehrzahl von Personen bestimmt ist und der Kreis dieser Personen weder bestimmt abgegrenzt, noch durch gegenseitige Beziehungen oder durch Beziehung zum Veranstalter persönlich untereinander verbunden ist. Öffentlichkeit ist bei einer Wiedergabe des Werks in den Massenmedien stets zu bejahen, aber beispielsweise auch im Zusammenhang mit Betriebsveranstaltungen eines großen Unternehmens grundsätzlich anzunehmen.[298] Hochschulvorlesungen werden im Schriftum unter Verweis auf die „heutigen Verhältnisse" und mangels innerer Verbundenheit aller Beteiligten als in der Regel öffentlich eingeordnet.[299]

439 Die für die Medien wohl wichtigste Befugnis ist das **Senderecht** (§ 20 UrhG), also das Recht, ein Werk durch Funk der Öffentlichkeit zugänglich zu machen. „Funk" meint jede Übertragung von Zeichen, Tönen oder Bildern durch elektromagnetische Wellen, die von einer Sendestelle ausgesandt werden und an anderen Orten von einer beliebigen Zahl von Empfangsanlagen aufgefangen und wieder in Zeichen, Töne oder Bilder zurückverwandelt werden können.[300] Das UrhG nennt als nicht abschließende („wie") Beispiele Ton- und Fernsehfunk, Satellitenrundfunk, Kabelfunk und ähnliche technische Mittel.

440 Es ist für das Senderecht unbeachtlich, ob die Signale analog oder digital, unkodiert oder kodiert bzw. verschlüsselt sind. Keine Rolle spielen weiterhin der Charakter der Sendung (Livesendung oder aufgezeichnete Sendung, originäre Sendung oder Weitersendung) der Zuschnitt des Senders (Vollprogramm, Spartensender, Mehrkanaldienst) und sein wirtschaftliches Geschäftsmodell (Free-TV, Pay-TV etc.).[301] Wird eine Livesendung zugleich vom Sender aufgezeichnet, so liegt darin eine Vervielfältigung des Werks (§ 16 Abs. 2 UrhG). Das Sendeunternehmen, das zur Funksendung des Werks berechtigt ist, darf es auch unter bestimmten Voraussetzungen auf Bild- oder Tonträger übertragen, muss diese später aber wieder löschen (§ 55 UrhG). Eine solche Aufzeichnung kann auch aus gegendarstellungsrechtlichen Gründen geboten sein.

441 Für bestimmte grenzüberschreitende Sendungen enthält § 20a UrhG eine Sonderregelung gegenüber § 20 UrhG. Sie gilt für **europäische Satellitensendungen**, die ihren Ursprung in einem Mitgliedstaat der EU oder des EWR haben. Das Senderecht wird ergänzt durch das Recht der **Kabelweitersendung** (§ 20b UrhG). Es erfasst die zeitgleiche, unveränderte und vollständige Weiterleitung eines Programms durch Kabel oder Mikrowellen, nicht dagegen Weiterleitungen, die verändert oder zeitversetzt bzw. auf anderem

298 BGH vom 24. 6. 1955 (Betriebsfeiern), BGHZ 17, 376ff.
299 Schricker/*von Ungern-Sternberg*, § 15 UrhG Rdnr. 81 mwN.
300 Amtliche Begründung zu § 20 UrhG, BT-Drucks. IV/270, S. 50.
301 Dreier/*Schulze*, § 20 UrhG Rdnr. 7.

technischen Wege (terrestrische Weitersendung oder Weitersendung per Satellit) erfolgen.[302] Eine weitere Ergänzung ist das Recht der **Wiedergabe von Funksendungen** (§ 22 UrhG), bei der das Werk öffentlich wahrnehmbar gemacht wird, z.B. in einer Gaststätte. Der private Rundfunk- und Fernsehempfang ist dagegen kein urheberrechtlich relevanter Verwertungsakt.[303]

442 Das Recht der **öffentlichen Zugänglichmachung** (§ 19a UrhG) betrifft ein Öffentlichmachen des Werks, bei dem Ort und Zeit der Nutzung im Belieben der Nutzer stehen. Darin liegt eine eigenständige Qualität gegenüber dem Senderecht und den weiteren Rechten (§§ 19 Abs. 4, 21, 22 UrhG), bei denen das Werk nur zu einer bestimmten Zeit der Öffentlichkeit einheitlich zugänglich gemacht wird. Klassische Anwendungsfälle sind die Seiten im Internet und das so genannte video on demand. § 22 UrhG erfasst ergänzend Wiedergaben des Werkes, die auf dessen öffentlicher Zugänglichmachung beruhen.

3. Entstellung, Bearbeitung, freie Benutzung

443 Die vorgestellten Verwertungsrechte sichern den Urheber gegen die Reproduktion seines Werks. Davon zu trennende Fragen ergeben sich, wenn ein anderer das Werk nicht beispielsweise bloß vervielfältigt oder öffentlich wahrnehmbar macht, sondern es **irgendwie verändert**. Das Urheberrecht unterscheidet dann nach der Art der Veränderung und zwischen zwei Abwägungspunkten. Einerseits lässt sich gestalterischer Fortschritt nur erzielen, wenn der geistig Schaffende auf den Leistungen anderer aufbauen kann. Andererseits soll die Übernahme fremder Leistungen nicht zu deren Aneignung und Ausbeutung führen.

444 Der Urheber kann kraft seines Urheberpersönlichkeitsrechts gegen die **Entstellung oder eine andere Beeinträchtigung** seines Werks vorgehen, die geeignet ist, seine berechtigten geistigen oder persönlichen Interessen am Werk zu gefährden (§ 14 UrhG). Es entspricht der Schöpferwürde, über die Form, in der sein Werk der Öffentlichkeit dargeboten wird, entscheiden zu können. Nur zugunsten weit überwiegender Interessen müssen diese Belange des Urhebers zurücktreten und nur insoweit, als es unbedingt erforderlich ist. § 14 UrhG macht das Verbietungsrecht daher von einer Interessenabwägung abhängig. Als Beeinträchtigungen kommen beispielsweise Verstümmelungen, Kürzungen und Änderungen in Betracht. Inhaltliche Kritik, selbst wenn diese das Werk aufs Schärfste verurteilt, das Werk aber weder verändert noch als solches in einen veränderten Wahrnehmungszusammenhang stellt, fällt nicht unter das Beeinträchtigungsverbot.[304] Der Urheber darf anderen nicht von Rechts wegen vorschreiben können, was sie über sein Werk denken und sagen.

---

302 Dreier/*Schulze*, § 20 UrhG Rdnr. 1.
303 Das gilt nach BGH vom 28. 11. 1961, BGHZ 36, 171, 173ff. auch für den Rundfunkempfang in Hotelzimmern, wenn für das Empfangsgerät die Rundfunkgebühr bezahlt wird.
304 *Schack*, Urheber- und Urhebervertragsrecht, Rn. 346.

Eine Beeinträchtigung kann auch in einer **Bearbeitung und anderen Umgestaltung** liegen. Entsteht dadurch ein neues Werk, so erwirbt der Bearbeiter ein eigenes Bearbeiterurheberrecht, darf es aber nur mit Einwilligung des Urhebers des Ausgangswerks veröffentlichen bzw. verwerten (§23 Satz 1 UrhG). Gesetzlich geregelte Anwendungsfälle sind die Übersetzung eines Schriftwerks in eine andere Sprache (§3 Satz 1 UrhG) und die Verfilmung, bei der jedoch bereits das Herstellen von Bearbeitung oder Umgestaltung der Einwilligung bedarf (§23 Satz 2 UrhG). 445

Eine nochmals andere Kategorie ist die **freie Benutzung**. Sie bezieht sich ebenfalls auf ein fremdes Werk, geht in ihrem schöpferischen Gehalt aber weiter als die Bearbeitung. Sie lässt ein neues Werk entstehen, das gegenüber dem Ausgangswerk „selbstständig" ist und deshalb ohne Zustimmung des Urhebers des benutzten Werks veröffentlicht und verwertet werden darf (§24 UrhG). Im Unterschied zur Bearbeitung und Umgestaltung bilden die individuellen Züge des benutzten Werks bei der freien Benutzung nur eine Anregung für weiteres Schaffen, während bei der Bearbeitung die Individualität des Originalwerks übernommen und ihr nur zusätzlich neue Individualität aufgeprägt wird. Maßgebend ist vielfach ein Vergleich der individuellen Züge des neuen und des alten Werks. Das wichtigste Kriterium ist der Abstand, den das neue Werk zu den entlehnten eigenpersönlichen Zügen des benutzten Werkes hält. Eine freie Benutzung setzt voraus, dass angesichts der Eigenart des neuen Werks die entlehnten eigenpersönlichen Züge des geschützten älteren Werks verblassen. Die Problematik lässt sich nicht anhand glatter Formeln lösen, die Rechtsprechung legt bei der Beurteilung, ob etwas eine freie Benutzung ist, einen strengen Maßstab an.[305] Beispielsweise fällt ein Fortsetzungswerk, das an den individuellen Inhalt eines fremden Werks angeknüpft, das Schicksal der dort vorkommenden Personen aber weitererzählt, in der Regel nicht unter §24 UrhG.[306] 446

Für Veränderungen wie **Parodien** (komisch-satirische Kritik ernster Werke durch antithematische Wiedergabe eines unpassenden Inhalts in der äußeren Form des kritisierten Werks) und **Travestien** (komisch-satirische Wiedergabe des Inhalts ernster Werke in unpassender lächerlicher Form) befürwortet der BGH dagegen großzügigere Maßstäbe, da solchen Äußerungsformen sonst zu enge Schranken gesetzt wären. Hier sei deshalb entscheidend, dass das neue Werk zu den entlehnten eigenpersönlichen Zügen des älteren Werks aufgrund eigenschöpferischen Schaffens einen so großen inneren Abstand hält, dass das neue Werk seinem Wesen nach als selbstständig anzusehen sei.[307] Je „bissiger" oder satirischer das neue Werk gegenüber dem alten ist, umso eher wird es eine freie Benutzung sein. Die – durchaus merkwürdige – Behandlung von Satire, die gerade wegen ihres besonders verletzenden Charakters privilegiert wird,[308] findet sich damit auch im Urheberrecht. 447

305 BGH vom 26.3. 1971 (Disney Parodie), GRUR 1971, 588, 589.
306 BGH vom 29.4. 1999 (Laras Tochter), BGHZ 141, 267, 277ff.
307 BGH vom 11.3. 1993 (Alcolix), BGHZ 122, 53, 60.
308 Siehe Rdnr. 1639ff.

VII. Schranken

1. Allgemeines

448 Das Urheberrecht hat vielfältige Schranken (§§ 44a ff. UrhG). Der Urheber muss bestimmte Nutzungen hinnehmen, wird aber immerhin vor Veränderungen seines Werks grundsätzlich geschützt (§§ 62, 39, 14 UrhG). Die Schrankenbestimmungen basieren auf dem Grundsatz der Sozialbindung des geistigen Eigentums. Sie sind nach ständiger Rechtsprechung **grundsätzlich eng auszulegen,**[309] da der Urheber an der wirtschaftlichen Nutzung seines Werks tunlichst angemessen zu beteiligen ist und daher seine ihm hinsichtlich der Werkverwertung zustehenden Ausschließlichkeitsrechte nicht übermäßig beschränkt werden dürfen.[310] Besteht jedoch an der Wiedergabe eines geschützten Werks ein gesteigertes öffentliches Interesse – und als solches wird namentlich ein **öffentliches Informationsinteresse** in Betracht kommen –, so ist dies bei der Auslegung der Schrankenbestimmungen zu berücksichtigen. Dies kann im Einzelfall dazu führen, dass die enge, am Wortlaut orientierte Auslegung einer großzügigeren Interpretation weichen muss, die verfassungsrechtlich geschützte Positionen des Verwerters berücksichtigt.[311]

449 Die **§§ 44a ff. UrhG** normieren detailierte Schranken, die dem Urheber zumeist einzelne Verwertungsrechte nehmen. Diese Schranken setzen auf verschiedenen Stufen ein und sind für den Urheber unterschiedlich einschneidend. Die Beschränkung der **Schutzdauer**, also das Ende des Urheberschutzes mit Ablauf der Schutzfrist (§§ 64ff. UrhG), ist die stärkstmögliche Beschränkung: sie lässt das Urheberrecht entfallen. Im Übrigen wird insbesondere danach unterschieden, ob die erlaubte Nutzung kostenlos oder irgendwie kostenpflichtig ist. Manche Normen stellen die erlaubte Nutzung komplett frei, so dass sie kostenlos vorgenommen werden kann (z.B. § 48 UrhG). Dagegen sieht § 61 UrhG eine Zwangslizenz in Form eines Anspruchs auf Einräumung eines Nutzungsrechts zu angemessenen Bedingungen vor. Ebenso ist eine „Lizenz von Gesetzes wegen" denkbar, bei der unter den gesetzlichen Voraussetzungen eine Nutzung auch ohne Bewilligung des Berechtigten vorgenommen werden kann und nur Vergütungsansprüche bestehen (z.B. § 49 Abs. 1 Satz 2 UrhG).

2. Medienspezifische Schranken

450 Das UrhG kennt mehrere Schranken, die für die Medien besonders wichtig bzw. zum Teil sogar medienrechtlich motiviert sind (§§ 48ff. UrhG). Das Urheber-

---

309 BGH vom 3.4. 1968 (Kandinsky), BGHZ 50, 147, 152f.; BGH vom 4.5. 2000 (Parfumflakon), BGHZ 144, 232, 235f. mwN.

310 BGH vom 24.2. 2002 (Verhüllter Reichstag), BGHZ 150, 6, 8.

311 BVerfG vom 29.6. 2000 (Germania 3), GRUR 2001, 149, 151f. für die Kunstfreiheit und das Zitatrecht; BGH vom 24.2. 2002 (Verhüllter Reichstag), BGHZ 150, 6, 8 mwN.; BGH vom 20.3. 2003 (Gies-Adler), BGHZ 154, 260, 265 mwN.

recht will die geistige Auseinandersetzung gerade stärken und nicht behindern[312] und soll daher die Möglichkeit der geistigen Auseinandersetzung und namentlich die Möglichkeiten der Medien zur Berichterstattung möglichst nicht beschränken. Das UrhG trägt diesem Anliegen auch im Bereich der Schranken Rechnung und lässt den Zugriff auf „informationsrelevante" Werke im Interesse von Meinungsfreiheit und allgemeiner Informationsmöglichkeit in bestimmten Konstellationen zu. Die einzelnen Regelungen sind freilich ziemlich kasuistisch und nur noch mit Mühe in der Lage, den heutigen medienrechtlichen Fragestellungen gerecht zu werden.

Manche Schrankenbestimmungen beziehen sich dem **Wortlaut nach nur auf** 451
bestimmte Medien, zum Beispiel auf Rundfunkkommentare oder Zeitungsartikel oder darauf, dass Neuigkeiten durch „Presse" oder „Funk" veröffentlicht worden sein müssen.[313] Die Telemedien, die nach Schaffung der §§ 48 ff. UrhG entstanden sind, wurden von den Schrankennormen ursprünglich nicht mit aufgeführt. Inzwischen ist der Gesetzgeber zunehmend dazu übergegangen, sie ebenfalls zu regeln. So erfasst zum Beispiel § 50 UrhG nunmehr neben der Berichterstattung durch Funk auch die „durch ähnliche technische Mittel" und damit auch die Online-Medien.[314] Grundsätzlich finden die Schrankenbestimmungen über den Normtext hinaus auch auf solche Medien Anwendung, die zwar nicht ausdrücklich aufgeführt werden, aber nach dem Sinn und Zweck der betreffenden Vorschrift ebenfalls in den Anwendungsbereich mit einbezogen werden müssen. Daher musste auch § 50 UrhG a.F. aufgrund seines Sinn und Zwecks für alle Medien eingreifen, die über Tagesereignisse berichten,[315] also ggf. auch für die Telemedien. Darauf, auf welchem Wege und mit welchen technischen Mitteln die Berichterstattung geschieht, kann es nicht ankommen.

Nach § 49 Abs. 2 UrhG sind die Vervielfältigung, Verbreitung und öffentliche 452
Wiedergabe von **vermischten Nachrichten tatsächlichen Inhalts und von Tagesneuigkeiten, die durch Presse oder Funk veröffentlicht worden sind**, urheberrechtlich unbeschränkt zulässig. Die Vorschrift hat, soweit sie Meldungen betrifft, die gar nicht vom Urheberschutz erfasst werden, einen deklaratorischen Charakter und ist insoweit eine gesetzliche Formulierung des Grundsatzes der Gemeinfreiheit von Informationen. Sie ist aber darüber hinaus wichtig, weil sie eben auch für die seltenen Fälle urheberrechtlich erfasster Informationen gilt und zugleich in Grenzfällen von der stets schwierigen Klärung entlasten kann, ob der Werkcharakter erfüllt ist und in welchem Umfang er Fakten mit umfasst.

Eine weitere „medienspezifische" Schranke sieht das Urheberrecht für die 453
Berichterstattung über Tagesereignisse (§ 50 UrhG) vor, die vor allem für die Bildberichterstattung praktische Bedeutung hat und in diesem Zusammenhang

312 *Schack*, Urheber- und Urhebervertragsrecht, Rn. 482.
313 § 49 Abs. 1 Satz 1, Abs. 2 UrhG.
314 Schricker/*Vogel*, § 50 UrhG Rdnr. 15.
315 Schricker/*Vogel*, § 50 UrhG Rdnr. 14.

vorgestellt wird. Ebenso normiert das UrhG Schranken in Bezug auf bestimmte Sprachwerke, nämlich für öffentliche Reden (§48 UrhG) sowie für Rundfunkkommentare und Presseartikel (§49 Abs. 1 UrhG). Sie werden ebenfalls an späterer Stelle behandelt.

3. Zitate

454 §51 UrhG erlaubt es im Interesse der geistigen Kommunikation,[316] dass ein fremdes Werk unentgeltlich in Form des Zitats in einem anderen Werk vervielfältigt, verbreitet und öffentlich wiedergegeben wird. Zitate sind zum Zweck des Belegs erlaubt.[317] Es reicht nicht, das fremde Werk um seiner selbst willen der Öffentlichkeit zur Kenntnis zu bringen, vielmehr muss es zum Gegenstand geistiger Auseinandersetzung gemacht werden.[318] §51 UrhG soll allein die geistige Kontroverse ermöglichen, nicht dagegen die schlichte Übernahme fremden Geistesguts mit dem Ziel, sich eigene Ausführungen zu ersparen. Das Zitat muss sich in dem durch die Auseinandersetzung gebotenen Umfang halten und hat die Quelle deutlich anzugeben (§63 UrhG). Für die Massenmedien ist hauptsächlich §51 Nr. 2 UrhG wichtig. Er erlaubt das **Teilzitat**, das sich nicht auf ein gesamtes Werk, sondern lediglich auf „Stellen" eines zitierten Werks bezieht.

455 §51 UrhG schränkt den **Kreis der zitierbaren Werke** in keiner Weise ein, so dass grundsätzlich Werke aller Werkkategorien zitiert werden dürfen. Davon sind die Anforderungen an das **zitierende Werk** zu unterscheiden. Die Gesetzesformulierung erlaubt nur Zitate in bestimmten Werken, nämlich das Großzitat in wissenschaftlichen Werken (Nr. 1), das Teilzitat in Sprachwerken (Nr. 2) und schließlich das Musikzitat (Nr. 3). §51 Nr. 2 UrhG wird über den Normwortlaut hinaus aber auch auf Teilzitate in Werken angewendet, die keine Sprachwerke sind.[319] Daher können insbesondere Zitate in Filmen ebenfalls unter die Vorschrift fallen.[320] Das Zitat von Bildern wirft nochmals etwas andere Fragen auf.[321]

4. Ungeschriebene Schranken aufgrund von Informationsinteressen

456 Es ist derzeit umstritten, ob es ungeschriebene urheberrechtliche Schranken gibt, die eine Wiedergabe des Werks aufgrund von Informationsinteressen rech-

---

316 BGH vom 1.7. 1982 (Presseberichterstattung und Kunstwerkwiedergabe I), BGHZ 85, 1, 11; BGH vom 30.6. 1994 (Museumskatalog), BGHZ 126, 313, 320f.

317 Zu Sondermaßstäben für Zitate in Kunstwerken siehe BVerfG vom 29.6. 2000 (Germania 3), GRUR 2001, 149ff.

318 §51 Nr. 1 UrhG „Erläuterung". BGH vom 1.7. 1982 (Presseberichterstattung und Kunstwerkwiedergabe I), BGHZ 85, 1, 10f. „Zitatzweck".

319 *Dreier*/Schulze, §51 UrhG Rdnr. 23.

320 BGH vom 4.12. 1986 (Filmzitat), BGHZ 99, 162, 165.

321 Siehe Rdnr. 1375ff.

fertigen.[322] Der BGH hat dies in einem obiter dictum grundsätzlich verneint, weil die Schaffung solcher Schranken bzw. eine außerhalb der §§44a ff. UrhG angesiedelte allgemeine Güter- und Interessenabwägung die Kompetenz der Zivilgerichte überschreiten würde.[323] Aus medienrechtlicher Sicht stellt sich die Problematik mit unterschiedlicher Dringlichkeit. Soweit Informationen der Öffentlichkeit bereits zugänglich gemacht worden sind, dürfte eine den Urheber weiter entrechtende ungeschriebene Schranke kaum in Betracht kommen. In Bezug auf unveröffentlichte Werke kann eine Schranke notwendig und zu befürworten sein.[324]

Die **Liedtextwiedergabe I-Entscheidung** des BGH hat die Frage gestreift, konnte sie aber letztlich offenlassen. Im Streitfall hatte ein Musikverlag den urheberrechtlich geschützten Text des Liedes „Lili Marleen" ohne Erlaubnis abgedruckt und sich zur Rechtfertigung auf die „überragende zeitgeschichtliche Bedeutung des Liedes" berufen. §50 UrhG griff nicht ein, weil der Liedtext nicht im Verlauf eines mitgeteilten Tagesereignisses wahrnehmbar geworden war. §51 UrhG schied aus, weil der Liedtext nicht als Belegstelle oder Erörterungsgrundlage für selbstständige Ausführungen diente. Eine darüber hinausgehende Urheberschranke lehnte der BGH im Ergebnis ab, weil er an der wörtlichen Wiedergabe des Textes kein ausreichendes Informationsbedürfnis erkennen konnte.[325] Es ist zu beachten, dass die Entscheidung Unterhaltungsinformationen betraf. Über ausgeprägte demokratie- oder wirtschaftsrelevante Informationsinteressen hatte das Gericht nicht zu befinden. 457

Im Streitfall der **Gies-Adler-Entscheidung**[326] war die Adlerfigur, die an der Stirnseite des Plenarsaals des Deutschen Bundestages in Bonn hing, in parodistisch veränderter Form von einem Wochenmagazin in einem Artikel mit der Überschrift „Der unseriöse Staat" wiedergegeben worden. Der Adler ist weder ein amtliches Werk (§5 Abs.2 UrhG), noch war er im Rahmen eines Berichts über Tagesereignisse gezeigt worden (§50 UrhG). Das Urteil lehnte inzident auch ein Bildzitat (§51 Nr.2 UrhG analog) ab. Es ging anschließend auf die Möglichkeit ungeschriebener Urheberrechtsschranken ein und lehnte sie ab. Gleichwohl war das Abbilden zulässig, weil die Richter in der parodistischen Veränderung ein selbstständiges Werk bzw. eine freie Benutzung (§24 UrhG) des Ursprungswerks sahen. Die Entscheidung macht deutlich, dass die Annahme ungeschriebener Schranken keinesfalls von einer sorgfältigen Prüfung der einzelnen urheberrechtlichen Normen entbinden kann. Zugleich betraf der Streitfall jedoch eine Konstellation, anhand derer kaum sinnvoll über die Grundsatzfrage ungeschriebener Schranken entschieden werden kann. Aufseiten des beklagten Medienunternehmens stand lediglich ein parodistisches Illustrationsinteresse infrage. Um dringende öffentliche Informationsin- 458

322 Ablehnend *Schack*, Urheber- und Urhebervertragsrecht, Rn.492; *Bornkamm* FS Piper 1996, 641, 646ff.; bejahend Schricker/*Wild*, §97 UrhG Rdnr.20 mwN.; *Kröger*, Informationsfreiheit und Urheberrecht, 2002, S.222ff.

323 BGH vom 20.3. 2003 (Gies-Adler), BGHZ 154, 260, 265ff. mwN.

324 So OLG Hamburg vom 29.7. 1999 (Berufungsschrift), NJW 1999, 3343, 3344. Siehe Rdnr.991, 1233ff.

325 BGH vom 7.3. 1985 (Liedtextwiedergabe I), GRUR 1987, 34, 35.

326 BGH vom 20.3. 2003 (Gies-Adler), BGHZ 154, 260ff.; dazu zustimmend *Bacher* EWiR 2003, 1207f.; *Vinck* LMK 2003, 236f.; *von Becker* GRUR 2004, 104ff.; *Schricker* JZ 2004, 311f.; *Rütz* WRP 2004, 323ff.

teressen, die Einschränkungen von Urheberrechten sehr viel eher legitimieren können, ging es gerade nicht.

VIII. Verwandte Schutzrechte

459 Das UrhG normiert über den Schutz von urheberrechtlichen Werken hinaus „verwandte Schutzrechte“ (§§ 70ff., 95 UrhG). Dabei handelt es sich um Leistungen, die selbst keine persönliche geistige Schöpfung sind, aber doch mit solchen Werken irgendwie in Zusammenhang stehen. Zahlreiche dieser Rechte schützen ein unternehmerisches Tun oder aufwändige Arbeitsleistungen. Sie stehen damit wettbewerbsrechtlichen Schutzinstituten nahe. So ist etwa der Veranstalterschutz in § 81 UrhG vom Gesetzgeber im Anschluss an eine Rechtsprechung geschaffen worden, die in solchen Fällen über § 1 UWG a.F. Schutz gewährt hatte.[327] Ebenso betrifft der Schutz von Datenbanken zum Teil Konstellationen, die zuvor über das wettbewerbsrechtliche Institut der unmittelbaren Übernahme gelöst wurden.[328] Im Einzelnen verleihen die verwandten Schutzrechte dem Berechtigten in unterschiedlicher Reichweite Schutz. Manche Rechte kommen dem Urheberschutz sehr nahe, andere bleiben deutlich dahinter zurück. Es handelt sich überwiegend um kasuistische Regelungen. Aus medienrechtlicher Sicht sind vor allem Schutzrechte über Bilder und Filme bedeutsam, die unterhalb der Gestaltungsanforderungen von § 2 Abs. 2 UrhG liegen.

460 Nach § 72 UrhG werden **Lichtbilder**, d.h. nichtschöpferische Fotografien, für die Dauer von fünfzig Jahren in entsprechender Anwendung der für Lichtbildwerke geltenden Normen geschützt. Es handelt sich um ein umfassend ausgestaltetes absolutes und dem Urheberrecht verwandtes Schutzrecht, das dem Lichtbildner originär zugeordnet ist und die mit der Herstellung einer Fotografie verbundene technische Leistung als immaterielles Gut honoriert.[329]

461 § 95 UrhG schützt **Laufbilder**, d.h. Bildfolgen bzw. Bild- und Tonfolgen, die bei der Vorführung oder Sendung den Eindruck des bewegten Bildes entstehen lassen.[330] Die Regelung schützt die wirtschaftliche und organisatorische Leistung des Produzenten und setzt keine urheberrechtlichen Schöpfungsqualitäten voraus.[331] Typischerweise kommen als Laufbilder einfache Aufzeichnungen und Fernseh-Liveübertragungen von Darbietungen in Betracht, ferner Film- und Fernsehberichte über aktuelle Ereignisse, wie Wochen- und Tagesschauen, aktuelle Reportagen über Sportveranstaltungen, politische Veranstaltungen, Demonstrationen usw.[332] Nachahmungen von Laufbildern durch die filmische

327 BGH vom 24.5. 1963 (Vortragsabend), BGHZ 39, 352ff.
328 BGH vom 6.5. 1999 (Tele-Info-CD), BGHZ 141, 329ff.
329 Schricker/*Vogel*, § 72 UrhG Rdnr. 10.
330 Schricker/*Katzenberger*, § 95 UrhG Rdnr. 6.
331 Schricker/*Loewenheim*, § 2 UrhG Rdnr. 188.
332 Schricker/*Katzenberger*, § 95 UrhG Rdnr. 9ff. mit weiteren Beispielen.

Neuaufnahme des gleichen Gegenstandes oder Geschehens verletzen kein durch das UrhG geschütztes ausschließliches Recht, da das Schutzrecht aus §§ 94, 95 UrhG nur gegen die unmittelbare Übernahme der im Filmträger verkörperten Leistung des Filmherstellers sichert.[333]

Daneben normiert das UrhG **weitere Rechte**, die hauptsächlich jemanden im Hinblick auf einen unternehmerischen Aufwand schützen wollen. Solche Rechte stehen dem Filmhersteller (§ 94 UrhG) und dem Sendeunternehmen (§ 87 UrhG) zu, sowie dem Veranstalter der Darbietung eines ausübenden Künstlers (§ 81 UrhG), dem Hersteller von Tonträgern (§§ 85f. UrhG) und dem Datenbankhersteller (§§ 87a ff. UrhG). 462

IX. Nutzungsrechte

Das Urheberrecht ist nicht übertragbar (§ 29 Abs. 1 UrhG) und das Werk bleibt stets das geistige Eigentum des Urhebers. Der Urheber kann aber anderen das Recht einräumen, das Werk auf einzelne oder alle Nutzungsarten zu nutzen (Nutzungsrecht, § 31 Abs. 1 Satz 1 UrhG). Gleiches gilt für den Lichtbildner (§ 72 UrhG).[334] Die Möglichkeit, Nutzungsrechte zu vergeben, eröffnet vielfältige Vermarktungsoptionen. Der Urheber kann diese in eigener Person wahrnehmen und selbst über die Vergabe von Nutzungsrechten entscheiden, er kann aber auch einen anderen mit der Wahrnehmung dieser Angelegenheiten betrauen (§ 35 Abs. 1 Satz 2 UrhG). Der Wahrnehmungsberechtigte („Manager“) soll das Werk nicht selbst nutzen, sondern für den Urheber über die Vergabe von Nutzungsrechten entscheiden. 463

Das Nutzungsrecht kann als einfaches oder ausschließliches Recht eingeräumt werden (§ 31 Abs. 1 Satz 2 UrhG). Ein **einfaches Nutzungsrecht** liegt vor, wenn der Erwerber berechtigt ist, das Werk neben dem Urheber oder anderen Berechtigten auf die ihm erlaubte Art zu nutzen (§ 31 Abs. 2 UrhG). Der Urheber räumt dem Berechtigten nur eine positive Nutzungsbefugnis, nicht auch das im Urheberrecht enthaltene Abwehrrecht ein. Der Inhaber des Nutzungsrechts kann weder dem Urheber noch anderen Personen die Nutzung des Werks verbieten. Ein **ausschließliches Nutzungsrecht** liegt vor, wenn der Erwerber berechtigt ist, das Werk unter Ausschluss aller anderen Personen einschließlich des Urhebers auf die ihm erlaubte Art zu nutzen und einfache Nutzungsrechte einzuräumen (§ 31 Abs. 3 Satz 1 UrhG). Der Urheber räumt hier also nicht nur die positive Nutzungsbefugnis, sondern auch das Abwehrrecht ein. Der Erwerber 464

333 Schricker/*Katzenberger*, § 95 UrhG Rdnr. 20.

334 Zu Rechten in Bezug auf andere verwandte Schutzrechte siehe Schricker/*Schricker*, Vor §§ 28ff. UrhG Rdnr. 33ff. mwN. Soweit diese Rechte keine dem Urheberpersönlichkeitsrecht entsprechende Komponente haben, gelten die §§ 28ff. UrhG nicht. Die Rechte sind dann als Vermögensrechte nach allgemeinen Regeln als solche übertragbar (§§ 398ff., 413 BGB).

kann allen, auch dem Urheber, die Nutzung verbieten. Der Inhaber des Nutzungsrechts darf das Nutzungsrecht nur mit Zustimmung des Urhebers weiter übertragen (§34 Abs. 1 Satz 1 UrhG).

465 Welche urheberrechtlichen Befugnisse **Inhalt des Nutzungsrechts** sind, richtet sich nach der zugrunde liegenden Vereinbarung.[335] Der Urheber kann insbesondere zwischen den unterschiedlichen Verwertungsrechten unterscheiden. Das macht beispielsweise eine Trennung nach Medien möglich, indem der Urheber einem Presseunternehmen das Vervielfältigungs- und Verbreitungsrecht, einem Rundfunksender das Senderecht und einem Anbieter von Mediendiensten das Recht der öffentlichen Zugänglichmachung als Nutzungsrecht einräumt.

466 Das Nutzungsrecht kann **„räumlich, zeitlich oder inhaltlich" beschränkt** eingeräumt werden (§31 Abs. 1 Satz 2 UrhG). Anders als im Sachenrecht besteht im Urheberrecht kein Typenzwang. Man entnimmt der Vorschrift keine abschließende Wirkung, die dem Wortlaut nach durchaus praktizierbar wäre. Dahinter steht das Bestreben, dem Urheber bei der Verwertung seines Urheberrechts durch das Einräumen von Differenzierungsmöglichkeiten entgegenzukommen. Die Nutzungsrechte können daher vertraglich in unterschiedlicher Weise aufgespalten werden. Aus der Kombination von räumlichen, zeitlichen und inhaltlichen Beschränkungen ergibt sich eine Fülle von Möglichkeiten. Sie wird noch dadurch ergänzt, dass Nutzungsrechte als einfache oder ausschließliche Rechte eingeräumt werden können. Durch die Möglichkeit der Aufspaltung kann der Urheber seine Entgeltforderung auf den im Einzelfall infrage kommenden Verbraucherkreis sowie auf Besonderheiten der jeweiligen Märkte ausrichten und damit größtmöglichen Profit erzielen.

467 Die einzelnen Verwertungsbefugnisse lassen sich daher ihrerseits wieder aufspalten. So lässt sich z.B. das Vervielfältigungsrecht nach Reproduktionsverfahren (fotografische Vervielfältigung, mechanische Vervielfältigung, Wiedergabe im Farbendruck, als Plastik usw.) oder nach Produktart (Taschenbuch- oder Hardcover-Ausgabe) gesondert vergeben. Das Senderecht kann für Hörfunk- und Fernsehsendungen gesondert vergeben werden. Im Filmbereich lässt sich weiterhin zwischen Kinoauswertung, Fernsehauswertung und Videorechten trennen. Auch das ausschließliche Recht zur Vermietung von Videokassetten mit Filmen ist selbstständig abspaltbar und übertragbar.[336] Die Zulässigkeit von Kombinationen ermöglicht eine Vergabe von Nutzungsrechten nach ihrer wirtschaftlichen Bedeutung, etwa nach bestimmten Teilmärkten.

468 Die scheinbar unbeschränkte Kombinationsmöglichkeit inhaltlicher Beschränkungen birgt Gefahren. Bei den Nutzungsrechten ist u.a. zu bedenken, dass sie als dingliche Rechte auch gegenüber Dritten wirken können. Völlige Vertragsfreiheit wie bei schuldrechtlichen Verträgen, die sich eben nur im Verhältnis der Vertragspartner zueinander auswirken, wäre problematisch. Es besteht im Grundsatz Einigkeit, dass gegenständliche Nutzungsrechte nur für **nach der Verkehrsauffassung als solche hinreichend klar**

335 Zur Auslegung solcher Verträge und zu §31 Abs. 5 UrhG statt vieler Dreier/*Schulze*, §31 UrhG Rdnr. 107ff., 110ff. mwN.

336 BGH vom 10.7.1986 (Videolizenzvertrag), GRUR 1987, 37ff.

abgrenzbare, wirtschaftlich-technisch als einheitlich und selbstständig sich abzeichnende Nutzungsarten zulässig sind.[337] Wo diese Grenzen verlaufen, ist im Detail freilich häufig umstritten.

337 Schricker/*Schricker*, Vor §§ 28 ff. UrhG Rdnr. 52 mwN.

III. Teil: Medienunternehmen

§ 7: Publizistischer Wettbewerb, Programmfreiheit und -vielfalt

Ausgewählte Literatur

Benda, Rechtliche Perspektiven der Wahlwerbung im Rundfunk, NVwZ 1994, 521 ff.; 469
Bethge, Innere Pressefreiheit, AfP 1980, 13 ff.; *ders.*, Das Duell der Kanzlerkandidaten im Spannungsfeld zwischen Rundfunkfreiheit und Parteiengleichheit, ZUM 2003, 253 ff.; *Bezani*, Der arbeitsrechtliche Status von Rundfunk- und Fernsehmitarbeitern, NZA 1997, 856 ff.; *Bolwin*, Besteht ein Rechtsanspruch der politischen Parteien auf eigene Darstellung ihrer politischen Standpunkte in redaktionell gestalteten Wahlsendungen – insbesondere in Wahlhearings des öffentlich-rechtlichen Rundfunks?, AfP 1990, 165 ff.; *Buchner*, Tendenzförderung als arbeitsrechtliche Pflicht – Zur Bindung des Arbeitnehmers an die Unternehmenszielsetzung, ZfA 1979, 335 ff.; *ders.*, Der Arbeitskampf im Medienbereich – Eine Sonderform des allgemeinen Arbeitskampfrechts, RdA 1987, 209 ff.; *Bullinger*, Elektronische Medien als Marktplatz der Meinungen, AöR 108 (1983), 161 ff.; *Degenhart*, Öffentlich-rechtlicher Rundfunkauftrag und Rundfunkgebühr nach dem siebten und achten Rundfunkänderungsstaatsvertrag, K&R 2005, 295 ff.; *Dehnen*, Zur Verfassungsmäßigkeit des so genannten Drittsenderechts der Kirchen im öffentlich-rechtlichen und privatrechtlichen Rundfunk, DVBl 1986, 17 ff.; *Dörr*, Die Vorschriften im Rundfunkstaatsvertrag zur Sicherung der Meinungsvielfalt, ZWeR 2004, 159 ff.; *Eberle*, Parteienwahlwerbung im Fernsehen, NJW 1994, 905 ff.; *Eifert*, Konkretisierung des Programmauftrags des öffentlich-rechtlichen Rundfunks, 2002; *Hess*, Medienkonzentrationsrecht nach dem neuen Rundfunkstaatsvertrag, AfP 1997, 680 ff., 777 ff.; *Hoffmann-Riem*, Innere Pressefreiheit als politische Aufgabe. Über die Bedingungen und Möglichkeiten arbeitsteiliger Aufgabenwahrnehmung durch die Presse, 1979; *Holznagel*, Weiterverbreitung und Zugangssicherung beim digitalen Fernsehen: Aufgaben der Landesmedienanstalten bei der Umsetzung der §§ 52, 53 RStV, MMR 2000, 480 ff.; *Ingber*, The Marketplace of Ideas: A Legitimazing Myth, 1984 Duke Law Journal, 1 ff.; *Jene/Klute*, Wahlsendezeiten im privaten Rundfunk, AfP 1994, 93 ff.; *Kübler*, Empfiehlt es sich, zum Schutze der Pressefreiheit gesetzliche Vorschriften über die innere Ordnung von Presseunternehmen zu erlassen?, Gutachten D zum 49. DJT, Verhdlg. DJT 1972; *ders.*, Der „Markt der Meinungen", FS Ridder 1989, 117 ff.; *Kühn*, Meinungsvielfalt im Rundfunk – Die Sicherung von Pluralismus in den Rundfunksystemen Deutschlands und der USA, 2003; *Leidinger*, Programmverantwortung im Spannungsfeld von Programmgrundsätzen und Rundfunkfreiheit, DVBl 1989, 230 ff.; *Libertus/Schulze/Sölde*, Zur Frage der Existenz und den möglichen Grundlagen eines verfassungsrechtlich begründeten Anspruchs der Parteien auf Wahlwerbung im privaten Rundfunk, AfP 1995, 363 ff.; *Ory*, Private Rundfunkveranstalter als Tendenzunternehmen, AfP 1991, 692 ff.; *Pallasch*, Arbeitsverhältnisse bei Film und Fernsehen, in: Münchener Handbuch zum Arbeitsrecht (MünchArbR), 2000, § 200; *Papier*, Pressefreiheit zwischen Konzentration und technischer Entwicklung, Der Staat 18 (1979), 422 ff.; *Peifer*, Vielfaltssicherung im

bundesweiten Fernsehen, BLM-Schriftenreihe Bd. 82, 2005; *Renck-Laufke*, Was ist und was kann die KEK?, ZUM 2000, 369ff.; *Reuter*, Das Sonderarbeitsrecht des Pressebereichs, FS Kissel 1994, 941ff.; *Ricker*, Wahlwerbung und Medienfreiheit, FS Schweizer 1999, 155ff.; *Rüthers*, Programmfreiheit der Rundfunkanstalten und Arbeitsschutz der freien Mitarbeiter, DB 1982, 1869ff.; *ders.*, Arbeitsverhältnisse der Pressejournalisten, in: Münchener Handbuch zum Arbeitsrecht (MünchArbR), 2000, §201; *Rüthers/Beninca*, Die Verwirklichung des Tendenzschutzes in Pressebetrieben im Rahmen des Direktionsrechts bei Versetzungen von Redakteuren, AfP 1995, 638ff.; *Rüthers/Buhl*, Arbeitsvertrag und Rundfunkfreiheit bei programmveranstaltenden Mitarbeitern, ZfA 1986, 19ff.; *Säcker*, „Innere" und „äußere" Pressefreiheit, K&R 2003, 529f.; *Scholz*, Pressefreiheit und Arbeitsverfassung. Verfassungsprobleme um Tendenzschutz und innere Pressefreiheit, 1978; *Sosnitza*, Fernsehduell zu dritt?, K&R 2002, 417ff.; *Stock*, Meinungsvielfalt und Meinungsmacht, JZ 1997, 583ff.; *Weberling*, Zur Unzulässigkeit von Sympathie- bzw. Solidaritätsstreiks in Medienunternehmen, FS Damm 2005, 345ff.; *Weisser/Meinking*, Zugang zum digitalen Fernsehkabelnetz außerhalb von must-carry-Regelungen, WuW 1998, 831ff.

A. Meinungsvielfalt, öffentlicher Dialog und publizistischer Wettbewerb

470 Meinungsvielfalt, öffentlicher Dialog und publizistischer Wettbewerb sind die unabdingbare Basis für das Funktionieren einer freiheitlichen und demokratischen Massengesellschaft.[1] Unser Verfassungsrecht gibt entsprechende Strukturen zwingend vor. Im freiheitlich demokratischen Staat vollzieht sich die öffentliche Meinungsbildung „notwendig ‚pluralistisch' im Widerstreit verschiedener und aus verschiedenen Motiven vertretener, aber jedenfalls in Freiheit vorgetragener Auffassungen, vor allem in Rede und Gegenrede".[2] Entsprechende Meinungsprozesse und Bewertungen dürfen und können weder von der Regierung befohlen, noch von Gerichten festgelegt werden.[3]

I. Marktplatz der Meinungen

471 Die Entscheidung für die Meinungsvielfalt und eine freie öffentliche Diskussion unterschiedlicher Meinungen basiert auf der Überzeugung, dass dies der beste Weg ist, um den Wert von Vorschlägen, Meinungen oder Anregungen zu politischen, gesellschaftlichen oder sonstigen Fragen zu bestimmen. Sie ermöglicht der Öffentlichkeit zunächst den unverzichtbaren Zugang zu Ideen, Vorschlägen und Erfahrungen auf sozialen, politischen, moralischen und sonstigen Gebie-

---

1 BVerfG vom 16.6. 1981 (FRAG), BVerfGE 57, 295, 323 „für die freiheitliche Demokratie konstitutiv"; *Schulze-Fielitz* in: Dreier, Art. 5 I, II GG Rn. 46 mwN.

2 BVerfG vom 25.1. 1961 (Auf der Wolga verhaftet), BVerfGE 12, 113, 125.

3 BGH vom 21.6. 1966 (Höllenfeuer), BGHZ 45, 296, 308; BGH vom 30.5. 1978 (Böll/Walden I), NJW 1978, 1797, 1798. Siehe Rdnr. 24ff., 1537.

ten.[4] Vor allem aber schafft sie einen **Marktplatz für den Austausch und die sachliche Bewertung von Gedanken und inhaltlichen Positionen**.[5] Dabei klären sich Argumente „in Rede und Gegenrede, gewinnen deutliche Konturen und erleichtern so dem Bürger Urteil und Entscheidung".[6] Die „Wahrheit" liegt zwar nie in der Mitte, aber sie lässt sich doch nur in Kenntnis der verschiedenen Positionen finden. Ein solches, auf Meinungsvielfalt und unreglementierter öffentlicher Diskussion basierendes „Experiment"[7] nimmt die Menschen in ihren Denk- und Verhaltensweisen so, wie sie sind. Es setzt darauf, dass der Einzelne in möglichst weitem Umfang verantwortlich auch an den Entscheidungen für die Gesamtheit mitwirkt.[8] Zugleich sieht es davon ab, Menschen so formen zu wollen, wie sie vielleicht sein sollten. Daraus ergibt sich keine Garantie für richtige Antworten und Lösungen. Es spricht aber viel für die Annahme, dass Vorschläge, die sich aufgrund ihrer Überzeugungskraft in diesem Wettbewerb durchsetzen, auch tatsächlich die inhaltlich „besten" bzw. die für das betreffende Gemeinwesen „richtigen" sind.[9]

Fragt man nach den weiteren Vorzügen eines solchen Systems, so sind vor 472
allem zwei Gesichtspunkte zu nennen. Das Recht, abweichende Positionen zu vertreten und öffentlich zu machen, und die Möglichkeit permanenter Diskussion begünstigen zum einen sowohl notwendige Wandlungen als auch die Korrektur von früheren Entscheidungen, die im Nachhinein als falsch angesehen werden. Dinge, die in der Vergangenheit richtig waren, können sich verändern und für die Gegenwart oder Zukunft unpassend werden. Zugleich wird Minderheiten und Außenseitern die Chance verschafft, Unpopuläres zu artikulieren. Sie können damit für Positionen werben, die möglicherweise die **zukünftigen Mehrheitsanschauungen** sind, und auf diese Weise künftig an der Ausübung staatlicher Macht teilhaben.[10] Zum anderen erschließen sich der Wert und letztlich die Unverzichtbarkeit von Meinungsvielfalt vor allem dann, wenn man sich die **durchweg nicht akzeptablen Alternativen** vor Augen hält. Sie wären mit ungleich größeren Schwächen verbunden. Meinungsdiktaturen und -monopole laufen prinzipiell Gefahr, abweichende Lösungsansätze zu unterdrücken, da-

---

4 „It is the right of the public to receive suitable access to social, political, esthetic, moral and other ideas and experiences ...", *White* J. in Red Lion Broadcoasting v. FCC, 395 U.S. 367, 390 (1969).

5 „... ein ‚Meinungsmarkt', auf dem die Vielfalt der Meinungsrichtungen unverkürzt zum Ausdruck gelangt", BVerfG vom 16.6. 1981 (FRAG), BVerfGE 57, 295, 323.

6 BVerfG vom 5.8. 1966 (Spiegel), BVerfGE 20, 162, 175.

7 „It is an experiment, as all life is an experiment. Every year, if not every day, we have to wager our salvation upon prophecy based upon imperfect knowledge", *Holmes* J. in Abrams v. United States, 250 U.S. 616, 630 (1919).

8 BVerfG vom 17.8. 1956 (KPD-Verbot), BVerfGE 5, 85, 197, 204ff.

9 „... the best test of truth is the power of the thought to get itself accepted in the competition of the market", *Holmes* J. in Abrams v. United States, 250 U.S. 616, 630 (1919). Vertiefend und gegenüber der Idee, Wettbewerbsvorstellungen in das Medienrecht zu übertragen, stark relativierend *Kübler* FS Ridder 1989, 117, 120ff.

10 *Kübler* FS Ridder 1989, 117.

durch deren Wert zu verkennen und auf eine schlechtere als die „beste“ Lösung hinauszulaufen. Das gilt für Monopolmedien, Sachverständige und Wissenschaftler oder staatliche Diktaturen gleichermaßen. Auch sie haben kein Patentrezept für Weisheit und Wahrheit. Wissenschaft, die abweichende Positionen unterdrückt, hilft im Übrigen nicht weiter. Gleiches gilt für staatliche Diktaturen, die früher oder später auf die bloße Verteidigung schlichter Machtinteressen, auf Unterdrückung und Rückständigkeit hinauslaufen.

473 Das **absolutistische Preußen** war sich dieser Zusammenhänge bzw. der Gefahr, sich durch die Zensur von Schriften selbst um einen Fundus wertvoller Überlegungen zu bringen, durchaus bewusst. Die konsequente Antwort auf diese Gefahr sind Meinungsfreiheit und -vielfalt. Da Preußen dieser Weg aus Gründen des eigenen Selbstverständnisses verschlossen war, versuchte es, die Quadratur des Kreises durch **elaborierte Zensurregeln** zu schaffen. Die Zensur sollte einerseits „keine ernsthafte und bescheidene Untersuchung der Wahrheit hindern“, aber doch andererseits alles unterdrücken, was etwa „den allgemeinen Grundsätzen der Religion“ zuwider ist oder „die Moral und gute Sitten beleidigt“.[11] Nach einer Regelung des **Königreichs Sachsen** sollte die Zensur unerlaubte Schriften verhindern, aber doch nicht „die freie Entwicklung des wissenschaftlichen und öffentlichen Lebens“ beschränken.[12]

474 Wie stark Staaten im eigenen Interesse und nicht aus einem bloßen Unterdrückungsinteresse selbst **von staatskritischen Positionen erfahren wollen**, zeigt sich eindrucksvoll an Österreich und Preußen. Beide gehörten im 19. Jahrhundert zu den Ländern mit den schärfsten Presse- und Zensurnormen. Für Österreich erhielt die Zensur gleichwohl folgende Anweisung: „Werke, in denen die Staatsverwaltung im Ganzen oder in einzelnen Zweigen gewürdigt, Fehler oder Missgriffe aufgedeckt, vergangene Ereignisse aufgehellet werden, usw. sollen ohne hinlänglichen anderen Grund nicht verbothen werden, wären auch die Grundsätze und Ansichten des Autors nicht jene der Staatsverwaltung. Nur müssten die Schriften der Art mit Würde und Bescheidenheit, und mit Vermeidung aller eigentlichen und anzüglichen Persönlichkeiten abgefaßt seyn, auch nichts sonst gegen Religion, Sitte, und Staatsverderbliches enthalten.“[13] Das Allgemeine Landrecht versuchte Ähnliches: „Jeder gute Untertan zeige Mängel des öffentlichen Wesens der Obrigkeit an, mache davon aber kein Geräusch im Publikum“.[14] Auch dieser Ansatz litt freilich an einem gravierenden Konstruktionsfehler. Es ist in aller Regel gerade die öffentliche Diskussion, die zum Erkennen von Missständen in allen ihren Einzelheiten, zur Entwicklung diverser Lösungsvorschläge und letztlich zur bestmöglichen Behebung des Missstandes führt.

475 Das OVG Bremen hatte in der **EFG-Entscheidung** über die Veröffentlichung von Gerichtsentscheidungen zu urteilen. Im Streitfall hatten Finanzrichter einen privatrechtlichen Vertrag geschlossen, der dem Vertragspartner bzw. seiner Zeitschrift Prioritäts- und Ausschließlichkeitsrechte einräumte. Entscheidungen, die die Richter als veröffent-

11 So Art. 2 Preußische Zensur-Verordnung vom 18. 10. 1819, Preußische Gesetz-Sammlung 1819, S. 227.

12 So Nr. 1 der Instruction der Censoren im Königreich Sachsen vom 5. 2. 1844, abgedruckt in: *Dross* (Hrsg.), Quellen zur Ära Metternich, 1999, S. 297 f.

13 § 8 der Vorschriften für die Leitung des Censurwesens und für das Benehmen der Censoren“ vom 14. 9. 1810, abgedruckt unter: www.univie.ac.at/medienrechtsgeschichte/Zensurvorschrift 1810.

14 Teil II Tit. 20 § 156 ALR; zitiert nach *Löffler*, Presserecht, 1. Auflage 1955, C Einl. Anm. 30.

lichungswürdig ansahen, wurden deshalb allein an die betreffende Zeitschrift gesandt, nicht dagegen an andere Fachzeitschriften. Das OVG hielt diese Praxis für unzulässig (zu Einzelheiten siehe Rdnr. 1072, 1210). Ein derartiges Kanalisieren amtlicher Informationen kann der Möglichkeit einer breiten fachlichen Diskussion nur abträglich sein. Das Gericht nahm an, dass dies „gravierende Auswirkungen auf die Funktion der Rechtspflege in allen ihren Bereichen" hat. Eine funktionierende Rechtspflege könne „ohne fachöffentliche Information und Diskussion nicht gewährleistet werden".[15]

Auch wenn ein auf Meinungsvielfalt und der Idee des Marktplatzes von Deu- 476
tungen und Lösungsvorschlägen basierendes System alternativlos ist, so hat es doch seinen Preis. Es ist wichtig, sich diesen Preis bewusst zu machen. Der Erfolg und die Akzeptanz des Vielfaltssystems stehen und fallen mit dem Bildungs- und Toleranzgrad des betreffenden Gemeinwesens. Ebenso setzt ein solches System das Herstellen von Öffentlichkeit voraus. Es ist daher zwingend mit den allgemeinen Gefahren verbunden, die Öffentlichkeit und insbesondere mächtige Medien mit sich bringen.[16] Überdies kann es inhaltlich fehlgehen. Dies ist unvermeidbar, weil Entscheidungen vielfach auf unvollständiger Grundlage getroffen werden müssen und weil niemand im Besitz absoluter Wahrheiten oder Einsichten ist. Zugleich kann die Möglichkeit falscher Entscheidungen umso eher akzeptiert werden, je eher ein System zur Korrektur früherer Fehler in der Lage ist.

II. Einzelaspekte

Meinungs- und Medienvielfalt sind mit weiteren Vorzügen verbunden. Sie tra- 477
gen zunächst zur Wahrung der **Informations- und Meinungsfreiheit des Einzelnen** bei[17] und sind die entscheidenden Mittel, um ihm eine inhaltliche Einordnung öffentlicher Vorgänge zu ermöglichen. Außerdem kann ein derartiger öffentlicher Meinungsprozess in einem gewissen Rahmen **Andersdenkende mit einbinden**, indem er ihnen die Möglichkeit gibt, für ihre abweichenden Positionen zu werben. Ein den eigenen Überzeugungen widersprechendes Gesamtergebnis wird umso eher hingenommen, je stärker der Betreffende angemessen in den Meinungsbildungsprozess eingebunden war.[18]

Meinungsvielfalt und öffentlicher Dialog sind ferner die Antwort auf die Fra- 478
ge nach dem **Umgang mit Meinungen und Äußerungen, die möglicherweise „gefährlich", inhaltlich falsch oder in irgendeiner Weise „schädlich" sind**. Der Obrigkeitsstaat früherer Zeiten setzte insoweit auf Zensur und Verbote,[19] sah sich dabei jedoch gravierenden Hürden gegenüber. Eine Zensurbehörde nimmt

15 OVG Bremen von 15.10.1988 (EFG), NJW 1989, 926, 927; siehe auch *von Coelln*, Zur Medienöffentlichkeit der Dritten Gewalt, 2005, S. 181 f. mwN.
16 Siehe Rdnr. 331, 340 ff., 1706 ff.
17 EuGH vom 20.6.1997 (Familiapress) – Rs. C-368/95, Slg. 1997 I, S. 3689 ff. Rn. 18.
18 *Siegel*, Communication Law in America, 2002, 60 f. mwN.
19 Siehe Rdnr. 121 f., 126 ff.

für sich Deutungshoheiten in Anspruch, die stets problematisch sind.[20] Sie läuft wie jedes Meinungsmonopol Gefahr, bessere Lösungsmöglichkeiten zu verkennen. Zugleich kann das Verbot von Meinungen ein untaugliches Gegenmittel sein. Ein solches Verbot führt nicht dazu, dass entsprechende Gedanken nicht mehr gedacht und geäußert werden. Es ist sogar denkbar, dass ein Verbot dem Untersagten überhaupt erst Aufmerksamkeitswert und Attraktivität verschafft bzw. dass es Solidarisierungseffekte auslöst oder Protestgruppierungen zusammenführt und dadurch stärkt. Der freiheitlich demokratische, auf die Entscheidung und Vernunft des einzelnen Bürgers vertrauende Staat beschreitet einen anderen Weg. Seine Philosophie bringt das BVerfG in der **Wahrheit für Deutschland-Entscheidung** auf den Punkt. Im Streitfall hatte ein Buch Unrechtshandlungen des Nationalsozialismus geleugnet oder sie als Folge von Entwicklungen dargestellt, die das damalige Regime nicht zu verantworten habe. Ebenso versuchte es, *Hitler* und die übrigen Machthaber von einer Schuld oder auch nur Mitschuld am Ausbruch des Zweiten Weltkriegs zu entlasten und die Ermordung der Juden als Folge des von anderen verursachten Krieges und der vorausgegangen Kriegsverbrechen anderer hinzustellen. Es war daraufhin als jugendgefährdend indiziert worden mit der Begründung, es enthalte zur Schuldfrage des Zweiten Weltkriegs eine falsche geschichtliche Darstellung. Das BVerfG erblickte darin eine unzulässige Beschränkung der Meinungsfreiheit.[21] Die Richter sehen das **geeignete Instrument nicht im Verbot, sondern in der Meinungsvielfalt und der öffentlichen Thematisierung** des Buches:

479 „Der demokratische Staat vertraut grundsätzlich darauf, dass sich in der offenen Auseinandersetzung zwischen unterschiedlichen Meinungen ein vielschichtiges Bild ergibt, dem gegenüber sich einseitige, auf Verfälschung von Tatsachen beruhende Auffassungen im Allgemeinen nicht durchsetzen können. Die freie Diskussion ist das eigentliche Fundament der freiheitlichen und demokratischen Gesellschaft. Auch Jugendliche können nur dann zu mündigen Staatsbürgern werden, wenn ihre Kritikfähigkeit in Auseinandersetzung mit unterschiedlichen Meinungen gestärkt wird. Das gilt in besonderem Maße für die Auseinandersetzung mit der jüngeren deutschen Geschichte. Die Vermittlung des historischen Geschehens und die kritische Auseinandersetzung mit abweichenden Meinungen können die Jugend sehr viel wirksamer vor Anfälligkeit für verzerrende Geschichtsdarstellungen schützen als eine Indizierung, die solchen Meinungen sogar eine unberechtigte Anziehungskraft verleihen könnte“.[22]

---

20 „Intoleranz ist ein Phänomen geistiger Trägheit, die die Mühe, dem anderen zuzuhören, sich mit ihm geistig auseinanderzusetzen und ihn als anderen anzuerkennen, scheut und lieber zum einfachen Mittel des Verbotes greift. Dies gilt keineswegs nur für Diktaturen und totalitäre Systeme und deren Protagonisten, sondern auch für liberale Denker und auch für Demokratien, wie historische und aktuelle Beispiele und Tendenzen (z.B. ‚political correctness‘) bestätigen“, *Streinz* AfP 1997, 857, 863.

21 Siehe Rdnr. 114.

22 BVerfG vom 11. 1. 1994 (Wahrheit für Deutschland), BVerfGE 90, 1, 20f.; dazu *Hufen* JuS 1995, 639f.

Meinungs- und Medienvielfalt tragen schließlich auch zu einem gewissen Schutz sowohl des Einzelnen als auch der Allgemeinheit gegenüber Medien bei, die unrichtig informieren oder zu einflussreich sind. Vielfalt wirkt der Gefahr unbewusst falscher Darstellungen von Realitäten durch die Medien[23] entgegen und ist ein – wenn auch nur begrenzt effektives – Mittel zur **Kontrolle der Medienunternehmen** durch die Öffentlichkeit und andere Medien (siehe Rdnr. 1726f.). Die Medien sind nämlich einer Kontrolle durch das Recht vielfach selbst dann entzogen, soweit sie nachweislich unzutreffend berichten. Das kann etwa sein, wenn eine unzutreffende oder unzureichend recherchierte Pressemeldung kein Individuum verletzt, sondern nur die „Allgemeinheit" schädigt oder wenn ein unmittelbar Betroffener vor der Beschreitung des Rechtswegs zurückschreckt.[24] Meinungs- und Medienvielfalt sind weiterhin auch ein Schutz gegenüber der **Gefahr von „kulturellen Gleichschaltungen" der Gesellschaft** durch Medien. Dabei ist zu bedenken, dass die Medien in der modernen Gesellschaft eine zentrale Bedeutung für die gesellschaftliche Integration erlangt haben.[25] Es ist daher wichtig zu verhindern, dass ein Medienunternehmen diese Aufgabe für sich monopolisieren und so allein bestimmen kann, welche Gesprächsgegenstände, Vorbilder und Maßstäbe die Gesellschaft erreichen und sie dadurch früher oder später auch prägen. 480

III. Außen- und Binnenpluralismus

Publizistische Vielfalt und publizistischer Wettbewerb setzen die Informations- und Meinungsfreiheit des Einzelnen und der Medien voraus, sind aber noch an weitere Voraussetzungen gebunden. Sie stellen sich nämlich keineswegs zwingend von selber ein. Außerdem sind sie permanenten Gefährdungen ausgesetzt, sobald sie entstanden sind. Das Medienrecht kennt daher Instrumente, die das **Entstehen oder den Erhalt publizistischer Vielfalt bewerkstelligen** sollen. Das Anliegen, solche Vielfalt zu erreichen und zu sichern, wirkt sich auf viele Tätigkeitsbereiche der Medienunternehmen aus, etwa auf Fragen der Finanzierung und des ökonomischen Wettbewerbs zwischen den Medien, die in den folgenden Kapiteln behandelt werden (§§ 8, 9). Die im Ausgangspunkt wichtigste Reaktion des Medienrechts auf das Streben nach publizistischer Vielfalt ist jedoch die Unterscheidung zwischen Außenpluralismus und Binnenpluralismus. Sie hat elementare Bedeutung für das gesamte Gebiet, geht auf die Rechtsprechung des BVerfG zur Rundfunkfreiheit zurück[26] und muss vorab behandelt werden. 481

---

23 Siehe Rdnr. 930ff.
24 Löffler/*Steffen*, §6 LPG Rdnr. 23. Siehe Rdnr. 1165f., 1220ff., 1739.
25 Zur Integrationsfunktion allgemein siehe Rdnr. 40ff.
26 Erstmals BVerfG vom 28. 2. 1961 (Deutschland-Fernsehen), BVerfGE 12, 205, 261. Siehe Rdnr. 212ff.

482 Das Medienrecht will Meinungsvielfalt prinzipiell auf zwei verschiedenen Wegen erreichen.[27] Für die **Presse und die Telemedien gilt das außenplurale System.**[28] Im Bereich dieser Medien soll sich Vielfalt dadurch einstellen, dass es beispielsweise möglichst viele Zeitungen von unterschiedlicher publizistischer Ausrichtung gibt. Die geschichtliche Entwicklung des Pressewesens hat in den Augen des BVerfG zu einem gewissen Gleichgewicht geführt, das umfassende Information und öffentliche Meinungsbildung durch die Presse im Prinzip sicherstellt.[29] Eine zusätzliche Förderung der Vielfalt durch das Recht ist grundsätzlich entbehrlich. Gleiches muss erst recht für das Internet als dem wichtigsten Teil der Telemedien gelten. Es ist der Inbegriff von Informationsfreiheit und -vielfalt. Ihm ist die Gefahr von Meinungsmonopolen oder vorherrschender Meinungsmacht tendenziell fremd (siehe Rdnr. 277).

483 Dagegen gilt für den **öffentlich-rechtlichen Rundfunk das binnenplurale System.**[30] Er wird von Verfassungs wegen anderen Maßstäben als die Presse unterworfen. Das BVerfG rechtfertigt dies vor allem mit Vielfaltsüberlegungen (siehe Rdnr. 210ff., 215). Für den Rundfunk könne nicht davon ausgegangen werden, dass das Programmangebot in seiner Gesamtheit ausreichend vielfältig gerate, wenn es dem freien Wettbewerb zwischen privaten Rundfunkunternehmen überlassen werde.[31] Insbesondere sei ungewiss, ob in dem „Gesamtprogramm" aller Rundfunkveranstalter alle oder wenigstens ein nennenswerter Teil der gesellschaftlichen Gruppen und geistigen Richtungen auch tatsächlich zu Wort kommen. Das Gericht sieht die Lösung vor allem in einer binnenpluralistischen Struktur des öffentlich-rechtlichen Rundfunks. Nach diesem Konzept ergibt sich die Meinungsvielfalt nicht aus der Vielzahl unterschiedlicher Sender, sondern jeder einzelne öffentlich-rechtliche Sender ist **bereits für sein eigenes Programm zur Vielfalt verpflichtet**. Der öffentlich-rechtliche Rundfunk unterliegt daher einer Reihe besonderer Anforderungen, die eine solche „Binnenvielfalt" der Sender gewährleisten sollen. Er ist auf Ausgewogenheit und Vielfalt verpflichtet und darf gerade nicht tendenziös sein. Sein Programm muss die Grundsätze der Objektivität und Unparteilichkeit der Berichterstattung, die Meinungsvielfalt sowie die Ausgewogenheit der Angebote und Programme berücksichtigen.[32]

484 Die Unterschiede zwischen außen- und binnenpluralem Modell bzw. zwischen Presse und öffentlich-rechtlichem Rundfunk werden in der **Volksentscheid Baden-Württemberg-Entscheidung** des BVerfG deutlich. Sie betrifft einen Volksentscheid im früheren

---

27 Zu den unterschiedlichen Formen der „Vielfaltssicherung" *Paschke*, Medienrecht, Rdn. 271f., 352ff. mwN.

28 Siehe etwa BVerfG vom 6.11. 1979 (Kölner Stadtanzeiger), BVerfGE 52, 283, 296.

29 BVerfG vom 28.2. 1961 (Deutschland-Fernsehen), BVerfGE 12, 205, 261; BVerfG vom 16.6. 1981 (FRAG), BVerfGE 57, 295, 323.

30 Siehe etwa BVerfG vom 28.2. 1961 (Deutschland-Fernsehen), BVerfGE 12, 205, 261f.; BVerfG vom 4.11. 1986 (Niedersachsen), BVerfGE 73, 118, 153.

31 BVerfG vom 16.6. 1981 (FRAG), BVerfGE 57, 295, 322f.

32 § 11 Abs. 3 RStV.

Land Baden, der die Neugliederung des Landes Baden-Württemberg zum Gegenstand hatte. Seine Gültigkeit wurde u.a. mit der Begründung angefochten, die Chancengleichheit im Abstimmungskampf sei durch ungleiche Berichterstattung in den Medien beeinträchtigt worden. Die Presse hatte sich ganz überwiegend für den Fortbestand des Landes Baden-Württemberg und für ein entsprechendes Votum beim Volksentscheid ausgesprochen. Derartige Positionierungen sind der Presse erlaubt, sie mussten daher für die Gültigkeit des Volksentscheids unbeachtlich sein. Die Presse ist eben bei der Auswahl der Nachrichten und in der Verbreitung von Meinungen frei und – anders als die öffentlich-rechtlichen Rundfunkanstalten – nicht zur Neutralität gegenüber rivalisierenden gesellschaftlichen und politischen Kräften verpflichtet.[33] Es war den Zeitungen daher ohne weiteres auch erlaubt, den Abdruck von Anzeigen oder Leserzuschriften einer bestimmten Richtung zu verweigern.[34] Dagegen hielt das BVerfG die öffentlich-rechtlichen Rundfunkanstalten für verpflichtet, den Beteiligten, die für ein Ja oder Nein zur Abstimmungsfrage eintraten, grundsätzlich gleiche Möglichkeiten zur Werbung für ihren Standpunkt zu bieten.[35] Die Anstalten mussten daher jeweils gleich lange Sendezeiten zuteilen und darauf achten, die rivalisierenden politischen Gruppen in einem ausgewogenen Verhältnis zu Wort kommen zu lassen. Ob die Rundfunkanstalten dieser Pflicht nachgekommen waren, brauchte im Streitfall nicht näher untersucht werden.

B. Presse und Telemedien: Programm- und Tendenzfreiheit

Außenpluralismus zielt auf das Entstehen von publizistischer **Vielfalt durch Wettbewerb und privatunternehmerisches Engagement**. Die Vielfalt soll sich gerade aus der Existenz zahlreicher Erzeugnisse verschiedener oder sogar konträrer Ausrichtungen ergeben. Auf diese Weise wird ein Dialog zwischen den unterschiedlich ausgerichteten Medienunternehmen ermöglicht, und der einzelne Leser kann sowohl zwischen den einzelnen Angeboten vergleichen als auch aus einem publizistisch vielfältigen Angebot „seine" Zeitung wählen. Das Entstehen und Sichern von Vielfalt wird für den Bereich der Presse und der Telemedien grundsätzlich dem freien „Spiel der Kräfte"[36] und damit dem Wettbewerb zwischen den einzelnen Medienunternehmen überlassen. 485

Die Aufgabe „außenpluraler" Medienunternehmen liegt darin, „umfassende Information zu ermöglichen, die Vielfalt der bestehenden Meinungen wiederzugeben und selbst Meinungen zu bilden und zu vertreten".[37] Diese Aufgabe kann in den Augen des BVerfG nicht von der organisierten staatlichen Gewalt, sondern nur von Unternehmen erfüllt werden, die miteinander in geistiger und 486

33 BVerfG vom 2.4. 1974 (Volksentscheid Baden-Württemberg), BVerfGE 37, 84, 91. Zu einem weitgehend ähnlich gelagerten Sachverhalt BVerfG vom 24.3. 1976 (Volksentscheid Montabaur), BVerfGE 42, 53, 62. Siehe Rdnr. 504.

34 BVerfG vom 24.3. 1976 (Volksentscheid Montabaur), BVerfGE 42, 53, 62.

35 BVerfG vom 2.4. 1974 (Volksentscheid Baden-Württemberg), BVerfGE 37, 84, 91f.; BVerfG vom 24.3. 1976 (Volksentscheid Montabaur), BVerfGE 42, 53, 62f.

36 BVerfG vom 24.3. 1976 (Volksentscheid Montabaur), BVerfGE 42, 53, 62 in Bezug auf die politische Wahlwerbung in Zeitungen.

37 BVerfG vom 6.11. 1979 (Kölner Stadtanzeiger), BVerfGE 52, 283, 296.

wirtschaftlicher Konkurrenz stehen, in die die öffentliche Gewalt nicht eingreifen darf.[38] Die Verfassung garantiert damit nicht nur die bloße privatrechtliche Unternehmensrechtsform, sondern auch eine **materielle Privatautonomie der außenpluralen Medien**, die in ihrer Tätigkeit wirtschaftlich und publizistisch Entscheidungsautonomie genießen.[39]

I. Tendenzfreiheit

487 Art. 5 Abs. 1 Satz 2 1. Alt GG garantiert dem einzelnen Medienunternehmer Tendenzfreiheit,[40] d.h. die Freiheit, seinem publizistischen Produkt **eine eigene Tendenz zu geben und diese autonom zu bestimmen**.[41] Der Medienunternehmer darf der Berichterstattung nach eigener Entscheidung eine höchsteigene Sicht der Dinge zugrunde legen und ist bei der Stoffauswahl, bei Bewertungen und Kommentaren in keiner Weise zur Objektivität oder Ausgewogenheit verpflichtet. Er ist im Zusammenhang mit der Äußerung von Tatsachen an die journalistische Sorgfaltspflicht gebunden,[42] aber ansonsten grundsätzlich frei. Diese verfassungsrechtliche Wertung ist bei der Anwendung aller Regeln zu beachten, die darauf hinauslaufen könnten, dem Unternehmer eine bestimmte Form der Berichterstattung vorzuschreiben. Das Recht darf die Medien weder staatlichen noch sonstigen fremden Einflüssen unterwerfen, die mit dem Postulat der Programm- und Tendenzfreiheit unvereinbar wären.[43]

488 Die **TV Digital-Entscheidung** macht deutlich, dass selbst ausgeprägte Einseitigkeit rechtlich akzeptiert werden muss. Es ist deshalb beispielsweise nicht möglich, eine stark tendenziöse redaktionelle Berichterstattung bereits aus diesem Grund als Werbung einzustufen. Im Streitfall wurde eine Fernsehzeitschrift im Rahmen einer „strategischen Partnerschaft" mit einem Pay-TV-Sender verlegt. Die ausschließliche verlegerische, redaktionelle und kaufmännische Verantwortung für das Blatt lag jedoch allein bei dem Verlagsunternehmen und nicht bei dem Sender. Die Fernsehzeitschrift legte in ihrem Fernsehprogrammteil einen besonderen Focus auf die Sendungen und Angebote des betreffenden Pay-TV-Senders, obwohl dessen Sendungen nur einen geringen Zuschaueranteil hatten. Das Blatt konnte für den Leser den Eindruck erwecken, dass die Programme des Pay-TV-Senders in besonderer Weise attraktiv und populär waren, obwohl die weit überwiegende Mehrheit der Fernsehzuschauer dies bei der „Abstimmung mit der Fernbedienung" ganz anders sah. Dem Verleger wurde daraufhin vorgeworfen, wettbewerbsrechtlich unzulässige verschleierte Werbung zu betreiben. Das OLG Hamburg lehnte es jedoch ab, aus der Ungleichgewichtigkeit der Berichterstattung einen Verstoß gegen die

---

38 BVerfG vom 5.8.1966 (Spiegel), BVerfGE 20, 162, 175.

39 BK/*Degenhart*, Art. 5 Abs. 1 und 2 GG Rdnr. 505.

40 Der Begriff hat sich etabliert und wird deshalb auch hier und im Weiteren verwendet. Sprachlich ist der Terminus allerdings doppeldeutig und ließe sich mit geradezu gegensätzlichen Inhalten füllen. Er meint im Medienrecht und in diesem Buch allein die Freiheit zur Tendenz, nicht dagegen das Freisein von Tendenz.

41 BVerfG vom 6.11.1979 (Kölner Stadtanzeiger), BVerfGE 52, 283, 296.

42 Siehe Rdnr. 1170ff.

43 BVerfG vom 6.11.1979 (Kölner Stadtanzeiger), BVerfGE 52, 283, 296 mwN.

§§3, 4 Nr.3 UWG abzuleiten.[44] Das Gericht verneinte eine Verpflichtung von Verlagen zur ausgewogenen, sich an den Marktverhältnissen orientierenden Berichterstattung über das Fernsehprogrammangebot in Deutschland, da eine solche Pflicht den Grundsätzen der freien verlegerischen Entscheidung im Hinblick auf Inhalt und Ausrichtung von Presseerzeugnissen widersprechen würde. Der Verleger einer Fernsehzeitschrift muss nicht in einer den realen Marktverhältnissen bei der TV-Nutzung entsprechenden Weise über das Programmangebot der verschiedenen Fernsehsender berichten.

Im Rahmen einer **früheren Reform der Pressefusionskontrolle** hat der Gesetzgeber eine Regelung erwogen, nach der ein zur Marktbeherrschung führender Zusammenschluss zuzulassen ist, wenn die beteiligten Verlage nachweisen, dass die redaktionelle Selbstständigkeit der Zeitungen auch nach dem Vollzug des Zusammenschlusses auf Dauer gewährleistet ist.[45] Das durch die Fusion entstandene Unternehmen hätte also der Redaktion der aufgenommenen Zeitung „innerbetriebliche" Autonomie gewähren müssen. Der Verleger und Unternehmensinhaber hätte folglich nicht darüber entscheiden können, wie dieser Teil seines Unternehmens funktioniert. Die Regelung wurde zu Recht nicht Gesetz, denn sie setzte eine gute Idee für eine schlechte Sache ein.[46] Stehen die von einem Unternehmen herausgegebenen Zeitungen gegenseitig in Konkurrenz, dann kann dies einem bestmöglichen Geschäftsergebnis entgegenstehen und falsche wettbewerbliche Effekte mit sich bringen. Es kann einem Unternehmen beispielsweise drohen, dass die Preissenkung seines einen Produkts keine Vorteile gegenüber den Konkurrenten verschafft, sondern stattdessen allein zu Einbußen beim Absatz von anderen Produkten der eigenen Angebotspalette führt. Man spricht dann von einem so genannten Kannibalisierungseffekt, der beispielsweise dem Anreiz zu preispolitischen Vorstößen entgegenwirken kann. Ein ökonomisch ausgerichtetes Unternehmen kann nur dann optimale Ergebnisse erzielen, wenn es seine Geschäftspolitik nach eigener Entscheidung ausrichten kann. 489

Die Freiheit von Presse und Telemedien, bei der Berichterstattung eine eigene Tendenz zu verfolgen, ist ein im Interesse der Meinungsvielfalt **unverzichtbares Korrelat zur binnenpluralistischen Struktur** des öffentlich-rechtlichen Rundfunks. Es wäre nachteilig, wenn man die Presse dem rundfunkrechtlichen Erfordernis unterwerfen würde, dass die gesellschaftlich relevanten Gruppen von Rechts wegen auf die publizistische Gestaltung Einfluss haben müssen. Dies würde jegliche **Kontrolle gefährden, die der Presse gerade auch gegenüber solchen Gruppen obliegt**: Die Presse darf nicht von jenen wirtschaftlich-sozialen Verbänden und Interessenträgern beherrscht werden, denen gegenüber sie die einzige wirksame Kontrollinstanz ist.[47] 490

Eine individualrechtlich ausgeprägte Meinungs- und Pressefreiheit ist ebenso als **Gegenstück zu den „kollektivrechtlichen Organisations- und Informati-** 491

---

44 OLG Hamburg vom 14.4.2005 (TV Digital), GRUR-RR 2006, 15, 16ff. Allgemein zur verschleierten Werbung siehe Rdnr. 638ff.

45 §36 Abs. 1a GWB-Entwurf; siehe BT-Drucks. 15/3640, S.12, 56f. Zu der Regelung mit unterschiedlichen Akzentuierungen kritisch *von Wallenberg* K&R 2005, 481ff.; *Bremer/Martini* ZUM 2003, 942ff.

46 *Säcker* K&R 2003, 529.

47 BK/*Degenhart*, Art.5 Abs.1 und 2 GG Rdnr.504 mwN.; tendenziell ähnlich *Papier* Der Staat 18 (1979), 422, 428.

onsmustern" des öffentlich-rechtlichen Rundfunks unverzichtbar. Die Presse darf nicht wie der öffentlich-rechtliche Rundfunk auf Objektivität und Ausgewogenheit verpflichtet werden,[48] denn solche Pflichten bringen die Gefahr, dass ein Teil der Informationen, und zwar gerade der kritischen Informationen, ausgefiltert und damit der Öffentlichkeit vorenthalten wird.[49] Eine individuell ausgerichtete Pressefreiheit kann Außenseiterpositionen und Sichtweisen Einzelner viel stärker Gehör verschaffen, als dies dem auf Ausgewogenheit verpflichteten Rundfunk möglich ist. Sie schafft damit ein Gegengewicht zu medialen Angeboten, deren Zuschnitt durch Majoritätsprinzip und Einigungszwang bestimmt wird und die daher prinzipbedingt zu Mittelpositionen und irgendwie gemäßigten Linien neigen. Die Gewährung von Tendenzfreiheit wirkt einer solchen Berichterstattung entgegen, die auf Meinungsoktroi und „meinungsmäßiger Fremdbestimmung" basiert.[50] Außenplurale Medien müssen deshalb von Verfassungs wegen nach privatwirtschaftlichen Grundsätzen und in privatrechtlichen Organisationsformen funktionieren können,[51] also namentlich ihre publizistische Linie eigenverantwortlich und ohne Vorgaben oder Einflussnahmen Dritter bestimmen dürfen.

II. Gründung und ökonomischer Wettbewerb außenpluraler Medien

492 Wenn sich für den Bereich der außenpluralen Medien Vielfalt einstellen soll, so setzt dies „die Existenz einer relativ großen Zahl selbstständiger, vom Staat unabhängiger und nach ihrer Tendenz, politischen Färbung oder weltanschaulichen Grundhaltung miteinander konkurrierender Presseerzeugnisse voraus".[52]

493 Als erste wichtige Konsequenz aus diesen Überlegungen muss die **Gründung außenpluraler Medienunternehmen frei bleiben**, also insbesondere vor jeder Form staatlicher Beeinflussung geschützt werden. Die Befugnis, den Betrieb eines solchen Medienunternehmens nach eigener Entscheidung aufzunehmen, fortzuführen oder einzustellen, genießt daher grundrechtlichen Schutz.[53] Die außenplural bzw. privatautonom agierenden Medienunternehmen müssen sich im gesellschaftlichen Raum frei bilden können. Ergänzend dazu stellt auch der

48 Zu diesen Pflichten des öffentlich-rechtlichen Rundfunks siehe Rdnr. 236, 497ff.
49 *Bullinger* HStR Bd. VI, § 142 Rn. 148.
50 *Papier* Der Staat 18 (1979), 422, 435; *Scholz*, Pressefreiheit und Arbeitsverfassung. Verfassungsprobleme um Tendenzschutz und innere Pressefreiheit, 1978, S. 173.
51 BVerfG vom 5.8. 1966 (Spiegel), BVerfGE 20, 162, 175.
52 BVerfG vom 6.11. 1979 (Kölner Stadtanzeiger), BVerfGE 52, 283, 296.
53 BVerfG vom 5.8. 1966 (Spiegel), BVerfGE 20, 162, 175f.; BVerfG vom 14.1. 1998 (Gegendarstellung auf Titelseite), BVerfGE 97, 125, 144 mwN.

Gesetzgeber auf legislativer Ebene noch einmal ausdrücklich klar, dass die Tätigkeiten von Presse[54] und Telemedien[55] zulassungs- bzw. anmeldefrei sind.

In einem außenpluralistischen System muss sich das Medienrecht weiterhin dem Umstand stellen, dass Meinungsvielfalt und publizistischer Wettbewerb **von der Existenz ökonomischen Wettbewerbs abhängig** sind (zum Verhältnis von publizistischem und ökonomischem Wettbewerb siehe Rdnr. 713ff., 718ff.). Das Medienrecht ist für diesen Bereich also in weiten Teilen Wirtschaftsrecht und zielt darauf, den ökonomischen Wettbewerb vor unzulässigen Beschränkungen zu schützen und in seinem Bestand zu sichern. Einzelheiten werden in §9 behandelt. 494

C. Öffentlich-rechtlicher Rundfunk: Binnenplurale Bindung und Programmfreiheit

Auch die Rundfunkfreiheit ist „vor allem Programmfreiheit" und gewährleistet, dass Auswahl, Inhalt und Gestaltung des Programms Sache des Rundfunks bleiben und sich an publizistischen Kriterien ausrichten können.[56] Der öffentlich-rechtliche Rundfunk ist aber anders als die Presse und die Telemedien zum Binnenpluralismus verpflichtet. Eine eigene Tendenz ist ihm von Verfassungs wegen grundsätzlich untersagt. Die Anstalten dürfen in ihrem Gesamtprogramm nicht *eine* Tendenz verfolgen, sondern sie müssen im Prinzip allen Tendenzen Raum geben.[57] 495

Die **rechtspolitische Richtigkeit des binnenpluralistischen Konzepts** bzw. die Verpflichtung der Rundfunkanstalten zur redaktionellen Ausgewogenheit lässt sich mit Fug und Recht kritisch hinterfragen.[58] Das Konzept ist ein vom BVerfG „in den schönsten Farben gemaltes Wunschbild", das der Realität nicht entspricht.[59] Es läuft Gefahr, im praktischen Ergebnis in sein Gegenteil verkehrt zu werden. Das Rundfunkrecht und die vom BVerfG entwickelten Anforderungen basieren auf einem – in seinem Ausmaß fast schon naiv anmutenden – uneingeschränkten Vertrauen darauf, durch den Erlass von Regeln menschliches Verhalten und Auswirkungen auf den öffentlichen Meinungsbildungsprozess in 496

54 Z.B. §2 LPrG MV; *Fechner/Mayer* (Hrsg.), Vorschriftensammlung Medienrecht, §2 PresseG mwN.

55 §4 MDStV (= §54 Abs. 1 Satz 1 RStV-E). Siehe Rdnr. 290f.

56 BVerfG vom 22.2. 1994 (Rundfunkgebühr), BVerfGE 90, 60, 87; BVerfG vom 17.2. 1998 (Kurzberichterstattung), BVerfGE 97, 228, 268; BVerfG vom 28.10. 1998 (Guldenburg), AfP 1998, 618, 620 mwN.

57 BVerfG vom 13.1. 1982 (Freie Rundfunkmitarbeiter I), BVerfGE 59, 231, 258.

58 Überblick zur Kritik bei *Schulze-Fielitz* in: Dreier, Art. 5 I, II GG Rn. 261f. mwN.; eingehend *Herzog* in Maunz/Dürig, Art. 5 Abs. I, II GG Rdn. 219ff.; *Bullinger* HStR Bd. VI, §142 Rn. 91ff.; *Kepplinger/Hartmann*, Stachel oder Feigenblatt? Rundfunkräte in der Bundesrepublik Deutschland, 1989.

59 *Schmitt Glaeser* JöR 50 (2002), 169, 180.

exakter Weise vorbestimmen zu können. Die Zusammensetzung der Rundfunkgremien wird vielfach ganz maßgeblich durch Parteienproporz beeinflusst.[60] Manche sehen den öffentlich-rechtlichen Rundfunk sogar auf dem Weg zum „Parteienrundfunk und damit zum mittelbaren Staatsrundfunk".[61] Ebenso wirft die praktische Kontroll- und Leistungsfähigkeit der Programmaufsichtsorgane Zweifel auf. Weiterhin verhalten sich die öffentlich-rechtlichen Anstalten vielfach in gleicher Weise erwerbsorientiert wie die privaten Medien und unterliegen dann denselben vielfaltsverengenden ökonomischen Zwängen, die insbesondere mit dem Streben nach möglichst hohen Werbe- und Sponsoringeinnahmen einhergehen.[62] Aber auch die tatsächliche Programmgestaltung selbst lässt gewisse Skepsis zu. Die öffentlich-rechtlichen Sender sind in ihrer Berichterstattung von tendenziösen Elementen nicht frei und haben durchaus unterschiedliche publizistische Prägungen, die von den Unterschieden zwischen den großen Zeitungen und den privaten Sendern nicht allzu weit entfernt sind.[63]

I. Programmauftrag

497 Der öffentlich-rechtliche Rundfunk ist als binnenplurales Medium zur Meinungsvielfalt verpflichtet.[64] Sein Programmauftrag umfasst sowohl die besondere Rolle des Rundfunks für die Meinungs- und Willensbildung als auch eine kulturelle Verantwortung bzw. allgemeine Unterhaltung und Information.[65] Die Rundfunkanstalten müssen ein Programm anbieten, das eine **„gegenständliche Breite aller Programmsparten" und eine „gleichgewichtige Vielfalt der in der Gesellschaft anzutreffenden Meinungen gewährleistet"**.[66] Sie haben im dualen System dafür zu sorgen, dass ein dem klassischen Rundfunkauftrag entsprechendes Programm für die gesamte Bevölkerung angeboten wird, das im Wettbewerb mit den privaten Veranstaltern mithalten kann.[67] § 11 RStV formt diese Pflicht auf gesetzlicher Ebene im Einzelnen aus. Danach haben die öffentlich-rechtlichen Sender in ihren Angeboten und Programmen „einen umfassenden Überblick über das internationale, europäische, nationale und regionale Geschehen in allen wesentlichen Lebensbereichen zu geben".[68] Ihr Programm

---

60 Statt vieler *Schmitt Glaeser* JöR 50 (2002), 169, 181 mwN.

61 *Bullinger* HStR Bd. VI, § 142 Rn. 92.

62 Dazu Rdnr. 589ff. Siehe auch *Papier* Der Staat 18 (1979), 422, 428.

63 Zu entsprechenden Mikroanalysen am Beispiel der Berichterstattung über Castortransporte und über Katastrophen *Pürer*, Publizistik- und Kommunikationswissenschaft, S. 196ff., S. 200ff. mwN.

64 Statt vieler BVerfG vom 5.2. 1991 (WDR), BVerfGE 83, 238, 315. Siehe Rdnr. 236.

65 BVerfG vom 22.2. 1994 (Rundfunkgebühr), BVerfGE 90, 60, 90 mwN.; *Eifert*, Konkretisierung des Programmauftrags des öffentlich-rechtlichen Rundfunks, 2002, S. 16ff.

66 BVerfG vom 28.2. 1961 (Deutschland-Fernsehen), BVerfGE 12, 205, 262f.; BVerfG vom 16.6. 1981 (FRAG), BVerfGE 57, 295, 320; BVerfG vom 5.2. 1991 (WDR), BVerfGE 83, 238, 315; BVerfG vom 6.10. 1992 (Hessen 3), BVerfGE 87, 181, 198f.

67 BVerfG vom 22.2. 1994 (Rundfunkgebühr), BVerfGE 90, 60, 92.

68 § 11 Abs. 2 Satz 1 RStV; ähnlich § 5 Abs. 1 Satz 1 ZDF-StV.

hat der Information, Bildung, Beratung und Unterhaltung zu dienen und „die Grundsätze der Objektivität und Unparteilichkeit der Berichterstattung, die Meinungsvielfalt sowie die Ausgewogenheit der Angebote und Programme zu berücksichtigen".[69]

Die Pflicht des öffentlich-rechtlichen Rundfunks zur inhaltlichen Ausgewogenheit bringt es beispielsweise mit sich, dass er über eine politische Gruppe, die sich erstmals an überregionalen Wahlen beteiligt, im Rahmen der redaktionellen Sendungen in aller Regel wesentlich weniger ausführlich zu berichten hat als über Parteien, die etwa aufgrund der Zeitdauer ihres Bestehens, ihrer verfestigten Organisation, ihrer Vertretung in Parlamenten oder ihrer Beteiligung an den Regierungen in Bund und Ländern eine größere Rolle in der politischen Wirklichkeit spielen.[70] 498

Inhalt und Umfang des öffentlich-rechtlichen Programmauftrags werden durch die Pflicht zur Grundversorgung bestimmt (siehe Rdnr. 229ff.), ohne dass damit das Tätigkeitsfeld der Rundfunkanstalten bereits abschließend umrissen ist.[71] Der Programmauftrag ist dementsprechend nicht trennscharf definiert.[72] Seine rechtliche Bestimmung wird weiterhin noch dadurch erschwert, dass den Rundfunkanstalten die Befugnis zukommt, im Rahmen ihrer Programmfreiheit (siehe unten) selbst und autonom über die Ausfüllung ihres Auftrags zu entscheiden. Eine abschließende rechtliche Definition des Programmauftrags liefe Gefahr, dass eben nicht die Rundfunkanstalten, sondern letztlich staatliche Instanzen über das Programm entscheiden würden. Zugleich kann jedoch auf eine gewisse Konkretisierung des Programmauftrags nicht verzichtet werden, da der öffentlich-rechtliche Rundfunk einen Anspruch auf staatliche Gebührenfinanzierung nur für solche Programme hat, die im Rahmen seines Auftrags liegen.[73] Verfassungsgerichtliche Aussagen über den Inhalt des Programmauftrags gehen daher vielfach auf Urteile zur Rundfunkfinanzierung zurück. Das BVerfG tendiert dazu, eine weitgreifende Ausfüllung des Programmauftrags durch die Rundfunkanstalten im Zweifel zu akzeptieren und den öffentlich-rechtlichen Sendern eine permanente Ausweitung ihres Angebots und des daraus folgenden Finanzbedarfs zu erlauben.[74] 499

Ein Beispiel ist die **Hessen 3-Entscheidung**, die u.a. über die Zulässigkeit spezieller Regionalprogramme entschied. In den Augen des Gerichts mögen regionale Programme der öffentlich-rechtlichen Rundfunkanstalten zwar unter Gesichtspunkten der Grundversorgung nicht eindeutig geboten sein, doch entspreche die Veranstaltung solcher Pro- 500

69 § 11 Abs. 2 Satz 3, Abs. 3 RStV; ähnlich § 5 Abs. 2 ZDF-StV.
70 BVerfG vom 3.5. 1978 (5%-Klausel), BVerfGE 48, 271, 278.
71 BVerfG vom 6.10. 1992 (Hessen 3), BVerfGE 87, 181, 203.
72 Vgl. BVerfG vom 6.10. 1992 (Hessen 3), BVerfGE 87, 181, 204 „verhältnismäßig geringer Bestimmtheitsgrad".
73 BVerfG vom 22.2. 1994 (Rundfunkgebühr), BVerfGE 90, 60, 92; § 12 Abs. 1 Satz 1 RStV. Siehe Rdnr. 684f.
74 Siehe Rdnr. 686f.

gramme gleichwohl den Funktionen des Rundfunks.[75] Es könne davon ausgegangen werden, dass solche Programme jedenfalls bei Rundfunkanstalten, die einen größeren Flächenstaat oder mehrere Bundesländer mit Rundfunk versorgen, erforderlich seien, um den regionalen Unterschieden und den daraus erwachsenden besonderen Identifikations- und Informationsbedürfnissen der Empfänger Rechnung zu tragen.

II. Programmfreiheit

501 Aus der Existenz eines speziellen Programmauftrags folgt, dass die rundfunkrechtliche Programmfreiheit anders zugeschnitten ist als die der außenpluralen Medien. Der Rundfunk ist an seinen Programmauftrag gebunden, es ist aber „der Rundfunk selbst, der aufgrund seiner professionellen Maßstäbe bestimmen darf, was der gesetzliche Rundfunkauftrag in publizistischer Hinsicht verlangt".[76] Dafür, ob eine öffentlich-rechtliche Anstalt ihren Programmauftrag erfüllt, kommt es auf die **Gesamtheit ihrer Programme** und nicht auf jedes einzelne Programm oder gar einzelne Sendungen an.[77] Daher können einzelne Programme durchaus gegenständliche Schwerpunkte setzen oder bestimmte Zielgruppen ins Auge fassen. Es ist allein Sache der Rundfunkanstalten zu entscheiden, wie sie ihre verfügbaren Mittel im Rahmen der gesetzlichen Bestimmungen auf einzelne Programme oder Programmsparten verteilen. Ebenso liegt es in der Einschätzungprärogative der Sender, ob sie Informationsbedürfnisse innerhalb eines schon bestehenden, landesweit ausgestrahlten Programms befriedigen wollen oder dafür ein eigenes, ausdrücklich als regional gekennzeichnetes Programm einrichten.[78]

502 Die rundfunkrechtliche Programmfreiheit befreit die öffentlich-rechtlichen Rundfunkgremien also nicht von den publizistischen Bindungen, die sich aus dem Programmauftrag ergeben, gewährt ihnen für die Ausfüllung des Programmauftrags aber Autonomie. Im Rahmen der gesetzlichen Zielsetzung und der gesetzlichen Aufgabenzuweisung können die Rundfunkanstalten frei entscheiden, wie sie ihre Funktion erfüllen. Die Programmfreiheit **lässt in diesem Rahmen eigene publizistische Maßstäbe und Einschätzungen zu** und schützt zugleich vor möglichen Einflussnahmen staatlicher oder sonstiger Stellen.

503 Ein Beispiel zeigen die **TV-Duell der Kanzlerkandidaten-Entscheidungen**,[79] die an späterer Stelle noch näher behandelt werden (siehe Rdnr. 570f.). Der Rundfunkveranstalter hat das Recht, politische Fakten und Vorgänge im Rahmen redaktionell gestalteter Sen-

---

75 BVerfG vom 6.10. 1992 (Hessen 3), BVerfGE 87, 181, 204 mwN.

76 BVerfG vom 6.10. 1992 (Hessen 3), BVerfGE 87, 181, 201; BVerfG vom 22.2. 1994 (Rundfunkgebühr), BVerfGE 90, 60, 87; BVerfG vom 17.2. 1998 (Kurzberichterstattung), BVerfGE 97, 228, 268; BVerfG vom 28.10. 1998 (Guldenburg), AfP 1998, 618, 620 mwN.

77 BVerfG vom 6.10. 1992 (Hessen 3), BVerfGE 87, 181, 203.

78 BVerfG vom 6.10. 1992 (Hessen 3), BVerfGE 87, 181, 204.

79 OVG NRW vom 15.8. 2002 (TV-Duell der Kanzlerkandidaten), ZUM 2002, 754ff.; BVerfG vom 30.8. 2002 (TV-Duell der Kanzlerkandidaten), NJW 2002, 2939f.

dungen eigenverantwortlich zu bewerten. Er kann sich deshalb beispielsweise für eine Sendung entscheiden, die sich auf eine Streitveranstaltung („Duell") allein zwischen den Kanzlerkandidaten der zwei großen Volksparteien beschränkt und den Spitzenkandidaten einer dritten Partei nicht berücksichtigt, weil dieser nach Einschätzung des Senders keine Aussicht auf die Wahl zum Bundeskanzler hat.[80]

Ein weiteres Beispiel liefert die **Volksentscheid Montabaur-Entscheidung.** Sie betraf 504
– ähnlich wie die bereits behandelte Volksentscheid Baden-Württemberg-Entscheidung (siehe Rdnr. 484) – die Gültigkeit eines Volksentscheids darüber, ob das Gebiet des früheren Regierungsbezirks Montabaur beim Land Rheinland-Pfalz verbleiben oder dem Land Hessen angegliedert werden sollte. Die öffentlich-rechtlichen Sender können in solchen Konstellationen zur Gleichbehandlung der betroffenen Interessengruppen verpflichtet sein. Im Streitfall hatte der Südwestfunk freilich eine publizistische Notwendigkeit verneint, über die eigene Berichterstattung hinaus die beteiligten regionalen Interessengruppen selbst zu Wort kommen zu lassen. Der Sender hatte daher keiner Gruppierung Sendezeit eingeräumt und seiner Verpflichtung zur Wahrung von Chancengleichheit in dieser Weise Rechnung getragen. Das war verfassungsrechtlich nicht zu beanstanden.[81]

III. Binnenplurale Organisation

Zur Gewährleistung eines ausgewogenen und vielfältigen Programms müssen 505
die öffentlich-rechtlichen Rundfunkanstalten von Verfassungs wegen bestimmten organisatorischen Anforderungen genügen. Diese Anforderungen sollen sicherstellen, dass der Rundfunk nicht dem Staat oder einzelnen gesellschaftlichen Gruppen ausgeliefert wird und dass im Gesamtprogrammangebot alle gesellschaftlich relevanten Gruppen zu Wort kommen können.[82] Die Anstalten müssen daher pluralistisch zusammengesetzte Gremien haben. Die Aufgabe dieser Gremien besteht nicht darin, die Interessen ihrer Mitglieder oder die Interessen der Organisationen, denen die einzelnen Mitglieder angehören, im Programm zu vertreten. Die Anknüpfung an die verbandlich organisierten Interessen ist vielmehr nur ein Mittel, um **Sachwalter der Allgemeinheit** zu gewinnen, die unabhängig von den Staatsorganen sind und Erfahrungen aus den unterschiedlichen gesellschaftlichen Bereichen einbringen.[83]

Die betreffenden Rundfunkgremien müssen **pluralistisch aus Vertretern der** 506
gesellschaftlich relevanten Gruppen zusammengesetzt sein. Für ihre Besetzung bedarf es einer sachgerechten, der in der Gesellschaft bestehenden Vielfalt prinzipiell Rechnung tragenden Bestimmung und Gewichtung der maßgeblichen gesellschaftlichen Kräfte. Die Zusammensetzung muss sowohl eine zu große Nähe zum Staat als auch die Dominanz einzelner gesellschaftlicher, politischer oder sonstiger Gruppen vermeiden.[84] Die Berücksichtigung von nur zwei

80 *Bethge* ZUM 2003, 253, 254.
81 BVerfG vom 24. 3. 1976 (Volksentscheid Montabaur), BVerfGE 42, 53, 62f.; dazu *Gerhardt* AfP 1976, 89.
82 BVerfG vom 5. 2. 1991 (WDR), BVerfGE 83, 238, 332f.
83 BVerfG vom 5. 2. 1991 (WDR), BVerfGE 83, 238, 333.
84 *Starck* in v.Mangoldt/Klein/Starck, Art. 5 GG Rdnr. 130.

relevanten gesellschaftlichen Gruppen neben Vertretern der Landesregierung und der Landtagsfraktionen reicht beispielsweise nicht aus.[85] Bei der Zusammensetzung entsprechender Gremien ist eine Beteiligung staatlicher Vertreter nicht von vornherein unzulässig, doch steht das Gebot der Staatsferne jedenfalls einem beherrschenden staatlichen Einfluss durchweg entgegen.[86]

507 Weiterhin muss sichergestellt werden, dass das Rundfunkgremium, in dem die Repräsentanten der relevanten gesellschaftlichen Gruppen vertreten sind, einen **effektiven Einfluss auf das Programm** hat.[87] Als derartige Kompetenzen kommen direkte Einflüsse auf das Programm durch Programmrichtlinien, Programmberatung und Programmüberwachung sowie indirekte Einflüsse auf das Programm durch Personal- und Finanzentscheidungen in Betracht.[88] Fehlt dem Gremium die Kompetenz zu verbindlichen Beschlüssen und ist es auf Beratung, Erörterung und Empfehlung beschränkt, so genügt dies den verfassungsrechtlichen Anforderungen nicht.[89]

508 Es ist grundsätzlich Sache des Gesetzgebers zu entscheiden, wie ein entsprechendes Rundfunkgremium gebildet bzw. zusammengesetzt wird und welche Zuständigkeiten es im Detail hat. Da der Gesetzgeber dabei einen weiten Gestaltungsspielraum hat,[90] sind die gesetzlichen Regelungen für die einzelnen öffentlich-rechtlichen Anstalten etwas unterschiedlich. Sie bestimmen sich nach der für den jeweiligen Sender geltenden gesetzlichen Grundlage, zum Beispiel für das ZDF nach dem ZDF-StV, für die ARD nach dem ARD-StV und für den NDR nach dem NDR-StV. Grundsätzlich sind die öffentlich-rechtlichen Sender so organisiert, dass sie drei Organe haben.[91] Das pluralistisch aus vielen Personen zusammengesetzte, höchste Organ ist der **Rundfunkrat**.[92] Ihm obliegt insbesondere die Beratung des Intendanten, der Erlass von Programmrichtlinien und die Überwachung der gesetzlichen Programmregeln. Das zweite Organ ist der **Intendant**,[93] der vom Rundfunkrat gewählt wird. Er ist für die konkrete Programmgestaltung verantwortlich, leitet die Anstalt nach innen und

---

85 BVerfG vom 16.6. 1981 (FRAG), BVerfGE 57, 295, 330.

86 BVerfG vom 28.2. 1961 (Deutschland-Fernsehen), BVerfGE 12, 205, 263; BVerfG vom 5.2. 1991 (WDR), BVerfGE 83, 238, 330.

87 BVerfG vom 16.6. 1981 (FRAG), BVerfGE 57, 295, 325.

88 *Starck* in v.Mangoldt/Klein/Starck, Art. 5 GG Rdnr. 129; BK/*Degenhart*, Art. 5 Abs. 1 und 2 GG Rdnr. 776.

89 BVerfG vom 16.6. 1981 (FRAG), BVerfGE 57, 295, 331.

90 BVerfG vom 5.2. 1991 (WDR), BVerfGE 83, 238, 334f. zieht die Grenze bei der „Schwelle grober Verzerrung" bzw. einem „grob einseitig zusammengesetzten" Gremium.

91 Z.B. Art. 5 Rundfunkgesetz Bayern, abgedruckt in *Fechner/Mayer* (Hrsg.), Vorschriftensammlung Medienrecht, Nr. 20 Anhang II.

92 Zum Rundfunkrat *Gersdorf*, Grundzüge des Rundfunkrechts, Rn. 331ff. mwN.; *Hesse*, Rundfunkrecht, 4. Kapitel Rz. 77ff. mwN.; siehe auch §§ 20ff. ZDF-StV.

93 Zum Intendanten *Gersdorf*, Grundzüge des Rundfunkrechts, Rn. 344ff. mwN.; *Hesse*, Rundfunkrecht, 4. Kapitel Rz. 67ff. mwN.; siehe auch §§ 26ff. ZDF-StV.

vertritt sie nach außen. Das dritte Organ ist der **Verwaltungsrat**,[94] dessen Mitglieder ebenfalls vom Rundfunkrat gewählt werden. Er ist als Gremium deutlich kleiner als der Rundfunkrat. Ihm obliegt die Überwachung der Geschäftsführung des Intendanten in wirtschaftlicher und technischer Hinsicht. Mit der Programmgestaltung ist er nicht betraut.

Der Rundfunkrat des Bayerischen Rundfunks setzt sich beispielsweise aus über 45 Personen zusammen. Er wird gebildet aus Vertretern u.a. des Landtags, der Staatsregierung, der Kirchen, der Gewerkschaften, der Handwerkskammern, des Bundes der Vertriebenen, des Jugendrings, des Landessportverbands, der Schriftsteller-, Komponisten- und Musik-Organisationen, des Bayerischen Staatstheaters, der Hochschulen, der Lehrerverbände und Elternvereinigungen, des Heimattags, der Familienverbände, der Wirtschaftsvereinigung, des Bundes Naturschutz und des Verbands der freien Berufe.[95] 509

D. Privater Rundfunk: Außen- und binnenplurales Konglomerat

I. Ausgangsfragen

Der private Rundfunk nimmt eine Mittelstellung zwischen den rein außenplural agierenden Medien und den binnenpluralen öffentlich-rechtlichen Sendern ein. Welche Meinungsvielfalt sich im Bereich des privaten Rundfunks einstellt, hängt maßgeblich davon ab, wie sich die Rundfunkunternehmen finanzieren (siehe Rdnr. 589ff.). Soweit sich Rundfunkanbieter aus Werbeeinnahmen finanzieren, ist ein thematisch breit angelegtes bzw. ein Angebot, das auch Sonder- und Minderheiteninteressen bedient, unwahrscheinlich. Solchermaßen finanzierte Medienunternehmen stehen vor der wirtschaftlichen Notwendigkeit, möglichst massenattraktive, unter dem Gesichtspunkt der Maximierung der Zuschauer- und Hörerzahlen erfolgreiche Programme zu niedrigen Kosten zu verbreiten. Daher werden Sendungen, die nur eine kleine Zahl von Teilnehmern interessieren oder die, wie anspruchsvolle kulturelle Sendungen, einen hohen Kostenaufwand erfordern, nur einen geringen Raum einnehmen oder gar gänzlich fehlen.[96] 510

Das BVerfG überlässt den privaten Rundfunk nicht wie Presse und Telemedien dem „freien Spiel der Kräfte“, sondern unterwirft ihn von Verfassungs wegen ebenfalls speziellen Sicherungen (siehe Rdnr. 245ff.). Der Privatfunk ist aber anders als die öffentlich-rechtlichen Anstalten nur zu einem **„Grundstandard gleichgewichtiger Vielfalt“**,[97] also zu einem Weniger an Vielfalt und Ausgewo- 511

94 Zum Verwaltungsrat *Gersdorf*, Grundzüge des Rundfunkrechts, Rn. 341ff. mwN.; *Hesse*, Rundfunkrecht, 4. Kapitel Rz. 97ff. mwN.; siehe auch §§23f. ZDF-StV.

95 Art. 6 Abs. 3 Rundfunkgesetz Bayern, abgedruckt in *Fechner/Mayer* (Hrsg.), Vorschriftensammlung Medienrecht, Nr. 20 Anhang II. Allgemein zur Zusammensetzung *Gersdorf*, Grundzüge des Rundfunkrechts, Rn. 331 mwN.

96 BVerfG vom 4.11.1986 (Niedersachsen), BVerfGE 73, 118, 156.

97 BVerfG vom 4.11.1986 (Niedersachsen), BVerfGE 73, 118, 160; BVerfG vom 5.2.1991 (WDR), BVerfGE 83, 238, 316.

genheit verpflichtet. Dieser Grundstandard verpflichtet weder zur arithmetischen Gleichheit von Meinungsrichtungen, noch verlangt er ein Einschreiten bereits bei einzelnen Ungleichgewichtigkeiten von geringer Bedeutung. Er umfasst aber die wesentlichen Voraussetzungen von Meinungsvielfalt, die gegen konkrete und ernsthafte Gefährdungen zu schützen sind:[98] Es muss allen Meinungsrichtungen und auch Minderheiten möglich sein, im privaten Rundfunk zum Ausdruck zu kommen. Außerdem müssen ein einseitiger, in hohem Maße ungleichgewichtiger Einfluss einzelner Veranstalter oder Programme auf die Bildung der öffentlichen Meinung ausgeschlossen und das Entstehen vorherrschender Meinungsmacht verhindert werden.

512 Der Gesetzgeber hat diese verfassungsrechtlichen Vorgaben auftragsgemäß weiter ausgeformt. Er hat Vorschriften über Meinungsvielfalt, Programmfreiheit und die Zulassung privater Rundfunkunternehmen erlassen und sich dabei für ein **Mischsystem aus außen- und binnenpluralen Elementen** entschieden. Die bestehende Regelung ist ziemlich kompliziert und unübersichtlich.

II. Programmkategorien

513 Das Rundfunkrecht stellt an den publizistischen Zuschnitt und an die Zulassung von privaten Rundfunksendern differenzierende Anforderungen. Es trennt dazu zwischen mehreren Programmkategorien. Die einzelnen Arten von Programmen haben nämlich eine **unterschiedliche Bedeutung für die öffentliche Information und Meinungsbildung** und werden daher unterschiedlich strengen Maßstäben unterworfen.

514 Ein **Vollprogramm** ist ein Rundfunkprogramm mit vielfältigen Inhalten, in dem Information, Bildung, Beratung und Unterhaltung einen wesentlichen Teil des Gesamtprogramms bilden (§ 2 Abs. 1 Nr. 1 RStV). Der Gesetzgeber vermutet, dass Vollprogramme für die öffentliche Information und Meinungsbildung besonders bedeutsam sind.[99] Sie werden daher verstärkt programmlichen Vielfaltsbindungen unterworfen. Außerdem genießen sie gegenüber Programmen anderer Kategorien gewisse Zulassungsprivilegien, sofern sie im Einzelfall stärker zur Meinungsvielfalt beitragen als zum Beispiel ein Spartenprogramm (siehe Rdnr. 527).

515 Ein **Spartenprogramm** bietet im Wesentlichen gleichartige Inhalte (§ 2 Abs. 2 Nr. 2 RStV). Darunter fallen beispielsweise Sender, die hauptsächlich oder sogar ausschließlich Sport, Kinderprogramme oder Spielfilme zeigen. Wenn der Gesetzgeber derartige Programme als solche zulässt, kann er sie nicht in gleicher Weise auf thematische Vielfalt verpflichten, wie dies bei Vollprogrammen der Fall ist. Schließlich kennt das Rundfunkrecht **Fensterprogramme**, die nur begrenzt und im Rahmen von Hauptprogrammen gezeigt werden. Das Satelliten-

98 BVerfG vom 4. 11. 1986 (Niedersachsen), BVerfGE 73, 118, 160.
99 Hahn/Vesting/*Schulz*, § 2 RStV Rn. 64.

fensterprogramm ist ein zeitlich begrenztes Rundfunkprogramm mit bundesweiter Verbreitung im Rahmen eines weiter reichenden Hauptprogramms (§ 2 Abs. 2 Nr. 3 RStV). Das Regionalfensterprogramm ist zeitlich und räumlich begrenzt und betrifft im Wesentlichen regionale Inhalte (§ 2 Abs. 2 Nr. 4 RStV).

III. Vielfaltsanforderungen

Nach § 25 Abs. 1 RStV muss der private Rundfunk die Vielfalt der Meinungen „im Wesentlichen" zum Ausdruck bringen, die bedeutsamen politischen, weltanschaulichen und gesellschaftlichen Kräfte und Gruppen in den Vollprogrammen angemessen zu Wort kommen lassen und die Auffassungen von Minderheiten berücksichtigen. Diese Verpflichtung bezieht sich jedoch nicht auf das einzelne Rundfunkunternehmen oder Rundfunkprogramm, sondern auf die **Institution des Privatfunks insgesamt** bzw. die Summe aller privaten Programme.[100] Der Gesetzgeber verfolgt insoweit also einen außenpluralistischen Ansatz, bei dem sich die Meinungsvielfalt aus der Existenz mehrerer unterschiedlich ausgerichteter privater Sender ergeben soll. Diese Pflicht zur Vielfalt ist freilich „subjektlos": Es gibt niemanden, dem gegenüber auf die Erfüllung des Vielfaltgebots gedrungen werden könnte, wenn es an der erforderlichen Pluralität mangelt.[101] Die Verpflichtung zur Vielfalt kann aber eine maßgebliche Rolle bei der **Zulassung privater Rundfunkunternehmer** spielen (siehe Rdnr. 527). Erreicht ein bundesweit tätiger Fernsehveranstalter eine vorherrschende Meinungsmacht, so greifen weitere spezielle Regeln (siehe Rdnr. 528 ff.). 516

IV. Organisationsfreiheit

Das gesetzliche Rundfunkrecht gesteht dem privaten Rundfunk unternehmerische Organisationsfreiheit zu. In den Augen des BVerfG wäre allerdings eine binnenpluralistische Organisation von Rundfunksendern in besonderem Maße geeignet, eine gleichgewichtige Meinungsvielfalt zu gewährleisten.[102] Gleichwohl schreibt das Gericht dem privaten Rundfunk Binnenpluralismus nicht zwingend vor. Die Verpflichtung zu einer solchen Unternehmensorganisation würde nämlich darauf hinauslaufen, das Grundelement unternehmerisch privatautonomer Gestaltung und Entscheidung auszuschalten, und würde den privaten Rundfunk um seine „eigentliche Substanz" bringen.[103] Der Gesetzgeber hat aus solchen Gründen **davon abgesehen, den privaten Rundfunkunternehmen eine bestimmte Organisationsform vorzuschreiben**. Für private Rundfunkveranstalter gibt es daher anders als für den öffentlich-rechtlichen Rund- 517

100 Hahn/Vesting/*Rossen-Stadtfeld*, § 25 RStV Rn. 51.
101 Hahn/Vesting/*Rossen-Stadtfeld*, § 25 RStV Rn. 51.
102 BVerfG vom 4. 11. 1986 (Niedersachsen), BVerfGE 73, 118, 171.
103 BVerfG vom 4. 11. 1986 (Niedersachsen), BVerfGE 73, 118, 171.

funk keine Pflicht zu einer binnenpluralen Organisation ihres Senders. Wer als privater Unternehmer unternehmerisches Risiko trägt, muss auch in der Lage sein, das Unternehmen in der von ihm gewünschten Weise organisieren zu können. Erreicht ein bundesweit tätiger Fernsehveranstalter freilich eine vorherrschende Meinungsmacht, so muss er u.U. einen pluralistisch zusammengesetzten Programmbeirat bilden (siehe Rdnr. 534).

V. Programmfreiheit und Programmbeschränkungen

1. Grundprinzip

518 In Bezug auf die Programmgestaltung steht den privaten Sendern Tendenzfreiheit zu, die aber nur in gewissen Grenzen besteht und hinter der von Presse und Telemedien zurückbleibt. Das Rundfunkrecht normiert auch für die privaten Sender **Programmgrundsätze** (§§ 3, 41 RStV).[104] Danach haben die Programme insbesondere die sittlichen, religiösen und weltanschaulichen Überzeugungen Anderer zu achten und sollen die Zusammengehörigkeit im vereinten Deutschland sowie die internationale Verständigung fördern und auf ein diskriminierungsfreies Miteinander hinwirken. Weiterhin sollen die Rundfunkvollprogramme zur Darstellung der Vielfalt im deutschsprachigen und europäischen Raum mit einem angemessenen Anteil an Information, Kultur und Bildung beitragen.[105]

2. Verbot ungleichgewichtiger Beeinflussung

519 Die Programm- und Tendenzfreiheit ist außerdem insoweit eingeschränkt, als einzelne Programme die Bildung der **öffentlichen Meinung nicht in hohem Maße ungleichgewichtig beeinflussen dürfen** (§ 25 Abs. 2 RStV). Eine derartige ungleichgewichtige Beeinflussung kommt namentlich in Betracht, wenn ein Rundfunkunternehmen bestimmten politischen Meinungen programmlich so viel Raum öffnet, dass andere Auffassungen daneben kaum noch oder nur noch verkürzt zum Ausdruck gelangen können.[106] Dasselbe gilt, wenn sich der Sender im Extremfall nur noch auf einzelne Bereiche beschränkt und zum Beispiel allein Unterhaltungsbedürfnisse bedient bzw. zu wecken versucht.[107] Daneben hat der Gesetzgeber auch spezielle Werbevorschriften auf den privaten Rundfunk

---

104 Die im RStV formulierten Programmgrundsätze gelten nach § 41 Abs. 3 RStV nur für den bundesweit verbreiteten privaten Rundfunk, werden aber durch landesspezifische Regelungen in den einschlägigen Rundfunk- und Mediengesetzen ergänzt. Siehe Hahn/Vesting/*Hahn*, § 41 RStV Rn. 5 mwN.

105 §§ 41 Abs. 2, 2 Abs. 2 Nr. 1 RStV.

106 Hahn/Vesting/*Rossen-Stadtfeld*, § 25 RStV Rn. 60.

107 Hahn/Vesting/*Rossen-Stadtfeld*, § 25 RStV Rn. 60.

übertragen, die – zum Beispiel in Gestalt des Verbots der politischen Werbung – durchaus programmrelevanten Regelungsbezug haben.[108]

3. Fensterprogramme

Private Rundfunkunternehmen sind im Interesse medialer Vielfalt unter bestimmten Voraussetzungen verpflichtet, Fensterprogramme zu verbreiten bzw. Dritten Sendezeit einzuräumen. Solche Pflichten können sich aus mehreren Vorschriften ergeben, die auch die näheren Einzelheiten regeln. Insbesondere ist der private Rundfunk nach §42 RStV verpflichtet, Sendezeiten für bestimmte Dritte einzuräumen, nämlich für Kirchen (siehe Rdnr. 584) und für die Wahlwerbung politischer Parteien (siehe Rdnr. 573ff., 576). 520

Eine weitere Verpflichtung zur Aufnahme von Fensterprogrammen kann sich für Fernsehunternehmen ergeben, die aufgrund ihres Zuschaueranteils bzw. ihres Verbreitungsgrades eine irgendwie herausgehobene Bedeutung erlangt haben und dadurch **bereits zu einer gewissen „Gefährdung" für die Meinungs- und Medienvielfalt geworden** sind. Solche Sender müssen daher unter Umständen Sendungen ermöglichen, die nicht von ihnen, sondern von redaktionell unabhängigen Dritten stammen. Nach §25 Abs. 4 RStV sind in den beiden bundesweit verbreiteten reichweitenstärksten Fernsehvollprogrammen nach Maßgabe des jeweiligen Landesrechts Fensterprogramme zur aktuellen und authentischen Darstellung der Ereignisse des politischen, wirtschaftlichen, sozialen und kulturellen Lebens in dem jeweiligen Bundesland aufzunehmen.[109] Die Vorschrift soll die Herstellung regionaler Bezüge sichern und trägt dem Umstand Rechnung, dass kommerzielle Vollprogramme regionale Themen typischerweise nur in besonders geringem Umfang berücksichtigen.[110] Der Veranstalter des Hauptprogramms muss die redaktionelle Unabhängigkeit des Fensterprogrammveranstalters gewährleisten und die Finanzierung des Fensterprogramms sicherstellen.[111] Die Organisation der Fensterprogramme in zeitlicher und technischer Hinsicht bestimmen die Landesmedienanstalten unter Berücksichtigung der Interessen des betroffenen Veranstalters.[112] 521

Ein Fernsehveranstalter, der eine vorherrschende Meinungsmacht erlangt hat, kann weiterhin verpflichtet sein, unabhängigen Dritten Sendezeit einzuräumen (siehe Rdnr. 532f.). 522

108 §7 Abs. 7, Abs. 8 RStV. Siehe Rdnr. 677.
109 §25 Abs. 4 Satz 1 RStV.
110 Hahn/Vesting/*Rossen-Stadtfeld*, §25 RStV Rn. 66.
111 §25 Abs. 4 Satz 2, Satz 5 RStV.
112 §25 Abs. 4 Satz 6 RStV.

VI. Zulassung

523 Das Betreiben eines privaten Senders ist an eine staatliche Zulassung gebunden (§20 Abs.1 Satz 1 RStV). Anforderungen, Verfahren und weitere Einzelheiten der Zulassung bestimmen sich nach den §§20ff. RStV und den einschlägigen Landesmediengesetzen.

524 Das Zulassungsverfahren dient zur Überprüfung und Feststellung der publizistischen, organisatorischen und wirtschaftlichen Leistungsfähigkeit des Antragstellers sowie der Beteiligungsstruktur seines Unternehmens.[113] Die Zulassung ist für bestimmte Programmkategorien zu beantragen und ggf. zu erteilen. Dabei ist zwischen Vollprogrammen, Spartenprogrammen, Satellitenfensterprogrammen und Regionalfensterprogrammen zu trennen.[114] Die Zulassung setzt in **persönlicher Hinsicht** u.a. voraus, dass der Antragsteller unbeschränkt geschäftsfähig ist und weder die Fähigkeit, öffentliche Ämter zu bekleiden, noch das Grundrecht der freien Meinungsäußerung durch Richterspruch bzw. nach Art.18 GG verloren hat. Außerdem muss er die Gewähr dafür bieten, dass er das Programm entsprechend der Zulassung und unter Beachtung der gesetzlichen Vorschriften veranstalten und verbreiten wird.[115] In **sachlicher Hinsicht** muss unter Vorlage eines detaillierten Programmschemas und eines Finanzplans u.a. glaubhaft gemacht werden, dass finanziell und organisatorisch die Voraussetzungen für eine regelmäßige Veranstaltung und Verbreitung der beantragten Programmart und Programmkategorie erfüllt sind und dass ein bestimmter Anteil redaktionell selbst gestalteter Sendungen erwartet werden kann.[116]

525 Der Rundfunkveranstalter hat einen **Anspruch auf Zulassung**, wenn er die rundfunkrechtlichen Zulassungsvoraussetzungen erfüllt.[117] Es handelt sich um eine gebundene Entscheidung. Der Grundsatz der Staatsferne schließt es grundsätzlich aus, der staatlichen Behörde ein ungebundenes oder gebundenes Ermessen einzuräumen oder ihr – etwa durch die Verwendung unbestimmter Rechtsbegriffe – Beurteilungsspielräume zu eröffnen, die eine inhaltliche Bewertung des Programms notwendig machen oder deren Ausfüllung zumindest mittelbare Auswirkungen auf den Programminhalt nach sich zieht.[118]

526 Die Entscheidung über die Zulassung wird kompliziert, wenn die zur Verfügung stehenden Sendefrequenzen oder Kabelkapazitäten **nicht für alle Veranstalter ausreichen**. Dann sind zunächst solche Bewerber auszuscheiden, die die

---

113 Hahn/Vesting/*Bumke*, §20 RStV Rn.36.

114 §§20 Abs.1 Satz 2, 25 Abs.4 Satz 3 RStV.

115 Z.B. §13 Abs.2 LMedienG BW, abgedruckt in *Fechner/Mayer* (Hrsg.), Vorschriftensammlung Medienrecht, Nr.20 Anhang I; allgemein Hahn/Vesting/*Bumke*, §20 RStV Rn.37f.

116 Z.B. §14 LMedienG BW, abgedruckt in *Fechner/Mayer* (Hrsg.), Vorschriftensammlung Medienrecht, Nr.20 Anhang I; allgemein Hahn/Vesting/*Bumke*, §20 RStV Rn.39.

117 Hahn/Vesting/*Bumke*, §20 RStV Rn.48.

118 BVerfG vom 4.11. 1986 (Niedersachsen), BVerfGE 73, 118, 183; BVerfG vom 22.2. 1994 (Rundfunkgebühr), BVerfGE 90, 60, 89.

Zulassungsvoraussetzungen nicht in gleicher Weise wie die übrigen Bewerber erfüllen, also namentlich weniger Gewähr für die erforderliche ökonomisch-finanzielle und organisatorisch-technische Leistungsfähigkeit versprechen. Die wirtschaftliche Solidität der Rundfunkunternehmen ist ein wichtiges Kriterium für die Sicherung von Meinungsvielfalt. Fällt ein Rundfunkveranstalter unvorhergesehen aus wirtschaftlichen Gründen aus, so kann das Entfallen seiner publizistischen „Stimme" die ursprüngliche Gewichtung im Gesamt-Tableau der Programme verzerren.[119]

Sind mehrere Bewerber in gleicher Weise geeignet, ohne dass alle von ihnen 527
zugelassen werden können, so wandelt sich der Zulassungsanspruch in einen **Anspruch auf chancengleiche Teilhabe bei der Auswahlentscheidung.**[120] Für die Entscheidung selbst stehen zwei Wege offen. Die eine Möglichkeit ist das so genannte **Frequenzsplitting**, das aber lediglich im Bereich des (lokalen) Hörfunks praktiziert wird.[121] Die andere Möglichkeit ist, eine **Auswahl** zwischen den Bewerbern zu treffen. Der Gesetzgeber ist dabei verfassungsrechtlich verpflichtet, die Auswahlentscheidung durch strikte Vorgaben zu strukturieren.[122] Er muss Auswahlregeln und -grundsätze normieren und in diesem Zusammenhang objektiv sachgerechte und individuell zumutbare Kriterien bestimmen, um Meinungsvielfalt sicherzustellen.[123] Der entscheidende Maßstab für die Auswahl zwischen den Bewerbern ist die Meinungsvielfalt. Es sind die Veranstalter bzw. Programme zu berücksichtigen, die die höchsten Beiträge zum Bestehen von Meinungsvielfalt im privaten Rundfunk insgesamt leisten können.[124] Bei der Prognose, welches Programm in größerem Umfang zur Vielfalt beitragen wird, kommt der Programmkategorie Bedeutung zu.[125] Oftmals wird ein Vollprogramm stärker als ein Spartenprogramm die Vielfalt fördern. Eine zwingende Regel, nach der ein Vollprogramm stets Vorrang gegenüber einem Spartenprogramm hat, gibt es jedoch nicht.[126] Die Landesmediengesetze stellen zum Teil ergänzende Auswahlkriterien auf, etwa den inhaltlichen Bezug des Programms zum Verbreitungsgebiet bzw. die Berücksichtigung landesweiter, regionaler oder lokaler Belange durch Einbau so genannter Fenster.

---

119 Hahn/Vesting/*Bumke* §20 RStV Rn. 38.

120 Hahn/Vesting/*Bumke* §20 RStV Rn. 49 mwN.; *Ladeur* AfP 1998, 141, 147. Von Verfassungs wegen hat der Bewerber nach BVerfG vom 20.2. 1998 (Extra Radio Hof), BVerfGE 97, 298, 314 jedenfalls einen „Anspruch darauf, dass bei der Auslegung und Anwendung [der betreffenden Normen] seine Position als Träger des Grundrechts der Rundfunkfreiheit hinreichend beachtet wird".

121 Hahn/Vesting/*Bumke*, §20 RStV Rn. 45 mwN.

122 BVerfG vom 16.6. 1981 (FRAG), BVerfGE 57, 295, 327; BVerfG vom 4.11. 1986 (Niedersachsen), BVerfGE 73, 118, 183ff.; BVerfG vom 5.2. 1991 (WDR), BVerfGE 83, 238, 315ff., 322ff.

123 BVerfG vom 16.6. 1981 (FRAG), BVerfGE 57, 295, 327.

124 Hahn/Vesting/*Bumke* §20 RStV Rn. 45 mwN.

125 Hahn/Vesting/*Bumke* §20 RStV Rn. 45.

126 Hahn/Vesting/*Bumke* §20 RStV Rn. 45; siehe auch OVG Lüneburg vom 16.9. 1986, DVBl 1986, 1112, 1113f.

VII. Bundesweites Fernsehen und vorherrschende Meinungsmacht

528 Hat ein Medienunternehmen eine vorherrschende Meinungsmacht erlangt, so ist die **Meinungsvielfalt verstärkt gefährdet oder bereits beeinträchtigt**. Das Verfassungsrecht verlangt, das Entstehen solcher Stellungen im Rundfunk zu verhindern.[127] Die §§26ff. RStV unterwerfen daher Rundfunkveranstalter, die im bundesweiten Fernsehen eine vorherrschende Marktmacht haben, zusätzlichen Anforderungen. Die Vorschriften lassen abweichende landesgesetzliche Regeln nicht zu[128] und gehen inhaltlich über die – für die Presse und die Telemedien geltenden – allgemeinen wirtschaftsrechtlichen Regeln zur Absicherung des ökonomischen Wettbewerbs und insbesondere über die kartellrechtlichen Fusionskontrollnormen weit hinaus.

529 Grundsätzlich darf ein Unternehmen bundesweit im Fernsehen eine unbegrenzte Anzahl von Programmen veranstalten. Etwas anderes gilt jedoch, wenn es dabei eine **vorherrschende Meinungsmacht** erlangt (§26 Abs. 1 RStV). Eine solche Position wird nach dem Zuschaueranteilsmodell vermutet,[129] wenn die dem Unternehmen zurechenbaren Programme im Durchschnitt eines Jahres einen Zuschaueranteil von 30% oder mehr haben.[130] Gleiches gilt, wenn das Rundfunkunternehmen einen Zuschaueranteil von 25% hat und in bestimmter Weise auf einem verwandten medienrelevanten Markt, also zum Beispiel auch im Bereich der Printmedien tätig ist.[131] Das Rundfunkrecht regelt dazu im Einzelnen, wie die Zuschaueranteile zu bestimmen und welche Programme einem Fernsehunternehmen zuzurechnen sind.[132] Dabei kommt es nicht darauf an, ob die Meinungsmacht durch den Zusammenschluss mit anderen Unternehmen oder in anderer Weise entstanden ist. Das Medienrecht setzt also insbesondere auch dem so genannten internen Unternehmenswachstum Grenzen und weicht insoweit grundsätzlich von den Linien der kartellrechtlichen Fusionskontrolle ab (siehe Rdnr. 851).

1. Verweigerung/Widerruf von Zulassungen, Entflechtungsmaßnahmen

530 Hat ein Unternehmen eine vorherrschende Meinungsmacht erlangt, so treten unterschiedliche Folgen ein. Die Meinungsmacht des betreffenden Unternehmens wird zum einen zurückgedrängt, indem **weiteres Wachstum verhindert bzw. ein unternehmerischer Rückzug aus bestimmten Tätigkeitsfeldern** auf-

---

127 BVerfG vom 4. 11. 1986 (Niedersachsen), BVerfGE 73, 118, 160, 172.
128 §39 Satz 2 RStV.
129 Der Regelungsgehalt von §26 Abs. 1, Abs. 2 RStV und ihr Verhältnis zueinander ist im Einzelnen umstritten. Dazu statt vieler Hahn/Vesting/*Trute*, §26 RStV Rn. 23ff.; *Engel* ZUM 2005, 776ff.; *Holznagel/Krone* MMR 2005, 666ff.; *Peifer*, Vielfaltssicherung im bundesweiten Fernsehen, BLM-Schriftenreihe Bd. 82, 2005, S. 45ff. jeweils mwN.
130 §26 Abs. 2 Satz 1 RStV.
131 §26 Abs. 2 Satz 2 RStV.
132 §§27, 28 RStV.

gegeben wird. Insbesondere darf dem Unternehmen keine Zulassung für weitere Programme erteilt werden.[133] Außerdem macht die KEK (Kommission zur Ermittlung der Konzentration im Medienbereich, §35 Abs.2 Nr.1 RStV) dem Unternehmen Vorschläge zur einvernehmlichen Verbesserung der Meinungsvielfalt. Kommt es daraufhin zu keiner entsprechenden Einigung, so hat die zuständige Landesmedienanstalt Zulassungen von so vielen dem Unternehmen zurechenbaren Programmen zu widerrufen, bis keine vorherrschende Meinungsmacht mehr gegeben ist.[134]

Im Einzelnen kann die KEK nach eigener Entscheidung[135] dem Unternehmen 531
verschiedene Vorschläge machen. Sie kann so genannte vielfaltssichernde Maßnahmen vorschlagen, nämlich die Einräumung von Sendezeiten für unabhängige Dritte und die Einrichtung eines Programmbeirats, auf die gleich noch eingegangen wird. Die KEK kann dem Unternehmen aber auch bestimmte **Maßnahmen zur Unternehmensentflechtung** vorschlagen. Dafür kommt in Betracht, dass der Sender Beteiligungen an anderen Rundfunkunternehmen in einem solchen Umfang aufgibt, dass sein zurechenbarer Zuschaueranteil unter die Schwelle der vorherrschenden Meinungsmacht fällt.[136] Gleiches ist auch denkbar, wenn sich die Meinungsmacht aus der Beteiligung oder Betätigung in medienrelevanten verwandten Märkten ergibt.[137]

2. Sendezeit für unabhängige Dritte

Das Einräumen von Sendezeit für unabhängige Dritte („Fensterprogramme") 532
ist ein Mittel, um vorherrschende Meinungsmacht durch **erhöhte Vielfaltsanforderungen** zu reduzieren. Es kommt in Betracht, wenn ein Fernsehunternehmen nach den bereits dargestellten Regeln eine vorherrschende Meinungsmacht erlangt hat und einem entsprechendem Vorschlag der KEK nachkommt. Darüber hinaus sieht §26 Abs.5 RStV eine derartige Pflicht auch für bundesweit tätige Fernsehveranstalter vor, die zwar unterhalb des Zuschaueranteils von 30 bzw. 25% liegen, aber entweder mit einem Vollprogramm oder einem Spartenprogramm mit dem Schwerpunkt Information einen Zuschaueranteil von 10% erreichen[138] oder einen Zuschaueranteil von 20% haben und bestimmte weitere Voraussetzungen erfüllen.[139]

Einzelheiten dieser Fensterprogramme regelt §31 RStV. Danach muss das 533
Fensterprogramm unter Wahrung der Programmautonomie des Hauptveranstalters einen zusätzlichen Beitrag zur Vielfalt in dessen Programm leisten, ins-

133 §26 Abs.3 RStV.
134 §26 Abs.4 Satz 3 RStV.
135 Hahn/Vesting/*Trute*, §26 RStV Rn.63 mwN.
136 §26 Abs.4 Nr.1 RStV.
137 §26 Abs.4 Nr.2 RStV.
138 §26 Abs.5 Satz 1 RStV; *Schlette* ZUM 1999, 802ff.; *Hain* AfP 2000, 329ff.
139 §26 Abs.5 Satz 2 RStV.

besondere in den Bereichen Kultur, Bildung und Information.[140] Außerdem hat die Gestaltung des Fensterprogramms in redaktioneller Unabhängigkeit vom Hauptprogramm zu erfolgen.[141]

3. Programmbeirat

534 Eine weitere vielfaltssichernde Maßnahme ist die Einrichtung eines Programmbeirats.[142] Sie will Meinungsvielfalt durch das Auferlegen **binnenpluralistischer Unternehmensstrukturen** fördern. Einzelheiten des Programmbeirats regelt §32 RStV. Danach hat der Programmbeirat u.a. die Programmverantwortlichen bei der Gestaltung des Programms zu beraten und soll durch Vorschläge und Anregungen zur Sicherung der Meinungsvielfalt und Pluralität des Programms beitragen.[143] Die Mitglieder des Programmbeirats werden vom Veranstalter berufen. Sie müssen aufgrund ihrer Zugehörigkeit zu gesellschaftlichen Gruppen in ihrer Gesamtheit die Gewähr dafür bieten, dass die wesentlichen in der Gesellschaft vertretenen Meinungen berücksichtigt werden.[144] Der Rundfunkveranstalter muss durch Vertrag oder Satzung einen wirksamen Einfluss des Programmbeirats auf das Fernsehprogramm gewährleisten.[145]

VIII. Landesmedienanstalten

535 Für die Zulassung sowie für die Beaufsichtigung der privaten Rundfunkveranstalter (siehe Rdnr. 1777ff.) sind die **Landesmedienanstalten** zuständig. Sie sind der Rechtsform nach Anstalten des öffentlichen Rechts, werden aber gleichwohl nicht der mittelbaren Staatsverwaltung zugerechnet. Die Anstalten genießen vielmehr einen Sonderstatus, weil Zulassung, Auswahl und Aufsicht des privaten Rundfunks Einwirkungsmöglichkeiten auf die Programmgestaltung privater Anbieter eröffnen. Die angeführten Maßnahmen müssen deshalb staatlichen Beeinflussungsmöglichkeiten entzogen sein bzw. „staatsfern" ausgeübt werden.[146] Die Landesmedienanstalten verfügen daher über ein Selbstverwaltungsrecht und über Finanzautonomie. Sie sind zumeist so organisiert,[147] dass sie ein pluralistisch zusammengesetzes „Hauptorgan" haben, das programmliche, personelle und wirtschaftliche Grundsatzentscheidungen trifft. An der Spitze der Landesmedienanstalten steht jeweils ein monokratisches Exekutivorgan, das die

---

140 §31 Abs.1 Satz 1 RStV.
141 §31 Abs.1 Satz 2 RStV.
142 §§26 Abs.4, 30 Nr.2 RStV.
143 §32 Abs.1 Satz 1f. RStV.
144 §32 Abs.2 RStV.
145 §32 Abs.1 Satz 3 RStV.
146 BVerfG vom 20.2. 1998 (Extra Radio Hof), BVerfGE 97, 298, 313; *Gersdorf*, Grundzüge des Rundfunkrechts, Rn.373 mwN.
147 Überblick zur Binnenorganisation bei *Gersdorf*, Grundzüge des Rundfunkrechts, Rn.379ff. mwN.

laufenden Geschäfte der Anstalt führt und dessen Inhaber vom Hauptorgan gewählt wird.

Die Landesmedienanstalten haben vor und nach der Zulassung von Rundfunkveranstaltern auch über die Einhaltung der Regeln über vorherrschende Meinungsmacht zu wachen.[148] Zur Erfüllung dieser Aufgabe werden die **KEK** (siehe Rdnr. 530) und die **KDLM** (Konferenz der Direktoren der Landesmedienanstalten, §35 Abs. 2 Nr. 2 RStV) gebildet. Die KEK besteht aus Sachverständigen des Rundfunk- und des Wirtschaftsrechts, von denen drei die Befähigung zum Richteramt haben müssen.[149] Sie ist zuständig für die abschließende Beurteilung von Fragestellungen der Sicherung von Meinungsvielfalt im Zusammenhang mit der bundesweiten Veranstaltung von Fernsehprogrammen.[150] Will eine Landesmedienanstalt bei der Entscheidung über die Zulassung von Rundfunkveranstaltern von einem Beschluss der KEK abweichen, so hat es die KDLM anzurufen, deren Entscheidung unter bestimmten Voraussetzungen an die der KEK treten kann.[151] 536

E. Programmfreiheit und Innenrecht von Medien

I. Ausgangfragen

Programm- und Tendenzfreiheit werfen Folgefragen in Bezug auf das Innenrecht von Medienunternehmen auf, die zumeist unter dem Stichwort **„innere Medienfreiheit“** diskutiert werden. Im Ausgangspunkt geht es um die **publizistische Kompetenzfrage**, nämlich darum, inwieweit der Unternehmensinhaber bzw. die für die Programmgestaltung zuständigen Rundfunkgremien bei publizistischen Entscheidungen auf Vorstellungen, Rechte und Interessen ihrer Mitarbeiter Rücksicht nehmen müssen bzw. ob den Mitarbeitern in Bezug auf die publizistische Ausrichtung bestimmte Rechte zustehen. Die Problematik stellt sich dabei für private und öffentlich-rechtliche bzw. für binnen- und außenplurale Medien in grundsätzlich gleicher Weise.[152] 537

Das „Innenrecht“ von Medien ist zugleich im Hinblick auf die **Macht der Medien und deren Kontrolle** bedeutsam, die im Einzelnen an späterer Stelle behandelt werden (siehe §22). Medienmacht ist kein rein abstraktes Phänomen, das sich nur auf die Medien als solche bzw. auf „die Presse“ oder „den Rundfunk“ beschränkt. „Sie verwirklicht sich vielmehr in konkreten Positionen und 538

148 §35 Abs. 1 Satz 1 RStV.
149 §35 Abs. 3 Satz 1 RStV.
150 §36 Abs. 1 Satz 1 RStV.
151 §37 Abs. 2 RStV.
152 Das BVerfG ist in den wenigen einschlägigen Entscheidungen zum Tendenzschutz für die Presse und zur Programmfreiheit des Rundfunks zu übereinstimmenden Urteilen gelangt, siehe BVerfG vom 15.12. 1999, AfP 2000, 82ff.; BVerfG vom 15.12. 1999, AfP 2000, 84ff.

Personen innerhalb des Mediums, etwa im Ressort ‚Innenpolitik' eines politischen Wochenmagazins oder einer führenden überregionalen Tages- oder Wochenzeitung. Medienmacht ist damit auch die Macht konkreter einzelner Personen oder Redaktionsteams, die Macht von Journalisten, die das Redaktionsprogramm gestalten".[153] Da eine etwaige „Machtposition" der einzelnen Journalisten auf ihren Arbeitsvertrag zurückgeht, liegt es nahe, die Kontrolle der Medienmacht von Journalisten *auch* im Arbeitsvertragsrecht als derjenigen Rechtsmaterie anzusiedeln, in der diese Machtposition gründet.[154] Für den Bereich der Medien beschränken sich arbeitsrechtliche Regeln also nicht unbedingt auf den für das allgemeine Arbeitsrecht typischen Bereich der Gewährung und Begrenzung von Sozialschutz. Sie legen vielmehr auch Maßstäbe dafür fest, wie die für das Gemeinwesen zentral wichtige „Medienmacht" letztlich organisiert und verteilt wird.[155]

1. Verfassungsrecht

539 Verfassungsrechtlich ist zunächst zu beachten, dass Wertungen des Grundgesetzes im Rahmen der mittelbaren Drittwirkung der Grundrechte auch bei der Auslegung vertraglicher bzw. zivil- und arbeitsrechtlicher Normen zu berücksichtigen sind.[156] Es bestehen jedoch Besonderheiten, wenn der Arbeitgeber ein **Tendenzunternehmen** ist und zugleich tendenzrelevante Aspekte infrage stehen. Ein bekanntes Beispiel ist das religiöse Bekenntnis von Kirchenmitarbeitern.

540 Die Problematik der inneren Medienfreiheit betrifft solche tendenzbedingten Sondermaßstäbe und insbesondere die Frage, ob sich ein angestellter Journalist auch im Verhältnis zu seinem Arbeitgeber bzw. zum Zeitungsunternehmer oder Rundfunkveranstalter auf die Meinungs-, Presse- oder Rundfunkfreiheit berufen kann. Dogmatisch geht es also darum, ob im Innenverhältnis zwischen dem Medienunternehmer und seinen Angestellten allein der Unternehmensinhaber Träger der Grundrechte aus Art. 5 Abs. 1 GG ist oder ob insoweit auch den Angestellten Rechte aus dieser Norm zustehen. Praktische Bedeutung hat dies, wenn Mitarbeiter irgendwie einen inhaltlichen Einfluss auf die publizistische Linie des Blattes oder Senders nehmen wollen. Das BVerfG hat bislang offengelassen, ob das Grundgesetz eine solche „innere Medienfreiheit" von Mitarbeitern garantiert.[157] Das Schrifttum hat über diesen Fragenbereich früher heftig

153 MünchArbR/*Rüthers* § 201 Rn. 2.
154 MünchArbR/*Rüthers* § 201 Rn. 3.
155 MünchArbR/*Rüthers* § 201 Rn. 4.
156 Eingehend *Oetker* RdA 2004, 8 ff. mwN.; allgemein zur mittelbaren Drittwirkung siehe Rdnr. 65, 67 ff.
157 BVerfG vom 6. 11. 1979 (Kölner Stadtanzeiger), BVerfGE 52, 283, 297; BVerfG vom 13. 1. 1982 (Freie Rundfunkmitarbeiter I), BVerfGE 59, 231, 262.

gestritten,[158] lehnt eine derartige Freiheit heutzutage aber durchweg[159] oder jedenfalls weitgehend[160] ab. In Tendenzfällen genießt das Interesse des Arbeitgebers an der Tendenzverwirklichung grundsätzlich Vorrang und strahlt auf die Pflichtenstruktur des von beiden Vertragsparteien gewollten Arbeitsverhältnisses aus.[161]

2. Innere Medienfreiheit und publizistische Vielfalt

Aus medienrechtlicher Sicht ist nicht erkennbar, dass die Anerkennung einer 541
inneren Medienfreiheit zu größerer publizistischer Vielfalt führen könnte. Sie würde möglicherweise zu einer stärkeren Betonung von Mitarbeiter- und Gewerkschaftsinteressen führen, doch ist damit keineswegs ein vielfältigeres, u.U. sogar ein engeres publizistisches Meinungsspektrum vorgezeichnet. Innere Medienfreiheit würde für den Bereich der Presse und der Telemedien **das außenplurale Prinzip aufgeben und die Tendenzfreiheit des Verlegers durch die Hintertür wieder abschaffen.** Sie ersetzt sie durch Strukturen, die auf den ersten Blick an den Binnenpluralismus denken lassen, ohne jedoch tatsächlich darauf hinauszulaufen. Die Übertragung der Entscheidungsautonomie des Verlegers auf eine privilegierte Gruppe von Arbeitnehmern in ihrer jeweiligen zufälligen Zusammensetzung kann etwa bestehende Vielfaltsdefizite in keiner Weise ausgleichen[162] und wäre nichts anderes als eine Qualifikation arbeitnehmerischer Mitbestimmung zugunsten einer Gruppe von Arbeitnehmern.[163]

Für den Bereich des öffentlich-rechtlichen Rundfunks wäre eine innere Rund- 542
funkfreiheit ebenfalls strukturverändernd. Sie würde die **sorgfältig austarierten „Vielfaltsinstrumente" unwirksam machen** und von der Programmverantwortlichkeit der zuständigen, unter Berücksichtigung der maßgeblichen gesellschaftlichen Gruppen zusammengesetzten Gremien wegführen.

---

158 Siehe etwa *Scholz*, Pressefreiheit und Arbeitsverfassung. Verfassungsprobleme um Tendenzschutz und innere Pressefreiheit, 1978, einerseits und *Hoffmann-Riem*, Innere Pressefreiheit als politische Aufgabe. Über die Bedingungen und Möglichkeiten arbeitsteiliger Aufgabenwahrnehmung durch die Presse, 1979, andererseits.

159 *Starck* in v.Mangoldt/Klein/Starck, Art.5 GG Rdnr.90; *Bethge* in: Sachs, Art.5 GG Rdn. 109; BK/*Degenhart*, Art.5 Abs.1 und 2 GG Rdnr.509, 731f. mwN.; *Bullinger* HStR Bd.VI, §142 Rn.62.

160 *Herzog* in Maunz/Dürig, Art.5 Abs. I, II GG Rdn. 158ff., 174 gesteht dem angestellten Journalisten innerhalb der Richtlinien des Verlegers „einen gewissen Raum eigener Entscheidungs- und Gestaltungsfreiheit" zu. Differenzierende Akzentuierungen bei *Schulze-Fielitz* in: Dreier, Art.5 I, II GG Rn.308, 310; siehe auch Löffler/*Dörner*, ArbR BT Rdnr.9ff.

161 *Oetker* RdA 2004, 8, 15.

162 BK/*Degenhart*, Art.5 Abs.1 und 2 GG Rdnr.502; ebenfalls skeptisch *Bullinger* HStR Bd.VI, §142 Rn.62.

163 *Papier* Der Staat 18 (1979), 422, 427.

II. Einzelkonstellationen

543 Die Programm- bzw. Tendenzfreiheit hat Auswirkungen für das gesamte Arbeitsrecht der Medien, die hier zumindest skizziert werden sollen. Auf der Ebene des Individualarbeitsrechts beurteilen sich die arbeitsrechtlichen Rechte und Pflichten der Mitarbeiter eines Medienunternehmens im Wesentlichen nach denselben privatrechtlichen Regeln, die auch sonst für Arbeitsverhältnisse gelten. Die Presse- und die Rundfunkfreiheit befreien insbesondere nicht von vertraglichen Gegenleistungspflichten. Sie geben beispielsweise kein Recht, einen Sportreporter gegen seinen Willen zu veranlassen, seine zuvor immer besonders honorierten Dienste inhaltlich unverändert, nunmehr aber ohne zusätzliche Vergütung zur Verfügung zu stellen.[164] Die Einzelheiten bestimmen sich weitgehend nach Richterrecht und sind nur in wenigen Bereichen gesetzlich oder zum Teil auch tarifvertraglich geregelt. Eine gesetzliche Regelung speziell des Innen- bzw. des Arbeitsrechts von Medien gibt es nicht.[165]

544 Fragen im Zusammenhang mit Arbeitnehmern werfen aber besondere medienrechtliche Bezüge auf, sofern sie die publizistische Gestaltung des medialen Produkts betreffen. Dies gilt zum einen für **Mitarbeiter, die gestaltend am publizistischen Zuschnitt des Blattes oder des Programms mitwirken**. Solche „Tendenzträger“ sind vor allem die Redakteure, daneben aber auch alle Mitarbeiter, die mit der Sammlung, Prüfung, Auswahl, Bearbeitung und Erstellung von Meldungen, Berichten, Kommentaren und sonstigen Informationsvermittlungen beschäftigt sind.[166] Für „technisches“ Personal, das keinen inhaltlich gestaltenden Einfluss hat, gibt es dagegen keine medienrechtlich motivierten Besonderheiten. Zum anderen können sich medienrechtliche Besonderheiten nur in **„programmrelevanten“ Zusammenhängen** ergeben. Die Freiheit der Medien bzw. von Presseunternehmen und Rundfunkveranstaltern, über den Inhalt und den Zuschnitt ihrer Berichterstattung oder ihres Programms selbst zu bestimmen, beeinflusst ihre Möglichkeiten in der Auswahl, Einstellung und Beschäftigung der publizistisch tätigen Arbeitnehmer.[167] Das kann etwa bei Fragen der befristeten Einstellung oder im Zusammenhang mit Kündigungen der Fall sein, nicht dagegen im Zusammenhang mit der Altersversorgung oder dem Schutz bei Krankheit.[168]

---

164 BGH vom 11.1.1982, NJW 1983, 1189, 1191.

165 Namentlich in den 70er Jahren und im Zusammenhang mit der Diskussion über ein bundesweites Presserahmengesetz wurde eingehend über die Schaffung entsprechender Normen für die Presse gestritten. Siehe dazu *Kübler*, Gutachten D zum 49. DJT, Verhdlg. DJT 1972. Das österreichische Recht kennt eine detaillierte gesetzliche Regelung. Siehe *Holoubek/Traimer/Kassai*, Grundzüge des Rechts der Massenmedien, 2. Auflage 2002, S. 30ff.

166 MünchArbR/*Rüthers* §201 Rn. 14; BAG vom 7.11.1975, BAGE 27, 322, 328.

167 BVerfG vom 13.1.1982 (Freie Rundfunkmitarbeiter I), BVerfGE 59, 231, 260f.

168 BVerfG vom 13.1.1982 (Freie Rundfunkmitarbeiter I), BVerfGE 59, 231, 268.

1. Einstellung und Kündigung

Ob und in welchem Ausmaß sich publizistische Vorgaben und Ziele auch tatsächlich auf die konkrete Programmgestaltung auswirken, hängt maßgeblich von den Fähigkeiten der programmgestaltenden Mitarbeiter und davon ab, wieweit sie sich mit den Vorgaben und Zielen identifizieren. In Bezug auf solche Mitarbeiter gelten daher für die Auswahl, Einstellung und Kündigung von Verfassungs wegen Besonderheiten.[169] Es wäre mit der Programm- und Tendenzfreiheit der Medien nicht vereinbar, wenn bei der Einstellung eines Redakteurs etwa **Fragen nach seinen politischen, wirtschaftlichen oder religiösen Anschauungen** verboten wären bzw. es dem Redakteur – wie anderen Arbeitssuchenden – erlaubt wäre, solche Fragen falsch zu beantworten.[170] Ebenso muss dem Mitarbeiter, wenn das Medienunternehmen seine Tendenz in einer Weise einseitig ändert, die der Mitarbeiter aufgrund seiner eigenen Einstellung nicht umsetzen kann oder will, ein besonderes **Kündigungsrecht** zustehen. §615 BGB ist entsprechend anwendbar.[171] 545

Die aus der Programmfreiheit folgenden Sondermaßstäbe führen dazu, dass Medien in stärkerem Maße als sonstige Unternehmen mit ihren Mitarbeitern **befristete Arbeitsverhältnisse** eingehen dürfen.[172] Für Presseunternehmen wird angenommen, dass sich aus der Pressefreiheit tendenzbedingte Gründe für eine Befristung von Arbeitsverhältnissen ergeben können.[173] Gleiches hat die Rechtsprechung auch für Rundfunkanstalten bejaht.[174] 546

Das BVerfG hat in der **Freie Rundfunkmitarbeiter I-Entscheidung** für den Rundfunkbereich eine befristete Einstellung von Personal, das an Hörfunk- und Fernsehsendungen gestaltend mitwirkt, grundsätzlich zugelassen. Ein Programmangebot, das der gebotenen Vielfalt Rechnung trägt, setzt auch voraus, dass es von Personen gestaltet wird, die in der Lage sind, die gebotene Vielfalt einzubringen. Aktivität, Lebendigkeit, Einfallsreichtum, Sachlichkeit, Fairness und künstlerisches Niveau, mithin alles, was die Qualität von Rundfunksendungen ausmacht, lassen sich nicht rechtlich verordnen oder regeln. Der Rundfunk wäre in den Augen des BVerfG nicht in der Lage, auf neue Informationsbedürfnisse zu reagieren und notwendige Wechsel zu vollziehen, wenn er ausschließlich auf ständige feste Mitarbeiter angewiesen wäre, die unvermeidlich nicht die ganze Vielfalt der in den Sendungen zu vermittelnden Inhalte wiedergeben und gestalten könnten.[175] 547

---

169 BVerfG vom 13.1. 1982 (Freie Rundfunkmitarbeiter I), BVerfGE 59, 231, 260.

170 *Paschke/Grell*, Medienrecht, Rn.915 mwN.; eingehend *Reuter* FS Kissel 1994, 941, 945ff.

171 *Paschke/Grell*, Medienrecht, Rn.922.

172 *Paschke/Grell*, Medienrecht, Rn.916.

173 *Ricker*, Handbuch des Presserechts, 34.Kap. Rdz. 23 mwN.

174 BVerfG vom 13.1. 1982 (Freie Rundfunkmitarbeiter I), BVerfGE 59, 231, 285ff.; MünchArbR/*Pallasch* §200 Rn.3 mwN. Zur Wirksamkeit einer arbeitsvertraglich vereinbarten auflösenden Bedingung BAG vom 2.7. 2003 (Wegfall der Rolle), AfP 2003, 568ff.

175 BVerfG vom 13.1. 1982 (Freie Rundfunkmitarbeiter I), BVerfGE 59, 231, 259; dazu *W.Schmidt* NJW 1982, 1442f.; *Eckert* WuM 1982, 255ff.; *Rüthers* DB 1982, 1869ff.; *Bietmann* NJW 1983, 200ff.; *Wand* RdA 1982, 363ff.; *Sieger* AfP 1982, 208ff.

2. Weisungsrecht des Arbeitgebers

548 Eine zentrale Frage ist, inwieweit der Unternehmensinhaber publizistisch relevante Entscheidungen ohne Berücksichtigung seiner Mitarbeiter oder sogar gegen deren Widerstand von Rechts wegen durchsetzen kann. Die Diskussion darüber wird nachhaltig dadurch beeinflusst, dass die verfassungsrechtliche Frage nach einer inneren Medienfreiheit vom BVerfG noch nicht abschließend beantwortet worden ist.

549 Das Arbeitsrecht geht im Grundsatz von einem Weisungs- bzw. Direktionsrecht des Arbeitgebers und entsprechenden Loyalitätspflichten des Mitarbeiters aus.[176] Das Direktionsrecht soll es dem Arbeitgeber ermöglichen, durch zulässige Weisungen die Leistungspflicht des Arbeitnehmers an die ständig wechselnden Erfordernisse des Wirtschaftsprozesses bzw. des Unternehmens anzupassen. Mit der privatwirtschaftlichen Struktur von Medienunternehmen, die dem Unternehmensinhaber das wirtschaftliche Risiko für sein Erzeugnis zuweist, lässt sich nur ein Modell vereinbaren, das dem Unternehmensinhaber die Grundsatz- und Richtlinienkompetenz für die publizistische Tendenz seines Unternehmens belässt.[177] Innerhalb dieser Grenzen wird dem für die Redaktion und Veröffentlichung zuständigen Mitarbeiter zumindest hinsichtlich der einzelnen aktuellen publizistischen Themen des Tages eine eigene Entscheidungskompetenz zugebilligt.[178] Zugleich sind solche Mitarbeiter rechtlich aber auch in besonderer Weise zur „Tendenztreue" verpflichtet.[179] Sie müssen die publizistische Glaubwürdigkeit des Unternehmens wahren und dürfen sich daher insbesondere nicht mit öffentlichen Äußerungen in Widerspruch zur Linie der „eigenen" Zeitung setzen. Das RG hat allgemein angenommen, dass der Verleger als „Herr des Unternehmens" innerhalb der von ihm gesetzten Richtlinien dem Hauptschriftleiter „in reichem Maße Bewegungsfreiheit einräumen und auch bei der Wahl der Mitarbeiter auf seine Wünsche möglichst Rücksicht nehmen" müsse.[180] Dem ist jedoch in dieser Allgemeinheit nicht zu folgen. Der Umfang etwaiger Mitarbeiterrechte bestimmt sich nach dem Arbeitsvertrag und wird durch dessen Inhalt begrenzt.[181] Darüber hinausreichende redaktionelle Rechte gegenüber dem Unternehmensinhaber gibt es nicht.

550 Im Streitfall der **Report-Entscheidung** hatte der Fernsehjournalist *Franz Alt* gegen seinen Arbeitgeber, den SWF, darauf geklagt, auch zukünftig die Alleinmoderation „sei-

---

176 Speziell für die Mitarbeiter von Medien siehe Herrmann/*Lausen*, Rundfunkrecht, §12 Rn.32ff.; MünchArbR/*Pallasch* §200 Rn.53; MünchArbR/*Rüthers* §201 Rn.41ff.; *Rüthers/Beninca* AfP 1995, 638ff.

177 *Paschke*, Medienrecht, Rn.205.

178 Löffler/*Dörner*, BT ArbR Rdnr.87ff.; *Paschke/Grell*, Medienrecht, Rn.919; MünchArbR/*Pallasch* §200 Rn.53; *Reuter* FS Kissel 1994, 941, 948f.; sehr weitgehend OLG München vom 20.12. 1979 (Vera Brühne), AfP 1980, 347, 348f.

179 *Buchner* ZfA 1979, 335, 346ff.; *Reuter* FS Kissel 1994, 941, 950 mwN.

180 RG vom 27.10. 1925, RGZ 112, 35, 36.

181 MünchArbR/*Rüthers* §201 Rn.42.

ner" Sendung wahrzunehmen. Das LAG Baden-Württemberg sah für einen solchen Anspruch nur Raum, wenn er ausdrücklich arbeitsvertraglich vereinbart worden wäre. Das Gericht lehnte es dabei ab, eine entsprechende stillschweigende oder konkludente Vereinbarung aus dem Umstand abzuleiten, dass der Journalist die Sendung über viele Jahre alleinverantwortlich moderiert hatte. Die Verpflichtung der Rundfunkanstalten zur Meinungsvielfalt begründe für sie eine Pflicht, sich bei der Gestaltung der Arbeitsverträge programmgestaltender Mitarbeiter ein möglichst weitgehendes, die Programmvielfalt förderndes Direktionsrecht vorzubehalten.[182] Nur so behalte der Sender nämlich den personellen und inhaltlichen Spielraum, um ein möglichst vielfältiges und abwechslungsreiches Programm zu gewährleisten. Ebenso wenig könne ein schutzwürdiges Vertrauen des Journalisten auf eine Fortführung der jahrelang geübten Praxis bejaht werden. Die endgültige und unwiderrufliche Zuweisung einer so speziellen Aufgabe, wie der alleinverantwortlichen Moderation eines politischen Magazins oder einer ähnlichen Sendung, käme der Vergabe einer bedeutenden medienpolitischen Machtstellung auf Lebens- oder Beschäftigungszeit an eine bestimmte Person gleich. Ein derartiger rundfunkspezifischer „Erbhof kraft Arbeitsvertrags" sei mit dem öffentlich-rechtlichen Programmauftrag grundsätzlich nicht vereinbar.[183] Im Hinblick auf den Sinn und Zweck der Rundfunkfreiheit könne der Journalist redlicherweise auch nicht darauf vertrauen, dass die Anstalt durch jahrelange Nichtausübung ihres Direktionsrechts stillschweigend eine so ungewöhnliche, weitreichende und dem programmpolitischen Konzept der Vielfalt und Abwechslung widersprechende Selbstbindung eingehen wolle. Schließlich könne sich auch aus der Rundfunkfreiheit selbst kein Anspruch auf Alleinmoderation ergeben. Der Redakteur und Moderator sei im Innenverhältnis zur Sendeanstalt kein selbstständiger Träger dieses Grundrechts, das für die beim Rundfunk Beschäftigten nur im Außenverhältnis Wirkung entfalte.[184]

3. Betriebsverfassungsrecht

Der Betriebsrat hat zahlreiche Mitbestimmungs- und Mitwirkungsrechte, namentlich im Zusammenhang mit Kündigungen. Nach § 118 Abs. 1 Nr. 2 BetrVG finden zahlreiche betriebsverfassungsrechtliche Normen auf Betriebe, die „Zwecken der Berichterstattung oder Meinungsäußerung dienen", keine oder nur eingeschränkte Anwendung. Ein Betriebsinhaber, der gewerblich produziert, Handel treibt oder Dienstleistungen anbietet, kann in den Augen des Gesetzgebers eher zur internen Änderung oder Offenlegung (Wirtschaftsausschuss) seiner Absichten genötigt werden als jemand, der einen Betrieb mit politischen oder ideellen Zielen betreibt.[185] 551

Bedeutung hat dies insbesondere für „tendenzbedingte" Einstellungen oder Kündigungen. Grundsätzlich stehen dem Betriebsrat bei Einstellungen und Kündigungen Mitbestimmungsrechte zu. Diese wandeln sich jedoch bei tendenzbedingten Personalentscheidungen zu einer Pflicht zur Anhörung des Be- 552

182 LAG Baden-Württemberg vom 14.9. 1988 (Report), AfP 1988, 391, 393; eingehend *Rüthers/Buhl* ZfA 1986, 19, 29ff.
183 LAG Baden-Württemberg vom 14.9. 1988 (Report), AfP 1988, 391, 393f.
184 LAG Baden-Württemberg vom 14.9. 1988 (Report), AfP 1988, 391, 395.
185 *Hanau/Adomeit*, Arbeitsrecht, 13. Auflage 2005, Rn. 507.

triebsrats. Es bleibt dem Unternehmensinhaber vorbehalten, die konkrete Entscheidung über die Auswahl, Einstellung und Kündigung in tendenzrelevanten Bereichen ohne fremde Einflüsse zu treffen.[186] Im Verhältnis des Verlegers zum Betriebsrat ist der erste unzweifelhaft zur Bestimmung und Verwirklichung der Tendenz der Zeitung befugt und in dieser Befugnis durch Art. 5 Abs. 1 Satz 2 1. Alt GG geschützt. Dem Betriebsrat eines Tendenzbetriebes kommt dabei kein Mitbestimmungsrecht zu.[187]

553 Das Betriebsverfassungsrecht ist freilich nur außer Kraft gesetzt, soweit die „Eigenart des Unternehmens“ der Anwendung „entgegensteht“.[188] Die Abgrenzung zwischen tendenzrelevanten und nicht tendenzrelevanten Bereichen ist gefragt, wenn es etwa um die Regelung der Arbeitszeit der Redaktion geht. Das BVerfG hat entschieden, dass die redaktionelle Arbeitszeit jedenfalls soweit tendenzneutral und damit der betrieblichen Mitbestimmung zugänglich ist, wie sie nicht die Aktualität der Berichterstattung gefährdet oder andere veröffentlichungsrelevante Festlegungen, etwa des Redaktionsschlusses, verhindert.[189]

F. Programmfreiheit, Arbeitskampf und Blockaden

554 Maßnahmen wie Arbeitskämpfe, Blockadeaktionen oder Boykottaufrufe[190] unterliegen bestimmten allgemeinen rechtlichen Beurteilungsmaßstäben. Wenn etwa ein Streik nach diesen Anforderungen rechtswidrig ist, so verletzt er das Recht am Unternehmen[191] und löst entsprechende zivilrechtliche Ansprüche aus. Grundsätzlich werden Streiks vom Recht zugelassen[192] und müssen in ihren betriebsblockierenden Wirkungen vom Unternehmen hingenommen werden, da sie einen Ausgleich sonst nicht lösbarer tariflicher Interessenkonflikte ermöglichen und deshalb im Rahmen der Tarifautonomie eine wichtige Hilfsfunktion haben.[193] Streiks, Blockaden und ähnliche Maßnahmen, die sich gegen Medien richten, können aber medienrechtlich motivierten Sonderanforderungen unterliegen. Sie bringen nämlich die **Gefahr von Informationsverknappungen und Zensurakten** mit sich,[194] die sowohl die Meinungsfreiheit und -vielfalt als

186 *Paschke/Grell*, Medienrecht, Rn. 925.
187 BVerfG vom 6. 11. 1979 (Kölner Stadtanzeiger), BVerfGE 52, 283, 297; dazu *Plander* NJW 1980, 1084ff.; *Badura* Jura 1980, 335f.; *Rüthers* AfP 1980, 2ff.; *Ihlefeld* ArbuR 1980, 257ff.
188 § 118 Abs. 1 Satz 1 a. E. BetrVG.
189 BVerfG vom 15. 12. 1999, AfP 2000, 82ff.; BVerfG vom 15. 12. 1999, AfP 2000, 84ff.
190 Zum Boykott siehe Rdnr. 745, 1657ff.
191 BAG vom 21. 6. 1988, BAGE 58, 364, 389; BGH vom 16. 6. 1977 (Fluglotsenstreik), BGHZ 69, 128ff.
192 BAG vom 28. 1. 1955, BAGE 1, 291, 300ff.; BAG vom 4. 5. 1955, BAGE 2, 75, 77.
193 BAG vom 12. 1. 1988, NJW 1988, 2061, 2062.
194 *Ricker*, Handbuch des Presserechts, 36. Kap. Rdz. 17.

auch Informationsinteressen des Einzelnen und der Allgemeinheit beeinträchtigen können.

Für die Beurteilung von **Streiks** ist aus Sicht des Medienrechts vielfach zu unterscheiden.[195] Dienen Arbeitskampfmaßnahmen zur Durchsetzung tendenzrelevanter Aspekte, so sind sie durchweg verboten.[196] Weiterhin sind Streiks und Streikformen, die bereits gegen die allgemeinen arbeitsrechtlichen Regeln verstoßen, auch gegenüber Medienunternehmen unzulässig. Beispielsweise sind Sympathie- und Solidaritätsstreiks grundsätzlich[197] und daher auch gegenüber Medien nicht erlaubt.[198] Ebenso ist es rechtswidrig, wenn Drucker während eines Arbeitskampfes das Erscheinen kritischer Presseartikel über die Forderungen und die Verhaltensweisen ihrer Gewerkschaft durch „weiße Flecken" oder das Herausfräsen der betreffenden Abschnitte verhindern.[199] Das Streikrecht begründet nämlich allein ein Recht zur kollektiven Arbeitsverweigerung und erlaubt weder vorsätzliche Schlechtleistungen noch Eigentumsverletzungen. Im Übrigen sind Streiks mit tendenzirrelevanten Zielen medienrechtlich grundsätzlich unbedenklich.[200] Letzteres gilt namentlich für Streiks, die sich gegen ein privates Medienunternehmen richten. Die Zulässigkeit tendenzirrelevanter Streiks wird jedoch aus medienrechtlicher Sicht zweifelhaft, je mehr sie zu einem „Totalausfall" der Medien[201] bzw. dazu führen, dass beispielsweise die meinungsbildenden überregionalen Tageszeitungen für einen längeren Zeitraum am Erscheinen gehindert werden.[202] Für den öffentlich-rechtlichen Rundfunk sind nochmals strengere Maßstäbe denkbar. Hier wird der Kernbereich der öffentlich-rechtlichen Grundversorgung, zu dem Nachrichtensendungen und Notfallwarnungen gehören, als streikresistent angesehen. Er muss auch im Fall eines nicht gegen die Tendenz der betreffenden Rundfunkanstalt gerichteten und im Übrigen „an sich" zulässigen Streiks gewährleistet bleiben.[203] 555

Ein wichtiger weiterer Anwendungsfall sind **Blockaden**, die sich gegen ein Medienunternehmen richten, um dessen redaktionelle Linie zu bekämpfen. Dann stehen publizistischer Wettbewerb bzw. Maßnahmen des öffentlichen Meinungskampfs infrage. In solchen Fällen muss beachtet werden, dass sich u. U. nicht nur die zur Blockade aufrufende Partei auf die Meinungsfreiheit, son- 556

195 Eingehend MünchArbR/*Rüthers* § 201 Rn. 113 ff.; *Ricker*, Handbuch des Presserechts, 36. Kap. Rdz. 4 ff.

196 Statt vieler etwa BK/*Degenhart* Art. 5 Abs. 1 und 2 GG Rdnr. 521 mwN.; *Buchner* RdA 1987, 209, 214.

197 BAG vom 5. 3. 1985, BAGE 48, 160 ff.

198 *Weberling* FS Damm 2005, 328, 339 ff.

199 *Reuter* FS Kissel 1994, 941, 963.

200 BGH vom 19. 1. 1978 (Streikbrecherarbeit), NJW 1978, 990, 991 für Lohnstreik gegen Zeitungsbetriebe.

201 BGH vom 19. 1. 1978, NJW 1978, 990, 991 mwN.; *Ricker*, Handbuch des Presserechts, 36. Kap. Rdz. 22 ff.; z. T. kritisch *Buchner* RdA 1987, 209, 212 mwN.

202 BK/*Degenhart*, Art. 5 Abs. 1 und 2 Rdnr. 523 mwN.

203 *Paschke/Grell*, Medienrecht, Rn. 930.

dern auch das betroffene Medienunternehmen seinerseits auf die Presse- oder Rundfunkfreiheit berufen kann.[204] Die adäquaten Mittel solcher Auseinandersetzungen sind allein das Wort und der geistige Meinungskampf, die gerade in solchen Konstellationen in besonders weitreichendem Maße erlaubt sind. Insbesondere kann neben scharfen Äußerungen selbst unsachliche Kritik gerechtfertigt sein, wenn auf frühere Äußerungen des Betroffenen geantwortet wird.[205]

557 Der vielleicht spektakulärste Anwendungsfall ist die **SDS-Demonstration-Entscheidung**: Anlässlich des Attentats auf *Rudi Dutschke* fanden in den Folgetagen Demonstrationen statt, bei denen versucht wurde, die Auslieferung der „Bild"-Zeitung, der „Frankfurter Allgemeine Zeitung" und weiterer Blätter zu verhindern. Der BGH hielt dies im Ergebnis für rechtswidrig. Die Pressefreiheit schütze Presseorgane nicht vor wirtschaftlichen Nachteilen, die sich aus der Ausübung des Rechts der Meinungsfreiheit und des Demonstrationsrechts durch andere ergäben. Meinungs- und Pressefreiheit sollen aber die freie geistige Betätigung und den Prozess der freien Meinungsbildung in der freiheitlichen Demokratie schützen. Wenn sich eine Blockademaßnahme gezielt gegen ein Presseunternehmen richte und dessen Handlungsfreiheit aufhebe, so überließen es die Blockierer nicht mehr der freien Entscheidung der angesprochenen Leser, auf die Lektüre z.B. der „Bild"-Zeitung zu verzichten.[206] Sie versuchten vielmehr, eine von ihnen wegen ihrer geistigen Haltung abgelehnten Zeitung gewaltsam am Erscheinen zu hindern. Ein solches Verhalten lasse sich mit dem Grundsatz der Pressefreiheit nicht vereinbaren, weil es im Ergebnis auf eine unerlaubte Zensur durch Andersdenkende hinauslaufe.

G. Programmfreiheit und Berücksichtigungsrechte Dritter

558 Die Frage nach der Reichweite und den möglichen Grenzen der Programm- bzw. Tendenzfreiheit taucht ebenfalls auf, wenn ein Dritter von den Medien die Veröffentlichung eines Beitrags verlangt, der von ihm und nicht von dem betreffenden Medienunternehmen stammt. Solche Begehren erklären sich aus der besonderen Möglichkeit von Massenmedien, Informationen öffentlich machen zu können. Wer für politische Anliegen, unternehmerische Angebote oder sonstige Angelegenheiten werben möchte, ist auf den massenhaften Transport von Informationen und damit mehr oder weniger auf die Medien angewiesen.[207]

559 Das Medienrecht steht Ansprüchen Dritter auf Berücksichtigung sowohl im Grundsatz als auch in den praktischen Ergebnissen weitgehend entgegen. Bereits Art. 5 Abs. 1 Satz 2 GG schützt entsprechende „negative" Freiheiten der

---

204 BGH vom 30.5.1972 (SDS-Demonstration I), BGHZ 59, 30, 38; BGH vom 30.5.1972 (SDS-Demonstration II), VersR 1972, 935, 937.

205 BGH vom 21.6.1966 (Höllenfeuer), BGHZ 45, 296, 306ff.

206 BGH vom 30.5.1972 (SDS-Demonstration I), BGHZ 59, 30, 38; dazu *Schneider* JR 1972, 462; *Ballerstedt* JZ 1973, 105; *Schramm* GRUR 1973, 75; *Pehle* LM BGB §823 (A) Nr. 42.

207 Zum Massenaspekt als Charakteristikum des Medienrechts siehe Rdnr. 13ff.

Medien.[208] Die **Programmfreiheit würde in ihr Gegenteil verkehrt**, wenn der Medienunternehmer verpflichtet werden könnte, Beiträge zu veröffentlichen, die er nicht veröffentlichen möchte. Im Einzelnen kann jedoch zwischen den privaten Medien und dem öffentlich-rechtlichen Rundfunk zu unterscheiden sein. Für bestimmte Konstellationen sind außerdem gesetzliche Sonderregeln zu beachten.

Ein anderer Fall sind Ansprüche Betroffener oder Verletzter auf Gegendarstellung, Widerruf oder Berichtigung. Sie werden in späterem Zusammenhang behandelt (siehe §§23, 24). Bei der Gegendarstellung muss das Medienunternehmen einen fremden Beitrag veröffentlichen und beim Widerruf und der Berichtigung einen eigenen Beitrag nochmals aufgreifen und korrigieren. In allen diesen Fällen ist es dazu verpflichtet, weil es in der Vergangenheit den Anspruchsteller betreffende Tatsachen geäußert hat oder weil eine frühere Veröffentlichung rechtswidrig war und den Anspruchsteller verletzt hat. 560

I. Private Medien

Das Medienrecht kennt kein allgemeines Recht Dritter auf Berücksichtigung. 561 Ein entsprechender Anspruch kann hauptsächlich auf **kartellrechtlicher Grundlage** (§20 Abs. 1, Abs. 2 GWB) in Betracht kommen. Andere Anspruchsgrundlagen werden zwar im Schrifttum vereinzelt in Betracht gezogen,[209] haben aber bislang keine praktische Bedeutung erlangt. Der kartellrechtliche Anspruch ist nur gegenüber Medienunternehmen mit einer marktbeherrschenden oder marktstarken Stellung möglich. Er setzt neben seinen übrigen Anforderungen (siehe Rdnr. 846ff.) insbesondere voraus, dass der Anspruchsteller durch die Nichtberücksichtigung seines Anliegens entweder unbillig behindert oder gegenüber anderen Unternehmen ohne sachlich gerechtfertigten Grund unterschiedlich behandelt wird. Die Unbilligkeit der Behinderung bzw. die sachliche Rechtfertigung einer Ungleichbehandlung sind dabei anhand einer Gesamtabwägung unter Berücksichtigung der Interessen der Beteiligten zu beurteilen.[210]

1. Redaktionell orientierte Beiträge

Richtet sich der kartellrechtliche Anspruch gegen Medien, so fällt die Pro- 562 gramm- und Tendenzfreiheit der Massenmedien im Rahmen der Gesamtabwägung maßgebend ins Gewicht und schließt eine Verpflichtung zur Berücksichtigung von **Beiträgen mit meinungsbildendem Gehalt** durchweg aus. Die privaten Medien müssen in einem solchen Fall weder Beiträge noch Leserbriefe veröffentlichen. Zugleich gibt es für die privaten Medien keine Verpflichtung zur Gleichbehandlung. Soweit Medien Tendenzfreiheit genießen, ist es ihnen

208 Siehe Rdnr. 96.
209 *Libertus/Schulze-Sölde* AfP 1995, 363ff.
210 Z.B. BGH vom 27.9. 1962 (Treuhandbüro), BGHZ 38, 90, 102.

von Verfassungs wegen ausdrücklich freigestellt, einseitig zu sein und das Anliegen Einzelner oder Vorstöße politischer Gegner bewusst zu ignorieren. Sie dürfen beispielsweise den Abdruck von Leserzuschriften einer bestimmten Richtung verweigern, selbst wenn sie zugleich entgegenstehenden Meinungen Raum geben.[211]

563 Einen Anwendungsfall zeigt die **Rettungsambulanz Werdau-Entscheidung** des LG Leipzig. Im Streitfall hatte eine regionale Tageszeitung in ihrem redaktionellen Teil eine Rubrik „Leserservice" geführt, in der unter der Überschrift „Notrufe" u.a. das Notfallrettungs- und Krankentransportunternehmen des Klägers samt Telefonnummer aufgeführt wurde. Nach mehreren Umgestaltungen dieser Rubrik fielen die Stichworte Notarztdienst, Krankentransport, Rettungswachen und Notfallrettung vollständig weg mit der Folge, dass nur noch die Rettungsnummer 112 angegeben wurde und der Hinweis auf den Kläger entfiel. Das Gericht lehnte einen Anspruch von Gewerbetreibenden darauf, im redaktionellen Teil einer Zeitung bzw. im Leserservice aufgeführt zu werden, grundsätzlich ab. Die von jeder Redaktion zu beantwortende Frage, welche Informationen sie an den Leser weitergebe und welche nicht, gehöre zum absoluten Kernbereich der Pressefreiheit. Eine Konstellation, die diese Befugnis einschränken könnte, sei kaum denkbar.[212] Die Richter lehnten es ebenso ab, in der Angabe der amtlichen Notrufnummer 112 eine sachlich nicht gerechtfertigte Ungleichbehandlung des Klägers zu sehen. Die Zeitung sei berechtigt, den redaktionellen Teil mit den Informationen zu füllen, die sie für wesentlich halte. Wenn sie sich entschließe, ihren „Leserservice" zu straffen und auf bestimmte Angaben zu konzentrieren, so sei dies ein sachlicher Grund im Sinne von §20 Abs.1 GWB.[213]

564 Der kartellrechtliche Anspruch ist auf Unternehmen und wirtschaftliche Sachverhalte begrenzt. Er scheidet sowohl für nichtunternehmerische Anspruchsteller als auch im Zusammenhang mit politischen Streitigkeiten aus. In solchen Konstellationen könnte allein ein **deliktsrechtlicher Anspruch** aus §826 BGB helfen. Ein derartiger Anspruch ist vielleicht theoretisch denkbar, hat die Gerichte aber bislang noch nicht beschäftigt. In der Sache wäre das erforderliche sittenwidrige Handeln aus denselben grundsätzlichen Überlegungen zu verneinen wie im Zusammenhang mit den kartellrechtlichen Ansprüchen. Zugleich muss man die Berechtigung der privaten Medien, „tendenziös" bzw. mit eigener inhaltlicher Position zu berichten, umso höher ansetzen, je stärker es um politische Angelegenheiten geht.

2. Werbung

565 Dieselben Überlegungen gelten für **Werbung mit meinungsbildendem Bezug**, zum Beispiel für Anzeigen, die für ein politisches Anliegen werben. Die Presse-

---

211 BVerfG vom 24.3. 1976 (Volksentscheid Montabaur), BVerfGE 42, 53, 62.
212 LG Leipzig vom 23.7. 2004 (Rettungsambulanz Werdau), AfP 2004, 577, 578.
213 LG Leipzig vom 23.7. 2004 (Rettungsambulanz Werdau), AfP 2004, 577, 578.

freiheit umfasst auch den Anzeigenteil.[214] Eine Zeitung darf daher den Abdruck solcher Inserate in gleicher Weise verweigern wie etwa den Abdruck von Leserbriefen.[215] Für die **Rundfunkwerbung** besteht weiterhin eine Besonderheit. Das Rundfunkrecht untersagt Werbung politischer, weltanschaulicher oder religiöser Art,[216] schließt also zahlreiche Formen von Werbung mit meinungsbildendem Bezug sogar als solche aus.

Anders liegt es dagegen für Anzeigen mit rein geschäftlichem Zuschnitt bzw. 566
ohne meinungsbildenden Charakter. Hier wird allerdings die Frage nach einem Anspruch auf Veröffentlichung selten praktisch bzw. bereits weitgehend durch den Markt befriedigend beantwortet werden, da die Medien typischerweise an Werbeeinnahmen interessiert sind. Ein Medienunternehmen, das bewusst auf Werbung verzichtet oder sie in bestimmter Weise beschränkt, kann nicht von Rechts wegen zur Abweichung von dieser Linie gezwungen werden.[217] In den übrigen Fällen lässt sich ein kartellrechtlicher Anspruch auf die Veröffentlichung von Werbung im Einzelfall in Betracht ziehen.[218] Aber auch ein solcher Anspruch greift keineswegs automatisch, sondern nur dann ein, wenn die Abwägung der beteiligten unternehmerischen Interessen von Anspruchsgegner und Anspruchsteller dafür spricht und auch die übrigen Anspruchsvoraussetzungen erfüllt sind. Die Interessen des beanspruchten Medienunternehmens stehen einem Anspruch auf Berücksichtigung aber nicht derart strikt entgegen, wie dies in den zuvor angesprochenen Konstellationen der Fall ist. Im Unterschied zu den redaktionell orientierten Beiträgen und den Leserbriefen wird das Unternehmen nicht zur kostenlosen Veröffentlichung verpflichtet. Außerdem sind Anzeigen mit rein kommerziellem Charakter anders als eine meinungsbildende Werbung in der Regel auch nicht tendenzrelevant.

II. Öffentlich-rechtlicher Rundfunk

Für den öffentlich-rechtlichen Rundfunk gilt weitgehend derselbe materielle 567
Maßstab wie für die privaten Medien, doch sind bestimmte Abweichungen zu beachten. Zunächst scheiden privatrechtliche Normen als Anspruchsgrundlage

---

214 BVerfG vom 4.4. 1967 (Südkurier), BVerfGE 21, 271, 278ff.; BVerfG vom 10.5. 1983, BVerfGE 64, 108, 114. Siehe auch Rdnr. 153f.

215 BVerfG vom 24.3. 1976 (Volksentscheid Montabaur), BVerfGE 42, 53, 62. Die Entscheidung spricht die Beschränkung auf Anzeigen mit meinungsbildendem Charakter nicht ausdrücklich aus, betrifft aber einen Streitfall, in dem allein solche Inserate infrage standen. BVerfG vom 3.5. 1978 (5%-Klausel), BVerfGE 48, 271, 278 hat dagegen offengelassen, ob dies auch für Zeitungsverlage gilt, die eine Monopolstellung ausnutzen, um einzelne Parteien durch das Ablehnen von Anzeigen zu benachteiligen.

216 §7 Abs. 8 RStV. Siehe Rdnr. 677.

217 Herrmann/*Lausen*, Rundfunkrecht, §12 Rn. 94; OLG Karlsruhe vom 27.11. 1986, NJW 1988, 341.

218 Ähnlich BK/*Degenhart*, Art. 5 Abs. 1 und 2 GG Rdnr. 465; OLG Schleswig vom 11.1. 1977, NJW 1977, 1886f.; eingehend *Rath-Glawatz* in Rath-Glawatz/Engels/Dietrich, Das Recht der Anzeige, P Rz. 277ff. mwN.

grundsätzlich aus, da die Bestimmung des Rundfunkprogramms **öffentlich-rechtlicher Natur** ist. In Betracht kommen insoweit nur die rundfunkrechtlichen Normen über die Programmgestaltung, so dass eine entsprechende Klage vor den Verwaltungsgerichten erhoben werden müsste. In materieller Hinsicht würde der Berücksichtigungsanspruch freilich voraussetzen, dass die betreffende Vorschrift dem Kläger ein entsprechendes subjektives Recht verleiht. Eine solche drittschützende Zielrichtung ist jedoch grundsätzlich zu verneinen. Die Gestaltung des Programms muss auch im Detail die Aufgabe der rundfunkrechtlich zuständigen Organe und nicht die außenstehender Dritter sein.

568 Im Streitfall der **Orgelunterhaltungsmusik-Entscheidung** des OVG Münster hatte die Klägerin mehrere Aufzeichnungen eigener Musikstücke an den WDR zur „Bemusterung" gesandt, ohne dass im Weiteren eine ihrer Aufnahmen gesendet wurde. Nach der einschlägigen rundfunkgesetzlichen Vorschrift hatte der WDR sicherzustellen, dass die Vielfalt der bestehenden Meinungen und der weltanschaulichen, politischen, wissenschaftlichen und künstlerischen Richtungen im Gesamtprogramm der Anstalt in möglichster Breite und Vollständigkeit Ausdruck findet. Die Bestimmung verleiht einzelnen Künstlern wie der Klägerin weder ein subjektives Recht auf Verbreitung ihrer Musikstücke noch auf ermessensfehlerfreie Entscheidung. Bereits der Gesetzeswortlaut legt die Annahme nahe, dass die Vorschrift allein ein Interesse der Allgemeinheit schützt und gerade keine subjektiven Rechte verleiht. Im Übrigen gehört zur Programmfreiheit auch die Auswahl der Tonträger und die damit einhergehende Entscheidung, welche Musiktitel in das Schallarchiv bzw. den Wellenpool eingestellt werden.[219] Eine allein durch objektiv-rechtliche Normen verfasste und auch nur im Interesse der Allgemeinheit bestehende Verwaltungspraxis begründet grundsätzlich auch keinen aus dem Gleichheitssatz ableitbaren Anspruch.[220]

569 Da der öffentlich-rechtliche Rundfunk zur Ausgewogenheit verpflichtet ist, kann sich **in bestimmten Sonderfällen ein Recht auf Gleichbehandlung** und damit u.U. auf Berücksichtigung im Programm ergeben. Das BVerfG hat die öffentlich-rechtlichen Rundfunkanstalten in den Volksentscheid-Urteilen für verpflichtet gehalten, den Beteiligten, die für ein Ja oder Nein zur Abstimmungsfrage eintraten, grundsätzlich gleiche Möglichkeiten zur Werbung für ihren Standpunkt zu bieten.[221] Der Anwendungsbereich solcher Berücksichtigungsrechte ist jedoch eng. Sie sind bislang nur im Vorfeld von Wahlkämpfen oder Volksabstimmungen in Betracht gezogen worden. Außerdem kann Gleichbehandlung stets nur im engen Rahmen verlangt werden, den die autonome Pro-

219 OVG Münster vom 7.10. 2003 (Orgelunterhaltungsmusik), NJW 2004, 625, 626; siehe auch BVerfG vom 15.12. 2003 (Orgelunterhaltungsmusik), ZUM 2004, 306f.; *Bethge* ZUM 2003, 253, 257f.

220 OVG Münster vom 7.10. 2003 (Orgelunterhaltungsmusik), NJW 2004, 625, 626 mwN.

221 BVerfG vom 2.4. 1974 (Volksentscheid Baden-Württemberg), BVerfGE 37, 84, 91f.; BVerfG vom 24.3. 1976 (Volksentscheid Montabaur), BVerfGE 42, 53, 62f. Siehe Rdnr. 484, 504.

grammentscheidung der jeweiligen Rundfunkanstalt vorgibt. In der Regel wird die Programmfreiheit der Sender im Ergebnis Vorrang genießen.

Solche Fragen betrifft die **TV-Duell der Kanzlerkandidaten-Entscheidung** des OVG NRW.[222] Im Streitfall planten ARD und ZDF eine Sendung, die zwei Wochen vor der Bundestagswahl 2002 stattfinden sollte. Darin sollten der damalige Bundeskanzler *Gerhard Schröder* sowie *Edmund Stoiber*, der Ministerpräsident des Freistaates Bayern, als die von ihren Parteien für das Amt des Bundeskanzlers nominierten Kandidaten von zwei Moderatorinnen für die Dauer von 75 Minuten zu Themen des Wahlkampfes befragt werden. *Guido Westerwelle* begehrte als Vorsitzender und „Kanzlerkandidat" der FDP ebenfalls die Teilnahme an dieser Sendung, was die Intendanten des WDR und des ZDF jedoch ablehnten. Da keine Wahlwerbung im Sinne von § 5 Abs. 1 Satz 1 ParteiG infrage stand (siehe Rdnr. 577), hätte sich der geltend gemachte Anspruch allein aus **Art. 21 Abs. 1 GG, Art. 3 Abs. 1 GG** ergeben können. Er setzte damit voraus, dass die Anstalten gegen den Gleichbehandlungsgrundsatz verstießen, indem sie nur die Kandidaten der beiden mit Abstand größten Parteien berücksichtigten. Ein derartiger Verstoß war aber nicht gegeben. Die öffentlich-rechtlichen Rundfunkanstalten haben bei redaktionell gestalteten Sendungen vor Wahlen das Recht der Bewerber auf gleiche Chancen im Wettbewerb um die Wählerstimmen zu beachten. Daraus ergibt sich jedoch keine Pflicht, den Gleichheitssatz strikt oder formal zu beachten. Den Anstalten steht vielmehr aufgrund der Rundfunk- und Programmfreiheit das Recht zu, selbst darüber zu entscheiden, auf welche Weise sie dem Gleichbehandlungsgebot gerecht werden wollen. 570

Dem Gleichbehandlungsanspruch ausgeschlossener Kandidaten oder Parteien ist auch genüge getan, wenn sie im Gesamtprogramm der öffentlich-rechtlichen Anstalten – auch und gerade unter Einbeziehung des „Duells" – ingesamt ihrer Bedeutung entsprechend berücksichtigt werden. Es muss den Anstalten daher die Möglichkeit offenstehen, die Teilnehmer an einer wahlbezogenen Diskussion nach Ermessen selbst zu bestimmen und die Gleichbehandlung der ausgeschlossenen Kandidaten oder Parteien im Rahmen des gesamten wahlbezogenen Programms insgesamt zu gewährleisten.[223] Im Streitfall begründeten die Sender die Beschränkung mit der besonderen Bedeutung des Amtes des Bundeskanzlers und leiteten daraus ein verstärktes Informationsinteresse der Öffentlichkeit hinsichtlich der in Betracht kommenden Kandidaten für das Amt des nächsten Regierungschefs ab, was von den Gerichten als legitime Ausübung der publizistischen Autonomie angesehen wurde. Zugleich war es akzeptabel, dass sich die Konzeption des „Duells" an dem demokratischen Brauch orientierte, den Kandidaten der stärksten Regierungspartei zum Regierungschef zu wählen.[224] Der Gleichheitssatz schied daher im Streitfall als Anspruchsgrundlage aus, kann aber jedenfalls in Sonderfällen einen Anspruch auf die Berücksichtigung in einer einzelnen Sendung rechtfertigen. Das kommt umso eher in Betracht, je enger die Sendung zeitlich und inhaltlich mit der Wahl verbunden ist und je größer ihr publizistisches Gewicht ist.[225] 571

---

222 OVG NRW vom 15. 8. 2002 (TV-Duell der Kanzlerkandidaten), ZUM 2002, 754 ff.

223 OVG NRW vom 15. 8. 2002 (TV-Duell der Kanzlerkandidaten), ZUM 2002, 754, 756 mwN.; siehe auch BVerfG vom 30. 8. 2002 (TV-Duell der Kanzlerkandidaten), NJW 2002, 2939 f.; *Bethge* ZUM 2003, 253, 254.

224 OVG NRW vom 15.8. 2002 (TV-Duell der Kanzlerkandidaten), ZUM 2002, 754, 757.

225 OVG NRW vom 15. 8. 2002 (TV-Duell der Kanzlerkandidaten), ZUM 2002, 754, 756 mwN.

572 In Bezug auf **Werbung** gelten für den öffentlich-rechtlichen Rundfunk dieselben Maßstäbe wie für den privaten Rundfunk und die sonstigen Medien (siehe Rdnr. 565f.). Wird von einer Rundfunkanstalt, die grundsätzlich Werbung ausstrahlt, die Berücksichtigung einer Werbung verlangt, die keinen meinungsbildenden Charakter hat, so steht aufseiten des Senders eine rein unternehmerische Entscheidung infrage. Insoweit kann daher, wie bei den privaten Medien, im Einzelfall ein kartellrechtlicher Anspruch auf Ausstrahlung der Werbung in Betracht kommen.

III. Rundfunkrechtliche Sendepflichten, Wahlwerbung

1. Allgemeines

573 Das Rundfunkrecht sieht für bestimmte Konstellationen eine gesetzliche Verpflichtung vor, Beiträge Dritter auszustrahlen. Der Rundfunkveranstalter ist freilich aufgrund seiner allgemeinen Bindung an das Recht zur Prüfung des Beitrags verpflichtet und hat ein Vetorecht, wenn dieser evident gegen das Recht verstößt.[226] Zivilrechtlich kann er für das Gesendete einzustehen haben und insbesondere Ansprüchen auf Gegendarstellung, Unterlassung oder Berichtigung ausgesetzt sein. Der wichtigste Anwendungsfall ist die Verpflichtung des Rundfunks zur Verbreitung von Wahlwerbung. Sie soll zunächst behandelt werden, die anderen Konstellationen werden im Anschluss vorgestellt.

574 Die Demokratie- und Informationsfunktion der Medien ist vor politischen Wahlen in besonderer Weise berührt. Das Funktionieren eines demokratischen Gemeinwesens setzt voraus, dass die Bewerber bzw. die politischen Parteien angemessene Möglichkeiten haben, über ihr Programm zu informieren und für es zu werben. Es gibt gleichwohl keinen verfassungsrechtlichen Anspruch der Parteien auf Sendezeiten im Rundfunk[227] bzw. auf eine entsprechende „Plattform" in den übrigen Medien. Der Presse und den Telemedien ist es aufgrund ihrer Tendenzfreiheit ausdrücklich freigestellt, ob sie Wahlwerbung veröffentlichen und welche Parteien sie dabei berücksichtigen und welche nicht.[228] Dagegen bestehen für den Rundfunk bestimmte gesetzliche Verpflichtungen, Wahlwerbung zu senden und die Parteien dabei gleich zu behandeln. Die Verpflichtung des öffentlich-rechtlichen Rundfunks als einem Träger öffentlicher Gewalt bestimmt sich allgemein nach § 5 ParteiG. Daneben ordnen auch zahlreiche Rundfunkgesetze eine solche Pflicht an.[229]

226 BVerfG vom 14.2. 1978 (Wahlwerbesendungen), BVerfGE 47, 198, 230ff., 233ff.; Herrmann/*Lausen*, Rundfunkrecht, § 10 Rn. 60; Hahn/Vesting/*Flechsig*, § 42 RStV Rn. 60ff. mwN.; *Hesse*, Rundfunkrecht, 4. Kapitel Rz. 75.

227 BVerfG vom 14.2. 1978 (Wahlwerbesendungen), BVerfGE 47, 198, 237.

228 BVerfG vom 2.4. 1974 (Volksentscheid Baden-Württemberg), BVerfGE 37, 84, 91.

229 Z.B. §§ 11 Abs. 1 Satz 1 ZDF-StV, 15 NDR-StV; Überblick bei Herrmann/*Lausen*, Rundfunkrecht, § 12 Rn. 71.

Das BVerfG geht von einem **Grundsatz der gleichen Wettbewerbschancen der Parteien im Bereich der Wahlpropaganda** aus, soweit diese durch Maßnahmen der öffentlichen Gewalt bzw. der Rundfunkanstalten beeinflusst wird.[230] Dieser Grundsatz erfordert nicht, dass alle Parteien im gleichen Umfang zu Wort kommen; die den einzelnen Parteien zuzuteilenden Sendezeiten dürfen entsprechend der Bedeutung der Partei verschieden bemessen werden.[231] Der Gesetzgeber hat dazu konkretisierende Regeln in **§5 Abs. 1 ParteiG** getroffen, der eine gerechte und sachangemessene Verteilung von Leistungen an die Parteien gewährleisten soll.[232] Danach kann der Umfang der Gewährung von Sendezeit nach der Bedeutung der Parteien bis zu dem für die Erreichung ihres Zweckes erforderlichen Mindestmaß abgestuft werden. Die Bedeutung der Parteien bemisst sich insbesondere auch nach den Ergebnissen vorausgegangener Wahlen zu den Volksvertretungen. In der Praxis gewähren die Rundfunkanstalten jeder zur Wahl zugelassenen Partei oder Gruppe, die bestimmte formale Voraussetzungen erfüllt, eine bestimmte Mindestzeit, wobei sich die Zahl von zwei Spots pro Partei eingebürgert hat.[233] Mittlere und größere Parteien erhalten in Abstufung nach ihrer Bedeutung zusätzliche Sendezeiten. 575

Die entsprechenden Pflichten des privaten Rundfunks bestimmen sich nach **§42 Abs. 2 RStV**, der für den bundesweit verbreiteten Rundfunk und Wahlen zum Deutschen Bundestag und für das Europäische Parlament gilt. Die Vorschrift setzt eine Erstattung der Selbstkosten an den Sender voraus, während die Ausstrahlung von Wahlwerbung im öffentlich-rechtlichen Rundfunk für die Parteien kostenlos ist. Die Landesmediengesetze enthalten weitere Vorschriften für regionale oder lokale Sendungen.[234] 576

2. Erfasste Sendungen

Die Sendepflicht betrifft nur **Wahlwerbesendungen**, also Sendungen, die einen inhaltlichen Bezug zu der bevorstehenden Wahl haben und darauf abzielen, den Bürger zur Stimmabgabe für eine bestimmte Wahl oder für bestimmte Wahlbewerber zu bewegen.[235] Außerdem muss die Sendung auf die betreffende **Partei** zurückgehen, einen Anspruch der Parteien auf eine Berücksichtigung im redaktionellen Programm begründet die Sendepflicht gerade nicht. Deshalb stand beispielsweise im TV-Duell der Kanzlerkandidaten-Fall keine Werbesendung in diesem Sinne infrage. Obwohl die betreffende Sendung möglicherweise erhebliche politische Werbewirkung entfalten konnte, war sie doch von den Rund- 577

230 BVerfG vom 30.5. 1962, BVerfGE 14, 121, 131ff.; BVerfG vom 14.2. 1978 (Wahlwerbesendungen), BVerfGE 47, 198, 225.
231 BVerfG vom 3.5. 1978 (5%-Klausel), BVerfGE 48, 271, 277.
232 BVerwG vom 13.12. 1974, BVerwGE 47, 280, 287f.
233 Herrmann/*Lausen*, Rundfunkrecht, §12 Rn. 79.
234 Überblick bei Herrmann/*Lausen*, Rundfunkrecht, §20 Rn. 19.
235 BVerfG vom 14.2. 1978 (Wahlwerbesendungen), BVerfGE 47, 198, 226.

funkanstalten redaktionell gestaltet und verantwortet und damit keine Wahlwerbesendung.[236] Das „Duell“ fußte auf einem programmlichen Konzept der Sender, das in vollem Umfang von der Rundfunk- bzw. Programmfreiheit erfasst wurde. Die Initiative zu der Sendung ging von den Rundfunkanstalten aus, bei denen auch die Entscheidung über das Ob und Wie lag und deren Moderatorinnen bei der Durchführung des „Duells“ journalistischer Spielraum blieb. Die Veranstaltung hatte nicht den Charakter einer „Hofberichterstattung“, bei der die Journalistinnen nur noch Stichwortgeber gewesen wären.[237]

3. Prüfungs- und Vetorecht

578 Die verpflichteten Sender sind befugt, Wahlspots der politischen Parteien darauf zu überprüfen, ob sie gegen **allgemeine Gesetze** verstoßen. Unter allgemeinen Gesetzen sind in diesem Zusammenhang solche zu verstehen, die unter Art. 5 Abs. 2 GG fallen und sich darüber hinaus auch nicht gegen das in Art. 21 GG geschützte Rechtsgut, d.h. nicht gezielt gegen die Freiheit der Parteigründung, den ungeschmälerten Bestand und die freie Entfaltung der Parteien richten.[238] Ist der Verstoß evident und schwerwiegend, so darf der Wahlspot zurückgewiesen werden. Die Ausstrahlung einer Wahlsendung darf aber nicht lediglich deshalb verweigert werden, weil der Sender den vorgelegten Wahlspot als verfassungswidrig ansieht.

579 Grundlegend ist die **Wahlwerbesendung-Entscheidung** des BVerfG. Sie betraf mehrere Wahlspots der KPD/ML (= Kommunistische Partei Deuschlands/Marxisten-Leninisten), die u.a. das „bürgerliche Parlament“ als eine „korrupte Schwatzbude“ bezeichneten, die Parlamentswahlen als ein „Betrugsmanöver“ zur „Unterdrückung der Arbeiterklasse und des Volkes“ ansahen und bestimmte Zustände darauf zurückführten, dass „die Kapitalistenklasse herrscht und es in ihrer Macht liegt, die Polizei und das Heer gegen streikende Arbeiter zu schicken“. Da über die Verfassungswidrigkeit von Parteien nach Art. 21 Abs. 2 Satz 2 GG allein das BVerfG zu entscheiden hat, dürfen Rundfunksender die Ausstrahlung einer Wahlsendung nicht deshalb ablehnen, weil sie darin verfassungsfeindliche Äußerungen erblicken.[239] Die Parteien unterliegen aber zugleich den allgemeinen Gesetzen. Ihre Funktionäre, Mitglieder und Anhänger dürfen daher nichts tun, was die Verfassung und die mit der Verfassung in Einklang stehenden Gesetze verbieten. Sie dürfen also insbesondere nicht gegen allgemeine Strafgesetze verstoßen. Als ein derartiges Gesetz sah das BVerfG namentlich das strafrechtliche Verbot an, den Staat und seine Symbole zu verunglimpfen.[240] Der Verstoß gegen Strafgesetze berechtige aber nur dann zur Zurückweisung des Spots, wenn er evident sei und das geschützte Rechtsgut im konkreten Fall schwerwiegend verletzt werde. Im Zweifelsfall hätte der Sender zuguns-

236 VG Köln vom 19. 7. 2002 (TV-Duell der Kanzlerkandidaten), ZUM 2002, 763 mwN.; OVG NRW vom 15. 8. 2002 (TV-Duell der Kanzlerkandidaten), ZUM 2002, 754f. mwN.
237 VG Köln vom 19. 7. 2002 (TV-Duell der Kanzlerkandidaten), ZUM 2002, 763, 764.
238 BVerfG vom 14. 2. 1978 (Wahlwerbesendungen), BVerfGE 47, 198, 230.
239 BVerfG vom 14. 2. 1978 (Wahlwerbesendungen), BVerfGE 47, 198, 227f.
240 § 90a StGB. Siehe Rdnr. 1691f.

ten der politischen Parteien den Spot zur Ausstrahlung freizugeben.[241] Im Ergebnis hielt das Gericht – soweit es in der Sache selbst entscheiden konnte – die Zurückweisungen der Spots für unzulässig.

Einen in diesem Sinne evidenten und schwerwiegenden Verstoß betrifft die **APPD-** 580 **Entscheidung** des OVG Koblenz. Im Streitfall hatte das ZDF einen Spot der „Anarchistische Pogo-Partei Deutschlands" zurückgewiesen. Der betreffende Beitrag hatte einen „sehr begrenzten Wortinhalt" und begann damit, dass der „Kanzlerkandidat" der Partei die Anrede „Maden der Welt" herausbrüllte. Der Hauptteil des Spots bestand aus der unkommentierten filmischen Darstellung einer Ansammlung völlig enthemmter, berauschter und von Zerstörungswut getriebener Menschen, die eine exzessive Orgie durchführten. Neben dem übermäßigen Konsum von Alkohol wurde eine Spritze im Arm eines der Akteure gezeigt. Inmitten der Szenerie waren Jugendliche und (auch kleine) Kinder zu sehen, die zum Teil orientierungslos und verstört durch die zügellose Menge irrten. Es wurde ein Paar mit nackten Oberkörpern und mit Plastiktüten überzogenen Köpfen bei der Vornahme sexueller Handlungen dargestellt. Ferner wurde ein Fressgelage gezeigt, an dem außer Menschen auch eine Ratte und ein Hund teilnahmen. Die Akteure aßen in abstoßender Weise Hundefutter und beschmierten sich gegenseitig damit. Zwei Jugendliche stritten wie Tiere mit bloßen Zähnen um ein Stück rohes Fleisch, das sie hin und her zerrten. Ein anderer Akteur stach mit einem Messer auf eine Plastiktüte ein, ein Computer wurde mit einer Axt zertrümmert und weitere Personen schlugen sich gegenseitig mit Bierdosen auf die Köpfe. Die Schlusseinblendung lautete: „Ihre Stimme für den Müll".

Das ZDF lehnte die unveränderte Ausstrahlung ab, da er gegen die Menschenwürde 581 verstoße und offensichtlich geeignet sei, die Entwicklung von Kindern und Jugendlichen oder ihre Erziehung zu einer eigenverantwortlichen und gemeinschaftsfähigen Persönlichkeit schwer zu gefährden. Das OVG Koblenz gab dem ZDF Recht und auch die spätere Verfassungsbeschwerde blieb erfolglos. Es ist den Verantwortlichen der Rundfunksender nicht zuzumuten, sich an offensichtlich rechtswidrigen Tätigkeiten Dritter zu beteiligen.[242] In den Augen der Richter war der Spot unzweifelhaft und eindeutig ein offenkundiger und schwerwiegender Verstoß gegen die Menschenwürde und das Verbot der Volksverhetzung.[243] Er zeichne das Bild einer nihilistischen, pervertierten und auf ein animalisch-triebhaftes Verhalten reduzierten Gesellschaft, in der der einzelne Mensch zu einer tierhaften, austauschbaren Größe herabgewürdigt und jeder Individualität beraubt werde. Er vermittele damit ein Menschenbild, das im krassen Widerspruch zum grundgesetzlich verbürgten Menschenbild stehe.[244]

4. Regierungsverlautbarungen

Rundfunksender können aufgrund landesgesetzlicher Regeln[245] weiterhin zur 582 Sendung von **amtlichen Verlautbarungen** verpflichtet sein, die wegen besonderer Dringlichkeit und aufgrund ihres Inhalts der unverzüglichen Verbreitung

241 BVerfG vom 14.2. 1978 (Wahlwerbesendungen), BVerfGE 47, 198, 233ff.
242 OVG Koblenz vom 7.9. 2005 (APPD), NJW 2005, 3593; dazu *Dörr* JuS 2006, 642ff.
243 §§130 StGB, 4 Abs.1 Nr.3 JMStV. Siehe Rdnr.1693, 1702.
244 OVG Koblenz vom 7.9. 2005 (APPD), NJW 2005, 3593, 3594.
245 Überblick bei Herrmann/*Lausen*, Rundfunkrecht, §12 Rn.63, §20 Rn.16f.; siehe auch §10 ZDF-StV.

durch den Rundfunk bedürfen. Gedacht ist namentlich an Katastrophenfälle, Seuchengefahren und den Verteidigungsfall.

5. Spezielle Regeln für Privatsender

583 Privatsender unterliegen weiteren gesetzlichen Pflichten, die in unterschiedlichen Formen auf das Verstärken oder Sichern von Meinungs- und Programmvielfalt zielen.

584 Privatsender sind nach §42 Abs. 1 RStV und entsprechenden landesgesetzlichen Vorschriften[246] verpflichtet, den Evangelischen Kirchen, der Katholischen Kirche und den Jüdischen Gemeinden auf Wunsch und gegen Erstattung der Selbstkosten angemessene Sendezeiten zur **Übertragung religiöser Sendungen** einzuräumen.

585 Erlangt ein privater Rundfunkveranstalter eine **vorherrschende Meinungsmacht**, so greifen bestimmte Regularien zur Sicherung bzw. Wiederherstellung der Meinungsvielfalt. Daraus kann sich in verschiedener Weise ergeben, dass der Rundfunkveranstalter aus eigenem Entschluss oder aufgrund einer gesetzlichen Verpflichtung unabhängigen Dritten Sendezeiten einräumt (§31 RStV; siehe Rdnr. 532f.).[247]

586 Zur Herstellung **regionaler Bezüge**[248] sind weiterhin die beiden bundesweit verbreiteten und reichweitenstärksten Fernsehvollprogramme nach Maßgabe des jeweiligen Landesrechts verpflichtet, Fensterprogramme zur aktuellen und authentischen Darstellung der Ereignisse des politischen, wirtschaftlichen, sozialen und kulturellen Lebens in dem jeweiligen Bundesland aufzunehmen (§25 Abs. 4 Satz 1 RStV; siehe Rdnr. 521).

---

246 Zu den entsprechenden landesgesetzlichen Normen Herrmann/*Lausen*, Rundfunkrecht, §20 Rn. 31.

247 §§26 Abs. 4, Abs. 5, 30 Nr. 1 RStV.

248 Hahn/Vesting/*Rossen-Stadtfeld*, §25 RStV Rn. 66.

§ 8: Finanzierung

Ausgewählte Literatur

H. J. Ahrens, Redaktionelle Werbung – Korruption im Journalismus, GRUR 1995, 307 ff.; *Bartosch*, Öffentlich-rechtliche Rundfunkfinanzierung und EG-Beihilfenrecht – eine Zwischenbilanz, EuZW 1999, 176 ff.; *Bayerische Landeszentrale für neue Medien* (Hrsg.), BLM-Symposion Medienrecht 2002, Die Trennung der Werbung vom „übrigen Programm", 2004; *dies.* (Hrsg.), BLM-Symposion Medienrecht 2006, Interaktive Rundfunkformate als Finanzierungsquelle – Die sonstigen Einnahmen nach § 43 RStV; *Beater*, Medienspezifische Beurteilung von Werbung im Wettbewerbsrecht – Ausgewählte Problemfragen am Beispiel der Fernseh- und Internetwerbung, FS Herrmann 2002, 85 ff.; *Bethge*, Das Recht der öffentlich-rechtlichen Rundfunkanstalten zur Herausgabe von Programmzeitschriften, JZ 1986, 366 ff.; *Bork*, Werbung im Programm, 1988; *Bornemann*, Cross-Promotion in Fernsehprogrammen von Senderfamilien, K&R 2001, 302 ff.; *Degenhart*, Rechtliche Aspekte des Teleshoppings, ZUM 1995, 353 ff.; *ders.*, Rundfunk und Internet, ZUM 1998, 333 ff.; *ders.*, Finanzierung des öffentlich-rechtlichen Rundfunks aus nationaler und internationaler Sicht: Der Rundfunkauftrag als Grundlage und Grenze, AfP 2005, 493 ff.; *Detterbeck*, Zur Grundrechtsproblematik staatlicher selektiver Pressesubventionen, ZUM 1990, 371 ff.; *Dörr/Cloß*, Die Vereinbarkeit der Gebührenfinanzierung des österreichischen Rundfunks mit dem EG-Beihilferecht, ZUM 1996, 105 ff.; *Eberle*, Die Rundfunkgebühr – Verfassungsrechtlicher Anspruch und gesellschaftspolitische Funktion, AfP 1995, 559 ff.; *Engel*, Rundfunk in Freiheit, AfP 1994, 185 ff.; *ders.*, Europarechtliche Grenzen für öffentlich-rechtliche Spartenprogramme – Beihilfeaufsicht, Wettbewerbsregeln, Grundfreiheiten, 1996; *Gall*, Die Rundfunkgebühr – Garant der dualen Rundfunkordnung, ZUM 1991, 167 ff.; *Gersdorf*, Die Rundfunkgebühr als „politischer Preis"?, AfP 1994, 108 ff.; *ders.*, Teleshopping: Exerzitium für die Notwendigkeit einer Differenzierung zwischen Ausgestaltung und Beschränkung, ZUM 1995, 841 ff.; *Goldmedia GmbH*, Call Media – Mehrwertdienste in TV und Hörfunk. Studie im Auftrag der Bayerischen Landeszentrale für neue Medien, BLM-Schriftenreihe Bd. 79, 2005; *Gounalakis*, Product Placement und Schleichwerbungsverbot, K&R 2006, 97 ff.; *Gundel*, Das Verbot der ideellen Rundfunkwerbung auf dem Prüfstand der EMRK, ZUM 2005, 345 ff.; *Heller*, Anzeige, Anzeige, Anzeige, FS Schweizer 1999, 297 ff.; *Hesse*, Die Finanzierung des öffentlich-rechtlichen Rundfunks aus europäischer und nationaler Sicht, AfP 2005, 500 ff.; *Holzer*, Die deutsche Rundfunkgebühr als unzulässige Beihilfe im Sinne des europäischen Rechts?, ZUM 1996, 274 ff.; *H. P. Ipsen*, Zum Funktionsbereich der öffentlich-rechtlichen Rundfunkanstalten außerhalb der unmittelbaren Programmveranstaltung, DÖV 1974, 721 ff.; *Ladeur*, Neue Werbeformen und der Grundsatz der Trennung von Werbung und Programm, ZUM 1999, 672 ff.; *ders.*, Das Werberecht der elektronischen Medien, 2004; *Lerg*, Die Anfänge der Rundfunkwerbung in Deutschland, Vierteljahreshefte für Kommunikationsforschung 1963, 296 ff.; *Libertus*, Randnutzung im öffentlich-rechtlichen Rundfunk – Rechtliche Aspekte und Erscheinungsformen, AfP 1992, 229 ff.; *Lindner*, Externe Eigenwerbung des öffentlich-rechtlichen Rundfunks, ZUM 2005, 520 ff.; *Löffler*, Kollision zwischen werblicher und publizistischer Aussage bei Presse und Rundfunk, BB 1976, 921 ff.; *ders.*, Grenzen entgeltfinanzierter öffentlich-rechtlicher Fernsehangebote, AfP 1998, 149 ff.; *Mand*, Er- 587 werbswirtschaftliche Betätigung öffentlich-rechtlicher Rundfunkanstalten außerhalb des Programms, 2002; *Monopolkommission*, Sondergutachten 11, Wettbewerbsprobleme bei der Einführung von privatem Hörfunk und Fernsehen, 1981; *Neun*, Öffentlich-rechtlicher Rundfunk: Grenzen des Wachstums, 2002; *Otten*, Die Gebührenfinanzierung der öffentlich-rechtlichen Rundfunkanstalten im Rahmen des Art. 92 EGV, ZUM 1997, 790ff.; *Platho*, Werbung, nichts als Werbung – und wo bleibt der Trennungsgrundsatz?, ZUM 2000, 46ff.; *Rath-Glawatz*, Die Selbstbindung öffentlich-rechtlicher Rundfunkanstalten bei der Veranstaltung von Online-Angeboten, AfP 2003, 9ff.; *Schulze-Fielitz*, Betätigung öffentlich-rechtlicher Institutionen im Onlinebereich, AfP 1998, 447ff.; *Schwarz/Eichler*, Der Werbebegriff im Rundfunkstaatsvertrag, AfP 1996, 228ff.; *Stettner*, Ist es öffentlich-rechtlichen Rundfunkanstalten, insbesondere dem ZDF, gestattet, Pay-TV zu veranstalten?, ZUM 1995, 293ff.; *ders.*, Ist es zulässig, TV-Spots der Bundeswehr in den Werbeblöcken öffentlich-rechtlicher oder privater Programme zu schalten?, ZUM 1995, 559ff.; *Storr*, Grundversorgung in Rundfunk und Binnenmarkt – Unterschiede und Perspektiven, K&R 2002, 464ff.; *von Wallenberg*, Fortentwicklung des dualen Rundfunksystems zur Überwindung der wettbewerblichen Schieflage zwischen privatem und öffentlich-rechtlichem Rundfunk, ZUM 2004, 875ff.; *Wallraf*, Zum Sponsoring redaktioneller Seiten in der Zeitungs- und Zeitschriftenpresse, FS Schweizer 1999, 271ff.

A. Ausgangsfragen

588 Medien können sich in unterschiedlicher Weise finanzieren.[1] Presseunternehmen finanzieren sich typischerweise durch einen Mix aus Verkaufs- und Werbeerlösen, während Rundfunksender ihre Einnahmen durch Gebühren und/oder durch Werbung sowie im Fall des Pay-TV aus Entgelten der Zuschauer erlangen. Im Bereich der Telemedien dominiert bislang die Finanzierung aus Werbeentgelten. Im Ausgangspunkt gelten für die Finanzierung von Medienunternehmen dieselben rechtlichen Anforderungen wie für andere Unternehmen auch. Es gibt jedoch medienrechtliche Besonderheiten. Zugleich bringt jede Form der Finanzierung im Detail eigene Probleme und Gefahren mit sich. Zum einen lässt sich nach der **Finanzierungsart** unterscheiden. Eine direkte Finanzierung, zum Beispiel durch Pay-TV-Entgelte, stellt den Sender vor die Aufgabe, das Entgelt auch tatsächlich einzutreiben. Eine indirekte Finanzierung, die nicht vom Zuschauer, sondern von Werbekunden getragen wird, entlastet die Medien weitgehend von solchen Schwierigkeiten, wirft aber im gleichen Atemzug andere Probleme auf. Hier sind Finanzierungszusammenhänge nicht unbedingt erkennbar. Es kann im Extremfall sein, dass ein Medium allein deshalb positiv über Produkte berichtet, weil der Hersteller ein wichtiger Anzeigenkunde ist. Zum anderen kann zwischen den einzelnen **Medienzweigen** zu trennen sein, etwa weil Werbung in Zeitungen anders wirkt und funktioniert als im Fernsehen und daher jeweils spezielle Anforderungen angemessen sind. Ebenso kann

1 Überblick bei *Beyer/Carl*, Einführung in die Medienökonomie, 2004, S. 115ff. mwN.

zwischen außen- und binnenpluralen Medien zu differenzieren sein. Schließlich ist zu beachten, dass die meisten Medienunternehmen aus mehreren Finanzierungsquellen schöpfen. Das kann sie vor einseitigen Finanzierungsabhängigkeiten sichern, läuft in manchen Konstellationen aber zugleich auf eine Vervielfältigung der rechtlichen Probleme hinaus.

I. Finanzierungsart und redaktioneller Inhalt

Aus medienrechtlicher Sicht ist vor allem zu bedenken, dass Geldgeber Einfluss 589
auf die redaktionelle Linie haben können. **Wes' Brot ich ess, des' Lied ich sing.** Einige Landesrechte sehen daher vor, dass Presseunternehmen in regelmäßigen Zeitabschnitten im Impressum offenlegen müssen, wer an ihrer Finanzierung beteiligt ist.[2] Zugleich muss man sich bewusst machen, dass eine „Abhängigkeit" der Medien von finanziellen Einnahmen nicht unbedingt nachteilig sein muss. Jedes auf dem Markt tätige Unternehmen hat sich an den Wünschen potenzieller Kunden zu orientieren und ist davon abhängig, weil es ohne Einnahmen finanziell nicht überleben kann. Ein derartiger „Zwang" ist die Basis der Marktwirtschaft und im Grundsatz positiv.[3] Er stellt sicher, dass sich das Angebot an der tatsächlichen Nachfrage ausrichtet, dass Unternehmen stetig nach Verbesserungen ihrer Angebote streben müssen und dass Kunden zu niedrigen Preisen erwerben können. Zugleich wird auf diese Weise dazu beigetragen, den Prozess der öffentlichen Meinungsbildung vor Erstarrung zu bewahren und für neue Ideen offenzuhalten.[4] Wird dagegen der Marktmechanismus durchbrochen und durch eine wie auch immer geartete andere Verteilungsform ersetzt, dann droht, dass Kunden Produkte bezahlen müssen, die sie nicht wollen, dass Unternehmen nicht nach Verbesserungen streben müssen und sich nicht an der tatsächlichen Nachfrage auszurichten brauchen, sondern ihre „Kunden" ungestraft bevormunden können. Diese Grundzusammenhänge gelten auch für Medien.

Da sich Medienunternehmen in verschiedener Weise finanzieren, können sie 590
unterschiedlichen Finanzierungszusammenhängen bzw. Beeinflussungen unterliegen. Es ist wichtig, sich bewusst zu machen, dass die einzelnen **Finanzierungsarten jeweils eigene Konsequenzen** mit sich bringen. Sie sind dementsprechend mit unterschiedlichen Chancen und Risiken verbunden. Besonders deutlich lässt sich dies am Beispiel des Fernsehens zeigen, da sich hier mehrere Finanzierungsmodelle finden.

Der öffentlich-rechtliche Rundfunk finanziert sich maßgeblich durch die 591
Rundfunkgebühr. Sie muss von jedem bezahlt werden, der ein Rundfunkemp-

---

2 Z.B. §7 Abs.4 Satz 1 LPrG MV; eingehend Löffler/*Löhner*, §8 LPG Rdnr.136ff. mwN.

3 Zu den einzelnen Funktionen des Wettbewerbs *Beater*, Unlauterer Wettbewerb, §2 Rdnr.7ff. mwN.

4 *Bullinger* HStR Bd.VI, §142 Rn.167.

fangsgerät „bereithält",[5] selbst wenn die betreffende Person nachweislich nur private und keine öffentlich-rechtlichen Programme sieht.[6] Es handelt sich also um eine Zahlung, die sich – je nach Standpunkt – als Solidarbeitrag oder Zwangsentgelt bezeichnen lässt. Dementsprechend hängt die finanzielle Ausstattung des öffentlich-rechtlichen Fernsehens grundsätzlich nicht davon ab, welche Akzeptanz sein Programm bei Zuschauern oder Werbekunden findet. Die öffentlich-rechtlichen Anstalten unterliegen bewusst nicht dem „freien Spiel der Kräfte",[7] sondern sind im Prinzip nur sich selbst verantwortlich. Der damit verbundene Ausschluss marktwirtschaftlicher Korrekturmechanismen ermöglicht besondere Freiheiten und Vielseitigkeiten, ist zugleich aber untrennbar mit den Gefahren einer politischen Herrschaft ohne Kontrolle sowie der Schulmeisterei und Bevormundung verbunden. Entsprechende Vorwürfe[8] löst der öffentlich-rechtliche Rundfunk prinzipbedingt immer wieder aufs Neue aus.

592 Zu Zeiten des öffentlich-rechtlichen Monopols hatte der Rundfunk den Charakter einer **„Zwangsvolkshochschule"**. „Da gab es den spielfilmfreien Donnerstag, um den beschäftigungslosen Zuschauer in ‚wertvollere' Sendungen zu zwingen. Da wurde die attraktive amerikanische Seifenoper am Dienstagabend erst um 21 Uhr ausgestrahlt, um das Volk dazu zu verführen, eine Stunde vorher das politische Magazin zu sehen. Da wurden die ‚richtigen' politischen Inhalte in die Lindenstraße oder in die Schwarzwaldklinik verpackt, um sie an den unaufmerksamen Zuschauer zu bringen. All das sind Formen der vorsätzlichen Manipulation, die die Bürger in zwei Klassen der aufgeklärten in den Redaktionsstuben und des dummen Volkes im Fernsehsessel aufteilen".[9]

593 Das so genannte **Free-TV** finanziert sich hauptsächlich oder zumindest auch aus Werbeeinnahmen, ist also aus Sicht des Zuschauers „kostenlos". Ein solcher Sender bietet werbewilligen Unternehmen den Transport und die Verbreitung von Werbung an, sein wirtschaftlicher Erfolg richtet sich nach seiner Attraktivität für Werbekunden. Das Programm soll für die Zuschauer attraktiv sein, um sie als Werbeadressaten zu erreichen und dadurch eine weite Verbreitung der Werbung zu erzielen. Die Besonderheiten von Fernsehwerbung[10] bringen es mit sich, dass ein Free-TV-Unternehmen danach streben muss, einen möglichst großen und breit gemischten Kreis von Personen zu erreichen. Sein Programm ist daher grundsätzlich auf den Massengeschmack und die „Quote" bei den jüngeren Zuschauern ausgerichtet, die als besonders konsumfreudig gelten und daher für Werbekunden vornehmlich interessant sind. Es berücksichtigt prinzipiell keine Partikularinteressen oder Minderheiten. Das Free-TV ist daher sys-

5 § 13 Abs. 2 RStV.

6 Hahn/Vesting/*Naujock*, § 1 RGebStV Rn. 40f. mwN. Siehe Rdnr. 688.

7 BVerfG vom 27.7. 1971 (Mehrwertsteuer), BVerfGE 31, 314, 325; BVerfG vom 16.6. 1981 (FRAG), BVerfGE 57, 295, 323.

8 Z.B. *Engel* AfP 1994, 187, 189ff. mwN.

9 *Engel* AfP 1994, 187, 190f.

10 Siehe Rdnr. 623.

tembedingt schwerlich in der Lage, Meinungs- und Programmvielfalt zu fördern und damit die informationelle Versorgung der Bevölkerung zu verbessern.[11]

Die Monopolkommission (§§44ff. GWB) hat diese Zusammenhänge bereits frühzeitig vor der Einführung des privaten Rundfunks formuliert und **massiv vor einem Medienrecht gewarnt, das einen werbefinanzierten privaten Rundfunk schaffen würde**. In ihren Augen hat das Free-TV auch negative Auswirkungen für den Wettbewerb auf den von der Werbung betroffenen Produktmärkten.[12] Es ist müßig, darüber nachzudenken, aus welchen Gründen die Kommission politisch kein Gehör gefunden hat. Der qualitative Zuschnitt des Privatfernsehens[13] ist jedenfalls kein Zufall, sondern basiert auf klaren ökonomischen Zusammenhängen, an denen auch das BVerfG seine Judikatur ausrichtet.[14] 594

Das **Pay-TV** schließlich finanziert sich durch Entgelte der Zuschauer, die entweder für die einzelne Sendung oder den betreffenden Kanal gezahlt werden. Ein derartiger Sender wird ebenfalls versuchen, möglichst viele Zuschauer zu erreichen. Er wird aber ebenso Programme für Partikularbereiche und Minderheiten anbieten, soweit sich dies rechnet bzw. soweit eine ausreichende Gruppe von Zuschauern bereit ist, für eine entsprechende Sendung zu bezahlen.[15] Der Markt kann es nämlich für Unternehmen attraktiv machen, sich im Wege von Nischen- oder Ausweichstrategien an solche Nachfrager bzw. Zuschauer zu richten, die von anderen Anbietern nicht bedient werden. Das kann zum Beispiel sein, wenn bestimmte Zuschauergruppen für große Sender zu klein sind oder wenn sich die Konkurrenten auf andere Gruppen ausgerichtet haben. Pay-TV kann daher in ähnlicher Weise wie die Finanzierung durch Gebühren Meinungsvielfalt begünstigen. Pay-TV und Gebührenfinanzierung sind jeweils mit spiegelbildlichen Vor- und Nachteilen verbunden. Die Gebührenfinanzierung setzt auf Zwang und verpflichtet ggf. zur Zahlung von Programmen, die der Zahler gar nicht nutzt, stellt den Zuschauern aber im Übrigen jede Sendung zum gleichen „Preis" zur Verfügung. Das Pay-TV verzichtet auf Zwang, verlangt aber u.U. für Programme unterschiedliche Preise. Zuschauer mit Masseninteressen zahlen möglicherweise geringere und Angehörige von Minderheitsgruppen höhere Entgelte. 595

Das Pay-TV-System hat aus unterschiedlichen Gründen in der deutschen Medienlandschaft bislang allenfalls eine Außenseiterrolle gespielt. Es setzt eine technische Infra- 596

11 *Monopolkommission*, Sondergutachten 11, Wettbewerbsprobleme bei der Einführung von privatem Hörfunk und Fernsehen, 1981, Rz.6, Rz.27ff.; BVerfG vom 4.11. 1986 (Niedersachsen), BVerfGE 73, 118, 155f.

12 *Monopolkommission*, Sondergutachten 11, Wettbewerbsprobleme bei der Einführung von privatem Hörfunk und Fernsehen, 1981, Rz.7, Rz.13ff.

13 BVerfG vom 22.2. 1994 (Rundfunkgebühr), BVerfGE 90, 60, 90f. „Defizite ... an gegenständlicher Breite und thematischer Vielfalt".

14 BVerfG vom 22.2. 1994 (Rundfunkgebühr), BVerfGE 90, 60, 91 „programm- und vielfaltsverengende Tendenzen"; ähnlich BVerfG vom 6.10. 1992 (Hessen 3), BVerfGE 87, 181, 199.

15 *Monopolkommission*, Sondergutachten 11, Wettbewerbsprobleme bei der Einführung von privatem Hörfunk und Fernsehen, 1981, Rz.27ff.

struktur voraus, die sicherstellen muss, dass die Zuschauer das geschuldete Entgelt auch tatsächlich zahlen. Das verlangt entsprechende Zusatzgeräte („Decoder") und damit einen den Marktzugang erschwerenden Mehraufwand. Außerdem ist zu bedenken, dass die Zuschauerschaft sich seit dem Aufkommen des Fernsehens an dessen scheinbare „Kostenlosigkeit" gewöhnt hatte. Das Free-TV-System hat diesen Effekt noch verstärkt. Die Bereitschaft, über die Rundfunkgebühr hinaus zusätzliche Entgelte an private Sender zu zahlen, hat aus diesen Gründen offensichtliche Grenzen.

II. Staatliche und staatsfreie Finanzierung, Subventionen

597 Eine staatliche Finanzierung der Medien ist problematisch und weitgehend unzulässig. Grundsätzlich bringt jede Finanzierungsform zumindest mittelbare Auswirkungen auf die redaktionelle Seite mit sich. Eine Finanzierung durch die öffentliche Hand könnte dem Staat Wege eröffnen, auf den Inhalt von Presseberichten oder Fernsehprogrammen Einfluss zu nehmen. Derartige Beeinflussungen würden die freie, d.h. nicht staatlich gelenkte öffentliche und individuelle Meinungsbildung beeinträchtigen und namentlich die wichtigen **Demokratie- und Kontrollfunktionen der Medien**[16] gefährden. Freie, nicht von der öffentlichen Gewalt gelenkte, keiner Zensur unterworfene Medien sind ein Wesenselement des freiheitlichen Staates und für die moderne Demokratie unentbehrlich. Dementsprechend werden die Medien vor allen Formen staatlicher Beeinflussungsmöglichkeiten geschützt, da letztlich alle staatlichen Organe in Gefahr sind, die Presse- und Rundfunkfreiheit ihren Interessen unterzuordnen. Die Kommunikationsgrundrechte haben sich seit jeher gegen die Gängelung der Massenmedien durch den Staat gerichtet und noch heute liegt ihr wichtigstes Anwendungsfeld in der Abwehr einer staatlichen Kontrolle der Berichterstattung.[17] Um jede politische Instrumentalisierung der Medien auszuschließen, muss ihr grundrechtlicher Schutz sich auch gegen die „subtileren Mittel indirekter Einwirkung" bzw. gegen Finanzierungsabhängigkeiten richten, die staatlichen Organen Einfluss auf das Programm verschaffen könnten.[18]

598 Eine Finanzierung oder finanzielle Unterstützung der Medien durch den Staat kann nur zulässig sein, wenn Möglichkeiten der Einflussnahme auf Inhalt und Gestaltung einzelner Medienerzeugnisse sowie Verzerrungen des publizistischen Wettbewerbs insgesamt vermieden werden. Klammert man die Rundfunkgebühr als Sonderkategorie an dieser Stelle aus (siehe dazu Rdnr. 681 ff.), dann stellt sich die Finanzierungsproblematik vor allem im Zusammenhang mit staatlichen **Subventionen für Medien** bzw. für die Presse.[19] Hier ist verfassungsrechtlich zu unterscheiden. Die Pressefreiheit gewährt nicht nur den im Pressewesen tätigen Personen und Unternehmen ein subjektives Grundrecht, sondern sie hat auch eine objektiv-rechtliche Seite und garantiert das Institut „Freie Pres-

---

16 Zur Kontrollfunktion und zur Demokratiefunktion der Medien siehe Rdnr. 24, 35.
17 BVerfG vom 22.2. 1994 (Rundfunkgebühr), BVerfGE 90, 60, 88.
18 BVerfG vom 22.2. 1994 (Rundfunkgebühr), BVerfGE 90, 60, 88.
19 Einen Überblick zu staatlichen Pressehilfen gibt *Groß*, Presserecht, Rn. 172 ff. mwN.

se".[20] Es ist daher theoretisch eine verfassungsrechtliche Subventionspflicht des Staates denkbar, wenn ohne eine solche Leistung die Aufrechterhaltung eines freiheitlichen Pressewesens nicht mehr gewährleistet wäre.[21] Praktische Bedeutung hat dies bislang nicht erlangt, da sich die Presse allen Widrigkeiten zum Trotz als robuste Branche erwiesen hat. Im Übrigen verleiht die Pressefreiheit dem einzelnen Presseunternehmen weder einen Anspruch auf finanzielle staatliche Unterstützung,[22] noch schließt sie eine staatliche Subventionierung grundsätzlich aus. Wenn der Staat Maßnahmen zur Förderung der Presse ergreift, so verpflichtet ihn das Verfassungsrecht aber zur **Neutralität**.[23] Er darf den Inhalt der Meinungen oder die Tendenz von Presseerzeugnissen nicht zum Förderungskriterium machen und sich auf diese Weise Einfluss auf den gesellschaftlichen Meinungs- und Willensbildungsprozess verschaffen. Staatliche Subventionen für Medien sind deshalb nur dann mit Art.5 Abs.1 Satz 2 GG vereinbar, wenn ihre Vergabe und Ausgestaltung im Einzelnen allein nach meinungsneutralen Kriterien erfolgt.[24] Zugleich steht in solchen Fällen jedem Träger der Pressefreiheit ein subjektives Abwehrrecht gegen die mit staatlichen Förderungsmaßnahmen etwa verbundene inhaltslenkende Wirkung zu sowie ein Anspruch auf Gleichbehandlung im publizistischen Wettbewerb.[25]

Das maßgebende Urteil des BVerfG zu diesem Bereich ist die **Postzeitungsdienst-Entscheidung**. Im Streitfall wurde der Vertrieb von Presse-Druckwerken in Gestalt eines verbilligten Postzeitungsdienstes staatlich subventioniert, um die Verbreitung von Informationen durch die Presse finanziell zu erleichtern und die Presse bei der Erfüllung ihrer öffentlichen Aufgaben zu unterstützen. Die verbilligte Vertriebsmöglichkeit war im damaligen Postrecht geregelt. Sie war auf periodisch erscheinende Druckschriften begrenzt, die zu dem Zweck herausgegeben wurden, die Öffentlichkeit über Tagesereignisse, Zeit- oder Fachfragen zu unterrichten. Nicht gefördert wurden Zeitschriften, die entweder geschäftlichen Interessen Dritter dienten oder im Text- oder Anzeigenteil geschäftliche Empfehlungs- oder Vermittlungsdienste des Verlags anboten, in denen laufend und ausschließlich für ein bestimmtes Unternehmen geworben wurde. Ebenfalls ausgeschlossen waren periodische Druckwerke, die ausschließlich für ein Sammelwerk bestimmt waren. Die Regelung war verfassungskonform. Es waren nämlich nur solche Presseerzeugnisse betroffen, denen es gar nicht um die Äußerung oder Verbreitung von Meinungen und Informationen ging oder bei denen Meinungen und Informationen außerpublizistischen Geschäftszwecken untergeordnet waren.[26] Solche Publikationen genießen zwar ebenso wie die übrige Presse die Freiheit von staatlicher Lenkung, haben aber nicht notwendig denselben Anteil an staatlicher Förderung. Zugleich war die Förderung vom Inhalt der 599

20 BVerfG vom 5.8. 1966 (Spiegel), BVerfGE 20, 162, 175.
21 BVerfG vom 6.6. 1989 (Postzeitungsdienst), BVerfGE 80, 124, 132; *Groß*, Presserecht, Rn.179ff., Rn.183f.
22 BVerfG vom 6.6. 1989 (Postzeitungsdienst), BVerfGE 80, 124, 133.
23 BVerfG vom 6.6. 1989 (Postzeitungsdienst), BVerfGE 80, 124, 134.
24 BVerfG vom 6.6. 1989 (Postzeitungsdienst), BVerfGE 80, 124, 134.
25 BVerfG vom 6.6. 1989 (Postzeitungsdienst), BVerfGE 80, 124, 134.
26 BVerfG vom 6.6. 1989 (Postzeitungsdienst), BVerfGE 80, 124, 135; dazu *Hoffmann-Riem* JZ 1989, 842f.; *Rubel* JA 1989, 464f.; *Detterbeck* ZUM 1990, 371ff.

verbreiteten Meinungen oder der Tendenz des Presseerzeugnisses unabhängig. Sie übte auf den Träger des Grundrechts keinen Druck zur Tendenz- oder Inhaltsänderung aus.

III. Verfassungsrechtliche Anforderungen

600 Für die Finanzierung von **Presse und Telemedien** gibt das Grundgesetz keine Finanzierungsmaßstäbe vor, sofern man von der eben behandelten Problematik der staatlichen bzw. staatsfreien Finanzierung absieht. Die genannten Medien sind außenplural strukturiert. Sie können genau wie andere Unternehmen nach privatwirtschaftlichen Grundsätzen und in privatrechtlichen Organisationsformen arbeiten[27] und entscheiden daher autonom darüber, wie sie sich finanzieren.

601 Für die Finanzierung des Rundfunks hat das BVerfG dagegen verfassungsrechtliche Anforderungen entwickelt, die im Einzelnen unterschiedlich sind. Für die streng dem Prinzip des Binnenpluralismus verpflichteten **öffentlich-rechtlichen Sender** bestehen zahlreiche Besonderheiten. Hier hängt die Finanzierung auf das Engste mit dem öffentlichen Auftrag der Rundfunkanstalten zusammen. Der Auftrag ist der zentrale Schlüssel für die Finanzierung. Er legitimiert die spezielle Finanzierung durch die Rundfunkgebühr und ist zugleich deren entscheidendes Bemessungskriterium. Zugleich führt er dazu, dass den öffentlich-rechtlichen Sendern bestimmte Aktivitäten und Finanzierungsmöglichkeiten entweder untersagt oder nur in bestimmten Grenzen erlaubt sind. Die näheren Einzelheiten werden an späterer Stelle behandelt (siehe Rdnr. 702ff.).

602 Für den **privaten Rundfunk** gelten nochmals andere Anforderungen. Sie sind im Einzelnen kompliziert. Im Ausgangspunkt stellt das Grundgesetz keine direkten Vorgaben für die Finanzierung des Privatfunks auf, verpflichtet ihn aber grundsätzlich zur Meinungsvielfalt. Finanzierungsfragen werden aus verfassungsrechtlicher Sicht daher relevant, soweit sie sich auf das Ziel der öffentlichen Meinungsbildung durch den Rundfunk auswirken.[28] Wenn es beispielsweise eine Finanzierungsmethode gäbe oder in Zukunft geben sollte, die die erforderliche Meinungsvielfalt im privaten Rundfunk zwingend ausschließt, so wäre sie unmittelbar von Verfassungs wegen verboten. Vor allem hat die Rundfunkfreiheit jedoch Bedeutung für den Gestaltungsauftrag des Gesetzgebers. Der Gesetzgeber muss die Rundfunkordnung von Verfassungs wegen so ausgestalten, dass Privatsender wie Privatunternehmen agieren können. Das Parlament darf beispielsweise die Zulassung privater Sender nicht von Anforderungen abhängig machen, die ein Veranstalten privater Rundfunkprogramme praktisch ausschließen würden.[29] Der Gesetzgeber darf ferner den Folgen für die Programmgestaltung Rechnung tragen, die sich beispielsweise aus der Werbefinanzierung des

---

27 BVerfG vom 5.8. 1966 (Spiegel), BVerfGE 20, 162, 175.

28 BVerfG vom 4.11. 1986 (Niedersachsen), BVerfGE 73, 118, 155; BVerfG vom 5.2. 1991 (WDR), BVerfGE 83, 238, 311; BVerfG vom 6.10. 1992 (Hessen 3), BVerfGE 87, 181, 199.

29 BVerfG vom 4.11. 1986 (Niedersachsen), BVerfGE 73, 118, 157.

privaten Rundfunks ergeben.[30] Insgesamt muss die Rundfunkordnung jedoch sicherstellen, dass die privaten Sender in dem von der Verfassung verlangten Maße zur öffentlichen Meinungsbildung und Vielfalt beitragen.[31] Wirkt der Gesetzgeber vielfaltsverengenden Gefahren nicht ausreichend entgegen, so kann die von ihm geschaffene Regelung im Einzelfall verfassungswidrig sein. Der Verfassungsverstoß kann sich dann auch daraus ergeben, dass der Gesetzgeber Finanzierungsweisen, die sich vielfaltsverengend auswirken, nicht untersagt hat.

B. Entgelt

Unternehmen, die Produkte oder Leistungen anbieten, finanzieren sich typischerweise aus dem Entgelt, das Kunden für diese Produkte oder Leistungen bezahlen. Eine solche Finanzierung setzt auf die Mechanismen des Marktes mit all deren Vorzügen und sonstigen Eigenschaften. Im Medienbereich ist sie eher die Ausnahme, doch gibt es dabei zwischen den einzelnen Medien gravierende Unterschiede. Das Ausmaß dieser Unterschiede ist sachlich schwer zu erklären und im Grunde grotesk. Im Bereich der Presse sind „kostenlose" Zeitungen, die sich nicht durch ein Käuferentgelt, sondern allein durch Werbung finanzieren, von den Unternehmen immer wieder erfolglos am Markt ausprobiert und zugleich von Konkurrenten lange Zeit mit Hilfe des Wettbewerbsrechts juristisch bekämpft und niedergehalten worden.[32] Umgekehrt dominiert im Bereich des Fernsehens das werbefinanzierte Free-TV, über dessen redaktionelle Qualität viele schimpfen. Das Pay-TV trifft dagegen nur auf geringe Akzeptanz. Neben den bereits angesprochenen Gründen könnte dies auch daran liegen, dass Menschen möglicherweise eher zu einer Gegenleistung bereit sind, wenn die Leistung in etwas Körperlichem besteht, zum Beispiel in einer Zeitung oder einer DVD. Der geldwerte Charakter von unkörperlichen Leistungen, um die es beim Fernsehen nun einmal geht, wird womöglich weniger wahrgenommen. Die Telemedien sehen sich ähnlichen Schwierigkeiten gegenüber. Die Nutzer haben die Kostenlosigkeit dieser Medien bereits verinnerlicht und sind kaum bereit, für entsprechende Angebote ein direktes Entgelt zu zahlen. 603

I. Presse

Presseerzeugnisse finanzieren sich zu etwa 30% aus Entgelten. Dieser Anteil mag erstaunlich gering erscheinen, liegt aber immer noch deutlich höher als bei den anderen Medien. Im Einzelnen ist der Anteil der Entgeltfinanzierung für 604

30 BVerfG vom 5.2.1991 (WDR), BVerfGE 83, 238, 297.
31 BVerfG vom 5.2.1991 (WDR), BVerfGE 83, 238, 297.
32 Siehe Rdnr. 774ff.

Tageszeitungen, Abonnementszeitungen und Straßenverkaufszeitungen unterschiedlich.[33] Er hängt außerdem von der Höhe der Werbeeinnahmen ab und kann daher konjunkturbedingt schwanken.

605 Das Kartellrecht schafft für Unternehmen, die Zeitungen oder Zeitschriften herstellen, Sonderfinanzierungsmöglichkeiten, indem es ihnen eine **Preisbindung** erlaubt (§ 30 Abs. 1 Satz 1 GWB). Danach darf der Presseunternehmer den Zeitungshändlern verbindlich vorschreiben, welchen Preis sie für seine Zeitung verlangen müssen. Diese Sonderbehandlung reicht weit zurück, ist aber vom Gesetzgeber jüngst bekräftigt und ausdrücklich mit presse- bzw. medienrechtlichen Überlegungen begründet worden. Sie soll gewährleisten, „dass die Presseerzeugnisse zu einheitlichen Preisen überall erhältlich sind, damit sich Bürger in allen Teilen des Landes unter den gleichen Voraussetzungen eine eigene Meinung bilden können. Die vertragliche Preisbindung für Zeitungen und Zeitschriften dient vorrangig dem Zweck, diese Überallerhältlichkeit sicherzustellen".[34] Dem lässt sich im Hinblick auf die Demokratiefunktion der Medien hinzufügen, dass eben auch Wähler in abgelegenen, wenig besiedelten oder wenig kaufkräftigen Gegenden die Möglichkeit haben müssen, sich nach eigener Entscheidung möglichst vielfältig aus Zeitungen informieren zu können. Aus unternehmerischer Sicht erhält die Presse durch die Möglichkeit der Preisbindung die Chance einer Mischkalkulation, die typischerweise besondere Profitmöglichkeiten eröffnet. Es kann sich deshalb für das Unternehmen rechnen, seine Zeitung auch in Landstrichen zu vertreiben, deren Berücksichtigung ohne die Preisbindung ökonomisch uninteressant wäre. Dadurch kann erreicht werden, dass allen potenziellen Lesern die ganze Bandbreite der unterschiedlichen Blätter offensteht. Bezahlt wird dies von Lesern, die zum Beispiel in Ballungsräumen leben und vom Presseunternehmen zu geringeren Preisen beliefert werden könnten als weit entfernt wohnende Leser.

606 Die Preisbindung ist nur für Zeitungen und Zeitschriften erlaubt, also für periodische Presseerzeugnisse. Erfasst werden auch Produkte wie etwa CD-Roms, sofern sie Zeitungen oder Zeitschriften reproduzieren oder substituieren und bei Würdigung aller Gesamtumstände als verlagstypisch anzusehen sind.[35] Die Preisbindung kann auf kombinierte Produkte erstreckt werden, bei denen eine Zeitung oder Zeitschrift im Vordergrund steht.[36] Die Preisbindung muss außerdem zwischen den beteiligten Unternehmen in einer bestimmten Schrift-

---

33 Überblick bei *Pürer*, Publizistik- und Kommunikationswissenschaft, S. 281 ff. mwN.

34 Amtliche Begründung zu § 15 GWB a.F. (= § 30 GWB), BT-Drucks 14/9196, S. 14; *Waldenberger* NJW 2002, 2914 ff.; BGH vom 22.9. 2006 (Zeitschrift mit Sonnenbrille), GRUR 2006, 161, 163.

35 § 30 Abs. 1 Satz 2 1. Alt GWB. BGH vom 11.3. 1997 (NJW auf CD-ROM), BGHZ 135, 74, 76 ff. zu § 16 GWB a.F.; dazu *Fezer* NJW 1997, 2150 ff.; *Loewenheim* LM GWB § 16 Nr. 19; *Kort* WiB 1997, 717 ff.; *Bunte* NJW 1997, 3127 ff.; zustimmend *Schricker* EWiR 1997, 603 f.; kritisch *Hoeren* CR 1997, 469; *Emmerich* WuB V A § 16 GWB 1.97; *Jickeli* JZ 1997, 964 f.; *Ahrens/Jänich* GRUR 1998, 599 ff.

36 § 30 Abs. 1 Satz 2 2. Alt GWB.

form abgefasst werden,[37] um eine Überwachung durch das Bundeskartellamt zu ermöglichen.[38]

II. Elektronische Medien

Den **Telemedien** ist wie der Presse eine direkte Finanzierung ohne weiteres erlaubt. Für sie gibt es insoweit keine medienrechtlichen Beschränkungen oder Besonderheiten. Sie müssen allein – wie alle übrigen Unternehmen auch – die allgemeinen rechtlichen Anforderungen beachten. Beispielsweise müssen die Angaben über die Preise korrekt und transparent sein und dürfen nicht irreführen.[39] 607

Dem **privaten Rundfunk** hat der Gesetzgeber eine Finanzierung „durch Entgelte der Teilnehmer (Abonnements oder Einzelentgelte)" ausdrücklich erlaubt (§43 Satz 1 RStV). 608

Im Streitfall der **Piratenkarten-Entscheidung** hatte der Beklagte „Piratenkarten" vertrieben, die es ermöglichten, Pay-TV-Programme, für deren Entschlüsselung an sich die von den Pay-TV-Veranstaltern mitverkauften Decoderkarten benötigt wurden, decodiert zu empfangen. Er vertrieb die Piratenkarten aber nur in Deutschland, wo ein Einsatz der Decoderkarten des Originalanbieters zum Empfang der verschlüsselten Sendungen aus lizenzrechtlichen Gründen noch nicht möglich war. Das OLG Frankfurt a.M. hielt den Vertrieb der Piratenkarten für wettbewerbswidrig. Es leitete dies insbesondere aus der Diskreditierung des Originalverschlüsselungsprogramms ab, dem „undichte Stellen" vorgeworfen werden könnten und dessen Anbieter zu immer aufwändigeren Maßnahmen gezwungen sei.[40] M.E. ergibt sich die Wettbewerbswidrigkeit nicht aus den Wirkungen auf den Anbieter der Originalsysteme, denn der Originalanbieter muss sich tatsächlich bestehende „undichte Stellen" zu Recht als Mangel seines Produkts vorhalten lassen und nach Verbesserung seines Systems streben. Das Angebot von Pay-TV-Programmen würde jedoch sehr erschwert oder sogar unmöglich gemacht, wenn das Pay-TV-Unternehmen keine Möglichkeit hätte, die Bezahlung durch den Abnehmer sicherzustellen. Man wird den Fernsehzuschauer für verpflichtet halten müssen, an den Sender bzw. dessen Lizenznehmer für den Empfang des Programms zu bezahlen. Der Anbieter von „Piratenkarten" erlangt Einnahmen, die nicht ihm, sondern dem TV-Unternehmen bzw. dessen Lizenznehmer gebühren. Dieser Effekt ist im Kern auch schon dann gegeben, wenn das TV-Unternehmen bei einem späteren Eintritt in den deutschen Markt fürchten müsste, infolge der früheren Verbreitung von „Piratenkarten" nicht auf seine Kosten kommen zu können. Dasselbe gilt, wenn der Vertrieb von „Piratenkarten" in Deutschland die Tätigkeit des Unternehmens im Ausland bzw. in den grenznahen Gebieten der Nachbarländer gefährden sollte. 609

---

37 §30 Abs.2 GWB. Zu den Anforderungen im Einzelnen *Emmerich* in Immenga/Mestmäcker, §15 GWB Rdnr.49ff. mwN.
38 §30 Abs.3 GWB. Siehe Rdnr.825.
39 §§1ff. PreisangabenVO, 3, 5 UWG.
40 OLG Frankfurt a.M. vom 13.6. 1995 (Piratenkarten), NJW 1996, 264, 265 zu §1 UWG a.F. (= §3 UWG); dazu *Hoeren* EWiR 1995, 1021f.

610 Der **öffentlich-rechtliche Rundfunk** unterliegt anderen Maßstäben. Aus verfassungsrechtlicher Sicht steht es dem Gesetzgeber frei, den Öffentlich-Rechtlichen eine Option zur Veranstaltung von Pay-TV einzuräumen.[41] Gleichwohl müssen sich die Rundfunkanstalten vorrangig durch die Rundfunkgebühr finanzieren und nur im Übrigen aus Werbung sowie aus sonstigen Einnahmen (§ 13 Abs. 1 Satz 1 RStV)[42]. In welchem Rahmen die Erwähnung von „sonstigen Einnahmen" ein öffentlich-rechtliches Pay-TV erlaubt, war früher umstritten.[43] Nunmehr hat der Gesetzgeber es ausdrücklich für unzulässig erklärt, Programme und Angebote, die vom öffentlichen Auftrag umfasst werden, an ein besonderes Entgelt zu koppeln.[44]

III. Telefonmehrwertdienste

611 Praktische Probleme werfen aktuell so genannte Telefonmehrwertdienste auf. Dabei handelt es sich um besondere Dienstleistungen, die über Telekommunikationsverbindungen bzw. über das Telefon angeboten werden,[45] etwa um Auskünfte oder Zeitansagen. Zugleich wird dabei das Entgelt für die Dienstleistung in Form von Telefongebühren berechnet und eingezogen. Mehrwertdienste unterscheiden sich sowohl von Werbeeinnahmen als auch von Abonnements- oder Einzelentgelten. Im Unterschied zu den Werbeeinnahmen stammen die Erlöse aus Mehrwertdiensten vom Mediennutzer und nicht von Werbepartnern. Es handelt sich also um eine Finanzierung, die direkt vom Zuschauer oder Zuhörer getragen wird. Der Unterschied zum klassischen Pay-TV wiederum liegt darin, dass sich Abonnements- und Einzelentgelte auf das Programm als solches beziehen, also eine Entscheidung für den einzelnen Sender oder einen einzelnen Programmteil voraussetzen. Für die Mehrwertfinanzierung ist dagegen nicht das Rundfunkprogramm, sondern der angebotene Dienst der zu bezahlende Leistungsinhalt. Das Rundfunkprogramm hat insoweit nur die Funktion, auf den Mehrwertdienst aufmerksam zu machen und Nutzer, Zuschauer oder Hörer zur Inanspruchnahme des angebotenen Dienstes zu motivieren.

612 Telefonmehrwertdienste sind für den Bereich der **Telemedien** ein wichtiges Mittel der Finanzierung. Sie sind insoweit medienrechtlich ohne weiteres zulässig, können aber Probleme auf anderen Rechtsgebieten aufwerfen.

613 Aus **wettbewerbsrechtlicher Sicht** bringt diese Form der Bezahlung die Gefahr mit sich, dass der verpflichtete Teil die Höhe des Preises nicht richtig abschätzen kann oder schlicht „sorglos" wird. Unzulässig werden Telefonmehrwertdienste dadurch aber nicht, zumal diese Form des Bezahlens für den Nutzer durchaus vorteilhaft sein kann. Es ist Sache der

41 Schluss aus BVerfG vom 24. 3. 1987 (Baden-Württemberg), BVerfGE 74, 297, 374.
42 Siehe auch § 29 ZDF-StV.
43 Überblick dazu bei Hahn/Vesting/*Libertus*, § 12 RStV Rn. 117 ff. mwN.
44 § 13 Abs. 1 Satz 2 RStV.
45 Zu Mehrwertdiensten, die gesetzlich nicht eindeutig geregelt sind, und ihrer Definition *Leitermann* in Heun, Telekommunikationsrecht, Teil 5 Rz. 11 ff. mwN.

Nachfrager zu entscheiden, ob sie die telefonischen Dienste, die über einen Mehrwertdienst finanziert werden, in Anspruch nehmen oder nicht.[46] Wendet sich das Dienstean-gebot an Kinder oder Jugendliche, so gelten aber strengere Anforderungen.[47] Ebenso ist es wettbewerbswidrig und irreführend, wenn im Internet eine gebührenpflichtige Service-Nummer der Deutschen Telekom angegeben wird, ohne Hinweis darauf, dass die Nummer gebührenpflichtig ist und in welcher Höhe Gebühren pro Zeiteinheit entstehen.[48]

Der **private Rundfunk** nutzt Mehrwertdienste ebenfalls zur Finanzierung, zum Beispiel im Zusammenhang mit Hitparadenabstimmungen und diversen Formen von Gewinnspielen. Das eröffnet ihm eine weitere Geldquelle neben der Werbung und macht ihn zugleich von den konjunkturell oft schwankenden Werbeeinnahmen etwas unabhängig. Nach dem geltenden gesetzlichen Rundfunkrecht ist den Sendern diese Art der Finanzierung als „sonstige Einnahme“ ohne weiteres erlaubt (§43 Satz 1 RStV). 614

Die verfassungsrechtliche Zulässigkeit einer Finanzierung des privaten Rundfunks durch Mehrwertdienste (siehe Rdnr. 611ff.) ist bislang nicht infrage gestellt worden und meines Erachtens zwanglos zu bejahen. Freilich muten bestimmte Programmangebote im Zusammenhang mit Mehrwertdiensten nicht als geeignet an, zur öffentlichen Meinungsbildung und Vielfalt beizutragen. Selbst wenn dies jedoch im Gesamtergebnis dazu führen würde, dass der private Rundfunk seiner verfassungsrechtlichen Vielfaltspflicht nicht nachkommt, so läge die angemessene Reaktion nicht in der Entwicklung ungeschriebener Finanzierungsverbote. Adäquat wäre allein die Nutzung der Instrumente, die der Gesetzgeber für solche Fälle vorgesehen hat, also der Rückgriff auf die §§25ff. RStV. Es dürfte sich im Übrigen um eine theoretische Frage handeln. Die Nutzung von Mehrwertdiensten ist nur bei wenigen speziellen Sendern, nämlich bei TV-Spartenprogrammen und hier vor allem bei Musiksendern hoch.[49] Die TV-Vollprogramme greifen in deutlich geringerem Maße darauf zurück, weil sie sonst für die Zuschauerschaft unattraktiv und so ihre Werbefinanzierung gefährden würden.[50] Der Mehrwertfinanzierung und den mit ihr möglicherweise verbundenen, vielfaltsverengenden Wirkungen sind dadurch von vornherein prinzipielle Grenzen gesetzt. 615

Die **öffentlich-rechtlichen Rundfunkanstalten** dürfen kraft einer ausdrücklichen gesetzlichen Regelung keine Einnahmen aus dem Angebot von Telefonmehrwertdiensten erzielen (§13 Abs. 1 Satz 3 RStV). 616

46 BGH vom 29.9. 2002 (Anwalts-Hotline), BGHZ 152, 153, 166 für telefonische Beratungen durch Rechtsanwälte.

47 §4 Nr. 2 UWG; BGH vom 6.4. 2006 (Werbung für Klingeltöne), GRUR 2006, 776, 777 Rdnr. 19ff.

48 OLG Stuttgart vom 17.11. 2000, MMR 2001, 383, 384ff.

49 *Goldmedia GmbH*, BLM-Schriftenreihe Bd. 79, 2005, S. 15.

50 *Goldmedia GmbH*, BLM-Schriftenreihe Bd. 79, 2005, S. 15.

C. Werbung, Sponsoring

I. Ausgangsfragen

617 Massenmedien eignen sich aufgrund des Masseneffekts hervorragend zum Verbreiten von Werbung und sind das Werbemedium schlechthin geworden. Das erschließt ihnen Finanzierungsmöglichkeiten, die einfachen Medien (Kino, Buch) und erst recht Unternehmen verschlossen sind, die keine Medien sind. Werbeeinnahmen sind für viele Massenmedien eine existenzielle Geldader geworden. Insbesondere für die meisten privaten Rundfunksender und die Telemedien sind sie die wichtigste Finanzierungsform.

1. Beeinflussungsgefahren

618 Die Werbefinanzierung kann eine ökonomische Abhängigkeit von Werbepartnern und damit **Beeinflussungen redaktioneller Standards** mit sich bringen. Solche Einflüsse drohen auf vielfältige Weise. Der Werbepartner kann direkt versuchen, Einfluss zu nehmen. Es kann ferner sein, dass ein Medienunternehmen mit Blick auf die Werbeeinnahmen von sich aus Interessen von Werbepartnern bevorzugt. Denkbar ist aber auch, dass Medienunternehmen bewusst allein auf den Massengeschmack und ein möglichst großes Publikum zielen, um dadurch für Werbekunden besonders interessant zu werden. Gerade diese letzte Möglichkeit hat hohe praktische Relevanz und ist für das private Free-TV charakteristisch geworden. Sie bringt die Gefahr mit sich, dass Medien „das Wichtige zugunsten des Interessanten vernachlässig[en] … [und] nicht die Wirklichkeit, sondern die Raritäten der Wirklichkeit" zum Inhalt ihrer Tätigkeit machen.[51]

619 Das Medienrecht reagiert auf diesen Zusammenhang vor allem dadurch, dass es die Zulässigkeit von Werbung in den Medien an Erkennbarkeitsanforderungen knüpft. Im Übrigen lässt es eine Finanzierung durch Werbung grundsätzlich zu. Insbesondere ist es der Presse und den Telemedien ohne weiteres erlaubt, sich ausschließlich über Werbung zu finanzieren. Mit den daraus folgenden ökonomischen Beeinflussungszwängen, die eine Abhängigkeit von Werbeeinnahmen mit sich bringt, müssen diese Medien weitgehend aus eigener Kraft fertig werden. Das Rundfunkrecht trifft dagegen ausdrückliche Regeln, um der Gefahr zu begegnen, dass sich die Angewiesenheit eines Medienunternehmens auf Werbeeinnahmen auf dessen Berichterstattung und redaktionelle Arbeit auswirkt.

620 Der Werbevertrag mit dem Werbekunden begründet keine vertragliche Nebenpflicht des Medienunternehmens, bei seiner redaktionellen Berichterstattung auf die Interessen des Werbekunden und Vertragspartners Rücksicht zu nehmen.[52] Im Streitfall der **Zeiss-Ent-**

51 *Rudolf Augstein*, zitiert nach: DER SPIEGEL vom 11.11.2002, S. 17.

52 *Rath-Glawatz* in Rath-Glawatz/Engels/Dietrich, Das Recht der Anzeige, P Rz. 101 mwN.; *Löffler* BB 1978, 921 ff.

scheidung hatte ein Nachrichtenmagazin über den in der damaligen DDR tätigen VEB Zeiss (Jena) berichtet. Es wurde von einem anderen Unternehmen, das für sich die ausschließlichen Namensrechte an der Bezeichnung Zeiss in Anspruch nahm, auf Unterlassung verklagt. Neben den hier nicht weiter interessierenden zeichenrechtlichen Fragen kam auch in Betracht, dass das Magazin aufgrund von Inserentenverträgen, die es mit dem klagenden Unternehmen geschlossen hatte, zur Unterlassung verpflichtet war. Der BGH erteilte dem zu Recht eine Absage. Auch etwaige Nebenpflichten, die ein Medienunternehmen nach Treu und Glauben zu erfüllen hat, werden durch die öffentliche Aufgabe der Presse begrenzt, die Bevölkerung über Angelegenheiten von allgemeinem Interesse zu unterrichten und an der Meinungsbildung hierüber mitzuwirken.[53] Eine dem Anzeigenkunden gegenüber kritische Berichterstattung ist durch die Pressefreiheit auch dann gedeckt, „wenn dadurch die Wirkung einer aufgegebenen Werbeanzeige nicht in dem Umfang eintreten sollte, den der Auftraggeber sich vorgestellt hatte".[54]

2. Medienspezifisches „Funktionieren" von Werbung

Die Attraktivität der Massenmedien für die Werbewirtschaft ist unterschiedlich. Werbung muss nämlich ganz verschieden gestaltet sein, um aus Sicht des werbenden Unternehmens zu „funktionieren". Ihre Wirkungen und folglich auch ihre Gestaltung durch die Unternehmen hängen davon ab, an welche Adressaten sie sich richtet und in welchem Medium sie erscheint.[55] Ein zentraler Faktor ist das Informations- und Kaufverhalten der Verbraucher. 621

Dieses Verhalten ist sehr komplex und wird von einer Vielzahl unterschiedlicher Faktoren bestimmt. Das wichtigste Kriterium ist das so genannte **involvement**, d.h. die Aktivität, das Interesse und die Motivation des Entscheidenden, objektgerichtete Informationen zu suchen, aufzunehmen, zu verarbeiten und zu speichern.[56] Die Bereitschaft, Werbung wahrzunehmen und sich mit ihr inhaltlich auseinander zu setzen, ist bei hohem involvement groß und bei niedrigem involvement gering. Es handelt sich freilich um eine extrem komplexe Größe. Ob und wie lange beispielsweise eine Werbeanzeige betrachtet wird, ist „nicht davon abhängig, ob wir uns generell für etwas interessieren, sondern davon, ob wir uns im Moment dafür interessieren und Zeit dazu haben."[57] Aus Sicht des Marketings ist Werbung unterschiedlich auszugestalten, je nachdem, ob sie sich an einen Adressaten mit hohem oder niedrigem involvement wendet. Daraus ergibt sich eine medienspezifische Komponente, da sich die Medien in unterschiedlicher Weise an Adressaten mit hohem oder niedrigem involvement richten. 622

Das **Fernsehen** hat sich zunehmend zu einem Begleitmedium entwickelt, bei dem nur noch etwa 30 Prozent wirklich zuschauen, wenn sie zuschauen. Werbung im Fernsehen hat daher grundsätzlich mit einem geringen involvement der angesprochenen Fernsehzuschauer zu rechnen. Ihre Gestaltung muss deshalb auf die Wirkung von Bildern setzen, die als solche ungleich schneller und einfacher aufzunehmen sind als Textinformati- 623

---

53 BGH vom 14.4. 1965 (Zeiss), JZ 1965, 680, 682.

54 BGH vom 14.4. 1965 (Zeiss), JZ 1965, 680, 682.

55 *Beater* FS Herrmann 2002, 85, 88ff. mwN.

56 *Kroeber-Riel/Weinberg*, Konsumentenverhalten, 7. Auflage 1999, S.360ff.; *Deimel* Marketing ZFP 1989, 153ff. jeweils mwN.

57 *Jeck-Schlottmann*, Visuelle Informationsverarbeitung bei wenig involvierten Konsumenten, Diss. Saarbrücken, 1987, S.216.

onen.[58] Aus demselben Grund muss sie ferner mit Wiederholungseffekten arbeiten.[59] Das Motto „Viel hilft viel" schafft nach heutigem Wissensstand gleichwohl keine zuverlässige Abhilfe. Für bestimmte Bereiche sprechen manche Stimmen im Schrifttum sogar von einem regelrechten wear out-Effekt,[60] nach dem bei einer bestimmten Anzahl von Kommunikationskontakten, z.B. in Gestalt wiederholter TV-Werbespots, weitere Bemühungen nicht nur wirkungslos bleiben, sondern die Kommunikationswirkung mindern. Die wettbewerbsrechtliche Judikatur geht davon aus, dass der durchschnittliche Zuschauer der Fernsehwerbung nur geringe Aufmerksamkeit widmet und daher z.B. leichter irregeführt wird als ein besonders aufmerksamer Betrachter.[61]

624 Dagegen erreicht die **Internetwerbung** typischerweise einen Nutzer, der aktiv „surft" und dabei mit hohem involvement Seiten aufruft, die ihn gerade im Moment der Nutzung interessieren. Sie kann ungleich mehr sachliche Information wagen bzw. berechtigterweise darauf hoffen, dass dieses Mehr an Informationen den Adressaten auch interessiert und von ihm aufgenommen wird. Ähnliches gilt für die Werbung in **Printmedien**. Sie sind ebenfalls für „High-involvement-Kommunikation" geeignet, weil Lesen eine aktive Beteiligung erfordert.

3. Wettbewerbs- und medienrechtliche Maßstäbe

625 Die rechtliche Beurteilung von Werbung ist eine Domäne des Wettbewerbsrechts (siehe Rdnr. 736ff.). Es kann jede Form wettbewerblich unzulässiger Werbung erfassen und untersagt insbesondere irreführende Werbung.[62] Danach bestimmt sich die Zulässigkeit von Werbung grundsätzlich nach einer **Abwägung von drei verschiedenen wettbewerblichen Interessenrichtungen**.[63] Das Wettbewerbsrecht hat zunächst die Interessen des werbenden Unternehmens zu berücksichtigen. Das Unternehmen muss die Möglichkeit effektiver Werbung haben und kann deshalb grundsätzlich nicht verpflichtet sein, negative Eigenschaften des eigenen Angebots in der Werbung offenzulegen.[64] Die Abwägung hat weiterhin Verbraucherinteressen zu berücksichtigen, insbesondere Informationsinteressen. Daraus kann sich zum Beispiel eine Verpflichtung des Werbenden ergeben, darauf hinzuweisen, dass das umworbene Produkt ein Auslaufmodell ist, sofern dies zum Schutz des Verbrauchers auch unter Berücksichtigung der berechtigten Interessen des Werbenden unerlässlich ist.[65] Schießlich

---

58 Siehe Rdnr. 1252ff.
59 *Krugmann*, The Impact of Television Advertising: Learning without Involvement, in: Public Opinion Quarterly, Vol. 29 (1965), 349ff.; *Celuch/Slama*, Programm Content and Advertising Effectiveness: A Test of the Congruity Hypothesis for Cognitive and Affective Sources of Involvement, in: Psychology & Marketing, Vol. 10 (1993), 285ff.
60 *Grass/Wallace*, Satiation Effects on TV Commercials, in: Journal of Advertising Research, Vol. 9 (1969), 3ff.; *Simon*, ADPULS: An Advertising Model with Wearout and Pulsation, in: Journal of Marketing Research, Vol. 19 (1982), 352ff.
61 OLG Frankfurt a.M. vom 23.9. 2004 (TV-Werbespot), GRUR-RR 2005, 128, 129.
62 §§3, 5 UWG.
63 §1 UWG. *Beater*, Unlauterer Wettbewerb, §12 Rdnr. 36ff.
64 BGH vom 15.7. 1999 (EG-Neuwagen I), GRUR 1999, 1122, 1123.
65 BGH vom 3.12. 1998 (Auslaufmodelle I), GRUR 1999, 757, 758.

sind die Interessen der Mitbewerber zu berücksichtigen, zum Beispiel an Schutz vor Herabsetzung, Rufausbeutung und Kundenverlust durch Irreführung.[66]

Das **Medienrecht** stellt zum Teil Anforderungen an die Zulässigkeit von Werbung, die über die dargestellten wettbewerbsrechtlichen Maßstäbe hinausreichen und eine weitere Interessensphäre berücksichtigen. Eine wettbewerbsrechtlich unzulässige Werbung wird daher auch medienrechtlich unzulässig sein. Eine wettbewerbsrechtlich erlaubte Werbung kann jedoch medienrechtlich ohne Weiteres verboten sein. Solche zusätzlichen Anforderungen können sich namentlich aus der Demokratiefunktion der Medien erklären, sind in ihren Einzelheiten aber diffizil. Insbesondere ist zu beachten, dass die Medien überwiegend keine Werbung in eigener Sache betreiben, sondern hauptsächlich eine fremde Werbung als Mittler zugänglich machen. Die daraus folgenden medienrechtlichen Anforderungen lassen sich kaum verallgemeinern und finden sich vor allem im regulierungsfreudigen Rundfunkrecht. Zahlreiche dieser Besonderheiten erklären sich aus dem Prinzip der Binnenpluralität, das Rundfunkunternehmen zur Meinungsvielfalt verpflichtet. 626

Dem Rundfunk ist aus Gründen der Programmvielfalt und -ausgewogenheit die **politische, weltanschauliche oder religiöse Werbung** verboten.[67] So soll verhindert werden, dass sich finanzkräftige Gruppen Sendezeit kaufen und diese zur einseitigen politischen bzw. weltanschaulichen oder religiösen Beeinflussung der Rundfunkteilnehmer nutzen. Bestimmte weitere rundfunkrechtliche Werbeanforderungen und -beschränkungen lassen sich mit dem Ziel erklären, **redaktionelle Standards** bzw. die „Qualität des Programms“ zu sichern. So dürfen zum Beispiel Übertragungen von Gottesdiensten sowie Sendungen für Kinder nicht durch Werbung oder Teleshopping unterbrochen werden.[68] Dagegen gibt es im Presse- und Mediendiensterecht keine derartigen werberechtlichen Anforderungen. Die Presse und die Telemedien basieren auf dem Prinzip der Außenpluralität, ihnen sind Einseitigkeiten erlaubt (siehe Rdnr. 487). Sie sind in einem weiten Umfang dem Markt unterworfen, was entsprechenden Werberegulierungen entgegensteht. 627

II. Werbung als medienrechtlicher Begriff

Presserecht, Rundfunkrecht und das Recht der Telemedien haben kein völlig einheitliches Werberecht und benutzen den Ausdruck „Werbung“ zum Teil in etwas unterschiedlichen Zusammenhängen. Der Begriff wird von den medienrechtlichen Normen entweder als ausdrückliches Tatbestandsmerkmal verwen- 628

---

66 BGH vom 15.10.1998 (Vergleichen Sie), BGHZ 139, 378, 383f.

67 §7 Abs. 8 Satz 1 RStV. Davon zu unterscheiden ist die Wahlwerbung politischer Parteien, die anderen Regeln unterliegt. Siehe dazu Rdnr. 573ff.

68 §§15 Abs. 1, 44 Abs. 1 RStV.

det[69] oder aber inzident vorausgesetzt.[70] Soweit Vorschriften allein für „Werbung", nicht aber für andere Formen der Information gelten, muss Werbung von der redaktionellen Berichterstattung abgegrenzt werden. Für die elektronischen Medien stellt sich die weitere Notwendigkeit, Werbung vom Sponsoring und dem Teleshopping abzugrenzen (siehe dazu Rdnr. 662ff., 698ff.), die nochmals anderen Anforderungen unterliegen.

1. Wirtschafts- und Informationsfunktion der Medien

629 Im Ausgangspunkt ist Werbung anzunehmen, wenn Aussagen über ein Produkt oder ein Unternehmen gemacht werden, um so den unternehmerischen Absatz zu fördern. Das Presserecht verlangt außerdem ausdrücklich, dass der Verleger für die Veröffentlichung ein Entgelt erhalten haben muss (z.B. § 9 LPrG MV).[71] Der Rundfunkgesetzgeber definiert Werbung etwas anders, nämlich als jede Äußerung bei der Ausübung eines Geschäfts, die im Rundfunk gegen Entgelt oder eine ähnliche Gegenleistung oder als Eigenwerbung gesendet wird mit dem Ziel, unternehmerischen Absatz gegen Entgelt zu fördern (§ 2 Abs. 2 Nr. 5 RStV). Dafür genügt es, dass ein Dritter Werbeabsichten verfolgt und der Rundfunkveranstalter zumutbare Schritte gegen den Werbenden unterlässt.[72]

630 Die **Wirtschaftsfunktion der Massenmedien**[73] gebietet es, den Medienunternehmen redaktionell motivierte Produktinformationen zu erlauben. Solche Beiträge sind keine Werbung bzw. weder an Werbevorschriften des Medienrechts, noch an den allgemeinen wettbewerbsrechtlichen Maßstäben[74] zu messen. In diesem Rahmen sind den Medien selbst konkrete Empfehlungen, Warenvergleiche oder Warnungen erlaubt, weil der Einzelne auf diese Weise am besten informiert wird. Informationen über Produkte, die in einer Sendung vorgestellt werden, sind folglich keine Werbung, soweit der Werbeeffekt eher ein Nebenzweck ist, zum Beispiel weil ein programmlich gerechtfertigtes Ziel auch die Angabe von umweltfreundlichen Produkten rechtfertigt.[75]

631 Im Hinblick auf die **Informationsfunktion** der Medien ist es weiterhin keine Werbung, wenn Werbeeffekte ohne oder gegen den Willen des Medienunternehmens vermittelt sowie als Teil der Umwelt nur wiedergegeben und nicht inszeniert werden. Ein klassisches Beispiel sind Sportberichterstattungen bzw. Fernsehübertragungen oder Zeitungsbilder, auf denen die in Sportstadien übliche

---

69 Insbesondere §§ 7 RStV, 13 MDStV (= § 58 RStV-E).

70 Z.B. § 9 LPrG MV; *Fechner/Mayer* (Hrsg.), Vorschriftensammlung Medienrecht, § 9 PresseG mwN. „Veröffentlichung gegen Entgelt", „Anzeige".

71 *Fechner/Mayer* (Hrsg.), Vorschriftensammlung Medienrecht, § 9 PresseG mwN.

72 Hahn/Vesting/*Ladeur*, § 7 RStV Rn. 14 mwN.

73 Zur Wirtschaftsfunktion siehe Rdnr. 37ff.

74 Zur fehlenden Anwendbarkeit des UWG auf Äußerungen ohne Wettbewerbsabsicht siehe Rdnr. 741ff.

75 Hahn/Vesting/*Ladeur*, § 7 RStV Rn. 14 mwN.

Bandenwerbung zu sehen ist.[76] Wird die im Stadion vorhandene Bandenwerbung dagegen vom Sender im Rahmen der Übertragung durch virtuelle Werbung ersetzt,[77] so ist dies als Werbung zu qualifizieren.

Für die Einordnung sind **objektive Anhaltspunkte, der publizistische Zuschnitt des betreffenden Beitrags und die näheren Umstände der Äußerung maßgebend.**[78] Eine redaktionelle Zielsetzung ist durchweg abzulehnen, wenn der Begünstigte des Beitrags für die Berichterstattung ein Entgelt oder eine ähnliche Gegenleistung gewährt hat,[79] doch ist es im Einzelfall häufig schwer zu beurteilen, ob Zuwendungen an das Medienunternehmen einen derartigen Gegenleistungscharakter haben. Im Übrigen ist es ein Indiz für die Einordnung als Werbung und gegen die redaktionelle Veranlassung, wenn Produkte oder Dienstleistungen von Inserenten namentlich genannt werden und über das durch eine sachliche Information bedingte Maß hinaus werbend dargestellt werden.[80] In Sonderkonstellationen kann sich für Berichterstattungen in der Presse und in den Telemedien, denen aufgrund des außenpluralistischen Prinzips Tendenzfreiheit zusteht, eine Einordnung als redaktionell veranlasst auch aus der bewussten publizistischen Tendenz des betreffenden Medienunternehmens ergeben.[81] 632

2. Einzelkonstellationen

Besondere Schwierigkeiten wirft die Beurteilung von **Mischformen** auf,[82] zum Beispiel wenn eine Zeitschrift ein entgeltliches Inserat und eine „begleitende" redaktionelle Berichterstattung veröffentlicht. Im Kern geht es in solchen Fällen ebenfalls um die Beurteilung, ob der begleitende Beitrag redaktionell motiviert oder aber als Werbung einzuordnen ist. Die Informations- und die Wirtschaftsfunktion der Medien gebieten es, im Zweifel von einer redaktionellen Motivation auszugehen. Insbesondere darf aus einem bloßen räumlichen, zeitlichen oder gestalterischen Zusammenhang zwischen Anzeige und Berichterstattung allein nicht abgeleitet werden, die Berichterstattung verfolge keine redaktionellen, sondern kommerzielle Ziele.[83] 633

Die **AZUBI 94-Entscheidung** betraf ein Anzeigenblatt, dem die Beilage „AZUBI 94" beigefügt war. Im redaktionellen Text der Beilage wurden einzelne Firmen aus dem Verteilungsgebiet des Anzeigenblatts in der Überschrift namentlich bezeichnet und die in 634

---

76 Hahn/Vesting/*Ladeur*, §7 RStV Rn. 14 mwN.
77 §7 Abs. 6 Satz 2 RStV.
78 Ähnlich Hahn/Vesting/*Ladeur*, §7 RStV Rn. 14 mwN.
79 Für das Rundfunkrecht §2 Abs. 2 Nr. 6 Satz 2 RStV.
80 BGH vom 23. 1. 1997 (Produkt-Interview), GRUR 1997, 541, 543; KG vom 29. 7. 2005 (Schleichwerbung im Rundfunk), GRUR-RR 2005, 320, 321f.
81 Siehe Rdnr. 487f.
82 Dazu eingehend und differenzierend *Soehring*, Presserecht, Tz. 24.10ff. mwN.
83 BGH vom 23. 1. 1992 (Anzeigenplazierung), GRU 1992, 463, 465; *Soehring*, Presserecht, Tz. 24.11.

den Betrieben gegebenen Ausbildungsmöglichkeiten durch Zitate von Äußerungen der Repräsentanten der Unternehmen näher beschrieben. Zugleich hatten mehrere der genannten Betriebe in der Beilage Anzeigen geschaltet. Der BGH sah die Veröffentlichungen im Ergebnis als zulässig an. Er ordnete die von der Zeitung selbst verfassten Texte als Handlungen ohne Wettbewerbsabsicht und damit inzident als redaktionell und eben nicht finanziell motiviert ein. Die fraglichen Beiträge hätten – auch wegen ihrer Verknüpfung mit Werbeanzeigen der erwähnten Unternehmen – zwar durchaus einen wettbewerbsfördernden Bezug, doch habe dieser wegen des Informationsgebots der Presse und unter Würdigung der Aufmachung und des Inhalts der Berichte insgesamt nur eine untergeordnete Bedeutung.[84]

635 Für den Rundfunk ist vor allem das so genannte **product placement** bedeutsam. Es meint die verdeckte Platzierung von Werbung in den Massenmedien, etwa wenn Markenartikel als Requisiten im szenischen Ablauf eines Spielfilms oder einer Sendung gezeigt werden. Hier ist die Abgrenzung zwischen Werbung und redaktionellem Programm besonders relevant. Wenn ein vermeintlicher Spielfilm in Wirklichkeit auf eine verkappte Werbemaßnahme hinausläuft und daher nicht als „Programm", sondern als „Werbung" einzuordnen ist, so unterliegt er den rundfunkrechtlichen Werbebeschränkungen. Er dürfte dann nicht gesendet werden, sofern er beispielsweise die Zeitbegrenzungen für Werbung überschreiten würde.

636 Die Einordnung als redaktioneller Beitrag liegt umso näher, je stärker die Sendung oder der Film **öffentliche Informationsinteressen** bedient[85] bzw. Fragen betrifft, die die Öffentlichkeit wesentlich berühren. In solchen Fällen müssen Werbewirkungen hingenommen werden und dies ist auch weithin anerkannt. Umgekehrt kommt die Einordnung als Werbung umso eher in Betracht, je weniger die Äußerung zur freien individuellen und öffentlichen Meinungsbildung beiträgt. Bei Sendungen oder Filmen mit Unterhaltungscharakter kann ein überwiegendes Programminteresse nur zurückhaltend in Betracht gezogen werden. Hier steht nämlich allein die Integrationsfunktion der Medien infrage, die grundsätzlich ein geringeres öffentliches Informationsinteresse mit sich bringt, als dies im Zusammenhang mit politischen oder wirtschaftlichen Informationen der Fall ist.[86] Es ist aber durchaus denkbar, dass an einer Sendung ein ganz ausgeprägtes Publikumsinteresse besteht oder dass ein Film besondere Aktualität erhält oder ungewöhnliche inhaltliche Qualität hat. Zugleich muss es in Bezug auf Filme auf die Stärke und die dramaturgische Notwendigkeit der Werbung ankommen. Wegen der Kurzlebigkeit von Werbung kann es weiterhin sein, dass die werbenden Bezüge eines Films mit der Zeit ihre Wirkung verlieren.

637 Die Problematik ist namentlich in den **Feuer, Eis & Dynamit-Entscheidungen** Gegenstand von Urteilen geworden. Der Film enthielt Passagen mit eindeutigem Werbecharak-

84 BGH vom 19.2.1998 (AZUBI 94), GRUR 1998, 947, 948f.
85 Zum öffentlichen Informationsinteresse siehe § 11.
86 Siehe Rdnr. 961f.

ter, für die die Hersteller der umworbenen Produkte auch zuvor Zahlungen geleistet hatten. Insgesamt stand die Zurschaustellung von Produktmarken aber nicht im Vordergrund. Das **VG Berlin** hat das Zeigen des Films im Fernsehen als rechtmäßig angesehen. Es hat aus Art. 5 Abs. 3 GG abgeleitet, dass das Rundfunkrecht nicht eine gesamte „eigene Kunstform von der Fernsehausstrahlung ausschließen" und eine Sendung des Films nicht vollständig unterbinden dürfe.[87] Dieser Schluss ist jedoch sehr allgemein geraten, und das VG misst der Kunstfreiheit einen wohl zu weitgehenden Inhalt zu. Das rundfunkrechtliche Verbot von Filmen, die Dramaturgie und Werbung miteinander vermischen, ist hinnehmbar, wenn dem Inhaber des Grundrechts vielfältige Vermarktungsmöglichkeiten bleiben. Insbesondere dürfen solche Filme außerhalb des Rundfunks gezeigt werden und können über das Kino und den Vertrieb von Videokassetten bzw. DVDs dem Publikum zugänglich gemacht und vermarktet werden.

III. Erkennbarkeit des Werbecharakters

1. Ausgangsfragen

Der wichtigste rechtliche Aspekt in Bezug auf die Werbung in den Medien ist die Erkennbarkeit des Werbecharakters, die von Wettbewerbsrecht und Medienrecht gleichermaßen verlangt wird. 638

Es ist für Unternehmen verlockend und aussichtsreich, ihre Werbung zu „tarnen" und sie als solche nicht zu erkennen zu geben. Der Hauptgrund dafür liegt in einem menschlichen Verhaltensmuster, der so genannten **Reaktanz**. Dabei handelt es sich um eine Art Trotz- oder Abwehrreaktion gegenüber unerwünschten Botschaften. Wenn Personen eine Bedrohung oder Einschränkung ihrer Verhaltensfreiheit wahrnehmen, kann sie das dazu veranlassen, sich der erwarteten Einengung gerade zu widersetzen.[88] Der Zusammenhang lässt sich anhand eines in der Literatur[89] oft aufgegriffenen empirischen Versuchs mit den Kunden eines Supermarkts verdeutlichen: Ein Teil der Kunden wurde höflich zum Erwerb einer bestimmten Brotmarke aufgefordert und erhielt den dafür erforderlichen Geldbetrag. Ein anderer Teil erhielt dagegen mehr als die erforderliche Summe in einer Weise, die den überschießenden Betrag als „Bestechung" erscheinen lassen konnte. Ein nochmals anderer Teil schließlich erhielt den erforderlichen Betrag, wurde aber in streng gefasster Form zum Erwerb aufgefordert. Die erste Gruppe, die bei ihrem Probekauf wenig unter Druck stand, erwarb die genannte Brotmarke deutlich häufiger als die beiden anderen Versuchsgruppen, die einem deutlichen Beeinflussungsdruck ausgesetzt waren. Wird der werbliche Charakter von Angaben verdeckt, so kann dies den Reaktanzeffekt verringern. Solche Werbepraktiken können zugleich einen kurzfristig werbewirksamen Glaubwürdigkeitseffekt erzielen,[90] der ansonsten nicht oder nicht in gleichem Maße erreichbar wäre. 639

Aus **wettbewerbsrechtlicher Sicht** berührt getarnte Werbung vor allem die Interessen der Verbraucherschaft. Der Verbraucher trifft seine Entscheidung nur 640

---

87 VG Berlin vom 15.4. 1999 (Feuer, Eis & Dynamit), ZUM 1999, 742, 749.
88 Zum Reaktanz-Phänomen *Kroeber-Riel/Weinberg*, Konsumentenverhalten, 7. Auflage 1999, S. 206ff. mwN.; *Wiswede* GfK Vol. 25 (1979), 81ff.
89 Erstmals wohl *Brehm*, A Theory of Psychological Reactance, 1966, 82ff.
90 *Krober-Riel/Weinberg*, Konsumentenverhalten, S. 493f.

dann auf korrekter Grundlage, wenn er um die Quelle seiner Information weiß und so die Möglichkeit hat, sich über ihre Seriosität ein Urteil zu bilden. Der Umworbene muss erkennen können, dass es sich um eine Werbemaßnahme handelt und seine Entscheidung bewusst auf der Grundlage dieser Kenntnis treffen können.[91] Er tritt der Äußerung eines Dritten unkritischer gegenüber und misst ihr regelmäßig größere Bedeutung zu als anpreisenden Angaben, die der Werbende über seine eigenen Waren macht.[92] Der Schutz des Verbrauchers vor getarnter Werbung (§4 Nr.3 UWG) erstreckt sich auf jede Form der Werbung. Es sind jedoch je **nach Art des Werbemediums Differenzierungen** darüber angebracht, unter welchen Voraussetzungen eine „getarnte" Werbung anzunehmen und wann der Werbecharakter offen erkennbar ist.[93] Die Rechtsprechung nimmt an, dass bei Werbung in Spielfilmen nicht die gleichen strengen Maßstäbe anzuwenden sind wie bei verdeckten Werbeaussagen in redaktionellen Beiträgen der Presse oder des Rundfunks und im Fernsehen; denn letzteren pflege der Verkehr regelmäßig einen höheren Grad an Objektivität und ein größeres Gewicht beizumessen als Aussagen oder Angaben, die ihm im Rahmen eines privat hergestellten Spielfilms begegneten.[94] Dieselbe Unterscheidung ist auch zwischen dem Fernsehen und dem Internet angebracht. Bei der Selbstdarstellung eines Unternehmens im Internet wird der Nutzer von vornherein in Rechnung stellen, dass die gebotene Information nicht neutral und rein sachlich erfolgt, so dass an die Erkennbarkeit des Werbecharakters mildere Maßstäbe angelegt werden können als etwa im Zusammenhang von Werbung in einer Tageszeitung. Dagegen müssen Internetseiten von Presseunternehmen, die ein Druckerzeugnis durch das Internetangebot ergänzen oder in Auszügen vorveröffentlichen, an denselben strengen Anforderungen gemessen werden, die für die Erkennbarkeit des Werbecharakters von Zeitungsanzeigen gelten.

2. Medienrechtliche Kennzeichnungs- und Trennungspflicht

641 Das Medienrecht sieht explizit vor, dass Werbung in ihrem Charakter eindeutig erkennbar gemacht werden muss, doch gelten für die einzelnen Medien etwas unterschiedliche Anforderungen. In den **elektronischen Medien** muss Werbung „als solche klar erkennbar" und „eindeutig von anderen Programmteilen getrennt sein".[95] Als Werbung können dabei auch solche Veröffentlichungen gel-

---

91 BGH vom 6.7. 1995 (Feuer, Eis & Dynamit I), BGHZ 130, 205, 214 mwN., der das Tarnungsverbot darüber hinaus auch grundrechtlich durch das Persönlichkeitsrecht begründet sieht.

92 BGH vom 23.3. 1962 (Film-Werbeveranstaltung), GRUR 1962, 461, 464f.; BGH vom 7.6. 1967 (Favorit II), GRUR 1968, 382, 384.

93 BGH vom 6.7. 1995 (Feuer, Eis & Dynamit I), BGHZ 130, 205, 215, 216f.; *Beater* FS Herrmann 2002, 85, 94.

94 BGH vom 6.7. 1995 (Feuer, Eis & Dynamit I), BGHZ 130, 205, 216f. mwN.

95 Mit kleinen Unterschieden in der Formulierung §§7 Abs.3 Satz 1f. RStV, 13 Abs.1 Satz 1 MDStV (= §58 Abs.1 Satz 1 RStV-E).

ten, für die das Medienunternehmen keine finanziellen Zuwendungen erhalten hat. Die für die **Presse** geltenden Anforderungen sind dagegen regelungstechnisch etwas unglücklich bestimmt. Pressegesetzlich ist ein Verleger, der für eine Veröffentlichung ein Entgelt erhalten, gefordert oder sich versprechen lassen hat, verpflichtet, diese Veröffentlichung „deutlich mit dem Wort Anzeige zu bezeichnen, soweit sie nicht schon durch Anordnung und Gestaltung allgemein als Anzeige zu erkennen ist" (z.B. §9 LPrG MV).[96] Die pressegesetzliche Pflicht greift also nicht ein, wenn Werbetexte oder vom betroffenen Unternehmen verfasste „Berichterstattungen" kostenlos oder ohne spezielle Gegenleistung abgedruckt werden. In solchen Fällen ist das Presseunternehmen aber wettbewerbsrechtlich verpflichtet, den Werbecharakter deutlich zu machen, wenn es sich nicht dem Vorwurf getarnter Werbung aussetzen will.[97]

Der medienrechtliche Schutzzweck dieser Regelungen beschränkt sich nicht 642
auf einen Schutz der Adressaten vor unzulässigen Werbeformen, sondern liegt vor allem darin, **Gefahren für die Unabhängigkeit der Programmgestaltung abzuwehren**.[98] Das Trennungsgebot kann die Abhängigkeit eines Medienunternehmens von Werbeeinnahmen als solche nicht beseitigen und deshalb Beeinflussungsgefahren nicht komplett ausschalten. Es wehrt aber doch zumindest die Gefahr ab, dass Werbung aus Finanzierungsinteressen in den redaktionellen Teil integriert und dessen Inhalt so vom Geldgeber beeinflusst wird. Gerade im Hinblick auf die Attraktivität, die eine Werbung im redaktionellen Teil für die Unternehmen hat, liegt zugleich die Annahme nicht fern, dass ein Unternehmen, das solche Werbeformen akzeptieren würde, für die Werbewirtschaft interessanter wäre und höhere Werbeentgelte durchsetzen könnte, als dies im Rahmen einer reinen Anzeigen- oder Spotwerbung möglich wäre. Die daraus folgende Einengung der Medien ist grundsätzlich verfassungskonform. Mit dem Gebot, redaktionelle Beiträge und Werbung zu trennen, darf aber keine übermäßige Beschränkung der Meinungs- und Pressefreiheit einhergehen.[99] Es muss den Medien möglich bleiben, in ihrem redaktionellen Teil beispielsweise über bestimmte Unternehmen sowie über deren Produkte und Erzeugnisse zu berichten. Auch bedeutet nicht schon jede positive Erwähnung eines Firmennamens oder Vertriebswegs eine rechtlich zu beanstandende getarnte Werbung.

Die **Erkennbarkeit des Werbecharakters** wird von den Gerichten unter 643
Rückgriff auf die wettbewerbsrechtlichen Maßstäbe beurteilt. Dementsprechend ist die Erkennbarkeit für den flüchtigen bzw. den unbefangenen Durch-

---

96 *Fechner/Mayer* (Hrsg.), Vorschriftensammlung Medienrecht, §9 PresseG mwN.
97 Z.B. OLG München vom 1.2. 1996, AfP 1997, 915, 917.
98 BGH vom 22.2. 1990 (Werbung im Programm), BGHZ 110, 278, 286, 289 mwN. für den Rundfunk; siehe auch BGH vom 19.3. 1992 (Ereignis-Sponsorwerbung), BGHZ 117, 353, 360; *Hesse*, Rundfunkrecht, 3. Kapitel Rz.56ff.; Hahn/Vesting/*Ladeur*, §7 RStV Rn.35 mwN.; *Soehring*, Presserecht, Tz. 24.4, 24.5; *Paschke*, Medienrecht, Rn.367.
99 BVerfG vom 21.7. 2005, NJW 2005, 3201f.

schnittsleser maßgebend.[100] Mit dem Wandel des Wettbewerbsrechts zu mehr Liberalität und dem Leitbild des verständigen Verbrauchers[101] scheinen Veränderungen in der Beurteilung verdeckter Werbung zwar möglich, doch haben sich solche Veränderungen bislang in der Rechtsprechung noch nicht gezeigt und sie sind auch nicht zu erwarten. Ist nach der äußeren Gestaltung und Anordnung einer Veröffentlichung für die Leserschaft zweifelsfrei erkennbar, dass es sich um eine Anzeige handelt, so genügt dies den presserechtlichen Anforderungen und es kann auf die ausdrückliche Zufügung des Wortes „Anzeige" verzichtet werden.[102] Ist die ausdrückliche Kennzeichnung als „Anzeige" erforderlich, so muss exakt diese Bezeichnung verwendet werden. Weichere Formulierungen (Wirtschaftsanzeigen – public relations, PR-Mitteilungen, Promotion etc.) reichen nicht aus und machen das Inserat zur unzulässigen verdeckten Werbung .[103]

3. Rundfunkrechtliche Erkennbarkeits- und Trennungsanforderungen

644 Für den Rundfunk bestehen zahlreiche weitere Anforderungen. Sie rechtfertigen sich aus Besonderheiten und der Bedeutung dieses Massenmediums sowie aus den Spezifika der Fernsehwerbung. Insbesondere ist eine – unzulässige – TV-Werbung im Programm für den Werbenden gleich doppelt „attraktiv": Zum einen erzielt sie durch die Umgehung des Reaktanzeffekts den beschriebenen erhöhten Glaubwürdigkeitseffekt. Zum anderen kann bei ihr im Hinblick auf das involvement und im Unterschied zur reinen Spotwerbung in etwa abgeschätzt werden, für welche Werbebotschaften der Adressat im Moment der Werbung empfänglich ist (siehe Rdnr. 621 ff.). Beides verspricht erhebliche Steigerungen der Werbeeffektivität. Eine Werbung im Programm wird für die Unternehmen deshalb stets verlockend sein.

645 Das Rundfunkrecht hat für den Umgang mit Werbung allerdings keinen klaren rechtspolitischen Maßstab mehr und ist konzeptionslos geworden.[104] Der RStV postuliert das Trennungsgebot immerhin noch als Prinzip. Er lässt aber zugleich viele Ausnahmen zu und hat das Grundprinzip damit letztlich zur Zerstörung freigegeben. Einschränkungen des Trennungsgrundsatzes gibt es mittlerweile zuhauf. Der RStV erlaubt beispielsweise mit dem Sponsoring direkte Durchbrechungen des Trennungsgebots und formuliert die Definition der Schleichwerbung inzwischen sehr werbefreundlich. Ebenso sind die Verpflich-

100 Dazu Löffler/*Sedelmeier*, § 10 LPG Rdnr. 25 ff. mwN.; kritisch *Heller* FS Schweizer, 1999, 297 ff.; Grundsatzkritik bei *Schweizer*, Die Entdeckung der pluralistischen Wirklichkeit, 2. Bd., 3. Auflage 2000.

101 Dazu statt vieler *Helm* FS Tillmann 2003, 135 ff.

102 Löffler/*Sedelmeier*, § 10 LPG Rdnr. 24.

103 BGH vom 29.3. 1974 (Wirtschaftsanzeigen – public relations), GRUR 1975, 75, 77; dazu *Bauer* GRUR 1975, 77 f. BGH vom 14.3. 1996 (Editorial II), GRUR 1996, 791, 792 f.; *Soehring*, Presserecht, Tz. 24.7; Löffler/*Sedelmeier*, § 10 LPG Rdnr. 28.

104 *Ladeur* ZUM 1999, 672, 678.

tung zur Werbung in Blöcken aufgeweicht und die Teilbelegung des ausgestrahlten Bildes mit Werbung erlaubt worden.[105] Die zu erwartende neue europäische Richtlinie über Fernsehtätigkeit wird voraussichtlich noch weitere Neuerungen in diese Richtung bringen.[106] Rechnet man diese Tendenz hoch, so braucht es nicht viel Fantasie zu der Feststellung, dass der Anfang vom Ende des Trennungsgrundsatzes bereits gekommen ist.

a. Optische oder akustische Trennung

Rundfunkwerbung muss im Fernsehen durch optische und im Hörfunk durch akustische Mittel eindeutig von anderen Programmteilen getrennt sein (§ 7 Abs. 3 Satz 2 RStV). Sie muss ferner grundsätzlich zwischen den Sendungen eingefügt werden und in Blöcken erfolgen.[107] Dauerwerbesendungen sind zu Beginn als solche anzukündigen und während ihres gesamten Verlaufs als solche zu kennzeichnen.[108] 646

b. Schleichwerbung

Schleichwerbung ist unzulässig (§ 7 Abs. 6 Satz 1 RStV). Darunter versteht man die Erwähnung oder Darstellung von Waren, Dienstleistungen, Namen, Marken oder Tätigkeiten eines Herstellers von Waren oder eines Erbringers von Dienstleistungen in Programmen, wenn sie vom Veranstalter absichtlich zu Werbezwecken vorgesehen ist und die Allgemeinheit hinsichtlich des eigentlichen Zwecks dieser Erwähnung oder Darstellung irreführen kann. Eine Erwähnung gilt insbesondere dann als zu Werbezwecken beabsichtigt, wenn sie gegen Entgelt oder eine ähnliche Gegenleistung erfolgt.[109] 647

Einen Fall der Schleichwerbung in Kindersendungen betrifft die **Li-La-Launebär-Entscheidung** des OVG Lüneburg. Im Streitfall beschäftigte sich eine 25-minütige Kindersendung ausschließlich mit Barbie-Puppen. Nach Würdigung durch das Gericht handelte es sich um eine redaktionell aufgemachte Werbung. Dem Rundfunk ist es erlaubt, z. B. Barbie-Produkte darzustellen. Er muss sich aber auf das beschränken, was im Interesse der Information des kindlichen Zuschauers unvermeidbar ist.[110] Die Sendung war darüber hinausgegangen, z. B. durch häufiges und anpreisendes Zeigen und Benennen der Barbie-Puppe, ihrer Kleidung sowie ihres Zubehörs. Die Darstellung war durchweg positiv und unkritisch und dermaßen ins Superlative gesteigert, dass sie durch notwendige Gründe nicht mehr erklärt werden konnte. 648

---

105 § 7 Abs. 4 Satz 1, Abs. 6 Satz 2 RStV.
106 Siehe AfP 2005, 452.
107 §§ 15 Abs. 2 Satz 1 f., 44 Abs. 2 Satz 1 f. RStV.
108 § 7 Abs. 5 Satz 2 RStV.
109 § 2 Abs. 2 Nr. 6 Satz 2 RStV.
110 OVG Lüneburg vom 15. 12. 1998 (Li-La-Launebär), AfP 1999, 300.

c. Ersparen von Produktionskosten

649 Finanzielle Beeinflussungszusammenhänge bestehen auch, wenn ein Rundfunksender im Zusammenhang mit werblichen Effekten kein unmittelbares Entgelt erhält, aber doch finanzielle Vorteile hat, indem er Aufwendungen erspart. So kann es etwa sein, dass bei Eigenproduktionen Markenartikel kostenlos als Requisiten überlassen werden oder dass im Rahmen eines vom Sender veranstalteten Gewinnspiels der Gewinn von einem Unternehmen zur Verfügung gestellt wird.

650 Die Legaldefinition der Schleichwerbung macht die Unzulässigkeit maßgeblich davon abhängig, ob für die Erwähnung oder Darstellung ein „Entgelt oder eine ähnliche Gegenleistung" gewährt wurde. Das kostenlose Überlassen von Requisiten o.ä. hat demgegenüber eine Art Schenkungscharakter und läuft damit eher auf eine unentgeltliche Zuwendung als auf eine Gegenleistung hinaus. Es wird zumeist nicht weiter problematisiert und als zulässig angesehen.[111] Der BGH hat das Zurverfügungstellen von Produkten für ein Gewinnspiel für rechtens gehalten, wenn das Publikum darüber aufgeklärt wird, dass die ausgelobten Preise von dem namentlich genannten oder in anderer Weise in der Auslobung erkennbaren Hersteller unentgeltlich zur Verfügung gestellt worden sind.[112] Es handelte sich freilich durchweg um Entscheidungen zum Wettbewerbsrecht, so dass von ihnen nicht automatisch auf die rundfunkrechtliche Zulässigkeit solcher Handlungsweisen geschlossen werden kann.

651 Nach Sinn und Zweck des rundfunkrechtlichen Trennungsgebots ist eine derartige Übung ausgesprochen problematisch.[113] Das Ersparen von Kosten für Requisiten oder für Hauptgewinne hat denselben Finanzierungseffekt wie unmittelbare Zahlungen eines werbenden Unternehmens an den Sender. Würde ein Rundfunkunternehmen, wenn etwa Autohersteller A für eine Eigenproduktion kostenlos einen Wagen zur Verfügung stellen und Autohersteller B dies verweigern würde, aus dramaturgischen Gründen wirklich auf dem Einsatz eines Wagens von B bestehen und dafür bezahlen? Das Beispiel macht jedenfalls klar, dass solche verdeckten Finanzierungsquellen letztlich exakt dieselbe Gefahr einer mittelbaren Beeinflussung des Programms durch Drittinteressen mit sich bringen, wie es direkte Zahlungen tun. Mit dem Anliegen des Trennungsgebots sind sie nicht zu vereinbaren, denn das Trennungsgebot ist als Schutzwall gerade gegenüber schleichenden Einflüssen gedacht und konzipiert worden.

---

111 *Hesse*, Rundfunkrecht, 3. Kapitel Rz.63.

112 BGH vom 7.7. 1994 (Preisrätselgewinnauslobung I), GRUR 1994, 821ff.; BGH vom 7.7. 1994 (Preisrätselgewinnauslobung II), GRUR 1994, 823ff.; BGH vom 11.7. 1996 (Preisrätselgewinnauslobung III), GRUR 1996, 804ff.; BGH vom 11.7. 1996 (Preisrätselgewinnauslobung IV), GRUR 1997, 145ff.

113 *Beater* in: BLM-Symposion 2002, 2004, 111, 124ff.

d. Product Placement

Das Verbot der Schleichwerbung ist auf Fälle beschränkt, in denen der Rundfunkveranstalter selbst Werbezwecke verfolgt bzw. selbst Gegenleistungen für die Werbung erhalten hat. Es greift daher in manchen Fällen des so genannten **product placement** nicht ein, wenn etwa das Fernsehen einen mit Werbung durchsetzten fremdproduzierten Film zeigt und etwaige Entgelte der werbenden Unternehmen zwar an den Filmproduzenten, nicht aber an den Fernsehveranstalter geflossen sind. Sind solche Beiträge als Werbung einzuordnen,[114] so stellt sich für sie die Frage, ob der Werbecharakter dem Zuschauer erkennbar ist. Die EG beabsichtigt, product placement im Fernsehen grundsätzlich zuzulassen, sofern die Zuschauer im Vor- oder Abspann des Films auf den kommerziellen Hintergrund von Requisiten hingewiesen werden.[115] Zugleich soll aber am allgemeinen Verbot der Schleichwerbung festgehalten werden.[116] Die rechtspolitische Sinnhaftigkeit solcher Regelungen ist zu bezweifeln. 652

Der BGH hatte in den **Feuer, Eis & Dynamit-Entscheidungen** nach Wettbewerbsrecht darüber zu urteilen, ob der Film **in Kinos gezeigt** werden darf bzw. eine wettbewerbsrechtlich unzulässige getarnte Werbung war. Das Gericht nahm eine „an sich" unzulässige Werbung an. Im Hinblick auf die Kunstfreiheit des Filmschaffenden wurde die Vorführung aber als zulässig angesehen, wenn dieser den Zuschauer darauf hinweist, dass er erhebliche Zahlungen von Unternehmen erhalten hat, die selbst oder in Gestalt ihrer Produkte in dem Film auftreten.[117] Aus Sicht des Rundfunkrechts stellt sich die Frage, ob die Erkennbarkeit des Werbecharakters anders zu beurteilen ist, wenn der Film im Fernsehen gesendet wird. Das ist zu bejahen. Da Kino und Fernsehen mit unterschiedlichen Zuschauergewohnheiten einhergehen, würde ein bloßer Hinweis zu Beginn des Films nicht ausreichen, um Irreführungen des Fernsehzuschauers auszuschließen.[118] 653

IV. Einzelne Werbeformen

1. Kinderwerbung

Für die elektronischen Medien bestimmt der Gesetzgeber ausdrücklich, dass Werbung, die sich auch an Kinder oder Jugendliche richtet oder bei der Kinder oder Jugendliche eingesetzt werden, weder den Interessen von Kindern oder Jugendlichen schaden oder deren Unerfahrenheit ausnutzen darf.[119] Im Übrigen gilt für diese Medien wie auch für die Presse das allgemeine wettbewerbsrechtliche Verbot von Handlungen, die geeignet sind, die geschäftliche Unerfahren- 654

---

114 Zur Einordnung und Abgrenzung von product placement als Werbung oder Programm siehe Rdnr. 635ff.
115 Siehe AfP 2005, 452; *von Danwitz* AfP 2005, 417ff. mwN.
116 Dazu kritisch *Gounalakis* K&R 2006, 97ff.
117 BGH vom 6.7. 1995 (Feuer, Eis & Dynamit I), BGHZ 130, 205ff.
118 Siehe Rdnr. 914.
119 §§ 6 Abs. 2ff. JMStV.

heit von Kindern oder Jugendlichen auszunutzen.[120] Aus medienrechtlicher Sicht ist wichtig, dass die Zeitgrenzen für jugendgefährdende Sendungen bzw. Filme auch auf Werbung für diese Sendungen Anwendung finden.[121] Nach den Richtlinien der Landesmedienanstalten darf weiterhin für Produkte, die selbst Gegenstand von Kindersendungen sind, vor oder nach einer Sendung in einem Werbeblock keine Werbung geschaltet werden.[122]

655 **Werbung, die sich an Kinder richtet**, ist medien- wie wettbewerbsrechtlich gleichermaßen unzulässig, wenn sie das geschäftliche Entscheidungsverhalten von Kindern und Jugendlichen, die den Umgang mit Werbung und ein selbstbestimmtes Abschließen von Geschäften erst lernen müssen und sollen, in unzulässiger Weise ausnutzt. Dabei ist zunächst zu bestimmen, an welche Altersgruppe von Kindern oder Jugendlichen sich die infrage stehende Werbung richtet. Entscheidender Beurteilungsmaßstab ist dann, ob die Ausnutzung der geschäftlichen Unerfahrenheit eines durchschnittlich aufmerksamen und verständigen Mitglieds der angesprochenen Altersgruppe durch die beanstandete Werbung objektiv wahrscheinlich ist.[123] Werbung, die Kinder und Jugendliche zu einer eigenen Kaufentscheidung animieren will, ist in ihrer Zulässigkeit strenger zu beurteilen als Werbung, die Kinder und Jugendliche lediglich als Initiator einer Kaufentscheidung der Eltern anspricht.

656 Verbote von **Werbung, bei der Kinder eingesetzt werden**, sind dagegen problematisch. Die **„X"-Kreditkarte-Entscheidung** des KG hält Werbung für wettbewerbswidrig, wenn sie den „natürlichen Lebensäußerungen" von Kindern und Jugendlichen nicht gerecht wird.[124] Im Streitfall war in einer Spotwerbung für Kreditkarten u.a. ein dreieinhalb Jahre altes Mädchen als bildlicher und sprachlicher Darsteller aufgetreten. Das Gericht stützte sich maßgeblich darauf, dass solche Werbeformen gegen die Verhaltensregeln des Deutschen Werberats verstießen und leitete daraus die Wettbewerbswidrigkeit ab. Das Urteil ist eindeutig abzulehnen. Es verkennt zum einen den Status von Werberichtlinien, die eben kein Recht sind. Vor allem jedoch darf es nicht sein, dass auf diesem Wege die wichtige wettbewerbsrechtliche Interessenabwägung abgeschafft wird. Die Entscheidung liefert keine Begründung dafür, warum die Zulässigkeit einer solchen Werbung das Funktionieren des Wettbewerbs stören bzw. legitime Interessen der Mitbewerber oder der Verbraucherschaft verletzen würde. Sie geht im Kern allein auf richterliches Zensurdenken zurück, das solche Werbung als irgendwie „unpassend" oder „unschicklich" empfindet.

---

120 §4 Nr.2 UWG.

121 Hahn/Vesting/*Ladeur*, §7 RStV Rn.28.

122 Hahn/Vesting/*Ladeur*, §7 RStV Rn.29.

123 OLG Frankfurt a.M. vom 12.5. 2005 (Milchtaler), GRUR 2005, 782, 783; zu einer zu Werbezwecken erfolgenden Datenerhebung im Internet, die sich an Kinder im Alter bis zu zwölf Jahren richtet, OLG Frankfurt a.M. vom 30.6. 2005 (Skoda-Autokids-Club), GRUR 2005, 785, 787.

124 KG vom 6.3. 1992 („X"-Kreditkarte), AfP 1992, 298, 299; zustimmend *Beckmann* AfP 1992, 300ff.; Hahn/Vesting/*Ladeur*, §7 RStV Rn.29.

2. Subliminale Werbung

657 Den elektronischen Medien sind ferner unterschwellige bzw. subliminale Werbetechniken untersagt.[125] Damit ist Werbung gemeint, die versucht, den Verbraucher sozusagen unter vollständiger Umgehung seines Bewusstseins zum Kauf zu verleiten. Insbesondere war in unterschiedlichen Varianten davon berichtet worden, dass sich zum Beispiel der Umsatz von Popcorn oder von Erfrischungsgetränken steigern lasse, wenn diese in Kinofilmen als Werbebilder eingeblendet werden, die wegen ihrer Kurzzeitigkeit von den Zuschauern nicht bewusst wahrgenommen werden können.

658 Praktiken, die eine solche Wirkung haben, müssen ohne Zweifel unzulässig sein. Nach inzwischen gefestigtem Wissensstand funktionieren derartige „hidden persuaders"[126] jedoch nicht und die früheren Befürchtungen der Verhaltenswissenschaft haben sich nicht bestätigt.[127] Das ihnen angeblich zugrunde liegende empirische Experiment genügte den methodischen Anforderungen der Zunft nicht und die damaligen Berichte waren vermutlich eine gelungene Eigenwerbung einer Werbeagentur. Subliminale Werbung braucht daher an sich nicht verboten zu werden, weil sie als solche nicht funktioniert. Sie gehört in die Kategorie von Dichtung[128] und modernen Sagen,[129] was auch ihr immer wieder neues Auftauchen erklärt. Selbst der europäische und der deutsche Gesetzgeber sind auf diesen Irrglauben hereingefallen.

3. Angstwerbung

659 Das Wettbewerbsrecht untersagt schließlich Werbung, die geeignet ist, die Angst von Verbrauchern auszunutzen.[130] Werbung, die darauf setzt, Angst zu erzeugen, ist im Hinblick auf den Schutz des Entscheidungsprozesses wettbewerbswidrig, wenn und soweit sie die Entscheidung des Verbrauchers zu einer fremdbestimmten macht. Mit der Annahme solcher Wirkungen von Angstwerbung ist jedoch Vorsicht geboten. Zugleich muss es einen überzeugenden Grund dafür geben, warum der Verbraucher nicht auf angstbegründende Umstände wie zum Beispiel Gesundheits- oder Inflationsgefahren deutlich hingewiesen werden und seine Entscheidung nicht von den infrage stehenden Angaben abhängig ma-

125 §§ 7 Abs. 3 Satz 2 RStV, 13 Abs. 1 Satz 2 MDStV (= § 58 Abs. 1 Satz 2 RStV-E).
126 Die Bezeichnung geht zurück auf *Packard*, Die geheimen Verführer – Der Griff nach dem Unbewußten in jedermann, 1957 (Originalversion: The Hidden Persuaders, New York, 1957).
127 Siehe *Koeppler*, Unterschwellig wahrnehmen – unterschwellig lernen, 1972, S. 151 ff., 156 ff.; *Brand*, Die Legende von den „geheimen Verführern", 1978, S. 166 ff.
128 *A. Huxley*, beschreibt in seinem Roman „Schöne neue Welt", wie synthetisch produzierte Kinder durch eine flüsternde Stimme, die aus einem unter dem Kopfkissen montierten Lautsprecher kommt, so manipuliert werden, dass sie später alles tun, was der autoritäre Weltstaat von ihnen erwartet.
129 Zu modernen Sagen *Brednich*, Die Spinne in der Yucca-Palme, 1990, S. 1 ff.
130 § 4 Nr. 2 UWG.

chen soll. Die angemessene Beurteilung von Angstwerbung macht daher **medienspezifische Unterscheidungen** erforderlich.

660 Die Verhaltensforschung lässt nicht den Schluss zu, dass Angstwerbung automatisch den Verbraucher fremdbestimmen kann, sondern legt Differenzierungen nahe.[131] Danach ist zwar die Aufmerksamkeitswirkung umso größer, je intensiver der Furchtappell ist. Zugleich steigt mit der Intensität jedoch auch das Vermeidungsverhalten, das sich etwa in einem „Übersehen" solcher Werbung bzw. der umworbenen Produkte äußern kann. Stattdessen ist es aber auch möglich, dass der Furchtappell Agressivität auslöst, die sich gegen den so genannten communicator, also im Fall von Werbung gegen das werbende Unternehmen richtet. Im Übrigen ist die verhaltensändernde Wirkung von Angstwerbung unterschiedlich. Besonders starke Furchtappelle haben einen ausgeprägten kurzfristigen Effekt, während das langfristige Verhalten umso stärker beeinflusst wird, je geringer der Furchtappell ist. Wesentlicher Maßstab für die wettbewerbsrechtliche Beurteilung von Angstwerbung muss daher insbesondere sein, welche Intensität der Furchtappell hat, ob sich der Umworbene der Werbung ohne weiteres entziehen kann und ob die Umstände und die Art der Werbung sowie die Art des umworbenen Produkts „Spontankäufe" besonders begünstigen oder langfristige Entscheidungssituationen betreffen.

661 Das bisherige Fall- und Entscheidungsmaterial[132] zeigt keinen Anwendungsfall, der nach wettbewerbsrechtlichem Einschreiten verlangt. Insbesondere kann die **typische Fernsehspotwerbung** grundsätzlich nicht in die Kategorie unzulässiger Angstwerbung fallen. Zwischen der Aufnahme der Werbung durch den Fernsehzuschauer und dessen Möglichkeit, unter dem Eindruck der Werbewirkung ein entsprechendes Geschäft abzuschließen, vergeht typischerweise eine Zeitspanne, während derer die Furchtwirkung wieder verpuffen kann und der Umworbene genügend Gelegenheit hat, seinen Entschluss zu überdenken. Dies kann dagegen bei **Werbung im Internet** oder auch im Rahmen von **Teleshopping** anders sein. Es scheint nicht ausgeschlossen, dass auf diese Weise Angstwerbung betrieben wird, die nach wettbewerbsrechtlicher Sanktionierung verlangt. Hier ist dem Nutzer allerdings ein Vermeidungsverhalten ohne weiteres möglich. Es ist auch keine Besonderheit von Internet und Teleshopping, dass sie auf Bild- und Filmwerbung zurückgreifen können, die stärker als reine Textwerbung emotionale Wirkungen erzeugen kann. Die Besonderheit solcher Werbeformen liegt jedoch darin, dass es dem Nutzer unter Umständen möglich ist, unmittelbar unter dem Einfluss der Angstwirkung und ohne zeitliche Zwischenstufe einfach per „Mausklick" oder Telefonanruf das „angstbefreiende" Produkt verbindlich erwerben zu können.

---

131 Zur empirischen Seite grundlegend *Janis/Feshbach*, Effects of Fear-Arousing Communications, in: Journal of Abnormal and Social Psychology, Vol. 48 (1953), 78ff., 87ff.

132 Beispiele bei Fezer/*Scherer*, §4 Nr. 2 UWG Rdnr. 26, 32ff.; zu lebensmittel- und heilmittelwerberechtlichen Sondertatbeständen siehe BGH vom 22.4. 1999 (Vitalkost), GRUR 1999, 1007, 1008.

V. Sponsoring

Das Sponsoring ist allen Medien als Finanzierungsform grundsätzlich erlaubt, hat sich bislang aber vor allem für den Bereich des Fernsehens etabliert. Es unterscheidet sich von der Werbung in der Gestaltung und der dahinterstehenden unternehmerischen Motivation. Beim Sponsoring stellt das Unternehmen eine Förderung zur Verfügung und erhält dafür eine meist auf ideellem Gebiet liegende Gegenleistung.[133] Ein klassisches Beispiel ist die Finanzierung von Sport- oder Kulturveranstaltungen durch ein Unternehmen, das dafür als Sponsor genannt wird. Auf diese Weise ist es beispielsweise möglich, bestimmte Werberestriktionen zu umgehen[134] oder Zielgruppen anzusprechen, die das werbende Unternehmen auf anderen Wegen nicht erreichen könnte. Das Sponsoring ermöglicht es dem Unternehmen zugleich, den Akzeptanzwert des gesponserten Ereignisses für die eigene Öffentlichkeitsarbeit nutzbar zu machen. Für den Medienbereich können namentlich Fernsehsendungen, aber beispielsweise auch Printberichterstattungen „mit freundlicher Unterstützung" eines Sponsors erscheinen. 662

Das Sponsoring unterliegt im Grundsatz denselben Anforderungen wie die Werbung. Auch die Finanzierung durch einen Sponsor kommt dem Medienunternehmen ökonomisch zugute und kann dementsprechende Abhängigkeiten und Beeinflussungen zur Folge haben. **Presserechtlich** ist zu unterscheiden. Nimmt der Sponsor Einfluss auf den redaktionellen Inhalt, so handelt es sich um eine entgeltliche Veröffentlichung, die als solche kenntlich zu machen ist.[135] Fehlt es an einer solchen Einflussnahme, so sind im Grundsatz auch für die Presse dieselben Maßstäbe angemessen, die für den Rundfunk und die Telemedien gelten.[136] 663

Das Sponsoring im Bereich des **Rundfunks** beurteilt sich nach speziellen Regelungen des RStV, die für das Sponsoring bei **Fernsehtext** entsprechend gelten (§§ 8 RStV, 13 Abs. 3 MDStV = § 58 Abs. 3 RStV-E). Das Rundfunkrecht definiert Sponsoring als Beitrag einer Person, die an Rundfunktätigkeiten oder an der Produktion audiovisueller Werke nicht beteiligt ist, zur Finanzierung einer Sendung, um die geschäftliche Außendarstellung des Sponsors zu fördern (§ 2 Abs. 2 Nr. 7 RStV). Solche Finanzierungen sind zulässig, wenn sie **als solche erkennbar gemacht und vom redaktionellen Inhalt getrennt werden**. Im Einzelnen gilt Folgendes: Der Sponsor darf Inhalt und Programmplatz einer gesponserten Sendung nicht in der Weise beeinflussen, dass die Verantwortung und die redaktionelle Unabhängigkeit des Rundfunkveranstalters beeinträch- 664

133 Für das Rundfunkrecht § 2 Abs. 2 Nr. 7 RStV.
134 Beispielsweise ist nach § 16 Abs. 1 Satz 3 RStV den öffentlich-rechtlichen Anstalten an Sonntagen das Ausstrahlen von Werbung untersagt, nicht aber das Ausstrahlen gesponserter Sendungen.
135 *Wallraf* FS Schweizer 1999, 271, 280f.
136 *Wallraf* FS Schweizer 1999, 271, 279ff.

tigt werden.[137] Bei ganz oder teilweise gesponserten Sendungen muss zu Beginn oder am Ende auf die Finanzierung durch den Sponsor in vertretbarer Kürze hingewiesen werden.[138] Schließlich dürfen gesponserte Sendungen nicht zum Erwerb von Produkten des Sponsors oder eines Dritten anregen.[139] Das Rundfunkrecht verbietet außerdem das Sponsoring durch Tabakunternehmen und im Zusammenhang mit Arzneimitteln.[140] Schließlich ist auch das Sponsern von Nachrichten- und politischen Sendungen untersagt (siehe Rdnr. 676ff.).[141]

665 Das Rundfunkrecht regelt nur das Sponsern von Sendungen und erfasst das so genannte **Ereignissponsoring** nicht.[142] Wer lediglich ein bestimmtes Ereignis, zum Beispiel ein Fußballländerspiel, nicht aber dessen Übertragung sponsert, darf im Rahmen der Übertragungssendung nicht als Sponsor eingeblendet werden.

666 Der BGH hat es in der **Ereignis-Sponsorwerbung-Entscheidung** abgelehnt, solche Konstellationen als Sponsoring im Sinne von §8 RStV anzusehen. Auch eine erweiternde Anwendung von §8 RStV auf solche Fälle hielt der BGH für unzulässig. Danach ist die Sponsorregelung als Ausnahme vom grundsätzlichen Verbot der Werbung im Programm und nach Sinn und Zweck der rundfunkrechtlichen Regelungen über Werbung im Fernsehen eng auszulegen und auf ihren Regelungsgegenstand zu beschränken.[143] Zum anderen sind mit dem Sponsoring von Rundfunksendungen und dem von Ereignissen wie Fußballländerspielen unterschiedliche Risiken für die Unabhängigkeit der Programmgestaltung verbunden.[144] Wer eine Sendung finanziell fördert, kann leicht versucht sein, auch auf deren Inhalt Einfluss zu nehmen. Ebenso kann der Adressat der finanziellen Zuwendung verleitet werden, solchen Ansinnen im eigenen wirtschaftlichen Interesse entgegenzukommen. Es bedarf daher besonderer Bestimmungen zur Begrenzung dieses Risikos. Zugleich ist es sinnvoll, den Zuschauer über die Tatsache der Förderung der Sendung durch einen Dritten zu informieren. Demgegenüber ist die Situation eine andere, wenn nur das Ereignis selbst und nicht dessen Übertragung bzw. die Sendung gesponsert wird. Sie bringt nämlich typischerweise nicht die Gefahr mit sich, dass dabei auf die Unabhängigkeit des Rundfunks Einfluss genommen werden kann. Der Sender kann autonom entscheiden, ob er das Ereignis überträgt und wie er es überträgt. Er trägt auch die Kosten der Sendung selbst. Daher ist ein Hinweis auf den Sponsor, der nicht die Übertragung, sondern lediglich das übertragene Ereignis gefördert hat, nicht notwendig.

---

137 §8 Abs. 2 RStV.
138 §8 Abs. 1 Satz 1 RStV.
139 §8 Abs. 3 RStV.
140 §8 Abs. 4, Abs. 5 RStV.
141 §8 Abs. 6 RStV.
142 Hahn/Vesting/*Brinkmann*, §8 RStV Rn. 10.
143 BGH vom 19.3. 1992 (Ereignis-Sponsorwerbung), BGHZ 117, 353, 359; dazu *Weiand* ZUM 1993, 81ff.; zustimmend *Sack* EWiR 1992, 915f.; *Bork* JZ 1992, 876.
144 BGH vom 19.3. 1992 (Ereignis-Sponsorwerbung), BGHZ 117, 353, 360.

VI. Rundfunkrechtliche Sonderanforderungen

1. Ausgangsfragen

Die Presse und die Telemedien müssen mit den ökonomischen Beeinflussungszwängen, die Werbung oder Sponsoring mit sich bringen können, aus eigener Kraft fertig werden. Sie unterliegen insoweit keinen Anforderungen, die über die bis eben vorgestellten Pflichten hinausgehen. Dagegen gelten für den Rundfunk und namentlich für die öffentlich-rechtlichen Sender Besonderheiten. Werbung und Sponsoring bringen als Finanzierungsquellen auch für den Rundfunk die Versuchung mit sich, das redaktionelle Programm möglichst am Massengeschmack auszurichten, um so die Höhe der Einnahmen steigern zu können. Dies kann der **verfassungsrechtlichen Pflicht zur Herstellung von Meinungsvielfalt im Rundfunk** entgegenwirken.[145] Die rechtspolitisch konsequente Antwort des Gesetzgebers auf diesen Zusammenhang müsste für den öffentlich-rechtlichen Rundfunk letztlich darin liegen, diesen ausschließlich über die Rundfunkgebühren zu finanzieren und ihm Werbung und Sponsoring zu untersagen.[146] Die rein verfassungsrechtlich motivierte Überlegung des BVerfG, eine Mischfinanzierung aus Werbung und Gebühren könne einseitige Abhängigkeiten lockern und auf diese Weise die Programmgestaltungsfreiheit der Rundfunkveranstalter stärken,[147] ist kein überzeugender Gegeneinwand. Die Anstalten haben von Verfassungs und Gesetzes wegen einen Anspruch auf angemessene Gebührenfinanzierung (siehe Rdnr. 684). Möglichen Versuchen staatlicher Instanzen, im Zusammenhang mit der Gebührenhöhe einen politisch motivierten Einfluss auf das Programm zu nehmen, lässt sich mit angemessenen Regeln über das Verfahren zur Bestimmung der Gebührenhöhe begegnen. Die Mischfinanzierung durch Gebühren und Werbung läuft nicht auf eine zusätzliche Absicherung von Programmautonomie hinaus, sondern schafft die Gefahr, die Nachteile beider Finanzierungsformen miteinander zu kombinieren. 667

Der Rundfunkgesetzgeber hat sich zu einer Verbannung von Werbung und ähnlichen Finanzierungsinstrumenten nicht durchringen können. Er lässt sie zu, ordnet aber ausdrücklich und für Rundfunkveranstalter aller Art an, dass „Werbung oder Werbetreibende […] das übrige **Programm inhaltlich und redaktionell nicht beeinflussen**“ dürfen (§7 Abs. 2 Satz 1 RStV). Entsprechendes gilt auch für das Sponsoring (§8 Abs. 2 RStV). Zugleich unterwirft das Rundfunkrecht die Werbung erheblichen Beschränkungen. Den öffentlich-rechtlichen Anstalten ist eine Finanzierung durch Werbung nur eingeschränkt er- 668

145 BVerfG vom 4.11. 1986 (Niedersachsen), BVerfGE 73, 118, 155; BVerfG vom 5.2. 1991 (WDR), BVerfGE 83, 238, 311; BVerfG vom 6.10. 1992 (Hessen 3), BVerfGE 87, 181, 199.

146 Nach BVerfG vom 24.3. 1987 (Baden-Württemberg), BVerfGE 74, 297, 341ff. wäre dies verfassungsrechtlich ohne weiteres zulässig, sofern nur eine angemessene Finanzausstattung der öffentlich-rechtlichen Anstalten sichergestellt ist.

147 So BVerfG vom 5.2. 1991 (WDR), BVerfGE 83, 238, 310.

laubt, eine überwiegende Finanzierung aus solchen Quellen wäre mit dem Programmauftrag der öffentlich-rechtlichen Sender nicht vereinbar.[148] Die Werbebeschränkungen reichen im Übrigen für den öffentlich-rechtlichen Rundfunk ungleich weiter als für den privaten Rundfunk, weil es für die privaten Rundfunkunternehmer keine Gebührenfinanzierung gibt und sie dem Prinzip des Binnenpluralismus weniger streng unterworfen sind. Im Detail sind die Restriktionen unterschiedlich, insbesondere wird Werbung **zeitlich, technisch und auch inhaltlich beschränkt**. Im Ausgangspunkt lassen sich die jeweiligen Regeln auf das Streben nach Meinungsvielfalt und Schutz redaktioneller Standards vor ökonomischer Beeinflussung zurückführen. Der genaue Gesetzeszweck der einzelnen Vorschriften ist jedoch vielfach umstritten und nicht immer exakt auf den Punkt zu bringen.

2. Zeitliche Beschränkungen

669 Werbung ist dem Rundfunk nur innerhalb bestimmter zeitlicher Höchstkontingente erlaubt. Sie sind im Einzelnen detailliert geregelt und für den öffentlich-rechtlichen Rundfunk enger limitiert als für den privaten. ARD und ZDF dürfen in ihren Hauptprogrammen an Werktagen höchstens 20 Minuten Werbung machen, nach 20.00 Uhr, an Sonn- und Feiertagen sowie in den übrigen Fernsehprogrammen ist ihnen Werbung untersagt.[149] Die Zeitbeschränkung rechtfertigt sich für den **öffentlich-rechtlichen Rundfunk** daraus, dass sich die öffentlich-rechtlichen Anstalten eben „vorrangig" aus der Rundfunkgebühr finanzieren sollen,[150] um so den „programm- und vielfaltsverengenden Tendenzen" einer Finanzierung durch Werbung zu begegnen.[151] Dementsprechend muss das Volumen etwaiger Werbeeinnahmen begrenzt bleiben und dies geschieht durch die Normierung zeitlicher Obergrenzen.

670 Dem **privaten Rundfunk**, der unternehmerisches Risiko trägt und sich zentral durch Werbung finanziert, ist deutlich mehr Werbung erlaubt. Insbesondere dürfen Werbespots bis zu 15% und der Gesamtanteil von Teleshopping-Spots, Werbespots und anderen Formen der Werbung bis 20% der täglichen Sendezeit ausmachen.[152] Eine Rechtfertigung der Werbebeschränkungen des privaten Rundfunks fällt ungleich schwerer und ist sowohl in ihrer rechtspolitischen Sinnhaftigkeit als auch in ihrer Verfassungskonformität angegriffen worden. Die Erwägungen zur RL 97/36/EG über Fernsehtätigkeit, auf die die Beschränkung zurückgeht, bleiben insoweit jede Begründung schuldig.[153] Zu bedenken

148 BVerfG vom 5.2. 1991 (WDR), BVerfGE 83, 238, 311 mwN.
149 §16 Abs. 1, Abs. 2 RStV.
150 §13 Abs. 1 Satz 1 RStV.
151 BVerfG vom 22.2. 1994 (Rundfunkgebühr), BVerfGE 90, 60, 91.
152 §45 Abs. 1 RStV.
153 Siehe Erw. 33ff. zu RL 97/36/EG vom 30.6. 1997 über Fernsehtätigkeit, ABl. EG 1997, L 202/60 = GRUR Int. 1998, 120ff.

ist insbesondere, dass die Werbebeschränkung den bereits beschriebenen kommerziellen Zwang zur Orientierung am Massengeschmack (siehe Rdnr. 593f.) in keiner Weise aufhebt und daher kein taugliches Instrument zur Erreichung von Meinungs- bzw. Programmvielfalt sein kann. Der EuGH begreift die Werbezeitregulierung allein als Beschränkung der geschäftlichen Freiheiten des Fernsehunternehmers. Das Gericht spricht den einschlägigen Vorschriften daher Ausnahmecharakter zu und legt sie im Zweifel eng aus. Die zulässige Werbezeit ist deshalb nach der Berechnungsmethode zu bestimmen, die eine größere Zahl von Werbeunterbrechungen erlaubt.[154]

Die Beschränkungen gelten für Werbung, also beispielsweise auch für unzu- 671
lässiges product placement, nicht aber für das Sponsoring, das grundsätzlich keinen Limitierungen unterliegt.[155] Sie gelten weiterhin nicht für Hinweise des Rundfunkveranstalters auf eigene Programme und bestimmte weitere Hinweise.[156] Solche Werbung geht nicht auf Dritte zurück und begründet dementsprechend weder finanzielle Abhängigkeiten noch die Gefahr, dass außenstehende Personen als Werbepartner direkt oder indirekt Einfluss auf das inhaltliche Programm nehmen. Ebenfalls nicht anzurechnen sind insbesondere **Spendenaufrufe zu Wohlfahrtszwecken**.[157]

3. Technische Beschränkungen, split screen-Werbung

Das Rundfunkrecht sieht weiterhin „technische" Beschränkungen für Werbung 672
und Teleshopping-Spots vor. Die einschlägigen Regelungen beschränken sich in ihrer Wirkung keineswegs auf Äußerlichkeiten, sondern dienen in ihrer Zielsetzung dazu, die „objektive Qualität" des Programmangebots zu sichern.[158] Danach müssen Fernsehwerbung und Teleshopping-Spots **grundsätzlich zwischen den Sendungen** eingefügt werden und einzeln gesendete Spots die Ausnahme bilden,[159] so dass der inhaltliche Zusammenhang der redaktionellen Teile nicht gestört wird. Übertragungen von Gottesdiensten und Sendungen für Kinder dürfen überhaupt nicht unterbrochen werden.[160] Bei der Übertragung von bestimmten weiteren Ereignissen oder Darbietungen darf Werbung nur zwischen eigenständigen Teilen oder in Pausen eingefügt werden[161] und der öffentlich-rechtliche Rundfunk darf bei Übertragungen von Fußballspielen nur in den

154 EuGH vom 28.10. 1999 (ARD) – Rs. C-6/98, Slg. 1999 I, S. 7599ff. Rn. 28ff. zu RL 97/36/EG vom 30.6. 1997 über Fernsehtätigkeit, ABl. EG 1997, L 202/60 = GRUR Int. 1998, 120ff.; dazu kritisch *Bodewig* JZ 2000, 659ff.
155 § 8 RStV.
156 §§ 16 Abs. 4, 45 Abs. 3 RStV.
157 §§ 16 Abs. 4, 45 Abs. 3 RStV.
158 Hahn/Vesting/*Ladeur*, § 14 RStV Rn. 8 „Zusammenhang einer Sendung".
159 §§ 15 Abs. 2 Satz 1f., 44 Abs. 2 Satz 1f. RStV.
160 §§ 15 Abs. 1, 44 Abs. 1 RStV.
161 §§ 15 Abs. 3 Satz 2, 44 Abs. 3 RStV.

Pausen Werbung zeigen.[162] Im Übrigen sind Unterbrechungen unter bestimmten Voraussetzungen zulässig, wobei abermals zwischen den öffentlich-rechtlichen und den privaten Sendern unterschieden und den privaten Unternehmen ein höheres Quantum an Werbeunterbrechungen zugestanden wird. Diese **Ausnahmen vom Unterbrechungsverbot** sind im Einzelnen detailliert geregelt[163] und gestehen den Privatsendern weite Spielräume für die Platzierung von Werbung zu. Das hat dazu geführt, dass im privaten Fernsehen die Unterbrecherwerbung im Ergebnis dominiert. Die Werbung zwischen den Sendungen spielt dagegen eine geringe Rolle, weil gerade solche Werbung Zuschauer und Zuhörer am leichtesten zum Programmwechsel veranlassen kann[164] und daher für den Sender kontraproduktiv wäre.

673 Das Rundfunkrecht sieht die so genannte **split screen-Werbung**, bei der ein Teil des ausgestrahlten Bildes mit Werbung und der andere Teil mit dem „übrigen" Programm belegt ist, seit 2000 als zulässig an (§7 Abs. 4 Satz 1 RStV). Solche Werbung wirft Sonderfragen auf. Es handelt sich nicht um getarnte Werbung, denn eine Täuschung des Zuschauers über den Werbecharakter ist ausgeschlossen, sofern der Werbeteil eindeutig optisch getrennt und als solcher gekennzeichnet ist. Die Zulassung derartiger Werbung beeinträchtigt freilich die Werbeautonomie des Zuschauers. Ihm wird die Möglichkeit genommen, sich auf das Programm zu beschränken und Werbebotschaften auszuweichen, wenn er keine Werbung möchte. Gleichwohl ist anzuerkennen, dass die Zulassung dieser Werbeform ein berechtigtes Anliegen verfolgt, denn sie erklärt sich aus existenziellen Werbe- bzw. Finanzierungsinteressen namentlich der privaten Fernsehsender. Ihnen drohte durch das Aufkommen der so genannten Werbeblocker, die Fernsehreklame „wegschalten",[165] eine erhebliche Gefährdung ihrer Hauptfinanzierungsquelle. Es ist legitim, den Sendern Abwehrmittel gegen solche Werbeblocker zu eröffnen.

674 Die gesetzliche Regelung hat weiterhin zur Folge, dass die so genannte **Laufbandwerbung** nunmehr kraft Gesetzes den rundfunkrechtlichen Maßstäben und nicht den wesentlich großzügigeren Regeln des Mediendiensterechts unterliegt.[166] Sie muss also „unter dem Strich" nicht unbedingt zu einem Mehr an aufgezwungener Werbung führen.

675 Die Laufbandwerbung führte nach früherem Recht zu **Verwerfungen zwischen Rundfunkrecht und dem Recht der Telemedien**. Während der RStV den Sendern vielfältige Werbebeschränkungen auferlegt, ist der MDStV (= §58 RStV-E) insoweit großzügig und enthält keine Gegenstücke zu den rundfunkrechtlichen Regeln. Die Laufbandwerbung von TV-Sendern wurde von der Rspr. an den großzügigeren Regeln des Mediendiensterechts gemessen und daher nicht der zeitlichen Werbebegrenzung des Rundfunkrechts

162 §15 Abs. 4 RStV.
163 §§15 Abs. 3 Satz 1, 44 Abs. 3, Abs. 4 RStV.
164 Hahn/Vesting/*Ladeur*, §14 RStV Rn. 9.
165 Zur wettbewerbsrechtlichen Zulässigkeit solcher Werbeblocker siehe Rdnr. 761f.
166 Siehe Hahn/Vesting/*Ladeur*, §7 RStV Rn. 39.

unterworfen.[167] Danach war Laufbandwerbung also permanent möglich und damit auch ein TV-Programm, das keine „werbefreien" Abschnitte mehr hat. §7 Abs. 4 RStV hat die Laufbandwerbung nun den rundfunkrechtlichen Maßstäben unterworfen.[168]

4. Inhaltliche Beschränkungen

Das Rundfunkrecht kennt schließlich Beschränkungen, die auf den **Inhalt von Werbung** abstellen. Die Regelungen erklären sich aus der objektiv-rechtlichen Garantie der Rundfunkfreiheit.[169] Sie sollen sicherstellen, dass die zuständigen rundfunkrechtlichen Gremien auch tatsächlich für die Gestaltung und Ausgewogenheit des Programms verantwortlich bleiben und die Neutralität des Programms in der Wahrnehmung des Publikums gewahrt wird. 676

a. Politische Werbung

Im Rundfunk ist Werbung **politischer, weltanschaulicher oder religiöser Art** unzulässig (§7 Abs. 8 Satz 1 RStV).[170] Man möchte verhindern, dass zahlungskräftige Institutionen ihre politischen, weltanschaulichen oder gesellschaftlichen Interessen in besonderer Weise über den Rundfunk öffentlich machen und auf diese Weise auf die öffentliche Meinungsbildung einwirken und diese verändern können. Es soll einzelnen Gruppen nicht möglich sein, sich so die Möglichkeit einer eigenen rundfunkmäßigen Betätigung zu verschaffen, ohne den Zugangsregeln für Rundfunkveranstalter unterworfen zu sein.[171] Als „politisch" sind daher bereits solche Werbemaßnahmen von Interessengruppen anzusehen, die Einfluss auf die öffentliche Willensbildung zu nehmen versuchen.[172] Die Vorschrift beschränkt sich in keiner Weise auf parteipolitische Werbung, sondern erfasst auch Werbung von Gruppen außerhalb der politischen Parteien.[173] Ebenfalls als unzulässige politische Werbung wird es angesehen, wenn der Staat selbst „politische Öffentlichkeitsarbeit" betreibt. In den wenigen, bislang diskutierten oder entscheidungsrelevanten Konstellationen wird eher ein strenger Maßstab befürwortet. Beispielsweise sind eine Werbung des DGB zur Unterstützung der gewerkschaftlichen Tarifvertragspolitik[174] und eine auf Per- 677

---

167 VG Berlin vom 17.12. 1998, ZUM 1999, 165, 167; OVG Berlin vom 1.4. 1999, ZUM 1999, 500, 501.
168 *Kreile* ZUM 2000, 194, 199; *Engels/Giebel* ZUM 2000, 264, 273 jeweils mwN.
169 Hahn/Vesting/*Ladeur*, §7 RStV Rn. 83.
170 Die davon zu unterscheidende Wahlwerbung politischer Parteien unterliegt anderen Regeln. Siehe dazu Rdnr. 573ff.
171 OVG Lüneburg vom 7.5. 1998 (DGB), NJW 1999, 515, 516 mwN.
172 Hahn/Vesting/*Ladeur*, §7 RStV Rn. 83.
173 OVG Lüneburg vom 7.5. 1998 (DGB), NJW 1999, 515, 516.
174 OVG Lüneburg vom 7.5. 1998 (DGB), NJW 1999, 515, 516f.

sonalrekrutierung ausgerichtete Werbung der Bundeswehr[175] als unzulässig eingestuft worden. Spendenaufrufe zu Wohlfahrtszwecken hat der Gesetzgeber dagegen ausdrücklich für zulässig erklärt (§7 Abs. 8 Satz 3 RStV).

678 Dagegen hat die **Schluss mit der Rechtschreibreform-Entscheidung** des VG Berlin in einem obiter dictum die Ausstrahlung von „Spots" für zulässig gehalten, mit denen sich der Träger des Volksbegehrens gegen die Änderung des Berliner Schulgesetzes wandte. In den Spots rief ein bekannter Schauspieler die Hörer wegen der vermeintlich verfehlten Folgen und Kosten der Rechtschreibreform zur Eintragung in eine Unterschriftsliste auf. Die Richter nahmen an, dass eine solche Werbung für ein Volksbegehren in Analogie zu den Vorschriften über die Parteienwerbung (vgl. §42 Abs. 2 RStV; siehe Rdnr. 573ff.) jedenfalls vor Wahlen und gegen Bezahlung zugelassen werden müsse.[176]

b. Bezug zu Nachrichtensendungen

679 Weitere Beschränkungen bestehen im Zusammenhang mit Nachrichtensendungen. Nachrichtensendungen und Sendungen zum politischen Zeitgeschehen dürfen weder gesponsert werden (§8 Abs. 6 RStV), noch ist es Moderatoren solcher Sendungen erlaubt, in der Fernsehwerbung oder beim Teleshopping im Fernsehen aufzutreten (§7 Abs. 7 RStV). Die Regelungen verbieten es ausdrücklich, den Glaubwürdigkeits- und Vertrauenswert solcher Sendungen zu Werbezwecken zu nutzen. Meines Erachtens sind sie keine speziellen Varianten des Irreführungsverbots,[177] sondern erklären sich aus dem Anliegen, redaktionelle Standards möglichst weitgehend zu sichern.[178] Die einschlägigen Sendungen und vor allem Nachrichtensendungen haben sowohl für die Information des Einzelnen als auch für die öffentliche Meinungsbildung insgesamt elementare Bedeutung. Ihre Neutralität und Sachbezogenheit soll daher soweit wie möglich vor dem Verdacht einer Verquickung mit finanziellen Interessen geschützt werden. Die Bestimmungen sind im Hinblick auf ihren Schutzzweck weder auf den Wetterbericht noch auf Sendungen anwendbar, die Unterhaltungscharakter haben[179] bzw. nicht der Demokratie- und Wirtschaftsfunktion der Medien zuzurechnen sind.[180]

680 Die **Eduard Zimmermann-Entscheidung** hat es – ohne dies näher zu erörtern – inzident abgelehnt, eine Werbung mit dem langjährigen Moderator der Sendung „XY-ungelöst" unter §7 Abs. 7 RStV zu fassen. Der Moderator hatte sich im Zusammenhang mit Verbre-

---

175 *Stettner* ZUM 1995, 559ff.; a.A. (unter bestimmten Voraussetzungen zulässig) Hahn/Vesting/*Ladeur*, §7 RStV Rn. 83.

176 VG Berlin vom 8.7. 1999 (Schluss mit der Rechtschreibreform), AfP 1999, 528, 529; zustimmend Hahn/Vesting/*Ladeur*, §7 RStV Rn. 83; ablehnend *Grupp* AfP 1999, 455ff.; *Bornemann* ZUM 1999, 910ff.

177 So Hahn/Vesting/*Ladeur*, §7 RStV Rn. 82.

178 Ähnlich Hahn/Vesting/*Brinkmann*, §8 RStV Rn. 27.

179 Hahn/Vesting/*Ladeur*, §7 RStV Rn. 82 mwN.

180 Zur Demokratiefunktion der Medien siehe Rdnr. 35. Zur Wirtschaftsfunktion der Medien siehe Rdnr. 37ff.

chensbekämpfung und Schadensverhütung „Autorität“ erworben und warb u.a. für Reiseschecks, die er als „sicher“ anpries. Die Entscheidung verdient insoweit Zustimmung, denn die fragliche Fernsehsendung war weder eine Nachrichtensendung, noch informierte sie über politisches Zeitgeschehen. Im Streitfall war die Werbung auch wettbewerbsrechtlich zulässig und keine Irreführung. Wenn sich ein Prominenter aus dem Medienbereich in der Fernsehwerbung für ein bestimmtes Unternehmen einsetzt, dann erkennt der Verkehr nach Einschätzung des OLG Hamburg regelmäßig, dass der Prominente im Auftrag dieses Unternehmens tätig werde und keine völlig objektive Stellungnahme abgebe.[181]

D. Rundfunkgebühr

I. Ausgangsfragen

Der öffentlich-rechtliche Rundfunk finanziert sich grundlegend anders als die 681
übrigen Medien, nämlich insbesondere durch Rundfunkgebühren. Die Gebühr und die daraus folgenden Besonderheiten erklären sich aus der **Sonderstellung des öffentlich-rechtlichen Rundfunks** für die öffentliche und individuelle freie Meinungsbildung. Diese Meinungsbildung wäre ohne Massenmedien nicht möglich. Sie kann in den Augen des BVerfG letztlich nur gelingen, wenn der Rundfunk, der wegen seiner Breitenwirkung, Aktualität und Suggestivkraft unter den Medien besondere Bedeutung hat, frei, umfassend und wahrheitsgemäß informiert.[182] Dementsprechend ist der öffentlich-rechtliche Rundfunk zu einem Programm verpflichtet, das einen umfassenden Überblick über das internationale, europäische, nationale und regionale Geschehen gibt. Außerdem muss die Berichterstattung im öffentlich-rechtlichen Rundfunk sowohl die Grundsätze der Objektivität und Unparteilichkeit wahren als auch Meinungsvielfalt und Ausgewogenheit sicherstellen.[183] Der öffentlich-rechtliche Rundfunk finanziert sich daher **vorrangig durch die Rundfunkgebühr**.[184] Es wäre verfassungwidrig und mit der Aufgabe zur Grundversorgung des öffentlich-rechtlichen Rundfunks unvereinbar, ihn stattdessen überwiegend auf Werbeeinnahmen zu verweisen.[185] So soll eine Finanzierung erreicht werden, die eine funktionsgerechte Finanzausstattung der öffentlich-rechtlichen Anstalten gewährleistet und gleichzeitig sowohl die Unabhängigkeit gegenüber den ökonomischen Zwängen des Marktes und den daraus folgenden Tendenzen zur Beeinflussung des Programms sicherstellt als auch die Anstalten davor schützt, dass die Entscheidung

181 OLG Hamburg vom 26.8. 1993 (Eduard Zimmermann), ZUM 1994, 650f.; dazu *Lindacher* WuB V B §1 UWG 1.95.

182 BVerfG vom 22.2. 1994 (Rundfunkgebühr), BVerfGE 90, 60, 87.

183 §11 Abs.2 Satz 1, Abs.3 RStV.

184 BVerfG vom 22.2. 1994 (Rundfunkgebühr), BVerfGE 90, 60, 91; §13 Abs.1 Satz 1 RStV.

185 BVerfG vom 5.2. 1991 (WDR), BVerfGE 83, 238, 311.

über die Finanzausstattung zu politischen Einflussnahmemöglichkeiten auf das Programm benutzt wird.[186]

682 Die Rundfunkgebühr geht historisch auf die Postgebühr aus den Anfängen des Rundfunks in der Weimarer Zeit zurück.[187] Diese Gebühr wurde in der Bundesrepublik beibehalten. Sie verlor dabei aber ihren Charakter als postrechtliches Entgelt für die Gestattung, ein Empfangsgerät aufstellen und betreiben zu dürfen, und **wurde zu einer speziell rundfunkrechtlichen Einrichtung**. Die Gebühr wird ihrem Wesen nach nicht für die Verleihung der technischen Empfangserlaubnis erhoben und müsste entfallen, wenn die Rundfunkanstalten keine Veranstaltungen mehr senden würden.[188] Die verfassungsrechtliche Behandlung und die daraus folgenden Anforderungen sind vom BVerfG vor allem in der Rundfunkgebühr-Entscheidung entwickelt worden, auf die noch im Weiteren eingegangen wird. Die technisch anmutende Anknüpfung der Gebührenpflicht an das „Bereithalten eines Empfangsgeräts" ist ein Fossil aus der postrechtlichen Wurzel und erklärt sich aus der zunächst unreflektierten Fortschreibung der früheren Tatbestandsvoraussetzungen. Die Einzelheiten der Rundfunkgebühr sind vor allem im RGebStV und im RFinStV geregelt.

683 Die mit der Rundfunkgebühr verfolgten Anliegen sind ohne Zweifel in höchstem Maße wichtig und zu befürworten, haben aber doch ihren Preis. Der böse Satz aus der Medizin, ein Medikament mit starken Wirkungen habe stets auch **hohe Nebenwirkungen**, gilt auch für die Rundfunkfinanzierung. Zum einen basiert die Gebührenfinanzierung im Verhältnis zum einzelnen Rundfunkteilnehmer auf Zwang und Bevormundung und damit auf einem ganz anderen Wert als solchen, denen der öffentlich-rechtliche Rundfunk verpflichtet ist. Freiheit, Demokratie und Wahlrechte schließen auch immer den Schutz vor Zwangsbeglückung und die Möglichkeit ein, ausweichen zu können. Sie vertrauen im Grundsatz auf die Eigenverantwortlichkeit und Entscheidungsfähigkeit des Einzelnen. Dass die Zwangsgebühr dies nicht tut, ist als verfassungsgeschichtliche Konsequenz aus diktatorischen Zeiten zwar verständlich, erscheint aber doch zunehmend als Anachronismus. Zum anderen schützt das Gebührensystem zwar vor staatlichen oder ökonomisch motivierten Beeinflussungen des Programms, trägt dafür aber das Risiko von politischer Sendermacht ohne ausreichendes Gegengewicht in sich. Das Zusammenwirken von Finanzierungsprivileg und Kontrollvakuum verpflichtet die Begünstigten zu Augenmaß und Zurückhaltung, hat aber bei den öffentlich-rechtlichen Anstalten zu einem ganz anderen Selbstverständnis geführt, das häufig Anlass zu Kritik und Polemik gegeben hat.[189] Es handelt sich um ein Phänomen, das *Franz Böhm* einmal für den allgemeinen Wettbewerb formuliert hat und das in gleicher Weise für den

186 BVerfG vom 22.2. 1994 (Rundfunkgebühr), BVerfGE 90, 60, 90f.; ähnlich vorher bereits BVerfG vom 6.10. 1992 (Hessen 3), BVerfGE 87, 181, 198; siehe auch § 12 RStV.
187 Siehe Rdnr. 202.
188 Vgl. BVerwG vom 15.3. 1968, BVerwGE 29, 214, 215ff.
189 Statt vieler hier, weil besonders drastisch *Forsthoff*, Der Staat der Industriegesellschaft, 1971, S. 156 „Nisthöhlen für Cliquen".

öffentlich-rechtlichen Rundfunk gilt: Zwischen dem privaten und dem öffentlichen Monopolisten gibt es einen Unterschied, nämlich den, dass der Letztere kein schlechtes Gewissen hat.[190] Die Gebührenfinanzierung läuft Gefahr, ein Privilegien-Standesrecht der öffentlich-rechtlichen Sender und eine sachlich nicht gerechtfertigte Bevorzugung gegenüber der privaten Rundfunkkonkurrenz und den übrigen Medien zu werden.

II. Gebührenhöhe

Die Finanzausstattung hat den öffentlich-rechtlichen Rundfunk in die Lage zu 684
versetzen, seine verfassungsmäßigen und gesetzlichen Aufgaben zu erfüllen, und insbesondere den Bestand und die Entwicklung des öffentlich-rechtlichen Rundfunks zu gewährleisten (§12 Abs. 1 RStV). Da die Rundfunkgebühr die vorrangige Finanzierungsquelle ist, muss sie entsprechend bemessen sein. Entscheidender Ansatzpunkt ist der spezielle Programmauftrag der öffentlich-rechtlichen Sender. Nach der Rundfunkgebühr-Entscheidung des BVerfG haben die Anstalten dafür zu sorgen, dass ein dem klassischen Rundfunkauftrag entsprechendes Programm angeboten wird, das im Wettbewerb mit den privaten Veranstaltern standhalten kann. Auf die Verwirklichung von Programmen, die für diese Funktion nicht erforderlich sind, haben sie von Verfassungs wegen keinen Anspruch. Die Heranziehung der Rundfunkteilnehmer, die die Mittel für den öffentlich-rechtlichen Rundfunk vor allem aufbringen müssen, ist nur in dem Maße gerechtfertigt, das zur Funktionserfüllung geboten ist.[191]

Der Bemessungsmaßstab ist damit in höchster Weise unbestimmt, da der Programmauf- 685
trag der öffentlich-rechtlichen Anstalten nicht klar definiert ist, sich inhaltlich mit den gesellschaftlichen Verhältnissen wandeln kann und in gewissen Grenzen auch durch die Anstalten selbst ausgefüllt wird (siehe Rdnr. 501 ff.). Wie jede Institution, die in eigenen Belangen zu entscheiden hat, neigen auch die öffentlich-rechtlichen Sender dazu, die eigenen Befugnisse uferlos weit zu definieren und mögliche Grenzen im Zweifel großzügig zu verstehen. Problematisch wird dies beispielsweise, wenn die ARD die **Übertragungsrechte für die Fußballbundesliga** ersteigert, weil und indem sie die von der allgemeinen wirtschaftlichen Krise geschüttelten privaten Sender deutlich überbieten kann, und damit die Korrektur überhöhter Preise für Fußballübertragungsrechte durch den Markt verhindert. Eine so praktizierte Gebührenfinanzierung leistet Preisentwicklungen auf dem Rechtemarkt Vorschub, die gerade von Stimmen aus dem öffentlich-rechtlichen „Lager" immer wieder kritisiert werden und die sogar das BVerfG selbst als mögliches

190 *F. Böhm*, zitiert nach *Biedenkopf* in: Konrad Adenauer Stiftung (Hrsg.), Franz Böhm, Beiträge zu Leben und Wirken, 1980, S. 53, 56.

191 BVerfG vom 22.2. 1994 (Rundfunkgebühr), BVerfGE 90, 60, 92; dazu *Kresse* ZUM 1994, 159ff.; *Goerlich* DVBl 1994, 579ff.; *Oppermann* JZ 1994, 499ff.; *Pieper* ZUM 1994, 484ff.; *Hümmerich* ZUM 1994, 488ff.; *Lehment* ZUM 1994, 127ff.; *Kluth* JA 1994, 279ff.; *Frank* KJ 1995, 77ff.; *Ricker* NJW 1994, 2199f. BVerfG vom 6.10. 1992 (Hessen 3), BVerfGE 87, 181, 200.

Argument für eine verstärkte Absicherung des Gebührenaufkommens in Betracht gezogen hat.[192]

686 Die Gebührenhöhe muss in einer Verfahrensweise bestimmt werden, die eine **staatliche Einflussnahme ausschließt**, denn der Schutz der Medien vor staatlicher Beeinflussung umfasst „auch die subtileren Mittel indirekter Einwirkung, mit denen sich staatliche Organe Einfluss auf das Programm verschaffen ... können".[193] Ebenso wenig darf es den Anstalten überlassen bleiben, die Gebühren selbst autonom festzusetzen, weil sie keine Gewähr dafür bieten, dass sie sich stets im Rahmen des Funktionsnotwendigen halten und die finanziellen Belange der Rundfunkteilnehmer hinreichend berücksichtigen.[194] Es ist daher Aufgabe des Gesetzgebers, ein Verfahren zu normieren, dass den Anstalten eine hinreichende Finanzierung ermöglicht und zugleich die eben beschriebenen Gefahren vermeidet.[195] Das Rundfunkrecht sieht dementsprechend vor, dass die Sender ihren Finanzbedarf anmelden und dieser daraufhin durch die unabhängige Kommission zur Überprüfung und Ermittlung des Finanzbedarfs der Rundfunkanstalten (**KEF**) geprüft und ermittelt wird (siehe im Einzelnen §§ 14 Abs. 1 RStV, 1ff. RFinStV). Die KEF, die sich aus 16 unabhängigen Sachverständigen zusammensetzt, hat sich dabei an den Grundsätzen von Wirtschaftlichkeit und Sparsamkeit zu orientieren und in diesem Zusammenhang u.a. die wettbewerbsfähige Fortführung der bestehenden Rundfunkprogramme, die Zulässigkeit neuer Rundfunkprogramme, den Entwicklungsbedarf, die allgemeine Kostenentwicklung und die besondere Kostenentwicklung im Medienbereich sowie die Entwicklung der Gebührenerträge, der Werbeerträge und der sonstigen Erträge zu berücksichtigen (§ 14 Abs. 2 RStV). Auch diese Bestimmung ist notwendigerweise mit Spielräumen verbunden, die eine exakte Ableitung der Gebührenhöhe ausschließen. Es lässt sich weder eindeutig ermitteln, welche Mittel zur Finanzierung der betreffenden Programme erforderlich sind, noch kann präzise abgeschätzt werden, ob es noch unausgeschöpfte Rationalisierungsmöglichkeiten gibt, die ohne Beeinträchtigung des Programmauftrags wahrgenommen werden könnten.[196] Die endgültige Festsetzung der Gebührenhöhe erfolgt durch einen Staatsvertrag (§§ 14 Abs. 4 RStV, 8f. RFinStV).

687 Die Gebührenhöhe und das Gebührenaufkommen sind in der Bundesrepublik stets zuverlässig angewachsen und haben den öffentlich-rechtlichen Anstalten eine auskömmliche finanzielle Basis beschert.[197] Über das **Verhältnis von Ursache und Wirkung** kann man dabei endlos streiten: Die permanente Ausweitung des öffentlich-rechtlichen Ange-

192 BVerfG vom 22.2. 1994 (Rundfunkgebühr), BVerfGE 90, 60, 101.
193 BVerfG vom 22.2. 1994 (Rundfunkgebühr), BVerfGE 90, 60, 88.
194 BVerfG vom 6.10. 1992 (Hessen 3), BVerfGE 87, 181, 202; BVerfG vom 22.2. 1994 (Rundfunkgebühr), BVerfGE 90, 60, 92.
195 BVerfG vom 22.2. 1994 (Rundfunkgebühr), BVerfGE 90, 60, 101ff.
196 BVerfG vom 22.2. 1994 (Rundfunkgebühr), BVerfGE 90, 60, 95.
197 Zur Entwicklung *Dussel*, Deutsche Rundfunkgeschichte, S. 200ff. mwN.

bots kann Ausdruck und Folge der Entwicklung zur Mediengesellschaft und letztlich des Funktionsauftrags sein und dementsprechend eine höhere Finanzausstattung erfordern. Umgekehrt hat die stetig ansteigende Finanzausstattung das Ausweiten medialer Angebote ermöglicht und damit selber die permanente Weiterentwicklung zur Mediengesellschaft verstärkt, aus der die Erweiterungen des Funktionsauftrags und die Notwendigkeit einer erhöhten finanziellen Ausstattung überhaupt erst abgeleitet werden. Die KEF hat sich bislang nicht als Anwalt der Gebührenzahler begriffen und den Ausweitungswünschen der Öffentlich-Rechtlichen im Ergebnis stets wohlwollend gegenübergestanden.

III. Anzeige- und Gebührenpflicht der Rundfunkteilnehmer

Die Pflichten der Rundfunkteilnehmer sind im RGebStV detailliert geregelt. 688
Für den Status als **Rundfunkteilnehmer** reicht es bereits aus, dass jemand ein Rundfunkempfangsgerät zum Empfang bereithält.[198] Auf eine tatsächliche Nutzung des Rundfunkgeräts zum Empfang öffentlich-rechtlicher Sender kommt es nicht an, da die Rundfunkgebühr – entgegen ihrer unzutreffenden Bezeichnung als „Gebühr“ – keinen irgendwie gearteten Gegenleistungscharakter hat. Wer ein empfangsbereites Fernsehgerät besitzt, es aber zum Beispiel aus religiösen Überzeugungen nicht zum Fernsehempfang nutzt, hält das Gerät dennoch zum Empfang bereit.[199] Ebenso liegt es, wenn ein Teilnehmer lediglich Programme privater Sender empfängt.[200] Die Heranziehung auch von Teilnehmern, die ausschließlich private oder ausländische Sender empfangen wollen, ist verfassungsgemäß.[201] Ein „Bereithalten“ ist anzunehmen, wenn mit dem Gerät ohne besonderen zusätzlichen technischen Aufwand Rundfunkdarbietungen empfangen werden können.[202] Das ist bereits zu bejahen, wenn ein Fernsehgerät mit funktionsfähigem Empfangsteil lediglich zum Abspielen von Videokassetten benutzt wird und es weder an eine Dach- oder Zimmerantenne, noch an einen Kabelanschluss oder eine Satellitenempfangsanlage angeschlossen ist.[203] Ist das Gerät durch einen Defekt empfangsunfähig geworden, so begründet dies nach der Rechtsprechung grundsätzlich keinen schädlichen technischen Zusatzaufwand und schließt ein Bereithalten nicht aus.[204] Das betreffende Gerät muss schließlich ein „Rundfunkempfangsgerät“, also eine technische Einrichtung sein, die zur drahtlosen oder drahtgebundenen, nicht zeitversetzten Hör- oder Sichtbarma-

198 § 1 Abs. 2 Satz 1 RGebStV.
199 VG Stuttgart vom 17. 2. 1999, VBlBW 1999, 473, 474.
200 OVG Berlin vom 31. 7. 1990, ZUM 1991, 212, 213; Hessischer VGH vom 12. 11. 1990, ZUM 1991, 213, 214.
201 BVerfG vom 6. 3. 1999, NJW 2000, 649; BVerfG vom 6. 10. 1992 (Hessen 3), BVerfGE 87, 181, 201; BVerfG vom 22. 2. 1994 (Rundfunkgebühr), BVerfGE 90, 60, 91.
202 § 1 Abs. 2 Satz 2 RGebStV.
203 VG Stuttgart vom 11. 2. 1999, VBlBW 1999, 473, 474.
204 Die Anforderungen sind von den Gerichten im Einzelnen allerdings unterschiedlich bestimmt worden. Siehe Hahn/Vesting/*Naujock*, § 1 RGebStV Rn. 38 mwN.

chung oder Aufzeichnung von Rundfunkdarbietungen geeignet ist.[205] Ein Kassettenrekorder ohne Empfangsteil ist daher kein Rundfunkempfangsgerät, selbst wenn mit ihm Kassetten abgehört werden, auf denen zuvor mit einem Radiorekorder Hörfunksendungen aufgezeichnet wurden.[206] Computer sind Rundfunkempfangsgeräte, wenn sie zum Empfang von Rundfunkdarbietungen geeignet sind, zum Beispiel weil sie mit einer analogen oder digitalen TV-Tuner-Steckkarte oder Radiokarte ausgestaltet sind.[207]

689 Den Rundfunkteilnehmer trifft eine **Anzeigepflicht**, d.h. er muss Beginn und Ende des Bereithaltens unverzüglich der Landesrundfunkanstalt anzeigen, in deren Anstaltsbereich er wohnt, sich ständig aufhält oder ständig ein Rundfunkgerät zum Empfang bereithält (§4 Abs. 1 Satz 1 RGebStV). Gleiches gilt im Falle eines Wohnungswechsels. Der Verstoß gegen die Anzeigepflicht ist eine Ordnungswidrigkeit (§9 Abs. 1 Nr. 1 RGebStV).

690 Der Rundfunkteilnehmer muss außerdem die Gebühr entrichten (§2 Abs. 2 Satz 1 RGebStV). Die **Gebührenpflicht** beginnt mit dem ersten Tage des Monats, in dem ein Rundfunkgerät zum Empfang bereitgehalten wird.[208] Sie endet mit Ablauf des Monats, in dem das Bereithalten endet, jedoch nicht vor Ablauf des Monats, in dem dies der Landesrundfunkanstalt angezeigt worden ist.[209] Auf Antrag können bestimmte natürliche Personen von der Gebührenpflicht befreit werden (§6 RGebStV). Die einzelnen Befreiungstatbestände sollen auch solchen Personen einen Informationszugang zum Rundfunk sichern, denen die finanzielle Belastung mit Gebühren einen solchen Zugang wesentlich erschweren oder gar unmöglich machen würde.[210]

IV. Beihilfeproblematik

691 Es ist bislang nicht endgültig entschieden, ob die Rundfunkgebühr mit dem europäischen Beihilferecht vereinbar ist. Nach Art. 87 Abs. 1 EGV sind staatliche Beihilfen, die durch die Begünstigung bestimmter Unternehmen oder Produktionszweige den Wettbewerb verfälschen oder zu verfälschen drohen, mit dem Gemeinsamen Markt unvereinbar, soweit sie den Handel zwischen Mitgliedstaaten beeinträchtigen. Der Streit ist ausgelöst worden durch entsprechende Beschwerden privater Rundfunkveranstalter aus Deutschland und anderen Ländern. Vordergründig betrifft er vor allem die Frage nach den Tatbestandsvoraussetzungen des Beihilfetatbestands. In der Sache prallen die unterschiedlichen Philosophien von deutschem Rundfunkrecht und europäischem Wirtschaftsrecht ungebremst aufeinander. Aus Sicht des öffentlich-rechtlichen Rundfunks

---

205 §1 Abs. 1 Satz 1 RGebStV.
206 Hahn/Vestin/*Naujock*, §1 RGebStV Rn. 14 mwN.
207 Hahn/Vestin/*Naujock*, §1 RGebStV Rn. 17 mwN.
208 §4 Abs. 1 RGebStV.
209 §4 Abs. 2 RGebStV.
210 Hahn/Vesting/*Siekmann*, §6 RGebStV Rn. 3.

ist die Gebührenfinanzierung letztlich für das Funktionieren des demokratischen Gemeinwesens unverzichtbar, während es in den Augen der EG um Wirtschaft bzw. den freien Wettbewerb zwischen Unternehmen der Informations- und Unterhaltungsbranche geht.

Im Einzelnen sind nahezu alle Gesichtspunkte streitig.[211] Als Ausgangspunkt 692
ist immerhin klar, dass die Rundfunkgebühr ohne Zweifel wettbewerbsverändernde Wirkungen hat, denn sie soll den öffentlich-rechtlichen Rundfunk dem „freien Spiel der Kräfte" bzw. dem Markt gerade entziehen.[212] Ihre Einstufung als „Beihilfe" würde voraussetzen, dass es sich um eine Maßnahme handelt, die in verschiedener Form die Belastungen vermindert, die ein Unternehmen normalerweise zu tragen hat, und die einen Vorteil verschafft, für den keine Gegenleistung erbracht wird.[213] Ob es an entsprechenden Gegenleistungen der Rundfunkanstalten fehlt, lässt sich nicht ohne weiteres beantworten. Die Anstalten haben immerhin von Verfassungs wegen die mediale Grundversorgung zu bewerkstelligen, und die Rundfunkgebühr soll sie genau dazu in die Lage versetzen. Sieht man darüber hinweg, so wird von manchen auch der „staatliche" Charakter dieser möglichen Beihilfe bezweifelt. In dieser Diskussion dürfen jedoch die medienrechtlichen und die gemeinschaftsrechtlichen Anforderungen nicht unzulässig miteinander vermischt werden. Das bereits vorgestellte verfassungsrechtliche Postulat einer staatsfernen Gebührenfinanzierung des öffentlich-rechtlichen Rundfunks verschließt dem Staat die Möglichkeit, in redaktionell relevanter Weise Einfluss auf das Programm zu nehmen. Dies ändert jedoch nichts daran, dass die Gebühr eine bewusste hoheitliche Maßnahme zur Lenkung des „Rundfunkmarkts" bzw. zur Förderung bestimmter Rundfunkveranstalter ist.

Sollte der Beihilfetatbestand seinen allgemeinen Voraussetzungen nach an 693
sich eingreifen, so bleiben weitere Aspekte zu beachten. Zum einen haben sich die Staats- und Regierungschefs der Mitgliedstaaten in Gestalt des **Amsterdamer Protokolls** darüber verständigt, dass der EG-Vertrag nicht die Befugnis der Mitgliedstaaten berührt, den öffentlich-rechtlichen Rundfunk zu finanzieren, sofern die Finanzierung dem öffentlich-rechtlichen Auftrag der Anstalten entspricht.[214] Die Auslegung und Tragweite des Amsterdamer Protokolls sind jedoch ihrerseits umstritten. Außerdem bleibt die Möglichkeit einer **gemeinschaftsrechtlichen Bereichsausnahme** zu bedenken (Art. 86 Abs. 2 EGV).[215]

---

211 Zur Problematik *Holzer* ZUM 1996, 274ff.; *Otten* ZUM 1997, 790ff.; *Bartosch* EuZW 1999, 176ff.; *Frey* ZUM 1999, 528ff.; *Storr* K&R 2002, 464, 465ff.; Hahn/Vesting/*Libertus*, §12 RStV Rn. 36ff. jeweils mwN.

212 BVerfG vom 27.7. 1971 (Mehrwertsteuer), BVerfGE 31, 314, 325; BVerfG vom 16.6. 1981 (FRAG), BVerfGE 57, 295, 323.

213 Grundlegend EuGH vom 24.7. 2003 (Altmark Trans und Regierungspräsidium Magdeburg) – Rs. C-280/00, Slg. 2003 I, S. 7747ff. Rn. 75ff.

214 Der Wortlaut des Protokolls ist abgedruckt bei Hahn/Vesting/*Libertus*, §12 RStV Rn. 40.

215 Dazu *Bartosch* EuZW 1999, 176, 178ff.; *Dörr* AfP 2003, 202, 207f. jeweils mwN.

Aber selbst wenn sich diese Gesichtspunkte zugunsten des öffentlich-rechtlichen Rundfunks auswirken sollten, so droht der Gebührenfinanzierung im Ergebnis noch ein weiteres, in dieser Form noch nicht bekanntes Ungemach, nämlich eine **strengere quantitative Begrenzung**. Die Gebührenfinanzierung kann beihilferechtlich nur zulässig sein, soweit sie auch durch den besonderen Auftrag der öffentlich-rechtlichen Anstalten gedeckt ist. Die EG akzeptiert den öffentlichen Auftrag als solchen, scheint aber wenig geneigt zu sein, auch seine per se großzügige, inhaltlich letztlich offene Definition sowie das indirekte „Mitspracherecht" der Rundfunkanstalten zu akzeptieren.[216] Sie fordert letztlich Klarheiten und Grenzen ein, die im deutschen Recht bislang vermieden oder bewusst offengelassen wurden.

E. Sonstige unternehmerische Betätigung

I. Allgemeines, Beteiligung an anderen Medien

694 Den **privaten Medienunternehmen** steht eine Finanzierung durch sonstige unternehmerische Aktivitäten grundsätzlich nach eigener Entscheidung offen. Dies ist für die Presse und die Telemedien als außenpluralistisch agierende Medien unproblematisch und ergibt sich daraus, dass ihre geschäftlichen Freiheiten als private Unternehmer auch die Finanzierungsfrage mit umfassen. Für den privaten Rundfunk stellt der Gesetzgeber dies ausdrücklich klar, indem er eine Finanzierung durch „sonstige Einnahmen" für zulässig erklärt (§43 Satz 1 RStV). Andere Formen der Finanzierung als die bisher dargestellten sind für die privaten Medien grundsätzlich unproblematisch, solange nicht spezielle medienrechtliche Regeln verletzt werden.

695 Es ist keinem privaten Unternehmer untersagt, beispielsweise sowohl im Zeitungsgeschäft als auch in einer beliebigen anderen Branche tätig zu sein oder sich an einem anderen Unternehmen zu beteiligen. Ebenso dürfen sich private Medienunternehmen an Medien gleicher Branche beteiligen, soweit dies im Einzelfall weder zu einer kartellrechtlich unzulässigen marktbeherrschenden Stellung noch zu einer rundfunkrechtlich unzulässigen vorherrschenden Meinungsmacht führt.[217] Ebenso ist die Beteiligung an Medien anderer Art zulässig, sofern dem nicht im Einzelfall abermals das Kartellrecht oder die speziellen rundfunkrechtlichen Normen zur Sicherung von Meinungsvielfalt entgegenstehen.[218] Es gibt **kein verfassungsrechtliches Gebot einer „publizistischen Gewaltenteilung"**.[219] Private Unternehmen dürfen grundsätzlich in unterschied-

216 *Bartosch* EuZW 1999, 176, 178 mwN.
217 §§36 Abs.1 GWB, 26ff. RStV. Siehe Rdnr.849ff.
218 §26 Abs.2 Satz 2 RStV. Siehe Rdnr.883ff.
219 BVerfG vom 4.11. 1986 (Niedersachsen), BVerfGE 73, 118, 175; BVerfG vom 5.2. 1991 (WDR), BVerfGE 83, 238, 305; *Bethge* JZ 1986, 366, 367 mwN.

lichen Medienbranchen tätig sein, also beispielsweise eine Zeitung herausgeben und einen privaten Sender betreiben. Insbesondere ist Presseunternehmen der Zugang zum Rundfunk nicht durch das Grundgesetz verwehrt.

Dagegen unterliegt der **öffentlich-rechtliche Rundfunk** engen Grenzen, die ihm Betätigungen im Bereich der Presse oder der Telemedien weitgehend untersagen. Den Rundfunkanstalten kann es allerdings erlaubt sein, sich an privaten Rundfunkunternehmen zu beteiligen.[220] Es gibt kein verfassungsrechtliches Gebot der Modellkonsistenz, das den Gesetzgeber strikt zu einer Trennung der beiden Rundfunkbereiche verpflichtet. Eine entsprechende Kooperation von öffentlich-rechtlichem und privatem Rundfunk ist aber nur zulässig, wenn es dafür eine entsprechende gesetzliche Grundlage gibt. Die gesetzliche Regelung muss zugleich dafür Sorge tragen, dass der Programmauftrag des öffentlich-rechtlichen Rundfunks nicht auf diese Weise von anderen, insbesondere tendenziösen oder kommerziellen, Orientierungen überlagert und schließlich ausgehöhlt wird.[221] 696

Von der grundsätzlichen Unbedenklichkeit sonstiger unternehmerischer Betätigung gibt es aus Sicht des Medienrechts zwei Ausnahmen. Zum einen unterliegt das Teleshopping gewissen Beschränkungen. Zum anderen gelten für den gebührenfinanzierten öffentlich-rechtlichen Rundfunk noch weitere Besonderheiten. 697

II. Teleshopping

Das so genannte Teleshopping ist an bestimmte Zulässigkeitsvoraussetzungen gebunden. Unter Teleshopping ist das Senden direkter Angebote an die Öffentlichkeit für den Absatz von Produkten oder Dienstleistungen gegen Entgelt zu verstehen.[222] Das Teleshopping eines reinen Shoppingsenders ist „Werbung ohne Programm“[223] bzw. eine Art audiovisueller Versandhauskatalog und damit kein Rundfunk. Es ist in der Regel als Mediendienst[224] einzuordnen, doch kann es im Einzelfall und abhängig vom inhaltlichen Zuschnitt auch als Teledienst[225] anzusehen sein (zur Abgrenzung siehe Rdnr. 282ff.). Dagegen beurteilt sich die Zulässigkeit des von Rundfunkveranstaltern gesendeten Teleshoppings nach den Bestimmungen des RStV. Nach dessen Normen gelten für das Teleshopping zahlreiche rundfunkrechtliche Werbevorschriften entsprechend. Das Teleshopping darf weder irreführen oder das übrige Programm inhaltlich und redaktio- 698

220 Siehe BVerfG vom 5.2. 1991 (WDR), BVerfGE 83, 238, 305ff.; *Ricker* ZUM 1993, 219ff.
221 Siehe BVerfG vom 5.2. 1991 (WDR), BVerfGE 83, 238, 306.
222 §2 Abs. 2 Nr. 8 RStV.
223 *Degenhart* ZUM 1995, 353, 356.
224 §2 Abs. 2 Nr. 1 MDStV.
225 §2 Abs. 2 Nr. 5 TDG.

nell beeinflussen,[226] noch politischer, weltanschaulicher oder religiöser Art sein oder mit Personen arbeiten, die regelmäßig Nachrichten- oder politische Sendungen vorstellen.[227] Ebenso unterliegt es ähnlichen zeitlichen und technischen Beschränkungen wie die Werbung,[228] wobei abermals zwischen öffentlich-rechtlichem und privatem Rundfunk zu trennen ist.

699 Den **öffentlich-rechtlichen Anstalten** sind lediglich Teleshopping-Spots erlaubt,[229] nicht aber längere Teleshopping-Fenster. Die Spots sind auf das Zeitkontingent anzurechnen, das dem öffentlich-rechtlichen Rundfunk maximal für Werbung zur Verfügung steht.

700 Den **privaten Sendern** sind neben Teleshopping-Spots täglich bis zu acht Teleshopping-Fenster erlaubt.[230] Die Fenster werden nicht auf die allgemeine Werbezeit angerechnet.[231] Sie müssen jeweils eine Mindestdauer von 15 Minuten ohne Unterbrechung haben, ihre Gesamtdauer darf drei Stunden pro Tag nicht überschreiten und sie müssen optisch und akustisch klar als solche gekennzeichnet sein.[232]

701 **Programme, die ausschließlich für Teleshopping bestimmt** und damit kein Rundfunk im Sinne von § 2 Abs. 1 RStV sind, werden von den speziellen rundfunkrechtlichen Anforderungen und Beschränkungen nicht erfasst.

III. Öffentlich-rechtlicher Rundfunk

1. Allgemeines, Randnutzungen

702 Der öffentlich-rechtliche Rundfunk finanziert sich neben dem Aufkommen aus Gebühren und Werbung auch aus sonstigen Einnahmen (§ 13 Abs. 1 Satz 1 RStV). Solche Einnahmen dürfen nur begrenzt erzielt werden, da die Rundfunkgebühr die vorrangige Finanzierungsquelle des öffentlich-rechtlichen Rundfunks sein und bleiben muss. In welchem Umfang den Anstalten derartige Einnahmeaktivitäten erlaubt sind, hängt daher – ähnlich wie die Höhe der Rundfunkgebühren – letztlich von der Reichweite des öffentlichen Programmauftrags ab und ist dementsprechend nicht ganz trennscharf umrissen.[233]

703 Sonstige Einnahmen können u.a. Sponsoringentgelte, Zins- und Beteiligungserträge,[234] die hier nicht weiter behandelt werden, und vor allem die so genannten **Randnutzungen** sein. Letztere sind erwerbswirtschaftliche Nut-

226 § 7 Abs. 1, Abs. 2 Satz 2 RStV.
227 § 7 Abs. 8 Satz 2, Abs. 7 RStV.
228 §§ 16f., 44f. RStV.
229 § 18 RStV.
230 § 45a Abs. 1, Abs. 2 Satz 1 RStV.
231 Hahn/Vesting/*Ladeur*, § 45a RStV Rn. 1.
232 § 45a Abs. 2 Satz 2f. RStV.
233 Aktuell wird vor allem die Zulässigkeit diverser Online-Aktivitäten kontrovers diskutiert. Siehe dazu *Degenhart* ZUM 1998, 333ff.; *ders.* K&R 2001, 329, 337f.; *Michel* ZUM 1998, 350ff.; *Schulze-Fielitz* AfP 1998, 447ff.; *Rath-Glawatz* AfP 2003, 9, 10ff. mwN.
234 Dazu Hahn/Vesting/*Libertus*, § 12 RStV Rn. 69ff. mwN.

zungen des sachlichen und persönlichen Betriebsvermögens, die keine programmbezogenen Hilfstätigkeiten sind bzw. nicht zur Vorbereitung, Förderung oder Abwicklung der Haupttätigkeit der Rundfunkanstalt dienen.[235] Wenn eine Rundfunkanstalt Kapazitäten oder Infrastrukturen zur Erfüllung ihrer Aufgaben geschaffen hat und diese Betriebsmittel im Falle einer Nichtauslastung auch anderweitig verwertet werden können, so ist die Anstalt zur Randnutzung berechtigt und unter dem Gesichtspunkt der Wirtschaftlichkeit und Sparsamkeit sogar verpflichtet.[236] Ein typisches Beispiel ist die Vermietung eines Studios, das notwendigerweise insgesamt vorgehalten werden muss, aber nicht permanent benötigt wird.

Eine darüber hinausreichende unternehmerische Betätigung ist den Rund- 704
funkanstalten untersagt, weil bzw. sofern sie die **vorrangige Finanzierung durch die Rundfunkgebühr** gefährden und die **speziellen Schutzmechanismen untergraben** würde, die das Programm der Öffentlich-Rechtlichen vor ökonomischen Beeinflussungen und einer Orientierung an reinen Nachfragerinteressen sichern sollen. Ebenso ist aus Sicht der privaten Medienunternehmen eine Finanzierung des öffentlich-rechtlichen Rundfunks durch die Rundfunkgebühr nur akzeptabel, soweit diese nicht zur staatlichen Subvention für Anstalten verkommt, die wie Wirtschaftsunternehmen agieren. Daraus ergeben sich prinzipielle Beschränkungen einer erwerbswirtschaftlich ausgerichteten Tätigkeit, die das BVerfG in der WDR-Entscheidung umrissen hat. Danach sind dem öffentlich-rechtlichen Rundfunk nur Aktivitäten erlaubt, die **sachlich mit dem öffentlichen Programmauftrag zusammenhängen**. Maßgebend ist der Aufgabenbezug der jeweiligen Tätigkeit.[237] Die wirtschaftliche Betätigung ist nur zulässig, soweit sie eine Folge des öffentlichen Programmauftrags ist und sich in den dadurch gezogenen Grenzen bewegt; sie darf nicht zum „Selbstzweck" werden.[238] Es ist jedoch nicht durchweg geklärt, wo die Grenzen im Einzelfall zu ziehen sind.

2. Programminformation, Zeitschriften

Zum Programmauftrag gehört unstreitig die **Information über das Programm** 705
der öffentlich-rechtlichen Sender.[239] Es muss den Rundfunkanstalten erlaubt und möglich sein, in eigener Verantwortung über ihr Programm zu informieren, weil eine Information durch private Medienunternehmen prinzipiell mit der

235 Hahn/Vesting/*Libertus*, §12 RStV Rn.72 mwN.

236 *Hesse*, Rundfunkrecht, 4. Kapitel Rz.45; Hahn/Vesting/*Libertus*, §12 RStV Rn.76, 78 jeweils mwN.

237 BVerfG vom 5.2.1991 (WDR), BVerfGE 83, 238, 303ff., 312ff.; dazu *Stock* MP 1991, 133ff.; *Berg* MP 1991, 217f.; *Rubel* JA 1991, 171f.; *Degenhart* DVBl 1991, 510ff.; *Wille* NJ 1991, 439ff.; *Kull* AfP 1991, 716ff.; *Hesse* JZ 1991, 357ff.; *Ory* AfP 1991, 402ff.; *Dörr* JuS 1992, 71ff.

238 BVerfG vom 5.2.1991 (WDR), BVerfGE 83, 238, 304.

239 BVerfG vom 5.2.1991 (WDR), BVerfGE 83, 238, 312f.

Gefahr verbunden ist, aufgrund von Interessenkollisionen einseitig zu sein. Soweit Presse- oder Internetunternehmen am privaten Rundfunk beteiligt sind, was vielfach der Fall ist, wird die Programminformation grundsätzlich von Eigeninteressen überlagert. Private Rundfunkveranstalter haben ohnehin keinen Anreiz, auf Konkurrenzangebote hinzuweisen.

706 Die öffentlich-rechtlichen Anstalten sind für ihre Programminformation nicht auf das Medium Rundfunk beschränkt. Sie dürfen vielmehr alle denkbaren medialen Informationswege nutzen, also sowohl eigene Programmzeitschriften herausgeben als auch entsprechende Mediendienste (Videotext, Online-Medien) anbieten.[240] Es darf aber nicht sein, dass die öffentlich-rechtlichen Anstalten auf diese Weise zu Presse- oder sonstigen Medienunternehmen werden. Ihre verfassungsrechtliche Sonderstellung und namentlich die binnenplurale Organisation und die Gebührenfinanzierung beschränken sie auf den Bereich des Rundfunks. Sonstige medienunternehmerische Tätigkeiten mit eigenständigem meinungsbildenden Charakter sind ihnen untersagt. Die entsprechende Tätigkeit und namentlich Programmzeitschriften müssen sich daher inhaltlich **strikt auf die Programminformation beschränken**, da der öffentliche Informationsauftrag nur diese umfasst. Ein darüber hinausreichender, insbesondere ein vom Programm losgelöster redaktioneller Teil ist unzulässig.[241] Ebenso darf die Programminformation nicht vorrangig Finanzierungszwecken bzw. wirtschaftlichen Zielen dienen.[242] Ein etwaiger Gewinn darf den Informationszweck nicht verdrängen und ist daher nur unbedenklich, solange er ein reiner Nebeneffekt ist.

707 Derzeit liegt die Programminformation fast ausschließlich in den Händen privater Programmzeitschriften, die über die Programme sowohl der öffentlich-rechtlichen als auch der privaten Sender berichten. Dieser Markt verspricht für die Unternehmen hohe Auflagenpotenziale bei geringen Kosten, weil die Rundfunkanstalten sämtliche Programminformationen einschließlich des Bildmaterials kostenlos zur Verfügung stellen.[243] Die beschriebenen Gefahren einseitiger Programminformation werden dadurch nicht prinzipiell aufgehoben, aber durch den z.T. erheblichen Wettbewerb zwischen den einzelnen Blättern deutlich relativiert.

3. Programmverwertung

708 Der öffentlich-rechtliche Rundfunk ist zur wirtschaftlichen Verwertung von Programmmaterial berechtigt, das er im Rahmen seines öffentlichen Auftrags

240 BVerfG vom 5.2. 1991 (WDR), BVerfGE 83, 238, 312ff.; §§ 11 Abs. 1 Satz 2 RStV, 4 Abs. 2, Abs. 3 ZDV-StV.

241 BVerfG vom 5.2. 1991 (WDR), BVerfGE 83, 238, 313f. „lediglich unterstützende Randbetätigung“; zu Einzelfragen *Bethge* JZ 1986, 366, 369.

242 BVerfG vom 5.2. 1991 (WDR), BVerfGE 83, 238, 314. Zu möglichen weiteren Grenzen *Lindner* ZUM 2005, 520, 525.

243 *Hesse*, Rundfunkrecht, 4. Kapitel Rz. 40.

beschafft oder hergestellt hat. Solche Verwertungserlöse sind eine eigenständige Finanzierungsform und von der Rundfunkfreiheit gedeckt.[244]

Eine prinzipielle Grenze besteht für das **Merchandising-Geschäft an Titeln von Fernsehsendungen**. Solche Finanzierungen sind dem öffentlich-rechtlichen Rundfunk grundsätzlich untersagt. Der BGH hat insoweit von Beschränkungen gesprochen, „die sich für diese Form der erwerbswirtschaftlichen Betätigung aus Wesen und Auftrag der Rundfunk- bzw. Fernsehanstalten ergeben". 709

Die **Das Erbe der Guldenburgs-Entscheidung** betraf die Fernsehserie „Das Erbe der Guldenburgs" des ZDF. Die Serie stieß auf großes Publikumsinteresse, erreichte schließlich einen Bekanntheitsgrad zwischen 70 und 80% und wurde Gegenstand von bundesweiten Presseberichten. Der Beklagte war Eigentümer des Schlosses, das aufgrund entsprechender vertraglicher Vereinbarungen Schauplatz der Dreharbeiten für einen Teil der Serie war. Er meldete daraufhin die Bezeichnung „Guldenburg" als Marke für Weine, Mineralwässer und bestimmte Nahrungsmittel an sowie später für Edelmetallprodukte. Die Marke wurde jeweils eingetragen. Daraufhin nahm das ZDF den Beklagten auf Unterlassung und Löschung in Anspruch, weil ihm das alleinige Recht zur kommerziellen Verwertung des Titels der Fernsehsendung zustehe. 710

Einer solchen Klage wäre wettbewerbs- und markenrechtlich an sich stattzugeben,[245] 711
was die Vorinstanzen auch taten. Der BGH lehnte die Klage jedoch aus medienrechtlichen Überlegungen ab und sah „eine nicht zu vernachlässigende Gefahr der Kollision mit tragenden Grundsätzen des Medienrechts, nämlich mit den Geboten der Neutralität im Wettbewerb und der Bewahrung der Unabhängigkeit der Programmgestaltung sowie der Abwehr sachfremder Einflüsse Dritter auf diese".[246] Die große Breitenwirkung populärer Fernsehsendungen schafft erhebliche Potenziale für eine werbliche Nutzung des Titels, aber auch inhaltlicher Elemente von bekannten und beliebten Sendungen. Eine unbegrenzte Zulassung des Merchandising im Zusammenhang mit Rundfunksendungen kann aufseiten des Senders erhebliche Beeinflussungsgefahren hervorrufen. Insbesondere ist denkbar, dass Entscheidungen, ob etwa eine Sendung als Serie fortgesetzt, oft wiederholt oder zu günstigen Sendezeiten gebracht wird, erhebliche kommerzielle Interessen der Lizenznehmer schüren.[247] „Darüber hinaus kann ein stärker werdendes Interesse der Sendeanstalten, sich über die Gebühren und die beschränkten Werbeeinnahmen hinaus zusätzliche Einnahmequellen zu verschaffen, auch zur Folge haben, dass **schon Planung und Gestaltung von Sendungen – mindestens auch – im Blick auf deren künftige Verwertbarkeit unter Merchandising-Gesichtspunkten vorgenommen werden** … Die Zulassung einer uneingeschränkten Vermarktung der Titel und/oder des Rufes von Fernsehsendungen würde daher verschiedene Wege zur Einflussnahme Dritter auf die Programmgestaltung eröffnen".[248]

244 BVerfG vom 5.2. 1991 (WDR), BVerfGE 83, 238, 303f.

245 §§3, 4 Nr. 9b UWG, 15 Abs. 3, 12, 5 Abs. 3 MarkenG.

246 BGH vom 19.11. 1992 (Das Erbe der Guldenburgs), BGHZ 120, 228, 236; siehe auch BVerfG vom 28.10. 1998 (Das Erbe der Guldenburgs), GRUR 1999, 232ff.

247 BGH vom 19.11. 1992 (Das Erbe der Guldenburgs), BGHZ 120, 228, 237; dazu *Lüttmann* JA 1993, 248ff.; *Emmerich* JuS 1993, 696ff.; *Ruijsenaars* ZUM 1993, 353ff.; zustimmend *Kortüm* EWiR 1993, 401f.; kritisch *Schricker* EWiR 1999, 19f.

248 BGH vom 19.11. 1992 (Das Erbe der Guldenburgs), BGHZ 120, 228, 237.

§ 9: Ökonomischer Wettbewerb

Ausgewählte Literatur

712 *H.J.Ahrens*, „Kostenloser" Vertrieb meinungsbildender Tagespresse – Zum Prognosedilemma des Wettbewerbsrichters, WRP 1999, 123ff.; *Apel/Große-Ruse*, Markenrecht versus Domainrecht. Ein Plädoyer für die Paradigmen des Markenrechts im Rechtsvergleich, WRP 2000, 816ff.; *Beater*, Internet-Domains, Marktzugang und Monopolisierung geschäftlicher Kommunikationsmöglichkeiten, JZ 2002, 275ff.; *Bohne*, Cross-mediale Effekte in der Fusionskontrolle, WRP 2006, 540ff.; *Bornemann*, Wie die KEK gefühlte Meinungsmacht in eine Eingriffskompetenz umrechnet, MMR 2006, 275ff.; *Clement*, Meinungsvielfalt und Wettbewerb, WuW 2004, 720ff.; *V.Deutsch*, Die „Tagesschau"-Urteile des Bundesgerichtshofs, GRUR 2002, 308ff.; *Engel*, Meinungsvielfalt durch Ministererlaubnis?, ZWeR 2003, 448ff.; *ders.*, Zuschaueranteile in der publizistischen Konzentrationskontrolle, ZUM 2005, 776ff.; *Gesellensetter*, Rechtliche Probleme der unentgeltlichen Verteilung meinungsbildender Tagespresse, GRUR 2001, 707ff.; *Gounalakis*, Medienkonzentrationskontrolle versus allgemeines Kartellrecht, AfP 2004, 394ff.; *Gounalakis/Zagouras*, Crossmedia Konzentration und multimediale Meinungsmacht, AfP 2006, 93ff.; *Hain*, Springer, ProSiebenSat.1 und die KEK – eine Nachlese, K&R 2006, 150ff.; *Holznagel/Krone*, Wie frei ist die KEK? Ein Beitrag zur Auslegung des § 26 Abs. 2 Satz 2 RStV, MMR 2005, 666ff.; *Ikas*, Zum ständigen Gratisvertrieb von Presseerzeugnissen, insbesondere Stadtmagazinen, WRP 1997, 392ff.; *Immenga*, Pressemärkte in der Wettbewerbs- und Medienpolitik, ZWeR 2004, 329ff.; *Ingerl*, Beschränkung des Schutzumfangs berühmter Marken und Werktitel öffentlich-rechtlicher Rundfunkanstalten zur Erleichterung der Zeichenbildung privater Sendeunternehmen?, FS Erdmann 2002, 299ff.; *Köhler*, Redaktionelle Werbung, WRP 1998, 455ff.; *ders.*, Wettbewerbs- und verfassungsrechtliche Fragen der Verteilung unentgeltlicher Zeitungen, WRP 1998, 455ff.; *Kraft*, Die Berücksichtigung wirtschaftspolitischer und gesellschaftspolitischer Belange im Rahmen des § 1 UWG, FS Bartholomeyczik 1973, S. 223ff.; *Kröner*, Probeabonnements im Pressevertrieb: Ein Preisbindungsmissbrauch?, WRP 2003, 1149ff.; *Kübler/Simitis*, Presse und Wettbewerb, JZ 1969, 455ff.; *Mann*, „Kostenloser" Vertrieb von Presse – eine Gefährdung der Pressefreiheit?, WRP 1999, 741ff.; *Möschel*, Pressekonzentration und Wettbewerbsgesetz – Marktbeherrschung, unlauterer Wettbewerb und Sanierungsfusionen im Pressebereich, 1978; *Oppermann*, Medienrecht, Privatrundfunk und Wettbewerb, ZUM 1990, 376ff.; *Parlasca*, Medienkonzentration und Medienverflechtung – zur Reichweite des kartellrechtlichen Instrumentariums, WuW 1994, 210ff.; *Riesenhuber*, Medienfreiheit durch Medienvielfalt, AfP 2003, 481ff.; *Röper*, Bewegung im Zeitungsmarkt 2004, MP 2004, 268ff.; *Säcker*, Zur Ablehnung des Zusammenschlussvorhabens Axel Springer AG/ProSiebenSat.1 Media AG durch KEK und BKartA, K&R 2006, 49ff.; *Seiler*, Pressekonzentration und publizistische Vielfalt nach zehn Jahren deutscher Einheit, AfP 2002, 1ff.; *Siebert*, Zur Marktabgrenzung bei Zeitungsverlagen, Publikums- und Fach-Zeitschriftenverlagen, Buchverlagen, WuW 2004, 399ff.; *Stettner*, Rechtsbindungen der Programmbeschaffungstätigkeit öffentlich-rechtlicher Rundfunkanstalten, ZUM 1991, 441ff.; *Teplitzky*, Zur Frage der wettbewerbsrechtlichen Zulässigkeit des (ständigen) Gratisvertriebs einer ausschließlich durch Anzeigen finanzierten Zeitung, GRUR 1999, 108ff.; *Trafkowski*, Medienkartellrecht – Die

Sicherung des Wettbewerbs auf den Märkten der elektronischen Medien, 2002; *ders.*, Medienkartellrecht – Die Notwendigkeit der Harmonisierung zweier Rechtsgebiete, K&R 2002, 62ff.; *von Wallenberg*, Strukturwandel bei den Zeitungen – Zulässigkeit von Gratiszeitungen und pressespezifische Regelungen, K&R 2004, 328ff.; *Wüstenberg*, Das Namensrecht der Domainnamen, GRUR 2003, 109ff.; *Zagouras*, Konvergenz und Kartellrecht, 2002. Zur Rundfunkkonzentrationskontrolle siehe auch Schrifttumsangaben in Rdnr. 469.

A. Ausgangsfragen

I. Publizistischer und ökonomischer Wettbewerb

713 Spricht man in Bezug auf Medien von „Wettbewerb", so kann dies zwei unterschiedliche Dinge meinen. Medien stehen zum einen miteinander in **publizistischem Wettbewerb**. Dabei geht es um die Konkurrenz von Meinungen und Ideen. Ein solcher Wettbewerb setzt publizistische Freiheit voraus und soll das Entstehen und den Erhalt von Meinungsvielfalt begünstigen. Der publizistische Wettbewerb ist keine feststehende juristische Kategorie und wird in der fachlichen Diskussion nicht immer einheitlich verstanden. Er ist eine Domäne des Medienrechts und wirft spezielle medienrechtliche Fragen auf, die bereits vorgestellt worden sind (siehe Rdnr. 470ff.).

714 Medien stehen zum anderen miteinander in **ökonomischem Wettbewerb**. Sie konkurrieren dabei sozusagen auf geschäftlichem Gebiet und in gleicher Weise, wie es bei Wirtschaftsunternehmen anderer „Branchen" der Fall ist. Die Medien konkurrieren zum Beispiel um Werbe- bzw. Anzeigenkunden oder um zahlende Abnehmer bzw. Leser, Nutzer, Abonnenten etc. Der ökonomische Wettbewerb ist Gegenstand des allgemeinen Wirtschaftsrechts. Dabei gelten für Medien im Ausgangspunkt dieselben Regeln wie für andere Wirtschaftsunternehmen auch. Sie dürfen weder irreführende Werbung in eigener Sache betreiben, wettbewerbsbeschränkende Kartellabsprachen treffen noch Marken- oder Senderechte des Mitbewerbers verletzen.[1] In gleicher Weise werden sie vor unzulässigen Praktiken anderer geschützt, zum Beispiel ein Rundfunkveranstalter davor, dass seine Sendeformate unter Verstoß gegen das Wettbewerbs- oder Urheberrecht von der Konkurrenzanstalt übernommen werden.

II. Medienrecht und Wirtschaftsrecht

715 Medienrecht und Wirtschaftsrecht stehen miteinander in einem komplexen Verhältnis. Der „**Wesensunterschied**" zwischen den beiden Gebieten sowie zwischen dem publizistischen Wettbewerb einerseits und dem ökonomischen Wettbewerb andererseits lässt sich skizzieren, indem man die Hauptanliegen beider

1 §§ 5 Abs. 1 UWG, 1 GWB, 14 Abs. 1 MarkenG, 87 Abs. 1 UrhG.

Rechtsmaterien einander gegenüberstellt. Das Wirtschaftsrecht beschäftigt sich mit dem Wettbewerb als solchem. Es will den Wettbewerb sicherstellen, vor sachwidrigen Beschränkungen bewahren und die Interessen der Marktbeteiligten schützen.[2] Das Medienrecht erklärt sich dagegen aus anderen Zielsetzungen, nämlich insbesondere aus der Demokratie-, Wirtschafts- und Integrationsfunktion, die Massenmedien in der modernen Gesellschaft haben.[3] Markt- und Wettbewerbsmechanismen sind für das Medienrecht nicht als solche, sondern nur als Instrument dafür interessant, beispielsweise eine ausreichende Kontrolle des Staates durch finanziell vom Staat unabhängige Medien zu erleichtern.

716 Der Unterschied lässt sich an einer gleichermaßen vereinfachten wie stark überzeichneten „Lehrbuchtheorie" andeuten. Er zeigt sich, wenn gefragt wird, ob ein Free-TV-Sender aufgrund seiner hohen Zuschauerquote „mächtig" ist. Das Wirtschaftsrecht fragt in solchen Zusammenhängen nach **„Marktmacht"**.[4] Die wirtschaftliche Macht eines Free-TV-Senders bemisst sich danach, in welchem Umfang Unternehmen, die Fernsehwerbung betreiben wollen, darauf angewiesen sind, gerade bei diesem Sender zu werben. Die geschäftliche Attraktivität des Senders für Werbekunden und damit seine „ökonomische Macht" hängen davon ab, wie viele Zuschauer der Sender erreicht und welche Kaufkraft diese Zuschauer haben. Dabei ist u.a. denkbar, im Hinblick auf die Kaufkraft und Konsumfreudigkeit zwischen verschiedenen Zuschauergruppen zu trennen. Maßgeblich ist vor allem, welche Zuschauerquote der Sender bei der werbeträchtigen und konsumfreudigen Gruppe der 14 bis 49-jährigen hat. Wer will, kann auch noch die Quote bei den Kindern (3–13 Jahre) hinzuzählen, die sich zu einer finanzkräftigen Klientel gemausert haben und überdies die erwachsenen Konsumenten von morgen sind. Ist der Sender dagegen allein bei den älteren Zuschauern beliebt, so erreicht er eine ökonomisch bislang uninteressante Gruppe und wäre aus Sicht der Werbewirtschaft unbedeutend.

717 Das Medienrecht fragt dagegen nach **„Meinungsmacht"**.[5] Für die Meinungsmacht kommt es ebenfalls auf die Zahl der erreichten Zuschauer, keinesfalls aber auf deren Kaufkraft an. Im Blick auf die Demokratiefunktion der Medien ließe sich rechtspolitisch aber überlegen, die Beurteilung zusätzlich davon abhängig zu machen, ob die erreichten Zuschauer wahlberechtigt sind oder nicht. Zöge man diese Konsequenz, so ergäben sich zwei gravierende Unterschiede zur Marktmacht. Medienrechtlich wären alle erwachsenen Wahlberechtigen altersunabhängig einheitlich zu berücksichtigen, da jeder von ihnen bei Wahlen eine Stimme hat. Ein Sender, der alle Senioren, aber keine sonstigen Teile der Bevölkerung erreicht, wäre meinungsmächtig und ein ökonomischer Werbezwerg. Zugleich ließe sich argumentieren, dass jedenfalls Kinder im Hinblick auf den Demokratieaspekt unbeachtlich sind, weil sie in absehbarer Zeit noch nicht wählen dürfen. Ein reiner Kindersender wäre ggf. werbemächtig und ein demokratie-publizistisches Nichts.

718 Trotz der gezeigten „Wesensunterschiede" hängen Medienrecht und Wirtschaftsrecht eng miteinander zusammen. Für das Medienrecht sind das Wirt-

2 Siehe z.B. § 1 UWG „... Schutz der Mitbewerber, der Verbraucher sowie der sonstigen Marktteilnehmer vor unlauterem Wettbewerb. Es schützt zugleich das Interesse der Allgemeinheit an einem unverfälschten Wettbewerb."

3 Siehe Rdnr. 30ff.

4 §§ 19 Abs. 1, 36 Abs. 1 GWB „marktbeherrschende Stellung".

5 § 26 Abs. 1 RStV.

schaftsrecht und die von ihm geleistete Sicherung des ökonomischen Wettbewerbs zwischen Medienunternehmen nämlich im **Hinblick auf die Meinungsvielfalt** wichtig. Für die außenpluralistisch organisierten Medien soll Meinungsvielfalt gerade durch ökonomischen Wettbewerb erreicht und gewährleistet werden (siehe Rdnr. 492ff.).[6] Im Ausgangspunkt gilt, „dass der wirtschaftliche Wettbewerb tendenziell die publizistische Vielfalt fördert. Eine Vielzahl voneinander unabhängig publizierter Meinungen kann Vielfalt zwar nicht garantieren, ist jedoch eine wesentliche Voraussetzung hierfür. Insofern bewirken Maßnahmen zur Verhinderung der Entstehung oder Verstärkung wirtschaftlicher Macht bei Medienunternehmen zugleich tendenziell den Schutz der Meinungsvielfalt".[7]

Es gibt weiterhin enge Zusammenhänge zwischen dem ökonomischen Wett- 719
bewerb, der Finanzierungsweise von Medien (siehe Rdnr. 589ff.) und den **publizistischen Standards**. Solche Aspekte sind bislang vor allem für die meinungsbildende Presse thematisiert worden. Sie finanziert sich typischerweise sowohl aus Entgelten ihrer Käufer (Lesermarkt) als auch durch Werbeeinnahmen, die sie von ihren Inserenten erhält (Anzeigenmarkt). Leser- und Anzeigenmarkt wiederum stehen für Zeitungsunternehmen in einer engen Wechselbeziehung.[8] Je größer die Auflage und der Leserkreis einer Zeitung sind, umso größer ist auch der Verbreitungsgrad der in ihr abgedruckten Werbeanzeigen. Da eine Zeitung mit hoher Auflage höhere Preise für Annoncen verlangen kann als ein wenig gelesenes Blatt, werden bei steigender Auflage auch die Werbeeinnahmen steigen und die fixen Stückkosten pro Zeitungsausgabe niedriger werden. Zugleich **ermöglicht das Ansteigen von Werbeeinnahmen Verbesserungen der redaktionellen Qualität** und auf diese Weise ein Erhöhen der Auflage, was wiederum die Möglichkeit von Werbeeinnahmen steigert. Derselbe Zusammenhang kann aber auch in umgekehrter Richtung wirken. Lässt die redaktionelle Qualität nach, so sinken die Auflage und mit ihr die Werbeeinnahmen, was wiederum ein weiteres Absinken der redaktionellen Güte zur Folge haben kann. Lesermarkt und Werbemarkt beeinflussen einander.

In der Zeitungsbranche besteht ein **Verdrängungswettbewerb**, bei dem marktstarke 720
etablierte Zeitungen aus diesen Gründen tendenziell Vorteile haben. Newcomer schaffen es nur selten, dauerhaft auf dem Markt Fuß zu fassen. Der gezeigte Funktionszusammenhang bringt für Großverlage die Versuchung mit sich, ineffiziente oder schwache Mitbewerber gezielt zu attackieren und so in eine abwärts gerichtete Auflagen-Anzeigen-Spirale zu zwingen. Insbesondere ist denkbar, dass ein marktführendes Unternehmen einen regional tätigen Konkurrenten preislich unterbietet und diese Dumpingpolitik mit den Gewinnen aus Monopolregionen finanziert. Der böse Satz, „Pressefreiheit ist

---

6 „... nur dann, wenn neben dem publizistischen auch der wirtschaftliche Wettbewerb im Pressebereich geschützt wird, ist eine freie Entfaltung der Meinungen gewährleistet", BGH vom 9. 11. 1982 (Gemeinsamer Anzeigenteil), NJW 1984, 1116.

7 *Monopolkommission*, Sondergutachten 11, Wettbewerbsprobleme bei der Einführung von privatem Hörfunk und Fernsehen, 1981, Rz. 11.

8 BGH vom 18. 12. 1979 (Elbe Wochenblatt I), BGHZ 76, 55, 74f. mwN.

die Freiheit von 200 reichen Leuten, ihre Meinung zu verbreiten",[9] ist von diesem Blickwinkel aus nicht völlig aus der Luft gegriffen. Entsprechende Verdrängungsstrategien, die es vor allem in den 50er und 60er Jahren gab, werden heute unter bestimmten Voraussetzungen als Missbrauch einer marktbeherrschenden Stellung eingeordnet[10] und lassen sich auf diese Weise über das Kartellrecht bekämpfen. Die Anfang der 70er Jahre geschaffene kartellrechtliche Fusionskontrolle hat sich als weiteres, durchaus wirksames „Gegengift" erwiesen. Der grundsätzlichen Wirkungsweise der Spirale und den damit verbundenen langfristigen Wirkungen kann jedoch auch das Kartellrecht nicht prinzipiell entgegenwirken. Der Rückzug nachrangiger Zeitungen hat bis heute angehalten mit der Folge, dass die Zeitungsdichte sinkt.[11]

721 Das Entstehen großer überregionaler Medienunternehmen mit marktmächtigen Stellungen hat aus medienrechtlicher Sicht freilich nicht nur negative Folgen. So können es sich z.B. Medienunternehmen mit entsprechender Markt- und Finanzstärke ungleich eher erlauben, politische Missstände auch dann aufzudecken, wenn sie die Regierung oder machtvolle politische Parteien oder sonstige einflussreiche Institutionen betreffen.[12] In diesem Zusammenhang ist darauf hinzuweisen, dass beispielsweise der **Watergate-Skandal** durch die Washington Post, also durch ein Blatt mit starker Marktstellung aufgedeckt wurde.[13]

III. Wirtschaftsrechtliche Sonderbehandlungen von Medien

722 Die Maßstäbe des allgemeinen Wirtschaftsrechts gelten für Medien nicht stets in unveränderter Form. Es gibt Konstellationen, in denen das Wirtschaftsrecht in Bezug auf Medien irgendwie „modifiziert" wird. Aus der öffentlichen Aufgabe von Massenmedien können sich **Besonderheiten ergeben, die auf das Wirtschaftsrecht durchschlagen**. Für binnenpluralistisch organisierte Medien liegt dies auf der Hand. Der öffentlich-rechtliche Rundfunk soll bestimmten Wettbewerbsmechanismen gerade entzogen werden, weil ihm eine Sonderstellung zugedacht wird. Aber auch in Bezug auf die übrigen Medien können sich Abweichungen ergeben. Die außenpluralistische Philosophie der Meinungsvielfalt durch Wettbewerb geht nicht immer auf. In solchen Zusammenhängen geht es um den publizistischen Wettbewerb zwischen den Medien, der eben etwas anderes als der „ökonomische" Wettbewerb ist und nicht zwingend nach den allgemeinen wirtschaftsrechtlichen Regeln beurteilt wird.[14]

723 In der Regel werden derartige „Abweichungen" mit dem Ziel propagiert, **Meinungsvielfalt zu erreichen oder zu erhalten**.[15] Ein derartiger Effekt kann eine

---

9 *P. Sethe*, Ins Wasser geschrieben. Porträts, Profile, Prognosen, herausgegeben von K.H. Janßen, 1968, S. 169.

10 § 19 Abs. 4 Nr. 1 GWB. Zu missbräuchlichen Preisunterbietungen und Verhaltensweisen, die nur aufgrund einer besonderen Marktstellung möglich sind, *Möschel* in Immenga/Mestmäcker, § 19 GWB Rdnr. 122ff. mwN., Rdnr. 126.

11 *Röper* MP 2004, 268, 281.

12 *Bullinger* HStR Bd. VI, § 142 Rn. 168.

13 *Bullinger* HStR Bd. VI, § 142 Rn. 168 mwN. in Fn. 351.

14 Z.B. BGH vom 18. 12. 1979 (Elbe Wochenblatt I), BGHZ 76, 55, 64ff. mwN.

15 Ähnlich *Immenga* ZWeR 2004, 329, 334.

tragfähige Rechtfertigung dafür sein, Medien wirtschaftsrechtlich anders zu behandeln als sonstige Unternehmen. Gleichwohl ist im Detail Vorsicht geboten, wenn im Interesse des publizistischen Wettbewerbs Anforderungen des allgemeinen Wirtschaftsrechts beiseite geschoben und durch Sonderregeln ersetzt werden sollen. Ein solcher Eingriff führt zur Ausschaltung von wirtschaftlichem Wettbewerb und damit zur Ausschaltung von Mechanismen, die gerade eine wichtige Basis für das Entstehen und Erhalten von Meinungsvielfalt sind. Zugleich wird damit auch die wichtige Innovationsfunktion des Marktes[16] bzw. die Notwendigkeit geschmälert, auf veränderte Situationen zu reagieren, indem etwa neue Sendeformate entwickelt, neue Erscheinungsweisen oder redaktionelle Gestaltungen von Zeitungen ausprobiert oder veränderte Preisangebote gemacht werden.[17] Wenn im Interesse der Meinungsvielfalt in das allgemeine Wirtschaftsrecht eingegriffen wird, so beschränken sich die Folgen solcher Interventionen nur allzu leicht darauf, den Marktzutritt für neue Anbieter zu erschweren und notwendige Veränderungen geschäftlicher Strukturen zu verhindern, ohne dass dem auch tatsächlich ein Zugewinn an Meinungspluralität gegenüber steht.

1. „Programmrelevante" Sonderregeln

Allgemein lässt sich sagen, dass Sondermaßstäbe für die Medien vor allem für 724
solche Vorgänge infrage stehen, die **„programmrelevant" und damit potenziell für die Meinungsvielfalt und den öffentlichen Meinungsbildungsprozess wichtig** sind. Das liegt auf der Hand, wenn die unveränderte Anwendung wirtschaftsrechtlicher Normen einen direkten Einfluss auf die redaktionelle Gestaltung entfalten würde. Es gibt aber auch wirtschaftsrechtliche Regeln, die sich nur indirekt oder nur in bestimmten Konstellationen auf die redaktionelle Ebene und damit auf den publizistischen Wettbewerb auswirken. Weiterhin kann sich die Notwendigkeit, wirtschaftsrechtliche Regeln auf medienrechtliche Zielsetzungen abzustimmen, für außen- und binnenpluralistisch strukturierte Medien in gleicher oder in unterschiedlicher Weise stellen.

Ein Beispiel ist die Frage, ob Dritte von den Medien eine **bestimmte Berichterstattung** 725
oder Programmgestaltung verlangen können (siehe Rdnr. 561ff., 567ff.), etwa eine Erwähnung des Dritten in einer redaktionellen Servicerubrik der Zeitung eines marktbeherrschenden Presseverlags.[18] Das Kartellrecht sieht gegenüber marktbeherrschenden oder marktstarken Unternehmen einen Anspruch auf „Berücksichtigung" unter bestimmten Voraussetzungen vor.[19] Ein Recht des einzelnen Unternehmens auf Berücksichtigung im Programm ergibt sich daraus jedoch nicht, weil ansonsten die Programmautonomie des betreffenden Medienunternehmens gestört würde.

---

16 Zu dieser Funktion *Beater*, Unlauterer Wettbewerb, §2 Rdnr. 13f., 46 jeweils mwN.
17 *von Wallenberg* K&R 2004, 328, 331f.
18 LG Leipzig vom 23.7. 2004 (Rettungsambulanz Werdau), AfP 2004, 577f.
19 §20 Abs. 1, Abs. 2 Satz 1 GWB. Siehe Rdnr. 846ff.

726 Ein anderes Beispiel betrifft die Finanzierungsmöglichkeiten des öffentlich-rechtlichen Rundfunks. Er darf nur sehr eingeschränkt Lizenzen an Titeln von Fernsehsendungen vergeben und diese zum **Merchandising-Geschäft** nutzen (siehe Rdnr. 709ff.). Aus dem „Wesen und Auftrag der Rundfunk- bzw. Fernsehanstalten“ ergeben sich insoweit Beschränkungen,[20] weil eine derartige Vermarktung von Fernsehsendungen die Gefahr erheblicher Auswirkungen auf die Programmgestaltung mit sich bringt.

2. Anwendungsbereich wirtschaftsrechtlicher Normen

727 Wenn die allgemeinen wirtschaftsrechtlichen Regeln aufgrund der Besonderheiten des publizistischen Wettbewerbs „modifiziert“ werden, so kann dies rechtstechnisch auf unterschiedliche Art und Weise geschehen. Ein Sondermaßstab in Bezug auf Medien lässt sich zum einen dadurch erreichen, dass man die Medien aus dem **Anwendungsbereich wirtschaftsrechtlicher Bestimmungen** herausnimmt. Dieser Weg findet sich vor allem im Wettbewerbsrecht, das noch näher vorgestellt wird (siehe Rdnr. 736ff.). Man definiert die Anwendbarkeitsvoraussetzungen des UWG so, dass Äußerungen von Medien in aller Regel nicht nach dem Wettbewerbsrecht zu beurteilen sind. Sie werden auf diese Weise vom Wirtschaftsrecht ausgenommen. Ihre juristische Beurteilung bestimmt sich dann allein nach dem allgemeinen Deliktsrecht, das die Rechtsprechung ungleich „äußerungs- und medienfreundlicher“ ausgestaltet hat als das Wettbewerbsrecht. Überspitzt kann man sagen, dass öffentliche Äußerungen über Unternehmen nach Wettbewerbsrecht weitgehend unzulässig und nach Deliktsrecht weitgehend zulässig sind. Durch die alleinige Anwendbarkeit des Deliktsrechts werden daher Medien im Vergleich zu anderen Unternehmen einem „Sondermaßstab“ unterworfen. Die Trennung zwischen ökonomischem und publizistischem Wettbewerb bzw. die Geltung medienbezogener „Sondermaßstäbe“ wird in solchen Konstellationen deutlich und offen sichtbar.

728 Ein wichtiger Beispielsfall ist die Behandlung von **Pressefehden**. Auch wenn eine solche öffentliche Auseinandersetzung zwischen Zeitungen Einfluss auf die Entwicklung des Anzeigengeschäfts und die Auflage haben mag, steht dabei doch die redaktionelle Auseinandersetzung mit der „Linie“ des anderen Blatts, sprich der publizistische Wettbewerb, zentral im Vordergrund.[21] Solche Pressefehden werden deshalb – anders als Aussagen sonstiger Unternehmen über Konkurrenten – nicht an den wettbewerbsrechtlichen Bestimmungen über die vergleichende Werbung gemessen, sondern an den „auseinandersetzungsfreundlicheren“ deliktsrechtlichen Maßstäben.[22]

20 BGH vom 19.11.1992 (Das Erbe der Guldenburgs), BGHZ 120, 228, 236.

21 „... in der Regel nicht auf wettbewerblichem Gebiet, sondern auf dem Gebiet des Kampfes um die öffentliche Meinungsbildung, bei der die Presse eine führende Rolle spielt“, BGH vom 21.6.1966 (Höllenfeuer), BGHZ 45, 296, 302.

22 Siehe Rdnr. 745f.

3. Materiell-wirtschaftsrechtliche Sondermaßstäbe für Medien

Ein Sondermaßstab für Medien ist zum anderen auch erreichbar, indem man wirtschaftsrechtliche Normen auf Medien nicht nach den für sonstige Unternehmen geltenden, sondern nach **abweichenden materiell-rechtlichen Maßstäben** anwendet. Für einzelne Bereiche hat der Gesetzgeber solche abweichenden Maßstäbe durch den Erlass von speziellen, auf Medien gemünzte Sonderregeln ausdrücklich vorgegeben.[23] Auf einem anderen Blatt steht aber die Frage, ob auch sonstige wirtschaftsrechtliche Normen auf Medien in anderer Weise angewendet werden können als auf sonstige Unternehmen. Das Problem stellt sich zum Beispiel für die wettbewerbliche Generalklausel und das kartellrechtliche Missbrauchsverbot. Grundsätzlich sprechen wichtige Gründe gegen eine Sonderbehandlung der Medien im Wirtschaftsrecht. Die wirtschaftsrechtlichen Regelungen wollen Wettbewerb gewährleisten und Meinungsvielfalt zwischen den Medien wird typischerweise gerade durch die Förderung von ökonomischem Wettbewerb begünstigt. Jedes Ausschalten von wirtschaftlicher Konkurrenz – und darauf laufen medienbezogene Sondermaßstäbe im Wirtschaftsrecht meistens hinaus – setzt typischerweise auch die publizistische Konkurrenz herab. Hinzu kommt der Aspekt der Gewaltenteilung. Die Kompetenzen der Gerichte sind auf rechtliche Maßstäbe beschränkt und umfassen keine medienpolitischen Befugnisse. Im Grundsatz werden **richterliche Sondermaßstäbe als unzulässig** angesehen und von den Gerichten auch ausdrücklich verneint. 729

Für das **Kartellrecht** werden derartige Sondermaßstäbe durchweg abgelehnt. 730
Danach rechtfertigt der Schutz der Pressefreiheit beispielsweise keine einschränkende Anwendung der Missbrauchskontrolle, da die Durchsetzung der Wettbewerbsordnung gerade auf die Schaffung funktionsfähiger Pressemärkte ziele.[24] Gleiches wird für die Pressefusionskontrolle angenommen,[25] soweit nicht das GWB ausdrückliche Sonderregeln selbst normiert. Gleichwohl ist insoweit Vorsicht geboten. Das Kartellrecht ist überaus komplex. Insbesondere wirft die Pressefusionskontrolle bei der Abgrenzung des relevanten Marktes und der Einschätzung der zu erwartenden Auswirkungen der Fusion Fragen auf, die nicht immer eine klare Einordnung zulassen, ob es bei ihnen um Aspekte nur des ökonomischen oder u.U. auch des publizistischen Wettbewerbs geht (siehe Rdnr. 855, 864ff.). Es ist durchaus vorstellbar, dass sich in solchen Konstellationen medienbezogene Sondermaßstäbe indirekt eben doch in die rechtliche Beurteilung einschleichen, ohne dass dies den Gerichten bewusst wird.

Für das **Wettbewerbsrecht** ist die Situation noch etwas komplizierter. Es lässt 731
sich nicht eindeutig sagen, ob es bei der Anwendung von UWG-Normen medienbezogene Sondermaßstäbe gibt. Der Wortlaut von §1 UWG führt Schutz-

---

23 Z.B. §§30, 35 Abs.2 Satz 2, 38 Abs.3 GWB.
24 BGH vom 9.11.1982 (Gemeinsamer Anzeigenteil), NJW 1984, 1116 zu §19 GWB.
25 BGH vom 18.12.1979 (Elbe Wochenblatt I), BGHZ 76, 55, 65, 72 zu §36 Abs.1 GWB.

zwecke auf, die zwar auch im Zusammenhang mit der Tätigkeit von Medienunternehmen zum Tragen kommen können, aber der Formulierung nach streng auf rein wettbewerbsrechtliche Zielsetzungen beschränkt sind. Allgemeinheitsinteressen, die anderes als den unverfälschten Wettbewerb betreffen, nennt die Vorschrift nicht. Es ist bislang noch eine offene Frage, ob und in welchem Umfang solche Allgemeinheitsinteressen als wettbewerblicher Schutzzweck anzuerkennen sind.[26] Eine derartige Schutzrichtung des UWG wurde früher häufig formuliert,[27] hat aber stets einen schillernden Charakter gehabt.[28]

732 Deutlich wird die Problematik an Entscheidungen zum Verteilen kostenloser Anzeigenblätter. Die – inzwischen überholte – **Stuttgarter Wochenblatt I-Entscheidung** hielt solches Verhalten für wettbewerbswidrig. Eine Rechtfertigung dafür, dem Zeitungsunternehmer preis- und werbungspolitische Gestaltungsmöglichkeiten und dem Verbraucher die Chance auf kostenlose Presseblätter zu nehmen, liefern die wettbewerbsbezogenen Schutzzwecke nicht. Es ist kein berechtigtes Konkurrenteninteresse an Schutz vor solchen Anzeigenblättern ersichtlich, und die Entscheidung hat den Schutz unabhängig davon zugesprochen, ob der Bestand des Pressewettbewerbs als solcher durch das Anzeigenblatt gefährdet wurde oder nicht. Den maßgeblichen Verbotsgrund sah das Gericht vielmehr darin, dass Anzeigenblätter der meinungsbildenden Presse Werbeeinnahmen entziehen und sie damit zur Absenkung der redaktionellen Standards zwingen. Ein Interesse der Allgemeinheit am Bestand eines leistungsfähigen Pressewesens[29] ist ein „wettbewerbsfremder" Aspekt. Ein Schutz des Pressewesens jenseits bloßer Wettbewerbssicherung läuft auf ein Sichern von Qualitätsstandards hinaus. Es geht darum, bestimmte Angebotsformen in ihrer konkreten Form zu erhalten. Eine solche Rspr. bringt die Gefahr einer richterlichen **„Pressestrukturpolitik"** mit sich,[30] für die das Wettbewerbsrecht nicht gedacht ist.

733 Die Stuttgarter Wochenblatt I-Entscheidung ist maßgeblich durch ihren rechtsgeschichtlichen Zusammenhang beeinflusst. Sie stammt von 1968 und damit aus einer Zeit, in der die Gerichte die Wertungen von Art. 5 Abs. 1 GG bei der Auslegung einfachgesetzlicher Normen sehr weitgehend berücksichtigt und es mit dem Schutz von Medien übertrieben haben.[31] Inzwischen zieht der Wettbewerbssenat des BGH die verfassungsrechtliche Stellung und Bedeutung des Pressewesens in seinen Begründungen nicht mehr heran,[32] sondern stellt allein darauf ab, ob das kostenlose Verteilen den Bestand des Wettbewerbs gefährdet (siehe Rdnr. 774ff.). Diese Linie berücksichtigt auf den ersten Blick allein wettbewerbsrechtliche Kriterien und ist vom Gericht auch in dieser Weise beabsichtigt. Gegenüber der Annahme, dass medienspezifische Sondermaßstäbe keine Rolle

---

26 Dazu eingehend und ablehnend *Schünemann* WRP 2004, 925, 933ff. mwN.

27 Z.B. Baumbach/*Hefermehl*, Wettbewerbsrecht, 22. Auflage 2001, Einl Rdn. 80f.

28 Für den Bereich der schockierenden Werbung hat das BVerfG einem solchen Schutzzweck eindeutig Grenzen gesetzt: BVerfG vom 12. 12. 2000 (Schockwerbung I), BVerfGE 102, 347ff.; BVerfG vom 11. 3. 2003 (Schockwerbung II), GRUR 2003, 442ff.

29 BGH vom 18. 12. 1968 (Stuttgarter Wochenblatt I), BGHZ 51, 236, 244, 249f.; ähnlich auch noch BGH vom 14. 3. 1991 (Motorboot-Fachzeitschrift), BGHZ 114, 82, 85. Sondermaßstäbe befürwortend *H.J. Ahrens* WRP 1999, 123, 127, 129; in der Sache auch *Teplitzky* GRUR 1999, 108, 110ff.; aus dem früheren Schrifttum etwa *Kübler/Simitis* JZ 1969, 445, 451f.

30 So – warnend – *Schricker* GRUR 1980, 194, 202.

31 Siehe Rdnr. 16, 1722.

32 Z.B. BGH vom 15. 2. 1996 (Stumme Verkäufer), GRUR 1996, 778ff.

spielen, ist m.E. gleichwohl auch hier Vorsicht geboten. Die Grenzen zwischen einer bloßen Sicherung des Wettbewerbsbestands einerseits und einer darüber hinausreichenden wettbewerbsrechtlichen Regulierung sind fließend. Auch im Wettbewerbsrecht bietet sich den Gerichten insbesondere die Möglichkeit, im Rahmen der Marktabgrenzung oder bei der Prognose über die Gefährdung des Wettbewerbsbestands indirekt eben doch Sondermaßstäbe anzuwenden.[33]

Im Weiteren sollen ausgesuchte Einzelkonstellationen vorgestellt werden. Sie liegen entweder im Schnittbereich zwischen ökonomischem und publizistischem Wettbewerb oder betreffen zwar allein den ökonomischen Wettbewerb, sind aber für die Medien aus praktischen Gründen wichtig. Im Vordergrund stehen dabei vor allem Wettbewerbs-, Zeichen- und Kartellrecht. 734

Aus Gründen des Sach- und Darstellungszusammenhangs werden der Schutz von geistigem Eigentum und bestimmten unternehmerischen Amortisationsinteressen (Urheber-, Sende- und Übertragungsrechte, Fernseh- und Hörfunkrechte) sowie der Schutz vor zutreffenden, unrichtigen oder inhaltlich unzulässigen Äußerungen (Redaktionsinterna, kreditgefährdende Falschbehauptungen, Boykottaufrufe etc.) nicht in diesem Teil, sondern an späteren Stellen behandelt. Solche Praktiken betreffen typischerweise die Beschaffung, Zugänglichkeit und Veröffentlichung von Informationen und damit den publizistischen und nicht den ökonomischen Wettbewerb. 735

B. Wettbewerbsrecht

I. Anwendbarkeit

Das Recht gegen den unlauteren Wettbewerb (im Weiteren: Wettbewerbsrecht) ist grundsätzlich nur auf **Wettbewerbshandlungen** (§ 2 Abs. 1 Nr. 1 UWG) anwendbar. Dazu muss der Handelnde u.a. das Ziel verfolgen, ein eigenes oder fremdes Unternehmen zu fördern, d.h. mit Wettbewerbsabsicht handeln.[34] Das Erfordernis der Wettbewerbsabsicht war zu Zeiten des RG tatsächlich auf die subjektiven Beweggründe des Handelnden gemünzt,[35] hat aber inzwischen einen anderen Inhalt erlangt, der dem unverändert gebliebenen Etikett nicht mehr entspricht. Das Vorliegen einer Wettbewerbsabsicht als Anwendbarkeitsvoraussetzung des UWG hat heute nur noch am Rande mit subjektiven Vorstellungen des Handelnden zu tun.[36] Es beurteilt sich vielmehr weitgehend nach richterlich geschaffenen Vermutungsregeln. Dieser Verständniswandel ermöglicht Feinabstimmungen im Zusammenhang mit Konstellationen, für die sich die Anwend- 736

33 Ein mögliches Beispiel ist BGH vom 26.4. 1990 (Anzeigenpreis I), BGHZ 111, 188, 190f.

34 *Köhler* in: Hefermehl/Köhler/Bornkamm, § 2 UWG Rdn. 24; Harte/Henning/*Keller*, UWG 2004, § 2 Abs. 1 Nr. 1 UWG Rdn. 38 jeweils mwN.

35 Z.B. RG vom 8.12. 1911 (Rabatt-Sparverein), RGZ 78, 78, 80f.

36 *Beater*, Unlauterer Wettbewerb, § 11 Rdnr. 49ff.; besonders weitgehend (ausschließlich objektives Tatbestandsmerkmal) *Fezer* FS Schricker 2005, 671, 676.

barkeit des UWG aufgrund verfassungsrechtlicher Hintergründe in einem besonderen Licht zeigt. So kann im Ergebnis erreicht werden, dass **wirtschaftsbezogene Aussagen der Medien grundsätzlich an den äußerungsfreundlichen deliktsrechtlichen Maßstäben** und nicht am Wettbewerbsrecht gemessen werden (siehe Rdnr. 39). Medien werden dadurch großzügiger behandelt als in Konkurrenz stehende „reine" Wirtschaftsunternehmen.

737 Eine Vorstellung für die „Äußerungsfeindlichkeit" des Wettbewerbsrechts und deren Auswirkungen vermittelt das schweizerische Wettbewerbsrecht. Es ist dem deutschen wesensverwandt, wurde aber nicht durch einen grundlegenden verfassungsrechtlichen Neubeginn in Gestalt des Grundgesetzes beeinflusst und verändert. Das BG ordnete in der **Mikrowellen I-Entscheidung** die Aussage eines umweltbiologischen Forschers, die Speisezubereitung in Mikrowellenöfen sei gesundheitsgefährdend, als Wettbewerbshandlung ein und sah sie als wettbewerbswidrige herabsetzende Äußerung im Sinne von Art. 3 lit. a sUWG an, weil ihre Richtigkeit nicht wissenschaftlich bewiesen war.[37] Der EuGHMR sah darin in der **Hertel/Schweiz-Entscheidung** eine Verletzung von Art. 10 EMRK, da die Arbeit des Beschwerdeführers zensiert worden sei und seine Möglichkeiten, Ansichten, die in einer unbestreitbar existierenden Diskussion ihren Platz haben, öffentlich zu äußern, wesentlich beschnitten würden.[38] Dass der Beschwerdeführer eine Mindermeinung geäußert habe und diese vielleicht unbegründet sei, ändere daran nichts. In einem Bereich, in dem jede Gewissheit unwahrscheinlich sei, wäre es besonders unvernünftig, die Meinungsäußerungsfreiheit nur auf allgemein akzeptierte Vorstellungen zu beschränken.

738 Das deutsche Recht berücksichtigt öffentliche Informationsinteressen dagegen in differenzierender Weise. Das wichtigste Mittel dazu liegt darin, dass Beiträge zur öffentlichen Meinungsbildung aus dem Anwendungsbereich des Wettbewerbsrechts herausgenommen werden. Auf diese Weise ermöglicht das deutsche Recht **unterschiedliche Beurteilungsstandards**, nämlich äußerungsfreundliche deliktische Maßstäbe für die Medien einerseits und strengere, tendenziell äußerungsfeindliche wettbewerbsrechtliche Anforderungen für sonstige Unternehmen und geschäftliche Äußerungen andererseits. So sind beispielsweise negative Werturteile über Unternehmen deliktsrechtlich grundsätzlich unbeachtlich, soweit sie keine Schmähkritik sind, die lediglich in extremen Fällen angenommen wird.[39] Nach Wettbewerbsrecht sind dagegen Werturteile, die das geschäftliche Ansehen eines Mitbewerbers beeinträchtigen, bereits dann unzulässig, wenn der Beurteilung kein sachlicher Maßstab zugrunde liegt.[40] Ein weiteres Beispiel sind Warentests. Sie sind den Medien nach Deliktsrecht in weiten Grenzen erlaubt.[41]

---

37 BG vom 25.2. 1994 (Mikrowellen I), BGE 120 II, 76, 79, 81f.; ähnlich zuvor BG vom 18.3. 1991 (Bernina), BGE 117 IV, 193ff.

38 EuGHMR vom 25.8. 1998 (Hertel/Schweiz), GRUR Int. 1999, 156ff. Rn. 50.

39 § 823 Abs. 1 BGB; z.B. BGH vom 21.6. 1966 (Höllenfeuer), BGHZ 45, 296, 309f. Siehe Rdnr. 1616ff.

40 § 4 Nr. 7 UWG; OLG München vom 9.3. 2006 (Trivial-Patente), GRUR-RR 2006, 268, 276f. mwN.

41 § 823 Abs. 1 BGB; z.B. BGH vom 9.12. 1975 (Warentest II), BGHZ 65, 325, 334f. Siehe Rdnr. 1647ff.

Dagegen lässt das Wettbewerbsrecht solche Produktaussagen als vergleichende Werbung nur unter wesentlich restriktiveren Voraussetzungen zu.[42] Es erlaubt solche Aussagen beispielsweise nur, wenn sie sich auf nachprüfbare, d.h. auf solche Eigenschaften beziehen, die einem sachlichen Nachweis zugänglich sind.[43]

1. Grundanforderungen

Die Wettbewerbsabsicht wird für alle „objektiv wettbewerbseigenen" Handlungen von Kaufleuten im geschäftlichen Verkehr vermutet.[44] Soweit es um den ökonomischen Wettbewerb zwischen Medien bzw. um **„Betätigungen wirtschaftlicher Art"** geht, greift die Vermutung auch gegenüber Medien ein, deren Handeln dann nach UWG zu beurteilen ist.[45] Dies gilt für private Medien und für den öffentlich-rechtlichen Rundfunk gleichermaßen. Das Eingreifen des UWG ist insbesondere unproblematisch bei Praktiken, die in gleicher Weise auch bei anderen Unternehmen als den Medien vorkommen können, zum Beispiel für das Verschleiern von Preisnachlässen.[46] Die Vermutung greift auch bei bestimmten „medientypischen" Geschäftspraktiken ein, zum Beispiel bei einem Verschleiern des Werbecharakters von Anzeigen oder einer unzulässigen redaktionellen Werbung,[47] bei Eigenwerbung mit irreführenden Angaben über die Stellung auf dem Werbemarkt[48] oder bei einer irreführenden Verwendung von Füllanzeigen, die möglichen Anzeigenkunden unrichtige Vorstellungen über die Werbeattraktivität der abdruckenden Zeitung vermitteln.[49] 739

Zur **Ausräumung der Vermutung** kommt es nach der Rechtsprechung darauf an, welche Absicht der Handelnde verfolgt hat bzw. ob die auf Wettbewerb gerichtete Absicht hinter anderen Beweggründen zurücktritt. Die Beurteilung unterliegt der freien Beweiswürdigung des Tatsachenrichters im Einzelfall[50] und entzieht sich schematischen Betrachtungen. So lässt sich weder allein aus dem Wissen des Handelnden von den wettbewerblichen Auswirkungen seines Verhaltens auf eine entsprechende Wettbewerbsabsicht schließen, noch muss die Vermutung bereits dadurch entkräftet sein, dass eine Anzeigenaktion auch auf 740

---

42 Zu §1 UWG a.F. besonders akzentuiert: BGH vom 6.7. 1954 (Constanze II), BGHZ 14, 163, 171 „... die kritisierende Herabsetzung der Erzeugnisse eines Mitbewerbers im Rahmen der Werbung für eigene oder fremde Leistungen ist auch dann unerlaubt, wenn die Kritik nach der objektiven Sachlage ohne dieses wettbewerbliche Moment zulässig wäre."
43 §6 Abs.2 Nr.2 UWG; BGH vom 23.4. 1998 (Preisvergleichsliste II), GRUR 1999, 69, 71 mwN.
44 BGH vom 7.3. 1996 (Lohnentwesungen), GRUR 1996, 798, 799.
45 BGH vom 22.2. 1990 (Werbung im Programm), BGHZ 110, 278, 284.
46 §§3, 4 Nr.4 UWG.
47 §§4 Nr.3 UWG, 2 Abs.2 Nr.6 RStV, 9 LPrG MV, 13 Abs.2 MDStV (= §58 Abs.1 Satz 1 RStV-E); BGH vom 10.3. 1994 (Beipackzettel), GRUR 1994, 445, 446; BGH vom 3.2. 1994 (Kosmetikstudio), GRUR 1994, 441, 442.
48 LG Frankfurt a.M. vom 7.2. 1992 (ARD-Eigenwerbung), GRUR 1993, 134f.
49 §5 Abs.1 UWG; BGH vom 23.1. 1997 (Füllanzeigen), GRUR 1997, 380, 381.
50 BGH vom 26.10. 1951 (Constanze I), BGHZ 3, 270, 278.

eine Beeinflussung politischer Entscheidungsgremien zielt.[51] Richtet sich die Handlung im Rahmen ökonomischen Wettbewerbs gegen einen Mitbewerber, so knüpft die Rechtsprechung das Widerlegen der Vermutung an höhere Hürden als im Zusammenhang mit fremdnützigem Verhalten.

2. Öffentliche Informationsinteressen, Äußerungen von Medien

741 Stammen öffentliche Äußerungen über Unternehmen oder die Qualität ihrer Leistungen von einem Mitbewerber, so sind sie grundsätzlich nach den Maßstäben des UWG zu beurteilen. Betrifft die Äußerung öffentliche Informationsinteressen, so kann jedoch publizistischer Wettbewerb infrage stehen und das Wettbewerbsrecht unanwendbar sein. Daher wird das UWG auf Äußerungen von Medien zumeist nicht angewendet. So werden den Medien die notwendigen Freiheiten zur Erfüllung ihrer öffentlichen Aufgabe und insbesondere ihrer **Wirtschaftsfunktion** gewährt.[52] Ebenso wird dadurch dem Umstand Rechnung getragen, dass sich das **Informationsverhalten der Medien** von dem sonstiger Unternehmen grundsätzlich unterscheidet und auch aus diesem Grund eigenen Maßstäben unterliegen muss.[53] Wenn Äußerungen der Medien nicht in Wettbewerbsabsicht erfolgen, so sind sie allein nach dem Deliktsrecht zu beurteilen. Wird dagegen eine Wettbewerbsabsicht bejaht, so ist das UWG anwendbar und gilt dann auch für die Medien.

742 Bei Äußerungen von Medien, die die **Öffentlichkeit über Vorgänge von allgemeiner Bedeutung unterrichten und zur öffentlichen Meinungsbildung beitragen**, ist die Wettbewerbsabsicht nicht anhand der Vermutung zu beurteilen, sondern aufgrund der gegebenen Umstände konkret festzustellen.[54] Aufgrund der besonderen verfassungsrechtlichen Stellung von Medien kann die erforderliche Wettbewerbsabsicht nicht allein daraus abgeleitet werden, dass die betreffende Medienäußerung objektiv geeignet ist, den Absatz betroffener Unternehmen zu fördern oder zu mindern.[55] Weiterhin kann, wenn die fragliche Äußerung von einem anzeigenfinanzierten Medienunternehmen stammt, die Wettbewerbsabsicht nicht schon aus dem allgemeinen Interesse des Medienunternehmens abgeleitet werden, auch Anzeigen von solchen Unternehmen zu erhalten, über die das Medienunternehmen berichtet.[56] Es sind vielmehr alle Umstände zu berücksichtigen. Dabei ist maßgeblich auf Inhalt, Art und Form der

---

51 BGH vom 25.6. 1992 (Erdgassteuer), GRUR 1992, 707, 708.

52 Zur Wirtschaftsfunktion der Medien siehe Rdnr. 37ff.

53 Siehe Rdnr. 385f.

54 BGH vom 10.11. 1994 (Dubioses Geschäftsgebaren), GRUR 1995, 270, 272; BGH vom 3.2. 1994 (Kosmetikstudio), GRUR 1994, 441, 442; BGH vom 12.10. 1989 (Schönheits-Chirurgie), GRUR 1990, 373, 374 jeweils mwN.

55 BGH vom 9.2. 2006 (Rechtsanwalts-Ranglisten), GRUR 2006, 875, 876 Rdnr. 23 mwN.

56 BGH vom 9.2. 2006 (Rechtsanwalts-Ranglisten), GRUR 2006, 875, 876 Rdnr. 28; siehe auch BVerfG vom 7.11. 2002 (Juve-Handbuch), NJW 2003, 277, 279.

Äußerung und u.U. auch auf eine etwaige Untermauerung durch Tatsachenangaben abzustellen.[57] Weitere Indizien sind mögliche besondere Beziehungen zwischen dem Medienunternehmen bzw. seinem Inhaber oder dem Redakteur einerseits und dem durch die Werbung begünstigten Dritten andererseits sowie etwaige finanzielle Hintergründe des Beitrags. Eine Wettbewerbsabsicht kann umso eher in Betracht gezogen werden, je stärker die betreffende Äußerung auf eine übermäßig anpreisende Darstellung hinausläuft, die den Boden sachlicher Information verlässt.[58]

Durch diesen Sondermaßstab können nicht nur Äußerungen mit politischem 743
bzw. Demokratiebezug aus dem UWG herausgenommen werden, sondern auch solche, die sich kritisch mit Unternehmen, deren Erzeugnissen oder sonstigen Leistungen und Tätigkeiten befassen. Ein ernsthaftes Informationsinteresse der Allgemeinheit kann eben auch dann bestehen, wenn es etwa um die Aufklärung der Verbraucher „über allgemein interessierende Geschäftsmethoden, wie zum Beispiel über die schwindelhafte Werbung", geht, oder „wenn die Mitbewerber einer bestimmten Branche durch eine solche Werbemethode eines Wettbewerbers in Mitleidenschaft gezogen werden, etwa weil infolge des dadurch herbeigeführten völligen Vertrauensschwundes das Publikum den Werbeangaben auch der übrigen Mitglieder dieser Branche keinen Glauben mehr schenkt".[59]

Ausgangspunkt der Linie, die Wettbewerbsabsicht bei Äußerungen der Medien zu ver- 744
neinen und auf diese Weise zu einem „Sondermaßstab" zu gelangen, nämlich zur alleinigen Anwendbarkeit der §§823ff. BGB, ist die **Constanze I-Entscheidung.**[60] Im Streitfall waren Äußerungen in einem Kirchenblatt zu beurteilen, die eine Illustrierte kritisierten und zugleich die Lektüre von Zeitschriften empfahlen, deren Reingewinn der Kirche zufloss. Die Wettbewerbsabsicht wurde verneint, da die Beklagte vor allem gegen das ihrer Auffassung nach außerordentlich verderbliche und gefährliche Zeitschriften- und Magazinunwesen kämpfen wollte und letztlich in Ausübung der seelsorgerischen Aufgaben des Bischofs gehandelt hatte. Das RG hatte dagegen seit der **Künstliches Mineralwasser-Entscheidung** noch einen grundsätzlich anderen Kurs gesteuert. Die Entscheidung schützte Unternehmen selbst vor einer Äußerung der Presse, die nicht einen einzelnen Anbieter bevorzugte, sondern allgemein die Vorteile so genannter „künstlicher Mineralwässer" gegenüber den aus Mineralquellen gewonnenen Erzeugnissen zum Inhalt hatte.[61]

---

57 BGH vom 10.11. 1994 (Dubioses Geschäftsgebaren), GRUR 1995, 270, 272f.; BGH vom 25.6. 1992 (Erdgassteuer), GRUR 1992, 707, 708; BGH vom 22.5. 1986 (Frank der Tat), GRUR 1986, 898, 899; BGH vom 20.3. 1986 (Gastrokritiker), GRUR 1986, 812, 813; BGH vom 30.10. 1981 (Großbanken-Restquoten), GRUR 1982, 234, 235f.; *Köhler* WRP 1998, 349, 351f.

58 BGH vom 9.2. 2006 (Rechtsanwalts-Ranglisten), GRUR 2006, 875, 877 Rdnr. 27.

59 BGH vom 10.1. 1968 (Pelzversand), BGHZ 50, 1, 7.

60 BGH vom 26.10. 1951 (Constanze I), BGHZ 3, 270, 278.

61 RG vom 10.1. 1902 (Künstliches Mineralwasser), RGZ 50, 107, 109f.

3. Pressefehden und Boykottaufrufe

745 Die Rechtsprechung nimmt **Pressefehden**, in denen die Medien in eigenen publizistischen Angelegenheiten Stellung beziehen, weitgehend vom Wettbewerbsrecht aus. Die Wettbewerbsabsicht kann danach also selbst dann zu verneinen sein, wenn sich die Äußerung auf einen direkten Konkurrenten bezieht. Die für das betroffene Unternehmen typischerweise besonders gefährlichen **Boykottaufrufe** haben die Gerichte unterschiedlich beurteilt und je nach Anlass und Umständen des Boykotts das UWG[62] oder das BGB[63] angewendet.

746 Aus medienrechtlicher Sicht grundlegend ist die **Höllenfeuer-Entscheidung**, da die Nichtanwendbarkeit des UWG hier erstmals prinzipiell aus der Bedeutung der Presse für die öffentliche Meinungsbildung abgeleitet wurde. Im Streitfall hatte eine konfessionell gebundene Wochenzeitung eine Illustrierte erheblich kritisiert, da diese sich nach dem „Maßstab der Straße" richte. Das kritisierte Blatt schoss schärfstens zurück. Die Entscheidung nahm an, dass solche Pressefehden nicht auf wettbewerblichem Gebiet lägen und die Beklagte überwiegend aus nichtwettbewerblichen Motiven heraus gehandelt habe.[64] Dagegen wendete die **Großbanken-Restquoten-Entscheidung** das UWG an. Im Streitfall war ein Konkurrenzblatt pauschal und ohne erkennbaren sachlichen Bezug auf die für die Kritik maßgeblichen Gründe abgewertet worden und keine Absicht erkennbar, das Publikum sachbezogen zu unterrichten und am öffentlichen Meinungsbildungsprozess teilzunehmen.[65]

4. Äußerungen mit Vergleichscharakter

747 Wirtschaftsbezogene Äußerungen der Medien können mit erheblichen positiven wie negativen Werbewirkungen für die betroffenen Unternehmen verbunden sein. Bedeutung hat dies zum Beispiel für **Ranglisten**, die unternehmerische Anbieter miteinander vergleichen und eine Art Bestenliste aufstellen. Die mit solchen Ranglisten typischerweise verbundenen Effekte rechtfertigen für sich allein nicht die Annahme einer entsprechenden Wettbewerbsabsicht. Es soll den Medien möglich sein, die Allgemeinheit bzw. die Verbraucherschaft in solcher Weise zu informieren.

748 BVerfG und BGH haben solche Veröffentlichungen weitgehend aus dem Anwendungsbereich des Wettbewerbsrechts ausgenommen. Im Streitfall der **Rechtsanwalts-Ranglisten-Entscheidung** hatte der Beklagte ein Handbuch herausgegeben, das nach Regionen und Rechtsgebieten untergliedert Rechtsanwaltskanzleien, die im Bereich des Wirtschaftsrechts tätig waren, in Ranglisten eingruppierte. Darin wurden Kanzleien nach der Reputation, die ihnen nach den Recherchen der Verfasser zukam, in einer Rangfolge aufgelistet. Die Handbücher wurden durch bezahlte Anzeigen von Kanzleien finanziert und im Wesentlichen kostenlos verteilt. Die Wettbewerbsabsicht folgte weder allgemein dar-

---

62 So im Fall von BVerfG vom 15.11.1982 (X), BVerfGE 62, 230ff.
63 So im Fall von BVerfG vom 15.1.1958 (Lüth), BVerfGE 7, 198ff.
64 BGH vom 21.6.1966 (Höllenfeuer), BGHZ 45, 296, 302.
65 BGH vom 30.10.1981 (Großbanken-Restquoten), GRUR 1982, 234, 235f.

aus, dass die Ranglisten eine erhebliche Werbewirkung für bestimmte Anwaltskanzleien hatten, noch aus dem Interesse der Beklagten, zahlungskräftige Kanzleien als Inserenten und damit als Finanziers zu gewinnen.[66] Im Ergebnis verneinte der BGH die Wettbewerbsabsicht, weil die Ranglisten in der konkreten Art der Darstellung und unter Berücksichtigung der erläuternden Hinweise keine übermäßig anpreisende Darstellung waren, mit der die Beklagte den Boden sachlicher Information verlassen hätte.[67] Die Beklagte hatte in der Darstellung insbesondere deutlich gemacht, dass es sich um eigene subjektive Einschätzungen handele.

Eine weitere Konstellation, die für die betroffenen Unternehmen einen beson- 749
deren Werbewert hat, sind **Warentests** in Zeitschriften oder sonstigen Medien. Hier wird die Wettbewerbsabsicht verneint, wenn die Zeitung um einen objektiven Test bemüht und nicht darüber hinaus involviert ist.[68] Es ist dabei unschädlich, dass sich die Zeitschrift verkaufen will und so auch kommerzielle Interessen verfolgt, weil sich das Informationsverhalten von Medien von dem anderer Unternehmen prinzipiell unterscheidet (siehe Rdnr. 385f.). Das UWG greift aber ein, wenn es der Zeitschrift nicht um eine Aufklärung der Verbraucher, sondern vorwiegend darum geht, bestimmte Wettbewerber zum Nachteil anderer zu unterstützen. Warentests sind dann an den wettbewerbsrechtlichen Regeln zu messen.

Das Publizieren systematisch gesammelter und aktualisierter **Vergleichs-** 750
preise für bestimmte Produktarten durch einen Serviceanbieter im Internet ist nicht nach dem UWG zu beurteilen, wenn der Anbieter allein in seinem „medialen Funktionsbereich“ tätig wird. Das kommt insbesondere in Betracht, wenn er nicht von den berücksichtigten Produktanbietern finanziert wird.

Im Streitfall der **Marktpreis-Entscheidung** des OLG Hamburg hatte ein Internetanbie- 751
ter bei ihm eingehende Angebote nach bestimmten Kriterien gesammelt und sie nach einem von ihm festgelegten Auswahlverfahren und diversen Ordnungsgesichtspunkten in Listen ins Internet gestellt. Diese wurden jeweils eigenständig von ihm aktualisiert. Das Gericht lehnte eine Wettbewerbsabsicht zu Recht ab.[69] Der Service wurde inhaltlich allenfalls mittelbar von den Händlern bzw. deren Produkten geprägt, vornehmlich aber durch das besondere Sammeln, Ordnen und Präsentieren der Produkte durch den Anbieter. Der Bereich der Meinungsbildung, Information oder Unterhaltung stand im Vordergrund. Zugleich finanzierte sich der Anbieter durch entgeltliche Werbeflächen, auf denen Inserenten selbst ihre Produkte präsentierten. Der wirtschaftliche Erfolg des Internetservices hing damit insgesamt zwar maßgeblich von der Menge der veröffentlichten Angebote ab, doch war der Informationsdienst klar von den Werbeflächen getrennt worden.

---

66 BGH vom 9.2. 2006 (Rechtsanwalts-Ranglisten), GRUR 2006, 875, 876f. Rdnr. 23, 28. Siehe auch BVerfG vom 7.11. 2002 (Juve-Handbuch), NJW 2003, 277ff.; dazu *Berlit* BB 2003, 13f.; *Römermann* K&R 2003, 31f.; *Hirte* JZ 2003, 843ff.; *Henssler/Dirk* EWiR 2003, 995f.

67 BGH vom 9.2. 2006 (Rechtsanwalts-Ranglisten), GRUR 2006, 875, 877 Rdnr. 27.

68 BGH vom 18.10. 1966 (Warentest I), GRUR 1967, 113f. Zur deliktsrechtlichen Beurteilung von Warentests siehe Rdnr. 1647ff.

69 OLG Hamburg vom 4.3. 2004 (Marktpreis), GRUR-RR 2005, 20, 21.

5. Beschaffung und Zugänglichkeit von Informationen

752 Das öffentliche Informationsinteresse kann auch zur Verneinung der Wettbewerbsabsicht führen, wenn die Beschaffung oder die Zugänglichkeit von Informationen durch bzw. für die Medien infrage steht.

753 Im Streitfall der **Marienhof-Entscheidung** des OLG München (siehe Rdnr. 1143) hatte sich ein Redakteur im Rahmen einer verdeckten Recherche als Unternehmensberater ausgegeben, um auf diese Weise unzulässige Schleichwerbepraktiken im Zusammenhang mit einer Fernsehserie aufdecken zu können. Das Gericht hielt das UWG mangels einer entsprechenden Wettbewerbsabsicht zu Recht für nicht anwendbar, weil das Verhalten des Redakteurs zur Aufdeckung eines öffentlich relevanten Missstands diente und nicht dazu, die im Rahmen der Recherche erlangten Kenntnisse über die Produktionsweise im eigenen wirtschaftlichen Interesse zu verwerten.[70]

754 Die Berichterstattung der Medien kann mit privaten Ausschlussrechten von Veranstaltern kollidieren. Ein Beispiel ist die **Sportberichterstattung** durch das Fernsehen oder durch Livereportagen im Hörfunk. Der Zugriff der Medienunternehmen auf solche Inhalte berührt die wichtige Integrationsfunktion der Medien und damit öffentliche Informationsinteressen.[71] Entsprechende Ausschluss- oder Übertragungsrechte des Veranstalters gegenüber den Medien haben daher ihre Rechtsgrundlage nicht im UWG, sondern im Recht am Unternehmen.[72] Die Amortisations- und Verwertungsinteressen des betroffenen Unternehmens sind deshalb im Rahmen der deliktsrechtlichen Prüfung mit den Informationsinteressen der Öffentlichkeit abzuwägen (siehe Rdnr. 398ff., 1223ff., 1405ff.).

6. Subsidiärer Schutz durch das Recht am Unternehmen

755 Wenn das UWG mangels Wettbewerbshandlung nicht anwendbar ist, dann kann subsidiär das deliktische Recht am Unternehmen eingreifen.[73] Das Deliktsrecht kann beispielsweise in Betracht kommen, wenn ein Medienunternehmen Schutz gegenüber Handlungen anderer begehrt, etwa gegenüber Blockaden. Die deliktischen Beurteilungsmaßstäbe sind, wenn es um ökonomischen Wettbewerb bzw. eine Beeinträchtigung des betroffenen Unternehmens in seinen **ökonomischen Handlungsmöglichkeiten** geht, mit denen des Wettbewerbsrechts wesensverwandt.[74] Delikts- und Wettbewerbsrecht weichen dagegen grundsätzlich voneinander ab, wenn **Maßnahmen des publizistischen Tätigkeitsbereichs** infrage stehen, also insbesondere Äußerungen von Massenmedien, die unternehmerische Interessen beeinträchtigen (Veröffentlichung von Unternehmensinterna, Boykottaufrufe, Warentests etc.). Der Schutz von Medi-

---

70 OLG München vom 20. 1. 2005 (Marienhof), AfP 2005, 371, 373.

71 Siehe Rdnr. 963f.

72 BGH vom 14.3. 1990 (Sportübertragungen), BGHZ 110, 371, 383; BGH vom 29.4. 1970 (Bubi Scholz), GRUR 1971, 46f. Siehe Rdnr. 1402ff., 1475.

73 Siehe zum Recht am Unternehmen Rdnr. 384ff.

74 Soergel/*Beater*, § 823 BGB Anh. V Rz. 28f. mwN.; OLG Frankfurt a.M. vom 23.9. 1999 (TV-Werbeblocker), GRUR 2000, 152, 153.

en und von Unternehmen vor solchen massenmedialen „Äußerungen" wird an späterer Stelle behandelt (siehe §§ 15ff., 18ff.).

II. Materiell-rechtliche Grundstrukturen

Das UWG dient dem Schutz von Mitbewerbern, Verbrauchern und sonstigen Marktteilnehmern sowie dem Interesse der Allgemeinheit an einem unverfälschten Wettbewerb (§ 1 UWG). Es normiert zahlreiche **Einzeltatbestände**, nämlich einen umfangreichen Katalog in § 4 UWG sowie die irreführende Werbung, die vergleichende Werbung und die unzumutbare Belästigung.[75] Die meisten Tatbestände haben keinen speziellen „Medienbezug", kommen also für Medien genauso häufig oder selten in Betracht, wie für Unternehmen anderer Branchen auch. Die Einzeltatbestände sind spezielle Ausprägungen des allgemeinen Verbots aller unlauteren Wettbewerbshandlungen, das in der wettbewerbsrechtlichen **Generalklausel** (§ 3 UWG) normiert ist. Die Vorschrift fängt alle Wettbewerbsverstöße auf, die von den §§ 4ff. UWG nicht erfasst werden, da die Einzeltatbestände nur Beispielcharakter haben und nicht abschließend sind.[76] Die Generalklausel bringt erhebliche methodische Besonderheiten mit sich. Die Prüfung der Unlauterkeit erlaubt keine Subsumtion unter gesetzliche Tatbestandsvoraussetzungen bzw. unter Anforderungen, die bereits vom Gesetzgeber vorgegeben wurden. Der rechtliche Maßstab setzt sich vielmehr weitgehend aus Regeln zusammen, die ihrerseits im Wege der Rechtsentwicklung und Rechtsfortbildung erst gebildet werden müssen. 756

§ 3 UWG muss **aus der Funktion des Wettbewerbs und den Schutzzwecken des Wettbewerbsrechts heraus verstanden werden**.[77] Maßgebend für die inhaltliche Ausfüllung der Vorschrift sind wettbewerbsbezogene Wertungen und die darauf bezogene „Gesamtwürdigung der Einzelumstände unter Abwägung der widerstreitenden Interessen".[78] Das wichtigste materielle Kriterium dafür ist die Überlegung, wie Wettbewerb funktioniert und wirkt, aus welchen Elementen er besteht und welche Handlungsspielräume und -möglichkeiten er voraussetzt. 757

Die inhaltliche Fragestellung und Begründungslast liegt darin, Gründe für die Unlauterkeit bzw. das Verbotensein von Wettbewerbshandlungen zu finden. Jede Anwendung der Generalklausel schränkt die unternehmerische Wettbewerbsfreiheit ein. Solche Einschränkungen sind nur gerechtfertigt, wenn ein 758

---

75 §§ 5, 6, 7 UWG.

76 § 4 UWG „insbesondere"; §§ 5 Abs. 1, 6 Abs. 2, 7 Abs. 1 UWG „unlauter im Sinne von § 3".

77 Speziell zum neuen § 3 UWG *Schünemann* WRP 2004, 925, 929ff. Zur wettbewerbsfunktionalen Anwendung *Beater*, Unlauterer Wettbewerb, § 12 Rdnr. 20ff. mwN. und mit Anwendungsbeispielen in § 12 Rdnr. 54ff.

78 Siehe z.B. BGH vom 17.5. 2001 (Mitwohnzentrale.de), BGHZ 148, 1, 5ff.

klarer Grund für die Einschränkung besteht. Drei Kriterien sind essenziell:[79] Ist bereits der **Markt selbst in der Lage**, wirksam und in akzeptabler Weise für Abhilfe zu sorgen, so bedarf es eines rechtlichen Eingreifens nicht. Ist ein **Verbotsgrund nicht zweifelsfrei vorhanden** oder sprechen gleichgewichtige Gründe sowohl für als auch gegen ein Verbot, so sollte auf Beschränkungen der Wettbewerbsfreiheit verzichtet und letztlich auf die Kräfte des Marktes vertraut werden. Schließlich müssen Verbote eine **umso stärkere Rechtfertigung in sich tragen, je gravierender sie in die Wettbewerbsfreiheit eingreifen**. Das Wettbewerbsrecht darf beispielsweise Werbung nicht als solche verbieten, weil sie die Gefahr des Missbrauchs mit sich bringt, sondern muss sich grundsätzlich auf die Bekämpfung des Missbrauchs beschränken. In gleicher Weise ist eine Handhabung der Generalklausel, die zu geringeren Eingriffen in die Wettbewerbsfreiheit führt, einer Inhaltsbestimmung vorzuziehen, die bei gleicher Effektivität mit stärkeren Beschränkungen verbunden ist.

III. Marktzugang, Blockaden, Werbeblocker

759 Unternehmen haben ein berechtigtes Interesse, davor geschützt zu werden, dass ihr Zugang zum Markt bzw. ihr geschäftlicher „Kontakt nach außen“ behindert, unterbrochen oder ausgeschlossen wird.[80] Das Unternehmen ist in solchen Fällen typischerweise an sich arbeitsfähig, wird aber durch andere gehindert, auf dem Markt überhaupt tätig zu werden. Ein klassischer Anwendungsfall ist, dass die Möglichkeit des Kontakts zu Kunden, Lieferanten oder Geschäftspartnern verwehrt wird. Solche Konstellationen liegen häufig im Grenzbereich zwischen Wettbewerbs- und Deliktsrecht. Sie sind bei Vorliegen einer entsprechenden Wettbewerbsabsicht nach Wettbewerbsrecht[81] und ansonsten anhand des Rechts am Unternehmen zu beurteilen.

760 Ein wichtiger Anwendungsfall sind **Blockaden**, die zum Beispiel den Erhalt von Rohstoffen oder das Ausliefern von Produkten verhindern. Trifft die Maßnahme das Medienunternehmen in einer Weise, wie es auch Unternehmen anderer Branchen passieren kann, so geht es um ökonomische Handlungsmöglichkeiten. Wenn die Blockade beispielsweise ein bestimmtes unternehmerisches Bauvorhaben verhindern soll,[82] dann ist die rechtliche Beurteilung unabhängig davon, ob sich die Aktion gegen ein Medien- oder ein sonstiges Unternehmen richtet. Die Einordnung schlägt aber um, wenn sich die Maßnahme gegen ein Medienunternehmen richtet, um dessen redaktionelle Linie zu bekämpfen. Dann stehen publizistischer Wettbewerb bzw. Maßnahmen des öffentlichen Meinungskampfs infrage, die allein nach deliktsrechtlichen Maßstäben zu beur-

---

79 *Beater*, Unlauterer Wettbewerb, § 12 Rdnr. 32 mwN.

80 BGH vom 31.5. 1974, BGHZ 62, 361, 366; *Beater*, Unlauterer Wettbewerb, § 19 Rdnr. 1 ff.; Soergel/*Beater*, § 823 BGB Anh. V Rz. 57 ff. mwN.

81 §§ 3, 4 Nr. 10 UWG.

82 Siehe BGH vom 7.2. 1984 (Bundesbahnplanungsvorhaben), BGHZ 90, 113 ff.

teilen sind. Solchermaßen motivierte Blockaden sind grundsätzlich unzulässig (siehe Rdnr. 556f.).

Eine spezielle Problematik werfen so genannte **Werbeblocker** auf, die Fern- 761
sehreklame „wegschalten" und auf diese Weise insbesondere privaten TV-Sendern Werbeeinnahmen versperren können. Sie gefährden die Möglichkeit, sich mit Werbung an das Publikum zu richten bzw. den geschäftlichen Kontakt zwischen Rundfunkunternehmen und Zuschauer.

BGH und OLG Frankfurt a.M. haben in den **Werbeblocker-Entscheidungen** den Ver- 762
trieb solcher Werbeblocker zu Recht als zulässig angesehen. Der Verbraucher erhält durch derartige Produkte zusätzliche Angebote und Wahlmöglichkeiten. Die privaten TV-Sender haben auch keinen „moralischen" Anspruch darauf, dass die Zuschauer, wenn sie kostenfrei den redaktionellen Teil des Programms sehen, auch die Werbung über sich ergehen lassen müssen.[83] Es ist ein legitimes Interesse des Zuschauers, den Konsum von Werbung vermeiden zu können. Es muss Unternehmen schon aus diesem Grunde erlaubt sein, diesem Bedürfnis durch das Angebot entsprechender Produkte zu begegnen.[84] Die TV-Sender können sich überdies durch bestimmte Abwehrpraktiken wehren, z.B. durch die Kombination von Werbung und Programm (durchlaufende Werbetexte, Seiteneinblendungen etc.). Die Gerichte haben es zu Recht weiterhin abgelehnt, aufgrund von Allgemeinheitsinteressen wettbewerbsrechtlichen Schutz zu gewähren.[85] Die Rundfunkfreiheit begründet ein institutionelles Grundrecht, also einen Schutz des Rundfunks als Institution. Damit soll die Meinungsäußerung und Meinungsbildung im Allgemeinen garantiert werden, nicht aber der Bestand des privaten Rundfunks und erst recht nicht der des werbefinanzierten Rundfunks von Verfassungs wegen gewährleistet werden. Auch Medienunternehmen müssen sich den Herausforderungen des Marktes stellen, der von der Freiheit der wirtschaftlichen Betätigung und von der Kraft der Innovation lebt.[86] Ebenso ist auch eine Gefährdung des Wettbewerbsbestands (siehe dazu Rdnr. 772) abzulehnen,[87] weil zahlreiche Fernsehzuschauer nicht bereit sind, den erheblichen Kostenaufwand für ein derartiges Gerät zu tragen und weil z.B. mit Hilfe von Aufzeichnungsgeräten effektivere Werbevermeidungen möglich sind, als sie der „Werbeblocker" bietet.

IV. Nachahmungen

Werden Informationen, die von einem Unternehmen in irgendeiner Weise gene- 763
riert bzw. für die Öffentlichkeit erschlossen wurden (siehe Rdnr. 1223ff.), von

83 OLG Frankfurt a.M. vom 23.9. 1999 (TV-Werbeblocker), GRUR 2000, 152, 153; dazu *Ulrich* EWiR 2000, 47f.; *Reichold* EWiR 2000, 647f.; *Dörr* JuS 2001, 192ff. Ähnlich BGH vom 24.6. 2004 (Werbeblocker), GRUR 2004, 877, 879; siehe auch KG vom 22.10. 1999 (Fernsehfee II), ZIP 2000, 334f.

84 OLG Frankfurt a.M. vom 23.9. 1999 (TV-Werbeblocker), GRUR 2000, 152, 153.

85 OLG Frankfurt a.M. vom 23.9. 1999 (TV-Werbeblocker), GRUR 2000, 152, 154.

86 BGH vom 24.6. 2004 (Werbeblocker), GRUR 2004, 877, 880; dazu *Fritzsche* LMK 2004, 193ff.; *Ernst* ZUM 2004, 755f.; zustimmend *Funk/Zeitfang* MMR 2004, 665f.; *Hoeren* EWiR 2004, 1193f.; im Hinblick auf die Finanzierungsmöglichkeiten von Privatsendern z.T. kritisch *Ladeur* GRUR 2005, 559ff.

87 OLG Frankfurt a.M. vom 23.9. 1999 (TV-Werbeblocker), GRUR 2000, 152, 154; ebenso KG vom 22.10. 1999 (Fernsehfee II), ZIP 2000, 334, 335.

anderen Medien übernommen, so kann dies öffentliche Informationsinteressen berühren. Typischerweise steht dabei vor allem die Integrationsfunktion der Medien infrage. Solche Fälle beurteilen sich in aller Regel nach dem Deliktsrecht und dem Urheberrecht. Soweit dagegen das Wettbewerbsrecht auf Nachahmungspraktiken anwendbar ist, sind diese weitgehend anhand der Generalklausel zu beurteilen, während §4 Nr. 9 UWG nur bestimmte Einzelkonstellationen regelt. Die wettbewerbsrechtlichen Beurteilungsmaßstäbe sind komplex und im Einzelnen umstritten.[88]

1. Allgemeine Anforderungen

764 Grundsätzlich hängt das Eingreifen der Generalklausel davon ab, welche sondergesetzlichen Schutzmöglichkeiten bestehen und wie weit diese reichen. Abschließende sondergesetzliche Schutzvoraussetzungen dürfen nicht durch das Wettbewerbsrecht umgangen werden. Ein Nachahmen sondergesetzlich nicht geschützter Dinge ist grundsätzlich erlaubt.[89] In den einprägsamen Worten des RG beruht nämlich jede unternehmerische Tätigkeit „auf dem Erbe der Vergangenheit. Neue Arbeiten brauchen vernünftigerweise den bisher errungenen Stand der Dinge nicht unbeachtet zu lassen; um unfruchtbare Wiederholungen zu vermeiden, müssen sie an das Erreichte anknüpfen und auf ihm weiterbauen“.[90] Die praktische Bedeutung dieses vermeintlichen Grundsatzes der Nachahmungsfreiheit ist gleichwohl gering. Das Wettbewerbsrecht findet in vielen Nachahmungsfällen Anwendung, die Nachahmungsfreiheit ist eher die Ausnahme als die Regel.

765 Ein wettbewerbsrechtlicher Nachahmungs- bzw. Leistungsschutz kann vor allem **durch die wettbewerbliche Fortschrittsfunktion legitimiert** sein, sofern er einen Anreiz zur Schaffung von Neuerungen setzt, die der Wettbewerber angesichts der Kosten für die Entwicklung des Produkts und für die Einführung des Produkts auf dem Markt sonst möglicherweise scheuen würde.[91] Zugleich darf es aber keine wettbewerbsrechtliche Garantie für die Amortisation von Investitionen geben und keinen Schutz vor Konkurrenz als solcher. Es ist Aufgabe des Markts und nicht Aufgabe wettbewerbsrechtlicher Kontrollinstanzen, über den Erfolg unternehmerischer Vorstöße, zum Beispiel in Gestalt von Investitionen für ein neuartiges Produkt, zu entscheiden.

766 Aus diesen Gründen gibt es jedenfalls keinen Schutz von Ideen als solchen. Er würde darauf hinauslaufen, Konkurrenzangebote unmöglich zu machen und so Wettbewerb zu

---

88 Statt vieler *Beater*, Unlauterer Wettbewerb, §22 Rdnr. 1ff., 9ff., §24 Rdnr. 41ff. jeweils mwN.

89 Z.B. BGH vom 17.6. 1999 (Rollstuhlnachbau), GRUR 1999, 1106, 1108; BGH vom 5.3. 1998 (Les-Paul-Gitarren), BGHZ 138, 143, 150.

90 RG vom 19.3. 1932 (Künstliche Blumen), RGZ 135, 385, 394.

91 Siehe Rdnr. 1224ff. Speziell zu unmittelbaren Übernahmen BGH vom 30.10. 1968 (Reprint), BGHZ 51, 41, 45ff. mwN.

verhindern. Für das Wettbewerbsrecht versagte die **Werbeidee-Entscheidung**[92] zu Recht den Schutz für eine bestimmte Art der Zeitschriftenwerbung, die zum laufenden Bezug der veröffentlichenden Zeitung anreizen sollte. Wenn der Unternehmer Marktlücken entdeckt, neue Absatzmärkte erschließt oder nicht mehr besetzte Marktnischen wieder ausfüllt, liegt darin kein Grund, ihn für schutzwürdig zu halten.[93] Vor Konkurrenz darf der Wettbewerber nicht geschützt werden. Man wird sogar noch weiter gehen und einen wettbewerbsrechtlichen Schutz in solchen Konstellationen für kontraproduktiv halten müssen. Da neu erschlossene und expandierende Märkte typischerweise erhöhte Gewinnchancen mit sich bringen,[94] wird gerade der Markterschließer nachhaltig von den Möglichkeiten des neuen Betätigungsfelds profitieren. Die Berechtigung von Nachahmungsverboten ist umso strenger zu beurteilen, je stärker das Verbot dem Unternehmer eine Monopolstellung verschafft und unternehmerische Handlungsfreiheiten der Mitbewerber auf diese Weise beschneidet.[95]

2. Unmittelbare Übernahme, Einzelkonstellationen

Im Zusammenhang mit Medien sind besonders die Regeln über die unmittelbare Übernahme bedeutsam. Das sind Nachahmungen, die dem Nachahmer im Grunde ohne jeden Aufwand möglich sind,[96] zum Beispiel das Übernehmen von Nachrichten, das Kopieren fremder Texte etc. 767

Nach der **Formulare-Entscheidung** genießen urheberrechtlich nicht geschützte Formulare keinen Schutz gegen den fotomechanischen Nachdruck, wenn der Erstdrucker, der die Formulare entworfen hat, die Mehrkosten des Erstdrucks durch einen mehrjährigen eigenen Absatz der Formulare in hoher Stückzahl längst hereingeholt hat. Der wettbewerbsrechtliche Verbotstatbestand soll allein den Anreiz zur Entwicklung fortschrittlicher Leistungen sichern,[97] aber keine zeitlich unbefristeten Monopolstellungen verleihen. 768

Die Übernahme von „Informationen“ hat das Wettbewerbsrecht vielfach in Konstellationen beschäftigt, die heute vom Urheberrecht erfasst würden. Im Streitfall der **Figaros Hochzeit-Entscheidung** war eine Opernaufführung aufgezeichnet und gesendet worden, ohne dass die bei der Aufführung mitwirkenden ausübenden Künstler zugestimmt hatten. Nach dem Urteil[98] ist es wettbewerbswidrig, eine fremde Leistung, die üblicher- 769

92 BGH vom 20.9. 1955 (Werbeidee), BGHZ 18, 175ff.
93 BGH vom 17.12. 1969 (Spritzgußengel), GRUR 1970, 244, 246.
94 Siehe *I. Schmidt*, Wettbewerbspolitik und Kartellrecht, 7. Auflage 2001, S. 61f. mwN.
95 *Beater*, Nachahmen im Wettbewerb, 1995, S. 358ff., 361ff.
96 Das „nachschaffende“ Nachahmen, bei dem der Nachahmer selbst erheblichen Eigenaufwand erbringen muss, wird wettbewerbsrechtlich anders beurteilt. Grundlegend BGH vom 13.10. 1965 (Apfel-Madonna), BGHZ 44, 288, 298ff. Danach ist das Nachschnitzen von Madonnen-Figuren als Nachschaffen eher zulässig als es eine unmittelbare Übernahme wäre, z.B. wenn fremde Figuren mit Hilfe eines Negativabdrucks einfach nachgegossen werden.
97 BGH vom 17.9. 1971 (Formulare), GRUR 1972, 127; dazu *Harmsen* GRUR 1972, 129. In gleichem Sinne zuvor bereits grundlegend BGH vom 30.10. 1968 (Reprint), BGHZ 51, 41, 45ff.
98 BGH vom 31.5. 1960 (Figaros Hochzeit), BGHZ 33, 20, 28f. Siehe auch BGH vom 27.2. 1962 (Aki), BGHZ 37, 1, 19ff. (Großprojektion von Fernsehsendungen in Lichtspieltheatern).

weise nur gegen Zahlung einer angemessenen Vergütung erbracht wird, sich kostenlos unter Zuhilfenahme der technischen Errungenschaften zunutze zu machen. Dadurch werde dem Leistenden verwehrt, Wirkungsbereich und Art der Auswertung seiner Leistung in tatsächlicher Hinsicht zu beherrschen und durch entsprechende Verträge auch Dritten gegenüber rechtswirksam abzugrenzen. Der Künstler müsse in der Lage bleiben, die Nachfrage nach einer erneuten Darbietung dieser Leistung dadurch für sich auszunutzen, dass er sich hierzu nur gegen Zahlung einer angemessenen Vergütung bereit fände. Hintergrund dieser Überlegung ist es, die Durchführbarkeit von Vorträgen und künstlerischen Leistungen zu sichern. Theoretisch steht es dem Künstler natürlich frei, bei jeder Aufführung die Möglichkeit etwaiger Mitschnitte einzukalkulieren und deshalb ein höheres Honorar zu fordern. Dass diese Taktik indes auf unüberwindliche praktische Grenzen stößt, liegt auf der Hand. Ausschlaggebend war für den BGH eine Art Kostengefälle, das sich allerdings nicht aus dem Verhältnis der Produktions- und Herstellungsaufwendungen, sondern aus einem Vervielfältigungsaspekt ergibt.[99]

770 Der wettbewerbsrechtliche Nachahmungsschutz ist nicht auf Fälle der unmittelbaren Übernahme beschränkt,[100] auch wenn das Nutzen fremder Informationen häufig in diese Kategorie fallen wird.

771 Eine Sonderkonstellation betrifft beispielsweise die **Boxprogrammheft-Entscheidung**. Hier gab der Organisator von Profiboxkämpfen Veranstaltungsprogramme heraus und wandte sich dagegen, dass der Beklagte Konkurrenzprogramme anbot, die notwendigerweise nicht durchweg Gewähr für ihre Richtigkeit bieten konnten. Die „Konkurrenzinformation" wurde vom BGH zu Recht unterbunden, weil sie sehr viel einschneidender in den gewerblichen Tätigkeitskreis eines anderen eingriff, „als dies im Wesen des üblichen und erlaubten Kampfes von Mitbewerbern um Abnehmer für gleichartige Erzeugnisse liegt".[101] Mängel des Konkurrenzprodukts hätten auf den Originalanbieter durchgeschlagen, da die Abnehmer etwaige Mängel der Programmhefte wohl selbst dann dem Veranstalter zugerechnet hätten, wenn die Hefte auf ihre abweichende Herkunft hingewiesen hätten.[102] Wenn der Boxveranstalter fremde Programme dulden müsste, so würde die Qualität der Veranstaltung infolge fehlerhafter Programme notwendigerweise leiden. Möglichkeiten, diese Einbuße zu vermeiden, hatte der Veranstalter nicht. Das Programmheft hatte einen zeit- und ortsgebundenen Charakter, vorbeugende Warnungen wären nur schwer möglich gewesen. Dazu kommt, dass die Fehlerhaftigkeit des Konkurrenzprodukts wegen der schlechteren Informationslage des Konkurrenten fast zwingend vorgegeben war und die Gefahr mangelnder Qualität zwangsläufig in sich trug. Zugleich bestand die Gefahr überproportional hoher Schäden, denn die Negativwirkungen der Konkurrenzprogramme bedrohten nicht allein den Absatz der Veranstaltungsprogramme, sondern letztlich das gesamte Veranstaltungsgeschäft.

---

99 Darin liegt ein wichtiger Unterschied zu RG vom 29.4. 1930 (Rundfunknachricht), RGZ 128, 330ff. Dort wurde kein Wiederholungs- und reines Unterhaltungsbedürfnis ausgenutzt, sondern eine Tatsachennachricht weitergegeben. Siehe Rdnr. 1201.

100 Zu Ursachen, Arbeitsweisen und Wirkungen moderner „Piraterie" *Braun*, Produktpiraterie, 1993, S. 20ff. mwN.

101 BGH vom 22.4. 1958 (Boxprogrammheft), BGHZ 27, 264, 267.

102 Siehe *Heydt* GRUR 1958, 553; demgegenüber sehr kritisch *Sandrock/Witte-Wegmann* GRUR 1978, 338f., 341ff.

V. Wettbewerbsbestand

Die Gerichte[103] und die überwiegenden Stimmen im Schrifttum[104] erkennen nach langem Streit inzwischen an, dass das UWG auch die Schutzrichtung verfolgt, den **Wettbewerb in seinem Bestand zu sichern**. Zumeist wird insoweit von „Marktstörung" gesprochen. Der Schutzzweck hat eigenständige Bedeutung, wenn das fragliche Geschäftsverhalten nicht bereits aus anderen Gründen zu untersagen ist. Er wendet sich mit anderen Worten gegen Praktiken, die wettbewerbskonform und an sich zulässig sind, aber untersagt werden müssen, sofern sie aufgrund besonderer Umstände den Bestand des Wettbewerbs gefährden. Ein Beispiel sind Preisunterbietungen. Sie sind grundsätzlich Ausdruck eines funktionierenden Wettbewerbs und müssen deshalb als Ausfluss der Wettbewerbsfreiheit zulässig sein. Etwas anderes nimmt die Rechtsprechung aber für solche Preisaktionen an, die den Wettbewerb in seinem Bestand gefährden, weil kein Wettbewerber einen Preiskampf solcher Art überstehen würde.[105] 772

Der BGH gewährt Medien- und anderen Unternehmen im Rahmen dieses Schutzzwecks **keinen wettbewerbsrechtlichen Schutz vor Konkurrenz** an sich,[106] wohl aber gegen unterschiedliche Praktiken, die etwa den Wettbewerb unter Zeitschriften gefährden können. Das macht Prognosen über die Auswirkungen einer Geschäftspraxis auf den Wettbewerb erforderlich, bei denen die Wettbewerbsrichter nicht immer richtig gelegen haben. Die Schwierigkeiten und Unsicherheiten, die mit solchen Einschätzungen verbunden sind, rechtfertigen gleichwohl keine richterliche Tatenlosigkeit.[107] Die Gerichte tendieren zunehmend zu Einzelurteilen und machen ihre Entscheidung von den Besonderheiten des jeweils betroffenen Marktes abhängig. Bei der Annahme, ein Geschäftsverhalten gefährde den Bestand des Wettbewerbs, sind Vorsicht und **strenge Anforderungen** geboten. Das Verbot an sich wettbewerbskonformer Praktiken ist ein schwerwiegender Eingriff in das Wettbewerbsgeschehen, der sich nur rechtfertigen lässt, wenn ansonsten der Wettbewerb aufgehoben werden würde. Eine Gefährdung des Wettbewerbsbestands darf daher nicht schon deshalb angenommen werden, weil das fragliche Verhalten zum Ausscheiden kleinerer Unternehmen aus dem Markt führt oder ein solches Ausscheiden zur Folge haben könnte.[108] Die Anwendung von § 3 UWG ist vielmehr auf Konstel- 773

103 BGH vom 22.2. 1957 (Suwa), BGHZ 23, 365, 371; BGH vom 31.1. 1979 (Verkauf unter Einstandspreis I), GRUR 1979, 321, 323; BGH vom 20.11. 2003 (20 Minuten Köln), BGHZ 157, 55, 61 jeweils mwN.

104 Statt vieler Fezer/*Osterrieth*, § 4 UWG S1 Rn. 29ff.; *Scherer* WRP 1996, 174, 178 jeweils mwN.

105 BGH vom 31.1. 1979 (Verkauf unter Einstandspreis I), GRUR 1979, 321, 323; BGH vom 6.10. 1983 (Verkauf unter Einstandspreis II), GRUR 1984, 204ff.

106 BGH vom 21.6. 1971 (Feld und Wald I), BGHZ 56, 327, 333ff.

107 Ebenso *H.J. Ahrens* WRP 1999, 123, 124.

108 So BGH vom 26.2. 1965 (Kleenex), BGHZ 43, 278, 283; anders zuvor BGH vom 22.2. 1957 (Suwa), BGHZ 23, 365, 372.

lationen beschränkt, in denen der Zusammenbruch des Wettbewerbs konkret und dauerhaft droht.[109]

1. Grundanforderungen in Bezug auf Medien

774 Aus medienrechtlicher Sicht ist die Problematik bislang hauptsächlich im Zusammenhang mit kostenlosen Presseerzeugnissen von unterschiedlichem Zuschnitt relevant geworden. Gratis verteilte Blätter können entgeltlichen Zeitungen Anzeigenkunden und Käufer entziehen und auf diese Weise das **ökonomische Fundament redaktionell orientierter Zeitschriften gefährden**. Der BGH hat solche Gefährdungsketten vor allem seiner früheren Judikatur zugrunde gelegt, während er in jüngster Zeit dazu neigt,[110] Bestandsgefährdungen abzulehnen oder nur unter sehr strengen Anforderungen zu bejahen. Manche stimmen der Annahme solcher Gefährdungen zum Teil zu[111] und können sich dafür u.a. darauf berufen, dass ein flächendeckendes Verteilen von Gratiszeitungen dem Verleger von Beginn an Werbeeinnahmen bescheren kann, deren Höhe eine entgeltlich vertriebene Zeitung häufig erst nach vielen Jahren erreichen wird. Andere Stimmen üben demgegenüber vielfältige Kritik. So wird in Zweifel gezogen, dass die Zulässigkeit kostenlos vertriebener Zeitungen und Zeitschriften zwangsläufig zu Verschlechterungen der journalistischen Qualität führt, da sich zum Beispiel Werbung für hochwertige Markenwaren nur in redaktionell anspruchsvollen Zeitungen sachgerecht platzieren lasse.[112] Auch wird geltend gemacht, dass die Markteintrittsschwellen auf dem Pressemarkt sehr hoch seien und es sich bei den Verlegern unentgeltlicher Zeitungen typischerweise um Newcomer handele, deren Geschäftspolitik gerade zu einem Mehr an Wettbewerb führen könne.[113]

775 Wettbewerbsrechtlich maßgeblich ist eine **Gesamtbeurteilung**,[114] bei der schwankende Entscheidungslinien naturgemäß nicht ausgeschlossen sind. Auch hat der BGH den erforderlichen Gefährdungsgrad zum Teil mit unterschiedlichen Wendungen definiert.[115] Ein wichtiges Kriterium für die wettbewerbsrechtliche Beurteilung ist, ob und in welchem Umfang das verteilte Blatt von der Bevölkerung **als Ersatz für eine Tageszeitung gewertet oder jedenfalls als Informationsquelle nach Art der Tagespresse ernst genommen** wird.[116] Dies

109 *Beater*, Unlauterer Wettbewerb, § 24 Rdnr. 16.
110 Siehe insbesondere BGH vom 20. 11. 2003 (20 Minuten Köln), BGHZ 157, 55, 60ff.
111 Wegen der besonderen Bedeutung des Pressewesens für großzügige Maßstäbe plädierend *H.J. Ahrens* WRP 1999, 123, 127ff.
112 *Mann* WRP 1999, 740, 742.
113 *Schmid* WRP 2000, 991, 993; siehe auch *Assmann/Brinkmann* NJW 1982, 312, 314.
114 Überblick zu zahlreichen Beurteilungskriterien bei *Ikas* WRP 1997, 392, 397.
115 Siehe z.B. BGH vom 15.2. 1996 (Stumme Verkäufer), GRUR 1996, 778, 779 einerseits und BGH vom 3.7. 1981 (Bäckerfachzeitschrift), BGHZ 81, 291, 295 andererseits.
116 BGH vom 26.3. 1971 (Stuttgarter Wochenblatt II), GRUR 1971, 477, 478; BGH vom 14.3. 1991 (Motorboot-Fachzeitschrift), BGHZ 114, 82, 84f.

wiederum kann zum Beispiel vom Zuschnitt des redaktionellen Teils, der Verteilungshäufigkeit, der Auflagenhöhe und der geografischen Verbreitung abhängen, aber auch durch die Zahl und Struktur der betroffenen redaktionellen Zeitungen beeinflusst werden.

2. Offerten- und Anzeigenblätter

Offertenblätter, die keinen redaktionellen Teil enthalten und ausschließlich aus Werbung bestehen, wurden und werden durchweg wie kostenlos angebotene Werbung an Litfaßsäulen oder in Kinos eingeordnet und als unbedenklich angesehen. Sie sind eben nicht in der Lage, redaktionell ausgerichtete Zeitungen zu ersetzen. 776

Umstritten und Ausgangspunkt der wettbewerbsrechtlichen Diskussion waren so genannte **Anzeigenblätter**, die aus Groß- und Kleinanzeigen bestehen und redaktionelle Passagen vornehmlich zu dem Zweck enthalten, den Leser zur Lektüre und zum Durchblättern zu animieren, um ihm auf diese Weise auch die Anzeigen nahezubringen. Das kostenlose Verteilen von Anzeigenblättern, die nicht geeignet sind, Zeitschriften mit redaktionellem Schwerpunkt zu ersetzen, ist nunmehr grundsätzlich zulässig. Ursprünglich gingen die Gerichte allerdings noch davon aus, dass die betroffenen anderen Zeitungen gezwungen sein würden, das Niveau des Schriftleitungsteils abzusenken. Diese Linie, die etwa der eingangs vorgestellten Stuttgarter Wochenblatt I-Entscheidung[117] noch zugrunde lag, ist heute aber überholt. Die Praxis hat weitgehend andere Wege gefunden, sich solcher Konkurrenz zu erwehren. Insbesondere haben größere Lokalzeitungen reagiert, indem sie eigene Anzeigenblätter herausbrachten und sich so ihren Teil am Werbegeschäft sicherten. Der BGH sieht solche „Abwehrblätter" als zulässig an.[118] Zugleich hält sich das Gericht mit der Annahme, dass ein kostenlos vertriebenes Anzeigenblatt den Bestand des Pressewettbewerbs gefährdet, inzwischen stark zurück. 777

3. Blätter mit redaktionellem Schwerpunkt

Die kostenlose Abgabe von Presseerzeugnissen, deren Schwergewicht auf dem redaktionellen Teil liegt, bildet den heutigen Hauptschwerpunkt des Streits. Die Judikatur dazu ist kasuistisch und naturgemäß nicht frei von Schwankungen. Ein wichtiger Anwendungsfall war bislang die Verteilung von kostenlosen Sonntagsblättern. Ihre wettbewerbsrechtliche Beurteilung ist im Schrifttum umstritten.[119] 778

117 BGH vom 18.12. 1968 (Stuttgarter Wochenblatt I), BGHZ 51, 236, 244.

118 BGH vom 11.3. 1977 (WAZ-Anzeiger), GRUR 1977, 668, 669ff.; dazu *Gloy* GRUR 1977, 671f. BGH vom 28.2. 1985 (Abwehrblatt I), GRUR 1985, 883, 885; einschränkend BGH vom 26.4. 1990 (Anzeigenpreis I), BGHZ 111, 188, 193f.

119 Statt vieler nur *Teplitzky* GRUR 1999, 108, 110ff. mwN., der sich tendenziell für eine

779 Die **Stumme-Verkäufer-Entscheidung** sah das kostenlose Verteilen grundsätzlich als wettbewerbswidrig an,[120] da es die Gefahr einer Ausschaltung des Wettbewerbs durch besonders finanzkräftige Presseunternehmen mit sich bringe. Außerdem führe es dazu, dass die Zeitungen einem großen Kreis von Lesern bekannt würden, die sich gerade an diese Presseerzeugnisse gewöhnten und dadurch bereit wären, der ihnen auf diese Art und Weise bekannt gewordenen Zeitung den Vorrang vor ihnen nicht bekannten Druckerzeugnissen zu geben. Dies gelte auch, wenn Zeitschriften in großem Umfang über „Stumme Verkäufer" vertrieben würden, deren Bedienungsanleitung den Kunden zum Einwurf eines Entgelts auffordert, bei deren Einsatz aber von vornherein mit einer „Schwundquote" von ca. 60% zu rechnen ist. Der kostenlose Vertrieb von Zeitungen kann danach nur im Ausnahmefall zulässig sein, wenn keine Gefährdungswirkungen zu befürchten sind, z.B. bei einer einmonatigen Gratislieferung an Neuvermählte.[121]

780 Dagegen hat der OGH für das österreichische Recht in der **Trend-Treue-Aktion-Entscheidung** die Wettbewerbswidrigkeit verneint. Im Streitfall hatte ein Herausgeberunternehmen den Abonnenten eines Wirtschaftsmagazins angeboten, ihnen ohne Aufpreis zusätzlich auch das von demselben Unternehmen herausgegebene Nachrichtenmagazin zu liefern. Es könne nicht angenommen werden, dass dadurch der Markt für Nachrichtenmagazine verstopft werde, da als Käufer des konkurrierenden Nachrichtenmagazins insbesondere nicht allein die Abonnenten des Wirtschaftsmagazins in Betracht kämen und im Übrigen der Kreis derjenigen, die ein politisches Magazin lesen würden, wesentlich größer sei als die Zahl der Bezieher von Wirtschaftsmagazinen.[122] Außerdem könne allein aus der Gratisverteilung von Presseerzeugnissen noch nicht auf einen Gewöhnungseffekt geschlossen werden, der die Beschenkten auch für die Zukunft an die gratis abgegebene Zeitung binde und sie davon abhalte, die Angebote der Mitbewerber unbeeinflusst zu prüfen.

781 Die Judikatur des Bundesgerichtshofs zum Wettbewerbsrecht ist seit etwa zehn Jahren von **starken Liberalisierungstendenzen** geprägt. Sie hält dabei vielfach an den systematischen Strukturen früherer Urteile fest, füllt sie aber mit veränderten Inhalten und orientiert die Anwendung stärker an wettbewerbsfunktionalen Maßstäben. Diese wettbewerbsfreundliche Linie hat nunmehr auch die Fälle der Marktstörung erreicht und beurteilt sie konsequent allein nach den Maßstäben des ökonomischen Wettbewerbs. Nach neuer Rechtsprechung ist der unentgeltliche Vertrieb einer durch Anzeigen finanzierten Tageszeitung auch dann nicht wettbewerbswidrig, wenn er zu Absatzeinbußen der bestehenden Kauf- und Abonnementzeitungen führt.

782 Grundlegend ist die **20 Minuten Köln-Entscheidung**. Im Streitfall hatte der Herausgeber mehrerer im Großraum Köln vertriebener Zeitungen gegen den Verleger einer Tages-

---

Anwendung von §3 UWG ausspricht; a.A. *Köhler* WRP 1998, 455ff. mwN., der für das Wettbewerbsrecht keinen Raum sieht.

120 BGH vom 15.2. 1996 (Stumme Verkäufer), GRUR 1996, 778, 779f.; dazu *Brandner* GRUR 1996, 531ff.; anders OLG Karlsruhe vom 19.2. 1998 (Zeitung zum Sonntag), WRP 1998, 525, 526ff.; für das österreichische Recht ebenfalls großzügiger OGH vom 14.12. 1999 (Selbstbedienungstaschen), GRUR Int. 2001, 262.

121 BGH vom 16.4. 1957 (Westfalen-Blatt), GRUR 1957, 600, 601f.; BGH vom 15.2. 1996 (Stumme Verkäufer), GRUR 1996, 778, 780.

122 OGH vom 14.3. 2000 (Trend-Treue-Aktion), wbl 2000, 385, 386.

zeitung geklagt, die dauerhaft unentgeltlich vertrieben wurde und deren redaktioneller Teil etwa zwei Drittel ihres Inhalts ausmachte und sowohl lokale Nachrichten als auch Berichte insbesondere aus Politik, Kultur und Sport enthielt. Die Entscheidung hält an der Figur der Marktstörung fest. Diese sei anzunehmen, wenn ein Wettbewerbsverhalten die ernstliche Gefahr begründe, dass der auf der unternehmerischen Leistung beruhende Wettbewerb in erheblichem Maße eingeschränkt werde. Eine derartige wettbewerbsrechtliche Marktverhaltenskontrolle laufe – ähnlich wie die auf eine Kontrolle von Marktmacht gemünzten kartellrechtlichen Regeln – auf eine Marktstrukturkontrolle hinaus. Es sei denkbar, dass der Bestand einer Tageszeitung aus verfassungsrechtlichen Gründen gegen den Vertrieb unentgeltlicher Anzeigenblätter geschützt werden müsse. Im Streitfall stehe jedoch ein Schutz gegenüber einer anderen, ebenfalls redaktionell ausgerichteten Tageszeitung infrage. Die institutionelle Garantie der Presse durch Art. 5 Abs. 1 Satz 2 GG besage nicht, dass der Bestand eines Presseorgans gegen den Wettbewerb durch ein anderes Presseorgan zu schützen sei.[123] Dies gelte auch, wenn eine gratis verteilte und sich ausschließlich über Anzeigen finanzierende Tageszeitung mit einer Verkaufszeitung in Konkurrenz trete. Verfassungs- und Wettbewerbsrecht dürften einem Presseunternehmen nicht vorschreiben, wie es seine Zeitung finanziere. Im Übrigen reiche der aufseiten des Klägers eingetretene Absatzrückgang als solcher nicht aus, um eine Gefährdung des Wettbewerbsbestands anzunehmen. Es sei nicht Aufgabe des Wettbewerbsrechts, den Bestand bestehender wettbewerblicher Strukturen zu bewahren und wirtschaftlichen Entwicklungen entgegenzusteuern, in denen die bisherigen Marktteilnehmer mit Recht eine Bedrohung ihres Kundenstamms erblickten.[124] Schließlich sei auch zu bedenken, dass die Pressemärkte typischerweise durch extrem hohe Marktzutrittsschranken und vielfach durch Monopolstellungen gekennzeichnet seien. Neu hinzutretende Wettbewerber könnten auf solchen Märkten nur schwer Fuß fassen und ihnen bleibe dafür kaum eine andere Wahl als die der ausschließlich anzeigenfinanzierten Tageszeitung.[125] Man würde die Dinge auf den Kopf stellen, wenn man diesen aufkeimenden Wettbewerb mit Hilfe des Wettbewerbsrechts verbieten und sich zur Rechtfertigung auf den Schutz des Wettbewerbs berufen würde.

4. Fachzeitschriften

Für Fachzeitschriften sind nochmals Besonderheiten zu beachten. Eine Fach- 783
zeitschrift wendet sich an eine ganz bestimmte Leserschaft. Sie ist deshalb als Werbemedium vornehmlich für Hersteller solcher Produkte wichtig, die gerade für diese Leserschaft interessant sind. Beispielsweise wird ein Segelbedarfhersteller bevorzugt in einem Segeljournal werben, weil er auf diese Weise exakt den Kreis von Personen erreicht, die potenziell an seinen Produkten interessiert sind. Der Wettbewerb zwischen Fachzeitschriften kann daher kaum durch Anzeigenblätter, wohl aber durch die Geschäftspolitik ihrer Konkurrenten gefährdet werden, ohne dass der betroffenen Fachzeitschrift die Möglichkeit kostenloser Abwehrblätter offensteht.

123 BGH vom 20. 11. 2003 (20 Minuten Köln), BGHZ 157, 55, 62; dazu *Köhler* LMK 2004, 163 f.; *von Wallenberg* K&R 2004, 328 ff.; *Lahusen* GRUR 2005, 221 ff.; zustimmend *Schulte-Nölke/Haxwell* EWiR 2004, 1053 f.

124 BGH vom 20. 11. 2003 (20 Minuten Köln), BGHZ 157, 55, 64 f.

125 BGH vom 20. 11. 2003 (20 Minuten Köln), BGHZ 157, 55, 65 mwN.

784 Die **Motorboot-Fachzeitschrift-Entscheidung** sah das kostenlose Abdrucken privater Kleinanzeigen als wettbewerbswidrig an, weil im Streitfall ein besonders enger relevanter Markt, nämlich der geschlossene Markt von Fachzeitschriften im Bereich des Motorboot- und des Motor-Yachtsports, infrage stand. Der kostenlose Abdruck hätte daher ohne weiteres auf den Wettbewerbsbestand durchgeschlagen und diesen gefährdet.[126] Den kostenlosen Abdruck privater Kleinanzeigen in einem gegen Entgelt vertriebenen Anzeigenblatt ohne redaktionellen Teil hat die **Annoncen-Avis-Entscheidung** dagegen nicht beanstandet, da eine derartige Praxis den Bestand des Wettbewerbs auf dem Anzeigenmarkt nicht gefährden könne.[127]

785 Die ständige **Gratislieferung** eines erheblichen Teils der Auflage einer im Übrigen nur entgeltlich zu beziehenden Fachzeitschrift an bestimmte Empfängergruppen kann wettbewerbswidrig sein,[128] aber auch durch legitime Aufklärungszwecke gedeckt oder in Gestalt eines allgemeinen Verbands- oder Kammerbeitrags durch eine Gegenleistung „bezahlt" sein.[129]

VI. Rechtsbruch

786 Ein weiterer, aus Sicht der Medien wichtiger wettbewerbsrechtlicher Tatbestand ist schließlich der so genannte Rechtsbruch. Dabei geht es darum, dass die Verletzung von gesetzlichen Vorschriften zugleich wettbewerbswidrig sein kann (§§3, 4 Nr. 11 UWG). Das ist anzunehmen, wenn die betreffende Vorschrift verletzt wurde und sie eine wettbewerbsrechtlich relevante Zielsetzung verfolgt. Außerdem darf die Anwendung des UWG nicht durch eine vorrangige Sanktionsregelung ausgeschlossen sein, die für die verletzte Norm gilt.[130]

1. Normverletzung

787 Ob die betreffende Norm verletzt ist, ist keine wettbewerbsrechtliche Frage und nach den Regeln zu entscheiden, die für die Auslegung dieser Vorschrift gelten. Zugleich können bei der Auslegung der Norm verfassungs- bzw. medienrechtliche Implikationen zu berücksichtigen sein.

788 Einen Anwendungsfall zeigt die **Wir Schuldenmacher-Entscheidung**. Hier hatte ein Fernsehsender über Regelungen des Insolvenzrechts berichtet und die persönliche Situation einzelner betroffener Schuldner gezeigt. Anschließend wurden individuelle Zuschaueranrufe angenommen und in einer Expertenrunde besprochen. Im Streitfall ging es darum, ob die Sendung eine unzulässige Rechtsberatung im Sinne des RBerG war, das eine solche Tätigkeit den Anwälten vorbehält. Wenn die Medien die Grenzen des RBerG

---

126 BGH vom 14.3. 1991 (Motorboot-Fachzeitschrift), BGHZ 114, 82, 83ff.; dazu zustimmend *Mees* WRP 1992, 223ff.; kritisch *Rohnke* GRUR 1991, 767f.; *Oellers* EWiR 1991, 617f.; *Wenzel* AfP 1992, 44f.

127 BGH vom 12.10. 1989 (Annoncen-Avis), GRUR 1990, 44, 45.

128 So in BGH vom 17.12. 1976 (Feld und Wald II), GRUR 1977, 608, 611.

129 BGH vom 21.6. 1971 (Feld und Wald I), BGHZ 56, 327, 332ff.; BGH vom 4.12. 1970 (Ärztekammer), GRUR 1971, 168, 170f.

130 *Köhler* in: Hefermehl/Köhler/Bornkamm, §4 UWG Rdn. 11.7ff.; *Beater*, Unlauterer Wettbewerb, §27 Rdnr. 4ff., 63ff.

überschreiten, dann handeln sie wettbewerbswidrig.[131] Nach den Voraussetzungen des RBerG kam eine Einordnung der Sendung als Beratung im Sinne des RBerG durchaus in Betracht. Der BGH lehnte die Anwendung des RBerG jedoch ab, da bei der Auslegung von Normen des RBerG wiederum die Presse- bzw. Rundfunkfreiheit berücksichtigt werden müssen und weil die Massenmedien eine wichtige Rolle bei der Bewältigung von Streitigkeiten des täglichen Lebens übernommen haben. Zugleich war zu beachten, dass die Sendung zwar den jeweiligen konkreten Problemfall zum Ausgangspunkt nahm, aber doch in ihrer Zielsetzung und Wirkung darüber hinausging, indem sie „zugleich allgemeine Informations- und Unterhaltungsinteressen befriedigte".[132] Da aufgrund solcher medienrechtlich bedingter Besonderheiten ein Rechtsverstoß ausschied, lag auch kein Wettbewerbsverstoß vor.

2. Zielrichtung der verletzten Vorschrift

Das Eingreifen der §§ 3, 4 Nr. 11 UWG hängt weiterhin maßgeblich vom Zuschnitt der verletzten Vorschrift ab. Ein Wettbewerbsverstoß setzt voraus, dass die missachtete Vorschrift „auch dazu bestimmt ist, im Interesse der Marktteilnehmer das Marktverhalten zu regeln". Die erforderliche **wettbewerbsrechtliche Zielrichtung** kommt vor allem für Vorschriften in Betracht, die Verbraucherinteressen und Konkurrenten- bzw. Unternehmensinteressen schützen. Einen solchen Bezug haben typischerweise die medienrechtlichen Werbenormen (Verbraucher- und Konkurrentenschutz) sowie die Vorschriften über die Finanzierung von Medien (Konkurrentenschutz). Eine Anwendung auf den Verstoß gegen jugendschutzrechtliche Bestimmungen scheint ebenfalls denkbar.[133] Dies hat zu mehreren „medienrechtlichen" Entscheidungen des BGH geführt, insbesondere über Schleichwerbung[134] und über die Zulässigkeit erwerbswirtschaftlicher Tätigkeiten des öffentlich-rechtlichen Rundfunks.[135] 789

Es kann sich weiterhin die Frage stellen, ob das Wettbewerbsrecht auch Verstöße gegen solche Gesetze erfasst, die sich nicht auf Wettbewerbs-, sondern auf bestimmte **Allgemeinheitsinteressen** beziehen. Die frühere Rechtsprechung hat das Wettbewerbsrecht auch auf den Verstoß gegen solche Normen erstreckt, die dem Schutz überragend wichtiger Gemeinschaftsgüter dienen, zum Beispiel dem Schutz der Volksgesundheit[136] oder der Unabhängigkeit der Medien.[137] Die 790

131 §§ 3, 4 Nr. 11 UWG; BGH vom 6. 12. 2001 (Wir Schuldenmacher), GRUR 2002, 987, 991 ff.; BGH vom 11. 11. 2004 (Testamentsvollstreckung durch Steuerberater), GRUR 2005, 355 ff.

132 BVerfG vom 15. 1. 2004, NJW 2004, 672.

133 Vgl. § 4 Nr. 2 UWG „geschäftliche Unerfahrenheit insbesondere von Kindern oder Jugendlichen".

134 BGH vom 22. 2. 1990 (Werbung im Programm), BGHZ 110, 278 ff.

135 BGH vom 19. 11. 1992 (Das Erbe der Guldenburgs), BGHZ 120, 228 ff. Siehe Rdnr. 710 f.

136 BGH vom 15. 7. 1999 (Entfernung der Herstellungsnummer), BGHZ 142, 192, 197 mwN.

137 BGH vom 19. 3. 1992 (Ereignis-Sponsorwerbung), BGHZ 117, 353, 362.

neuere Judikatur hat daran im Ergebnis festgehalten. Sie spricht aber nicht mehr von Allgemeinheitsinteressen, sondern stellt auf wettbewerbliche Interessen ab, etwa auf die Gesundheit der Verbraucher.[138] Es ist anzunehmen, dass sie in Bezug auf die Medien nicht mehr deren „Unabhängigkeit" als schutzwürdiges Allgemeinheitsinteresse begreift, sondern eine wettbewerbliche Zielrichtung der konkret verletzten Norm suchen und finden wird.

3. Vorrangige Sanktionsregelung

791 Die Bejahung des wettbewerblichen „Rechtsbruchs" kann zu einer Sanktionenkonkurrenz führen. Der Gesetzesverstoß löst einmal Folgen aus, die das Rechtsgebiet vorsieht, dem die verletzte Norm entstammt. Dazu treten wettbewerbsrechtliche Konsequenzen, nämlich entsprechende zivilrechtliche Ansprüche. Wettbewerbsrechtliche Ansprüche scheiden daher aus, wenn ihre Existenz die Sanktionierungsmechanismen des anderen Rechtsgebiets stören würde.[139] In Bezug auf die Medien ist dies vor allem denkbar, soweit die Existenz wettbewerbsrechtlicher Ansprüche mit den **rundfunk- oder mediendiensterechtlichen Aufsichtsmechanismen** in Konflikt geraten würde. In der Praxis haben sich solche Probleme bislang offenbar noch nicht gestellt.

C. Bezeichnungen und Domains

792 Aus Sicht von Unternehmen ist es wichtig, sich selbst sowie ihren Produkten und Domains einen „Namen" zu geben und dabei auf möglichst geeignete Bezeichnungen zurückzugreifen. Rechtsstreitigkeiten über den Schutz solcher Benennungen muten für den Außenstehenden oft lustig an, haben aber für die Beteiligten typischerweise hohe geschäftliche Bedeutung und berühren gravierende unternehmerische Interessen. Die Marke einer Ware oder Dienstleistung ist ein direktes Signal an potenzielle Kunden und kann auf deren Kaufentscheidung unmittelbar Einfluss haben. Wer etwa mit einem Produkt gute oder schlechte Erfahrungen gemacht hat, erhält durch die Marke eine Möglichkeit, das betreffende Produkt wieder zu erwerben oder einen erneuten Erwerb gerade zu vermeiden. Zahlreiche Verbraucher sind „markentreu",[140] entscheiden sich also gerade deshalb für einen bestimmten Anbieter, weil sie bereits in der Vergangenheit Produkte seiner Marke erworben haben. Ebenso kann ein Unterneh-

138 BGH vom 23.6. 2005 (Atemtest), BGHZ 163, 265, 274.
139 Dazu *Köhler* in: Hefermehl/Köhler/Bornkamm, § 4 UWG Rdn. 11.8ff. mwN. und Beispielen.
140 Siehe etwa *Kroeber-Riel/Trommsdorff* in: Kroeber-Riel (Hrsg.), Konsumentenverhalten & Marketing, 1973, S. 57ff. Die Neigung zur Markentreue soll dabei u.a. mit dem Lebensalter des betreffenden Kundenkreises zunehmen, *Kroeber-Riel/Weinberg*, Konsumentenverhalten, 7. Auflage 1999, S. 395ff. mwN.

mer von der Wertschätzung profitieren, die sein Zeichen erworben hat und die bares Geld wert sein kann. U.U. können Güte- und Imagevorstellungen, die in der Vergangenheit für bestimmte Produkte erlangt wurden, auf andere Angebote übertragen werden, indem diese in derselben Weise gekennzeichnet werden. Markentreue Käufer sowie Kunden, die sich in ihrer Kaufentscheidung unsicher sind, tendieren beispielsweise dazu, sich für ein Produkt mit einer Marke zu entscheiden, mit der sie in der Vergangenheit gute Erfahrungen gemacht haben. Die Wichtigkeit der Domainbezeichnung schließlich liegt ebenfalls auf der Hand. Von ihr kann es entscheidend abhängen, ob potenzielle Kunden mit dem betreffenden Unternehmen überhaupt in Kontakt treten.

Im Idealfall ist der geschäftliche „Name" aussage- und unterscheidungskräftig und passt inhaltlich zum Produkt. Für Medienunternehmen kann eine entsprechende Bezeichnung zugleich ein **inhaltlicher Hinweis auf den Gegenstand des Programms** sein. So tragen zum Beispiel Nachrichtensendungen häufig so genannte sprechende Bezeichnungen, etwa „Tagesschau" oder „heute journal", die Aktualität signalisieren und ihren Bezug zum Tagesgeschehen bereits im Titel deutlich machen. 793

Die Onomatopöie (griech.: „einen Namen machen") geht von der Überlegung aus, dass mit Lauten bestimmte Eigenschaften assoziiert werden. So bringen etwa Worte wie „Donner" bereits durch ihren harten und lauten Klang das Donnern zum Ausdruck. Ähnliches gilt für „knistern", das die Geräusche enthält, die beim Verbrennen von Holz entstehen. Z.T. finden sich solche Wortprinzipien in Produktnamen wieder, z.B. Crunchies, Crossies etc. Solche Laute sind geeignet, Produkteindrücke zu vermitteln, und können daher aus unternehmerischer Sicht besonders als Markenbezeichnung geeignet sein. 794

I. Markenrechtliche Grundstrukturen, Werktitel

Das Wirtschaftsrecht schützt den „Namen" von Unternehmen, Waren, Dienstleistungen und Werken bzw. von Sendeanstalten, Programmen und Zeitschriften vor allem in Gestalt des Markenrechts.[141] Das MarkenG unterscheidet maßgeblich danach, **worauf sich die jeweilige Bezeichnung bezieht**. Es erfasst zunächst Marken bzw. Zeichen, die Waren oder Dienstleistungen eines Unternehmens von denjenigen anderer Unternehmen unterscheiden sollen (§§ 1 Nr. 1, 3 Abs. 1 MarkenG). Geschützt werden weiterhin Unternehmenskennzeichen, also Zeichen, die im geschäftlichen Verkehr als Bezeichnung eines Geschäftsbetriebs oder Unternehmens benutzt werden (§ 5 Abs. 2 MarkenG). Für Medien hat schließlich die Kategorie des Werktitels (§ 5 Abs. 3 MarkenG) besondere Bedeutung. Sie sichert die Erkennbarkeit einer bestimmten Produktart als solcher, zum Beispiel den Titel von Film- oder Tonwerken („Vom Winde verweht", 795

141 In Sonderkonstellationen können auch die §§ 3, 4 UWG, 12, 823 Abs. 1, 826 BGB, 17ff. HGB zu beachten sein. Sie werden an dieser Stelle ausgeklammert.

„Dreigroschenoper“). Der Gesetzeswortlaut führt in diesem Zusammenhang den Namen oder die Bezeichnung von Druckschriften („Der Spiegel“, „Bild“, „Die Zeit“) speziell auf. Der Werktitelschutz erfasst aber beispielsweise auch Titel von Programmen oder Sendungen („Das aktuelle Sportstudio“, „Sesamstraße“).

796 Ein markenrechtlicher Schutz kommt generell nur für Zeichen in Betracht, die **Unterscheidungskraft** haben.[142] An die Unterscheidungskraft werden im Detail differenzierende Anforderungen gestellt. Sie kann sich daraus ergeben, dass eine Bezeichnung bereits als solche unterscheidungskräftig ist. Anders liegt es mit Bezeichnungen, die farblos sind und nicht per se zur Unterscheidung taugen. Sie sind nur unterscheidungskräftig, wenn und sobald sie sich als Bezeichnung im Verkehr durchgesetzt haben.[143] Im Zusammenhang mit Marken und Unternehmenskennzeichen von Medien, Titeln von Radiosendungen, Zeitungen und Zeitschriften beurteilt die Rechtsprechung die Unterscheidungskraft grundsätzlich großzügig, weil der Verkehr an Bezeichnungen gewöhnt sei, die sich an beschreibende bzw. an sich farblose Angaben anlehnen.[144] Die Bezeichnung „Radio Stuttgart“ ist beispielsweise als von Haus aus unterscheidungskräftig angesehen worden, so dass sie bereits mit Benutzung markenrechtlichen Schutz erlangte.[145]

797 Für die weiteren Anforderungen ist zwischen den **einzelnen Zeichenrechten** zu trennen. Der Werktitelschutz setzt voraus, dass die Bezeichnung geschäftlich in Benutzung genommen worden ist. Er beginnt bei Druckschriften grundsätzlich mit dem ersten Erscheinen des Werks.[146] Wird das Werk unter seinem Titel vorab öffentlich angekündigt (Titelschutzanzeige) und erscheint es in angemessener Frist unter dem angekündigten Titel, so genießt der Berechtigte bereits ab dem Zeitpunkt der Ankündigung Schutz.[147] Ein Eintragungserfordernis besteht für Werktitel nicht. Dagegen kann das Recht an der Marke sowohl aufgrund einer Eintragung als auch dadurch entstehen, dass die Marke entweder benutzt und verkehrsbekannt wird oder es sich um eine notorisch bekannte Marke handelt (§4 MarkenG). Unternehmenskennzeichen schließlich werden unter ähnlichen Anforderungen wie Werktitel gesichert.

798 Konkurrieren zwei Zeichenrechte miteinander, so geht das früher entstandene Recht dem späteren Recht nach dem **Prioritätsprinzip** vor (§6 MarkenG). Inhaltlich sichert das Markenrecht das geschützte Zeichen vor allem gegenüber Praktiken Dritter, die **Verwechslungsgefahren** mit sich bringen (§§14 Abs. 2

142 Vgl. §§3 Abs. 1 a. E., 8 Abs. 2 Nr. 1 MarkenG.
143 Vgl. §4 Nr. 2 MarkenG.
144 BGH vom 1. 3. 2001 (Tagesschau), BGHZ 147, 56, 61f.; BGH vom 1. 3. 2001 (Tagesreport), GRUR 2001, 1054, 1055; BGH vom 22. 9. 1999 (FACTS), GRUR 2000, 504, 505; BGH vom 16. 7. 1998 (Wheels Magazine), GRUR 1999, 235, 237 jeweils mwN.
145 BGH vom 13. 5. 1993 (Radio Stuttgart), GRUR 1993, 769, 770.
146 BGH vom 22. 6. 1989 (Titelschutzanzeige), BGHZ 108, 89, 92.
147 BGH vom 22. 6. 1989 (Titelschutzanzeige), BGHZ 108, 89, 92f. mwN.; BGH vom 1. 3. 2001 (Tagesreport), GRUR 2001, 1054, 1055.

Nr. 2, 15 Abs. 2 MarkenG). Die Verwechslungsgefahr ist anhand einer einzelfallbezogenen Ähnlichkeitsprüfung zu beurteilen, die neben der Kennzeichnungskraft des geschützten Zeichens auf den Grad der Zeichenähnlichkeit und den Grad der Produkt- bzw. Werkähnlichkeit abstellt. Maßgebend sind mehrere miteinander zusammenhängende Faktoren, nämlich der Bekanntheitsgrad des Zeichens im Markt, die gedankliche Verbindung, die das andere Zeichen zu ihm hervorrufen kann, sowie der Grad der Ähnlichkeit zwischen den betreffenden Zeichen und zwischen den damit gekennzeichneten Waren, Dienstleistungen oder Werken.[148] Der Schutz reicht in Bezug auf Marken und Unternehmenskennzeichen besonders weit. Er sichert selbst gegen die Gefahr, dass das verwendete Zeichen mit der Marke gedanklich in Verbindung gebracht wird[149] und greift daher bereits ein, wenn das Publikum aufgrund der vorhandenen Übereinstimmungen eine organisatorische oder wirtschaftliche Verbindung zwischen den beteiligten Unternehmen annimmt. Der Verwechslungsschutz von Werktiteln greift dagegen kürzer und ist in der Regel auf unmittelbare Verwechslungsgefahren im engeren Sinne beschränkt.[150]

Ist keine Verwechslungsgefahr gegeben, zum Beispiel weil die betreffenden 799
Dienstleistungen einander völlig unähnlich sind, so werden bekannte Zeichen auch gegen **Rufausbeutung und Herabsetzung** geschützt (§§ 14 Abs. 2 Nr. 3, 15 Abs. 3 MarkenG), sofern diese ohne rechtfertigenden Grund in unlauterer Weise erfolgen. Basiert die beeinträchtigende Wirkung auf kritischen Äußerungen, so kann die Herabsetzung aufgrund vorrangiger Meinungs- und Auseinandersetzungsinteressen gerechtfertigt sein und muss vom Markeninhaber ggf. hingenommen werden.[151] Darüber hinaus kann der Inhaber des Zeichenrechts Dritten auch generell bestimmte Benutzungen des Zeichens nicht untersagen, zum Beispiel das Verwenden des Zeichens als beschreibende Angabe über Merkmale oder Eigenschaften von Waren oder Dienstleistungen (§ 23 MarkenG).

Das Zeichenrecht steht als **subjektives ausschließliches Recht** (§§ 14 Abs. 1, 800
15 Abs. 1 MarkenG) allein seinem Inhaber zu. Anders als das Wettbewerbs- und das Kartellrecht kennt das MarkenG weder Verbandsklagerechte noch behördliche Befugnisse. Deshalb dürfen Verstöße gegen Normen des MarkenG trotz § 2 MarkenG grundsätzlich weder als wettbewerblicher Rechtsbruch noch als unlautere Wettbewerbshandlung angesehen werden,[152] um nicht auf diese Weise Verbandsklagerechte durch die Hintertür einzuführen.

---

148 EuGH vom 11. 11. 1997 (Sabel) – Rs. C-251/95, Slg. 1997 I, 6191 ff. Rn. 18 ff.; BGH vom 1. 3. 2001 (Tagesschau), BGHZ 147, 56, 63 mwN.

149 *Fezer*, Markenrecht, 3. Auflage 2001, § 14 MarkenG Rn. 113d.

150 BGH vom 16. 7. 1998 (Wheels Magazine), GRUR 1999, 235, 237; BGH vom 1. 3. 2001 (Tagesreport), GRUR 2001, 1054, 1055; *Fezer*, Markenrecht, 3. Auflage 2001, § 15 MarkenG Rn. 171.

151 BGH vom 17. 4. 1984 (Mordoro), BGHZ 91, 117, 122 ff. Siehe Rdnr. 935, 937 ff.

152 Grundlegend BGH vom 30. 4. 1998 (Mac Dog), BGHZ 138, 349, 351 f.; dazu zustimmend *Helm* GRUR 2001, 291, 292 f. mwN. Einzelheiten sind umstritten.

II. Zeichenrechte öffentlich-rechtlicher Sender

801 Der BGH hat den Schutz von Zeichenrechten öffentlich-rechtlicher Sender in mehreren Entscheidungen eingeschränkt. Der dahinter stehende Grundgedanke ist, dass die öffentlich-rechtlichen Anstalten über Jahrzehnte hinweg keinem Wettbewerb privater Veranstalter ausgesetzt waren und es dementsprechend beispielsweise nur Nachrichtensendungen öffentlich-rechtlicher Sender gab.[153] Dies und das markenrechtliche Prioritätsprinzip haben es den Anstalten ermöglicht, sich besonders schlagkräftige Zeichen zu sichern und eine entsprechend hohe Verkehrsbekanntheit zu erreichen. Das Gericht sieht die Gefahr, dass es den privaten Sendern als später auf den Markt getretenen Unternehmen daher von vornherein versagt wäre, zum Beispiel die Titel ihrer Nachrichtensendungen auf ähnliche Weise zu bilden.[154] Um eine solche Benachteiligung möglichst gering zu halten, stellt der BGH in solchen Fällen an die Verwechslungsgefahr erhöhte Anforderungen und beschränkt auch den Schutzumfang bekannter oder berühmter Titel oder Marken.

802 Grundlegend ist die **Tagesschau-Entscheidung**. Im Streitfall klagte der NDR, der für die ARD u.a. die Sendungen „Tagesschau" und „Tagesthemen" produzierte und als Inhaber entsprechender Wortmarken in das Markenregister eingetragen war. Er wendete sich gegen Pläne des Fernsehsenders „Pro Sieben", eine Nachrichtensendung „Tagesbild" bzw. „Pro Sieben-Tagesbild" oder „Pro Sieben-Tagesbilder" zu nennen. Der NDR stützte sein Anliegen darauf, dass die „Tagesschau" eine überwältigende Bekanntheit erlangt habe und die entsprechenden Titel dem Verkehr fast durchweg bekannt seien. Der beabsichtigte Titel „Tagesbild" sei mit „Tagesschau" und „Tagesthemen" verwechselbar und lehne sich zugleich erkennbar und assoziativ an diese Bezeichnungen an, um deren guten Ruf für sich auszunutzen. Der BGH ordnete „Tagesschau" und „Tagesthemen" zwar sowohl als Werktitel als auch als Marken ein, lehnte einen markenrechtlichen Schutz aber im Ergebnis gleichwohl ab. Es bestehe keine Gefahr, dass das Publikum den Titel „Tagesbild" mit den Titeln des Klägers verwechsle. „Tagesschau" und „Tagesthemen" hätten zwar starke Kennzeichnungskraft und es ginge auf beiden Seiten um sehr ähnliche Werkkategorien (Nachrichtensendungen), doch stünden sich mit „Tagesschau" und „Tagesthemen" auf der einen und „Tagesbild" auf der anderen Seite Bezeichnungen mit einer nur geringen Ähnlichkeit gegenüber.[155] Titel von Nachrichtensendungen wiesen im Allgemeinen stark beschreibende Anklänge auf und stimmten daher in ihren inhaltlichen Bedeutungen oftmals überein. Zugleich sei der Verkehr gewohnt, insoweit bereits auf kleine Unterschiede zu achten. Eine unmittelbare Verwechslungsgefahr liege im Übrigen auch deswegen fern, weil der Fernsehzuschauer aufgrund der Senderwahl und der Hinweise auf den jeweils eingeschalteten Sender wisse, zu welcher Sendeanstalt die laufende

---

153 BGH vom 1.3. 2001 (Tagesschau), BGHZ 147, 56, 68; BGH vom 1.3. 2001 (Tagesreport), GRUR 2001, 1054, 1057.

154 BGH vom 1.3. 2001 (Tagesschau), BGHZ 147, 56, 68; BGH vom 1.3. 2001 (Tagesreport), GRUR 2001, 1054, 1057.

155 BGH vom 1.3. 2001 (Tagesschau), BGHZ 147, 56, 64; dazu *V. Deutsch* GRUR 2002, 308ff.; *Schmieder* LM MarkenG §5 Nr. 22; eingehend und kritisch *Ingerl* FS Erdmann 2002, 299ff. mwN. In der Sache ebenso BGH vom 1.3. 2001 (Tagesreport), GRUR 2001, 1054ff.

Sendung gehöre.[156] Ebenso greife auch der Bekanntheitsschutz nicht ein. Es gebe ein berechtigtes Interesse anderer Sendeanstalten, für ihre Nachrichtensendung ebenfalls „sprechende" Titel zu bilden, die z.B. den Wortbestandteil „Tages-" enthalten.[157] Angesichts der allgemeinen Übung, den Titel von Fernsehnachrichten so zu wählen, dass er unzweideutig auf den Inhalt der Sendung hinweise (z.B. „heute", „heute journal", „aktuell", „Aktuelle Stunde", „News", „Nachrichten", „Abendschau"), könne neuen Sendern das Ausweichen auf reine Fantasiebezeichnungen nicht zugemutet werden. Aus denselben Gründen sei der Anspruch schließlich auch ausgeschlossen, soweit er sich auf die eingetragenen Marken stütze.[158]

Die **ARD-1-Entscheidung** hat im Ergebnis auch Ansprüche in Zusammenhang mit 803
Marken abgelehnt, die für das gesamte Programm eines Senders stehen. Im Streitfall ging es um eine grafisch besonders gestaltete Ziffer „1", die seit 1993 u.a. zur Kennzeichnung des ARD-Programms verwendet worden war. Der beklagte Fernsehsender verwendete die Bezeichnung „Kabel 1" zur Bezeichnung seines Programms und benutzte dabei ebenfalls die Ziffer „1", die in ihrer grafischen Gestaltung aber nicht mit der ARD-1 identisch war. Eine Verwechslungsgefahr lehnte das Gericht ab, weil der Ziffer „1" als solcher keine ausreichende Kennzeichnungskraft zukomme. Insbesondere sei der Verkehr besonders im Zusammenhang mit Rundfunksendern an eine beschreibende Verwendung derartiger Zahlen allgemein gewöhnt.[159] Zugleich rufe die unterschiedliche grafische Gestaltung der jeweiligen Ziffern einen abweichenden Gesamteindruck hervor, so dass eine Verwechslungsgefahr unter diesem Gesichtspunkt ebenfalls ausscheide. Das Gericht lehnte es im Übrigen auch ab, in der Verwendung der Ziffer 1 eine unzulässige Rufausbeutung zu sehen.[160]

III. Domains

Zuteilung und Schutz von Domains sind nicht speziell geregelt und beurteilen 804
sich nach allgemeinen Regeln. Je nach Einzelfall kommen vor allem namens-, delikts- und wettbewerbsrechtliche Normen in Betracht. Der spezielle markenrechtliche Schutz greift grundsätzlich nicht ein, weil die Domain eine Art Adresse und kein Kennzeichen ist. Domainbezeichnungen können aber im Einzelfall Zeichenrechte im Sinne des MarkenG verletzen.[161] Die **Zuteilung** von Domains unter dem Top-Level „.de" liegt in den Händen einer privaten Einrichtung, der DENIC. Da jede Domainbezeichnung aus technischen Gründen nur einmal vergeben werden kann, folgt die Vergabe dem Prioritätsprinzip und kennt grundsätzlich keine inhaltlichen Zuteilungskriterien oder -beschränkungen.

Im Ausgangspunkt dürfen alle **Bezeichnungen als Domain** gewählt werden, 805
sofern der Wahl nicht spezielle Rechte entgegenstehen. Der Gebrauch von Gat-

156 BGH vom 1.3.2001 (Tagesreport), GRUR 2001, 1054, 1057.
157 BGH vom 1.3.2001 (Tagesschau), BGHZ 147, 56, 67f.; dazu *Loewenheim* LM MarkenG § 14 Nr. 12.
158 BGH vom 1.3.2001 (Tagesschau), BGHZ 147, 56, 69f.
159 BGH vom 20.10.1999 (ARD-1), GRUR 2000, 608, 610.
160 BGH vom 20.10.1999 (ARD-1), GRUR 2000, 608, 611.
161 Dazu *Fezer*, Markenrecht, 3. Auflage 2001, § 3 MarkenG Rn. 303ff. mwN.

tungsbegriffen als Domainnamen ist grundsätzlich zulässig, obwohl solche Domains für die Zugangsmöglichkeit gewisse Monopolisierungseffekte mit sich bringen können.

806 Der BGH hat in der **Mitwohnzentrale.de-Entscheidung** die mögliche Erschwerung des Marktzugangs für Mitbewerber als nicht ausschlaggebend angesehen und einen Wettbewerbsverstoß mit einleuchtenden Überlegungen abgelehnt. Danach ist es nicht wettbewerbswidrig, wenn ein Unternehmen aufgrund des Prioritätsprinzips, das ein Gerechtigkeitsprinzip ist, eine Domain erwirbt, die nur einmal vergeben werden kann.[162] Zugleich lägen Erwerb und Nutzung derartiger Domains auch im Interesse der Verbraucher daran, durch die Eingabe einer solchen Internetadresse in besonders einfacher Weise zu Anbietern der gewünschten Leistung gelangen zu können. Würde man dagegen die fragliche Domain gar nicht vergeben, um eine Monopolisierung bzw. ein Lenken von Kundenströmen auszuschließen, so würde den Internetnutzern diese Möglichkeit der besonders einfachen Suche entzogen werden und ihnen nur der oftmals als beschwerlich empfundene Rückgriff auf so genannte Suchmaschinen übrig bleiben.[163] Zugleich geht das Gericht davon aus, dass die Kundschaft in der Regel den Umgang mit Suchmaschinen beherrsche und dass der Verbraucher, der den Einsatz von Suchmaschinen als lästig empfinde und direkt einen Gattungsbegriff als Internetadresse eingebe, sich über die Nachteile dieser Suchmethode im Klaren sei.[164]

807 Vergibt die DENIC eine Domain, die zum Beispiel gegen Namens- oder Markenrechte Dritter verstößt oder wettbewerbswidrig ist, so kann sie als Störer auf **Unterlassung bzw. Beseitigung** haften. Der DENIC sind jedoch in der Phase der ursprünglichen Registrierung von Domains eigene Sorgfalts- und Recherchepflichten nicht zumutbar.[165] Sie haftet für unzulässige Domains daher als Störer nur, wenn sie ohne weitere Nachforschungen zweifelsfrei feststellen kann, dass ein registrierter Domainname Rechte Dritter verletzt.[166] Das ist der Fall, wenn die Verletzung so eindeutig ist, dass sie sich der DENIC aufdrängen muss. In Betracht kommt namentlich, dass ein entsprechender gerichtlicher Titel vorliegt oder dass der Inhaber des Domainnamens den Dritten durch eine Unterwerfungserklärung klaglos gestellt hat und zwischen den beiden Beteiligten kein Streit über die Wirksamkeit des entsprechenden Unterlassungsvertrags besteht.[167]

---

162 BGH vom 17.5. 2001 (Mitwohnzentrale.de), BGHZ 148, 1, 10; dazu *Römermann* DB 2001, 2433f.; *Abel* WRP 2001, 1426ff.; *Mankowski* MDR 2002, 47f.; *Taeger* LM UWG § 1 Nr. 856; *Freys* ZUM 2002, 114ff.; *Schafft* CR 2002, 434ff.; *Schmidt-Bogatzky* GRUR 2002, 941ff.; mit Unterschieden im Detail grundsätzlich zustimmend *Hoeren* MMR 2001, 669ff.; *Leible* K&R 2001, 587f.; *Jaeger-Lenz* CR 2001, 780ff.; *Beater* JZ 2002, 275ff.; *Meissner/Baars* JR 2002, 201f.; grundsätzlich ablehnend *Buchner* GRUR 2006, 984ff.
163 BGH vom 17.5. 2001 (Mitwohnzentrale.de), BGHZ 148, 1, 9.
164 BGH vom 17.5. 2001 (Mitwohnzentrale.de), BGHZ 148, 1, 7.
165 BGH vom 17.5. 2001 (ambiente.de), BGHZ 148, 13, 20f.; dazu *Welzel* MMR 2001, 744ff.; *Ubber* K&R 2001, 593ff.; *Hoeren* LM MarkenG § 4 Nr. 2; zustimmend *Freytag* CR 2001, 853ff.; kritisch *Ingerl* EWiR 2001, 1157f.
166 BGH vom 17.5. 2001 (ambiente.de), BGHZ 148, 13, 21; für das österreichische Recht ebenso OGH vom 13.9. 2000 (fpo.at), GRUR Int. 2001, 790, 793.
167 BGH vom 17.5. 2001 (ambiente.de), BGHZ 148, 13, 22.

IV. Marken- und Domaingrabbing

Das so genannte Marken- bzw. Domaingrabbing betrifft Durchbrechungen des Prioritätsprinzips. Es ist differenzierend zu beurteilen, doch sind entsprechende Praktiken oftmals als rechtswidrig einzuordnen. Beim **Markengrabbing** geht es darum, dass jemand eine Marke anmeldet und damit einem anderen – absichtlich, bewusst oder unbewusst – den Erwerb gerade dieser Marke unmöglich macht. Das bloße Anmelden einer Marke in der Kenntnis, dass ein anderer dasselbe Kennzeichen im Inland benutzt, ohne hierfür einen formalen Kennzeichenschutz erworben zu haben, ist nicht automatisch wettbewerbswidrig. Das Erwirken der Eintragung ist aber unlauter, wenn ein unternehmerisches Eigeninteresse des Anmelders an der Nutzung der Marke nicht besteht und die Eintragung im Kern nur dazu dient, dem Mitbewerber durch die markenrechtliche Sperrwirkung zweckfremd Kommunikationsmittel abzuschneiden.[168] 808

Von **Domaingrabbing** spricht man, wenn eine Internetadresse zu dem Zweck erworben wird, einem anderen den Erwerb dieser Domain abzuschneiden. Ein besonders plastisches Beispiel ist die Registrierung einer Markenbezeichnung durch jemanden, der gerade nicht Inhaber der Marke ist, zum Beispiel der Erwerb von Domains wie Porsche, Siemens oder Mercedes-Benz. Dem betroffenen Unternehmen ist dann ein Erwerb dieser Domain verwehrt mit der Folge, dass seine geschäftlichen Kommunikationsmöglichkeiten und die Erreichbarkeit für Kunden gestört sind. Für die wettbewerbsrechtliche Beurteilung gelten dieselben Maßstäbe wie im Zusammenhang mit der böswilligen Markenanmeldung.[169] Erwirbt ein Privatmann eine solche Domain – zum Beispiel weil er sich von dem Erwerb ein lukratives Geschäft mit dem betreffenden Unternehmen verspricht –, so kann fraglich sein, ob überhaupt eine Wettbewerbshandlung vorliegt. Ist das Wettbewerbsrecht nicht anwendbar, so bleibt das Verhalten an den §§ 12, 823 Abs. 1, 826 BGB zu messen. 809

Spezielle Fragen im Zusammenhang mit Gleichnamigkeit betrifft die **shell.de-Entscheidung**. Im Streitfall hatte der Beklagte, der Andreas Shell hieß, für sich die Domain „shell.de" registrieren lassen. Er führte im Nebengewerbe ein Unternehmen, das u.a. Übersetzungen sowie die Erstellung von Pressetexten betrieb, und machte der Klägerin, der Deutschen Shell GmbH, anschließend das Angebot, ihren Internetauftritt unter dem Domainnamen zu konzipieren und zu organisieren. Nachdem die erste Instanz der Klage weitgehend stattgegeben hatte, gab der Beklagte eine strafbewehrte Unterlassungserklärung ab, die Internetadresse im geschäftlichen Verkehr nicht mehr zu verwenden. Die davon nicht erfasste private Verwendung der Adresse verletzte aber das **Namensrecht** der Klägerin, und die Gerichte sprachen der Klägerin auch einen Anspruch auf **Schadensersatz** zu. Die massive Beeinträchtigung der Klägerin in schutzwürdigen geschäft- 810

168 BGH vom 19.2. 1998 (Makalu), GRUR 1998, 1034, 1036f. mwN.; BGH vom 10.8. 2000 (EQUI 2000), GRUR 2000, 1032, 1034 mwN.; *Erdmann* GRUR 2001, 609, 611; siehe auch *Kiethe/Groeschke* WRP 1997, 269, 272ff.; für das österreichische Recht ähnlich OGH vom 13.7. 1999 (Pinkplus), wbl 1999, 570, 571 mwN.; OGH vom 10.7. 2001 (Silberpfeil), wbl 2002, 40, 42.

169 BGH vom 22.11. 2001 (shell.de), BGHZ 149, 191, 197ff.

lichen Interessen sei im Streitfall auch unter Beachtung des Umstands rechtswidrig, dass der Beklagte lediglich seinen eigenen Namen verwende.[170] Der Beklagte rufe nämlich durch den Gebrauch der streitigen Domainbezeichnung Verwechslungsgefahren hervor und dürfe daher den eigenen Namen nur in Verbindung mit einem unterscheidenden Zusatz als Internetadresse nutzen. Eine Durchbrechung der Prioritätsregel sei im Streitfall geboten, weil die Interessen der Parteien von völlig unterschiedlichem Gewicht seien.[171] Einen **Anspruch auf Umschreibung** der bestehenden Registrierung lehnte das Gericht dagegen ab.[172] Die Klägerin könne lediglich beanspruchen, dass der Beklagte gegenüber der DENIC seinen Verzicht auf den Domainnamen „shell.de" erkläre.

811 Dagegen hat die **weltonline.de-Entscheidung** ein unzulässiges Domaingrabbing bzw. einen Anspruch aus §826 BGB gegen einen Beklagten abgelehnt,[173] der sich zahlreiche generische Begriffe, u.a. die Bezeichnung „weltonline.de" als Domainnamen schützen ließ, um damit nach eigenen Angaben einen Internetführer aufzubauen. In den Augen des BGH liegt in der Registrierung eines Gattungsbegriffs als Domainname in der Regel keine sittenwidrige Schädigung, auch wenn es nahe liegt, dass ein Unternehmen diesen Domainnamen für seinen Internetauftritt verwenden könnte. Der Kläger und Inhaber des bekannten Zeitungstitels DIE WELT konnte daher nicht gegen den Beklagten vorgehen, solange keine Anhaltspunkte dafür bestehen, dass der Domainname im geschäftlichen Verkehr in einer das Kennzeichen verletzenden Weise verwendet werden soll.

D. Kartellrecht

I. Anwendbarkeit

812 Das Kartellrecht ist auf das Handeln von **Unternehmen** anwendbar.[174] Der Unternehmensbegriff legt fest, welche Bereiche und Vorgänge an den kartellrechtlichen Regeln gemessen werden und sich prinzipiell dem Wettbewerb aussetzen müssen. Im Ausgangspunkt ist als „Unternehmen" jede selbstständige Tätigkeit als Anbieter oder Nachfrager von Waren oder Leistungen gegen Entgelt bzw. in der Erzeugung oder im Geschäftsverkehr anzusehen.[175] Eine strikte Definition gibt es freilich nicht. Der Begriff wird weit ausgelegt. Er ist wirtschaftsrechtlich funktional und nicht institutionell zu bestimmen.[176] Es kommt also nicht darauf an, wer etwas tut, sondern was dieser jemand tut und ob sein Verhalten den Markt beeinflussen und Wettbewerb beschränken könnte. Das Kartellrecht ist

---

170 BGH vom 22.11. 2001 (shell.de), BGHZ 149, 191, 199ff.; dazu *Ubber* DB 2002, 1167ff.; *Strömer* K&R 2002, 306ff.; *Lober* EWiR 2002, 535f.; *Hoeren* MMR 2002, 386ff.; *Ullrich* MDR 2002, 837f.; *Marly* LM MarkenG §14 Nr.33; *Foerstl* CR 2002, 518ff.; *Weidert* WRP 2002, 880ff.; *Schricker* JZ 2002, 1056f.; *Körner* NJW 2002, 3442ff.

171 BGH vom 22.11. 2001 (shell.de), BGHZ 149, 191, 201f.

172 BGH vom 22.11. 2001 (shell.de), BGHZ 149, 191, 204ff.

173 BGH vom 2.12. 2004 (weltonline.de), GRUR 2005, 687, 688f.

174 Z.B. §§1, 19, 21, 30, 36 GWB; Art.81f. EGV.

175 BGH vom 22.3. 1976, BGHZ 67, 81, 84.

176 BGH vom 16.12. 1976 (Architektenkammer), WuW 1977, 512, 515 = WuW/E BGH 1474, 1477; *Zimmer* in Immenga/Mestmäcker, §1 GWB Rdnr.24 mwN.

deshalb auch auf potenzielle Unternehmen anwendbar, die nicht am aktuellen Marktgeschehen teilnehmen, für die aber in absehbarer Zeit die konkrete Möglichkeit der Marktteilnahme besteht.[177] Ebenso gibt es keine Unterscheidung nach Branchen oder der Unternehmensrechtsform. Der Unternehmensbegriff ist außerdem unabhängig von Gewinnerzielungsabsicht, rechtlicher oder wirtschaftlicher Selbstständigkeit oder den Eigentumsverhältnissen am Gesellschaftskapital. **Private Medienunternehmen** sind nach diesen Anforderungen Unternehmen im Sinne des Kartellrechts und unterliegen daher grundsätzlich dem GWB.[178]

Etwas anderes gilt für den **öffentlich-rechtlichen Rundfunk**. Nach § 130 Abs. 1 Satz 1 GWB findet das Kartellrecht grundsätzlich auch auf die öffentliche Hand Anwendung. Im Detail hängt die Einordnung als kartellrechtliches Unternehmen aber davon ab, welche Tätigkeit infrage steht. Insbesondere Entscheidungen über die Programmauswahl und -gestaltung sind Ausdruck der Programmautonomie und nicht nach kartellrechtlichen Maßstäben zu beurteilen. Soweit die öffentlich-rechtlichen Rundfunkanstalten als Nachfrager von Programmmaterial in gleicher Weise wie die privat-rechtlich organisierten Rundfunkveranstalter am allgemeinen geschäftlichen Verkehr teilnehmen, ist die Unternehmenseigenschaft dagegen zu bejahen.[179] Ebenso findet das Kartellrecht Anwendung etwa auf Vereinbarungen der Rundfunkanstalten über die Preise und Konditionen für die Durchführung von Werbeaufträgen oder auf Verträge zwischen den Rundfunkanstalten und den Verlegern über die Beschränkung des Werbefernsehens.[180] 813

Die **Sportübertragungen-Entscheidung** hat die öffentlich-rechtlichen Rundfunkanstalten relativ weitgehend dem Kartellrecht unterworfen. Im Streitfall hatten ARD und ZDF sich in einem Vertrag mit dem Deutschen Sportbund das Recht zur ausschließlichen Verwertung bestimmter Sportveranstaltungen einräumen lassen. Das Gericht musste entscheiden, ob darin eine kartellrechtlich unzulässige Beschränkung des Sportbunds in der Möglichkeit lag, entsprechende Übertragungsrechte auch an Dritte bzw. private Rundfunkveranstalter zu vergeben.[181] Der Vertrag machte es den privaten Sendern nämlich weitgehend unmöglich, ebenfalls über solche Sportveranstaltungen zu berichten. In den Augen der Richter dienen Programmbeschaffung, Programmgestaltung und Sendetätigkeit der Rundfunkveranstalter nicht nur dem publizistischen Wettbewerb im Verhältnis zu anderen Rundfunkveranstaltern und Medien, sondern beeinflussen auch den wirtschaftlichen Wettbewerb. Deshalb sind das Kartellrecht anwendbar und Verfügungen der Kartellbehörden zulässig, solange und soweit sie ihrem Wesen nach auf die Verhütung des Missbrauchs wirtschaftlicher Machtstellung gerichtet sind, auch wenn sie 814

177 BGH vom 26. 10. 1959 (Glasglühkörper), BGHZ 31, 105, 109f.
178 „... are engaged in business for profit exactly as are other businessmen who sell food, steel, aluminum, or anything else people need or want“, *Black* J. in Associated Press v. United States, 326 U.S. 1, 7 (1944).
179 BGH vom 14. 3. 1990 (Sportübertragungen), BGHZ 110, 371, 381 mwN.
180 *Emmerich* in Immenga/Mestmäcker, § 130 Abs. 1 GWB Rdnr. 16 mwN.; *Götting* in: Loewenheim/Meessen/Riesenkampff, § 130 GWB Rdn. 9.
181 § 18 Nr. 2 GWB a.F.

als Nebenfolge Auswirkungen in dem Bereich der Rundfunkordnung haben.[182] Wenn ein kartellrechtlicher Eingriff zur Sicherung der Freiheit des wirtschaftlichen Wettbewerbs erforderlich ist und zugleich eine möglichst weitgehende Vielfalt der Meinungen und Informationen im Rundfunk sichert, dann sind Folgeauswirkungen auf den publizistischen Wettbewerb der Fernsehveranstalter hinzunehmen.

II. Grundstrukturen

815 Das Kartellrecht dient dazu, das **Verhindern von Wettbewerb zu verhindern**. Das GWB enthält anders als das UWG keine Generalklausel zur allgemeinen Bekämpfung von Wettbewerbsbeschränkungen. Es basiert stattdessen auf einem System von Einzeltatbeständen, die der Gesetzgeber immer stärker an die europäischen Kartellrechtsnormen angepasst hat. Die einzelnen Tatbestände unterscheiden nach dem Zustandekommen der Wettbewerbsbeschränkung, die auf ein einverständliches Zusammenwirken von Unternehmen zurückgehen kann,[183] aber auch auf direkte Konfrontation,[184] den Missbrauch von Marktmacht oder das Ausnutzen der Abhängigkeit eines anderen Unternehmens[185] sowie auf Unternehmenszusammenschlüsse.[186] Für die Schutzrichtungen des GWB ist je nach Zuschnitt der einzelnen Bestimmungen zu unterscheiden. Das Gesetz schützt primär die Freiheit des Wettbewerbs als solchem, aber u.U. auch wettbewerbliche Individualinteressen einzelner Mitbewerber oder sonstiger Marktteilnehmer.[187]

816 Die meisten materiellen Vorschriften des GWB sind nicht nur zivilrechtlich und für kartellbehördliche Befugnisse wichtig, sondern begründen zugleich Ordnungswidrigkeitstatbestände.[188] Sie sind deshalb aufgrund des auch für Ordnungswidrigkeiten geltenden Grundsatzes nulla poena sine lege nicht analogiefähig.[189] Das GWB bekämpft kartellrechtswidrige Praktiken zivilrechtlich in Gestalt von Privatklagen Betroffener und zivilgerichtlicher Verbandsklagen.[190] Zum anderen wird der Wettbewerb durch die Kartellbehörden überwacht, deren Befugnisse, Zuständigkeiten und Verfahrensregeln der Kartellgesetzgeber ebenfalls geregelt hat.[191]

---

182 BGH vom 14.3. 1990 (Sportübertragungen), BGHZ 110, 371, 376f.; dazu *Lüttmann* JA 1990, 391ff.; *Immenga* JZ 1991, 520; zustimmend *Deringer* NJW 1990, 2821f.; *Möschel* EWiR 1990, 911f.

183 §1 GWB; Art.81 Abs.1 EGV.

184 §21 GWB.

185 §§19, 20 GWB; Art.82 EGV.

186 §§35ff. GWB; VO 139/2004 über Fusionskontrolle.

187 Z.B. BGH vom 27.9. 1962 (Treuhandbüro), BGHZ 38, 90, 102 „... Abwägung der beiderseitigen Interessen unter Berücksichtigung der auf die Freiheit des Wettbewerbs gerichteten Zielsetzung [des GWB]" (zum Vorgänger des heutigen §20 GWB).

188 §81 Abs.2, Abs.3 GWB.

189 Art.103 Abs.2 GG; BGH vom 17.12. 1970 (Teerfarben), BGHSt 24, 54, 61f.; *Rittner* FS Raisch 1995, 483, 498ff.

190 §33 GWB.

191 §§48ff., 54ff. GWB; VO 1/2003 über Kartellverfahren.

III. Wettbewerbsbeschränkende Vereinbarungen

Das GWB bekämpft Kartelle, denen das Rechtsgebiet seinen Namen verdankt, 817
nach dem **Verbotsprinzip**, weil es Kartelle „grundsätzlich als unerwünschte und störende Erscheinungen innerhalb der Marktwirtschaft" ansieht.[192] §1 GWB ordnet deshalb an, dass Vereinbarungen, Beschlüsse und abgestimmte Verhaltensweisen zwischen Unternehmen, die wettbewerbsbeschränkende Wirkungen haben, verboten sind. Das Kartellverbot gilt einheitlich für Wettbewerbsbeschränkungen zwischen Unternehmen auf gleicher Wirtschaftsstufe bzw. zwischen Mitbewerbern („horizontale" Beschränkung) und für Beschränkungen zwischen Unternehmern unterschiedlicher Wirtschaftsstufe, also zum Beispiel für Beschränkungen im Lieferanten-/Abnehmerverhältnis („vertikale" Beschränkung).

Vom Kartellverbot erfasste Praktiken können im Ausnahmefall unter be- 818
stimmten Voraussetzungen gleichwohl zulässig sein. Das GWB kennt dazu mehrere **Legalausnahmen**. Sie stellen bestimmte Kartelle kraft Gesetzes vom Verbot frei. Es gibt also – abweichend vom früheren Recht – keine kartellbehördliche Vorabentscheidung über die etwaige Zulässigkeit eines Kartells. Die Zulässigkeit wird allenfalls ex post geklärt, zum Beispiel im Rahmen späterer zivilprozessualer Streitverfahren über die Wirksamkeit geschlossener Verträge oder über Unterlassungs- oder Schadensersatzbegehren. Die Kartellbehörde kann aber entscheiden, dass aus ihrer Sicht kein Anlass zum Einschreiten gegen das Kartell besteht.[193] An der Spitze der Befreiungstatbestände steht die freigestellte Vereinbarung (§2 Abs.1 GWB; Art.81 Abs.3 EGV). Die übrigen Freistellungstatbestände sind spezieller und differenzieren zum Teil zwischen horizontalen und vertikalen Beschränkungen. Praktisch wichtig sind vor allem Gruppenfreistellungsverordnungen der EG (§2 Abs.2 GWB), zum Beispiel die VO 2790/1999 über Vertikalvereinbarungen. Sie erfasst wettbewerbsbeschränkende Vereinbarungen und abgestimmte Verhaltensweisen zwischen Unternehmen, die jeweils auf einer unterschiedlichen Produktions- oder Vertriebsstufe tätig sind.[194] Dagegen bezieht sich §3 GWB nur auf solche Mittelstandskartelle, die auf horizontaler Ebene bzw. zwischen „miteinander in Wettbewerb stehenden Unternehmen" geschlossen werden. Für das Medienrecht ist außerdem wichtig, dass §30 GWB für Zeitungen und Zeitschriften vertikale Preisbindungen erlaubt.

192 Amtliche Begründung zum GWB 1958, BT-Drucks. II/1158, S.25. Zu den verschiedenen wettbewerbspolitischen Ansätzen zur Bekämpfung wettbewerbsbeschränkender Praktiken *I.Schmidt*, Wettbewerbspolitik und Kartellrecht, 7. Auflage 2001, S.158ff. mwN.

193 §32c GWB.

194 Art.2 Abs.1 VO 2790/1999 über Vertikalvereinbarungen.

1. Grundfreistellungstatbestand, Anzeigenkooperationen

819 §2 Abs. 1 GWB kann nach dem Generalklauselprinzip grundsätzlich alle Formen von wettbewerbsbeschränkenden Kooperationen erfassen,[195] ist aber in den Einzelvoraussetzungen streng auf wettbewerbliche Kriterien beschränkt und lässt eine Berücksichtigung von industrie- und gemeinwohlorientierten Erwägungen nicht zu. Die Regelung setzt zum einen voraus, dass die Vereinbarung bestimmte Verbesserungen im Bereich der Erzeugung oder Verteilung von Waren zur Folge hat oder zur Förderung des technischen oder wirtschaftlichen Fortschritts beiträgt. Zum anderen müssen die Verbraucher in angemessener Weise an dem daraus entstehenden Gewinn beteiligt werden. Außerdem muss die Wettbewerbsbeschränkung zur Erreichung dieser Wirkungen unerlässlich sein und darf keine Möglichkeiten eröffnen, für einen wesentlichen Teil der betreffenden Waren den Wettbewerb auszuschalten. Die Vorschrift – bzw. die weitgehend inhaltsgleiche Vorgängerbestimmung – ist für die Medien im Zusammenhang mit **Anzeigenkooperationen** bedeutsam geworden. Grundlegend ist die **Stellenmarkt für Deutschland II**-Entscheidung. Sie hat die Vorschrift nach Sinn und Zweck weit ausgelegt und angenommen, dass neben der Verbesserung des Angebots sowie den entsprechenden Verbrauchervorteilen auch eine durch die Kooperation zu erwartende Belebung des Wettbewerbs mit zu berücksichtigen ist.[196] In Hinblick auf den Wortlaut der heutigen Regelung ist klarstellend weiterhin anzunehmen, dass auch Verbesserungen auf dem Dienstleistungssektor unter die Vorschrift fallen müssen.[197]

820 Im Streitfall gründeten „Die Süddeutsche Zeitung", „Die Frankfurter Rundschau" und „Die Welt" das Gemeinschaftsunternehmen „Stellenmarkt für Deutschland". Das Gemeinschaftsunternehmen akquirierte und organisierte Stellenangebote, die unter der Überschrift „Stellenmarkt für Deutschland" in einem eigenen „Buch" veröffentlicht und in identischer Form in den Anzeigenteilen der Samstagsausgaben der drei Zeitungen vertrieben wurden. Die Kooperation war für die Beteiligten vorteilhaft, weil die drei Zeitungen unterschiedliche geografische Teile Deutschlands abdecken. Die Vereinbarung fiel zugleich unter §1 GWB, weil die Beteiligten durch sie darauf verzichteten, sich gegenseitig Konkurrenz zu machen.

821 Bei der Prüfung, ob die Vereinbarung gleichwohl durch §7 GWB a.F. (vgl. §2 Abs. 1 GWB) erlaubt wurde, war u.a. zu bedenken, dass die Beteiligten zugleich in einen schärferen Wettbewerb zur „FAZ" traten. Die FAZ enthielt bei weitem die meisten Stellenanzeigen für gehobene, bundesweit ausgeschriebene Positionen, obwohl ihre Preise deutlich über denen der Konkurrenz lagen. Sie wurde auch von Stellenbewerbern bevorzugt erworben. Zugleich war die FAZ regional vergleichsweise einheitlich verbreitet. Der überregionale Anzeigenmarkt bundesweit vertriebener Zeitungen hat in den Augen des

195 Amtliche Begründung zu §2 Abs. 1 GWB, BT-Drucks. 15/3640, S. 24.
196 BGH vom 9.7. 2002 (Stellenmarkt für Deutschland II), BGHZ 151, 260, 269ff.; dazu *Emmerich* LM GWB §7 Nr. 1; zustimmend *Bunte* EWiR 2002, 913f.
197 Der vom Gesetzgeber als Vorbild für §2 Abs. 1 GWB genommene Art. 81 Abs. 3 GG spricht ebenfalls nur von „Waren", erfasst aber Dienstleistungen in gleicher Weise, *Meessen* in: Loewenheim/Meessen/Riesenkampff, Art. 81 Abs. 3 EGV Rdn. 20.

BGH[198] eine strukturelle Besonderheit: Es handelt sich um einen Markt, in dem sich die Nachfrage von selbst auf den stärksten Anbieter konzentriert. Sowohl für die Inserenten als auch für die stellensuchenden Leser ist das Angebot des Marktführers besonders interessant, weil die Konzentration auf den stärksten Anbieter wie die Verabredung eines Treffpunkts wirkt. Hat in einem solchen Markt ein Anbieter einen Vorsprung gegenüber seinen Wettbewerbern erreicht, wird sich dieser Vorsprung tendenziell weiter ausbauen. Denn stellensuchende Leser wissen, dass sie in dieser Zeitung die meisten Anzeigen finden. Die inserierende Wirtschaft wird sich dieser Zeitung besonders gern bedienen, weil sie mit Recht dort die meisten Leser ihrer speziellen Zielgruppe erwartet. Die Kooperation der drei Zeitungen führte damit zu einer **Verbesserung des Dienstleistungsangebots**, da der Anzeigenkunde auf eine erleichterte Kombination von Stellenanzeigen zugreifen konnte und weil mit dem Kombinationsangebot ein zusätzliches Produkt auf einem Markt entstand, auf dem zuvor nur wenige Anbieter waren und der sich durch hohe Zutrittsschranken auszeichnet. Die **Vorteile für die Verbraucher** lagen in den Preisvorteilen, die sich aus der neuen Kombinationsmöglichkeit ergaben. Außerdem muss ein Stellensuchender infolge der Kombination nur eine der beteiligten Zeitungen erwerben, um in den Genuss des neuen nationalen Anzeigenteils zu kommen. Die Kombination führte zu einem verstärkten Preiswettbewerb, in dem ebenfalls ein maßgeblicher Vorteil für den Verbraucher liegt. Schließlich war angesichts der bislang unangefochtenen Stellung der FAZ nicht ersichtlich, dass die Kooperationspartner mit Hilfe ihrer Kooperation eine marktbeherrschende Stellung hätten erreichen können.

2. Sonstige Kooperationen

Die weitere praktische Bedeutung von §2 Abs. 1 GWB für Medienunternehmen muss sich erst noch erweisen. Es ist offen, ob und welche sonstigen Kooperationsformen die Vorschrift trägt. Im Schrifttum wird insbesondere darüber nachgedacht, ob sich die Annahmen der eben vorgestellten Judikatur auch in weiter reichender Form auf bestimmte Pressemärke übertragen lassen. 822

Die Zeitungsmärkte haben vielfach eine sehr differenzierte Struktur und auf ihnen sind Verlage aller Größen tätig. Wegen des Aufkommens und der wirtschaftlich dynamischen Entwicklung der Telemedien sind namentlich kleine und mittlere Presseunternehmen vielfach in Schwierigkeiten geraten. Eine Kooperationsmöglichkeit könnte diesem Strukturwandel begegnen, indem sie die Wettbewerbsfähigkeit solcher Zeitungsunternehmen stärkt und auf diese Weise letztlich zu einem Mehr an Wettbewerb führt.[199] Der Gesetzgeber hat die Einführung einer solchen Kooperationsmöglichkeit für Zeitungsunternehmen erwogen, deren Berechtigung jedoch umstritten war.[200] Die Aufnahme in das GWB ist schließlich aus politischen Gründen gescheitert. 823

198 BGH vom 9.7. 2002 (Stellenmarkt für Deutschland II), BGHZ 151, 260, 270.
199 *Immenga* ZWeR 2004, 329, 351f.
200 §31 GWB-E über verlagswirtschaftliche Kooperationen, BT-Drucks. 15/5049, S. 13f., 46ff.; kritisch etwa *Basedow* WuW 2005, 3.

IV. Preisbindung

824 §30 GWB erlaubt aus medienrechtlichen Gründen vertikale Preisbindungen für Zeitungen oder Zeitschriften und eröffnet den Presseunternehmen auf diese Weise besondere Finanzierungsmöglichkeiten.[201] Die Preisbindung wirft sowohl kartellrechtliche als auch wettbewerbs- und vertragsrechtliche Probleme auf. Das GWB sieht eine behördliche Missbrauchsaufsicht vor. Dagegen bestimmen sich mögliche Rechte und Ansprüche von beteiligten Unternehmen und so genannten Außenseitern bei Verstößen gegen die Preisbindung nach Vertrags- und Wettbewerbsrecht.

1. Missbrauch

825 Preisbindungen unterliegen der Aufsicht des Bundeskartellamts. Das Amt kann die Bindung von Amts wegen oder auf Antrag eines gebundenen Abnehmers für unwirksam erklären und die Anwendung einer neuen gleichartigen Preisbindung verbieten, wenn die Bindung entweder missbraucht wird oder sich in bestimmter Weise gesamtwirtschaftlich negativ auswirken kann (§30 Abs. 3 Nr. 1, Nr. 2 GWB). Die Einleitung eines solchen Verfahrens steht im **Entschließungsermessen** der Behörde („kann"), die sich bei ihrer Entscheidung an der Art und Schwere des Missbrauchs, der Belastung des Amtes, der gesamtwirtschaftlichen Bedeutung des Preisbindungssystems und den Interessen des Preisbinders zu orientieren hat.[202] Die Ausübung des Ermessens kann nur darauf überprüft werden, ob die Kartellbehörde von ihrem Ermessen fehlerhaften Gebrauch gemacht hat, insbesondere ob sie die gesetzlichen Grenzen des Ermessens überschritten oder durch die Ermessensentscheidung Sinn und Zweck des Gesetzes verletzt hat.[203]

826 Ein entsprechender Missbrauch kommt in Anlehnung an die **Schallplatten II-Entscheidung** beispielsweise in Betracht,[204] wenn Zeitschriften über den Buchhandel zu hohen gebundenen Preisen und gleichzeitig deutlich billiger in nur wenig veränderter Aufmachung über Buchgemeinschaften vertrieben werden. Der Zweck des Ausnahmetatbestands, den Zeitschriftenhandel in besonderer Weise durch die Preisbindung zu schützen, wird auf diese Weise konterkariert.

827 Das Missbrauchsverbot ist kein Verbotsgesetz im Sinne von §33 GWB.[205] Ein Verstoß löst daher allein Befugnisse der Kartellbehörde, aber weder kartellrechtliche noch wettbewerbsrechtliche Ansprüche Betroffener aus.

---

201 Siehe Rdnr. 605f.

202 *J. B. Nordemann* in: Loewenheim/Meessen/Riesenkampff, §30 GWB Rdn. 61 mwN.

203 §71 Abs. 5 Satz 1 GWB.

204 BGH vom 20.11. 1969 (Schallplatten II), BGHZ 53, 76, 86ff. betraf §17 GWB a.F., der allgemein für „Verlagserzeugnisse" galt.

205 BGH vom 7.2. 2006 (Probeabonnement), GRUR 2006, 773, 774 Rdnr. 15.

2. Ansprüche gegen Vertragspartner, Probeabonnements

Welche Rechte und Pflichten im Verhältnis der Vertragspartner zueinander gelten, bestimmt sich nach dem vereinbarten Vertragsinhalt. Zugleich nimmt die wettbewerbsrechtliche h.M. im Zusammenhang mit Preisbindungen an, dass ein von dritter Seite initiierter Verstoß gegen vertragsrechtliche Pflichten auch wettbewerbswidrig im Sinne von § 3 UWG sein und daher u.U. Verbandsklagerechte auslösen kann.[206] 828

Das Vertragsrecht legt fest, unter welchen Voraussetzungen vom Vertragspartner Erfüllung, Auskunft oder Schadensersatz verlangt werden kann. Die Rechtsprechung hat vertragsrechtliche Ansprüche gegen das gebundene Unternehmen auf Einhaltung der Preisbindung darüber hinaus an weitere Anforderungen geknüpft. Sie verlangt namentlich, dass die **Preisbindung tatsächlich funktioniert und gedanklich wie praktisch lückenlos** ist. Dem im Rahmen einer Preisbindung vertraglich an sich verpflichteten Händler ist es danach nicht zumutbar, den Vertrag zu befolgen, wenn Konkurrenten dieselben Produkte anbieten können, ohne denselben Preisbeschränkungen zu unterliegen. Deshalb kann das gebundene Unternehmen, wenn das betreffende Preisbindungssystem nicht lückenlos ist, vertraglichen Ansprüchen auf Einhaltung der vereinbarten Preise den Einwand der unzulässigen Rechtsausübung entgegensetzen.[207] 829

Praktische Bedeutung haben diese Einschränkungen vor allem im Zusammenhang mit **Probeabonnements**.[208] Solche Abonnements sind zeitlich befristet und liegen unter dem Preis eines regulären Abonnements, um mögliche neue Leser für das betreffende Blatt zu werben. Sie laufen aber zugleich Gefahr, für die der Preisbindung unterliegenden Zeitungs- und Zeitschriftenhändler unzumutbar zu sein. 830

Im Streitfall der **Probeabonnement-Entscheidung** hatte der Verlag des „Stern" mit einem Probeabonnement „13 mal Stern testen, über 40% sparen" um neue Abonnenten geworben. Die Beurteilung solcher Konstellationen war lange Zeit umstritten. Der BGH hat sie nunmehr als zulässig eingestuft. Er sah darin weder einen Verstoß gegen die vertragsrechtliche Treuepflicht, die dem preisbindenden Verlag gegenüber dem preisgebundenen Zeitschriftenhandel oblag, noch eine Wettbewerbs- oder Kartellrechtswidrigkeit.[209] Insbesondere sei es nicht zu beanstanden, dass ein Verlag für ein Abonnement 831

---

206 BGH vom 14.6. 1963 (Trockenrasierer II), BGHZ 40, 135, 138; BGH vom 14.7. 1988 (PKW-Schleichbezug), GRUR 1988, 916, 917; BGH vom 30.6. 1994 (Tageszulassungen), GRUR 1994, 827 alle jeweils mwN.; zurückhaltend aber BGH vom 1.12. 1999 (Außenseiteranspruch II), BGHZ 143, 232, 240ff.; kritisch *Beater*, Unlauterer Wettbewerb, § 23 Rdnr. 31f. mwN.

207 BGH vom 1.12. 1999 (Außenseiteranspruch II), BGHZ 143, 232, 238 mwN.; BGH vom 15.2. 1962 (Rollfilme), BGHZ 36, 370, 375f.

208 Dazu *Kröner* WRP 2003, 1149ff.

209 BGH vom 7.2. 2006 (Probeabonnement), GRUR 2006, 773, 774f. Rdnr. 10ff.; dazu kritisch *Bechtold* WRP 2006, 1162ff. Anders zuvor OLG Hamburg vom 27.2. 2003 (Zeitschriften Test-Abo), GRUR 2003, 811ff. und OLG Düsseldorf vom 17.3. 2004 (Wirtschaftswoche), GRUR-RR 2004, 206ff. unter – wettbewerbsrechtlich unzulässiger – Orideutlich günstigere Konditionen anbiete als für den preisgebundenen Einzelverkauf. Abonnenten seien für den Verlag wesentlich attraktivere Leser als Personen, die das Blatt nur gelegentlich im Handel erwerben würden. Zugleich sei das Anbieten von besonders günstigen Probeabonnementangeboten dem Einzelhändler auch zumutbar. Es sei nämlich ohne weiteres denkbar, dass der gewonnene Leserkreis durch das Probeabonnement stärker an die Zeitschrift gebunden werde und sie daher in Zukunft regelmäßiger im Handel erwerbe.[210]

3. Ansprüche gegen Außenseiter

832 Im Zusammenhang mit Preisbindungen kann sich schließlich die Frage stellen, ob das preisbindende Unternehmen einen Anspruch gegen einen so genannten Außenseiter hat, der nicht Vertragspartner ist und „an sich" über solche Zeitungen oder Zeitschriften gar nicht verfügen dürfte, sie aber gleichwohl zu anderen als den vorgesehenen Preisen vertreibt. In Betracht kommen vor allem Ansprüche darauf, den Vertrieb der betreffenden Ware zu unterlassen, und auf Auskunft darüber, auf welchen Wegen der Außenseiter in den Besitz der Ware gelangt ist. Da sich vertragliche Ansprüche allein gegen den Vertragspartner und daher gerade nicht gegen den Außenseiter richten können, kommt als Rechtsgrundlage allein § 3 UWG in Betracht. Die bisherige Rechtsprechung hat die Wettbewerbswidrigkeit bejaht, wenn der Außenseiter die Ware unter dem gebundenen Preis anbietet und sich auf diesem Wege in aller Regel Vorteile gegenüber den gebundenen Unternehmen verschafft, die sich an die Preisbindung halten.[211] Diese strenge Linie erklärt sich daraus, dass die Preisunterbietung das gesamte Preisbindungssystem in seiner Lückenlosigkeit und damit in seinem Bestand gefährdet.

V. Marktbeherrschende und marktstarke Unternehmen

1. Allgemeines, Missbrauch

833 Das Kartellrecht lässt den Erwerb marktbeherrschender bzw. marktstarker Positionen im Wettbewerb, zum Beispiel durch so genanntes internes Unternehmenswachstum, grundsätzlich zu. Unternehmen, die eine derartige Stellung haben, werden jedoch **erhöhten kartellrechtlichen Pflichten unterworfen**, weil sie keiner oder nur eingeschränkter Konkurrenz ausgesetzt sind und daher den Wettbewerb in besonderer Weise beschränken können. Auf diese Weise sollen die mit der Marktbeherrschung bzw. Marktstärke verbundenen Risiken aus-

---

entierung an den Wettbewerbsregeln des Bundes Deutscher Zeitungsverleger. Diese sahen vor, dass Probeabonnements nicht beliebig oft wiederholt werden und eine Laufzeit von drei Monaten nicht überschreiten dürfen. Außerdem war die maximale Rabattierung gegenüber dem regulären Abonnementspreis auf 35% begrenzt.

210 BGH vom 7.2. 2006 (Probeabonnement), GRUR 2006, 773, 775 Rdnr. 26.

211 BGH vom 9.11. 1967 (Trockenrasierer III), GRUR 1968, 272, 274f.; BGH vom 8.3. 1962 (Selbstbedienungsgroßhandel), BGHZ 37, 30, 34.

geglichen bzw. ein Ausnutzen der vom Wettbewerb nicht kontrollierten Handlungsspielräume zulasten Dritter verhindert werden.[212] Die einschlägigen Regelungen finden auf Medien in gleicher Weise Anwendung wie auf andere Unternehmen auch[213] und werfen in praktischer Hinsicht nur wenige medienspezifische Fragen auf. Marktbeherrschend sind insbesondere Unternehmen, die entweder Monopolisten bzw. keinem wesentlichen Wettbewerb ausgesetzt sind oder im Verhältnis zu ihren Mitbewerbern eine überragende Marktstellung haben (§ 19 Abs. 2 Nr. 1, Nr. 2 GWB; zu Einzelheiten siehe Rdnr. 856f.).

Marktbeherrschern ist es verboten, ihre Stellung zu **missbrauchen** (§ 19 Abs. 1 834
GWB; Art. 82 EGV). Der Gesetzgeber hat das Verbot in § 19 Abs. 4 GWB durch nicht abschließende Regelbeispiele näher ausgestaltet. Die Vorschrift sichert sowohl tatsächliche oder potenzielle Konkurrenten vor Behinderungsmissbrauch (Nr. 1) als auch wettbewerbliche Interessen von Abnehmern oder der Allgemeinheit vor Ausbeutung bzw. vor Preis- und Konditionenmissbrauch (Nr. 2) oder Strukturmissbrauch (Nr. 3).

Einen klaren Missbrauchsfall zeigt **Lorain Journal Co. v. United States**. Im Streitfall 835
hatte der Verleger einer lokalen Tageszeitung ein Monopol bzw. konnte als Einziger lokale Nachrichten und Werbung massenhaft im gesamten örtlichen Bereich verbreiten. Als später ein kleiner lokaler Rundfunksender den Betrieb aufnahm, akzeptierte der Verleger nur noch Werbekunden, die ausschließlich bei ihm und nicht bei dem neuen Sender warben. Der privaten Radiostation wurde es auf diese Weise erheblich erschwert, die zu ihrer Finanzierung unentbehrlichen Werbekunden zu gewinnen. Die amerikanischen Institutionen sahen darin ein kartellrechtlich unzulässiges Verhalten, da der Verleger nicht nur dem Sender Werbekunden entzog, sondern letztlich danach strebte, mit Hilfe seiner dominanten Stellung einen Konkurrenten zu eliminieren.[214] Im deutschen Recht wäre an § 19 Abs. 4 Nr. 1 GWB zu denken und – in Abweichung von den im Rahmen der Fusionskontrolle geltenden Regeln (siehe Rdnr. 854) – wohl auch anzunehmen, dass die Zeitung und der Rundfunksender in Bezug auf Werbekunden miteinander im Wettbewerb standen bzw. sich auf demselben Markt bewegten.

2. Essential Facilities

Das Kartellrecht erfasst weiterhin den **Zugang zu Netzen und bestimmten In-** 836
frastruktureinrichtungen (sog. essential facilities), wenn der Eigentümer aufgrund des Netzes eine marktbeherrschende Stellung hat. Die Problematik ist in § 19 Abs. 4 Nr. 4 GWB geregelt. Daneben kann auch § 20 Abs. 1, Abs. 2 GWB in Betracht kommen, auf dessen Vorgänger die Rechtsprechung vor Schaffung der heutigen Regelung abgestellt hat.[215] Nach der genannten Vorschrift handelt ein marktbeherrschendes Unternehmen unter bestimmten Voraussetzungen miss-

212 *Möschel* in Immenga/Mestmäcker, § 19 GWB Rdnr. 9 mwN.
213 BGH vom 9. 11. 1982 (Gemeinsamer Anzeigenteil), NJW 1984, 1116 zu § 19 GWB.
214 Lorain Journal v. United States, 342 U.S. 143, 150 (1951).
215 BGH vom 19. 3. 1996 (Pay-TV-Durchleitung), WuW 1996, 728ff. = WuW/E BGH 3058ff.

bräuchlich, wenn es sich weigert, einem anderen Unternehmen gegen angemessenes Entgelt Zugang zu eigenen Netzen oder anderen Infrastruktureinrichtungen zu gewähren. Aus Sicht des ökonomischen Wettbewerbs geht es vor allem um die Frage des Marktzugangs. Aus medienrechtlicher Sicht droht, dass mit der Verweigerung des Netzzugangs zugleich publizistische Richtungen zurückgedrängt und der Allgemeinheit vorenthalten werden. Sind dagegen keine kartell- oder medienrechtlichen Beschränkungen zu beachten, so ist der Eigentümer des Netzes frei, d.h. er kann damit grundsätzlich nach Belieben verfahren und andere von jeder Einwirkung ausschließen.[216] Entsprechende Rechtsprobleme können sich für alle Medien ergeben. Soweit die Vergabe von Sendefrequenzen und Kabelkapazitäten für elektronische Medien infrage steht, ist für das Kartellrecht allerdings nur Raum, soweit nicht die speziellen medien- und telekommunikationsrechtlichen Normen vorgehen (siehe Rdnr. 259ff.).

a. Grundgedanke der essential facility-Doktrin

837 Nach der essential facility-Doktrin kann ein Unternehmen unter bestimmten Voraussetzungen einen Anspruch auf die Mitbenutzung von wichtigen Netzen oder Einrichtungen haben, die ein anderes Unternehmen betreibt.[217] Der Grundgedanke dieser Lehre lässt sich am Beispiel von Eisenbahnen illustrieren.[218] Nach allgemeinem Zivilrecht stünde es dem Eigentümer eines Schienennetzes frei, nur seine eigenen Züge auf diesen Schienen fahren zu lassen. Will ein anderes Eisenbahnunternehmen mit dem Eigentümer in Wettbewerb treten, so müsste es seinerseits zunächst ein zweites Schienennetz bauen. Konkurrenz wird folglich unterbleiben, wenn sich entweder die Kosten für ein zweites Schienennetz nicht rechnen würden, weil beispielsweise das potenzielle Passagieraufkommen nicht ausreicht, oder wenn der Bau eines zweiten Schienennetzes aus anderen Gründen nicht möglich oder nicht sinnvoll ist. Die Eigentümer- und Monopolstellung am Schienennetz hätte dann eine weitere Monopolstellung auf dem Transport- und Beförderungsmarkt zur Folge. Will man diese Konsequenz vermeiden, so kann man den Eigentümer verpflichten, gegen Entgelt auch anderen Eisenbahnunternehmen das Nutzen seines Schienennetzes zu gestatten. So wird auf dem nachgelagerten Beförderungsmarkt Wettbewerb möglich und ein in der Regel nachteiliges Nebeneinander unterschiedlicher Schienennetze vermieden.

838 Die Tücke solcher Regelungen steckt freilich im Detail.[219] Aufseiten des Netzbetreibers ist zunächst das Eigentumsrecht zu beachten, das durch derartige Überlassungspflichten bzw. durch unerlaubte Nutzungen des Netzes beein-

---

216 §903 Satz 1 BGB.
217 Dazu *Möschel* in Immenga/Mestmäcker, §19 GWB Rdnr. 178ff., 183ff. mwN.
218 United States v. Terminal Railroad Association, 224 U.S. 383ff. (1912) gilt als Geburtsstunde der essential facility-Doktrin.
219 Siehe etwa *von Weizsäcker* WuW 1997, 572ff.

trächtigt werden kann.[220] Damit ist zugleich die Frage untrennbar verbunden, in welchen Fällen den Konkurrenten Einrichtung und Aufbau eigener „Netze" oder Strukturen zugemutet werden kann und sollte. Ebenso ist problematisch, zu welchen Bedingungen und Entgelten die Nutzung gestattet werden muss und wie die Höhe des Entgelts zu bestimmen ist.

b. Mögliche Anwendungskonstellationen

Welche praktische Bedeutung und Reichweite die noch vergleichsweise junge 839
Regelung hat, muss sich erst noch herausstellen. Da sie nicht allein „Netze", sondern auch „Infrastruktureinrichtungen" erfasst, kann sie sowohl für die elektronischen Medien als auch für die Presse wichtig werden. Entsprechende Netze oder Infrastruktureinrichtungen können vermutlich auf allen Ebenen medialer Unternehmenstätigkeit eine Rolle spielen. Der Blick auf das US-amerikanische und das europäische Recht lässt mögliche Anwendungsfelder erkennen.

Associated Press v. United States betraf Fragen des **Zugangs zu Informationen**. Die 840
Nachrichtenagentur *Associated Press* war von diversen Zeitungen gegründet worden und belieferte mehr als 1200 Mitgliedsunternehmen gegen Entgelt mit Informationen und Nachrichten. Die Agentur hatte ein System errichtet, das es den Mitgliedern verbot, erhaltene Informationen an Nichtmitglieder weiterzuverkaufen, und das es den einzelnen Mitgliedern ermöglichte, die Aufnahme direkter Konkurrenten als neue Mitglieder zu verhindern oder zu erschweren. Medien, die kein Mitgliedsunternehmen waren, wurden dadurch grundsätzlich vom Erwerb entsprechender Informationen ausgeschlossen. Da die Associated Press zugleich die größte und wichtigste Einrichtung ihrer Art war, brachte dieser Ausschluss („net effect") erhebliche wettbewerbsbeschränkende Wirkungen mit sich und war kartellrechtswidrig.[221]

Die **Bronner-Entscheidung** des EuGH hatte den Vertrieb von Zeitungen bzw. ein 841
Hauszustellungssystem für Tageszeitungen zum Inhalt. Im Streitfall hatte ein österreichisches Presseunternehmen einen überwiegenden Anteil am Tageszeitungsmarkt und betrieb das einzige landesweite System einer Hauszustellung, das eine direkte Auslieferung der Zeitungen an die Abonnenten in den frühen Morgenstunden garantierte. Das Unternehmen weigerte sich jedoch, den Verleger eines Konkurrenzblatts, der wegen der geringen Auflagenhöhe dieser Zeitung nicht in der Lage war, unter wirtschaftlich vertretbaren Bedingungen allein oder in Zusammenarbeit mit anderen Verlegern ein eigenes Hauszustellungssystem aufzubauen und zu betreiben, gegen ein angemessenes Entgelt in das Zustellungssystem aufzunehmen. Der EuGH hielt dies für zulässig und sah in der Weigerung keinen Missbrauch der marktbeherrschenden Stellung. Ein solcher Missbrauch wäre nur anzunehmen, wenn erstens die Nichtaufnahme in das Hauszustellungssystem geeignet wäre, jeglichen Wettbewerb auf dem Tageszeitungsmarkt durch den konkurrierenden Verleger auszuschalten, und wenn zweitens die Aufnahme für die Ausübung der Konkurrenztätigkeit in dem Sinne unentbehrlich wäre, dass kein tatsächlicher

---

220 BGH vom 19. 9. 2003 (Fremdeinspeisung), BGHZ 156, 172, 175 ff. mwN.; dazu *Dierk* MMR 2004, 31 f.; *Marly* LMK 2004, 12 f.; *Olzen/Köhler* JR 2004, 372 f.
221 Associated Press v. United States, 326 U.S. 1, 13 ff., 17 ff. (1944).

oder potenzieller Ersatz für das Hauszustellungsystem bestünde.[222] Es gebe jedoch für Tageszeitungen durchaus auch andere Vertriebswege, namentlich die Postzustellung und den Laden- oder Kioskverkauf. Außerdem seien keine technischen, rechtlichen oder auch nur wirtschaftlichen Hindernisse ersichtlich, die geeignet wären, jedem anderen Verleger von Tageszeitungen – allein oder in Zusammenarbeit mit anderen Verlegern – die Errichtung eines eigenen landesweiten Hauszustellungsystems und dessen Nutzung für den Vertrieb der eigenen Tageszeitungen unmöglich zu machen oder zumindest unzumutbar zu erschweren.

842 Das Kartellrecht normiert **keinen Anspruch auf Zugang zur Übertragung von sportlichen Großereignissen**. Wenn auch der Begriff der Infrastruktureinrichtung noch keine endgültige Kontur gewonnen hat und möglicherweise auch zeitlich beschränkte Einrichtungen erfasst, so greift doch die Norm in einem solchen Zusammenhang nicht ein. Der Gesetzgeber hat gewerbliche Schutzrechte bewusst nicht in den Anwendungsbereich der Vorschrift mit einbezogen.[223] Dementsprechend ist sie auch auf verwandte Übertragungsrechte nicht anwendbar.[224] Vor allem jedoch scheidet die Regelung im Hinblick auf ihr wettbewerbspolitisches Grundanliegen aus.[225] Sie ist auf „Flaschenhalskonstellationen" gemünzt und soll sowohl der Schaffung „unsinniger" paralleler Infrastruktureinrichtungen als auch dem Entstehen von Monopolstellungen auf nachgelagerten Märkten entgegenwirken. Solche Gefährdungen drohen im Zusammenhang mit Sportübertragungen nicht. Vielmehr hat die Monopolisierung solcher Übertragsrechte den Effekt, das Entstehen und Bestehenbleiben von Wettbewerb gerade zu ermöglichen und zu fördern.[226] Ein aus medienrechtlicher Sicht bedenklicher Ausschluss anderer Unternehmen von der Informationsmöglichkeit droht ebenfalls nicht. Das Medienrecht trägt solchen Gefahren vielmehr ausdrücklich Rechnung, insbesondere durch die Regelung über die Kurzberichterstattung und die Übertragung von Großereignissen.[227]

c. Kapazität und Verteilungsmaßstab

843 Reicht die insgesamt zur Verfügung stehende Kapazität des Netzes oder der Infrastruktureinrichtung nicht zur Berücksichtigung aller Unternehmen aus, die an einer Nutzung interessiert sind, so ist der Betreiber nicht verpflichtet, seine Einrichtung entsprechend zu erweitern.[228] Die fehlende Kapazität ist im Grundsatz als Rechtfertigungsgrund anerkannt, der ein missbräuchliches Handeln ausschließt. Die näheren Einzelheiten sind im Rahmen des § 19 Abs. 4 Nr. 4 GWB noch nicht geklärt.

844 Gewisse Anhaltspunkte lassen sich aus der Judikatur zu § 20 GWB bzw. zu der Frage gewinnen, welchen Maßstäben der Veranstalter einer Messe bei der Vergabe von Messeständen unterliegt, wenn der als Messegelände zur Verfügung stehende Platz begrenzt ist. Danach steht dem Messeveranstalter ein weiter

222 EuGH vom 26. 11. 1998 (Bronner) – Rs. C-7/97, Slg. 1998 I, 7791 ff. Rn. 41.
223 Amtliche Begründung zu § 19 Abs. 4 Nr. 4 GWB, BT-Drucks. 13/9720, S. 79 f.
224 *Möschel* in Immenga/Mestmäcker, § 19 GWB Rdnr. 194 mwN.
225 *Körber/Zagouras* WuW 2004, 1144, 1153 f.
226 Siehe Rdnr. 1223 ff.
227 §§ 5, 5a RStV (= § 4 RStV-E). Siehe Rdnr. 1412 ff., 1422 ff.
228 *Möschel* in Immenga/Mestmäcker, § 19 GWB Rdnr. 206 mwN.

unternehmerischer Ermessensspielraum darüber zu, von welchen sachlichen Verteilungskriterien er die Vergabe abhängig macht.[229] Er kann sein unternehmerisches Verhalten so ausgestalten, wie er es für wirtschaftlich richtig und sinnvoll hält,[230] sofern er nur objektive und nachvollziehbare Kriterien für die Vergabe entwickelt und diese willkürfrei handhabt.[231] Die Zielrichtung des GWB steht allerdings tendenziell allen Auswahlmaßstäben entgegen, die sich im Ergebnis so auswirken, dass unternehmerischen Newcomern der Marktzutritt von vornherein erschwert und so u.U. Wettbewerb beschränkt wird. Es ist aber beispielsweise dem Veranstalter einer Kunstmesse erlaubt, die Auswahl in qualitativer Hinsicht durch einen Ausschuss hochrangiger Fachleute der Kunstszene vornehmen zu lassen und danach die qualitätsschwächeren Bewerber nach einem Rotationsprinzip zuzulassen.[232]

Ob auch dem **Betreiber eines Breitbandkabelnetzes** ein entsprechendes Widmungsrecht zusteht, aufgrund dessen er beispielsweise festlegen könnte, in welchem Umfang das Kabelnetz zur Rundfunkübertragung genutzt und inwieweit es für andere Zwecke zur Verfügung stehen soll, ist umstritten[233] und gerichtlich bislang noch nicht hinreichend geklärt.[234] Ebenso ist die Frage, ob das Grundrecht der Informations- und Meinungsfreiheit im Verhältnis zwischen Unternehmen einen Anspruch auf Durchleitung eines Pay-TV-Programms begründen kann, vom Kartellsenat des BGH in einer früheren Entscheidung bewusst offengelassen worden.[235] 845

3. Diskriminieren, Behindern

Das Kartellrecht trifft schließlich noch eine ergänzende weitere Regelung (§ 20 GWB). Sie ist nicht auf marktbeherrschende Unternehmen beschränkt, sondern erfasst zusätzlich auch „marktstarke", d.h. solche Unternehmen, die Mitglieder von Kartellen sind oder Preise binden oder von denen kleine oder mittlere Unternehmen in bestimmter Weise abhängig sind. Aus Sicht des Medienrechts ist 846

229 OLG Frankfurt vom 13.4. 1989 (Kunstmesse Art Frankfurt), GRUR 1989, 777, 779.
230 BGH vom 16.12. 1986 (Belieferungswürdige Verkaufsstellen II), WuW 1987, 653, 659 = WuW/E BGH 2351, 2357 mwN.; OLG Hamburg vom 6.8. 1998 (Dentalmesse), WUW 1998, 1209, 1210 = WuW/E DE-R 213, 214.
231 OLG Düsseldorf vom 30.7. 1987 (ART COLOGNE), WuW 1988, 883, 886 = WuW/E OLG 4173, 4176; OLG Frankfurt vom 13.4. 1989 (Kunstmesse Art Frankfurt), GRUR 1989, 777, 780; OLG Hamburg vom 6.8. 1998 (Dentalmesse), WUW 1998, 1209, 1210 = WuW/E DE-R 213, 214.
232 OLG Düsseldorf (ART COLOGNE), WUW 1988, 883, 886ff. = WuW/E OLG 4173, 4176ff.
233 Dazu *Schütz*, Kommunikationsrecht, Rn. 441ff. mwN.
234 VG Berlin vom 12.8. 1997, MMR 1998, 164, 165 hat ein derartiges Widmungsrecht bejaht; dazu *Müller-Using/Lücke* MMR 1998, 168.
235 BGH vom 19.3. 1996 (Pay-TV-Durchleitung), WuW 1996, 728, 731f. = WuW/E BGH 3058, 3061f.

hervorzuheben, dass **preisbindende Presseunternehmen** durchweg erfasst werden.

847 Den betroffenen Unternehmen ist es insbesondere untersagt, andere Unternehmen zu **diskriminieren oder zu behindern**. Sie dürfen also weder Konkurrenten unmittelbar noch mittelbar unbillig behindern, noch Lieferanten oder Abnehmer ohne sachlich gerechtfertigten Grund gegenüber gleichartigen Unternehmen unterschiedlich behandeln. Dabei ist zu beachten, dass vor allem das Diskriminierungsverbot einen Anspruch auf Belieferung bzw. auf Vertragsschluss begründen kann.[236] In Bezug auf die Medien kann sich daraus die Frage ergeben, ob von einem marktbeherrschenden oder marktstarken Medienunternehmen verlangt werden kann, dass es über den Anspruchsteller berichtet oder seine Werbeanzeigen gegen Entgelt akzeptiert. Ob das unternehmerische Verhalten unbillig oder sachlich gerechtfertigt ist, beurteilt sich anhand einer Abwägung der im Einzelfall berührten Interessen, wobei der Zweck des GWB – die Sicherung der Freiheit des Wettbewerbs – zu berücksichtigen ist.[237] Unbilligkeit kommt etwa in Betracht, wenn ein Marktteilnehmer ein erstrebtes Ziel auch durch die Wahl milderer, den Wettbewerb weniger beeinträchtigender Mittel erreichen könnte.[238] Die an die Rechtfertigung zu stellenden Anforderungen werden umso größer, je stärker die involvierte Marktmacht ist und je geringer demzufolge die Ausweichmöglichkeiten der benachteiligten Unternehmen sind.

848 Das LG Leipzig hat in der **Rettungsambulanz Werdau-Entscheidung** einen Anspruch jedenfalls insoweit abgelehnt, als der Anspruchsteller eine Berücksichtigung im redaktionellen Teil beanspruchte (siehe Rdnr. 562). Eine Ungleichbehandlung des Antragsstellers sei nicht unbillig im Sinne der Vorschrift, weil eine entsprechende Verpflichtung der Zeitung gegen deren verfassungsrechtliche Programmfreiheit verstoßen würde.[239] In solchen Konstellationen geht es eben primär um Fragen des publizistischen Wettbewerbs. Zur Frage, ob dieselben Überlegungen auch für den Abdruck entgeltlicher Werbeanzeigen gelten, musste das Gericht nicht Stellung beziehen. Es liegt nahe, § 20 GWB jedenfalls auf kommerzielle Werbeanzeigen anzuwenden, die keinen meinungsbildenden Charakter haben (siehe Rdnr. 565f.).

---

236 Die Rspr. leitet den Anspruch aus dem Schadensersatzanspruch ab, BGH vom 26.10. 1961 (Gummistrümpfe), BGHZ 36, 91, 100; BGH vom 12.5. 1998 (Depotkosmetik), WuW 1998, 1202, 1204f. = WuW/E DE-R 206, 208f. A.A. (verschuldensunabhängiger Unterlassungsanspruch) *Kilian* ZHR 142, 453, 480ff.; *Markert* in Immenga/ Mestmäcker, § 20 GWB Rdnr. 228.

237 Z.B. BGH vom 27.9. 1962 (Treuhandbüro), BGHZ 38, 90, 102.

238 BGH vom 22.9. 1981 (Original-VW-Ersatzteile), BGHZ 81, 322, 331ff.

239 LG Leipzig vom 23.7. 2004 (Rettungsambulanz Werdau), AfP 2004, 577, 578.

E. Fusionskontrolle, vorherrschende Meinungsmacht

Erlangt ein Medienunternehmen eine dominante oder sogar eine Monopolstellung, so gefährdet dies sowohl den ökonomischen als auch den publizistischen Wettbewerb. Das Kartellrecht wirkt dem Entstehen solcher Positionen nicht generell, sondern nur im Rahmen der Fusionskontrolle entgegen, die bestimmte Grundlagen des ökonomischen Wettbewerbs sichert. Für Fusionen im Bereich der Telemedien gilt es in vollem Umfang, während für Pressefusionen einzelne Besonderheiten zu beachten sind. In Bezug auf Fernsehunternehmen gelten nochmals andere Anforderungen. Hier greift die kartellrechtliche Fusionskontrolle ebenfalls ein, sie wird jedoch durch eigenständige rundfunkrechtliche Regelungen zum Schutz vor vorherrschender Meinungsmacht ergänzt. 849

I. Kartellrechtliche Grundanforderungen

Das Kartellrecht unterwirft den Zusammenschluss von Unternehmen der Fusionskontrolle.[240] Wettbewerb soll nicht dadurch eingeschränkt oder ausgeschlossen werden, dass sich die Konkurrenten einander einverleiben. Die Fusionskontrolle **bekämpft fusionsbedingte Verschlechterungen der Marktstruktur** bzw. der „Wettbewerbsbedingungen“, unter denen mit wirksamem Wettbewerb gerechnet werden kann.[241] 850

Die Fusionskontrolle bezieht sich allein auf externes Wachstum, d.h. auf den **Zusammenschluss von Unternehmen**. Internem Wachstum wirkt das Kartellrecht nicht entgegen, sondern begnügt sich damit, marktbeherrschende Unternehmen strengen Missbrauchsmaßstäben zu unterwerfen. Ebenso kennt das Kartellrecht keinen Tatbestand für die Zerschlagung oder Entflechtung von Unternehmensverbindungen. Die Fusionskontrolle erfasst im Übrigen nur gewisse Formen von Unternehmenszusammenschlüssen, d.h. nur bestimmte Fusionstatbestände, die vom Gesetz abschließend normiert worden sind (§37 GWB). Außerdem werden nur solche Fusionen kontrolliert, bei denen die beteiligten Unternehmen zusammen eine bestimmte Größe (Umsatzerlöse) erreichen (§§35 Abs.1, 38 GWB). Die Fusion muss vor Vollzug beim Bundeskartellamt angemeldet werden (§39 Abs.1 GWB). Die Kartellbehörde soll durch die Anzeige informiert und in die Lage versetzt werden, den Zusammenschluss auf seine Zulässigkeit zu überprüfen. 851

240 §§35ff. GWB; VO 139/2004 über Fusionskontrolle. Die folgenden Ausführungen konzentrieren sich auf das deutsche Recht.

241 „... [die] günstige Wettbewerbsstruktur auf allen Teilen des Gemeinsamen Marktes zu sichern und eine Verkrustung der erweiterten Märkte zu verhindern“, Amtliche Begründung zu §§23f. GWB a.F., BT-Drucks. VI/2520, S.16; *Mestmäcker* in Immenga/Mestmäcker, Vor §35 GWB Rdnr.26.

1. Marktabgrenzung

852 Eine zentrale Bedeutung für die Beurteilung von Unternehmensfusionen hat die Marktabgrenzung. Die Klärung, ob der Zusammenschluss von Unternehmen eine marktbeherrschende Stellung begründet oder vertieft, ist nur möglich, wenn deutlich ist, um welchen Markt es überhaupt geht. Man spricht insoweit vom „relevanten" Markt.[242] Er bestimmt sich aufgrund des **„Bedarfsmarktkonzepts"**[243] danach, welche Produkte aus Sicht der Nachfrager miteinander konkurrieren, weil sie funktional untereinander austauschbar sind. Entscheidend für die Abgrenzung sind die Sicht bzw. das Kaufverhalten der Abnehmer. Es stehen solche Anbieter miteinander im Wettbewerb, deren Produkte aus Abnehmersicht miteinander konkurrieren. Wenn der Abnehmer statt des fraglichen Produkts auch mit anderen Angeboten vorlieb nimmt, weil diese aus seiner Sicht mit dem fraglichen Produkt austauschbar sind, dann besteht Wettbewerb. Ist das Produkt dagegen mit keinem anderen austauschbar, dann ist eine Monopolstellung gegeben. Im Einzelnen ist zwischen dem sachlichen, zeitlichen und räumlichen Markt zu trennen. Zu demselben sachlich relevanten Markt gehören sämtliche Produkte, die potenzielle Käufer nach Eigenschaft, Verwendungszweck und Preislage zur Deckung eines bestimmten Bedarfs als austauschbar ansehen.[244] Die betreffenden Produkte müssen ferner auch in zeitlicher und räumlicher Hinsicht miteinander konkurrieren.

853 Ein Hilfskriterium für die Marktabgrenzung ist die so genannte **Kreuzpreiselastizität**, die Aufschluss über die Austauschbarkeit von Gütern aus Sicht der Abnehmer geben kann.[245] Danach sind Güter tendenziell demselben sachlichen Markt zuzuordnen, wenn eine Preiserhöhung der einen Ware dazu führt, dass Abnehmer stattdessen auf die andere Ware ausweichen. Umgekehrt soll es für getrennte Märkte sprechen, wenn Preisveränderungen des einen Produkts keinen Einfluss auf den Absatz des anderen Produkts haben. Die Kreuzpreiselastizität darf freilich nicht als zwingende Regel verstanden werden. Es kann insbesondere sein, dass sich ein Anbieter bewusst von der Preisstrategie des Konkurrenten absetzt, um dadurch neue Kunden zu gewinnen.

854 Das Kartellrecht tendiert generell zu einer **engen Definition** des relevanten Marktes. In Bezug auf Medien gehen sowohl die Kartellbehörden als auch die Gerichte beispielsweise stets davon aus, dass Zeitungen nicht mit dem Rund-

242 § 19 Abs. 2 Satz 1 GWB „sachlich und räumlich relevanten Markt".

243 EuGH vom 9.11. 1983 (Michelin/Kommission) – Rs. 322/81, Slg. 1983, S. 3461 ff. Rn. 37; BGH vom 3.7. 1976 (Vitamin B 12), BGHZ 67, 104, 113 ff.; BGH vom 26.5. 1987 (Inter Mailand-Spiel), BGHZ 101, 100, 103 f.; BGH vom 22.7. 1999 (Flugpreisspaltung), BGHZ 142, 239, 244; siehe auch EG-Kommission, Bekanntmachung zur Definition des relevanten Marktes, WuW 1998, 261 ff.

244 Art. 1 lit. a VO 2790/1999 über Vertikalvereinbarungen; BGH vom 25.6. 1985 (Edelstahlbestecke), WuW 1985, 974, 977 = WuW/E BGH 2150, 2153; BGH vom 22.9. 1987 (Gruner & Jahr/Zeit II), GRUR 1988, 323, 324 f.

245 *Möschel* in Immenga/Mestmäcker, § 19 GWB Rdnr. 33; *I. Schmidt*, Wettbewerbspolitik und Kartellrecht, 7. Auflage 2001, S. 50 f. beide jeweils mwN.

funk und den Telemedien in Wettbewerb stehen.[246] Für das Kartellrecht erklärt sich dies daraus, dass bereits der Pressemarkt als solcher möglichst von marktbeherrschenden Unternehmen freigehalten werden soll. Zugleich sprechen auch die jeweils unterschiedlichen Informationsweisen der einzelnen Medien und die mit ihnen verbundenen Unterschiede im Benutzerverhalten für diese Linie.[247]

Die Enge und Einzelheiten der Marktabgrenzung lassen sich am Beispiel der **Zeitungsmarkt München-Entscheidung** illustrieren. Im Streitfall wollte der Eigentümer der „Bild"-Zeitung Anteile an einem Unternehmen erwerben, das Tageszeitungen mit regionaler und lokaler Berichterstattung in der Region München verlegte. Die Tageszeitung „Bild" hatte seinerzeit bei den Straßenverkaufszeitungen bundesweit einen Marktanteil von 75% und war im überwiegenden Teil Deutschlands keinem Wettbewerb von Straßenverkaufszeitungen ausgesetzt. Nur auf wenigen – wenn auch bedeutsamen – Regionalmärkten (Berlin, Düsseldorf, Frankfurt, Köln/Bonn, München) stand sie in Wettbewerb zu lokalen Verkaufszeitungen, dem sie durch die Herausgabe von Regionalausgaben der „Bild"-Zeitung begegnete. Wenn nun „Bild" allein mit anderen Straßenverkaufszeitungen in der Region München konkurriert hätte, dann wäre eine marktbeherrschende Stellung zumindest begründet worden und die Fusion unzulässig gewesen. Wenn „Bild" dagegen auch mit sämtlichen überregionalen, regionalen und lokalen Tageszeitungen und sowohl mit Straßenverkaufs- als auch mit Abonnementzeitungen in Konkurrenz gestanden hätte, dann wäre eine marktbeherrschende Stellung wohl abzulehnen und die Fusion zulässig gewesen. Der BGH hielt die enge Betrachtung für maßgeblich.[248] Er nahm in Bezug auf die Leserschaft an, dass Straßenverkaufszeitungen einen eigenen sachlichen Markt bilden, da sie nicht denselben Bedarf ansprechen wie andere Zeitungen. Sie zielten auf „völlig andersartige" Bedürfnisse als Sonntagszeitungen, Wochenzeitungen und die verschiedenen Arten von Zeitschriften. Zugleich sei in Bezug auf Tageszeitungen davon auszugehen, dass die Straßenverkaufszeitungen und die Abonnementzeitungen jeweils eigene Märkte bildeten, weil sich diese Zeitungen in der Breite und Tiefe der Berichterstattung, in der Art der Darstellung und in den Nachrichten- und Berichtsschwerpunkten wesentlich voneinander unterschieden. Sie dienten also unterschiedlichen Bedürfnissen und würden demgemäß von einem sehr erheblichen Teil der Nachfrage gegeneinander nicht ohne weiteres als funktionell austauschbar angesehen. 855

2. Begründung oder Verstärkung marktbeherrschender Stellung

Der Zusammenschluss von Unternehmen ist zu untersagen, wenn zu erwarten ist, dass er eine **marktbeherrschende Stellung begründet oder verstärkt** (§ 36 Abs. 1 GWB). Ein Unternehmen ist marktbeherrschend, wenn es ohne Wettbewerber oder keinem wesentlichen Wettbewerb ausgesetzt ist (§ 19 Abs. 2 Nr. 1 GWB) oder eine im Verhältnis zu seinen Wettbewerbern überragende Marktstellung hat (§ 19 Abs. 2 Nr. 2 GWB).[249] Die „Begründung" einer marktbeherr- 856

246 *Möschel* in Immenga/Mestmäcker, § 19 GWB Rdnr. 30 mwN. in Bezug auf den Lesermarkt.
247 Siehe dazu Rdnr. 905ff.
248 BGH vom 29. 9. 1981 (Zeitungsmarkt München), BGHZ 82, 1, 3ff.; dazu zustimmend *Hesse* LM GWB § 24 Nr. 10.
249 Nach EuGH vom 9. 11. 1983 (Michelin/Kommission) – Rs. 322/81, Slg. 1983, S. 3461ff.

schenden Stellung lässt diese erstmals entstehen. Eine „Verstärkung" einer bereits bestehenden Marktbeherrschung setzt voraus, dass der Marktbeherrscher den Wirkungsmechanismen des Wettbewerbs in noch höherem Maße ausweichen kann, als dies vor dem Zusammenschluss der Fall war.[250] Die bloße Erwartung einer entsprechenden Wettbewerbsveränderung reicht bereits aus, so dass nicht vorhersehbare spätere Veränderungen keine Rolle spielen. Die Voraussetzung belastet die Rechtsanwendung mit einer Prognose, die naturgemäß erhebliche Unwägbarkeiten mit sich bringt. Die Praxis greift insoweit möglichst auf Erfahrungsregeln zurück. Sie geht beispielsweise davon aus, dass bei einem Zusammenschluss von Konkurrenten in der Regel eine Addition ihrer Marktanteile und Umsätze zu erwarten ist, weil das zusammengeschlossene Unternehmen zumindest denselben Marktanteil und dieselben Umsätze wie die beiden zuvor selbstständigen Unternehmen erreichen wird.

857 Die Begründung oder Verstärkung einer marktbeherrschenden Stellung kann sich auch aus **vertikalen Zusammenschlüssen**, d.h. durch eine Fusion von Unternehmen verschiedener Wirtschaftsstufen ergeben. Das ist etwa denkbar, wenn ein Hersteller Vertriebsunternehmen erwirbt, über die er sein Produkt besser als zuvor absetzen kann. So wurde beispielsweise dem Springer Verlag der Erwerb von Anteilen an einem Buch- und Zeitschriftenhandelsunternehmen untersagt, weil er dadurch in der Lage gewesen wäre, die Präsenz seiner bereits marktbeherrschenden „Bild"-Zeitung in Bahnhofsbuchhandlungen durch Verkaufsförderungsmaßnahmen „akzentuiert in den Vordergrund zu rücken" und ein konkurrierendes Blatt in den Hintergrund zu drängen.[251]

3. Abwägungsklausel, Ministererlaubnis

858 Ein Zusammenschluss, der eine marktbeherrschende Stellung begründet oder verstärkt, ist gleichwohl nicht zu untersagen, wenn die beteiligten Unternehmen nachweisen, dass durch den Zusammenschluss auch **Verbesserungen der Wettbewerbsbedingungen** eintreten und dass diese Verbesserungen die Nachteile der Marktbeherrschung überwiegen („Abwägungsklausel", §36 Abs.1 a.E. GWB). Die Vorschrift soll dem Bundeskartellamt die Möglichkeit eröffnen, die positiven und negativen Aspekte eines Zusammenschlusses gegeneinander abzuwägen und bei einem Überwiegen der positiven Aspekte auf ein Verbot des Zusammenschlusses zu verzichten. Es kommt dabei jedoch allein auf die Wettbewerbsbedingungen an. Sonstige öffentliche Interessen und namentlich medienpolitische Interessen dürfen nicht berücksichtigt werden.

Rn.30 hat ein Unternehmen eine marktbeherrschende Stellung erlangt, wenn es aufgrund einer wirtschaftlichen Machtstellung sein Verhalten auf dem relevanten Markt gegenüber seinen Wettbewerbern sowie seinen Abnehmern und Lieferanten in nennenswertem Umfang unabhängig gestalten kann.

250 BGH vom 18.12. 1979 (Elbe Wochenblatt I), BGHZ 76, 55, 73 mwN.

251 KG vom 28.10. 1998 (ASV/Stilke), WuW 1999, 500, 505 = WuW/E DE-R 270, 275.

Eine Zulässigkeit der Fusion kommt insbesondere in Betracht, wenn der Zusammenschluss dazu führt, dass dem bisherigen Marktführer durch das neu entstandene Unternehmen wirkungsvolle Konkurrenz entsteht. Deshalb kann z.B. ein Zusammenschluss zulässig sein, der dazu angetan ist, die gefährdete Position einer Zweitzeitung gegenüber der übermächtigen Erstzeitung zu sichern.[252] 859

Hat das Bundeskartellamt die Fusion untersagt, so kann der Zusammenschluss vom Bundesminister für Wirtschaft erlaubt werden („Ministererlaubnis", §42 GWB). Die Erlaubnis setzt voraus, dass entweder die Wettbewerbsbeschränkung im Einzelfall von den gesamtwirtschaftlichen Vorteilen des Zusammenschlusses aufgewogen wird oder dass ein überragendes Interesse der Allgemeinheit an der Fusion besteht.[253] Ob auch medienpolitische Überlegungen die Erlaubnis rechtfertigen können, ist bislang offen. Das besondere Bedürfnis nach Staatsfreiheit der Medien mahnt insoweit zumindest zu äußerster Zurückhaltung.[254] Eine nennenswerte praktische Bedeutung hat die Ministererlaubnis bislang nicht erlangt. 860

II. Presse

1. Besondere und allgemeine Anforderungen

Das GWB enthält Sonderbestimmungen für Fusionen von Unternehmen, die „**Zeitungen**" oder „**Zeitschriften**" verlegen, herstellen oder vertreiben. Erfasst werden allein periodische Druckschriften mit laufender Berichterstattung.[255] Aufgrund des engen Zusammenhangs von Leser- und Anzeigenmarkt können auch Anzeigenblätter mit einem nicht ganz nebensächlichen redaktionellen Teil Zeitungen im Sinne dieser Vorschriften sein.[256] 861

Die Sonderregelungen für Pressefusionen betreffen die sozusagen technische Anwendbarkeit der Fusionskontrollregeln. Zum einen ist bei der Fusion von Presse- oder Rundfunkunternehmen bei der Berechnung der Umsatzerlöse das **Zwanzigfache der Umsatzerlöse** in Ansatz zu bringen (§38 Abs. 3 GWB). Zum anderen gilt für Pressefusionen eine andere **Bagatellregelung** (§35 Abs. 2 Satz 2 GWB). Die Vorschriften bewirken, dass bei einer Fusion von Presseunternehmen bereits Zusammenschlüsse kontrolliert werden, die bei vergleichbaren Fusionen von Unternehmen anderer Branchen als ökonomisch unbedeutend ange- 862

252 BGH vom 8.2. 1994 (Anzeigenblätter II), WuW 1994, 447, 450 = WuW/E BGH 2899, 2902.
253 Eingehende Grundsatzkritik an §42 GWB übt *Engel* ZWeR 2003, 448, 468ff., in dessen Augen viel dafür spricht, dass die Vorschrift u.a. wegen übergroßer Unbestimmtheit insgesamt verfassungswidrig ist.
254 Siehe *Engel* ZWeR 2003, 448, 473ff.
255 *Mestmäcker/Veelken* in Immenga/Mestmäcker, §38 GWB Rdnr. 28 mwN.
256 BGH vom 10.11. 1987 (Singener Wochenblatt), BGHZ 102, 180, 190f. mwN.; BGH vom 18.12. 1979 (Elbe Wochenblatt I), BGHZ 76, 55, 74f.

sehen und daher nicht überprüft würden. Der Gesetzgeber ging 1973 bei Schaffung dieser Vorschriften davon aus, dass auf dem Pressesektor weitgehend mittlere und kleine Unternehmen tätig seien und es „in besonderem Maße auf die Vielfalt des Angebots auch im regionalen und lokalen Bereich" ankomme.[257] Die auf den Zusammenschluss von Großunternehmen zugeschnittene Fusionskontrolle wurde daher als anpassungsbedürftig angesehen.

863 Weitere Sonderbestimmungen für Pressefusionen enthält das GWB nicht. Die Rechtsprechung betont dementsprechend, dass es keine sonstigen medien- bzw. presserechtlich motivierten Sondermaßstäbe gebe. Insbesondere ist die Frage, ob der Zusammenschluss die Begründung oder Verstärkung einer marktbeherrschenden Stellung erwarten lässt, nach denselben Maßstäben zu beurteilen, die auch für andere Branchen gelten.[258] Maßgebend ist allein, **welche Folgen die Fusion für den ökonomischen Wettbewerb** haben wird. Darauf, welchen Beitrag die fusionierenden Unternehmen zur Meinungsbildung leisten bzw. welche Folgen der Zusammenschluss auf den publizistischen Wettbewerb haben wird, kommt es nach höchstrichterlicher Judikatur nicht an.[259]

2. Anzeigen- und Lesermarkt

864 Für die Marktabgrenzung im Pressebereich ist im Ausgangspunkt zwischen Anzeigenmarkt und Lesermarkt zu trennen,[260] die von den Gerichten unterschiedlich definiert und behandelt werden. Für den **Anzeigenmarkt** wird nach Inhalt und Regionalität der Werbenachfrage und räumlicher und qualitativer Differenzierung des Werbeträgers getrennt.[261] Man unterscheidet u.a. zwischen lokalen, regionalen und überregionalen Anzeigen und zwischen unterschiedlichen Werbeinhalten, etwa zwischen Stellen- und Einzelhandelsangeboten. Im Ergebnis wird der relevante Anzeigenmarkt eng definiert. Das Bundeskartellamt sieht beispielsweise überregionale Stellenanzeigen in Abonnementtageszeitungen für Fach- und Führungskräfte als eigenen Anzeigenmarkt an.[262]

865 Für den **Lesermarkt** wird streng nach dem Zuschnitt der betreffenden Zeitungen unterschieden.[263] Zum Beispiel ist zwischen Tageszeitungen und poli-

257 Amtliche Begründung zu §§23 Abs.1 Satz 7, 24 Abs.9 GWB a.F. (= §§38 Abs.3, 35 Abs.2 Satz 2 GWB), BT-Drucks. 7/2954, S.5. Die Regelungen sind nach BVerfG vom 29.8. 1983 (Münchner Anzeigenblätter), WuW 1985, 347 = WuW/E VG 307 verfassungsgemäß und haben „keine Sonderkriterien spezifisch publizistischen Wettbewerbs eingeführt, sondern ... lediglich spezifische Anpassungen an Sonderstrukturen der Pressemärkte gebracht".

258 BGH vom 18.12. 1979 (Elbe Wochenblatt I), BGHZ 76, 55, 65, 72.

259 BGH vom 18.12. 1979 (Elbe Wochenblatt I), BGHZ 76, 55, 65.

260 Überblick zur Marktabgrenzung im Pressebereich bei *Mestmäcker* in Immenga/Mestmäcker, Vor §35 GWB Rdnr.49f. mwN.

261 Zu Einzelheiten *Möschel* in Immenga/Mestmäcker, §19 GWB Rdnr.31 mwN.

262 BKartA vom 26.1. 1999 (Stellenmarkt für Deutschland), WuW 1999, 528, 530 = WuW/E DE-V 100, 102.

263 Zu Einzelheiten *Möschel* in Immenga/Mestmäcker, §19 GWB Rdnr.30 mwN.

tischen Wochenzeitungen zu trennen, weil Tageszeitungen stärker der Aktualität verpflichtet sind.[264] Straßenverkaufszeitungen bewegen sich auf anderen Märkten als Abonnementzeitungen und als Sonntagszeitungen, Wochenzeitungen und Fachzeitschriften.[265] Wichtig ist ferner die Unterscheidung von Zeitungen mit lokalem und regionalem Zuschnitt einerseits und andererseits Zeitungen mit überregionaler Berichterstattung. Regionale Abonnementtageszeitungen befriedigen das spezifische Bedürfnis des im Verbreitungsgebiet der Zeitung wohnenden Lesers, über die lokal und regional bedeutsamen Ereignisse und Meldungen unterrichtet zu werden. Sie bewegen sich daher in einem anderen Markt als überregional ausgerichtete Blätter.[266]

3. Gesamtbewertung beider Märkte

Anzeigen- und Lesermarkt sind fusionsrechtlich abhängig voneinander zu be- 866
werten, da sich die Stellung auf einem der beiden Märkte auch auf die Stellung auf dem jeweils anderen Markt auswirken kann (zur „Auflagen-Anzeigen-Spirale" siehe Rdnr. 719).[267] Die Prüfung, ob die Fusion negative wettbewerbliche Effekte im Sinne von § 36 Abs. 1 GWB erwarten lässt, muss daher **auf beide Märkte zusammen** abstellen.[268] Maßgebend ist die Gesamtschau bei Berücksichtigung der konkreten Auswirkungen auf die im Streitfall betroffenen Märkte. Eine marktbeherrschende Stellung eines Presseunternehmens kann im Einzelfall bereits in Betracht kommen, wenn eine entsprechende Entwicklung nur auf einem der beiden Märkte zu erwarten ist.[269] Eine zwingende Regel ist dies jedoch nicht.

Die Beurteilung kann beispielsweise von der **Art der Finanzierung** bzw. da- 867
von abhängen, in welchem Ausmaß sich das betroffene Unternehmen, seine Konkurrenten und die jeweiligen Zeitungen und Zeitschriften durch Verkaufs- oder Anzeigenerlöse finanzieren. Ein weiteres Kriterium kann eine starke **Bindung des Lesers an „seine" Zeitung** sein. Zu beachten ist u. U. auch die **„Profilierung" der betreffenden Zeitungen auf dem Markt.** Ein Erwerb von Anteilen an einem Unternehmen,[270] das eine beherrschende Stellung auf dem Lesermarkt hat, muss nicht unbedingt dazu führen, dass der Erwerber des Unternehmensanteils nun seinerseits eine stärkere Position auf dem betroffenen Lesermarkt erlangt. Beispielsweise werden profilierte Blätter, etwa „Stern", „Zeit" und

---

264 BGH vom 2. 10. 1984 (Gruner & Jahr I), BGHZ 92, 223, 238 f.
265 BGH vom 29. 9. 1981 (Zeitungsmarkt München), BGHZ 82, 1, 4 f. Siehe Rdnr. 855.
266 Statt vieler OLG Düsseldorf vom 27. 10. 2004 (Tagesspiegel/Berliner Zeitung II), WuW 2004, 1301, 1302 = WuW/E DE-R 1361, 1362 mwN.
267 BGH vom 18. 12. 1979 (Elbe Wochenblatt I), BGHZ 76, 55, 70; BGH vom 2. 10. 1984 (Gruner & Jahr I), BGHZ 92, 223, 230.
268 BGH vom 18. 12. 1979 (Elbe Wochenblatt I), BGHZ 76, 55, 70.
269 BGH vom 29. 9. 1981 (Zeitungsmarkt München), BGHZ 82, 1, 3 f.
270 Der Erwerb von Anteilen an einem anderen Unternehmen gilt unter den Voraussetzungen von § 37 Abs. 1 Nr. 3 GWB als Unternehmensfusion.

„Spiegel", im Interesse ihres wirtschaftlichen Erfolges jeweils selbstständig unter Wahrung ihrer jeweiligen Besonderheiten geführt. Die Stellung solcher Blätter auf dem Markt wird daher weniger durch unternehmerische Beteiligungsverhältnisse als vielmehr durch die Zahl der erscheinenden Blätter und deren Marktanteil geprägt.[271]

868 Im Streitfall der **Gruner & Jahr I-Entscheidung** hatte die Illustrierte „Stern" eine beherrschende Stellung allein auf dem relevanten Lesermarkt. Das Herausgeberunternehmen wollte über den Erwerb einer Unternehmensbeteiligung Marktanteile auf dem Anzeigenmarkt gewinnen, ohne dadurch jedoch bereits eine zentrale Stellung auf dem Werbemarkt zu erlangen. Der Erwerb dieser Anzeigenmarktanteile ließ nicht erwarten, dass sich auch das Anzeigenaufkommen des „Stern" steigern würde.[272] Eine Beschränkung des Werbemarktes, auf dem sich der „Stern" bewegte, war also nicht zu erwarten und in den Augen der Richter daher auch keine Verstärkung der Stellung auf dem Lesermarkt. Der BGH sah deshalb den Anteilserwerb insoweit als grundsätzlich zulässig an.

III. Rundfunk

1. Überblick

869 Zusammenschlüsse im Bereich des Rundfunks werfen Besonderheiten auf. Sie können **kartellrechtlichen und rundfunkrechtlichen Anforderungen** unterliegen. Die Zulässigkeit der Fusion ist also ggf. materiell-rechtlich nach GWB und RStV zu beurteilen. Verfahrensrechtlich führt sie sowohl zur Einschaltung des BKartA als auch spezieller rundfunkrechtlicher Institutionen, namentlich der Kommission zur Ermittlung der Konzentration im Medienbereich („KEK", §35 Abs. 2 Nr. 1 RStV).

870 Die Existenz zusätzlicher rundfunkrechtlicher Regeln erklärt sich aus der besonderen Bedeutung des Rundfunks.[273] Während für die Presse das Prinzip der geistigen und wirtschaftlichen Konkurrenz gilt, in die die öffentliche Gewalt nicht eingreifen darf, soll der Rundfunk nicht in gleicher Weise dem „freien Spiel der Kräfte" überlassen sein. Der Gesetzgeber ist vielmehr von Verfassungs wegen verpflichtet, eine „positive Ordnung" zu schaffen, die eine Vielfalt der bestehenden Meinungen im Rundfunk in möglichster Breite und Vollständigkeit sicherstellt.[274] Die prominenteste Konsequenz daraus ist die Verpflichtung des Rundfunks auf eine binnenpluralistische Struktur. Sie ist jedoch nicht die einzige Folge. Für den hier interessierenden Zusammenhang ist zu beachten, dass eine bloße Fusionskontrolle zur Verhinderung von Meinungsmacht nicht ausreicht,[275] weil sie beispielsweise internes Wachstum nicht bekämpft.[276] Das

---

271 BGH vom 2.10. 1984 (Gruner & Jahr I), BGHZ 92, 223, 235.
272 BGH vom 2.10. 1984 (Gruner & Jahr I), BGHZ 92, 223, 230ff.
273 Siehe Rdnr. 210ff.
274 BVerfG vom 24.3. 1987 (Baden-Württemberg), BVerfGE 74, 297, 324 mwN.
275 BVerfG vom 4.11. 1986 (Niedersachsen), BVerfGE 73, 118, 172ff.
276 Zu möglichen weiteren, „medienrechtlichen Lücken" der kartellrechtlichen Fusions-

Rundfunkrecht sichert daher die Meinungsvielfalt für den Bereich des Fernsehens noch in weiterer Form ab. Es versucht zu verhindern, dass ein bundesweit tätiges privates Fernsehunternehmen eine **„vorherrschende Meinungsmacht" erlangt** (§§ 26ff. RStV).

Die speziellen rundfunkrechtlichen Regeln statuieren **keine eigentliche Fusionskontrolle.** Sie fragen allein danach, ob ein Unternehmen eine vorherrschende Meinungsmacht erlangt hat. Die einschlägigen Bestimmungen sind also nicht wie das Kartellrecht auf Unternehmenszusammenschlüsse bzw. Fälle des externen Wachstums beschränkt. Sie bekämpfen vielmehr Meinungsmacht als solche, also unabhängig davon, ob sie durch eine Fusion oder in anderer Weise entstanden ist. 871

Unternehmensverbindungen können nicht nur zwischen privaten Sendern, sondern auch zwischen den öffentlich-rechtlichen Anstalten und privaten Rundfunkunternehmen zustande kommen. Der Zusammenschluss eines öffentlich-rechtlichen Senders mit einem privaten Rundfunkunternehmen ist medienrechtlich allerdings problematisch, weil das Rundfunkrecht strikt zwischen dem öffentlich-rechtlichen und dem privaten Rundfunk trennt[277] und ein Mischsystem dem geltenden Medienrecht widersprechen würde.[278] Formen von Kooperationen, Unternehmensbeteiligungen und Zusammenschlüssen zwischen öffentlich-rechtlichen Sendern und privaten Anbietern sind daher nur aufgrund einer entsprechenden gesetzlichen Regelung zulässig. Einzelne Rundfunkgesetze lassen solche Verbindungen unter bestimmten Voraussetzungen zu.[279] 872

2. Kartellrecht

Die kartellrechtlichen Regeln gelten ohne weiteres für den **Zusammenschluss privater Rundfunkunternehmen**. Dabei sind die Umsatzerlöse in gleicher Weise wie bei Pressefusionen zu errechnen und mit dem Zwanzigfachen des eigentlichen Betrages anzusetzen.[280] Sind bei einer – wie auch immer gearteten – „Fusion" eine oder mehrere **öffentlich-rechtliche Anstalten** beteiligt, so ist das Kartellrecht nur anwendbar, sofern die Anstalten in diesem Zusammenhang als „Unternehmen" im Sinne des Kartellrechts anzusehen sind. Denkbar ist das etwa, wenn ein öffentlich-rechtlicher und ein privater Sender ein gemeinsames lokales Radiounternehmen gründen.[281] 873

---

kontrolle *Immenga* ZWeR 2004, 329, 344.

277 §§ 11ff., 20ff. RStV.

278 *Gersdorf*, Grundzüge des Rundfunkrechts, Rn. 324 mwN.; siehe auch BVerfG vom 24. 3. 1987 (Baden-Württemberg), BVerfGE 74, 297, 349f. „klare Trennung der Verantwortungsbereiche".

279 Z.B. § 10 NDR-StV. Überblick zu Kooperations- und Beteiligungsmöglichkeiten öffentlich-rechtlicher Rundfunkanstalten bei Herrmann/*Lausen*, Rundfunkrecht, § 21 Rn. 18ff., 23ff. mwN.

280 § 38 Abs. 3 GWB.

281 BKartA vom 18. 7. 1989 (Radio NRW), WuW 1989, 862ff. = WuW/E BKartA 2396ff.;

874 Die Fusion von Rundfunkunternehmen wirft aus kartellrechtlicher Sicht vor allem Fragen in Bezug auf die **Marktabgrenzung** auf. Dabei ist als Grundregel anzunehmen, dass sich Fernsehen und Hörfunk jeweils auf unterschiedlichen Märkten bewegen.[282] Außerdem sind die Rundfunkmärkte grundsätzlich völlig unabhängig von möglichen Querbeziehungen zu definieren, die zum Printbereich bestehen.

a. Free-TV

875 Rundfunkunternehmen, die sich ausschließlich durch Werbeeinnahmen oder aus Gebühren und Werbeeinnahmen finanzieren (Free-TV), bieten nachfragenden Unternehmen gegen Entgelt Sendezeit für Werbespots an und sind insoweit auf dem **Werbemarkt** tätig. Da Werbung medienspezifisch unterschiedlich wirkt und zugeschnitten sein muss,[283] bewegen sich Fernsehwerbung, Pressewerbung und Hörfunkwerbung jeweils auf eigenen sachlichen Märkten.[284] Die Marktanteile der jeweiligen Rundfunkunternehmen werden anhand der Zuschauer bzw. Zuhörer ermittelt, die sie mit ihren Programmen erreichen.[285]

876 Es ist umstritten, ob es daneben einen vom Werbemarkt zu trennenden, eigenständigen **Zuschauermarkt bzw. Zuhörermarkt** gibt. Ein solcher Markt wird vom BKartA[286] und von gewichtigen Stimmen im Schrifttum[287] zu Recht abgelehnt. Die Sender mögen miteinander auch „allgemein" um Zuschaueranteile konkurrieren, doch geht es insoweit eben nicht um ökonomischen Wettbewerb, auf den sich die kartellrechtlichen Fusionskontrollnormen beschränken. Die Gegenmeinung[288] verkennt, dass potenzielle Kunden bzw. Zuschauer solche Güter, die nicht in Geld bezahlt werden müssen und die in diesem Sinne kostenlos sind, eben nicht nach den Maßstäben von Leistung und Gegenleistung nutzen. Die Regeln des Kartellrechts sind allein auf Marktmechanismen in einem solchen Sinne beschränkt. Die Gegenmeinung trägt außerdem medienrechtspolitische Kriterien in das Kartellrecht hinein, die dort nicht hingehören. Sie will nämlich erreichen, dass eine Fusion, die den Werbemarkt nicht berührt, aber zu

KG vom 26.6. 1991 (Radio NRW), WuW 1992, 51ff. = WuW/E OLG 4811ff.

282 BKartA vom 18.7. 1989 (Radio NRW), WuW 1989, 862, 868 = WuW/E BKartA 2396, 2402.

283 Siehe Rdnr. 621ff.

284 KG vom 24.10. 1979 (Zeitungsmarkt München), WuW 1980, 554, 558 = WuW/E OLG 2228, 2232; BKartA vom 18.7. 1989 (Radio NRW), WuW 1989, 862, 868f. = WuW/E BKartA 2396, 2402f.; KG vom 26.6. 1991 (Radio NRW), WuW 1992, 51, 65 = WuW/E OLG 4811, 4825; EG-Kommission vom 20.9. 1995 (RTL/Veronika/Endemol), WuW 1996, 1029ff. = WuW/E EV 2371ff. Rn. 23.

285 BKartA vom 1.10. 1998 (Premiere), WUW 1999, 47, 49f. = WUW/E DE-V 53, 55f.

286 Inzident BKartA vom 18.7. 1989 (Radio NRW), WuW 1989, 862, 868f. = WuW/E BKartA 2396, 2402f.

287 *Mestmäcker* in Immenga/Mestmäcker, Vor § 35 GWB Rdnr. 79f.; *Parlasca* WuW 1994, 210, 214; *Frey* ZUM 1998, 985, 987f.

288 *Trafkowski*, Medienkartellrecht, 2002, S. 33ff. mwN.

einer hohen Zuschauerquote führt, kartellrechtlich untersagt werden kann. In einem derartigen Fall geht es nicht um ein wirtschaftlich/ökonomisches, sondern ein genuin medienrechtliches Anliegen, das sich allein nach den speziellen Anforderungen der §§ 26 ff. RStV (siehe Rdnr. 881 f.) beurteilen muss.

b. Pay-TV

Der Markt für Rundfunksendungen, die gegen Entgelt empfangen werden können (**Pay-TV**), ist ein eigener sachlicher Markt,[289] weil für ihn andere Wettbewerbsbedingungen bestehen als für das Free-TV. Die Marktabgrenzung ist unabhängig davon, ob das System mit analoger oder digitaler Technik betrieben wird.[290] Die Digitaltechnik kann jedoch zu weiteren, mit dem Pay-TV verbundenen Dienstleistungsmärkten führen.[291] 877

c. Programmbeschaffung

Die Fusion von Medienunternehmen kann auch im Hinblick auf die Programmbeschaffung relevant sein. Zwar sind namentlich Informationen und Nachrichten als solche „frei“,[292] doch muss sendefähiges Programmmaterial, wie zum Beispiel Berichte, Dokumentationen, Spielfilme oder Übertragungen von Ereignissen und Sportveranstaltungen, als solches überhaupt erst hergestellt werden. Es ist zugleich vielfach Gegenstand geistiger Eigentumsrechte, die Programminhalte zur Handelsware werden lassen. Die Beschaffung von Programmmaterial kann daher auch über den Markt erfolgen und unterliegt dann exakt solchen Wettbewerbsmechanismen, die das Kartellrecht schützen möchte.[293] 878

Die **Produktion** von Fernsehprogrammen bildet einen eigenen sachlichen Markt. Berücksichtigt werden dabei nur solche Produktionen, die auf dem Markt angeboten werden und für den Fremdabsatz zur Verfügung stehen. Dementsprechend erfasst der relevante Markt nur unabhängige Fernsehproduktionen.[294] Dabei sind jedoch Eigenproduktionen öffentlich-rechtlicher Veranstalter nicht zu berücksichtigen, soweit sie zur Erfüllung des Programmauftrags hergestellt und nicht auf dem Markt angeboten werden.[295] 879

---

289 BKartA vom 1.10. 1998 (Premiere), WUW 1999, 47, 52f. = WUW/E DE-V 53, 58f.; EG-Kommission vom 27.5. 1998 (Bertelsmann/Kirch/Premiere), WuW 1999, 410ff. = WuW/EU-V 222ff. Rn. 18 mwN.; EG-Kommission vom 9.11. 1994 (Mediaservice), WuW 1995, 331 ff. = WuW/E EV 2231 ff. Rn. 32f.
290 BKartA vom 1.10. 1998 (Premiere), WUW 1999, 47, 52f. = WUW/E DE-V 53, 58f.
291 *Mestmäcker* in Immenga/Mestmäcker, Vor § 35 GWB Rdnr. 82.
292 Siehe Rdnr. 1197ff.
293 BGH vom 14.3. 1990 (Sportübertragungen), BGHZ 110, 371, 385 „Programmbeschaffungsmarkt“.
294 EG-Kommission vom 20.9. 1995 (RTL/Veronica/Endemol), WuW 1996, 1029ff. = WuW/E EV 2371 ff. Rn. 24.
295 *Mestmäcker* in Immenga/Mestmäcker, Vor § 35 GWB Rdnr. 87.

880 Der Handel mit **Programmrechten** bildet ebenfalls einen eigenen sachlichen Markt. Allgemein werden dabei Rechte an Spielfilmen und Sportrechte als jeweils eigene Märkte angesehen.[296] Im Einzelfall können weitere Differenzierungen erforderlich sein.[297]

3. Bundesweites privates Fernsehen

881 Für die Expansionsmöglichkeiten privater Fernsehunternehmen bestehen **im Interesse der Meinungsvielfalt zusätzliche rundfunkrechtliche Grenzen**. Die maßgeblichen Normen sind die **§§26ff. RStV.**[298] Danach dürfen bundesweit tätige private Fernsehunternehmen zwar grundsätzlich eine unbegrenzte Anzahl von Programmen betreiben, aber nur solange sie keine vorherrschende Meinungsmacht erlangen. Die rundfunkrechtlichen Bestimmungen sollen strukturelle Vorkehrungen dafür schaffen, dass unterschiedliche Perspektiven formuliert werden, die Chance unterschiedlicher Sichtweisen im gesamten Mediensystem besteht und der Rezipient entsprechende Wahlmöglichkeiten hat.[299] Sie richten sich gegen das Entstehen und Bestehen vorherrschender Meinungsmacht und sind bereits im Kapitel über den publizistischen Wettbewerb vorgestellt worden (siehe Rdnr. 528ff.).

882 Die §§26ff. RStV sind auf das bundesweite Fernsehen beschränkt. Hörfunk- und andere Medienunternehmen erfassen sie nicht. Ihre Einhaltung ist von der zuständigen Landesmedienanstalt bzw. der KEK vor und nach der Zulassung des Rundfunkunternehmens zu überprüfen.[300] Hat ein Unternehmen eine vorherrschende Meinungsmacht erlangt, so treten unterschiedliche Folgen ein. Die Meinungsmacht des betreffenden Unternehmens wird zum einen zurückgedrängt, indem weiteres Wachstum verhindert bzw. ein unternehmerischer Rückzug aus bestimmten Tätigkeitsfeldern aufgegeben wird. Insbesondere darf dem Unternehmen keine Zulassung für weitere Programme erteilt werden.[301] Daneben können bestimmte weitere Rechtsfolgen eintreten, insbesondere macht die KEK dem Unternehmen Vorschläge zur einvernehmlichen Verbesserung der Meinungsvielfalt.[302] Kommt es daraufhin zu keiner entsprechenden Einigung, so hat die zuständige Landesmedienanstalt Zulassungen von so vielen dem Unternehmen zurechenbaren Programmen zu widerrufen, bis keine vorherrschende Meinungsmacht mehr gegeben ist. Daneben kennt das Rundfunkrecht auch einen direkten Weg, um entstandene Meinungsmacht durch erhöhte Vielfaltsanforderungen zu reduzieren. Dies ist für Veranstalter mit einem Vollprogramm oder einem Spartenprogramm mit dem Schwerpunkt Information von

296 *Mestmäcker* in Immenga/Mestmäcker, Vor §35 GWB Rdnr. 88.
297 BGH vom 14.3. 1990 (Sportübertragungen), BGHZ 110, 371, 384ff. hat beispielsweise einen Markt allgemein für Senderechte an „Sportveranstaltungen" angenommen. Demgegenüber hat BKartA vom 27.8. 1987 (Sportübertragungen), WuW 1988, 79, 84 = WuW/E BKartA 2273, 2278 Fußballspiele als einen Programminhalt angesehen, der nicht durch andere Sportarten austauschbar ist.
298 §39 Satz 2 RStV schließt davon abweichende Regelungen durch Landesrecht aus.
299 Hahn/Vesting/*Trute*, §26 RStV Rn. 29.
300 §35 Abs. 1 Satz 1 RStV.
301 §26 Abs. 3 RStV.
302 §26 Abs. 4 RStV. Zur Einrichtung eines Programmbeirats siehe Rdnr. 530ff.

Bedeutung. Erreicht ein solcher Veranstalter einen Zuschaueranteil von 10%, so hat er unter bestimmten Umständen Sendezeit für unabhängige Dritte einzuräumen (Fensterprogramm).[303]

IV. Mischfusionen

1. Kartellrecht

Zusammenschlüsse zwischen Medienunternehmen unterschiedlicher Sparten, 883 vor allem zwischen Rundfunk- und Presseunternehmen, werfen nochmals andere Fragen auf. Kartellrechtlich sind derartige Fusionen grundsätzlich unproblematisch, da typischerweise **unterschiedliche Märkte betroffen** sind. So wird die Stellung eines Free-TV-Senders auf dem Fernsehwerbemarkt in der Regel nicht berührt, wenn der Sender mit einem Presseunternehmen fusioniert. Insbesondere ist ein möglicher Zuwachs an „Meinungsmacht" aus Sicht des Kartellrechts irrelevant. Der Zusammenschluss kann allerdings auf indirekte Weise zu einer marktbeherrschenden Stellung auf dem bisher bedienten Markt führen, etwa wenn er die Finanzkraft des Senders entscheidend stärkt oder einen Zugang zu Beschaffungs- oder Absatzmärkten verschafft, der für die Wettbewerbsverhältnisse auf dem relevanten Markt wichtig ist (§ 19 Abs. 2 Nr. 2 GWB).[304] Maßgebend ist, ob die Verflechtung bei Gesamtbetrachtung aller maßgebenden Umstände dazu führt, dass ein oder beide Fusionspartner auf den von ihnen jeweils bedienten Märkten zukünftig eine Stellung erlangen, die ihnen einen überragenden Verhaltensspielraum bei der Entwicklung von Marktstrategien oder auch beim Einsatz einzelner Aktionsparameter verschafft.[305]

2. Medienrecht

Dagegen wird über die medienrechtliche Einordnung von Mischfusionen ge- 884 stritten. Manche Stimmen postulieren eine „publizistische Gewaltentrennung" und fordern die strikte Trennung zwischen den einzelnen Medien, um das Entstehen von Meinungsmonopolisierungen von vornherein zu verhindern.[306] Das Verfassungsrecht gibt eine derartige Linie jedoch nicht vor. „Das Grundgesetz verwehrt Presseunternehmen nicht den Zugang zum Rundfunk; der Satz, solche Unternehmen hätten sich im Sinne einer ‚publizistischen Gewaltenteilung' auf

303 § 26 Abs. 5 Satz 1 RStV; *Schlette* ZUM 1999, 802ff.; *Hain* AfP 2000, 329ff. Zur Einräumung von Sendezeit an unabhängige Dritte siehe Rdnr. 532f.

304 Zu den Anforderungen im Einzelnen *Möschel* in Immenga/Mestmäcker, § 19 GWB Rdnr. 52ff. mwN.

305 BGH vom 3.7. 1976 (Vitamin B 12), BGHZ 67, 104, 113; BGH vom 16.12. 1976 (Valium), BGHZ 68, 23, 28ff.; BGH vom 21.2. 1978 (Kfz-Kupplungen), BGHZ 71, 102, 116f.

306 Überblick dazu bei Herrmann/*Lausen*, Rundfunkrecht, § 7 Rn. 108ff., § 21 Rn. 7ff. jeweils mwN.

die Printmedien zu beschränken, ist kein Verfassungsgrundsatz".[307] Die verfassungsrechtliche Gewährleistung freier Meinungsbildung erfordert aber „gesetzliche Vorkehrungen auch dagegen, dass vorherrschende Meinungsbildung sich aus einer Kombination der Einflüsse in Rundfunk und Presse ergibt".[308] Später hat das BVerfG ausdrückliche Regelungen über die Kooperation zwischen WDR und Presse für verfassungsgemäß gehalten, aber im Hinblick auf die häufig anzutreffende Monopolstellung örtlicher Zeitungsverleger zugleich „besondere Vorkehrungen gegen die Entstehung vorherrschender multimedialer Meinungsmacht" verlangt.[309]

885 Der Gesetzgeber hat diesen Anforderungen in **§26 Abs.2 Satz 2 RStV** Rechnung getragen. Durch diese Vorschrift bekämpft er auch Meinungsmacht, die sich nicht durch Veränderungen im Bereich des Fernsehens, sondern durch die Verhältnisse auf einem „**medienrelevanten verwandten Markt**" ergibt. Hat ein Unternehmen auf einem solchen Markt eine beherrschende Stellung im kartellrechtlichen Sinne, so kann eine vorherrschende Meinungsmacht unter bestimmten Voraussetzungen bereits dann zu vermuten sein, wenn das Unternehmen einen Zuschaueranteil von 25% erreicht. Als medienrelevanter verwandter Markt ist jeder Markt zu verstehen, der meinungsrelevante Aktivitäten betrifft, insbesondere kommen Werbung, Hörfunk und Presse sowie Rechte und Produktion im Zusammenhang mit Informationen, Filmen, Sportveranstaltungen und Ereignissen jeder Art in Betracht.[310] Ausschlaggebend ist eine Gesamtbeurteilung der Aktivitäten des Unternehmens im Fernsehen und auf den medienrelevanten verwandten Märkten.[311]

886 Für Mischfusionen unter Beteiligung regional oder lokal ausgerichteter Sender können **landesrechtliche Beschränkungen** gelten.[312]

3. Springer/ProSiebenSat.1-Entscheidungen

887 Der weit diskutierte Springer/ProSiebenSat.1-Fall betrifft einen intermediären Zusammenschluss und hat erstmals zu Entscheidungen sowohl des BKartA als auch der KEK geführt. Im Streitfall ging es um ein unternehmerisches Expansionsvorhaben des Springer-Konzerns.[313] Das Unternehmen ist vor allem im Printbereich national und international tätig. Es ist u.a. Eigentümer der Bild-Zeitung und hat mit diesem Blatt eine beherrschende Stellung auf dem Lesermarkt für Straßenverkaufszeitungen und auf dem bundesweiten Anzeigenmarkt

307 BVerfG vom 4.11. 1986 (Niedersachsen), BVerfGE 73, 118, 175.
308 BVerfG vom 4.11. 1986 (Niedersachsen), BVerfGE 73, 118, 175.
309 BVerfG vom 5.2. 1991 (WDR), BVerfGE 83, 238, 324.
310 Hahn/Vesting/*Trute*, §26 RStV Rn.49.
311 Hahn/Vesting/*Trute*, §26 RStV Rn.50.
312 Überblick dazu bei Herrmann/*Lausen*, Rundfunkrecht, §21 Rn.32 mwN.
313 Zu Einzelheiten des Sachverhalts siehe BKartA vom 19.1. 2006 (Springer/ProSiebenSat.1), WUW 2006, 405ff. = WuW/E DE-V 1163ff.; KEK vom 10.1. 2006 (Springer/ProSiebenSat.1) – KEK 293–1 bis 293–5, S.3ff., abgedruckt unter: http://www.kek-online.de

für Zeitungen. Der Konzern wollte sämtliche Stammaktien der ProSiebenSat.1 Media AG erwerben. Die betreffenden Fernsehsender hatten zusammen einen Zuschaueranteil von 22%. Auf dem Fernsehwerbemarkt hatten sie einen Marktanteil von ca. 44%. Sie waren damit Marktführer und hatten zusammen mit einer anderen Sendergruppe auch eine kollektiv marktbeherrschende Stellung.

Das **BKartA** untersagte das Vorhaben. Der Zusammenschluss des größten deutschen Zeitungsverlags mit dem führenden deutschen TV-Unternehmen führte in seinen Augen zwar nicht zu Marktanteilsadditionen, wohl aber aufgrund **marktübergreifender Effekte** zu Verstärkungen einer kollektiven Marktbeherrschung auf dem Fernsehwerbemarkt sowie der marktbeherrschenden Stellungen auf dem bundesweiten Lesermarkt für Straßenverkaufszeitungen und auf dem bundesweiten Anzeigenmarkt für Tageszeitungen. 888

Auf dem **Fernsehwerbemarkt** bestand zwischen der ProSiebenSat.1- und der RTL-Sendergruppe, die einen ungefähr gleich großen Marktanteil hatte, kein Wettbewerb. Es war auch nicht zu erwarten, dass sich zukünftig Wettbewerb einstellen würde. ProSiebenSat.1 war damit Teil eines marktbeherrschenden Duopols. Diese Marktstellung wäre durch den Zusammenschluss mit Springer noch weiter zementiert worden.[314] U.a. hätte die Fusion cross-mediale Werbekampagnen zwischen ProSiebenSat.1 und der Bild-Zeitung erlaubt, die vorher nicht möglich waren. Zugleich hätte der Zusammenschluss auch die bis dahin bestehende Randsubstitution auf dem bundesweiten Fernsehwerbemarkt durch die Bild-Zeitung entfallen lassen. ProSiebenSat.1 und die RTL-Sendergruppe hätten dann bei der Preisgestaltung für Fernsehwerbung keine Rücksicht mehr auf die Preisgestaltung für Anzeigen in der Bild-Zeitung nehmen müssen, was ihre Duopolstellung weiter verstärkt hätte. 889

Für den **Lesermarkt für Straßenverkaufszeitungen** hätte die Fusion die marktbeherrschende Stellung des Springer-Konzerns verstärkt. Das BKartA rechnete auch insoweit mit gegenseitigen Beeinflussungen zwischen den konglomeraten Märkten.[315] Insbesondere maß es der Möglichkeit der Cross-Promotion abermals wichtige Bedeutung zu. Es handele sich um eine wirtschaftlich und wettbewerblich vorteilhafte Ressource, die bei wirtschaftlich vernünftigem Verhalten auch genutzt werde. Gleiches nahm das BKartA im Ergebnis schließlich auch im Hinblick auf den **Anzeigenmarkt für Zeitungen** an.[316] Hier sei namentlich zu berücksichtigen, dass der Springer-Konzern entgegen dem Branchentrend seine Werbetätigkeit seit 2002 noch ausweiten konnte. Außerdem ermögliche die Fusion cross-mediale Werbekampagnen. Dies erlaube es, die Werbung für Produkte von nichtkonzernzugehörigen Werbetreibenden abgestimmt über mehrere Medien zu vermitteln, was die dominante Stellung der an der Fusion beteiligten Unternehmen auf ihren Werbemärkten nochmals verstärke. 890

Die **KEK** lehnte das Fusionsvorhaben in der beantragten Form nach §26 RStV in einer umstrittenen Entscheidung ebenfalls ab bzw. schlug dem Springer-Kon- 891

314 BKartA vom 19.1. 2006 (Springer/ProSiebenSat.1), WUW 2006, 405, 412f. = WuW/E DE-V 1163, 1170f.; dazu *Kuchinke/Schubert* WuW 2006, 477ff.; *Säcker* K&R 2006, 49ff.; *Bohne* WRP 2006, 540ff.; *Gounalakis/Zagouras* NJW 2006, 1624ff.

315 BKartA vom 19.1. 2006 (Springer/ProSiebenSat.1), WUW 2006, 405, 415f. = WuW/E DE-V 1163, 1173f.

316 BKartA vom 19.1. 2006 (Springer/ProSiebenSat.1), WUW 2006, 405, 418 = WuW/E DE-V 1163, 1176.

zern Auflagen vor, die dieser nicht akzeptierte. Der rechtliche Hauptstreitpunkt dieses Verfahrens ergab sich daraus, dass die beteiligten Fernsehsender einen Zuschaueranteil (ca. 22%) hatten, der unter den in §26 Abs. 2 RStV genannten Größen lag. Die KEK setzte sich darüber hinweg. Sie sah unter Rückgriff auf ihre sonstige Entscheidungspraxis §26 Abs. 1 RStV, der keine Zuschaueranteilszahlen auflistet, als eigenständigen materiellen Eingriffstatbestand an.[317] Dabei sah sie den Zuschaueranteil zwar als Ausgangspunkt und zentrales Kriterium, aber eben nicht als einzigen Indikator für die Feststellung vorherrschender Meinungsmacht an. Es seien vielmehr auch Einflüsse auf die Meinungsbildung durch andere Medien zu berücksichtigen.[318] Für die Einbeziehung anderer Medien bzw. medienrelevanter Märkte komme es darauf an, welchen Grad von „Verwandtschaft" sie mit dem bundesweiten Fernsehen aufwiesen, ob sie also einen mit dem bundesweiten Fernsehen vergleichbaren Meinungseinfluss hätten. Dafür seien vorrangig die Suggestivkraft, die Breitenwirkung und die Aktualität der anderen Medien maßgebend. Die KEK entwickelte in diesem Zusammenhang ein Modell, nach dem sie die Meinungsmacht auf den medienrelevanten Märkten in den Maßstab von Zuschaueranteilen umrechnete. Bei Anwendung dieser Maßstäbe auf den Streitfall gelangte sie zu dem Ergebnis,[319] dass der Springer-Konzern auf den medienrelevanten verwandten Märkten eine erhebliche Meinungsmacht habe. Diese verstärke die Meinungsmacht der ProSiebenSat.1-Gruppe. Die entstehende Meinungsmacht sei insgesamt mit der eines Unternehmens gleichzusetzen, das mit seinen Fernsehprogrammen einen Zuschaueranteil von 42% erreiche. Insgesamt sei daher eine vorherrschende Meinungsmacht im Sinne von §26 Abs. 1 RStV zu bejahen.

892 Die KEK lehnte das Vorhaben unter Rückgriff auf den Rechtsgedanken des §26 Abs. 4 RStV und im Hinblick auf den Verhältnismäßigkeitsgrundsatz nicht endgültig ab, sondern band es an verschiedene Auflagen, die das Eintreten vorherrschender Meinungsmacht durch **vielfaltssichernde Maßnahmen** vermeiden sollten.[320] Dabei stellte sie dem Springer-Konzern mehrere Möglichkeiten zur Wahl. Er hätte auf einen Sender mit hohen Zuschaueranteilen, d.h. entweder auf Sat.1 oder ProSieben verzichten können, oder einen großen Sender binnenplural ausgestalten können. Ebenso wäre eine Verminderung der Marktstellung auf den medienrelevanten Märkten denkbar gewesen. Das Einräumen zusätzlicher Drittsendezeiten oder die Einrichtung eines Programmbeirats hätten dagegen in den Augen der KEK nicht ausgereicht, um dem Entstehen vorherrschender Meinungsmacht ausreichend entgegenzuwirken.

---

317 KEK vom 10.1. 2006 (Springer/ProSiebenSat.1) – KEK 293-1 bis 293-5, S. 70ff. mwN., abgedruckt unter: http://www.kek-online.de; dazu differenzierend *Hain* K&R 2006, 150ff.; kritisch *Bornemann* MMR 2006, 275ff., sowie *ders.* ZUM 2006, 200, 202ff. nach dessen Ansicht die KEK „gefühlte Meinungsmacht" in Eingriffskompetenzen umgerechnet hat; ähnlich *Säcker* K&R 2005, 49ff.

318 KEK vom 10.1. 2006 (Springer/ProSiebenSat.1) – KEK 293-1 bis 293-5, S. 79ff.

319 KEK vom 10.1. 2006 (Springer/ProSiebenSat.1) – KEK 293-1 bis 293-5, S. 81ff.

320 KEK vom 10.1. 2006 (Springer/ProSiebenSat.1) – KEK 293-1 bis 293-5, S. 103ff. Allgemein zu vielfaltssichernden Maßnahmen siehe Rdnr. 528ff.

IV. Teil: Information der Öffentlichkeit

§ 10: Informationsformen und Informationsverhalten

Ausgewählte Literatur

Burkart, Kommunikationswissenschaft, 4. Auflage 2002; *Donsbach*, Objektivität, Tatsachen, Aussagen und Meinung, Bitburger Gespräche Jb 1999/I, S. 49ff.; *Faulstich*, Einführung in die Medienwissenschaft, 2002; *ders.* (Hrsg.), Grundwissen Medien, 4. Auflage 2000; *Feierabend/Klingler*, Was Kinder sehen, MP 2005, 163ff.; *Gerhards/Mende*, Die Offliner – eine homogene Gruppe der Internetverweigerer?, MP 2005, 115ff.; *Gostomzyk*, Die Rechtsrealität der Massenmedien, AfP 2005, 437ff.; *Haller*, Recherche und Nachrichtenproduktion als Konstruktionsprozesse, in: Merten/Schmidt/Weischenberg (Hrsg.), Die Wirklichkeit der Medien, 1994, S. 277ff.; *Kepplinger/Knirsch*, Erlaubte Übertreibungen – Anmerkungen zu den berufsethischen Ursachen des Skandaljournalismus, FS H.Wagner 2002, 265ff.; *dies.*, The Relevance of Weberian Ethics for Contemporary Journalism, European Journal of Communication 16 (2001), 5ff.; *Kepplinger*, (Ab)Bilder – wie Medien Realität produzieren, Communicatio Socialis. Internationale Zeitschrift für Kommunikation in Religion, Kirche und Gesellschaft 37 (2004), 139ff.; *ders.*, Nonverbale Kommunikation und Darstellungseffekte, in: Noelle-Neumann/Schulz/Wilke (Hrsg.), Lexikon Publizistik Massenkommunikation, 2002, S. 363ff.; *Kiefer*, Hörfunk- und Fernsehnutzung, in: Wilke (Hrsg.), Mediengeschichte der Bundesrepublik Deutschland, 1999, S. 426ff.; *Landgrebe*, Wie und warum wir die pluralistische Wirklichkeit vereinfachen, FS Schweizer 1999, 485ff.; *Merten*, Einführung in die Kommunikationswissenschaft, Bd. 1: Grundlagen, 1999; *ders.*, Public Opinion und Public Relations, in: Merten/Schmidt/Weischenberg (Hrsg.), Die Wirklichkeit der Medien, 1994, S. 188ff.; *Pürer*, Publizistik- und Kommunikationswissenschaft, 2003; *Reumann*, Journalistische Darstellungsformen, in: Noelle-Neumann/Schulz/Wilke (Hrsg.), Lexikon Publizistik Massenkommunikation, 2002, S. 91ff.; *Ruhrmann*, Ereignis, Nachricht und Rezipient, in: Merten/Schmidt/Weischenberg (Hrsg.), Die Wirklichkeit der Medien, 1994, S. 237ff.; *Schiewe*, Öffentlichkeit – Entstehung und Wandel in Deutschland, 2004; *Schmidt/Weischenberg*, Mediengattungen, Berichterstattungsmuster, Darstellungsformen, in: Merten/Schmidt/Weischenberg (Hrsg.), Die Wirklichkeit der Medien, 1994, S. 212ff.; *Schulz*, Nutzung von Zeitungen und Zeitschriften, in: Wilke (Hrsg.), Mediengeschichte der Bundesrepublik Deutschland, 1999, S. 401ff. 893

A. Überblick

Das Geschäft und die Aufgabe der Medienunternehmen ist es, dem einzelnen Adressaten und der Öffentlichkeit Dinge mitzuteilen, die sie als solche oder in dieser Form noch nicht kennen. Der unverzichtbare „Rohstoff" dafür sind Informationen, zum Beispiel irgendwie geartete Nachrichten, Beiträge oder Mit- 894 teilungen. Was man rechtlich unter „Information" (informatio = lat.: Bildung, Belehrung, Unterricht) zu verstehen hat, hängt zentral von der jeweiligen juristischen Fragestellung ab.[1] Für das Medienrecht kommt es darauf an, möglichst vielfältige und umfassende Informationsmöglichkeiten zu schaffen, so dass der Einzelne und die Öffentlichkeit sich nach eigener Entscheidung optimal über alles kundig machen können, worüber sie Aufklärung erhalten möchten. Im Einzelnen muss das Medienrecht dazu regeln, welche Möglichkeiten Medien haben, sich Informationen zu beschaffen. Ebenso ist zu entscheiden, ob und in welchem Maß Medien Informationen nutzen, veröffentlichen und zum Gegenstand des Rechtsverkehrs machen dürfen, ferner ob Informationen zutreffen oder nicht zutreffen oder ob sie verfälschend oder sonstwie inhaltlich unzulässig sind. Schließlich macht das Medienrecht die Behandlung von Informationen auch von öffentlichen Informationsinteressen abhängig und trennt auf diese Weise zwischen Informationen mit unterschiedlicher Wichtigkeit.

895 Der Begriff der Information hat für das Medienrecht also verschiedene Bezüge. Er wird im Folgenden als Oberbegriff mit variablen Bedeutungen verwendet und umfasst neben dem „Vorgang" des Informierens auch alle Inhalte, an denen Medienunternehmen ein Interesse haben können, um sie dem Zuschauer, Hörer, Leser oder Nutzer zu übermitteln. In Betracht kommen dafür namentlich **Lebensvorgänge jeder Form**,[2] Ereignisse, Veranstaltungen, Äußerungen, Geräusche etc. Die Kategorie der Information ist dabei nicht auf Dinge mit realem oder tatsächlichem Hintergrund beschränkt, sondern kann auch fiktive oder intellektuelle Vorgänge erfassen, zum Beispiel Fantasiegeschichten. Information ist aber auch alles, was zur **Übermittlung oder Fixierung von Geschehnissen** in Gestalt von Berichten, Bildern, Texten usw. dient. Auch solche Substrate, die das ursprüngliche Ereignis in irgendeiner Form transportieren, sind Gegenstand des Medienrechts und werden hier ebenfalls als „Information" angesehen.

896 Die rechtlichen Anforderungen an Medien und ihre Informationstätigkeit hängen maßgeblich davon ab, in welcher Art und Weise die Medien „informieren". Hier sind zahlreiche Unterschiede zu beachten. Medien nutzen zum einen unterschiedliche **Formen des technischen Informationstransports** bzw. unterschiedliche Kommunikationskanäle. Die Zeitung bedient sich der Schrift und ggf. einzelner Bilder, das Radio informiert durch Töne und gesprochene Worte und das Fernsehen und die Telemedien können schließlich auch in bewegten Bildern informieren. Die Vermittlung, Aufnahme und Wirkung von Informationen hängen weiterhin vom Adressaten- bzw. **Nutzerverhalten und von technischen Merkmalen** ab, die für die einzelnen Medien abermals unterschiedlich

---

1 Zum Grundsatzstreit *Kloepfer*, Informationsrecht, §1 Rn.52ff. mwN. Zu Anforderungen und Unterscheidungen aus informationstheoretischer Sicht *Merten*, Einführung in die Kommunikationswissenschaft, Bd.1, S.148ff. mwN.

2 Vgl. §3 LPrG MV „Nachrichten"; §49 Abs.2 UrhG „Nachrichten tatsächlichen Inhalts", „Tagesneuigkeiten"; §50 UrhG „Tagesereignisse".

sein können. Schließlich kann Information auch noch in verschiedenen **journalistischen Darstellungsformen** stattfinden, etwa in Bericht, Bewertung und Illustration, in rein sachlicher oder personifizierender Darstellung.

Alle diese Unterschiede können auf die rechtliche Beurteilung durchschlagen. 897
Dabei kann im Rahmen von allgemeinen rechtlichen Anforderungen medienspezifisch zu unterscheiden sein, zum Beispiel hat die deliktsrechtliche Auslegung von Äußerungen die „Eigengesetzlichkeiten des jeweils infrage stehenden Mediums" zu berücksichtigen.[3] Gleiches gilt beispielsweise für das Ausmaß, in dem rechtswidrige Medienbeiträge Persönlichkeitsrechte verletzen, für die urheberrechtlichen Schrankenbestimmungen, für werberechtliche Anforderungen und für das Gegendarstellungsrecht. Es gibt andererseits Regeln, die sich speziell auf ein bestimmtes Medium beziehen und im Zusammenhang mit anderen Medien keinen Sinn machen würden. Für das Fernsehen lassen sich beispielsweise jugendschutzrechtliche Beschränkungen mit der Sendezeit verknüpfen,[4] während dieser Weg für das weltweite Medium Internet nicht offensteht.

B. Massenkommunikation und Kommunikationskanäle

Medien können nur in bestimmter Weise mit ihren Lesern und Nutzern kom- 898
munizieren, nämlich im Wege der Massenkommunikation. Sie unterliegt gegenüber der Individualkommunikation von Mensch zu Mensch Besonderheiten.[5] Bei der Massenkommunikation richtet sich ein „Kommunikator" öffentlich an eine Vielzahl von Personen. Dieses Publikum ist für den Kommunikator unüberschaubar, heterogen und anonym. Rückkoppelungen sind in der Regel nicht bzw. nur sehr eingeschränkt möglich, zum Beispiel durch Leserbriefe. Der Kommunikationsprozess ist öffentlich, einseitig und bedarf technischer Hilfsmittel. Die Unterscheidung zwischen Massen- und Individualkommunikation trennt nach der hier vertretenen Ansicht das Medienrecht von anderen Rechtsgebieten bzw. vom „Nichtmedienrecht".[6]

Für den **Multimedia-Bereich** hat sogar der Gesetzgeber selbst der Unterscheidung zwi- 899
schen Individual- und Massenkommunikation rechtliche Bedeutung zugesprochen. Wenn jemand im Internet Texte „an die Allgemeinheit richtet" (= Massenkommunikation), so handelt es sich um Mediendienste (§ 2 Abs. 1 MDStV; siehe Rdnr. 284f.), also um Medienrecht. Angebote im Bereich der „Individualkommunikation", z.B. Telebanking und Datenaustausch, sind dagegen Teledienste (§ 2 Abs. 2 Nr. 1 TDG) und damit kein Gegenstand des Medienrechts.

---

3 BGH vom 10. 12. 1991 (Poller), NJW 1992, 1312, 1313.

4 § 5 Abs. 4 JMStV. Siehe Rdnr. 1686.

5 *Pürer*, Publizistik- und Kommunikationswissenschaft, S. 74ff. mwN.; *Burkart*, Kommunikationswissenschaft, S. 166ff. mwN.

6 Siehe Rdnr. 13f.

900 Für das Äußerungsrecht sind die Besonderheiten der Massenkommunikation u.a. bei der Bestimmung des **Auslegungsmaßstabs** zu beachten. Wird eine Mitteilung im Wege der Massenkommunikation gemacht, so muss es für die Auslegung vornehmlich auf den objektiven Gehalt dieser Mitteilung und das Verständnis der Adressatenschaft, nicht aber auf das abweichende Verständnis Einzelner ankommen.[7]

901 Die unterschiedlichen Wirkungen der Individualkommunikation bzw. der Kommunikation unter Anwesenden einerseits und der Massenkommunikation andererseits erklären auch das Verbot von **Ton- und Filmaufnahmen von Gerichtsverhandlungen.**[8] Es besteht ein wesentlicher Unterschied zwischen der Gerichtsöffentlichkeit, d.h. dem im Saal anwesenden Publikum, und der durch das Fernsehen hergestellten Medienöffentlichkeit, „weil das Publikum selbst die Geschehnisse erlebt und seinerseits von den Verfahrensbeteiligten wahrgenommen und eingeschätzt werden kann".[9] Kurz: Zwischen Gericht und Gerichtsöffentlichkeit findet während der Verhandlung ein direkter kommunikativer Austausch statt, den es bei der Massenkommunkation nicht gibt.

902 Medien nutzen im Rahmen der Massenkommunikation unterschiedliche „Kommunikationskanäle".[10] Dabei sind – je nach Art des betreffenden Mediums – die schriftliche, auditive und visuelle Übermittlung bzw. die Wort-, Ton- und Bildberichterstattung voneinander zu trennen. Darüber hinaus gibt es Kombinationen, zum Beispiel die Wort-/Bildberichterstattung, und weitere Unterscheidungen, etwa die zwischen geprochenen und geschriebenen Wortmitteilungen, zwischen bewegten und unbewegten sowie zwischen vertonten und unvertonten Bildern. Jeder dieser Kommunikationskanäle bringt Besonderheiten mit sich, zum Beispiel für die Verständnismöglichkeiten des Adressaten, die Wirkungen der transportierten Informationen und potenzielle Fehlerquellen. Besonders ausgeprägt sind solche Unterschiede zwischen der Wort- und der Bildberichterstattung. Bilder werden anders wahrgenommen und in Erinnerung behalten als Worte, so dass beide Formen der Informationsübermittlung jeweils eigenen rechtlichen Anforderungen unterliegen.[11]

903 Die Medien sind freilich auf wenige Kommunikationskanäle und damit auf tendenziell unsichere Formen der Informationsübermittlung beschränkt.[12] So kann etwa ein Hörfunkkommentar im Grundsatz nur auf die Möglichkeiten der Sprache setzen und allein nach deren Maßstäben informieren und verstanden

---

7 Siehe Rdnr. 1554ff.

8 § 169 Satz 2 GVG. Siehe Rdnr. 1306ff.

9 BVerfG vom 15.12. 1999 (Caroline von Monaco), BVerfGE 101, 361, 381.

10 Zu den „Kommunikationskanälen" *Pürer*, Publizistik- und Kommunikationswissenschaft, S. 64ff. mwN.; siehe auch *Merten*, Einführung in die Kommunikationswissenschaft, Bd. 1, S. 191.

11 Siehe §§ 16, 17.

12 Nach *Schreiber*, Repetitorium Kommunikationswissenschaft, 3. Auflage 1990, S. 132 wird eine Kommunikation umso präziser, je mehr Kanäle bei ihr jeweils zusammenwirken. Ein besonders ausgeprägtes Beispiel für „Mehrkanalität" und folglich für exakte Informationsübermittlung ist nach *Schreiber* der Kuss, bei dem im „optimalen Fall" der taktile (Berührung), gustatorische (Geschmacksempfindung), olfaktorische (Riechen von Körpergeruch), thermale (Wärmeempfindungen), optische (sektoraler Gesichtsausdruck) und der akustische Informationskanal („typisches Kussgeräusch") beteiligt seien.

werden. Nonverbale Informationen (Gesten, Mimik etc.), die für eine Kommunikation unter Anwesenden ein wichtiger Garant für die richtige Übermittlung und Aufnahme von Informationen sind,[13] stehen ihm nicht zur Verfügung.

Demgegenüber werden im Gespräch unter Menschen nicht isolierte, abstrakte Worte 904
und Sätze wirksam, sondern die verbalen Elemente werden immer von bestimmten Menschen, mit einem charakteristischen Äußeren, einem spezifischen Attraktivitätswert, in einer spezifischen stimmlichen Artikulation, Stimmlage, mit einer spezifischen Mimik, Gestik usw. vorgetragen. Diese nonverbalen „Zusatzinformationen" sind für die psychologische Wirksamkeit der eigentlichen Sachinformationen von zentraler Bedeutung.[14] Nonverbale Kommunikation kann darüber hinaus den Zuhörer auf kommende verbale Information vorbereiten, sein Interesse wecken und aufrechterhalten und die verbale Information unterstützen und ergänzen.[15] Medien müssen dagegen versuchen, solche Effekte auf andere Weise zu erreichen.

C. Rezeptionsmöglichkeiten und Nutzerverhalten

Die einzelnen Medien sind mit unterschiedlichen Rezeptionsmöglichkeiten und 905
Nutzerverhalten verbunden. Dies führt zu weiteren Besonderheiten, die ebenfalls für die rechtliche Beurteilung bedeutsam sein und medienspezifische Unterscheidungen zur Folge haben können.

I. Printmedien

Die Presse arbeitet als Medium primär mit dem Wort, ggf. auch mit Bildern. Sie 906
erlaubt eine stark individuelle Nutzung und ist geradezu prädestiniert für sachbezogene, anspruchsvolle Information. Zugleich verlangt sie eigenes Arbeiten (Lesen) und bietet in besonderer Weise Zugriffs- und Auswahlmöglichkeiten. Der Leser kann Beiträge, die ihn nicht interessieren, einfach und ohne Zeitverlust auslassen. Ebenso ist es ihm beispielsweise möglich, Werbung, die er nicht will, schlicht zu überblättern. In der Medienwissenschaft und im Medienrecht wird weiterhin zwischen Zeitungen und Zeitschriften unterschieden.[16] Beiden ist gegenüber dem Buch gemeinsam, dass sie regelmäßig, d.h. wiederkehrend erscheinen[17] und dadurch für den Prozess der öffentlichen Meinungsbildung besonders wichtig sind. Zeitungen sind durch ihre Zeitnähe und thematische Of-

13 *Bergler/Six*, Psychologie des Fernsehens, Bern 1979, S. 28ff.; *Burkart*, Kommunikationswissenschaft, S. 116ff. mwN.
14 *Bergler/Six*, Psychologie des Fernsehens, Bern 1979, S. 35.
15 *Bergler/Six*, Psychologie des Fernsehens, Bern 1979, S. 32ff.; *Pürer*, Publizistik- und Kommunikationswissenschaft, S. 66 mwN.
16 Siehe Rdnr. 181ff. und z.B. §§ 48 Abs. 1 Nr. 1, 49 Abs. 1, 50 UrhG; zum Pressewesen in Deutschland *Pürer*, Publizistik- und Kommunikationswissenschaft, S. 231ff.
17 Siehe z.B. § 6 Abs. 4 LPrG MV.

fenheit gekennzeichnet, während Zeitschriften durch längere Erscheinungszyklen und thematische Schwerpunktsetzungen gekennzeichnet sind.

907 Die tägliche Nutzungsdauer von Tageszeitungen hat von 160 Minuten (1964) auf 31 Minuten (1995) abgenommen. Das liegt vornehmlich daran, dass die Rezeptionszeiten für die Rundfunkmedien sich im gleichen Zeitraum erheblich vergrößert haben.[18] Kaufzeitungsleser sind stärker unterhaltungsinteressiert, vor allem in Großstädten anzutreffen und bestehen überwiegend aus Facharbeitern oder Arbeitern. Leser der überregionalen Presse oder der Wochenzeitungen sind stärker informationsorientiert und verfügen typischerweise über eine höhere Bildung und höheres Einkommen. Die Akzeptanz von Zeitungen bei Jugendlichen sinkt kontinuierlich.[19]

II. Hörfunk

908 Der Hörfunk kann allein akustische Signale transportieren, also das gesprochene Wort, Musik oder sonstige Töne. Er ist ein ubiquitäres Begleitmedium, ist also überall verfügbar. Fast zwei Drittel der Hörer nutzen das Radio beim Essen, die Hälfte bei der Arbeit und fast ein Drittel beim Autofahren.[20]

909 Für den Hörfunk ist typisch, dass er häufig „unterwegs“ oder „beiläufig“ schlicht eingeschaltet wird, weil der Nutzer „Radio“ hören will. Dann kann dem Hörer ein Programm „drohen“, dass er gar nicht möchte. Hierin liegt in den Augen des US-Supreme Court eine Besonderheit des Rundfunks, die spezielle programmrechtliche Anforderungen rechtfertigt. **FCC v. Pacifica Foundation** betraf die Frage, ob solche Hörfunkbeiträge sanktioniert werden dürfen, die zwar nicht in strafrechtlich relevanter Weise obszön oder pornografisch, aber doch irgendwie anstößig sind. Im Streitfall hatte eine Radiostation wochentags um 14.00 Uhr einen „Filthy Words Monologue“ gesendet, in dem ein gesellschaftskritischer Satiriker seine Gedanken über alle Worte ausbreitete, die man nicht öffentlich sagen dürfe. Daraufhin beschwerte sich u.a. ein Vater, der zu dieser Zeit mit seinem jungen Sohn im Auto unterwegs war und sich Sorgen darüber machte, wie das Gehörte auf sein Kind wirken werde. Die einschlägige rundfunkrechtliche Norm, aufgrund derer die Rundfunkbehörde eingeschritten war, ermächtigte zu Maßnahmen gegenüber Beiträgen, deren Sprache „obscene, indecent or profane“ war. Die Richter hielten die Regelung für legitim. Die Radiozuhörerschaft gehe typischerweise immer wieder einmal in ein Programm hinein und hinaus und sei daher für Hinweise im Programm nicht sicher erreichbar.[21] Außerdem sei das Rundfunkprogramm problemlos für Kinder zugänglich, insbesondere auch für solche Kinder, die noch nicht lesen könnten. Aus diesen Gründen sei es auch verfassungsgemäß, dem Hörfunk insoweit strengere Fesseln anzulegen als beispielsweise der Presse.

---

18 *Schaffrath* in: Faulstich (Hrsg.), Grundwissen Medien, S.449.
19 *Schaffrath* in: Faulstich (Hrsg.), Grundwissen Medien, S.450.
20 *Schäffner* in: Faulstich (Hrsg.), Grundwissen Medien, S.253, 271f.
21 FCC v. Pacifica Foundation, 438 U.S.726, 748f. (1978).

III. Fernsehen

Über das Fernsehen transportierte Informationen sind besonders leicht aufzunehmen und können ungleich stärker als Presseerzeugnisse suggestive Wirkungen erzeugen. Die fast monopolhafte Dominanz des Fernsehens bei den zur Abendzeit genutzten Medien[22] dürfte sich gerade aus dem besonderen Unterhaltungs- und Informationswert von bewegten Bildern erklären. Das Fernsehen ermöglicht ein aktuelles und immer wieder neues Herstellen von Öffentlichkeit und greift dadurch vielfach aktiver und flexibler in die öffentliche Meinungsdiskussion ein als andere Medien oder etwa das Kino, das an sich auf dieselben Kommunikationskanäle setzt. 910

Das Fernsehen hat sich zum **Leitmedium schlechthin** entwickelt. Ihm kommt in den Augen des BVerfG wegen seiner Breitenwirkung, Aktualität und Suggestivkraft besondere Bedeutung unter den Medien zu.[23] Fernsehnutzung hebt sich gegenüber dem Pressekonsum auch dadurch ab, dass sie in höherem Maße massenhaft erfolgt. Fernsehen ist bislang noch ortsgebunden und findet in der guten Stube statt. In Deutschland sieht der Einzelne im Durchschnitt pro Tag ca. 3 Stunden fern. Frauen liegen leicht, Zuschauer in Ostdeutschland und ältere Menschen deutlich über diesem Wert.[24] In der Freizeitgestaltung von Jugendlichen hat das Fernsehen einen zentralen Stellenwert erreicht,[25] den es allerdings zunehmend an den Computer und Videospiele verliert. 911

Fernsehsendungen können bereits aufgrund ihrer besonderen Reichweite einen Betroffenen schwerer verletzen als Beiträge in anderen Medien. Deutlich wird dies in der **Humanbiologischer Schulunterricht-Entscheidung**. Im Streitfall hatte sich ein männliches Fotomodell gegen Entgelt nackt für ein Biologieschulbuch fotografieren lassen. Von dem Buch wurden ca. 100.000 Exemplare verkauft. Als danach das Buch vom Bayerischen Kultusministerium aus den Unterrichtsrichtlinien gestrichen wurde, berichtete das Fernsehen darüber und strahlte dabei auch das Nacktfoto für ca. 2 Sekunden aus. Das Fotomodell sah darin eine Verletzung seines Rechts am eigenen Bild, da es die Verwertung des Nacktfotos nur für den humanbiologischen Unterricht erlaubt hatte. Der BGH lehnte es zu Recht ab, die auf das Schulbuch bezogene Einwilligung auch auf die Ausstrahlung im Fernsehen zu erstrecken. Eine Veröffentlichung in einem Buch ist etwas anderes als die Veröffentlichung im Fernsehen. Wird ein Nacktfoto in bildschirmfüllender Größe im Fernsehen gezeigt, so besteht angesichts der starken Intensität des optischen Ausdrucks, der Kombination von Bild und Ton und wegen der großen Reichweite des Fernsehens besonderer Anlass, Persönlichkeitsinteressen zu wahren.[26] 912

Das Fernsehen ist ebenso wie der Hörfunk ein **„flüchtiges" Medium**. Wer als Betroffener im Zusammenhang mit Rundfunksendungen eine Gegendarstellung durchsetzen will, sieht sich daher typischerweise der Schwierigkeit gegenüber, dass sich der genaue 913

---

22 Siehe *Wilke* (Hrsg.), Mediengeschichte der Bundesrepublik Deutschland, 1999, S. 791 ff., insbesondere Schaubilder Nr. 6–8.

23 BVerfG vom 22. 2. 1994 (Rundfunkgebühr), BVerfGE 90, 60, 87; ähnlich FCC v. Pacifica Foundation, 438 U.S. 726, 748 (1978).

24 *Schäffner* in: Faulstich (Hrsg.), Grundwissen Medien, S. 198.

25 Einer Angabe von 1995 zufolge bestreitet das Fernsehen über die Hälfte der gesamten Mediennutzung in der Freizeit. Schon 18-jährige haben danach in ihrem Leben mehr Zeit vor dem Fernseher (13.000 Stunden) als in der Schule verbracht (12.000 Stunden), siehe *Gangloff* Psychologie Heute 22 (1995), Heft 2, S. 9.

26 BGH vom 22. 1. 1985 (Humanbiologischer Schulunterricht), NJW 1985, 1617, 1619.

Inhalt oder Wortlaut der Sendung im Nachhinein nicht feststellen lässt. Zahlreiche rundfunkrechtliche Bestimmungen sehen daher vor, dass alle Sendungen in Ton und Bild vollständig aufgezeichnet und für eine Frist von in der Regel sechs Wochen nach Ausstrahlung aufbewahrt werden müssen. Innerhalb dieser Frist sind dem Betroffenen auf Verlangen kostenlos oder gegen Aufwandserstattung Abschriften oder Aufzeichnungen zu überlassen.[27]

914 Ähnlich wie bei der Radionutzung sollen beim Fernsehen immer weniger Zuschauer wirklich zuschauen, wenn sie zuschauen.[28] Daraus ergeben sich beispielsweise im Verhältnis zum Kino rechtliche Unterschiede. Sie werden in den **Feuer, Eis & Dynamit-Entscheidungen** deutlich. Im Streit stand dabei ein Film, der Passagen mit eindeutigem Werbecharakter enthielt, für die Hersteller der umworbenen Produkte zuvor Zahlungen geleistet hatten. Das Zurschaustellen von Produktmarken stand aber nicht im Vordergrund. Der BGH hatte zu entscheiden, ob die Aufführung des Films in Kinos eine wettbewerbsrechtlich unzulässige getarnte Werbung war. Das Gericht nahm das „an sich" an. Im Hinblick auf die Kunstfreiheit des Filmschaffenden wurde die Vorführung aber als zulässig angesehen, wenn dieser den Zuschauer darauf hinweist, dass er erhebliche Zahlungen von Unternehmen erhalten hat, die selbst oder in Gestalt ihrer Produkte in dem Film auftreten.[29] Für die Frage, ob eine Sendung des Films im Fernsehen anders zu beurteilen ist, sind u.a. medienspezifische Unterschiede zu beachten. Ein Hinweis auf den Werbecharakter zu Beginn oder am Ende des Films mag gegenüber dem Kinobesucher ausreichen. Für die Sendung im Fernsehen passt dies schon aufgrund der abweichenden Konsumgewohnheiten nicht. Der Anteil derer, die einen Film nicht von Anfang bis Ende sehen, sondern erst später „dazustoßen" oder vor dem Filmende „aussteigen", dürfte unter den Fernsehzuschauern signifikant höher sein als unter Kinobesuchern. Fernsehzuschauer würden von dem Hinweis auf den Werbecharakter also gar nicht sicher erreicht werden.

IV. Telemedien

915 Die Telemedien können ebenso wie das Fernsehen auch in Film und Ton informieren und damit stärker als reine Textberichterstattung emotionale Wirkungen erzeugen. Ihre Bedeutung für die öffentliche Meinungsbildung bleibt aber derzeit noch weit hinter der des Rundfunks zurück, woraus sich auch die medienrechtliche Unterscheidung zwischen Rundfunk und den Telemedien erklärt.[30] Während jedoch das Rundfunkprogramm von allein immer neue Inhalte liefert, stellen die Telemedien und vor allem das Internet prinzipiell nur demjenigen Informationen zur Verfügung, der mehr oder weniger zielgerichtet nach Informationen bestimmter Art sucht.

916 **Reno v. ACLU** hatte darüber zu entscheiden, ob das Verbot, in Rundfunkprogrammen Beiträge in obszöner, unpassender oder primitiver Sprache zu senden, entsprechend auf

27 Z.B. Art. 29 Abs. 2, Art. 18 Abs. 5 Satz 1 Bayerisches Mediengesetz.
28 *Gangloff* Psychologie Heute 22 (1995), Heft 2, S. 9.
29 BGH vom 6.7. 1995 (Feuer, Eis & Dynamit I), BGHZ 130, 205, 218f.; BGH vom 6.7. 1995 (Feuer, Eis & Dynamit II), GRUR 1995, 750, 751.
30 Zum Abgrenzungskriterium der „Meinungsrelevanz" Hahn/Vesting/*Schulz*, § 2 RStV Rn. 45ff. mwN.

das Internet angewendet werden muss. Der US-Supreme Court hat dies verneint. Die besonderen rundfunkrechtlichen Programmanforderungen rechtfertigten sich nämlich gerade aus den besonderen Gewohnheiten und Umständen bei der Rundfunknutzung. Im Radio wisse man in der Regel nicht, was genau Gegenstand des Programms sein werde. Demgegenüber sei es im Grunde unmöglich, im Internet „zufällig" bzw. ohne Vorahnung auf ungewünschte Inhalte zu stoßen, z.B. auf anrüchige Beiträge oder gar Pornografie.[31]

Anders als insbesondere der Rundfunk ist das Internet sozusagen ein **„permanentes" Medium**. Informationen im Internet bleiben solange, bis sie wieder gelöscht werden. Sendungen im Rundfunk sind dagegen nicht perpetuiert und verschwinden wieder, sobald sie gesendet worden sind. Bedeutung hat dies z.B. für § 48 Abs. 1 Nr. 1 UrhG. Danach ist es unter bestimmten Voraussetzungen erlaubt, eine öffentliche Rede ins Internet zu stellen. Es muss dabei aber der aktuelle Bezug der Rede gewahrt bleiben, da die urheberrechtliche Vorschrift einem gesetzlichen Aktualitätsanliegen verpflichtet ist. Fällt die behandelte Angelegenheit mit zunehmenden Zeitabstand aus der Tagesaktualität heraus, so ist die Abrufmöglichkeit der Rede im Internet zu beenden.[32] 917

D. Redaktionelle Informations- und Darstellungsformen

Die Informationstätigkeit der Medien wird weiterhin durch redaktionelle Aspekte beeinflusst.[33] Nach dem inhaltlichen Zuschnitt von Informationen bzw. Beiträgen in Medien sind insbesondere die Dokumentation und die Auseinandersetzung voneinander zu trennen. Medien müssen aber nicht nur Informationen transportieren und bereitstellen, sondern auch erreichen können, dass diese Informationen empfangen und verstanden werden. Das Recht muss ihnen daher Instrumente zugestehen, die eine bessere Aufnahme von Informationen erlauben. Darstellungsformen, die den Transport und die Aufnahme von Informationen erleichtern, können daher ebenfalls einem Informationsinteresse dienen und aus diesem Grund rechtlich schutzwürdig sein. 918

I. Dokumentation

Die klassische Form der Dokumentation ist der Bericht, der Informationen übermittelt und ihren **Inhalt so weit wie möglich unverändert weitergibt**. Solche Berichterstattungen bedienen das Interesse an Unverändertheit und Authentizität, also letztlich an Wahrheit und Glaubwürdigkeit. Das Recht kennt mehrere Regeln, die speziell dieses Interesse schützen sollen. So kann es beispielsweise erlaubt sein, eine öffentliche Rede selbst dann im Wortlaut zu ver- 919

31 Reno v. ACLU, 521 U.S. 844, 854 (1997).
32 Möhring/Nicolini/*Engels*, § 48 UrhG Rdz. 15.
33 Zu den journalistischen Darstellungsformen *Pürer*, Publizistik- und Kommunikationswissenschaft, 2003, S. 190ff. mwN.; *Reumann* in: Noelle-Neumann/Schulz/Wilke (Hrsg.), Lexikon Publizistik Massenkommunikation, 1997, S. 91ff.

öffentlichen, wenn ihr Urheber damit nicht einverstanden ist.[34] Die wohl wichtigste rechtliche Konsequenz sind die äußerungsrechtlichen Maßstäbe zur Beurteilung von Tatsachenäußerungen (siehe Rdnr. 1572ff.). Die einschlägigen Anforderungen sind direkt auf ein „Authentizitätsinteresse" bzw. auf Mitteilungen gemünzt, die einen tatsächlichen Vorgang zum Inhalt haben und die sich darauf überprüfen lassen, ob das betreffende Ereignis stattgefunden hat oder nicht.

920 Den höchsten „Dokumentations- und Authentizitätswert" haben Direktübertragungen, die unkommentiert und zeitgleich in Bild und Ton erfolgen. Allgemein ist die Bildberichterstattung zur Dokumentation geeigneter als die Wortberichterstattung, die eben stets über den „Kopf" des Journalisten erfolgt und damit an Unmittelbarkeit verliert.[35] Wortberichterstattung kann aber durch den Rückgriff auf Originaltexte oder originäre Quellen ihrerseits an Glaubhaftigkeit gewinnen.

II. Auseinandersetzung

921 Demgegenüber bezweckt die Auseinandersetzung, zum Beispiel in Gestalt eines Kommentars, gerade eigene Stellungnahmen oder **Bewertungen eines Vorgangs durch den Äußernden selbst**. Auch das Auseinandersetzungsinteresse wird rechtlich speziell geschützt. Zum Beispiel ist das Zitat urheberrechtlicher Werke nur erlaubt, wenn es gerade zum Zweck der Auseinandersetzung gemacht wird.[36] Das wichtigste Instrument zum Schutz von Auseinandersetzungen sind die äußerungsrechtlichen Maßstäbe zur Beurteilung von Meinungsäußerungen (siehe Rdnr. 1610ff.). Persönliche Bewertungen und Ansichten dienen der Auseinandersetzung und unterliegen daher anderen rechtlichen Beurteilungsregeln als das reine Transportieren bzw. Dokumentieren von Informationen. Meinungen können im Gegensatz zu Tatsachen nicht sinnvoll von Gerichten auf ihre Richtigkeit oder Falschheit überprüft werden, sondern es muss jeder Einzelne für sich beurteilen, ob er sie teilt oder nicht.

922 Die Auseinandersetzung ist die Domäne der Wortberichterstattung. Sprache erlaubt unendliche Differenzierungen und ist aufgrund ihrer Vielfalt und Variabilität das beste Instrument, um eigene Bewertungen auszudrücken. Bilder sind dafür weniger gut geeignet. Auch wenn Fotos „meinungsbildenden" Gehalt haben können, geben sie doch vor allem wieder, was ein Fotograf sieht und nicht, was er denkt.

III. Illustration

923 Ein wichtiges Darstellungsmittel ist die Illustration. Informationen können manchmal **besser vermittelt und einfacher aufgenommen** werden, wenn sie

34 § 48 Abs. 1 UrhG.
35 Siehe Rdnr. 1258ff., 1427ff.
36 § 51 UrhG.

illustriert werden (illustrare = lat.: erleuchten, erhellen, verzieren, schmücken). Das kann sprachlich in Form von Beispielen, Erläuterungen oder Anekdoten geschehen, möglicherweise auch in Form von begleitenden Tönen oder Geräuschen, vor allem aber durch das Verwenden von Bildern. Auch rein zur Illustration fungierende Informationen genießen rechtlichen Schutz. Illustrationsinteressen sind vor allem in Bezug auf Bilder relevant und werden daher im Zusammenhang mit der Bildberichterstattung dargestellt.[37]

Es gibt insbesondere ein legitimes Interesse des Mediums Fernsehen, **Gesagtes „ins Bild zu setzen“**. Der Einsatz illustrierender Bilder darf daher nicht an zu strenge rechtliche Zulässigkeitsvoraussetzungen gebunden werden. Das Fernsehen braucht deshalb beispielsweise nur in weiten Grenzen Bedacht darauf zu nehmen, ob in Aufnahmen, die zur bildlichen Umsetzung des gesprochenen Wortes dienen, auch weiter reichende Sinnaussagen entdeckt werden könnten.[38] Ebenso erlaubt § 50 UrhG die Wiedergabe von urheberrechtlichen Werken, wenn die Medien über Tagesereignisse berichten und die betreffenden Werke dabei sichtbar werden. 924

IV. Unterhaltung, Personalisierung

Andere Darstellungsformen dienen dazu, Aufmerksamkeit oder Interesse auszulösen. Ein Anwendungsfall ist das Vermischen von Information und Unterhaltung bzw. das **unterhaltsame Aufbereiten von Inhalten** („Infotainment“). Das BVerfG geht davon aus, dass solche Beiträge die Meinungsbildung unter Umständen sogar nachhaltiger anregen oder beeinflussen als ausschließlich sachbezogene Informationen und dass viele Leser die ihnen wichtig oder interessant erscheinenden Informationen gerade aus unterhaltenden Beiträgen bezögen.[39] 925

Ein besonders wichtiges publizistisches Mittel zur **Erregung von Aufmerksamkeit** ist die Personalisierung. Sie lässt ein Interesse an Problemen und den Wunsch nach Sachinformationen vielfach überhaupt erst aufkommen.[40] Die Anteilnahme an Ereignissen und Zuständen wird oftmals durch Personalisierung vermittelt, da sich der Mensch vor allem für andere Menschen interessiert. Personalisierung geht stets einher mit der Berührung von Persönlichkeitsrechten, da sie eben einen Einzelnen in das Licht der Öffentlichkeit stellt. Ihre rechtliche Zulässigkeit ist deshalb an differenzierende deliktsrechtliche Voraussetzungen gebunden, die u.a. zwischen Wort- und Bildberichterstattung unterscheiden, ferner nach dem Ausmaß der Identifizierung, dem Status des Betroffenen als öffentliche Person, einem etwaigen Vorverhalten des Betroffenen und dem Grad des öffentlichen Informationsinteresses. 926

---

37 Siehe Rdnr. 1263 ff.
38 BGH vom 10.12. 1991 (Poller), NJW 1992, 1312, 1313. Siehe Rdnr. 1565. BGH vom 25.11. 1986 (Antiseptica), NJW 1987, 2746, 2747. Siehe Rdnr. 1436.
39 BVerfG vom 15.12. 1999 (Caroline von Monaco), BVerfGE 101, 361, 389 f. mwN.
40 BVerfG vom 15.12. 1999 (Caroline von Monaco), BVerfGE 101, 361, 390.

927 Personalisierungen werden durch Abbildungen der betreffenden Person erleichtert. Der Gesetzgeber hat schon frühzeitig angenommen, dass die Allgemeinheit ein „gewisses publizistisches Anrecht“ darauf habe, jedenfalls **Personen der Zeitgeschichte im Bild** gezeigt zu bekommen.[41] Die Veröffentlichung solcher Aufnahmen setzt kein besonderes Informationsinteresse voraus, insbesondere muss die Veröffentlichung oder Verbreitung des Bildnisses keine eigenständigen bildlichen Dokumentations- oder Auseinandersetzungszwecke verfolgen.

V. Hervorhebung

928 Ein weiteres Standardmittel sind **Überschriften**, das plakative Hervorheben einzelner Sätze oder vorweggenommene Erläuterungen. Sie wollen den flüchtigen Leser erreichen bzw. dem Leser einen schnelleren Auswahlüberblick ermöglichen. Ebenso können **Bilder** Aufmerksamkeitsfenster öffnen. Sie lassen sich zum Beispiel wie eine Art Schlagzeile als Blickfang einsetzen und können so Spannung und Neugier wecken. Solche Gestaltungen sind ebenfalls legitim, befreien die Medien aber nicht von der Pflicht, inhaltlich zutreffend zu berichten.

929 Bedeutsam wird dies, wenn beispielsweise eine hervorgehobene Äußerung mehrdeutig ist und durch den nachfolgenden Text relativiert wird. Die **Marsch in den Untergang-Entscheidung** betraf ein Wirtschaftsmagazin, das sich kritisch mit der Gewerkschaft Nahrung-Genuss-Gaststätten auseinandergesetzt hatte. Das Inhaltsverzeichnis der Zeitschrift kündigte den Artikel mit den Stichworten an: „Gewerkschaftsskandal: Von Arbeitgebern geschmiert und vor der Pleite: Die NGG“. Dem Artikel selbst war der Hinweis vorangestellt, die Gewerkschaft habe „sich jahrelang von den Arbeitgebern finanzieren lassen“. Im Laufe des nachfolgenden Artikels wurde dann der Vorwurf rechtswidriger Finanzierungspraktiken stark relativiert und insbesondere klargestellt, dass bestimmte Zahlungen von Arbeitgebern, auf die die Vorankündigung und die Überschrift gemünzt waren, gar nicht an die Gewerkschaft, sondern an einen für gemeinnützige Zwecke gegründeten Verein geflossen waren. Das BVerfG nahm zu Recht an, dass hervorgehobene Äußerungen oder Schlagzeilen für sich genommen zutreffend sein müssen und ggf. ohne Rückgriff auf den dazugehörigen Text auszulegen sind.[42] Soweit Medien auf den flüchtigen Leser zielen, müssen sie sich auch an dessen Verständnis messen lassen. Im Streitfall war die Gesamtveröffentlichung daher als unzutreffende Tatsachenäußerung einzuordnen. Der journalistische Wunsch, Aufmerksamkeit und Interesse zu erzeugen, erlaubt den Medien keine unwahren Überschriften.

---

41 Amtliche Begründung zum KUG vom 28.11. 1905, Verhdlg. RT, XI. Legislaturperiode, II. Session, erster Sessionsabschnitt 1905/06, Zweiter Anlagenband, Aktenstück Nr. 30, S. 1526, 1540.

42 BVerfG vom 16.7. 2003 (Marsch in den Untergang), NJW 2004, 277, 278; siehe auch OLG Hamburg vom 21.5. 1987 (Petra Kelly), NJW-RR 1988, 737f.

E. Mediale Information und Realität

Darstellungen in den Medien können nur ein Bild der Realität, nicht aber die Realität selbst wiedergeben. Dafür gibt es eine Vielzahl von Gründen, die sich aus den Eigengesetzlichkeiten von Medien erklären. Medienunternehmen, die ihre Leser, Nutzer, Hörer oder Zuschauer erreichen wollen, sind vielfach zu Vereinfachungen oder Darstellungskompromissen gezwungen, die zulasten einer inhaltlich umfassenden Information gehen. Vor allem jedoch haben die Medien eine **Auswahl** zu treffen. Sie müssen entscheiden, was sie für berichtenswert halten und was nicht. Daher könnte bespielsweise selbst ein Medienunternehmen, das seinem Selbstverständnis nach allein auf pure Dokumentation zugeschnitten ist, niemals im strengen Sinne „objektiv", sondern höchstens weniger tendenziös als andere sein. In der Kommunikationswissenschaft werden unterschiedliche Faktoren für die Auswahl formuliert.[43] U.a. spielen Kriterien wie Bedeutsamkeit, Auffälligkeit und Seltenheit sowie Eindeutigkeit von Nachrichten eine Rolle. Ebenso wird ein Ereignis umso eher zur Nachricht, je stärker es personalisiert ist, sich also im Handeln oder Schicksal von Personen darstellt. In gleicher Weise wird ein Ereignis umso stärker beachtet, je „negativer" es ist, also Konflikt, Kontroverse, Aggression, Zerstörung oder Tod betrifft. 930

Die Selektion hängt weiterhin auch vom **Selbstverständnis der auswählenden Journalisten** ab. Je weniger Journalisten sich als „ehrliche Makler" im Dienste der öffentlichen Interessen verstehen und je mehr sie ein missionarisches Rollenverständnis entwickeln, um die in ihren Augen mangelnde demokratische Erfahrung und das mangelnde politische Wissen des Publikums auszugleichen,[44] umso stärker laufen mediale Darstellungen Gefahr, sich von der Realität zu entfernen. Zugleich sollen Journalisten den Nachrichtenwert von Meldungen höher einschätzen und bereit sein, ihre Sorgfaltspflicht großzügiger zu verstehen, wenn es um Meldungen geht, die ihre eigene Problem- oder Weltsicht stützen.[45] 931

Die Auswahl beeinflusst nicht nur die übermittelten Informationen, sondern auch die Art der Darstellung. Insbesondere ermöglichen die gezielte Auswahl von Bildern, aber auch bereits deren bloßer Einsatz Beeinflussungen durch den Journalisten.[46] Die Selektion von Informationen wird ferner durch zwei weitere Punkte beeinflusst. Zum einen orientieren sich Medien – durchaus zu Recht – häufig an dem, was andere Medien berichten.[47] Zum anderen greifen Medienun- 932

---

43 Zu den Theorien zur Nachrichtenauswahl *Pürer*, Publizistik- und Kommunikationswissenschaft, S.128ff. mwN.; *Ruhrmann* in: Merten/Schmidt/Weischenberg (Hrsg.), Die Wirklichkeit der Medien, 1994, S.237ff. mwN.

44 Ein solches Selbstverständnis schreiben Kommunikationswissenschaftler den deutschen Journalisten zu. Siehe *Donsbach*, Bitburger Gespräche Jb 1999/I, S.49, 54 mwN.

45 *Donsbach*, Bitburger Gespräche Jb 1999/I, S.49, 52f. mwN.

46 Eingehend *Kepplinger* Communicatio Socialis. Internationale Zeitschrift für Kommunikation in Religion, Kirche und Gesellschaft 37 (2004), 139, 146ff. Siehe auch Rdnr. 1252ff.

47 Siehe Rdnr. 996ff.

ternehmen bei der Beschaffung von Informationen vielfach auf dieselben Nachrichtenagenturen und Journalisten bei ihrer Recherche und Materialsuche oftmals auf dieselben Quellen und Archive zurück. Dies kann u.a. für die Darstellung hochaktueller Vorgänge einheitliche Sichtweisen begünstigen und alternative Deutungen ausschließen. Ebenso kann es zu einem selbstreferenziellen „Hochschaukeln" von Themen kommen, denen die Medien dann einen irreal hohen Wert zumessen.[48]

48 Siehe Rdnr. 1173f.

§ 11: Öffentliche Informationsinteressen

Ausgewählte Literatur

Beater, Informationsinteressen der Allgemeinheit und öffentlicher Meinungsbildungsprozess – Inhaltliche und prozedurale Kriterien aus zivilrechtlicher Sicht, ZUM 2005, 602ff.; *Brosius/Weimann*, Medien und Bevölkerung: Wer bestimmt die Agenda? Ein Beitrag zum Zwei-Stufen-Fluss von Agenda-Setting, Rundfunk und Fernsehen 43 (1995), 312ff.; *Fechner/Popp*, Informationsinteresse der Allgemeinheit, AfP 2005, 213ff.; *Gersdorf*, Caroline-Urteil des EGMR: Bedrohung der nationalen Medienordnung, AfP 2005, 221ff.; *Janisch*, Art 5 Abs. 1 GG und die legitime Neugier des Medienpublikums, AfP 2000, 32ff.; *Jarren*, Medien- und Öffentlichkeitswandel im modernen Staat, AfP 1994, 191ff.; *Lerche*, Einschränkung der Pressefreiheit durch Richterrecht?, FS Schweizer 1999, 45ff.; *McCombs/Shaw*, The Agenda-Setting – Function of Mass Media, Public Opinion Quarterly, 36 (1972), 176ff.; *Neben*, Triviale Personenberichterstattung als Rechtsproblem, 2001; *Schneider*, Der Januskopf der Prominenz – Zum ambivalenten Verhältnis von Privatheit und Öffentlichkeit, 2004; *Stürner*, Caroline-Urteil des EGMR – Rückkehr zum richtigen Maß, AfP 2005, 213ff. 933

A. Ausgangsfragen

Die Massenmedien üben eine „öffentliche Aufgabe“ aus, indem sie in Angelegenheiten von öffentlichem Interesse Nachrichten beschaffen und verbreiten, Stellung nehmen und Kritik üben (z.B. § 3 LPrG MV).[1] Sie sind das zentrale Element der öffentlichen Meinungsbildung, die namentlich für ein demokratisches Gemeinwesen schlechthin unverzichtbar ist. Medien sind gleichermaßen Plattform und Katalysator für die Information des Einzelnen und den öffentlichen Meinungsbildungsprozess. Ihre Aufgabe ist das **Herstellen von Öffentlichkeit**,[2] das Schaffen eines „Forums“, in dem Öffentlichkeit erzeugt, d.h. die Gelegenheit geboten wird, sich über Angelegenheiten zu informieren, beteiligte Interessen und Standpunkte zu erfahren und ggf. selbst Stellung zu nehmen. In diesem Forum „artikuliert sich die öffentliche Meinung; die Argumente klären sich in Rede und Gegenrede, gewinnen deutliche Konturen und erleichtern so dem Bürger Urteil und Entscheidung“.[3] Die öffentliche Meinung wird auf diese Weise zu einem permanent präsenten „unsichtbaren Parlament“.[4] Das wichtigste 934

1 Eingehend Löffler/*Bullinger*, § 3 LPG Rdnr. 17ff. mwN.
2 BVerfG vom 5. 8. 1966 (Spiegel), BVerfGE 20, 162, 174f.
3 BVerfG vom 5. 8. 1966 (Spiegel), BVerfGE 20, 162, 174f.
4 *Löffler* in: Löffler/Arndt/Noelle-Neumann/Haacke (Hrsg.), Die öffentliche Meinung, 1962, S. 21.

Einzelelement ist dabei die Aufgabe der Medien zu öffentlicher Kontrolle,[5] die Stellung als „public watchdog". Sie verhindert, dass Angelegenheiten auf einen bestimmten Kreis von Personen („Herrschaftswissen") beschränkt werden können und setzt das Gemeinwesen unter eine permanente Kontrolle, indem Medien auf Missstände von öffentlicher Bedeutung hinweisen können.[6] Im gleichen Atemzug tragen die Medien zur Information des Einzelnen bei und sind das zentrale Verbindungsorgan zwischen Volk und gewählten Vertretern in Parlament und Regierung.[7]

935 Das Veröffentlichen von Informationen bzw. das Herstellen von Öffentlichkeit durch Medien hat freilich stets zweischneidige Wirkungen. Aufseiten der Adressaten können alle positiven Effekte eintreten, die mit der Tätigkeit von Massenmedien verbunden sind. Der Einzelne kann sein demokratisches Wahlrecht auf einer besseren Entscheidungsgrundlage ausüben, vor wirtschaftlichen Anschaffungen einen besseren Marktüberblick gewinnen oder sich in Angelegenheiten seiner Wahl kundig machen. Informationen wirken aber auch in eine andere Richtung soweit sie **legitime Interessen oder Rechte Betroffener** berühren, zum Beispiel Staats- und Betriebsgeheimnisse, geschützte Daten, Urheber- und Persönlichkeitsrechte. Der Betroffene hat solche Eingriffe gleichwohl hinzunehmen, wenn sie von überwiegenden berechtigten Interessen getragen sind. Der für die Medien elementare Legitimationsgrund ist das **Informationsinteresse der Allgemeinheit** bzw. das Interesse daran, dass über Vorgänge „Öffentlichkeit" hergestellt werden kann. Dieses Interesse ist zunächst im Rahmen der grundrechtlichen Abwägung wichtig. Meinungsäußerungen genießen einen besonderen Schutz, wenn sie nicht zum Zwecke der privaten Auseinandersetzung gemacht werden, sondern wenn der Redende in erster Linie zur Bildung der öffentlichen Meinung beitragen will, so dass die etwaige Wirkung seiner Äußerung auf den Rechtskreis eines anderen zwar eine unvermeidliche Folge, aber nicht das eigentliche Ziel der Äußerung ist.[8] Auf einfachgesetzlicher Ebene hat das öffentliche Informationsinteresse eine zentrale Bedeutung, namentlich für die Ausfüllung von Generalklauseln[9] und Rechtfertigungsnormen,[10] für das Recht der Medien auf Einsicht in staatliche Register,[11] für die Prüfung des allge-

---

5 BVerfG vom 3.6. 1980 (Böll/Walden), BVerfGE 54, 208, 220.

6 BVerfG vom 25.1. 1984 (Wallraff), BVerfGE 66, 116, 137; BGH vom 26.10. 1961 (Waffenhandel), BGHZ 36, 77, 81.

7 BVerfG vom 5.8. 1966 (Spiegel), BVerfGE 20, 162, 174f.

8 BVerfG vom 15.1. 1958 (Lüth), BVerfGE 7, 198, 212.

9 Z.B. §§138 Abs.1, 826 BGB „gute Sitten".

10 Z.B. §§201ff., 353b StGB „unbefugt"; §§193 StGB, 824 Abs.2 BGB „Wahrnehmung berechtigter Interessen".

11 Z.B. §12 Abs.1 Satz 1 GBO „berechtigtes Interesse"; BVerfG vom 28.8. 2000 (Grundbucheinsicht), NJW 2001, 503, 505ff.

meinen Persönlichkeitsrechts[12] und des Rechts am Unternehmen sowie für die Auslegung urheberrechtlicher Schrankenbestimmungen.[13]

I. Rechtsgeschichte, Grundsatzentscheidungen

In vordemokratischen Gesellschaften war „Öffentlichkeit" typischerweise auf bestimmte Eliten beschränkt, im antiken Rom etwa auf die römischen Senatoren, im liberal-bürgerlichen 18. Jahrhundert auf einzelne einflussreiche Bürger, die „bei Hofe" Einfluss hatten und politische Angelegenheiten vorbringen und beraten konnten.[14] Dementsprechend waren dem in der Kaiserzeit geschaffenen **ReichspreßG** eine öffentliche Aufgabe der Medien und öffentliche Informationsinteressen gänzlich unbekannt. Das Presserecht wurde schlicht als die Summe der Rechtsvorschriften begriffen, die sich mit Presseerzeugnissen und Presseunternehmen befassen.[15] 936

Heute ist das öffentliche Informationsinteresse als schutzwürdiges rechtliches Gut etabliert und genießt Verfassungsrang.[16] Die „öffentliche" Komponente ist Ausdruck eines grundlegenden Wandels der Gesellschaft zur Mediengesellschaft, in der den Medien neuartige Bedeutungen zugewachsen sind und in der das die Medien betreffende Recht ein anderes geworden ist. Diese Veränderungen sind in Deutschland durch den verfassungsrechtlichen Neubeginn in Gestalt des Grundgesetzes beschleunigt und beeinflusst worden,[17] im Grundsatz aber unabhängig davon in allen vergleichbar entwickelten demokratischen Ländern zu beobachten. Das öffentliche Informationsinteresse wurde zunächst durch die Gerichte anerkannt und fand daraufhin namentlich Eingang in die Pressegesetze der Länder. In diesem Prozess liegt nichts weniger als die Geburtsstunde des modernen Medienrechts. Ausgangspunkt der Entwicklung ist die durch das Lüth-Urteil des BVerfG eingeleitete Drittwirkung der Grundrechte.[18] Sie führte für das Zivilrecht zu **grundlegenden Veränderungen**. Besonders auffällig ist dies für das Deliktsrecht, das aufgrund seiner weitgehend richterrechtlichen Prägung in besonderer Weise für Veränderungen offen ist. Äußerungsdelikte konnten seitdem nicht mehr als die Angelegenheit zwischen 937

12 Grundlegend BGH vom 22.12. 1959 (Alte Herren), BGHZ 31, 308, 312; BGH vom 24.10. 1961 (Waffenhandel), BGHZ 36, 77, 80.
13 BGH vom 24.2. 2002 (Verhüllter Reichstag), BGHZ 150, 6, 8 mwN.; BGH vom 20.3. 2003 (Gies-Adler), BGHZ 154, 260, 265 mwN.
14 Eingehend *Schiewe*, Öffentlichkeit – Entstehung und Wandel in Deutschland, 2004, S. 55ff., 165ff.
15 *Häntzschel*, Reichspreßgesetz, S. 1; in der Sache ebenso *Berner*, Lehrbuch des Deutschen Preßrechtes, S. 160ff.; *Born*, Reichpreßgesetz, S. 23ff.
16 BVerfG vom 5.8. 1966 (Spiegel), BVerfGE 20, 162, 174f.; *Fechner* AfP 2005, 213ff. Zur rechtsgeschichtlichen Entwicklung Löffler/*Bullinger*, § 3 LPG Rdnr. 38ff. mwN.
17 Zu dieser Entwicklung *Kübler* KritV 2000, 313ff.; *Beater*, Zivilrechtlicher Schutz vor der Presse als konkretisiertes Verfassungsrecht, 1996, S. 50ff., 80ff.
18 BVerfG vom 15.1. 1958 (Lüth), BVerfGE 7, 198ff. Siehe Rdnr. 65, 67ff.

zwei Individuen bzw. zwischen Schädiger und Geschädigtem begriffen werden. Das Deliktsrecht musste fortan mit dem Informationsinteresse der Allgemeinheit vielmehr ein Drittinteresse berücksichtigen, das zuvor keine Rolle spielte und die früheren Maßstäbe nunmehr vollständig verschob.

938 Ein geradezu spektakuläres Beispiel für die Veränderung der rechtlichen Maßstäbe ist die Handhabung von §824 Abs.2 BGB. Danach scheidet eine Haftung für unwahre kreditgefährdende Tatsachenangaben aus, wenn der Äußernde in Wahrnehmung berechtigter Interessen gehandelt hat. Der Wortlaut und die ursprüngliche Zielrichtung der Vorschrift waren ausschließlich auf die Interessen des Mitteilenden und des Empfängers der Mitteilung gemünzt. Danach konnte §824 Abs.2 BGB allein private Geschäftsinteressen erfassen. Der klassische Anwendungsfall waren vertrauliche Anfragen und Auskünfte über die Bonität oder Kreditwürdigkeit potenzieller Kunden oder Schuldner.[19] Ein allgemeines Recht der Tagespresse, vermeintliche Übelstände und wirtschaftliche Gefahren öffentlich zu erörtern und im Dienst der Allgemeinheit Missstände publik zu machen, lehnte die **reichsgerichtliche Judikatur** ab. In ihren Augen hatte die Presse weder den Beruf noch den Auftrag, fremde Interessen zu vertreten – „wollte man das Gegenteil annehmen, so würde dies praktisch nichts anderes bedeuten als eine Anerkennung der vom Reichsgericht bereits öfter zurückgewiesenen Ansicht, daß der Zeitungsredakteur ein Privilegium habe, vermeintliche Übelstände, die ihn gar nicht berühren, straflos durch Verbreitung ehrenrühriger und nicht nachweislich wahrer Mitteilungen über andere Personen zu bekämpfen".[20] Das RG hielt entsprechende Berichte nur für zulässig, wenn der besprochene Gegenstand den Täter selbst wegen einer besonderen Beziehung angehe,[21] insbesondere wenn der berichtende Journalist selbst ein Opfer der angeprangerten Geschäftsmethoden geworden war.

939 Der BGH brach frühzeitig mit diesem Kurs, zunächst in seiner Judikatur zum Persönlichkeitsrecht. Nach der **Alte Herren-Entscheidung** wird die Rechtsprechung des RG „der im demokratischen Staat besonders bedeutsamen Funktion der Presse, die Bürger über öffentliche Angelegenheiten zu unterrichten und an der politischen Willensbildung mitzuwirken, nicht gerecht. ... die Presse [ist] *im Rahmen ihrer öffentlichen Aufgabe*, insbesondere also bei der Behandlung politischer Angelegenheiten, zur Wahrung der Interessen der Öffentlichkeit befugt".[22]

940 Der Judikatur speziell zu §824 Abs.2 BGB machte der BGH in der **Teppichkehrmaschine-Entscheidung** ein Ende. Im Streitfall hatte das Fernsehen eine Sendung ausgestrahlt, die sich kritisch über die nachlassende Qualität deutscher Produkte äußerte und dabei u.a. die Teppichkehrmaschine des Klägers als Beispiel heranzog. Der BGH entschied, dass §824 Abs.2 BGB auch anwendbar ist, wenn der Äußernde keine eigenen geschäftlichen Angelegenheiten wahrnimmt, sondern im Fremdinteresse tätig wird. Insbesondere kann die Vorschrift ein-

---

19 *Fischer/Henle*, BGB, 1. Auflage 1900, §824 BGB Anm.8.

20 RG vom 9.4. 1897, RGSt 30, 41, 42f. zu §193 StGB.

21 RG vom 4.3. 1904 – II 337/03; RG vom 11.12. 1913 (Berliner Lokalanzeiger), RGZ 83, 362, 365f.; RG vom 20.6. 1935, RGZ 148, 154, 159f.; eingehend *Burkardt* in: Wenzel, Das Recht der Wort- und Bildberichterstattung, §6 Rz.46ff. mwN.

22 BGH vom 22.12. 1959 (Alte Herren), BGHZ 31, 308, 312 (Hervorhebung auch im Original).

greifen, wenn Medien gemeinschaftswichtige Themen publik machen und so die Öffentlichkeit informieren.[23]

II. Öffentliches Informationsinteresse als rechtliche Kategorie

Das „öffentliche Informationsinteresse" ist eine schillernde Kategorie, deren ju- 941
ristischer Gehalt nur unklar umschrieben ist. Es kann Beeinträchtigungen durch Äußerungen legitimieren, ist aber kein Allheilmittel zur Rechtfertigung verletzender Informationsinhalte. Es bedarf vielmehr der inhaltlichen Ausgestaltung, wenn man gegenläufige subjektive Rechte oder sonstige rechtliche Interessen nicht von vornherein entwerten will. Die Hauptaufgabe liegt darin zu bestimmen, welches Gewicht das Informationsinteresse hat, wenn es mit anderen Rechten und Interessen abzuwägen ist. Je größer das Informationsinteresse der Öffentlichkeit ist, desto stärker muss das Schutzinteresse eines davon Betroffenen gegenüber den Informationsbelangen der Öffentlichkeit zurücktreten.[24] Dieser Mechanismus gilt auch in umgekehrter Richtung. Je stärker eine Information rechtliche Belange beeinträchtigt, umso eher verdienen diese Schutz und umso stärkere Anforderungen bestehen für eine etwaige Berechtigung des beeinträchtigenden Handelns aufseiten des Verletzers.[25]

Die dadurch bedingten Abwägungen sind mit **erheblichen Unwägbarkeiten** 942
verbunden. Diese Rechtsunsicherheit ist in gewissem Maße unvermeidbar. Bereits darüber, was man denn unter „Öffentlichkeit" zu verstehen hat und wann sie ggf. „hergestellt" ist, besteht keine Einigkeit.[26] Aus juristischer Sicht stehen sich weiterhin mit dem öffentlichen Informationsinteresse und den typischerweise betroffenen Rechten auf beiden Seiten immaterielle, gewissermaßen „körperlose" Güter gegenüber, was allzu trennscharfe inhaltliche Definitionen von vornherein ausschließt.[27] Plakativ formuliert wird das Informationsinteresse nicht in einer absoluten Skala nach bestimmten Stärkegraden oder Noten bemessen, sondern eben stets nur in Relation zu bestimmten Schutzrechten, zum Beispiel dem Persönlichkeitsrecht oder staatlichen Geheimhaltungsinteressen, die genauso schwer fassbar und bewertbar sind. Da Informationsinteressen zugleich in Abwägung mit unterschiedlichen Schutzrechten, also sozusagen nur

---

23 BGH vom 21.6. 1966 (Teppichkehrmaschine), GRUR 1966, 633ff.

24 Z.B. BGH vom 19.12. 1995 (Paparazzi-Fotos), BGHZ 131, 332, 342.

25 BGH vom 19.12. 1978 (Abhöraffäre), BGHZ 73, 120, 128; BGH vom 9.12. 2003 (Luftbildaufnahmen II), NJW 2004, 762, 764 jeweils für das allgemeine Persönlichkeitsrecht; BVerfG vom 15.1. 1958 (Lüth), BVerfGE 7, 198ff. zu § 826 BGB; BGH vom 21.6. 1966 (Teppichkehrmaschine), GRUR 1966, 633ff. zu § 824 Abs. 2 BGB; *Säcker* ZRP 1969, 60ff. mwN.

26 Zur „Öffentlichkeit" aus kommunikationswissenschaftlicher Sicht *Burkart*, Kommunikationswissenschaft, S. 390ff. mwN.; *Merten*, Einführung in die Kommunikationswissenschaft, Bd. 1, S. 217ff. mwN.; eingehend *Schiewe*, Öffentlichkeit – Entstehung und Wandel in Deutschland, 2004.

27 *Helle*, Besondere Persönlichkeitsrechte, 1991, S. 23ff.

schutzrechtsbezogen konkretisiert werden, sind die sich im Einzelfall ergebenden Maßstäbe nur bedingt verallgemeinerbar. Wenn ein bestimmtes Informationsanliegen im Einzelfall etwa gegenüber dem Recht des Betroffenen auf Isolation zurücktreten muss, dann lassen sich daraus nur bedingt Schlüsse für die Wertigkeit von Informationsinteressen ziehen, die zwar ähnlich gelagert sind, aber beispielsweise an staatlichen oder unternehmerischen Schutzinteressen gemessen werden müssen.

943 Fragt man nach den Kriterien für die Bestimmung des öffentlichen Informationsinteresses, so ergibt sich ein facettenreiches Bild. Zentrale Anhaltspunkte lassen sich zum einen aus den Funktionen der Massenmedien in einer demokratischen Industriegesellschaft ableiten. Sie führen zur **Unterscheidung nach Informationsinhalten** bzw. danach, ob Informationen die Demokratie-, Wirtschafts- oder Integrationsfunktion der Medien betreffen. Zum anderen lassen sich aus dem Vorgang des öffentlichen Meinungsbildungsprozesses selbst **prozedurale Unterscheidungskriterien** zur Bestimmung des öffentlichen Informationsinteresses gewinnen. Außerdem geben das Verfassungsrecht und der Gesetzgeber zahlreiche ergänzende Einzelhinweise. Ebenso stufen die „informationsrelevanten" Ausschlussrechte, wie zum Beispiel das Urheberrecht, detailliert nach der Art des Informationsinteresses ab, das an der fraglichen Information besteht.

944 Die Gerichte und namentlich das BVerfG scheuen allerdings vor der Formulierung bindender Maßstäbe zurück.[28] Das BVerfG will damit der Gefahr begegnen, dass die Gerichte Themen, Vorgänge und Äußerungen mehr oder weniger zensieren bzw. als wertvoll oder unwichtig bewerten müssen. Es hat aber in vielen Entscheidungen Einzelaspekte entwickelt, die eben doch Spuren einer rechtlichen Bewertung in sich tragen,[29] dem Medienrecht bestimmte Richtungen vorgeben und hier im Zusammenhang mit den Informationsinhalten und den prozeduralen Kriterien aufgegriffen werden. Um eine Bewertung kommt das Recht letztlich nicht herum. Der damit prinzipiell eröffneten **Gefahr einer richterlichen „Zensur"** lässt sich auf drei Wegen Rechnung tragen. Zum einen ist mit dem BVerfG die Notwendigkeit einer Konkretisierung im Einzelfall zu betonen. Es gibt keine „objektiven" Kriterien in dem Sinne, dass sich öffentliche Informationsinteressen anhand trennscharfer Definitionen im Wege der Subsumtion bejahen oder verneinen ließen. Zum weiteren sollten die Gründe, die im konkreten Einzelfall für die Einordnung maßgebend sind, so weit wie möglich offengelegt werden. Schließlich ist zu betonen, dass öffentliche Informationsinteressen nicht auf bestimmte – wie auch immer definierte – Themenbereiche be-

28 BVerfG vom 17.2. 1998 (Kurzberichterstattung), BVerfGE 97, 228, 257 hat in Bezug auf Informationen unterhaltenden Inhalts sogar angenommen, dass für die öffentliche Relevanz oder Irrelevanz solcher Themen keine objektiven Kriterien vorgegeben werden könnten.

29 Kritisch (Wertungen, die der Judikatur so weder zustehen noch wirklich weiterhelfen dürften) *Lerche* FS Schweizer 1999, 45, 52ff.; siehe auch *Arndt* NJW 1967, 1845ff.

schränkt sind und dass sie zugleich maßgeblich durch prozedurale Kriterien beeinflusst werden, die der Gefahr einer richterlichen Zensur entgegenwirken.

III. Negativabgrenzungen

Das öffentliche Informationsinteresse ist gegenüber „nicht öffentlichen" Informationsinteressen und gegenüber „Nichtinformationsinteressen" bzw. rein kommerziellen Zielsetzungen abzugrenzen. Es besteht Einigkeit darüber, dass öffentliche Informationsinteressen einen grundsätzlich höheren Rang haben als individuelle oder kommerzielle Interessen, die bei der Abwägung mit den betroffenen Schutzinteressen ungleich niedriger zu Buche schlagen. Die höhere Bewertung öffentlicher Informationsinteressen erklärt sich aus dem medien- und demokratierechtlichen Bestreben, eine Information jedes Einzelnen und seine Teilnahme an der öffentlichen Meinungsbildung zu ermöglichen. Informationsinteressen sind „öffentlicher" Natur, wenn sie auf die öffentliche Meinungsbildung oder gar den öffentlichen „Meinungskampf"[30] bzw. auf die Erfüllung der gesellschaftlichen Funktionen von Medien bezogen sind. 945

Nicht erfasst werden Informationen, die einen **rein individuellen Bezug** haben, sich also entweder von vornherein nicht auf Angelegenheiten von allgemeinem Interesse beziehen oder gar nicht auf die öffentliche Meinungsbildung zielen. Dementsprechend genießen Äußerungen verfassungsrechtlich einen umso geringeren Schutz, je mehr sie sich inhaltlich auf den Rahmen rein persönlicher Auseinandersetzungen beschränken.[31] Die Abgrenzung ist freilich nicht trennscharf möglich und hängt von Indizien mit variabler Bedeutung ab. Anhaltspunkte können namentlich das Motiv, der Hintergrund und ein persönlichverletzender Zuschnitt der Äußerung sein. Der Bezug zur öffentlichen Meinungsbildung ist beispielsweise abzulehnen, wenn ein Unternehmen ein Einzelverhalten seines Geschäftspartners allein deshalb öffentlich macht, um diesem zu schaden.[32] Gleichwohl sind diese Kriterien nicht zwingend ausschlaggebend. Auch Beiträge, denen persönliche Wertungen oder Interessen verschiedenster Art zugrunde liegen, können der Unterrichtung dienen und zur öffentlichen Meinungsbildung beitragen.[33] Ein öffentliches Informationsinteresse lässt sich vor allem dann unproblematisch in Betracht ziehen, wenn eine Angelegenheit bereits öffentlich ist und sich der Betroffene nunmehr gegen öffentliche Angriffe wehrt. 946

Eine solche Konstellation betrifft die **Auf der Wolga verhaftet-Entscheidung**. Ein hoher Richter hatte einen Vortrag über politische Streiks gehalten und diesen später veröf- 947

30 BVerfG vom 25.1. 1984 (Wallraff), BVerfGE 66, 116, 139.
31 BVerfG vom 6.11. 1968 (Östliche Zustände), BVerfGE 24, 278, 283; BVerfG vom 20.4. 1982 (Kredithaie), BVerfGE 60, 234, 240.
32 Vgl. BGH vom 24.2. 1983 (Photokina), GRUR 1983, 467, 469; dazu kritisch *Wild* GRUR 1983, 469.
33 BVerfG vom 25.1. 1961 (Auf der Wolga verhaftet), BVerfGE 12, 113, 128f.

fentlicht. Seine Thesen und seine Behauptung, etwa 95% der Presse seien wirtschaftlich von der Unternehmerschaft abhängig und daher gewerkschaftsfeindlich, lösten in der Presse Angriffe aus, die ihn kommunistischer Neigungen verdächtigten und die Eignung zu seinem Amt in Zweifel zogen. Der „Spiegel" führte ein Interview mit dem Richter und veröffentlichte anschließend einen Artikel, der den Richter auch persönlich heftig attackierte und „bewusst nur Teilwahrheiten" mitteilte. Der Richter schoss zurück und bezeichnete das Nachrichtenmagazin u.a. als „eine Gattung von Publizistik, die auf dem Gebiet der Politik das ist, was die Pornografie auf dem Gebiet der Moral" ist. Das BVerfG sah darin gleichwohl einen Beitrag zu einer die Öffentlichkeit stark interessierenden, das Vertrauen in Staatsführung und Justiz berührenden Frage, der diesen Charakter nicht dadurch verliere, dass der Beschwerdeführer zugleich seine Ehre und seine Stellung verteidige.[34]

948 Auch **kommerzielle Motive** begründen kein öffentliches Informationsinteresse. Es geht dem Medienrecht nicht darum, Unternehmen günstige Profitchancen zu verschaffen. Aus diesen Gründen sind beispielsweise Zitate urheberrechtlicher Werke nur im Interesse der Auseinandersetzung mit dem betroffenen Gegenstand, nicht aber zum Einsparen von Betriebskosten erlaubt.[35] Ebenso wenig sollen den Medien Möglichkeiten eröffnet werden, auf Kosten des Einzelnen wirtschaftlich Kasse machen zu können. Es gibt eine sehr berechtigte Unterscheidung zwischen dem rechtlich relevanten öffentlichen Informationsinteresse und dem, woran die Öffentlichkeit möglicherweise noch interessiert ist.[36] Deshalb reicht das Interesse von Medien an der Verbreitung bloßer Sensationsnachrichten („Knüller") zur Steigerung ihrer Verkaufszahlen[37] sowie an Formen der persönlichkeitsbeeinträchtigenden Werbung[38] nicht aus, um Eingriffe in das Persönlichkeitsrecht Betroffener zu legitimieren.

949 Der BGH zieht die Grenze zwischen öffentlicher Meinungsbildung und kommerzieller Werbung z.T. sehr medienfreundlich. Während es beispielsweise einem Autohersteller untersagt wurde, mit einem Bild von Marlene Dietrich aus dem Jahre 1930 für seine Wagen zu werben,[39] stehen den Medien vergleichbare Werbemöglichkeiten seit der **Chris Revue-Entscheidung** tendenziell offen. Im Streitfall hatte eine Kundenzeitschrift für sich geworben, indem sie ein Bildnis des Klägers, eines bekannten Schauspielers, auf ihrer Titelseite verwendete. Auf der Titelseite fanden sich weiterhin auch Hinweise auf bestimmte Drogerieprodukte der Beklagten. Der BGH hielt den Abdruck für zulässig, solange das betreffende Presseerzeugnis in seinen Beiträgen auch über die abgebildete prominente Persönlichkeit berichtet.[40] Das Gericht ging davon aus, dass der Leser in

---

34 BVerfG vom 25.1. 1961 (Auf der Wolga verhaftet), BVerfGE 12, 113, 129; dazu *Beyer* NJW 1961, 1156f.; *Schmidt/Leichner* NJW 1961, 819.

35 OLG Köln vom 13.8. 1993 (Filmausschnitt), GRUR 1994, 47, 48f.

36 „... what is in the public interest and what the public is interested in."

37 BGH vom 26.1. 1965 (Gretna Green), JZ 1965, 411, 413 „Unterhaltungsbedürfnis der Leserschaft"; BGH vom 15.12. 1987 (Intime Beziehungen), NJW-RR 1988, 733, 734.

38 Etwa BGH vom 14.5. 2002 (Marlene-Bildnis), BGHZ 151, 26, 30 mwN.

39 BGH vom 1.12. 1999 (Marlene Dietrich), BGHZ 143, 214, 218ff.

40 BGH vom 14.3. 1995 (Chris Revue), NJW-RR 1995, 789f.; dazu *Kreile* WiB 1995, 522f.; zustimmend *Strothmann* GRUR 1996, 693ff. Siehe auch BGH vom 14.5. 2002 (Marlene-Bildnis), BGHZ 151, 26, 30ff.

einem solchen Titelblatt keine Werbeempfehlung des Abgebildeten für die dort genannten Produkte sehe, sondern damit lediglich die Erwartung verbinde, im Innern des Blatts einen redaktionellen Beitrag über die abgebildete Persönlichkeit zu finden.

B. Informationsinhalte

Ob öffentliche Informationsinteressen bestehen und welches Gewicht sie haben, 950
beurteilt sich nach einem komplexen Zusammenspiel von Informationsinhalten und prozeduralen Kriterien. Zunächst sollen Anforderungen und Unterscheidungen vorgestellt werden, die sich daraus ergeben, welchen **Themenbereich bzw. welche Medienfunktion** die fragliche Information betrifft. Das Urheberrecht fragt zum Beispiel danach, ob Beiträge „politische, wirtschaftliche oder religiöse Tagesfragen" zum Inhalt haben.[41] Grundsätzlich kann an allen Gegenständen ein öffentliches Informationsinteresse bestehen. Die Voraussetzungen und das Gewicht des Informationsinteresses sind aber zum Teil unterschiedlich, je nachdem, ob es um die Demokratiefunktion und „politische" Inhalte geht, um die Wirtschaftsfunktion und Informationen, die dem Einzelnen in wirtschaftlichen oder geschäftlichen Dingen helfen, oder schließlich um die Integrationsfunktion und um Themen, die gemeinschaftlichen Gesprächsstoff und Orientierungsmöglichkeiten schaffen.

I. Demokratiefunktion

Der wichtigste Grund, auf den Inhalt der fraglichen Information abzustellen, ist 951
der verfassungs- bzw. demokratierechtliche Aspekt. Betreffen Informationen die Demokratiefunktion der Medien, so hat das allgemeine Informationsinteresse **grundsätzlich höheres Gewicht als im Zusammenhang mit Informationen unterhaltenden Charakters.**[42] Es ist verfassungs- wie zivilrechtlich danach zu trennen, „ob die Presse im konkreten Fall eine Angelegenheit von öffentlichem Interesse ernsthaft und sachbezogen erörtert, damit den Informationsanspruch des Publikums erfüllt und zur Bildung der öffentlichen Meinung beiträgt oder ob sie lediglich das Bedürfnis einer mehr oder minder breiten Leserschicht nach oberflächlicher Unterhaltung befriedigt".[43] Dementsprechend besteht an Informationen mit ausgeprägtem „Politikbezug" prinzipiell ein besonderes öffentliches Interesse.

Bestimmte Gegenstände können bereits aufgrund eines besonderen Veran- 952
staltungszusammenhangs als „demokratierelevant" einzustufen sein. Ein wich-

---

41 § 49 Abs. 1 Satz 1 UrhG.

42 BVerfG vom 29.7.2003, NJW 2003, 3262, 3263 mwN; BGH vom 9.12.2003 (Luftbildaufnahmen II), NJW 2004, 762, 764; *Schulze-Fielitz* in: Dreier, Art. 5 I, II GG Rn. 162ff. mwN.

43 BVerfG vom 14.2.1973 (Soraya), BVerfGE 34, 269, 283.

tiges Beispiel ist die Berichterstattung über öffentliche Sitzungen im Bundestag, der Bundesversammlung und der **Gesetzgebungsorgane** der Länder.[44] Ebenso privilegiert das Urheberrecht die Wiedergabe von Reden, die bei **öffentlichen Verhandlungen vor staatlichen oder kommunalen Organen** gehalten worden sind.[45]

953 Unmittelbar demokratierelevant ist die Berichterstattung im Zusammenhang mit **Wahlkämpfen**, also namentlich über Äußerungen im Wahlkampf[46] bzw. über konkurrierende Parteien[47] und Wahlkandidaten.[48] Ebenso müssen sich Bewerber für **öffentliche Ämter** bzw. Inhaber solcher Posten in besonderer Weise der öffentlichen Diskussion stellen.[49] Deutlich wird dies zum Beispiel, wenn es um die öffentliche Weitergabe des Namens einer Person und deren früheren Stasitätigkeit geht. Wer sich als Ministerpräsident eines Bundeslands selbst öffentlich engagiert an der politischen Auseinandersetzung über seine frühere Tätigkeit gegenüber dem Ministerium für Staatssicherheit in der DDR beteiligt und sich damit aus eigenem Entschluss unter Preisgabe eines Teils seiner schützenswerten Privatsphäre ins Rampenlicht einer öffentlichen Diskussion stellt, muss entsprechende Veröffentlichungen weitgehend hinnehmen.[50] Im Unterschied dazu genießt eine Person, die weder im IM-Gefüge des DDR Ministeriums für Staatssicherheit eine exponierte Stellung innehatte noch später im öffentlichen Leben eine herausragende Position bekleidet, einen höheren Schutz gegenüber ungewollter Publizität.[51] Einer Berichterstattung über einen Politiker wohnt ein öffentliches Interesse grundsätzlich aber nur inne, soweit es um Bereiche geht, die entweder mit seiner politischen Tätigkeit zu tun haben oder für die der Betreffende öffentlich hervorgetreten ist. Daraus, dass sich Politiker in ihrer Privatsphäre mit politischen und gesellschaftlichen Fragen auseinandersetzen, folgt kein Recht darauf, solche Äußerungen abhören und veröffentlichen zu dürfen.[52]

44 Art. 42 Abs. 3 GG, § 37 StGB.
45 § 48 Abs. 1 Nr. 2 UrhG.
46 BGH vom 15.11. 1983 (Wahlkampfrede), NJW 1984, 1102, 1103; BVerfG vom 22.6. 1982 (NPD Europas), BVerfGE 61, 1, 11f.
47 BVerfG vom 22.6. 1982 (NPD Europas), BVerfGE 61, 1, 11f.; siehe auch BGH vom 15.11. 1983 (Wahlkampfrede), NJW 1984, 1102, 1103.
48 BGH vom 20.1. 1959, BGHSt 12, 287, 293f.
49 „An individual who decides to seek governmental office must accept certain necessary consequences of that involvement in public affairs. ... A private individual has not accepted public office or assumed an influential role in ordering society, has relinquished no part of his interest in the protection of his own good name, and consequently he has a more compelling call on the courts for redress of injury inflicted by defamatory falsehood", *Powel* J. in Gertz v. Welch, 418 U.S. 323, 344, 345 (1974).
50 BGH vom 16.6. 1998 (IM-Sekretär), BGHZ 139, 95, 107.
51 BGH vom 12.7. 1994, JZ 1995, 253ff.
52 BGH vom 19.12. 1978 (Abhöraffäre), BGHZ 73, 120, 129f.

Allgemein ist ein Interesse der Öffentlichkeit in der Regel zu bejahen, wenn in angemessener Weise über **politische Angelegenheiten** berichtet wird.[53] Der politische Bezug kann sich aus vielen Aspekten ergeben, zum Beispiel aus dem zeitgeschichtlichen Bezug von Informationen. Im Extremfall geht es um „eine für das deutsche Volk wesentliche Frage", zum Beispiel um die NS-Vergangenheit eines Regisseurs, gegen dessen Filme öffentlich zum Boykott aufgerufen wird,[54] um die Bestechung von Abgeordneten,[55] um die illegale Verwicklung deutscher Unternehmen in den internationalen Waffenhandel[56] oder um mögliche Verstrickungen heutiger Spitzenpolitiker in Aktivitäten des Ministeriums für Staatssicherheit in der früheren DDR.[57] Im Hinblick auf die Kontrollfunktion der Medien ist ein öffentliches Interesse auch stets naheliegend, wenn es um rechtswidrige Praktiken staatlicher Organe geht. Das Interesse ist dabei umso höher, je schwerer der Verstoß ist. Schwere Verstöße gegen die verfassungsmäßige Ordnung[58] oder evidente und besonders schwere Verfassungsverstöße[59] dürften eine Veröffentlichung eigentlich immer rechtfertigen. 954

II. Wirtschaftsfunktion

Ein öffentliches Informationsinteresse kann im Hinblick auf die Wirtschaftsfunktion der Medien auch in anderen Zusammenhängen bestehen. Es kommt für **wirtschaftliche Sachverhalte mit Öffentlichkeitsbezug**[60] sowie für alle Informationen in Betracht, die dem Einzelnen bei der Bewältigung von Problemen und **„Streitigkeiten des täglichen Lebens"** helfen können.[61] Das kann zum Beispiel sein, wenn kritisierte Geschäftspraktiken zu einer Gefährdung für geschäftsunerfahrene Personen führen können und zugleich eine öffentliche Information und Diskussion geeignet ist, Abhilfe zu schaffen.[62] Medien dürfen Verbraucher über allgemein interessierende Geschäftsmethoden aufklären, zum Beispiel über schwindelhafte Werbung.[63] Ein klassischer Anwendungsfall sind Warentests. Sie werden im Interesse der Öffentlichkeit weitgehend zugelassen, da die Medien auf diese Weise eine Markttransparenz schaffen, die nicht nur im 955

---

53 BGH vom 22.12. 1959 (Alte Herren), BGHZ 31, 308, 312; BGH vom 3.5. 1977 (Abgeordnetenbestechung), NJW 1977, 1288, 1289.
54 BVerfG vom 15.1. 1958 (Lüth), BVerfGE 7, 198, 216.
55 BGH vom 3.5. 1977 (Abgeordnetenbestechung), NJW 1977, 1288f.
56 BGH vom 24.10. 1961 (Waffenhandel), BGHZ 36, 77ff.
57 BGH vom 16.6. 1998 (IM-Sekretär), BGHZ 139, 95ff.; OLG Hamburg vom 29.7. 1999 (Berufungsschrift), NJW 1999, 3343ff.
58 BGH vom 8.11. 1965 (TO-Maßnahmen), BGHSt 20, 342, 364ff.
59 BVerfG vom 28.4. 1970 (Fall Pätsch), BVerfGE 28, 191, 205.
60 BGH vom 24.10. 1961 (Waffenhandel), BGHZ 36, 77, 81; BGH vom 14.1. 1975 (Metzeler), AfP 1975, 801, 802; *Degenhart* DVBl 1990, 910, 918.
61 BVerfG vom 15.1. 2004, NJW 2004, 672; siehe auch BVerfG vom 11.3. 2004, NJW 2004, 1855, 1857.
62 BVerfG vom 20.4. 1982 (Kredithaie), BVerfGE 60, 234, 240.
63 BGH vom 10.1. 1968 (Pelzversand), BGHZ 50, 1, 7.

Interesse der Verbraucher, sondern auch im „volkswirtschaftlichen Gesamtinteresse“ liegt.[64]

956 Ein öffentliches Informationsinteresse ist beispielsweise bejaht worden für Berichte über die Beeinträchtigung des Klimas durch FCKW,[65] über die nachlassende Qualität deutscher Waren, selbst wenn dabei beispielhaft auf einzelne Erzeugnisse hingewiesen wird,[66] über gesundheitsschädigende Effekte von Kosmetika[67] und über Missbräuche auf dem Gebiet des Heilmittelwesens[68] oder bei der Entsorgung giftiger Abfälle durch ein Chemieunternehmen.[69]

III. Integrationsfunktion

1. Ausgangsfragen

957 Das öffentliche Informationsinteresse und die Informationsfunktion der Medien beschränken sich nicht auf „politische“ oder „wirtschaftliche“ Informationen. Die Meinungsbildung erhält ebenso von anderen Gegenständen Nahrung. Nach der Rechtsprechung kann insbesondere an Informationen unterhaltenden Charakters ein allgemeines Informationsinteresse bestehen.[70]

a. Begründungen des Informationsinteresses

958 Die Begründung, woraus sich die Annahme eines solchen öffentlichen Interesses rechtfertigt, ist kompliziert. Sie folgt aus der **integrierenden Wirkung von Informationen**. Die gesellschaftliche Integrationswirkung ist jedoch ein anspruchsvoller Maßstab, der seinerseits erst durch Wertungen ausgefüllt werden muss. Allgemein stellt unterhaltende Information „Gesprächsgegenstände zur Verfügung, an die sich Diskussionsprozesse und Integrationsvorgänge anschließen können, die sich auf Lebenseinstellungen, Werthaltungen und Verhaltensmuster beziehen, und erfüllt insofern wichtige gesellschaftliche Funktionen“.[71] Die einschlägigen Informationen können das Bedürfnis nach gemeinsamen Themen decken, also sozusagen als „sozialer Kitt“ wirken. Sie können weiterhin

---

64 BGH vom 9.12. 1975 (Warentest II), BGHZ 65, 325, 332; instruktiv dazu *Schricker* GRUR 1976, 274ff.

65 BGH vom 12.10. 1993 (Greenpeace), NJW 1994, 124, 126.

66 BGH vom 21.6. 1966 (Teppichkehrmaschine), NJW 1966, 2010, 2011.

67 BGH vom 20.6. 1969 (Hormoncreme), GRUR 1969, 624, 627f.

68 BGH vom 20.5. 1969 (Cellulitis), GRUR 1969, 555, 558.

69 BGH vom 12.5. 1987 (Chemiegift), NJW 1987, 2225, 2226.

70 Z.B. BVerfG vom 17.2. 1998 (Kurzberichterstattung), BVerfGE 97, 228, 257; BGH vom 29.6. 1999, NJW 1999, 2893, 2894; BGH vom 9.12. 2003, NJW 2004, 762, 764; BVerfG vom 15.12. 1999 (Caroline von Monaco), BVerfGE 101, 361, 389f. mwN.; eingehend *Neben*, Triviale Personenberichterstattung als Rechtsproblem, 2001, S.99ff. „... entertainment itself can be important news“, *White* J. in Zacchini v. Scripps-Howard Broadcasting Company, 433 U.S.562, 578 (1977).

71 BVerfG vom 15.12. 1999 (Caroline von Monaco), BVerfGE 101, 361, 389f. mwN.

gemeinsame Erfahrungen und Erlebnisse vermitteln und auf diese Weise kulturelle Gemeinsamkeiten schaffen, von denen eine Gesellschaft lebt. Informationen, zum Beispiel Beiträge über konfessionelle, religiöse und weltanschauliche Streitigkeiten,[72] können schließlich auch dem Einzelnen Lebensbilder und Maßstäbe verschaffen, an denen er sein eigenes Verhalten ausrichtet und überprüft.

„Für wie viele Menschen lässt sich eigentlich die strikte Individualisierung einer in Funktionssysteme zergliederten Gesellschaft, die Anonymität im grauen Heer der Großstadt, die Tristesse der Kleinstadt nur deshalb ertragen, weil Ersatzwelten ihnen Nähe bereiten, Gesellschaft vorführen, in die man eintauchen, an der man Anteil nehmen und zu deren Bewegungen im Verhalten Prominenter jeder Postion beziehen kann? ‚Unterhaltung ermöglicht Selbstverortung in der dargestellten Welt', man nimmt wahr, urteilt und schließt auf sich selbst zurück".[73] 959

Anders als im Zusammenhang mit der Demokratie- und Wirtschaftsfunktion der Medien beurteilt sich das Informationsinteresse für den integrativen Bereich nach differenzierenden Anforderungen. Es hängt vom Inhalt der jeweiligen Information, ihrer **gesellschaftlichen Bedeutung für die Allgemeinheit und den Einzelnen** sowie davon ab, welche rechtlichen Interessen die Information beeinträchtigt. Daher erklärt sich das Informationsinteresse beispielsweise an Sportereignissen im Detail aus anderen Gründen als das an der Gerichtsberichterstattung. Solche Differenzierungen und die daraus folgenden Maßstäbe für Informationen, die weder demokratie- noch wirtschaftsrelevant sind, gehen überwiegend auf die neuere Judikatur des BVerfG zurück. Sie sind gleichwohl noch nicht sonderlich fest im allgemeinen juristischen Bewusstsein verankert und bedürfen der weiteren inhaltlichen Diskussion. Die durchaus verbreitete **Gegenposition**[74] argumentiert ungleich schlichter. Sie nimmt aufgrund der Pressefreiheit im Zweifel stets ein öffentliches Informationsinteresse an, verzichtet also auf dessen positive Begründung. Zugleich erstreckt sie dieses Interesse grundsätzlich auf alle Inhalte, weil insbesondere „politische" und bloß „unterhaltende" Inhalte nicht sinnvoll voneinander abgegrenzt werden könnten. Nach dieser Position ist also ein Informationsinteresse an Unterhaltung unabhängig davon zu bejahen, ob sich auch im Einzelfall Gründe für die Annahme finden lassen. In meinen Augen ist der zugrunde gelegte neuere Ansatz des BVerfG vorzugswürdig, weil er exaktere Kriterien liefert. Er beugt der Gefahr schädlicher Pauschalisierungen vor, mit denen weder dem öffentlichen Informa- 960

72 BGH vom 21.6.1966 (Höllenfeuer), BGHZ 45, 296, 309f.
73 *di Fabio* Bitburger Gespräche Jb 1999/I, S. 159, 163 mwN.
74 „The line between the informing and the entertaining is too elusive for the protection of the freedom of the press. Erroneous statement is no less inevitable in such a case than in the case of comment upon public affairs, and in both, if innocent or merely negligent, it must be protected if the freedoms of expression are to have the breathing space that they need to survive", *Brennan* J. in Time v. Hill, 385 U.S. 374, 388 (1967). Aus dem deutschen Schrifttum etwa *Söder* in: Beater/Habermeier (Hrsg.), Verletzungen von Persönlichkeitsrechten durch die Medien, 2005, S. 9, 10.

tionsinteresse noch den berechtigten Anliegen derer gedient ist, die von der jeweiligen Information rechtlich betroffen werden.

b. Besonderheiten gegenüber politischen oder wirtschaftlichen Informationen

961 Unterhaltungsinformationen haben einen anderen Charakter als Informationen politischen oder wirtschaftlichen Inhalts. Sie sind nämlich **prinzipiell austauschbar, weil ihnen kein Kontrollmoment eigen** ist.[75] Ihr genauer Inhalt ist deshalb prinzipiell unerheblich, soweit sie nur den erstrebten Unterhaltungseffekt erzielen. Integration und sozialer Kitt lassen sich im Extremfall sogar mit rein fiktiven Inhalten schaffen, etwa mit dem Sandmännchen, den Harry Potter-Geschichten oder den Sissy-Filmen. Die integrative Funktion ist in letzter Konsequenz sogar unabhängig davon, ob die betreffenden Informationen wahr sind oder nicht. Das ist gemeint, wenn von der Austauschbarkeit solcher Informationen gesprochen wird. Demgegenüber sind politische Kontrolle oder Warnungen vor einem gefährlichen Produkt ohne Bezug zu einem konkreten tatsächlichen Geschehen nicht denkbar. Zugleich kommt es bei ihnen in höchstem Maß darauf an, ob sie richtig sind oder nicht. Informationen, die etwa zur Kontrolle öffentlicher Amtsträger beitragen oder den Kaufinteressenten über Gesundheitsrisiken eines Hometrainers aufklären, sind nicht austauschbar. Sie beziehen sich auf das konkrete Verhalten eines bestimmten Amtsträgers oder auf die Eigenschaften eines bestimmten Produkts. Dementsprechend lässt sich beispielsweise das berechtigte Interesse an der Aufklärung politischer Unregelmäßigkeiten in der Regierung des Bundeslandes A nicht dadurch befriedigen, dass unzulässige Praktiken der Regierung des Bundeslandes B aufgedeckt werden. Ebenso nutzt es dem angeführten Kaufinteressenten nichts, wenn er nicht über das begehrte Fitnessgerät, sondern stattdessen über Standuhren informiert wird.

962 Aus diesem Unterschied ergeben sich zwei wichtige Folgen. Da unterhaltende Informationen prinzipiell als solche austauschbar sind, haben sie bei der Abwägung mit gegenläufigen Interessen **grundsätzlich ein geringeres Gewicht als insbesondere Informationen politischen Charakters**.[76] Ist den Medien, zum Beispiel aus persönlichkeitsrechtlichen Gründen, eine Veröffentlichung einer bestimmten Unterhaltungsinformation untersagt, so können sie prinzipiell auf andere Unterhaltungsinformationen ausweichen und ihrer Integrationsfunktion auf diese Weise nachkommen. Aus dem gleichen Grund ist es auch unproblematisch, wenn das Recht eine **Kommerzialisierung von Informationen über Sport oder Prominente** erlaubt (siehe Rdnr. 1223ff.).

---

75 EuGHMR vom 24.6. 2004 (von Hannover/Deutschland), NJW 2004, 2647ff. Rn. 63.
76 So BVerfG vom 14.2. 1973 (Soraya), BVerfGE 34, 269, 283; BVerfG vom 29.7. 2003, NJW 2003, 3262, 3263 mwN; BGH vom 9.12. 2003 (Luftbildaufnahmen II), NJW 2004, 762, 764.

2. Sport

963 Ein Anwendungsfall öffentlicher und sich aus der Integrationsfunktion ableitender Informationsinteressen sind Sportveranstaltungen. Solche Veranstaltungen erfüllen in den Augen des BVerfG eine wichtige gesellschaftliche Funktion, denn „Sport bietet **Identifikationsmöglichkeiten** im lokalen und nationalen Rahmen und ist **Anknüpfungspunkt für eine breite Kommunikation** in der Bevölkerung".[77] Die Übertragung von Fußballspielen beispielsweise kann gemeinsamen Gesprächsstoff schaffen und so Menschen zusammenführen. Wer umgekehrt von diesem „Medienerlebnis" ausgeschlossen ist, läuft Gefahr einer gesellschaftlichen Isolation. Der Gesetzgeber teilt dabei das Informationsinteresse nach der Bedeutung der jeweiligen Sportveranstaltung sogar in verschiedene Stufen ein, nämlich in Ereignisse von erheblicher gesellschaftlicher Bedeutung[78] und in Ereignisse von allgemeinem Informationsinteresse.[79]

964 In Bezug auf Sportveranstaltungen ist jedoch zu beachten, dass es um Informationen geht, die häufig durch kommerzielle Veranstalter generiert werden. Informationen solchen Zuschnitts bringen daher Besonderheiten mit sich. Selbst wenn man also ein berechtigtes Informationsinteresse der Allgemeinheit in Betracht zieht, zwingt dies doch keineswegs zu der rechtlichen Annahme, dass die betreffende Information gemeinfrei ist und folglich uneingeschränkt und kostenlos von den Medien genutzt und verwertet werden darf. Nach der hier vertretenen Ansicht ist es vielmehr sinnvoll, eine **Kommerzialisierung solcher Informationen** zuzulassen, um mit Hilfe von Wettbewerbsmechanismen eine optimale Information der Allgemeinheit zu erreichen.[80] Es kann daher insbesondere sein, dass eine Liveberichterstattung durch Fernsehen oder Hörfunk nur demjenigen offensteht, dem der Veranstalter ein entsprechendes Übertragungsrecht eingeräumt hat.[81]

3. Straftaten, Gerichtsverfahren, Skandale

965 Die Gerichte haben seit jeher angenommen, dass die Allgemeinheit ein berechtigtes Interesse hat, über Gerichtsverfahren und namentlich solche Straftaten informiert zu werden, die einen aktuellen Bezug haben und entweder sehr schwer sind oder aber die Öffentlichkeit besonders berühren.[82] Das Informationsinteresse daran legitimiert sich einmal aus der **Kontrollfunktion** der Medien

---

77 BVerfG vom 17. 2. 1998 (Kurzberichterstattung), BVerfGE 97, 228, 257.
78 § 5a Abs. 1 Satz 1 RStV (= § 4 RStV-E).
79 § 5 Abs. 1 Satz 1 RStV.
80 *Beater* UFITA 2005/II, 339, 364 ff. mwN. Siehe Rdnr. 1223 ff.
81 Zur Sportberichterstattung siehe Rdnr. 1401 ff., 1472 ff.
82 BGH vom 7. 12. 1999 (Sticheleien von Horaz), BGHZ 143, 199, 207; siehe auch BVerfG vom 5. 6. 1973 (Lebach I), BVerfGE 35, 202, 231; eingehend *von Coelln*, Zur Medienöffentlichkeit der Dritten Gewalt, 2005, S. 177 ff. mwN. Zur Gerichtsberichterstattung siehe Rdnr. 1294 ff., 1478 ff.

gegenüber staatlichen Institutionen, die auch die Justiz mit umfasst. In der Hauptsache geht es aber doch um etwas anderes, nämlich um die Straftat und die Bestrafung des Täters. Meines Erachtens ergibt sich das Informationsinteresse daraus, dass die Handlungen von Straftätern und ihre Bestrafung immer wieder aufs Neue Fragen nach den **Grundwerten und den Funktionsvoraussetzungen einer Gesellschaft** aufwerfen. Ein Gemeinwesen kann auf Dauer um so besser gedeihen, je stärker über die Antwort auf solche Fragen ein gesellschaftlicher Konsens herrscht.

966 Umgekehrt besteht zu Recht Einigkeit darüber, dass das bloße Unterhaltungsbedürfnis der Allgemeinheit, die sich der menschlichen Natur entsprechend vielfach gerade am Leid ihrer Mitmenschen ergötzt, kein rechtlich relevanter Faktor ist, der etwa Persönlichkeitsbeeinträchtigungen legitimieren kann.[83] Es ist daher zu beachten, dass die Gerichte das Informationsbedürfnis stets nur im Zusammenhang mit Straftaten und Gerichtsverfahren bejaht haben. Es erstreckt sich nicht schlechthin auf „Skandale", etwa auf Dinge wie die ehebrecherischen Beziehungen eines katholischen Geistlichen[84] oder den „Bürosex" in einer Industrie- und Handelskammer.[85]

4. Prominente

967 Ein Informationsinteresse an Personen kann schon deshalb in Betracht kommen, weil der Betroffene prominent, also in der Öffentlichkeit weithin bekannt ist. Bei einer solchen Berichterstattung geht es **um die jeweilige Person als solche** bzw. ihr Leben und ihr Handeln. Es geht nicht um spezielle öffentliche Funktionen oder besondere Leistungen des Betreffenden, wie etwa das Engagement für eine gemeinnützige Institution oder den Gewinn eines Tennisturniers. Die Reichweite eines solchen Informationsinteresses und sein Gewicht gegenüber dem Persönlichkeitsrecht des Betroffenen hängen von vielfältigen Unterscheidungen ab und sind sowohl grundsätzlich als auch im Detail umstritten.

968 Die **Anwendungsfälle** sind bunt. Schon die Gebrüder Grimm stellten bei der Sammlung ihrer Märchen fest, dass „gerade die Bedrückten am meisten von Prinzessinnen und von Königssöhnen hören wollten. Der Hang dazu ist so alt wie die Menschheit".[86] Heutige Fälle betreffen etwa die Haarfarbe des Bundeskanzlers,[87] das Scheidungsverfahren und den möglichen Ehebruch eines prominenten Adeligen[88] oder Luftbildaufnahmen vom Feriendomizil eines bekannten Fernsehjournalisten auf Mallorca.[89] Eine besondere Bedeutung hat das **Recht am eigenen Bild**, das an späterer Stelle eingehend behandelt

83 BGH vom 26.1.1965 (Gretna Green), JZ 1965, 411, 413.
84 BGH vom 15.12.1987 (Intime Beziehungen), NJW-RR 1988, 733f.
85 BGH vom 24.11.1987 (Büro-Sex), NJW 1988, 1984f.
86 *P. Sethe*, Ins Wasser geschrieben. Porträts, Profile, Prognosen, herausgegeben von K.H. Janßen, 1968, S.168.
87 BVerfG vom 26.8.2003, NJW 2004, 589, 590.
88 BGH vom 29.6.1999 (Ehebruch), NJW 1999, 2893, 2894.
89 BGH vom 9.12.2003 (Luftbildaufnahmen II), NJW 2004, 762, 764.

wird.[90] Die Prominentenberichterstattung verwendet nämlich fast immer Bilder. Sie dienen den Medien zur Illustration und zur Erregung von Aufmerksamkeit, können aber gleichzeitig aufseiten des Betroffenen typischerweise zu besonders gravierenden Beeinträchtigungen der Persönlichkeit führen.

a. Grundsatzstreit

Das BVerfG bejaht ein grundsätzliches Interesse der Öffentlichkeit, allgemein über Prominente informiert zu werden. Für die Berichterstattung über Prominente ist in den Augen des Gerichts entscheidend, dass solche Menschen für bestimmte Wertvorstellungen und Lebenshaltungen stünden: „Vielen bieten sie deshalb Orientierung bei eigenen Lebensentwürfen. Sie werden zu Kristallisationspunkten für Zustimmung oder Ablehnung und erfüllen Leitbild- oder Kontrastfunktionen. Darin hat das öffentliche Interesse an den verschiedensten Lebensbezügen solcher Personen seinen Grund".[91] 969

Das BVerfG hat diese Linie u.a. in der **Caroline von Monaco-Entscheidung** begründet, die eine heftige Folgediskussion ausgelöst hat. Im Streitfall ging es um die Veröffentlichungen von Bildern in einem Unterhaltungsblatt, die ohne Einwilligung der abgebildeten Prinzessin gemacht wurden und diese u.a. beim Gang auf den Markt, mit einer Leibwächterin auf dem Markt und mit einem Begleiter in einem gut besuchten Lokal sowie beim Reiten und beim Fahrradfahren zeigten. Die zivilrechtliche Klage hing zentral davon ab, ob ein Informationsbedürfnis der Allgemeinheit an den Bildern bestand und ob diesem Informationsbedürfnis in Abwägung mit den berechtigten Interessen der Prinzessin Vorrang einzuräumen war. Das BVerfG hat dies weitgehend bejaht. Es begründet die Erstreckung der Pressefreiheit auf Unterhaltung mit deren „Bezug zur Meinungsbildung". Es wäre einseitig anzunehmen, Unterhaltung befriedige lediglich Wünsche nach Zerstreuung und Entspannung, nach Wirklichkeitsflucht und Ablenkung. 970

Das BVerfG räumt zugleich den **Persönlichkeitsinteressen eher geringen Stellenwert** ein. Stürzt die Prinzessin in einem eintrittspflichtigen öffentlichen Schwimmbad, so sollen die davon heimlich gemachten Aufnahmen nach der **Schwimmbad-Entscheidung** ein öffentliches Informationsinteresse bedienen.[92] Umgekehrt ist das Informationsbedürfnis in Bezug auf dieselbe Person verneint worden, soweit es um die Einzelheit eines Einkaufs in einer Boutique (Konfektionsgröße, Preis des erworbenen Pullovers, Einzelheiten der Kreditkartenbenutzung)[93] oder in einem Blumenladen[94] ging. Ebenso bedient die Veröffentlichung von Wegbeschreibungen zu Feriendomizilen Prominenter grundsätzlich kein anerkennenswertes Informationsinteresse.[95] Für die Veröffentlichung eines Horoskops über die angeblichen gegenwärtigen und zukünftigen Eigenschaften und die 971

90 Siehe Rdnr. 1268ff.

91 BVerfG vom 15.12. 1999 (Caroline von Monaco), BVerfGE 101, 361, 390; dazu *Kupfer* Jura 2001, 169ff.; *Janisch* AfP 2000, 159f.; *Soehring* AfP 2000, 230ff.; *Zacharias* JA 2000, 549ff.; *Seitz* NJW 2000, 2167f.; kritisch *Ladeur* ZUM 2000, 879, 884ff.; *Brömmekamp* ZUM 2000, 159f.

92 BVerfG vom 13.4. 2000 (Schwimmbad), NJW 2000, 2192f.

93 BVerfG vom 5.4. 2000, NJW 2000, 2194f.

94 BVerfG vom 5.4. 2000, NJW 2000, 2190.

95 BGH vom 9.12. 2003 (Luftbildaufnahmen II), NJW 2004, 762, 765.

weitere Entwicklung des Babys der Prinzessin hat das BVerfG ebenfalls ein öffentliches Informationsinteresse abgelehnt.[96]

972 Die Annahme des BVerfG, aufgrund der Leitbild- oder Kontrastfunktion von Prominenten sei ein Informationsbedürfnis rechtlich bzw. sogar kraft Verfassung schützenswert, hat viel **Kritik** geerntet und ist problematisch. Das BVerfG misst der Integrationsfunktion der Medien hier ein zu hohes Gewicht bei. Sicher ist es besser, eine Sozialisation und Integration über Medien und Prominente als Vorbilder oder abschreckende Beispiele zu ermöglichen, als dieses Geschäft etwa der Hitlerjugend, einem gleichgeschalteten Rundfunk oder der FDJ zu überlassen. Folgt daraus aber zugleich, dass die Berichterstattung über Prominente verfassungsrechtlichen Schutz genießen muss und gegen den Willen des Betroffenen im Wege einer „persönlichkeitsrechtlichen Enteignung“ erfolgen darf? Das BVerfG entfacht doch erst ein Bedürfnis an enthüllendem Prominentenklatsch, das es zu schützen vorgibt. Ist es von Verfassungs wegen geboten, einer Medienorientierung und -gesellschaft auf diese Weise das Wort zu reden? Die Berichterstattung über so genannte Prominente schafft eine selbstreferenzielle, illusionäre Plastikwelt. Das ist schwerlich eine Orientierung, die eine derartige rechtliche Unterstützung verdient.

973 Der gegen die Entscheidungen des BVerfG angerufene EuGHMR hat in der **von Hannover/Deutschland-Entscheidung** eine ungleich restriktivere Haltung als die deutschen Richter eingenommen und erkennt ein öffentliches Informationsinteresse grundsätzlich nur bei Berichterstattungen über Fakten an, die geeignet sind, zu einer Debatte in einer demokratischen Gesellschaft beizutragen, z.B. wenn sie sich auf Politiker in Ausübung ihrer Ämter bezieht.[97] Für Berichterstattungen, die sich ausschließlich auf Details aus dem Privatleben des Betroffenen beziehen und außerhalb jeglicher politischen oder öffentlichen Debatte angesiedelt seien, sei ein derartiges Interesse jedenfalls nicht anzuerkennen.[98]

974 Mit dem EuGHMR ist die Schwimmbad-Entscheidung durchweg abzulehnen. Die Bilder und den Artikel über den Sturz der Prinzessin im Schwimmbad ordneten die Richter des EuGHMR als das ein, was sie waren: Ein bloßes Mittel zu dem Zweck, „die Neugier eines bestimmten Publikums im Hinblick auf die Einzelheiten aus dem Privatleben der Beschwerdeführerin zu befriedigen“.[99] Einen „Beitrag zu einer Debatte von allgemeinem gesellschaftlichen Interesse“ sahen sie darin zu Recht nicht.

---

96 BVerfG vom 29.7. 2003, NJW 2003, 3262, 3263.

97 EuGHMR vom 24.6. 2004 (von Hannover/Deutschland), NJW 2004, 2647ff. Rn.63; dazu *Bartnik* AfP 2004, 489ff.; *Zagouras* AfP 2004, 509ff.; *Ohly* GRUR Int. 2004, 902ff.; *Mann* NJW 2004, 3220ff.; *Grabenwarter* AfP 2004, 309ff.; zustimmend („aus voller Brust zu begrüßen“) *Herrmann* ZUM 2004, 665f.; tendenziell auch *Heldrich* NJW 2004, 2634ff.; *Stürner* JZ 2004, 1018ff.; *Beuthien* K&R 2004, 457ff.; *Forkel* ZUM 2005, 192ff.

98 EuGHMR vom 24.6. 2004 (von Hannover/Deutschland), NJW 2004, 2647ff. Rn.64.

99 EuGHMR vom 24.6. 2004 (von Hannover/Deutschland), NJW 2004, 2647ff. Rn.65.

b. Kommerzialisierung von Prominenteninformationen

Für die reine Prominentenberichterstattung ist – in ähnlicher Weise wie für den Sportbereich – eine Kommerzialisierung von Informationen zu befürworten. Die Begründung dafür ergibt sich aus allgemeinen informations- und wettbewerbspolitischen Überlegungen[100] und aus **persönlichkeitsrechtlichen Besonderheiten**, die speziell für Prominente gelten. 975

Die persönlichkeitsrechtliche Unterscheidung zwischen der Intim-, Privat- und Sozialsphäre ist entwickelt worden und passt im Zusammenhang mit Persönlichkeitsverletzungen von Durchschnittsmenschen und Personen, die aufgrund einer öffentlichen Funktion bekannt sind, zum Beispiel Politiker, Sportler oder Künstler. Das öffentliche Interesse an diesen Personen richtet sich vornehmlich auf die öffentliche Tätigkeit. Verletzungen von Privat- und Intimsphäre drohen typischerweise nur im Ausnahmefall, etwa wenn im persönlichen Bereich Ungewöhnliches passiert. Die Trennung zwischen den drei Bereichen passt dagegen nicht für solche Prominente, die nicht oder nur bedingt wegen einer öffentlichen Funktion, sondern vor allem deshalb für die Öffentlichkeit interessant sind, weil sie als „Stars“ anderen Menschen zum Teil als Identifikation oder zumindest als persönliches Orientierungsbild dienen. „Interesse“ und Sensationsgier an ihnen umfassen **von vornherein auch den gesamten persönlichen Bereich**, der sogar deutlich im Vordergrund stehen kann.[101] Der Persönlichkeitsschutz muss in solchen Fällen insbesondere berücksichtigen, dass es hier um die **Gefahr einer öffentlichen Dauerbeobachtung in allen Lebenslagen** geht. 976

Dieser Besonderheit ist vor allem durch die **Anerkennung wirtschaftlicher Persönlichkeitsinteressen** an der Vermarktung von „Image“ Rechnung zu tragen.[102] Der Betroffene erhält so eine differenzierte Verfügungsbefugnis über seine Persönlichkeit. Die Alternative, den Betroffenen allein darauf zu beschränken, Nutzungen Dritter entweder vollständig untersagen oder komplett erlauben zu müssen, und die persönlichkeitsrelevante Nutzungsmöglichkeit im Falle der Erlaubnis zum freien Allgemeingut zu machen, ist abzulehnen.[103] Zum einen lassen sich Persönlichkeitsaspekte und Popularität auf verschiedene Weisen kommerziell nutzen, die aus Sicht des Betroffenen unterschiedlich zu bewerten sein können. Daher müssen, wenn Persönlichkeitsaspekte kommerziell genutzt werden, die Steuerung dieses Prozesses und der Ertrag daraus im Zweifel dem Träger des Persönlichkeitsrechts und keinem anderen zustehen. Es widerspräche dem Gedanken der Selbstbestimmung und damit einem essenziellen Grundan- 977

---

100 *Beater* UFITA 2005/II, 339, 364ff. mwN. Siehe Rdnr. 1223ff.

101 Eingehend *Ladeur* ZUM 2000, 879ff. mwN.

102 *Ladeur* ZUM 2000, 879ff.; Soergel/*Beater*, § 823 BGB Anh. IV Rz. 46f., 143ff.; bereits frühzeitig *Götting*, Persönlichkeitsrechte als Vermögensrechte, 1995, S. 134ff.

103 Ähnlich BGH vom 1. 12. 1999 (Marlene Dietrich), BGHZ 143, 214, 224f., wonach der Schutz der Persönlichkeit durch die Einbeziehung kommerzieller Interessen „eher gestärkt als geschwächt“ wird.

liegen des Persönlichkeitsschutzes, wenn der Betroffene den Einfluss auf die kommerzielle und damit öffentliche Nutzung seiner Persönlichkeit verlöre, weil er einmal einer kommerziellen Verwertung zugestimmt hat. Zum anderen ist die Kommerzialisierung ein adäquates Mittel, um Prominenten adäquate Rückzugsmöglichkeiten zu verschaffen.[104]

C. Prozedurale Kriterien

978 Wenn Medien Öffentlichkeit herstellen und die Information der Allgemeinheit sowie eine Kontrolle durch die Allgemeinheit ermöglichen sollen, dann müsste im Ausgangspunkt auch die Allgemeinheit selbst definieren können, welche Vorgänge und Themen sie interessieren. Das Problem ist jedoch, dass es weder „die Allgemeinheit" noch „eine öffentliche Meinung" als solche gibt. Es existiert kein irgendwie konkretisierbares Subjekt, das entsprechende Präferenzen oder Ansichten hat. Es gibt allenfalls eine „fluide öffentliche Meinung", die sich aus einer Mehrzahl unterschiedlicher Positionen zusammensetzt, ohne dass ein klares Ergebnis im Streit der Meinungen sichtbar wäre.[105] Gleichwohl lassen sich zumindest bestimmte Einzelfolgerungen ziehen. Insbesondere haben die Gerichte lediglich zu beurteilen, ob ein öffentliches Interesse an bestimmten Fragen besteht oder nicht. Eine Bewertung darüber, ob der öffentliche Meinungsprozess gut daran tut, sich für bestimmte Dinge zu interessieren oder nicht zu interessieren, steht ihnen nicht zu. Weiterhin wird das Bestehen öffentlicher Informationsinteressen wesentlich von prozeduralen Kriterien beeinflusst, die vielfach mit den Informationsinhalten zusammenhängen. Die Hauptbedeutung prozeduraler Kriterien betrifft den Prozess der öffentlichen Meinungsbildung als solchen.

979 Die daraus resultierenden Folgen lassen sich weder abschließend noch trennscharf benennen. Im Ausgangspunkt ist der prozedurale Aspekt bei allen Formen der Berichterstattung und gegenüber allen betroffenen individuellen Rechten zu beachten. Im Detail bestehen jedoch erhebliche Unterschiede. Sie kommen vor allem in Betracht, wenn Persönlichkeitsrechte bzw. die Integrationsfunktion betroffen sind.

I. Beteiligung Betroffener am öffentlichen Meinungsbildungsprozess

980 Das öffentliche Informationsinteresse wird maßgeblich durch das Verhalten des Betroffenen und seine Stellung in der Öffentlichkeit beeinflusst. Personen, die durch ihr Wirken und ihre Stellung im öffentlichen Leben Gegenstand des all-

---

104 Ähnlich *Ladeur* ZUM 2000, 879, 884ff.

105 *Groß* JR 1995, 485 mwN. Aus politikwissenschaftlicher Sicht *Luhmann* Politische Vierteljahresschrift, 11 (1970), S.2ff.

gemeinen Interesses geworden sind, haben deshalb kritische Beiträge zu diesem Wirken unter Umständen auch in Fällen hinzunehmen, in denen andere möglicherweise Persönlichkeitsschutz genießen würden.[106] Wer dagegen an dem öffentlichen Meinungsprozess nicht aktiv teilnimmt, wird stärker gesichert, weil das Recht seine selbst gewählte Isolation respektiert.

Diese Maßstäbe erklären sich aus zwei Gesichtspunkten. Zum einen kann 981
eine Stellung in der Öffentlichkeit oder eine Teilnahme an der öffentlichen Diskussion **ihrerseits berechtigte Informationsinteressen auslösen**. Zum anderen steht es jedermann frei, Öffentlichkeit zu vermeiden. Das Persönlichkeitsrecht schützt das Recht, in Ruhe gelassen zu werden, für sich zu sein und sich selber zu gehören.[107] In gleicher Weise steht etwa dem Urheber die Entscheidung zu, sein Werk zu veröffentlichen oder für sich zu behalten.[108] Wer sich gegen solche Formen der Isolation entscheidet und in die Öffentlichkeit tritt, wird durch eine korrespondierende öffentliche Äußerung also ungleich weniger in seiner Befugnis zur Selbstbestimmung getroffen. Will er sich gegen Angriffe verteidigen, die mit seiner öffentlichen Stellung zusammenhängen, so wird er primär auf die Möglichkeit beschränkt, sich durch eine öffentliche Erwiderung zu wehren, um der Allgemeinheit auf diese Weise eine Meinungsbildung im Rahmen von Rede und Gegenrede zu ermöglichen.[109]

1. Eigenes Verhalten

Die Beurteilung ist unproblematisch, wenn der Betroffene bewusst und mit ei- 982
genen **Äußerungen** in die Öffentlichkeit gegangen ist. Wer sich selbst öffentlich äußert und so in die öffentliche Meinungsbildung eingreift, muss grundsätzlich auch Reaktionen und Stellungnahmen zu seinem eigenen Vorstoß dulden.[110] Wer dagegen nicht von sich aus mit Beiträgen in die Öffentlichkeit getreten ist, genießt höheren Schutz davor, als Privatperson in eine von ihm ungewollte und nicht herausgeforderte Öffentlichkeit gedrängt zu werden.[111]

Die Berechtigung dieser Linie wird in der **Sittenrichter-Entscheidung** sehr schön deut- 983
lich. Im Streitfall hatte der Kläger in der von ihm verlegten Zeitung immer wieder politische Gegner mit dem Vorwurf wirklicher oder angeblicher sittlicher Verfehlungen attackiert und sich so einen Ruf als „Moralist" erworben. Er musste es deshalb hinnehmen, dass öffentlich über sein ehebrecherisches Verhalten berichtet wurde. Die Zulässigkeit einer solchen Berichterstattung ergibt sich nicht aus einem „Wie Du mir, so ich Dir". In

106 BGH vom 5.5. 1964 (Sittenrichter), NJW 1964, 1471, 1472; BGH vom 20.3. 1968 (Mephisto), BGHZ 50, 133, 143; BVerfG vom 13.5. 1980 (Römerberg-Gespräche), BVerfGE 54, 129, 138; BGH vom 12.10. 1993 (Greenpeace), NJW 1994, 124, 126.
107 BVerfG vom 31.1. 1973, BVerfGE 34, 238, 245ff.; BVerfG vom 5.6. 1973 (Lebach I), BVerfGE 35, 202, 220; BGH vom 19.12. 1995 (Paparazzi-Fotos), BGHZ 131, 332, 337.
108 § 12 Abs. 1 UrhG.
109 BVerfG vom 15.1. 1958 (Lüth), BVerfGE 7, 198, 219.
110 Z.B. BGH vom 23.9. 1976, DRiZ 1977, 55, 56.
111 BGH vom 7.12. 2004, BGHZ 161, 266, 270.

einem solchen Fall muss vielmehr die Frage öffentlich gestellt und beantwortet werden dürfen, was für eine Person derjenige ist, der solche Maßstäbe aufstellt und sich als Sittenrichter über andere Gehör verschaffen will.[112] Moralische Vorwürfe erscheinen in einem unterschiedlichen Licht, je nachdem, ob sie von persönlicher Überzeugung getragen sind oder von jemandem stammen, der gerade das tut, was er gegenüber anderen öffentlich rügt.

984 Nach der **Greenpeace-Entscheidung** gelten dieselben prozeduralen Zusammenhänge auch für die öffentliche Diskussion von wirtschaftlichen Themen. Wenn der Vorstandsvorsitzende eines weltweit agierenden Chemieunternehmens persönlich in einer Presseinformation mit umfangreichen Ausführungen zu der Frage Stellung nimmt, weshalb sein Unternehmen die FCKW-Produktion (noch) nicht einstellt, dann muss er es hinnehmen, dass eine Umweltschutzorganisation dies als Etikettenschwindel empfindet und eine scharfe öffentliche Gegenaktion startet.[113]

985 Die Medienberichterstattung ist außerdem zulässig, wenn der Betroffene **sich selbst damit einverstanden gezeigt hat**, dass bestimmte, gewöhnlich als privat geltende Angelegenheiten öffentlich gemacht werden.[114] Hat eine Person ihre Privatsphäre in solcher Weise freiwillig für die Medienberichterstattung geöffnet, so kann sie sich nach der Rechtsprechung nicht mehr unbeschränkt auf einen öffentlichkeitsabgewandten Privatsphärenschutz berufen.[115] Sie muss vielmehr, wenn sie in bestimmten Angelegenheiten oder Situationen keine öffentliche Berichterstattung wünscht, dies „situationsübergreifend und konsistent zum Ausdruck" bringen.[116] Daneben hält die Rechtsprechung Veröffentlichungen auch dann für zulässig, wenn der Betroffene nicht durch bewusste Äußerungen, sondern durch **Handlungen oder sonstige Ereignisse** in die Öffentlichkeit tritt. Die Ausweitung ist gravierend. Sie setzt den Betroffenen unabhängig von seinem Einverständnis der Öffentlichkeit aus und ist in dieser Allgemeinheit zu medienfreundlich. Bedeutung hat sie vor allem für die Berichterstattung über Prominente.

986 Ein Beispiel dafür, dass die Gerichte den Medien nicht ausreichend Grenzen setzen und dem Schutz Betroffener wenig Gewicht beimessen, sind die problematischen **Verkehrsdelikt-Entscheidungen**. Sie bejahten ein öffentliches Interesse an der Berichterstattung über ein Verkehrsdelikt, bei dem der Kläger auf einer Autobahn statt der erlaubten 130 km/h stolze 211 km/h schnell gefahren war. Es handelte sich zugleich um den Urenkel des letzten deutschen Kaisers, der eine breite Öffentlichkeit mehrfach auf sich aufmerksam gemacht hatte, u.a. durch eine aufsehenerregende Klage auf Rückübertragung von Vermögenswerten in der ehemaligen DDR, durch mehrfache Verfehlungen, die zum Teil zur Strafverfolgung geführt hatten, und in seiner Eigenschaft als Ehemann der ständig im Licht der Öffentlichkeit stehenden Prinzessin Caroline von Monaco.[117] Der „Informationswert" solcher Berichte beschränkt sich auf reine Häme.

---

112 BGH vom 5.5.1964 (Sittenrichter), NJW 1964, 1471, 1472.
113 BGH vom 12.10.1993 (Greenpeace), NJW 1994, 124, 126.
114 BVerfG vom 21.8.2006, NJW 2006, 3406, 3408.
115 BVerfG vom 21.8.2006, NJW 2006, 3406, 3408.
116 BVerfG vom 21.8.2006, NJW 2006, 3406, 3408.
117 KG vom 14.9.2004 (Verkehrsdelikt), AfP 2004, 559, 560; BGH vom 15.11.2005 (Ver-

2. Verhalten anderer Personen

Ein Betroffener kann die öffentliche Berichterstattung unter bestimmten Voraussetzungen auch hinzunehmen haben, weil er durch den Status und das **Verhalten einer anderen Person** zum Gegenstand des öffentlichen Interesses geworden ist. Auch in solchen Fällen kann der Öffentlichkeitsbezug die Annahme eines korrespondierenden öffentlichen Informationsinteresses rechtfertigen. Wenn ein Betroffener unbewusst oder sogar ungewollt in die Öffentlichkeit gerät, dann sind seine Schutzinteressen jedoch prinzipiell höher zu bewerten als die einer Person, die aufgrund eines eigenen Entschlusses in die Öffentlichkeit geht. Praktische Bedeutung hat dies beispielsweise für das Recht am eigenen Bild. Eine Person kann nach der Rechtsprechung aufgrund ihrer familiären Verbindung zu einer absoluten Person der Zeitgeschichte selbst zu einer relativen Person der Zeitgeschichte im Sinne von § 23 Abs. 1 Nr. 1 KUG werden und deshalb an persönlichkeitsrechtlichem Schutz einbüßen.[118] Die Gerichte ziehen dem Informationsinteresse aber zu Recht Grenzen. Das Bildnis so genannter relativer Personen der Zeitgeschichte darf nur im Rahmen einer Berichterstattung gezeigt werden, die sachlich mit dem Ereignis zusammenhängt, das den Betreffenden in die Öffentlichkeit gebracht hat. Zugleich ist die Veröffentlichung nur zulässig, solange das Informationsinteresse der Öffentlichkeit hieran noch andauert.[119] 987

Im Streitfall der **Begleiterin von Herbert Grönemeyer I-Entscheidung** des KG waren Bilder veröffentlicht worden, die die Klägerin mit dem Sänger *Herbert Grönemeyer* in einem Londoner Straßencafe zeigten. Die Klägerin war dadurch in der Wahrnehmung der Richter mit ihrem Begleiter zusammen und repräsentativ in der Öffentlichkeit aufgetreten.[120] Der Sänger hatte längere Zeit zuvor seine persönlichen Gefühle nach dem Verlust der Ehefrau durch ein Lied öffentlichkeitswirksam künstlerisch verarbeitet und damit ein entsprechendes öffentliches Informationsinteresse begründet. Die Klägerin musste daher jedenfalls solche Bilder hinnehmen, die sie zusammen mit ihrem Begleiter in der Öffentlichkeit zeigten und dokumentierten, dass der Sänger eine neue Partnerin gefunden hat. 988

---

kehrsdelikt), NJW 2006, 599ff.; dazu *Teubel* AfP 2006, 116ff. BVerfG vom 12.6.2006 (Verkehrsdelikt), NJW 2006, 2835f.

118 BGH vom 9.3. 2004 (Charlotte Casiraghi I), BGHZ 158, 218, 220f. Siehe Rdnr. 1286f.

119 BGH vom 9.6. 1965 (Spielgefährtin I), NJW 1965, 2148, 2149.

120 KG vom 22.6. 2004 (Begleiterin von Herbert Grönemeyer I), AfP 2004, 556f. Anders dagegen die Konstellation in KG vom 29.9. 2004 (Begleiterin von Herbert Grönemeyer II), AfP 2004, 564ff. Hier wurden die Fotos erst später bzw. zu einem Zeitpunkt veröffentlicht, an dem die neue Partnerschaft des Sängers bereits nicht mehr im allgemeinen Interesse stand.

II. Erstmaliges Herstellen von Öffentlichkeit

989 Sind Informationen der Öffentlichkeit bislang unbekannt und sollen sie erstmals veröffentlicht werden, so beurteilt sich das Informationsinteresse vor allem nach inhaltlichen Maßstäben. Der Prozess des Herstellens von Öffentlichkeit genießt als solcher Schutz und trägt seine Schutzberechtigung sozusagen in sich selbst. Die Medien müssen daher einen Spielraum haben, innerhalb dessen sie nach publizistischen Kriterien entscheiden können, welche Dinge sie in den öffentlichen Informations- und Meinungsbildungsprozess neu einführen wollen.[121] Dieses **„Initiativrecht"** besteht jedoch nur innerhalb der gesetzlichen Grenzen und verleiht den Medien keine Befugnis, aus eigener Kompetenz verbindlich definieren zu können, woran die Öffentlichkeit Interesse hat. Was eine Angelegenheit von öffentlichem Interesse ist, wird **nicht von den Medien entschieden.**[122] Die rechtlichen Anforderungen sind daher so zuzuschneiden, dass sie sowohl ein angemessenes Initiativrecht sichern als auch einem faktischen Entstehen abschließender Definitionskompetenzen der Medien entgegenwirken. Das Initiativrecht muss großzügig bemessen werden, soweit die Kontrollfunktion bzw. die Demokratie- und Wirtschaftsfunktion der Medien infrage stehen. In Bezug auf unterhaltende Informationen ist strenger zu werten, da solche Veröffentlichungen keine Kontrollaufgabe haben. Aufseiten Betroffener können sowohl legitime Vermarktungsinteressen bzw. urheber- und vertragsrechtliche Positionen als auch Persönlichkeitsrechte entgegenstehen.[123]

1. Demokratie- und wirtschaftsrelevante Informationen

990 Für demokratie- und wirtschaftsrelevante Informationen, die ein Medienunternehmen für veröffentlichungswürdig hält, ist ein korrespondierendes öffentliches Interesse grundsätzlich zu vermuten, sofern die Medien ihrer publizistischen Recherche- und Sorgfaltspflicht nachgekommen sind. Es ist geradezu eine Hauptaufgabe der Medien, auch unbekannte Dinge zu veröffentlichen, da nur so eine fundierte Information der Allgemeinheit und eine öffentliche Kontrolle möglich sind. Das Interesse folgt in diesen Fällen letztlich aus dem Inhalt der Information selbst.

991 Im Streitfall der **Berufungsschrift-Entscheidung** war zu entscheiden, ob ein bekannter Politiker kraft des Urheberrechts die Veröffentlichung von Schriften verhindern konnte, die er früher in seiner Eigenschaft als Strafverteidiger in der DDR verfasst hatte. Es bestand unstreitig ein öffentliches Informationsinteresse an der wortlautgetreuen Wiedergabe. Das OLG Hamburg nahm in einem umstrittenen Urteil zu Recht an, dass dieses

---

121 BVerfG vom 15.12. 1999 (Caroline von Monaco), BVerfGE 101, 361, 392.

122 BVerfG vom 15.12. 1999 (Caroline von Monaco), BVerfGE 101, 361, 392 „... sich im Meinungsbildungsprozess herausstellt, was eine Angelegenheit von öffentlichem Interesse ist".

123 Siehe Rdnr. 1216ff.; *Beater* UFITA 2005/II, 339, 364ff. mwN.

Informationsinteresse gegenüber den urheberrechtlichen Interessen auch Vorrang verdiente.[124]

2. Integrationsfunktion, Persönlichkeitsrechte

Die Beurteilung ist komplizierter, wenn die Integrationsfunktion und Persönlichkeitsrechte betroffen sind. Insbesondere steht der persönlichkeitsrechtliche Schutz vor ungewollter Publizität nicht zur Disposition der Medien. Vorgänge der privaten Lebensführung werden nicht bereits dadurch zu Angelegenheiten des öffentlichen Lebens, dass sie von den Medien als Skandal aufgegriffen werden.[125] 992

Die **Intime Beziehungen-Entscheidung** hielt aus diesem Grund einen Zeitungsartikel für unzulässig, der die Überschrift „Scheidung, als der Priester über Nacht blieb“ trug. Der Beitrag bezog sich auf einen katholischen Geistlichen, dessen Identität er erkennbar machte, und warf ihm indirekt vor, die Ehe eines Gemeindemitglieds zerstört und mit dessen Ehefrau sexuellen Verkehr gehabt zu haben. Es steht der Presse ohne weiteres offen, die katholische Kirche zu kritisieren und das Sexualverhalten ihrer Priester zu thematisieren. So lag es im Streitfall jedoch nicht, insbesondere gab es kein berechtigtes Informationsinteresse an der Identität des betroffenen Pfarrers. Die Berichterstattung war allein für das „Bedürfnis nach Unterhaltung und Sensation“ geschrieben.[126] 993

Der prozedurale Zusammenhang wird in der **Dubiose Geschäftemacher-Entscheidung** deutlich. Im Streitfall hatte das Fernsehen über Kreditgeschäfte einer Sparkasse berichtet, dabei Bezüge zum organisierten Verbrechen aufgestellt und mitgeteilt, dass „viele Fäden der Millionenschieberei“ in einem bestimmten Rechtsanwaltsbüro zusammenliefen. Dabei wurde eine Filmsequenz davon gezeigt, wie das Aufnahmeteam in die Kanzleiräume eindrang und von einem der Kläger hinausgedrängt wurde. Der Kläger berief sich auf sein Recht am eigenen Bild und bekam Recht. Er war im Zeitpunkt der Ausstrahlung keine Person der Zeitgeschichte im Sinne von § 23 Abs. 1 Nr. 1 KUG. Die Ausstrahlung selbst konnte ihn nicht zur relativen Person der Zeitgeschichte machen. Sein erstmaliges bildliches Zeigen war daher selbst dann unrechtmäßig, wenn er durch die Fernsehsendung im Weiteren zu einer relativen Person der Zeitgeschichte geworden wäre.[127] 994

III. Bereits bestehende Öffentlichkeit

Ist eine Angelegenheit bereits Gegenstand der aktuellen öffentlichen Erörterung und stößt sie auf Resonanz, so liegt darin ein klares Indiz für ein öffentliches 995

124 OLG Hamburg vom 29.7. 1999 (Berufungsschrift), NJW 1999, 3343, 3344; bestätigend BVerfG vom 17.12. 1999 (Berufungsschrift), NJW 2000, 2416f. Siehe Rdnr. 1234f.

125 BGH vom 15.12. 1987 (Intime Beziehungen), NJW-RR 1988, 733, 734; siehe auch BGH vom 26.1. 1965 (Gretna Green), JZ 1965, 411, 412f.

126 BGH vom 15.12. 1987 (Intime Beziehungen), NJW-RR 1988, 733, 734. „... der Pfarrer blieb dann über Nacht. Der Kommissar: Er schlief im Ehebett. Ich blieb im Wohnzimmer, meine Frau im Kinderzimmer. Aber eines Nachts sah ich sie aus dem Schlafzimmer kommen – im durchsichtigen Nachthemd ...“.

127 OLG München vom 30.10. 1991 (Dubiose Geschäftemacher), AfP 1992, 78, 80.

Informationsinteresse. Grundsätzlich können sich nur Themen, die bei Lesern, Zuschauern oder Hörern auf Interesse stoßen, in den Medien halten. Das UrhG bemisst das allgemeine Informationsinteresse in den Bestimmungen über die Schranken des Urheberrechts unter anderem danach, ob Informationen durch bestimmte Medien[128] oder im Rahmen öffentlicher Veranstaltungen[129] verbreitet wurden.

1. Diskussionsbeteiligung weiterer Medien

996 Für eine öffentliche Diskussion und Meinungsbildung ist es geradezu unverzichtbar, dass Medienunternehmen von anderen Medien veröffentlichte Informationen aufgreifen, sich auf andere Veröffentlichungen beziehen und ggf. darauf antworten dürfen.[130] Dieser Prozess birgt gewisse Risiken in sich, die mit jeder Verselbstständigung verbunden sind.[131] Sie lassen sich aber durch entsprechende Sorgfalts- und Rechercheanforderungen minimieren und müssen im Übrigen grundsätzlich hingenommen werden. Nur durch die **gegenseitige Orientierung der einzelnen Medien aneinander** können Informationen in der gewünschten Weise Verbreitung finden und die Öffentlichkeit eine Vielfalt von Darstellungen und Bewertungen erhalten, die eine eigene Meinungsbildung begünstigt.

997 Vom Inhalt der Gazetten darf jedoch nicht blind auf ein korrespondierendes öffentliches Informationsinteresse geschlossen werden. **Ausnahmen** sind abermals vor allem im Hinblick auf die Integrationsfunktion und Persönlichkeitsrechte denkbar. Die Beurteilung ist vergleichsweise einfach, wenn sich die Medien auf jemanden beziehen, der selbst in den Prozess der öffentlichen Meinungsbildung eingegriffen oder sich gar bewusst öffentlich zu Wort gemeldet hat. Anders liegt es dagegen, wenn sich ein Betroffener gegen seinen Willen in den Medien wiederfindet und die Öffentlichkeit gar nicht gesucht bzw. sich selbst nicht in den öffentlichen Meinungsbildungsprozess eingeschaltet hat. Grundsätzlich darf ein Betroffener den rechtlichen Schutz nicht dadurch verlieren und zum „publizistischen Freiwild“ werden, dass seine Persönlichkeit durch ein Medienunternehmen verletzt wird. Die Übernahme der verletzenden Meldung durch andere Medien verletzt den Betroffenen ein weiteres Mal, ist aber gleichwohl keineswegs automatisch unzulässig. Die Rechtsprechung geht davon aus, dass die Zweitmeldung die Persönlichkeit grundsätzlich weniger verletzt als

128 §§48 Abs. 1 Nr. 1, 49 Abs. 1 UrhG, „Zeitungen, Zeitschriften oder andere Informationsblätter“, „Rundfunk“; §49 Abs. 2 UrhG „Presse oder Funk“; §50 UrhG „Funk und Film sowie Zeitungen“.

129 §48 Abs. 1 Nr. 2 UrhG.

130 Zu diesem Prozess am Beispiel von Boulevard-Themen *Schüle* DIE ZEIT vom 22.12.2004, S. 13ff.

131 Zur „Selbstreferenzialität“ des Mediensystems kritisch *Kepplinger* Bitburger Gespräche Jb 1999/I, S. 15, 20ff.

die erste, soweit sie sich auf Dinge bezieht, die bereits einer mehr oder weniger großen Anzahl von Personen durch die Erstveröffentlichung bekannt waren.[132] Außerdem kann der Betroffene, wenn er sich gegen die Erstpublikation seinerseits durch den Gang in die Öffentlichkeit wehrt, nachfolgende Veröffentlichungen bereits aus diesem Grunde hinzunehmen haben. Wenn der Betroffene dagegen schweigsam bleibt, ist im Extremfall schließlich denkbar, dass die erste Meldung ein öffentliches Informationsinteresse entstehen lässt oder verstärkt, so dass aufseiten der später publizierenden Medienunternehmen nunmehr erhöhte legitimierende Interessen bestehen können. Der Persönlichkeitsschutz gebietet es aber, mit einer solchen Annahme zurückhaltend zu sein. In derartigen Fällen sollte besonders sorgfältig geprüft werden, ob das öffentliche Informationsinteresse tatsächlich entstanden ist und wie lange es ggf. andauert. Grundsätzlich muss der Einzelne nicht nur vor der ersten, sondern **vor jeder persönlichkeitsverletzenden Äußerung Schutz** genießen. Außerdem ist, wenn sich der Betroffene nicht an der öffentlichen Debatte beteiligt und stattdessen die Isolation wählt, auch diese Entscheidung eine legitime Ausübung des Selbstbestimmungsrechts und als solche zu respektieren.[133]

Im Streitfall der **Ehebruch-Entscheidung** hatte die Beklagte Meldungen, nach denen der Grund für die Ehescheidung des Klägers in dessen ehebrecherischem Verhalten gelegen habe, aus der englischen Presse für eine Veröffentlichung in Deutschland übernommen. In den Augen der Richter sprach es für die Zulässigkeit der Meldung, dass die Nachricht bereits zuvor veröffentlicht worden und damit schon einer großen Zahl von Personen bekannt geworden war, die sie ihrerseits anderen weitergeben konnten. Dadurch habe sich das Gewicht des Eingriffs in die Privatsphäre des Klägers in beträchtlichem Maße vermindert.[134] Dem ist jedoch zu entgegnen, dass eine Zweitveröffentlichung im Einzelfall von gleicher oder sogar größerer Schwere als die Erstveröffentlichung sein kann. Im Streitfall war der Vorgang zuvor hauptsächlich in einer englischen Zeitschrift veröffentlicht und erst durch die Beklagte auch in den deutschen Medien publik gemacht worden. 998

2. Persönlich gefärbte Äußerungen

Ist Öffentlichkeit bereits hergestellt, so kann dies auch ein **öffentliches Informationsinteresse an persönlich gefärbten Äußerungen** auslösen, die ansonsten als Äußerungen mit einer rein individuellen Zielsetzung und eben gerade nicht als Beitrag zur öffentlichen Meinungsbildung zu qualifizieren gewesen wären. Deutlich wird dies an der bereits vorgestellten Auf der Wolga verhaftet-Entscheidung. Der angefeindete Richter war in den Augen des BVerfG nicht auf eine Form von Antwort beschränkt, die zur Wiederherstellung seiner Ehre „un- 999

132 BGH vom 29.6. 1999 (Ehebruch), NJW 1999, 2893, 2895.
133 Vgl. BGH vom 16.6. 1998 (IM-Sekretär), BGHZ 139, 95, 107.
134 BGH vom 29.6. 1999 (Ehebruch), NJW 1999, 2893, 2895; dazu *Peters* LM BGB § 823 (Ah) Nr 129; z.T. kritisch *Rehm* AfP 1999, 416ff.; rechtsvergleichend *von Gerlach* AfP 2001, 1ff. Siehe auch BGH vom 24.11. 1987 (Büro-Sex), NJW 1988, 1984, 1985; dazu *Grunsky* EWiR 1988, 413f.

bedingt erforderlich" gewesen wäre. Da die Angriffe gegen ihn in der Öffentlichkeit gemacht worden waren, war ihm aufgrund der Bedeutung von Rede und Gegenrede für die Bildung der öffentlichen Meinung auch eine Antwort erlaubt, die der Art der Berichterstattung im „Spiegel" und ihrer Wirkung auf die öffentliche Meinung entsprach.[135]

IV. Übergangs- und Sonderkonstellationen

1000 Die bereits behandelten Kriterien bezogen sich auf Standardsachverhalte. Daneben gibt es eine Fülle weiterer Konstellationen, deren Beurteilung wohl nur im Einzelfall geklärt werden und auch davon abhängen kann, welches Recht durch die betreffende Information beeinträchtigt wird. Beispielsweise kann jemand, der bislang bewusst die Öffentlichkeit gesucht hat, nunmehr sein Verhalten ändern und sich zurückziehen. Dann ist zu berücksichtigen, dass öffentliche Interessen ebenso wenig zur Disposition eines Betroffenen stehen wie sie der Disposition der Medien unterliegen. Je länger jedoch die Entscheidung für den Rückzug ins Private andauert und je konsequenter sie umgesetzt wird, umso eher kann das Informationsinteresse bei der Abwägung mit Schutzinteressen des Betroffenen zurückzutreten haben und umso eher kann es auch unter dem Gesichtspunkt der Aktualität erloschen sein.[136] Umgekehrt kann eine Person, die ursprünglich nicht öffentlich hervorgetreten ist, sich nunmehr zum Schritt ins Licht oder zu einer öffentlichen Verteidigung entschließen.

1001 Zu einzelnen Fragen der letztgenannten Konstellation hat die **„Rivalin" von Uschi Glas-Entscheidung** Stellung bezogen. Im Streitfall hatte die Klägerin 2001 eine Beziehung zu dem damaligen Ehemann der Schauspielerin *Uschi Glas* begonnen und diese Beziehung im Januar 2003 mit ihrem Partner selbst öffentlich gemacht. Eine Illustrierte berichtete ab diesem Zeitpunkt darüber. Sie verwendete dabei u.a. ein Portraitfoto der Klägerin und eine Aufnahme, die die Klägerin mit ihrem Partner in einer erkennbar privaten Situation am Deiniger Weiher zeigte und vor 2003 gemacht wurde. Die Verwendung der kontextneutralen Portraitaufnahme war in den Augen des BGH nicht zu beanstanden. Den Abdruck des anderen Fotos dagegen hielten die Richter für rechtswidrig, weil es aus einer Zeit stammte, in der die Klägerin ihre Privatsphäre noch nicht preisgegeben hatte. Wer möglicherweise unter dem tatsächlichen Druck einer nicht mehr rückgängig zu machenden Berichterstattung an die Öffentlichkeit trete, müsse nicht hinnehmen, dass die nunmehr im Grundsatz zulässige Berichterstattung über ihn mit Fotos bebildert werde, die der Öffentlichkeit zunächst nur unter Verletzung des Persönlichkeitsrechts zugänglich gemacht werden konnten.[137]

135 BVerfG vom 25.1.1961 (Auf der Wolga verhaftet), BVerfGE 12, 113, 129f.

136 Ähnlich KG vom 14.9.2004 (Verkehrsdelikt), AfP 2004, 559, 560f.

137 BGH vom 19.10.2004 („Rivalin" von Uschi Glas), NJW 2005, 594, 596; dazu *Zagouras* AfP 2005, 152ff.

V. Aktualität

Der prozedurale Aspekt hat auch eine **zeitgebundene Komponente**, die sich aus dem Zeitpunkt und der Aktualität von Informationen ergibt. Das Informationsinteresse kann in einem aktuellen Zusammenhang hoch sein und mit zunehmender Zeitdauer an Bedeutung verlieren.[138] Dementsprechend erlauben zum Beispiel zahlreiche urheberrechtliche Schrankenbestimmungen den Zugriff auf urheberrechtliche Werke, soweit dadurch die Information über Tagesfragen oder Tagesereignisse begünstigt wird.[139] Aus Sicht des Medienrechts erklärt sich dies daraus, dass die Öffentlichkeit das Interesse an bestimmten Vorgängen nach eigener Entscheidung entwickeln und verlieren kann. Ein vergangenes Ereignis kann daher erneut aktuell werden, wenn es wieder Gegenstand der öffentlichen Auseinandersetzung wird und dadurch abermals das Interesse der angesprochenen Leserschaft erregt.[140] 1002

Weiterhin kann hinzukommen, dass die Schutzinteressen Betroffener mit zeitlichem Abstand an Gewicht zunehmen. Das Kriterium der Aktualität bzw. die zeitliche Beschränkung des öffentlichen Informationsinteresses ist ein Instrument, um medienrechtliche Anliegen und die Schutzinteressen Betroffener feinfühliger aufeinander abzustufen. Ein Betroffener muss Veröffentlichungen ggf. für die Dauer ihrer Aktualität hinnehmen, hat aber die Aussicht, danach von den Medien wieder in Ruhe gelassen zu werden. 1003

Ein bekanntes Beispiel sind die **Lebach-Entscheidungen**. Die Medien dürfen grundsätzlich über aktuelle staatsanwaltliche Ermittlungen und gerichtliche Strafverfahren berichten. Eine Fernsehreportage über ein früheres, landesweit Aufsehen erregendes Verbrechen darf einen Beteiligten aber jedenfalls dann nicht mit vollem Namen und im Bild zeigen, wenn seine Entlassung aus dem Gefängnis unmittelbar bevorsteht und seine Aussicht auf Resozialisierung ansonsten gefährdet wäre.[141] Dagegen ist ein Fernsehbericht zulässig, wenn seit der Straftat 30 Jahre vergangen sind und der Betroffene weder im Bild gezeigt noch namentlich genannt wird, auch wenn er aufgrund der Umstände für einen kleinen Personenkreis, dem er ohnehin schon als Tatbeteiligter bekannt ist, identifizierbar wird.[142] 1004

---

138 BVerfG vom 5. 6. 1973 (Lebach I), BVerfGE 35, 202, 233ff.; BGH vom 3. 5. 1977 (Abgeordnetenbestechung), NJW 1977, 1288, 1289; *Soehring*, Presserecht, Tz. 2.18f.

139 §§ 48 Abs. 1 Nr. 1, 49 Abs. 1, Abs. 2 UrhG „Tagesfragen"; § 50 UrhG „Tagesereignisse".

140 OLG Stuttgart vom 13. 11. 1985, NJW-RR 1986, 220, 221 zu § 50 UrhG.

141 BVerfG vom 5. 6. 1973 (Lebach I), BVerfGE 35, 202, 235ff.

142 BVerfG vom 25. 11. 1999 (Lebach II), NJW 2000, 1859, 1860; dazu eingehend *von Coelln* ZUM 2001, 478ff. mwN.

V. Teil: Beschaffung und Prüfung von Informationen

§ 12: Informationsrechte und Informationsquellen

Ausgewählte Literatur

1005 *Berg*, Zum presserechtlichen Informationsanspruch, JuS 1998, 997ff.; *von Coelln*, Zur Medienöffentlichkeit der Dritten Gewalt. Rechtliche Aspekte des Zugangs der Medien zur Rechtsprechung im Verfassungsstaat des Grundgesetzes, 2005; *Eidenmüller*, Der unliebsame Kritiker, NJW 1991, 1439ff.; *Groß*, Zum presserechtlichen Informationsanspruch, DÖV 1997, 133ff.; *Hamm*, Vom Grundrecht der Medien auf das Fischen im Trüben, NJW 2001, 269ff.; *Heintschel von Heinegg*, Auskunftsansprüche der Presse gegenüber der Verwaltung, AfP 2003, 295ff.; *Holznagel/Höppener*, Exklusivvereinbarungen versus Pressefreiheit, DVBl 1998, 868ff.; *Kloepfer*, Informationszugangsfreiheit und Datenschutz: Zwei Säulen des Rechts der Informationsgesellschaft, DÖV 2003, 221ff.; *von Knobloch*, Pressefreiheit und Gefahrenabwehr, AfP 2006, 301ff.; *Köhler*, Auskunftsanspruch der Presse gegenüber Unternehmen der öffentlichen Hand, NJW 2005, 2337ff.; *Kugelmann*, Pressefreiheit ohne Informantenschutz?, ZRP 2005, 260ff.; *Lege*, Privatsphäre und Politik – Helmut Kohl und die Stasi-Unterlagen, Jura 2005, 616ff.; *Michel*, Datenschutz und Medienprivileg, FS Herrmann 2002, 109ff.; *Pernice*, Öffentlichkeit und Medienöffentlichkeit – Die Fernsehberichterstattung über öffentliche staatliche Sitzungen am Beispiel von Bundestag und Bundesrat, Gerichten und Gemeinderäten, 2000; *Pieroth*, Pressefreiheit und Gefahrenabwehr, AfP 2006, 305ff.; *Pöppelmann/Jehmlich*, Zum Schutz der beruflichen Kommunikation von Journalisten, AfP 2003, 218ff.; *Püschel*, Zur Berechtigung des presserechtlichen Auskunftsanspruchs in Zeiten allgemeiner Informationszugangsfreiheit, AfP 2006, 401ff.; *Ringel*, Das Zugangsrecht von Fotoreportern bei Theaterpremieren, AfP 2000, 139ff.; *Thum*, Verfassungsunmittelbarer Auskunftsanspruch der Presse gegenüber staatlichen Stellen?, AfP 2005, 30ff.; *Weberling*, Informations- und Auskunftspflichten der öffentlichen Hand gegenüber Medien in der Praxis, AfP 2003, 304ff.

A. Ausgangsfragen

1006 Informationen sind der unverzichtbare „Rohstoff“ für die Medien. Sie stehen am Anfang der „medialen Wertschöpfungskette“, die zur Information der Allgemeinheit führt. Medien können namentlich ihre Demokratie- und Wirtschaftsfunktion nur erfüllen, wenn sie sich zunächst selbst und nach eigener Entscheidung über tatsächliche Vorgänge und Ereignisse informieren können. Das setzt voraus, dass sich die Medien **Informationen rein faktisch verschaffen können**. Erst der prinzipiell ungehinderte Zugang zur Information versetzt die Medien in den Stand, die ihnen in der freiheitlichen Demokratie zukommende

Funktion wahrzunehmen.[1] In diesem Abschnitt soll es daher um die Möglichkeiten der Medien gehen, Ereignissen selbst beizuwohnen, Unterlagen einzusehen oder Auskünfte zu verlangen. Weiterhin soll der Schutz von Informationsquellen behandelt werden, der mit dem Beschaffen und der Zugänglichkeit von Informationen eng zusammenhängt.

I. Beschaffung, Prüfung und Veröffentlichung von Informationen

1007 Um die rechtlichen Regeln über Informations- und Recherchemöglichkeiten der Medien zu verstehen, ist es wichtig, sich ihre Stellung in der **medienrechtlichen Gesamtkonzeption** bewusst zu machen. Mit dem Urteil darüber, welche Informationen Medien verlangen dürfen und welche Ermittlungsmethoden ihnen erlaubt sind, ist noch keine abschließende Entscheidung über die Schutzwürdigkeit desjenigen gefällt, den die relevante Information betrifft. Das Medienrecht trennt vielmehr zwischen der Beschaffung, der Überprüfung und der Veröffentlichung von Informationen. Die Medien müssen aufgrund der Sorgfaltspflicht (siehe § 14) recherchierte Informationen auf ihren Wahrheitsgehalt kontrollieren und auch insgesamt prüfen, welche öffentlichen Aussagen das recherchierte Tatsachenmaterial zulässt. Es besteht keine automatische Korrelation zwischen dem Recht zur Beschaffung und dem auf Veröffentlichung von Informationen. So begründet beispielsweise ein Recht auf Einsicht nicht automatisch auch ein Recht auf Veröffentlichung der durch die Einsicht gewonnenen Informationen. Es kann sowohl sein, dass rechtmäßig erlangte Informationen nicht publiziert werden dürfen, als auch, dass rechtswidrig erlangtes Wissen veröffentlicht werden darf (siehe Rdnr. 1106ff., 1112ff.). Die Informationsansprüche betreffen also nur den wichtigen ersten Teil journalistischer Tätigkeit.

II. Informationsfreiheit und gesetzliche Informationsnormen

1008 Die Medien haben im Ausgangspunkt dieselben Möglichkeiten, sich zu informieren, wie alle anderen Personen auch. Art. 5 Abs. 1 Satz 1 2.Alt GG sichert ihnen die Möglichkeit, sich aus allgemein zugänglichen Quellen zu informieren. Die **grundrechtliche Informationsfreiheit** gewährt aber weder Ansprüche auf das Schaffen von Informationsquellen oder auf Auskunft, noch begründet sie Sonderrechte für Medien.[2] Das BVerfG hat es für den Bereich der Informationsbeschaffung allgemein vermieden, von Verfassungs wegen andere Maßstäbe für die Medien zu postulieren als für Private. Das ist bemerkenswert, weil das Gericht für andere Tätigkeitsbereiche zum Teil klar ausgesprochen hat, dass aus der öffentlichen Aufgabe der Medien auch abweichende verfassungsrechtliche An-

---

1 BVerfG vom 6.2. 1979 (Kölner Volksblatt), BVerfGE 50, 234, 240; BVerfG vom 24.1. 2001 (Politbüro-Prozess), BVerfGE 103, 44, 59.

2 BVerfG vom 24.1. 2001 (Politbüro-Prozess), BVerfGE 103, 44, 59. Siehe Rdnr. 103.

forderungen folgen können. Die Rechtsprechung lehnt daher namentlich einen verfassungsunmittelbaren Auskunftsanspruch der Medien gegenüber staatlichen Institutionen ab.[3] Es können sich jedoch aus Art. 5 Abs. 1 Satz 2 GG jedenfalls insoweit „Sonderrechte“ der Medien ergeben, weil und sofern sie für ihre Berichterstattung auf bestimmte Arbeitsmöglichkeiten angewiesen sind.[4] Wenn etwa der Rundfunk in Bild und Ton zulässigerweise von einem Gerichtsverfahren berichten will, dann muss ihm das Installieren von Übertragungs- und Aufnahmetechnik ermöglicht werden.[5]

Für das **gesetzliche Medienrecht** gilt dagegen ein anderer Befund. Soweit der 1009
Gesetzgeber Informationsansprüche geschaffen hat, trennen diese zum Teil deutlich zwischen Medien und Privaten oder sind sogar ausdrücklich auf Medien beschränkt. Darüber hinaus sind bei der Gesetzesauslegung die grundrechtlichen Wertungen von Art. 5 Abs. 1 Satz 2 GG zu beachten. Auf diesem Weg kann beispielsweise ein berechtigtes Interesse von Journalisten an der Einsicht in das Grundbuch bejaht[6] oder dem Umstand Rechnung getragen werden, dass Pressevertreter Gerichtsverhandlungen in erster Linie nicht als Teil der interessierten Öffentlichkeit, sondern zum Zweck der Berichterstattung und im Interesse der Allgemeinheit beiwohnen.[7]

Es ist weiterhin zu beachten, welchen **Regelungsgehalt die betreffenden In-** 1010
formationsanspruchsnormen im Einzelnen haben. So regeln zum Beispiel zahlreiche Vorschriften allein den Zutritt zu öffentlichen staatlichen Veranstaltungen. Sie gewähren das Recht, der betreffenden Veranstaltung beizuwohnen. Über sonstige Befugnisse treffen sie in aller Regel keine Aussage. Wenn etwa ein Journalist berechtigterweise einer öffentlichen Sitzung des Gemeinderates beiwohnt, so ist es ihm dadurch noch nicht erlaubt, die Sitzung auch auf Tonband aufzuzeichnen. Untersagt ihm der Ratsvorsitzende in Ausführung eines entsprechenden Ratsbeschlusses eine solche Aufnahme, so verletzt dies die Pressefreiheit nicht und der Journalist hat das Verbot zu akzeptieren.[8]

Die Möglichkeit, sich Informationen zu beschaffen und zu veröffentlichen, setzt weiter- 1011
hin voraus, dass Informationen als solche prinzipiell „frei“ sind, also von Rechts wegen nicht einem Einzelnen, sondern sozusagen allen gehören. In bestimmten Konstellationen sind medienrelevante Inhalte dagegen **Gegenstand von ausschließlichen Rechten**, z. B. von Urheber-, Bild-, Film- oder Fernsehrechten. Will ein Medienunternehmen derartige Inhalte veröffentlichen, so muss es grundsätzlich das entsprechende Recht vom Inhaber

---

3 BVerwG vom 13.12. 1984, NJW 1985, 1655, 1656f. mwN.; OVG Münster vom 30.4. 1996, NJW 1997, 144f.; ebenso *Thum* AfP 2005, 30ff.; Überblick zur Diskussion bei *Heintschel von Heinegg* AfP 2003, 295ff. mwN., der selbst einen derartigen Anspruch befürwortet.

4 *Kissel/Meyer*, § 169 GVG Rn. 33 mwN.

5 BVerfG vom 7. 11. 2000 (ntv), BVerfGE 103, 44, 59.

6 BVerfG vom 28. 8. 2000 (Grundbucheinsicht), NJW 2001, 503, 505. Siehe Rdnr. 1045f.

7 *Schilken*, Gerichtsverfassungsrecht, Rn. 178.

8 BVerwG vom 3. 8. 1990, NJW 1991, 118, 119.

bzw. von entsprechenden Handelsagenturen einkaufen. Solche Fragen bleiben an dieser Stelle ausgeklammert und werden in späterem Zusammenhang behandelt (siehe § 15).

1012 Auch die sonstigen, von ihnen veröffentlichten Informationen recherchieren die Medien in der Praxis nur zum Teil selbst und erwerben sie im Übrigen in großem Umfang von **Nachrichtenagenturen.**[9] Selbst Nachrichten in den großen überregionalen Tageszeitungen sind in der Regel zu einem wesentlichen Teil (ca. 40–50%) nicht von der Zeitungsredaktion selbst recherchiert, sondern von Nachrichtenagenturen übernommen worden. Die praktische Bedeutung dieser Agenturen für die informationelle Versorgung der nationalen und internationalen Öffentlichkeit mit Informationen ist groß.

III. Informationsansprüche

1013 Der Gesetzgeber hat diverse Informationsansprüche normiert. Er unterscheidet dabei stark danach, ob sich das Informationsbegehren gegen staatliche Stellen oder gegen Private richtet. **Gegenüber dem Staat** stehen den Medien zahlreiche Informationsrechte zu. In Bezug auf Informationen zur öffentlichen Meinungsbildung besteht ein Grundsatz der freien Zugänglichkeit, der sich gegen den Staat richtet und aus dem Demokratieprinzip folgt.[10] Die Medien können ihre wichtige Kontrollfunktion, die sie gegenüber dem Staat haben, nur ausüben, wenn sie sich über staatliches Handeln auch ausreichend informieren können.

1014 Dagegen sind die Rechte, aufgrund derer die Medien **von Privaten** Information verlangen können, stark begrenzt. Die Gewährung von Information steht nämlich grundsätzlich in der freien Entscheidung des betreffenden Einzelnen. Dies ergibt sich daraus, dass der Private aufgrund subjektiver Rechte selbst entscheiden kann, ob er Informationen gewährt oder nicht. Der Veranstalter eines Theaterstücks oder eines Fußballspiels kann aufgrund des Hausrechts anderen den Zugang gestatten oder verwehren. Ebenso steht es einem Urheber frei, sein Werk niemandem zugänglich zu machen. Erst recht gibt es keine allgemeine Kontrollfunktion der Medien gegenüber Privatpersonen. Dem Einzelnen steht – anders als staatlichen Stellen – aufgrund des persönlichkeitsrechtlichen Schutzes sogar das ausdrückliche Recht zu, für sich zu bleiben und sich einer öffentlichen Debatte zu entziehen.[11] Ein Anspruch auf Information kann aus diesen Gründen nur in Sonderkonstellationen in Betracht kommen, bei denen der Entscheidungsspielraum des Berechtigten aus medienrechtlichen oder sonstigen Gründen entsprechend eingeschränkt ist.

---

9 Zu Nachrichtenagenturen am Beispiel der „Associated Press" und der „Deutschen Presse-Agentur" eingehend *Wilke/Rosenberger*, Die Nachrichtenmacher, 1991.

10 BVerfG vom 7.11. 2000 (ntv), BVerfGE 103, 44, 65f.

11 Z.B. BGH vom 9.12. 2003 (Luftbildaufnahmen II), NJW 2004, 762, 736 „Recht auf Selbstbestimmung bei der Offenbarung der persönlichen Lebensumstände".

B. Recht auf Zugang

Das Recht auf Zugang verschafft den Medien die Möglichkeit, sich aus erster Hand zu informieren und sich einen eigenen Eindruck zu verschaffen. Der Zugangsanspruch öffnet also den Weg zu Informationen, die **typischerweise einen besonderen Authentizitätswert** haben und damit in erhöhtem Maße wertvoll sein können. Umgekehrt ist er mit verstärkten Belastungen des Verpflichteten verbunden. Er muss die Anwesenheit des Journalisten ermöglichen, diesem u.U. Einblick in seine Räumlichkeiten gewähren und etwaige Beeinträchtigungen hinnehmen, die mit dem Zugang oder der Teilnahme des Journalisten verbunden sind. 1015

I. Parlamentarische Verhandlungen

Zahlreiche Normen sehen ein Recht auf Zugang zu bestimmten staatlichen „Veranstaltungen" vor. In der Regel geschieht dies, indem Veranstaltungen **für „öffentlich" erklärt** werden. Der prominenteste Anwendungsfall öffentlicher staatlicher Veranstaltungen sind die Verhandlungen des **Bundestages**. Sie sind nach Art. 42 Abs. 1 Satz 1 GG „öffentlich" und daher für jedermann, also auch für die Medien zugänglich. Gleiches gilt nach Art. 52 Abs. 3 Satz 3 GG für Verhandlungen des Bundesrates. Der Öffentlichkeitsgrundsatz gilt aber nur für das Plenum, während Beratungen in den Ausschüssen grundsätzlich nicht öffentlich sind.[12] Die Nichtöffentlichkeit der Ausschüsse wird von der h.M. damit begründet, dass nur so die Intimität der Ausschüsse gewährleistet sei. Sie wird als ein Garant für die freie Rede und Diskussion in diesen Gremien und als Vorbeugung davor angesehen, dass wichtige Diskussionen andernfalls in informellen Gesprächskreisen stattfänden. 1016

Für Verhandlungen der **Landesparlamente** und der **kommunalen Bürgervertretungen** enthalten die Landesverfassungen und Kommunalgesetze entsprechende Regelungen.[13] 1017

II. Staatliche Informationsveranstaltungen

Wenn staatliche Stellen **Pressekonferenzen** abhalten, so müssen sie Medienvertretern prinzipiell unbeschränkten Zutritt gewähren.[14] Die Behörde darf bei der 1018

---

12 § 69 Abs. 1 Satz 1 GeschäftsOBT; BVerfG vom 6. 3. 1952, BVerfGE 1, 144, 152; *Magiera* in: Sachs, Art. 42 GG Rn. 2 mwN.; eingehend *Pernice*, Öffentlichkeit und Medienöffentlichkeit – Die Fernsehberichterstattung über öffentliche staatliche Sitzungen, 2000, S. 40ff., 51ff., 60ff.

13 Z.B. Art. 31 Abs. 1 Satz 1 Landesverfassung MV; § 29 Abs. 5 Satz 1 Kommunalverfassung MV.

14 BVerwG vom 3. 12. 1974 (Pressefahrt der Bundesbahn), NJW 1975, 891, 892; OVG Bremen vom 25. 10. 1988 (EFG), NJW 1989, 926, 927; *Soehring*, Presserecht, Tz. 6.16.

Informationstätigkeit insbesondere nicht nach sachlicher oder persönlicher Qualifikation oder zwischen „guter" und „schlechter" Presse unterscheiden.[15] Sie hat sich als neutrale Informationsstelle jeglicher Reglementierung oder Steuerung der Medien oder eines Teils davon zu enthalten.[16] Diese Pflicht ist nicht gesetzlich normiert, ergibt sich aber daraus, dass staatliche Stellen in ihrer Öffentlichkeitsarbeit strikte Neutralität gegenüber den Medien walten lassen müssen.[17] Aus medienrechtlicher Sicht folgt dies namentlich aus der Kontrollfunktion der Medien. Es darf nicht sein, dass der Staat in Form der Entscheidung über die Zutrittsgewährung Einfluss darauf nimmt, welche Medien ihn kontrollieren können und welche nicht.

1019 Sonderfragen tauchen auf, wenn Journalisten Zugang zu **Informationsveranstaltungen mit notwendigerweise begrenzter Teilnehmerzahl** begehren. Die eben beschriebene Pflicht, grundsätzlich allen Journalisten Zugang zu gewähren, steht einer Unterrichtung von Pressevertretern im kleineren Kreis nicht entgegen. Andernfalls wäre nämlich nur eine uniforme Massenunterrichtung der Presse in Form allgemeiner Pressekonferenzen möglich und individuellere Formen der Information müssten unterbleiben. Solche anderen Veranstaltungen können jedoch in den Augen der Gerichte wichtig oder sogar unentbehrlich sein, um ergänzende Informationsmöglichkeiten für die Presse zu schaffen und ihr die Erfüllung ihrer öffentlichen Aufgabe zu ermöglichen.[18] Der Veranstalter ist dann verpflichtet, sachgerecht darüber zu entscheiden, welche Journalisten Zugang erhalten.

1020 Im Streitfall der **Pressefahrt der Bundesbahn-Entscheidung** hatte ein Journalist gegen die Bundesbahndirektion auf „Einladung" geklagt. Er war zwar zu Pressekonferenzen und gelegentlichen Pressefahrten eingeladen worden, nicht aber zu so genannten überregionalen Pressefahrten. Diese wurden halbjährlich veranstaltet und verlangten aufgrund ihres individuellen Charakters nach einer Beschränkung der Teilnehmerzahl. Infrage stand damit ein öffentlich-rechtlicher Anspruch, weil die Bundesbahn seinerzeit Teil der allgemeinen Bundesverwaltung war. Da das BVerwG einen verfassungsrechtlichen Informationsanspruch aus Art. 5 Abs. 1 Satz 2 GG grundsätzlich ablehnte, konnte sich ein Teilnahmerecht allein aus dem Gleichbehandlungsgrundsatz des Art. 3 Abs. 1 GG ergeben. Nach dem Urteil kann der Veranstalter über die Zahl der Teilnehmer nach Ermessen bestimmen und darf sich dabei auch von Kostenerwägungen leiten lassen. Der Veranstalter ist aber zur sachgerechten Auswahl verpflichtet und muss dabei seiner Neutralitätspflicht gerecht werden.[19] Im Streitfall war die Auswahl der Teilnehmer nicht zu beanstanden. Die Informationsveranstaltung war nämlich einem bestimmten Thema gewidmet, und die Eingeladenen waren danach ausgewählt worden, ob sie sich schon auf

---

15 BVerwG vom 3.12. 1974 (Pressefahrt der Bundesbahn), NJW 1975, 891, 892.

16 BVerwG vom 3.12. 1974 (Pressefahrt der Bundesbahn), NJW 1975, 891, 893; OVG Bremen vom 25.10. 1988 (EFG), NJW 1989, 926, 927.

17 *Ricker*, Handbuch des Presserechts, 21.Kap. Rdz. 2f. mwN.; Löffler/*Burkhardt*, §4 LPG Rdnr. 128.

18 BVerwG vom 3.12. 1974 (Pressefahrt der Bundesbahn), NJW 1975, 891, 892f.

19 BVerwG vom 3.12. 1974 (Pressefahrt der Bundesbahn), NJW 1975, 891, 893.

dem betreffenden Gebiet fachjournalistisch betätigt hatten. Das war beim Kläger nicht der Fall.

III. Gerichtsverhandlungen

Gerichtsverfahren sind grundsätzlich öffentlich. Den Medien steht deshalb der Zugang frei. Ein darüber hinausreichender Anspruch der Öffentlichkeit auf Einsicht in die Verfahrensakten besteht nicht.[20] Das GVG stimmt die Bedürfnisse, die vor allem im Interesse des allgemeinen Vertrauens zur Rechtspflege für die Teilnahme der Öffentlichkeit am gerichtlichen Verfahren sprechen, im Einzelnen mit dem Bedenken ab, dass die Aussagetüchtigkeit und die Aussagebereitschaft von Verfahrensbeteiligten durch die Anwesenheit prozessunbeteiligter Dritter beeinträchtigt werden könnten.[21] 1021

1. Öffentlichkeitsgrundsatz

Der Grundsatz der Öffentlichkeit von Gerichtsverfahren gilt für „Verhandlungen" vor dem erkennenden Gericht, d.h. für mündliche und tatsächlich stattfindende Verhandlungen einschließlich der Verkündung der Urteile und Beschlüsse (§ 169 Satz 1 GVG). Öffentlichkeit bedeutet, dass die mündliche Gerichtsverhandlung auch **für unbeteiligte Personen zugänglich sein muss**.[22] Der Grundsatz der Öffentlichkeit findet jedoch Grenzen in tatsächlichen Gegebenheiten wie der beschränkten Zahl der zur Verfügung stehenden Plätze in den Gerichtssälen und in anderen Grundsätzen, die für die Rechtspflege ebenfalls wichtig sind.[23] In den Gerichtssaal können nur so viele Personen Einlass erhalten, wie der Saal nach seiner konkreten Ausgestaltung fasst.[24] Trifft ein Verfahren auf ein besonderes Publikumsinteresse, so liegt es in dem Ermessen des Gerichts, ob es die Sitzung in einen größeren Sitzungssaal legt. Bei der Entscheidung ist u.a. zu berücksichtigen, ob die Nutzung eines größeren Saals ohne Störung des übrigen Gerichtsbetriebs möglich ist und dass die Öffentlichkeit der Kontrolle und der Information in repräsentativer Weise dient, nicht jedoch dem Sensationsbedürfnis oder anderen Motiven, wie zum Beispiel der Solidarität mit Verfahrensbeteiligten oder der Gelegenheit zum Protest.[25] 1022

---

20 *Schilken*, Gerichtsverfassungsrecht, Rn. 161, 176.

21 BGH vom 13.6. 1961, BGHSt 16, 111, 113; eingehend *Kissel/Meyer*, § 169 GVG Rn. 12ff. mwN.

22 BGH vom 6.10. 1976, BGHSt 27, 13, 14; *Schilken*, Gerichtsverfassungsrecht, Rn. 170 mwN.; *Kissel/Meyer*, § 169 GVG Rn. 21; eingehend *von Coelln*, Zur Medienöffentlichkeit der Dritten Gewalt, 2005, S. 225ff. mwN.

23 BGH vom 6.10. 1976, BGHSt 27, 13, 14.

24 BGH vom 10.6. 1966, BGHSt 21, 72, 73; BGH vom 6.10. 1976, BGHSt 27, 13, 14; *Kissel/Meyer*, § 169 GVG Rn. 25.

25 *Kissel/Meyer*, § 169 GVG Rn. 26.

1023 Soweit nur beschränkt Platz zur Verfügung steht, ist allein die tatsächliche Reihenfolge der interessierten Zuhörer für den Einlass maßgeblich.[26] Eine inhaltliche Auswahl unter den Erschienenen ist unzulässig. Soweit der Gerichtssaal über besondere, für die Medien gedachte Plätze verfügt, sind diese den **Journalisten** vorbehalten. Erscheinen mehr Pressevertreter als originäre Presseplätze vorhanden sind, so können die Journalisten nur nach dem „Prinzip der Schlange“ Einlass verlangen, das auch für alle übrigen Besucher gilt. Es ist jedoch zulässig, bei rechtzeitiger Anmeldung einen Teil der allgemeinen Zuhörerplätze für Pressevertreter zu reservieren.[27] Eine Unterscheidung zwischen den verschiedenen Mediensparten und namentlich eine Bevorzugung des Leitmediums Fernsehen ist dabei nicht geboten. Im Einzelfall können aber medienbezogene Differenzierungen sachgerecht sein, zum Beispiel die Festsetzung unterschiedlicher Kontingente für Journalisten aus der Region, dem sonstigen Bundesgebiet und dem Ausland.[28] Ein Teil der allgemeinen Zuhörerplätze muss aber auch bei größtem Medienandrang anderen Zuhörern zugänglich sein. Eine reine Medien-Öffentlichkeit ist keine Öffentlichkeit.[29]

2. Ausschluss der Öffentlichkeit

1024 Ist die **Öffentlichkeit ausgeschlossen**, so besteht kein Zugangsrecht. Allgemein ausgeschlossen ist die Öffentlichkeit in Familiensachen[30] und in Jugendstrafsachen.[31] Die Öffentlichkeit kann außerdem in bestimmten weiteren Fällen ausgeschlossen werden, nämlich in Unterbringungssachen[32] und wenn Schutzinteressen von Prozessbeteiligten, Zeugen, Opfern von Straftaten oder anderen Personen betroffen sind,[33] wenn Betriebs- oder Privatgeheimnisse infrage stehen[34] oder wenn eine Person unter sechzehn Jahren vernommen wird.[35] Weiterhin kann nach § 172 Nr. 1 GVG die Öffentlichkeit ausgeschlossen werden, wenn eine Gefährdung der Staatssicherheit, der öffentlichen Ordnung oder der Sittlichkeit zu besorgen ist. Für diesen Ausschlussgrund reicht nach der Judikatur des BGH aber weder die Erwartung aus, dass ein Zeuge in nicht öffentlicher Sitzung geneigter sein wird, wahrheitsgemäße Angaben zu machen,[36] noch die Möglich-

---

26 *Kissel/Meyer*, § 169 GVG Rn. 29.
27 *Kissel/Meyer*, § 169 GVG Rn. 33.
28 BVerfG vom 30. 10. 2002 (El-Kaida Verfahren), NJW 2003, 500f.
29 *Kissel/Meyer*, § 169 GVG Rn. 33 mwN.
30 § 170 Satz 1 GVG.
31 § 48 Abs. 1 JGG.
32 § 171a GVG.
33 § 171b GVG. Ferner § 172 Nr. 1a GVG, der insbesondere bei Straftaten im Zusammenhang mit dem organisierten Verbrechen in Betracht kommt; dazu BGH vom 10. 5. 1995, BGHSt 41, 145, 146ff.
34 § 172 Nr. 2, Nr. 3 GVG.
35 § 172 Nr. 4 GVG.
36 BGH vom 23. 5. 1956, BGHSt 9, 280, 281ff.

keit, dass die **Berichterstattung der Medien über ein Verfahren die Wahrheitsfindung erschweren** wird.[37]

Nach der **Ängstliche Ehefrau-Entscheidung** reicht es für den Ausschluss der Öffentlichkeit nicht aus, dass ein Zeuge eine falsche Berichterstattung durch die Medien befürchtet. Im Streitfall hatte eine Zeugin, die als Ehefrau nach § 52 StPO zur Verweigerung der Aussage berechtigt war, erklärt, sie wolle ohne Ausschluss der Öffentlichkeit nicht aussagen, weil sie eine erneute falsche Berichterstattung befürchte und weiter mit ihren Kindern in S. leben müsse. Der Ausschluss der Öffentlichkeit ist in den Augen des Gerichts möglich, wenn etwa zu befürchten ist, dass der Zeuge bei zu erwartenden Missfallenskundgebungen aus der Zuhörerschaft Selbstmord begehen wird oder wenn schwere, von Dritten drohende oder auf Dritte zurückgehende Nachteile zu befürchten sind.[38] Weniger gravierende Folgen aus der Erfüllung der Zeugnispflicht müsse ein Zeuge demgegenüber hinnehmen, z. B. die Besorgnis, dass eine zu erwartende Berichterstattung für ihn und seine Kinder zu Unannehmlichkeiten führen werde. Wenn sich die Zeugin deshalb zur Verweigerung der Aussage entschließe, werde dadurch zwar die Wahrheitsfindung erschwert, doch sei diese Erschwerung hinzunehmen und rechtfertige auch nicht ihrerseits eine Anwendung von § 172 Nr. 1 GVG.[39] Es ist allerdings zu beachten, dass im Streitfall die konkrete Möglichkeit schwerer Persönlichkeitsbeeinträchtigungen von der Zeugin weder behauptet noch vom Gericht festgestellt worden war. 1025

Das Gericht kann, wenn die Öffentlichkeit ausgeschlossen ist, gleichwohl **einzelnen Personen den Zutritt gestatten** (§ 175 Abs. 2 GVG). Gedacht ist vor allem an Personen in der Ausbildung und an wissenschaftlich Interessierte, doch kann auch Presseberichterstattern der Zugang erlaubt werden.[40] Die Entscheidung über die Gestattung des Zutritts steht im pflichtgemäßen Ermessen des Gerichts und darf den für den Ausschluss der Öffentlichkeit maßgebenden gesetzgeberischen Grund nicht umgehen.[41] Ist die Öffentlichkeit wegen Gefährdung der Staatssicherheit ausgeschlossen, so dürfen die Medien keine Berichte über die Verhandlung und den Inhalt eines die Sache betreffenden amtlichen Schriftstücks veröffentlichen.[42] In diesem und in bestimmten weiteren Fällen kommt außerdem in Betracht, dass das Gericht die anwesenden Personen zur Geheimhaltung von Tatsachen verpflichtet, die sie durch die Verhandlung oder durch ein die Sache betreffendes amtliches Schriftstück erfahren.[43] 1026

Es wirkt auf den ersten Blick paradox, wenn einem Journalisten zwar die Teilnahme an der nicht öffentlichen Verhandlung erlaubt, eine nachfolgende Berichterstattung aber im gleichen Atemzug verboten wird. Eine solche Regelung ermöglicht es aber, **öffentlichen Informationsinteressen zumindest in mittel-** 1027

37 BGH vom 19. 8. 1981 (Ängstliche Ehefrau), BGHSt 30, 193, 195 mwN.
38 BGH vom 19. 8. 1981 (Ängstliche Ehefrau), BGHSt 30, 193, 195 mwN.; dazu zustimmend *Schmidt* LM GVG § 172 Nr. 7.
39 BGH vom 19. 8. 1981 (Ängstliche Ehefrau), BGHSt 30, 193, 195.
40 *Kissel/Meyer*, § 175 GVG Rn. 13; *Schilken*, Gerichtsverfassungsrecht, Rn. 182.
41 *Kissel/Meyer*, § 175 GVG Rn. 13; eingehend *von Coelln*, Zur Medienöffentlichkeit der Dritten Gewalt, 2005, S. 281 ff.
42 § 174 Abs. 2 GVG.
43 § 174 Abs. 3 Satz 1 GVG.

barer Weise Rechnung zu tragen, ohne die hinter dem Ausschluss der Öffentlichkeit stehenden Schutzinteressen zu verletzen.[44] Beispielsweise ist die Öffentlichkeit in Jugendstrafverfahren aus entwicklungspsychologischen und jugendpädagogischen Gründen ausgeschlossen. Die Nichtöffentlichkeit soll Hemmungen des Jugendlichen abbauen und stigmatisierende Bloßstellungen vermeiden. Die Anwesenheit des Journalisten ermöglicht eine Berichterstattung, die einerseits die Anonymität und Schutzinteressen des Täters strikt wahrt, aber andererseits doch auf fundierter Basis allgemein über spezifische Fragen der Jugendkriminalität und der Jugendgerichtsbarkeit informiert.

3. Sitzungspolizeiliche Maßnahmen

1028 Ist das Gerichtsverfahren öffentlich, so kann das Gericht aufgrund seiner sitzungspolizeilichen Gewalt **einzelne Besucher vom Zutritt zur Verhandlung ausschließen** (§§ 176, 177 GVG; siehe Rdnr. 1313f.). Soll ein Pressevertreter aus solchen Gründen ausgeschlossen werden, so muss die rechtliche Abwägung der Bedeutung und Tragweite der Pressefreiheit Rechnung tragen.

1029 Im Streitfall der **Kölner Volksblatt-Entscheidung** hatte sich eine Lokalzeitung unter der Überschrift „Im Namen des Staatsanwalts. Ein Tag im Leben des Richters W." abfällig über die Verhandlungsführung eines bestimmten Amtsrichters geäußert. Der betroffene Richter schloss daraufhin in späteren Verfahren einen Journalisten, der für das betreffende Blatt arbeitete, von Hauptverhandlungen aus. Er begründete dies mit dem Hinweis auf den Artikel, der im Wesentlichen nur Beleidigungen, Verleumdungen und Diffamierungen gegen ihn und die Protokollführerin enthalte und befürchten lasse, dass das Blatt solche Diffamierungen anhand der weiteren Verhandlungen fortsetzen wolle. Das BVerfG trat dem entgegen.[45] Nach seinem Urteil verstößt der Ausschluss eines Pressevertreters von der Verhandlung oder seine Entfernung aus dem Sitzungssaal jedenfalls dann gegen die Pressefreiheit, wenn die Maßnahme durch die gerichtsverfassungsrechtlichen Vorschriften über Öffentlichkeit und Sitzungspolizei offensichtlich nicht gedeckt ist oder wenn das Gericht den angewendeten Bestimmungen einen der Bedeutung und Tragweite der Pressefreiheit widerstreitenden Sinn beigelegt hat. Erst recht ist eine Verletzung von Art. 5 Abs. 1 Satz 2 GG anzunehmen, wenn der Pressevertreter wegen der früheren oder künftigen Berichterstattung seines Blatts aus dem Sitzungszimmer verwiesen wird. Die Kontrollfunktion der Medien gegenüber der Justiz steht jeder sitzungspolizeilichen Maßnahme entgegen, die auf eine Zensur gerichtskritischer Berichterstattung hinausläuft.

IV. Nicht öffentliche staatliche Vorgänge und Bereiche

1030 Zu nicht öffentlichen staatlichen Vorgängen und Bereichen haben Medien grundsätzlich keinen Zutritt und werden in gleicher Weise wie private Einzel-

---

44 *von Coelln*, Zur Medienöffentlichkeit der Dritten Gewalt, 2005, S. 276ff. mwN. Allgemein zur inhaltlichen Beschränkung von Informationen im Zusammenhang mit Persönlichkeitsrechten siehe Rdnr. 1214, 1220f.

45 BVerfG vom 6. 2. 1979 (Kölner Volksblatt), BVerfGE 50, 234, 241ff.

personen behandelt. Eine unangemesse Beschränkung für die Medien liegt darin nicht. Es steht den Medien frei, von der betreffenden staatlichen Stelle Auskunft zu verlangen und auf sonstige Informationsquellen zurückzugreifen.

Einen Sonderfall betrifft die Frage, ob Journalisten einen Anspruch darauf 1031
haben, **mit Strafgefangenen zu sprechen**. Aus medienrechtlicher Sicht kann es dabei um die Kontrollfunktion der Medien gehen. Sie hat insoweit Relevanz, als der Strafvollzug eine der schärfsten staatlichen Eingriffe ist und daher in besonderem Maße nach Kontrolle verlangt. In der Praxis werden jedoch vor allem die Integrationsfunktion sowie das Informationsinteresse an der Gerichtsberichterstattung und nicht selten auch die Suche der Boulevardmedien nach reißerischen Themen im Vordergrund stehen. § 24 Abs. 1 StVollzG gewährleistet dem Gefangenen die Möglichkeit zum Empfang von Besuchen und überlässt ihm grundsätzlich auch die Auswahl der Besucher. Danach können Medien Zugang verlangen, wenn es der Gefangene wünscht. Der Besuch kann jedoch unter bestimmen Voraussetzungen untersagt werden, u.a. wenn der Besuch des Journalisten die gesellschaftliche Wiedereingliederung des Gefangenen behindern würde.

Das **KG** hat diese Ausschlussvoraussetzungen eng ausgelegt. In den Augen des Gerichts 1032
gibt es keinen allgemeinen Erfahrungssatz, nach dem die Eingliederung eines Gefangenen durch den Besuch eines Journalisten behindert werde.[46] Die Ermöglichung eines Presseinterviews könne aber zu einer negativen Persönlichkeitsentwicklung eines Gefangenen beitragen, wenn dieser sich durch das Interview dazu veranlasst oder sogar herausgefordert fühle, seine Straftat zu erklären und zu rechtfertigen. Es sei daher im Einzelfall unter Berücksichtigung der gesamten jeweiligen Situation über die Zulässigkeit des Besuchs zu entscheiden. Dagegen hat **Saxbe v. Washington Post** den Zugang für das US-amerikanische Recht grundsätzlich abgelehnt, weil Gefängnisse nun einmal nicht öffentlich zugänglich seien und der Besuch im Streitfall allein Angehörigen von Insassen und auch nur unter bestimmten Voraussetzungen erlaubt war.[47] Das Ergebnis ist sachgerecht, wenn man unterstellt, dass eine derartige Zutrittsmöglichkeit von Journalisten den Anstaltsbetrieb und die Ziele des Strafvollzugs stören würde.

V. Private Veranstaltungen

Die Medien haben **grundsätzlich kein Recht auf Zutritt zu privaten Veran-** 1033
staltungen. Der Veranstalter einer Feier, eines Theaterabends, eines Konzerts oder eines Fußballspiels darf eigenständig bestimmen, wen er zulässt und ob er die Zulassung an Bedingungen knüpft. Die Entscheidung, eine private Veranstaltung ohne Medienvertreter stattfinden zu lassen oder bestimmte Journalisten auszuschließen, ist eine legitime Ausübung privatautonomer Befugnisse. Das Zivilrecht kennt keinen allgemeinen Kontrahierungszwang. Insbesondere lässt sich ein solcher Anspruch nicht generell aus § 826 BGB oder allgemein aus

46 KG vom 12.5.1998, NJW 1998, 3367 mwN.

47 „Newsman have no constitutional right of access to prisons or their inmates beyond that afforded the general public", *Stewart* J. in Saxbe v. Washington Post, 417 U.S. 843, 850 (1974).

dem Bestehen von Monopolstellungen ableiten, sondern nur im Einzelfall aus den Schutzzwecken der Rechtsgüter begründen, die beim Unterbleiben des Vertragsschlusses gerade verletzt würden.[48]

1034 Das öffentliche Informationsinteresse verleiht grundsätzlich weder dem einzelnen Journalisten noch den Medien insgesamt Ansprüche darauf, einem privaten Ereignis selbst beiwohnen zu können. Dabei ist zunächst zu beachten, dass die Berichterstattung über private Veranstaltungen **typischerweise allein die Integrationsfunktion der Medien** betrifft. Es geht daher um ein öffentliches Informationsinteresse, das grundsätzlich geringer zu bewerten ist als im Zusammenhang namentlich mit Vorgängen, die die Demokratiefunktion der Medien betreffen. Gleichwohl mag dieser Befund auf den ersten Blick überraschend wirken, weil das öffentliche Informationsinteresse im Rahmen der äußerungsrechtlichen Abwägungen durchaus die Einschränkung privater Schutzinteressen legitimieren kann.[49] Man muss sich jedoch bewusst machen, dass der Ausschluss von privaten Veranstaltungen den betroffenen Medien in der Regel nicht die Möglichkeit der Berichterstattung nimmt. Die Medien müssen allein auf Informationen mit besonderem Authentizitätswert verzichten. Alle sonstigen zulässigen Möglichkeiten der Informationsgewinnung stehen ihnen jedoch im Übrigen offen.

1. Einzelkonstellationen

1035 Das Fallmaterial ist dünn gesät und basiert zum Teil auf älteren oder unterinstanzlichen Urteilen. Insbesondere gibt es kaum einschlägige Entscheidungen des BGH. In der Sache können vor allem der Grund der Zugangsverweigerung, die Angewiesenheit des Journalisten auf den Zugang und die Art der Berichterstattung (Wort, Bild, live) unterschiedlich sein.

1036 Unproblematisch ist die **Akkreditierung-Entscheidung** des OLG Frankfurt a.M., die deshalb im Schrifttum auch nicht weiter aufgegriffen worden ist. Im Streitfall klagte ein populärer früherer Fußballnationalmannschaftsspieler, der nebenberuflich als Sportjournalist tätig war. Er schrieb für ein Pauschalhonorar in einer Tageszeitung zweimal wöchentlich Kommentare und beantwortete Leseranfragen. Im Sommer 1982 sollte er für die Tageszeitung von der Fußballweltmeisterschaft in Spanien berichten. Er beantragte dazu bei der FIFA eine Akkreditierung als Journalist, die zu kostenlosen Plätzen auf den Pressetribünen der Fußballstadien, zum Zugang zum Pressezentrum, zur kostenlosen Beförderung zu den einzelnen Sportstätten und anderem mehr berechtigte. Die Akkreditierung wurde ihm jedoch versagt, da die FIFA sie ausschließlich hauptberuflichen Journalisten gewährte und der Kläger lediglich nebenberuflich tätig war. Diese Unterscheidung ist ohne weiteres sachlich einleuchtend. In den Augen der Richter befreite sie die FIFA zugleich von der schwierigen „Abgrenzung zwischen ‚nebenberuflichen' Journalisten einerseits und reinen Amateur-Journalisten, Dilettanten, Gelegenheits-

---

48 Staudinger/*Oechsler* (2003), §826 BGB Rn.433 mwN.; Soergel/*Hönn*, §826 BGB Rz.158.

49 Siehe Rdnr. 935, 937ff.

schreibern, Fußball-Stars oder ehemaligen Stars, die nicht selbst schreiben, sondern einen ‚Neger' oder ghostwriter brauchen und weniger dem Journalismus als der Werbung dienen, andererseits".[50]

Der Kartellsenat des BGH hat den Veranstaltern von Sportwettkämpfen unter Rückgriff auf das Hausrecht die Befugnis zugesprochen, nach eigener Entscheidung und Auswahl **Fernseh- und Hörfunkrechte** zu gewähren bzw. zu versagen.[51] Damit ist den nicht berechtigten Journalisten eine Bild- und Liveberichterstattung prinzipiell versagt, nicht aber eine spätere Wortberichterstattung. Pressejournalisten können daher uneingeschränkt über das Ereignis informieren. 1037

Zum „Schwur" kommt es, wenn der Zugang als solcher untersagt und der betroffene Journalist damit mehr oder weniger von jeder Form der Berichterstattung ausgeschlossen wird. Die Beurteilung ist im Einzelnen umstritten. Auf keinen Fall kann es darauf ankommen, aus welchen Gründen der Betreffende den Journalisten ausschließt. Es ist gerade das Wesen privatautonomer und geschäftlicher Freiheiten, dass sich der Einzelne nicht für seine eigenen Entscheidungen rechtfertigen muss. Es steht ihm gerade frei, sich auch in einer Weise zu entscheiden, die andere als nicht sachgerecht, unsinnig oder als eine Zensur von Medien ansehen. Ebenso wie jeder Privatmann sich nach Belieben für den Kauf einer bestimmten Zeitung und gegen den Erwerb des Konkurrenzblatts sowie für oder gegen das Sehen oder Hören bestimmter Sender entscheiden darf, muss er auch umgekehrt Journalisten zu seiner Veranstaltung zulassen oder ablehnen können. Weiterhin ist zu bedenken, dass der Ausschluss einzelner Journalisten die Information der Öffentlichkeit in der Regel nicht gefährdet. Der Fall, dass der Organisator einer privaten Veranstaltung zwar in der Öffentlichkeit um Besucher wirbt und grundsätzlich jedermann zulässt, aber zugleich alle Journalisten ausschließt, ist bislang nicht praktisch geworden. Jeder private Veranstalter hat ein Eigeninteresse daran, dass die Medien über seine Veranstaltung berichten. 1038

Indiskutabel ist eine frühere Entscheidung des LG Münster. Im Streitfall war einem Sportredakteur ohne Begründung Hausverbot erteilt worden. Die Richter leiteten aus der Pressefreiheit einen zivilrechtlichen Anspruch des Sportredakteurs ab, öffentliche Spiele auf dem Vereinsgelände besuchen und darüber berichten zu können.[52] Nach wie vor diskutiert wird dagegen die **Theaterkritiker-Entscheidung** des RG. Im Streitfall hatte ein Theaterveranstalter zu einer Aufführung die Presse generell zugelassen, aber einen bestimmten Kritiker ausgeschlossen, weil dieser sich durch frühere Kritiken unbeliebt gemacht hatte. Das RG nahm an, dass sich aus § 826 BGB ein Anspruch auf Zutritt ergibt, wenn der Ausschluss einer sittenwidrigen Schädigung gleichkäme. Es zog dies für Veranstaltungen der öffentlichen Hand in Betracht sowie für Fälle, in denen die Verweigerung des Zugangs bezwecken soll, sachliche Kritik zu verhindern oder unsachliche Kritik zu erzielen und so die freie Meinungsäußerung der Theaterkritik zu erschweren 1039

---

50 OLG Frankfurt a. M. vom 9. 6. 1982 (Akkreditierung), NJW 1982, 2260.

51 BGH vom 14. 3. 1990 (Sportübertragungen), BGHZ 110, 371, 383f.; BGH vom 8. 11. 2005 (Hörfunkrechte), NJW 2006, 377, 379f. Siehe Rdnr. 1401ff., 1472ff.

52 LG Münster vom 24. 6. 1977, NJW 1978, 1329f.; dazu *Schwabe* JA 1978, 589f.

oder zu unterbinden.[53] Im Streitfall lehnte es einen Zulassungsanspruch jedoch ab. Es gestand der Beklagten das Recht zu, eine Schädigung ihres Theaters durch die Berichterstattung des ausgeschlossenen Kritikers, die sie für unsachlich, unrichtig und schädigend gehalten hatte, zu vermeiden. Die Beklagte habe in legitimer Weise zum Schutz ihrer eigenen berechtigten Belange gehandelt und gewichtige Gründe für ihr Vorgehen gehabt.

2. Sonderregeln

1040 Von dem Grundsatz, dass die Zulassung von Medienvertretern im Belieben des privaten Veranstalters steht, gibt es gesetzlich normierte Ausnahmen. Aus Sicht der Medien ist vor allem das Recht der Fernsehsender auf **Kurzberichterstattung** wichtig.[54] Es ist jedoch an einschränkende Voraussetzungen gebunden und weder allgemein auf private Veranstaltungen noch auf andere Medien als das Fernsehen übertragbar (siehe Rdnr. 1412ff.). Weiterhin kann nach **Versammlungsrecht** der Veranstalter einer privaten Versammlung zwar bestimmte Personen oder Personengruppen von dem Besuch öffentlicher Veranstaltungen in der Einladung ausschließen, nicht aber „Pressevertreter".[55] Der Begriff ist untechnisch gemeint, so dass auch Hörfunk- und Fernsehjournalisten nicht ausgeschlossen werden dürfen.[56] Schließlich ist denkbar, dass sich in Sonderkonstellationen aus **kartellrechtlichen Normen** ein Anspruch auf Zutritt ergeben kann.[57] Es ist allerdings unwahrscheinlich, dass diese Möglichkeit im Theaterkritiker-Fall greifen würde, auch wenn die Sachverhaltsausführungen des RG insoweit keine sichere Entscheidung zulassen. Entgegen einigen Stimmen im zivilrechtlichen Schrifttum[58] lässt sich meines Erachtens ein Zugangsrecht aber jedenfalls nicht allgemein aus der Berufsfreiheit des Kritikers noch daraus ableiten, dass der Kritiker für die Ausübung seines Berufes auf den Besuch der Veranstaltung angewiesen sei. Das Berufsleben bringt naturgemäß viele Zwänge mit sich, ohne dass dem Betroffenen daraus Rechtsansprüche gegen Dritte erwachsen. Es gibt weder einen Anspruch auf Kunden noch einen auf willige Geschäftspartner.

C. Recht auf Einsicht in amtliche Verzeichnisse

1041 Die Medien haben das Recht, **in bestimmte amtliche Register oder Akten Einsicht zu nehmen**. Dabei geht es meistens um Informationen, die Privatpersonen

---

53 RG vom 7.11. 1931 (Theaterkritiker), RGZ 133, 388, 392.
54 § 5 RStV.
55 § 6 Abs. 2 VersammlG; dazu *Eidenmüller* NJW 1991, 1439, 1442f. mwN.
56 *Soehring*, Presserecht, Tz. 6.23 mwN.
57 § 20 GWB. Zu diesem Anspruch siehe Rdnr. 846ff.
58 Z.B. *Bork*, BGB AT, 2. Auflage 2006, Rn. 670 mwN.; MünchKomm/*Kramer*, Vor § 145 BGB RdNr. 13ff. mwN.; a.A. *Eidenmüller* NJW 1991, 1439, 1441; Jauernig/*Jauernig*, 11. Auflage 2004, Vor § 145 BGB Rn. 10.

und keine öffentlichen Institutionen betreffen. Entsprechende Einsichtsrechte sind in diversen Gesetzen normiert. Ihre Voraussetzungen hängen im Einzelnen maßgeblich von der Schutzwürdigkeit desjenigen ab, auf den sich die betreffenden Informationen beziehen. Die Voraussetzungen des Einsichtsrechts sind deshalb nicht einheitlich. Der Einsichtsanspruch kann vielmehr an unterschiedlich strenge Anforderungen geknüpft sein, je nachdem, welches Schutzinteresse aufseiten des Betroffenen infrage steht und wie stark dieses Schutzinteresse durch die Einsicht beeinträchtigt werden kann.

I. Berechtigtes Interesse als Einsichtsvoraussetzung

In zahlreichen Konstellationen steht das Einsichtsrecht nicht jedermann, sondern nur Personen zu, die ein „berechtigtes Interesse" an einer Einsicht haben. Wichtige Anwendungsfälle sind die Einsicht in das **Grundbuch** (§ 12 Abs. 1 Satz 1 GBO) und in **Akten von Verfahren der freiwilligen Gerichtsbarkeit** (§ 34 Abs. 1 FGG) sowie die erweiterte Auskunft über personenbezogene Informationen im **Melderegister** (§ 21 Abs. 2 MRRG). Mit der Begrenzung auf berechtigte Einsichtsinteressen trägt der Gesetzgeber legitimen Schutzinteressen desjenigen Rechnung, über den die betreffenden Eintragungen Auskunft geben.[59] So ermöglicht etwa das Grundbuch Einblick in die Vermögensverhältnisse der eingetragenen Personen. Es betrifft damit Bereiche, die grundsätzlich als Privatangelegenheit angesehen werden und an denen dem Einzelnen ein legitimes Geheimhaltungsbedürfnis zugestanden wird. Für einen Teilbereich der freiwilligen Gerichtsbarkeit ist sogar ausdrücklich gesetzlich geregelt, dass die Einsicht und die Erteilung von Abschriften zu versagen ist, wenn bestimmte Interessen adoptierter Kinder dem entgegenstehen.[60] 1042

Zu den Voraussetzungen, unter denen ein berechtigtes Interesse der Medien an Einsicht zu bejahen ist, hat das BVerfG in der **Grundbucheinsicht-Entscheidung** Stellung genommen und eine den Medien günstige Linie vorgegeben. Auch wenn es im Streitfall allein um die Einsicht in das Grundbuch ging, beanspruchen die von den Richtern entwickelten Maßstäbe grundsätzlich doch für alle Einsichtsrechte Geltung, die in gleicher Weise an ein berechtigtes Interesse gekoppelt sind. Für erweiterte Auskünfte aus dem Melderegister hat der Gesetzgeber Linien des Urteils bereits übernommen.[61] 1043

Die Entscheidung ist ein Paradebeispiel dafür, dass Medienrecht vielfach dadurch entsteht, dass frühere rechtliche Maßstäbe aus medienrechtlichen Gründen verändert werden (siehe Rdnr. 7, 309). In der rechtlichen Ausgangskonzeption bestimmte sich das berechtigte Interesse allein nach den Zwecken, die das betreffende Register verfolgt. 1044

---

59 BGH vom 6. 3. 1981, BGHZ 80, 126, 128 zu § 12 Abs. 1 Satz 1 GBO.
60 §§ 34 Abs. 2 FGG, 1758 BGB.
61 Insbesondere ist der Betroffene nach § 21 Abs. 2 Satz 2 2. Hs. MRRG nicht von der Auskunft zu unterrichten, wenn der Datenempfänger ein rechtliches Interesse glaubhaft macht.

Eintragungen in das Grundbuch sind mit erheblichen materiell-rechtlichen Vermutungs- und Gutglaubenswirkungen verbunden. Sie machen es erforderlich, das Grundbuch in weitgehendem Maße der Einsicht durch die am Rechtsverkehr Teilnehmenden zu unterwerfen.[62] Daher hat insbesondere derjenige ein berechtigtes Interesse an der Einsicht, der ein dingliches Recht an dem Grundstück besitzt oder erwerben will. In ähnlicher Weise wäre ein berechtigtes Interesse an einer erweiterten Auskunft aus dem Melderegister zu bejahen, wenn die betreffenden Daten beispielsweise zur Rechtsverfolgung erforderlich sind.[63] Nach diesem „registerbezogenen" Maßstab hätten Medienvertreter niemals ein Einsichtsrecht, wenn die Einsicht der journalistischen Recherche bzw. zum Zweck der Berichterstattung dienen soll. Die einschlägigen Gesetzesnormen sind eben überwiegend in der „Vormedienzeit" geschaffen worden. Sie nehmen daher keine Rücksicht auf mögliche Informationsinteressen der Allgemeinheit und würden – ohne eine medienrechtlich motivierte erweiternde Auslegung – grundrechtlichen Wertungen widersprechen.

1. Darlegung des Einsichtsinteresses

1045 Nach dem Urteil des BVerfG setzt das Recht der Medien auf Einsicht voraus, dass sie **darlegen, welches Informationsinteresse sie mit der Einsicht verfolgen.**[64] Das Grundbuchamt hat das Bestehen dieses Interesses zu überprüfen, ist dabei aber nicht zu einer eigenen Bewertung des Einsichtsersuchens berechtigt. Ebenso wenig darf es das Einsichtsinteresse mit dem Interesse des Eingetragenen an der Nichtzugänglichkeit der Informationen abwägen. Das Grundbuchamt hat aber den möglichen Verwendungszweck der Daten zu berücksichtigen. Hängt die Einsichtnahme mit Fragen zusammen, an denen ein öffentliches Informationsinteresse besteht und dient die Recherche der Aufbereitung einer ernsthaften und sachbezogenen Auseinandersetzung, so hat das Einsichtsinteresse der Medien von Verfassungs wegen Vorrang gegenüber den Interessen des Betroffenen.

1046 Im Streitfall der **Grundbucheinsicht-Entscheidung** hatte ein Wirtschaftsmagazin Einsicht in bestimmte Grundbücher beantragt. Es wollte Geschäftspraktiken eines Unternehmens untersuchen, legte dieses Anliegen dem Grundbuchamt jedoch nicht dar. Das AG bat daraufhin, die Gründe für die beantragte Grundbucheinsicht mitzuteilen. Das Wirtschaftsmagazin lehnte dies ab. Es berief sich darauf, dass jemand, der aus einem Zwangsvollstreckungsinteresse heraus Einsicht begehre, diese auch ohne Information oder Anhörung des Eigentümers erhalte. Das BVerfG gab der Verfassungsbeschwerde des Wirtschaftsmagazins statt. Die besondere Funktion der Presse in einer Demokratie dürfe bei der Interpretation von § 12 GBO nicht unberücksichtigt bleiben.[65] Zugleich sei zu beachten, dass das Schutzbedürfnis des Eingetragenen einen anderen Gehalt als im Normalfall habe, wenn nicht ein privater Dritter, sondern die Presse Einblick in das Grundbuch verlange. Da § 12 GBO kein allgemeines Einsichtsrecht gewähre, sei es kon-

62 BGH vom 6.3. 1981, BGHZ 80, 126, 128.
63 BVerwG vom 22.12. 1987, DVBl 1988, 1012, 1013 mwN.
64 BVerfG vom 28.8. 2000 (Grundbucheinsicht), NJW 2001, 503, 505.
65 BVerfG vom 28.8. 2000 (Grundbucheinsicht), NJW 2001, 503, 504; dazu *Wollweber* MDR 2001, 148f.; *Demharter* FGPrax 2001, 53; *Dörr* JuS 2001, 697ff.; *Burbulla* Jura 2002, 182ff.

sequent, wenn der Gesetzgeber die Darlegung eines berechtigten Interesses verlange. Ein solches Interesse müssten auch die Medien darlegen, doch sei dabei zu bedenken, dass das Informationsinteresse der Presse verfassungsrechtlich begründet und mit ihrer öffentlichen Aufgabe verknüpft sei.[66] Die Anforderungen an das berechtigte Interesse selbst und an dessen Darlegung müssten in solchen Fällen der Besonderheit einer freien Presse Rechnung tragen. Mit der Funktion der Medien wäre es nicht vereinbar, wenn die Durchsetzung ihres Einsichtsrechts von einer staatlichen Bewertung des Informationsanliegens abhinge. Die Überprüfungskompetenz des Grundbuchamts sei daher allein auf die Feststellung des Informationsinteresses bezogen. Dabei müsse insbesondere akzeptiert werden, dass die Presse regelmäßig auch auf einen bloßen, und sei es auch nur schwachen, Verdacht hin recherchiere. Es sei geradezu ein Anliegen der Recherche, einem Verdacht nachzugehen.[67]

2. Keine Anhörung des Betroffenen

Das Grundbuchamt hat die Entscheidung über die Einsicht **ohne vorherige Anhörung des Eingetragenen** zu treffen.[68] Das BVerfG folgte darin der Argumentation des Wirtschaftsmagazins, es sei für seine Recherchearbeit auf Vertraulichkeit angewiesen und die Vertraulichkeit werde durch eine vorherige Unterrichtung des Eigentümers gefährdet. Die Presse ist in ihren Recherchen häufig darauf angewiesen, mosaiksteinartig einzelne Teilinformationen in verschiedenen Feldern zusammenzutragen. Sie braucht dafür Zeit. Geht sie einem Verdacht nach und muss das Grundbuchamt dabei den Adressaten des Verdachts von den Recherchen informieren, dann kann der Rechercheerfolg nachhaltig gefährdet werden. Der Betroffene kann zwar Eintragungen im Grundbuch nicht verändern, würde aber von der Recherche insgesamt erfahren. Es wäre daher zu befürchten, dass er im Hinblick auf sonstige Umstände Gegenmaßnahmen ergreift und zum Beispiel Beweismittel vernichtet. 1047

Auf den ersten Blick scheint diese Linie **Schutzinteressen des Eingetragenen** komplett zu vernachlässigen. Das ist jedoch aus mehreren Gründen selbst dann nicht der Fall, wenn man das berechtigte Interesse an geheimer Recherche beiseite lässt. Man muss sich zunächst bewusst machen, dass selbst ein weitreichendes Einsichtsrecht die Schutzinteressen des Betroffenen nicht durchweg ausschaltet. Das Einsichtsrecht bedeutet nur, dass die Medien entsprechende Informationen gewinnen können. Es bedeutet nicht, dass die Medien solchermaßen erlangte Informationen automatisch auch veröffentlichen dürfen. Die Zuläs- 1048

66 BVerfG vom 28.8. 2000 (Grundbucheinsicht), NJW 2001, 503, 505.
67 BVerfG vom 28.8. 2000 (Grundbucheinsicht), NJW 2001, 503, 505f.
68 BVerfG vom 28.8. 2000 (Grundbucheinsicht), NJW 2001, 503, 506. Das AG hatte dagegen die Einsicht von einer vorherigen Anhörung des betroffenen Eigentümers und einer Abwägung der von der Presse wahrgenommenen öffentlichen Interessen mit dem Individualinteresse des Eigentümers abhängig gemacht. Es folgte insoweit der damaligen zivilgerichtlichen Judikatur. Siehe OLG Hamm vom 14.5. 1988, NJW 1988, 2482f.; OLG Düsseldorf vom 12.6. 1991, NJW-RR 1992, 695.

sigkeit der Veröffentlichung hängt von weiteren Anforderungen ab, bei denen die Schutzinteressen des Betroffenen angemessen zu berücksichtigen sind und die eine Veröffentlichung im Ergebnis unzulässig machen können. Insbesondere sind die Medien aufgrund ihrer Sorgfaltspflicht grundsätzlich verpflichtet, bei dem Betroffenen nachzufragen und ihm die Gelegenheit zur Stellungnahme zu geben.[69] Hinzu kommt, dass das öffentliche Informationsinteresse selbst wichtige Abstufungen trifft (siehe Rdnr. 943, 945ff.). Es legitimiert insbesondere keine Einsicht, die rein kommerziellen Interessen dient. Zugleich kommt ein öffentliches Informationsinteresse umso weniger in Betracht, je mehr sich die betreffende Angelegenheit auf den Rahmen einer rein persönlichen Auseinandersetzung beschränkt.[70] Schließlich ist auch zu berücksichtigen, ob die Einsichtnahme einen privaten Einzelnen oder etwa ein gewerbliches Unternehmen betrifft. Unternehmen müssen Einsichtnahmen bzw. Veröffentlichungen durch Medien ungleich eher hinnehmen als Privatpersonen.[71]

II. Sonstige Einsichtsrechte

1049 Der Gesetzgeber sieht bestimmte weitere Einsichtsrechte vor. Sie sind an Voraussetzungen gekoppelt, die entweder von der Anforderung des eben behandelten berechtigten Einsichtsinteresses klar abweichen oder aber zumindest anders formuliert sind. Diese Einsichtsrechte können also je nach Gewicht und Zuschnitt der betroffenen Geheimhaltungs- und Informationsinteressen an mildere, ähnliche oder strengere Anforderungen gebunden sein.

1. Handelsregister

1050 Die Einsicht in das Handelsregister steht vor allem mit der Wirtschaftsfunktion der Medien im Zusammenhang. Sie ist besonders großzügig geregelt und setzt kein berechtigtes Interesse voraus.[72] § 9 Abs. 1 HGB begründet ein weit gefasstes subjektives öffentliches Recht. Die Einsicht ist **jedem zu Informationszwecken gestattet**. Das Handelsrecht strebt nämlich sowohl im Interesse des von der Eintragung Betroffenen als auch im Interesse des Verkehrs nach weitgehender Publizität. Der Betroffene wird durch Eintragungen nicht nur belastet bzw. zum Offenbaren von Informationen gezwungen, sondern die Eintragungen können ihm auch zugute kommen und zum Beispiel haftungsausschließende Wirkung haben. Die Einsicht in das Handelsregister kann vom Registergericht nur verweigert werden, wenn ihm bekannt ist, dass mit den betreffenden Infor-

---

69 Siehe Rdnr. 1178.
70 BVerfG vom 6.11. 1968 (Östliche Zustände), BVerfGE 24, 278, 283; BVerfG vom 20.4. 1982 (Kredithaie), BVerfGE 60, 234, 240.
71 Siehe Rdnr. 1448ff., 1461ff.
72 BGH vom 12.7. 1989, BGHZ 108, 32, 36.

mationen rechtswidrige Zwecke verfolgt werden sollen.[73] Sie erstreckt sich auf das Handelsregister selbst und die zum Handelsregister eingereichten Schriftstücke wie Anmeldungen, den Anmeldungen beigefügte Schriftstücke, Gesellschaftsverträge, Listen der Gesellschafter, Unternehmensverträge oder Jahresabschlüsse. Das Recht umfasst auch die Befugnis, sowohl handschriftliche Notizen als auch darüber hinausreichende Abschriften zu fertigen.[74]

2. Schuldnerverzeichnis

Die Möglichkeit, sich über den Inhalt des Schuldnerverzeichnisses (§§ 915, 915b 1051
ZPO) zu informieren, ist deutlich limitierter. Das Verzeichnis erfasst Personen, die eine eidesstattliche Versicherung abgegeben haben oder gegen die ein vollstreckungsrechtlicher Haftbefehl ergangen ist. Es dient dem Schutz des redlichen Geschäftsverkehrs vor unzuverlässigen Schuldnern, soll aber zugleich dem Recht des eingetragenen Schuldners auf informationelle Selbstbestimmung Rechnung tragen.[75] Die gesetzliche Regelung gewährt deshalb keine Einsicht in das Register, wohl aber einen Anspruch auf Auskunft darüber, welche Angaben über eine bestimmte Person eingetragen sind. Dieser Anspruch besteht nach dem Gesetzeswortlaut nur, wenn die Information zu bestimmten Zwecken dient, insbesondere zu Zwecken der Zwangsvollstreckung.[76]

Eine ausdrückliche Regelung für Informationsrechte von Medien besteht 1052
nicht. Die einschlägigen Vorschriften sind verhältnismäßig jung, aber gleichwohl noch vor der Rechtsprechung des BVerfG zur Einsicht von Journalisten in das Grundbuch entstanden. Es liegt daher nahe, den **Medien in erweiternder Auslegung ebenfalls ein Einsichtsrecht zu gewähren**, zumal die Information Auskunft über die Vermögensverhältnisse des Betroffenen gibt und damit ähnliche Schutzinteressen betrifft wie die Einsicht in das Grundbuch. Es ist freilich abermals zu betonen, dass ein bloßes Einsichtsrecht die Medien nicht automatisch auch zur Verwertung bzw. Veröffentlichung der erlangten Informationen berechtigt. Informationen über die Kreditwürdigkeit einer Person sind besonders sensibel und daher an spezielle Sorgfaltsmaßstäbe gebunden.[77] In solchen Fällen müssen die Medien im Hinblick auf die breite Wirkung ihrer Äußerungen und das etwaige Vertrauen der Empfänger auf die Objektivität der Berichterstattung sorgfältig prüfen, ob der Inhalt eines Beitrags den Boden sachlich gerechtfertigter und angemessener Berichterstattung nicht verlässt.[78]

---

73 OLG Köln vom 20.2. 1991, NJW-RR 1991, 1255, 1256.

74 Eine komplette Ablichtung des gesamten Registerbestands mit dem Ziel, die Ablichtung als eigene Datei in Konkurrenz zum Handelsregister gewerblich zu verwerten, ist von § 9 Abs. 1 HGB aber nicht gedeckt, BGH vom 12.7. 1989, BGHZ 108, 32, 36.

75 *Brox/Walker*, Zwangsvollstreckungsrecht, 7. Auflage 2003, Rdnr. 1144.

76 §§ 915b Abs. 1 Satz 1, 915 Abs. 3 ZPO.

77 Siehe Rdnr. 1468 ff.

78 BGH vom 14.1. 1969 (Kredithaie), GRUR 1969, 304, 306.

3. Stasi-Unterlagen

1053 Die Einsicht in Unterlagen des Staatssicherheitsdienstes der ehemaligen DDR („Stasi-Unterlagen“) betrifft typischerweise die Demokratiefunktion der Medien. Sie beurteilt sich nach nochmals anderen Maßstäben und ist an vergleichsweise hohe Hürden geknüpft. Das Recht trifft hier auf eine **außergewöhnliche Ausgangslage**, in der jeweils sehr starke berechtigte Interessen gleichermaßen für und gegen die Einsicht sprechen können. Aufseiten der von der Einsicht Betroffenen bestehen erhebliche, vor allem persönlichkeitsrechtliche Schutzinteressen.[79] Ihnen können bereits durch die Einsicht, vor allem aber durch das Öffentlichmachen von Akteninhalten massive Beeinträchtigungen drohen. Zu denken ist dabei insbesondere an den Verlust des Arbeitsplatzes und der beruflichen Existenz, aber auch an eine erhebliche gesellschaftliche Ächtung. Ebenso ist zu beachten, dass der Betroffene unter Umständen gar nicht sicher weiß, welchen Inhalt die ihn betreffenden Akten haben, auch wenn ihm ein Recht auf Einsicht in „seine“ Akten zusteht.[80] Auf der anderen Seite gibt es ein ausgeprägtes öffentliches Interesse sowohl an einer allgemeinen öffentlichen Aufarbeitung als auch im Einzelfall daran, dass über eine mögliche Stasi-Tätigkeit von gesellschaftlichen, staatlichen und politischen Funktionsträgern Transparenz hergestellt werden kann.[81]

1054 Das StUG regelt **neben den Einsichts- und Informationsrechten auch das Veröffentlichungsrecht** der Medien (§§ 32 Abs. 1, Abs. 3, 34 Abs. 1 StUG) und knüpft beides weitgehend an dieselben Voraussetzungen. Inhaltlich differenziert die Regelung insbesondere zwischen **Informationen mit und ohne Personenbezug**. Den Medien sind zum einen Unterlagen zugänglich, die entweder keine personenbezogenen Informationen enthalten oder in denen die personenbezogenen Informationen anonymisiert wurden.[82] Dasselbe gilt für Unterlagen mit personenbezogenen Informationen, wenn diese entweder Mitabeiter oder Begünstigte des Staatssicherheitsdienstes betreffen oder wenn die betroffenen Personen schriftlich eingewilligt haben.[83]

1055 §§ 32 Abs. 1 Nr. 4, Abs. 3 Nr. 3, 34 Abs. 1 StUG regeln die Frage, ob und inwieweit Medien auch ohne Einwilligung der Betroffenen **Akteninhalte einsehen und veröffentlichen dürfen, die Politiker betreffen**. Sie ist aus Sicht des Medienrechts besonders wichtig. Inhaltlich sind vor allem zwei Aspekte zu beachten. Zum einen steht Politikern ebenso wie anderen Personen Persönlichkeitsschutz zu, auch wenn an der Amtstätigkeit von Politikern grundsätzlich ein besonderes öffentliches Informationsinteresse besteht. Zum anderen ist zu bedenken, dass die Stasi-Unterlagen vielfach in ihrem Aussagewert zweifelhaft und in unzuläs-

79 BGH vom 12.7. 1994, JZ 1995, 253, 254.
80 §§ 3, 13 StUG.
81 BGH vom 16.6. 1998 (IM-Sekretär), BGHZ 139, 95, 107; BVerfG vom 23.2. 2000, NJW 2000, 2413, 2415.
82 §§ 32 Abs. 1 Nr. 1, Nr. 2, 34 Abs. 1 StUG.
83 §§ 32 Abs. 1 Nr. 3, Nr. 5, 34 Abs. 1 StUG.

siger Weise ermittelt worden sind, zum Beispiel durch unerlaubte Abhörmethoden. Das StUG erlaubt die Herausgabe und Veröffentlichung von Unterlagen mit personenbezogenen Informationen über Personen der Zeitgeschichte, Inhaber politischer Funktionen oder Amtsträger unter bestimmten Voraussetzungen auch ohne deren Einwilligung. Erforderlich ist jedoch u.a., dass die betreffenden Informationen die zeitgeschichtliche Rolle, Funktions- oder Amtsausübung betreffen und dass durch die Verwendung keine überwiegenden schutzwürdigen Interessen der betreffenden Person verletzt werden. Dabei ist insbesondere zu berücksichtigen, ob die Informationserhebung erkennbar auf einer Menschenrechtsverletzung beruht.

Das BVerwG hat in der **Stasi-Unterlagen-Entscheidung** die Voraussetzung, dass keine 1056
überwiegenden schutzwürdigen Interessen der betroffenen Personen beeinträchtigt werden dürfen, streng ausgelegt. Im Streit stand die Herausgabe von etwa 6500 Seiten, die personenbezogene Daten über den ehemaligen Bundeskanzler *Helmut Kohl* enthielten und deren Informationen zum Teil mit Hilfe von Abhöreinrichtungen erlangt worden waren. Nach dem Urteil muss bei einer Nutzung von Unterlagen zu Forschungszwecken sichergestellt sein, dass die Unterlagen nicht an Dritte weitergegeben oder veröffentlicht werden. Eine Zurverfügungstellung von Stasi-Unterlagen mit personenbezogenen Informationen an die Medien ist dem davon Betroffenen dagegen grundsätzlich unzumutbar.[84] Dies gilt in den Augen der Richter namentlich für Informationen, die durch Verletzung der räumlichen Privatsphäre und/oder des Rechts am gesprochenen Wort gewonnen worden sind. Ebenso gilt es für Informationen, die im weitesten Sinne auf Spionage beruhen sowie für Berichte und Stellungnahmen des Staatssicherheitsdienstes, die derartige Informationen zur möglichen Grundlage haben. Die Behörde durfte daher nach Maßgabe einer Abwägung nur solche Unterlagen an die Medien herausgeben, die Informationen aus allgemein zugänglichen Quellen oder aus öffentlichen Reden oder aus Äußerungen gegenüber Dritten enthielten, die darüber auch ihrerseits berichtet hatten.

D. Recht auf Auskunft

Die Behörden sind gesetzlich verpflichtet, den Medien die zur Erfüllung ihrer 1057
öffentlichen Aufgabe dienenden Auskünfte zu erteilen. So werden die Medien in die Lage versetzt, auch **über staatliche Vorgänge zu berichten, die nicht öffentlich sind bzw. zu denen kein allgemeiner Zugang besteht**. Auch in solchen Vorgängen manifestiert sich Staatsgewalt, deren korrekte Ausübung einer öffentlichen Kontrolle durch die Medien zugänglich sein muss.[85] Der Informationsanspruch „soll der Presse die Wahrnehmung ihrer Aufgabe im Rahmen der demokratischen Meinungs- und Willensbildung dadurch ermöglichen, dass sie umfassend und wahrheitsgetreu Informationen über Geschehnisse von öffent-

84 BVerwG vom 23.6.2004 (Stasi-Unterlagen), NJW 2004, 2462, 2467f.; dazu eingehend und kritisch *Lege* Jura 2005, 616ff.; siehe auch *Heintschel von Heinegg* AfP 2004, 505ff.
85 Zur Kontrollfunktion der Medien siehe Rdnr. 24.

lichem Interesse erhält und in die Lage versetzt wird, die Öffentlichkeit entsprechend zu unterrichten".[86]

1058 Der Auskunftsanspruch ist vor den Verwaltungsgerichten geltend zu machen.[87] Er ist in diversen gesetzlichen Einzelvorschriften geregelt, die in Einzelheiten zum Teil etwas voneinander abweichen. Auf diese Unterschiede wird hier im Weiteren nicht eingegangen.

I. Anspruchsberechtigte

1059 Der Auskunftsanspruch steht kraft ausdrücklicher gesetzlicher Regelung der **Presse** (z.B. §4 LPrG MV)[88] und den **Telemedien** zu, soweit sie journalistisch redaktionell gestaltete Angebote machen (§15 MDStV = §§9a, 55 Abs.3 RStV-E).[89] Das Auskunftsrecht des **Rundfunks** ist derzeit noch nicht allgemein geregelt. Es ist zum Teil in Mediengesetzen normiert oder in Pressegesetzen, die den Rundfunk kraft Verweisung mit in ihren Anwendungsbereich einbeziehen. Soweit es keine ausdrückliche Rechtsgrundlage gibt, bietet es sich an, das Informationsrecht des Rundfunks auf §15 MDStV analog zu stützen.[90] Die Vorschrift soll die „demokratische Kontrolle jeder Staatsgewalt" ermöglichen.[91] Sie muss ihrem Sinn und Zweck nach auch den Rundfunk erfassen, der ebenfalls ein elektronisches Massenmedium ist und aufgrund seiner besonderen Breitenwirkung sogar noch in einem größeren Maße als die Telemedien zur öffentlichen Kontrolle der Staatsgewalten in der Lage ist. Die Neuregelung des RStV schließt diese Lücke und normiert einen allgemeinen Informationsanspruch auch für den Rundfunk (§9a RStV-E)

1060 Der Anspruch steht **„Vertretern" der Presse bzw. der anderen Massenmedien** zu. Anspruchsberechtigt sind alle Personen, die Informationen zum Zwecke der öffentlichen Meinungsbildung beschaffen und verbreiten bzw. dies beabsichtigen.[92] Sie müssen sich in dieser Eigenschaft ausweisen, wofür die Vorlage eines ordnungsgemäßen Presseausweises[93] genügt.

---

86 BGH vom 10.2.2005 (BDSt-Nachrichten), NJW 2005, 1720f.

87 BVerwG vom 3.12.1974 (Pressefahrt der Bundesbahn), NJW 1975, 891.

88 *Fechner/Mayer* (Hrsg.), Vorschriftensammlung Medienrecht, §4 PresseG mwN.

89 Zur journalistisch redaktionellen Gestaltung siehe Rdnr.292ff.

90 A.A. *Soehring*, Presserecht, Tz. 4.8, der den Anspruch aus der Verfassung ableitet.

91 Amtliche Begründung zu §11 MDStV 1997, LT-Drucks. Nordrhein-Westfalen 12/1954, S.39.

92 *Ricker*, Handbuch des Presserechts, 19.Kap. Rdz. 4 mwN.; *Soehring*, Presserecht, Tz. 4.9f.

93 Zu Rechtsfragen der Ausstellung von Presseausweisen siehe *Degenhart* AfP 2005, 305ff.; Löffler/*Burkhardt*, §4 LPG Rdnr.47f.

II. Anspruchsverpflichtete

Der Anspruch richtet sich dem Gesetzestext nach gegen die „**Behörden**". Darunter fallen zunächst alle Behörden im klassischen Sinne. Eine Behörde ist jede Stelle, die Aufgaben der öffentlichen Verwaltung wahrnimmt.[94] Erforderlich ist eine organisatorische Einheit von Personen und sächlichen Mitteln, die in den Organismus der Staatsverwaltung eingeordnet ist, eine gewisse Selbstständigkeit hat und dazu berufen ist, unter öffentlicher Autorität für die Erreichung der Zwecke des Staates oder von ihm geförderter Zwecke tätig zu sein.[95] Der Terminus „Behörde" wird von den einschlägigen Vorschriften jedoch untechnisch verwendet und ist **aus der Zielsetzung des Informationsanspruchs heraus zu bestimmen.**[96] Er beschränkt sich daher nicht auf Behörden im klassischen Sinne. Der Behördenbegriff umfasst auch juristische Personen, wie beispielsweise eine GmbH, derer sich die öffentliche Hand zur Erfüllung öffentlicher Aufgaben bedient.[97] 1061

Die Informationspflicht ist ihrem Sinn und Zweck nach nicht auf die exekutive Staatsgewalt beschränkt. Sie gilt auch für Stellen der **Legislative.**[98] Die Medien müssen auch über die nicht öffentliche parlamentarische Tätigkeit, insbesondere über die Tätigkeit der Ausschüsse, informieren können. Ebenso erstreckt sich die Auskunftspflicht auf die **Judikative.**[99] Die Gerichte können sowohl für den Bereich der Justizverwaltung als auch im Hinblick auf die klassische Rechtsprechung auskunftspflichtig sein. 1062

Keine Behörden sind dagegen nichtstaatliche Stellen. Die Auskunftspflicht gilt daher nach einhelliger Ansicht nicht für Private,[100] also zum Beispiel nicht für privatrechtliche Organisationen wie Unternehmensverbände oder gemeinnützige Einrichtungen.[101] Ebenfalls nicht erfasst werden bestimmte Institutionen, die zwar einen öffentlich-rechtlichen Status haben, aber gleichwohl keine Staatsgewalt ausüben. Dies ist für die Kirchen weitgehend anerkannt.[102] Eine Auskunftspflicht ist auch für den öffentlich-rechtlichen Rundfunk abzuleh- 1063

---

94 § 1 Abs. 4 VwVfG.

95 BVerfG vom 14.7. 1959, BVerfGE 10, 20, 48; *Ricker*, Handbuch des Presserechts, 19. Kap. Rdz. 10 mwN.

96 BGH vom 10.2. 2005 (BDSt-Nachrichten), NJW 2005, 1720f.; VG München vom 28.7. 2005, AfP 2006, 292, 295.

97 BGH vom 10.2. 2005 (BDSt-Nachrichten), NJW 2005, 1720f. mwN.; dazu *Köhler* NJW 2005, 2337ff.; Löffler/*Burkhardt*, § 4 LPG Rdnr. 56a.

98 Löffler/*Burkhardt*, § 4 LPG Rdnr. 56 mwN.; *Groß*, Presserecht, Rn. 438ff.

99 Löffler/*Burkhardt*, § 4 LPG Rdnr. 56; *Groß*, Presserecht, Rn. 441f.

100 Löffler/*Burkhardt*, § 4 LPG Rdnr. 70ff.; *Ricker*, Handbuch des Presserechts, 19. Kap. Rdz. 11 a.E.

101 *Groß*, Presserecht, Rn. 448.

102 Löffler/*Burkhardt*, § 4 LPG Rdnr. 64; *Groß*, Presserecht, Rn. 446; differenzierend *Soehring*, Presserecht, Tz. 4.21.

nen,[103] da die Anstalten zwar eine öffentliche Aufgabe wahrnehmen, aber gerade zur Staatsferne verpflichtet sind.

1064 Auskunftspflichtig können sowohl „Behörden" auf kommunaler als auch auf Landes- oder Bundesebene sein.[104] Konkret auskunftspflichtig ist jedoch allein **die Stelle, in deren Zuständigkeit der erfragte Vorgang fällt** bzw. die mit ihm amtlich befasst war. Eine Behörde, die mit dem betreffenden Vorgang weder organisationsrechtlich noch tatsächlich etwas zu tun hat, braucht keine Auskunft zu erteilen, selbst wenn sie auf amtlichem Wege Kenntnisse erlangt haben sollte.[105] Sind mehrere Behörden zuständig oder mit dem erfragten Vorgang befasst, so sind sie alle zur Auskunft verpflichtet.[106] Auskunftspflichtig ist die Behörde als solche, also in der Regel die Behördenleitung oder eine von ihr bestimmte Person. Nicht auskunftspflichtig sind einzelne Abteilungen, Referate und Dezernate oder der einzelne Beamte.

III. Anspruchsinhalt

1065 Der Anspruch begründet ein Recht auf Auskunft, d.h. auf die **Mitteilung von Tatsachen**, die der jeweiligen Behörde bekannt sind oder von ihr ermittelt werden können. Die Behörden sind dagegen nicht verpflichtet, ihre Bewertung bestimmter Vorgänge mitzuteilen, sonstige Kommentare oder rechtliche Stellungnahmen zu bestimmten Fragen abzugeben.[107] Der Anspruch begründet auch weder Rechte auf Akteneinsicht[108] oder die Übersendung von Gerichtsurteilen[109] noch darauf, Behördenleiter oder Politiker zu interviewen.[110]

1066 Die Auskunft muss **sachgerecht, vollständig und wahr** erteilt werden[111] und auf die gestellte Frage antworten. Die staatlichen Stellen haben aber nicht die Pflicht, die Medien über Sachverhalte zu informieren, nach denen die Medien nicht gefragt haben.[112] Umgekehrt kann die Auskunft nicht mit der Begründung verweigert werden, der Behördenleiter oder sein Beauftragter hätte das zur Erteilung der Auskunft erforderliche Wissen nicht.[113] Ist das betreffende amtliche Wissen innerhalb der Behörde vorhanden, so ist die auskunftspflichtige Stelle

---

103 BVerfG vom 20.7. 1988, NJW 1989, 382f.; Löffler/*Burkhardt*, §4 LPG Rdnr. 65ff.; *Groß*, Presserecht, Rn. 447; *Ricker*, Handbuch des Presserechts, 19.Kap. Rdz. 11 mwN.; *Soehring*, Presserecht, Tz. 4.20.

104 Löffler/*Burkhardt*, §4 LPG Rdnr. 54 mwN.; *Soehring*, Presserecht, Tz. 417.

105 Löffler/*Burkhardt*, §4 LPG Rdnr. 59.

106 Löffler/*Burkhardt*, §4 LPG Rdnr. 60.

107 OVG Münster vom 23.5. 1995, AfP 1996, 299, 300; *Soehring*, Presserecht, Tz. 4.40.

108 *Groß*, Presserecht, Rn. 449.

109 OVG Bremen vom 25.10. 1988 (EFG), NJW 1989, 926.

110 *Soehring*, Presserecht, Tz. 4.40.

111 Bayerischer VGH vom 13.8. 2004, AfP 2004, 473, 474; Löffler/*Burkhardt*, §4 LPG Rdnr. 82f. mwN.

112 BVerwG vom 3.12. 1974 (Pressefahrt der Bundesbahn), NJW 1975, 891, 892; *Groß*, Presserecht, Rn. 449.

113 *Groß*, Presserecht, Rn. 451.

zur Ermittlung innerhalb der eigenen Behörde verpflichtet. Dagegen brauchen bloße Absichten, zum Beispiel die Absicht zu einer erneuten Kandidatur, jedenfalls dann nicht mitgeteilt zu werden, wenn sie nach außen noch nicht in Erscheinung getreten sind.[114] Ebenfalls nicht mitteilungspflichtig sind Tatsachen, die Behördenmitglieder privat erfahren haben.[115]

Die Auskunft wird nur geschuldet, sofern sie der Presse zur „Erfüllung ihrer öffentlichen Aufgabe dienen" kann bzw. sofern eine **publizistische Auswertung der begehrten Auskünfte beabsichtigt** ist. Es ist nicht Zweck des Auskunftsanspruchs, geschäftliche Verdienstmöglichkeiten des Anspruchstellers zu steigern. Eine Auskunft wird daher nicht geschuldet, wenn sie dem Anspruchsteller ausschließlich dazu dienen soll, seine geschäftlichen „Chancen im wirtschaftlichen Wettbewerb zu verbessern" und zum Beispiel den Versand der von ihm verlegten Zeitschriften möglichst kostengünstig zu organisieren.[116] 1067

Die Behörde kann die Auskunft in bestimmten Konstellationen **ganz oder teilweise verweigern**.[117] Dies ist der Fall, soweit die Auskunft eine sachgemäße Durchführung eines schwebenden Verfahrens vereiteln, erschweren, verzögern oder gefährden könnte.[118] Gleiches gilt, sofern Vorschriften über Geheimhaltung entgegenstehen.[119] Die Auskunft kann schließlich auch verweigert werden, sofern sie ein überwiegendes öffentliches[120] oder schutzwürdiges privates Interesse[121] verletzen würde. Der Behörde steht in solchen Fällen Ermessen zu.[122] Sie hat bei ihrer Entscheidung alle relevanten Gesichtspunkte zu berücksichtigen und sachgerecht zwischen dem mit der Gewährleistung der Pressefreiheit korrelierenden Informationsanspruch und den im Einzelfall entgegenstehenden Interessen abzuwägen.[123] Die Entscheidung der Behörde ist nach den allgemeinen Grundsätzen überprüfbar, die für Ermessensentscheidungen gelten. 1068

---

114 Löffler/*Burkhardt*, §4 LPG Rdnr. 85.

115 Löffler/*Burkhardt*, §4 LPG Rdnr. 85.

116 OVG Münster vom 30.4. 1996, NJW 1997, 144.

117 Z.B. §4 Abs. 3 LPrG MV; *Fechner/Mayer* (Hrsg.), Vorschriftensammlung Medienrecht, §4 Abs. 2 PresseG mwN.; §§15 Abs. 2 MDStV, 9a Abs. 1,55 Abs. 3 RStV-E.

118 Eingehend dazu *Ricker*, Handbuch des Presserechts, 20. Kap. Rdz. 5ff. mwN.

119 Z.B. §§93ff., 353b StGB, 174 Abs. 2 GVG. Siehe Rdnr. 1151ff.

120 Löffler/*Burkhardt*, §4 LPG Rdnr. 109 nennt als mögliche Anwendungsfälle währungs- und wirtschaftspolitische Vorgänge, die vielfach vor der endgültigen Entscheidung geheim bleiben müssen, um z.B. Spekulationsgeschäfte zu vermeiden. Die Berechtigung und die generalklauselartige Weite der Vorschrift werden von Teilen des Schrifttums erheblich kritisiert. Siehe *Ricker*, Handbuch des Presserechts, 20. Kap. Rdz. 9 mwN.

121 Gedacht ist vor allem an persönlichkeitsrechtliche und unternehmerische Schutz- bzw. Geheimhaltungsinteressen, *Ricker*, Handbuch des Presserechts, 20. Kap. Rdz. 9f. mwN.; Löffler/*Burkhardt*, §4 LPG Rdnr. 111f., 113. Siehe Rdnr. 1119ff., 1140ff.

122 Löffler/*Burkhardt*, §4 LPG Rdnr. 90 mwN.; *Ricker*, Handbuch des Presserechts, 20. Kap. Rdz. 2 mwN.

123 OVG NRW vom 19.2. 2004, AfP 2004, 475f.; *Ricker*, Handbuch des Presserechts, 20. Kap. Rdz. 2 mwN.; *Soehring*, Presserecht, Tz. 4.24ff., 4.41ff. mwN.

E. Amtliche Bekanntmachungen und Gleichbehandlung

1069 Das Presserecht schreibt vor, dass der Verleger einer Zeitung oder Zeitschrift von den Behörden verlangen kann, dass ihm deren **amtliche Bekanntmachungen** nicht später als seinen Mitbewerbern zugeleitet werden (z.B. §4 Abs.5 LPrG MV).[124] Es handelt sich zum einen um eine wettbewerbsrechtlich motivierte Regelung, die den Staat zur Neutralität gegenüber privaten Unternehmen verpflichtet. Zum anderen hat die Regelung einen medienrechtlichen Bezug und ist eine spezielle Ausprägung des Gleichbehandlungsgrundsatzes, der im Zusammenhang mit den Ansprüchen der Medien auf Zugang bereits vorgestellt wurde (siehe Rdnr. 1013, 1018ff.). Der Anspruch steht nicht nur Verlegern von klassischen Zeitungen oder Zeitschriften, sondern auch solchen von Anzeigenblättern zu.[125] Amtliche Bekanntmachungen sind Informationen, die einen amtlich bestimmten Inhalt haben und von Behörden in eigenem Namen der Öffentlichkeit zugänglich gemacht werden.[126] In Betracht kommen zum Beispiel Mitteilungen staatlicher Ämter und der Polizei sowie amtliche Hinweise im Zusammenhang mit der Durchführung von Wahlen, mit Förderprogrammen oder zu Angelegenheiten staatlicher oder städtischer Schulen. Nicht erfasst werden zum Beispiel Sammlungen von Daten wie die Zusammenstellung von Jubilaren oder Gerichtsentscheidungen.[127]

1070 Der Grundsatz der Gleichbehandlung gilt nicht allein im Zusammenhang mit speziellen Veranstaltungen oder amtlichen Bekanntmachungen, sondern für die **gesamte staatliche Informationstätigkeit**.[128] Er greift also auch dann ein, wenn es um Informationstätigkeiten geht, die von den speziellen Informationsansprüchen nicht erfasst werden. Die öffentliche Hand hat die Medien auch insoweit nach Zeitpunkt, Umfang und Inhalt gewährter Informationen strikt gleich zu behandeln.

1071 Im Streitfall der **Rathauspost-Entscheidung** gab die beklagte Stadt die „Rathauspost" heraus, die aus städtischen Pressemitteilungen bestand und fünfmal wöchentlich erschien. Die Stadt stellte sie u.a. allen örtlichen oder regionalen Zeitungen und Zeitschriften, die mindestens einmal wöchentlich erschienen, zur Verfügung. Sie verweigerte dagegen eine Belieferung des Klägers, der die vierteljährlich erscheinende „Freiheit W" herausgab. Der redaktionelle Teil der „Freiheit W" bestand überwiegend aus Artikeln, die keinen Bezug zum Geschehen im Stadtteil „W" hatten und verschiedene Themenbe-

---

124 *Fechner/Mayer* (Hrsg.), Vorschriftensammlung Medienrecht, §4 Abs.4 PresseG mwN.

125 VGH Baden-Württemberg vom 9.7. 1991, AfP 1992, 95, 96.

126 Löffler/*Burkhardt*, §4 LPG Rdnr.130; OVG Bremen vom 25.10. 1988 (EFG), NJW 1989, 926; *Berg* JuS 1998, 997, 997; ähnlich („an die Öffentlichkeit gerichtete förmliche Willensäußerungen einer Behörde") OVG Münster vom 3.6. 1997 (Rathauspost), NVwZ-RR 1998, 311, 312.

127 OVG Bremen vom 25.10. 1988 (EFG), NJW 1989, 926.

128 BVerwG vom 3.12. 1974 (Pressefahrt der Bundesbahn), NJW 1975, 891, 892; OVG Bremen vom 25.10. 1988 (EFG), NJW 1989, 926, 927.

reiche betrafen. Einzelne Beiträge befassten sich aber auch mit dem örtlichen Sportverein „SG W" sowie mit dem erklärten Ziel der Redaktion, die Selbstständigkeit der ehemaligen Stadt „W" wiederherzustellen. Das OVG Münster sprach dem Kläger einen Anspruch auf Belieferung ab. Der allgemeine presserechtliche Auskunftsanspruch schied aus, weil es nicht um Auskünfte, sondern um die Belieferung mit Informationsmaterial ging. Ebenso sah das Gericht die Rathauspost auch nicht als amtliche Bekanntmachung an. Damit blieb allein das Gleichbehandlungsgebot aus Art. 3 Abs. 1 GG, aus dem sich jedoch kein Anspruch des Klägers ergab. Die „Freiheit W" stand aufgrund ihres Zuschnitts, ihres geringen redaktionellen Umfangs und ihrer zeitlichen Erscheinungsweise weder zu den belieferten Zeitungen in einem Konkurrenzverhältnis, noch bot sie Aussicht dafür, dass betreffende Informationsmaterial auch tatsächlich laufend publizistisch auszuwerten.[129]

Im Streitfall der **EFG-Entscheidung** hatten Finanzrichter Urteile, die sie als veröffentlichungswürdig einschätzten, ausschließlich an einen bestimmten Verlag gesandt und sich geweigert, sie auch einer anderen Fachzeitschrift automatisch zur Verfügung zu stellen. Das OVG Bremen sah darin eine gleichheitswidrige Benachteiligung der Kläger. Es ordnete die Entscheidung zur Freigabe von Urteilen insgesamt als amtliche Tätigkeit ein, unabhängig davon, dass diese im Streitfall vornehmlich auf die private Initiative von Richtern zurückzuführen war.[130] Die gezielte Bevorzugung eines Verlages, dem im Streitfall sogar vertragliche Prioritäts- und Ausschließlichkeitsrechte eingeräumt worden waren, ist mit dem allgemeinen Gleichbehandlungsgrundsatz und der Pressefreiheit unvereinbar.[131] 1072

F. Schutz von Informationsquellen

I. Ausgangsfragen

Das Recht sichert die Informationsmöglichkeiten der Medien weiterhin durch einen speziellen Schutz für „Quellen" ab, die sich den Medien freiwillig offenbaren. Die Medien können Informationen vielfach nur gewinnen, wenn Informanten sicher darauf vertrauen können, dass sie anonym bleiben. Gerade das Aufdecken von Missständen ist oftmals nur möglich, wenn ein Beteiligter „auspackt". Dies wird er vielfach nur dann tun, wenn er auf die Wahrung seiner Anonymität vertrauen kann. In den Augen des BVerfG ist der Schutz des Vertrauensverhältnisses zwischen Presse und privaten Informanten „unentbehrlich, da die Presse auf private Mitteilungen nicht verzichten kann, diese Informationsquelle aber nur dann ergiebig fließt, wenn sich der Informant grundsätzlich auf die Wahrung des Redaktionsgeheimnisses verlassen darf".[132] Der Schutz von Informationsquellen wird vor allem im Zusammenhang mit Aussageverweige- 1073

129 OVG Münster vom 3.6. 1997 (Rathauspost), NVwZ-RR 1998, 311, 312; dazu *Berg* JuS 1998, 997ff.

130 OVG Bremen vom 25.10. 1988 (EFG), NJW 1989, 926, 927; dazu *Hirte* EWiR 1989, 363f.; *Hoffmann-Riem* JZ 1989, 637f.

131 OVG Bremen vom 25.10. 1988 (EFG), NJW 1989, 926, 928.

132 BVerfG vom 28.11. 1973, BVerfGE 36, 193, 204; ähnlich z.B. BVerfG vom 5.8. 1966 (Spiegel), BVerfGE 20, 162, 187.

rungsrechten von Journalisten relevant. Medien genießen außerdem einen besonderen strafprozessualen Schutz gegenüber Beschlagnahmen und Durchsuchungen. Entsprechende Regelungen haben freilich zweischneidige Wirkungen. Einerseits sichern sie den Medien wichtige Informationsquellen, andererseits vermindern sie gerichtliche oder verfahrensrechtliche Aufklärungsmöglichkeiten. Die Ausübung eines Zeugnisverweigerungsrechts kann „der Ermittlung der Wahrheit und damit einem gerechten Urteil“ direkt entgegenstehen.[133]

1074 Das Interesse der Medien an der Geheimhaltung ihrer Quellen hat **Verfassungsrang.**[134] Der Gesetzgeber hat dazu konkretisierende Normen geschaffen, bei deren Auslegung die entsprechenden grundrechtlichen Wertungen zu berücksichtigen sind. Die gesetzlichen Vorschriften dienen nicht dem Schutz des einzelnen Informanten oder Redakteurs, sondern der Funktionsfähigkeit der freien Medien und sollen ihnen die Erfüllung ihrer öffentlichen Aufgabe erleichtern.[135] Die Vorschriften haben von Verfassungs wegen keinen abschließenden Regelungsgehalt.[136] Es kann daher theoretisch sein, dass sich ein Aussageverweigerungsrecht direkt aus Art. 5 Abs. 1 Satz 2 GG ableitet, falls die einschlägige gesetzliche Bestimmung nicht eingreift. Praktische Bedeutung hat diese Möglichkeit bislang aber nicht. Sie ist streng auf Fälle gesetzgeberischer Regelungsfehler beschränkt und kein Freibrief dafür, sich an die Stelle des Gesetzgebers setzen zu dürfen.

1075 Von dem Interesse speziell an der Geheimhaltung von Quellen ist das darüber hinausreichende **allgemeine Interesse der Medien an der Wahrung ihrer Redaktionsinterna** zu unterscheiden (siehe Rdnr. 1148ff.). Dieses Schutzgut steht beispielsweise infrage, soweit das Strafverfahrensrecht ein Aussageverweigerungsrecht auch in Bezug auf Materialien gewährt, die von den Medien selbst erarbeitet wurden. Zur Sicherung von Informationsquellen ist ein solcher Schutz nicht erforderlich. Das allgemeine Interesse der Medien an der Wahrung von Redaktionsinterna ist daher leichter als der spezielle Informantenschutz Einschränkungen zugänglich, wenn verfahrens- und prozessuale Ermittlungsmöglichkeiten und die Erfordernisse einer rechtsstaatlich geordneten Rechtspflege infrage stehen.

1076 Die andere Wertigkeit dieses Schutzinteresses wird am Beispiel der **Strafvollzugsbeamte-Entscheidung** des BVerfG deutlich. Im Streitfall hatten Strafvollzugsbeamte Reportern u.a. unzulässige Gelegenheiten verschafft, mit Untersuchungshäftlingen sprechen

133 BVerfG vom 1.10. 1987 (Beschlagnahme von Filmmaterial), BVerfGE 77, 65, 76.
134 BVerfG vom 5.8. 1966 (Spiegel), BVerfGE 20, 162, 176; BVerfG vom 10.5. 1983 (Buchführungshelfer), BVerfGE 64, 108, 115.
135 BVerfG vom 5.8. 1966 (Spiegel), BVerfGE 20, 162, 221; BVerfG vom 28.11. 1973, BVerfGE 36, 193, 204; BVerfG vom 26.2. 1997 (Radio Dryeckland), BVerfGE 95, 220, 238.
136 BVerfG vom 11.3. 1969 (Strafvollzugsbeamte), BVerfGE 25, 296, 305; BVerfG vom 28.11. 1973, BVerfGE 36, 193, 211; BVerfG vom 10.5. 1983 (Buchführungshelfer), BVerfGE 64, 108, 116.; BVerfG vom 1.10. 1987 (Beschlagnahme von Filmmaterial), BVerfGE 77, 65, 81f.

zu können. Im Rahmen der gegen die Beamten wegen des Verdachts der passiven Bestechung eingeleiteten Ermittlungen stellte sich die Frage, ob das Zeitungsunternehmen den Beamten Honorare gezahlt hatte. Dazu sollte der Buchhalter des Zeitungsunternehmens als Zeuge gehört werden. Er verweigerte die Aussage, ohne dass ihm dies nach der damaligen Fassung der StPO erlaubt war, und wurde daraufhin zu einer Ordnungsstrafe verurteilt. Das BVerfG hielt dies für verfassungsgemäß. Die verlangten Aussagen über die Zahlung von Vergütungen an die Beamten lagen nämlich außerhalb „eines denkbaren verfassungsrechtlich gebotenen Aussageverweigerungsrechts".[137] Es ging dabei nicht um das Geheimhalten einer Informationsquelle. Die Identität und Handlungen der Beamten standen fest, und es war auch unstreitig, dass die veröffentlichten Informationen von bestimmten Untersuchungshäftlingen stammten. Es ging allein um die Aufklärung, auf welche Weise die Journalisten eine „Kooperation" der Beamten erreicht hatten.

II. Zeugnisverweigerungsrechte

Verfahrens- und prozessrechtliche Zeugnisverweigerungsrechte sind bundesge- 1077
setzlich geregelt.[138] Die einschlägigen Bestimmungen waren ursprünglich weitgehend inhaltsgleich. Die strafprozessuale Regelung (§ 53 Abs. 1 Nr. 5 StPO) ist jedoch 2002 erheblich zugunsten der Medien ausgeweitet worden. Die Vorschrift soll das Spannungsverhältnis zwischen den Grundrechten aus Art. 5 Abs. 1 Satz 2 GG einerseits und den Belangen der Strafrechtspflege andererseits auflösen. Der Gesetzgeber räumt dabei der Medienfreiheit nunmehr im Zweifel Vorrang vor dem Strafverfolgungsinteresse ein.[139] Dagegen ist die zivilprozessuale Regelung (§ 383 Abs. 1 Nr. 5 ZPO), die gegenüber den Medien ungleich strenger ist, unverändert geblieben. Dies führt zu einer Zweiteilung des Zeugnisverweigerungsrechts.[140]

1. Berechtigte Medien und Personen

Der erste Unterschied zeigt sich bereits im **Kreis der berechtigten Medien**. Das 1078
zivilprozessuale Aussageverweigerungsrecht gilt allein im Zusammenhang mit periodischen Druckwerken[141] und Rundfunksendungen, also nicht für die Telemedien. Die rechtspolitische Richtigkeit und die Verfassungskonformität dieser Beschränkung sind zweifelhaft und dies umso mehr, je größer die Bedeutung der Telemedien für die öffentliche Meinungsbildung wird. Die strafprozessuale Regelung reicht demgegenüber weiter. Sie greift insbesondere zugunsten aller

137 BVerfG vom 11.3. 1969 (Strafvollzugsbeamte), BVerfGE 25, 296, 305.
138 Eine spezielle Gesetzgebungskompetenz zur Regelung der Aussageverweigerungsrechte von Medien und Medienmitarbeitern steht den Ländern nicht zu; BVerfG vom 28.11. 1973, BVerfGE 36, 193, 201 ff.
139 Amtliche Begründung zu § 53 Abs. 1 Nr. 5 StPO 2002, BT-Drucks. 14/5166, S. 9.
140 Am Strafverfahrensrecht orientieren sich die §§ 46 Abs. 1 OWiG, 116 Satz 2 BRAO, Art. 44 Abs. 2 Satz 1 GG. Am Zivilverfahrensrecht orientieren sich die §§ 15 Abs. 1 FGG, 46 Abs. 2 Satz 1 ArbGG, 98 VwGO, 118 Abs. 1 SGG, 84 Abs. 1 FGO, 102 Abs. 1 Nr. 4 AO.
141 Zum Begriff des periodischen Druckwerks siehe Rdnr. 179 ff.

Massenmedien ein, also für Presse („Druckwerke“),[142] Rundfunk und Telemedien („Informations- und Kommunikationsdienste“).[143]

1079 Berechtigt sind **Personen**, die berufsmäßig an der Vorbereitung, Herstellung oder Verbreitung entsprechender Informationen mitwirken oder mitgewirkt haben. „Gelegenheitsjournalisten“ haben daher kein Aussageverweigerungsrecht. Es reicht jedoch eine nebenberufliche Mitarbeit oder eine Mitwirkung als freier Mitarbeiter aus, sofern sie in der Absicht geschieht, sie durch wiederholte Ausübung zu einer dauernden oder doch wiederkehrenden Beschäftigung zu machen.[144] Das erforderliche Mitwirken erfasst nicht allein die geistige Tätigkeit bei der Erstellung und der Veröffentlichung des Informationsbeitrags, sondern jegliche Befassung damit, also auch den entsprechenden technischen und kaufmännischen Bereich von Medien. Daher sind alle Personen aussageverweigerungsberechtigt, die aufgrund ihrer beruflichen Befassung mit der medialen Informationstätigkeit von der Person des Verfassers, Einsenders, Gewährsmanns oder Informanten und/oder dessen Beitrag Kenntnis erlangen können.[145]

2. Angaben über Informanten und sonstige Informationsquellen

1080 Das Zeugnisverweigerungsrecht umfasst stets sämtliche Informationen, die Auskunft über Informanten und sonstige Informationsquellen geben. Die gesetzlichen Regelungen nennen insoweit mehr oder weniger einheitlich Angaben über die „Person des Verfassers, Einsenders oder Gewährsmanns von Beiträgen und Unterlagen“, erfassen also zum Beispiel auch den Einsender eines anonym veröffentlichten Leserbriefs.[146] Die Medien dürfen mit der Person des Informanten nicht nur dessen Namen, sondern auch alle sonstigen Tatsachen verschweigen, die eine auch nur mittelbare Aufdeckung seiner Identität ermöglichen.[147] Hat das Medienunternehmen jedoch die Identität des Informanten selbst aufgedeckt, so besteht wegen der weiteren Einzelheiten, die seine Ermittlung ermöglichen (Aufenthaltsort, Aussehen, Zugang der Information), in der Regel kein Zeugnisverweigerungsrecht.[148]

1081 Das Recht erfasst weiterhin die den betreffenden Medien „**im Hinblick auf ihre Tätigkeit gemachten Mitteilungen**, soweit es sich um Beiträge, Unterlagen und Mitteilungen für den redaktionellen Teil handelt“.[149] Dazu gehört alles, was

---

142 Zum Begriff des Druckwerks siehe Rdnr. 165ff.

143 Maßgeblich ist § 2 MDStV, KK/*Senge*, § 53 StPO RdNr. 30. Zum Begriff des Mediendienstes siehe Rdnr. 282ff.

144 BGH vom 13.1. 1999, NJW 1999, 2051, 2052; KK/*Senge*, § 53 StPO RdNr. 31 mwN.; *Soehring*, Presserecht, Tz. 8.9.

145 KK/*Senge*, § 53 StPO RdNr. 32 mwN.; *Soehring*, Presserecht, Tz. 8.9.

146 KG vom 17.3. 1983, JR 1983, 382f.

147 BGH vom 20.11. 1989 (PIRA), BGHSt 36, 298, 301ff. mwN.

148 BGH vom 28.12. 1978, BGHSt 28, 240, 243ff.; BGH vom 13.1. 1999, NJW 1999, 2051, 2052 mwN.; KK/*Senge*, § 53 StPO RdNr. 34 mwN.

149 §§ 383 Abs. 1 Nr. 5 ZPO, 53 Abs. 1 Satz 2f. StPO.

der Presse im Hinblick auf ihre Tätigkeit im Zusammenhang mit einer etwaigen redaktionellen Veröffentlichung mitgeteilt wird, also insbesondere auch so genanntes Hintergrundmaterial.[150]

Es verdient Beachtung, dass der Informantenschutz absolut gewährt und im Strafverfahrensrecht **nicht nach der Schwere der betreffenden Straftat abgestuft** wird.[151] Diese Linie ist uneingeschränkt einleuchtend, soweit es um politische Straftaten geht. Das Aussageverweigerungsrecht greift aber für alle Straftaten, also auch für jede Form sonstiger Kriminalität ein. Im Extremfall kann also selbst ein Mörder oder sonstiger Schwerverbrecher „davonkommen", weil Medien ihre Informanten schützen dürfen. Das US-amerikanische Recht lehnt derart weitreichende Konsequenzen dagegen ab. **Branzburg v. Hayes** hat es als verfassungsgemäß angesehen, dass Journalisten jedenfalls im Zusammenhang mit Schwerstkriminalität zu einer entsprechenden Aussage gezwungen werden können. Die Gefahr, dass dadurch wertvolle Informationsquellen versiegen und die Medien in unguter Weise in ihrer Arbeit behindert werden, sah das Gericht nicht. In den Augen der Richter ist es der Presse ohne weiteres zuzutrauen, sich auch in solchen Fällen selbst helfen zu können.[152] Die etablierte amerikanische Demokratie kann aus der Gewissheit schöpfen, dass die Presse, wenn sie über 200 Jahre ihre Aufgabe ohne die Unterstützung eines Aussageprivilegs meistern konnte, dies auch in der Zukunft kann. Das deutsche Recht läuft aufgrund seiner Verfassungsgeschichte Gefahr, die Medien überstark zu protegieren. 1082

3. Angaben über selbst erarbeitete Materialien

Für Materialien, die von den Medien selbst erarbeitet wurden, und für Gegenstände sonstiger „berufsbezogener Wahrnehmungen" ist zu differenzieren. Ein entsprechendes Aussageverweigerungsrecht ist zur Wahrung des Informantenschutzes nicht erforderlich und auch nicht von Verfassungs wegen geboten.[153] Die frühere Judikatur lehnte es weiterhin ab, die gesetzlichen Vorschriften im Wege der Auslegung auf diesen Bereich zu erstrecken.[154] Das zivilprozessuale Zeugnisverweigerungsrecht erfasst solche Fälle bis heute nicht. Dagegen ist die strafprozessuale Regelung 2002 ausdrücklich auf solche Inhalte und Gegenstände ausgedehnt worden.[155] Ein derartiges Recht scheidet aber auch im Strafverfahren aus, wenn die Aufklärung von Verbrechen oder bestimmten weiteren Straftaten infrage steht.[156] Ob diese Ausweitung rechtspolitisch richtig ist, lässt sich durchaus bezweifeln. Auf jeden Fall ist sie ein aktueller Beleg dafür, welche 1083

150 BGH vom 28.12. 1978, BGHSt 28, 240, 251; *Soehring*, Presserecht, Tz. 8.16.
151 Vgl. § 53 Abs. 2 Satz 3 StPO.
152 „... there is much force in the pragmatic view that the press has at its disposal powerful mechanisms of communication and is far from helpless to protect itself from harassment or substantial harm", *White* J. in Branzburg v. Hayes, 408 U.S. 665, 706 (1972).
153 BVerfG vom 1.10. 1987 (Beschlagnahme von Filmmaterial), BVerfGE 77, 65, 77ff.
154 BGH vom 20.11. 1989 (PIRA), BGHSt 36, 298, 301 mwN.; kritisch *Soehring*, Presserecht, Tz. 8.7.
155 § 53 Abs. 1 Satz 2 StPO.
156 § 53 Abs. 2 Satz 2 StPO.

starke Stellung die Medien in eigenen Angelegenheiten gegenüber dem Gesetzgeber haben.[157] Vor diesem Hintergrund wäre es nicht überraschend, wenn die strenger gefassten Aussageverweigerungsregeln früher oder später den medienfreundlichen Maßstäben des Strafverfahrensrechts angepasst werden sollten.

1084 Von Stimmen im Schrifttum ist die Ausweitung gefordert worden, weil sie gravierende **Hindernisse für die aktive Recherche** und damit für die eigentliche Aufgabe der Medien beseitige.[158] Beispielsweise würden Journalisten immer häufiger Opfer rechtswidriger Gewaltanwendung, weil Teilnehmer von Demonstrationen die sie begleitenden Journalisten zunehmend weniger als die Multiplikatoren erwünschter Öffentlichkeit, sondern vornehmlich als unfreiwillige Lieferanten von Beweismaterial für die Polizei angesehen hätten. Ebenso sei die informelle Zusammenarbeit mit Informanten im Grenzbereich der Kriminalität, die Journalisten traditionell gern Einblick in eigene Erkenntnisse und Tipps für Beobachtungen gäben, durch zu enge Zeugnisverweigerungsrechte der Medien behindert worden. Andererseits sprechen gravierende Überlegungen gegen ein entsprechendes Zeugnisverweigerungsrecht.[159] Medien erlangen vielfach Informationen, die nur in seltenen Fällen durch eigene Ermittlungen der Strafverfolgungsbehörden vollständig ersetzt werden können. Insbesondere **kann die Polizei in aller Regel nur im Nachhinein tätig werden**, und es ist nicht ihre Aufgabe, Vorgänge des Zeitgeschehens, wie etwa Demonstrationen, aus Gründen vorbeugender Verbrechensbekämpfung aufzuzeichnen. Im Übrigen lässt sich die Tragweite der recherchepraktischen Überlegungen anzweifeln. Wenn ein Demonstrant Filmaufnahmen der Medien zulässt, dann wird er ohnehin mit einer entsprechenden Veröffentlichung rechnen müssen, die wiederum von jedermann aufgezeichnet werden kann und auch den staatlichen Zugriff auf das publizierte Material und dessen Auswertung ermöglicht. Weiterhin hat ein umfassendes Zeugnisverweigerungsrecht auch ein umfassendes Beschlagnahmeverbot zur Folge. Das wiederum kann sich nachhaltig auf die **Verteidigungsmöglichkeiten des Beschuldigten** auswirken, weil das von den Medien recherchierte Material oftmals in hohem Maße geeignet ist, ein Gegengewicht zu den Ermittlungen der Strafverfolgungsbehörden zu bilden.

4. Angaben über den Anzeigenbereich

1085 Das Anzeigenwesen wird vom Aussageverweigerungsrecht grundsätzlich nicht erfasst.[160] Die gesetzlichen Regelungen sind bewusst auf Angaben beschränkt, die den redaktionellen Teil betreffen. Der Gesetzgeber hat den Anzeigenteil ausgenommen, da Inserate typischerweise nicht die wichtige Kontroll- und öffentliche Meinungsbildungsfunktion der Medien betreffen, sondern überwiegend wirtschaftlichen Interessen dienen und auch nicht von dem veröffentlichenden Medienunternehmen, sondern vom Inserenten formuliert werden.[161] Deshalb darf beispielsweise die Auskunft darüber, welche Person hinter einer chiffrierten

157 Siehe Rdnr. 1711 ff.

158 *Soehring*, Presserecht, Tz. 8.19.

159 Siehe BVerfG vom 1.10. 1987 (Beschlagnahme von Filmmaterial), BVerfGE 77, 65, 77 f.

160 KK/*Senge*, § 53 StPO RdNr. 34 mwN.; *Soehring*, Presserecht, Tz. 8.22.

161 So zu § 53 Abs. 1 Nr. 5 StPO 1975, BT-Drucks. 7/2539, S. 9.

Anzeige steht, grundsätzlich nicht verweigert werden. Etwas anderes kommt aber im Einzelfall für Anzeigen in Betracht, die eine gleiche oder zumindest ähnliche Funktion haben wie redaktionelle Beiträge, also insbesondere zur öffentlichen Kontrolle oder Meinungsbildung dienen.[162] Denkbar ist dies für Inserate, die keinen geschäftlichen, sondern meinungsbildenden Inhalt haben und bei denen die Anonymität des Inserenten nicht weniger schutzwürdig und schutzbedürftig erscheint als bei dem Einsender eines anonymen Leserbriefs.[163]

Die **Buchführungshelfer-Entscheidung** betraf eine Chiffreanzeige, in der ein Steuerberatungsbüro Buchführungshelfern und Kontierern „interessante Möglichkeiten der legalen Kooperation und Existenzsicherung" anbot. Die Steuerberaterkammer sah darin ein standeswidriges Verhalten. Die im Weiteren mit dem Verfahren befasste Staatsanwaltschaft forderte den Verlag auf, Namen und Anschrift des Auftraggebers der Chiffreanzeige mitzuteilen. Der Sachbearbeiter der Anzeigenabteilung berief sich daraufhin auf ein Zeugnisverweigerungsrecht, aber zu Unrecht. Der verfassungsrechtliche Schutz der Presse gilt zwar auch für den Anzeigenteil und das Vertrauensverhältnis zwischen Presse und Inserent, ist aber ungleich eher Einschränkungen zugänglich.[164] Es ist in den Augen des BVerfG sachgerecht, wenn der Gesetzgeber das Zeugnisverweigerungsrecht auf den redaktionellen Teil bzw. auf Vorgänge beschränkt, die die Kontroll- und Meinungsbildungsfunktion der Medien betreffen. Ein sich direkt aus den Grundrechten ableitendes Zeugnisverweigerungsrecht besteht nur in Sonderfällen bzw. für Anzeigen, denen ebenfalls eine derartige Funktion zukommt.[165] 1086

5. Ausübung

Die einschlägigen Vorschriften normieren weder ein Aussageverbot noch eine Verschwiegenheitspflicht, sondern lediglich ein Recht, das Zeugnis zu verweigern. Dies mag im Hinblick auf die Schutzrichtung des Zeugnisverweigerungsrechts, das nicht Individuen, sondern die Medien als solche schützen soll, zunächst verwundern. Es ist jedoch richtig, die Medien bzw. ihre Mitarbeiter selbst über die Ausübung dieses Rechts befinden zu lassen. Sie können besser als der Gesetzgeber darüber urteilen, ob sie Quellen im Einzelfall schützen oder preisgeben und welche Auswirkungen die Entscheidung für ihre weitere publizistische Tätigkeit haben wird. Die Entscheidung über die Ausübung des Zeugnisverweigerungsrechts steht daher **im freien Ermessen des jeweils als Zeuge geladenen Medienangehörigen.**[166] Dem betroffenen Informanten steht kein Anspruch darauf zu, dass das Zeugnisverweigerungsrecht ausgeübt wird.[167] 1087

162 BVerfG vom 10.5. 1983 (Buchführungshelfer), BVerfGE 64, 108, 120; BVerfG vom 6.4. 1989, NJW 1990, 701, 702.
163 *Soehring*, Presserecht, Tz. 8.22.
164 BVerfG vom 10.5. 1983 (Buchführungshelfer), BVerfGE 64, 108, 115; dazu *Rath-Glawatz* AfP 1983, 387ff.
165 BVerfG vom 10.5. 1983 (Buchführungshelfer), BVerfGE 64, 108, 118.
166 *Soehring*, Presserecht, Tz. 8.23.
167 Löffler/*Achenbach*, § 23 LPG Rdnr. 81; *Soehring*, Presserecht, Tz. 8.23.

Ebenso wenig kann der Informant eine Aussage verlangen, selbst wenn er den Medienmitarbeiter von einer ihm gegenüber eingegangenen vertraglichen Verschwiegenheitspflicht entbindet oder selbst zur Sache aussagt.[168] Der – rechtlich irrelevante (siehe Rdnr. 1767) – Pressekodex sieht es jedoch als Standespflicht des Medienmitarbeiters an, das Zeugnisverweigerungsrecht auszuüben, wenn er dem Informanten die Wahrung seiner Anonymität zugesagt hat.

III. Beschlagnahme von Gegenständen, Durchsuchung, Abhörmaßnahmen

1088 Das Strafverfahrensrecht kennt weitere Bestimmungen zum Schutz medialer Informationsquellen. Die **Beschlagnahme** von Gegenständen, die als Beweismittel von Bedeutung sein können, unterliegt denselben Grenzen, die auch im Zusammenhang mit der Zeugnispflicht von Medienmitarbeitern gelten. Schriftstücke, Ton-, Bild- und Datenträger, Abbildungen und andere Darstellungen dürfen nicht beschlagnahmt werden, wenn sie sich entweder im Gewahrsam von Mitarbeitern befinden, die ein Zeugnisverweigerungsrecht haben, oder im Gewahrsam der Redaktion, des Verlages, der Druckerei oder der Rundfunkanstalt stehen (§ 97 Abs. 5 Satz 1 StPO). Die Beschlagnahme kann aber zulässig sein, wenn der zeugnisverweigerungsberechtigte Mitarbeiter selbst bestimmter Straftaten verdächtig ist.[169] Dasselbe gilt, wenn die betreffenden Gegenstände in bestimmter Weise von einer Straftat hervorgebracht wurden oder herrühren oder zur Begehung einer Straftat gebraucht worden sind oder gebraucht werden sollten. Der Gesetzgeber ist verfassungsrechtlich weder gehalten noch steht es ihm frei, der Presse- und Rundfunkfreiheit absoluten Vorrang gegenüber den Erfordernissen einer funktionstüchtigen Rechtspflege einzuräumen.[170]

1089 Die **K.O.M.I.T.E.E.-Entscheidung** hat den Strafverfolgungsbehörden die Beschlagnahme eines Bekennerschreibens erlaubt, das sich in den Räumen eines Presseunternehmens befand und diesem von einer terroristischen Vereinigung zum Zwecke der Veröffentlichung übersandt worden war. Der Streitfall betraf einen geplanten Sprengstoffanschlag auf eine leerstehende Justizvollzugsanstalt und ein Erklärungsschreiben, in dem „Das K.O.M.I.T.E.E." zu dem Vorhaben Stellung bezog. Der BGH ließ offen, ob terroristische Bekennerschreiben generell von der Beschlagnahmefreiheit ausgenommen sind. Er sah jedenfalls das betreffende Schreiben als durch eine vom Ermittlungsverfahren miterfasste Straftat „hervorgebracht" an, da es letztlich zur Festigung des organisatorischen Zusammenhalts der betreffenden Vereinigung diente.[171] Das Schreiben beschränkte sich nicht darauf, sich zu einer bestimmten Tat zu bekennen und sie gegenüber der Öffentlichkeit zu rechtfertigen. Es ging wesentlich darüber hinaus und versuchte, die Strafverfolgungsbehörde zu täuschen, um die Ermittlungen von bestimmten Verdächtigen abzulenken.

---

168 Löffler/*Achenbach*, § 23 LPG Rdnr. 82; *Soehring*, Presserecht, Tz. 8.23.
169 § 97 Abs. 2 Satz 3, Abs. 5 Satz 2 StPO.
170 BVerfG vom 22. 8. 2000 (K.O.M.I.T.E.E.), NJW 2001, 507.
171 BGH vom 24. 11. 1995 (K.O.M.I.T.E.E.), BGHSt 41, 363, 365 f.

Die **Regelungen der Landespressegesetze** über die Beschlagnahme hat das BVerfG aus Gründen vorrangiger Gesetzgebungkompetenz des Bundes für verfassungswidrig erklärt, soweit es um den Anwendungsbereich der bundesrechtlichen Verfahrensordnungen geht.[172] Die Mehrheit der Landesgesetzgeber hat daraufhin die entsprechenden Bestimmungen ersatzlos gestrichen. Soweit solche Normen noch in Kraft sind,[173] gelten sie ergänzend zum Bundesrecht ausschließlich in Verfahren, die allein nach Landesrecht abgewickelt werden. 1090

Für die Zulässigkeit von **Durchsuchungen** ist zu unterscheiden. Ist der Journalist selbst straftatverdächtig, so ist eine Durchsuchung seiner Wohnung und Räume sowie seiner Person und der ihm gehörenden Sachen nach den allgemeinen Regeln zulässig (§ 102 StPO). Einen Sondermaßstab gibt es insoweit nicht. Dies gilt auch, wenn der Straftatverdacht gegen den Journalisten ein Presseinhaltsdelikt betrifft.[174] Richtet sich der Straftatverdacht gegen andere Personen, so gilt § 103 StPO. Der Gesetzgeber hat für Durchsuchungen von Redaktionsräumen keine speziellen Anforderungen formuliert. Die Anordnung und Durchführung einer Durchsuchung greifen jedoch in Grundrechte ein und müssen daher dem Verhältnismäßigkeitsgrundsatz genügen. Die Durchsuchung speziell von Redaktionsräumen beeinträchtigt die Presse- und Rundfunkfreiheit, indem sie die Redaktionstätigkeit stört und einschüchternde Wirkungen auslösen kann.[175] Die Durchsuchung muss daher **im Einzelfall angemessen** sein, so dass sich ihre Zulässigkeit nach einer inhaltlichen Abwägung zwischen der Schwere des Tatvorwurfs und der Beeinträchtigung der Pressefreiheit beurteilt. In der Regel wird sie nur zur Wahrung schwerwiegender Strafverfolgungsinteressen zulässig sein. Zugleich muss der Durchsuchungsbeschluss Ziel, Rahmen und Grenzen der Durchsuchung definieren.[176] 1091

Im Streitfall der **Körperwelten-Entscheidung** hatte ein Journalist ein Fotoshooting organisiert, bei dem sechs plastinierte Leichen an verschiedenen Orten der Münchener Innenstadt nachts aufgestellt und fotografiert wurden. Die Staatsanwaltschaft leitete daraufhin ein Ermittlungsverfahren wegen Störung der Totenruhe[177] ein. Sie erlangte einen richterlichen Beschluss, der ihr die Durchsuchung u.a. der Redaktion einer Hamburger Zeitung erlaubte. Die Durchsuchung sollte Aufschluss darüber geben, wer die Entscheidung über die Anfertigung der Fotografien getroffen hatte bzw. in die Entscheidung eingebunden war. Zugleich nahm das LG dabei einen die Durchsuchung rechtfertigenden hinreichenden Tatverdacht an. Die dagegen erhobene Verfassungsbeschwerde hatte Erfolg. Nach dem Urteil des BVerfG kann eine Durchsuchung von Redaktionsräumen auch im Zusammenhang mit bloßen strafrechtlichen Vergehen zulässig sein. Der Anordnungs- 1092

172 BVerfG vom 28.11. 1973, BVerfGE 36, 193, 201ff.; BVerfG vom 13.2. 1974, BVerfGE 36, 314, 319; BVerfG vom 8.10. 1974, BVerfGE 38, 103, 104.

173 Z.B. §§ 12ff. LPrG MV.

174 *Soehring*, Presserecht, Tz. 8.25 mwN. Zu Presseinhaltsdelikten siehe Rdnr. 1757, 1759ff.

175 BVerfG vom 1.2. 2005 (Körperwelten), NJW 2005, 965.

176 BVerfG vom 27.5. 1997, BVerfGE 96, 44, 51f.; BVerfG vom 20.2. 2001, BVerfGE 103, 142, 151.

177 § 168 StGB.

beschluss entsprach aber gleichwohl den verfassungsrechtlichen Anforderungen nicht, weil ihm nicht zu entnehmen war, dass sich das LG mit der Angemessenheit der Durchsuchung im Verhältnis zur Beeinträchtigung der Pressefreiheit inhaltlich auseinandergesetzt hatte.[178] Dabei hätte es namentlich das Gewicht des durch die Tat verletzten Rechtsguts und die Frage berücksichtigen müssen, ob es überhaupt tatsächliche Anhaltspunkte für Auftraggeber des Fotografen gegeben hatte.

1093 Beschlagnahmen und Durchsuchungen bedürfen einer **richterlichen Anordnung** bzw. – bei Gefahr im Verzug – einer staatsanwaltschaftlichen Anordnung.[179] Nach § 98 Abs. 1 Satz 2 StPO darf aber die Beschlagnahme in den Räumen einer Redaktion, eines Verlages, einer Druckerei oder einer Rundfunkanstalt ausschließlich durch den Richter angeordnet werden. Die Rechtsprechung wendet diese Regelung entsprechend auch auf die Durchsuchung von Redaktionsräumen an.[180] Der gegenüber der Redaktion abgegrenzte Arbeitsbereich eines freien journalistischen Mitarbeiters unterliegt dieser Beschränkung dagegen nicht, so dass eine solche Untersuchung bei Gefahr im Verzug auch von der Staatsanwaltschaft angeordnet werden kann.[181]

1094 Das Strafverfahrensrecht ermöglicht schließlich im Zusammenhang mit bestimmten schwerwiegenden Straftaten auch gewisse **„elektronische" Ermittlungsmaßnahmen**, nämlich die Überwachung der Telekommunikation sowie das Abhören und Aufzeichnen des nicht öffentlich gesprochenen Wortes.[182] Medienspezifische Besonderheiten bestehen insoweit jedoch grundsätzlich nicht. Gleiches gilt für die Möglichkeit von Strafverfolgungsorganen, unter bestimmten Voraussetzungen Auskunft über die Telekommunikationsdaten von Beschuldigten zu verlangen.[183] Solche Maßnahmen sind nur zulässig, wenn sie zur Verfolgung einer Straftat von erheblicher Bedeutung erforderlich sind, ferner ein konkreter Tatverdacht besteht und außerdem eine hinreichend sichere Tatsachenbasis für die Annahme vorliegt, dass der durch die Anordnung Betroffene mit dem Beschuldigten über Telekommunikationsanlagen in Verbindung steht.[184]

G. Archivierung recherchierten Materials und Datenschutz

1095 Die Medien genießen für die Archivierung der von ihnen recherchierten Materialien und Daten ein **datenschutzrechtliches Privileg** (§ 41 Abs. 1 Satz 1

178 BVerfG vom 1. 2. 2005 (Körperwelten), NJW 2005, 965f.
179 §§ 98 Abs. 1 Satz 1, 105 Abs. 1 StPO.
180 BGH vom 13. 1. 1999, NJW 1999, 2051, 2053 mwN.
181 BGH vom 13. 1. 1999, NJW 1999, 2051, 2053 mwN.
182 §§ 100a, 100b, 100c StPO. Eingehend *Ricker*, Handbuch des Presserechts, 31. Kap. Rdz. 59ff. mwN.
183 § 100g StPO.
184 BVerfG vom 12. 3. 2003, NJW 2003, 1787, 1788ff.

BDSG).[185] Sie werden in einem weiten Rahmen von den Vorschriften der Datenschutzgesetze freigestellt, sofern sie personenbezogene Daten „ausschließlich zu eigenen journalistisch-redaktionellen Zwecken" verarbeiten oder nutzen. Es gelten daher nur die Vorschriften über das Datengeheimnis und die Datensicherung sowie spezielle medienbezogene Anforderungen, die in den Rundfunkgesetzen und im MDStV normiert sind.[186] Damit soll den Medien die journalistische Recherche ermöglicht bzw. erleichtert werden. Für bestimmte Bereiche sehen weiterhin europarechtliche Vorschriften[187] spezielle Rechte und Pflichten im Zusammenhang mit dem Datenschutz vor.

Hat die journalistisch-redaktionelle Verarbeitung oder Nutzung personenbe- 1096
zogener Daten durch Rundfunkanstalten oder Mediendienste zur Veröffentlichung von **Gegendarstellungen, Berichtigungs- oder Widerrufsdarstellungen** geführt, dann sind diese zu den gespeicherten Daten zu nehmen und für dieselbe Zeitdauer aufzubewahren wie die Daten selbst.[188] Dadurch soll verhindert werden, dass Journalisten im Rahmen der Archivrecherche Meldungen über den Betroffenen übernehmen, ohne von den dazu veröffentlichten Gegendarstellungen zu erfahren.[189]

---

185 Dazu *Ricker*, Handbuch des Presserechts, 42.Kap. Rdz. 39ff. mwN.; *Groß*, Presserecht, Rn. 94.

186 §§ 47ff. RStV, 17ff. MDStV, 47, 57 RStV-E.

187 RL 2003/98/EG über die Weiterverwendung von Informationen des öffentlichen Sektors, ABl. EG 2003, L 345/90ff. Dazu EuGH vom 20.5. 2003, AfP 2004, 243ff.; EuGH vom 6.11. 2033, AfP 2004, 248ff.; *Wezembeek-Oppem* AfP 2004, 221ff. mwN.

188 Mit Unterschieden im Einzelnen §§ 41 Abs. 2 BDSG, 42 Abs. 2 NDR-StV, 20 Abs. 2 MDStV (= § 57 Abs. 3 RStV-E).

189 *Korte*, Das Recht auf Gegendarstellung im Wandel der Medien, 2001, S. 74ff. mwN.

§ 13: Grenzen der Recherche

Ausgewählte Literatur

1097 *Behm*, Verletzung von Dienstgeheimnissen und Beihilfe durch Journalisten?, AfP 2000, 421ff.; *Breitfeld*, Berufsfreiheit und Eigentumsgarantie als Schranke des Rechts auf informationelle Selbstbestimmung, 1992; *Brossette*, Der Wert der Wahrheit im Schatten des Rechts auf informationelle Selbstbestimmung, 1991; *Jescheck*, Pressefreiheit und militärisches Staatsgeheimnis, 1964; *Langer*, Informationsfreiheit als Grenze informationeller Selbstbestimmung, 1992; *Macht*, Die Zulässigkeit der Veröffentlichung illegal erlangter Informationen, AfP 1999, 317ff.; *Pardey*, Informationelles Selbstbestimmungsrecht und Akteneinsicht, NJW 1989, 1647ff.; *Schlottfeldt*, Die Verwertung rechtswidrig beschaffter Informationen durch Presse und Rundfunk, 2002; *Simitis-Fuckner*, Informationelle Selbstbestimmung und „staatliches Geheimhaltungsinteresse“, NJW 1990, 2713ff.; *Wanckel*, Vom Umgang mit der Wahrheit: Wie weit reicht das Selbstbestimmungsrecht?, FS Engelschall 1996, 265ff.; *Wellbrock*, Genomanalysen und das informationelle Selbstbestimmungsrecht, CR 1989, 204ff.

A. Zulässigkeit und Unzulässigkeit von Recherche und Veröffentlichung

I. Ausgangsfragen und Überblick

1098 Die Medien haben bei der Beschaffung von Informationen **dieselben Gesetze zu beachten, die für jedermann gelten**. Es gibt insoweit kein Sonderrecht für Medien. Wenn sich ein Journalist Informationen beispielsweise durch Erpressung, Einbruch oder Nötigung verschafft, dann macht er sich nach den allgemeinen Vorschriften strafbar. Geht die eigentliche Tathandlung auf eine andere Person zurück, so kann sich ein Journalist, der mit dem Täter zusammenwirkt, weiterhin wegen Mittäterschaft, Anstiftung oder Beihilfe zur Tat des anderen strafbar machen.

1099 Ein Beispiel ist die **Butterflymesser-Entscheidung** des OLG Düsseldorf. Im Streitfall hatte ein Journalist auf einem Inlandsflug heimlich ein „Butterflymesser“ mitgeführt, um eine tatsächliche oder vermeintliche Sicherheitslücke in der Flugsicherheit aufzudecken. Er verbarg das Messer dazu in einem Brillenetui, das er auf die Kamera in seinem Handgepäck legte. Wie „befürchtet und erhofft“ führte das Personal an den Sicherheitsschleusen der Abflughäfen den ausgelösten Alarm auf die Kamera zurück. Das Messer blieb unentdeckt. Die Vorgänge wurden von Kamerateams eines Fernsehsenders gefilmt und in einer Fernsehsendung ausgestrahlt. Der Journalist handelte „in erster Linie aus Sorge um die Sicherheit des zivilen Luftverkehrs, in zweiter Linie aber auch, um eine gute ‚Story‘ verkaufen zu können“. Er wurde daraufhin wegen des Mitführens von Waffen in Luftfahrzeugen zu einer Geldstrafe verurteilt. Die Tat war weder gerechtfertigt noch entschuldigt. Weder die Presse- und Rundfunkfreiheit noch die Informationsfreiheit legitimieren eine unzulässige Beschaffung von Informationen.[1]

1. Rechtliches Verhältnis zwischen Recherche- und Veröffentlichungsanforderungen

Die Zulässigkeit oder Unzulässigkeit von Recherchemethoden ist jedoch von der Frage zu unterscheiden, ob den Medien eine **Veröffentlichung rechtswidrig erlangter Informationen erlaubt ist oder nicht**. Die Antwort darauf ist im Ausgangspunkt klar. Das Medienrecht trennt zwischen der Recherche und der Veröffentlichung von Informationen. Es unterwirft beide Bereiche unterschiedlichen Anforderungen, schließt also nicht automatisch von der Rechtmäßigkeit oder Rechtswidrigkeit der Beschaffungsweise auf die Zulässigkeit oder Unzulässigkeit einer nachfolgenden Veröffentlichung. Beispielsweise hatte sich im Butterflymesser-Fall der Journalist strafbar gemacht. Die Veröffentlichung der auf diese Weise gewonnenen Informationen war gleichwohl erlaubt. Es war weder strafbar noch sonstwie verboten, die Filmaufnahmen von den Flughäfen zu zeigen und auf die Sicherheitsmängel hinzuweisen. 1100

Die Trennung zwischen Beschaffung und Veröffentlichung lässt sich freilich nicht strikt durchführen. Im Einzelnen ist vielmehr zu unterscheiden. Maßgeblich ist vor allem die Zielrichtung der verletzten Verbotsnorm. Die Trennung gelingt problemlos für Normen wie das Verbot des Mitführens von Waffen in Luftfahrzeugen, das im Butterflymesser-Fall einschlägig war. Es verbietet allein bestimmte Handlungen als solche unabhängig davon, ob die Handlung auf das Erlangen von Informationen oder auf andere Ziele gerichtet ist. Einen vergleichbaren Charakter haben etwa die Verbote des Hausfriedensbruchs oder von Straßenverkehrsdelikten. Das durch die verletzte Vorschrift gesicherte Schutzgut hat in solchen Fällen typischerweise kein „informationelles" Interesse zum Inhalt. 1101

Komplizierter wird es bei Verboten, die sich gegen **Formen speziell der Informationsverschaffung** richten. Hat der Journalist beispielsweise Informationen erlangt, weil er einen Menschen gefoltert hat, so kann dies ungleich eher auf die Beurteilung durchschlagen, ob eine Veröffentlichung erlaubt ist. Entsprechende Normen sind vor allem solche, die entweder das Selbstbestimmungsrecht Betroffener schützen oder den Verstoß gegen Verschwiegenheitspflichten[2] regeln. Nochmals anders kann es sein, wenn eine **Information als solche rechtlichen Vertraulichkeits- oder Geheimnisschutz genießt**. Hier kann die entsprechende Schutznorm sich bereits gegen ein Verschaffen durch Dritte, aber auch gegen ein Weitergeben oder gar Veröffentlichen der Information wenden. 1102

1 OLG Düsseldorf vom 25.10.2005 (Butterflymesser), NJW 2006, 630, 631.
2 Z.B. § 203 StGB.

Schließlich gibt es auch Informationen, die Journalisten u.U. zwar rechtmäßig in Erfahrung bringen können, aber jedenfalls nicht veröffentlichen dürfen.[3]

1103 Die juristische Beurteilung von Recherche und Veröffentlichung hängt zum Weiteren von den üblichen medienrechtlichen Kriterien ab. Insbesondere kommt es darauf an, welches Informationsinteresse der Öffentlichkeit und welches Schutzinteresse aufseiten des Betroffenen jeweils berührt sind. Ebenso kann zwischen Bild- und Wortberichterstattung zu unterscheiden sein.

2. Gesetzliche Einzelregelungen

1104 Die Frage, ob Medien Informationen veröffentlichen dürfen, die sie in rechtswidriger Weise erlangt haben, ist **gesetzlich kaum geregelt**. Die wenigen bestehenden gesetzlichen Vorschriften treffen im Detail unterschiedliche Bestimmungen. Man kann aus ihnen keine verallgemeinerungsfähigen Grundsätze ableiten.

1105 Für die Sprachberichterstattung ordnet §201 Abs.2 Nr.2 StGB an, dass ein in strafbarer Weise **abgehörtes oder aufgenommenes nicht öffentliches Wort** nicht öffentlich mitgeteilt werden darf.[4] Für den Bereich der **Bild- bzw. Gerichtsberichterstattung** untersagt §169 Satz 2 GVG das Anfertigen von Foto- und Filmaufnahmen zum Zweck der öffentlichen Vorführung. Nach dem Sinn der Vorschrift folgt daraus auch das Verbot, unzulässig angefertigte oder ursprünglich zu anderen Zwecken gemachte Aufnahmen öffentlich vorzuführen.[5] Das **KUG** schließlich beschränkt sich von vornherein darauf, die Zulässigkeit der Veröffentlichung von Bildnissen zu regeln. Danach kann eine Veröffentlichung auch ohne Einwilligung des Betroffenen zulässig sein. Sie ist jedoch ausgeschlossen, wenn ihr ein berechtigtes Interesse des Abgebildeten entgegensteht. Ein solches entgegenstehendes Interesse kann sich auch daraus ergeben, dass die verwendete Abbildung aus dem Zusammenhang gerissen wird, besonders unvorteilhaft oder entstellend ist oder den Privatbereich betrifft und zugleich heimlich oder durch Überrumplung aufgenommen wurde.[6]

II. Rechtswidrig erlangte Informationen

1106 Das Medienrecht kennt **kein grundsätzliches Verwertungsverbot** für Informationen, bei deren Gewinnung die Medien oder etwaige Informanten rechts-

---

3 Z.B. §§172 Abs.2 GVG, 353d Nr.1–3 StGB.

4 Dazu eingehend und kritisch *Soehring*, Presserecht, Tz. 12.74ff. mwN., der die Vorschrift für verfassungsrechtlich bedenklich hält.

5 Die Rspr. musste bislang noch nicht ausdrücklich Stellung beziehen. Siehe BGH vom 13.2. 1968, BGHSt 22, 83, 84f. Nach damaligem Stand der Technik ließ sich davon ausgehen, dass sich das Bevorstehen einer solchen Aufnahme im Allgemeinen nicht verheimlichen lassen wird.

6 BGH vom 19.12. 1995 (Paparazzi-Fotos), BGHZ 131, 332, 337ff. Siehe Rdnr.1290.

widrig gehandelt haben.[7] Die Medien könnten ansonsten nämlich Gefahr laufen, ihrer **Kontrollfunktion** nicht mehr angemessen nachkommen und auf Missstände von öffentlicher Bedeutung hinweisen zu können.[8] Es kann für die Medien insbesondere darum gehen, „wahrheitsgetreu" zu berichten und Informationen zu verschaffen, die der Öffentlichkeit ansonsten möglicherweise nicht zugänglich wären. Fehlentwicklungen, Ungerechtigkeiten und Skandale lassen sich manchmal nur aufdecken, wenn zum Beispiel Beteiligte gegen Verschwiegenheitspflichten verstoßen oder der gesetzlich zulässige Ermittlungsrahmen überschritten wird. Unter Umständen schafft allein die unzulässige Methode öffentliche Gewissheit über eine Frage, die sonst nie aufgeklärt worden und stets umstritten geblieben wäre. Die Rechtswidrigkeit der Informationsgewinnung hat aus diesen Gründen nicht automatisch zur Folge, dass auch die Veröffentlichung der erlangten Informationen durch die Medien rechtswidrig ist. Das Publizieren von Nachrichten, die zum Beispiel durch das Vorspiegeln falscher Umstände[9] erlangt wurden, kann daher im Ergebnis rechtens sein.

Diese Linie ist die vielleicht erstaunlichste Neuerung, die das oftmals als solches nicht 1107
bemerkte Entstehen von Medienrecht mit sich gebracht hat. In der Sache basiert sie auf der klaren Erkenntnis, dass öffentliche Informationsinteressen gegenüber anderen Gütern vorrangig sein und entsprechende Verletzungen rechtfertigen können. Die grundsätzliche Gegenposition zum deutschen Recht liegt **Cohen v. Cowles Media Company** zugrunde. Hier hatte ein Mitglied der Wahlkampfmannschaft der Republikaner aus eigenem Antrieb zwei Reportern Informationen unter der strikten und von den Reportern akzeptierten Bedingung geliefert, selbst nicht als Informant identifiziert zu werden. Die Information betraf die Spitzenkandidatin der Demokraten und frühere strafgerichtliche Verurteilungen, die sich jedoch als lang zurückliegende Lappalien entpuppten. Die Zeitung ordnete daraufhin die überlassene Information möglicherweise als gezielte Desinformation ein und veröffentlichte im Weiteren den Namen des Informanten, der unmittelbar im Anschluss an die Veröffentlichung seine Anstellung verlor. Die Gerichte gaben der Klage des Informanten auf Schadensersatz statt. In den Augen der Richtermehrheit des US-Supreme Court muss ein solcher zivilrechtlicher Schutz selbst dann eingreifen, wenn die Identität des Informanten ihrerseits Informationswert hat. Wer wahre Informationen veröffentlichen wolle, müsse diese rechtmäßig erlangt haben.[10] Der Schutz der Presse entbinde sie nicht von der Geltung des Rechts. Daher dürften weder Reporter zur Beschaffung von Informationen in Büros oder Wohnungen einbrechen oder die Erfüllung gerichtlicher Aussagepflichten verweigern, noch dürften die Medien sich außerhalb des Urheber- oder Arbeitsrechts stellen. Dasselbe gelte, wenn Journalisten dem Informanten strenge Vertraulichkeit zusicherten. Nach deutschem Recht wäre der Streitfall wahrscheinlich anders entschieden worden. Es wäre dem Informanten nämlich ohne

---

7 BVerfG vom 20.4. 1982 (Kredithaie), BVerfGE 60, 234, 240f.; BVerfG vom 25.1. 1984 (Wallraff), BVerfGE 66, 116, 139; BGH vom 10.3. 1987 (BND-Roman), NJW 1987, 2667, 2669; *Macht* AfP 1999, 317ff.; monografisch *Schlottfeldt*, Die Verwertung rechtswidrig beschaffter Informationen durch Presse und Rundfunk, 2002.

8 Zur Kontrollfunktion der Medien siehe Rdnr. 24.

9 BGH vom 20.1. 1981 (Aufmacher I), BGHZ 80, 25, 38ff.

10 „Truthful information sought to be published must have been lawfully acquired", *White* J. in Cohen v. Cowles Media Company, 501 U.S. 633, 669 (1991).

weiteres möglich gewesen, den Reportern die fraglichen Informationen anonym zuzusenden. Die Umstände des Streitfalls legten weiterhin die Annahme nahe, dass der Informant beabsichtigte, die Zeitung zu einer Veröffentlichung zu bewegen, deren Unrichtigkeit ihr nicht erkennbar war.[11]

1108 Um die medienrechtlichen Anforderungen richtig einzuordnen, muss man sich die juristischen Grenzen klar vor Augen halten. Die Medien handeln nur dann rechtmäßig, wenn die relevanten öffentlichen Informationsinteressen bei einer Abwägung mit dem verletzten Gut und sonstigen Schutzinteressen auch **im konkreten Einzelfall tatsächlich vorrangig** sind. Einen allgemeinen Vorrang medienrechtlicher Interessen gibt es dabei nicht. Wenn beispielsweise Lügendetektoren oder Folterpraktiken im Rahmen der Verbrechensbekämpfung verboten sind,[12] dann muss dies auch für die Recherchetätigkeit der Medien gelten. Es wäre gefährlich, den Einsatz unzulässiger Mittel durch den legitimen Zweck zu heiligen[13] und anerkennenswerte Schutzinteressen Betroffener auf diese Weise automatisch zu negieren. Wer diese Grenzen übersieht, stellt den Medien einen inakzeptablen Freibrief zur Begehung rechtswidriger Handlungen aus.

1109 Bei der Abwägung ist zu beachten, dass die Veröffentlichung umso eher zulässig ist, **je stärker sie ein öffentliches Informationsinteresse betrifft und der öffentlichen Kontrollfunktion der Medien dient**. Dies ist typischerweise bei demokratie- und wirtschaftsrelevanten Informationen der Fall. Dagegen ist das Veröffentlichen von Informationen, die unzulässig gewonnen wurden und lediglich eine integrative Funktion haben, anders zu beurteilen. Es wird in der Regel unzulässig sein, da ein Veröffentlichungsverbot die Kontrollfunktion der Medien in solchen Fällen gar nicht gefährden kann. Integrative bzw. unterhaltende Informationen bringen keine Kontrolleffekte mit sich und sind typischerweise mit einem geringeren öffentlichen Informationsinteresse verbunden.[14]

1110 Es ist ein Indiz für die Zulässigkeit einer Veröffentlichung, wenn die fragliche **Information aufgrund ihres inhaltlichen Zuschnitts im Grunde nur konspirativ erlangt werden kann**.[15] Umgekehrt muss ein Rechtsverstoß tendenziell umso stärker ins Gewicht fallen, wenn sich die Information ohne weiteres auf legalem Wege hätte erlangen lassen.

1111 Bei der Abwägung ist zugunsten des Betroffenen zu berücksichtigen, dass die betreffenden Informationen **in rechtswidriger Weise erlangt** wurden.[16] Weiterhin ist nach dem **Ausmaß des Rechtsbruchs** zu unterscheiden. Die Spanne reicht von der vorsätzlichen und rein kommerziell motivierten Gesetzesverlet-

11 Siehe *Siegel*, Cases in Communication Law, 2002, 175.

12 BGH vom 16.2. 1954, BGHSt 5, 332, 334; BVerfG vom 14.12. 2004 (Daschner), NJW 2005, 656, 657; LG Frankfurt a.M. vom 20.12. 2004 (Daschner), NJW 2005, 692, 693ff.

13 *Bettermann* NJW 1981, 1065ff.; *Schmitt Glaeser* AfP 1981, 314ff.; *Küchenhoff* AfP 1981, 395f.; *Geerds* JR 1982, 183ff.

14 Siehe Rdnr. 961f.

15 *Beater* JZ 1998, 1101, 1109.

16 BGH vom 21.4. 1998 (Appartement-Hotelanlage), BGHZ 138, 311, 319.

zung bis zur bloßen Kenntniserlangung von Informationen, bei der die Rechtswidrigkeit der Beschaffung selbst bei Wahrung der publizistischen Sorgfaltspflicht nicht erkennbar ist.[17] Je schwerer eine Berichterstattung betroffene Rechte beeinträchtigt, umso höhere Anforderungen sind auch an mögliche legitimierende Interessen aufseiten des Verletzers bzw. der veröffentlichenden Medien zu stellen.[18]

III. Rechtmäßig erlangte Informationen

Wenn die Medien eine zutreffende Information erlangen, ohne dass sie selbst oder etwaige Informanten rechtswidrig handeln, so liegt darin umgekehrt **kein Freibrief, die Information auch veröffentlichen zu dürfen**. Auch wenn das Veröffentlichen solcher Informationen in aller Regel zulässig sein wird, kann doch die rechtliche Beurteilung in bestimmten Konstellationen anders ausfallen. Praktische Bedeutung hat dies vor allem in Bezug auf den Persönlichkeitsschutz. Die Medien dürfen über Vorgänge persönlichen oder bloßstellenden Charakters nicht bereits deshalb berichten, weil sie davon ohne Rechtsverstoß Kenntnis erlangt haben. 1112

Die **Ehebruch-Entscheidung** betraf eine Veröffentlichung über den Ehebruch des Klägers, des *Prinzen Ernst August von Hannover*. Die publizierende Illustrierte hatte davon regulär infolge des Scheidungsprozesses erfahren, der vor dem High Court of Justice nach englischem Recht durchgeführt worden und daher öffentlich war. Die Richtigkeit der Nachricht und der Umstand, dass die Prozessakten einsehbar waren und englische Zeitungen rechtmäßig über den Grund der Ehescheidung berichtet hatten, machten eine erstmalige Veröffentlichung in Deutschland jedoch nicht automatisch zulässig.[19] Maßgeblich war vielmehr, ob im Rahmen der Abwägung den persönlichen Schutzinteressen des Betroffenen oder dem öffentlichen Informationsinteresse Vorrang einzuräumen war. Die Klage scheiterte allein an diesem Kriterium, weil die Nachricht mangels weiterer Einzelheiten nicht in die Intimsphäre des Klägers eingriff und der BGH zugleich ein öffentliches Informationsinteresse bejahte. 1113

Die Regel, dass die Veröffentlichung von Informationen selbst dann unzulässig sein kann, wenn sie zutreffende und rechtmäßig erlangte Nachrichten betrifft, ist keineswegs selbstverständlich. Das US-amerikanische Recht folgt diesem Weg beispielsweise nicht. In **Cox Broadcasting v. Cohn** hatte eine Fernsehsendung über einen Vergewaltigungsprozess und das aufgrund der Tat verstorbene Opfer, ein 17-jähriges Mädchen, berichtet. Der Verfasser des Beitrags hatte die ansonsten nicht bekannte Identität des Mädchens aus öffentlich zugänglichen Gerichtsunterlagen erfahren und es daraufhin in dem Beitrag namentlich genannt. Der US-Supreme Court hielt dies verfassungsrechtlich für zulässig. 1114

---

17 BVerfG vom 25.1.1984 (Wallraff), BVerfGE 66, 116, 137f.

18 BGH vom 19.12.1978 (Abhöraffäre), BGHZ 73, 120, 128; BGH vom 9.12.2003 (Luftbildaufnahmen II), NJW 2004, 762, 764 jeweils für Beeinträchtigungen von Persönlichkeitsrechten.

19 BGH vom 29.6.1999 (Ehebruch), NJW 1999, 2893, 2894; dazu *Peters* LM BGB § 823 (Ah) Nr. 129; *Vahle* DSB 1999, Nr. 11, 12; z.T. kritisch *Rehm* AfP 1999, 416ff.; rechtsvergleichend *von Gerlach* AfP 2001, 1ff. Siehe auch BGH vom 24.11.1987 (Büro-Sex), NJW 1988, 1984, 1985; dazu *Grunsky* EWiR 1988, 413f.

Das Urteil ist dabei allgemein auf das Verhältnis zwischen öffentlicher Information und Persönlichkeitsschutz gemünzt und beschränkt sich nicht auf den Sonderfall eines postmortalen Schutzes. Der Informationsauftrag der Medien umfasse auch Berichte über Strafverfahren und deren öffentliche Kontrolle durch die Medien und die Bürger. Allgemein entfalle das Schutzinteresse an der Privatsphäre, wenn es sich auf Informationen beziehe, die als solche bereits in Form öffentlicher Quellen zugänglich seien. Es wäre widersprüchlich, wenn Informationsquellen öffentlich zugänglich wären, aber die Presse deren Inhalt nicht veröffentlichen dürfte.[20]

IV. Sonderfall Bildinformationen

1115 Für die Veröffentlichung unzulässig erlangter Bilder bestehen Besonderheiten. Wird den Medien die Veröffentlichung illegal gemachter oder erlangter Bildaufnahmen untersagt, so schließt sie das in der Regel gar nicht von der Berichterstattung als solcher aus. In solchen Fällen ist die wichtige **Kontrollfunktion der Medien überhaupt nicht gefährdet**. Die Medien müssen ggf. auf unzulässige Bilder verzichten, können den betreffenden Missstand aber ohne weiteres im Wege der Wortberichterstattung öffentlich machen. Dies gilt namentlich für die zahlreichen Fälle, in denen veröffentlichte Bilder allein der Illustration oder der Personalisierung dienen.[21] Ein Anwendungsfall sind beispielsweise Bildaufnahmen, die unter Verstoß gegen fremdes Hausrecht gemacht wurden und zur Illustration dienen. Hier bietet sich zur Gewinnung eines rechtlichen Beurteilungsmaßstabs der Rückgriff auf die Wertungen von § 50 UrhG[22] an. Danach müssen die Interessen des Berechtigten zurücktreten, wenn und soweit das öffentliche Wiedergeben durch den Zweck der Berichterstattung geboten ist. Der Zweck einer Bildberichterstattung wird nur selten die Verletzung fremder Rechte verlangen.

1116 Die **Appartement-Hotelanlage-Entscheidung**[23] wirft solche Fragen auf. Sie betraf unerlaubte Aufnahmen von Räumlichkeiten der Appartementanlage eines Reiseveranstalters, die die recherchierenden Journalisten zu einer kritischen Reportage über das Unternehmen verwendeten. Das Urteil wies die gegen eine Verwendung der Aufnahmen gerichtete Klage ab und schlug einen ausgesprochen pressefreundlichen Kurs ein. Im Rahmen der Abwägung maß der BGH dem Hausrecht bzw. dem Recht am Unternehmen im Grunde keine Bedeutung bei, sondern stellte allein auf den in seinen Augen „geringen Unrechtsgehalt" ab, mit dem sich die Journalisten die Bilder verschafft hätten. Schutzansprüche seien zu bejahen, wenn ein Filmteam gegen den erklärten Willen des Inhabers in die Räume einer Anwaltskanzlei eindringe und vom Anwalt wieder hinausgedrängt wer-

---

20 Cox Broadcasting v. Cohn, 420 U.S. 469, 496 (1975). Die exakte Reichweite der Entscheidung ist allerdings umstritten; dazu *Emerson* [1979] 14 H.C.R.L.R. 336f.; *Zimmermann* [1983] 68 C.L.R. 303ff.

21 Zu den Informationsfunktionen von Bildern siehe Rdnr. 1257ff.

22 Siehe Rdnr. 1341ff.

23 BGH vom 21.4. 1998 (Appartement-Hotelanlage), BGHZ 138, 311ff.; dazu *Marwitz* ZUM 1998, 568f.; *Notthoff* ZAP ERW 1998, 118f.; *Hoeren* MMR 1998, 609f.; *Brinkmann* LM BGB § 823 (Ai) Nr. 73.

de, während nur ein „vergleichsweise geringfügiger Unrechtsgehalt" auszumachen sei, wenn ein Filmteam die Genehmigung des Inhabers zwar hätte nachsuchen müssen, aber die Aufnahmen mit Aussprache des Hausverbots sogleich einstelle. Darüber hinaus hielt das Gericht für maßgebend, dass die Klägerin „der Sache nach" eine Berichterstattung in Form von Interviews verhindern wolle, die sich nach ihrer eigenen Einschätzung kritisch mit ihren Leistungen befasse.

Das Urteil verdient **Kritik** und ist abzulehnen.[24] Es ist schwer einsichtig, warum der 1117
rechtliche Schutz des Hausrechts von Präsenz und Körperkraft des Eigentümers einerseits und der Geschicktheit von Fernsehteams andererseits abhängen soll. Soll es wirklich einen Unterschied machen, ob sich der Rechtsanwalt handfest wehrt oder gar nicht anwesend ist und ein ehrgeiziges Fernsehteam daraufhin einfach die versehentlich nicht verschlossene Kanzlei betritt? Die Entscheidung birgt die Tendenz in sich, dem Journalisten das Veröffentlichen sämtlicher, durch Rechtsbruch erworbener „Informationen" zu ermöglichen. Von den Befugnissen des Hausherrn lässt sie nicht viel übrig. Der Zweck kann auch im Presserecht nicht alle Mittel heiligen.[25] Ein Fernsehteam darf fremdes Hausrecht nicht allein deshalb missachten können, weil es möglicherweise kritisch über den Hotelbetrieb des Betroffenen berichtet. Kritische Fernsehbeiträge über Hotelanlagen lassen sich in der Regel auch dann ohne Einbuße erstellen, wenn das Hausrecht beachtet wird. Der Bericht kann das von öffentlicher Straße aus sichtbare Äußere des Hotels oder schlichtweg sonstige Motive des betreffenden Urlaubsorts zeigen. Es sind typischerweise auch keine Gründe ersichtlich, warum die Aussagekraft von Interviews mit Hotelgästen vom Ort ihrer Aufnahme abhängen soll.

Eine Veröffentlichung unzulässig erlangter Bilder kann nur **in seltenen Fällen** 1118
zulässig sein. Dies kommt in Betracht, soweit Bilder Dokumentationsfunktion[26] haben und allein die Bildberichterstattung eine öffentliche Kontrolle gewährleisten kann. Im Appartement-Hotelanlage-Fall wäre beispielsweise an hochgradig gesundheitsgefährdende Missstände im Hotel selbst zu denken. Sie ließen sich durch Bildaufnahmen belegen, die einen hohen öffentlichen Informationswert haben und diesen mehr oder weniger verlieren würden, wenn man die Medien auf eine Wortberichterstattung beschränken würde. Solche Sonderfälle, in denen sich das Informationsinteresse gerade auf das Abbilden öffentlich nicht zugänglichen Eigentums bezieht, entziehen sich einer allgemeinen Beurteilung. Sie lassen sich nur durch Einzelfallabwägungen entscheiden.

B. Persönlichkeitsrechtliche Schutzinteressen

Die Recherchemöglichkeiten der Medien finden wichtige Grenzen in dem per- 1119
sönlichkeitsrechtlichen Selbstbestimmungsrecht. Es sichert dem Einzelnen die Befugnis, grundsätzlich selbst zu entscheiden, ob, wann und in welchen Grenzen persönliche Äußerungen bzw. von ihm irgendwie ausgehende Informati-

24 *Beater* JZ 1998, 1101, 1109.
25 Siehe auch *Roellecke* JZ 1981, 688, 691 f.
26 Siehe Rdnr. 1258 ff.

onen allgemein zugänglich sind.[27] Der Einzelne muss selbst bestimmen können, wem gegenüber er etwas äußert oder wer einen von ihm geschriebenen Brief lesen kann und welche Personen gerade keine Kenntnis erlangen sollen. Angelegenheiten, Informationen und Vorgänge können also schon deshalb schutzwürdig sein, **weil der Betroffene sie gar nicht oder nur begrenzt in die Außenwelt entlassen hat** und berechtigterweise darauf vertrauen darf, dass niemand bzw. kein Dritter oder sonst wie Unbefugter von ihnen erfährt. Solche Mitteilungen werden bereits wegen dieser Bestimmung geschützt, der Betreffende soll sich einer öffentlichen Kenntnis nach eigenem Wunsch entziehen können. Nur unter den Bedingungen besonderer Vertraulichkeit ist dem Einzelnen ein rückhaltloser Ausdruck seiner Emotionen, die Offenbarung geheimer Wünsche oder Ängste, die freimütige Kundgabe des eigenen Urteils über Verhältnisse und Personen oder eine entlastende Selbstdarstellung möglich. Unter solchen Umständen kann es auch zu Äußerungsinhalten oder -formen kommen, die sich der Einzelne gegenüber Außenstehenden oder in der Öffentlichkeit nicht gestatten würde.[28]

1120 Eine Verletzung des Persönlichkeitsrechts kann bereits darin liegen, dass jemand solche Äußerungen unerlaubt für sich in Erfahrung bringt. Erst recht kommt eine Beeinträchtigung in Betracht, wenn jemand den Inhalt solcher Äußerungen an Dritte weitergibt. Das Persönlichkeitsrecht gewährt vor allem einen Schutz dagegen, dass sich Dritte unbefugt von einer Information Kenntnis verschaffen. Gegen die Weitergabe von Informationen durch einen vom Betroffenen ausgesuchten Gesprächspartner sichert es dagegen nur eingeschränkt. Auch kann der Äußernde keinen Persönlichkeitsschutz in Anspruch nehmen, wenn er selbst die Vertraulichkeit aufgehoben hat, zum Beispiel weil er die nötige Vorsicht gegen Kenntnisnahme Dritter außer Acht lässt.[29]

1121 Der deliktische Schutz setzt nicht voraus, dass die in unerlaubter Weise erlangte Information einen intimen oder persönlichen Inhalt hat oder dass ihre Weitergabe den Betreffenden in ein falsches Licht stellt. Missachtungen des Selbstbestimmungsrechts können freilich mit Eingriffen in die Intim- oder Privatsphäre zusammenfallen, so dass ggf. mehrere persönlichkeitsrechtliche Schutzrichtungen betroffen sind und der Eingriff in die Persönlichkeit umso schwerwiegender wird. Wenn ein Medienunternehmen beispielsweise Tagebuchaufzeichnungen unerlaubt veröffentlicht, dann beeinträchtigt es sowohl

---

27 BGH vom 20.5. 1958, BGHZ 27, 284, 286; BVerfG vom 31.1. 1973 (Tonbandaufnahmen), BVerfGE 34, 238, 246; BVerfG vom 18.9. 1995, NJW 1996, 771, 772 mwN. Überblick dazu bei *Wanckel* FS Engelschall 1996, 265ff. mwN. Sehr kritisch und ein solches Recht im Hinblick auf die allgemeine Informationsfreiheit des Einzelnen weitgehend ablehnend *Langer*, Informationsfreiheit als Grenze informationeller Selbstbestimmung, 1992, S. 177ff.

28 BVerfG vom 24.6. 1996, NJW 1997, 185, 186.

29 BVerfG vom 24.6. 1996, NJW 1997, 185, 186.

das Selbstbestimmungsrecht als auch – je nach Gegenstand und Inhalt der Aufzeichnungen – die Intim- oder Privatsphäre des Betroffenen.

I. Zwang, geheimes Ausforschen

Es ist die vielleicht wichtigste und vornehmste Aufgabe des Persönlichkeits- 1122
rechts, den Einzelnen davor zu schützen, dass andere unerlaubt **„Einblick in die Seele und ihre unbewussten Regungen“ nehmen.**[30] Gäbe es eine Möglichkeit, fremde Gedanken zu lesen, so würde ihr Gebrauch unzweifelhaft das Selbstbestimmungsrecht und die absolut geschützte Intimsphäre verletzen. Ebenfalls persönlichkeitsverletzend wären Praktiken, die dem Einzelnen sozusagen unter Umgehung des Bewusstseins seine Entscheidung aus der Hand nehmen, ohne dass dies dem Betroffenen erkennbar wäre. Nach derzeitigem Wissensstand sind solche Beeinflussungen aber nicht möglich.[31] Der Einzelne muss freilich auch unterhalb dieser Stufe über das Ob und Wie seiner Äußerungen entscheiden können, ohne dass dabei unbewusste Äußerungen seiner Persönlichkeit anders als im sonstigen Umgang wahrnehmbar hervortreten, zum Beispiel weil ein strafbares Mittel, wie Drohung oder Zwang, oder ein so genannter Lügendetektor eingesetzt wird.[32]

Das Recht auf Selbstbestimmung sichert weiterhin gegen **persönlichkeitsre-** 1123
levante Ausforschungen, zum Beispiel in Gestalt einer psychiatrischen Untersuchung oder von „Psychogrammen“, die ohne Einverständnis gemacht werden. Der Einzelne muss selbst frei darüber entscheiden können, ob und inwieweit er das Ausleuchten seiner Persönlichkeit mit derartigen Mitteln gestatten will.[33] Typischerweise verletzt eine solche Studie besonders schwer, wenn sie weitreichende Schlüsse über Facetten der Persönlichkeit ermöglicht und sozusagen „verdeckt“ aufgrund von scheinbar unverfänglichen Anhaltspunkten angefertigt wird. In diesem Sinne verletzt beispielsweise das heimliche Einholen eines grafologischen Gutachtens das Persönlichkeitsrecht des Betroffenen.[34]

---

30 BGH vom 16.2. 1954, BGHSt 5, 332, 335.

31 *Koeppler*, Unterschwellig wahrnehmen – unterschwellig lernen, 1972, S. 151ff., 156ff.; *Brand*, Die Legende von den „geheimen Verführern“, 1978, S. 166ff.; *Beater*, Unlauterer Wettbewerb, § 16 Rdnr. 12ff.

32 BGH vom 16.2. 1954, BGHSt 5, 332, 334f.

33 BGH vom 5.5. 1986, BGHZ 98, 32, 36f.; dazu z.T. kritisch *Schütze* EWiR 1986, 1047f. BAG vom 16.9. 1982, BAGE 41, 54, 61; LArbG Tübingen vom 26.1. 1972, NJW 1976, 310, 311.

34 BAG vom 16.9. 1982, BAGE 41, 54, 61 für das Einholen eines solchen Gutachtens durch den Arbeitgeber; LArbG Tübingen vom 26.1. 1972, NJW 1976, 310, 311; *Bepler* NJW 1976, 1872f.; unter Hinweis auf den begrenzten Aussagewert von Handschriftanalysen dagegen stark einschränkend *Schweighofer* RdA 1978, 101, 102f.

II. Unbewusste und innengerichtete Äußerungen

1124 Ebenfalls geschützt sind Gedanken, die der Betreffende keinem anderen anvertraut, sondern eigentlich für sich behält bzw. **nur sich selbst mitteilt**. Das Mithören eines Selbstgesprächs als solches verletzt das Persönlichkeitsrecht grundsätzlich nicht. Eine Haftung ist aber denkbar, wenn ein Belauschen bewusst erfolgt und durch besondere technische Abhörmaßnahmen, die dem Betroffenen unbekannt sind und mit denen er in keiner Weise rechnen muss, überhaupt erst ermöglicht wird. Erst recht kommt eine Verletzung des Persönlichkeitsrechts in Betracht, wenn der Lauscher das Selbstgespräch als solches erkennt und das Gehörte gleichwohl an Dritte weitergibt. Für **Tagebuchaufzeichnungen** ist in ähnlicher Weise zu unterscheiden. Die bloße Kenntnisnahme vom Inhalt des Tagebuchs als solche ist grundsätzlich keine Verletzung des Persönlichkeitsrechts. Allerdings bringt der Verlust des Tagebuchs für den Betroffenen größere Beeinträchtigungsgefahren mit sich, da seine Gedankenwelt in dem Buch fixiert ist und daher authentisch und permanent anderen Personen zugänglich werden kann. Es ist deshalb eine Verletzung der Persönlichkeit, wenn jemand das Tagebuch eines anderen unberechtigt an sich nimmt. Ebenso greift die Weitergabe des Buches oder seines Inhalts an Dritte grundsätzlich in das Persönlichkeitsrecht ein.[35]

III. Recht am gesprochenen Wort

1125 Das allgemeine Persönlichkeitsrecht schützt in Gestalt des Rechts am gesprochenen Wort[36] davor, dass ein persönliches Gespräch ohne Zustimmung **abgehört, aufgenommen oder zum Beispiel in Gestalt einer Mitschrift auf sonstige Weise fixiert wird**. Es greift unabhängig vom Wortinhalt oder einer besonderen Vertraulichkeitsvereinbarung ein[37] und sichert die Befugnis, selbst zu bestimmen, ob etwas einzig dem Gesprächspartner, einem bestimmten Personenkreis oder der Öffentlichkeit zugänglich sein soll und ob gemachte Äußerungen auf einem Tonträger festgehalten werden dürfen.[38] Die besondere Schutzbedürftigkeit mündlicher Mitteilungen ergibt sich daraus, dass sie direkt erfolgen und keinen weiteren Kontrollprozess durchlaufen, wie er bei schriftlichen Äußerungen stattfindet. Private Gespräche müssen ohne den Argwohn und die Befürchtung geführt werden können, dass eine heimliche Aufnahme ohne die Einwilligung des Sprechenden oder gar gegen dessen erklärten Willen verwertet wird.[39]

---

35 BGH vom 26.11. 1954 (Cosima Wagner), BGHZ 15, 249, 257f.
36 *Nipperdey* UFITA 30 (1960), 1, 12f.; siehe auch §201 StGB.
37 BVerfG vom 9.10. 2002, NJW 2002, 3619, 3621f.; BGH vom 18.2. 2003, NJW 2003, 1727, 1728.
38 BGH vom 20.5. 1958, BGHZ 27, 284, 286; BGH vom 24.11. 1981, NJW 1982, 277; BGH vom 18.2. 2003, NJW 2003, 1727, 1728 mwN.
39 BGH vom 20.5. 1958, BGHZ 27, 284, 287f.; BVerfG vom 31.1. 1973 (Tonbandaufnahmen), BVerfGE 34, 238, 247.

Eine Verletzung kommt in Betracht, wenn der Gesprächspartner ohne Kenntnis des anderen eine dritte Person als Zuhörer in das Gespräch mit einbezieht oder die unmittelbare Kommunikationsteilhabe durch den Dritten gestattet.[40] Ein Sprecher wird aber nicht davor geschützt, dass er etwa von ihm unerwünschte Hörer in seiner Nähe übersieht oder die Lautstärke seiner Äußerung falsch einschätzt. Entscheidend ist, ob er aufgrund der Rahmenbedingungen begründetermaßen erwarten darf, nicht von Dritten gehört zu werden.[41] Eine Persönlichkeitsverletzung liegt nahe, wenn das Abhören unter **Verwendung technischer Hilfsmittel** erfolgt. Nutzen die Betroffenen Telekommunikationseinrichtungen, so ist weiterhin zu beachten, dass eine solche Kommunikation speziellen verfassungsrechtlichen Schutz genießt.[42] Wer telefoniert, hat nicht die Möglichkeit, die Rahmenbedingungen des Gesprächs allein festzulegen und dabei selbst über dessen Privatheit und die beteiligten Personen zu wachen. Zugleich eröffnet der technische Übermittlungsvorgang Dritten die Möglichkeit, sich unbemerkt Zugang zu den Inhalten und Übermittlungsdaten des Gesprächs zu verschaffen.[43] 1126

Das **Mithören eines Telefonats durch eine Mithöreinrichtung** verletzt bereits als solches die Persönlichkeit,[44] ohne dass es dafür noch auf den Inhalt des Gesprächs oder das Vorliegen einer bewussten Täuschung des anderen Gesprächspartners ankommt.[45] Eine stillschweigende Billigung des Mithörens lässt sich nicht schon aus dem bloßen Umstand ableiten, dass ein derartiges Mithören von Telefongesprächen weit verbreitet ist.[46] Wenn das Mithören dem Gesprächspartner weder bekannt, noch aufgrund der Umstände, zum Beispiel aufgrund früherer Gesprächskontakte oder bekannter Geschäftsgepflogenheiten, erkennbar ist, dann muss es grundsätzlich offenbart und an seine Zustimmung gebunden werden.[47] Im Übrigen ist es eine Frage der Gesamtabwägung, ob die Interessen des Gesprächspartners, der das Abhören ermöglicht hat, gewichtig genug sind, um den Eingriff in die fremde Selbstbestimmungsbefugnis zu rechtfertigen. 1127

Im Streitfall der **Abhöraffäre-Entscheidung** war heimlich ein Telefonat zwischen dem damaligen Kanzlerkandidaten und Parteichef der Oppositionspartei, *Helmut Kohl*, und deren Generalsekretär, *Kurt Biedenkopf*, abgehört worden. Die Aufzeichnungen wurden anschließend einer Illustrierten zugespielt. Das Gespräch drehte sich u.a. um das Verhal- 1128

40 BGH vom 4.12. 1990, NJW 1991, 1180; dazu kritisch *Helle* JZ 1991, 929ff.
41 BVerfG vom 9.10. 2002, NJW 2002, 3619, 3621.
42 Art. 10 Abs. 1 GG; siehe auch § 206 StGB.
43 BVerfG vom 9.10. 2002, NJW 2002, 3619, 3620.
44 BGH vom 18.2. 2003, NJW 2003, 1727, 1728; dazu *Bode/Trompetter* ProzRB 2003, 246ff.; ablehnend mit eingehender Kritik *Foerste* JZ 2003, 1111ff.
45 Anders die frühere Judikatur: BGH vom 21.10. 1963, NJW 1964, 165, 166; BGH vom 17.2. 1982, NJW 1982, 1397, 1398.
46 BVerfG vom 9.10. 2002, NJW 2002, 3619, 3623; a.A. BGH vom 17.2. 1982, NJW 1982, 1397, 1398.
47 BAG vom 29.10. 1997 (Souffleuse), BAGE 87, 31, 37.

ten Kohls gegenüber Angriffen der Illustrierten, befasste sich kritisch mit der Haltung von Spitze und Basis der CDU zur Kandidatur Kohls und betraf Indiskretionen, durch die parteiinterne Angelegenheiten an die Presse gelangt waren, sowie mögliche Gegenmaßnahmen. Die beklagte Illustrierte hielt eine Veröffentlichung für berechtigt. Das Telefonat sei vom Inhalt her für einen Außenstehenden zwar eher langweilig. Es zeige aber, welcher Sprache sich Kohl als Kanzlerkandidat bediene, wenn er nicht vor dem Mikrofon stehe. Der BGH hielt dies nicht für ausreichend. Die Verletzung des Rechts am gesprochenen Wort könne nur durch ein „sehr ernstes Informationsbedürfnis der Öffentlichkeit" gerechtfertigt werden, das der BGH im Streitfall nicht erkennen konnte.[48] Im Streitfall griff der bereits angesprochene **§201 StGB** nicht ein, weil die Vorschrift das Veröffentlichen seinerzeit noch nicht unter Strafe stellte. Der Gesetzgeber hat dies später – genauer gesagt: während der Regierungszeit *Helmut Kohls* (!) – geändert.

1129 Das **Herstellen einer Tonaufnahme** ist grundsätzlich eine Verletzung des Persönlichkeitsrechts,[49] weil es besondere Möglichkeiten der Weiterverbreitung und des Missbrauchs eröffnet und für den Betroffenen erhebliche Gefahren mit sich bringt. Dies gilt auch für die Aufnahme von Telefongesprächen über geschäftliche Angelegenheiten[50] oder von Wortbeiträgen, die bei öffentlichen Veranstaltungen gemacht werden, zum Beispiel bei Sitzungen von Kommunalvertretungen.[51] Es ist freilich eine konkludente Einwilligung anzunehmen, wenn der Leiter einer Veranstaltung die Herstellung von Tonbandaufnahmen generell freigibt und der Sprecher daraufhin das Wort ergreift.[52] Dasselbe kommt in Betracht, wenn dem Redner durch vorgehaltene Mikrofone oder sonst aus den Umständen ersichtlich ist, dass sein Wortbeitrag aufgezeichnet wird.[53] Das Recht am eigenen Wort ist aber verletzt, wenn Tonbandaufzeichnungen an Dritte weitergereicht werden und der Betreffende zwar in die Anfertigung, nicht aber in eine solche Weitergabe der Aufzeichnungen eingewilligt hat.[54]

1130 Kein Eingriff in das Recht am eigenen Wort sind dagegen **Aufzeichungen oder Wortprotokolle, die der Gesprächspartner aus der Erinnerung oder aus Gesprächsnotizen heraus anfertigt**.[55] Sie haben nicht die Authentizität einer Tonbandaufnahme und sind nicht mit ihr gleichzustellen, weil sie das gesprochene Wort gerade nicht „verdinglichen" bzw. nicht unmittelbar, sondern nur durch einen Filter wiedergeben. Zugleich gewährt das Persönlichkeitsrecht grundsätzlich keinen Schutz gegen die Mitteilungsfreude von selbst ausge-

---

48 BGH vom 19.12. 1978 (Abhöraffäre), BGHZ 73, 120, 128ff.; dazu *Lerche*, Verfassungsschutz und Rechtsstaat, 1981, S. 117ff.; *Hollmann* JA 1979, 262f.; zustimmend *Bauer* GRUR 1979, 420f.; *Steffen* LM GG Art.5 Nr.47; im Ergebnis auch *Deutsch* JZ 1979, 352f. §201 StGB bot in seiner damaligen Fassung gegen die Veröffentlichung keinen Schutz.

49 BGH vom 20.5. 1958, BGHZ 27, 284, 288.

50 BGH vom 13.10. 1987, NJW 1988, 1016, 1017.

51 *Soehring*, Presserecht, Tz. 10.17; a.A. *Wilhelmi* AfP 1992, 221, 223f.

52 *Soehring*, Presserecht, Tz. 10.17.

53 *Soehring*, Presserecht, Tz. 10.17.

54 BGH vom 10.3. 1987 (BND-Roman), NJW 1987, 2667, 2668.

55 BGH vom 20.1. 1981 (Aufmacher I), BGHZ 80, 25, 42.

suchten Gesprächspartnern. Es darf keiner Person verwehrt werden, den Inhalt einer von ihr selbst geführten Unterredung zu fixieren.

IV. Recht am geschriebenen Wort

Die intellektuelle Selbstbestimmung umfasst weiterhin das Recht am geschrie- 1131
benen Wort, namentlich an **Briefen**.[56] Auch diese Form der Kommunikation ist in erhöhtem Maße verletzlich und bedarf der Abschirmung gegen die Neugier Dritter. Das Persönlichkeitsrecht schützt nicht nur die Vertraulichkeit der Mitteilung des Absenders, sondern auch die briefliche Kommunikation mit dem Adressaten als solche. Wer verschlossene Post unbefugt als Dritter öffnet, verletzt daher das Persönlichkeitsrecht des Absenders und des Empfängers.[57] Das allgemeine Persönlichkeitsrecht kommt aber auch in Betracht, wenn Medien vertrauliche Vermerke oder Schriftsätze eines Rechtsanwalts für gerichtliche Verfahren veröffentlichen[58] oder wenn eine Redaktion das Schreiben eines Autors publiziert, in dem dieser zu einer die Öffentlichkeit bewegenden Frage Stellung nimmt und dabei ausdrücklich erklärt, dass die Korrespondenz nicht zur Veröffentlichung bestimmt sei.[59] Dritte müssen ihren Ausschluss von der Kommunikation respektieren, wenn eine Nachricht erkennbar vertraulichen Charakter hat und Vorsorge gegen eine versehentliche Kenntnisnahme getroffen worden ist, es sich also namentlich um eine verschlossene Postsendung handelt. Wer dagegen ein Rundschreiben an eine Vielzahl von Personen versendet, ohne die vertrauliche Behandlung in irgendeiner Weise sicherzustellen, genießt keinen oder nur einen verminderten Schutz.[60] Auch wer seine eigenen geschäftlichen Grundlagen selbst aus der Hand gibt, kann von der Presse nicht verlangen, dass diese sein Geheimnis besser wahrt als er selbst.[61]

Eine Rechtfertigung aufgrund **im Einzelfall vorrangiger öffentlicher Informationsin- 1132
teressen** ist bejaht worden für Vorgänge in einer Burschenschaft, die infolge eines NS-Hintergrunds öffentliches Aufsehen erregt hatten,[62] und für die Veröffentlichung eines Schriftsatzes, der in einem Verfahren des DDR-Regimes zur Verteidigung eines bekannten Schriftstellers diente und von einem später in der Bundesrepublik prominent gewordenen Rechtsanwalt und Politiker stammte.[63] Ebenso ist denkbar, dass ein Brief, der in amtlicher Funktion geschrieben wurde, mit Zustimmung des Empfängers und ohne Einverständnis des Absenders veröffentlicht werden darf, wenn der Handelnde da-

---

56 *Neumann-Duesberg* VersR 1991, 957, 961; *Nipperdey* UFITA 30 (1960), 1, 17f.; siehe auch Art. 10 Abs. 1 GG; § 202 StGB.
57 BGH vom 20.2. 1990, NJW-RR 1990, 764; dazu zustimmend *Giesen* JR 1991, 69f.; *Büttner* EWiR 1990, 891f.; siehe auch *Helle* JZ 1990, 756ff.
58 LG Berlin vom 28.1. 1999, NJW-RR 2000, 555, 556f.
59 KG vom 21.4. 1995 (Botho Strauß), NJW 1995, 3392.
60 BGH vom 22.12. 1959 (Alte Herren), BGHZ 31, 308, 314f.
61 BGH vom 24.10. 1961 (Waffenhandel), BGHZ 36, 77, 83f.
62 BGH vom vom 22.12. 1959 (Alte Herren), BGHZ 31, 308, 314.
63 OLG Hamburg vom 29.7. 1999 (Berufungsschrift), NJW 1999, 3343, 3344.

mit keine privaten Zwecke verfolgen, sondern einen Beitrag zur öffentlichen Meinungsbildung leisten bzw. auf Missstände in einem Krankenhausbetrieb hinweisen will.[64]

V. Besonderen Berufsgruppen anvertraute Informationen

1133 Das Persönlichkeitsrecht umfasst auch die Selbstbestimmung im Zusammenhang mit Äußerungen und Informationen gegenüber besonders verpflichteten Berufsgruppen und sichert den Betreffenden gegen die unbefugte Weitergabe seiner Mitteilungen durch solche Empfänger. Es handelt sich um Angaben, die der Betreffende im Eigeninteresse machen muss und auf deren diskrete Behandlung er in besonderer Weise vertrauen kann, weil sie gegenüber Personen gemacht werden, die **von Amts wegen eine Vertrauensstellung haben** und speziellen Geheimhaltungspflichten unterliegen. § 203 StGB führt zahlreiche solcher Vertrauenspositionen auf und gibt damit auch typische Anwendungsfälle des deliktischen Schutzes vor, ohne jedoch insoweit für das Zivilrecht bindend zu sein. Journalisten sind keiner solchen Berufsgruppe zuzuordnen und können allenfalls aufgrund einer besonderen Absprache mit dem Informanten zur Verschwiegenheit verpflichtet sein. Ihre Aufgabe ist es eben gerade, Dinge öffentlich zu machen und die Allgemeinheit zu informieren. Auch ist kein Informant gezwungen, einem Journalisten etwas anzuvertrauen.

1134 Das Persönlichkeitsrecht schützt den Betroffenen vor dem Zugriff Dritter auf seine in Akten dokumentierten personenbezogenen Informationen,[65] z. B. vor dem Einblick in Unterlagen über seine gesundheitliche Verfassung. Ärztliche Bescheinigungen und Patientenunterlagen sind bereits wegen des Selbstbestimmungsrechts des Betroffenen geheimzuhalten.[66] Ohne das Einverständnis des Betroffenen dürfen deshalb weder ärztliche Zeugnisse über den Gesundheitszustand offenbart, noch Patientendaten im Rahmen einer Praxisübertragung an den Erwerber der Arztpraxis übergeben[67] werden. Eine stillschweigende Einwilligung des Patienten in die Weitergabe seiner Unterlagen kann nicht schon daraus abgeleitet werden, dass solche Übergaben an einen Praxisübernehmer weit verbreitet sind.[68] Dieselben Maßstäbe gelten für die Akten einer Suchtkrankenberatungsstelle, die Aufzeichnungen des Beraters über Gespräche, Tests, therapeutische Maßnahmen und die eigenen schriftlichen Äußerungen des Ratsuchenden enthalten,[69] und für Ehescheidungsakten, sofern diese vertrauliche Vorgänge unter den Ehegatten wiedergeben.[70]

---

64 BVerfG vom 12. 4. 1991 (Chefarztbrief), NJW 1991, 2339f.; *Soehring*, Presserecht, Tz. 10.19.

65 BVerfG vom 25. 7. 1988 (Schuldnerverzeichnis), NJW 1988, 3009; *Pardey* NJW 1989, 1647ff.

66 BGH vom 2. 4. 1957 (Krankenpapiere), BGHZ 24, 72, 81; dazu *Neumann-Duesberg* NJW 1957, 1276f.; *Pohle* MDR 1957, 603; *Hamel* DVBl 1957, 618ff.

67 BGH vom 11. 12. 1991, BGHZ 116, 268, 271ff. zu §§ 134 BGB, 203 StGB.

68 BGH vom 11. 12. 1991, BGHZ 116, 268, 274ff.

69 BVerfG vom 24. 5. 1977, BVerfGE 44, 353, 372f.

70 BVerfG vom 15. 1. 1970, BVerfGE 27, 344, 351f.; dazu *Kamlah* DÖV 1970, 361ff.; *Becker* NJW 1970, 1075.

Auf den Inhalt der Unterlagen kommt es grundsätzlich nicht an. Der Persönlichkeitsschutz scheidet aber aus, wenn es sich um belanglose Verletzungen oder Krankheitserscheinungen handelt, die den körperlichen oder geistigen Habitus nicht weiter berühren und an deren Geheimhaltung vernünftigerweise kein Interesse besteht.[71] Im Übrigen kann die Beeinträchtigung im Einzelfall gerechtfertigt sein, wenn die Weitergabe und die Veröffentlichung von Unterlagen zur Wahrung eines überwiegenden Interesses der Allgemeinheit unter strikter Wahrung des Verhältnismäßigkeitsgebotes erforderlich sind.[72] 1135

VI. Vertrauliche Informationen

Es gibt grundsätzlich keinen Schutz des vertraulichen Worts, der den Äußernden auch dann vor einer Weitergabe vertraulicher Mitteilungen durch den Gesprächspartner sichert, wenn dieser keiner besonders verpflichteten Berufsgruppe angehört.[73] Der Äußernde kann anderen nicht vorschreiben, was sie erzählen dürfen und was nicht. Obwohl mündliche und briefliche Mitteilungen als solche schutzwürdig sind, hat es der Betroffene doch in der Hand, der Gefahr einer Weitergabe durch die sorgfältige Auswahl seiner Gesprächs- und Korrespondenzpartner und die Vereinbarung entsprechender vertraglicher Sanktionen entgegenzuwirken. Auch machen die eigene Redseligkeit und Mitteilungsfreude als solche nicht schutzwürdig. 1136

Die Weitergabe von Mitteilungen an Dritte verletzt daher das Selbstbestimmungsrecht grundsätzlich nicht, sie kann aber – abhängig vom Inhalt der Mitteilung – den Betroffenen in seiner Privat- oder Intimsphäre beeinträchtigen und aus diesem Grund das Persönlichkeitsrecht verletzen. Darüber hinaus kann das Selbstbestimmungsrecht im Einzelfall Äußerungen schützen, die zwar als solche nicht die Intim- oder Privatsphäre des Äußernden betreffen, aber doch wegen der zugrundeliegenden Umstände unstreitig nicht für die Öffentlichkeit bestimmt sind und dadurch Privatheitscharakter erlangen. Dies kommt namentlich in Betracht, wenn die Weitergabe bzw. Veröffentlichung besonders schwer in Persönlichkeitsinteressen eingreifen würde.[74] Vertraut jemand einem Journalisten Informationen einzig und unter der ausdrücklichen Maßgabe an, nicht als Quelle genannt zu werden, so ist dieser Aspekt im Rahmen der Abwägung zugunsten eines persönlichkeitsrechtlichen Schutzes zu berücksichtigen, wenn sich der Journalist nicht an die Absprache hält.[75] 1137

71 BGH vom 2.4. 1957 (Krankenpapiere), BGHZ 24, 72, 81.

72 BVerfG vom 15.1. 1970, BVerfGE 27, 344, 352ff.

73 BGH vom 24.10. 1961 (Waffenhandel), BGHZ 36, 77, 83f.; BGH vom 20.1. 1981 (Aufmacher I), BGHZ 80, 25, 42 kein „Bestandsschutz für [das] Vertrauen in den Gesprächspartner“; BGH vom 10.3. 1987 (BND-Roman), NJW 1987, 2667, 2668.

74 BGH vom 10.3. 1987 (BND-Roman), NJW 1987, 2667, 2668f.

75 Zu Cohen v. Cowles Media Company und zur restriktiveren Linie des US-amerikanischen Rechts siehe Rdnr. 1107.

VII. Zitate

1138 Der Einzelne genießt grundsätzlich keinen Schutz dagegen, zitiert zu werden. Medien dürfen öffentliche Äußerungen eines Betroffenen als Zitat wiedergeben, soweit das Zitat inhaltlich korrekt ist, der zitierte Inhalt in zulässiger Weise in Erfahrung gebracht wurde und keinen vertraulichen oder sonstwie persönlichen Charakter hat. Dient ein zutreffendes Zitat zur öffentlichen Meinungsbildung, so ergibt sich die Berechtigung des zitierenden Medienunternehmens sogar direkt aus Art. 5 Abs. 1 Satz 2 GG.[76]

1139 **Falschzitate**, die dem Zitierten eine Äußerung zuschreiben, die er nicht gemacht hat, werden dagegen von der Verfassung nicht geschützt und sind eine unzulässige Verletzung der Persönlichkeit (siehe Rdnr. 1599). Zitate schließlich, die den Betroffenen korrekt wiedergeben, aber den **zitierten Inhalt auf unzulässige Weise erlangt** haben, sind grundsätzlich wie sonstige Verletzungen des Selbstbestimmungsrechts zu behandeln. Ein wörtliches Zitat kann den Betroffenen im Einzelfall aber stärker verletzen als eine bloß sinngemäße Wiedergabe.

C. Unternehmerische und geschäftliche Schutzinteressen

I. Unternehmensinterna

1140 Die Recherchemöglichkeiten der Medien finden weitere Grenzen in bestimmten Rechtsinteressen von Unternehmen. Das Recht schützt das Interesse des Unternehmens, die „innerbetriebliche Sphäre vor der Öffentlichkeit geheimzuhalten".[77] Der Schutz erklärt sich aus wettbewerbsfunktionalen Überlegungen. Er verschafft dem Unternehmer gegenüber seinen Konkurrenten die Möglichkeit zu überraschenden geschäftlichen Vorstößen und damit die Aussicht, zunächst der einzige Anbieter zu sein und so für den Vorstoß „belohnt" zu werden.[78] Wettbewerb kann letztlich nur funktionieren und zu Neuerungen führen, wenn Unternehmen beispielsweise ihre Produktionsmethoden, Bezugsquellen, Kostenkalkulationen, Einkaufspreise und insbesondere Pläne über zukünftige Geschäftsvorhaben geheim halten können. Das Recht auf „ungestörte Ausübung" des Geschäftsbetriebs schützt daher auch die Geheimhaltung und ist beispielsweise verletzt, wenn ein geheimes Herstellungsverfahren unbefugt preisgegeben wird.[79] Wird geheimes Geschäftswissen zu Konkurrenzzwecken genutzt, so werden in der Regel die wettbewerbsrechtlichen Vorschriften[80] einschlägig sein und der deliktische Schutz aus Subsidiaritätsgründen zurücktreten. Werden Be-

---

76 BVerfG vom 3.6. 1980 (Böll/Walden), BVerfGE 54, 208, 219f.
77 BGH vom 20.1. 1981 (Aufmacher I), BGHZ 80, 25, 32.
78 Zu Einzelheiten *Beater*, Unlauterer Wettbewerb, § 18 Rdnr. 1, 6, § 2 Rdnr. 13f.
79 BGH vom 25.1. 1955, BGHZ 16, 172, 173, 176; dazu *Breidenbach* CR 1989, 1074ff. BGH vom 18.3. 1955, BGHZ 17, 41, 51.
80 §§ 17ff., 4 Nr. 10 UWG.

triebsinterna durch Medien publik gemacht, so ist die Berichterstattung am Recht am Unternehmen zu messen. Werden Geschäftsinterna eines Medienunternehmens veröffentlicht, so sind Sondermaßstäbe zu beachten (siehe Rdnr. 1073ff., 1148ff.).[81]

Im Rahmen der erforderlichen Abwägung kommt es vor allem auf die Schwe- 1141
re des Eingriffs sowie auf die Bedeutung der Information für die Unterrichtung der Öffentlichkeit und für die öffentliche Meinungsbildung an.[82] Die Judikatur steuert dabei einen veröffentlichungsfreundlichen Kurs und räumt den Informationsinteressen der Allgemeinheit gegenüber dem unternehmerischen Interesse tendenziell Vorrang ein. Unternehmerische Interna sind den Einblicken der Öffentlichkeit nicht schlechthin entzogen.[83]

Wichtig ist vor allem die **Aufmacher-Entscheidung** (siehe auch Rdnr. 1149). Im Streitfall 1142
hatte der Enthüllungsjournalist *Günter Wallraff* durch das Vorspiegeln von Unwahrheiten eine Anstellung im Unternehmen erreicht und auf diese Weise interne Informationen erlangt. Der BGH sah darin kein wesentliches Unzulässigkeitskriterium. Nach dem Urteil ist ein Arbeitnehmer durch seine Verpflichtung zur Verschwiegenheit nicht gehindert, nach seinem Ausscheiden aus dem Anstellungsverhältnis Betriebsinterna zu offenbaren, wenn er damit gewichtige innerbetriebliche Missstände aufdeckt, durch die die Öffentlichkeit betroffen ist und denen durch betriebsinternes Vorstelligwerden nicht erfolgreich begegnet werden kann.[84] Das Offenbaren von Betriebsinterna in öffentlicher Kritik an einem Unternehmen kann selbst dann rechtmäßig sein, wenn sich der Kritiker die Kenntnis durch Anstellung in dem Unternehmen unter Verschweigen seiner Absicht und Nutzen eines Decknamens verschafft hat.[85] Für diese Linie spricht, dass es um Informationen ging, die sich nur „konspirativ" ermitteln ließen.

Im Streitfall der **Marienhof-Entscheidung** hatte der beklagte Journalist im Zusam- 1143
menhang mit Schleichwerbungspraktiken beim öffentlich-rechtlichen Rundfunk recherchiert. Er gab sich dazu im Rahmen einer verdeckten Recherche als Unternehmensberater aus und trat mehrfach mit der Klägerin in geschäftlichen Kontakt. Die Klägerin war eine Unternehmensberatungsgesellschaft, deren Kerngeschäft die „themenbezogene Massenkommunikation" war und die Konzepte für die Einbindung von Requisiten in Film- und Fernsehproduktionen anbot. Sie präsentierte dem Beklagten mehrere Beispiele, wie Produkte oder Themen als natürliche, dramaturgisch notwendige Requisiten in Film- und Fernsehsendungen eingebunden werden. Später erhob sie Klage gegen den Journalisten und verlangte u.a., dass dieser das Erfahrene weder weitergebe noch veröffentliche. Das OLG München wies die Klage zurück. Wettbewerbsrechtliche Ansprüche schieden aus, da der Journalist nicht zu Wettbewerbszwecken gehandelt hatte.[86] Auch auf eine stillschweigende Vertraulichkeitsvereinbarung konnte sich die Klägerin nicht stützen. Selbst wenn eine derartige Absprache zustande gekommen wäre, hätte sie doch ge-

81 BVerfG vom 25. 1. 1984 (Wallraff), BVerfGE 66, 116, 133f.; BGH vom 20. 1. 1981 (Aufmacher I), BGHZ 80, 25, 32, 34f.
82 BVerfG vom 25. 1. 1984 (Wallraff), BVerfGE 66, 116, 139.
83 BGH vom 20. 1. 1981 (Aufmacher I), BGHZ 80, 25, 32.
84 BGH vom 20. 1. 1981 (Aufmacher I), BGHZ 80, 25, 28ff.; kritisch *Krüger* GRUR 1981, 445f.
85 BGH vom 20. 1. 1981 (Aufmacher I), BGHZ 80, 25, 38ff.
86 OLG München vom 20. 1. 2005 (Marienhof), AfP 2005, 371, 372f. Siehe Rdnr. 752ff.

gen die guten Sitten verstoßen und wäre damit nichtig gewesen.[87] Deliktische Ansprüche schließlich lehnte das Gericht ebenfalls ab.[88] Bei den fraglichen Praktiken getarnter Werbung handele es sich um unzulässige Verhaltensweisen, die anders als durch eine verdeckte Recherche nicht aufgedeckt werden könnten. Insgesamt müsse die Täuschung der Klägerin auch unter Berücksichtigung des Umstands als rechtmäßig erachtet werden, dass sie sich im Ergebnis nachteilig auf ihr Unternehmen auswirke. Es gebe kein schützenswertes Interesse der Klägerin, welches das Interesse an der Aufklärung von Missständen im Zusammenhang mit dem Angebot von Schleichwerbung überwiegen könne. Im Übrigen bestehe auch aufgrund der Finanzierungsweise des öffentlich-rechtlichen Fernsehens ein Interesse der Allgemeinheit daran, dass Schleichwerbung der angebotenen Art unterbunden werde.

II. Berufsbezogene Verschwiegenheitspflichten

1144 Manche Branchen, insbesondere bestimmte freie Berufe, unterliegen besonderen Verschwiegenheitspflichten. Sie sind straf- und berufsrechtlich verpflichtet, persönliche oder Geschäftsgeheimnisse zu wahren, die ihnen im Zusammenhang mit ihrer Tätigkeit von Patienten, Mandanten, Klienten oder Kunden anvertraut wurden oder sonst bekannt geworden sind (§203 StGB). Die einschlägigen Normen schützen nicht allein Vertraulichkeitsinteressen des betroffenen Mandanten oder Vertragspartners. Sie dienen auch beruflich-institutionellen Zielen, nämlich zum Schutz des allgemeinen Vertrauens in die Verschwiegenheit der Angehörigen bestimmter Berufe.[89] Beispielsweise sichert die ärztliche Schweigepflicht primär das allgemeine Interesse an einer funktionsfähigen ärztlichen Gesundheitspflege, die ohne ein vertrauensvolles Verhältnis zwischen Arzt und Patient nicht möglich wäre.[90]

1145 Ein „Geheimnis" können alle Angelegenheiten sein, deren Kenntnis nicht über einen geschlossenen und durch eine bestimmte Zugehörigkeit definierten Personenkreis hinausgeht.[91] Kein Geheimnis sind offenkundige Informationen. Nicht geschützt werden deshalb Tatsachen, von denen verständige und erfahrene Menschen ohne weiteres Kenntnis haben oder von denen sie sich jederzeit durch Benutzung allgemein zugänglicher, zuverlässiger Quellen unschwer überzeugen können.[92] Als allgemein zugänglich sieht die Rechtsprechung beispielsweise Zeitschriften, Bibliotheken, Adress- und Telefonbücher an. Öffentliche Register sind dann keine allgemein zugängliche Quelle, wenn die Einsichtnah-

87 OLG München vom 20.1.2005 (Marienhof), AfP 2005, 371, 373. Siehe Rdnr. 1205f.

88 OLG München vom 20.1.2005 (Marienhof), AfP 2005, 371, 374f.

89 Die genaue Gewichtung zwischen dem individuellen und dem institutionellen Schutzanliegen ist str.; statt vieler *Lenckner* in: Schönke/Schröder, §203 StGB RN. 3 mwN.

90 BGH vom 8.10. 1968, NJW 1968, 2288, 2290 zu §203 StGB; allgemein *Spickhoff* in: Deutsch/Spickhoff, Medizinrecht, 5. Auflage 2003, Rdnr. 471 mwN.

91 BGH vom 30.1. 1957, BGHSt 10, 108 zum insoweit deckungsgleichen §353b StGB; Tröndle/*Fischer*, §203 StGB Rn. 3ff. mwN.

92 Amtliche Begründung zum EGStGB, BT-Drucks. 7/550, S. 242; Tröndle/*Fischer*, §203 StGB Rn. 10a mwN.

me von einem berechtigten Interesse abhängig ist.[93] Daher sind beispielsweise Fahrzeug- und Halterdaten, die im Rahmen einer einfachen Registerauskunft nach § 39 Abs. 1 StVG übermittelt werden, nicht offenkundig und können vom strafrechtlichen Geheimnisschutz erfasst werden.[94]

Veröffentlichungen entsprechender Geheimnisse durch Medien sind grundsätzlich „unbefugt" im Sinne von § 203 StGB und damit unzulässig. Sonderfälle, in denen ein entsprechendes öffentliches Informationsbedürfnis eine Veröffentlichung durch die Medien erlaubt, sind vorstellbar, haben die Gerichte bislang aber nicht erreicht. 1146

Als Anwendungsfall lässt sich denken, dass die Presse über den Gesundheitszustand eines Arztes berichtet, der trotz einer möglicherweise ansteckenden Infektion (HIV, Hepatitis) operiert.[95] Ein legitimierendes Informationsinteresse wäre im Hinblick auf den Vorgang als solchen ohne weiteres zu bejahen. Es ist aber zweifelhaft, ob es auch eine Berichterstattung erlauben würde, die den Arzt identifiziert oder für Eingeweihte erkennbar macht. Wendet sich ein Arzt nach dem Tode seines prominenten Patienten selbst an die Öffentlichkeit, ohne von der Schweigepflicht entbunden worden zu sein, so wird dies in der Regel unzulässig sein. Prominente Beispiele sind die Beschreibungen der Krankheiten *Otto von Bismarcks* durch dessen Leibarzt, Tagebuchaufzeichnungen über den Gesundheitszustand *Winston Churchills* und die Veröffentlichung von Bildern des verstorbenen Papstes *Pius XII.*[96] Aus Sicht des Persönlichkeitsrechts ist aber zu beachten, dass der postmortale Schutz gewissen zeitlichen Beschränkungen unterliegt.[97] Eine Veröffentlichung kann daher umso eher zulässig werden, je länger der Tod des Betroffenen zurückliegt. 1147

D. Redaktionsinterna

Betrifft die Recherche bzw. eine Veröffentlichung die Redaktionsinterna eines Medienunternehmens, so sind grundrechtliche Implikationen zu beachten. Art. 5 Abs. 1 Satz 2 GG schützt die „Vertraulichkeit der Redaktionsarbeit".[98] Es wäre mit der Presse- und Rundfunkfreiheit unvereinbar, wenn sich staatliche Stellen beispielsweise Einblick in die Vorgänge verschaffen dürften, die zur Entstehung einer Zeitung oder Zeitschrift führen.[99] Das führt in den Augen des BVerfG zu medienrechtlich bedingten Sondermaßstäben auch in solchen Fällen, in denen es nicht um einen staatlichen Einblick in die Redaktionen geht. Die 1148

93 BGH vom 8. 10. 2002, BGHSt 48, 28, 31 mwN.
94 BGH vom 8. 10. 2002, BGHSt 48, 28, 31 f.; dazu *Vahle* DSB 2003, Nr. 2, 19; *Behm* JR 2003, 292 ff.
95 Beispiel in Anlehnung an *Spickhoff* in: Deutsch/Spickhoff, Medizinrecht, 5. Auflage 2003, Rdnr. 471.
96 Dazu *Spickhoff* in: Deutsch/Spickhoff, Medizinrecht, 5. Auflage 2003, Rdnr. 471 mwN.
97 Soergel/*Beater*, BGB, § 823 Anh. IV Rz. 29.
98 BVerfG vom 25. 1. 1984 (Wallraff), BVerfGE 66, 116, 133 f.; BVerfG vom 1. 10. 1987 (Beschlagnahme von Filmmaterial), BVerfGE 77, 65, 75.
99 BVerfG vom 25. 1. 1984 (Wallraff), BVerfGE 66, 116, 135.

Ermittlung und Weitergabe solcher Informationen verletzt danach nicht nur unternehmerische, sondern u.U. auch speziell redaktionelle Interessen, da Medienunternehmen in besonderer Weise auf Vertraulichkeit angewiesen sind.[100]

1149 Solche Fragen betrifft die **Aufmacher-Entscheidung**, die eben schon in anderem Zusammenhang angesprochen wurde. Im Streitfall hatte der Enthüllungsjournalist *Günter Wallraff* redaktionelle Interna öffentlich gemacht, insbesondere die Arbeitsweise und das Arbeitsklima in der Redaktion eines Boulevardblatts. Der BGH hielt dies im Ergebnis für zulässig und stützte sich darauf, dass die Art und Weise, in der eine Zeitung entstehe und auf die Meinungsbildung durch Auswahl und Aufbereitung der Informationen Einfluss nehme, für die Öffentlichkeit von besonderem Interesse sei. Dies gelte namentlich für ein Massenblatt mit der Verbreitung und der Suggestivkraft der „Bild"-Zeitung.[101] Demgegenüber räumte das BVerfG jedoch dem speziellen Bedürfnis der Presse nach Vertraulichkeitsschutz grundsätzlich ein höheres Gewicht ein, sofern nicht Zustände oder Verhaltensweisen offenbart würden, die ihrerseits rechtswidrig seien und Missstände von so erheblichem Gewicht beträfen, dass an ihrer Aufdeckung ein überragendes öffentliches Interesse bestehe.[102]

1150 Die Entscheidung des BVerfG verdient **Kritik**. Im Streitfall waren weder Geschäfts- oder Betriebsgeheimnisse im eigentlichen Sinne noch der Schutz von Informanten betroffen. Es ist nicht einsichtig, warum Medien auch darüber hinaus und stärker als andere Unternehmen davor gesichert werden sollen, dass interne Vorgänge und Arbeitsweisen öffentlich gemacht werden. Auch sie müssen sich der öffentlichen Diskussion stellen. Tritt ein Einzelner mit provokanten Thesen oder als „Sittenrichter" in die Öffentlichkeit, so muss er es akzeptieren, wenn die Öffentlichkeit daraufhin erfahren will, was für eine Person derjenige ist, der solche Maßstäbe aufstellt und sich über andere Gehör verschaffen will.[103] Wenn stattdessen ein Medienunternehmen „Wasser predigt und Wein trinkt", dann muss es ebenfalls erlaubt sein, dies öffentlich zu machen. Das Urteil ist eine Fehlentscheidung und läuft auf eine nicht gerechtfertigte Bevorzugung der Medien hinaus.

E. Staats- und Amtsgeheimnisse

1151 Staatliche Schutzinteressen können der Ermittlung und Veröffentlichung von Informationen vor allem in Gestalt von Dienstgeheimnissen und entsprechenden Schweigepflichten entgegenstehen. Die öffentliche Verwaltung kann nur dann rechtsstaatlich einwandfrei, zuverlässig und unparteiisch arbeiten, wenn ihre Bediensteten über dienstliche Vorgänge grundsätzlich nach außen Stillschwei-

100 BVerfG vom 25.1. 1984 (Wallraff), BVerfGE 66, 116, 133f.; BGH vom 20.1. 1981 (Aufmacher I), BGHZ 80, 25, 32, 34f.

101 BGH vom 20.1. 1981 (Aufmacher I), BGHZ 80, 25, 33f.; dazu befürwortend *Sieger* FuR 1981, 565ff.; *Maier* JZ 1982, 242f.; kritisch *Bettermann* NJW 1981, 1065ff.; *Schmitt Glaeser* AfP 1981, 314ff.; *Küchenhoff* AfP 1981, 395f.; *Geerds* JR 1982, 183ff.; *Roellecke* JZ 1981, 688ff. BGH vom 20.1. 1981 (Aufmacher II), NJW 1981, 1366.

102 BVerfG vom 25.1. 1984 (Wallraff), BVerfGE 66, 116, 139; dazu *Dohnold* ZUM 1991, 28, 29ff.

103 BGH vom 5.5. 1964 (Sittenrichter), NJW 1964, 1471, 1472. Siehe Rdnr. 982ff.

gen bewahren.[104] Daher bestehen für den Bereich des gesamten öffentlichen Dienstes **allgemeine Geheimhaltungspflichten**, die sowohl bereits die Weitergabe von Informationen an Journalisten als auch eine nachfolgende Veröffentlichung verbieten.[105] Sie sind beamten- und strafrechtlich geregelt.[106] Daneben gibt es Vorschriften für **spezielle Geheimnisse**, insbesondere über Staatsgeheimnisse,[107] Post- und Fernmeldegeheimnisse,[108] Steuer- und Bankgeheimnisse[109] und im Zusammenhang mit militärischen Anlagen.[110] Ebenso schützt das Strafrecht Privat- und Geschäftsgeheimnisse vor einer Offenbarung durch Amtsträger oder Personen, die in irgendeiner Weise im öffentlichen Interesse tätig werden.[111] Der Bürger muss darauf vertrauen können, dass öffentlich Bedienstete seine geheimen Angelegenheiten nicht publik machen.[112]

Der strafrechtliche Begriff des Geheimnisses deckt sich im Ausgangspunkt 1152
mit dem von §203 StGB (siehe Rdnr. 1145). Der das allgemeine **Dienstgeheimnis** betreffende §353b StGB verlangt darüber hinaus u.a., dass die Offenbarung des Geheimnisses „wichtige öffentliche Interessen gefährdet". Bei Geheimnissen, die als solche keine derartigen Interessen betreffen, ist der strafrechtliche Tatbestand nach der Rechtsprechung jedoch bereits erfüllt, wenn als mittelbare Folge des Geheimnisbruchs bei Aufdeckung und Bekanntwerden das Vertrauen der Bevölkerung in die Unparteilichkeit der Verwaltung erschüttert werden könnte.[113] Eine Veröffentlichung des Geheimnisses durch die Massenmedien wird aufgrund ihrer Breitenwirkung vielfach eine solche Wirkung mit sich bringen. Der Geheimnisschutz nach §353b StGB gilt prinzipiell auch für „illegale Geheimnisse", die im Widerspruch zur Rechtsordnung stehen.[114] Das Offenbaren eines solchen Geheimnisses wird aber in aller Regel keine wichtigen öffentlichen Interessen gefährden und auch nicht „unbefugt" sein.

Staatsgeheimnisse werden in den §§93ff. StGB besonders geschützt, da 1153
Zweige der Staatsverwaltung, denen die Sorge für den Bestand und die äußere Sicherheit des Staates obliegt, in besonderem Maße auf die Verschwiegenheit ihrer Mitarbeiter angewiesen sind.[115] Der Begriff des Staatsgeheimnisses ist ge-

---

104 BVerfG vom 28.4. 1970 (Fall Pätsch), BVerfGE 28, 191, 198.
105 Z.B. §95 Abs. 1 StGB „... an einen Unbefugten gelangen lässt oder öffentlich bekannt macht".
106 §§61 BBG, 39 BRRG, 353b StGB.
107 §§93ff. StGB.
108 §206 StGB.
109 §§30ff. AO, 355 StGB.
110 §109g StGB.
111 §203 Abs. 2 StGB.
112 BVerfG vom 28.4. 1970 (Fall Pätsch), BVerfGE 28, 191, 199.
113 BGH vom 19.6. 1958, BGHSt 11, 401, 404 zu Prüfungsaufgaben für die Aufnahmeprüfung in eine höhere Schule; siehe auch BGH vom 23.3. 2001, BGHSt 46, 339, 344f.; kritisch *Perron* JZ 2002, 50ff.; *Behm* AfP 2000, 421ff.
114 BGH vom 8.11. 1965 (TO-Maßnahmen), BGHSt 20, 342, 359ff. Das Urteil erging zu §§99f. StGB a.F., betrifft aber in Bezug auf §353b StGB nach wie vor geltendes Recht.
115 BVerfG vom 28.4. 1970 (Fall Pätsch), BVerfGE 28, 191, 199.

setzlich definiert und setzt u.a. Inhalte voraus, die „vor einer fremden Macht geheimgehalten werden müssen, um die Gefahr eines schweren Nachteils für die äußere Sicherheit der Bundesrepublik Deutschland abzuwenden" (§ 93 Abs. 1 StGB). Ein Staatsgeheimnis setzt zugleich ein Geheimnis von einer gewissen Bedeutung, einem gewissen Rang voraus. Mitteilungen, die einen geringen nachrichtendienstlichen Wert haben, gefährden das Wohl der Bundesrepublik Deutschland nicht.[116] Ebenfalls keine Staatsgeheimnisse sind illegale Vorgänge bzw. Tatsachen, die gegen die freiheitlich demokratische Grundordnung oder bestimmte zwischenstaatlich vereinbarte Rüstungsbeschränkungen verstoßen (§ 93 Abs. 2 StGB). Mit der freiheitlich demokratischen Grundordnung sind die obersten Grundwerte gemeint, die das Grundgesetz innerhalb der staatlichen Gesamtordnung als fundamental ansieht.[117] Die zentralen Elemente sind die Achtung vor den im Grundgesetz konkretisierten Menschenrechten, Volkssouveränität, Gewaltenteilung, Verantwortlichkeit der Regierung, Gesetzmäßigkeit der Verwaltung, Unabhängigkeit der Gerichte, Mehrheitsprinzip und Chancengleichheit für politische Parteien mit dem Recht auf verfassungsmäßige Bildung und Ausübung einer Opposition.[118]

1154 Die allgemeine **beamten- bzw. dienstrechtliche Verschwiegenheitspflicht** geht in ihrer sachlichen Reichweite über den strafrechtlichen Geheimnisschutz hinaus.[119] Die Treuepflicht verlangt weiterhin, dass ein Amtsträger, der sich zum Beispiel gegen Missstände in seiner Verwaltungsabteilung wenden will, grundsätzlich mit dem schonendsten Mittel beginnt. Der Bedienstete muss sich dazu zunächst an die eigene Behörde wenden bzw. den Dienstweg beschreiten, ggf. Abgeordnete einschalten und die Möglichkeiten des Petitionsrechts (Art. 17 GG) ausschöpfen, bevor er den entscheidenden Schritt einer „Flucht in die Öffentlichkeit" macht.[120]

1155 Werden Geheimnisse bzw. Missstände in der Verwaltung durch einen Beamten oder Mitarbeiter **über die Medien öffentlich gemacht**, so kann dies sowohl straf- als auch dienstrechtlich im Ausnahmefall selbst dann rechtens sein, wenn zuvor keine weniger gravierenden Abhilfemaßnahmen versucht wurden. Wird ein Staatsgeheimnis offenbart, so kann dies nach den Grundsätzen der Güterabwägung unter Heranziehung von Art. 5 Abs. 1 GG durch einen übergesetzlichen Rechtfertigungsgrund gedeckt sein.[121] Die erforderliche Abwägung hat dabei auch zu beachten, wieweit sich die Veröffentlichung und das öffentliche Informationsinteresse jeweils auf konkrete Einzelheiten erstrecken.[122] Im Zusam-

116 BGH vom 8. 11. 1965 (TO-Maßnahmen), BGHSt 20, 342, 381.
117 Tröndle/*Fischer*, § 93 StGB Rn. 13.
118 BVerfG vom 23. 10. 1952, BVerfGE 2, 1, 13.
119 *Lenckner* in: Schönke/Schröder, § 353b StGB RN. 4.
120 BGH vom 23. 9. 1976, DRiZ 1977, 55, 56; siehe auch BDH vom 21. 8. 1953, BDHE 1, 32, 33f.
121 Tröndle/*Fischer*, § 93 StGB Rn. 18 mwN. unter Berufung auf BVerfG vom 15. 3. 1967, BVerfGE 21, 239ff.
122 BVerfG vom 15. 3. 1967, BVerfGE 21, 239, 244.

menhang mit schweren Verstößen gegen die verfassungsmäßige Ordnung[123] bzw. evidenten und besonders schweren Verfassungsverstößen[124] darf sich der Beamte auch unmittelbar an die Öffentlichkeit wenden.

Die **Fall Pätsch-Entscheidung** des BVerfG betraf einen Mitarbeiter des Bundesamts für Verfassungsschutz. Ihm waren im so genannten „Kellerfall" Zweifel an der Rechtmäßigkeit einer Abhörmaßnahme gekommen, die sich gegen einen Ausländer richtete und an der er selbst beteiligt war. Er befürchtete, wegen dieses Vorgangs strafrechtlich zur Verantwortung gezogen werden zu können. Deshalb suchte er einen Rechtsanwalt auf, dessen Bruder der Herausgeber des Nachrichtenmagazins DER SPIEGEL war. In den weiteren Gesprächen, denen auch Zeitungs- und Fernsehredakteure beiwohnten, teilte der Mitarbeiter u.a. Einzelheiten über Angehörige des Bundesamts, über Telefonüberwachungsmaßnahmen gegenüber Deutschen und über den „Kellerfall" mit. Es kam in der Folge zu entsprechenden Presseveröffentlichungen. Im Rahmen des nachfolgenden Strafverfahrens hielt der **BGH** den Angeklagten aus unterschiedlichen Gründen für straflos, soweit er den Rechtsanwalt eingeschaltet und der Presse Einzelheiten über Mitarbeiter und bestimmte Abhöraktionen des Bundesamts mitgeteilt hatte.[125] Das Einschalten der Medien sahen die Richter aber als strafbare Handlung iSv. § 353b StGB an, soweit der Presse Einzelheiten über den „Kellerfall" mitgeteilt wurden.[126] Da der Vorgang ein Einzelfall war, betraf er kein Staatsgeheimnis. Sein Offenbaren war aufgrund geheimdienstlicher Zusammenhänge aber geeignet, die Zusammenarbeit des Verfassungsschutzes mit alliierten Institutionen zu beeinträchtigen und so wichtige öffentliche Interessen zu gefährden. Eine Rechtfertigung schied in den Augen des BGH aus, da der vom Angestellten ohne vorheriges Einschalten des Dienstherrn öffentlich gemachte Vorgang keinen schweren Verstoß gegen die verfassungsmäßige Ordnung betraf. Das dagegen im Wege der Verfassungsbeschwerde angerufene **BVerfG** bestätigte diese Linie.[127] Da im Streitfall ein schwerer Verfassungsverstoß ausschied, war entscheidend, dass es dem Angestellten ohne weiteres möglich und zumutbar gewesen wäre, zunächst den Verwaltungsweg zu beschreiten oder die sonstigen Stellen einzuschalten. Dies hatte er jedoch nicht einmal versucht. 1156

123 BGH vom 8.11.1965 (TO-Maßnahmen), BGHSt 20, 342, 364ff.
124 BVerfG vom 28.4.1970 (Fall Pätsch), BVerfGE 28, 191, 205.
125 BGH vom 8.11.1965 (TO-Maßnahmen), BGHSt 20, 342, 348f., 350ff., 374ff.
126 BGH vom 8.11.1965 (TO-Maßnahmen), BGHSt 20, 342, 380ff.
127 BVerfG vom 28.4.1970 (Fall Pätsch), BVerfGE 28, 191, 203ff.; dazu kritisch *Schmid* JZ 1970, 683ff.

§ 14: Journalistische Sorgfalt

Ausgewählte Literatur

1157 *Huff*, Sorgfaltspflichten von Journalisten bei der Justizberichterstattung, FS Damm 2005, 70ff.; *Müntinga*, Die journalistischen Wahrheits- und Sorgfaltspflichten und die Möglichkeiten ihrer Durchsetzung, 1999; *Peters*, Die publizistische Sorgfalt, NJW 1997, 1334ff.; *Rhode*, Publizistische Sorgfalt und redaktionelle Rechtspflichten, 2004.

A. Ausgangsfragen

1158 Die Medien unterliegen einer Wahrheits- und Sorgfaltspflicht, nach der sie Nachrichten vor ihrer Verbreitung mit der nach den Umständen gebotenen Sorgfalt auf Wahrheit, Inhalt und Herkunft zu prüfen haben.[1] Diese Pflicht ist ein unverzichtbares und essenzielles medienrechtliches **Korrelat zur öffentlichen Aufgabe der Medien.**[2] Die Medien können der öffentlichen Meinungsbildung nur dienen bzw. öffentliche Information, Kontrolle und Dialog nur dann sinnvoll gewährleisten, wenn die von ihnen verbreiteten Informationen auch inhaltlich zutreffen. Ebenso wenig kann es einem Betroffenen zugemutet werden, Verletzungen durch Äußerungen hinnehmen zu müssen, um deren Richtigkeit sich der Äußernde nicht geschert hat. Unrichtige Berichterstattungen, denen keine sorgfältigen Recherchen zugrunde liegen, sind kein schützenswertes Gut.[3]

1159 Besonders eindrucksvoll zeigt sich die Bedeutung der Wahrheits- und Sorgfaltspflicht am Beispiel der **Abgeordnetenbestechung-Entscheidung**. Im Streitfall hatte ein Nachrichtenmagazin in seiner Titelgeschichte über den gescheiterten Versuch berichtet, den Bundeskanzler *Willy Brandt* durch ein Misstrauensvotum zu stürzen. Der Beitrag stützte sich auf ein mit „Gruß B." gezeichnetes Fernschreiben, das der Deutschen Presseagentur zugegangen und in der Schweiz aufgegeben worden war. Dieses Schreiben teilte ohne weitere Angaben mit, es seien mit bestimmten Abgeordneten „Übertrittsverhandlungen" aufgenommen worden und der Kläger habe als etwaige Gegenleistung hohe Geldsummen bei einer schweizerischen Bank bereitgestellt. Das Nachrichtenmagazin entschloss sich allein auf dieser Tatsachengrundlage zur Veröffentlichung. Es hatte nicht einmal sichere Anhaltspunkte dafür, wer als Absender des Fernschreibens in Betracht kam. Über

---

1 Z.B. §§ 5 LPrG MV, 10 Abs. 1 Satz 3 RStV, 6 Abs. 1 Satz 2 ZDF-StV.

2 Löffler/*Steffen*, § 6 LPG Rdnr. 2ff.

3 BGH vom 13. 1. 1987, NJW 1987, 1403, 1404; BGH vom 20. 12. 1988 (Filmbesprechung), GRUR 1989, 222, 224. „There is no constitutional value in false statements of fact. Neither the intentional lie nor the careless error materially advances society's interest in uninhibited, robust, and wideopen debate on public issues", *Powel* J. in Gertz v. Welch, 418 U.S. 323, 340 (1974).

Anhaltspunkte für die inhaltliche Richtigkeit des Schreibens verfügte die Redaktion erst recht nicht. Zugleich war zu beachten, dass der Informant nicht nur vor der Öffentlichkeit, sondern auch gegenüber dem Empfänger seines Fernschreibens anonym bleiben wollte, was die Mitteilung noch weiter ins Zwielicht rückte. Insgesamt wertete der BGH das Verhalten des Magazins als groben Verstoß gegen die journalistische Sorgfaltspflicht[4] und hielt die Veröffentlichung im Ergebnis für rechtswidrig. Die Medien dürfen selbst Informationen von extremer öffentlicher Bedeutung – und was könnte eigenlich wichtiger sein, als die im Streitfall relevanten Vorgänge – nur verbreiten, wenn sie ihrer Sorgfaltspflicht genügt haben.

Die Wahrheits- und Sorgfaltspflicht führt zu einem **Sonderrecht für Medien.** 1160
Für Medienunternehmen sind strengere Maßstäbe angemessen als für Private,[5] denn sie haben bessere Recherchemöglichkeiten, ihre gesamte Bestimmung ist gerade auf das Ermitteln und Vermitteln von Informationen gerichtet und ihre Äußerungen haben eine ungleich größere Reichweite. Während sich ein Privater beispielsweise mit rechtfertigender Wirkung auf unwidersprochene Vorveröffentlichungen der Medien berufen kann, muss die Presse grundsätzlich eigene Nachforschungen anstellen.[6] Medien dürfen weder fahrlässig unwahre Nachrichten weitergeben,[7] noch in ihren Berichten Gesichtspunkte unterschlagen, die ihnen bekannt und für das Verständnis des Berichteten wichtig sind.[8]

Die Wahrheits- und Sorgfaltspflicht hat einen **rechtlichen Doppelcharakter.** 1161
Sie trägt sowohl medienrechtlichen Überlegungen als auch Schutzinteressen Betroffener Rechnung, die jeweils auf verschiedenen Rechtsgrundlagen fußen. Beide Komponenten sind dogmatisch und für das Verständnis der Materie voneinander zu trennen, laufen im praktischen Ergebnis aber auf dasselbe Resultat hinaus.

I. Medienrechtliche Komponente

Medienrechtlich erklärt sich die Sorgfaltspflicht aus der **Bedeutung zutref-** 1162
fender Informationen für die öffentliche Meinungsbildung. „Nur dann, wenn der Leser – im Rahmen des Möglichen – zutreffend unterrichtet wird, kann sich

4 BGH vom 3.5. 1977 (Abgeordnetenbestechung), NJW 1977, 1288, 1289; dazu *Sedelmeier* AfP 1977, 377ff.; *Steffen* LM BGB § 823 (Ah) Nr. 58; zustimmend *Hoth* GRUR 1977, 678f.

5 BVerfG vom 26.8. 2003, NJW 2004, 589 mwN.

6 BVerfG vom 9.10. 1991 (Kritische Bayer-Aktionäre), BVerfGE 85, 1, 22; dazu *Heselhaus* NVwZ 1992, 740ff.; *Hufen* JuS 1992, 961ff.; *Helle* EWiR 1994, 1087f.; *Soehring* NJW 1994, 2926, 2927; *Grimm* NJW 1995, 1697, 1702. BVerfG vom 11.3. 2004, NJW 2003, 1855, 1856.

7 Für Private trifft § 824 Abs. 2 BGB nach Grundkonzeption und Wortlaut gerade die entgegengesetzte Wertung. Eine fahrlässige Unkenntnis – des Privaten – hindert das Eingreifen der Vorschrift nicht, RG vom 14.3. 1914, RGZ 84, 294, 295; RG vom 18.5. 1932, JW 1932, 3060, 3061.

8 BVerfG vom 25.1. 1961 (Auf der Wolga verhaftet), BVerfGE 12, 113, 130.

die öffentliche Meinung richtig bilden. Die Presse ist daher um ihrer Aufgabe bei der öffentlichen Meinungsbildung willen gehalten, Nachrichten und Behauptungen, die sie weitergibt, auf ihren Wahrheitsgehalt zu prüfen. Wenn auch diese Prüfungs- und Wahrheitspflicht nicht überspannt werden darf, so ist es doch unzulässig, leichtfertig unwahre Nachrichten weiterzugeben".[9]

1163 Die Wahrheits- und Sorgfaltspflicht ist in nahezu allen Pressegesetzen[10] sowie im RStV[11] und im MDStV[12] als landesrechtliche Pflicht der Medien normiert. Sie hat insoweit medienrechtlichen bzw. öffentlich-rechtlichen Charakter[13] und ihre Verletzung löst öffentlich-rechtliche Folgen aus.

1164 Praktische Bedeutung hat dies für den **privaten Rundfunk**. Der Verstoß gegen die gesetzlichen Sorgfaltsanforderungen kann von den Landesmedienanstalten im Wege der Beanstandung geahndet werden.[14] Die Behörde kann dazu bestimmen, dass die Beanstandung von dem betroffenen Veranstalter in seinem Rundfunkprogramm verbreitet wird. Inhalt und Zeitpunkt der Bekanntgabe sind durch die Landesmedienanstalt nach pflichtgemäßem Ermessen festzulegen. Als weitere Rechtsfolge eröffnen die Landesrundfunkgesetze jedem Bürger ein Rügerecht, mit dem er derartige Verletzungen des RStV gegenüber den Landesmedienanstalten verfolgen kann.[15] Ein solches Rügerecht kann auch bei Verletzungen durch **öffentlich-rechtliche Rundfunkveranstalter** in Betracht kommen.[16]

1165 Im Übrigen sind die gesetzlichen Bestimmungen über die journalistische Sorgfaltspflicht jedoch **sanktionslose Normen**.[17] Dies zeigt sich, wenn eine unrichtige bzw. unzureichend recherchierte Meldung kein Individuum verletzt, sondern sich etwa allgemein gegen „die Autoindustrie" richtet. In einem solchen Fall bestehen keine zivilrechtlichen Ansprüche, da es weder einen unmittelbar Verletzten gibt,[18] noch einen Verstoß gegen ein deliktisches Schutzgesetz.[19] Eine öffentlich-rechtliche bzw. presserechtliche Sanktion scheidet ebenfalls aus, da es im Medienrecht weder eine allgemeine Aufsichtsbehörde noch – wie im Wettbe-

---

9 BVerfG vom 25.1. 1961 (Auf der Wolga verhaftet), BVerfGE 12, 113, 130; siehe auch BVerfG vom 3.6. 1980 (Böll/Walden), BVerfGE 54, 208, 219f.; BGH vom 22.12. 1959 (Alte Herren), BGHZ 31, 308, 313.

10 Z.B. §5 Abs.1 Satz 1 LPrG MV; *Fechner/Mayer* (Hrsg.), Vorschriftensammlung Medienrecht, §5 Satz 1 PresseG mwN.

11 §10 Abs.1 Satz 3 RStV.

12 §11 Abs.2 Satz 2 MDStV mit Beschränkung auf „Nachrichten über das aktuelle Tagesgeschehen" (= §54 Abs.2 Satz 2 RStV-E, der allgemein von „Nachrichten" spricht).

13 Löffler/*Steffen*, §6 LPG Rdnr. 2ff.

14 §38 Abs.1 RStV; Hahn/Vesting/*Flechsig*, §10 RStV Rn.74f.; allgemein Herrmann/*Lausen*, Rundfunkrecht, §23 Rn.80ff. mwN.

15 Z.B. §28 RundfunkG MV; Hahn/Vesting/*Flechsig*, §10 RStV Rn.78ff.

16 Z.B. §§15 ZDF-StV, 13 NDR-StV.

17 Löffler/*Steffen*, §6 LPG Rdnr. 11.

18 Z.B. BGH vom 13.10. 1964 (Goggomobile), NJW 1965, 36, 37. Siehe Rdnr. 345, 372ff., 1220ff.

19 Siehe Rdnr. 1745f.

werbsrecht – die Möglichkeit von Verbandsklagen gibt. Eine sachgerechte Lösung wäre es in meinen Augen, in solchen Konstellationen Gegendarstellungen entsprechender Unternehmens-, Gesundheits- und Verbraucherverbände zuzulassen (siehe Rdnr. 1834f.). Nach herrschendem Verständnis greift das Gegendarstellungsrecht dagegen nicht ein, sondern ist allein auf denjenigen beschränkt, der durch die Tatsachenbehauptung „betroffen" bzw. nach deliktsrechtlichen Maßstäben verletzt ist.[20]

Das Sanktionsdefizit zeigt sich besonders anschaulich in der **Nematoden-Befall-Entscheidung**. Hier hatte die Sendereihe „Monitor" über Wurmbefall im Seefisch und die deshalb durch Fischverzehr entstehenden gesundheitlichen Risiken berichtet. Dies führte zu erheblichen wirtschaftlichen Einbußen sowohl einzelner Händler als auch der Branche insgesamt. Selbst wenn die Äußerungen unzutreffend gewesen wären (was im Streitfall nicht geklärt wurde), hätte der Sender gleichwohl nicht auf Schadensersatz gehaftet, weil er nur allgemein berichtet und sich nicht speziell mit dem Kläger und dessen gewerblicher Tätigkeit beschäftigt hatte.[21] Ebenso gibt es keine rechtlichen Schutzinstrumente zugunsten der Allgemeinheit bzw. zugunsten von Fischliebhabern, die infolge einer unzutreffenden Berichterstattung zu „Unrecht" auf den Genuss von Fisch verzichten. Gleiches gilt für Personen, die in der Vergangenheit Fisch gegessen haben und nunmehr im Nachhinein zu „Unrecht" um ihre Gesundheit fürchten. Derartige Berichterstattungen werden nicht sanktioniert. Die Wahrheit hat keine Lobby. 1166

II. Schutzrechtliche Komponente

Die Wahrheits- und Sorgfaltspflicht erklärt sich außerdem aus dem Schutz von Rechten, die durch Veröffentlichungen in den Medien beeinträchtigt werden können. Die Anforderungen an die Medien sind dabei nicht einheitlich, sondern in Relation zu dem jeweiligen Schutzrecht, also ähnlich wie das öffentliche Informationsinteresse sozusagen **schutzrechtsbezogen zu bestimmen**. Dementsprechend wird die Pflicht unterschiedlich definiert, je nachdem ob die Veröffentlichung etwa das Persönlichkeitsrecht, den deliktischen Kreditschutz, das Recht am Unternehmen oder wettbewerbsrechtliche Positionen betrifft.[22] Grundsätzlich reicht die Pflicht umso weiter, je stärker die Äußerung in Rechte eingreift. Allgemein müssen die Medien in einem gewissen Rahmen auf die schutzwürdigen Belange Betroffener Rücksicht nehmen.[23] Berührt die Äußerung das Persönlichkeitsrecht oder das Recht am Unternehmen, so ist im Rahmen der Gesamtabwägung zu berücksichtigen, wieweit sich das Medienunternehmen um eine Verifizierung seiner Äußerungen bemüht hat. Ist eine unwahre Äußerung kreditgefährdend, so ist die Einhaltung der Pflicht im Rahmen der 1167

20 Z.B. § 10 Abs. 1 Satz 1 LPrG MV. Siehe Rdnr. 1829ff.
21 AG Köln vom 11.4. 1988 (Nematoden-Befall), AfP 1988, 390, 391.
22 Siehe Löffler/*Steffen*, § 6 LPG Rdnr. 55ff., 106ff., 139ff., 151f.
23 BVerfG vom 25.1. 1961 (Auf der Wolga verhaftet), BVerfGE 12, 113, 130; BGH vom 22.12. 1959 (Alte Herren), BGHZ 31, 308, 313; BGH vom 31.5. 1974, BGHZ 62, 361, 364; BGH vom 30.1. 1979 (Exdirektor), NJW 1979, 1041.

zusammengezogenen Prüfung des Verschuldens und von §824 Abs.2 BGB zu untersuchen. Ist das Medienunternehmen seiner Prüfungspflicht nachgekommen, so wird es weitgehend vor zivilrechtlichen Ansprüchen geschützt.

1168 Die **Verstehen Sie Spaß-Entscheidung** des OLG München zeigt, dass das Zivilrecht u.U. auch gegenüber Medienberichten „helfen" kann, die unwahr sind, ohne Rechte Dritter zu verletzen.[24] Der Streitfall betraf die Meldung, dass ein unbekanntes Flugobjekt abgestürzt sei und dabei ein in der Nähe des Bundesnachrichtendienstes geparktes Auto durchschlagen habe. Ein Fernsehproduzent hatte die „Nachricht" mit Hilfe einer gestellten Sitatution bewusst zum Zwecke der Irreführung erzeugt und eine Zeitschrift über den „Vorgang" informiert. Das benachrichtigte Blatt nahm die falsche Meldung daraufhin in die geplante Titelschlagzeile auf und musste die Titelzeile später kostenaufwändig wieder korrigieren. Es machte im Weiteren einen deliktischen Anspruch gegen den Informanten auf Ersatz der Korrekturkosten geltend. Das OLG München lehnte den Ersatzanspruch jedoch ab, weil die Zeitschrift gegen ihre Recherchepflicht verstoßen hatte. Sie hatte die Meldung wegen ihrer Sensationswirkung nahezu ungeprüft noch in die Erstausgabe aufgenommen, um der Konkurrenz möglichst zuvorzukommen. Der Wettbewerbsdruck zu Konkurrenzblättern rechtfertigt keine ungenügenden Recherchen. Im Übrigen bestand gerade im Streitfall für die Reporter ein erhöhter Anlass zur Recherche, weil das gemeldete „Ereignis" in besonderer Weise selten und ungewöhnlich, ja unwahrscheinlich gewesen war.

B. Pflicht zur Prüfung

1169 Die Prüfungspflicht legt den Medien keine Garantie zur Gewährleistung absoluter Wahrheiten auf, verlangt aber eine vorherige Überprüfung veröffentlichter Meldungen. Die Anforderungen daran werden in der Praxis einheitlich bestimmt, insbesondere wird nicht zwischen dem Inhalt der öffentlich-rechtlichen Pflicht und der schutzrechtlichen Pflicht unterschieden. Für das Presserecht wird sogar ausdrücklich angenommen, dass die presserechtliche Sorgfaltspflicht den zivilrechtlichen Pflichtenkatalog weder abmildert noch verschärft, sondern vielmehr mit ihm deckungsgleich ist.[25] **Inhalt und Reichweite der Pflicht** müssen ganzheitlich unter Berücksichtigung sehr vielfältiger Aspekte bestimmt werden.[26] Insbesondere kommt es darauf an, welches Recht die Veröffentlichung betrifft und wie schwer sie es gefährdet.[27] Äußerungen in den Medien sind aufgrund ihrer Reichweite und der besonderen Autorität, die solchen Mitteilungen in der Regel beigemessen wird, für den Betroffenen typischerweise besonders schwerwiegend.[28] Andererseits darf die Sorgfaltspflicht nicht auf eine Gefähr-

24 OLG München vom 5.12.1997 (Verstehen Sie Spaß?), AfP 1999, 70f.

25 Löffler/*Steffen*, §6 LPG Rdnr.15.

26 Dazu Löffler/*Steffen*, §6 LPG Rdnr.153ff. mwN.; *Soehring*, Presserecht, Tz. 2.8ff.; *Schippan* ZUM 1996, 398ff.; *Peters* NJW 1997, 1334ff.

27 BVerfG vom 26.8.2003, NJW 2004, 589, 590; Löffler/*Steffen*, §6 LPG Rdnr.22.

28 BGH vom 22.12.1959 (Alte Herren), BGHZ 31, 308, 313; BVerfG vom 25.1.1961 (Auf dungshaftung der Medien hinauslaufen[29] und so dazu führen, dass berechtigte öffentliche Informationsinteressen nicht mehr befriedigt werden können. Eine Übersteigerung der Wahrheitspflicht würde die Medien lähmen und die Erfüllung ihrer öffentlichen Aufgabe, namentlich der Kontrollfunktion, gefährden.[30]

I. Prüfungsgegenstand

1. Grundanforderungen

Die Medien müssen allein **Nachrichten bzw. Tatsachen** vor ihrer Verbreitung überprüfen. Eine „Überprüfung" von Kommentaren bzw. Meinungen ist nicht Gegenstand der Pflicht. Die Prüfungspflicht greift aber beispielsweise für Tatsachenäußerungen ein, die im Rahmen eines Kommentars gemacht werden.[31] Die Prüfung darf nicht einseitig auf eine Verifikation der negativen Tatsachen gerichtet sein, sondern muss auch auf mitteilungsbedürftige Umstände achten, die das für den Betroffenen negative Bild korrigieren.[32] 1170

Die Verpflichtung zur Recherche erfasst sowohl **„eigene" Nachrichten** als auch Meldungen, die **bereits anderweitig publiziert** wurden und die das Medienunternehmen übernehmen will. Die Übernahme vorveröffentlichter Meldungen,[33] das Weiterreichen fremder Artikel[34] und das Verwenden von Bildmaterial, das von einer vertraglich beauftragten Werbeagentur für politische Zwecke geliefert wurde,[35] sind grundsätzlich schuldhaft, wenn die Informationen jeweils ungeprüft übernommen bzw. veröffentlicht werden.[36] Anders liegt es aber, wenn die Informationsquelle institutionell besondere Gewähr für die Richtigkeit ihrer Angaben bietet. Werden Nachrichten einer amtlichen Pressemitteilung einer Behörde, insbesondere der Verlautbarung der Polizei entnommen, so darf die Presse regelmäßig davon ausgehen, dass deren Erkenntnisse 1171

---

der Wolga verhaftet), BVerfGE 12, 113, 130; BGH vom 21.6. 1966 (Teppichkehrmaschine), NJW 1966, 2010, 2011.

29 BVerfG vom 9.10. 1991 (Kritische Bayer-Aktionäre), BVerfGE 85, 1, 17.

30 BVerfG vom 3.6. 1980 (Böll/Walden), BVerfGE 54, 208, 220. „... would invite timidity and self-censorship and very likely lead to the suppression of many items that would otherwise be published and that should be made available to the public", *White* J. in Cox Broadcasting v. Cohn, 420 U.S. 469, 496 (1975).

31 Löffler/*Steffen*, § 6 LPG Rdnr. 157.

32 BGH vom 12.10. 1965 (Mörder unter uns), NJW 1965, 2395, 2396.

33 BGH vom 5.3. 1963 (Gerichtsberichterstattung), NJW 1963, 904.

34 BGH vom 20.2. 2003 (Kirchlicher Sektenbeauftragter), NJW 2003, 1308, 1311 zu Sektenbeauftragten einer öffentlich-rechtlich korporierten Religionsgemeinschaft.

35 BGH vom 27.11. 1979 (Wahlkampf-Illustrierte), NJW 1980, 994, 995.

36 *Peters* NJW 1997, 1334, 1336f. mwN. und eingehender Auseinandersetzung mit der Gegenposition. OLG Karlsruhe vom 13.5. 2005, AfP 2006, 162, 163 lässt es für die Nachprüfung von Informationen, die Gegenstand eines von einer öffentlich-rechtlichen Rundfunkanstalt gesendeten Fernsehbeitrags waren, bereits ausreichen, dass sich das übernehmende Medium bei dem Sender vergewissert, dass die betroffene Person nicht presserechtlich gegen die Äußerung vorgegangen ist.

zuverlässig und umfassend sind und eine weitere Verpflichtung zur sofortigen Nachprüfung nicht besteht.[37] Ebenso kann sich die Presse in Spezialfragen auf Auskünfte von Fachleuten verlassen, sofern sie keinen Anlass hat, an deren Kompetenz zu zweifeln.[38]

2. Presseagenturen und Agenturmeldungen

1172 **Presseagenturen** sind ebenfalls zur sorgfältigen Prüfung verpflichtet. Dies ergibt sich aus dem Status der Agenturen, die landesrechtlich durchweg als „Presse" einzuordnen sind[39] und daher auch den pressegesetzlichen Sorgfaltspflichten unterliegen. In der Sache rechtfertigt sich die Pflichtenbindung aus dem „unzweifelhaft großen Vertrauen, das die Medienunternehmen den Agenturen entgegenbringen" und aus der „hervorgehobenen meinungsbildenden Funktion von Presseagenturen".[40]

1173 Sonderfragen stellen sich, wenn ein Medienunternehmen Meldungen einer Nachrichtenagentur übernimmt. Im Ausgangspunkt muss das Unternehmen den Wahrheitsgehalt genauso wie bei allen sonstigen Informationen prüfen, die es aus anderen Quellen übernimmt. Nach Stimmen im Schrifttum und in der Rechtsprechung ist das übernehmende Unternehmen aber nicht zu eigenen Recherchen verpflichtet, wenn eine **Meldung von einer seriösen Nachrichtenagentur** stammt und weder die Agentur Zweifel an der Zuverlässigkeit ihrer Quelle zu erkennen gibt, noch Widersprüche in der Meldung Anlass zu solchen Zweifeln geben.[41] Diese Linie erklärt sich aus praktischen Zielsetzungen und mag im Ergebnis akzeptabel sein, ist aber gleichwohl problematisch. Je weniger die Medien Meldungen von Nachrichtendiensten oder anderen Medien überprüfen müssen, umso stärker steigt die **Gefahr eines selbstreferenziellen Systems**, das keine verlässliche Berichterstattung mehr gewährleisten kann. Im Extremfall wird eine unzutreffende Information von allen Medien veröffentlicht, weil sich jedes Medienunternehmen darauf verlässt, dass die anderen die Information schon ausreichend geprüft haben werden. Solche Effekte tauchen immer wieder auf und sind Realität, weil die einzelnen Medien und Redaktionen auf vielen Wegen dicht miteinander vernetzt sind.

1174 Das Entstehen und die Gefahren selbstreferenzieller Mediensysteme sind von *Kepplinger* eindrucksvoll beschrieben worden.[42] Danach nutzen die meisten Journalisten dieselben Nachrichtendienste, die sich ihrerseits häufig auf die gleichen Quellen stützen. Weiterhin

---

37 OLG Dresden vom 23.11. 2003, NJW 2004, 1181, 1183; OLG Karlsruhe vom 8.12. 1992, AfP 1993, 586, 587; OLG Braunschweig vom 24.10. 1974, NJW 1975, 651, 653; *Burkardt* in: Wenzel, Das Recht der Wort- und Bildberichterstattung, § 10 Rz 170.

38 BGH vom 26.4. 1966, NJW 1966, 1857.

39 Löffler/*Burkhardt*, § 4 LPG Rdnr. 38. Siehe Rdnr. 170ff.

40 BVerfG vom 28.3. 2003, NJW 2005, 589, 590.

41 LG Hamburg vom 28.9. 1990, AfP 1990, 332; *Peters* NJW 1997, 1334, 1336f.; *Soehring*, Presserecht, Tz. 2.21; offenlassend BVerfG vom 26.8. 2003, NJW 2004, 589, 590.

42 *Kepplinger* Bitburger Gespräche Jb 1999/I, S. 15, 20ff. mwN.

greifen viele Journalisten auf die Archive bestimmter Medien zurück, denen dadurch eine Schlüsselstellung zuwächst. Ferner verfolgen Journalisten die Berichterstattung anderer Medien, um ihre Gewichtung und Bewertung des Geschehens gegeneinander abzuklären. Häufig greifen einzelne Medien Berichte anderer Medien auf, indem sie darauf verweisen oder daraus zitieren. Das verleiht diesen anderen Medien ein besonderes Prestige und ihren Beiträgen eine Resonanz, die sie ihrerseits zur bevorzugten Informationsquelle von Journalisten macht. Aus diesen Zusammenhängen leiten sich zwei gravierende Gefahren ab. Zum einen können **sich nach dramatischen Ereignissen sehr schnell einheitliche Sichtweisen bilden**, die alternative Deutungen weitgehend ausschließen. Zum anderen können sich Berichte der Medien nach Geschehnissen, über die aus verschiedenen Gründen sehr intensiv berichtet wird, **gegenseitig hochschaukeln** und ein Bild vermitteln, dass der Wirklichkeit nicht entspricht. Die öffentliche Meinung muss sich mit der veröffentlichten Meinung nicht decken.

3. Werbeangaben, Leserbriefe

Die Prüfungspflicht von Medienunternehmen erstreckt sich auch auf Veröffentlichungen in einem Anzeigenteil oder Werbeblock, da solche Äußerungen dieselbe Verbreitung finden wie redaktionelle Angaben und ebenfalls Gefahren für Betroffene bergen.[43] Ein Medienunternehmen ist aber nicht verpflichtet, sämtliche bei ihm telefonisch aufgegebenen Anzeigen durch fernmündliche Rücksprache daraufhin zu überprüfen, ob sie auch vom angegebenen Besteller herrühren und inhaltlich zutreffen.[44] Dies ergibt sich daraus, dass Anzeigen und Inserate typischerweise geringere Gefahren für den Betroffenen mit sich bringen. Werbung wird vom Leser, Zuschauer oder Nutzer anders aufgenommen als redaktionelle Angaben. Ihr wird ein geringerer Glaubwürdigkeitsgrad zugemessen und oftmals wird ihre Wahrnehmung bewusst vermieden. Das Medienunternehmen ist aber zur Überprüfung verpflichtet, wenn ein **besonderer Anlass dazu besteht**. Die Prüfungspflicht setzt ein, wenn sich die Anzeige ihrem Inhalt nach zur Schädigung des Betroffenen durch einen Dritten oder gar durch einen Konkurrenten eignet, von einem anonymen Auftraggeber stammt oder aus sonstigen Gründen auffällig ist. In gleicher Weise erstreckt sich die Prüfungspflicht auch auf Angaben in Leserbriefen.[45] 1175

4. Parlamentsberichterstattung

Sonderregeln gelten dagegen für die **Parlamentsberichterstattung** bzw. die Berichterstattung über öffentliche Sitzungen im Bundestag, der Bundesversammlung und der Gesetzgebungsorgane der Länder (Art. 42 Abs. 3 GG, § 37 StGB). Wenn die Medien über im Parlament gemachte Äußerungen wahrheitsgetreu be- 1176

43 BGH vom 20.6. 1972 (Geschäftsaufgabe), BGHZ 59, 76, 78f.
44 BGH vom 20.6. 1972 (Geschäftsaufgabe), BGHZ 59, 76, 80.
45 BGH vom 27.5. 1986 (Ostkontakte), NJW 1986, 2503, 2505.

richten, so brauchen sie die Aussagen als solche nicht auf Richtigkeit zu überprüfen. Die Bestimmungen stellen Parlamentarier und Medien in besonderer Weise von Haftungsrisiken frei, um dem Parlament Raum für eine „ungeschminkte" Diskussion frei von Rücksichten auf Dritte zu geben und es den Medien zu ermöglichen, die Öffentlichkeit authentisch über diese Debatten zu informieren.[46] Die Regelung greift freilich allein für Vorgänge ein, die auch tatsächlich Gegenstand einer öffentlichen parlamentarischen Auseinandersetzung waren. Für die Privilegierung ist nach der Rechtsprechung des BGH kein Raum, wenn beispielsweise ein Abgeordneter eine schriftliche Parlamentsanfrage einreicht und diese vor ihrer Beantwortung an die Presse zur Veröffentlichung weitergibt.[47]

II. Prüfungsinhalt

1177 Die Tatsachen müssen auf **Wahrheit, Inhalt und Herkunft** überprüft werden. Die Medien müssen sich stets über die Zuverlässigkeit von **Informanten und Quellen** vergewissern.[48] Ist die Zuverlässigkeit der Quelle nicht eindeutig gewährleistet, dann muss umfassender recherchiert werden. Im Zusammenhang mit kredit- oder gewerbeschädigenden Äußerungen wird oftmals in Betracht kommen, den Wahrheitsgehalt unter Einschaltung sachkundiger Einrichtungen[49] oder durch das Beiziehen bereits bestehender Gutachten[50] zu überprüfen.

1178 Die Prüfungspflicht kann eine **Nachfrage beim Betroffenen** umfassen, wenn diese leicht möglich ist und Aufklärung verspricht.[51] Eine Nachfrage kann unterbleiben, wenn sie ersichtlich keine Aufklärung oder gar eine Erschwerung weiterer Ermittlungen erwarten lässt, zum Beispiel weil sich der Betroffene bereits geäußert hat. Das bloße Beharren des Betroffenen auf einer persönlichen Aussprache bzw. das Verweigern einer telefonischen Auskunft ist aber nicht unbedingt ein ausreichender Grund, von einer Nachfrage abzusehen.[52] Wollen die

---

46 BGH vom 18.12. 1979, BGHZ 75, 384, 387; BGH vom 5.5. 1981, NJW 1981, 2117, 2118.

47 BGH vom 18.12. 1979, BGHZ 75, 384, 388f.; dazu *Roll* NJW 1980, 1439f.; *Steffen* LM §823 BGB Nr. 10; *Mang* BayVBl 1980, 550ff.; *Kewenig/Magiera* ZParl 1981, 233f.; kritisch *Jung* JuS 1983, 431ff.; ablehnend *Röper* DVBl 1980, 561ff.; *Meyer-Hesemann* DÖV 1981, 288ff.

48 BGH vom 22.12. 1959 (Alte Herren), BGHZ 31, 308, 313; BGH vom 21.6. 1966 (Teppichkehrmaschine), NJW 1966, 2010, 2011; BGH vom 20.6. 1969 (Hormoncreme), GRUR 1969, 624, 628; BGH vom 3.5. 1977 (Abgeordnetenbestechung), NJW 1977, 1288, 1289.

49 BGH vom 21.6. 1966 (Teppichkehrmaschine), NJW 1966, 2010, 2011 (Handelskammer, Verbraucherzentralen); BGH vom 20.5. 1969 (Cellulitis), GRUR 1969, 555, 559 (Zentrale zur Bekämpfung der Unlauterkeit im Heilgewerbe).

50 BGH vom 21.6. 1966 (Teppichkehrmaschine), NJW 1966, 2010, 2011f.

51 BGH vom 25.5. 1965, VersR 1965, 879, 881; BGH vom 15.12. 1987 (Intime Beziehungen), NJW-RR 1988, 733, 734; enger *Soehring*, Presserecht, Tz. 2.24.

52 BGH vom 26.5. 1965 (Wo ist mein Kind), GRUR 1966, 157, 158.

Medien einen Straftatverdacht öffentlich machen, so müssen sie regelmäßig vorab die Stellungnahme des Betroffenen einholen bzw. ihm Gelegenheit geben, seine Sicht darzulegen.[53]

Medien dürfen nach der **Lohnkiller-Entscheidung** die Behauptung des Inhabers eines Bordells, ein namentlich genannter Polizeichef habe sich von dem früheren Bordellbetreiber bestechen lassen, nicht einfach als Zitat übernehmen, wenn es an einer eigenen und ernsthaften Distanzierung fehlt und die Ermittlungen zugleich keine ausreichende Tatsachengrundlage für den Wahrheitsgehalt dieser Aussage ergeben haben.[54] Angesichts der Tragweite dieses Vorwurfs muss dem Betroffenen überdies Gelegenheit zur Stellungnahme gegeben werden, um auch seinen Standpunkt zu erfahren und ggf. zum Ausdruck bringen zu können. Wenn eine Zeitung in einem Artikel die Behauptung aufstellt, ein bestimmter katholischer Geistlicher habe mit einer verheirateten Frau intime Beziehungen unterhalten und deren Ehe zerstört, dann hat sie nach der **Intime Beziehungen-Entscheidung** angesichts des existenzbedrohenden Charakters des Vorwurfs und des Fehlens eines Informationsinteresses der Öffentlichkeit besonders sorgfältig zu recherchieren. Sie darf sich nicht mit der Befragung des Ehemannes begnügen und muss dem betroffenen Priester ebenfalls Gelegenheit zur Stellungnahme einräumen.[55] 1179

III. Prüfungsintensität

Die Nachrichten müssen mit der nach den Umständen gebotenen Sorgfalt geprüft werden. Der zu verlangende Grad an Richtigkeitsgewähr ist umso höher anzusetzen, je schwerer und nachhaltiger das Ansehen des Betroffenen durch die Veröffentlichung beeinträchtigt wird.[56] Besonders gefährlich und dementsprechend sorgfältig zu prüfen sind Informationen über **heikle persönliche oder geschäftliche Daten** (Straftaten, Mitteilungen über Vorstrafen, geschäftliche Zusammenbrüche, Liquiditätsschwierigkeiten, Verwicklungen in Skandale), da der Verkehr auf solche Meldungen besonders empfindlich und, da sie schwer nachzuprüfen sind, auch prophylaktisch reagiert.[57] Die Prüfung muss aber auch für so genannte „heiße Eisen" bzw. für **Vorgänge mit besonderer öffentlicher Bedeutung** intensiv sein. In Betracht kommen Vorgänge, die in der Öffentlichkeit intensive Reaktionen auslösen, in ihrer Wertigkeit und ihrem Aussagegehalt heftig umstritten sind und die den Betroffenen in besonderem Maß negativ belasten, wenn seine Verbindung zu ihnen öffentlich gemacht wird.[58] 1180

---

53 BGH vom 30.1. 1996 (Lohnkiller), BGHZ 132, 13, 25 mwN.; BGH vom 7.12. 1999 (Sticheleien von Horaz), BGHZ 143, 199, 204.

54 BGH vom 30.1. 1996 (Lohnkiller), BGHZ 132, 13, 23f.; dazu *Marly* LM BGB §823 (Ah) Nr.123.

55 BGH vom 15.12. 1987 (Intime Beziehungen), NJW-RR 1988, 733, 734; dazu *Schwerdtner* EWiR 1988, 453f.

56 BGH vom 3.5. 1977 (Abgeordnetenbestechung), NJW 1977, 1288, 1289; BVerfG vom 25.8. 2005, NJW 2006, 595, 596.

57 Löffler/*Steffen*, §6 LPG Rdnr.166 mwN.; BGH vom 7.12. 1999 (Sticheleien von Horaz), BGHZ 143, 199, 203f.; BGH vom 30.1. 1979 (Exdirektor), NJW 1979, 1041.

58 Löffler/*Steffen*, §6 LPG Rdnr.166 mwN.

1181 Es muss der Presse andererseits möglich sein, **aktuell zu berichten** und unter Umständen Angelegenheiten ans Licht zu bringen, die sie nicht ausreichend recherchieren kann.[59] Dies kommt namentlich in Betracht bei Angelegenheiten, die die Öffentlichkeit bzw. ein besonderes Informationsinteresse berühren. Außerdem muss der Angelegenheit mit pressemäßigen Mitteln nicht rechtzeitig auf den Grund zu kommen sein. Dies ist insbesondere bei Meldungen mit inhaltlicher Aktualität denkbar, die durch bloßen Zeitablauf ihre Bedeutung verändern oder sogar verlieren. Im Übrigen ist zu beachten, dass die Presse nicht über dieselben Mittel wie die Gerichte verfügt und deshalb auch **keine richterliche Gewissheit über die Richtigkeit** ihrer Mitteilungen zu haben braucht.[60] Die Medien dürfen beispielsweise auf bloße Verdachtsmomente hinweisen, müssen aber der Leserschaft den Mangel einer Bestätigung mitteilen. Außerdem dürfen sie bei der Abwägung, ob die Veröffentlichung letztlich unbestätigter Vorwürfe den Betroffenen unzumutbar trifft, die Interessen des Betroffenen nicht aus den Augen verlieren. Wenn nicht wenigstens ein Mindestmaß an Beweismaterial für den Wahrheitsgehalt vorliegt, dessen Umfang dem Grad der Gefährdung des Betroffenen entspricht, dann hat eine Veröffentlichung grundsätzlich zu unterbleiben.[61] Ein vom Medienunternehmen selbst erzeugter Zeitdruck, insbesondere der redaktionelle Wunsch, mit der fraglichen Nachricht vor den Konkurrenten auf dem Markt zu sein, reicht nicht aus, um von der Prüfungspflicht zu entlasten.

C. Pflicht zu prüfungsrichtiger Darstellung

1182 Die Medien sind verpflichtet, in einer Weise zu berichten, die mit dem Ergebnis der Tatsachenprüfung im Einklang steht.[62] Sie haben Verfälschungen grundsätzlich zu vermeiden.[63] Die Prüfungspflicht bezieht sich im Zusammenhang mit möglicherweise verfälschenden Angaben auch auf das Gesamtbild der Äußerung. Dies gilt nicht nur für die Gesamtwirkung eines Beitrags, sondern auch im Hinblick auf plakativ hervorgehobene Sätze,[64] Überschriften[65] oder vorweggenommene Erläuterungen. Der veröffentlichte Beitrag darf bei den Adressaten **keine unzutreffenden tatsächlichen Vorstellungen hervorrufen**.[66] Wichtig ist, dass eine Publikation auch durch das Auslassen wesentlicher Teile des Sachver-

---

59 BGH vom 3.5. 1977 (Abgeordnetenbestechung), NJW 1977, 1288, 1289; BGH vom 12.5. 1987 (Chemiegift), NJW 1987, 2225, 2226.
60 BGH vom 12.5. 1987 (Chemiegift), NJW 1987, 2225, 2226.
61 BGH vom 3.5. 1977 (Abgeordnetenbestechung), NJW 1977, 1288, 1289; BGH vom 26.11. 1996 (Stern TV), NJW 1997, 1148, 1149.
62 BGH vom 28.6. 1994, NJW 1994, 2614, 2616.
63 BGH vom 22.12. 1959 (Alte Herren), BGHZ 31, 308, 313.
64 BVerfG 16.7. 2003 (Marsch in den Untergang), NJW 2004, 277, 278. Siehe Rdnr. 929.
65 OLG Hamburg vom 21.5. 1987 (Petra Kelly), NJW-RR 1988, 737f. Siehe Rdnr. 1555.
66 Zur Auslegung von Äußerungen der Medien siehe Rdnr. 1540ff.

halts, durch die Einseitigkeit der Darstellung oder eine das wirkliche Geschehen im Kern entstellende oder verzerrende Akzentsetzung unwahr werden kann.[67] Praktische Bedeutung hat dies namentlich für die Gerichtsberichterstattung,[68] die für Betroffene in aller Regel erhebliche Gefahren einer öffentlichen Vorverurteilung und Stigmatisierung mit sich bringt.

In der **Freispruch-Entscheidung** hatte die Presse über eine strafgerichtliche Verurteilung informiert, ohne auf die fehlende Rechtskraft hinzuweisen. Bereits dieser fehlende Hinweis kann den falschen Eindruck erwecken, dass das Strafverfahren schon bestandskräftig abgeschlossen ist. In den Augen des BGH ist die Presse dann auch im Interesse einer wahrheitsgemäßen Unterrichtung der Öffentlichkeit zu einer richtigstellenden ergänzenden Berichterstattung verpflichtet, wenn der Betroffene schließlich freigesprochen wird und die Berichtigung verlangt.[69] 1183

Die **Mörder unter uns-Entscheidung** betrifft gewerkschaftliche Arbeitsblätter für die politische Schulung von Jugendlichen, die den Betroffenen in eine nahe Verbindung mit Mördern und dem NS-Regime rückten. Im Falle solcher schwerwiegenden Vorwürfe muss besonders sorgfältig geprüft werden, ob eine Kennzeichnung in dieser Weise richtig ist. Zugleich hätte das Informationsmaterial in den Augen des BGH zumindest erwähnen müssen, dass der Betreffende wegen gegnerischer Haltung zu den damaligen Machthabern bereits frühzeitig in Gestapohaft gekommen und später in der NS-Zeit nicht mehr politisch hervorgetreten war.[70] 1184

Die Medien sind jedoch aufgrund der **Pressefreiheit** in ihren Entscheidungen über den Gegenstand der Berichterstattung und über die Art und Weise der Aufbereitung ihrer Berichte frei. Die Pflicht zur Prüfung und zu prüfungsrichtiger Darstellung verpflichtet die Medien nicht allgemein zu „angemessenen", „rücksichtsvollen" oder „ausgewogenen" Äußerungen und Stellungnahmen. Einzelheiten hängen vielmehr abermals davon ab, welches Schutzrecht betroffen ist. Kann beispielsweise ein Autor nach korrekter Überprüfung seine Kritik an einem Produkt als sachlich ausreichend fundiert ansehen, so darf er diese scharf formulieren und aussprechen, auch wenn sie einem anderen abträglich ist.[71] 1185

Sind die Medien ihren Sorgfaltspflichten nachgekommen, so bewahrt sie dies in der Regel selbst dann vor Schadensersatzansprüchen, wenn sich Tatsachen später als unzutreffend herausstellen. Der Betroffene kann dann aber verlangen, dass die Äußerung in der Zukunft unterlassen wird. Im Einzelfall kann ihm auch ein Berichtigungsanspruch zustehen. 1186

67 BVerfG vom 25.1.1961 (Auf der Wolga verhaftet), BVerfGE 12, 113, 130; Löffler/*Steffen*, § 6 LPG Rdnr. 173 mwN. Siehe Rdnr. 1594f.
68 Dazu *Huff* FS Damm 2005, 70ff. mwN.
69 BGH vom 30.11.1971 (Freispruch), BGHZ 57, 325, 327ff.
70 BGH vom 12.10.1965 (Mörder unter uns), NJW 1965, 2395, 2396.
71 BGH vom 21.6.1966 (Teppichkehrmaschine), NJW 1966, 2010, 2011.

D. Speziell normierte Pflichten

1187 Bestimmte Mediengesetze stellen ergänzende Anforderungen an die Berichterstattung, die über die eben behandelte allgemeine Wahrheits- und Sorgfaltspflicht hinausgehen. Es handelt sich um Regeln, die der Gesetzgeber für den Rundfunk und zum Teil für die Telemedien normiert hat, während es für die Presse keine entsprechenden Vorschriften gibt. Die Verletzung dieser Pflichten hat rundfunk- bzw. aufsichtsrechtliche Konsequenzen.[72] Zivilrechtlich ist sie – nach gegenwärtigem Stand – als solche grundsätzlich unbeachtlich. Beiträge, die gegen diese Pflichten verstoßen, können aber zugleich auch ein zivilrechtliches Schutzrecht verletzen.

I. Trennungspflicht, Meinungsumfragen

1188 Ein Teil dieser Regeln basiert auf ähnlichen Überlegungen wie die Wahrheits- und Sorgfaltspflicht. Rundfunk und Telemedien müssen zum einen **Kommentare deutlich von der Berichterstattung trennen** und den Namen des Verfassers nennen[73] oder den Kommentar als persönliche Stellungnahme kennzeichnen.[74] Das soll einer möglichen Verwirrung des Zuschauers bzw. Nutzers entgegenwirken und deutlich machen, dass es sich um die Meinungsäußerung eines Einzelnen und nicht des Senders als solchem handelt.[75] Die Programmgrundsätze der ARD sehen darüber hinaus vor, dass auch auf die für den Kommentar verantwortliche Rundfunkanstalt hinzuweisen ist. Wenn auch die Handhabung des Trennungsgebots im Einzelfall erhebliche Abgrenzungsschwierigkeiten aufwerfen kann, so ist an seiner grundsätzlichen Berechtigung nicht zu zweifeln.[76] Das bewusste Vermengen von Nachricht und Kommentar bzw. von Tatsache und Meinung ist das Standardmittel der Demagogie und der Inbegriff unseriösen Journalismus. Es arbeitet letztlich mit Täuschung und versucht nicht, den Adressaten ehrlich zu überzeugen. In der Sache ließe sich ohne weiteres darüber nachdenken, entsprechende Anforderungen auch auf die Presse anzuwenden oder ihnen zivilrechtliche Relevanz beizumessen.

1189 Umso weniger leuchtet es ein, dass die Gerichte im Rahmen des Verfassungs- und Zivilrechts auch für Medien **Auslegungsmaßstäbe befürworten, die gerade das Vermischen von Meinungen und Tatsachen privilegieren**. Die Gerichte tendieren nämlich dazu, im Zweifel eine Wertung anzunehmen, wenn eine Aussage sowohl Tatsachenelemente als auch wertende Aspekte enthält. Sie eröffnen den Medien damit zweifelhafte Möglich-

---

72 Hahn/Vesting/*Flechsig*, §10 RStV Rn. 74ff.; Herrmann/*Lausen*, Rundfunkrecht, §23 Rn. 80ff. jeweils mwN.

73 §§10 Abs. 1 Satz 4 RStV, 11 Abs. 2 Satz 3 MDStV.

74 §6 Abs. 2 ZDF-StV.

75 Hahn/Vesting/*Flechsig*, §10 RStV Rn. 62.

76 Herrmann/*Lausen*, Rundfunkrecht, §23 Rn. 57.

keiten, durch das Vermengen von Tatsachen- und Wertungselementen sowohl Haftungsrisiken als auch den Mühen einer journalistisch exakten Recherche auszuweichen.[77]

Rundfunk und Telemedien müssen zum anderen bei der Wiedergabe von ihnen 1190 durchgeführter **Meinungsumfragen** ausdrücklich angeben, ob diese repräsentativ sind.[78] Es handelt sich um eine spezielle Ausprägung der Wahrheitspflicht, deren spezielle Regelung deklaratorischen Charakter hat[79] und die in gleicher Weise für die Presse gilt.

II. Berichterstattungen und Informationssendungen

Weitere Pflichten gelten für die Berichterstattungen und Informationssendungen 1191 im Rundfunk und zum Teil für die Telemedien, soweit diese der Berichterstattung dienen und Informationsangebote enthalten. Es handelt sich dabei um Grundsätze, die nicht im Sinne exakter rechtlicher Maßstäbe zu verstehen sind, sondern **Richtungsweisungen und „Zielwerte"**[80] für die Medien und die journalistischen Mitarbeiter statuieren. Ein Verstoß ist nur zu bejahen, wenn bei der Herstellung eines Beitrags die journalistischen Standesregeln und Sorgfaltspflichten gröblich missachtet wurden und dadurch ein anderer in seinen Rechten erheblich beeinträchtigt wurde.[81]

Entsprechende Beiträge müssen allgemein den **anerkannten journalistischen** 1192 **Grundsätzen**, auch beim Einsatz virtueller Elemente, entsprechen.[82] Was unter den journalistischen Grundsätzen zu verstehen ist, bestimmt sich für den Bereich des Rundfunks u.a. nach den gesetzlich normierten Programmgrundsätzen. Danach sind insbesondere die Menschenwürde und die sittlichen und religiösen Überzeugungen der Bevölkerung zu achten, und es ist dazu beizutragen, die Achtung vor Leben, Freiheit und körperlicher Unversehrtheit, vor Glauben und Meinung anderer zu stärken.[83] Im Übrigen ist der Inhalt der journalistischen Grundsätze rechtlich aus der Gesamtheit aller allgemeinen Gesetze und medienrechtlichen Normen zu gewinnen, die die Rechtmäßigkeit und Zulässigkeit der Informationsbeschaffung und Informationsverbreitung durch den Rundfunk bzw. die Telemedien regeln.[84]

---

77 *Kepplinger* Bitburger Gespräche Jb 1999/I, S. 15, 27ff. Siehe Rdnr. 1612f.
78 §§ 10 Abs. 2 RStV, 11 Abs. 3 MDStV (= § 54 Abs. 3 RStV-E).
79 Hahn/Vesting/*Flechsig*, § 10 RStV Rn. 63.
80 BVerfG vom 4. 11. 1986 (Niedersachsen), BVerfGE 73, 118, 156.
81 Herrmann/*Lausen*, Rundfunkrecht, § 23 Rn. 55 mwN.
82 §§ 10 Abs. 1 Satz 1 RStV, 11 Abs. 2 Satz 1 a.E. MDStV (= § 54 Abs. 2 Satz 1 RStV-E).
83 §§ 3 RStV, 5 Abs. 3 ZDF-StV; zu weiteren rundfunkrechtlichen Programmgrundsätzen siehe Hahn/Vesting/*Flechsig*, § 10 RStV Rn. 25ff.; Herrmann/*Lausen*, Rundfunkrecht, § 23 Rn. 1ff. jeweils mwN.
84 Hahn/Vesting/*Flechsig*, § 10 RStV Rn. 24.

1193 Berichterstattungen und Informationssendungen im Rundfunk müssen außerdem **unabhängig und sachlich sein.**[85] Damit ist gemeint, dass Beiträge im Rundfunk keine persönlichen Interessen verfolgen dürfen.[86] Anders als die Pressefreiheit ist die Rundfunkfreiheit als dienende Freiheit ihren Trägern nicht zum Zwecke der Persönlichkeitsentwicklung und -entfaltung eingeräumt, sondern dient allein den Interessen der Allgemeinheit bzw. der freien individuellen und öffentlichen Meinungsbildung.[87]

85 §§ 10 Abs. 1 Satz 2 RStV, 6 Abs. 1 Satz 1 ZDF-StV.
86 Hahn/Vesting/*Flechsig*, § 10 RStV Rn. 54.
87 BVerfG vom 6. 10. 1992 (Hessen 3), BVerfGE 87, 181, 197. Siehe Rdnr. 226 ff.

VI. Teil: Zutreffende Informationen

§ 15: Freiheit und Unfreiheit von Informationen

Ausgewählte Literatur

Beater, Informationen zwischen Gemeinfreiheit, Ausschlussrechten, Wettbewerb und Zitat, UFITA 2005/II, 339ff.; *Diesbach*, Pay-TV oder Free-TV, 1998; *Eberle*, Information als Ware? Über Scheckbuchjournalismus, FS Herrmann 2002, 109ff.; *Holznagel*, Der Zugang zu Premium-Inhalten: Grenzen der Exklusivvermarktung nach Europäischem Recht, K&R 2005, 385ff.; *Pointet*, Der Schutz der Presseinformationen, GRUR Int. 1960, 537ff.; *Prantl*, Die journalistische Information zwischen Ausschlußrecht und Gemeinfreiheit, 1983; *Soehring*, Informationsanspruch contra Exklusivität, AfP 1995, 449ff. 1194

A. Freiheit, Unterdrückung und Beschränkung von Informationen

In diesem Teil soll es darum gehen, welchen Beschränkungen die Medien im Zusammenhang mit inhaltlich zutreffenden Informationen unterliegen. Es kann nämlich sein, dass Informationen nicht veröffentlicht werden dürfen, obwohl sie wahr sind. Solche Regelungen sind ein besonderer Eingriff in die Möglichkeit der Medien, die Allgemeinheit informieren zu können. Derartige **Verbote von Wahrheit** sind rechtlich nur im Ausnahmefall möglich, wenn man das Grundanliegen des Medienrechts bzw. das Interesse der Allgemeinheit an möglichst umfassender und vielfältiger Information nicht auf den Kopf stellen will. Die Materie ist dementsprechend kompliziert. Der rechtliche Ausgangspunkt ist, dass Informationen als solche grundsätzlich „frei“, d.h. für jedermann ohne rechtliche Sanktionen zugänglich und nutzbar sind. Dieser Grundsatz wird aber aus mehreren Gründen durch Regeln ergänzt, nach denen Informationen eben nicht „frei“ sind. Solche unfreien Informationen dürfen nicht öffentlich gemacht werden. Werden sie es doch, so drohen rechtliche Sanktionen. 1195

Von der rechtlichen Behandlung zutreffender Informationen muss die unwahrer oder inhaltlich unzulässiger Äußerungen streng unterschieden werden. Falschbehauptungen, Beleidigungen, Boykottaufrufe etc. werfen andere juristische Fragen auf, die in einem späteren Teil thematisiert werden (siehe §§ 18ff.). 1196

I. Grundsatz: Freiheit von Informationen

1197 Im Interesse der allgemeinen Informations-, Meinungs- und Pressefreiheit gibt es grundsätzlich **kein ausschließliches Recht an Informationen als solchen.**[1] Nachrichten gehören allen und sind kein Eigentum desjenigen, der sie ermittelt, aufgeschrieben oder verbreitet hat[2] oder inhaltlich von ihnen betroffen ist.[3]

1198 Der Grundsatz der Gemeinfreiheit gilt zunächst für **Informationen aller Art** und rechtfertigt sich aus Gründen von elementarer Bedeutung. Die Freiheit von Informationen liegt im Interesse des Einzelnen, da „in der modernen Industriegesellschaft der Besitz von Informationen von wesentlicher Bedeutung für die soziale Stellung des Einzelnen" ist.[4] Ebenso ist die Freiheit von Informationen die Basis für jede Form von Meinungsfreiheit, die als unmittelbarster Ausdruck der menschlichen Persönlichkeit in der Gesellschaft eines der vornehmsten Menschenrechte überhaupt[5] und „für eine freiheitlich-demokratische Staatsordnung schlechthin konstituierend" ist.[6] In gleicher Weise setzen auch die Pressefreiheit und die übrigen Kommunikationsfreiheiten zwingend die Möglichkeit voraus, dass Wahrheiten ungehindert zirkulieren können.[7] Die Gemeinfreiheit ist als rechtliches Prinzip nicht positiv normiert. Sie leitet sich heute aus Art. 5 Abs. 1 GG ab, wurde aber bereits vom Reichsgericht formuliert. Auf einfachgesetzlicher Ebene lässt sich der Grundsatz der Gemeinfreiheit von Informationen aus §49 Abs. 2 UrhG herauslesen. Die Vorschrift stellt im „Interesse der Allgemeinheit an einer unbeschränkten Vervielfältigung" den Zugriff auf Nachrichten und Tagesneuigkeiten frei.[8] Sie ist allerdings auf Meldungen „tatsächlichen Inhalts" beschränkt und erfasst keine erläuternden, kommentierenden oder an-

---

1 RG vom 29. 4. 1930 (Rundfunknachricht), RGZ 128, 330, 341; *Prantl*, Die journalistische Information zwischen Ausschlußrecht und Gemeinfreiheit, 1983, S. 36ff.

2 „... the news element is not the creation of the writer, but is a report of matters that ordinarily are publici juris; it is the history of the day", *Pitney* J. in International News Service v. Associated Press, 248 U.S. 215, 234 (1918).

3 BGH vom 24. 10. 1961 (Waffenhandel), BGHZ 36, 77, 83f.: Wer seine geschäftlichen Unterlagen selbst aus der Hand gibt, kann „nicht von der Presse verlangen, dass sie sein Geheimnis besser wahrt als er selbst".

4 BVerfG vom 3. 10. 1969 (Leipziger Volkszeitung), BVerfGE 27, 71, 81.

5 „... the matrix, the indispensable condition of nearly every other form of freedom", *Cardozo* J. in Palko v. Connecticut, 302 U.S. 319, 327 (1937).

6 BVerfG vom 15. 1. 1958 (Lüth), BVerfGE 7, 198, 208. „... it is only through free debate and free exchange of ideas that government remains responsive to the will of the people and peaceful change is effected. The right to speak freely and to promote diversity of ideas and programs is therefore one of the chief distinctions that sets us apart from totalitarian regimes", *Douglas* J. in Terminiello v. Chicago, 337 U.S. 1, 4 (1949).

7 „The reason why in these cases the law gives no remedy is because of the importance it attaches to the freedom of the press; or, better put, the importance in a free society of the circulation of true information", Lord *Denning* MR in In re X (A Minor), [1975] Fam. 47, 58 (C.A.).

8 Amtliche Begründung zu §49 Abs. 2 UrhG BT-Drucks. IV/270, S. 66; siehe auch OLG Hamburg vom 15. 12. 1977 (Artikelübernahme), GRUR 1978, 307f.

ekdotischen Beiträge,[9] die jedoch unter andere Normen fallen können. Die Vorschrift enthält andererseits bewusst keine Beschränkung auf Meldungen eines bestimmten Inhalts. Die Bezeichnung „vermischt“ stellt vielmehr klar, dass Nachrichten beliebigen Inhalts gemeint sind.[10]

Informationen, die staatliches Handeln betreffen, unterliegen Sondermaß- 1199
stäben, die sie in gesteigerter Form zum Allgemeingut machen. Für solche Informationen folgt aus dem Demokratieprinzip ein gegen den Staat gerichteter Grundsatz der freien Zugänglichkeit.[11] Zugleich ergibt sich daraus auch die Legitimation für eine nochmals „erhöhte“ Gemeinfreiheit. Nur ein informierter Bürger kann sein politisches Wahlrecht sachgerecht ausüben und „mit zunehmender Informiertheit erkennt der Bürger Wechselwirkungen in der Politik und ihre Bedeutung für seine Existenz und kann daraus Folgerungen ziehen“.[12] Erst der prinzipiell ungehinderte Zugang zur Information versetzt die Medien in den Stand, die ihnen in der freiheitlichen Demokratie zukommende Funktion wahrzunehmen.[13] Dementsprechend ordnet § 5 Abs. 1 UrhG an, dass amtliche Werke, wie Gesetze, Verordnungen, amtliche Erlasse und Bekanntmachungen sowie Gerichtsentscheidungen und amtlich verfasste Leitsätze zu Entscheidungen keinen urheberrechtlichen Schutz genießen. Die Äußerungen der drei Staatsgewalten sollen im Interesse des Staats an einer möglichst breiten Information der Bevölkerung frei verwertet werden dürfen.[14]

Die hinter dem Prinzip der Freiheit von Informationen stehenden Allgemein- 1200
heits- und Demokratieinteressen werden immer dann bedeutsam, wenn sie **gegenüber konkurrierenden anderen rechtlichen Interessen abzuwägen** sind.

Die **Rundfunknachricht-Entscheidung** des RG ist wohl das erste Urteil, das sich sol- 1201
chen Problemen zu stellen hatte. Im Streitfall hatte das Luftschiff „Graf Zeppelin“ den Atlantik überquert und war wohlbehalten in Deutschland gelandet. Ein Rundfunksender berichtete darüber aktuell. Anschließend übernahm ein Zeitungsverleger diese Nachricht und machte sie zum Inhalt eines kostenlosen Sonderblatts. Der Rundfunksender sah sich geschädigt, weil er für die Reportage Kosten aufwenden musste, während der Zeitungsverleger die Information zum Nulltarif erhalten hatte. Der „Informationsklau“ sei unzulässig und müsse Schadensersatzansprüche aus §§ 826 BGB, 1 UWG a. F. auslösen. Das RG lehnte dies ab, weil nicht die Rundfunkreportage als solche übernommen bzw. wörtlich abgedruckt worden war, sondern lediglich die bloße Nachricht, die im allgemeinen Informationsinteresse frei bleiben müsse.[15]

---

9 *Dreier*/Schulze, § 49 UrhG Rdnr. 13; Möhring/Niccolini/*Engels*, § 49 UrhG Rdz. 27; siehe auch RG vom 11. 7. 1913, RGSt 47, 293, 296 zum Vorgänger der heutigen Regelung.
10 Schricker/*Melichar*, § 49 UrhG Rdnr. 27.
11 BVerfG vom 7. 11. 2000 (ntv), BVerfGE 103, 44, 65f. für die Berichterstattung über öffentliche Gerichtsverfahren.
12 BVerfG vom 3. 10. 1969 (Leipziger Volkszeitung), BVerfGE 27, 71, 82.
13 BVerfG vom 24. 1. 2001 (Politbüro-Prozess), BVerfGE 103, 44, 59.
14 Amtliche Begründung zu § 5 UrhG, BT-Drucks. IV/270, S. 39. Siehe Rdnr. 1502.
15 RG vom 29. 4. 1930 (Rundfunknachricht), RGZ 128, 330, 340ff.

1202 Die Überzeugung, dass Gerichte grundsätzlich keine Wahrheiten untersagen dürfen, ist im englischen und US-amerikanischen Recht so tief, dass sich diese Rechte mit der Anerkennung persönlichkeitsrechtlicher Schutzinteressen bis heute schwer tun.[16] So hat beispielsweise der Court of Appeal in der Entscheidung **In re X (A Minor)** für das englische Recht einen solchen Schutz zur Sicherung von Minderjährigen erwogen. Im Streitfall ging es um die abartige sexuelle Veranlagung eines Verstorbenen, deren Veröffentlichung die Entwicklung seiner 14-jährigen Tochter schwer zu gefährden drohte. Alle drei Richter lehnten einen Schutz im Interesse der Presse- und Informationsfreiheit gleichwohl ab. Pressefreiheit bedeute eben, dass auch unschöne Dinge veröffentlicht werden dürften; ein gleichrangiges öffentliches Interesse am Schutz der individuellen Persönlichkeit gebe es dagegen nicht.[17] Die Presse dürfe weder Unwahres über lebende Personen schreiben, noch Angeklagte vorverurteilen oder gegen die Sittengesetze verstoßen. Es müsse ihr aber unbedingt erlaubt bleiben, Wahrheiten zu verbreiten.[18]

II. Differenzierungskriterien

1203 Das Medienrecht räumt dem Allgemeinheitsinteresse an der Freiheit von Informationen keineswegs immer Vorrang gegenüber konkurrierenden Schutzinteressen ein. Es kennt vielmehr eine Reihe von Abstufungen. Sie beurteilen sich nach zwei Hauptkriterien. Das erste Kriterium ist das **Ausmaß, in dem eine Information beschränkt** und damit dem Zugriff der Medien und der Allgemeinheit entzogen wird. Je stärker eine Information beschränkt wird, umso gewichtigere Gründe sind an die Rechtfertigung der Beschränkung zu stellen. Informationen können in verschiedenem Umfang und in unterschiedlicher Weise beschränkt werden. Zu trennen ist zwischen der Unterdrückung sowie der persönlichen und der inhaltlichen Beschränkung von Informationen.

1204 Das zweite Kriterium ist die „Wichtigkeit" der Information bzw. die Frage, ob ein **öffentliches Informationsinteresse** an der betreffenden Information besteht und wie stark es ist. Je wichtiger eine Information ist, umso weniger darf sie beschränkt werden. Informationen, die der Demokratie- und der Wirtschaftsfunktion der Medien zuzurechnen sind, genießen typischerweise einen besonders hohen Freiheitsschutz, weil es an ihnen ein erhöhtes öffentliches Informationsinteresse gibt. Dagegen ist das öffentliche Informationsinteresse schwächer bei Informationen, die primär der Unterhaltung dienen bzw. die Integrationsfunktion der Medien betreffen (siehe Rdnr. 961 f.). Anders als demokratie- und wirtschaftsrelevante Informationen dienen solche Informationen keiner Kontrollaufgabe und sind im Prinzip beliebig austauschbar. Sie sind da-

16 Zu den verfassungsgeschichtlichen Gründen dafür *Beater*, Zivilrechtlicher Schutz vor der Presse als konkretisiertes Verfassungsrecht, 1996, S. 74 ff.

17 „It means freedom, not only for the statements of opinion of which we approve, but also for those of which we most heartily disapprove... We have as yet no general remedy for infringement of privacy, the reason given being that on balance it is not in the public interest that there should be ...", Lord *Denning* M.R. in Re X, [1975] Fam. 54, 58 (C.A.).

18 „It would be a mistake to extend these as to give the judges the power to stop publication of true matter whenever the judges – or any particular judge – thougt that it was in the public interest", Lord *Denning* M.R. in Re X, [1975] Fam. 54, 58 (C.A.).

her Einschränkungen eher zugänglich. Derartige Informationen sind grundsätzlich wie Handelsware zu betrachten,[19] weil und soweit an ihnen kein allgemeines Interesse in dem Sinne besteht, dass es bedenklich erschiene, wenn sie anderen Medien vorenthalten blieben. Es ist insbesondere möglich, sie zum Gegenstand von Lizenzen zu machen, und sie der Disposition des berechtigten Einzelnen zu unterstellen. Ein wichtiger Anwendungsfall sind Fußballübertragungsrechte.

III. Unterdrückung von Informationen

Die Möglichkeit des Einzelnen und der Öffentlichkeit, sich umfassend und 1205
kompetent informieren zu können, wäre gefährdet, wenn den Medien das Generieren oder Verbreiten von Informationen verboten werden könnte (Informationsunterdrückung). Im Extremfall droht, dass **niemand die Öffentlichkeit informieren kann** und beispielsweise Missstände nicht aufgedeckt werden. Ein Unterdrücken von Informationen ist umso weniger zu akzeptieren, je stärker das Informationsinteresse ist, das an der betroffenen Information besteht. Der Unterdrückung von demokratie- oder wirtschaftsrelevanten Informationen muss das Medienrecht deshalb grundsätzlich entgegenwirken. Verträge, die den Ausschluss der Öffentlichkeit von solchen Informationen zum Inhalt haben, sind sittenwidrig und damit nichtig (zu den davon zu trennenden Exklusivverträgen siehe Rdnr. 1229f.).

Die **Lengede-Entscheidung** nahm in einem obiter dictum zu Recht an, dass ein Vertrag, 1206
der die Parteien zur Verheimlichung öffentlich relevanter Missstände verpflichtet und der Allgemeinheit so wichtige Informationen vorenthält, nach § 138 Abs. 1 BGB unwirksam sein muss.[20] Ebenso hat das OLG München in der **Themenplacement-Entscheidung** eine Absprache, Praktiken zur Platzierung verbotener Schleichwerbung im öffentlich-rechtlichen Fernsehen nicht publik zu machen, als Verstoß gegen die guten Sitten eingeordnet.[21]

In Einzelkonstellationen gibt es freilich selbst für die Unterdrückung von Infor- 1207
mationen legitime Gründe. Dies ist im Extremfall sogar in Bezug auf Informationen über staatliches Handeln möglich, nämlich im Zusammenhang mit Staatsgeheimnissen.[22] Ein weiterer und praktisch wichtiger Anwendungsfall sind Informationen, die Persönlichkeitsrechte beeinträchtigen. Der Persönlichkeitsschutz wird umso stärker und zugleich wird das Informationsinteresse in der Regel umso geringer, je stärker eine Information höchstpersönliche oder gar

19 OLG Hamburg vom 3.12.1997 (Monika Weimar), ZUM-RD 1998, 116, 119.
20 BGH vom 27.10.1967 (Lengede), GRUR 1968, 209f. zu Missständen in der Bergbausicherheit.
21 OLG München vom 22.1.2004 (Themenplacement), GRUR-RR 2004, 145f.; ebenso OLG München vom 20.1.2005 (Marienhof), AfP 2005, 371, 373f.
22 §§ 93ff. StGB. Siehe Rdnr. 1151ff.

intime Dinge betrifft. Zugleich muss die Beeinträchtigung von Persönlichkeitsinteressen tendenziell eher hingenommen werden, je stärker die Berichterstattung zur öffentlichen Kontrolle erforderlich ist bzw. mit der Demokratie- oder Wirtschaftsfunktion der Medien zusammenhängt. Sind dagegen beeinträchtigende Informationen der Integrationsfunktion von Medien zuzuordnen, so sind großzügigere Maßstäbe angemessen.

1208 Zeitungen dürfen Reden über Tagesfragen, die ein Politiker bei einer öffentlichen Versammlung gehalten hat, vervielfältigen und verbreiten.[23] Einer Berichterstattung über einen Politiker wohnt jedoch nicht bereits von selbst ein öffentliches Interesse inne.[24] Nach der **Gerüchte aus dem Eheleben-Entscheidung** des LG Berlin ist es beispielsweise unzulässig, Gerüchte aus dem Eheleben des Bundeskanzlers zu verbreiten, um mit dem Weitertragen von Geraune über das Privatleben von „Dörchen“ und „Spatzl“ Unterhaltungsinteressen der Leserschaft zu befriedigen.[25]

IV. Persönliche Beschränkung von Informationen

1209 Es kann weiterhin sein, dass die Veröffentlichung von Informationen nur bestimmten Medien oder Personen erlaubt ist (persönliche Informationsbeschränkung). Eine persönliche Beschränkung von Informationen **durch den Staat** ist freilich grundsätzlich unzulässig, da staatliche Stellen zur strikten Gleichbehandlung der Medien verpflichtet sind (siehe Rdnr. 1013, 1018ff.).[26]

1210 Im Streitfall der **EFG-Entscheidung** (siehe auch Rdnr. 1072) hatten Finanzrichter einen privatrechtlichen Vertrag geschlossen, der einer Zeitschrift Prioritäts- und Ausschließlichkeitsrechte für die Veröffentlichung von finanzgerichtlichen Urteilen einräumte. Entscheidungen, die die Richter als veröffentlichungswürdig ansahen, wurden deshalb allein an die betreffende Zeitschrift gesandt, nicht dagegen an andere Fachzeitschriften. Das OVG hielt diese Praxis für unzulässig. Gerichte haben als staatliche Stelle Informationen, zu deren Veröffentlichung sie sich entschließen, grundsätzlich allen interessierten Pressevertretern in gleicher Weise zugänglich zu machen. Sie haben sich „als neutrale Informationsstelle jeglicher Reglementierung oder Steuerung der Presse oder eines Teils davon zu enthalten“.[27]

1211 Dagegen kann den **Privaten** eine persönliche Beschränkung von Informationen erlaubt sein. Das eröffnet ihnen erhebliche geschäftliche Vermarktungsmöglichkeiten, auf die im Einzelnen noch eingegangen wird (siehe Rdnr. 1228ff.). Zum Beispiel kann ein Sportveranstalter berechtigt sein, nach eigener Entscheidung bestimmten Sendern eine Fernsehübertragung zu erlauben und sie anderen Un-

23 § 48 Abs. 1 Nr. 2 UrhG.
24 BGH vom 15. 1. 1963, BGHSt 18, 182, 186.
25 LG Berlin vom 21. 1. 2003 (Gerüchte aus dem Eheleben), AfP 2003, 174, 175f.; dazu *Eggert* AfP 2003, 176f.
26 BVerwG vom 3. 12. 1974 (Pressefahrt der Bundesbahn), NJW 1975, 891, 892; OVG Bremen vom 25. 10. 1988 (EFG), NJW 1989, 926, 927; *Soehring*, Presserecht, Tz. 6.16.
27 OVG Bremen von 15. 10. 1988 (EFG), NJW 1989, 926, 927 mwN.

ternehmen zu verweigern.[28] Für Private gelten eben andere Regeln als für staatliche Stellen. Insbesondere unterliegt der Einzelne nicht wie staatliche Stellen der öffentlichen Kontrolle und hat aufgrund des Persönlichkeitsschutzes sogar das ausdrückliche Recht, sich einer öffentlichen Debatte zu entziehen.[29] Er ist deshalb grundsätzlich berechtigt, eine Weitergabe ihn betreffender Informationen zu verweigern oder zum Gegenstand vertraglicher Vereinbarungen zu machen oder vom Erhalt von Gegenleistungen abhängig zu machen. Kommt es zu einer persönlichen Beschränkung von Informationen durch Private, so führt dies aus medienrechtlicher Hinsicht zu Einschränkungen der publizistischen Vielfalt.[30] Es gibt in solchen Fällen lediglich wenige oder sogar nur ein einziges Unternehmen, das die Allgemeinheit informiert. Die Öffentlichkeit erhält eine mehr oder weniger „einseitige" Darstellung. Sie wird nicht mit einer Mehrzahl unabhängiger Berichte und Kommentierungen konfrontiert, die aufgrund der Unterschiede in den Akzentsetzungen, Interpretationen und Deutungen dem Nutzer eine besonders präzise Meinungsbildung erlauben. Den berechtigten Unternehmen kann eine Deutungshoheit zuwachsen, die der vom Medienrecht angestrebten Vielfalt entgegenwirkt.

Im Einzelnen bestimmt sich die Möglichkeit und Zulässigkeit der persön- 1212
lichen Beschränkung von Informationen durch private Einzelpersonen oder Unternehmen nach differenzierenden Anforderungen. Im Ausgangspunkt ist eine bloße Beschränkung von Informationen ungleich eher hinnehmbar als eine Unterdrückung. Dies gilt namentlich für Beschränkungen, die sich aus einem so genannten Exklusivitätsvertrag ergeben. Derartige Absprachen schließen andere Medien nur zeitweise bzw. von der Erstberichterstattung aus (siehe Rdnr. 1236ff.), lassen aber im Übrigen den Nachrichteninhalt als solchen frei. Die Angelegenheit kann anschließend also auch von anderen thematisiert und in den öffentlichen Meinungsbildungsprozess eingeführt werden. Soweit sich die Möglichkeit persönlicher Beschränkungen dagegen direkt aus absoluten Rechten ergibt, hängt ihre Beurteilung von der Art der Information und der Reichweite des betreffenden privaten Schutz- oder Verwertungsrechts ab.

Nach der **Humanbiologischer Schulunterricht-Entscheidung** ist ein männliches Foto- 1213
modell, das von der Veröffentlichung der von ihm gemachten Fotos lebt, berechtigt, die Verwertung eines Nacktfotos nur für den humanbiologischen Unterricht zu erlauben. Es kann sich dagegen wenden, dass die Aufnahme im Fernsehen gesendet wird.[31]

---

28 Siehe Rdnr. 1401ff.
29 Z.B. BGH vom 9.12. 2003 (Luftbildaufnahmen II), NJW 2004, 762, 736 „Recht auf Selbstbestimmung bei der Offenbarung der persönlichen Lebensumstände".
30 Zur publizistischen Vielfalt siehe Rdnr. 470ff.
31 BGH vom 22.1. 1985 (Humanbiologischer Schulunterricht), NJW 1985, 1617, 1618f.

V. Inhaltliche Beschränkung von Informationen

1214 Die Informationsmöglichkeit ist schließlich auch berührt, wenn Medien nur **inhaltlich irgendwie eingeschränkt oder lediglich sinngemäß berichten** dürfen (inhaltliche Informationsbeschränkung). Den Medien ist in diesem Fall die Möglichkeit einer „umfassenden" Information verschlossen. Es droht, dass die Öffentlichkeit unvollständig oder lediglich mit Halbwahrheiten informiert wird. Auch solche Beschränkungen können hinnehmbar sein, soweit der Nachrichteninhalt als solcher vollständig oder möglichst weitgehend frei bleibt. In manchen Konstellationen führt die inhaltliche Beschränkung dazu, dass der Öffentlichkeit sozusagen „in der Sache" Informationen vorenthalten werden. Der Hauptanwendungsfall ist die anonymisierte Berichterstattung, die über einen Vorfall berichtet, dem Leser aber die Identität beteiligter Personen oder Unternehmen nicht mitteilt. In anderen Fällen werden den Medien dagegen lediglich bestimmte Formen der Informationsweise verbaut.

1215 Inhaltliche Beschränkungen können insbesondere Möglichkeiten **authentischer Berichterstattung** verschließen. So ist es beispielsweise verboten, die Anklageschrift eines Strafverfahrens „im Wortlaut" öffentlich zu machen, bevor sie in öffentlicher Verhandlung erörtert worden oder das Verfahren abgeschlossen ist.[32] Das sinngemäße Mitteilen des Inhalts der Anklageschrift ist den Medien dagegen jederzeit erlaubt. Andere Normen schließen nur bestimmte Formen der Information aus, z.B. die Berichterstattung in Gestalt von Film- oder Tonaufnahmen.[33]

B. Freiheit von Informationen und rechtliche Schutzinteressen

1216 Zum Schutz rechtlich geschützter Güter und Interessen sind gewisse Ausschlussrechte in Bezug auf Informationen erforderlich. Es kann aus berechtigten Gründen sein, dass zutreffende Informationen nicht durch die Medien genutzt und veröffentlicht werden dürfen. Solche Gegenrechte ergeben sich aus den unterschiedlichsten Gründen. Es kann sich dabei um legitime Allgemeinheitsinteressen handeln, zum Beispiel um staatliche Geheimhaltungsinteressen[34] oder um das Interesse, Gerichtsverfahren vor einer störenden Beeinflussung durch die Medien zu bewahren.[35] In gleicher Weise können sich Rechte und Interessen von Privatpersonen auswirken. Auch der Einzelne muss Schutz gegenüber allzu begehrlichen Medien genießen, wenn er etwa persönlich verletzt, geschäftlich geschädigt oder in berechtigten sonstigen Belangen beeinträchtigt wird.

1217 Das Prinzip der Freiheit von Informationen wird durch den Schutz solcher Rechte und Interessen keineswegs hinfällig. Vielmehr entfaltet sich seine praktische Bedeutung gerade gegenüber Regelungen, die zum Unterdrücken oder

32 § 353d Nr. 3 StGB. Siehe Rdnr. 1479ff.
33 § 169 Satz 2 GVG. Siehe Rdnr. 1306ff.
34 §§ 93ff., 353b StGB, 172 Nr. 1, 174 Abs. 2 GVG.
35 §§ 169 Satz 2, 176 GVG, 353d StGB.

Beschränken von Informationen führen könnten. Insbesondere die subjektiven Rechte des Einzelnen werden mit Blick auf das allgemeine Informationsinteresse grundsätzlich so zugeschnitten, dass ihre **Ausschlusswirkungen irgendwie begrenzt sind und die Information möglichst nicht als solche erfassen**. Auf diese Weise ist es vielfach möglich, die Freiheit von Informationen und den Schutz von Rechtsgütern miteinander in Einklang zu bringen.

Ein wichtiger Anwendungsfall ist das **Urheberrecht**. Es sichert dem Urheber 1218
Rechte an seinem Werk, etwa das ausschließliche Recht, das Werk zu vervielfältigen und zu verbreiten.[36] Das urheberrechtlich geschützte Werk liegt freilich stets nur in der individuellen Gestaltung, nicht dagegen in einer Idee, einer Gestaltungsweise oder eben einer Information als solchen.[37] Bedeutsam ist das zum Beispiel für Zeitungsartikel. Ist der Artikel ein urheberrechtliches Sprachwerk, so wäre der Abdruck des Beitrags durch ein Konkurrenzblatt eine urheberrechtliche Vervielfältigung und damit grundsätzlich unzulässig. Die im Artikel enthaltenen Informationen als solche genießen jedoch gerade keinen urheberrechtlichen Schutz und können von anderen übernommen werden. Die Medien dürfen aus urheberrechtlicher Sicht „alles schreiben, sie dürfen nur nicht abschreiben".[38]

Der Urheberschutz bezieht sich aus diesen Gründen bewusst nicht auf Fakten, sondern 1219
auf davon zu unterscheidende persönliche Schöpfungen. Die **Kronprinzessin Cäcilie I-Entscheidung** macht dies deutlich. Sie betraf Memoiren einer Kronprinzessin, die ein Journalist mit verfasst hatte. Der Journalist wurde als Miturheber angesehen, weil er Gliederung und Darstellungsweise des endgültigen Textes maßgeblich mit beeinflusst hatte. Dabei stellte das Gericht klar, dass es zur Begründung schutzfähigen geistigen Eigentums nicht notwendig der Darstellung eigener Gedanken oder Erlebnisse bedarf.[39] Urheber kann eben auch sein, wer einen fremden Gedanken- oder Erlebnisinhalt und keine selbst ermittelten Fakten beschreibt, wenn nur die Art und Weise der Darstellung den urheberrechtlichen Werkvoraussetzungen genügt. Die das Leben der Prinzessin betreffenden Informationen erfasst das Urheberrecht als solche nicht.

Im Deliktsrecht finden sich ähnliche Zusammenhänge. So steht das **Persönlich-** 1220
keitsrecht grundsätzlich nur Informationen entgegen, die den Betroffenen öffentlich identifizieren und entsprechende Stigmatisierungsgefahren mit sich bringen. Wird eine Nachricht dagegen von Elementen befreit, die auf den Betroffenen hinweisen, so löst sie auch keine Haftung aus. Aus demselben Grund kommen Verletzungen des **Rechts am Unternehmen** sowie ein Anspruch aus **§ 824 Abs. 1 BGB** nur in Betracht, wenn die fragliche Äußerung einen hinreichend

36 §§ 16 f. UrhG.
37 *Troller*, Immaterialgüterrecht, Bd. I, 2. Auflage 1959, S. 53 ff. „The general rule of law is, that the noblest of human productions – knowledge, truths ascertained, conceptions, and ideas – become, after voluntary communication to others, free as the air to common use", *Brandeis* J. in International News Service v. Associated Press, 248 U.S. 215, 250 (1918).
38 OLG Düsseldorf vom 14. 7. 1983 (Anwaltsschriftsatz), GRUR 1983, 758, 760.
39 OLG Köln vom 14. 10. 1952 (Kronprinzessin Cäcilie I), GRUR 1953, 499.

konkreten Bezug zum Betroffenen hat.[40] Das Deliktsrecht nimmt allgemeine, d.h. nicht speziell auf eine bestimmte Person oder ein bestimmtes Unternehmen gemünzte Äußerungen bewusst von der Haftung aus, um wichtige allgemeine Informationsquellen zu erhalten, zum Beispiel Systemvergleiche, die Auseinandersetzung über Vor- und Nachteile bestimmter Heilmethoden oder Ernährungsweisen, Marktübersichten oder allgemeine Kaufempfehlungen.[41]

1221 Die **Büro-Sex-Entscheidung** betraf einen Zeitungsartikel darüber, dass der Geschäftsführer einer Außenstelle der Industrie- und Handelskammer aus dem Dienstzimmer mit seiner Frau ein Telefongespräch sexuellen Inhalts geführt hatte und daraufhin entlassen worden war. Es ist den Medien ohne weiteres erlaubt, die arbeitsrechtliche Zulässigkeit oder Unzulässigkeit eines solchen Verhaltens öffentlich zu machen und mit Beispielen zu unterlegen. Dem Urteil zufolge war die Zeitung im Streitfall aber verpflichtet, die ihr möglichen und zumutbaren Maßnahmen zu ergreifen, um eine Identifizierung des Betroffenen durch die Leser auszuschließen.[42]

1222 Die **Goggomobile-Entscheidung** lehnte das Schadensersatzbegehren eines Autohändlers ab, der durch unzutreffende Preisangaben über Goggomobile in einem allgemeinen Marktbericht wirtschaftliche Einbußen erlitten hatte. Der fragliche Bericht hatte sich nämlich nicht auf einzelne Händler oder gar speziell den Kläger bezogen. § 824 BGB könne nicht dahin verstanden werden, dass er eine Ersatzpflicht gegenüber allen begründe, die mittelbar durch die Auswirkung einer unzutreffenden Äußerung in ihren Vermögensinteressen betroffen werden. Eine solche weite Haftung würde „wegen ihrer unabsehbaren Folgen das Risiko der Berichterstattung auf wirtschaftlichem Gebiet ungebührlich vergrößern“ und sei vom Gesetz nicht gewollt.[43]

C. Die andere Philosophie: Wettbewerb durch Rechte „an" Informationen

I. Wettbewerb um die „beste" Information

1223 Es ist keineswegs sicher, dass die Gemeinfreiheit von Informationen durchweg zu einer optimalen Information der Allgemeinheit führt. Es kann stattdessen auch eine andere „Philosophie“ sachgerecht sein. Sie kommt vor allem für Informationen in Betracht, die integrative Funktion haben bzw. zur Unterhaltung dienen und deshalb in erhöhtem Maße beschränkt werden können. Für diesen Bereich können **Beschränkungen im Interesse der Allgemeinheit** liegen und zu einer besseren Information der Öffentlichkeit führen. Das Recht kann dazu

---

40 BGH 2.7. 1963 (Elektronische Orgeln), NJW 1963, 1871f.; BGH vom 20.12. 1988 (Filmbesprechung), GRUR 1989, 222, 223; zum Persönlichkeitsrecht siehe BGH vom 15.4. 1980, NJW 1980, 1790, 1791.

41 Siehe auch BVerfG vom 20.4. 1982 (Kredithaie), BVerfGE 60, 234, 240ff.

42 BGH vom 24.11. 1987 (Büro-Sex), NJW 1988, 1984, 1985; dazu *Grunsky* EWiR 1988, 413f.

43 BGH vom 13.10. 1964 (Goggomobile), NJW 1965, 36f.

den Weg wählen, zwischen den Medienunternehmen einen Wettbewerb um die „beste" Information zu eröffnen.

Der Grundgedanke ist folgender: Wenn ein Unternehmen beispielsweise aufgrund eines Patents seinen Konkurrenten den Gebrauch einer neuen Erfindung verbieten darf, dann kann es dadurch einen Wettbewerbsvorsprung gegenüber den Mitbewerbern erlangen. Ein solches Ausschlussrecht schafft einen Anreiz zu Neuerungen,[44] die das Unternehmen sonst aus Kostengründen möglicherweise scheuen würde. Das Schaffen solcher Neuerungen wiederum kommt der Allgemeinheit in Gestalt von technologischem Fortschritt und Wohlstand zugute. Dieser Zusammenhang besteht auch in Bezug auf Medien und Informationen. Die Aussicht, zum Beispiel als erstes Medienunternehmen zu berichten oder mit Informationen besserer „Qualität" aufzuwarten, kann einen erheblichen **Anreiz zur Generierung von Informationen** verschaffen und auf diese Weise letztlich zu einem „Mehr" an Information und einer besseren Deckung des Allgemeinheitsbedürfnisses führen. Für die Schaffung derartiger Innovationsanreize lassen sich in Bezug auf Informationen und Medien besonders gute Gründe anführen. Da Informationen in der Regel sofort und ohne nennenswerten Kostenaufwand vom Konkurrenten übernommen werden können, lohnt sich eine kostenaufwändige Generierung nur, wenn das Medienunternehmen auch die Aussicht darauf hat, dass die Investitionsausgaben in Gestalt von hohen Verkaufszahlen oder Einschaltquoten wieder „eingespielt" werden. 1224

Die Schaffung solcher Wettbewerbs- und Anreizmechanismen setzt voraus, dass es **individuelle Rechte an Informationen gibt, die andere Medienunternehmen von einer gleichartigen Berichterstattung ausschließen**. Der Inhaber eines solchen individuellen Rechts muss nach eigener Entscheidung darüber verfügen und zum Beispiel dingliche Nutzungslizenzen verkaufen können. Die damit verbundene Beschränkung von Informationen ist vergleichsweise unproblematisch, wenn es um Informationen mit integrativer Funktion geht, also zum Beispiel um Sportübertragungsrechte. Dagegen müssen demokratie- und wirtschaftsrelevante Informationen grundsätzlich der Allgemeinheit gehören und dürfen nicht zur Disposition des Einzelnen gestellt werden. Ausnahmen davon und eine etwaige Kommerzialisierung solcher Informationen sind nur in Sonderkonstellationen denkbar. Jemand kann als Urheber oder aufgrund seines Persönlichkeitsrechts befugt sein, Informationen zurückzuhalten, die zwar demokratie- oder wirtschaftsrelevant sind, aber als solche auch seiner individuellen Entscheidungsbefugnis unterliegen. In solchen Sachverhalten ist im Einzelfall zwischen den betroffenen Schutzgütern, der Art der Informationsbeschränkung und dem öffentlichen Informationsinteresse abzuwägen. 1225

---

44 BGH vom 24.6.1966 (Saxophon), GRUR 1966, 617, 620 „Anreiz zur Fortentwicklung des Standes der Technik".

II. Erstveröffentlichung als Informationsanreiz

1226 Innovations- bzw. Informationsanreize fördern den Wettbewerb nur, wenn sie richtig bemessen sind.[45] Sie sollen dem betreffenden Unternehmen lediglich Amortisationschancen, in keinem Fall aber die Möglichkeit verschaffen, Konkurrenz auf Dauer ausschließen zu können. Das bereits angesprochene Patentrecht zieht daraus die Konsequenz, das Schutzrecht zeitlich zu befristen. Für den Medienbereich wird häufig in Betracht kommen, dem investierenden Unternehmen **von Rechts wegen eine Art Erstveröffentlichungsrecht zu gewährleisten**. Informationen sind maßgeblich vom Zeitmoment abhängig und verlieren für die beteiligten Unternehmen umso mehr an „Wert", je bekannter sie werden.[46] Der zweite Aufguss von Themen, die gestern aktuell waren, stößt in der Regel nur auf ein bereits abgeschwächtes bzw. kommerziell schon weitgehend ausgeschöpftes Publikumsinteresse.

1227 Die Bedeutung des Zeitaspekts wird sehr schön an dem wettbewerbsrechtlichen Klassiker **International News Service v. Associated Press** deutlich, dem US-amerikanischen Gegenstück zur Rundfunknachricht-Entscheidung des RG. Hier hatte eine Nachrichtenagentur von einem Konkurrenzunternehmen Informationen „gestohlen", indem sie zum einen durch Bestechung noch nicht veröffentlichte Informationen erlangte und zum anderen vom Konkurrenten frisch veröffentlichte Informationen kopierte und als eigene ausgab. Der Zugriff auf die durch Bestechung erlangten Informationen war unzulässig, weil dadurch dem Betroffenen die Möglichkeit genommen wurde, diese als erster weitergeben bzw. veröffentlichen zu können. Die Nutzung der veröffentlichten Informationen war dagegen streitig geblieben. Der US-Supreme Court lehnte ein Recht an Informationen als solchen zwar ab, sah mehrheitlich in den Praktiken aber gleichwohl einen **unlauteren Wettbewerb** des Beklagten gegenüber dem Kläger.[47] Der Beklagte war nämlich, wenn er sich Neuigkeiten aus Zeitungen in den östlichen Städten Amerikas aneignete, aufgrund der Zeitverschiebung in der Lage, diese Informationen im Westen Amerikas exakt zur selben Zeit als „Frischware" anzubieten wie der Kläger. Unternehmen in einer Branche, deren geschäftlicher Erfolg zentral von der Neuheit und Aktualität der fraglichen Informationen abhänge, müsse ein derartiger Informationsklau folglich untersagt werden.

III. Verträge über die Erstveröffentlichung

1228 Der gezeigte ökonomische Hintergrund strahlt auf das Vertrags- und Lizenzrecht aus. Erst die Möglichkeit, mit einem potenziellen Informanten **wirksame Verträge über die Erstveröffentlichung von ihm zu liefernder Informationen zu schließen**, erlaubt es, die Mitarbeit und Informationswilligkeit des Vertragspartners durch ein Entgelt zu stimulieren. So können der Öffentlichkeit Infor-

---

45 Dazu *Beater*, Unlauterer Wettbewerb, 2002, §22 Rdnr. 38ff. mwN.

46 „The peculiar value of news is in the spreading of it while it is fresh", *Pitney* J. in International News Service v. Associated Press, 248 U.S. 215, 235 (1918).

47 International News Service v. Associated Press, 248 U.S. 215, 235ff. (1918).

mationen erschlossen werden, die sie andernfalls möglicherweise nicht erhalten hätte.

Das **Urheberrecht** spricht dem Urheber ausdrücklich das Erstveröffentli- 1229
chungsrecht zu und erlaubt es ihm, rechtswirksam Verträge über die Ausübung des Veröffentlichungsrechts zu schließen.[48] Dagegen ist die rechtliche Beurteilung von Verträgen über die exklusive Veröffentlichung von Informationen, die unterhaltenden Charakter haben oder Persönlichkeitsrechte betreffen, nicht explizit gesetzlich geregelt. Solche **Exklusivverträge** werden heute zu Recht als wirksam angesehen[49] und sind aufgrund des angesprochenen wirtschaftlichen Zusammenhangs mit § 138 Abs. 1 BGB vereinbar. Der Vertrag ist das Instrument, um die Aussagewilligkeit des anderen Vertragspartners zu erkaufen. Zugleich verschafft er durch das Zeitmoment einen erheblichen Informationsanreiz. Das am Vertrag beteiligte Medienunternehmen erhält so einen Vorsprung vor seinen Konkurrenten, weil es zunächst als einziges berichten kann. Im Übrigen werden die exklusiven Informationen nach Veröffentlichung durch das Medienunternehmen als solche für die übrigen Medien zugänglich. Diese können zwar nicht in gleicher Weise „authentisch" berichten, wohl aber die eigentlichen Fakten und die Nachricht als solche bringen.

In den **Monika Weimar-Entscheidungen** hatte eine Illustrierte das strafprozessuale 1230
Wiederaufnahmeverfahren der Vertragspartnerin finanziell unterstützt und sollte dafür im Falle einer Haftentlassung ein Exklusivinterview erhalten.[50] Später wurde die Informantin jedoch von einem konkurrierenden Medienunternehmen „abgeworben". Das Interview erschien daher nicht bei dem Vertragspartner, sondern im Konkurrenzblatt. Da der Exklusivvertrag wirksam ist, haftet die Informantin ihrem ursprünglichen Vertragspartner nach Vertragsrecht, da sie gegen ihre vertragliche Hauptpflicht verstoßen hat und „wortbrüchig" geworden ist. Zugleich kann das geschädigte Medienunternehmen von dem Konkurrenten nach h.M. aus §§ 826 BGB, 3, 4 Nr. 10 UWG Schadensersatz verlangen, weil und sofern der Konkurrent die Informantin in unzulässiger Weise als Vertragspartner abgeworben bzw. zum Vertragsbruch verleitet hat.[51]

IV. Erstveröffentlichung und Informationsinteresse

Schützt man das Erstveröffentlichungsrecht, so stellt sich die Frage nach seinem 1231
Stellenwert gegenüber Informationsinteressen der Allgemeinheit. Entspre-

48 § 12 Abs. 1 UrhG; Dreier/*Schulze*, § 12 UrhG Rdnr. 11.

49 OLG Frankfurt a.M. vom 24.3. 1998 (Monika Weimar), ZUM-RD 1998, 277, 280ff.; OLG Hamburg vom 3.12. 1997 (Monika Weimar), ZUM-RD 1998, 116, 118ff.; ähnlich bereits OLG München vom 20.12. 1979 (Vera Brühne), AfP 1980, 347, 348; dazu *Brandl* AfP 1980, 349ff. *Diesbach*, Pay-TV oder Free-TV, 1998, S. 135ff.; *Moosmann*, Exklusivstories – Zur rechtlichen Problematik der Exklusivvermarktung und anderen persönlichkeitsrechtlich geschützten Informationen, 2002, S. 135ff.; kritisch *Eberle* FS Herrmann 2002, 99, 105ff.

50 OLG Frankfurt a.M. vom 24.3. 1998 (Monika Weimar), ZUM-RD 1998, 277ff.; OLG Hamburg vom 3.12. 1997 (Monika Weimar), ZUM-RD 1998, 118ff.

51 Dazu OLG Hamburg vom 3.12. 1997 (Monika Weimar), ZUM-RD 1998, 116, 118ff.

chende Fallkonstellationen haben vor allem das Urheberrecht beschäftigt. Ein urheberrechtliches Zitat ist nur zulässig, wenn das zitierte Werk bereits erschienen oder veröffentlicht worden ist.[52] Ob darüber hinausgehend ein Zitat unveröffentlichter Werke aufgrund von Informationsinteressen zulässig sein kann, ist derzeit umstritten. Man wird dies jedenfalls dann ablehnen müssen, wenn ein wirksamer Vertrag über die Erstveröffentlichung besteht und der „Verdienst" einer früheren Veröffentlichung lediglich darin liegt, die Vertragsparteien um die Früchte ihres Schaffens zu bringen.

1232 In **Harper & Row v. Nation Enterprises** hatte ein Verlag dem früheren Präsidenten *Gerald Ford* vertraglich eine Garantiesumme für das Verfassen von Memoiren zugesagt, die auch die Watergate-Affäre behandeln und auf die Rolle von *Richard Nixon* eingehen sollten. Als Gegenleistung erhielt der Verlag die Vermarktungsrechte und u.a. die Befugnis, einer Zeitung vor Erscheinen des Buchs den Abdruck von Auszügen zu erlauben. Nachdem die Schreibarbeit vollendet war, wurde dem Time Magazin ein entsprechender Vorabdruck erlaubt. Das Manuskript gelangte jedoch unerlaubt an den Herausgeber eines anderen Blatts, der daraufhin als Erster Buchauszüge veröffentlichte und so die Exklusivveröffentlichung durch das Time Magazin verhinderte. Selbst erhebliche öffentliche Informationsinteressen – die im Streitfall gar nicht berührt waren – hätten es in den Augen des Supreme Court nicht erlaubt, das Erstveröffentlichungsrecht und den urheberrechtlichen Anreizmechanismus zu durchbrechen, der überhaupt erst zur Schaffung entsprechender Informationen geführt hatte.[53]

1233 Die deutschen Gerichte halten es prinzipiell für möglich, dass ein Zitat unveröffentlichter Werke aufgrund von besonders gewichtigen Informationsinteressen zulässig sein kann, haben aber Informationsinteressen solchen Zuschnitts im jeweiligen Streitfall meist nicht erkennen können.[54] Im Übrigen muss die Beurteilung solcher Zitate auch davon abhängen, welche Wirkung sie für den betroffenen Urheber haben und ob die betreffenden Informationen andernfalls der Öffentlichkeit überhaupt zugänglich geworden wären.

1234 Das OLG Hamburg hat in der **Berufungsschrift-Entscheidung** eine ungeschriebene Schranke des Urheberrechts aufgrund von öffentlichen Informationsinteressen bejaht. Hier war eine anwaltliche Berufungsschrift komplett zitiert worden, die naturgemäß nicht im Sinne von § 6 Abs. 1 UrhG veröffentlicht worden war und gegen den Willen ihres Verfassers abgedruckt wurde. Der Verfasser *Gregor Gysi* war seinerzeit Bundestagsabgeordneter und Fraktionsvorsitzender der PDS. Er hatte in einem Strafverfahren in der ehemaligen DDR den Regimekritiker Havemann verteidigt und dazu auch die streitige Berufungsschrift verfasst. Das OLG nahm an, dass Meinungs- und Informationsfreiheit dem Urheberschutz vorgehen, „wenn eine Abwägung ergibt, dass schützenswerte Belan-

52 § 51 UrhG.
53 „Where an author and publisher have invested extensive resources in creating an original work and are poised to release it to the public, no legitimate aim is served by pre-empting the right of first publication", *O'Connor* J. in Harper & Row v. Nation Enterprises, 471 U.S. 539, 557 (1985); dazu *Freys* ZUM 1985, 500ff.
54 KG vom 21.4. 1995 (Botho Strauß), NJW 1995, 3392, 3394f.; dazu *Bornkamm* FS Piper 1996, 641ff. Siehe auch BGH vom 7.3. 1985 (Liedtextwiedergabe I), GRUR 1987, 34, 35.

ge des Urheberrechtsinhabers nicht gefährdet sind und überragende Interessen der Allgemeinheit eine Veröffentlichung verlangen".[55] Ein solches Informationsinteresse leitete das Gericht aus der jetzigen Stellung des Klägers als Person der Zeitgeschichte und Inhaber politischer Funktionen her sowie aus dem Stasi-Hintergrund der Berufungsschrift. Der Havemann-Prozess sei als solcher ein Ereignis gewesen, das seine Bedeutung auch heute (1999) noch nicht eingebüßt habe. Zugleich beeinträchtigte die Veröffentlichung in den Augen des Gerichts keine überwiegenden schutzwürdigen Interessen des Klägers. Sie offenbare lediglich, dass dieser im Falle Havemann seine Pflichten als beauftragter Rechtsanwalt ordnungsgemäß erfüllt habe.

Die Berufungsschrift-Entscheidung verdient im Ergebnis Zustimmung, doch muss 1235
man sich zugleich klar machen, dass ihre prinzipielle Reichweite begrenzt ist. Das Urteil betrifft ein besonders starkes öffentliches Informationsinteresse, und die fragliche Berufungsschrift hatte inhaltlich keinen persönlichkeitsrechtlichen Bezug. Zugleich betrifft es Texte, die – anders als in Harper & Row v. Nation Enterprises – vom Urheber wohl niemals veröffentlicht worden wären. Das Erstveröffentlichungsrecht verdient weniger Schutz, wenn es keine Informationsanreize sichern, sondern zur endgültigen Unterdrückung von Informationen dienen soll.[56] Es kann in solchen Fällen gegenüber gravierenden öffentlichen Informationsinteressen im Einzelfall zurückzutreten haben.

V. Ausschlusswirkung für Konkurrenten

Steht einem Unternehmen ein Ausschlussrecht gegenüber den Konkurrenten zu, 1236
dann schließt dies die Mitbewerber nicht von der Information als solcher aus. Es beschränkt sie aber auf **Formen der Berichterstattung, die weniger konkurrenzfähig sind**. Für jede Art der Berichterstattung kann sich ein Vorsprung an Aktualität, aber auch an Authentizität ergeben. Letzteres ist der Fall, wenn der Berichtende auf originäre oder irgendwie bessere Quellen zurückgreifen kann, als sie der Konkurrenz zugänglich sind. Es ist ein Unterschied, ob ein Medienunternehmen beispielsweise ein Fußballspiel live im Fernsehen übertragen oder lediglich das Ergebnis der Partie im Nachhinein melden kann. Solche Ausschluss- und Vorsprungswirkungen sind wettbewerbskonform und medienrechtlich insbesondere dann unbedenklich, wenn es um die Integrationsfunktion der Medien geht. In der Regel müssen sich betroffene Konkurrenten mit Informationen aus „zweiter Hand" begnügen, die eine geringere Glaubwürdigkeit vermitteln. Zugleich erhalten Konkurrenten auf diese Weise einen Anreiz, ihrerseits Informationen zu generieren,[57] die entweder die betroffene Thematik weiter aufklären oder andere Themenbereiche aufgreifen.

Rechte an Bildern ermöglichen in besonderem Maße persönliche Informati- 1237
onsbeschränkungen. Sie machen Bilder weitgehend zu Handelsgütern und eröffnen den Medien erhebliche Möglichkeiten zu gegenseitiger Konkurrenz. Ins-

55 OLG Hamburg vom 29.7. 1999 (Berufungsschrift), NJW 1999, 3343, 3344; dazu kritisch *Seitz* NJW 2000, 118ff.; bestätigend BVerfG vom 17.12. 1999 (Berufungsschrift), NJW 2000, 2416f.

56 Ähnlich BVerfG vom 17.12. 1999 (Berufungsschrift), NJW 2000, 2416, 2417.

57 Zu diesem Effekt *Beater*, Nachahmen im Wettbewerb, 1995, S.386ff.

besondere kann sich der Schutz von Bildaufnahmen[58] in eine faktisch besonders weitreichende Ausschlussposition steigern, wenn die Aufnahme ein zeitgebundenes Geschehen zeigt, das sich nicht mehr reproduzieren lässt. Das Bildmotiv kann zwar vielleicht nachgestellt werden, würde dadurch aber gerade nicht den wichtigen Originalcharakter erlangen. Dem nicht Nutzungsberechtigten bzw. den konkurrierenden Medienunternehmen bleiben dann kaum adäquate Ausweichmöglichkeiten. Es steht ihnen frei, die vom Bild transportierte Information für die Textberichterstattung zu nutzen. Angesichts der unterschiedlichen Wirkung von Bild und Text wird dies in der Regel nur ein schwacher Trost sein, denn Bilder lassen sich typischerweise gerade nicht mit gleicher Wirkung in Sprache übersetzen. Auch ein Ausweichen auf Archivbilder wird den Vorteil der Mitbewerber, die das begehrte Orginalbild verwenden dürfen, nur bedingt ausgleichen.

1238 **Sprachinformationen** lassen sich demgegenüber fast immer in akzeptabler Weise so verändern, dass ihre Weitergabe etwaige urheberrechtliche Grenzen umschifft und trotzdem Informationsinteressen befriedigt. Der Wert kann gegenüber „Originalquellen" aber dadurch herabgesetzt werden, dass zum Beispiel kein Augenzeuge oder unmittelbar Betroffener selbst berichtet, sondern dass nur mittelbar weitergetragen wird, was Originalquellen geäußert haben.

D. Zitat- und sonstige Zugriffsrechte

1239 Ist eine Information Gegenstand eines Ausschlussrechts, so kann es sein, dass den ausgeschlossenen Medienunternehmen **zumindest ein nach Inhalt und Reichweite eingeschränkter Zugriff auf die Information** gestattet ist. Medienrechtlich rechtfertigen sich solche Zitatbefugnisse daraus, dass die offene Gesellschaft vom Austausch der Meinungen lebt. Wer diskutiert, muss zunächst die Ansichten und Gedanken seines Gegenübers kennen und sie bei Bedarf wiederholen dürfen. Das Zitieren fremder Gedanken ist deshalb eine Grundlage des politischen wie des intellektuellen Meinungskampfes und für die öffentliche und private Meinungsbildung wichtig. Zitatrechte eröffnen den an sich nicht berechtigten Medienunternehmen gewisse Möglichkeiten einer seriösen, ebenfalls an Originalquellen orientierten Berichterstattung und wirken damit Einseitigkeiten in der öffentlichen Information entgegen. Aus wettbewerbsrechtlicher Sicht kommt hinzu, dass solche Befugnisse schädliche wettbewerbliche Monopolstellungen verhindern können.

1240 In manchen Konstellationen kann ein wörtliches Zitat das Informationsinteresse auch besser decken, als eine umschreibende Wiedergabe von Äußerungsinhalten. Bedeutung hat dies namentlich für das Zitat urheberrechtlicher Schriftwerke. Im Streitfall der **Berufungsschrift-Entscheidung** (siehe Rdnr. 1234) wäre beispielsweise auch in Betracht ge-

58 §§ 2 Abs. 1 Nr. 5, Nr. 6, 72 UrhG.

kommen, den Schriftsatz nicht wörtlich zu zitieren, sondern eine zusammenfassende Inhaltswiedergabe zu wählen, die die urheberrechtlich geschützte Formgestaltung nicht verletzt hätte. Das OLG Hamburg nahm jedoch zu Recht an, dass eine solche Wiedergabe Informationsinteressen der Öffentlichkeit weniger gut gewahrt hätte als eine wörtliche Wiedergabe und dass es zugleich aus Sicht des Klägers im Grunde keinen Unterschied machte, ob die Wiedergabe in Gestalt eines Zitats oder einer Inhaltsbeschreibung erfolgte.[59]

1241 Befugnisse, in Gestalt des Zitats oder auch in anderer Weise auf fremde Quellen bzw. Originalinformationen zuzugreifen, können sich für die Medien direkt aus Art. 5 Abs. 1 Satz 2 GG ergeben, wenn der Zugriff auf fremde Quellen zur Meinungsäußerung dient. Ein solcher Zugriff ist freilich nur unter bestimmten Voraussetzungen zulässig. Das **Verfassungsrecht** schützt nur richtige, nicht dagegen unrichtige Zitate.[60] Letztere können keine zutreffende Meinungsbildung ermöglichen und sind daher kein schützenswertes Gut.

1242 Die unterhalb des Verfassungsrechts bestehenden rechtlichen Regeln sehen weitere Voraussetzungen vor. Einzelheiten bestimmen sich maßgeblich nach der Art des tangierten individuellen Rechts. Für bestimmte Bereiche hat der Gesetzgeber **spezielle Zitatrechte** normiert, nämlich für das Urheberrecht und das Recht am eigenen Bild.[61] Für das Deliktsrecht bzw. das allgemeine Persönlichkeitsrecht und das Recht am Unternehmen können sich solche Fragen bei der Gesamtabwägung stellen. Die Berechtigung des Zugreifenden ist aber in Inhalt und Reichweite **auf legitime „Zitatzwecke" beschränkt**. Der Eingriff in fremde Befugnisse ist in der Regel gerechtfertigt, wenn er zur Auseinandersetzung mit dem Zitierten dient und die Länge der Ausschnitte für diesen Zweck angemessen ist.

1243 Ein speziell medienrechtliches Institut ist das Recht des Fernsehens auf **Kurzberichterstattung** über Veranstaltungen und Ereignisse, die öffentlich zugänglich und von allgemeinem Informationsinteresse sind.[62] Es ist bislang hauptsächlich im Zusammenhang mit Fußballspielen praktisch relevant geworden.

1244 Das **urheberrechtliche Zitatrecht**[63] kann den Zugriff auf ein fremdes Werk „in einem durch den Zweck gebotenen Umfang" rechtfertigen. Es erlaubt u. a. das Zitieren in einem Sprachwerk, ist aber auch auf Zitate in anderen Werken bzw. Medien analog anwendbar, z. B. auf das Zitat in Filmen.[64]

1245 Das **allgemeine Persönlichkeitsrecht** schützt vor Falschzitaten, die jemandem Äußerungen in den Mund legen, die er nicht getan hat und die seinen von ihm selbst definierten sozialen Geltungsanspruch beeinträchtigen.[65] Es greift beispielsweise ein, wenn

---

59 OLG Hamburg vom 29. 7. 1999 (Berufungsschrift), NJW 1999, 3343, 3345.
60 BVerfG vom 3. 6. 1980 (Böll/Walden I), BVerfGE 54, 208, 219f.; BVerfG vom 3. 6. 1980 (Eppler), BVerfGE 54, 148, 152f. Siehe Rdnr. 1598ff.
61 § 23 KUG. Siehe Rdnr. 1283ff.
62 § 5 RStV. Siehe Rdnr. 1412ff.
63 § 51 UrhG. Siehe Rdnr. 454f., 1375ff., 1526f.
64 BGH vom 4. 12. 1986 (Filmzitat), BGHZ 99, 162, 165.
65 BGH vom 25. 5. 1954 (Leserbriefe), BGHZ 13, 334, 339; BVerfG vom 3. 6. 1980 (Böll/

einem Politiker unzutreffend die Aussage zugeschrieben wird, die Sozialpolitik solle die „Belastbarkeit der Wirtschaft" prüfen.[66]

1246 Im Zusammenhang mit **Exklusivitätsvereinbarungen** hat die Rspr. Medienunternehmen, die nicht Partner der Vereinbarung waren, weitreichende Zitatmöglichkeiten zugestanden, wenn die Art der Darstellung im Kern richtig ist, inhaltlich nicht in Persönlichkeitsrechte eingreift und es um einen aktuellen Vorfall geht.[67]

Walden I), BVerfGE 54, 208, 217; BGH vom 1.12. 1981 (Böll/Walden II), NJW 1982, 635, 636. Siehe Rdnr. 336.

66 BVerfG vom 3.6. 1980 (Eppler), BVerfGE 54, 148, 154ff.; dazu *Schmidt* NJW 1980, 2066f.; *Roellecke* JZ 1980, 701ff.; *Hubmann* UFITA 94 (1982), 51ff.; *Falk* UFITA 94 (1982), 151ff.

67 BGH vom 27.10. 1967 (Lengede), GRUR 1968, 209, 210.

§ 16: Bildinformationen

Ausgewählte Literatur

Alwart, Personale Öffentlichkeit (§ 169 GVG), JZ 1990, 883ff.; *Bappert*, Die Freiheit der 1247
Film- und Funkberichterstattung nach dem sog. Wochenschaugesetz, GRUR 1963, 16ff.; *Beater*, Der Schutz von Eigentum und Gewerbebetrieb vor Fotografien, JZ 1998, 1101ff.; *ders.*, Bildinformationen im Medienrecht, AfP 2005, 133ff.; *Beuthien*, Bildberichte über aktive und passive Personen der Zeitgeschichte, ZUM 2005, 352ff.; *Bornkamm*, Vom Detektorempfänger zum Satellitenrundfunk, FS GRUR II 1991, 1349ff.; *Bröcker/Neun*, Fußballweltmeisterschaft zwingend im Free-TV?, ZUM 1998, 766ff.; *von Coelln*, Lebach einmal anders – die Rundfunkfreiheit fordert ihr Recht, ZUM 2001, 478ff.; *Damm*, Pressefreiheit und Bildnisschutz, Medien zwischen Spruch und Informationsinteresse, FS Schweizer 1999, 111ff.; *Dasch*, Die Einwilligung zum Eingriff in das Recht am eigenen Bild, 1990; *de Oliveira Ascensao*, Der Schutz von Veranstaltungen kraft Gewohnheitsrechts, GRUR Int. 1991, 20ff.; *Diesbach*, Pay-TV oder Free-TV. Zur Zulässigkeit der verschlüsselten Exklusivübertragung sportlicher Großereignisse, 1999; *Dittl*, Die Umsetzung der Free-TV-Schutzliste der TV-Richtlinie in den EU-Mitgliedstaaten, AfP 2001, 98ff.; *Dünnwald*, Zum Begriff des ausübenden Künstlers, UFITA 52 (1969), 49ff.; *Duvinage*, Der Sport im Fernsehen. Die Sicht der Rechteagenturen, Arbeitspapiere des Instituts für Rundfunkökonomie an der Universität zu Köln, 2000; *Ekrutt*, Rechtsschutz der Filmeinzelbilder, GRUR 1973, 512ff.; *Engau*, Straftäter und Tatverdächtige als Personen der Zeitgeschichte, 1993; *Engels/Schulz*, Das Bildnis aus dem Bereich der Zeitgeschichte – Anmerkungen zur Dogmatik des Bildnisschutzes, AfP 1998, 574ff.; *Ernst*, Informations- oder bloßes Illustrationsinteresse? Zur Fernsehöffentlichkeit von Gerichtsverfahren, FS Herrmann 2002, 73ff.; *Feyock/Strasser*, Die Abgrenzung der Filmwerke von Laufbildern am Beispiel der Kriegswochenschauen, ZUM 1992, 11ff.; *Franke*, Die Bildberichterstattung über den Angeklagten und der Öffentlichkeitsgrundsatz im Strafverfahren, 1978; *Gentz*, Veranstalterrecht, GRUR 1968, 182ff.; *Gerauer*, Der Unterlassungsanspruch des Eigentümers bei gewerblichem Fotografieren, GRUR 1988, 672ff.; *Gounalakis*, Kritische Bemerkungen zur Hypertrophie des Urheberschutzes, NJW 1999, 545ff.; *Gröpl*, Rechtsfragen bei der Rundfunkübertragung von Sportereignissen, ZUM 2004, 865ff.; *Haas/Reimann*, Das „Fernsehrecht" an Sportveranstaltungen als Abwehrrecht, SpuRt 1999, 182ff.; *Hassemer*, Vorverurteilung durch die Medien?, NJW 1985, 1921ff.; *Helberger*, Brot und Spiele – Die Umsetzung der Listenregelung des Art. 3a der Fernsehrichtlinie, AfP 2002, 292ff.; *Hertin*, Die urheberrechtliche Stellung des Kameramannes, UFITA 118 (1992), 57ff.; *Hoeren*, Urheberrechtliche Probleme des Dokumentarfilms, GRUR 1992, 145ff.; *Holicki*, Pressefoto und Pressetext im Wirkungsvergleich – Eine experimentelle Untersuchung am Beispiel von Politikerdarstellungen, 1993; *Janßen*, Das Recht der Kurzberichterstattung, 1994; *Katzenberger*, Neue Urheberrechtsprobleme der Fotografie, GRUR Int. 1989, 116ff.; *ders.*, Vom Kinofilm zum Videogramm, FS GRUR II 1991, 1409ff.; *Kepplinger*, Darstellungseffekte – Experimentelle Untersuchungen zur Wirkung von Pressefotos und Fernsehfilmen, 1987; *ders.*, (Ab)Bilder – wie Medien Realität produzieren, Communicatio Socialis. Internationale Zeitschrift für Kommunikation in Religion, Kirche und Gesellschaft 37 (2004), 139ff.; *Kruse*, Wirtschaftliche Entwicklungen einer unentgeltlichen Sport-Kurzberichterstattung im Fern-

sehen, 1991; *Kübler*, Eigentumsschutz gegen Sachabbildung und Bildreproduktion? Bemerkungen zur „Tegel"-Entscheidung des Bundesgerichtshofes, FS F.Baur 1981, 51ff.; *Lampe*, Der Straftäter als Person der Zeitgeschichte, NJW 1973, 217ff.; *Lerche/Ulmer*, Kurzberichterstattung im Fernsehen, Rechtsgutachten zur Frage der Informationsbeschaffung für die Kurzberichterstattung von Sendeunternehmen über Veranstaltungen und sonstige Ereignisse von öffentlichem Interesse, 1989; *Mailänder*, Sport als Wirtschaftsgut, FS Geiß 2000, 605ff.; *Movessian*, Urheberrechte und Leistungsschutzrechte an Filmwerken, UFITA 79 (1977), 213ff.; *M.G. Müller*, Grundlagen der visuellen Kommunikation, 2003; *Neumann-Duesberg*, Bildberichterstattung über absolute und relative Personen der Zeitgeschichte, JZ 1960, 114ff.; *A.Nordemann*, Die künstlerische Fotografie als urheberrechtlich geschütztes Werk, 1992; *Osiander*, Das Recht am eigenen Bild im allgemeinen Persönlichkeitsrecht, 1993; *Pense*, Der urheberrechtliche Filmherstellerbegriff des §94 UrhG, ZUM 1999, 121ff.; *Pernice*, Öffentlichkeit und Medienöffentlichkeit, 2000; *Poll*, Urheberschaft und Verwertungsrechte am Filmwerk, ZUM 1999, 29ff.; *Petersen*, Fußball im Rundfunk- und Medienrecht, 2001; *Romatka*, Absolute und relative Personen der Zeitgeschichte – Vom Erfolgsmodell zum Auslaufmodell?, FS Damm 2005, 170ff.; *Schlinghoff*, „Fotografieren verboten!" – Zivilrechtliche Probleme bei der Herstellung und Reproduktion von Lichtbildern ausgestellter Kunstwerke, AfP 1992, 112ff.; *Schulz/Jürgens*, Das Recht am eigenen Bild, JuS 1999, 664ff., 770ff.; *Schulze*, Urheber- und Leistungsschutzrechte des Kameramannes, GRUR 1994, 855ff.; *Sedelmeier*, Persönlichkeitsrecht und Bildberichterstattung, AfP 1999, 450ff.; *Sidler*, Exklusivberichterstattung über Sportveranstaltungen im Rundfunk, 1995; *Stettner*, Das Recht der Fernsehkurzberichterstattung nach §4 RStV, JZ 1993, 1125ff.; *Stopper*, Wer ist Veranstalter und Rechtsträger im Profi-Fußball?, SpuRt 1999, 188ff.; *Strasser*, Die Abgrenzung der Laufbilder vom Filmwerk, 1995; *Stürner*, Schutz des Gerichtsverfahrens vor öffentlicher Einflussnahme?, JZ 1978, 161ff.; *ders.*, „Fair trial" und öffentliche Meinung, JZ 1980, 1ff.; *Tillmanns*, Mediale Vermarktung von Verbrechen und Grundsätze eines fair trial, FS Schweizer 1999, 227ff.; *von Westerholt*, Übertragung von Sportveranstaltungen im Fernsehen, ZIP 1996, 264ff.; *Waldhauser*, Die Fernsehrechte des Sportveranstalters, 1999; *Weiler*, Medienwirkung auf das Strafverfahren, ZRP 1995, 130ff.; *Widmaier*, Gerechtigkeit – Aufgabe von Justiz und Medien?, NJW 2004, 399ff.; *Zuck*, Ist Fußball ein Menschenrecht?, NJW 1998, 2190f.

A. Ausgangsfragen

1248 Das Medienrecht kennt Normen, die speziell auf Bilder gemünzt sind. Zum Beispiel ist im Äußerungsdeliktsrecht eine Trennung zwischen Wort- und Bildberichterstattung seit langem etabliert, und §5 RStV spricht nur dem Fernsehen, nicht aber dem Hörfunk ein Recht auf Kurzberichterstattung zu. Die Frage, ob Medien auf Bilder zurückgreifen dürfen, bestimmt sich nach anderen Maßstäben als sie für Wortinformationen gelten. Die rechtlichen Kriterien zur Beurteilung der Bildberichterstattung sind vielschichtig. In diesem Abschnitt soll es um **Informationsverbote oder -beschränkungen durch Vorschriften gehen, die sich ausschließlich oder hauptsächlich auf Bilder beziehen**. Vorschriften, die nicht speziell auf Bilder, sondern allgemein auf zutreffende Informationen jeder

Form gemünzt sind, werden dann im nachfolgenden Abschnitt vorgestellt (§ 17). Ebenfalls erst später werden die seltenen Fälle thematisiert, in denen Bilder wegen falscher oder inhaltlich unzulässiger Aussagen rechtswidrig sind. Solche Bildäußerungen unterliegen prinzipiell denselben Maßstäben, die für unwahre oder beleidigende Wortäußerungen gelten. Sie werden daher gemeinsam mit ihnen behandelt (siehe §§ 18ff.).

Rechtliche Verbote und Beschränkungen der Bildberichterstattung setzen einmal an den **Abbildungsinhalten** an. Das Anfertigen oder Veröffentlichen von Bildern kann untersagt sein, weil das, was auf ihnen zu sehen ist, nicht öffentlich gemacht werden darf. Der Hauptanwendungsfall ist das Persönlichkeitsrecht, dem es in der Regel um einen Schutz des Abgebildeten geht. Daneben gibt es weitere Bildverbote, zum Beispiel das weithin bekannte Verbot der Aufnahme von Gerichtsverhandlungen. Die Möglichkeiten der Bildberichterstattung können aber auch dadurch beeinflusst werden, dass jemand ein Recht an dem von ihm gemachten Bild hat. Zu einer solchen Wahrung des **geistigen Eigentums des Abbildenden** dient vor allem das Urheber- bzw. Immaterialgüterrecht. Solchen Rechten geht es in der Regel um einen Schutz des Fotografens bzw. desjenigen, der die betreffende Abbildung hergestellt hat. 1249

Mehrere juristische Anforderungen **differenzieren noch weiter gehend zwischen Bild und Film** und erlauben so medienspezifische Anforderungen, die im Einzelnen jedoch unterschiedlich sind. Das Urheberrecht trennt bereits von Gesetzes wegen zwischen dem Lichtbildwerk und dem Filmwerk[1] und das Gerichtsverfassungsrecht u.a. zwischen Filmaufnahmen und einzeln gemachten Fotos.[2] Auch für das allgemeine Persönlichkeitsrecht kann bei der Frage, wie schwer Persönlichkeitsinteressen verletzt wurden, im Einzelfall zwischen verschiedenen Verletzungsformen zu differenzieren sein. 1250

Die rechtlichen Trennungen zwischen Bild und Wort sind in ihrer Entstehung von Zufälligkeiten beeinflusst bzw. **ohne eingehendes Nachdenken über mögliche Unterscheidungsgründe etabliert worden**. Da die Unterscheidung in vielen Bereichen durch den Gesetzgeber mehr oder weniger vorgegeben ist, wird sie nur bedingt in ihrer Berechtigung hinterfragt. Deutlich wird dies etwa am Beispiel des Persönlichkeitsrechts. Das Recht am eigenen Bild wird seit 1907 durch die §§ 22f. KUG geschützt. Den zivilrechtlichen Schutz des Einzelnen vor verletzenden sprachlichen Äußerungen hatte die Regelung nicht im Blick. Dieser Bereich ist in den §§ 823 Abs. 2 Satz 1 BGB, 185ff. StGB nur rudimentär gesetzlich geregelt und hat erst später mit der richterlichen Schaffung des allgemeinen Persönlichkeitsrechts eine umfassende Rechtsgrundlage gefunden. Dies hat dazu geführt, dass sich die Zulässigkeit der Bildberichterstattung nach detaillierten gesetzlichen Tatbestandsmerkmalen beurteilte und über viele Jahre von der Wortberichterstattung getrennt wurde, über die nach anders gearteten Rechtsnormen zu judizieren war. Der Frage, ob Verletzungen der Persönlichkeit durch Bilder oder Worte unterschiedlich sind und dementsprechend jeweils eigenständige Beurteilungsmaßstäbe erfordern, wurde daher meist ausgewichen. 1251

---

1 § 2 Abs. 1 Nr. 5, Nr. 6 UrhG.
2 § 169 Satz 2 GVG.

I. Wirkung von Bildern

1252 **Bilder wirken anders als Worte.** Sie lassen sich im Unterschied zu Texten in Sekundenschnelle unmittelbar aufnehmen, werden besser in Erinnerung behalten und sind ungleich stärker geeignet, emotionale Wirkungen zu erzeugen.[3] Es ist immer wieder zu beobachten, dass die öffentliche Diskussion und Reaktion erst durch Bilder entscheidend in Gang gesetzt werden,[4] zum Beispiel durch Bilder von Folterungen im Irak oder von überfluteten Siedlungen in Sachsen. Fragt man im Detail nach den Wirkungsunterschieden zwischen Bild und Wort, so ergibt sich freilich kein exakter Befund. Die Kompliziertheiten der menschlichen Wahrnehmung können im Einzelnen weder durchweg mit naturwissenschaftlicher Präzision erfasst werden, noch lassen sie das Formulieren einfacher und trennscharfer Kausalitätszusammenhänge zu. Immerhin können Bildaufnahmen tendenziell eine höhere Glaubwürdigkeit als Texte vermitteln. Sie bilden jedenfalls im Grundsatz etwas Vorhandenes ab, während Texte stets im Kopf des Berichtenden entstehen und daher von vornherein von seiner Unvoreingenommenheit oder Voreingenommenheit abhängen. Dieser prinzipielle Unterschied darf freilich nicht darüber hinwegtäuschen, dass Bild- und Filmaufnahmen ihrerseits manipulativ sein und Wertungen enthalten können.

1253 Für die **dokumentarischen Eigenschaften von Fotos** können Authentizität, Richtigkeit und Wahrheit voneinander unterschieden werden.[5] Ein Foto ist authentisch, wenn der abgebildete Gegenstand nicht beeinflusst wurde. Es ist richtig, wenn es der festgehaltenen Wirklichkeit optisch entspricht (Proportionen, Farben, verzerrender Aufnahmewinkel etc.). Die Aufnahme ist wahr, wenn sich Bildaussage und Realität miteinander decken. Eine Fotografie kann beispielsweise authentisch, aber unwahr sein, etwa wenn sie das für Sekundenbruchteile verzerrte Gesicht eines souveränen Redners oder die friedliche Pose von Rebellen in einer Kampfpause zeigt.[6]

1254 Bildaufnahmen lassen in zumindest prinzipiell ähnlicher Weise wie Texte **Einflussnahmen und Gestaltungen durch den Journalisten** zu, nämlich durch Auswahl, Anordnung und Ausgestaltung.[7] Die Auswahl liegt in der Entscheidung, welche Aspekte eines Vorgangs abgebildet und welche dem Betrachter vorenthalten werden (Perspektive, Wahl des Bildausschnitts etc.). Die Anordnung bezieht sich darauf, wie das Bild aufgebaut ist, in welcher Beziehung die abgebildeten Gegenstände zueinander stehen und ob dadurch eine Verbindung, eine Spannung oder ein Widerspruch entsteht. Die Ausgestaltung schließlich liegt darin, wie das Bild fotografisch und entwicklungstechnisch ausgearbeitet ist (Weichzeichner, Belichtung, farbiger oder Schwarz-Weiß-Abzug etc.).

---

3 Überblick dazu bei *Boehme-Neßler* K&R 2003, 530ff.; zum Bild als journalistischer Quelle *M.G. Müller*, Grundlagen der visuellen Kommunikation, 2003, S. 80ff.

4 Dazu *M.G.Müller*, Grundlagen der visuellen Kommunikation, S. 93f. mwN. und Bild; siehe auch *Hanfeld* FAZ vom 28.7.2001, S. 45.

5 *Arnheim* in: Kemp (Hrsg.), Theorie der Fotografie, Bd. III 1945–1980, 1983, S. 171, 177f.

6 *Holicki*, Pressefoto und Pressetext im Wirkungsvergleich, 1993, S. 31.

7 *Holicki*, Pressefoto und Pressetext im Wirkungsvergleich, 1993, S. 36ff.; zum „Täuschungspotenzial" und zur „Beweiskraft" von Bildern und Bildausschnitten *M.G. Müller*, Grundlagen der visuellen Kommunikation, 2003, S. 86ff., S. 102f. mit Beispielen.

Die Wirkung von Filmbildern kann **durch Faktoren beeinflusst werden, die mit dem abgebildeten Gegenstand nichts zu tun haben**, z.B. können Perspektivwechsel Einfluss auf die Wahrnehmung eines Redners haben[8] oder die Auffälligkeit der Informationsvermittlung sowie die Art der Personenwahrnehmung beeinflussen.[9] Ebenso haben Fotos Einfluss auf das **Verständnis bebilderter Zeitungsberichte**, doch lässt sich auch dieser Einfluss nur begrenzt sezieren.[10] Ein Artikel über einen Mann, der durch die Nichtaufgabe seines Hauses den Weiterbau einer Straße verhindert, wird unterschiedlich wahrgenommen, je nachdem, ob er überhaupt nicht oder aber durch Aufnahmen ergänzt wird, die entweder einen lächelnden, gut angezogenen Mann oder eine Person zeigen, die finster unter einer Stoffkappe hervorblickt.[11] 1255

Die verschiedenen Formen von Bildern haben im Einzelnen unterschiedliche Wirkungen. So vermittelt das Foto Authentizität, während die Zeichnung dies nicht leisten kann. Vor allem ist jedoch zwischen unbewegten (Fotos, Zeichnungen) und bewegten Bildern zu unterscheiden. Letztere lassen sich nochmals in Bildfolgen und Bild-Tonfolgen trennen. Die besondere Bedeutung, die das deutsche Recht dem Fernsehen zumisst, ist letztlich eine Folge daraus, dass man diesem Medium wegen der Eigenheiten der menschlichen Wahrnehmung einen besonderen „Anschein der Authentizität und des Miterlebens" zuerkennt.[12] 1256

II. Informationsfunktionen von Bildern

Der **Wert von Bildern als Informationsmittel** ist unterschiedlich. In Anknüpfung an die klassischen journalistischen Darstellungsformen[13] sind die Funktionen Dokumentation, Auseinandersetzung und Illustration voneinander zu trennen. Die Unterscheidungen zwischen diesen Kategorien sind rechtlich wichtig, weil sie abweichende juristische Maßstäbe zur Folge haben können. Die rechtliche Beurteilung hängt maßgeblich davon ab, welchen der genannten drei Informationszwecke eine Bildveröffentlichung verfolgt. Beispielsweise ist für das Äußerungsdeliktsrecht die Auslegung von Bildern stark von dem Informationszweck abhängig, der mit dem Bild verfolgt wird (siehe Rdnr. 1564ff.). Ebenso trennt das Urheberrecht in den §§ 50, 51 UrhG strikt zwischen Auseinandersetzungs-, Illustrations- und Dokumentationsinteressen. 1257

---

8 Dazu *Kepplinger/Donsbach* in: Kepplinger (Hrsg.), Darstellungseffekte, 1987, S. 125ff. mwN.

9 Dazu *Kepplinger/Donsbach* in: Kepplinger (Hrsg.), Darstellungseffekte, 1987, S. 92ff. mwN.

10 Dazu *Kepplinger/Holicki/Hartmann/Winning* in: Kepplinger (Hrsg.), Darstellungseffekte, 1987, S. 266ff. mwN.; eingehend *Hartmann*, Transfer-Effekte: Der Einfluss von Fotos auf die Wirksamkeit nachfolgender Texte – Eine experimentelle Untersuchung zur kumulativen Wirkung von Pressefotos und Pressetexten, 1995.

11 *Warr/Knapper*, The Relative Importance of Verbal and Visual Information in Indirect Person Perception, in: British Journal of Social and Clinical Psychology 5 (1966), 118ff.

12 So BVerfG vom 17.2. 1998 (Kurzberichterstattung), BVerfGE 97, 228, 256.

13 Dazu *Pürer*, Publizistik- und Kommunikationswissenschaft, S. 190ff. mwN.

1. Dokumentation

1258 Bilder können zunächst **selbst der entscheidende Träger von Informationen** sein. In solchen Fällen geht es um Bilder, die irgendwie „Originalcharakter" haben, „authentisch" sind oder die von ihnen übermittelte Information unmittelbar belegen. Eine entsprechende Dokumentation kann dann letztlich nur durch Originalbilder erfolgen. Ein Ausweichen auf Archivmaterial ist nicht möglich bzw. würde der Berichterstattung keine vergleichbare Glaubwürdigkeit verleihen. Der Informationswert kann sich insbesondere daraus ergeben, dass die betreffende Information im Grunde nur durch Bilder richtig transportiert werden kann. Bestimmte Informationen lassen sich allein auf diese Weise ohne Qualitätsverlust übermitteln.

1259 Ein wichtiges Beispiel ist das Recht auf Kurzberichterstattung. Es ist in §5 RStV strikt auf Fernsehveranstalter beschränkt,[14] was sich in der Sache aus dem **Wirkungsunterschied zwischen Fernsehen und Hörfunk** erklärt. Das Fernsehen kann zeitgleich in Bild und Ton über ein Ereignis berichten und ist zu dem Medium geworden, mit dem der größte Teil der Bevölkerung seinen Informationsbedarf deckt. Die Berichterstattung in bewegten, mit Originaltönen versehenen Bildern verleiht den gesendeten Inhalten eine der Wortberichterstattung überlegene Breitenwirkung, Aktualität, Überzeugungs- und Suggestivkraft.[15] Die Faszination des unmittelbaren Miterlebens wird komplettiert durch eine gleichermaßen aktuelle wie ubiquitäre Präsentation des Realgeschehens: „Der Zuschauer erlebt die medial vermittelte Realität unmittelbar und sinnlich, sie wird erfahrbar und letztlich glaubhaft".[16] Wer den entscheidenen Schuss an die Unterlatte mit eigenen Augen sieht, kann berechtigterweise mit darüber streiten, ob England das WM-Finale 1966 gegen Deutschland „wirklich" gewonnen hat, auch wenn er nicht selbst im Stadion dabei war. Wer dagegen nur die Radioreportage hört, kann dies nicht. Die Hörfunkreportage bringt notwendigerweise einen Verlust an Unmittelbarkeit und Authentizität mit sich. Der Hörer erhält seine Information nicht direkt, sondern nur in der Übermittlung durch den Reporter und dessen Wahrnehmung. Kurz: Der Hörer kann sich nicht selbst ein „Bild" machen.

1260 Ein weiteres Beispiel sind Bilder, die wichtige Neuigkeiten betreffen und zugleich im Informationswert über Wortmeldungen hinausgehen, etwa weil ihnen eine besondere Authentizität zukommt oder weil sie entscheidende emotionale Zusatzinformationen transportieren. Ein möglicher Anwendungsfall ist das so genannte **Barschel-Foto.**[17] Es gab eben nicht nur über den Tod einer bekannten Person Auskunft, sondern vor allem über die Ausweglosigkeit, Verzweiflung und Tragik einer Situation, in die sich ein prominenter Politiker manövriert hatte.

---

14 Zu den Gründen dafür aus Sicht der Normgeber Hahn/Vesting/*Michel/Brinkmann*, §5 RStV Rn. 7ff. mwN.

15 BVerfG vom 22.2. 1994 (Rundfunkgebühr), BVerfGE 90, 60, 87; *Eberle* CR 1996, 193, 194.

16 *Eberle* CR 1996, 193, 194.

17 BG vom 10.7. 1992 (Barschel-Foto), BGE 118 IV, 46ff. = NJW 1994, 504ff. Siehe Rdnr. 1292.

2. Auseinandersetzung

Bilder können weiterhin die **inhaltliche Auseinandersetzung begünstigen** und auf diese Weise zur Information dienen. Sie sind dann in der Regel nicht selbst unmittelbarer Träger einer Nachricht, sondern ermöglichen eine über sie selbst hinausgehende Information durch Auseinandersetzung. In manchen Fällen, namentlich im Zusammenhang mit als solchen erkennbaren Fotomontagen, kann sogar das Bild selbst Stellung beziehen und damit inhaltlicher Teil der Auseinandersetzung sein. 1261

Die Unterscheidung zwischen Auseinandersetzungs- und Illustrationsanliegen ist u.a. im Zusammenhang mit dem urheberrechtlichen Zitatrecht relevant.[18] Wird ein nach dem UrhG geschütztes Bild verwendet, um sich entweder mit dem Bild auseinanderzusetzen oder um eine inhaltliche geistige Auseinandersetzung zu ermöglichen, so kann dieser Umstand die Nutzung als so genanntes Zitat zulässig machen. Dient das Bild dagegen allein zur Illustration, so greift das Zitatrecht nicht ein. Die Verwendung ist dann nur unter sehr viel engeren Voraussetzungen erlaubt.[19] 1262

3. Illustration

Bilder können schließlich illustrativ eingesetzt werden und die **Wortberichterstattung mit bildlichen Mitteln unterstützen**. Ein wichtiger Anwendungsfall sind Schaubilder und Grafiken. Solche Bilder haben keinen eigenständigen Dokumentationswert, tragen aber dazu bei, dass außerhalb ihrer selbst liegende Informationen besser vermittelt und leichter aufgenommen werden können. Illustrationsanliegen dienen damit ebenfalls einem Informationsinteresse und sind deshalb grundsätzlich schutzwürdig.[20] Sie können namentlich Textinhalte bildlich umsetzen, die Richtigkeit von Informationen untermauern, Einzelheiten veranschaulichen oder hervorheben. Das Fernsehen ist mehr oder weniger zwingend auf die Illustration durch Bilder angewiesen und gewinnt gerade daraus seine Attraktivität für viele Zuschauer. Auch können Bilder Aufmerksamkeitsfenster öffnen. Sie lassen sich zum Beispiel wie eine Art Schlagzeile als Blickfang einsetzen und können so Spannung und Neugier wecken. Das Illustrationsbedürfnis verlangt nicht nach ganz bestimmten Aufnahmen oder nach Aufnahmen mit Originalcharakter, sondern kann ohne weiteres durch andere Bilder bzw. Archivmaterial gedeckt werden. Ein reiner Illustrationszweck liegt vor allem in Konstellationen nahe, in denen die Bildberichterstattung der Wortberichterstattung prinzipiell unterlegen ist. 1263

Eine solche Konstellation zeigt die **Politbüro-Prozess-Entscheidung** des BVerfG, deren Begründung sich maßgeblich durch den unterschiedlichen Informationswert von Bildern und Sprache erklärt. Im Streitfall hatte das BVerfG über Fernsehaufnahmen von Gerichtsprozessen zu entscheiden, die während der Verhandlung verboten sind, aber vor 1264

18 § 51 UrhG.
19 § 50 UrhG.
20 Z.B. BGH vom 25.11.1986 (Antiseptica), NJW 1987, 2746, 2747. Siehe Rdnr. 1463.

Beginn und nach Ende der Verhandlung sowie während der Verhandlungspausen zulässig sein können. Die Komplexität des förmlichen Prozessgeschehens und der gerichtlichen Verfahrensabläufe können Fernsehbilder nicht transportieren, da „Gründlichkeit und Wiederholungen sowie das Abwägen und die allmähliche Rekonstruktion der Realität nicht auf die besonderen Anforderungen der Mediendramaturgie abgestimmt" sind.[21] Es ist in den Augen des BVerfG keineswegs gesichert, dass eine Fernsehberichterstattung zu einer möglichst wirklichkeitsgetreuen Abbildung von Gerichtsverhandlungen führen würde. Der wirtschaftliche Wettbewerbsdruck und das publizistische Bemühen um die immer schwerer zu gewinnende Aufmerksamkeit der Zuschauer führten vielmehr häufig zu wirklichkeitsfremden Darstellungsweisen, etwa zu der Bevorzugung des Sensationellen, und zu dem Bemühen, dem Berichtsgegenstand nur das Besondere oder Skandalöse zu entnehmen.[22]

1265 Das Gericht umschreibt damit letztlich Informationen, die sich gerade nicht durch Bilder, sondern im Grunde **allein durch Sprache sachgerecht transportieren lassen**. Filmaufnahmen von Gerichtsverfahren haben keinen eigenständigen Dokumentationswert in der hier verstandenen Weise, sondern dienen einem Illustrationsanliegen. Es geht dabei sozusagen um das Gegenstück zum obigen Beispiel der Fernsehübertragung eines Fußballspiels. Während die Bildberichterstattung der Wortberichterstattung in Bezug auf Fußballübertragungen qualitativ und prinzipiell überlegen ist, liegt es für die Übertragung von Gerichtsverfahren gerade umgekehrt. Im Streitfall sah das BVerfG das Informationsinteresse der Medien dementsprechend eher in Kurzberichten, die mit dem Ziel zusammengestellt werden, öffentliche Aufmerksamkeit auszulösen. Dazu ist das Fernsehen nicht auf Originalaufnahmen von der Verhandlung angewiesen. Die erforderliche Visualisierung und eine „wirkungsvolle Fernsehberichterstattung" sind ohne weiteres auch mit Ton- und Bewegtbildaufnahmen möglich, die vor Beginn oder nach Ende der Verhandlung sowie in Sitzungspausen gemacht werden.[23]

III. Bedeutung für die Medien

1266 Bilder sind wegen ihrer besonderen Wirkungen und Eigenschaften für die Medien wichtige Instrumente sowohl zur Information von Zuschauern, Nutzern und Lesern als auch zum Wettbewerb der einzelnen Medienunternehmen untereinander. Die Attraktivität von Medien für das Massenpublikum und damit letztlich auch der ökonomische Erfolg von Massenmedien gehen vielfach mit der Verwendung von Bildern einher. Für den Kampf der Boulevardblätter um die Laufkundschaft dürften die Titelbilder beispielsweise ein ausschlaggebender Faktor sein. Ebenso lassen sich die Hinwendung der Mediennutzer von der Zeitung zum Fernsehen und die fast monopolhafte Dominanz des Fernsehens bei den zur Abendzeit genutzten Medien[24] mit dem besonderen Unterhaltungs- und Informationswert von bewegten Bildern erklären.

---

21 BVerfG vom 24.1.2001 (Politbüro-Prozess), BVerfGE 103, 44, 66.

22 BVerfG vom 24.1.2001 (Politbüro-Prozess), BVerfGE 103, 44, 67 mwN.

23 BVerfG vom 24.1.2001 (Politbüro-Prozess), BVerfGE 103, 44, 66f.; siehe auch BVerfG vom 28.1.2003, NJW 2003, 2671f.

24 Siehe *Wilke* (Hrsg.), Mediengeschichte der Bundesrepublik Deutschland, 1999, S.791ff., insbesondere Schaubilder Nr.6–8.

Der Erwerb von Rechten an Bildern kann **in besonderem Maße persönliche Informationsbeschränkungen ermöglichen**, die für die Wortberichterstattung nicht in gleicher Form denkbar sind. 1267

B. Abbildung von Personen

I. Allgemeines

Das Verwenden von Bildern, die Personen zeigen, erleichtert den Medien in besonderer Weise Personalisierungen. Es ist ein publizistisches Mittel zur Erregung von Aufmerksamkeit, das ein Interesse an Problemen und den Wunsch nach Sachinformationen vielfach überhaupt erst aufkommen lässt.[25] Das Anfertigen oder Veröffentlichen solcher Bilder wird in den meisten Fällen einem Illustrationsanliegen dienen, kann jedoch schon allein deshalb rechtswidrig sein, weil der Abgebildete damit nicht einverstanden ist. Das **Recht auf bildliche Selbstbestimmung** gewährleistet dem Einzelnen Einfluss- und Entscheidungsmöglichkeiten, wenn es darum geht, ob und innerhalb welcher Grenzen Bilder von ihm angefertigt und offenbart werden. § 201a StGB sichert dieses Recht gegenüber besonders schwerwiegenden Verletzungen sogar strafrechtlich ab.[26] Der **Einzelne ist gegenüber Bildaufnahmen in besonderer Weise schutzbedürftig**. Unerlaubte Aufnahmen sind typischerweise ein schwerer Eingriff in das Persönlichkeitsrecht des Betroffenen.[27] Bildnisse können das Erscheinungsbild des Menschen in einer bestimmten Situation von ihm ablösen, fixieren und jederzeit vor einem unüberschaubaren Personenkreis reproduziert werden. Der Abgebildete kann so einer Öffentlichkeit gezeigt werden, der er sich gar nicht aussetzen wollte. Da außerdem jede Abbildung eine Momentaufnahme ist, kann sich der Sinngehalt von Bildaussagen ändern oder sogar absichtlich ändern lassen, wenn die Abbildung später in einem anderen Kontext gezeigt wird.[28] 1268

Das Recht am eigenen Bild eröffnet erhebliche Möglichkeiten der persönlichen Informationsbeschränkung oder sogar der Informationsunterdrückung, die freilich ihrerseits wieder durch ein großzügiges Zugriffsrecht der Medien beschränkt werden. Der Persönlichkeitsschutz ist im Ausgangspunkt unabhängig davon, **in welchem bildlichen Zusammenhang der Betreffende gezeigt wird**. Der Darstellungszusammenhang kann sich aber auf die Schwere der Beeinträchtigung und eine mögliche Rechtfertigung auswirken. So betreffen etwa Nacktfotos[29] und Fotoaufnahmen bei der kirchlichen Trauungszeremonie[30] ty- 1269

---

25 BVerfG vom 15. 12. 1999 (Caroline von Monaco), BVerfGE 101, 361, 390.
26 *Flechsig* ZUM 2004, 605 ff.
27 BGH vom 16. 9. 1966 (Vor unserer eigenen Tür), GRUR 1966, 205, 208.
28 BVerfG vom 15. 12. 1999 (Caroline von Monaco), BVerfGE 101, 361, 381 f.
29 BGH vom 22. 1. 1985 (Humanbiologischer Schulunterricht), NJW 1985, 1617, 1618.
30 OLG Hamm vom 2. 12. 1969 (Brautpaar), GRUR 1971, 84, 85.

pischerweise die Intimsphäre und sind ohne Zustimmung des Betroffenen unzulässig. Dagegen werden Aufnahmen in der Öffentlichkeit, zum Beispiel auf öffentlichen Straßen und Wegen, zwar ebenfalls vom Persönlichkeitsschutz erfasst,[31] sind aber weniger einschneidend und können deshalb eher gerechtfertigt sein als schwerwiegendere Verletzungen.

1270 Ein spezieller Schutz ist in den §§22f. KUG normiert. Verstöße gegen diese Vorschriften sind zugleich Verletzungen des allgemeinen Persönlichkeitsrechts.[32] Das Persönlichkeitsrecht ist im Übrigen aber auch auf Konstellationen anwendbar, die nicht unter das KUG fallen.

1271 Das KUG geht auf die **Otto v. Bismarck-Entscheidung** des RG zurück. Das Urteil betraf Fotos vom Leichnam *Otto v. Bismarcks*, die gegen den Willen seiner Kinder gemacht wurden und nur möglich waren, weil die Fotografen widerrechtlich in das Totenzimmer eingedrungen waren. Das RG gab der Klage der Kinder auf Vernichtung der Aufnahmen und der Negative in der Sache statt, da sich die Fotografen die Bilder und deren Vervielfältigungsmöglichkeit „gerade wie … körperliche Sachen der Kläger rechtswidrig angeeignet hätten".[33] Da seinerzeit weder ein allgemeines Persönlichkeitsrecht anerkannt war, noch ein spezielles Recht am eigenen Bild bestand, leitete das RG den Anspruch maßgeblich daraus ab, dass die Beklagten Hausfriedensbruch begangen und dadurch die Aufnahmemöglichkeit erlangt hatten, die kraft Eigentums nur dem Wohnungseigentümer zustand. Das Urteil führte 1907 zur Schaffung des KUG, das in Teilen nach wie vor gilt.

II. Schutzbereich

1272 Das Recht am eigenen Bild bezieht sich auf die **bildliche Darstellung einer lebenden oder toten Person**. Die Art der Darstellung ist gleichgültig. Es kommen etwa Film- und Fernsehaufnahmen, Fotos, Gemälde und Zeichnungen,[34] dreidimensionale Statuen, Abbildungen auf einer Münze,[35] eine Totenmaske oder Puppen in Betracht, die die Gesichtszüge einer bekannten Persönlichkeit tragen.[36]

1273 Die §§823 Abs.1 BGB, 22f. KUG greifen gemeinsam ein, wenn der Betroffene **in einer für Dritte erkennbaren Weise abgebildet** wird. Dafür reicht es bereits aus, dass der Abgebildete begründeten Anlass hat anzunehmen, er könne

---

31 BGH vom 25.4. 1995, NJW 1995, 1955, 1957.

32 BGH vom 22.1. 1985 (Humanbiologischer Schulunterricht), NJW 1985, 1617, 1618 mwN.; BGH vom 14.4. 1992 (Blacky Fuchsberger), NJW 1992, 2084; BGH vom 14.3. 1995 (Chris Revue), NJW-RR 1995, 789; zum Verhältnis zwischen KUG und BGB eingehend *Osiander*, Das Recht am eigenen Bild im allgemeinen Persönlichkeitsrecht, 1993, S.105ff., 113ff.

33 RG vom 28.12. 1899 (Otto v. Bismarck), RGZ 45, 170, 172; dazu kritisch *Kohler* GRUR 1900, 196ff.

34 BGH vom 1.12. 1999 (Marlene Dietrich), BGHZ 143, 214, 229.

35 BGH vom 14.11. 1995 (Willy Brandt), NJW 1996, 593, 594.

36 Schricker/*Götting*, §60 UrhG/§22 KUG Rdnr 4.

nach der Art der Abbildung erkannt werden.[37] Die Erkennbarkeit für einen mehr oder minder großen Bekanntenkreis genügt. Es besteht weder eine Rangfolge von Erkennbarkeitsmerkmalen noch ein numerus clausus von Identifizierungshilfen. Für die Identifizierung werden zwar regelmäßig die Gesichtszüge im Vordergrund stehen, doch kann sich eine Erkennbarkeit der abgebildeten Person auch aus anderen Umständen ergeben.[38]

Die Erkennbarkeit wird durch so genannte Augenbalken nicht unbedingt beseitigt[39] und kann auch bei Fotomontagen[40] und retuschierten Bildern, bei kleinen Ausschnitten von Bildnissen oder einer Abbildung von hinten, die das Gesicht nicht zeigt,[41] zu bejahen sein. Die Abbildung eines Doppelgängers einer berühmten Person ist als Bildnis der berühmten Person anzusehen, wenn der Eindruck erweckt wird, es handele sich um die berühmte Person selbst.[42] Die Schwere der Persönlichkeitsbeeinträchtigung kann davon abhängen, ob die Berichterstattung jedermann oder nur einem begrenzten Leserkreis die Identifizierung des Betroffenen ermöglicht.[43] Wenn nur bestimmte Personen den Abgebildeten erkennen können, so kann der Eingriff weniger schwerwiegend sein. 1274

Ist die abgebildete Person **durch Dritte nicht identifizierbar**, so bleibt allein § 823 Abs. 1 BGB. Der Persönlichkeitsschutz setzt nicht zwingend voraus, dass zum Beispiel eine in peinlicher Weise missverständliche Angabe von den Adressaten auch tatsächlich missverstanden wird oder dass jemand, der auf einem Foto abgebildet wird, auch von anderen erkannt werden kann. Er muss wegen des Schutzzwecks des Persönlichkeitsrechts vielmehr bereits bei Vorgängen eingreifen können, die geeignet sind, bei dem Betroffenen Hemmungen und Ängste vor spöttischen Bemerkungen und Hänseleien auszulösen.[44] 1275

Nach der **Nacktaufnahmen-Entscheidung** verletzt das unerlaubte Veröffentlichen von Nacktbildern die Selbstbestimmungsbefugnis des Abgebildeten auch dann, wenn der Abgebildete für Dritte nicht identifizierbar ist.[45] Solches Vorgehen maßt sich die Herrschaft über ein fremdes Persönlichkeitsgut an, zumal der Betroffene stets mit der Mög- 1276

37 BGH vom 10. 11. 1961 (Hochzeitsbild), GRUR 1962, 211; BGH vom 26. 1. 1971 (Pariser Liebestropfen), NJW 1971, 698, 700 mwN.; BGH vom 26. 6. 1979, NJW 1979, 2205.
38 BGH vom 9. 6. 1965 (Spielgefährtin I), NJW 1965, 2148, 2149 (Namensunterschrift); BGH vom 2. 7. 1974 (Nacktaufnahmen), NJW 1974, 1947, 1948 (auf das Bildnis Bezug nehmende Presseberichte); BGH vom 1. 12. 1999 (Der blaue Engel), NJW 2000, 2201, 2202 (auf dem Bild sichtbare Einzelheiten). Zu Einzelkriterien siehe *Rehbock/Mensch* FS Damm 2005, 141, 145ff.
39 BGH vom 5. 3. 1974, VersR 1974, 758, 759.
40 BGH vom 30. 9. 2003 (Fotomontage I), BGHZ 156, 206, 209.
41 BGH vom 26. 6. 1979, NJW 1979, 2205.
42 BGH vom 1. 12. 1999 (Der blaue Engel), NJW 2000, 2201, 2202; monografisch *Haun*, Werbung mit dem Doppelgänger eines Prominenten, 2003.
43 BGH vom 24. 11. 1987 (Büro-Sex), NJW 1988, 1984, 1985; dazu *Grunsky* EWiR 1988, 413f. BVerfG vom 25. 11. 1999 (Lebach II), NJW 2000, 1859, 1860f.
44 BGH 10. 11. 1961 (Hochzeitsbild), GRUR 1962, 211, 212.
45 BGH vom 2. 7. 1974 (Nacktaufnahmen), NJW 1974, 1947, 1948f.; dazu *Schmidt* JZ 1975, 98.

lichkeit der Aufdeckung seiner Anonymität durch den Verletzer rechnen muss und damit dem Gefühl des Preisgegebenseins und der Abhängigkeit unterworfen ist.

III. Verletzungshandlungen

1277 Eine Verletzungshandlung kann bereits im **Herstellen**[46] und erst recht im **Verwerten** bzw. **Veröffentlichen** unzulässiger Bildnisse liegen, die ergänzend zu §823 Abs. 1 BGB auch von den §§22f. KUG erfasst werden. Veröffentlichungen sind strenger zu behandeln und werden beispielsweise einen Anspruch auf Geldentschädigung für immaterielle Beeinträchtigungen eher rechtfertigen, da die Veröffentlichung breitenwirksam und damit typischerweise ein besonders verletzungsträchtiger Eingriff ist.

1278 Überlegungen, die bloße Herstellung von Bildnissen als persönlichkeitsrechtlich irrelevant anzusehen, um den Medien so einen größeren Recherchefreiraum zu verschaffen und ihre Möglichkeiten der Berichterstattung auszuweiten,[47] sind eindeutig abzulehnen. Auch die unerlaubte Herstellung beeinträchtigt den Betroffenen. Sein Selbstbestimmungsrecht verliert nicht dadurch an Wert, dass eine von ihm nicht erlaubte Aufnahme nur wenigen Personen zugänglich wird. Ebenso scheidet der persönlichkeitsrechtliche Schutz nicht gegenüber Videoaufzeichnungen aus, die nach Überprüfung oder bestimmten Fristen wieder gelöscht werden.[48]

IV. Einwilligung

1279 Beeinträchtigungen sind mit Einwilligung zulässig.[49] Die Selbstbestimmungsbefugnis gewährt dem Betroffenen das Recht, die Einwilligung **nach freier Entscheidung zu versagen, zu erteilen und ggf. inhaltlich zu begrenzen**, zum Beispiel die Aufnahme nur durch bestimmte Fotografen[50] oder eine Veröffentlichung nur in bestimmten Zeitschriften zu erlauben. Einwilligen muss der Abgebildete oder nach dessen Tode bis zum Ablauf von 10 Jahren die Angehörigen (§22 Satz 3 KUG), also entweder der überlebende Ehegatte und die Kinder oder ggf. die Eltern (§22 Satz 4 KUG).[51] Die Einwilligung kann konkludent erfolgen und ist im Zweifel anzunehmen, wenn der Abgebildete eine Entlohnung erhielt (§22 Satz 2 KUG).

---

46 BGH vom 10.5. 1957 (Spätheimkehrer), BGHZ 24, 200, 208f.; BGH vom 25.4. 1995, NJW 1995, 1955, 1956 mwN.

47 *Soehring*, Presserecht, Tz. 9.5.

48 BGH vom 25.4. 1995, NJW 1995, 1955, 1957.

49 Dazu *Dasch*, Die Einwilligung zum Eingriff in das Recht am eigenen Bild, 1990; *Helle* AfP 1985, 93ff.; *ders.* AfP 1990, 259ff.

50 OLG Hamm vom 2.12. 1969 (Brautpaar), GRUR 1971, 84, 85.

51 Zur Konkurrenz von Einwilligungsberechtigten *Müller* ZUM 2002, 202ff.

Die **Reichweite** der Einwilligung ist durch Auslegung nach den Umständen des Einzelfalls zu ermitteln[52] und muss die infrage stehende Nutzung decken. Die Reichweite hängt in aller Regel wesentlich von der Art der Veröffentlichung ab, die den unmittelbaren Anstoß für ihre Erteilung gegeben hat.[53] Eine frühere Einwilligung erfasst spätere Abbildungen nur, wenn auch die zukünftige Veröffentlichung vom Willen des Betroffenen mit umfasst war. Hat die spätere Abbildung einen anderen Zuschnitt als frühere Bildnisse, so kann das Fortwirken der früheren Einwilligung nur angenommen werden, wenn der Betroffene ein besonderes Interesse daran hat.[54] 1280

Die Einwilligung in die Veröffentlichung ist **widerrufbar**. Für zeitlich unbefristete Einwilligungen ist unter Rückgriff auf die Kriterien von § 314 BGB anzunehmen, dass der Widerruf grundsätzlich einen wichtigen Grund voraussetzt.[55] Im Übrigen muss der Widerruf umso eher möglich sein, je gravierender die betreffenden Aufnahmen in die Persönlichkeit eingreifen. Soweit Bilder infrage stehen, die den höchstpersönlichen oder intimen Bereich betreffen, ist ein Widerruf stets möglich, doch muss der Widerrufende den anderen Vertragspartner für einen etwaigen finanziellen Ausfall angemessen entschädigen (§ 42 Abs. 2, Abs. 3 UrhG analog). 1281

Diese Linie wird durch die **Aktfotos im Internet-Entscheidung** des OGH zum österreichischen Recht bestätigt. Im Streitfall hatte ein Fotomodell die Veröffentlichungs- und Verbreitungsrechte aus Nacktaufnahmen unwiderruflich und uneingeschränkt an den Fotografen übertragen, wurde später aber anderen Sinnes. Der OGH hielt den Widerruf für zulässig. Grundsätzlich kann, wer sein Einverständnis zu der Veröffentlichung von ihm gemachter Aufnahmen gegeben hat, dieses nicht nachträglich widerrufen. Es ist allerdings zu berücksichtigen, für welchen Zweck und innerhalb welchen Rahmens diese Zustimmung erteilt wurde. In Bezug auf Nacktfotos ist zu beachten, dass diese regelmäßig den Kern der Persönlichkeit betreffen.[56] Eine solche Einwilligung ist deshalb auch dann widerrufbar, wenn der Abgebildete einem Berufsfotografen Modell gestanden hat. Schon die schlichte Mitteilung des Betroffenen, dass er eine Veröffentlichung von Nacktfotos nicht mehr wünsche, ist als wirksamer Widerruf der erteilten Einräumung von Rechten am eigenen Bild zu beurteilen. Auf die Gründe für den Gesinnungswandel kann es nicht ankommen.[57] Eine solche Prüfung müsste nämlich letztlich nach den subjektiven Beweggründen fragen und würde daher in ihrem Grundansatz gegen die Idee des Selbstbestimmungsrechts verstoßen. 1282

---

52 BGH vom 14. 11. 1995 (Willy Brandt), NJW 1996, 593, 594.

53 BGH vom 8. 5. 1956 (Paul Dahlke), BGHZ 20, 345, 348 f.; BGH vom 6. 2. 1979, NJW 1979, 2203 mwN.; BGH vom 14. 4. 1992 (Blacky Fuchsberger), NJW 1992, 2084.

54 BGH vom 6. 2. 1979, NJW 1979, 2203; BGH vom 14. 11. 1995 (Willy Brandt), NJW 1996, 593, 594.

55 OLG München vom 17. 3. 1989, NJW-RR 1990, 999, 1000.

56 OGH vom 16. 12. 2003 (Aktfotos im Internet), K&R 2004, 538, 540 f.

57 OGH vom 16. 12. 2003 (Aktfotos im Internet), K&R 2004, 538, 541.

V. §23 KUG

1283 Die Einwilligung kann unter Berücksichtigung der gesetzlichen Wertentscheidungen von §23 KUG entbehrlich sein. Das kommt einmal im Zusammenhang mit Bildern in Betracht, die in der Hauptsache etwas anderes als Menschen zeigen, auf denen aber sozusagen als Nebeneffekt auch Personen abgebildet sind.[58] Danach können Abbildungen zulässig sein, die ein öffentliches Bauwerk, ein Stadt- oder Straßenbild zum Gegenstand haben und dabei auch vorübergehende Passanten oder Touristen zufällig mit zeigen[59] (§23 Abs. 1 Nr. 2 KUG) oder Bilder im Zusammenhang mit Versammlungen, Aufzügen und ähnlichen Vorgängen (§23 Abs. 1 Nr. 3 KUG).[60] Von den „Bildern" unterscheidet das KUG Bildnisse, die sich ausschließlich oder in erster Linie auf die Abbildung einer oder mehrerer Personen beziehen.[61] Ihre Verbreitung und Veröffentlichung kann zum einen unter den Voraussetzungen von §23 Abs. 1 Nr. 4 KUG ohne Einwilligung zulässig sein, wenn die Nutzung einem höheren Interesse der Kunst dient. Zum anderen dürfen „Bildnisse aus dem Bereich der Zeitgeschichte" nach §23 Abs. 1 Nr. 1, Abs. 2 KUG grundsätzlich ohne Einwilligung veröffentlicht und verbreitet werden, soweit dies durch ein Allgemeinheitsinteresse getragen wird und keine berechtigten Interessen des Abgebildeten entgegenstehen.

1. Bildnis der Zeitgeschichte

1284 Der Begriff Zeitgeschichte ist der gesetzlichen Grundkonzeption nach nicht auf politische Zusammenhänge beschränkt, sondern soll auch das „soziale, wirtschaftliche und Kulturleben des Volkes" erfassen.[62] Zugleich hat das KUG die grundsätzliche Berechtigung von bildlichen Illustrationsinteressen anerkannt und angenommen, dass die Allgemeinheit ein „gewisses publizistisches Anrecht" an der freien Darstellung bestimmter Personen habe.[63] **Ein darüber qualitativ hinausreichender bildlicher Informationszweck ist nicht erforderlich**, insbesondere muss die Veröffentlichung oder Verbreitung des Bildnisses keine eigenständigen bildlichen Dokumentations- oder Auseinandersetzungszwecke verfolgen. Folgerichtig stellt die heutige Judikatur für die Frage, ob etwas ein Bildnis aus dem Bereich der Zeitgeschichte im Sinne von §23 Abs. 1 Nr. 1 KUG

---

58 §23 Abs. 1 Nr. 2 KUG „Beiwerk"; Schricker/*Götting*, §60 UrhG/§23 KUG Rdnr. 18 mwN.

59 BGH vom 25.4. 1995, NJW 1995, 1955, 1957.

60 Zu Aufnahmen von Demonstrationen und Polizeieinsätzen, auf denen Beteiligte identifizierbar sind, *Lenz* BayVBl 1995, 164ff.; *Soehring*, Presserecht, Tz. 21.10ff.

61 BGH vom 9.6. 1965 (Spielgefährtin I), NJW 1965, 2148f. mwN.

62 Amtliche Begründung zum KUG vom 28.11. 1905, Verhdlg. RT, XI. Legislaturperiode, II. Session, erster Sessionsabschnitt 1905/06, Zweiter Anlagenband, Aktenstück Nr. 30, S. 1526, 1540f.

63 Amtliche Begründung zum KUG vom 28.11. 1905, Verhdlg. RT, XI. Legislaturperiode, II. Session, erster Sessionsabschnitt 1905/06, Zweiter Anlagenband, Aktenstück Nr. 30, S. 1526, 1540.

ist, allein darauf ab, ob die abgebildete Person derart im öffentlichen Interesse steht, dass die allgemeine Aufmerksamkeit sie als solche im Bild vorgestellt bekommen möchte.[64] Das von § 23 Abs. 1 Nr. 1 KUG geschützte Publikations- und Informationsinteresse der Allgemeinheit ist umso ausgeprägter, je stärker der Abgebildete im Interesse der Öffentlichkeit steht.[65] Insbesondere wird nach dem Status des Abgebildeten unterschieden. Die Gerichte greifen dazu auf die Unterscheidung zwischen absoluten und relativen Personen der Zeitgeschichte[66] zurück. Es handelt sich dabei aber nur um Ausgangskategorien, die typisierte Einordnungen vorgeben.[67] Die Abwägung der widerstreitenden Interessen im Einzelfall bleibt notwendig und kann zu abweichenden Ergebnissen führen.

Jemand ist eine **absolute Person der Zeitgeschichte**, wenn die öffentliche Meinung Bildwerke über ihn als bedeutsam und um der dargestellten Person willen der Beachtung wert findet,[68] zum Beispiel Monarchen und Prinzessinnen, herausragende Politiker, weltbekannte Schauspieler oder Musiker.[69] An dem Bildnis solcher Personen besteht ein prinzipielles schutzwürdiges Informationsinteresse, das besonders hoch ist, wenn der Abgebildete im Rahmen der Tätigkeit gezeigt wird, durch die er das Publikum besonders auf sich aufmerksam gemacht hat.[70] Absolute Personen der Zeitgeschichte müssen Bildnisse nach herrschendem Verständnis selbst dann vielfach hinnehmen, wenn diese keinen Bezug zu der wie auch immer gearteten öffentlichen Funktion des Abgebildeten haben.[71] Bei Aufnahmen im Familienkreis ist jedoch der erweiterte Persönlichkeitsschutz von Kindern zu beachten (siehe Rdnr. 347). Kinder von Personen der Zeitgeschichte sind nicht bereits kraft Abstammung Personen der Zeitgeschichte. Sie sind in diesen Personenkreis nur dann einzubeziehen, wenn sie als Ange- 1285

64 BGH vom 22.1. 1985 (Humanbiologischer Schulunterricht), NJW 1985, 1617, 1618.

65 BGH vom 6.2. 1979 (Beckenbauer), NJW 1979, 2203, 2204; BGH vom 19.12. 1995 (Paparazzi-Fotos), BGHZ 131, 332, 342; BGH vom 14.11. 1995 (Willy Brandt), NJW 1996, 593, 594.

66 Grundlegend *Neumann-Duesberg* JZ 1960, 114ff.

67 BVerfG vom 26.4. 2001, AfP 2001, 212, 214 „eine lediglich abkürzende und verfassungsrechtlich tragfähige Ausdrucksweise für eine nur im Grundsätzlichen vorgenommene, aber stets im Einzelfall zu überprüfende Interessenabwägung zwischen Informationsinteressen der Öffentlichkeit und dem allgemeinen Persönlichkeitsrecht des Abgebildeten". Stimmen im Schrifttum treten daher dafür ein, die Kategorien absolute und relative Person der Zeitgeschichte aufzugeben, z.B. *Beuthien* ZUM 2005, 352, 353ff. mwN.; *Romatka* FS Damm 2005, 170ff.

68 BGH vom 10.5. 1957 (Spätheimkehrer), BGHZ 24, 200, 208; BGH vom 14.11. 1995 (Willy Brandt), NJW 1996, 593, 594; BGH vom 1.12. 1999 (Marlene Dietrich), BGHZ 143, 214, 229; BGH vom 9.3. 2004 (Charlotte Casiraghi I), BGHZ 158, 216, 220.

69 BGH vom 19.12. 1995 (Paparazzi-Fotos), BGHZ 131, 332, 336 zu Caroline von Monaco; BGH vom 14.11. 1995 (Willy Brandt), NJW 1996, 593, 594; BGH vom 1.12. 1999 (Marlene Dietrich), BGHZ 143, 214, 299; BGH vom 10.1. 1996 (Bob Dylan), NJW 1997, 1152.

70 BGH vom 10.1. 1996 (Bob Dylan), NJW 1997, 1152, 1153.

71 BGH vom vom 19.12. 1995 (Paparazzi-Fotos), BGHZ 131, 332, 344; BVerfG vom 15.12. 1999 (Caroline von Monaco), BVerfGE 101, 361, 392f.

hörige gleichfalls in der Öffentlichkeit auftreten oder im Pflichtenkreis ihrer Eltern öffentliche Funktionen wahrnehmen.[72]

1286 In Bezug auf eine **relative Person der Zeitgeschichte** ist das öffentliche Informationsinteresse deutlich limitierter. Zu diesem Personenkreis zählt, wer nicht wegen außergewöhnlicher Leistungen und Verdienste Gegenstand des öffentlichen Interesses geworden ist, sondern im Zusammenhang mit einem informationswürdigen Ereignis oder aufgrund einer familiären Verbindung zu einer absoluten Person der Zeitgeschichte in den zeitgeschichtlichen Bereich geraten ist.[73] Es ist nach h.M. unbeachtlich, ob die betreffende Person bewusst und gewollt oder gegen ihren Willen in die Öffentlichkeit gerät und ob sie dies in einem positiven oder negativen Zusammenhang tut.[74] Ein Allgemeinheitsinteresse an solchen Bildnissen ist grundsätzlich nur anzuerkennen, sofern die Abbildung im Zusammenhang mit dem maßgeblichen zeitgeschichtlichen Vorgang steht und das Interesse der Öffentlichkeit hieran noch andauert.[75] Kinder oder Begleitpersonen einer absoluten Person der Zeitgeschichte können dadurch im Einzelfall zu relativen Personen der Zeitgeschichte werden, haben dann aber nur solche Abbildungen hinzunehmen, die sie gemeinsam mit der absoluten Person der Zeitgeschichte zeigen.[76]

1287 Die **Charlotte Casiraghi I-Entscheidung** betraf einen Artikel über „*Charlotte Casiraghi* – Die ganze Welt feiert ihre Schönheit", der sich mit dem Aussehen der damals 15-jährigen befasste. Der Artikel war mit einem Foto illustriert, das bei einem Galaabend nach einem Pferderennen in Paris gemacht worden war. Es zeigte die Klägerin, die Tochter von Caroline von Monaco, gemeinsam mit ihrer Mutter und ohne erkennbaren Hintergrund. Eine Tochter ist nicht automatisch wie ihre Mutter als eine absolute Person der Zeitgeschichte anzusehen. Sie muss es u.U. hinnehmen, zusammen mit ihrer Mutter abgebildet zu werden, doch begründet allein der Umstand, dass sie gelegentlich gemeinsam mit ihrer Mutter in der Öffentlichkeit auftritt, noch kein ausreichendes öffentliches Informationsinteresse.[77] Das Zeigen von Mutter und Tochter konnte vielmehr nur zulässig sein, wenn im Zusammenhang mit einem konkreten zeitgeschichtlichen Ereignis ein dem Persönlichkeitsrecht der Klägerin vorgehendes Informationsinteresse der Öffentlichkeit bestanden hätte. Das beanstandete Foto und der betreffende Artikel dienten jedoch nicht dazu, ein Informationsinteresse der Öffentlichkeit an der Mutter oder an dem betreffenden gesellschaftlichen Ereignis zu bedienen. Der Artikel befasste sich nahezu ausschließlich mit persönlichen Belangen und dem Aussehen der Klägerin und stellte Vermutungen über die Einstellung der Klägerin zu ihrem Aussehen an. Er war keine Berichterstattung über ein zeitgeschichtliches Ereignis, sondern nahm das Ereignis und

---

72 BGH vom 12.12. 1995, NJW 1996, 985, 986; BGH vom 9.3. 2004 (Charlotte Casiraghi I), BGHZ 158, 216, 221.

73 Schricker/*Götting*, §60 UrhG/§23 KUG Rdnr. 31.

74 Schricker/*Götting*, §60 UrhG/§23 KUG Rdnr. 31 mwN; zu Recht kritisch *Ernst* ZUM 1996, 187, 189.

75 BGH vom 9.6. 1965 (Spielgefährtin I), NJW 1965, 2148, 2149; BGH vom 16.9. 1966 (Vor unserer eigenen Tür), GRUR 1967, 205, 208. Zur Rechtmäßigkeit der Bildberichterstattung über Polizeieinsätze *Franke* NJW 1981, 2033ff.

76 BGH vom 9.3. 2004 (Charlotte Casiraghi I), BGHZ 158, 218, 221.

77 BGH vom 9.3. 2004 (Charlotte Casiraghi I), BGHZ 158, 218, 221.

das dort aufgenommene Foto lediglich zum Anlass, Ausführungen über die Person der Klägerin zu machen. Der BGH hielt es aber für möglich, dass die Aufnahme zukünftig einmal erlaubnisfrei veröffentlicht werden dürfte, etwa im Rahmen einer Berichterstattung über einen entsprechenden Anlass.

Das Einwilligungserfordernis bleibt im Wege der teleologischen Reduktion von § 23 Abs. 1 Nr. 1 KUG bestehen, **wenn die Abbildung keinerlei Informationsinteresse bedient.**[78] Das ist nach ständiger Rechtsprechung vor allem der Fall, wenn das fremde Bildnis zu Werbezwecken genutzt wird.[79] Eine Nutzung des fremden Bildnisses kann im atypischen Einzelfall allerdings zulässig sein, wenn die Abbildung neben dem Werbeeffekt zugleich in gewisser Weise sowohl über das umworbene Produkt als auch über den Abgebildeten informiert. Der BGH hält es unter Berufung auf die Pressefreiheit für zulässig, dass für ein Presseerzeugnis, das über eine prominente Persönlichkeit berichtet, unter Verwendung eines Bildnisses dieser Person geworben wird (siehe Rdnr. 949).[80] Ist der Abgebildete eine absolute Person der Zeitgeschichte, so soll er es dabei auch hinzunehmen haben, dass eine solche Werbung und der redaktionelle Teil unterschiedliche Bildnisse verwenden, sofern sein Persönlichkeitsrecht dadurch nicht zusätzlich beeinträchtigt wird.[81] 1288

2. Berechtigte Interessen des Abgebildeten

Wird die Nutzung des Bildnisses vom Allgemeinheitsinteresse getragen, so scheidet die Möglichkeit einer einwilligungsfreien Verwertung des Bildnisses gleichwohl nach § 23 Abs. 2 KUG aus, wenn berechtigte Interessen des Abgebildeten oder seiner Hinterbliebenen entgegenstehen bzw. bei der Abwägung mit dem Allgemeinheitsinteresse im Einzelfall Vorrang verdienen. Dabei ist die Bildberichterstattung grundsätzlich in ihrer Gesamtheit zu betrachten, so dass eine Bildveröffentlichung im Einzelfall sogar allein wegen des begleitenden Texts unzulässig sein kann.[82] Es ist zugleich prinzipiell möglich, dass ein unzulässig veröffentlichtes Bild später in anderem Zusammenhang rechtmäßig publiziert werden darf.[83] **Kontextbezogene Bilder**, die den Abgebildeten im Zusammenhang mit dem zeitgeschichtlichen Ereignis zeigen, sind grundsätzlich zulässig. Gleiches gilt für **kontextneutrale Bilder**, wie zum Beispiel Passfotos. 1289

---

78 BGH vom 8. 5. 1956 (Paul Dahlke), BGHZ 20, 345, 350f.; BGH vom 1. 12. 1999 (Marlene Dietrich), BGHZ 143, 214, 229.

79 BGH vom 8. 5. 1956 (Paul Dahlke), BGHZ 20, 345, 350f.; BGH vom 14. 4. 1992 (Blacky Fuchsberger), NJW 1992, 2084 mwN.; BGH vom 1. 12. 1999 (Der blaue Engel), NJW 2000, 2201, 2202; BGH vom 14. 5. 2002 (Marlene-Bildnis), BGHZ 151, 26, 30.

80 BGH vom 14. 3. 1995 (Chris Revue), NJW-RR 1995, 789f.; BGH vom 14. 5. 2002 (Marlene-Bildnis), BGHZ 151, 26, 30ff.; dazu *Hoeren* LM BGB § 823 (Ah) Nr. 135; *Vahle* DSB 2003, Nr. 3, 13; zustimmend *Fricke* GRUR 2003, 406ff.

81 BGH vom 14. 5. 2002 (Marlene-Bildnis), BGHZ 151, 26, 32.

82 BGH vom 9. 3. 2004 (Charlotte Casiraghi I), BGHZ 158, 216, 224.

83 BGH vom 9. 3. 2004 (Charlotte Casiraghi I), BGHZ 158, 216, 225.

Ebenfalls grundsätzlich erlaubt sind Bilder, die zwar nicht im Zusammenhang mit dem zeitgeschichtlichen Ereignis gemacht wurden, deren Verwendung in der Berichterstattung aber keine zusätzliche Beeinträchtigung des Persönlichkeitsrechts bewirkt.[84]

1290 Entgegenstehende Interessen kommen vor allem im Zusammenhang mit persönlichkeitsrelevanten Veränderungen in Betracht, insbesondere wenn die verwendete **Abbildung aus dem Zusammenhang gerissen** und in einen anderen gestellt wird, so dass sich durch den Wechsel des Kontextes der Sinngehalt der Bildaussage erheblich ändert.[85] Gleiches gilt, wenn das Bildnis besonders unvorteilhaft oder sogar entstellend ist, den **privaten Bereich des Abgebildeten betrifft** oder den engeren Privatbereich einer absoluten Person der Zeitgeschichte zeigt und zugleich heimlich oder durch Überrumplung aufgenommen wurde.[86] Ist das Bildnis Teil eines satirischen Beitrags, so genießt seine Verwendung alle Privilegien, die für satirische Äußerungen gelten. Dies gilt gleichermaßen für den Gebrauch von Bildnissen, die in einen völlig veränderten und in dieser Form tatsächlich gar nicht bestehenden Zusammenhang gebracht werden,[87] als auch für Bildnisse, die im Wege der Fotomontage inhaltlich konstruiert wurden.[88]

1291 Der über §23 Abs.2 KUG geschützte engere Privatbereich absoluter Personen der Zeitgeschichte wird von den Gerichten eng definiert. Er ist in den Augen des BVerfG beispielsweise nicht betroffen, wenn eine Prinzessin in einer exklusiven öffentlichen Badeanstalt im Badeanzug stolpert.[89] Diese – abzulehnende (siehe Rdnr. 972ff.) – Linie hat in der **Ostseebad Haffkrug-Entscheidung** einen weithin bekannten frühen Vorläufer. Im Streitfall waren der damalige Reichspräsident *Friedrich Ebert* und der frühere Reichswehrminister *Gustav Noske* ohne ihr Einverständnis im „Badekostüm" fotografiert worden. Das Schöffengericht Ahrensböck nahm an, dass das deutsche Volk auch dann ein Anrecht auf Kenntnis seiner ersten Repräsentanten habe, wenn sie sich öffentlich am Badestrand zeigten.[90] Auch diese Entscheidung ist bereits im zeitgenössischen Schrifttum zu Recht kritisiert worden. Es ist eben zweierlei, ob sich jemand „vorübergehend im Badegewande den Blicken der Allgemeinheit aussetzt oder ob sein Bild in dieser Gestalt festgehalten und verbreitet wird". Zugleich soll im Streitfall die Gefahr, dass die Abgebildeten lächerlich gemacht wurden, „außerordentlich" nahegelegen haben.[91]

1292 Entgegenstehende berechtigte Interessen sollten grundsätzlich angenommen werden, wenn der Abgebildete **während des Sterbens oder als Toter gezeigt** wird.[92] Manche hal-

---

84 BVerfG vom 26.4. 2001, AfP 2001, 212, 216; dazu *Mann* FS Damm 2005, 78, 79ff.
85 BGH vom 10.11. 1961 (Hochzeitsbild), GRUR 1962, 211, 212; BGH vom 14.5. 2002 (Marlene-Bildnis), BGHZ 151, 26, 33.
86 BGH vom 19.12. 1995 (Paparazzi-Fotos), BGHZ 131, 332, 337ff.; insoweit bestätigt durch BVerfG vom 15.12. 1999 (Caroline von Monaco), BVerfGE 101, 361, 393ff.
87 Siehe BVerfG vom 10.7. 2002 (Hingerl), NJW 2002, 3767f.
88 BGH vom 30.9. 2003 (Fotomontage I), BGHZ 156, 206, 210ff.
89 BVerfG vom 13.4. 2000, NJW 2000, 2192f.
90 Schöffengericht Ahrensböck vom 9.3. 1920 (Ostseebad Haffkrug), DJZ 1920, 596.
91 *Allfeld* DJZ 1920, 703, 704.
92 Siehe RG vom 28.12. 1899 (Otto v. Bismarck), RGZ 45, 170, 173 „mit dem natürlichen Rechtsgefühl unvereinbar".

ten solche Bilder allerdings für zulässig,[93] wenn sich ihre Aussage nicht darin erschöpfe, den dem engsten Intimbereich zuzuordnenden Anblick des Toten wiederzugeben. Zugleich müssten der Tod und seine Begleitumstände ein berechtigtes Interesse der Öffentlichkeit hervorgerufen haben, das sich gerade auf den Tod selbst richte. Dagegen hat das schweizerische Bundesgericht in der **Barschel-Foto-Entscheidung** zu Recht strenger geurteilt.[94] Der Politiker *Uwe Barschel* war, kurz nachdem er aufgrund eines großen öffentlichen Drucks von seinen Ämtern als Ministerpräsident Schleswig-Holsteins und als Vorsitzender der Regierungspartei zurückgetreten war, unter mysteriösen Umständen in einem Genfer Hotel in der Badewanne gestorben. Dabei hatte sich ein Pressefotograf unerlaubt Zutritt zum Hotelzimmer verschafft, den leblosen Körper Barschels in der mit Wasser gefüllten Wanne entdeckt und daraufhin zahlreiche Aufnahmen gemacht, die in der Presse veröffentlicht wurden. Das BG hob hervor, dass der Tod keineswegs an einem für die Öffentlichkeit zugänglichen Ort eingetreten war und dass die Fotos nur infolge des rechtswidrigen Zutritts in das Hotelzimmer aufgenommen werden konnten. Im Übrigen handele es sich um eine Verletzung des engsten Geheimbereichs eines Menschen, die in jedem Fall rechtswidrig sei.

VI. Sonstige legitimierende Interessen

Die Einwilligung ist weiterhin nach allgemeinen Grundsätzen entbehrlich, 1293
wenn das Handeln des Anspruchsgegners durch berechtigte Interessen getragen wird, die bei der Abwägung mit dem Persönlichkeitsinteresse im Einzelfall ein höheres Gewicht haben. Bedeutung hat dies für Bildnisse von Menschen, die keine Personen der Zeitgeschichte im Sinne des KUG sind, weil sie nicht derart im öffentlichen Interesse stehen, dass die allgemeine Aufmerksamkeit sie als solche im Bild vorgestellt bekommen möchte.[95] Die Anfertigung oder Veröffentlichung solcher Bilder durch Medien kann prinzipiell zwar ebenfalls im Interesse von Pressefreiheit und freier Berichterstattung gerechtfertigt sein,[96] doch wird ein entsprechendes öffentliches Informationsinteresse im Hinblick auf den mangelnden Bezug zur Zeitgeschichte wohl kaum einmal in Betracht kommen.

93 OLG Hamburg vom 7.7. 1983 (Bombenattentat), AfP 1983, 466, 468.

94 BG vom 10.7. 1992 (Barschel-Foto), BGE 118 IV, 46ff. = NJW 1994, 504ff.; dazu *Gross* NJW 1994, 504; für die Zulässigkeit dagegen *Puttfarcken* ZUM 1988, 133, 135.

95 BGH vom 22.1. 1985 (Humanbiologischer Schulunterricht), NJW 1985, 1617, 1618.

96 BGH vom 22.1. 1985 (Humanbiologischer Schulunterricht), NJW 1985, 1617, 1618f., im Streitfall wurde eine solche Interessenlage bzw. ein allgemeines Interesse gerade an dem Bildnis aber zu Recht verneint. Offenlassend BVerfG vom 12.9. 1989–1 BvR 726/89.

C. Abbildungen im Zusammenhang mit Gerichtsverfahren und Strafverfolgungen

I. Ausgangsfragen: Chancen und Gefahren der Gerichtsberichterstattung

1294 Berichterstattung im Zusammenhang mit Gerichtsverfahren und der Strafverfolgung ist aus mehreren Gründen sinnvoll und gefahrenträchtig zugleich. Es besteht ein berechtigtes Interesse der Allgemeinheit, über Gerichtsverfahren und namentlich solche Straftaten informiert zu werden, die einen aktuellen Bezug haben[97] und entweder sehr schwer sind oder aber die Öffentlichkeit besonders berühren.[98] Letzteres kommt namentlich für Tatbestände in Betracht, die die Ordnungsgemäßheit der staatlichen Amtsführung sichern sollen.[99] Die öffentliche Berichterstattung kann weiterhin zur Kontrolle der Justiz beitragen. Ebenso können die Medien unter Umständen sogar die Strafverfolgungsbehörden in deren ureigenster Aufgabe unterstützen, indem sie etwa „Steckbriefe" einem breiten Adressatenkreis zugänglich machen. Aus Sicht wirtschaftlich denkender Medienunternehmen bietet die Gerichtsberichterstattung schließlich auch in besonderer Weise Raum für reißerische Schlagzeilen und Möglichkeiten, Auflage oder Quote zu steigern.

1295 Als Kehrseite bringen entsprechende Medienaktivitäten erhebliche Gefahren mit sich,[100] insbesondere können sie die Arbeitsfähigkeit der Justiz beeinträchtigen und Persönlichkeitsrechte verletzen. Dies gilt für alle Formen der Berichterstattung, aber für die Bildberichterstattung in verstärktem Maße. Sie kann eine öffentliche Debatte ungut emotionalisieren und ist in Gestalt von Livesendungen im Massenmedium Fernsehen ein extrem weitreichendes Instrument mit besonderen Wirkungen.

1. Contempt of Court

1296 Das englische und amerikanische common law kennen in Gestalt des contempt of court einen **allgemeinen Verbotstatbestand**, der Gerichtsverfahren vor äußeren Beeinflussungen schützen soll und sich auch gegen Berichterstattungen durch Medien richten kann. Diese Jurisdiktionen beruhen auf dem Jurysystem, das für äußere Beeinflussungen prinzipiell anfällig ist.

---

97 Mit nachlassender Aktualität nimmt auch das allgemeine Informationsinteresse ab, BVerfG vom 5.6. 1973 (Lebach I), BVerfGE 35, 202, 233ff.; BVerfG vom 25.11. 1999 (Lebach II), NJW 2000, 1859, 1860.

98 BGH vom 7.12. 1999 (Sticheleien von Horaz), BGHZ 143, 199, 207; siehe auch BVerfG vom 5.6. 1973 (Lebach I), BVerfGE 35, 202, 231.

99 §§331ff. StGB.

100 Dazu *von Coelln*, Zur Medienöffentlichkeit der Dritten Gewalt, 2005, S.208ff., 214ff.

Für das **US-amerikanische Recht** hat der Supreme Court der Pressefreiheit gegenüber den Gefahren der Gerichtsberichterstattung tendenziellen Vorrang eingeräumt und die Medien weitgehend von den Grenzen des contempt of court befreit. Gerichtsverfahren seien keine politischen Wahlveranstaltungen, die in großen Versammlungen und mit Hilfe von Radio und Zeitung gewonnen würden, und es sei deshalb wichtig, dass Richter die Öffentlichkeit ggf. ausschließen könnten.[101] Darüber hinausgehende Einschränkungen der Meinungs- und Pressefreiheit seien aber selbst dann nicht gerechtfertigt, wenn die fraglichen Äußerungen auch nach vernünftigen Maßstäben eine Tendenz zur Beeinflussung des Verfahrens hätten.[102] 1297

Demgegenüber hat das englische House of Lords in **A-G v. Times Newspaper** die Gegenposition bezogen. Hier hatte eine Zeitung kritisch über das Prozessverhalten eines Pharmaunternehmens berichtet, das als Hersteller und Vertreiber des Beruhigungsmittels Contergan von den Opfern auf Schadensersatz verklagt worden war. Der betreffende Artikel sprach davon, dass die contergangeschädigten Kinder eine Schande für das Unternehmen seien, das unabhängig von der haftungsrechtlichen Beurteilung jedenfalls aus Gründen der Gerechtigkeit zu einer ungleich großzügigeren Schadensersatzleistung verpflichtet sei, als sie bis dahin im Rahmen von Vergleichsverhandlungen angeboten worden war. Contempt of court verbietet nach der englischen Judikatur keine fair und moderat geübte Kritik, solange diese nicht speziell zur Beeinflussung von Zeugen oder Mitgliedern der Jury eingesetzt wird. Im Streitfall sahen die Richter in dem Aufbauen von öffentlichem Druck ein über bloße Kritik hinausgehendes Verhalten, das starke Voreingenommenheit bewirke, deshalb prozessbeeinflussend wirken könne und folglich als unerlaubt angesehen werden müsse. Eine solche „Prozessführung durch die Medien" sei verboten.[103] 1298

Die **Times Newspaper/Vereinigtes Königreich-Entscheidung** des im Weiteren angerufenen EuGHMR sah darin mit knapper Richtermehrheit einen Verstoß gegen Art. 10 EMRK. Das House of Lords habe die Bedeutung der öffentlichen Diskussion von Rechtsfragen allgemeinen Interesses für ein demokratisches Gemeinwesen verkannt. Der Streitfall habe ein besonderes öffentliches Informationsinteresse berührt und zugleich hätten die Familien der zahlreichen Opfer der Tragödie, die mit den rechtlichen Schwierigkeiten des Falles nicht vertraut waren, größtes Interesse daran, über alle wesentlichen Tatsachen und die verschiedenen möglichen Lösungen unterrichtet zu werden.[104] Es obliege den Massenmedien, Nachrichten und Ideen über Angelegenheiten, die Gegenstand gerichtlicher Erörterung seien, ebenso zu verbreiten wie solche in anderen Bereichen öffentlichen Interesses.[105] 1299

---

101 Bridges v. California, 314 U.S. 252, 271 (1941).

102 „... neither inherent tendency nor reasonable tendency is enough to justify a restriction of free expression", *Black* J. in Bridges v. California, 314 U.S. 252, 273 (1941); siehe auch Wood v. Georgia, 370 U.S. 375 (1962); Landmark Communications, Inc. v. Virginia, 345 U.S. 829 (1978).

103 „... there still is in this country a strong and generally held feeling that trial by newspaper is wrong und should be prevented", Lord *Reid* in A-G v. Times Newspaper, [1973] 3 All E.R. 54, 64 (H.L.).

104 EuGHMR vom 26.4. 1979 (Times Newspaper/Vereinigtes Königreich), EuGRZ 1979, 386 ff. Rn. 66; dazu *Stürner* JZ 1980, 1 ff. mwN.

105 EuGHMR vom 26.4. 1979 (Times Newspaper/Vereinigtes Königreich), EuGRZ 1979, 386 ff. Rn. 65.

2. Entwicklung und Tatbestände im deutschen Recht

1300 Die deutsche Rechtsprechung liegt weit überwiegend in den Händen von Berufsrichtern, denen man an sich eine höhere Standfestigkeit gegenüber medialen Versuchungen zutraut.[106] Die Rechtsentwicklung ist gleichwohl anders als die amerikanische stärker von den Gefahren als den Chancen der Gerichtsberichterstattung bestimmt worden. Es gibt keinen dem contempt of court vergleichbaren allgemeinen Tatbestand, zum Beispiel in Gestalt von gerichtsverfassungsrechtlichen Kompetenzen der Gerichte auch außerhalb des eigentlichen Verhandlungsbereichs.[107] Das deutsche Recht kennt aber mehrere Einzeltatbestände. Sie waren zunächst hauptsächlich im ReichspreßG geregelt und galten daher nur für die Presse, nicht dagegen für den später aufgekommenen Rundfunk. Heute sind sie über mehrere Gesetze verstreut.

1301 Große Bedeutung hat zunächst das **Gerichtsverfassungsrecht**. Das vielleicht wichtigste Bollwerk gegen die überbordende Sensationsgier von Medien und Mitmenschen ist der 1964 geschaffene § 169 Satz 2 GVG. Er untersagt Ton- und Fernseh-Rundfunkaufnahmen von Gerichtsverfahren weitgehend. Das Gerichtsverfassungsrecht kann die Bildberichterstattung außerdem im Einzelfall aus sitzungspolizeilichen Gründen beschränken, lässt eine Information der Öffentlichkeit durch die Medien im Übrigen aber grundsätzlich zu.

1302 Eine wichtige Funktion hat ferner der **individuelle Persönlichkeitsschutz**. Er steht auch Prozessbeteiligten zu, hat für den Bereich der Gerichtsberichterstattung aber gleichwohl einen etwas merkwürdigen Zuschnitt. Für eine rechtswidrige Verletzung der Persönlichkeit können im Rahmen der Abwägung nicht nur die Interessen des Betroffenen sprechen, sondern es muss möglich sein, auch die etwaige Gefahr von Prozessbeeinflussungen in schutzbegründender Weise zu berücksichtigen. Die Gerichte haben diesen Gedanken bislang noch nicht allgemein thematisiert, ziehen ihn aber bereits für die Frage heran, ob Verfahrensbeteiligte für Äußerungen haften, die sie im Rahmen von gerichtlichen oder behördlichen Verfahren gemacht haben.[108] Es ist jedoch keineswegs einzusehen, dass sich Allgemeinheitsinteressen nur zulasten des in seiner Persönlichkeit Beeinträchtigten bzw. in schutzausschließender Richtung auswirken sollen. Wenn im Rahmen der Abwägung ein Allgemeinheitsgut in Form öffentlicher Informationsinteressen gegen die Anwendung von § 823 Abs. 1 BGB sprechen kann,

106 Dazu mit eindrucksvollen Gründen kritisch *Stürner* JZ 1978, 161, 164f.: „Auf der Richterbank muss bis in die oberen Ränge Platz bleiben *auch* für empfindsame und verwundbare Persönlichkeiten, die von unsachlicher Kritik und Pressionen spürbar betroffen sein können. Denn diese menschliche Sensibilität, nicht selten gepaart mit persönlicher Zurückhaltung und einer Scheu vor dem öffentlichen Auftritt, scheint mir für die Wahrung und Fortentwicklung von Recht und Gerechtigkeit wichtig".

107 Dafür mit zahlreichen inhaltlichen Differenzierungen *Stürner* JZ 1978, 161, 167ff.; für eine grundsätzliche Beibehaltung des bestehenden gesetzlichen Instrumentariums dagegen *Hassemer* NJW 1985, 1921ff.

108 BGH vom 13.7. 1965, NJW 1965, 1803; BGH vom 22.1. 1998 (Bilanzanalyse Pro 7), NJW 1998, 1399, 1401; Soergel/*Beater*, BGB, § 823 BGB Anh. IV Rz. 172ff. mwN.

dann muss es auch möglich sein, dass dieses öffentliche Interesse durch ein anderes Allgemeinheitsgut, nämlich durch das Interesse an Störungsfreiheit justizieller Verfahren, kompensiert wird.

§ 353d StGB (siehe im Einzelnen Rdnr. 1479ff., 1485f.) regelt Verbote im Zusammenhang 1303
mit dem Ausschluss der Öffentlichkeit (Nr. 1), Verstöße gegen die Schweigepflicht (Nr. 2) und bestimmt, dass die Anklageschrift oder andere amtliche Schriftstücke eines Straf-, Bußgeld- oder Disziplinarverfahrens nicht im Wortlaut öffentlich mitgeteilt werden dürfen, bevor sie in der öffentlichen Verhandlung erörtert worden sind oder das Verfahren abgeschlossen ist (Nr. 3). **§ 174 Abs. 2 GVG** normiert weiterhin ein medienbezogenes Informationsverbot im Zusammenhang mit Gerichtsverhandlungen, bei denen die Öffentlichkeit wegen Gefährdung der Staatssicherheit ausgeschlossen ist.

Eine krasse Störung justizieller Zielsetzungen regelte der frühere § 16 ReichspreßG. 1304
Die Vorschrift verbot der Presse **öffentliche Aufforderungen zur Aufbringung der wegen einer strafbaren Handlung erkannten Geldstrafen und Kosten**. Der Gesetzgeber wollte gegen solche Maßnahmen schützen, da diese in der Regel den „Charakter von Demonstrationen" hätten, die das „Ansehen der Justiz gefährden".[109] Die Vorschrift wurde später durch die Schaffung des Sammlungsgesetzes obsolet.[110] Ob solche Aufrufe eine Vollstreckungsvereitlung im Sinne von § 258 Abs. 1 StGB sind, ist im Einzelnen umstritten. Der BGH sieht jedenfalls in der Bezahlung einer Geldstrafe durch Dritte keine Straftat.[111]

II. Gerichtsverfassungsrecht

Gerichtsverhandlungen einschließlich der Verkündung der Urteile und Be- 1305
schlüsse sind **öffentlich** (§ 169 Satz 1 GVG; siehe Rdnr. 1021 ff.). Damit soll verhindert werden, dass die „Tätigkeit des Gerichts hinter verschlossenen Türen in ein Dunkel gehüllt und dadurch Missdeutungen und Argwohn ausgesetzt" ist.[112] In besonderen Fällen ist die Öffentlichkeit kraft Gesetzes ausgeschlossen bzw. kann oder muss vom Gericht ganz oder teilweise ausgeschlossen werden.[113] Die Urteilsverkündung ist in jedem Fall öffentlich.[114] Der Öffentlichkeitsgrundsatz steht, weil er Allgemeinheitsinteressen sichert, nicht zur Disposition der Beteiligten. Das etwaige Einverständnis der Verfahrensparteien rechtfertigt einen Verstoß gegen den Öffentlichkeitsgrundsatz grundsätzlich nicht.[115]

---

109 Motive ReichspreßG, Verhdlg. RT, 2. Legislatur-Periode, I. Session 1874, Dritter Band, Aktenstück Nr. 23, S. 141 (zu § 17).

110 Zu den streitigen damaligen Einzelheiten *Löffler*, Presserecht, 1. Auflage 1955, § 16 ReichspreßG Anm. 1.

111 BGH vom 7. 11. 1990, BGHSt 37, 226, 227ff. mwN.; Tröndle/*Fischer*, § 258 StGB Rn. 16 mwN.

112 RG vom 14. 2. 1936, RGSt 70, 109, 112; eingehend *Kissel/Meyer*, § 169 GVG Rn. 1ff. mwN.; *Schilken*, Gerichtsverfassungsrecht, Rn. 155f. mwN.

113 §§ 170, 171a ff. GVG.

114 § 173 GVG.

115 BGH vom 24. 11. 1993, BGHZ 124, 204, 209 mwN.

1. Verbot von Ton- und Filmaufnahmen

1306 Das Schaffen einer über die „Gerichtsöffentlichkeit" hinausgehenden „mittelbaren" Öffentlichkeit lässt der Gesetzgeber nicht zu.[116] **Ton- und Fernseh-Rundfunkaufnahmen sowie Ton- und Filmaufnahmen** zum Zwecke der öffentlichen Vorführung oder Veröffentlichung ihres Inhalts sind unzulässig (§ 169 Satz 2 GVG). Die Vorschrift geht davon aus, dass solche Übertragungen das Verhalten der Prozessbeteiligten (Gericht, Parteien, Zeugen) in nicht akzeptabler Weise beeinflussen könnten. Zugleich ist den Medien ein Verzicht auf Originalaufnahmen von der Verhandlung zumutbar, da solche Bilder einem Illustrationsziel dienen würden, das ohne weiteres auch durch andere Aufnahmen erreicht werden kann (siehe Rdnr. 1264 f.). Die gesetzliche Regelung genießt weitgehende rechtspolitische Zustimmung. Ein „Court-TV" wollen derzeit nur wenige.[117]

a. Zweckrichtung und Legitimation des Verbots

1307 In den Augen des Gesetzgebers würden Rundfunk- und Filmaufnahmen im Gerichtssaal den noch nicht verurteilten Angeklagten „in einer oft unerträglichen Weise in das Scheinwerferlicht einer weiten Öffentlichkeit" zerren und nicht nur die Wahrheitsfindung im Strafverfahren gefährden, sondern die Verteidigung des Angeklagten beeinträchtigen, indem sie den Angeklagten und die Zeugen von der Hauptverhandlung ablenkten.[118] Die „Scheu vor einem unbeschränkten, unübersehbaren und unsichtbaren Zuhörer- oder Zuschauerkreis" könne den Angeklagten und den Verteidiger darin hindern, ihre Aussagen und Erklärungen so zu gestalten, wie es das Verteidigungsinteresse erfordert. Ebenso könnten Zeugen und Sachverständige in ihrer Unbefangenheit beeinträchtigt und bei ihren Aussagen gehemmt werden.

1308 Das BVerfG hat § 169 Satz 2 GVG in der **Politbüro-Prozess-Entscheidung** für verfassungsgemäß erklärt. Im Streitfall waren Spitzenpolitiker der ehemaligen DDR wegen Totschlags an der innerdeutschen Grenze angeklagt. Ein Privatsender hatte erfolglos beantragt, Fernsehaufnahmen von der Verhandlung anfertigen zu dürfen, und zugesichert, dass diese geräuschlos und ohne Einsatz zusätzlicher Lichtquellen erfolgen und der Kammer ein freies Blickfeld nach allen Seiten belassen würden. Nach der Entscheidung ist der Gesetzgeber von Verfassungs wegen weder verpflichtet, Fernseh- und Hörfunkaufnahmen zu ermöglichen, noch dazu, die Öffentlichkeit auf die im Raum der Verhandlung Anwesenden zu begrenzen.[119] Eine „Saalöffentlichkeit" genügt dem rechtsstaatli-

---

116 Eingehend *von Coelln*, Zur Medienöffentlichkeit der Dritten Gewalt, 2005, S. 301 ff. mwN.

117 Für „bereichsspezifische" Lösungen *Bamberger* ZUM 2001, 373, 377 ff.

118 Amtliche Begründung zu § 169 Satz 2 GVG, BT-Drucks. IV/178, S. 45.

119 BVerfG vom 24. 1. 2001 (Politbüro-Prozess), BVerfGE 103, 44, 63, 65; dazu *Krausnick* ZUM 2001, 230 ff.; *Stürner* JZ 2001, 699 ff.; *Hain* DÖV 2001, 589 ff.; *Huff* NJW 2001, 1622 f.; *Zuck* NJW 2001, 1623 f.; *Dieckmann* NJW 2001, 2451 f.; *Gersdorf* AfP 2001, 29 ff.; *Gündisch* NVwZ 2001, 1004 f.

chen Interesse der öffentlichen Kontrolle des Gerichtsverfahrens sowie dem im Demokratieprinzip verankerten Grundsatz der Zugänglichkeit von Informationen, die für die individuelle und öffentliche Meinungsbildung von Bedeutung sind.[120] Die darüber hinausgehende „Medienöffentlichkeit" kann das Verfahren stören, da Beteiligte sowohl vor Aussagen zurückscheuen als auch versucht sein könnten, ihr Verhalten an der erwarteten Medienwirkung auszurichten. Einer unbegrenzten Öffentlichkeit der Verhandlungen vor dem erkennenden Gericht stehen gewichtige Interessen gegenüber, nämlich das Persönlichkeitsrecht der Verfahrensbeteiligten, ihr Anspruch auf ein faires Verfahren und die Funktionstüchtigkeit der Rechtspflege, insbesondere die ungestörte Wahrheits- und Rechtsfindung.[121] Das allgemeine Informationsinteresse kann sich im Einzelfall aber so auswirken, dass es den Medien erlaubt ist, vor Beginn und nach Beendigung der Verhandlung sowie während der Prozesspausen Aufnahmen zu machen (siehe Rdnr. 1315).[122]

Für das US-amerikanische Recht hat **Chandler v. Florida** entschieden, dass die Ver- 1309
fassung Fernsehübertragungen von Gerichtsverhandlungen nicht strikt entgegensteht und die einzelnen Bundesstaaten solche Übertragungen daher durch Gesetz zulassen können.[123] Die Gefahr, dass die Gegenwart von Kameras und das Wissen um die öffentliche Übertragung das Verhalten der Beteiligten und letztlich auch das Verfahren beeinflussen, hielt das Gericht nicht für ausreichend, um ein entsprechendes Verbot rechtfertigen zu können. Es sei nämlich unklar und letztlich nicht belegt, dass ein solcher Effekt bestehe und in welcher Weise er sich ggf. auswirke. Zugleich werde den Interessen von Angeklagten dadurch Rechnung getragen, dass sie im Einzelfall den störenden Einfluss von Medienübertragungen auf das konkrete Verfahren bzw. die Jury belegen könnten.

b. Einzelheiten

§ 169 Satz 2 GVG untersagt allein **Aufnahmen bestimmter Art**, nämlich Ton- 1310
und Filmaufnahmen, nicht dagegen schriftliche Notizen, Fotos und Zeichnungen. Außerdem muss es sich entweder um Rundfunkaufnahmen oder solche Aufnahmen handeln, die zum Zwecke der öffentlichen Vorführung oder Veröffentlichung gemacht werden. Aufnahmen zu Schulungszwecken oder interne Aufnahmen, die vor allem in Großverfahren dem Gericht oder anderen Verfahrensbeteiligten als Gedächtnisstütze dienen und im Interesse der Wahrheitsfindung hilfreich sein können, untersagt die Vorschrift nicht.[124]

Die gesetzliche Regelung verbietet nur **Aufnahmen bestimmten Inhalts**, 1311
nämlich von der laufenden gerichtlichen Verhandlung, einschließlich der Urteilsverkündung.[125] Sie erfasst keine Aufnahmen, die vor Beginn oder nach Be-

120 BVerfG vom 24. 1. 2001 (Politbüro-Prozess), BVerfGE 103, 44, 65f.
121 BVerfG vom 24. 1. 2001 (Politbüro-Prozess), BVerfGE 103, 44, 64, 67ff.
122 BVerfG vom 24. 1. 2001 (Politbüro-Prozess), BVerfGE 103, 44, 66f.; BVerfG vom 14. 7. 1994 (Strafverfahren Erich Honecker), BVerfGE 91, 125, 137ff.
123 Chandler v. Florida, 449 U.S. 560, 562ff. (1981).
124 *Kissel/Meyer*, § 169 GVG Rn. 73ff. mwN.; *Schilken*, Gerichtsverfassungsrecht, Rn. 179 mwN.
125 BGH vom 13. 2. 1968, BGHSt 22, 83f.

endigung des Verfahrens[126] sowie während der Verhandlungspausen[127] gemacht werden. Für die Verhandlungen vor dem BVerfG gelten dagegen aufgrund der „Besonderheiten des bundesverfassungsgerichtlichen Verfahrens“ Sonderregeln.[128] Danach dürfen vom Verhandlungsbeginn und von der öffentlichen Verkündung von Entscheidungen Ton- und Filmaufnahmen gemacht werden (§ 17a BVerfGG).

1312 Das Gerichtsverfassungsrecht untersagt Aufnahmen unabhängig davon, ob diese mit oder ohne Wissen bzw. Zustimmung von Beteiligten gemacht werden.[129] Greift § 169 Satz 2 GVG nicht ein, so ist die Zulässigkeit von Aufnahmen nicht per se bereits gesetzlich vorgegeben, sondern aufgrund der Umstände im Einzelfall (Informationsinteresse, mögliche Gefährdungen des Verfahrens und von Persönlichkeitsinteressen etc.) zu beurteilen. In diesem Rahmen hat insbesondere das Bestehen oder Fehlen des Einverständnisses Bedeutung dafür, ob eine Aufnahme das Selbstbestimmungsrecht der jeweils Betroffenen verletzt.[130]

2. Fotografien, Zeichnungen, Aufnahmen außerhalb der Verhandlung

1313 Nach § 176 GVG obliegt es dem Vorsitzenden, die Ordnung in der Sitzung aufrechtzuerhalten. Seine **sitzungspolizeiliche Gewalt** umfasst alle Befugnisse und Maßnahmen, die erforderlich sind, um den ungestörten Verlauf der Sitzung zu sichern. Sie dient zur Gewährleistung des ordnungsgemäßen Ablaufs der unmittelbaren, prozessual vorgeschriebenen und inhaltsbestimmten Verhandlung sowie darüber hinaus auch zum Schutz der Verfahrensbeteiligten, insbesondere der Zeugen. In diesem Rahmen kann der Vorsitzende u.a. das Anfertigen von Fotografien oder von solchen Filmaufnahmen untersagen, die von § 169 Satz 2 GVG nicht erfasst werden, zum Beispiel weil sie vor Beginn oder in einer Pause gemacht werden. Gleiches gilt für Aufnahmen, die zwar nicht zum Zweck der öffentlichen Vorführung oder Veröffentlichung gemacht werden, bei denen aber gleichwohl eine missbräuchliche Benutzung nicht auszuschließen ist.[131] Das Zeichnen von Bildern wird dagegen wohl kaum einmal die Ordnung des Verfahrens stören können.

---

126 BVerfG vom 14.7. 1994 (Strafverfahren Erich Honecker), BVerfGE 91, 125, 137f.

127 BGH vom 27.10. 1969, BGHSt 23, 123, 125f. hat allerdings offengelassen, ob dies auch für Aufnahmen gilt, die gegen den Willen des Angeklagten und in seiner Anwesenheit gemacht werden.

128 BT-Drucks 13/7673, S.6f. sieht solche Besonderheiten insbesondere darin, dass verfassungsgerichtliche Verfahren die Beteiligten regelmäßig nicht in deren Privatsphäre beeinträchtigten und gewöhnlich Verfassungsfragen von erheblicher politischer Bedeutung beträfen, die häufig zuvor in der Öffentlichkeit breit und mit großem Engagement diskutiert worden seien.

129 BGH vom 13.2. 1968, BGHSt 22, 83, 85.

130 BGH vom 8.2. 1957, BGHSt 10, 202, 205.

131 OLG Düsseldorf vom 12.7. 1995, NJW 1996, 1360 für Tonaufnahmen.

Bei der Bestimmung und Auswahl sitzungspolizeirechtlicher Maßnahmen muss sowohl der Verhältnismäßigkeitsgrundsatz beachtet[132] als auch der Bedeutung von Grundrechten Rechnung getragen werden, deren Ausübung durch die Anordnung möglicherweise beeinträchtigt wird.[133] Die getroffene Anordnung darf in Relation zur Schwere des Verstoßes nicht unangemessen scharf sein. 1314

In der **Strafverfahren Erich Honecker-Entscheidung** richtete sich eine Verfassungsbeschwerde gegen eine sitzungspolizeiliche Anordnung, die Filmaufnahmen im Sitzungssaal auch außerhalb der Verhandlung ausnahmslos untersagte. § 176 GVG ist ein allgemeines Gesetz im Sinne von Art. 5 Abs. 2 GG, doch ordnete das BVerfG die darauf gestützte Anordnung als unverhältnismäßige Beschränkung der Rundfunkfreiheit ein. Die Angeklagten mussten als Personen der Zeitgeschichte eine Abbildung dulden und wegen der besonderen politischen und historischen Dimension des Verfahrens bestand ein anerkennenswertes Interesse, mit den Mitteln der modernen Kommunikationstechnik auch einen optischen Eindruck von diesem Verfahren der Öffentlichkeit zu übermitteln und der Nachwelt zu erhalten.[134] 1315

Im Streitfall der **Fotodiskette-Entscheidung** hatte ein Pressefotograf während einer Sitzungspause auf dem Flur vor dem Gerichtssaal eine zuvor vernommene Zeugin fotografiert. Der Vorsitzende veranlasste daraufhin den Fotografen, die in der Kamera befindliche Fotodiskette herauszugeben, die anschließend in amtliche Verwahrung genommen wurde. Die Anordnung war von den sitzungspolizeilichen Befugnissen gedeckt, da diese sich auf den gesamten Bereich der Sitzung erstrecken, d. h. auf alle für die Verhandlung erforderlichen Räumlichkeiten mit Einschluss des Beratungszimmers des Gerichts und der unmittelbar daran grenzenden Räume wie Flure und Korridore.[135] Ebenso war der sitzungspolizeiliche Charakter auch in zeitlicher Hinsicht unproblematisch, weil die Anordnung während einer kurzen Verhandlungspause und zu einem Zeitpunkt getroffen worden war, als die Hauptverhandlung noch andauerte. 1316

Soweit Rundfunkaufnahmen nicht durch § 169 Satz 2 GVG verboten sind und vom Vorsitzenden zugelassen werden, hat sich dafür die so genannte **Pool-Lösung** eingebürgert.[136] Um mögliche Störungen des Verfahrens gering zu halten und zugleich die berechtigten Interessen der Medien zu wahren, erhält lediglich ein dreiköpfiges Kamerateam einer einzelnen Fernsehanstalt Zugang zum Sitzungssaal. Zugleich verpflichtet sich der begünstigte Fernsehsender, das Filmmaterial allen interessierten Rundfunk- und Fernsehanstalten kostenlos zur Verfügung zu stellen. 1317

132 *Schilken*, Gerichtsverfassungsrecht, Rn. 218 mwN.
133 BVerfG vom 14. 7. 1994 (Strafverfahren Erich Honecker), BVerfGE 91, 125, 136ff.
134 BVerfG vom 14. 7. 1994 (Strafverfahren Erich Honecker), BVerfGE 91, 125, 137f.; dazu *Scholz* NStZ 1995, 42f.; *Stürner* JZ 1995, 297ff.; *Kortz* AfP 1997, 443ff.
135 BGH vom 11. 2. 1998 (Fotodiskette), BGHSt 44, 23, 24 mwN.
136 Zu Einzelheiten *Kissel/Meyer*, § 169 GVG Rn. 92f. mwN.

3. Rechtsfolgen

1318 Bilder, die unter Verletzung von § 169 Satz 2 GVG oder entsprechenden sitzungspolizeilichen Anordnungen gemacht worden sind, dürfen von den Medien nicht veröffentlicht werden (siehe Rdnr. 1105). Im Übrigen haben Verstöße gegen den Öffentlichkeitsgrundsatz, gegen § 169 Satz 2 GVG oder gegen sitzungspolizeiliche Anordnungen diverse prozessrechtliche Konsequenzen.[137]

III. Bildliche Selbstbestimmung

1319 Das Recht des Einzelnen auf bildliche Selbstbestimmung gilt auch gegenüber einer Medienberichterstattung, die sich auf Gerichtsverfahren oder die Strafverfolgung bezieht. Eine Abbildung ohne das Einverständnis des Abgebildeten ist daher nach § 23 KUG bzw. den allgemeinen Regeln nur zulässig, wenn das **öffentliche Informationsinteresse die Beeinträchtigung des Selbstbestimmungsrechts im Einzelfall rechtfertigt.** Ist es den Medien erlaubt, anhand von Bildern über das Verfahren und die Beteiligten zu berichten, so schließt dies keineswegs die Berechtigung mit ein, den Angeklagten, Zeugen und sonstige Verfahrensbeteiligte mit Namen zu nennen oder in sonstiger Weise über die bildliche Darstellung hinaus identifizierbar zu machen.[138] Eine solche Identifizierung des Abgebildeten ist nur unter besonderen Umständen zulässig, da sie Prangerwirkungen auslösen kann und damit die Beeinträchtigung von Persönlichkeitsinteressen vertieft. Zugleich werden an die Objektivität und Sachlichkeit der Gerichtsberichterstattung strenge Anforderungen gestellt.[139]

1320 Das Erfordernis einer Abwägung im Einzelfall schließt allzu strikt umrissene Beurteilungsregeln aus. Es sind aber gewisse Typisierungen des Informationsinteresses und Unterscheidungen nach dem Status des Betroffenen bzw. nach der Funktion möglich, die er in dem jeweiligen Verfahren hat.

1. Informationsinteresse in Bezug auf justizielle Verfahren

1321 Die Öffentlichkeit kann ein legitimes Interesse an der Berichterstattung über Prozesse und an der bildlichen Darstellung von Beteiligten haben (siehe Rdnr. 965f.). Das Informationsinteresse ist im Einzelfall nach den allgemeinen

---

137 Allgemein *Schilken*, Gerichtsverfassungsrecht, Rn. 195 mwN., Rn. 219ff. mwN. Bei Verletzungen des Öffentlichkeitsgrundsatzes ist im Einzelnen nach der Art des Verstoßes zu unterscheiden. Strafprozessual ist der unzulässige Ausschluss der Öffentlichkeit ein absoluter Revisionsgrund (§ 338 Nr. 6 StPO), der Verstoß gegen § 169 Satz 2 GVG dagegen lediglich ein relativer Revisionsgrund (§ 337 Abs. 1 StPO); siehe BGH vom 17.2. 1989, BGHSt 36, 119, 120ff.

138 *Burkhardt* in: Wenzel, Das Recht der Wort- und Bildberichterstattung, § 10 Rz. 190 mwN.

139 Siehe Rdnr. 1182f., 1457f.; *Burkhardt* in: Wenzel, Das Recht der Wort- und Bildberichterstattung, § 10 Rz. 195 mwN.

Regeln zu bestimmen und kann sich vor allem aus der **Bedeutung des konkreten Gerichtsverfahrens** ergeben.[140] Der wichtigste Anhaltspunkt ist der Gegenstand des Verfahrens, daneben kann auch eine mögliche öffentliche Vorgeschichte der Angelegenheit von Bedeutung sein.

Im Hinblick auf die Demokratiefunktion der Medien ist das Informationsinteresse an Gerichtsverfahren mit „politischer und historischer Dimension", wie etwa dem Strafprozess gegen politische Spitzenfunktionäre der ehemaligen DDR,[141] besonders hoch. Ein öffentliches Informationsinteresse kann ebenso im Zusammenhang mit Wirtschaftskriminalität anzunehmen sein. Es ist im Hinblick auf die Integrationsfunktion der Medien freilich nicht auf Delikte mit politischem oder wirtschaftlichem Bezug beschränkt, sondern kann auch im Zusammenhang mit anderen Straftaten eingreifen,[142] selbst wenn es in diesen Fällen geringeres Gewicht haben kann. Zugleich steigt das Informationsinteresse mit der Schwere der jeweiligen Straftat bzw. der Strafe.[143] Ein öffentliches Informationsinteresse wird typischerweise allein im Hinblick auf Verbrechen im Sinne von § 12 StGB in Betracht kommen. Es scheidet dagegen im Zusammenhang mit bloßen Vergehen[144] bzw. mit Kleinkriminalität[145] aus und ebenso in Bezug auf solche zivilgerichtlichen Verfahren, deren Aufgreifen durch die Medien im Grunde nur Unterhaltungsinteressen bedienen kann.[146] 1322

Ein öffentliches Informationsinteresse kann weiterhin unter dem Gesichtspunkt in Betracht kommen, dass die **betreffende Person bereits als solche in der Öffentlichkeit steht** und das Gerichtsverfahren mit diesem Status zusammenhängt. In aller Regel wird dieser Zusammenhang aber wohl nur in Bezug auf Angeklagte und ggf. auf Zeugen eine praktische Rolle spielen. 1323

Ein öffentliches Informationsinteresse ist schließlich unter dem Gesichtspunkt des **Justizversagens** denkbar. Die Funktion der Medien als öffentlicher Wachhund beschränkt sich eben nicht auf eine Kontrolle von Legislative oder Exekutive. Auch innerhalb der dritten Gewalt kann es zu Missständen kommen. Mit der Annahme eines derartigen Informationsinteresses ist freilich Vorsicht geboten, wenn man der Presse weder einen Freibrief erteilen noch die Unschuldsvermutung und den Persönlichkeitsschutz im Zusammenhang mit der Gerichtsberichterstattung obsolet machen will. 1324

Im Streitfall der **SS-Obersturmführer-Entscheidung** des OLG Frankfurt a.M.[147] hatte eine Wochenzeitschrift einen Bericht über die Misshandlung von Kindern durch medizi- 1325

140 Schricker/*Götting*, § 60 UrhG/§ 23 KUG Rdnr. 34 „nicht alltägliche Prozesse".
141 BVerfG vom 14.7. 1994 (Strafverfahren Erich Honecker), BVerfGE 91, 125, 138.
142 BVerfG vom 5.6. 1973 (Lebach I), BVerfGE 35, 202, 230f.
143 BVerfG vom 5.6. 1973 (Lebach I), BVerfGE 35, 202, 231 „schwere Gewaltverbrechen"; Schricker/*Götting*, § 60 UrhG/§ 23 KUG Rdnr. 34.
144 Etwas großzügiger („Anhaltspunkt") *Burkhardt* in: Wenzel, Das Recht der Wort- und Bildberichterstattung, § 10 Rz. 190.
145 Vgl. OLG Nürnberg vom 31.10. 1995, NJW 1996, 530f. für Namensnennung.
146 Siehe BGH vom 24.11. 1987 (Büro-Sex), NJW 1988, 1984f. (arbeitsgerichtliches Verfahren im Zusammenhang mit einer Kündigung wegen „Büro-Sex am Telefon").
147 OLG Frankfurt a.M. vom 6.9. 1979 (SS-Obersturmführer), NJW 1980, 597ff.

nische Versuche und ihre anschließende Tötung in einem Konzentrationslager gegen Ende des Zweiten Weltkriegs veröffentlicht. Dabei wurde der Vorwurf erhoben, einer der Täter würde nach wie vor (1979) „mitten unter uns" leben und die zuständige Staatsanwaltschaft habe das Verfahren unberechtigt eingestellt. Die von der Zeitschrift als „Täter" ausgemachte Person wurde dabei mit vollem Namen genannt. Im Schrifttum wurde für den Streitfall zu Recht eine „notstandsähnliche Situation" in Betracht gezogen,[148] wenn die Ermittlung gegen den Tatverdächtigen jahrelang verschleppt und vorhandene Belastungsmaterialien nicht genutzt wurden. Es ist unter solchen Umständen denkbar (Einzelfallabwägung), dass Medien das Verfahren in drastischer Form aufgreifen und dabei auch den Verdächtigen identifizieren dürfen.

2. Richter, Staatsanwälte, Rechtsanwälte

1326 Ein öffentliches Informationsinteresse daran, Richter, Staatsanwälte und Rechtsanwälte im Bild zu zeigen, kommt typischerweise allein nach den Regeln über relative Personen der Zeitgeschichte in Betracht. Die genannten Verfahrensbeteiligten sind aber keineswegs automatisch Personen der Zeitgeschichte.[149] Im Rahmen von „Allerweltsverfahren" sind bildliche Aufnahmen vielmehr durchweg unzulässig. Ansonsten sind im Rahmen der Abwägung mehrere grundsätzliche Aspekte zugunsten des persönlichkeitsrechtlichen Schutzes zu berücksichtigen. Das Informationsinteresse bezieht sich in der Regel **auf das Verfahren als solches** und nicht auf die von Berufs wegen daran Beteiligten. Ferner liegt der Informationswert von Bildern bei der Gerichtsberichterstattung vornehmlich darin, Wortinformationen illustrativ zu unterstützen oder ggf. beim Zuschauer oder Leser Aufmerksamkeitsfenster zu öffnen (siehe Rdnr. 1263ff.). Schließlich kann es sein, dass die legitimen Interessen der Medien an Authentizität und verfahrensbezogenen „Justizbildern" im Einzelfall auch in anderer Weise bedient werden können, zum Beispiel durch Aufnahmen von Stellungnahmen eines Pressesprechers des Gerichts.

1327 Nach diesen Maßstäben dürfen die Verfahrensbeteiligten, wenn ein ausreichendes öffentliches Interesse an dem betreffenden Gerichtsprozess besteht, ohne ihr Einverständnis grundsätzlich **nur in ihrer Funktion**, die sie im Rahmen des Prozessverfahrens haben, und nicht einzeln in Großaufnahme gezeigt werden. Es ist allerdings denkbar, dass im Einzelfall nach dem Status von Richtern zu unterscheiden sein kann. Der Vorsitzende Richter kann aufgrund der ihm obliegenden Verfahrensleitung stärker im öffentlichen Interesse stehen als seine Berufskollegen. Dagegen verdienen die Persönlichkeitsinteressen von Schöffen, die sich nicht mit juristischem Sachverstand gegen gesellschaftliche Urteilsschelte argumentativ „panzern" können, typischerweise stärkeren Schutz. Nochmals anderes gilt, wenn die berufliche Tätigkeit eines Verfahrensbeteiligten, insbesondere eines Rechtsanwalts, mit weiteren Vorgängen zusam-

148 *Marxen* GA 1980, 365, 379.
149 OLG Celle vom 8.8. 1984, AfP 1984, 236f.; *Ernst* FS Herrmann 2002, 73, 80f. lehnt eine Einordnung von Richtern als Person der Zeitgeschichte sogar durchweg ab.

menhängt, die bereits Gegenstand öffentlicher Aufmerksamkeit geworden sind. Das öffentliche Informationsinteresse an der Prozessführung des Rechtsanwalts kann umso stärker werden, je weniger seine Berufsausübung als solche in Rede steht und je stärker er selbst als eine Art Symbolfigur dieser weiteren Vorgänge gesehen werden kann.[150]

Die **Sparkasse Mannheim-Entscheidung** betraf ein Strafverfahren gegen den ehemaligen Vorsitzenden und weitere ehemalige Manager der Sparkasse Mannheim, denen Untreue gegenüber dem Geldinstitut vorgeworfen wurde. Der Vorsitzende Richter hatte Foto-, Film- und Tonbandaufnahmen auch für die Zeiten vor Beginn, während der Pausen und nach Schluss der Verhandlung untersagt. Ein Teil der Angeklagten und deren Verteidiger hatten Aufnahmen ihrer Person im Sitzungssaal ausdrücklich abgelehnt, ebenso die beisitzenden Richter. Einer von ihnen führte vor dem BVerfG zur Begründung an, dass er als Richter medienwirksame Auftritte ablehne und stattdessen Bescheidenheit und Zurückhaltung befürworte. Das BVerfG gab dem Antrag des öffentlichen Medienunternehmens, das vor Verhandlungsbeginn Fernsehbilder von den Richtern und Schöffen anfertigen wollte, auf Erlass einer entsprechenden einstweiligen Anordnung gleichwohl statt. Das Gericht nahm an, dass die Richter und Schöffen kraft des ihnen übertragenen Amtes im Blickfeld der Öffentlichkeit unter Einschluss der Medienöffentlichkeit stünden und die Beeinträchtigung ihrer bildlichen Selbstbestimmung daher hinzunehmen hätten.[151] Das Persönlichkeitsinteresse überwiege aber, wenn aufgrund besonderer Umstände zu befürchten sei, dass die Sendung der Fernsehaufnahmen erhebliche Beeinträchtigungen der abgebildeten Personen auslösen könne. Das Urteil verdient ob dieser Rigorosität Kritik[152] und ist insoweit zu forsch abgefasst. Es lässt sich inhaltlich akzeptieren, wenn man das im Streitfall gegebene Informationsinteresse bzw. den Gegenstand des Verfahrens berücksichtigt, nämlich die mögliche Veruntreuung öffentlicher Gelder. 1328

3. Straftäter, Angeklagte, Verfahrensparteien, Straftatverdächtige

Das Informationsinteresse in Bezug auf Straftäter und Prozessparteien ist im Unterschied zur Situation bei Richtern, Staatsanwälten und Verteidigern nicht auf eine von dem Betroffenen ausgeübte Funktion oder Berufstätigkeit beschränkt, sondern kann sich auch **auf die Person selbst** beziehen. Aus diesem Grund lässt sich ein legitimes Interesse an Bildaufnahmen vom Betroffenen nicht von vornherein ausschließen. Vor allem Straftaten sind häufig durch die Persönlichkeit des Täters geprägt. Bilder können in wichtiger Form und unmittelbarer über Personen informieren, als dies der Wortberichterstattung möglich ist. Im Zusammenhang mit sonstigen Rechtsstreitigkeiten kommt es dagegen auf den Einzelfall an. 1329

---

150 OLG Hamburg vom 10.12. 1981 (Rechtsanwalt), AfP 1982, 177, 178 (Strafverteidigung in einem Verfahren wegen Landfriedensbruchs durch einen Anwalt, der selbst in vielfältiger Weise rechtsextreme und rassistische Bestrebungen gefördert oder geleitet hatte).
151 BVerfG vom 21.7. 2000 (Sparkasse Mannheim), AfP 2000, 455, 456.
152 *Ernst* FS Herrmann 2002, 73, 78f.; *ders.* NJW 2001, 1624, 1625f.

1330 Der Grad des Informationsinteresses hängt von dem Prozessgegenstand bzw. der infrage stehenden Straftat und einer Vielzahl weiterer Unterscheidungen ab. Aufseiten des Betroffenen ist zu beachten, dass selbst jemand, der durch eine grausame Straftat in das Blickfeld der Öffentlichkeit getreten ist und eine allgemeine Missachtung erweckt hat, als Glied der Gemeinschaft den Anspruch auf Achtung seiner Individualität behält.[153] Zugleich muss sich der Betroffene der Öffentlichkeit in einer emotional angespannten Situation stellen, wenn über ihn im Zusammenhang mit polizeilichen Ermittlungen oder einem Gerichtsverfahren berichtet wird.

1331 Bildaufnahmen sind unproblematisch zulässig, wenn es um Straftaten mit bedeutendem politischem Hintergrund geht, der Angeklagte eine **absolute Person der Zeitgeschichte** ist und zugleich im Zusammenhang mit der Ausübung der Tätigkeit angeklagt wird, die seinen Status als Person der Zeitgeschichte begründet.[154] Nach der – im Einzelnen umstrittenen und auch hier kritisierten (siehe Rdnr. 972ff., 1291) – Judikatur müssen absolute Personen der Zeitgeschichte Bildnisse aber selbst dann in der Regel hinnehmen, wenn diese keinen Bezug zu der wie auch immer gearteten öffentlichen Funktion des Abgebildeten haben.[155] Die Gerichte sollten diese Linie zumindest im Hinblick auf die Bildberichterstattung über Strafverfahren überdenken. Das Verkehrsdelikt des Spitzensportlers und ein möglicherweise nachfolgendes Strafverfahren sind keine Zeitgeschichte, sondern gehören zum Privatleben.[156]

1332 Es besteht Einigkeit darüber, dass ein Unbekannter wegen einer Straftat zu einer **relativen Person der Zeitgeschichte werden kann**.[157] Es ist für das Informationsinteresse grundsätzlich unbeachtlich, ob jemand bewusst und gewollt oder gegen seinen Willen in die Öffentlichkeit gerät und ob er dies in einem positiven oder negativen Zusammenhang tut.[158] Ein Allgemeinheitsinteresse an dem Bildnis setzt aber einen die Öffentlichkeit berührenden Prozessgegenstand voraus und erfasst Allerweltsprozesse nicht. Es ist nur anzuerkennen, sofern die Abbildung im Zusammenhang mit dem maßgeblichen zeitgeschichtlichen Vorgang steht und das Interesse der Öffentlichkeit hieran noch andauert.[159] Das unbezahlte „Mitnehmen" von Wimperntusche durch die Fraktionsvorsitzende ei-

---

153 BGH vom 2.4. 1957 (Krankenpapiere), BGHZ 24, 72, 81; BVerfG vom 5.6. 1973 (Lebach I), BVerfGE 35, 202, 233.

154 Siehe BVerfG vom 14.7. 1994 (Strafverfahren Erich Honecker), BVerfGE 91, 125, 138f.; BVerfG vom 24.1. 2001 (Politbüro-Prozess), BVerfGE 103, 44ff.

155 BGH vom 19.12. 1995 (Paparazzi-Fotos), BGHZ 131, 332, 344; BVerfG vom 15.12. 1999 (Caroline von Monaco), BVerfGE 101, 361, 392f.

156 *Ernst* FS Herrmann 2002, 73, 82.

157 OLG Dresden vom 23.11. 2003, NJW 2004, 1181, 1182; *Franke*, Die Bildberichterstattung über den Angeklagten und der Öffentlichkeitsgrundsatz im Strafverfahren, 1978, S. 90ff.; *Stapper*, Namensnennung in der Presse im Zusammenhang mit dem Verdacht strafbaren Verhaltens, 1995, S. 116ff., 139ff.; stark differenzierend *Engau*, Straftäter und Tatverdächtige als Personen der Zeitgeschichte, 1993, S. 180ff.

158 Schricker/*Götting*, § 60 UrhG/§ 23 KUG Rdnr. 33 mwN.

159 BGH vom 9.6. 1965 (Spielgefährtin I), NJW 1965, 2148, 2149; BGH vom 16.9. 1966 ner Landtagspartei legitimiert eine Bildberichterstattung beispielsweise nicht, sofern sich die betreffende Person nicht selbst als „Sittenwächter“ oder Verteidiger von Recht und Gesetz öffentlich profiliert hat.[160]

Darüber hinaus ist zwischen dem **verdächtigten, in Untersuchungshaft sitzenden, angeklagten und verurteilten Straftäter** zu unterscheiden. Der Vorwurf einer Straftat ist schwerwiegend und in erheblichem Maße geeignet, Prangerwirkungen auszulösen, die häufig irreversibel sind und selbst durch einen späteren Freispruch nicht mehr aus der Welt geschafft werden können. Die Persönlichkeit verdient umso stärkeren Schutz, je weniger die gemachten Vorwürfe bewiesen sind. Dasselbe gebietet die Unschuldsvermutung des Art. 6 Abs. 2 EMRK. Richtet sich das Verfahren gegen mehrere Personen, so kann weiterhin zwischen Tätern und Anstiftern einerseits und Gehilfen andererseits zu trennen sein.[161] 1333

Berichtet das Fernsehen über ungeklärte Straftaten und zeigt es dazu Bilder namentlich genannter Verdächtiger, so kann es sich dafür grundsätzlich nicht auf ein angebliches Informations- oder Unterhaltungsbedürfnis des Fernsehpublikums berufen, da es in solchen Sendungen allein um Voyeurismus und das Weiden an fremdem Leid geht. Nach obergerichtlicher Judikatur sollen solche Sendungen aber aus dem Interesse der Öffentlichkeit an der Aufklärung und Verhinderung von Verbrechen gerechtfertigt sein.[162] Dem ist allgemein zuzustimmen, soweit sich die Medien strikt auf das Zeigen solcher Bilder beschränken, die von den zuständigen Behörden im Rahmen von § 24 KUG für Zwecke der Rechtspflege und der öffentlichen Sicherheit öffentlich gemacht werden. 1334

Das OLG Frankfurt a. M. hat in der **Raum Frankfurt-Entscheidung** eine Berichterstattung für zulässig gehalten, die über einen Tatverdächtigen mit einer Bildveröffentlichung und voller Namensnennung berichtete.[163] Der Betroffene befand sich in Untersuchungshaft und ihm wurden die Bildung einer kriminellen Vereinigung, illegales Glücksspiel und Steuerhinterziehung vorgeworfen. An der aktuellen Berichterstattung über solche Delikte besteht in den Augen des OLG „insbesondere im Raum Frankfurt“ ein ganz erhebliches öffentliches Interesse. 1335

Die bildliche Darstellung eines **überführten bzw. verurteilten Straftäters** ist am ehesten zulässig. Mit wachsendem zeitlichem Abstand zur Tat und zur Verurteilung nimmt jedoch das öffentliche Informationsinteresse ab (siehe Rdnr. 1002 ff.).[164] Zugleich gewinnt dann das Persönlichkeits-, insbesondere das Resozialisierungsinteresse des Betroffenen zunehmend an Gewicht. Im Streitfall der **Lebach I-Entscheidung** wollte das Fernsehen zur besten Sendezeit (erwartete Sehbeteiligung zwischen 35% und 80%!) in Form eines Dokumentar-Fernsehspiels einen früheren Mordfall aufgreifen, der seinerzeit großes Aufsehen erregt hatte. Der Beitrag wollte einen Täter nicht nur im Bild zei- 1336

(Vor unserer eigenen Tür), GRUR 1967, 205, 208; siehe auch BGH vom 14.3. 1995 (Chris Revue), NJW-RR 1995, 789.

160 Siehe Rdnr. 982 ff. und BGH vom 5.5. 1964 (Sittenrichter), NJW 1964, 1471 f.

161 OLG Frankfurt a. M. vom 6.9. 1979 (SS-Obersturmführer), NJW 1980, 597, 598; *Burkhardt* in: Wenzel, Das Recht der Wort- und Bildberichterstattung, § 10 Rz. 191.

162 OLG Frankfurt a. M. vom 24.9. 1970, NJW 1971, 47, 48 f.; OLG Braunschweig vom 24.10. 1974, NJW 1975, 651, 652; eingehend sowie in der Sache kritisch und z. T. restriktiver *Engau*, Straftäter und Tatverdächtige als Personen der Zeitgeschichte, 1993, S. 478 ff.

163 OLG Frankfurt a. M. vom 2.7. 1990 (Raum Frankfurt), AfP 1990, 229 f.

164 BVerfG vom 5.6. 1973 (Lebach I), BVerfGE 35, 202, 233 ff.

gen, sondern auch namentlich nennen und sollte kurz vor dessen Entlassung aus dem Gefängnis veröffentlicht werden. Der Betroffene fürchtete, durch den Bericht und das neuerliche Aufwühlen der früheren Ereignisse um jede Resozialisierungschance gebracht zu werden. Das BVerfG hielt das bildliche Zeigen sowie die namentliche Nennung oder sonstige Identifikation des Täters für unzulässig, da sie dessen Wiedereingliederung in die Gesellschaft gefährdet hätten.[165]

4. Zeugen, Verbrechensopfer

1337 Die Funktion als Zeuge in einem Gerichtsverfahren macht den Betreffenden nicht zu einer relativen Person der Zeitgeschichte.[166] Der Zeuge wird typischerweise ohne eigenes Verschulden zum Teil des Verfahrens und kann überdies in vielen Fällen aufgrund seiner Aussagepflicht besonderer emotionaler Belastung ausgesetzt sein.

1338 Das Opfer der Tat genießt einen besonderen persönlichkeitsrechtlichen Schutz, denn es ist nicht durch eigenes Zutun, sondern unfreiwillig als Opfer eines Verbrechens in die Öffentlichkeit geraten.[167] Ein Betroffener ist namentlich davor zu bewahren, dass er über die Tat hinaus durch entsprechende Veröffentlichungen ein zweites Mal verletzt wird. Jemand, der Opfer einer spektakulären Straftat geworden ist, darf durch sein Unglück nicht auch noch das Recht verlieren, den Medien das Zeigen seines Abbilds zu verbieten.[168] Ebenso sind auch die Angehörigen oder Hinterbliebenen des Verbrechensopfers grundsätzlich keine relativen Personen der Zeitgeschichte.[169]

D. Sonstige Abbildungsinhalte

1339 Bilder, die keine Personen zeigen, können ebenfalls wegen ihres Inhalts unzulässig sein bzw. rechtlichen Beschränkungen unterliegen. Allgemein können bildliche Eingriffe in fremde Rechte nur erlaubt sein, soweit sie durch ein korrespondierendes Informationsinteresse gedeckt sind. Zugleich ist eine Abbildung umso eher zulässig, je weniger sie in die beeinträchtigte Rechtsposition

165 BVerfG vom 5.6. 1973 (Lebach I), BVerfGE 35, 202, 226ff.; dazu *Müller-Emmert* DRiZ 1976, 65ff.; *Zacharias* JA 2000, 649ff.; siehe auch *Scholderer* ZRP 1991, 298ff.; *Cole* NJW 2001, 795f.; *von Coelln* ZUM 2001, 478ff.

166 BGH vom 9.6. 1965 (Spielgefährtin I), NJW 1965, 2148, 2149 hat die Frage offengelassen. Im Streitfall lag der fragliche Prozess bereits längere Zeit zurück und zwischen dem Prozess und der streitigen Veröffentlichung bestand letztlich kein inhaltlicher Zusammenhang. OLG München vom 18.9. 1978, AfP 1979, 247f. hat dagegen Zeugen als Personen der Zeitgeschichte angesehen, weil es in dem betreffenden Strafverfahren um Schwerstkriminalität und eine Tat ging, die wegen der Art ihrer Begehung und den näheren Umständen als „in der jüngeren Strafrechtsgeschichte einzigartig" erschien.

167 OLG Frankfurt a.M. vom 26.5. 1976, AfP 1976, 181; dazu *Mathy* AfP 1976, 182.

168 *Ernst* ZUM 1996, 187, 189.

169 LG Köln vom 5.6. 1991, AfP 1991, 757f.

eingreift. Eine solche geringfügige Beeinträchtigung kommt namentlich in Betracht, wenn ein rechtlich geschützter Gegenstand neben anderen Dingen und nur als „unwesentliches Beiwerk“[170] abgebildet wird. Im Einzelnen sieht sich das Medienrecht verschiedenen Rechtsgebieten gegenüber, deren Anforderungen im folgenden Überblick skizziert werden sollen. Von den einschlägigen Regeln ist vor allem das Urheberrecht aufschlussreich. Es statuiert einzelne medienbezogene Beurteilungskriterien, die zum Teil auf die anderen Rechtsgebiete ausstrahlen.

I. Urheberrechtliche Werke

Das **Fotografieren oder sonstige Abbilden von urheberrechtlich geschützten Werken** ist eine dem Urheber des Werks vorbehaltene Vervielfältigung, wenn die Abbildung die individuellen Gestaltungselemente erkennen lässt, die dem abgebildeten Gegenstand seine Eigenschaft als persönliche geistige Schöpfung verleihen.[171] Der Abdruck eines solchen Bildes in einer Zeitung ist ein Verbreiten des Werks. Das Einstellen in eine Internetseite und das Senden im Fernsehen sind ein öffentliches Zugänglichmachen.[172] Die bildliche Wiedergabe eines Werks ist urheberrechtlich aber zulässig, wenn entweder der Urheber einverstanden ist oder eine freie Benutzung vorliegt[173] oder entsprechende **Schrankenbestimmungen** eingreifen. Im letztgenannten Fall darf das Werk aber nicht verändert wiedergegeben werden (§ 62 Abs. 1 UrhG). Die einschlägigen Normen des UrhG regeln weiterhin nur die urheberrechtliche Zulässigkeit. Hindernisse anderer rechtlicher Art räumen sie nicht aus. 1340

1. Berichterstattung über Tagesereignisse

Wenn im Rahmen einer Bild- und Tonberichterstattung über Tagesereignisse durch Funk und Film sowie in Zeitungen oder Zeitschriften urheberrechtliche Werke wahrnehmbar werden, so dürfen diese in einem durch den Zweck gebotenen Umfang vervielfältigt, verbreitet und öffentlich wiedergegeben werden (§ 50 UrhG). 1341

a. Gesetzeszweck/Illustrationsanliegen

§ 50 UrhG soll eine anschauliche Unterrichtung der Allgemeinheit von den Erschwernissen befreien, die mit einer entsprechenden Zustimmungspflicht des 1342

170 Vgl. §§ 57 UrhG, 23 Abs. 1 Nr. 2 KUG.
171 BGH vom 1.7. 1982 (Presseberichterstattung und Kunstwerkwiedergabe II), GRUR 1983, 28, 29.
172 §§ 17, 19a, 20 UrhG.
173 § 24 UrhG; BGH vom 20.3. 2003 (Gies-Adler), BGHZ 154, 260, 267ff. Siehe Rdnr. 446f.

Urhebers verbunden wären.[174] Die Vorschrift erkennt die **Berechtigung von Illustrationsinteressen** ausdrücklich an und eröffnet den Medien Möglichkeiten, Informationen in besonders eingängiger und leicht verdaulicher Weise transportieren zu können. Wird zum Beispiel über die Eröffnung einer Kunstausstellung berichtet, so darf ein dort sichtbar gewordenes Gemälde auch im Ganzen abgebildet werden,[175] ohne dass es dafür der Zustimmung des Urhebers bedarf.

1343 Das Urheberrecht tritt nur in dem Umfang zurück, der **durch den Zweck der freien Berichterstattung geboten** ist. § 50 UrhG trägt einem Informations- und Illustrationsinteresse Rechnung. Die Regelung soll es den Medien ansonsten aber nicht ermöglichen, auf Kosten des Urhebers Produktionskosten zu sparen. Daher durfte beispielsweise der Festakt aus Anlass der Wiedereröffnung der Alten Oper in Frankfurt a.M. übertragen werden, nicht aber das gesamte 40-minütige musikalische Rahmenprogramm.[176]

b. Voraussetzungen, Einzelfragen

1344 Ein „**Tagesereignis**" ist eine tatsächliche Begebenheit, an der ein gewisses öffentliches Informationsinteresse besteht und die noch aktuell ist.[177] Die Aktualität setzt einen nahen zeitlichen Zusammenhang zwischen dem Ereignis und der Berichterstattung voraus.[178] Sie hält an, solange ein Bericht über das Ereignis von der Öffentlichkeit noch als Gegenwartsberichterstattung empfunden wird.[179] Wiederholungen und Rückblicke werden daher in der Regel nicht mehr unter § 50 UrhG fallen. Ein Ereignis kann jedoch erneut aktuell werden, wenn es wieder Gegenstand der öffentlichen Auseinandersetzung wird und dadurch abermals das Interesse der angesprochenen Leserschaft erregt.[180]

1345 Nach dem Gesetzeswortlaut wird nur die **Berichterstattung** erfasst, d.h. die ausschnittsweise, möglichst wirklichkeitsgetreue Information oder sachliche Schilderung der Begebenheit.[181] Die Rechtsprechung ist insoweit aber großzügig. Sie bezieht beispielsweise auch Reportagen mit ein, in der das aktuelle Ereignis durch Mitteilung der Vorgeschichte und durch Stellungnahmen Dritter

---

174 Amtliche Begründung zu § 50 UrhG, BT-Drucks. IV/270, S. 66f. Zur Vorgängerregelung, dem Gesetz zur Erleichterung der Filmberichterstattung vom 30. 4. 1936, RGBl I, 404, *Bappert* GRUR 1963, 16ff.

175 BGH vom 1.7. 1982 (Presseberichterstattung und Kunstwerkwiedergabe I), BGHZ 85, 1, 4f.

176 OLG Frankfurt a.M. vom 20. 9. 1984 (Operneröffnung), GRUR 1985, 380, 382.

177 BGH vom 11.7. 2002 (Zeitungsbericht als Tagesereignis), GRUR 2002, 1050, 1051; Schricker/*Vogel*, § 50 UrhG Rdnr. 11ff. mwN.

178 BGH vom 1.7. 1982 (Presseberichterstattung und Kunstwerkwiedergabe II), GRUR 1983, 28, 29.

179 BGH vom 11.7. 2002 (Zeitungsbericht als Tagesereignis), GRUR 2002, 1050, 1051 mwN.

180 OLG Stuttgart vom 13.11. 1985, NJW-RR 1986, 220, 221. Siehe dazu allgemein Rdnr. 1002ff.

181 Schricker/*Vogel*, § 50 UrhG Rdnr. 9f. mwN.

beleuchtet und ironisiert wird.[182] Reine Kommentare zu Tagesereignissen und Schilderungen, die ausschließlich oder überwiegend die Ansicht des Verfassers wiedergeben, fallen jedoch nicht unter die Vorschrift. Auseinandersetzungsinteressen trägt das Urheberrecht nicht in § 50 UrhG Rechnung. Diese sind allein im Rahmen des Zitatrechts bzw. von § 51 UrhG beachtlich.

§ 50 UrhG erlaubt nur die Wiedergabe von solchen Werken, die **„im Verlauf** 1346
dieser Ereignisse wahrnehmbar werden“. Zeigt ein Artikel über die testamentarische Schenkung einer Kunstsammlung ein Kunstwerk, das zu der betreffenden Kunstsammlung gehört, aber im Rahmen des Tagesereignisses weder gezeigt wurde noch irgendwie besichtigt werden konnte, so greift die Vorschrift nicht ein.[183] Die Bestimmung bezieht sich ferner allein darauf, dass die Berichterstattung ein Tagesereignis zum Inhalt hat und das Werk in diesem Zusammenhang gezeigt wird, aber nicht den eigentlichen Gegenstand des Berichts ausmacht.[184] **Liegt das Tagesereignis in dem gezeigten Werk selbst, so ist die Vorschrift nicht anwendbar.** Die urheberrechtliche Begründung dafür ist, dass dem Urheber eine entschädigungslose Nutzung nicht zugemutet werden kann, wenn sein Werk selbst Gegenstand des Berichts ist.[185] Aus medienrechtlicher Sicht erklärt sich die Begrenzung anders. Ist das Werk selbst Gegenstand der Berichterstattung, dann dient sein Zeigen nicht der Illustration, sondern bedient ein Dokumentationsinteresse, auf das § 50 UrhG nicht zugeschnitten ist. Es kann im Einzelfall schwierig sein zu entscheiden, worin das Tagesereignis genau liegt und ob es sich mit dem wahrnehmbar gewordenen Werk deckt oder davon zu unterscheiden ist.

Solche Abgrenzungsfragen hat die **Zeitungsbericht als Tagesereignis-Entscheidung** 1347
zum Gegenstand. Sie betraf einen Artikel der Bild-Zeitung über einen Krankenhausbesuch der Bild-Redaktion bei *Verona Feldbusch*, der damaligen Ehefrau von *Dieter Bohlen*. Der Artikel enthielt ein in wörtlicher Rede wiedergegebenes Interview mit Frau Feldbusch. Sie erhob darin den Vorwurf, ihr Mann habe sie geschlagen und ihr damit Gesichtsverletzungen zugefügt. Neben der Schlagzeile „Bohlens Frau – So hat er mich zugerichtet“ war ein Farbfoto des Gesichts von Frau Feldbusch abgedruckt, das sie mit einem blauen Auge, Pflaster und Verband zeigte. Wenige Tage danach veröffentlichte das Nachrichtenmagazin Focus einen Artikel über die Auseinandersetzung der damaligen Eheleute Bohlen und Feldbusch. Oberhalb des Focus-Artikels war ein aus der Titelseite der Bild-Zeitung herausgerissener Teil in verkleinerter Form wiedergegeben, auf dem u.a. das Foto und die Überschrift zu sehen waren. Der BGH hielt den Teilabdruck des Bild-Artikels und insbesondere des Fotos für zulässig. Der eigentliche Gegenstand des Focus-Artikels war in den Augen der Richter nicht das Bild der verletzten Frau Feldbusch als solches, sondern die von ihr öffentlich gemachte und in die Boulevardpresse

182 BGH vom 11.7. 2002 (Zeitungsbericht als Tagesereignis), GRUR 2002, 1050, 1051.
183 BGH vom 1.7. 1982 (Presseberichterstattung und Kunstwerkwiedergabe I), BGHZ 85, 1, 10.
184 BGH vom 1.7. 1982 (Presseberichterstattung und Kunstwerkwiedergabe I), BGHZ 85, 1, 6; zustimmend *Alff* LM UrhG § 50 Nr. 2.
185 BGH vom 1.7. 1982 (Presseberichterstattung und Kunstwerkwiedergabe II), GRUR 1983, 28, 30.

getragene Anschuldigung gegen ihren damaligen Ehemann.[186] Der Focus-Artikel hatte nämlich auch Gegenstimmen aus dem Bekanntenkreis des angeschuldigten Ehemanns zu Wort kommen lassen, sich also in der Hauptsache gerade nicht mit dem Zustand der Ehefrau beschäftigt.

1348 § 50 UrhG rechtfertigt grundsätzlich keine **Pressefotos von Fernsehbildern**, die Tagesereignisse wiedergeben.[187] Allein die Fernsehanstalten haben das Recht, Einzellichtbilder aus ihren Sendungen zu nutzen.[188] Wenn jedoch Fernsehprogramme das eigentliche Tagesereignis selbst sind und es nicht bloß abbilden, dann kann die Wiedergabe von Fernsehbildern zulässig sein. Die Programme bzw. einzelnen Programmpunkte der großen Fernsehsender sind in diesem Sinne als Tagesereignisse einzuordnen. Es ist daher Programmzeitschriften erlaubt, einzelne Lichtbilder aus urheberrechtlich geschützten Sendungen zur Illustrierung des Inhalts der angekündigten Sendungen zu verwenden.[189]

1349 Umstritten ist, ob § 50 UrhG nur eine „wirklichkeitsgetreue" Wiedergabe privilegiert. Manche nehmen an, dass die Vorschrift lediglich solche Berichte erfasst, die dem Betrachter den Vorgang so übermitteln, als habe er das wahrnehmbar gewordene Werk selbst gesehen.[190] Bedeutung hat dies für die Verwendung von Archivbildern.

1350 Im Streitfall der **Presseberichterstattung und Kunstwerkwiedergabe II-Entscheidung** hatte u.a. eine Tageszeitung über eine aktuelle Ausstellung berichtet und den Bericht mit einer Schwarz-Weiß-Reproduktion eines der ausgestellten Werke von *Pablo Picasso* illustriert. Das Werk wurde als Archivbild und nicht so gezeigt, wie es in der Ausstellung zu sehen war. Der BGH wendete § 50 UrhG gleichwohl an. Die Vorschrift decke ihrem Wortlaut nach auch solche Nutzungen, und ein sachlicher Grund, dem Verlag die Verwendung einer Archivaufnahme zu versagen, sei nicht ersichtlich.[191] Die Entscheidung verdient Zustimmung. § 50 UrhG soll die illustrative Information gerade erleichtern und nicht erschweren. Letzteres wäre aber der Fall, wenn Archivaufnahmen nicht unter die Vorschrift fallen würden. Zugleich kann es aus Sicht des Urhebers schwerlich einen Unterschied machen, ob ein unverändertes Werk in einer neuen oder einer früheren Aufnahme gezeigt wird. Für den Fall dagegen, dass ein Archivbild das Werk nicht korrekt wiedergibt, genießt der Urheber über § 62 Abs. 1 UrhG Schutz.

2. Bleibende öffentliche Werke

1351 Werke, die sich bleibend an öffentlichen Wegen, Straßen oder Plätzen befinden, dürfen u.a. durch Lichtbild oder Film vervielfältigt, verbreitet und öffentlich

186 BGH vom 11.7. 2002 (Zeitungsbericht als Tagesereignis), GRUR 2002, 1050, 1051.
187 Schricker/*Vogel*, § 50 UrhG Rdnr. 26 mwN.
188 § 87 Abs. 1 Nr. 2 UrhG.
189 OLG Köln vom 17.9. 2004 (Elektronischer Fernsehprogrammführer), GRUR-RR 2005, 105f.
190 Schricker/*Vogel*, § 50 UrhG Rdnr. 19.
191 BGH vom 1.7. 1982 (Presseberichterstattung und Kunstwerkwiedergabe II), GRUR 1983, 28, 30; dazu zustimmend *Baedeker* AfP 1982, 225.

wiedergegeben werden (§ 59 UrhG). Die Vorschrift basiert auf der Überlegung, dass der Urheber das Werk durch die Aufstellung an öffentlichen Orten der „Allgemeinheit gewidmet" hat,[192] und trägt so dem Interesse an der „Freiheit des Straßenbildes" Rechnung.[193]

Nach der **Verhüllter Reichstag-Entscheidung** befindet sich ein Werk dann nicht blei- 1352
bend an einem öffentlichen Ort, wenn es im Sinne einer zeitlich befristeten Ausstellung präsentiert wird. Im Streitfall hatte eine Foto- und Bildagentur den von *Christo* und *Jeanne-Claude* verhüllten Reichstag ohne deren Zustimmung fotografiert und entsprechende Postkarten vertrieben. Der Reichstag als solcher befindet sich ohne Zweifel bleibend an einem öffentlichen Platz, während die Öffentlichkeit das davon zu unterscheidende „Verpackungskunstwerk" nur während einer vorübergehenden Zeitspanne wahrnehmen konnte. Es ist nicht gerechtfertigt, die Befugnisse des Urhebers auch im Fall einer vorübergehenden Ausstellung des Werks an einem öffentlichen Ort einzuschränken.[194]

3. Sonstige Schranken

Die Vervielfältigung, Verbreitung und öffentliche Wiedergabe von Werken ist 1353
weiterhin zulässig, wenn diese nur als **unwesentliches Beiwerk** neben dem eigentlichen Gegenstand der Berichterstattung erscheinen (§ 57 UrhG). Die Beurteilung als „unwesentliches Beiwerk" bestimmt sich nach einem objektiven Maßstab aus Sicht des Betrachters und ist aufgrund der Zusammenhänge im Einzelfall zu treffen.[195] Das Abbilden urheberrechtlicher Werke kann schließlich auch im Rahmen eines **Zitats** zulässig sein (§ 51 UrhG).[196]

II. Eigentum

Das Eigentumsrecht bietet nach herrschendem Verständnis grundsätzlich kei- 1354
nen Schutz dagegen, dass eine im Eigentum stehende Sache fotografiert oder auf sonstige Weise bildlich „vervielfältigt" wird. Insbesondere wird das Eigentumsrecht aus Gründen der Abstimmung von Bürgerlichem Recht und Urheberrecht nicht auf die optische Erscheinung der Sache erstreckt. Im Einzelnen kann aber nach den unterschiedlichen Funktionen des Eigentumsrechts zu unterscheiden sein, das eine Zuweisungs- und eine Ausschlusskomponente umfasst.[197]

192 Amtliche Begründung zu § 59 UrhG, BT-Drucks. IV/270, S. 76.

193 BGH vom 24. 1. 2002 (Verhüllter Reichstag), BGHZ 150, 6, 9 mwN.

194 BGH vom 24. 1. 2002 (Verhüllter Reichstag), BGHZ 150, 6, 11; dazu *Ernst* MDR 2002, 772; *Schack* JZ 2002, 1007 f.; *Bacher* EWiR 2002, 1061 f.; *Vogel* LMK 2003, 35 f. Zur Einordnung der Reichstagsverhüllung als urheberrechtliches Kunstwerk siehe KG vom 30. 1. 1996 (Verhüllter Reichstag I), GRUR 1997, 128 f.

195 Schricker/*Vogel*, § 57 UrhG Rdnr. 9 f. mwN.

196 Zu den allgemeinen Anforderungen siehe Rdnr. 454.

197 § 903 Satz 1 BGB „... mit der Sache nach Belieben verfahren und andere von jeder Einwirkung ausschließen".

1355 Die **Friesenhaus-Entscheidung** sieht das Fotografieren eines im 18. Jahrhundert erbauten Friesenhauses jedenfalls dann nicht als Einwirkung auf das Eigentum an, wenn es „von einer öffentlichen Straße aus" fotografiert wird.[198] Der Fotografiervorgang lasse als Realakt die Verfügungsbefugnis des Eigentümers unberührt. Es fehle an einer tatsächlichen Einwirkung auf die Sache. Eigentum könne zwar nicht nur durch ein Verletzen der körperlichen Substanz, sondern auch durch eine sonstige, die tatsächliche Herrschaftsmacht des Eigentümers treffende Einwirkung auf die Sache beeinträchtigt werden. Es handele sich dabei jedoch um Fälle, in denen der Eigentümer in der tatsächlichen Nutzung seiner Sache beeinträchtigt werde. Eine solche Wirkung habe das Fotografieren nicht. Dem betroffenen Eigentümer bleibe im Übrigen kraft der Sachherrschaft die Möglichkeit, andere vom Zugang zu der Sache bzw. vom Anblick der Sache etwa durch eine Grundstücksbepflanzung auszuschließen. Die Entscheidung erklärt sich maßgeblich aus dem Verhältnis des Eigentumsrechts zum Urheberrecht. Wenn §59 Abs.1 UrhG es für zulässig erklärt, Werke, die sich bleibend an öffentlichen Wegen, Straßen oder Plätzen befinden, durch Lichtbild zu vervielfältigen und zu verbreiten, dann darf diese Wertung nicht über das Bürgerliche Recht unterlaufen werden.

1356 Die **Schloss Tegel-Entscheidung** hat dagegen die Verletzung von Ausschlussbefugnissen des Eigentümers anders beurteilt.[199] Danach ist das Fotografieren als Anmaßen von Herrschaftsbefugnissen des Eigentümers zu beurteilen, wenn es nur durch Eindringen in den räumlichen Schutzbereich möglich ist, gegen das sich der Eigentümer rechtlich und faktisch wehren kann. Im Streitfall ging es um die gewerbliche Nutzung von Fotos, zu deren Aufnahme ein Privatgrundstück betreten werden musste. Danach steht das gewerbliche Nutzen des Eigentums im Grundsatz ausschließlich dem Eigentümer zu. Er hat aufgrund seiner Sachherrschaft die rechtliche und tatsächliche Macht, sich das Fotografieren ausschließlich vorzubehalten. Die Entscheidung verdient Zustimmung,[200] hat aber im Schriftum auch viel Kritik gefunden.[201]

III. Persönlichkeitsrecht

1357 Das allgemeine Persönlichkeitsrecht ist nicht auf den Schutz vor Abbildungen einer Person beschränkt und kann auch im Zusammenhang mit Bildern anderer Art eingreifen.[202] Praktische Bedeutung hat dabei vor allem, dass die statische Komponente des Persönlichkeitsrechts dem Einzelnen einen autonomen Bereich

198 BGH vom 9.3. 1989 (Friesenhaus), NJW 1989, 2251, 2252; dazu *Pfister/Hohl* EWiR 1989, 771f.; *Keil* JA 1990, 20ff. Siehe auch BGH vom 13.10. 1965 (Apfelmadonna), BGHZ 44, 288, 293 (Kopieren einer regulär erworbenen Nachbildung des Werkoriginals verletzt das Eigentumsrecht am Werkoriginal nicht).

199 BGH vom 20.9. 1974 (Schloss Tegel), NJW 1975, 788ff.; dazu *Baur* JZ 1975, 493.

200 *Beater* JZ 1998, 1102, 1104ff.; *Gerstenberg* GRUR 1975, 502; *Pfister* JZ 1976, 156ff.; *Gerauer* GRUR 1988, 672, 673.

201 *Schmieder* NJW 1975, 1164f.; *Ruhwedel* JuS 1975, 242ff.; *Löhr* WRP 1975, 524; RGRK/*Steffen*, §823 BGB Rdn. 18; *Kübler* FS F.Baur 1981, 51ff.; *Schack*, Urheber- und Urhebervertragsrecht, Rn.39.

202 Zu einer Sonderkonstellation siehe BGH vom 27.4. 1971 (Haus auf Teneriffa), GRUR 1971, 417f.; dazu *von Falck* GRUR 1971, 418f.; ähnlich, ohne abschließend über die Frage zu entscheiden BVerfG vom 18.11. 2004, NJW 2005, 883, 884 „intime Gegenstände[, die] einen derart engen Bezug zu einer Person haben, dass schon deren Abbildung allein das Persönlichkeitsrecht beeinträchtigt".

der eigenen Lebensgestaltung sichert, in dem er seine Individualität unter Ausschluss anderer wahrnehmen kann. Er hat das Recht, in Ruhe gelassen zu werden, für sich zu sein und sich selbst zu gehören.[203] Dieses **Recht zur Isolation** kann grundsätzlich auch eingreifen, wenn keine Person, sondern Dinge gezeigt werden, die persönliche Angelegenheiten betreffen und stellvertretend für den Betroffenen an die Öffentlichkeit gezerrt werden. Ein mögliches Beispiel wären heimliche Aufnahmen von Privaträumen. Zugleich käme es für den persönlichkeitsrechtlichen Schutz nicht auf die Eigentumsverhältnisse an den Räumen, sondern darauf an, wer darin wohnt. Die Rechtsprechung steht einem persönlichkeitsrechtlichen Schutz im Zusammenhang mit solchen Bildern bislang aber sehr zurückhaltend gegenüber.

Die **Luftbildaufnahmen-Entscheidungen** betrafen Luftbildaufnahmen, die vom Hub- 1358
schrauber aus von Privathäusern bekannter Fernsehjournalisten auf Mallorca gemacht wurden und die Anonymität der Anwesen durch die namentliche Nennung der Hauseigentümer aufhoben. Die Urteile nahmen an, dass derartige Aufnahmen das Grundstück in seiner Eignung als Rückzugsort beeinträchtigen und daher Eingriffe in die Persönlichkeit sein können. Im Ergebnis lehnt der BGH den Persönlichkeitsschutz im Hinblick auf öffentliche Informationsinteressen gleichwohl ab, solange es sich um einen Eingriff von geringer Intensität handelt, der Hauseigentümer nicht in der Nutzung des Anwesens gestört wird und die Berichterstattung keine negativen Auswirkungen für den Betroffenen nach sich zieht.[204] Gleiches gilt, wenn unter Mitwirkung des Betroffenen in der Öffentlichkeit bereits soviel über das Feriendomizil bekannt geworden ist, dass die Luftbildaufnahmen in der Sache kaum Neues hinzufügen.[205] Wird aber beispielsweise mit den Bildern zugleich eine Wegbeschreibung veröffentlicht, so verletzt dies typischerweise den Anspruch auf Schutz der Privatsphäre.[206]

Die Urteile nehmen keine Stellung zu der Frage, ob die Aufnahmen vom Hubschrau- 1359
ber aus das Eigentumsrecht an dem abgebildeten Grundstück beeinträchtigen. Ein gewisser **Unterschied zum Schloss Tegel-Fall** ließe sich darin sehen, dass es dort allein um kommerzielle Nutzungsinteressen ging. In den Luftbildaufnahmen-Fällen hat der BGH dagegen ein – wenn auch auf der Integrationsfunktion beruhendes und daher nicht allzu ausgeprägtes – allgemeines Informationsinteresse bejaht.

IV. Militärische Anlagen

§ 109g StGB stellt sicherheitsgefährdendes Abbilden unter Strafe. Die Vorschrift 1360
kann zum einen Lichtbildaufnahmen erfassen, die aus einem Luftfahrzeug von Gebieten oder Gegenständen innerhalb Deutschlands gemacht werden (Abs. 2).

203 BVerfG vom 31.1. 1973 (Tonbandaufnahmen), BVerfGE 34, 238, 245ff.; BVerfG vom 5.6. 1973 (Lebach I), BVerfGE 35, 202, 220; BGH vom 19.12. 1995 (Paparazzi-Fotos), BGHZ 131, 332, 337.

204 BGH vom 9.12. 2003 (Luftbildaufnahmen II), NJW 2004, 762, 764; dazu *von Gerlach* JZ 2004, 625ff.; zustimmend *Berger* LMK 2004, 74f.

205 BGH vom 9.12. 2003 (Luftbildaufnahmen I), NJW 2004, 766, 767; siehe auch BVerfG vom 2.5. 2006 (Luftbildaufnahmen I), NJW 2006, 2838.

206 BGH vom 9.12. 2003 (Luftbildaufnahmen II), NJW 2004, 762, 765; siehe auch BVerfG vom 2.5. 2006 (Luftbildaufnahmen II), NJW 2006, 2836, 2837f. Rdnr. 16ff.

Zum anderen können Wehrmittel, militärische Einrichtungen, Anlagen und Vorgänge gegenüber Abbildungen und Beschreibungen geschützt werden (Abs. 1). In allen Fällen setzt die Strafbarkeit voraus, dass die Abbildung bzw. die Beschreibung wissentlich die Sicherheit der Bundesrepublik Deutschland oder die Schlagkraft der Truppe gefährden. Unter Strafe stehen bereits das Anfertigen sowie das An-einen-anderen-gelangen-lassen solcher Unterlagen. Für die Medien ist wichtig, dass Abbildungen und Beschreibungen im Sinne von Abs. 1 nicht strafbar sind, wenn der Täter mit Erlaubnis der zuständigen Dienstbehörde gehandelt hat (§ 109g Abs. 4 Satz 2 StGB).

E. Schutzinteressen des Abbildenden

I. Allgemeines

1361 Die Möglichkeiten der Bildberichterstattung werden auch durch Rechte beeinflusst, die nicht mit dem Inhalt der Bilder zusammenhängen, sondern die das **geistige Eigentum desjenigen schützen, der die betreffenden Bilder hergestellt** oder gesendet hat. Soweit jemand ein Recht „an" seinem Werk bzw. an Bildern hat, dürfen die Medien solche Bilder grundsätzlich nur mit der Erlaubnis des Rechtsinhabers verwenden. Praktische Bedeutung hat dies vor allem für Fotografien und Filmaufnahmen, die Gegenstand von Urheberrechten und den ebenfalls im UrhG geregelten verwandten Schutzrechten sein können. Solche Aufnahmen sind für die Medien besonders wichtig und stehen deshalb im Vordergrund des folgenden Abschnitts.

II. Fotografien und sonstige Bilder

1362 Fotografien können als Lichtbildwerk urheberrechtlich oder als Lichtbild leistungsschutzrechtlich gesichert sein. Diese Rechte werden inzwischen sowohl in den Schutzvoraussetzungen als auch in der Schutzreichweite nach sehr ähnlichen Maßstäben beurteilt. Das Urheberrecht kann weiterhin zu beachten sein, wenn Medien zum Beispiel auf Zeichnungen oder wissenschaftliche Darstellungen wie Grafiken oder Tabellen zurückgreifen wollen.

1. Lichtbildwerke

1363 Eine einheitliche Definition des Lichtbildwerks (§ 2 Abs. 1 Nr. 5 UrhG) gibt es nicht.[207] In Betracht kommen Bilder, die „wie Lichtbildwerke geschaffen" bzw. unter Benutzung strahlender Energie erzeugt werden.[208] Erfasst werden insbe-

207 Zu den „vielfältigen" Definitionsansätzen Schricker/*Loewenheim*, § 2 UrhG Rdnr. 175 mwN.
208 BGH vom 27. 2. 1962 (Aki), BGHZ 37, 1, 6; BGH vom 8. 11. 1989 (Bibelreproduktion), GRUR 1990, 669, 673.

sondere Fotografien, aber beispielsweise auch Einzelaufnahmen, die im Rahmen von Livesendungen im Fernsehen gezeigt werden.[209] Die Vorschrift findet dagegen keine Anwendung auf Collagen und Fotomontagen, die auf mechanischem Wege geschaffen werden, sowie auf Fotografien, die durch Übermalen oder vergleichbare Eingriffe verfremdet werden.[210] Solche Bilder können aber Kunstwerke im Sinne von § 2 Abs. 1 Nr. 4 UrhG sein.[211]

Die Einordnung als **Werk** im Sinne von § 2 Abs. 2 UrhG verlangt eine persön- 1364
liche geistige Schöpfung bzw. Individualität. Lichtbildwerke müssen eine individuelle oder künstlerische Aussage des Fotografen zum Ausdruck bringen, die sich von der lediglich gefälligen Abbildung abhebt. Sie zeichnen sich im Allgemeinen dadurch aus, dass sie über die gegenständliche Abbildung hinaus eine Stimmung besonders gut einfangen, in eindringlicher Aussagekraft eine Problematik darstellen, den Betrachter zum Nachdenken anregen.[212] Bei der künstlerischen Fotografie wird die Bildgestaltung auch von den subjektiven Vorstellungen des Fotografen geprägt, die Gestaltungsmöglichkeiten sind aber wesentlich begrenzter als bei der Dichtung, Musik oder bildenden Kunst. An der erforderlichen Individualität fehlt es bei rein handwerklichen Leistungen, mögen sie auch solide und fachmännisch erbracht sein.[213] Kein Lichtbildwerk ist die Gegenstandsfotografie, die eine Vorlage möglichst unverändert naturgetreu wiedergeben möchte.[214] Die bloße Kopie eines Lichtbildwerks ist ebenfalls kein eigenständiges Werk, sondern lediglich eine Vervielfältigung des Werks.

Die Anforderungen an die Gestaltungshöhe werden im Anschluss an eine 1365
EG-Richtlinie[215] inzwischen großzügig verstanden. Lichtbildwerke genießen Urheberschutz bereits dann, wenn sie lediglich Individualität aufweisen, **ohne dass es eines besonderen Maßes an schöpferischer Gestaltung bedarf.**[216] Die exakte Prüfung der Werkvoraussetzungen kann im Ergebnis überflüssig sein, da § 72 UrhG auch das bloße Lichtbild schützt und dem Lichtbildner einen Schutz verschafft, der dem des Urhebers sachlich weitgehend entspricht. Die Abgrenzung zwischen Lichtbildwerk und Lichtbild hat für die Medien daher geringe

---

209 BGH vom 27. 2. 1962 (Aki), BGHZ 37, 1, 6.

210 Dreier/*Schulze*, § 2 UrhG Rdnr. 201.

211 OLG Koblenz vom 18. 12. 1986 (Verfremdete Fotos), GRUR 1987, 435; OLG München vom 3. 7. 1967, GRUR 1969, 146.

212 Schricker/*Loewenheim*, § 2 UrhG Rdnr. 179.

213 OLG Düsseldorf vom 24. 3. 1996 (Beuys-Fotografien), GRUR 1997, 49, 50.

214 BGH vom 4. 11. 1966 (skai-cubana), GRUR 1967, 315, 316; zustimmend *Reimer* GRUR 1967, 318.

215 Nach Art. 6 RL 93/98/EWG vom 29. 10. 1993 über die Schutzdauer des Urheberrechts, ABl. EG 1992, L 290/9 = GRUR Int. 1994, 141 ff. werden Fotografien geschützt, „wenn sie individuelle Werke in dem Sinne darstellen, dass sie das Ergebnis der eigenen geistigen Schöpfung ihres Urhebers sind. Zur Bestimmung ihrer Schutzfähigkeit sind keine anderen Kriterien anzuwenden …".

216 Amtliche Begründung zu § 72 Abs. 3 Satz 1 UrhG, BT-Drucks. 13/781, S. 10; Dreier/*Schulze*, § 2 UrhG Rdnr. 195; BGH vom 3. 11. 1999 (Werbefotos), GRUR 2000, 317, 318 mwN.; dazu *Schricker* EWiR 2000, 45 f.; *Weinknecht* LM UrhG § 2 Nr. 44.

praktische Bedeutung und wird deshalb von den Gerichten häufig offengelassen.[217]

1366 Die Abgrenzung kann im Ausnahmefall wegen der unterschiedlichen Schutzfristen und im Hinblick auf die Frage erforderlich sein, ob der Rechtsinhaber das **Anfertigen einer inhaltsgleichen Fotografie** untersagen kann.[218] Während der Lichtbildschutz nur gegen das Kopieren, nicht aber gegen Aufnahmen desselben Gegenstandes Schutz bietet, ist für das Urheberrecht zu unterscheiden. Es gewährt keinen Schutz des Motivs oder der Gestaltungsidee als solchen (siehe Rdnr. 417ff., 1218f.), schützt aber das vom Urheber geschaffene individuelle Werk. Das Lichtbildwerk genießt daher im Zusammenhang mit mehr oder weniger identischen Aufnahmen im Ergebnis umso höheren Schutz, je ausgeprägter seine individuellen Gestaltungselemente sind.[219] Die in einem Lichtbildwerk verkörperte schöpferische Leistung kann auch dadurch übernommen werden, dass das fotografierte Objekt nachgestellt und erneut fotografiert wird.[220]

1367 Die zum früheren Recht ergangene **Beuys-Fotografien-Entscheidung** macht deutlich, welche unterschiedlichen Gestaltungsspielräume ein Fotograf haben kann. Obwohl sie wahrscheinlich auf inzwischen überholten, zu strengen Werkanforderungen basiert,[221] gibt sie über die urheberrechtlichen Unterscheidungen nach wie vor Aufschluss. Das Urteil betrifft Aufnahmen, die eine gelernte Fotografin im Rahmen einer Ausstellung von Zeichnungen, Aquarellen, Ölbildern und plastischen Bildern des Künstlers *Joseph Beuys* gemacht hatte. Die Richter verneinten den Werkcharakter namentlich für Fotos, die Aufnahmen von Zeichnungen waren.[222] Bei solchen Aufnahmen geht es darum, die flächigen Kunstwerke möglichst korrekt wiederzugeben. Künstlerischer Gestaltungsspielraum besteht dabei kaum. Wie man eine Zeichnung zur Aufnahme bestens ausleuchtet, welches Filmmaterial und Fotopapier man verwendet, wie man belichtet, entwickelt und die Wahl des richtigen Aufnahmestandpunkts sind handwerkliche Fragen der Fotografentätigkeit. Dagegen besteht bei der Abbildung räumlicher Kunstobjekte ein wesentlich größerer Gestaltungsspielraum, dessen Ausnutzung ein Lichtbildwerk möglich macht. Der Eindruck, den die abgebildeten Kunstwerke hervorriefen, hing wesentlich davon ab, von welchem Standpunkt aus und bei welcher Beleuchtung sie aufgenommen wurden. Erst recht wurde der Werkcharakter für zwei Portraits von Beuys bejaht, die einen „starken Eindruck von der Persönlichkeit des Künstlers" vermittelten. Bei der Anfertigung eines Portraits hat der Fotograf erhebliche Gestaltungsspielräume, z.B. in Bezug auf die Haltung des Portraitierten und die Umgebung, in der fotografiert wird. Es wäre also anderen Fotografen nicht verboten gewesen, Joseph Beuys zu portraitieren. Sie hätten ihn aber nicht exakt so ablichten dürfen, wie es im Streitfall gemacht wurde.

---

217 Siehe etwa BGH vom 3. 11. 1999 (Werbefotos), GRUR 2000, 317, 318; OLG Hamburg vom 8. 1. 1987 (Mikis Theodorakis), NJW-RR 1987, 1533.

218 Dazu *Hüper* AfP 2004, 511ff. mwN.

219 Dreier/*Schulze*, § 2 UrhG Rdnr. 34, § 72 UrhG Rdnr. 13 jeweils mwN. Für Darstellungen im Sinne von § 2 Abs. 1 Nr. 7 UrhG ebenso BGH vom 28.5. 1998 (Stadtplanwerk), BGHZ 139, 68, 76.

220 BGH vom 5.6. 2003 (Hundertwasser-Haus), GRUR 2003, 1035, 1037.

221 Dreier/*Schulze*, § 2 UrhG Rdnr. 195.

222 OLG Düsseldorf vom 24.3. 1996 (Beuys-Fotografien), GRUR 1997, 49, 51.

2. Lichtbilder

Fotografien, die kein urheberrechtliches Werk sind, können als Lichtbild Schutz genießen (§ 72 UrhG). Der Gesetzgeber hielt einen solchen ergänzenden Schutz „aus praktischen Gründen [für] unvermeidbar“, da sich aus der sonst erforderlichen Abgrenzung zwischen Lichtbildwerken und urheberrechtlich nicht geschützten Fotografien „außerordentliche praktische Schwierigkeiten“ ergeben würden.[223] Der Schutz steht dem Lichtbildner originär zu und soll die mit der Herstellung einer Fotografie verbundene technische Leistung als immaterielles Gut honorieren.[224] Er setzt **nur ein Mindestmaß an persönlicher geistiger Leistung** voraus, das in der Regel bei allen einfachen Aufnahmen gegeben ist[225] und bereits in der Wahl des Blickwinkels, der Entfernung oder des Motivs etc. liegen kann. Er scheidet lediglich aus bei reiner Reproduktionsfotografie[226] und für Fotos, die allein durch Zufall zustande gekommen sind.[227] Auch das bloße Vervielfältigen eines anderen Lichtbilds lässt kein neues Lichtbild entstehen.[228] 1368

Der Lichtbildschutz entspricht prinzipiell dem urheberrechtlichen Gegenstück, ist auf 50 Jahre befristet und greift auch ein, wenn lediglich Teile des Lichtbildes genutzt werden.[229] Er erzeugt **keine Sperrwirkung gegenüber nachschaffenden Leistungen oder hinsichtlich eines Motivs.**[230] Wer selbst ein fotografisches Urbild herstellt, das mit einem anderen Lichtbild identischen Inhalts ist, verletzt nicht die Rechte des Lichtbildners der älteren Fotografie, sondern erwirbt selbst ein originäres Leistungsschutzrecht an dem von ihm hergestellten Lichtbild.[231] 1369

Eine solche Konstellation betrifft die **Hochzeits-Fotograf-Entscheidung**. Im Streitfall war der Kläger beauftragt worden, unter freiem Himmel ein Gruppenfoto von einer großen Faschingshochzeitsgesellschaft zu machen. Der beklagte Konkurrent machte von derselben Hochzeitsgesellschaft ebenfalls Aufnahmen und vertrieb diese gewerblich. Er benutzte dazu eine Gruppentribüne, die der Kläger extra für die Aufnahmen hatte errichten lassen. Das OLG München lehnte einen leistungsschutzrechtlichen Anspruch ab, da § 72 UrhG keinen Schutz dagegen biete, dass ein anderer dasselbe Motiv von einem nahezu gleichen Standort mit einem Fotoapparat ablichte.[232] Die Richter sahen in dem Vorgehen zu Recht auch keine unmittelbare Leistungsübernahme im Sinne von § 3 UWG, da der Beklagte das vom Kläger gefertigte Bild nicht übernommen hatte. Sie wendeten die wettbewerbliche Generalklausel gleichwohl mit dem Hinweis darauf an, dass der Beklagte den Aufwand des Klägers für den Aufbau der Tribüne ohne eigene Vorkosten 1370

223 Amtliche Begründung zu § 72 UrhG, BT-Drucks. IV/270, S. 80.
224 Schricker/*Vogel*, § 72 UrhG Rdnr. 10.
225 BGH vom 10. 10. 1991 (Bedienungsanweisung), GRUR 1993, 34, 35 mwN.
226 BGH vom 7. 12. 2002 (Telefonkarte), GRUR 2001, 755, 757f.
227 Schricker/*Vogel*, § 72 UrhG Rdnr. 23.
228 BGH vom 8. 11. 1989 (Bibelreproduktion), GRUR 1990, 669, 673.
229 Dreier/*Schulze*, § 72 UrhG Rdnr. 15.
230 Schricker/*Vogel*, § 72 UrhG Rdnr. 27 mwN.; Dreier/*Schulze*, § 72 UrhG Rdnr. 14.
231 BGH vom 4. 11. 1966 (skai-cubana), GRUR 1967, 315, 316.
232 OLG München vom 17. 1. 1991 (Hochzeits-Fotograf), ZUM 1991, 431, 432.

ausgenützt habe, obwohl er bei der Vergabe des Fotoauftrags ausgeschieden sei.[233] Eine überzeugende Begründung der Wettbewerbswidrigkeit liegt darin freilich nicht.

3. Einzelbilder aus Liveübertragungen oder Filmen

1371 Einzelbilder aus Liveübertragungen[234] oder aus Filmen sind als Lichtbildwerke oder Lichtbilder schutzfähig, ohne dass es insoweit auf die urheberrechtliche Einordnung der Übertragung oder des Films ankommt.[235] Das Recht, Einzelbilder von einer Funksendung oder einem Film herzustellen, steht aber allein dem Sendeunternehmen bzw. dem Filmhersteller zu (§§87 Abs.1 Nr.2, 94 UrhG).

4. Bildliche Kunstwerke

1372 Bilder, die nicht wie Lichtbildwerke, sondern in anderer Weise geschaffen werden, können als Kunstwerk urheberrechtlichen Schutz genießen (§2 Abs.1 Nr.4 UrhG). In Betracht kommen neben den bereits genannten Collagen und Fotomontagen beispielsweise auch Zeichnungen, die ein Prozessbeobachter während des Gerichtsverfahrens anfertigt. Solche Bilder werden im Schrifttum der Kategorie der bildenden Kunst und nicht der angewandten Kunst zugeordnet[236] mit der Folge, dass an ihren urheberrechtlichen Werkcharakter nur geringe Anforderungen gestellt werden.[237] Bilder, deren Gestaltungsgrad unterhalb dieser Schwelle liegt, genießen keinen Schutz. Ein Gegenstück zur Kategorie des Lichtbilds gibt es für Zeichnungen bzw. Bilder anderer Art nicht.

5. Darstellungen wissenschaftlicher oder technischer Art

1373 Bilder können urheberrechtlich schließlich auch als Darstellung wissenschaftlicher oder technischer Art einzuordnen sein (§2 Abs.1 Nr.7 UrhG). Die Werkart setzt voraus, dass das **Ausdrucksmittel eine grafische Darstellung oder eine Raumform** ist. Als Beispiele nennt das Gesetz Zeichnungen, Pläne, Skizzen, Tabellen oder plastische Darstellungen. Wird dagegen ein wissenschaftlicher oder technischer Inhalt im Ausdrucksmittel der Sprache transportiert, so kommt allein die Kategorie des Sprachwerks (§2 Abs.1 Nr.1 UrhG) in Betracht.

---

233 OLG München vom 17.1. 1991 (Hochzeits-Fotograf), ZUM 1991, 431, 432.
234 BGH vom 27.2. 1962 (Aki), BGHZ 37, 1, 6.
235 Dreier/*Schulze*, §72 UrhG Rdnr.5.
236 Schricker/*Loewenheim*, §2 UrhG Rdnr.144 mwN.; Dreier/*Schulze*, §2 UrhG Rdnr.151.
237 Dreier/*Schulze*, §2 UrhG Rdnr.152f. mwN.; siehe auch BGH vom 22.6. 1995 (Silberdistel), GRUR 1995, 581, 582 mwN.

Die Darstellung muss veranschaulichend, belehrend oder unterrichtend sein[238] und kann sowohl zwei- als auch dreidimensional sein. Die Begriffe Wissenschaft und Technik werden weit verstanden. Entscheidend ist nach allgemeiner Ansicht, dass die Darstellung der Belehrung oder Unterrichtung dient, also der Vermittlung von Informationen über den dargestellten Gegenstand. Zugleich verlangt der Werkcharakter von Darstellungen nur ein geringes Maß an eigenschöpferischer Prägung.[239] 1374

6. Schranken, Bildzitat

Lichtbildwerke und Lichtbilder sowie bildliche Kunstwerke und wissenschaftliche Darstellungen unterliegen denselben Schranken. Ihre Vervielfältigung, Verbreitung und öffentliche Wiedergabe durch die Medien kann im Sonderfall als freie Benutzung nach § 24 UrhG und im Rahmen von § 50 UrhG zulässig sein. Eine Nutzung kann weiterhin als Zitat erlaubt sein, doch setzt § 51 UrhG dazu insbesondere ein entsprechendes **Auseinandersetzungsinteresse** voraus. Außerdem greift die Vorschrift nach ihrer ursprünglichen Konzeption in Bezug auf Bildzitate nur in wenigen Fällen ein. Wird ein Bildwerk bzw. ein Lichtbild komplett wiedergegeben (Großzitat), so ist dies nur in selbstständigen wissenschaftlichen Werken zulässig (Nr. 1),[240] nicht aber in den klassischen Medien. Die Wiedergabe von „Stellen" eines Werks bzw. Lichtbilds, das sogenannte Kleinzitat, erlaubt § 51 Nr. 2 UrhG wiederum nur in selbstständigen Sprachwerken. Die Norm wird aber analog angewandt, wenn das Zitat in einem Werk anderer Kategorie gemacht wird. Soweit das Zitat eines Lichtbildwerks oder Lichtbilds als Teilzitat möglich ist, fällt es unter § 51 Nr. 2 UrhG analog. 1375

Es besteht im Grundsatz darüber Einigkeit, dass ein **Zitat von kompletten Bildern auch außerhalb dieser Grenzen zulässig** sein kann. Die h.M. wendet § 51 Nr. 2 UrhG in einem weiteren Analogieschluss auf solche Konstellationen an.[241] Über die genauen Anforderungen besteht freilich keine endgültige Klarheit. Insbesondere steht eine Beurteilung durch die höchstrichterliche Rechtsprechung noch aus. Klar ist zunächst, dass ein Zitat umso eher zulässig sein muss, je dringendere Informationsinteressen es bedient. Umgekehrt wird ein bloßes Illustrationsinteresse des zitierenden Medienunternehmens eine Verwendung des Bildes schwerlich legitimieren können. Dabei ist auch zu bedenken, dass § 50 UrhG die Rechte des Urhebers gegenüber Illustrationsinteressen der 1376

---

238 Dreier/*Schulze*, § 2 UrhG Rdnr. 222 mwN.

239 BGH vom 10. 10. 1991 (Bedienungsanweisung), GRUR 1993, 34, 36; BGH vom 28. 5. 1998 (Stadtplanwerk), BGHZ 139, 68, 73.

240 Dazu BGH vom 30. 6. 1994 (Museums-Katalog), BGHZ 126, 313, 320f.

241 OLG Hamburg vom 27. 7. 1989 (Foto-Entnahme), GRUR 1990, 36, 37 mwN.; OLG Hamburg vom 25. 2. 1993 (Altersfoto), GRUR 1993, 666; Schricker/*Schricker*, § 51 UrhG Rdnr. 45 mwN.; BGH vom 1. 7. 1982 (Presseberichterstattung und Kunstwerkwiedergabe I), BGHZ 85, 1, 10f. hat die Frage offengelassen.

Medien nur zurücktreten lässt, wenn das Werk im Zusammenhang mit einem Tagesereignis wahrnehmbar und in diesem Kontext abgebildet wird. Diese Anforderungen dürfen nicht durch eine ausweitende Anwendung von § 51 UrhG unterlaufen werden. Für das Nutzen von Zeichnungen und Bildern, die anders als Fotografien keine Authentizität vermitteln können, werden sich Medien seltener auf das Zitatrecht berufen können.

1377 Es besteht Einigkeit, dass ein Bildzitat jedenfalls dann zulässig sein kann, wenn das **zitierte Bild in der geistigen, vor allem politischen Auseinandersetzung verwendet wird und an ihm ein Informationsbedürfnis der Allgemeinheit** besteht.[242] Manche wollen die Zulässigkeit auf solche Fälle beschränken.[243] Andere lassen Bildzitate auch in weiterem Maße zu,[244] verlangen zum Teil aber eine besonders genaue Prüfung, ob das betreffende Bild für die Ausführungen tatsächlich erforderlich ist oder ob nicht doch der Illustrationszweck im Vordergrund steht.[245]

1378 Im Streitfall der **Baader-Meinhof-Bande-Entscheidung** hatte der Kläger dem Nachrichtenmagazin DER SPIEGEL erlaubt, vier Lichtbildaufnahmen abzudrucken, die er von *Ulrike Meinhof* und *Ingrid Schubert* gemacht hatte. Die Sendung ZDF-Magazin berichtete darüber unter dem Titel „DER SPIEGEL als Forum der Baader-Meinhof-Bande" und vertrat die These, das Nachrichtenmagazin habe den Terroristen in verschiedenen Artikeln Gelegenheit geboten, sich in Wort und Bild der Öffentlichkeit zu präsentieren. Dabei zeigte sie auf dem Bildschirm sowohl ganze Seiten als auch Ausschnitte aus den betreffenden Zeitschriftenausgaben. Damit wurden zugleich auch die in der Zeitschrift abgedruckten Bilder gezeigt und zwar manche in Ausschnitten und andere vollständig. Eine Zustimmung des Klägers zu der Ausstrahlung seiner Fotografien war nicht eingeholt worden. Das LG Berlin sah in der Ausstrahlung ein nach § 51 Nr. 2 UrhG analog zulässiges Bildzitat. Die Vorschrift erfasse auch das Zitat in einer politischen Magazinsendung des Fernsehens, die zwar kein Sprachwerk sei, in ihrer Wirkung aber doch hauptsächlich auf kritischen Texten beruhe. Zugleich hatte die Wiedergabe der Bilder nicht einem bloßen Illustrationsanliegen gedient. Sie war sowohl im Grundsatz als auch in der konkreten Art und Weise in den Augen des Gerichts vielmehr notwendig, um die in der Sendung vertretene These über den SPIEGEL als Präsentationsplattform der Terroristen zu belegen.[246] Es ging der Sendung um eine Auseinandersetzung mit der Berichterstattung des Nachrichtenmagazins, nicht dagegen um das Nutzen von Bildern. Der Sendung wäre ein vergleichbarer Beitrag zur politischen Meinungsbildung nicht möglich gewesen, wenn man es ihr verwehrt hätte, die Artikel und die darin enthaltenen Aufnahmen öffentlich wiederzugeben.

---

242 LG Berlin vom 27.5. 1977 (Baader-Meinhof-Bande), GRUR 1978, 108, 110; OLG Hamburg vom 27.7. 1989 (Foto-Entnahme), GRUR 1990, 36, 37; *Schack*, Urheber- und Urhebervertragsrecht, Rn. 491.

243 So wohl Fromm/Nordemann/*Vinck*, § 51 UrhG Bem. 9.

244 OLG Hamburg vom 25.2. 1993 (Altersfoto), GRUR 1993, 666; Schricker/*Schricker*, § 51 UrhG Rdnr. 45.

245 *Dreier*/Schulze, § 51 UrhG Rdnr. 24 mwN.

246 LG Berlin vom 27.5. 1977 (Baader-Meinhof-Bande), GRUR 1978, 108, 110; siehe auch KG vom 26.11. 1968 (Extradienst), UFITA 54 (1969), 296, 299f.; LG Frankfurt a.M. vom 11.8. 1981 (Lachende Sonne), UFITA 94 (1982), 338, 340ff.

Die **Altersfoto-Entscheidung** lehnte ein zulässiges Bildzitat ab. Der Kläger war der alleinige Nutzungsberechtigte an Fotoaufnahmen von einer alten Frau im Rollstuhl, die nach seinen Angaben die später verstorbene Schauspielerin *Marlene Dietrich* sein sollte. Nachdem er bestimmten Magazinen die Erstveröffentlichungsrechte eingeräumt hatte und diese die Fotografien verwendet hatten, druckte die Beklagte die Fotografien u.a. in einem Artikel mit der Überschrift „Weltsensation oder Schwindel? Das Rätselraten um Marlene Dietrich im Rollstuhl" ohne Zustimmung des Klägers ebenfalls ab. Zugleich berichtete sie, die Schauspielerin sei aus Aufregung über die falschen Fotos so schwer gestürzt, dass sie ärztlicher Hilfe bedurft hätte. Das OLG Hamburg sah darin eine Verletzung der Rechte an den Lichtbildern. Eine Zulässigkeit als Zitat setze voraus, dass die Wiedergabe des fremden Bildes zu Zitatzwecken erfolge und dies müsse sich auch in der objektiven Gestaltung niederschlagen.[247] Ein solcher Zitatzweck wäre in den Augen des Gerichts beispielsweise denkbar gewesen, wenn die Beklagte die Bilder abgedruckt hätte, um dadurch deren Falschheit zu belegen oder aber um nachzuweisen, dass die Aufnahmen die Schauspielerin aufgeregt und so indirekt zu ihrer Verletzung geführt hätten. Die fraglichen Reportagen verfolgten aber keinen derartigen Zitatzweck. Die umstrittenen Aufnahmen dienten allein zur Ersparnis eigener Aufwendungen bzw. lediglich dazu, die Artikel in vorteilhafter Weise abzurunden und zu vervollständigen. Solche Illustrations- und Kosteninteressen rechtfertigen den Eingriff in fremde Urheber- bzw. Bildrechte gerade nicht. Im Streitfall ist außerdem zu bedenken, dass die fraglichen Artikel lediglich die Integrationsfunktion der Medien berührten und damit nur ein geringes öffentliches Informationsinteresse bedienten. 1379

III. Filmaufnahmen

Filmaufnahmen können ebenfalls Gegenstand von Urheber- oder Leistungsschutzrechten sein, nämlich entweder als Filmwerk oder als Laufbilder. Zugleich ist zwischen den Urhebern und dem Hersteller von Filmen zu trennen, für den das UrhG besondere Rechte statuiert. 1380

1. Filmwerk

Ein Filmwerk (§ 2 Abs. 1 Nr. 6 UrhG) setzt eine Bild- oder Bild-Tonfolge voraus, die durch Aneinanderreihung fotografischer oder fotografieähnlicher Einzelbilder entsteht und den Eindruck des bewegten Bildes hervorruft.[248] Fernsehfilme fallen auch dann unter die Vorschrift, wenn die körperliche Festlegung ganz entfällt, es sich also um Livesendungen handelt. Als Werk im Sinne von § 2 Abs. 2 UrhG werden Filme erfasst, die sich unter Ausnutzung der filmischen Gestaltungsmöglichkeiten (Handlungsablauf, Regie, Kameraführung, Tongestaltung, Schnitt, Filmmusik, Szenenbild, Kostümgestaltung etc.) durch Auswahl, Anordnung und Sammlung des Stoffs sowie durch die Art der Zusammenstellung der einzelnen Bildfolgen als das Ergebnis eines individuellen geisti- 1381

247 OLG Hamburg vom 25. 2. 1993 (Altersfoto), GRUR 1993, 666.
248 Eingehend Schricker/*Katzenberger*, Vor §§ 88 ff. UrhG Rdnr. 20 ff. mwN.

gen Schaffens darstellen.[249] Die Einzelbilder eines Filmwerks können als Lichtbildwerk oder Lichtbild geschützt sein.[250]

1382 **Spielfilme** sind in aller Regel ein Filmwerk.[251] Die Werkvoraussetzungen können aber auch bei Filmen anderer Art erfüllt sein, z.B. bei Kultur- und Dokumentarfilmen, die darauf abzielen, ein wirkliches Geschehen im Bild festzuhalten.[252] Ein **Naturfilm**, der die Lebensweise von Tieren in freier Wildbahn nach einer bestimmten Gestaltungsidee wiedergibt, kann durch die Auswahl der besonders charakteristischen Lebensformen des Wildes aus der Fülle der sich bietenden Beobachtungen, durch die Wahl des Hintergrundes und die zeitliche Folge der einzelnen Bildmotive Schöpfungsgrad erlangen, darf sich dabei aber nicht in einer bloß schematischen Aneinanderreihung von Lichtbildern erschöpfen.[253] Bei einer **Dokumentation**, die politische, soziale, wirtschaftliche und kulturelle Aspekte Griechenlands anhand von Szenen aus dem Leben eines einfachen Mädchens darstellt, kann die schöpferische Leistung darin liegen, dass die dokumentarischen und informativen Teile in eine dramaturgisch durchgearbeitete Konzeption eingebaut sind, die das beherrschende Element des Films ist.[254] **Tages- oder Wochenschauen**, die lediglich über politische, wirtschaftliche oder kulturelle Ereignisse berichten, sind in der Regel keine Filmwerke.[255]

1383 Die **Verwertung eines Filmausschnitts** verletzt das Recht am Filmwerk nur, wenn der genutzte Filmausschnitt seinerseits den urheberrechtlichen Werkanforderungen genügt bzw. durch entsprechende individuelle Gestaltungselemente geprägt ist.[256] Ist der Filmteil als solcher kein urheberrechtliches Werk, so greift aber der Laufbilderschutz ein.[257] Besteht der Ausschnitt in einem Filmeinzelbild, so kann das benutzte Bild als Lichtbildwerk oder Lichtbild Schutz genießen.

2. Laufbilder

1384 Erfüllt ein Film die Werkanforderungen nicht, so fällt er unter den Laufbilderschutz (§ 95 UrhG), der keine schöpferische Gestaltung im Sinne von § 2 Abs. 2 UrhG verlangt.[258] In Betracht kommen zum Beispiel einfache Aufzeichnungen, Fernseh-Liveübertragungen, filmische Darstellungen von Naturereignissen, Wochen- und Tagesschauen sowie Filmberichte und Reportagen über aktuelle

---

249 BGH vom 21.4. 1953 (Lied der Wildbahn I), BGHZ 9, 262, 268; BGH vom 24.11. 1983 (Filmregisseur), BGHZ 90, 219, 222; Schricker/*Loewenheim*, § 2 UrhG Rdnr. 186.
250 BGH vom 27.2. 1962 (Aki), BGHZ 37, 1, 9.
251 LG Berlin vom 12.12. 1960 (Maifeiern), GRUR 1962, 207, 208; Schricker/*Loewenheim*, § 2 UrhG Rdnr. 186.
252 BGH vom 24.11. 1983 (Filmregisseur), BGHZ 90, 219, 222.
253 BGH vom 21.4. 1953 (Lied der Wildbahn I), BGHZ 9, 262, 268.
254 BGH vom 24.11. 1983 (Filmregisseur), BGHZ 90, 219, 226f.
255 LG Berlin vom 12.12. 1960 (Maifeiern), GRUR 1962, 207, 208.
256 BGH vom 21.4. 1953 (Lied der Wildbahn I), BGHZ 9, 262, 268.
257 Schricker/*Katzenberger*, § 95 UrhG Rdnr. 8.
258 Schricker/*Katzenberger*, § 95 UrhG Rdnr. 8.

Ereignisse, wie Sportveranstaltungen, politische Veranstaltungen, Demonstrationen usw.[259]

3. Filmhersteller

Aufgrund des urheberrechtlichen Schöpferprinzips sind Urheber bzw. Miturheber eines Filmwerks alle Personen, die einen schöpferischen Beitrag zum Gesamtwerk geleistet haben. In Betracht kommen je nach Zuschnitt des Films namentlich der Regisseur,[260] Kameraleute, Schauspieler, Filmarchitekten, Filmmaler, Maskenbildner etc. Sie erlangen ein Miturheberrecht am Filmwerk, für das bestimmte Besonderheiten bestehen (§ 93 UrhG). Dagegen ist der Filmhersteller in aller Regel **mangels eines schöpferischen Beitrags kein Urheber oder Miturheber** des Filmwerks. Da er jedoch typischerweise erhebliche organisatorische und technische Leistungen erbringt und wirtschaftliche Risiken übernimmt, sieht das UrhG zu seinem Schutz spezielle Regeln vor. 1385

Der **Begriff des Filmherstellers** ist weder im Gesetzestext noch in den Materialien näher bestimmt. Filmhersteller im Sinne der §§ 89, 92, 94 UrhG ist, wer die organisatorischen und wirtschaftlichen Leistungen zur Herstellung des Films erbringt, zum Beispiel die Beschaffung des erforderlichen Kapitals, die Auswahl des zu verfilmenden Stoffes, des Drehbuchverfassers und der Hauptdarsteller, den Erwerb der zur Verfilmung des Stoffes erforderlichen Rechte, die Organisation der persönlichen und sachlichen Voraussetzungen der Filmproduktion usw.[261] Maßgeblich ist dabei nicht, wer im Einzelfall Hand angelegt hat, sondern wem die Tätigkeit zuzurechnen ist, die das Schutzrecht belohnen soll.[262] Dies ist, wenn der Film in einem Unternehmen hergestellt wird, der Inhaber des Unternehmens. 1386

Im Streitfall der **Filmhersteller-Entscheidung** hatte der Künstler und Regisseur *Rainer Werner Fassbinder* mit der Bearbeitung des Filmstoffs „Die Ehe der Maria Braun" begonnen und wollte gemeinsam mit dem Filmkaufmann F an dem Film arbeiten. Nach der Erstellung eines Exposés schloss F einen Drehbuchvertrag mit zwei Drehbuchautoren ab, gründete mit der späteren Beklagten eine Gesellschaft zur Produktion des Films und schloss mit dem WDR, der von Fassbinder dafür ausgewählt worden war, einen so genannten Produktionsvertrag. Der BGH entschied, dass allein F der Hersteller des Films war und dass dem verstorbenen Fassbinder keine Herstellerrechte zustanden. Zur Begründung der Herstellereigenschaft genügt die Einflussnahme auf die zum Zweck der Filmherstellung zu treffenden Entscheidungen nicht. Vielmehr ist maßgeblich, wer letztlich die notwendigen Entscheidungen als Unternehmer – insbesondere durch den Abschluss der entsprechenden Verträge als Vertragspartner – in die Tat umsetzt und in ihren wirtschaftlichen Folgen verantwortet.[263] Darauf, ob und welchen künstlerischen Ein- 1387

259 Schricker/*Katzenberger*, § 95 UrhG Rdnr. 9f. mwN.
260 BGH vom 24. 11. 1983 (Filmregisseur), BGHZ 90, 219, 225.
261 Dreier/*Schulze*, § 94 UrhG Rdnr. 4.
262 BGH vom 22. 10. 1992 (Filmhersteller), BGHZ 120, 67, 71.
263 BGH vom 22. 10. 1992 (Filmhersteller), BGHZ 120, 67, 71; dazu *Schricker* EWiR 1993, 399f.; *Vinck* LM UrhG § 94 Nr. 2.

fluss jemand auf die Auswahl des Filmstoffs sowie die Ausarbeitung des Exposés und des Drehbuchs genommen hat, kommt es nicht an.

1388 Dem Filmhersteller steht ein **vom Urheberrecht unabhängiger Leistungsschutz** zu, der für Filmwerke und Laufbilder gleichermaßen gilt (§§94, 95 UrhG). Der Tatbestand schützt eine unternehmerische Leistung, nämlich die Übernahme der wirtschaftlichen Verantwortung und der organisatorischen Tätigkeit, die zur Herstellung des Films erforderlich sind.[264] Gegenstand des Leistungsschutzrechts ist nicht das Filmwerk, sondern die unternehmerische Leistung, die sich im Filmträger verkörpert hat. Wird bei einer Liveausstrahlung kein Filmträger hergestellt, dann entsteht das Leistungsschutzrecht nicht. Das Leistungsschutzrecht begründet die ausschließliche Befugnis, den Bildträger oder Bild- und Tonträger, auf dem das Filmwerk bzw. die Laufbilder aufgenommen sind, zu vervielfältigen, zu verbreiten und zur öffentlichen Vorführung, Funksendung oder öffentlichen Zugänglichmachung zu benutzen. Die einzelnen Rechte stehen dem Filmhersteller nicht nur am Film als Ganzem, sondern auch an Filmausschnitten zu.[265] Einen Schutz gegen Nachschaffung bzw. dagegen, dass jemand die gleiche Aufnahme mit entsprechendem Aufwand ebenfalls herstellt, gewährt das Leistungsrecht nicht.[266]

1389 Die **für eine Vermarktung des Films erforderlichen urheberrechtlichen Verwertungsmöglichkeiten** erlangt der Filmhersteller als abgeleitete Rechte dadurch, dass ihm die Urheber entsprechende Nutzungsbefugnisse übertragen. §89 UrhG stellt dazu gesetzliche Auslegungsregeln auf, um dem Filmhersteller den lückenlosen Erwerb der erforderlichen Nutzungsrechte und die ungestörte Auswertung des Films zu ermöglichen.[267] Der Filmhersteller kann auf diese Weise auch die Rechte zur filmischen Vewertung der bei der Herstellung des Filmes entstehenden Lichtbilder und Lichtbildwerke erlangen (§§89 Abs.4, 95 UrhG).

4. Schranken

1390 Die Rechte des Filmherstellers unterliegen den allgemeinen urheberrechtlichen Schranken (§§94 Abs.4, 95 UrhG). Insbesondere kann die öffentliche Wiedergabe von Teilen eines Filmes nach §51 Nr.2 UrhG analog als urheberrechtliches Zitat erlaubt sein.[268]

1391 Gegenstand der **Filmausschnitt-Entscheidung** war ein privater TV-Sender, der in einer Folge seiner Sendereihe „Der flotte Dreier" das Thema Callboys behandelte. Zu Beginn

264 BGH vom 22.10. 1992 (Filmhersteller), BGHZ 120, 67, 70.
265 Dreier/*Schulze*, §94 UrhG Rdnr.42.
266 Dreier/*Schulze*, §94 UrhG Rdnr.34.
267 Amtliche Begründung zu §89 UrhG, BT-Drucks. IV/270 S.100.
268 BGH vom 4.12. 1986 (Filmzitat), BGHZ 99, 162, 165. Zu den Zitatvoraussetzungen siehe Rdnr.454f., 1375ff.

wurde ein etwa 2,5 Minuten langer Ausschnitt des Filmwerks „... aber Jonny" gezeigt, der als Aufmacher diente und nicht weiter thematisiert wurde. Ein nach § 51 Nr. 2 UrhG analog zulässiges Filmzitat lag darin nicht, da sich die Sendung als das zitierende Medium nicht mit dem zitierten Film auseinandersetzte. Das Zeigen des Ausschnitts diente letztlich nur dazu, dem Sender die Kosten und Mühen zu sparen, die das Drehen eines eigenen Vorspanns mit sich gebracht hätte.[269]

IV. Bilder in Funksendungen

§ 87 UrhG normiert schließlich einen Schutz des Sendeunternehmens in Bezug auf Bilder, die in Funksendungen gezeigt werden. Es handelt sich um ein Leistungsschutzrecht, dessen Wurzeln auf eine wettbewerbsrechtliche Entscheidung zurückgehen[270] und das ähnlich wie das Filmherstellerrecht eine unternehmerische Leistung erfasst. Es soll Sendeunternehmen davor sichern, dass ihre typischerweise investitionsintensive technische und wirtschaftliche Leistung von Dritten ohne Erlaubnis und ohne Vergütung übernommen wird. 1392

Sendeunternehmen und damit Inhaber des Schutzrechts ist, wer eine Funksendung im Sinne von § 20 UrhG durchführt, d.h. derjenige, der für die Ausstrahlung eines eigenen Programms organisatorisch und wirtschaftlich verantwortlich ist.[271] Das betreffende Unternehmen muss weder die gesendeten Inhalte selbst produzieren noch eigene Sendeanlagen unterhalten. Kein Sendeunternehmen ist, wer eine fremde Sendung zeitgleich und unverändert weitersendet.[272] Unter **Funksendung** ist die Ausstrahlung von Tönen oder von Bildern und Tönen mittels radioelektrischer Wellen zum Zwecke des Empfangs durch die Öffentlichkeit zu verstehen.[273] Die Sendetechnik (drahtlos, Kabel, terrestrisch, Satellit) spielt keine Rolle. Das Schutzrecht gewährt die ausschließliche Befugnis, die Funksendung weiterzusenden und öffentlich zugänglich zu machen (§ 87 Abs. 1 Nr. 1 UrhG), auf Bild- oder Tonträger aufzunehmen und Lichtbilder herzustellen sowie diese zu vervielfältigen und zu verbreiten (Nr. 2) und sie in entgeltlichem Rahmen öffentlich wahrnehmbar zu machen (Nr. 3). 1393

F. Schutzinteressen von Veranstaltern

I. Allgemeines

Die Bildberichterstattung über kommerzielle Veranstaltungen, die ein Unternehmen zu geschäftlichen Zwecken organisiert und durchführt, kann durch 1394

269 OLG Köln vom 13. 8. 1993 (Filmausschnitt), GRUR 1994, 47, 48f.
270 BGH vom 27. 2. 1962 (Aki), BGHZ 37, 1, 18ff.
271 *Dreier*/Schulze, § 87 UrhG Rdnr. 5 mwN.
272 Schluss aus § 87 Abs. 1 Nr. 1 UrhG.
273 *Schack*, Urheber- und Urhebervertragsrecht, Rn. 629 mwN.

Schutzrechte des Veranstalters beschränkt oder sogar ausgeschlossen sein. Entsprechende Schutzrechte sollen den Unternehmer davor schützen, dass die von ihm mit Mühe und Kosten durchgeführte Veranstaltung von anderen ohne seine Erlaubnis durch Übertragung oder Aufnahme auf Bild- und Tonträger ausgenutzt wird.[274] Sie stehen insoweit den bereits vorgestellten Leistungsschutzrechten nach UrhG nahe. Bildaufnahmen, die ohne Einverständnis des Veranstalters erfolgen, sind also nicht deshalb unzulässig, weil sie einen bestimmten Abbildungsgegenstand zeigen oder geistiges Eigentum des Abbildenden berühren. Dem Veranstalter sollen vielmehr **Möglichkeiten zur optimalen Vermarktung gesichert werden**, indem ihm die Befugnis zur Vergabe von ausschließlichen Übertragungsrechten zuerkannt wird. Eine einheitliche gesetzliche Grundlage für ein solches Ausschließlichkeitsrecht des Veranstalters gibt es allerdings nicht. Vielmehr können sich derartige Veranstalter- oder Übertragungsrechte aus mehreren Quellen ergeben, die zum Teil an unterschiedliche Anforderungen gebunden sind. Auch wenn sich die Rechtsprechung inzwischen tendenziell festgelegt zu haben scheint, dürfte die Rechtsentwicklung noch nicht grundsätzlich abgeschlossen sein.

1395 Aus Sicht des Medienrechts geht es in solchen Fällen fast ausschließlich um Informationen, die Unterhaltungsinteressen bedienen und **die Integrations-, nicht aber die Demokratie- und Wirtschaftsfunktion der Medien betreffen**. Der typische und praktisch wichtigste Anwendungsfall sind Sportveranstaltungen. Zugleich geht es hauptsächlich um Bilder bzw. Bildübertragungen im Fernsehen. Bild- und Wortberichterstattung haben insoweit völlig verschiedene Wirkungen (siehe Rdnr. 1259) und müssen daher an jeweils eigenen Maßstäben gemessen werden. Dementsprechend sind für Bildübertragungen spezielle rundfunkrechtliche Befugnisse zu beachten,[275] die aber strikt auf das Fernsehen beschränkt sind und beispielsweise nicht die Möglichkeit erfassen, in Form einer Hörfunkreportage live von einem Fußballspiel berichten zu können. Die Zulässigkeit einer Tonübertragung von Konzerten, Dichterlesungen oder ähnlichen „Veranstaltungen" beurteilt sich abermals nach eigenen, nämlich vornehmlich nach urheberrechtlichen Regeln, soweit dadurch ein urheberrechtliches Werk vervielfältigt oder öffentlich wiedergegeben wird.

II. Schutz von ausübenden Künstlern und Veranstaltern nach UrhG

1396 Der urheberrechtliche Veranstalterschutz gewährt ein unternehmerisches Ausschließlichkeitsrecht für bestimmte, nämlich sozusagen „urheberrechtsbezogene" Veranstaltungen (§ 81 UrhG). In solchen Fällen ist zwischen unterschiedlichen Schutzrechten zu trennen. Wird beispielsweise ein Konzert aufgeführt, so können Urheberrechte des Komponisten (§ 2 Abs. 1 Nr. 2 UrhG), Rechte der

274 Vgl. Amtliche Begründung zu § 81 UrhG, BT-Drucks. IV/270, S. 94.
275 §§ 5, 5a RStV, 4 RStV-E.

aufführenden Musiker als ausübende Künstler (§§ 73ff. UrhG) und schließlich das Leistungsschutzrecht des veranstaltenden Unternehmens zu beachten sein.

Ausübender Künstler ist, wer ein Werk oder eine Ausdrucksform der Volks- 1397
kunst aufführt, singt, spielt oder auf eine andere Weise darbietet oder an einer solchen Darbietung künstlerisch mitwirkt (§ 73 UrhG). Typische Anwendungsfälle sind Konzerte aller Art, Schauspiel- und Tanzvorführungen. Eine „Darbietung" im Sinne der §§ 73, 81 UrhG setzt aber ein gewisses künstlerisches Element voraus.[276] Kein ausübender Künstler ist daher, wer ein Werk oder eine Ausdrucksform der Volkskunst ohne jede künstlerische Interpretation mitteilt,[277] zum Beispiel ein Nachrichtensprecher, der ein fremdes Sprachwerk lediglich vorliest.[278]

Im Zusammenhang mit artistischen Leistungen, Varieté- und Zirkusvorführungen[279] 1398
(Tierdressuren, Zauberkunst, Clownerie etc.), Sportwettkämpfen oder vergleichbaren Wettkampfveranstaltungen greift die Vorschrift nicht ein. Insbesondere sind sportliche Leistungen grundsätzlich keine persönliche geistige Schöpfung.[280] Im Einzel- und Ausnahmefall können Tanzaufführungen, Eiskunstlauf oder Eistanz allerdings als Werk der Tanzkunst (§ 2 Abs. 1 Nr. 3 UrhG) anzusehen sein, sofern sie maßgeblich durch künstlerisch-individuelle und nicht durch sportliche Elemente geprägt sind.

Das Leistungsschutzrecht aus § 81 UrhG kann allein einem **Unternehmen** bzw. 1399
dessen Inhaber zustehen. Die Unternehmenseigenschaft setzt eigene wirtschaftliche Interessen des Inhabers bzw. eine wirtschaftliche Tätigkeit voraus, die auf die Erzielung von Einnahmen ausgerichtet ist.[281] „Veranstalter" ist, wer die typischen organisatorischen Veranstalterleistungen (vertragliche Verpflichtung der Interpreten, Gestaltung des Programms, Mieten des Saales, Übernahme der Nebenkosten etc.) und das wesentliche finanzielle Risiko übernimmt.[282]

§ 81 UrhG geht zurück auf die **Vortragsabend-Entscheidung** des BGH zu § 1 UWG a.F. 1400
Der Kläger hatte einen Künstler für eine Aufführung engagiert, die durch die beklagte Rundfunkanstalt mit Einverständnis des Künstlers, aber ohne Wissen des Klägers aufgezeichnet wurde. Die Beklagte hatte damit nicht nur die Aufwendungen für eine Wiederholung und Tonträgeraufnahme der Darbietung in ihrem eigenen Aufnahmestudio erspart, sondern sich auch die Konzertatmosphäre nutzbar gemacht, die zumindest auch auf die Veranstalterleistung des Klägers zurückging. In den Augen des BGH lag deshalb

276 BGH vom 14. 11. 1980 (Quizmaster), BGHZ 79, 362, 368f.; Schricker/*Krüger*, § 73 UrhG Rdnr. 21f.; *Dreier*/Schulze, § 73 UrhG Rdnr. 10.
277 *Dreier*/Schulze, § 73 UrhG Rdnr. 12.
278 BGH vom 14. 11. 1980 (Quizmaster), BGHZ 79, 362, 369.
279 Amtliche Begründung zu § 73 UrhG, BT-Drucks. IV/270, S. 90.
280 *Schack*, Urheber- und Urhebervertragsrecht, Rn. 666ff. mwN.; *Dreier*/Schulze, § 73 UrhG Rdnr. 12 mwN.; eingehend *Waldhauser*, Die Fernsehrechte des Sportveranstalters, 1999, S. 89ff. mwN.
281 Eingehend Schricker/*Vogel*, § 81 Rdnr. 20ff. mwN.
282 Schricker/*Vogel*, § 81 Rdnr. 26ff. mwN.

bereits in der Herstellung der Aufnahme eine unzulässige unmittelbare Übernahme der Veranstalterleistung des Klägers.[283]

III. Unternehmerische Schutzrechte

1401 Unternehmen können auch außerhalb des vom UrhG erfassten Bereichs Veranstalterschutz genießen. Bedeutung hat dies insbesondere für die **Sportberichterstattung** bzw. die juristische Beurteilung von „Fernsehrechten" an Sportveranstaltungen. Die Rechtsprechung hat entsprechende unternehmerische Schutzrechte mehrfach bejaht. Das verdient Zustimmung. „Fernsehrechte" sind im Grundsatz positiv, da sie eine Vermarktung von Veranstaltungen und auf diese Weise auch eine „bessere" informationelle Versorgung ermöglichen (siehe Rdnr. 1223ff.).

1. Rechtsgrundlage

1402 Die Rechtsgrundlage und damit auch die einzelnen Voraussetzungen eines solchen Schutzrechts sind nicht ganz sicher umrissen und können von den Besonderheiten des Einzelfalls abhängen. Die frühere Rechtsprechung maß entsprechende Praktiken vor allem am Wettbewerbsrecht und am deliktischen Recht am Unternehmen.[284] Beide Gebiete kommen nach wie vor als Rechtsgrundlage in Betracht.[285] Der Kartellsenat des BGH hat das Veranstalterrecht in einzelnen Entscheidungen zum Teil auch mit Hilfe des Hausrechts begründet.[286] Die Erlaubnis des Veranstalters zur Fernsehübertragung einer Sportveranstaltung sei im Rechtssinne kein Übertragen von Rechten, sondern eine Einwilligung in Eingriffe, die der Veranstalter aufgrund des Hausrechts, des Wettbewerbsrechts und der §§ 823 Abs. 1, 826 BGB verbieten könne.

1403 Es ist vorzugswürdig, „Fernsehrechte" generell **im Deliktsrecht zu verankern**. Das Recht am Unternehmen ist gegenüber dem Wettbewerbsrecht zwar subsidiär, es findet aber Anwendung, wenn es an einer Wettbewerbshandlung fehlt.[287] Das ist im Zusammenhang mit der öffentlichen Information über attraktive Sportveranstaltungen durchweg der Fall. Die mediale Berichterstattung betrifft öffentliche Informationsinteressen und wird daher grundsätzlich nicht vom Wettbewerbsrecht erfasst (siehe Rdnr. 741ff., 754). Das Deliktsrecht ermöglicht darüber hinaus Beurteilungsmaßstäbe, die von den wettbewerbsrecht-

283 BGH vom 24.5. 1963 (Vortragsabend), BGHZ 39, 352, 356ff.; dazu kritisch *Beater*, Nachahmen im Wettbewerb, 1995, S. 153.
284 BGH vom 29.4. 1970 (Bubi Scholz), GRUR 1971, 46f.
285 *Waldhauser*, Die Fernsehrechte des Sportveranstalters, 1999, S. 123ff., 153ff.
286 BGH vom 14.3. 1990 (Sportübertragungen), BGHZ 110, 371, 383f. „ferner"; BGH vom 8.11. 2005 (Hörfunkrechte), BGHZ 165, 62, 69f. Dagegen hat BGH vom 11.12. 1997 (Europapokalheimspiele), BGHZ 137, 297, 307 das Hausrecht nicht ausdrücklich aufgeführt.
287 § 2 Abs. 1 Nr. 1 UWG.

lichen Anforderungen abweichen und speziell auf das besondere Informationsverhalten von Medien zugeschnitten sind.[288]

Das allgemeine Hausrecht ist als Rechtsgrundlage abzulehnen, da es auf die maßgebliche Interessenlage nicht zugeschnitten ist. Das klassische Hausrecht berechtigt den Inhaber, Außenstehenden die Überschreitung der räumlichen Grenzen eines „befriedeten" Bereichs zu verwehren.[289] Es ist auf die Herrschaft über Sachen und Sachteile bzw. auf körperliche Gegenstände bezogen[290] und schützt vor Verletzungen wie dem Eindringen oder Verweilen unbefugter Personen. Die Frage, ob der Inhaber des Hausrechts anderen auch sozusagen „den Mund verbieten" darf, betrifft dieses Recht gerade nicht. Der Rückgriff auf das Hausrecht unterstellt im Prinzip, dass die aus diesem Recht folgenden gegenständlichen Ausschlussbefugnisse sich nicht auf gegenständliche Verletzungsweisen beschränken, sondern auch die Möglichkeit der öffentlichen Berichterstattung umfassen. Gerade darin liegt aber der Kern der Problematik, der als solcher klarer offengelegt werden muss. Der abweichende Ansatz einzelner BGH-Urteile fußt im Übrigen nicht auf einer grundsätzlich anderen Rechtsauffassung, sondern dürfte durch gewisse berufstaktische Rücksichten der Richter zumindest mitbeeinflusst worden sein. Man muss beachten, dass die Entscheidungen vom Kartellsenat stammen. Der Rückgriff auf das Hausrecht eröffnet ihm eine unverfängliche Rechtsgrundlage, die scheinbar keine Kompetenzen anderer BGH-Senate berührt, die für das Wettbewerbs- und Urheberrecht, das sonstige Immaterialgüterrecht oder das Deliktsrecht zuständig sind. 1404

2. Reichweite etwaiger Schutzrechte, Abwägungsfragen

Das Fernsehrecht ist im Ergebnis bislang stets so verstanden worden, dass es jedenfalls die Befugnis zur Bildübertragung und -aufzeichnung umfasst. Seine genaue Reichweite bestimmt sich im Einzelnen nach einer Abwägung der beteiligten Interessen, für die vor allem das **Zeitmoment** wichtig ist. Dabei geht es um die Frage, ob dem Betroffenen genug Zeit und Gelegenheit zur Armortisierung seiner Veranstalteraufwendungen zur Verfügung steht (siehe Rdnr. 1224ff.). Dem Rechtsinhaber müssen insbesondere die wirtschaftlich wichtigen Erstsenderechte zustehen. Er darf andererseits kein Recht an Informationen als solchen haben. Eine nachfolgende Wortberichterstattung und die Verwendung von Fotos in Zeitungsartikeln müssen ebenso frei bleiben wie die „puren" Fakten der Veranstaltung (z.B. Mannschaftsaufstellungen, Auswechslungen, Spielverlauf und -ergebnis etc.). Darüber hinaus kann das Handeln des vermeintlichen Verletzers seinerseits auf berechtigten Interessen beruhen, die dann mit den Veran- 1405

288 Siehe Rdnr. 385f.
289 Tröndle/*Fischer*, § 123 StGB Rn. 3.
290 Zum Gegenstand der zivilrechtlichen Besitzrechte Soergel/*Stadler*, Vor § 854 BGB Rz. 7 mwN. Siehe auch § 905 BGB: „Raum über der Oberfläche und [...] Erdkörper unter der Oberfläche" des Grundstücks.

stalterinteressen abzuwägen sind. Insbesondere kann der Eingriff durch Informationsinteressen gedeckt sein. Wettbewerbs- und Deliktsrecht kennen zwar kein gesetzliches **Zitatrecht**, wie es § 51 UrhG normiert, doch sind solche Gesichtspunkte im Rahmen der Gesamtabwägung zu berücksichtigen.

1406 Die schon etwas ältere **Bubi Scholz-Entscheidung** betraf die Unterhaltungssendung „Faust aufs Auge, Hand aufs Herz – zu Gast bei *Bubi Scholz*". Sie umfasste drei Sendefolgen von insgesamt 2,5 Stunden Dauer und brachte dabei 9 Filmausschnitte (Gesamtdauer ca. 9 Minuten) von Kämpfen des Boxers. Die beklagte Rundfunkanstalt hatte vom Filmhersteller entsprechende Rechte erworben, mit dem Kläger, dem Veranstalter der Boxkämpfe, aber keinerlei Absprachen getroffen. Der BGH lehnte ein Wettbewerbsverhältnis zwischen dem Kläger und der Beklagten im Sinne von § 1 UWG a.F. ab und prüfte allein § 823 Abs. 1 BGB. Im Ergebnis verneinte das Gericht eine Verletzung des Rechts am Unternehmen. Dieses Schutzrecht erfasse sowohl das unternehmerische Veranstalten von Berufsboxkämpfen als auch die entgeltliche Einräumung des Rechts, für Zwecke der aktuellen Berichterstattung die Kämpfe zu filmen oder mit der Fernsehkamera für eine Direktsendung aufzunehmen.[291] Der Kläger habe diese Befugnisse jedoch bereits dadurch ausgenutzt, dass er verschiedenen Unternehmen gegen Entgelt gestattet habe, Filme herzustellen und diese in Lichtspieltheatern in der Wochenschau vorzuführen. Das Recht am Unternehmen umfasse dagegen nicht die Befugnis, Fernsehausstrahlungen der vorliegenden Art zu untersagen oder zu erlauben. Außerdem seien die Filmausschnitte erst zu einem Zeitpunkt gesendet worden, an dem die Boxkämpfe bereits lange zurück lagen. Die Ausstrahlung konnte also keine unmittelbaren Amortisationsinteressen des Klägers mehr gefährden.

1407 In Abweichung von der Bubi Scholz-Entscheidung steht die aktuelle Judikatur der Annahme, dass der Veranstalter auch über die spätere Verwertung von Fernsehbildern zu entscheiden hat, inzwischen etwas aufgeschlossener gegenüber.[292]

G. Spezielle Berichts- und Übertragungsbefugnisse des Fernsehens

I. Allgemeines

1408 **Unterhaltende Bildinformationen** sind zunehmend zu einer Handelsware geworden. Sie können vielfach nur von demjenigen verwendet werden, der sie gegen Entgelt „erworben" bzw. das Einverständnis der Person erlangt hat, die in Bezug auf die Bilder persönlichkeits-, urheber- oder sonstige individuelle rechtliche Befugnisse hat. Der sich daraus ergebende Wettbewerbsmechanismus schafft einen Anreiz zur Beschaffung und Schaffung von entsprechenden Unterhaltungsinformationen. Das ist positiv, da so ein „Mehr" an Informations- und Unterhaltungsangeboten geschaffen wird (siehe Rdnr. 1224). Zugleich bringt dieser Wirkungszusammenhang es mit sich, dass andere Medienunter-

---

291 BGH vom 29.4.1970 (Bubi Scholz), GRUR 1971, 46, 47; dazu kritisch *Wenzel* GRUR 1971, 47f.

292 OLG München vom 20.3.1997 (Box-Classics), NJW-RR 1997, 1405, 1406.

nehmen nicht auf Originalbilder zurückgreifen können und dass der Fernsehzuschauer u.U. auch einen entsprechenden Preis für den Konsum der Originale zahlen muss. Das Vordringen der privaten Fernsehsender hat diese Entwicklung beschleunigt[293] und ihr namentlich in Gestalt von Fußballübertragungen besondere Massenwirksamkeit verliehen. Das Rundfunkrecht hat darauf mit der Schaffung spezieller Befugnisse für Fernsehunternehmen reagiert, nämlich mit dem Recht auf Kurzberichterstattung (§ 5 RStV) und einer Regelung zur Übertragung von Großereignissen (§ 5a RStV). Die beiden Institute schaffen **spezielle rundfunkrechtliche Informations- bzw. Übertragungsbefugnisse**, die deutlich über den urheber-, delikts- und wettbewerbsrechtlichen Rahmen hinausgehen.

Um die Regelungen richtig zu verstehen und einzuordnen, muss man sich 1409
bewusst machen, dass eine ausschließliche Befugnis zum Übertragen eines bestimmten Fußballspiels keinesfalls Informationen als solche monopolisieren würde. Das Ergebnis und die sonstigen Daten des Spiels (Mannschaftsaufstellungen, Torfolge, Auswechslungen etc.) bleiben als solche ebenso frei wie beispielsweise die Möglichkeit, über das Match später in Worten zu berichten und zu seiner Qualität Stellung zu nehmen. Dass der Gesetzgeber gleichwohl die Möglichkeit einräumt, auch in Form von bewegten Bildern zu informieren, beruht auf der besonderen Wirkung von Bildern und lässt sich allein durch die **Integrationsfunktion der Medien** erklären (siehe Rdnr. 40ff.). Informationen können in besonderer Weise „sozialer Kitt" sein, der Menschen gemeinsame Themen liefert und sie zusammenführt. Sportereignisse erschöpfen sich in den Augen des BVerfG nicht in ihrem Unterhaltungswert, sondern bieten „Identifikationsmöglichkeiten im lokalen und nationalen Rahmen" und sind „Anknüpfungspunkt für eine breite Kommunikation in der Bevölkerung".[294]

Zugleich stuft das Rundfunkrecht nach der **Stärke des öffentlichen Informa-** 1410
tionsinteresses ab. Die Kurzberichterstattung greift bereits im Zusammenhang mit einem „allgemeinen Informationsinteresse" ein, zum Beispiel in Bezug auf Spiele in der Fußballbundesliga. Dagegen ist ein „Großereignis" im Sinne von § 5a RStV nur bei einer „erheblichen gesellschaftlichen Bedeutung" anzunehmen. Was damit gemeint ist, listet § 5a Abs. 2 RStV auf: Olympische Sommer- und Winterspiele sowie eine große Liste bestimmter Fußballpartien mit internationalem oder mit Endspielcharakter.

Die eminent politische Wurzel der Integrationsfunktion zeigt sich hier besonders deut- 1411
lich. Die Fußballweltmeisterschaft von 1954 beispielsweise soll auf ein derart großes Interesse gestoßen sein, dass viele Fernsehhersteller und -händler auf einen Schlag ihre gesamten Lagerbestände absetzen konnten. § 5a Abs. 2 Nr. 2 RStV hat für Ereignisse wie das „Wunder von Bern" inzwischen eine eigenständige rundfunkrechtliche Kategorie geschaffen. Manchem wird sich die Parallele zu den Lehren des Satirikers *Juvenal* aufdrän-

293 Zur Entwicklung der Sportberichterstattung in Deutschland *Diesbach*, Pay-TV oder Free-TV, 1998, S. 57ff.

294 BVerfG vom 17. 2. 1998 (Kurzberichterstattung), BVerfGE 97, 228, 257.

gen, denen zufolge ein römischer Kaiser dem Volk vor allem *panem et circenses* (lat.: Brot und Zirkusspiele) bieten musste, um es bei Laune zu halten. Für den modernen Fernsehzuschauer sind Fußball- und Sportsendungen offenbar ebenfalls existenziell. Zugleich ist er aufgrund des jahrzehntelangen Monopols der öffentlich-rechtlichen Sendeanstalten gewohnt, solche Sendungen scheinbar „kostenlos“ zu bekommen. Der Spötter wird bemerken, dass dem heutigen Recht „Spiele“ im Sinne Juvenals wichtiger sind als „Brot“. Über die Versorgung mit Brot dürfen der Mechanismus von Angebot und Nachfrage und der jeweilige Einzelne in eigener Verantwortung entscheiden, über das Angebot von Spielen dagegen wacht der Staat höchstselbst.[295]

II. Kurzberichterstattung

1412 Fernsehunternehmer haben zu eigenen Sendezwecken ein Recht auf Kurzberichterstattung über Veranstaltungen und Ereignisse, die öffentlich zugänglich und von allgemeinem Informationsinteresse sind (§5 Abs.1 Satz 1 RStV).[296] Dieses Recht schränkt den betroffenen Veranstalter in der wirtschaftlichen Verwertung seiner unternehmerischen Leistung bzw. seiner Berufsausübungsfreiheit ein, doch ist die Einschränkung grundsätzlich durch das legitime Interesse aller Fernsehveranstalter gerechtfertigt, über „Geschehnisse von hohem Informationswert für die Allgemeinheit in ihren Programmen berichten zu können“.[297] Die Kurzberichterstattung dient dazu, Informationsmonopole zu verhindern und die Pluralität von Sichtweisen und Darbietungen zu sichern. Das Fernsehen kann seinen Auftrag zur individuellen und öffentlichen Meinungsbildung nur unter den Bedingungen umfassender und wahrheitsgemäßer Information erfüllen und die Informationsfunktion des Fernsehens beschränkt sich nicht auf politische Informationen im engeren Sinn.[298] Das Recht auf Kurzberichterstattung ist dem betroffenen Veranstalter grundsätzlich auch zumutbar, da es einem wichtigen und vom Grundgesetz selbst hoch bewerteten Gemeinwohlzweck dient. Die gesetzliche Regelung muss aber auf die berechtigten wirtschaftlichen Interessen des Veranstalters und des Erwerbers entgeltlicher Verwertungsrechte Rücksicht nehmen.

1413 Nach einem im Auftrag der öffentlich-rechtlichen Fernsehsender erstatteten Gutachten sind die **wirtschaftlichen Folgen von unentgeltlichen Kurzberichterstattungen** weitgehend marginal.[299] Kurzberichterstattungen hätten im Grunde keine Auswirkungen auf die Zahl derer, die eine entsprechende Sportveranstaltung besuchen würden. Für die Auswirkung auf die Einschaltquoten der TV-Hauptrechteinhaber sei zu unterscheiden. Nennenswerte Einschaltquoten-Effekte seien dann möglich, wenn der Hauptrechteinhaber selbst deutlich zeitversetzt berichte und der Kurzbericht vorher gesendet würde und es sich zugleich um eine zusammenfassungsgeeignete Sportart handele, bei der sich

295 Ähnliche Kritik bei *Zuck* NJW 1998, 2190, 2191.
296 Inhaltsgleiche Regelung in §7 ZDF-StV.
297 BVerfG vom 17.2. 1998 (Kurzberichterstattung), BVerfGE 97, 228, 255f.
298 BVerfG vom 17.2. 1998 (Kurzberichterstattung), BVerfGE 97, 228, 257.
299 *Kruse*, Wirtschaftliche Wirkungen einer unentgeltlichen Sport-Kurzberichterstattung im Fernsehen, 1991, S.49ff., 65ff., 99ff.

das Interesse auf das Ergebnis und wenige Höhepunkte konzentriere. Ansonsten seien für die Mehrzahl der Sportereignisse keine negativen Auswirkungen auf die Einschaltquoten der Hauptsendungen zu erwarten. Außerdem würden auch die Kurzberichterstattungen die mit der Veranstaltung zusammenhängenden Werbebotschaften massenhaft transportieren und die Möglichkeiten des Veranstalters, Werbeeinnahmen zu erzielen, indirekt noch steigern können.

Die heutige Regelung geht maßgeblich auf die **Kurzberichterstattung-Entscheidung** 1414 des BVerfG zurück. Danach ist die Kurzberichterstattung dem Veranstalter u.a. deshalb zumutbar, weil sie ihn in kommerziellen Interessen nicht entscheidend störe. Sie erlaube zwar das Zeigen von Höhepunkten einer Veranstaltung, doch besitze ein isoliertes Aneinanderreihen von Höhepunkten ohne Berücksichtigung ihrer Entwicklung, der damit einhergehenden Spannung und ihrer Entladung in Enttäuschung oder Begeisterung, die insbesondere bei großen Sportereignissen zu beobachten seien, regelmäßig weniger Anziehungskraft als die Übertragung langer Sequenzen oder gar des gesamten Ereignisses. Es sei aber nicht zulässig, wenn die Kurzberichterstattungsberechtigten ihren Bericht noch zur Laufzeit oder sogleich nach Ende der Veranstaltung senden dürften, während Veranstalter und Rechteerwerber im Interesse einer hohen Zuschauerpräsenz eine Karenzzeit zwischen Veranstaltungsschluss und Fernsehübertragung vereinbart hätten.[300] Insbesondere bei Veranstaltungen wie Spielen der Fußballbundesliga sei anzunehmen, dass für die Erstverwertungsrechte nicht mehr die jetzt üblichen Preise erzielt würden, wenn über alle Spiele eines Spieltages unmittelbar nach deren Ende im Wege der Kurzberichterstattung vorab informiert werden dürfte. Umgekehrt würde das auf nachrichtenmäßige Darbietung begrenzte Kurzberichterstattungsrecht nicht wesentlich leiden, wenn es nicht vor Ablauf der Karenzzeit ausgeübt werden könnte. Ebenso dürfe die Kurzberichterstattung nicht kostenlos möglich sein, sondern müsse an die Zahlung eines angemessenen, das Recht nicht aushöhlenden Entgelts gebunden sein, dessen Höhe der Gesetzgeber festlegen müsse.[301]

1. Veranstaltungen und Ereignisse

Das Recht auf Kurzberichterstattung ist im Einzelnen sehr detailliert geregelt. 1415 Es richtet sich gegen den Veranstalter, steht jedem in Europa zugelassenen Fernsehveranstalter zu und betrifft Veranstaltungen und Ereignisse, die öffentlich zugänglich und von allgemeinem Informationsinteresse sind (§ 5 Abs. 1 Satz 1 RStV). Kirchliche bzw. religiöse Veranstaltungen sind ausgenommen (§ 5 Abs. 3 RStV). Veranstaltungen sind organisierte, vorher bestimmte Zusammenkünfte, zum Beispiel Sportveranstaltungen, Theaterpremieren oder Ausstellungseröffnungen. Ereignisse sind sonstige, insbesondere unvorhersehbare Geschehnisse, wie etwa Unglücks- oder Katastrophenfälle. In Mischfällen, zum Beispiel wenn es im Rahmen von Sportwettkämpfen zu Ausschreitungen kommt oder sich ein

300 BVerfG vom 17. 2. 1998 (Kurzberichterstattung), BVerfGE 97, 228, 261; dazu *Schwabe* JZ 1998, 514f.; *Lauktien* ZUM 1998, 253ff.; *Diesbach* ZUM 1998, 554ff.; *Mahrenholz* NJ 1998, 256; *Tettinger* SpuRt 1998, 109ff.; *Holznagel* MMR 1998, 211f.; *Schwabe* JZ 1998, 514f.; *Lenz* NJW 1999, 757ff.

301 BVerfG vom 17. 2. 1998 (Kurzberichterstattung), BVerfGE 97, 228, 263.

Unfall ereignet, ist auf den überwiegenden Charakter abzustellen.[302] Die Unterscheidung hat Bedeutung, da bestimmte weitere Regeln nur im Zusammenhang mit Veranstaltungen anwendbar sind.[303] Praktische Relevanz hat bislang aber nur die Kurzberichterstattung über Veranstaltungen bzw. über Spiele der Fußballbundesliga erlangt.

1416 An das **erforderliche Informationsinteresse** sind keine strengen Anforderungen zu stellen, da die Kurzberichterstattung nur geringfügig in Veranstalterinteressen eingreift. Es braucht lediglich allgemeiner Natur zu sein und ist auch in Bezug auf Ereignisse zu bejahen, die keine erhebliche gesellschaftliche Bedeutung haben (Schluss aus §5a Abs. 1 RStV). In aller Regel wird ein allgemeines Informationsinteresse bereits dadurch indiziert, dass ein Fernsehveranstalter Exklusivrechte an der Veranstaltung erworben,[304] ihr also Informationswert zugemessen hat.

2. Nachrichtenmäßige Kurzberichterstattung

1417 Inhaltlich ist eine dem Anlass entsprechende nachrichtenmäßige Kurzberichterstattung erlaubt (§5 Abs. 4 Satz 1 RStV). Die zulässige Dauer bemisst sich nach der Länge der Zeit, die notwendig ist, um den nachrichtenmäßigen Informationsgehalt der Veranstaltung oder des Ereignisses zu vermitteln (§5 Abs. 4 Satz 2 RStV). Was als nachrichtenmäßige Kurzberichterstattung geboten und zulässig ist, ist **vom jeweils infrage stehenden Geschehnis abhängig.**[305] Der nachrichtenmäßige Charakter setzt nicht voraus, dass der Beitrag im Rahmen einer Nachrichtensendung gezeigt wird. Er wird auch nicht dadurch ausgeschlossen, dass sich der Kurzbericht auf die Höhepunkte einer Veranstaltung konzentriert, wohl aber, wenn die Übertragung auf die Vermittlung des Unterhaltungswerts abzielt. Kurzberichte von Spielen der Fußballbundesliga sind zeitlich auf eineinhalb Minuten beschränkt.[306]

1418 Bei **Kurzereignissen**, wie einem 100-Meter-Lauf, ist die Grenzziehung zwischen nachrichtenmäßiger Berichterstattung und unterhaltender Wiedergabe schwierig. Ein im Wege der Direktübertragung (§5 Abs. 1 Satz 2 RStV) vermittelter Kurzbericht würde dann einer Liveübertragung gleichkommen. In solchen Fällen ist mit dem Schrifttum[307] eine restriktive Handhabung zu befürworten. Die Kurzberichterstattung soll nicht unterhalten, sondern lediglich eine angemessene Mindestinformationsmöglichkeit sichern. Einen Anwendungsfall zeigt **Zacchini v. Scripps-Howard Broadcasting Company**. Der Kläger war als Entertainer tätig und ließ sich als „menschliche Kanonenkugel" über eine

302 Hahn/Vesting/*Michel/Brinkmann*, §5 RStV Rn. 102.
303 Z.B. §5 Abs. 4 Satz 3f., Abs. 5 Satz 2, Abs. 6, Abs. 7 RStV.
304 Hahn/Vesting/*Michel/Brinkmann*, §5 RStV Rn. 104.
305 Hahn/Vesting/*Michel/Brinkmann*, §5 RStV Rn. 118ff.
306 §5 Abs. 4 Satz 3 RStV.
307 Nach *Sidler*, Exklusivberichterstattung über Sportveranstaltungen im Rundfunk, 1995, S. 224 darf höchstens 1/3 der Gesamtdauer des Wettkampfs gezeigt werden; Hahn/Vesting/*Michel/Brinkmann*, §5 RStV Rn. 123.

Entfernung von 200 Fuß in ein Netz schießen. Die Aufführung war entgeltlich und ihr eigentlicher Hauptteil dauerte ca. 15 Sekunden. Der Kläger lehnte es ab, seine Vorstellung von einem Journalisten unentgeltlich filmen zu lassen. Später machte der Journalist gleichwohl Filmaufnahmen von dem vollständigen Flug, die abends in einer Nachrichtensendung im Fernsehen gezeigt wurden. Der US-Supreme Court sah darin eine unzulässige Verletzung des „right of publicity" des Klägers, das ein amerikanisches Gegenstück zum persönlichkeitsrechtlichen Schutz der kommerziellen Selbstbestimmung nach deutschem Recht ist. Es wäre dem Sender unproblematisch erlaubt gewesen, mündlich über die Veranstaltung zu berichten, sie zu beschreiben und ggf. dazu ein Foto des Klägers zu zeigen. Eine Wiedergabe des gesamten Flugvorgangs ginge dagegen darüber hinaus. Sie erfasse den wesentlichen Unterhaltungswert der Veranstaltung, ermögliche der Öffentlichkeit einen kostenlosen Konsum und gefährde dadurch die berechtigten ökonomischen Exklusivinteressen des Klägers.[308]

3. Anderweitige Bestimmungen, Urheberrecht

Das Recht auf Kurzberichterstattung lässt anderweitige gesetzliche Bestimmungen, inbesondere solche des Urheberrechts und des Persönlichkeitsschutzes unberührt (§ 5 Abs. 2 RStV). Soweit Berichterstattungen in Urheber- oder Persönlichkeitsrechte eingreifen, sind sie nur unter Beachtung der dafür jeweils erforderlichen Anforderungen zulässig, zum Beispiel nach den §§ 50, 51 UrhG oder nach § 23 Abs. 1 UrhG. 1419

Bei der gesetzlichen Schaffung des Rechts auf Kurzberichterstattung wurde auch in Erwägung gezogen, die Befugnis als urheberrechtliche Schranke auszugestalten und Fernsehunternehmen ein entsprechendes Recht darauf einzuräumen, die Bilder des übertragenden Unternehmens nutzen zu dürfen. Die vom Gesetzgeber stattdessen gewählte Lösung vermeidet diesen Eingriff in das Senderecht des übertragenden Unternehmens (§ 87 UrhG). Sie verpflichtet die anderen Fernsehveranstalter zum Erstellen eigener Aufnahmen, eröffnet ihnen aber zugleich die Möglichkeit einer eigenständigen redaktionellen Gestaltung des Kurzberichts. Das dient dem Anliegen, über die Kurzberichterstattung eine Darstellungsvielfalt zu erreichen, besser als die urheberrechtliche Lösung. Für das englische Recht, das im Vergleich zum deutschen variable urheberrechtliche Schranken in Gestalt des *fair dealing* kennt, hat **BBC v. British Satellite Broadcasting** eine gewisse urheberrechtliche Befugnis zur Kurzberichterstattung eröffnet. Im Streitfall hatte die BBC mehrere Spiele der Fußballweltmeisterschaft live übertragen und die Beklagte von diesen Sendungen Filmausschnitte mit herausragenden Szenen übernommen. Im Ergebnis sahen die Richter dies als eine redliche Benutzung an, da das übernommene Material zum Zwecke der Berichterstattung über Tagesereignisse gebraucht worden war und jeweils nur ganz kurze Ausschnitte von den einzelnen Spielen gezeigt wurden.[309] 1420

308 Zacchini v. Scripps-Howard Broadcasting Company, 433 U.S. 562, 575 f. (1977).
309 BBC v. British Satellite Broadcasting, [1991] 3 All.E.R. 833 ff. (Ch.D.) = GRUR Int. 1992, 305 ff.; dazu *Altenburg* GRUR Int. 1992, 308 f.

4. Sonstiges

1421 Das Recht auf Kurzberichterstattung umfasst im Übrigen die Befugnis insbesondere zum Zugang, zur Aufzeichnung und deren Auswertung zu einem einzigen Beitrag (§5 Abs.1 Satz 2 RStV). Es muss so ausgeübt werden, dass vermeidbare Störungen der Veranstaltung oder des Ereignisses unterbleiben (§5 Abs.5 Satz 1 RStV). Das Gesetz macht dazu im Einzelnen weitere Vorgaben[310] und ermöglicht interessierten Fernsehveranstaltern die Möglichkeit, entweder selbst oder durch überlassenes Aufnahmematerial im Wege der Kurzberichterstattung informieren zu können.[311] Der Veranstalter kann für die Ausübung des Rechts auf Kurzberichterstattung das allgemein vorgesehene Eintrittsgeld und Ersatz etwaiger Aufwendungen sowie u.U. auch ein billiges Entgelt verlangen.[312]

III. Übertragung von Großereignissen

1422 Wenn ein Fernsehveranstalter das exklusive Übertragungsrecht für ein „Großereignis" erworben hat und das Ereignis im Pay-TV zeigen will, dann muss er eine zeitgleiche Übertragung im Free-TV ermöglichen (§5a Abs.1 Satz 1 RStV = §4 Abs.1 Satz 1 RStV-E). Die Vorschrift hatte ein frühes Vorbild im englischen Recht und geht in ihrer konkreten Form auf europäische Vorgaben zurück,[313] die die Mitgliedstaaten in die Lage versetzen sollen, „das Recht auf Information zu schützen und der Öffentlichkeit breiten Zugang zur Fernsehberichterstattung über nationale oder nichtnationale Ereignisse ... zu verschaffen".[314] Sie sichert dazu ein über die Kurzberichterstattung hinausreichendes Informationsinteresse „der breiten Öffentlichkeit" darauf, solche Ereignisse unentgeltlich bzw. im Free-TV sehen zu können.[315] Inhaltlich ist die Regelung eine zentrale Ausprägung der Integrationsfunktion der Medien. Europäische wie deutsche Normgeber und Gerichte gehen übereinstimmend davon aus, dass namentlich herausragende Fußballveranstaltungen besondere kollektive Identifizierungsmöglichkeiten schaffen und aufgrund dieses „Gemeinwohlbezugs" eine wichtige gesellschaftliche Bedeutung haben.[316] Die Regelung greift erheblich in die kommerziellen Interessen sowohl des Veranstalters als auch des

---

310 §5 Abs.8 RStV.

311 §5 Abs.9–11 RStV.

312 §5 Abs.6, Abs.7 RStV.

313 Art.3a RL 97/36/EG vom 30.6. 1997 über Fernsehtätigkeit, ABl. EG 1997, L 202/60 = GRUR Int. 1998, 120ff. Zur Entwicklung im Einzelnen *Diesbach*, Pay-TV oder Free-TV, 1998, S.153ff.

314 Erw. 18 zur RL 97/36/EG vom 30.6. 1997 über Fernsehtätigkeit, ABl. EG 1997, L 202/60 = GRUR Int. 1998, 120ff.

315 *Kloepfer*, Informationsrecht, §14 Rn.55.

316 EuGH vom 15.12. 1995 (Bosman) – Rs. C-415/93, Slg. 1995 I, 4921ff. Rn.106; BVerfG vom 17.2. 1998 (Kurzberichterstattung), BVerfGE 97, 228, 257; Hahn/Vesting/*Altes*, §5a RStV Rn.7 mwN.

betroffenen Fernsehsenders ein. Man muss sich jedoch bewusst machen, dass sie nur einzelne und abschließend aufgelistete Ereignisse betrifft, die weniger als 1% aller Sportübertragungen ausmachen.[317]

Was ein „**Großereignis**“ ist, zählt für das deutsche Recht § 5a Abs. 2 RStV (= § 4 Abs. 2 RStV-E) abschließend auf, nämlich Olympische Spiele (Nr. 1), Fußballländerspiele, in denen entweder die deutsche Fußballnationalmannschaft spielt (Nr. 4) oder die im Rahmen von Welt- oder Europameisterschaften besondere Bedeutung haben (Nr. 2) sowie bestimmte Halbfinal- und Finalspiele von Vereinsmannschaften (Nr. 3, Nr. 5). Die Rechte anderer Länder nennen die Olympischen Spiele ebenfalls, sind ansonsten aber nicht durchweg auf Fußball fixiert, sondern nennen je nach nationaler Tradition z.T. andere Sportarten (Rugby, Cricket, Radfahren, Handball). 1423

Normadressat ist ein Fernsehveranstalter, der ein betreffendes Ereignis exklusiv im Rahmen von **Pay-TV**, d.h. „verschlüsselt und gegen besonderes Entgelt“ ausstrahlt. Die Vorschrift ist ihrem Wortlaut („und“) nach nicht auf verschlüsselte Free-TV-Übertragungen anwendbar, die es in Deutschland aber derzeit noch nicht gibt.[318] Ein „besonderes“ Entgelt ist nicht nur bei einem *pay by view*, sondern auch dann anzunehmen, wenn der Empfang lediglich ein Abonnement voraussetzt.[319] 1424

Die Übertragung muss in einem **„frei empfangbaren und allgemein zugänglichen Fernsehprogramm“** ermöglicht werden. „Frei“ empfangbar sind Programme, für die zwar möglicherweise Rundfunk- oder allgemeine Kabelgebühren, aber keine besonderen Entgelte zu leisten sind.[320] Allgemein zugänglich ist nur ein Programm, das in mehr als zwei Drittel der Haushalte tatsächlich empfangbar ist (§ 5a Abs. 1 Satz 4 RStV). Der verpflichtete Fernsehveranstalter kann dazu das Ereignis entweder selbst im Free-TV zeigen oder dies **einem Dritten zu angemessenen Bedingungen ermöglichen**. Was „angemessen“ ist, kann vom RStV naturgemäß nicht geregelt werden und bestimmt sich nach Hilfskriterien, die gerichtlich noch nicht geklärt sind. Setzt man Angemessenheit mit Marktüblichkeit gleich, dann läuft die Regelung leer, wenn diejenigen Fernsehsender, die den von § 5a Abs. 1 Satz 4 RStV verlangten Verbreitungsgrad haben und sich beim Bieterwettbewerb für die Übertragungsrechte nicht durchgesetzt haben, die marktüblichen Preise nicht bezahlen wollen oder können.[321] Erzielen die Parteien keine Einigkeit über die Angemessenheit der Bedingungen, so sollen sie rechtzeitig vor dem Ereignis ein schiedsrichterliches Verfahren vereinbaren.[322] Der Rechteinhaber soll das Zustandekommen einer Vereinbarung aber nicht durch unvertretbare Forderungen torpedieren können. Deshalb gilt die Übertragung als nicht zu angemessenen Bedingungen ermöglicht, wenn die 1425

317 Hahn/Vesting/*Altes*, § 5a RStV Rn. 46ff., 53 mwN.
318 Offenlassend Hahn/Vesting/*Altes*, § 5a RStV Rn. 99 mwN.
319 Hahn/Vesting/*Altes*, § 5a RStV Rn. 107.
320 Hahn/Vesting/*Altes*, § 5a RStV Rn. 107.
321 Hahn/Vesting/*Altes*, § 5a RStV Rn. 101.
322 § 5a Abs. 1 Satz 2 RStV (= § 4 Abs. 1 Satz 2 RStV-E).

Vereinbarung des schiedsrichterlichen Verfahrens nicht zustande kommt und der Fernsehveranstalter oder der Dritte dies zu vertreten haben.[323]

323 § 5a Abs. 1 Satz 3 RStV (= § 4 Abs. 1 Satz 3 RStV-E).

§ 17: Sprach- und sonstige Informationen

Ausgewählte Literatur

Agudo y Berbel/Engels, „Hörfunkrechte" – ein eigenständiges Wirtschaftsgut?, WRP 2005, 191 ff.; *Beater*, Sprachinformationen im Medienrecht, AfP 2005, 227 ff.; *ders.*, Urheberrechtliche Schranken, Werkbegriff und mediale Information, FS Ullmann 2006, 3 ff.; *Brinkmann*, Aussperrung von Hörfunkreportern?, ZUM 2006, 802 ff.; *Degenhart*, Hörfunkübertragungen aus Fußballstadien, K&R 2006, 165 ff.; *Dörr/Mailänder* (Hrsg.), Freiheit und Schranken der Hörfunkberichterstattung über den Spitzensport, 2003; *Ekrutt*, Vergütungspflicht für Pressespiegel, GRUR 1975, 358 ff.; *Forkel*, Allgemeines Persönlichkeitsrecht und „wirtschaftliches Persönlichkeitsrecht", FS Neumayer 1986, 229 ff.; *J. Hager*, Schutz einer Handelsgesellschaft gegen die Analyse ihrer Jahresabschlüsse im Lichte der Grundrechte, ZHR 158 (1994), 675 ff.; *Melichar*, Die Begriffe „Zeitung" und „Zeitschrift" im Urheberrecht, ZUM 1988, 14 ff.; *ders.*, „Hörfunkrechte" an den Spielen der Fußballbundesliga?, FS Nordemann 2004, 213 ff.; *Rehbinder*, Der Schutz der Pressearbeit im neuen Urheberrechtsgesetz, UFITA 48 (1966 III), 102 ff.; *Roellecke*, Wahrheit, Gemeinwohl und Meinungsfreiheit, JZ 1981, 688 ff.; *Schomburg*, Das strafrechtliche Verbot vorzeitiger Veröffentlichung von Anklageschriften und anderen amtlichen Schriftstücken, ZRP 1982, 142 ff.; *Seelig*, Der Schutz von Sprechleistungen im Rundfunk, UFITA 133 (1997), 53 ff.; *Stapper*, Von Journalisten, der Gerichtsberichterstattung und dem Strafrecht, ZUM 1995, 590 ff.; *Wagner/Sommer*, Zutreffende Rechtsprechung von BGH und BVerfG zum Persönlichkeitsschutz und zur wirtschaftlichen Betätigungsfreiheit von Unternehmen, AG 1995, 452 ff.; *Wilhelm*, Vorzeitige Weitergabe einer Anklageschrift, NJW 1994, 1520 ff.; *Winter*, Fußball im Radio: Live aus dem Stadion?, ZUM 2003, 531 ff. 1426

A. Ausgangsfragen

Rechtliche Normen können auch dem Veröffentlichen solcher Informationen entgegenstehen, die inhaltlich zutreffen, keinen beleidigenden Charakter haben und nicht in Gestalt von Bildern, sondern insbesondere mit Mitteln der Sprache transportiert werden. „Manche Wahrheiten sollen nicht, manche brauchen nicht, manche müssen gesagt werden".[1] Das Medienrecht ergänzt diesen Satz aus der Vormedienzeit um Wahrheiten, die nicht oder nur zum Teil veröffentlicht werden dürfen. Die meisten einschlägigen Normen sind dabei nicht auf Informationen bestimmter Art, wie zum Beispiel Bilder, beschränkt. Sie erfassen vielmehr Informationen jeglichen Zuschnitts, können also in Bezug auf eine reine Wortberichterstattung, eine kombinierte Wort-/Bildberichterstattung oder das 1427

1 *Wilhelm Busch*, Reime und Sprüche, in: H. Werner (Hrsg.), Wilhelm Busch – Gesamtwerk, Bd. 3, 1997, S. 573.

Übertragen von Tönen eingreifen. In Abweichung von den speziellen Vorschriften über Bilder unterliegen die im Weiteren vorzustellenden Regeln anderen Strukturen. Im Ergebnis führen sie auch seltener zu Informationsbeschränkungen oder gar -verboten, weil Informationen „als solche" grundsätzlich frei bleiben müssen.

1428 Die relevanten Vorschriften basieren im Wesentlichen auf drei Aspekten. Zum einen können sie sich aus dem Inhalt der Information und aus legitimen **Schutzinteressen desjenigen erklären, der von der Information inhaltlich betroffen ist**. Solche Schutzinteressen müssen freilich – weil es um das Verbot von Wahrheiten geht und weil prinzipiell eine Vermutung dafür spricht, dass Wahrheiten gesagt und der Öffentlichkeit mitgeteilt werden dürfen – ein erhebliches Gewicht haben, um solche gravierenden Einschnitte in die Möglichkeiten der Medien zu legitimieren.[2] Eine wichtige Rolle spielt vor allem das Persönlichkeitsrecht, daneben sind auch geschäftliche und staatliche Interessen bedeutsam. Sie können u.U. selbst eine komplette Unterdrückung von Informationen tragen. Die Unterscheidung, welches Schutzinteresse dabei aufseiten des Betroffenen infrage steht, ist wichtig, da die einzelnen Geheimhaltungsinteressen unterschiedlich stark geschützt werden. Zum anderen können sich aus **geistigem Eigentum und geschäftlichen Verwertungsinteressen** Verbotsgründe ergeben. Die einschlägigen Normen führen in der Regel aber nur zu Beschränkungen der Veröffentlichungsmöglichkeit. Grundsätzlich gibt es kein Ausschließlichkeitsrecht „an" Informationen als solchen. Ein weiteres Kriterium dafür, ob etwas veröffentlicht werden darf, liegt schließlich darin, ob die betreffende Information **in rechtmäßiger oder rechtswidriger Weise erlangt** wurde. Das Medienrecht zieht der journalistischen Recherchetätigkeit auf diese Weise Grenzen, die bereits vorgestellt worden sind. Sind Informationen auf unzulässige Weise erlangt worden, so ist dies bei der Abwägung zu berücksichtigen (siehe Rdnr. 1106ff.).[3]

1429 Wortinformationen haben Besonderheiten,[4] die auf ihre rechtliche Beurteilung durchschlagen. Eine liegt auf der Hand: Texte müssen entweder gesprochen und gehört oder geschrieben und gelesen werden. Die Unterscheidung zwischen mündlicher Rede und schriftlichen Texten markiert eine typische Trennlinie zwischen dem Rundfunk und den Printmedien, kann aber auch in anderen Zusammenhängen bedeutsam sein, zum Beispiel im Urheberrecht.[5] In der Wirkungsweise von Worten liegt zugleich ein zentraler Unterschied gegenüber der Information durch Bilder. Wortinformationen lassen sich weder durch

---

2 So etwa BVerfG vom 23.2. 2000, NJW 2000, 2413, 2414 in Bezug auf das allgemeine Persönlichkeitsrecht.

3 BGH vom 21.4. 1998 (Appartement-Hotelanlage), BGHZ 138, 311, 319.

4 Allgemein zu den Charakteristika von Sprache als Kommunikationsmittel *Merten*, Kommunikationswissenschaft Bd. 1, S. 134ff.

5 §2 Abs. 1 Nr. 1 UrhG „Rede" und „Schriftwerk"; siehe auch §§201, 202 StGB „gesprochenes Wort" sowie „Brief" und „Schriftstück".

bloßes Anschauen verstehen, noch von Personen, die der verwendeten Sprache nicht mächtig sind. Dementsprechend können für Sprache beispielsweise andere Auslegungsmaßstäbe gelten als für Bilder.[6] Ebenso werden Wortinformationen typischerweise schlechter in Erinnerung behalten als Bilder.[7] Ihre Wirkung bleibt deshalb in der Regel hinter der von Bildern zurück.

Die wichtigsten Besonderheiten von Sprache und Wortberichterstattung be- 1430
treffen andere Aspekte. Die Sprache ist das „für den Menschen allein typische und bei weitem am höchsten entwickelte Kommunikationsmittel".[8] Dabei ist die Wortberichterstattung zum einen **grundsätzlich nicht zeit- und ortsgebunden**. Hat ein Reporter ein Ereignis selbst nicht miterlebt, so ist es ihm gleichwohl möglich, darüber seriös zu berichten. Er kann entsprechend recherchieren und anschließend mitteilen, was sich zugetragen hat. Im Zusammenhang mit Sprachinformationen sind wir es gewöhnt, die Nachricht nicht direkt und „unmittelbar", sondern nur in der Übermittlung durch den Reporter und als das Ergebnis seiner Wahrnehmung, Recherche und Formulierung zu erhalten. Der Bildberichterstattung stehen solche Möglichkeiten in der Regel nicht offen. Sollen Bilder etwas dokumentieren, so wird ihnen nur getraut, wenn sie irgendwie „echt" sind, also nicht bewusst beeinflusst wurden. „Im Nachhinein" angefertigte Bilder von Vorgängen, die nachgestellt bzw. „nachfotografiert" wurden, haben typischerweise keinen Überzeugungswert und taugen nicht zur Dokumentation. Man glaubt ihnen nicht.

Weiterhin ist die **besondere Komplexität und Vielseitigkeit von Sprache** zu 1431
beachten. Texte sind beliebig formbar und erlauben zugleich extreme Differenzierungen. Ein und derselbe Inhalt lässt sich in der Regel auf viele verschiedene Weisen formulieren. Ebenso können winzige Variationen in der Formulierung, der Betonung, der Wortstellung oder der Schreibweise einen Inhalt vollständig verändern.[9] Dies hat für die Frage, welchen Grenzen die Wortberichterstattung unterliegt, weitreichende Konsequenzen. Wortinformationen können in sehr variabler Reichweite vom Recht in mehreren Stufen erlaubt, beschränkt oder verboten werden. Die Wortberichterstattung kann uneingeschränkt zulässig sein, aber auch nur sinngemäß oder inhaltlich reduziert erlaubt oder schließlich sogar komplett verboten sein.

---

6 Siehe Rdnr. 1540ff., 1563ff.

7 „Nach der Erfahrung des täglichen Lebens werden auch bedeutsame Zeitungsinformationen nach kurzer Zeit vom Publikum vergessen, wenn sie nicht immer wieder ins Bewusstsein gerufen werden", BVerfG vom 6.11.1968 (Östliche Zustände), BVerfGE 24, 278, 288.

8 *Griese*, Soziologische Anthropologie und Sozialisationstheorie, 1976, S. 28.

9 Einer Anekdote zufolge soll der frühere Fußballbundesligaspieler *Willy Lippens* einmal von einem Schiedsrichter mit der gelben Karte und dem Satz verwarnt worden sein, „Ich verwarne Ihnen". Lippens soll geantwortet haben, „Ich danke Sie", bekam daraufhin die rote Karte und flog vom Platz.

I. Vielgestaltigkeit von Sprache und Sprachcodes

1432 Sprache ist der Ausdruck und das Spiegelbild der sozialen und kulturellen Erfahrungen von Menschen. Jede Sprache ist „ein riesiges Struktursystem, in dem Formen und Kategorien kulturell vorbestimmt sind, aufgrund derer der Einzelne sich nicht nur mitteilt, sondern die Natur aufgliedert, Phänomene und Zusammenhänge bemerkt oder übersieht, sein Nachdenken kanalisiert und das Gehäuse seines Bewusstseins baut“.[10] Unterschiedliche Sprachen können sich kulturell bedingt in ihrem Wortschatz voneinander unterscheiden.

1433 Die japanische Sprache soll mehrere Begriffe für „**Reis**“ kennen, für die es in den Sprachen Deutsch, Englisch und Französisch keine Gegenstücke gibt, weil Reis in Mitteleuropa keine vergleichbare Bedeutung hat.[11] Solche Unterschiede setzen sich auch innerhalb ein und derselben Sprache fort. Beispielsweise kann zwischen Umgangssprache und speziellen Fachsprachen, etwa dem Juristen- oder dem Behördendeutsch, oder einem speziellen „Slang“ von Jugendlichen zu unterscheiden sein. Die Unterschiede können darauf beruhen, dass die Sprachen unterschiedliche Worte verwenden, die in der jeweils anderen Sprache nicht vorhanden sind und dementsprechend nicht verstanden werden. Es kann aber auch sein, dass denselben Worten ein unterschiedlicher Inhalt oder eine unterschiedliche Konnotation beigelegt wird. Worte sind als solche eben nur „Hülsen“, um Inhalte zu transportieren. So sollen etwa die Begriffe Pflichterfüllung, Ordnung und Moral generationenabhängig sehr unterschiedlich verstanden und mit ganz verschiedenen Bewertungen verbunden werden.[12]

1434 Die Besonderheiten von Sprache wirken sich auf mehrere rechtliche Fragestellungen aus. Insbesondere muss es den Medien erlaubt sein, Informationen „adressatengerecht“ zuzuschneiden, so dass sie von den Hörern, Lesern oder Nutzern auch richtig verstanden werden. Rechtliche Bedeutung hat dies im Zusammenhang mit der Unterscheidung von verschiedenen Sprachcodes, die in der Kommunikations- und Sprachwissenschaft schon frühzeitig beschrieben worden sind.[13] Der **elaborierte Code** (elaborare = lat.: sorgfältig ausarbeiten, erweitern) erlaubt individualisierte, nuancierte und abstrakte Mitteilungen, die Abbildung komplizierter Zusammenhänge und die jeweilige Ausrichtung der Mitteilung auf den Empfänger. Er ist die typische Sprache der Mittel- und Oberschicht und führt zu vergleichsweise großen Unterschieden in der individuellen Sprechweise. Dagegen beschränkt sich der **restringierte Code** (restringere = lat.: beschränken, einschränken) auf einen geringen Wortschatz und lässt differenzierte Mitteilungen und die Anpassung an unterschiedliche Adressatenkreise kaum zu. Er herrscht in der sozialen Unterschicht vor, für die der elabo-

10 *Whorf*, Sprache Denken Wirklichkeit. Beiträge zur Metalinguistik und Sprachphilosophie, herausgegeben und übersetzt von P. Krausser, 1963, S. 53.

11 *Burkart*, Kommunikationswissenschaft, S. 97f. mwN.

12 *Burkart*, Kommunikationswissenschaft, S. 113f. mwN.

13 *Bernstein*, in: Flitner/Scheuer (Hrsg.), Einführung in pädagogisches Sehen und Denken, 1967, S. 253, 254ff.; *Göppner*, Sozialisation durch Sprache. Interdisziplinäre Aspekte erzieherischen Handelns, 1978, S. 158ff.

rierte Code eine fremde „Sprache" und damit tendenziell unverständlich ist.[14] Es liegt auf der Hand, dass es den Medien erlaubt sein muss, nach eigener Entscheidung frei zwischen den Sprachcodes zu wählen.

Das OLG Frankfurt a.M. hat in der **Raum Frankfurt-Entscheidung** deshalb zu Recht einen Zeitungsartikel für zulässig gehalten, der über einen Straftatverdächtigen berichtete und den Betroffenen u.a. „in einer vertraulichen Form beim Vornamen" nannte.[15] Die Art der Berichterstattung darf an den Boulevard-Charakter des veröffentlichenden Blatts und damit an die Sprache der Leserschaft angepasst sein. Die Grenze wird allein durch die inhaltliche Unwahrheit markiert. Das Erfordernis journalistischer Aufbereitung rechtfertigt keine Entstellungen. Die Medien müssen Verfälschungen grundsätzlich vermeiden.[16] Sie dürfen weder gezielt einen verfälschenden Eindruck herbeiführen, noch bewusst lediglich „Teilwahrheiten" berichten.[17] Die Presse braucht aber nicht generell bei jeder Berichterstattung verwickelte Geschehnisse und Probleme in aller Breite zu erörtern, sondern darf im Hinblick auf das Interesse und das Verständnis der Leserschaft den Stoff zusammenfassen. Wenn Persönlichkeitsrechte nur marginal betroffen werden, dann sind der Presse Unschärfen und eine eingängige fesselnde Schreibweise erlaubt, solange sie den tatsächlichen Ablauf der Ereignisse im groben Kern richtig wiedergibt.[18] 1435

Der Zusammenhang kann sich auch in umgekehrter Richtung bzw. für die Frage stellen, ob den Medien die Verwendung eines elaborierten Codes untersagt werden darf. Der später noch zu behandelnde § 48 Abs. 1 Nr. 1 UrhG wirft eine solche Fragestellung auf. Nach der Vorschrift dürfen bestimmte öffentliche Reden von Medien auch dann verbreitet werden, wenn der Redner bzw. Urheber nicht damit einverstanden ist. Eine Voraussetzung dafür ist, dass die Rede „Tagesfragen" behandelt. Nach einer gewichtigen Ansicht im Schrifttum soll die Vorschrift nur auf Reden anwendbar sein, die das Tagesthema in allgemein verständlicher Form darböten,[19] während andere Arten von Reden per se nicht gemeinfrei seien, zum Beispiel wissenschaftliche Vorträge. Dem ist jedoch zu widersprechen.[20] Das öffentliche Informationsbedüfnis ist auch in Bezug auf aktuelle Vorgänge nicht von vornherein auf „allgemein verständliche" bzw. auf Informationen beschränkt, die in einfache Sprache gefasst sind. 1436

Auch die rechtlichen Maßstäbe zur **Auslegung von Äußerungen** in den Massenmedien haben den Besonderheiten, die der Sprache als Kommunikationsmittel eigen sind, Rechnung zu tragen. Sie müssen sich deshalb an dem Verständnis der Adressaten der Äuße- 1437

---

14 *Burkart*, Kommunikationswissenschaft, S. 112.

15 OLG Frankfurt a.M. vom 2.7. 1990 (Raum Frankfurt), AfP 1990, 229f. Zur Sprache und sonstigen publizistischen Gestaltung des Boulevard-Journalismus *Pürer*, Publizistik- und Kommunikationswissenschaft, S. 154ff., 156.

16 BGH vom 22.12. 1959 (Alte Herren), BGHZ 31, 308, 313.

17 Vgl. BVerfG vom 25.1. 1961 (Auf der Wolga verhaftet), BVerfGE 12, 113, 131.

18 BGH vom 27.10. 1967 (Lengede), GRUR 1968, 209, 210; *Soehring*, Presserecht, Tz. 2.17.

19 Schricker/*Melichar*, § 48 UrhG Rdnr. 4; Dreier/*Schulze*, § 48 UrhG Rdnr. 5.

20 Im Ergebnis ähnlich Möhring/Nicolini/*Engels*, § 48 UrhG Rdz. 6.

rung ausrichten,[21] da so den unterschiedlichen Erscheinungsformen von Sprache und den sich daraus ergebenden Fehlerquellen Rechnung getragen wird. Einzelheiten werden an späterer Stelle behandelt (siehe Rdnr. 1540ff.).

II. Authentische Information

1438 Manche Formen der Wortberichterstattung können in ähnlicher Weise wie Bilder „Authentizität" vermitteln und dadurch einen **besonderen Informationswert** erlangen. Eine solche Wirkung steht oft infrage, wenn Medien Texte im Original oder irgendwie „unverändert" wiedergeben wollen, um dadurch besser informieren zu können. Die identische Wiedergabe fremder Texte kollidiert freilich besonders häufig mit anderen Rechten. Sie ist dann nur zulässig, wenn und soweit die identische Übernahme tatsächlich den Informationswert steigert und dieser Gewinn gegenüber den beeinträchtigten rechtlichen Interessen Vorrang genießt.

1439 Die identische Wiedergabe fremder Texte kann aufgrund eines anerkennenswerten **Dokumentationsinteresses** erlaubt sein. In solchen Fällen geht es um eine Informationsübermittlung, deren Glaubwürdigkeit gerade davon abhängt, dass jede sprachliche oder inhaltliche Einflussnahme durch das übermittelnde Medium unterlassen wird.

1440 Nach §48 Abs. 1 UrhG dürfen Medien ebenso bestimmte **öffentliche Reden** selbst dann im Wortlaut nachdrucken, wenn der Redner bzw. Urheber damit nicht einverstanden ist. Der prominenteste Anwendungsfall von Authentizitätsinteressen sind die speziellen Regeln der Art. 42 Abs. 3 GG, §37 StGB für die **Parlamentsberichterstattung**. Wenn Medien „wahrheitsgetreu" über im Parlament gemachte Äußerungen berichten, dann brauchen sie die parlamentarischen Aussagen als solche nicht auf Richtigkeit zu überprüfen.[22] Verfassung und Gesetzgeber stellen hier das Interesse an Authentizität sogar über das Interesse an inhaltlicher Richtigkeit und über mögliche Schutzinteressen Betroffener. Man streitet freilich im Einzelnen darüber, wann ein Bericht „wahrheitsgetreu" ist. Es besteht aber Einigkeit, dass sich „Wahrheitstreue" nicht auf die inhaltliche Richtigkeit der parlamentarischen Äußerung, sondern auf die Richtigkeit ihrer Wiedergabe durch die Medien bezieht.[23] Die unveränderte („authentische") Wiedergabe einer inhaltlich falschen parlamentarischen Äußerung ist auf jeden Fall in diesem Sinne „wahrheitsgetreu". Es kann aber auch ein gekürzter Bericht, der in der Sache alles Wesentliche wiedergibt, wahrheitsgetreu sein.[24]

1441 Berechtigte Dokumentationsanliegen werden vom Recht aber keinesfalls stets als vorrangig eingeordnet. Für einen Sonderbereich stellt **§353d Nr. 3 StGB** die präzise Dokumentation sogar unter Strafe (siehe Rdnr. 1479ff.). Die Vorschrift verbietet die öffentliche Mitteilung z.B. von Anklageschriften „im Wortlaut" und erlaubt stattdessen nur eine

---

21 BGH vom 20. 10. 1987 (Mit Verlogenheit zum Geld), GRUR 1988, 402, 403; BGH vom 17. 12. 1991, NJW 1992, 1314, 1315; BVerfG vom 25. 8. 1994 (Soldaten sind Mörder), NJW 1994, 2943, 2944; BGH vom 16. 6. 1998 (IM-Sekretär), BGHZ 139, 95, 102; BGH vom 30. 5. 2000 (Babycaust), NJW 2000, 3421, 3422.

22 Löffler/*Steffen*, §6 LPG Rdnr. 180.

23 *Soehring*, Presserecht, Tz. 29.16; Löffler/*Sedelmeier*, §11 LPG Rdnr. 75.

24 RG vom 7. 5. 1874, RGSt 18, 207, 209f.; Tröndle/*Fischer*, §37 StGB Rn. 3.

sinngemäße Berichterstattung. Zugleich ist die Regelung zeit- bzw. aktualitätsbezogen, denn die Anklageschrift darf wörtlich wiedergegeben werden, sobald sie in öffentlicher Verhandlung erörtert worden oder das Verfahren abgeschlossen ist.

Das Übernehmen von Texten kann ebenso durch **Auseinandersetzungsinteressen** legitimiert werden. So hängt beispielsweise die urheberrechtliche Zulässigkeit von Zitaten u.a. davon ab, ob und wieweit die wörtliche Wiedergabe der Auseinandersetzung mit der zitierten Position dient. 1442

Authentizität ist nicht auf Fälle beschränkt, in denen es um die Übernahme fremder Texte geht. Sie kann vielmehr in allen Konstellationen infrage stehen, in denen eine bestimmte Weise der Berichterstattung höheren Informationswert hat als andere, zum Beispiel weil sie als einzige bestimmte Zusatzinformationen vermitteln kann. Ein Beispiel sind **Livereportagen** von Fußballspielen im Radio. Sie vermitteln einen Aktualitäts- und Erlebniswert, den eine Berichterstattung nach Abschluss der Partie nicht erreicht. 1443

III. Sinngemäße, inhaltlich beschränkte und sonstige Informationen

Die Wortberichterstattung unterliegt anderen Maßstäben, wenn eine wortidentische Übernahme nicht sinnvoll oder unmöglich oder rechtlich verboten ist. Es steht den Medien in aller Regel frei, in solchen Fällen **sinngemäß** zu informieren. Es kann aber auch sein, dass Informationen nur **in inhaltlich veränderter oder beschränkter Weise** veröffentlicht werden dürfen. In beiden Fällen sind Medien weder von der Berichterstattung als solcher ausgeschlossen, noch muss ihnen von vornherein die Möglichkeit genommen sein, neben der Berichterstattung durch die Konkurrenzunternehmen bestehen zu können.[25] Da Sprache Inhalte in nahezu jeder Weise abbilden kann, ist die Wortberichterstattung nicht zwingend auf Originalquellen angewiesen. Außerdem erlaubt Sprache es, Informationen inhaltlich zu beschränken. 1444

Eine sinngemäße Information kommt namentlich in Betracht, soweit ein Originaltext urheberrechtlich geschützt ist. Das Urheberrecht und weitere Schutzrechte lassen Informationen als solche grundsätzlich frei und damit sinngemäße Berichterstattungen stets zu. Ebenso liegt es beispielsweise mit § 353d Nr. 3 StGB. Eine informationell beschränkte Berichterstattung kommt vor allem im Zusammenhang mit Persönlichkeitsrechten in Betracht. Insbesondere können Medien verpflichtet sein, so zu berichten, dass die Identität betroffener Personen nicht erkennbar wird. 1445

Nochmals andere Maßstäbe gelten, soweit Medien eigenständig Informationen generieren, z.B. in Gestalt von Beiträgen, deren Schwergewicht in der eigenständigen Bewertung von Geschehnissen liegt. Der Paradefall sind Kommentare und Meinungsäußerungen, denen es um das Beziehen einer eigenen Position und nicht um den Transport fremder Mitteilungen geht. Sie unterliegen allein sehr weiten Grenzen der inhaltlichen Unzulässigkeit und werden erst an späterer Stelle behandelt (siehe § 20). 1446

---

25 Siehe Rdnr. 1211 ff., 1214 f., 1236 ff.

IV. Verbot der Wortberichterstattung

1447 Regeln, die eine Wortberichterstattung komplett untersagen, sind ein besonders gravierender Eingriff in die Befugnisse der Medien und die Informationsmöglichkeiten des Einzelnen, da sie im Ergebnis auch jede andere Form der Information ausschließen. Es gibt keine Normen, die sich allein gegen die Wort-, nicht aber gegen andere Formen der Berichterstattung wenden. Hierin liegt ein weiterer Unterschied zur Bildberichterstattung. Das Verbot der Bildberichterstattung muss nämlich keineswegs auch ein Verbot von sonstiger Berichterstattung zur Folge haben. Es gibt daher mehrere Verbote, die sich auf Bilder beschränken und die Wortberichterstattung erlauben.[26] Sie lassen eine Information der Öffentlichkeit als solche zu, wenn auch nur in Form einer Berichterstattung, die auf Bilder verzichtet.

B. Schutzinteressen persönlich Betroffener

1448 Persönlichkeitsrechte können einer Wortberichterstattung entgegenstehen, sofern diese den Betroffenen identifiziert bzw. erkennbar macht.[27] Eine entpersonalisierte Berichterstattung ist dagegen aus dem Blickwinkel des Persönlichkeitsrechts stets erlaubt.[28] Ist ein Einzelner erkennbar bzw. unmittelbar betroffen, so kommt eine Verletzung des Persönlichkeitsrechts vor allem in zwei Konstellationen in Betracht. Es kann einmal sein, dass die betreffenden Informationen in unzulässiger Weise bzw. unter Verstoß gegen Selbstbestimmungsrechte Betroffener gewonnen wurden (siehe Rdnr. 1119ff.). Das Selbstbestimmungsrecht erfasst aber weder alle vom Betroffenen selbst ausgehenden Informationen, noch allgemein jede Information, die einen Einzelnen betrifft. Die Veröffentlichung solcher Informationen kann im Einzelfall aber aus anderen Gründen die Persönlichkeit verletzen. Das kommt in Betracht, wenn die Information **aufgrund ihres Inhalts persönlichkeitsrechtliche Schutzinteressen berührt**. Darum soll es im Weiteren gehen.

1449 Der Persönlichkeitsschutz gegenüber dem Veröffentlichen zutreffender Informationen bedarf einer besonderen Rechtfertigung,[29] da das Äußern zutref-

---

26 § 109g Abs. 2 StGB. Die verbale Beschreibung des schutzfähigen Inhalts von urheberrechtlichen Werken ist erlaubt, sobald der Urheber sein Mitteilungsrecht ausgeübt hat, § 11 Abs. 2 UrhG. Die bildliche Reproduktion z.B. eines Kunstwerks oder Lichtbildwerks ist dagegen eine dem Urheber vorbehaltene Vervielfältigung, § 16 Abs. 1 UrhG.

27 Zu Erkennbarkeitskriterien *Rehbock/Mensch* FS Damm 2005, 141, 142ff. mwN.

28 Siehe Rdnr. 345, 1220f.

29 BVerfG vom 23.2. 2000, NJW 2000, 2413, 2414; BVerfG vom 17.10. 2002, NJW 2003, 1109, 1110; BVerfG vom 6.12. 2002, NJW 2003, 1856, 1857; eingehend *Brossette*, Der Wert der Wahrheit im Schatten des Rechts auf informationelle Selbstbestimmung, 1991, S. 124ff.; rechtsvergleichend *Halfmeier*, Die Veröffentlichung privater Tatsachen als unerlaubte Handlung, 2000.

fender Tatsachen als solches rechtens und prinzipiell von einem legitimen Informationsbedürfnis getragen ist. Anwendungsfälle sind daher selten und nur denkbar, wenn **gravierende Persönlichkeitsinteressen** betroffen sind. Geringfügige Eingriffe, wie die Schädigung des „Rufs" eines Hauses und die Beeinträchtigung des Empfindens der Mieter durch die öffentliche Angabe, dass in dem Haus früher eine landesweit bekannt gewordene Prostituierte gewohnt hat,[30] reichen in keinem Fall aus. Zugleich hängt die Abwägung in solchen Konstellationen **in besonderer Weise von Verhältnismäßigkeitsüberlegungen** ab. Bei Veröffentlichungen in Massenmedien ist insbesondere wichtig, ob das Informationsinteresse eine Identifizierung des Betroffenen deckt. Ein entsprechendes Informationsbedürfnis muss gerade in Bezug auf den Betroffenen bestehen.[31] Ist die Identifizierung berechtigt, so muss auch die konkret infrage stehende Prangerwirkung und Persönlichkeitsbeeinträchtigung vom Informationsinteresse gedeckt sein. Namentlich für Fernsehberichte ist zu beachten, dass sie typischerweise besonders verletzende Wirkungen haben.

I. Verletzungen der Intimsphäre

Der Persönlichkeitsschutz greift ein, wenn eine Nachricht den unantastbaren Intimbereich betrifft. Der Intimbereich wird von den Gerichten freilich eng definiert. Praktische Relevanz haben vornehmlich Fotos, namentlich Nacktaufnahmen, erlangt. Ansonsten ist eine Verletzung der Intimsphäre beispielsweise denkbar, wenn Medien im Vorfeld der Berichterstattung durch Maßnahmen wie die Einholung von Gutachten bewusst eine Informationsdichte herstellen, die den Kernbereich der Persönlichkeit des Betroffenen offenlegt.[32] Ebenso ist nach deutschem Rechtsverständnis der Intimbereich betroffen, wenn die Identität eines vergewaltigten Mädchens gegen dessen Willen öffentlich gemacht wird.[33] 1450

II. Unzumutbar schwere Verletzungen

Der deliktische Schutz greift ferner ein, wenn Interessen des Betroffenen in unzumutbarer Schwere verletzt werden. Dabei kann bei der Abwägung auch berücksichtigt werden, ob die fragliche Information durch einen prinzipiell zulässigen „Bruch" von Vertraulichkeit erlangt wurde. 1451

Die **BND-Roman-Entscheidung** gab einem Kläger Recht, der über 20 Jahre für den Bundesnachrichtendienst tätig war und darüber in Form eines Schlüsselromans ein Ma- 1452

---

30 BGH vom 21.6. 1960 (Das Mädchen Rosemarie), NJW 1960, 1614.

31 BGH vom 22.1. 1985 (Humanbiologischer Schulunterricht), NJW 1985, 1617, 1618f.

32 *Soehring*, Presserecht, Tz. 10.25; MünchKomm/*Rixecker* § 12 BGB Anh. RdNr. 118; siehe auch *Huth* AfP 1977, 212ff.; demgegenüber unter Betonung unternehmerischer Interessen kritisch *Breitfeld*, Berufsfreiheit und Eigentumsgarantie als Schranke des Rechts auf informationelle Selbstbestimmung, 1992, S. 116ff., 124ff.

33 Zur abweichenden Linie von Cox Broadcasting v. Cohn siehe Rdnr. 1114.

nuskript verfasst hatte. Dieses bot er einem Verleger zur Veröffentlichung an, der jedoch eine Überarbeitung für erforderlich hielt. In die Überarbeitung wurde ein Journalist als Co-Autor eingeschaltet. Zwischen ihm und dem Kläger fanden mehrere Autorengespräche statt, die teilweise in Form von Interviews geführt und zumeist auf Tonband aufgenommen wurden. Anschließend legte der Journalist ein überarbeitetes Manuskript vor. Kläger und Verleger lehnten den Text ab und erklärten eine Veröffentlichung des Manuskripts und der weiteren Materialien für vollständig ausgeschlossen. Der Journalist ließ sich darauf ein, bot die Unterlagen später aber gleichwohl einer Monatszeitschrift an, die im Weiteren eine entsprechende Artikelserie veröffentlichte und sich dabei unter voller Namensnennung auf den Kläger als Quelle berief. Unmittelbar nach Erscheinen des ersten Heftes wurde der Kläger vom Dienst suspendiert. Außerdem wurde ein Ermittlungsverfahren wegen Offenbarung von Staatsgeheimnissen eingeleitet, das zu einer strafgerichtlichen Verurteilung wegen Verletzung des Dienstgeheimnisses führte. Dann wurde der Kläger vorläufig des Dienstes enthoben und schließlich wegen Dienstunfähigkeit in den Ruhestand versetzt. Sein Gesundheitszustand hatte sich ebenfalls verschlechtert.

1453 Aus persönlichkeitsrechtlicher Sicht war der Kläger zwar weder in der Privatsphäre betroffen noch unerlaubt abgehört worden, doch waren seine Gespräche mit dem Journalisten sozusagen „ins Unreine" geführt worden und unzweifelhaft nicht für die Öffentlichkeit bestimmt. Wegen der Brisanz der besprochenen Themen hing es **wesentlich von dem persönlichen Vertrauensverhältnis des Klägers zu dem Journalisten als seinem Gesprächspartner** ab, was der Kläger sagte und wie er es tat. Unbefangen wird sich in dieser Weise nur jemand äußern, der den Teilnehmerkreis kennt und ihn unter Kontrolle hat oder dies zumindest glaubt. Der Persönlichkeitsschutz kann auch den Geheimhaltungswillen in Bezug auf solche Mitteilungen erfassen, die über die Person des Sich-Äußernden nichts aussagen, die aber einem Vertrauten in der Erwartung gemacht werden, dass der Gesprächspartner sie – jedenfalls in der abgegebenen Form – für sich behalten werde.[34] Ein solches Vertraulichkeitsinteresse ist nicht von vornherein schutzwürdig, muss aber jedenfalls dann im Rahmen der persönlichkeitsrechtlichen Abwägung beachtet werden, wenn der Gesprächspartner eine besondere Vertrauenssphäre aufgebaut hat, die die fraglichen Äußerungen überhaupt erst möglich macht.[35] Die Verletzung wurde zudem durch die Preisgabe der Identität des Klägers entscheidend vertieft. Es war von vornherein absehbar, dass diese Identifizierung für den Kläger geradezu existenzvernichtend sein musste.

III. Berichte über Straftaten oder schwere Verfehlungen

1454 Die Berichterstattung über Straftaten oder schwere Verfehlungen kann den Betroffenen ebenfalls existenziell treffen. Ein öffentliches Informationsinteresse ist grundsätzlich für solche Delikte zu bejahen, die entweder besonders schwer sind oder die Öffentlichkeit besonders berühren.[36] Mit nachlassender Aktualität geht das allgemeine Informationsinteresse aber zurück.[37] Deshalb kann bei-

34 BGH vom 10.3. 1987 (BND-Roman), NJW 1987, 2667, 2668 mwN.
35 BGH vom 10.3. 1987 (BND-Roman), NJW 1987, 2667, 2668f.
36 BGH vom 7.12. 1999 (Sticheleien von Horaz), BGHZ 143, 199, 207.
37 BVerfG vom 5.6. 1973 (Lebach I), BVerfGE 35, 202, 233ff.

spielsweise die Veröffentlichung der getilgten Vorstrafe eines Bewerbers zum Kripochef eine schwerwiegende Persönlichkeitsrechtsverletzung sein.[38]

Die **Lebach I-Entscheidung** betraf einen verurteilten Straftäter, der vor der Entlassung aus dem Gefängnis stand und über dessen Tat das Fernsehen eine Sendung ausstrahlen wollte (siehe Rdnr. 1336). Hier bestand für den Betroffenen eine extreme Stigmatisierungsgefahr. Die Sendung sollte bundesweit und zur besten Sendezeit gezeigt werden und konnte mit einer besonders hohen Einschaltquote rechnen. Sie wollte den Betroffenen durch namentliches Nennen und das Zeigen von Bildern für jedermann identifizieren. Die Sendung begründete auch wegen der weiteren Umstände der Tat die Gefahr, dem Betroffenen jede Chance auf eine Wiedereingliederung in die Gesellschaft zu nehmen.[39] 1455

Vorgänge anderer Art bzw. geringerer Tragweite als Straftaten werden die Identifizierung seltener rechtfertigen. Das bloße Informationsinteresse daran, dass ein in führender Position tätiger Mitarbeiter einer Behörde wegen seiner sexuellen Äußerungen am Arbeitsplatz entlassen wurde, rechtfertigt dessen Identifizierung und die dadurch ausgelöste Prangerwirkung nicht.[40] Gleiches gilt, wenn eine nach früherem Recht noch minderjährige Tochter mit einem britischen Korporal nach Schottland „flieht", um diesen dort gegen den Willen ihres Vaters zu heiraten.[41] Mitteilungen über die frühere **Tätigkeit als IM** für das Ministerium für Staatssicherheit der DDR lassen sich nur im Einzelfall bewerten.[42] Dabei sind insbesondere der Umfang und die Schwere der Tätigkeit, ein mögliches Vorverhalten des Betroffenen in der Öffentlichkeit, seine Stellung in der DDR und der Bundesrepublik, die Aktualität und die Stärke der konkret ausgelösten Prangerwirkung zu berücksichtigen. 1456

IV. Berichte über Straftatverdacht

Die Verdachtsberichterstattung bringt für den Betroffenen besondere Gefahren mit sich.[43] Insbesondere droht, dass Leser die bloße **Einleitung eines staatsanwaltlichen Ermittlungsverfahrens mit dem Nachweis der Schuld gleichsetzen.** Daher bestehen strenge Anforderungen, wenn das staatsanwaltschaftliche Ermittlungsverfahren noch nicht eingeleitet bzw. noch nicht abgeschlossen ist. 1457

38 OLG Köln vom 21.7. 1992, NJW-RR 1993, 31ff.
39 BVerfG vom 5.6. 1973 (Lebach I), BVerfGE 35, 202, 226ff.
40 BGH vom 24.11. 1987 (Büro-Sex), NJW 1988, 1984, 1985; dazu *Grunsky* EWiR 1988, 413f. Siehe auch Rdnr. 966.
41 BGH vom 26.1. 1965 (Gretna Green), JZ 1965, 411, 413; dazu *Koebel* JZ 1965, 413f.
42 Persönlichkeitsschutz gegenüber wahren Tatsachen bejahend BGH vom 20.12. 1994 – VI ZR 108/94; BGH vom 12.7. 1994, JZ 1995, 253ff.; dazu ablehnend *Trute* JZ 1995, 255ff. Stark einschränkend („nicht unbedenklich") BVerfG vom 23.2. 2000, NJW 2000, 2413, 2414ff.; dazu *Flint* NJ 2000, 368f.; *Halfmeier* AfP 2000, 449ff.; *Enders* JZ 2000, 1108ff. Persönlichkeitsschutz gegenüber nicht erweislich wahren Tatsachen ablehnend BGH vom 16.6. 1998 (IM-Sekretär), BGHZ 139, 95, 101ff.; dazu *Jutzi* NJ 1998, 593f.; *Schiemann* LM GG Art. 5 Nr. 92.
43 Zur Verdachtsberichterstattung aus Sicht des Strafverteidigers instruktiv *Lehr* in: Widmaier (Hrsg.), Münchener Anwalts-Handbuch Strafverteidigung, 2006, § 20 Rdnr. 15ff.

Gibt die zuständige Staatsanwaltschaft während dieser Zeitspanne Informationen an die Medien, so kann darin eine Persönlichkeitsverletzung liegen.[44]

1458 Die Berichterstattung durch die Medien ist nur zulässig, wenn diese einer **erhöhten Sorgfaltspflicht** genügt haben.[45] Die Medien haben in solchen Fällen regelmäßig vor der Veröffentlichung eine Stellungnahme des Betroffenen einzuholen.[46] Setzt die Darstellung den Betroffenen insgesamt in ein falsches Licht, dann ist sie selbst dann unzulässig, wenn die mitgeteilten Tatsachen für sich genommen jeweils wahr sind. Die Mitteilung muss inhaltlich vollständig sein, auf einem Mindesttatbestand von Beweistatsachen basieren und dem Leser namentlich auch die entlastenden Umstände bzw. die zur Verteidigung des Beschuldigten vorgetragenen Tatsachen und Argumente nennen.[47] Sie darf weder auf Sensationswirkungen abzielen und bewusst einseitig oder verfälschend sein, noch eine Vorverurteilung enthalten oder den unzutreffenden Eindruck erwecken, der Betroffene sei bereits überführt.[48] Berichtet die Presse über eine strafgerichtliche Verurteilung, ohne darauf hinzuweisen, dass die Entscheidung noch nicht rechtskräftig ist, so liegt bereits darin eine unzutreffende bzw. in einem entscheidenden Punkt unvollständige Äußerung.[49] Die Zulässigkeit setzt im Übrigen einen Vorgang von gravierendem Gewicht voraus, dessen Mitteilung durch ein korrespondierendes Informationsbedürfnis der Allgemeinheit gerechtfertigt ist.[50]

C. Unternehmerische und geschäftliche Schutzinteressen

1459 Unternehmerische und geschäftliche Schutzinteressen können einer Berichterstattung durch Medien in ähnlicher Weise wie das Persönlichkeitsrecht entgegenstehen. Eine Veröffentlichung kann unzulässig sein, weil die betreffenden Informationen in rechtswidriger Weise gewonnen wurden (siehe Rdnr. 1106ff., 1140ff.). Die Veröffentlichung kann legitime unternehmerische Interessen aber auch deshalb verletzen, weil sie einen bestimmten Inhalt hat. Das Recht setzt

44 Dazu *Becker-Toussaint* NJW 2004, 414ff. mwN. Nach *Wasmuth* NJW 1988, 1705ff. mwN. ist dann der Rechtsweg zu den Zivilgerichten eröffnet.

45 BGH vom 7.12. 1999 (Sticheleien von Horaz), BGHZ 143, 199, 203; dazu *Peters* LM BGB §823 (Ah) Nr. 130; *Bayreuther* JA 2000, 622ff.; zustimmend *Kübler* JZ 2000, 622f.; in Bezug auf die Sorgfaltspflicht ebenfalls zustimmend *van Look* WuB IV A §823 BGB 1.00. Allgemein *Stapper*, Namensnennung in der Presse im Zusammenhang mit dem Verdacht strafbaren Verhaltens, 1995, S. 37ff.; siehe auch *Marxen* GA 1980, 365ff.; *Hassemer* NJW 1985, 1921ff.; *Weiler* ZRP 1995, 130ff.

46 BGH vom 30.1. 1996 (Lohnkiller), BGHZ 132, 13, 25 mwN.; BGH vom 7.12. 1999 (Sticheleien von Horaz), BGHZ 143, 199, 204.

47 BGH vom 26.10. 1999 (Der Schmiergeldmann), NJW 2000, 656, 657; siehe auch *Bornkamm* NStZ 1983, 102, 103ff.

48 BGH vom 7.12. 1999 (Sticheleien von Horaz), BGHZ 143, 199, 203f.

49 BGH vom 30.11. 1971 (Freispruch), BGHZ 57, 325, 326 mwN.

50 BGH vom 7.12. 1999 (Sticheleien von Horaz), BGHZ 143, 199, 204.

den Medien insoweit aber nur sehr weite Grenzen. Der Schutz unternehmerischer und geschäftlicher Interessen gegenüber zutreffenden Inhalten reicht nicht so weit wie der Persönlichkeitsschutz des Einzelnen. Unternehmerisches und berufliches Wirken vollzieht sich im Allgemeinen nicht in einer Geheimsphäre und die Öffentlichkeit kann aus vielen Gründen an Informationen über unternehmerische Tätigkeiten interessiert sein.[51] Als Faustregel hat ein geschäftlich Betroffener **Beeinträchtigungen durch zutreffende Veröffentlichungen grundsätzlich hinzunehmen**, doch kann im Einzelfall Schutz gegeben sein.[52] Als Anwendungsfälle kommen bewusst diskriminierende Äußerungen, bestimmte Fallgestaltungen im Grenzbereich zwischen dem Recht am Unternehmen und dem allgemeinen Persönlichkeitsrecht und schließlich der Bereich kreditsensibler Informationen in Betracht.

In bestimmten weiteren Fällen können der Berichterstattung außerdem **Verwertungsrechte entgegenstehen**, soweit ein Unternehmen als Veranstalter ein entsprechendes Vermarktungsrecht hat. Ein solches Recht „an“ einem Ereignis versperrt nicht die Information als solche, kann aber möglicherweise bestimmte Formen der Berichterstattung über dieses Ereignis ausschließen. 1460

I. Unternehmerische Außendarstellung

Berichterstattungen über ein Unternehmen berühren dessen Außendarstellung 1461 und damit einen für das Unternehmen besonders wichtigen und beeinträchtigungsanfälligen Bereich. Gleichwohl sichert das Deliktsrecht die Unternehmen grundsätzlich nicht vor Wahrheiten[53] und schützt insbesondere nicht vor Kritik an unternehmerischen Leistungen als solcher.[54] Im Einzelnen ist freilich zwischen den beteiligten Interessen abzuwägen, so dass sich Pauschallösungen verbieten. Abwägungsaspekte sind namentlich das Gewicht des betroffenen Informationsinteresses, das Verhalten des Geschädigten, Ausweichmöglichkeiten des Anspruchsgegners und das Ausmaß der geschäftsschädigenden Wirkung.

1. Diskriminierung

Das Deliktsrecht schützt grundsätzlich nicht vor einer Berichterstattung, die 1462 zutreffend ist, aber das betroffene Unternehmen indirekt diskriminiert, weil es beispielsweise als einziges und stellvertretend für eine gesamte Branche herausgegriffen wird. Die Berichterstattung darf gegenüber den von ihr ausgelösten

51 BGH vom 24. 10. 1961 (Waffenhandel), BGHZ 36, 77, 80.
52 BGH vom 28. 11. 1952 (Kreditschutz), BGHZ 8, 142, 144ff.; BGH vom 3. 10. 1961 (Heizungsanlagen), BGHZ 36, 18, 23.
53 BGH vom 24. 10. 1961 (Waffenhandel), BGHZ 36, 77, 80; BGH vom 14. 1. 1969 (Kredithaie), GRUR 1969, 304, 305; BGH vom 20. 1. 1981 (Aufmacher I), BGHZ 80, 25, 31.
54 BGH vom 21. 6. 1966 (Teppichkehrmaschine), NJW 1966, 2010, 2011; BGH vom 20. 6. 1969 (Hormoncreme), GRUR 1969, 624, 627.

geschäftlichen Schäden aber nicht unangemessen sein. Insbesondere dürfen die Medien nicht gezielt ein Unternehmen herausgreifen, um gerade dieses Unternehmen anzuprangern.[55]

1463 Im Streitfall der **Antiseptica-Entscheidung** hatte die „Tagesschau" über gesundheitsschädliche Desinfektionsmittel in Kindergärten berichtet und dabei u.a. sieben bis acht Sekunden einen Kanister des Desinfektionsmittels „Antiseptica" gezeigt, so dass die Marke deutlich zu erkennen war. Die vergleichbaren und ebenfalls schädlichen Produkte anderer Hersteller wurden nicht gezeigt. Der BGH ging davon aus, dass die Reportage keine Falschbehauptung in dem Sinne enthielt, dass „Antiseptica" als einziges Mittel gesundheitsschädlich sei. Es stellte sich daher die Frage nach einem Schutz vor Diskriminierung, den das Gericht grundsätzlich verneinte.[56] Es ist den Medien erlaubt, Produkt und Marke eines Herstellers, dessen Desinfektionsmittel – wie andere auch – Formaldehyd enthält, „beispielhaft" und als solches nicht unsachlich herauszugreifen. Das Fernsehen ist in den Augen des BGH darauf angewiesen, seine Berichterstattung „ins Bild zu setzen", und nicht verpflichtet, in einer den betreffenden Hersteller möglichst schonenden Weise zu verfahren. Hier war die „Diskriminierung" also zugleich durch Informationsinteressen in Gestalt eines berechtigten Illustrationsanliegens gedeckt.

1464 Nach der **Kredithaie-Entscheidung** gelten dieselben Maßstäbe, wenn das Fernsehen über Missstände auf dem Kreditmarkt berichtet und dabei in einem von mehreren szenischen Beispielen Reklamematerial, Bestellscheine und Antragsformulare eines bestimmten Unternehmens zu erkennen sind.[57] Der Hinweis, wer die kritisierten Geschäfte vorgenommen hat und wie sie im Einzelnen abgewickelt wurden, kann von wesentlichem allgemeinen Interesse sein. Eine Stellungnahme zu Vorgängen im Wirtschaftsleben ist häufig gar nicht möglich, ohne dass über die handelnden Unternehmen berichtet wird. Im Streitfall war zugleich zu beachten, dass der maßgebliche unbefangene Zuschauer nur das eine und in der Sache zutreffende, nicht aber die sonstigen szenischen Beispiele auf die klagende Gesellschaft bezog.

2. Geschäftsbezogene Äußerungen über Einzelpersonen

1465 Der BGH hat einen Schutz unternehmerisch Tätiger vor verletzenden Wahrheiten in bestimmten Einzelkonstellationen bejaht, die im Schnittbereich zwischen dem Recht am Unternehmen und dem allgemeinen Persönlichkeitsrecht liegen. Dabei ging es stets um irgendwie **geschäftsbezogene Kritik, die zugleich einen Einzelnen in besonderer Weise öffentlich „an den Pranger" stellt**. Der BGH nimmt an, dass Äußerungen über die unternehmerische Tätigkeit zugleich auch in die persönliche Sphäre des Firmeninhabers eingreifen können.[58] Das Ge-

---

55 BGH vom 25.11. 1986 (Antiseptica), NJW 1987, 2746, 2747.

56 BGH vom 25.11. 1986 (Antiseptica), NJW 1987, 2746, 2747; dazu *T. Brinkmann* NJW 1987, 2721ff.; zustimmend *Brüggemeier* JZ 1987, 415f.; kritisch *Wassner* ZIP 1987, 343. BVerfG vom 10.10. 1989 – 1 BvR 113/87 hat die Verfassungsbeschwerde nicht angenommen.

57 BGH vom 14.1. 1969 (Kredithaie), GRUR 1969, 304, 305f.; dazu zustimmend *Bielenberg* GRUR 1969, 306f.

58 BGH vom 24.10. 1961 (Waffenhandel), BGHZ 36, 77, 80.

richt tendiert dazu, solche Fälle dem Persönlichkeitsrecht zuzuordnen. In zahlreichen Konstellationen stehen daher trotz eines klaren Unternehmensbezugs das allgemeine Persönlichkeitsrecht und der Schutz vor „Prangerwirkung" im Vordergrund. Die inhaltlichen Grenzen sind freilich diffizil und von den Gerichten im Einzelfall nicht immer ganz widerspruchsfrei gezogen worden.[59]

Die **Stoppt rechtswidrige Abtreibungen-Entscheidung** hat einen legal handelnden Me- 1466
diziner davor geschützt, dass ein radikaler Abtreibungsgegner nahe der Arztpraxis Handzettel gegen rechtswidrige Abtreibungen verteilte, auf denen der Name und die Anschrift des Arztes standen. Durch die nicht näher erläuterte Verwendung des Attributs „rechtswidrig" werde eine unzulässige „Prangerwirkung gegen den als Einzelperson genannten Arzt" erzeugt und beabsichtigt.[60] Es ist richtig, hier auf das allgemeine Persönlichkeitsrecht abzustellen. Das Recht am Unternehmen würde nämlich das Tragen eines unternehmerischen Risikos voraussetzen und könnte daher zugunsten angestellter – und gleichermaßen schutzwürdiger – Abtreibungsärzte von vornherein nicht eingreifen. Die Flugblätter sind weiterhin in Bezug auf den Frauenarzt geradezu der Inbegriff eines persönlichen Anprangerns.[61] Sie setzen den Betroffenen nicht allein der – wie auch immer – sachbezogenen Kritik aus, sondern drohen ihm auch auf der Schiene einer gesellschaftlichen Ächtung. Dagegen hat die **Babycaust-Entscheidung** für eine vergleichbare Konstellation in den Flugblättern keine Verletzung von Rechten der juristischen Person gesehen, die der Träger des Krankenhauses war.[62] Das verdient Zustimmung, da es aufseiten des Trägers allein um unternehmerische Interessen ging.

Dieselbe Prangerwirkung und eine Beschädigung des „Rufs als Bankier" droht dem 1467
Inhaber eines Bankhauses, wenn ein Presseartikel über die Beteiligung seines Unternehmens am Kriegswaffenhandel berichtet. Im Streitfall lehnte die **Waffenhandel-Entscheidung** eine Verletzung des Persönlichkeitsrechts aber gerade ab, weil die Öffentlichkeit ein berechtigtes Interesse an der Aufklärung über die mitgeteilten Tatsachen habe.[63] Lasse sich ein Unternehmer auf riskante Geschäfte ein, z.B. auf den Kriegswaffenhandel, so müsse er grundsätzlich auch das Risiko auf sich nehmen, dass Bekannte und politische Freunde infolge eines Medienberichts davon erfahren und sich daraufhin von ihm zurückziehen. Ein inhaltlicher Unterschied zu den Abtreibungs-Handzetteln ist schwer zu fassen.

3. Sonderfall Kreditwürdigkeit

Zutreffende Tatsachenäußerungen, die für den Betroffenen kreditgefährdend 1468
wirken können, unterliegen den allgemeinen Maßstäben. Sie sind für den Betroffenen freilich **von besonderer Gefährlichkeit, da Kreditgeber häufig prophylaktisch reagieren**. Entsprechende Äußerungen bringen deshalb die Gefahr

59 Weitergehend („kaum nachvollziehbar") Erman/*Schiemann*, §823 BGB Rdz. 71.

60 BGH vom 1.4. 2003 (Stoppt rechtswidrige Abtreibungen), NJW 2003, 2011, 2012; dazu *Diehl* ZfSch 2003, 340; *Katzenmeier* GesR 2003, 280; kritisch *Burkiczak* JR 2003, 472ff.

61 BGH vom 1.4. 2003 (Stoppt rechtswidrige Abtreibungen), NJW 2003, 2011f.; siehe auch BGH vom 7.12. 2004, BGHZ 161, 266, 269f.

62 BGH vom 30.5. 2000 (Babycaust), NJW 2000, 3421ff.; dazu *Dulitz* JA 2001, 89ff.; *Ehmann* LM GG Art.5 Nr.94; *Vahle* DVP 2001, 307; *Bölke* NJW 2004, 2352ff.

63 BGH vom 24.10. 1961 (Waffenhandel), BGHZ 36, 77, 81ff.

mit sich, den Untergang eines wirtschaftlich an sich lebensfähigen Unternehmens erst selbst herbeizuführen. Die Berechtigung eines solchen Tuns ist daher sehr sorgfältig zu prüfen und abzuwägen. Während vertrauliche Mitteilungen ohne Breitenwirkung oftmals problemlos zulässig sein werden,[64] müssen Massenmedien im Hinblick auf die breite Wirkung ihrer Äußerungen und das etwaige Vertrauen der Empfänger auf die Objektivität der Berichterstattung sorgfältig prüfen, ob der Inhalt eines Beitrags den Boden sachlich gerechtfertigter und angemessener Kritik nicht verlässt.[65]

1469 Kreditgefährdende Äußerungen durch einen Unternehmensverband sind zulässig, wenn bei Abwägung der beteiligten Interessen die Beeinträchtigung der unternehmerischen Tätigkeit unbedingt geboten ist und in der schonendsten Form vorgenommen wird.[66] Die regelmäßige Veröffentlichung einer Liste von „langsamen Zahlern", die nach Fälligkeit und trotz wiederholter Mahnungen nicht geleistet haben, ohne sich auf sachliche Einwendungen berufen zu können, hat die **Kreditschutz-Entscheidung** als unzulässig angesehen, da sie auch solchen Firmen zugänglich gemacht wurde, die mit den aufgeführten Unternehmen nicht in Geschäftsverbindung standen. Zugleich hielt das Gericht die automatische Bewertung als „langsamer Zahler" für problematisch, da die Einordnung den Betroffenen per se in die Gesellschaft mit notorisch unzuverlässigen Schuldnern rücke und ihn vor den gesamten Mitgliedern der Branche bloßstelle. Eine solche Aussage dürfe nicht oberflächlich und schematisch aus der Tatsache eines einzelnen Zahlungsverzugs abgeleitet werden. Sie könne nur zulässig sein, wenn sie auf einer gewissen Prüfung der näheren Umstände basiere.[67]

1470 Die **Bilanzanalyse-Entscheidung** hat es unter Berufung auf das „allgemeine Persönlichkeitsrecht eines Unternehmens" für unzulässig gehalten,[68] dass ein Wissenschaftler, der für Wirtschaftsprüfer und Steuerberater Fortbildungsseminare durchführt, Ablichtungen eines im Bundesanzeiger veröffentlichten Jahresabschlusses, der die finanzielle Situation dieses Unternehmens offenbart, an Banken und Seminarteilnehmer weitergibt, ohne den Namen und die Adresse des Unternehmens unkenntlich zu machen. Die öffentliche Zugänglichkeit der verwendeten Daten nach §§ 335 ff. HGB und der Schutzzweck dieser Vorschriften gäben einem Außenstehenden kein Recht, die in der Veröffentlichung des Jahresabschlusses liegende Offenlegung der finanziellen Lage des betroffenen Unternehmens noch dadurch zu verstärken, dass er das Interesse fachkundiger Kreise gezielt auf diese Veröffentlichung lenke. Im Ergebnis wurde damit ein Schutz vor wahren Tatsachenbehauptungen und seriösen Bewertungen gewährt. Die Entscheidung schränkt Möglichkeiten einer kritischen Auseinandersetzung im wirtschaftlichen Bereich ein und wird im Schrifttum vielfach abgelehnt. Sie betrifft freilich in mehrfacher Hinsicht einen Sonderfall. Die infrage stehende Äußerung betraf letztlich die Kreditwürdigkeit und da-

---

64 Nach §§ 824 Abs. 2 BGB, 4 Nr. 8 UWG kann eine vertrauliche Auskunft sogar zulässig sein, wenn sie unzutreffend ist.

65 BGH vom 14.1. 1969 (Kredithaie), GRUR 1969, 304, 306.

66 BGH vom 28.11. 1952 (Kreditschutz), BGHZ 8, 142, 145.

67 BGH vom 28.11. 1952 (Kreditschutz), BGHZ 8, 142, 146.

68 BGH vom 8.2. 1994 (Bilanzanalyse), NJW 1994, 1281, 1282; dazu *Marly* LM BGB § 823 (Ah) Nr. 110; *Ehmann* WuB IV A § 823 BGB 2.94; zustimmend *Strobel* BB 1994, 1293 ff.; *Wagner/Sommer* AG 1995, 452 ff.; *Nowak-Over* WiB 1994, 571 ff.; kritisch *Hager* ZHR 158 (1994), 675 ff.; *Hirte* EWiR 1994, 469 f.; *Siekmann* ZIP 1994, 651 ff.; *Leßmann* DZWir 1994, 331 ff.; *Lutter* AG 1994, 347; *Großfeld/Johannemann* WPg 1994, 415 f. BVerfG vom 3.5. 1994, NJW 1994, 1784 f. hat die Verfassungsbeschwerde nicht angenommen.

mit einen Unternehmensbereich besonderer Sensibilität. Sie konnte weiterhin in besonderer Weise als „Multiplikator“ wirken und nahm im Ergebnis einer Einzelperson die Existenzgrundlage.

Im Unterschied dazu ist es mit der **Bilanzanalyse Pro 7-Entscheidung** als zulässig anzusehen, dass ein Privatsender eine Auswertung der Bilanz des Konkurrenten an die Landesmedienanstalten versendet, um dadurch ein Einschreiten gegen den Mitbewerber zu erreichen.[69] Hier stehen spezielle Verfahren und Verfahrensgarantien infrage, die im Grundsatz eine Information durch Dritte gerade voraussetzen. 1471

II. Geschäftliche Verwertungsinteressen, Veranstalterschutz

Geschäftliche Verwertungsrechte begründen kein Recht an Informationen als solchen, können aber zur Folge haben, dass Medienunternehmen, denen der Rechtsinhaber keine Erlaubnis erteilt hat, nur sinngemäß oder inhaltlich beschränkt berichten können. Im Zusammenhang mit Veranstalterinteressen und der Sprachberichterstattung spielen solche Rechte bislang für den Hörfunk eine Rolle. Praktische Bedeutung hat dies für Livereportagen von Fußballspielen, die ohne Einverständnis des Veranstalters gemacht werden. Ähnlich wie im Zusammenhang mit Fernsehbildern kann eine **Liveübertragung im Radio** Spannung und den Erlebnis- und Unterhaltungswert des Ereignisses „authentisch“ vermitteln. Sie ist aktuell und geht über eine zeitlich spätere Nachricht über Einzelheiten und Ausgang der Partie klar hinaus. Sie lässt sich deshalb auch nicht mit einer Berichterstattung in der Presse oder einem späteren Hörfunkbericht auf eine Stufe stellen. 1472

Die Gerichte haben bislang in unterschiedlichen Prozesszusammenhängen über die Problematik entscheiden müssen. Das AG Münster lehnte Zahlungsansprüche des Fußballverbands bzw. des Veranstalters gegen einen privaten Hörfunksender ab, der über die Partie Preußen Münster gegen Arminia Bielefeld berichtet hatte.[70] Das LG Hamburg hielt demgegenüber das Hausrecht des Veranstalters für entscheidend.[71] Es wies die Feststellungsklage eines privaten Hörfunkunternehmens darauf ab, dass dem beklagten Fußballverband keine **Hörfunkrechte** zustünden oder dass dem Unternehmen hilfsweise jedenfalls zum Zwecke der Hörfunkberichterstattung aus den Stadien **Zutritt gegen Zahlung eines angemessenen Aufwendungsersatzes** zu gewähren sei. Das anschließend mit dem Verfahren befasste OLG Hamburg stellte in „ergänzenden Bemerkungen“ fest, dass der Klägerin auch kein Anspruch auf eine zeitlich begrenzte Berichterstattung bis zu maximal 5 Minuten, also kein **„hörfunkrechtlicher Anspruch auf Kurzberichterstattung“** zusteht.[72] 1473

---

69 BGH vom 22. 1. 1998 (Bilanzanalyse Pro 7), NJW 1998, 1399, 1400ff. zu §§ 1, 14 UWG a. F.; dazu *Ulrich* EWiR 1998, 429f.; *Kohl* LM UWG § 1 Nr. 765.

70 AG Münster vom 12. 11. 1993, AfP 1994, 68f.

71 LG Hamburg vom 26. 4. 2002, AfP 2002, 251, 255 mit Verweis auf BGH vom 14. 3. 1990 (Sportübertragungen), BGHZ 110, 371, 384; zum LG Hamburg ablehnend *Ory* AfP 2002, 195ff.

72 OLG Hamburg vom 12. 6. 2003, AfP 2003, 361, 362f.; dazu tendenziell zustimmend *Meister* AfP 2003, 307ff.

1474 Die rechtliche Schutzwürdigkeit unternehmerischer Verwertungsinteressen ist im Zusammenhang mit der Bildberichterstattung und dem Veranstalterschutz bzw. in Bezug auf Fernsehübertragungsrechte bereits anerkannt.[73] Ob der Veranstalter auch ein „Hörfunkrecht" besitzt, wird im Schrifttum kontrovers diskutiert.[74] Der BGH hat ein solches Recht in einer neuen Entscheidung nunmehr ausdrücklich bejaht.[75] Diese Rechtsprechung ist im Ergebnis zu begrüßen. Eine Radioübertragung kann zwar mit dem unmittelbaren Anschauungswert von Fernsehbildern nicht konkurrieren[76] und dürfte daher das Hauptgeschäft des Veranstalters, die Vermarktung der Fernsehübertragungsrechte, kaum beeinflussen. Es ist gleichwohl zu befürworten, dem Veranstalter auch die **Vermarktung in Gestalt von Radioübertragungsrechten zu ermöglichen** und ihm dazu ein entsprechendes Vermarktungsrecht zuzusprechen. Das Hörfunkrecht ermöglicht einen Wettbewerbsmechanismus, der zu positiven Informationsanreizen für den Unterhaltungssektor und damit letztlich zu einer besseren Information der Allgemeinheit führt (siehe Rdnr. 1223ff.). Zugleich sind die mit der Anerkennung eines Radioübertragungsrechts verbundenen „informationellen Ausschlusswirkungen" vernachlässigbar. Der Wettbewerbsmechanismus erfasst und beschränkt sich allein auf den besonderen Informationswert, den speziell die Liveübertragung vermittelt und bei dem von vornherein nicht die bloße Information als notwendige Grundlage der Meinungsbildung, sondern möglichst „spannende" Unterhaltung im Vordergrund steht.[77] Hinzu kommt, dass das Recht des Fernsehens auf Kurzberichterstattung umfassende Informationsmöglichkeiten und namentlich auch eine Interpretations- und Deutungsvielfalt eröffnet. Im Übrigen kann der Hörer zwar nicht zwischen unterschiedlichen Radioreportagen wählen und ist insoweit in seiner Informationsmöglichkeit beschränkt, die Übertragung durch die sendeberechtigte Radiostation ist ihm aber ohne speziellen Kostenaufwand zugänglich.

1475 Als Rechtsgrundlage eines „Hörfunkrechts" kommen verschiedene Normen in Betracht, namentlich das Recht am Unternehmen und das Hausrecht. Aus denselben Gründen wie im Zusammenhang mit den Fernsehrechten ist es vorzugswürdig, das Recht allein aus dem Deliktsrecht bzw. dem Recht am Unter-

---

73 Siehe Rdnr. 1401ff.

74 Für ein entsprechendes Vermarktungsrecht *Winter* ZUM 2003, 531ff.; *Günther* WRP 2005, 703ff. Zwei von der ARD in Auftrag gegebene Gutachten befürworten die Gegenposition, *Mailänder/Mailänder* in: Dörr/Mailänder (Hrsg.), Freiheit und Schranken der Hörfunkberichterstattung über Spitzensport, 2003, S. 109ff., 196f.; aus öffentlich-rechtlicher Sicht tendenziell auch *Dörr/Burkhard* in: Dörr/Mailänder (Hrsg.), Freiheit und Schranken der Hörfunkberichterstattung über Spitzensport, 2003, S. 11ff., 82ff., die aber in erster Linie den Gesetzgeber als regelungspflichtig ansehen. Siehe ferner *Mailänder* ZUM 2003, 820ff.; *Agudo y Berbel/Engels* WRP 2005, 191ff.

75 BGH vom 8.11. 2005 (Hörfunkrechte), BGHZ 165, 62, 69ff.; dazu *Zagouras* WuW 2006, 376ff., *Degenhart* K&R 2006, 165ff.

76 Siehe Rdnr. 1259f.

77 LG Hamburg vom 26.4. 2002, AfP 2002, 251, 255; *Wertenbruch* SpuRt 2001, 185, 187.

nehmen abzuleiten (siehe Rdnr. 1402 ff.). In Sonderfällen kann auch das Recht auf kommerzielle Selbstbestimmung einschlägig sein.[78]

Das Vermarktungsrecht des Veranstalters findet aber auf jeden Fall unüber- 1476
windbare Grenzen, soweit es um die **Information als solche** geht.[79] Die Berichterstattung über das Spiel muss durchweg frei bleiben, soweit sie beispielsweise in der Presse erfolgt oder es sich um einen zeitlich nachgelagerten Rundfunkbeitrag bzw. eine Sendung ohne Livecharakter handelt. Soweit es um „pure Information" geht, zum Beispiel über Mannschaftsaufstellungen, Auswechslungen, Spielstand etc., müssen entsprechende Mitteilungen auch zeitlich unbeschränkt frei bleiben. Es ist daher jedermann erlaubt, solche Informationen aktuell öffentlich zu machen, zum Beispiel im Internet, über Videotext oder in Gestalt von Meldungen im Rundfunk.

Radiounternehmen ist es grundsätzlich **verboten, die Livereportage des** 1477
Konkurrenzsenders zu übernehmen. Der Konkurrenzsender hat als Sendeunternehmen das ausschließliche Recht, seine Funksendung weiterzusenden und öffentlich zugänglich zu machen[80] und würde überdies einen wettbewerbsrechtlichen Schutz gegen unmittelbare Übernahme genießen. Die Reportage selbst ist ein vom Reporter geschaffenes Sprachwerk, soweit sie durch dessen Individualität geprägt ist, etwa weil sie durch Bonmots, Einfälle und humorvolle Überleitungen das Publikum in besonderer Weise anspricht.[81] Auch die urheberrechtlichen Schrankenbestimmungen lassen die Übernahme nicht zu. § 48 Abs. 1 Nr. 1 UrhG erlaubt zwar die öffentliche Wiedergabe bestimmter Reden, deckt aber – selbst wenn man eine „Rede" im Sinne der Vorschrift und auch die übrigen Voraussetzungen der Norm bejahen sollte – allenfalls eine Verbreitung nach Abschluss der Rede, aber keine mehr oder weniger zeitgleiche Übernahme. § 49 UrhG greift nur im Zusammenhang mit politischen, wirtschaftlichen oder religiösen Tagesfragen ein und scheidet daher in Bezug auf Fußballspiele aus.

---

78 BGH vom 1. 12. 1999 (Marlene Dietrich), BGHZ 143, 214, 219 f. lässt dies auch für die Wortberichterstattung durch Medien als möglich erscheinen, doch sind solche Konstellationen bislang noch nicht aufgetreten. Zum Recht auf kommerzielle Selbstbestimmung siehe Rdnr. 339.

79 Ähnlich *Meister* AfP 2003, 307, 311.

80 § 87 Abs. 1 Nr. 1 UrhG.

81 So BGH vom 14. 11. 1980 (Quizmaster), BGHZ 79, 362, 367 in Bezug auf die Werkqualität von Sprachbeiträgen durch einen Fernsehentertainer. Der legendäre Torschrei *Herbert Zimmermanns* und weitere Passagen seiner Kommentierung des „Wunders von Bern" sind ohne Zweifel urheberrechtlich geschützt. Die Reportage soll übrigens sogar als Schallplatte tausendfach verkauft worden sein.

D. Gerichtsberichterstattung, sonstige staatliche Schutzinteressen

1478 Die Gerichtsberichterstattung unterliegt speziellen Regeln. Die betreffenden Vorschriften sollen eine „Prozessführung durch die Medien"[82] sowie Verletzungen von Persönlichkeitsrechten Beteiligter verhindern. Sie beschränken dazu insbesondere die Möglichkeit, Bilder vom Prozessgeschehen machen zu können.[83] Straf- und Gerichtsverfassungsrecht sehen aber auch für die Sprach- und sonstige Berichterstattung Einschränkungen vor.

I. Wortlautgetreue Wiedergabe von Anklageschriften

1479 Anklageschriften eines Strafverfahrens sowie weitere amtliche Schriftstücke in Straf-, Bußgeld- oder Disziplinarverfahren dürfen weder ganz noch in wesentlichen Teilen im Wortlaut öffentlich mitgeteilt werden, solange sie nicht in öffentlicher Verhandlung erörtert worden sind oder das Verfahren abgeschlossen ist (**§353d Nr.3 StGB**). Die Regelung geht auf §17 des früheren ReichspreßG zurück, der die „Unbefangenheit der bei den Strafverhandlungen beteiligten Personen schützen" sollte.[84] Sie normiert dazu ein ungewöhnliches Verbot, da sie lediglich das identische Zitieren („im Wortlaut"), nicht aber eine nur inhaltliche Wiedergabe in anderen Worten untersagt.[85] Die authentische und prinzipiell „bessere" Information wird verboten, während die sinngemäße Übermittlung des Originals erlaubt bleibt.

1480 Der Straftatbestand mag zu den Zeiten des ReichspreßG Sinn gemacht haben, der aber im Zeitalter der Massenmedien nur noch bedingt erkennbar ist. Möglicherweise entlastet die Vorschrift allerdings das vorgelagerte Ermittlungsverfahren, weil sie einem übergroßen Interesse der Medien an Originalunterlagen entgegenwirkt. Das BVerfG hat die Vorschrift in der **Flick-Spendenaffäre-Entscheidung** als verfassungskonform angesehen. Im Streitfall hatte eine Illustrierte in drei Ausgaben über die Ermittlungen der Bonner Staatsanwaltschaft in der „Flick-Spendenaffäre" u.a. wörtliche Auszüge aus den Protokollen über die Vernehmung eines Beschuldigten und zweier Zeugen sowie Passagen aus Schutzschriften der Verteidiger zweier anderer Beschuldigter veröffentlicht. Das AG[86] hatte die Norm für verfassungswidrig gehalten, weil sie in die von Art.5 Abs.1 GG geschützten Grundrechte eingreife, den damit angestrebten Schutz von Laienrichtern und Zeugen vor vorzeitiger Beeinflussung aber gar nicht leisten könne. Im Übrigen wur-

---

82 „... trial by newspaper is wrong und should be prevented", Lord *Reid* in A-G v. Times Newspaper, [1973] 3 All E.R. 54, 64 (H.L.).

83 Siehe Rdnr.1306ff., 1313ff.

84 Motive ReichspreßG zu §18, Verhdlg. RT, 2. Legislatur-Periode, I. Session 1874, 3. Band, Aktenstück Nr.23, S.141; ähnlich BT-Drucks. 7/550, S.283, 284. Das Rechtsgut der heutigen Norm ist allerdings umstritten, siehe dazu *Schomburg* ZRP 1982, 142, 143f.; *Wilhelm* NJW 1994, 1520, 1521 mwN.

85 Tröndle/*Fischer*, §353d StGB Rn.6.

86 AG Hamburg vom 9.3. 1984 (Flick-Spendenaffäre), NStZ 1984, 265, 266f.; dazu *Rogall* NStZ 1984, 267f.; siehe auch *Schuppert* AfP 1984, 67ff.

de das Verbot, im Wortlaut zu veröffentlichen, Entstellungen des maßgeblichen Sachverhalts geradezu fördern. Demgegenüber sah das BVerfG die Vorschrift zur Erreichung ihrer Ziele als nicht „schlechthin ungeeignet" an, da sie es den Medien jedenfalls verwehre, ihrer Berichterstattung „den Eindruck amtlicher Authentizität" zu verleihen.[87] Überdies greife die Vorschrift nur geringfügig in Rechte der Medien ein. Es sei kein milderes Mittel ersichtlich, das in gleicher Weise geeignet sein könnte, den Schutz der Unbefangenheit Verfahrensbeteiligter und den Schutz des Verfahrensbetroffenen vor Bloßstellung zu bewirken.[88]

Im Einzelnen wendet sich das Verbot gegen das **öffentliche Mitteilen**, ist also 1481
bei einer Publikation in Massenmedien stets anwendbar. Es soll nach der Rechtsprechung beispielsweise aber auch bereits eingreifen können, wenn der Täter im Rahmen einer von ihm in seinen Privaträumen abgehaltenen Pressekonferenz eingeladenen Pressevertretern Teile aus der Ermittlungsakte eines gegen einen Dritten gerichteten Strafverfahrens im Wortlaut mitteilt und diese daraufhin wortgetreu von den Medien veröffentlicht werden.[89] Neben der Anklageschrift fallen auch **amtliche Schriftstücke** unter die Vorschrift, also solche Texte, die den sachlichen Gehalt des Prozesses betreffen und amtlich in das Verfahren einbezogen wurden.[90] Als **Strafverfahren** sind u.a. auch Steuerstrafverfahren, Jugendstrafverfahren, Verfahren zur Anordnung von Maßnahmen oder über Aussetzung eines Strafrests oder einer Maßregel sowie Verfahren zur Anordnung einer behördlichen Verwahrung anzusehen.[91] Bußgeldverfahren nach dem OWiG werden ebenso erfasst wie Disziplinarverfahren, ehrengerichtliche Verfahren und berufsgerichtliche Verfahren.[92] Eine Wiedergabe **im Wortlaut** liegt nach h.M. auch vor, wenn die Formulierungen lediglich geringfügig geändert werden und der Originaltext noch erkennbar ist. Das Einfügen von Zusammenfassungen oder Bewertungen kann jedoch bereits den Tatbestand ausschließen.

II. Öffentliche Verhandlungen

Die Wortberichterstattung über öffentliche Verhandlungen unterliegt keinen 1482
gerichtsspezifischen Beschränkungen. Vorgänge, die Gegenstand einer öffentlichen Gerichtsverhandlung oder eines polizeilichen Ermittlungsverfahrens waren, sind nicht als „Geheimnis" geschützt,[93] wenn beliebige Dritte von ihnen wissen können.[94] Umgekehrt folgt allein daraus, dass Vorgänge gerichtsöffentlich behandelt wurden, nicht automatisch, dass die Medien auch alle Informati-

87 BVerfG vom 3.12. 1985 (Flick-Spendenaffäre), BVerfGE 71, 206, 216f.; dazu *Hoffmann-Riem* JZ 1986, 494f.; *Bottke* NStZ 1987, 314ff.; *„äl"* Kriminalistik 1986, 294ff.
88 BVerfG vom 3.12. 1985 (Flick-Spendenaffäre), BVerfGE 71, 206, 218ff.
89 OLG Stuttgart vom 8.12. 2003, NJW 2004, 622f.
90 Tröndle/*Fischer*, § 353d StGB Rn. 4 mwN.
91 Tröndle/*Fischer*, § 343 StGB Rn. 3 mwN.
92 Tröndle/*Fischer*, § 343 StGB Rn. 5 mwN.
93 §§ 93ff., 203, 353b StGB.
94 Tröndle/*Fischer*, § 203 StGB Rn. 5 mwN.

onen publizieren dürfen, die Gegenstand der Verhandlung waren. Insbesondere kann das Persönlichkeitsrecht einer solchen Veröffentlichung entgegenstehen.[95]

1483 Das Gerichtsverfassungsrecht (§§ 169 Satz 2, 176 GVG) untersagt grundsätzlich weder **stenografische Aufzeichnungen** noch das **Mitschreiben**.[96] Anders aber, wenn das Anfertigen solcher Notizen den Ablauf der Sitzung stört, z.B. wenn die durch konkrete Tatsachen begründete Gefahr besteht, dass Aussagen oder sonstige Verhandlungsvorgänge wartenden Zeugen unzulässigerweise mitgeteilt werden sollen.[97]

III. Nicht öffentliche Verhandlungen

1484 Für die Berichterstattung über nicht öffentliche Verhandlungen gelten besondere Maßstäbe. Der Ausschluss der Öffentlichkeit kraft Gesetzes oder aufgrund eines gerichtlichen Beschlusses dient oftmals zum Schutz der Privatsphäre beteiligter Personen bzw. zum Schutz geschäftlicher oder privater Geheimnisse. Entsprechende Veröffentlichungen durch Medien sind daher – unabhängig von den Bestimmungen des GVG – bereits nach den allgemeinen zivil- und strafrechtlichen Regeln besonderen Anforderungen unterworfen, namentlich denen des Persönlichkeits- und Geheimnisschutzes. Darüber hinaus enthalten das Gerichtsverfassungsrecht und das Strafrecht noch zwei spezielle Schutzvorschriften.

1485 Ist die Öffentlichkeit wegen **Gefährdung der Staatssicherheit** (§ 172 Nr. 1 1. Alt GVG) ausgeschlossen, so dürfen Presse, Rundfunk und Fernsehen keine Berichte über die Verhandlung und den Inhalt eines die Sache betreffenden amtlichen Schriftstücks veröffentlichen.[98] Wer dieses Verbot verletzt, begeht eine Straftat.[99] Die Strafnorm beschränkt sich – trotz ihres scheinbar weiter reichenden Wortlauts – allein auf den Fall, dass die Öffentlichkeit wegen einer Gefährdung der Staatssicherheit ausgeschlossen war, weil das GVG nur insoweit ein gesetzliches Veröffentlichungsverbot ausspricht.[100]

1486 Weitere Beschränkungen greifen, wenn das Gericht den anwesenden Personen eine **Geheimhaltungspflicht auferlegt hat** (§ 174 Abs. 3 GVG). Eine solche Geheimhaltung kommt abermals bei einer Gefährdung der Staatssicherheit, aber beispielsweise auch im Zusammenhang mit schutzwürdigen Interessen Verfahrensbeteiligter und mit Geheimnissen in Betracht. Die Verletzung der Geheimhaltungspflicht ist ebenfalls strafbewehrt.[101]

---

95 Siehe dazu allgemein und zu BGH vom 29.6. 1999 (Ehebruch), NJW 1999, 2893f. Rdnr. 1112ff.
96 BGH vom 15.1. 1963, BGHSt 18, 179, 181.
97 BGH vom 13.5. 1982, NStZ 1982, 389ff.
98 § 174 Abs. 2 GVG.
99 § 353d Nr. 1 StGB.
100 Tröndle/*Fischer*, § 353d StGB Rn. 2.
101 § 353d Nr. 2 StGB.

IV. Staats- und Amtsgeheimnisse

Die Möglichkeiten der Wortberichterstattung sind auch in Bezug auf bestimmte weitere staatliche Schutzinteressen beschränkt, nämlich im Zusammenhang mit Informationen, die Gegenstand von Staats- und Amtsgeheimnissen sind. Einzelheiten sind aus Gründen des Sach- und Darstellungszusammenhangs bereits an früherer Stelle behandelt worden (siehe Rdnr. 1151 ff.). 1487

E. Urheberrecht

Einer Veröffentlichung zutreffender Informationen kann auch das Urheberrecht entgegenstehen. In Betracht kommt namentlich, dass jemand ein Urheberrecht an einem Text bzw. einem Sprachwerk hat. Im Ergebnis steht der Urheberschutz Veröffentlichungen durch die Medien aber nur in wenigen Konstellationen entgegen, da er Informationen als solche grundsätzlich nicht erfasst. 1488

I. Schriftwerke und Reden

Ein Sprachwerk (§ 2 Abs. 1 Nr. 1 UrhG) setzt voraus, dass ein Werkinhalt **durch Sprache ausgedrückt** wird, also durch ein System von Mitteilungssymbolen, die nach einer Konvention unter den Beteiligten einen bestimmten Bedeutungsinhalt haben. Es ist unerheblich, um welche Sprache es sich handelt. Auf den Inhalt des Sprachwerks kommt es nur insoweit an, als er dem Bereich der Literatur, Wissenschaft oder Kunst zuzurechnen sein muss. 1489

Das Urheberrecht trennt im Rahmen von Sprachwerken zwischen Schriftwerken und Reden, die einen Gedankeninhalt in unterschiedlicher Weise wahrnehmbar machen. Das **Schriftwerk** macht den Gedankeninhalt durch Schriftzeichen oder andere Zeichen äußerlich erkennbar.[102] Erfasst werden Texte aller Art, zum Beispiel Abhandlungen wissenschaftlichen, politischen oder religiösen Inhalts, Zeitschriftenaufsätze und Zeitungsartikel, Resolutionen und literarische Schriften.[103] Die **Rede** bringt den sprachlichen Gedankeninhalt demgegenüber mündlich zum Ausdruck. Beispiele sind Vorträge, Ansprachen, Vorlesungen, Predigten, Stegreifreden, Interviews und Reportagen. Wer ein fremdes Schriftwerk vorträgt, hält keine Rede im urheberrechtlichen Sinn, kann aber ausübender Künstler sein.[104] 1490

Die Unterscheidung zwischen Schriftwerken und Reden hat praktische Bedeutung, da sie zum Teil unterschiedlichen Regeln unterliegen. So erlaubt beispielsweise § 48 Abs. 1 Nr. 1 UrhG der Presse allein den Abdruck bestimmter Reden. Die Vorschrift deckt keine 1491

---

102 BGH vom 21. 11. 1980 (Staatsexamensarbeit), GRUR 1981, 352, 353 mwN.
103 Schricker/*Loewenheim*, § 2 UrhG Rdnr. 81 mit weiteren Beispielen.
104 § 73 UrhG; BGH vom 14. 11. 1980 (Quizmaster), BGHZ 79, 362, 368 ff.

Vervielfältigung eines Schriftwerks bzw. des Redemanuskripts, bevor die Rede gehalten worden ist.

II. Werkanforderungen

1492 Der Werkcharakter von Sprachwerken kann sich aus der Form, aber auch aus dem Inhalt des Geäußerten ergeben und wird tendenziell an niedrige Hürden geknüpft.[105]

1. Zeitungs- und Zeitschriftenartikel

1493 Die Rechtsprechung[106] und inzident auch § 49 Abs. 1 Satz 1 UrhG gehen davon aus, dass **Zeitungs- und Zeitschriftenartikel** in aller Regel Schriftwerke sind. Die vielfältigen Möglichkeiten, ein Thema darzustellen, und die fast unerschöpfliche Vielzahl der Ausdrucksmöglichkeiten führen dazu, dass ein solcher Artikel nahezu unvermeidlich von der Individualität seines Autors geprägt ist. Dies gilt sowohl für Beiträge, die eine eigene Meinung des Autors wiedergeben, als auch für die reine Berichterstattung.[107] Die Schutzfähigkeit scheidet nur in Bezug auf schlichte Nachrichten oder Mitteilungen rein tatsächlichen Inhalts aus, zum Beispiel für bloße Mitteilungen über Personalveränderungen in Unternehmen oder für aus Agenturmeldungen übernommene Tagesneuigkeiten.[108]

2. Werkcharakter von Reden

1494 Der Werkcharakter einer Rede setzt nach den allgemeinen Anforderungen eine geistige Leistung eigenpersönlicher Prägung voraus. Er kommt in Betracht, wenn sich die Rede aus der Masse alltäglichen Geplauders durch eine gefällige Form abhebt. So kann beispielsweise ein Quizmaster den Gang eines Frage- und Antwortspiels durch seine Fantasie und durch anscheinend mühelose, mit rasch hingeworfenen Bonmots gewürzte Überleitungen entscheidend prägen.[109] Dieselben Anforderungen gelten für Interviews, Ansagen, Liveübertragungen und Reportagen.[110]

---

105 Schricker/*Loewenheim*, § 2 UrhG Rdnr. 83, 88.

106 BGH vom 16.1. 1997 (CB-infobank I), BGHZ 134, 250, 255; KG vom 30.4. 2004 (Ausschnittdienst), GRUR-RR 2004, 228, 229.

107 KG vom 30.4. 2004 (Ausschnittdienst), GRUR-RR 2004, 228, 229.

108 BGH vom 16.1. 1997 (CB-infobank I), BGHZ 134, 250, 256; siehe auch § 49 Abs. 2 UrhG.

109 BGH vom 18.12. 1962 (Fernsehwiedergabe von Sprachwerken), BGHZ 38, 356, 358f.; BGH vom 14.11. 1980 (Quizmaster), BGHZ 79, 362, 367.

110 BGH vom 14.11. 1980 (Quizmaster), BGHZ 79, 362, 366f.; OLG Köln vom 13.8. 1993 (Filmausschnitt), GRUR 1994, 47, 48.

3. Informationen als solche

Das Urheberrecht erfasst seinem Ausgangspunkt nach bloße Informationen und Fakten als solche grundsätzlich nicht, schützt also in den meisten Fällen nur die **sprachliche Form, nicht aber den Inhalt des Mitgeteilten**. Aus medienrechtlichem Blickwinkel liegt dies auf der Hand, insbesondere müssen die Information der Öffentlichkeit über tatsächliches Geschehen und eine entsprechende Berichterstattung durch die Medien stets möglich sein. 1495

Die **Unternehmen Tannenberg-Entscheidung** macht den Zusammenhang deutlich. Im Streitfall hatte der Kläger, ein Historiker, aufgrund jahrelanger Forschungen ein Manuskript über die von den Nationalsozialisten vorgetäuschten Zwischenfälle an der deutsch-polnischen Grenze am Vorabend des Zweiten Weltkriegs verfasst. Die Arbeit trug ein erhebliches Quellenmaterial zusammen, behandelte die historischen Ereignisse in der Reihenfolge ihres zeitlichen Verlaufs und gelangte zu diversen Forschungsergebnissen. Aufbau, Darstellungsweise, Forschungsergebnisse und das zusammengetragene Quellenmaterial waren als solche nicht geschützt und durften von einem Dritten bei der Abfassung eines Buches über dasselbe Thema frei verwertet werden, obwohl gerade in der langjährigen Forschungsarbeit der Schwerpunkt der geistigen Leistung des Klägers lag.[111] Soweit auch den einzelnen Textabschnitten eine eigenschöpferische Prägung fehlte, konnte das Manuskript in vielen Passagen von dem Dritten sogar wörtlich übernommen werden. Im Streitfall schied weiterhin ein wettbewerbsrechtlicher Schutz vor unmittelbarer Übernahme aus, weil das fremde Manuskript „nachschaffend“ und nicht gänzlich übernommen worden war. 1496

Im Detail verfolgt das Urheberrecht in der Frage, ob Schriftwerke nur in ihrer Form oder auch im Hinblick auf ihren Inhalt geschützt werden, jedoch einen differenzierenden Kurs. Dabei muss man sich klar machen, dass auch Inhalte vom Urheber „geschaffen“ worden sein können und dass zugleich allgemeine **Informationsinteressen einem Schutz von Inhalten nicht zwingend entgegenstehen**. Ein Ausschließlichkeitsrecht an Fakten und Informationen, die einen wie auch immer gearteten realen Kern haben, wäre hoch problematisch. Hier wären die Demokratie- und Wirtschaftsfunktion der Medien in höchstem Maße betroffen. Dagegen ist ein urheberrechtlicher Schutz unproblematisch, soweit er das öffentliche Informationsbedürfnis nicht oder nur gering berührt, zum Beispiel im Zusammenhang mit Inhalten, die auf bloßer Fantasie und Fiktion basieren. 1497

Der Schutz von Schriftwerken kann sich aus diesem Grund auf den **literarischen Inhalt** erstrecken. Wer eine Fortsetzung von „Doktor Schiwago“ schreibt und dazu wesentliche Züge der eigenschöpferisch gestalteten Romanwelt, zum Beispiel die handelnden Personen, das Geflecht ihrer Beziehungen untereinander, ihr Schicksal und ihre gesamte sonstige Lebenssituation über- 1498

111 OLG Frankfurt a.M. vom 27.8. 1981 (Unternehmen Tannenberg), GRUR 1990, 124, 126; siehe auch OLG Hamburg vom 15.12. 1977 (Artikelübernahme), GRUR 1978, 307f.

nimmt, verletzt das Urheberrecht des ersten Autors.[112] Ein solcher urheberrechtlicher Schutz berührt insbesondere die wichtige Demokratie- und Wirtschaftsfunktion nicht. Er kann allenfalls für die Integrationsfunktion bedeutsam sein, die den Medien jedoch keinen Anspruch auf kostenlosen und kompletten Zugriff verleiht.

1499 Bei Sprachwerken mit **wissenschaftlichem oder technischem Inhalt** scheidet die Gedankenformung und -führung des dargestellten Inhalts für eine persönliche geistige Schöpfung weitgehend aus und für den Urheberschutz kommt regelmäßig nur die konkrete schöpferische Formgebung, die Form und Art der Sammlung, Einteilung und Anordnung des Materials in Betracht.[113] Die im Sprachwerk enthaltene wissenschaftliche Lehre, die ihr entnommenen Begriffe, ihr Sprachgebrauch und die Ergebnisse, zu denen sie gelangt ist, sind urheberrechtlich frei und jedermann zugänglich.

4. Zusammenstellungen und Sammlungen von Informationen

1500 Informationen tatsächlichen Inhalts sind als solche stets frei. Das Urheberrecht bietet aber für Sammlungen und Zusammenstellungen von Informationen einen gewissen Schutz. Die Rechtsprechung geht davon aus, dass auch in der besonders geistvollen **Form und Art der Sammlung, Einteilung und Anordnung eines vorhandenen Stoffs** eine persönliche geistige Schöpfung liegen kann.[114]

1501 Aus diesem Grunde wurden beispielsweise die Auswahl und Zusammenstellung medizinischer Fachfragen und eine nach verschiedenen Gesichtspunkten systematisch geordnete Sammlung von historischen Texten als schutzfähig angesehen.[115] Zusammenstellungen, in denen lediglich Daten und Fakten aneinander gereiht werden und die sich allenfalls durch Vollständigkeit, nicht aber durch eine schöpferische Auswahl und Anordnung auszeichnen, werden von § 2 UrhG nicht erfasst. Deshalb ist z.B. ein **Telefonbuch** kein urheberrechtliches Werk, genießt aber als **Datenbank** nach §§ 87a ff. UrhG Schutz.[116]

III. Amtliche Werke

1502 Nach § 5 UrhG genießen **amtliche Werke**, die überwiegend in die Kategorie des Sprachwerks fallen würden, keinen urheberrechtlichen Schutz. Rechtsnormen, Bekanntmachungen, Entscheidungen und ihre amtlich verfassten Leitsätze sind daher gemeinfrei. Die Äußerungen der drei Staatsgewalten sollen im Interesse des Staats an einer möglichst breiten Information der Bevölkerung frei verwer-

---

112 BGH vom 29.4. 1999 (Laras Tochter), BGHZ 141, 267, 277.
113 BGH vom 12.7. 1990 (Themenkatalog), GRUR 1991, 130, 132 mwN.
114 BGH vom 12.3. 1987 (Warenzeichenlexika), GRUR 1987, 704, 705.
115 BGH vom 27.2. 1981 (Fragensammlung), GRUR 1981, 520, 521; BGH vom 7.12. 1979 (Monumenta Germaniae Historica), GRUR 1980, 227, 230.
116 BGH vom 6.5. 1999 (Tele-Info-CD), BGHZ 141, 329, 332ff.

tet werden dürfen.[117] Handelt es sich dagegen um ein nichtamtliches Werk, dann kann der Urheberschutz eingreifen, zum Beispiel für Gesetzesüberschriften, die durch einen Verlag eingefügt worden sind, oder für Leitsätze einer Entscheidung, die eine Zeitschriftenredaktion formuliert hat.[118]

IV. Öffentliche Reden

Der Inhalt von Reden ist als solcher grundsätzlich nicht urheberrechtlich geschützt. Darüber hinaus wird die Berichterstattung durch gesetzliche Schrankenbestimmungen nochmals erleichtert. Unter den Voraussetzungen von § 48 UrhG dürfen Reden im allgemeinen Informationsinteresse **wörtlich wiedergegeben** werden, ohne dass dafür noch eine Zustimmung des Redners erforderlich ist. Die Vorschrift eröffnet den Medien eine besondere Informationsmöglichkeit in Gestalt der **„authentischen Dokumentation"**, die typischerweise einen deutlich höheren Informationswert hat als eine bloße Mitteilung des Inhalts gehaltener Reden. 1503

Der spezielle Informationsbezug der Vorschrift wird in der **Schmoller-Vortrag-Entscheidung** deutlich, die das RG zu einem Vorläufer der heutigen Norm gefällt hat. Im Streitfall hatte ein Professor einen öffentlichen Vortrag über eine Gesetzesvorlage im Reichstag gehalten. Später überarbeitete der Professor sein Manuskript, dessen neue Version nun allein für studentische Hörer bestimmt war. Der Abdruck des überarbeiteten Manuskripts wäre in den Augen des RG selbst dann von der Schrankenbestimmung nicht mehr erfasst worden, wenn es mit der ursprünglichen Version gedankengleich gewesen wäre und ein entsprechendes Informationsinteresse des „Publikums" bestanden hätte.[119] Ein später verfasstes Manuskript kann nicht authentisch darüber informieren, was für eine Rede ursprünglich im Reichstag gehalten wurde. Es ist daher richtig, den Medien keinen freien Zugriff auf das spätere Manuskript zu erlauben und sie stattdessen auf die Möglichkeit einer inhaltlichen Wiedergabe zu beschränken. 1504

§ 48 UrhG ist – wie auch die weiteren medienrelevanten Schrankenbestimmungen – im Detail kompliziert und unübersichtlich, was auch daran liegen dürfte, dass die Vorschrift im Kern auf eine bereits 1901 geschaffene Norm[120] zurückgeht. Einzelne ihrer Voraussetzungen erschließen sich erst durch **Umkehrschlüsse zu den §§ 49, 50 UrhG**. Zum Beispiel schafft § 49 Abs. 1 UrhG für Rundfunkkommentare Sonderregeln und klammert sie auf diese Weise inzident aus § 48 UrhG aus. § 48 UrhG regelt ferner **allein die urheberrechtliche Zulässigkeit**. Die Voraussetzungen der Vorschrift sind allerdings auf Konstellationen zugeschnitten, in denen eine Weiterverbreitung über die Medien auch nach persönlichkeitsrechtlichen Maßstäben vielfach erlaubt sein wird. Dies gilt insbesondere, soweit ein Abdruck der Rede infrage steht (Zitat etc.). Das Senden im Hör- 1505

117 Amtliche Begründung zu § 5 UrhG, BT-Drucks. IV/270, S. 39.
118 BGH vom 21. 11. 1991 (Leitsätze), BGHZ 116, 136, 144 ff.
119 RG vom 28. 11. 1902 (Schmoller-Vortrag), RGSt 36, 8, 10.
120 § 17 Nr. 1 LUG vom 19. 6. 1901, RGBl 227 ff.

funk und das Zeigen von Filmaufnahmen sind persönlichkeitsrechtlich allerdings an erhöhte Zulässigkeitsvoraussetzungen gebunden (Recht am gesprochenen Wort,[121] bildliche Selbstbestimmung). Für Reden, die im Rahmen öffentlicher Gerichtsverhandlungen gehalten werden, ist außerdem das Verbot von Ton- und Filmaufnahmen zu beachten.[122] Sie dürfen zwar mitstenografiert und von den Medien im Wortlaut wiedergegeben, aber nicht im Original aufgenommen oder gar anhand solcher Aufnahmen gezeigt werden.

1. Gehaltene Rede

1506 Eine „**Rede**" können nur mündlich vorgetragene Äußerungen sein. Aufgrund des Informationsanliegens der Vorschrift ist der Begriff der Rede nicht auf Sprachwerke im Sinne von §2 Abs. 1 Nr. 1 2.Alt UrhG beschränkt. Es werden insbesondere auch Erklärungen erfasst, die vorher ausgearbeitet worden sind oder auf einem kompletten Manuskript beruhen. Es ist zugleich unbeachtlich, ob der Autor selbst oder ein Dritter das Manuskript abliest. Die Vorschrift gilt aufgrund ihres Dokumentationsbezugs auch für Zwischenrufe und andere Spontanäußerungen. Für lediglich schriftlich gemachte Äußerungen greift sie nicht ein.

1507 Die **Abgrenzung der Rede vom Rundfunkkommentar** im Sinne von §49 Abs. 1 UrhG ist wegen unterschiedlicher urheberrechtlicher Rechtsfolgen wichtig. §48 Abs. 1 Nr. 1 UrhG kann den Medien einen unentgeltlichen Zugriff auch auf Reden erlauben, die im Rundfunk gehalten worden sind. Dagegen sieht §49 Abs. 1 UrhG prinzipiell eine Vergütung vor, regelt aber nur den Zugriff auf Rundfunkkommentare und nicht auf sonstige Rundfunkbeiträge. In der Sache fallen Äußerungen, die vom Rundfunk zur Information über öffentliche Versammlungen oder Verhandlungen gesendet werden, ohne weiteres unter §48 UrhG. Die Vorschrift greift daher beispielsweise ein, wenn Politiker im Zusammenhang mit Reisen oder Konferenzen im Radio oder Fernsehen kurze Erklärungen abgeben.[123] Dagegen ist namentlich die Behandlung von Diskussionsrunden und Talkveranstaltungen umstritten. Sie sind mit Stimmen im Schrifttum grundsätzlich als Reden einzuordnen.[124]

1508 Erfasst werden nur Reden, die öffentlich **„gehalten"** oder – im Fall des §48 Abs. 1 Nr. 1 UrhG – in bestimmter Weise veröffentlicht worden sind. Die Bestimmung erlaubt keine Veröffentlichung des schriftlichen Manuskripts, bevor die Rede gehalten oder öffentlich gemacht worden ist. Aus urheberrechtlicher

121 Zur Zulässigkeit von Tonbandaufnahmen durch die Presse in öffentlichen Gemeinderatssitzungen BVerwG vom 3. 8. 1990, NJW 1991, 118 f.; *Wilhelmi* AfP 1992, 221 ff. mwN.; *Soehring*, Presserecht, Tz. 10.17.

122 §169 Satz 2 GVG.

123 Möhring/Nicolini/*Engels*, §48 UrhG Rdz. 4.

124 Möhring/Nicolini/*Engels*, §49 UrhG Rdz. 6; Fromm/*Nordemann*, §49 UrhG Bem. 3; a. A. (Einordnung als Rundfunkkommentar) Schricker/*Melichar*, §49 UrhG Rdnr. 3.

Sicht erklärt sich diese Einschränkung aus dem Veröffentlichungsrecht des Urhebers.[125] Aus medien- und persönlichkeitsrechtlicher Warte kommt hinzu, dass der Verfasser mit dieser Rede entweder noch nicht in den Prozess der öffentlichen Meinungsbildung eingegriffen hat oder sogar dauerhaft von einer solchen Beteiligung Abstand nehmen will.

Der medienrechtliche Charakter von § 48 UrhG wird deutlich, wenn sich ein 1509
Politiker die Rede schreiben lässt und **im mündlichen Vortrag vom Manuskript abweicht**. Bei solchen Abweichungen darf nur die tatsächlich mündlich gehaltene Fassung wiedergegeben werden.[126] Aus Sicht des Medienrechts und des allgemeinen Informationsbedürfnisses ist allein wichtig, in welcher Weise der Politiker öffentlich Stellung bezogen hat und genau darauf bezieht sich das Interesse an authentischer Dokumentation. Dagegen spielt es für die Befugnisse der Medien weder eine Rolle, dass der Politiker möglicherweise nur ein fremdes Werk vorgetragen und sich dessen Inhalt zu eigen gemacht hat, noch kommt es auf den Inhalt des eigentlichen urheberrechtlichen Werks bzw. des ausgearbeiteten Manuskripts an.

2. Öffentliche Reden über Tagesfragen

§ 48 Abs. 1 Nr. 1 UrhG setzt Reden voraus, die Tagesfragen betreffen und in 1510
einem bestimmten Öffentlichkeitszusammenhang stehen. Die Regelung ist einem **Aktualitätsanliegen** verpflichtet und soll dazu die „schnelle Unterrichtung der Allgemeinheit" erleichtern.[127] Sie ist deshalb durchweg an Kriterien gebunden, die einen starken oder zumindest mittelbaren Aktualitätsbezug der Rede sicherstellen.

Was eine „**Tagesfrage**" ist, bestimmt sich nach prozeduralen und inhaltlichen 1511
Kriterien. Im Ausgangspunkt kommen nur aktuelle bzw. solche Themen in Betracht, die zur Zeit der Rede im öffentlichen Interesse stehen.[128] Die Aktualität bestimmt sich entscheidend danach, ob die Rede Themen betrifft, denen sich auch das derzeitige öffentliche Interesse zugewandt hat. Ein solches Interesse kann sich daraus ergeben, dass sich die Rede auf ein „Tagesereignis" im Sinne von § 50 UrhG bezieht. Es kann auch zu bejahen sein, wenn sich das öffentliche Interesse Vorgängen zuwendet, die zeitlich bereits zurückliegen. In Sonderfällen ist auch denkbar, dass die Rede selbst das Tagesereignis begründet.[129] Nach der Gesetzesbegründung bestimmt sich das Vorliegen einer Rede über Tagesfragen außerdem nach inhaltlichen Kriterien. Insbesondere soll die Schranke keine

125 § 12 UrhG.
126 Schricker/*Melichar*, § 48 UrhG Rdnr. 3.
127 Amtliche Begründung zu § 48 Abs. 1 Nr. 1 UrhG, BT-Drucks. IV/270, S. 65.
128 Möhring/Nicolini/*Engels*, § 48 UrhG Rdz. 5.
129 Ein Beispiel ist die Ankündigung von *Franz Müntefering* nach der Landtagswahl in Nordrhein-Westfalen im Mai 2005, die Bundesregierung strebe nunmehr vorgezogene Neuwahlen im Bund an.

Reden erfassen, die zwar anlässlich eines Tagesereignisses gehalten werden, aber gleichwohl keine „tagesgebundenen Themen" betreffen.[130]

1512 Stimmen im Schrifttum nehmen unter Berufung auf das Aktualitätsanliegen der Vorschrift alle Reden aus dem Anwendungsbereich aus, die kein Bedürfnis der Öffentlichkeit nach rascher Unterrichtung begründeten. Danach soll § 48 Abs. 1 Nr. 1 UrhG nur auf Reden anwendbar sein, die das Tagesthema in allgemein verständlicher Form darböten,[131] während andere Arten von Reden per se nicht gemeinfrei seien, zum Beispiel wissenschaftliche Vorträge.[132] Dem ist jedoch zu widersprechen (siehe Rdnr. 1436). Legitimen Schutzinteressen des Redners lässt sich dadurch Rechnung tragen, dass nur solche Teile der Rede zustimmungsfrei übernommen werden dürfen, die sich auch tatsächlich mit Tagesfragen befassen.[133] Außerdem hat der Redner allein eine zeitnahe Nutzung und nur durch Medien mit geringer informationeller „Halbwertszeit" hinzunehmen.

1513 § 48 Abs. 1 Nr. 1 UrhG stellt aufgrund seines Informationsanliegens nur Reden frei, die auch **in einem aktuellen Veranstaltungszusammenhang gehalten oder öffentlich gemacht** werden. Der praktische Hauptanwendungsbereich betrifft Reden, die im Rundfunk oder den Telemedien öffentlich wiedergegeben worden sind. Im Medienzeitalter wird öffentliche und aktuelle Information in erster Linie durch Fernsehen und Radio vermittelt und findet nur noch bedingt auf der Straße oder durch eigenes Miterleben statt. Die Vorschrift erfasst weiterhin aber auch Reden auf Versammlungen, sofern diese öffentlich sind, d.h. sich an die Allgemeinheit oder einen breiten Personenkreis richten und für diesen auch zugänglich sind.[134]

1514 **Übernahmeberechtigt** sind allein Medien mit speziellem Aktualitätsbezug. Erlaubt ist zum einen die öffentliche Wiedergabe der Rede, also insbesondere das Senden im Rundfunk und das Übermitteln im Internet.[135] Bei einer öffentlichen Wiedergabe im Internet muss aber der aktuelle Bezug der Rede gewahrt bleiben. Fällt die behandelte Angelegenheit mit zunehmendem Zeitabstand aus der Tagesaktualität heraus, so ist die Abrufmöglichkeit der Rede im Internet zu beenden.[136] Zum anderen gilt die Berechtigung für solche Print- und „Datenträgermedien", die ebenfalls auf Aktualität zugeschnitten sind. Für die vom Gesetz explizit genannten Zeitungen und Zeitschriften folgt diese Eigenschaft aus ihrer periodischen Erscheinungsweise. In Anlehnung an die presserechtlichen Kategorien ist dazu erforderlich, dass das betreffende Blatt in ständiger, wenn auch unregelmäßiger Folge und im Abstand von nicht mehr als sechs Monaten er-

130 Amtliche Begründung zu § 48 Abs. 1 Nr. 1 UrhG, BT-Drucks. IV/270, S. 65.

131 Schricker/*Melichar*, § 48 UrhG Rdnr. 4; *Dreier*/Schulze, § 48 UrhG Rdnr. 5.

132 Schricker/*Melichar*, § 48 UrhG Rdnr. 4 mwN. nennt weiterhin Predigten, Laudationen für Preisträger, Dichterlesungen und Vorträge (Sketche), die sich in humoristisch/satirischer Weise mit Tagesthemen befassen.

133 Vgl. Fromm/*Nordemann*, § 48 UrhG Bem. 2.

134 Schricker/*Melichar*, § 48 UrhG Rdnr. 5, 12.

135 Schricker/*Melichar*, § 48 UrhG Rdnr. 9.

136 Möhring/Nicolini/*Engels*, § 48 UrhG Rdz. 15.

scheint.[137] Andere Druckschriften oder Datenträger sind damit gleichzustellen, wenn sie „im Wesentlichen den Tagesinteressen Rechnung tragen", also überwiegend mit solchen Vorgängen befasst sind.[138] In Betracht kommen beispielsweise Nachrichtendienste. Die Rede darf weiterhin nur „in" dem jeweiligen Blatt abgedruckt werden. Eine Vervielfältigung durch Sonderdrucke oder Beilagen ist im Rahmen von § 48 UrhG unzulässig.

3. Reden bei bestimmten Verhandlungen

§ 48 Abs. 1 Nr. 2 UrhG betrifft Reden, die bei öffentlichen Verhandlungen vor staatlichen, kommunalen oder kirchlichen Organen gehalten worden sind. Die Regelung ist aus medienrechtlicher Sicht **vor allem der Demokratiefunktion** von Medien verpflichtet und trägt dazu dem „Interesse der Allgemeinheit an der Unterrichtung über öffentliche Verhandlungen" Rechnung.[139] Der Gesetzgeber leitet das legitimierende Informationsbedürfnis allein aus einem prozeduralen Gesichtspunkt ab, nämlich aus dem Ort und dem Veranstaltungszusammenhang der Rede. Auf den Gegenstand oder die Aktualität der behandelten Thematik kommt es nicht an. Solche Reden dürfen von jedermann vervielfältigt, verbreitet und öffentlich wiedergegeben werden, können also insbesondere von Medien aller Art genutzt werden. 1515

Eine „**Verhandlung**" setzt anders als die Versammlung im Sinne von § 48 Abs. 1 Nr. 1 UrhG eine Veranstaltung voraus, die im Anschluss an die Rede eine Diskussion oder Aussprache vorsieht.[140] Es ist aber unerheblich, ob im Einzelfall tatsächlich eine weitere Auseinandersetzung folgt. Als **staatliches, kommunales oder kirchliches Organ** kommen namentlich Parlamente aller Art in Betracht, einschließlich ihrer Komissionen und Ausschüsse, ferner Gerichte und zum Beispiel Synode und Kirchenkonferenz der evangelischen Kirche sowie die Deutsche Bischofskonferenz der katholischen Kirche. Es muss sich um offizielle, rechtlich geregelte Einrichtungen handeln.[141] Gesetzlich nicht vorgesehene Einrichtungen, wie zum Beispiel den Städtetag oder den Katholikentag, erfasst § 48 Abs. 1 Nr. 2 UrhG selbst dann nicht, wenn sie politische Willensbildung beabsichtigen und Verhandlungen anberaumen. Gleiches gilt für private Institutionen, etwa für politische Parteien, Gewerkschaften und privatrechtlich installierte Schiedsgerichte. 1516

137 Z.B. § 6 Abs. 4 LPrG MV.
138 Möhring/Nicolini/*Engels*, § 48 UrhG Rdz. 13.
139 Amtliche Begründung zu § 48 Abs. 1 Nr. 2 UrhG, BT-Drucks. IV/270, S. 66.
140 Amtliche Begründung zu § 48 UrhG, BT-Drucks. IV/270, S. 65.
141 Schricker/*Melichar*, § 48 UrhG Rdnr. 11.

V. Artikel und Rundfunkkommentare

1517 Nach §49 Abs. 1 UrhG dürfen die Medien unter bestimmten Voraussetzungen einzelne Artikel oder Rundfunkkommentare im Wortlaut wiedergeben. Sie müssen dafür keine Zustimmung des Urhebers einholen, u.U. aber eine angemessene Vergütung zahlen. Die Regelung soll den Prozess der öffentlichen Meinungsbildung in Bezug auf aktuelle Themen erleichtern und fördern. Aus medienrechtlichem Blickwinkel hat die Vorschrift unterschiedliche Bezüge. Sie dient einem Aktualitätsanliegen und lässt sich darüber hinaus in wichtigen Teilen aus einem **Auseinandersetzungsinteresse** erklären. In den Augen des Gesetzgebers ist es gerade für die öffentliche Meinungsbildung über bestimmte Tagesfragen von erheblicher Bedeutung, dass zum Beispiel Zeitungen anderswo bereits erschienene Artikel aufgreifen können, um die darin vertretene Stellungnahme zu erörtern, zu unterstützen oder zu bekämpfen.[142]

1. Erfasste Medien

1518 Die Schranke bezieht sich nur auf Beiträge in **Medien mit einem besonderen aktuellen bzw. tagespolitischen Meinungsbezug**. Der Rundfunk wird komplett erfasst, während Beiträge, die der Öffentlichkeit über das Internet bzw. online zugänglich gemacht werden, nicht unter die Vorschrift fallen.[143] Für die Behandlung von Printmedien ist zu unterscheiden. Einbezogen sind insbesondere Zeitungen, nicht aber – wie in anderen Normen des UrhG – Zeitschriften oder allgemein die Presse. Die Einschränkung erklärt sich aus dem Aktualitätsbezug der Vorschrift, die speziell eine schnelle Unterrichtung in Tagesfragen erleichtern soll.[144] Zeitschriften fallen nur dann unter die Regelung, wenn sie als „lediglich Tagesinteressen dienende Informationsblätter" eingeordnet werden können. Artikel in reinen Fachzeitschriften dürfen daher nicht übernommen werden. Für die Abgrenzung zwischen Zeitungen und nicht erfassten Zeitschriften sowie für die Einordnung von wöchentlich oder gar monatlich erscheinenden Blättern kommt es nicht auf den Erscheinungszyklus, sondern auf den redaktionellen Zuschnitt an.[145] §49 Abs. 1 UrhG greift ein, wenn das betreffende Blatt im Wesentlichen die Berichterstattung über aktuelle Tagesereignisse zum Inhalt hat. Die Vorschrift findet dagegen keine Anwendung auf Druckerzeugnisse, deren Artikel bleibende Bedeutung haben und daher typischerweise archiviert werden, um zu einem späteren Zeitpunkt nachgeschlagen und gelesen werden zu können.

---

142 Amtliche Begründung zu §49 UrhG, BT-Drucks. IV/270, S. 66. Das übersieht LG Hamburg vom 17. 8. 1966, UFITA 54 (1969), 324, 328.

143 Schricker/*Melichar*, §49 UrhG Rdnr. 3; für analoge Anwendung der Vorschrift auf Online-Medien *Dreier*/Schulze, §49 UrhG Rdnr. 7.

144 Amtliche Begründung zu §49 UrhG, BT-Drucks. IV/270, S. 66.

145 BGH vom 27. 1. 2005 (WirtschaftsWoche), NJW 2005, 2698, 2700 mwN.; dazu kritisch *Obergfell* MMR 2005, 604f.

2. Erfasste Beiträge

Die Schranke legitimiert den Zugriff nur auf bestimmte Arten von Beiträgen. Ein „**Rundfunkkommentar**“ setzt eine Äußerung voraus, die kein bloßes Mitteilen von Nachrichten oder Tagesneuigkeiten ist,[146] sondern hauptsächlich von Bewertungen des Äußernden geprägt wird. Nicht jede im Rundfunk gehaltene Rede ist bereits per se ein Kommentar.[147] Erforderlich ist vielmehr ein entsprechender redaktioneller Zuschnitt,[148] der Beitrag muss also während einer nicht allzu langen Sendezeit von einer Einzelperson gesprochen oder verlesen werden und beispielsweise als separater Meinungsblock in den Programmrahmen eingebaut sein. Weiterhin dürfen Artikel aus Zeitungen und anderen lediglich Tagesinteressen dienenden Informationsblättern übernommen werden. Als „**Artikel**“ sind alle sprachlichen Darlegungen in dem betreffenden Blatt anzusehen. Der Beitrag muss ebenfalls über das Mitteilen bloßer Nachrichten oder Tagesneuigkeiten hinausgehen, eine Beschränkung auf Beiträge mit bewertendem Inhalt oder gar auf spezielle „Kommentarartikel“ gibt es aber nicht. Es ist grundsätzlich auch unerheblich, an welcher Stelle der Zeitung der Artikel erscheint, doch kann seine Platzierung ein Indiz dafür sein, welche Inhalte er zum Gegenstand hat. Artikelbegleitende und urheberrechtlich geschützte Bilder werden von der Schranke nicht erfasst[149] und können nur unter den engen Voraussetzungen des Zitatrechts übernommen werden. 1519

Der Beitrag muss weiterhin bestimmte und aktuelle Themen behandeln. Ob etwas eine **Tagesfrage** ist, bestimmt sich nach denselben Kriterien wie im Rahmen von § 48 Abs. 1 Nr. 1 UrhG (siehe Rdnr. 1511 f.). Entscheidend ist, ob die Thematik zum Zeitpunkt des Nachdrucks oder Wiedergebens noch tagesaktuell ist. Es reicht nicht aus, dass sie zum Zeitpunkt der ursprünglichen Veröffentlichung tagesaktuell war.[150] Die Tagesfrage muss außerdem eine **politische, wirtschaftliche oder religiöse** sein. Solche Inhalte begründen typischerweise ein erhöhtes Informationsinteresse der Öffentlichkeit. Dagegen können andere Inhalte den Eingriff in fremde Urheberrechte nicht in ausreichender Weise legitimieren. Namentlich unterhaltende Beiträge, zum Beispiel über Prominente, Sport- und Kulturereignisse, erfasst die Schranke daher nicht. In Grenzfällen muss es für die Einordnung auf die Hauptrichtung des Beitrags ankommen. Wissenschaftliche Tagesfragen schließlich kann es per definitionem nicht geben. 1520

Die Übernahme ist schließlich nur erlaubt, wenn der Beitrag nicht mit einem **Vorbehalt der Rechte** versehen wurde.[151] Der Gesetzgeber geht davon aus, dass 1521

---

146 Gegenschluss aus § 49 Abs. 2 UrhG.
147 Gegenschluss aus § 48 Abs. 1 Nr. 1 UrhG.
148 Ähnlich Möhring/Nicolini/*Engels*, § 49 UrhG Rdz. 6; Fromm/*Nordemann*, § 49 UrhG Bem. 3; a. A. Schricker/*Melichar*, § 49 UrhG Rdnr. 3.
149 Schricker/*Melichar*, § 49 UrhG Rdnr. 4; Möhring/Nicolini/*Engels*, § 49 UrhG Rdz. 7.
150 Schricker/*Melichar*, § 49 UrhG Rdnr. 8.
151 Z. B. mit „Rechte vorbehalten“ oder „Nachdruck verboten“, Schricker/*Melichar*, § 49 UrhG Rdnr. 10.

eine Weiterverbreitung des fremden Werks regelmäßig im Interesse des Urhebers bzw. der betroffenen Zeitung oder des betroffenen Senders selbst liegt.[152] Wer über die Medien zu wichtigen aktuellen Fragen Stellung bezieht, greift in die öffentliche Meinungsbildung ein und will Gehör finden. Es ist daher richtig, das Einverständnis des Urhebers mit der Weiterverbreitung zu vermuten. Es steht ihm aber frei, sein geistiges Eigentum zu wahren und seinen Beitrag zum öffentlichen Meinungsbildungsprozess entsprechend zu begrenzen.

3. Sonstiges

1522 Erlaubt sind die Vervielfältigung und Verbreitung des Beitrags in den tagesaktuellen Printmedien und die öffentliche Wiedergabe. In Eingrenzung des Gesetzeswortlauts, der auf §15 Abs. 2 UrhG Bezug nimmt und damit alle Nutzungen im Sinne der §§19ff. UrhG erfasst, wird im Schrifttum unter Rückgriff auf den ursprünglichen Gesetzeszweck aber nur eine öffentliche Wiedergabe durch den Rundfunk, nicht dagegen durch die Telemedien zugelassen.[153] Gestattet ist weiterhin nur ein Zugriff auf „einzelne" Beiträge. Die Beschränkung erklärt sich aus wettbewerbsrechtlichen Motiven[154] und soll die betroffenen Medienunternehmen vor einer zu umfangreichen Übernahme ihrer Inhalte und Leistungen bewahren. Die zulässige Anzahl ist nicht numerisch oder quantitativ zu bestimmen, sondern beurteilt sich nach dem im Einzelfall bestehenden öffentlichen Informations- und Auseinandersetzungsinteresse. Wichtige Kriterien dafür sind das inhaltliche Gewicht der Beiträge, die Bekanntheit und der Status des Autors sowie die Bedeutung des Blattes oder Senders, aus dem der Beitrag übernommen wird.[155] Die Übernahme des Beitrags löst einen Anspruch auf angemesse Vergütung aus, der nur durch eine Verwertungsgesellschaft geltend gemacht werden kann.[156]

1523 **Presseübersichten**, in denen lediglich „kurze Auszüge aus mehreren Kommentaren oder Artikeln in Form einer Übersicht" genutzt werden, sind kostenfrei (§49 Abs. 1 Satz 2 a.E. UrhG).

1524 So genannte **Pressespiegel**, die ausschließlich fremde Artikel zusammenstellen und selbst keinen redaktionellen Inhalt aufweisen, werden durch §49 Abs. 1 UrhG erlaubt, sofern sie nur betriebs- oder behördenintern verbreitet werden.[157] Darüber hinaus lässt die Rspr. auch **elektronische Pressespiegel** zu, soweit diese nur betriebs- oder behörden-

152 Amtliche Begründung zu §49 UrhG, BT-Drucks. IV/270, S. 66.

153 Schricker/*Melichar*, §49 UrhG Rdnr. 13, 32ff.; wohl auch *Dreier*/Schulze, §49 UrhG Rdnr. 19.

154 Die Voraussetzung sollte ursprünglich der Existenz einer großen Anzahl von Zeitungen entgegenwirken, die lediglich vom vollständigen oder fast vollständigen Nachdruck anderer Blätter lebten, Schricker/*Melichar*, §49 UrhG Rdnr. 9 mwN.

155 Möhring/Nicolini/*Engels*, §49 UrhG Rdz. 5 mwN.

156 §49 Abs. 1 Satz 2f. UrhG.

157 BGH vom 11.7. 2002 (Elektronischer Pressespiegel), BGHZ 151, 300, 306ff. mwN.

intern und nur in einer Form zugänglich gemacht werden, die sich im Fall der Speicherung nicht zu einer Volltextrecherche eignet.[158]

VI. Sonstige Schranken

Das UrhG kennt weitere Schranken, die für die Medien wichtig sein können. 1525
§ 50 UrhG betrifft die **Berichterstattung über Tagesereignisse** und schützt Illustrationsinteressen. Die Vorschrift hat daher hauptsächlich für die Bildberichterstattung Bedeutung.[159] Sie ist aber nicht zwingend auf Bildinformationen beschränkt und kann im Einzelfall auch Informationen anderer Art erfassen. Wenn das Fernsehen etwa über die Eröffnung einer Ausstellung oder einer Philharmonie berichtet, so darf es dabei in bestimmten Grenzen auch Ausschnitte der Eröffnungsansprache oder eines Eröffnungskonzerts senden. Die Vorschrift erlaubt aber keine Dokumentation, sondern eröffnet den Medien allein die Möglichkeit, **Informationen zu „illustrieren"**, d.h. sie in besonders eingängiger und leicht verdaulicher Weise transportieren zu können. Rede und Konzert dürfen daher nur in Ausschnitten und allein zu dem Zweck gezeigt werden, einen atmosphärischen Eindruck von dem Tagesereignis bzw. der Eröffnungsveranstaltung zu vermitteln.[160]

Die urheberrechtliche Zulässigkeit von **Zitaten** (§ 51 UrhG) trägt einem Aus- 1526
einandersetzungsinteresse Rechnung.[161] Das Zitatrecht basiert insoweit auf demselben Grundgedanken wie § 49 Abs. 1 UrhG, weicht in den Rechtsfolgen aber ab. Es gestattet einerseits zwar eine unentgeltliche Nutzung, erlaubt umgekehrt aber in der Regel nur einen Zugriff auf Teile des zitierten Werks. In der Sache erlaubt § 51 UrhG eine Wiedergabe nur, wenn und soweit das Werk zum Gegenstand geistiger Auseinandersetzung gemacht wird.[162] Die Vorschrift ist weder auf Dokumentation, noch auf Illustration oder Unterhaltung gemünzt. Sie greift also nicht ein, wenn ein fremdes Werk um seiner selbst willen der Öffentlichkeit zur Kenntnis gebracht wird. Im Einzelnen hat das Zitatrecht einen vielfältigen Anwendungsbereich, der namentlich im Zusammenhang mit Bildzitaten über die vom Gesetzeswortlaut markierten Grenzen hinausreicht. In Bezug auf Sprachwerke ist § 51 Nr. 2 UrhG wichtig, der Teilzitate erlaubt, die sich nicht auf ein gesamtes Werk, sondern lediglich auf „Stellen" eines zitierten

158 BGH vom 11.7. 2002 (Elektronischer Pressespiegel), BGHZ 151, 300, 309ff.; dazu *Stögmüller* K&R 2002, 605ff.; *Czychowski* NJW 2003, 118ff.; *Dreier* JZ 2003, 477ff.; zustimmend *Hoeren* MMR 2002, 742f.; kritisch *Waldenberger* MMR 2002, 743ff.; ablehnend *Niemann* CR 2002, 817ff.; *Berger/Degenhart* AfP Beilage 2002, 557ff.

159 Siehe Rdnr. 1341ff.

160 Dazu OLG Frankfurt a.M. vom 20.9. 1984 (Operneröffnung), GRUR 1985, 380, 382.

161 Siehe Rdnr. 454.

162 BGH vom 1.7. 1982 (Presseberichterstattung und Kunstwerkwiedergabe I), BGHZ 85, 1, 10f. „Zitatzweck"; Schricker/*Schricker*, § 51 UrhG Rdnr. 14ff. mwN.; Möhring/Nicolini/*Waldenberger*, § 51 UrhG Rdz. 5.

Werks beziehen. Der Normwortlaut erlaubt Zitate lediglich von solchen Werken, die bereits erschienen oder veröffentlicht worden sind. Es ist aber denkbar, dass Medien im Einzelfall aufgrund besonderer Informationsinteressen auch ein noch nicht veröffentlichtes Werk zitieren dürfen.[163] In welchem Umfang zitiert werden darf, bestimmt sich nach dem Zitatzweck und möglichen Besonderheiten des zitierten Werks.[164] Es kann daher sein, dass auch größere Teile und nicht nur bloße „Stellen" eines Werks zitiert werden dürfen.[165]

1527 Die **Geistchristentum-Entscheidung** betrifft die Frage, in welchem Umfang Schriftwerke zitiert werden dürfen. Geklagt hatte ein Verein schweizerischen Rechts, der sich als „Geistige Loge" bezeichnete und sich u.a. die „aufschlussreiche, undogmatische Darlegung und Förderung der christlichen Lehre aufgrund eingehend geprüfter, in sich widerspruchsfreier Jenseitsbekundungen" zum Zweck gesetzt hatte. Er führte regelmäßig Veranstaltungen durch, auf denen eine von ihm als Medium bezeichnete Mitarbeiterin Vorträge hielt, bei denen es sich um Bekundungen aus dem Jenseits handeln sollte. Schriftliche Fassungen dieser Vorträge wurden sowohl in Buchform als auch im Rahmen einer Jahresschrift veröffentlicht. Der Beklagte zitierte später in seinem Buch „Das Geistchristentum" in großem Umfang aus den Vorträgen bzw. den genannten Schriften. Es handelte sich um 44 Einzelzitate, die 11 Einzelthemen betrafen und einen Gesamtumfang von ca. 30 Seiten hatten. Nach der Entscheidung erlaubt §51 Nr.2 UrhG grundsätzlich nur ein Zitat kleiner Ausschnitte aus geschützten Werken. Längere Zitate sind danach aber z.B. zulässig, wenn Wortwahl und Atmosphäre des zitierten Werks eine besondere Bedeutung haben, die sich mit ein oder zwei Kernsätzen nur unvollkommen belegen und veranschaulichen lässt.[166] Im Streitfall erschienen den Richtern wegen der teils bildhaften, teils altertümlichen und sonderbaren Sprachgestaltung längere wörtliche Zitate als unerlässlich. Es könne sein, dass sich sprachliche und inhaltliche Besonderheiten mit eigenen Worten kaum hinreichend verständlich wiedergeben ließen.

F. Datenbanken, Wettbewerbsrecht

1528 Das UrhG enthält im Anschluss an eine europäische Richtlinie[167] spezielle Normen zum Schutz des Datenbankenherstellers (§§87a ff. UrhG). Es handelt sich dabei um einen reinen Investitionsschutz. Er rechtfertigt sich aus der Überlegung, dass Datenbanken für ihren Aufbau die Investition erheblicher menschlicher, technischer und finanzieller Mittel verlangen, aber zu einem Bruchteil

163 Einzelheiten sind str. Siehe Rdnr. 1233ff.; KG vom 21.4. 1995 (Botho Strauß), NJW 1995, 3392, 3394f.; BGH vom 7.3. 1985 (Liedtextwiedergabe I), GRUR 1987, 34, 35.

164 Schricker/*Schricker*, §51 UrhG Rdnr.45 mwN.

165 BGH vom 17.10. 1958 (Verkehrskinderlied), BGHZ 28, 234, 242f.

166 BGH vom 23.5. 1985 (Geistchristentum), GRUR 1986, 59, 60f.; dazu mit unterschiedlicher Einzelkritik *Schricker* RzU BGHZ Nr.348; *Abels* GRUR 1986, 61f. mit dem bedenkenswerten Hinweis, dass die Klage bereits deshalb hätte abgewiesen werden müssen, weil es im Streitfall an einem Urheber fehle.

167 Richtlinie 96/9/EG des Europäischen Parlaments und des Rates vom 11. März 1996 über den rechtlichen Schutz von Datenbanken, ABl. EG 1996, L 77/20.

dieser Kosten kopiert oder abgefragt werden können.[168] Als Datenbank werden Zusammenstellungen erfasst, die kein urheberrechtliches Werk sind, aber eine Sammlung von Werken, Daten oder anderen unabhängigen Elementen, die systematisch oder methodisch geordnet und einzeln mit elektronischen Mitteln oder auf andere Weise zugänglich sind (§ 87a Abs. 1 Satz 1 UrhG). Ein klassischer Anwendungsfall sind Telefonbücher.[169] Der Datenbankhersteller hat kein Recht an einer Einzelinformation. Er wird aber für eine Frist von fünfzehn Jahren davor geschützt, dass die Datenbank insgesamt oder zu einem wesentlichen Teil vervielfältigt, verbreitet oder öffentlich wiedergegeben wird.[170] Im Einzelfall kann er auch gegenüber der wiederholten und systematischen Vervielfältigung, Verbreitung oder öffentlichen Wiedergabe unwesentlicher Teile der Datenbank Schutz genießen.[171]

Das Datenbankherstellerrecht aus § 87b Abs. 1 Satz 1 UrhG wird nicht verletzt, wenn aus Zeitungs- und Zeitschriftenartikeln, die in einer Datenbank gespeichert sind, einzelne kleinere Bestandteile durch einen **Internetsuchdienst** an Nutzer übermittelt werden, um diesen einen Anhalt dafür zu geben, ob der Abruf des Volltextes für sie sinnvoll wäre.[172] 1529

Das **Wettbewerbsrecht** sichert, soweit keine Betriebsgeheimnisse betroffen sind, Informationen und Fakten im Grundsatz ebenfalls nicht. Es kann aber im Einzelfall Schutz bieten. Ein wichtiger Anwendungsfall ist die so genannte unmittelbare Übernahme, die sich auf Nachahmungen bezieht, die zum Beispiel mit Hilfe technischer Vervielfältigungsverfahren fremde Leistungen unmittelbar und unverändert übernehmen. Daher können Texte und Faktensammlungen, die weder ein urheberrechtliches Werk noch eine Datenbank sind, über § 3 UWG Schutz davor genießen, dass sie von Dritten beispielsweise kopiert oder eingescannt werden.[173] 1530

Nach der **Informationsdienst-Entscheidung** kann die Übernahme der Meldungen eines Informationsdienstes zur Herausgabe eines Konkurrenzproduktes auch dann wettbewerbswidrig sein, wenn Informationen nicht „unmittelbar" und erst nach ihrer öffentlichen Bekanntgabe übernommen werden. Im Streitfall betrieb der Kläger einen fortlaufenden Informationsdienst, der mit monatlich 8000 neuen Daten einen umfassenden, stets aktuellen Überblick über die wirtschaftlich interessanten Ereignisse der Baubranche verschaffte. Er beschäftigte dazu eine größere Anzahl von Hilfskräften zur Durchsicht der Presse, über 40 Redakteure zur Auswertung von Meldungen und zur Durchführung von Recherchen und unterhielt Kontakte zu 16000 Architekten. Die vom Kläger zu bestimmten Bereichen veröffentlichten Informationen wurden vom Beklagten fortlaufend und umgehend sowie größtenteils unverändert übernommen. Der BGH sah in der Sammlung, Zusammenstellung und Aufbereitung der Informationen ein „schutz- 1531

168 Erw. 7 zu RL 96/9/EG vom 11.3. 1996 über Datenbanken, ABl. EG 1996, L 77/20.
169 BGH vom 6.5. 1999 (Tele-Info-CD), BGHZ 141, 329, 337ff.
170 §§ 87b Abs. 1 Satz 1, 87d UrhG.
171 § 87b Abs. 1 Satz 1 UrhG.
172 BGH vom 17.7. 2003 (Paperboy), BGHZ 156, 1, 16f.
173 BGH vom 6.5. 1999 (Tele-Info-CD), BGHZ 141, 329, 341 mwN.

würdiges Leistungsergebnis", das sich der Beklagte billigerweise nicht in dieser Form zu Konkurrenzzwecken nutzbar machen dürfe.[174]

174 BGH vom 10.12. 1987 (Informationsdienst), GRUR 1988, 308, 309f.

VII. Teil: Unrichtige und inhaltlich unzulässige Informationen

§ 18: Ausgangsfragen, Auslegung medialer Äußerungen

Ausgewählte Literatur

Beater, Auslegung massenmedialer Äußerungen, JZ 2006, 432ff.; *von Becker*, Können Bilder lügen?, AfP 2005, 247ff.; *Benedikt-Jansen*, Die Anwendung der Begriffe Tatsachenbehauptung und Werturteil als allgemeines äußerungsrechtliches Problem, AfP 1987, 696ff.; *Helle*, „Variantenlehre" und Mehrdeutigkeit der verletzenden Äußerung, AfP 2006, 110ff.; *Krüger*, Der „IM Sekretär" ist zu weit gegangen – Zur rechtlichen Beurteilung mehrdeutiger Äußerungen im Unterlassungsverfahren, ZUM 2003, 347ff.; *Ossenbühl*, Medienfreiheit und Persönlichkeitsschutz – Die Entscheidungsstruktur des BVerfG in kritischer Perspektive, Bitburger Gespräche Jb 1999/I, S. 73ff.; *Rühl*, Tatsachen – Interpretationen – Wertungen, Grundfragen einer anwendungsorientierten Grundrechtsdogmatik der Meinungsfreiheit, 1998; *Rüthers*, Persönlichkeitsrecht und Meinungskampf, FS Löffler 1980, 303ff.; *Schweizer*, Die Entdeckung der pluralistischen Wirklichkeit – Durchschnittsleser, Presserecht, Verständiger Verbraucher, Wettbewerbsrecht, Wertvorstellungen, Grundnorm, Bd. 2, 3. Auflage 2000; *Siems*, „Verletzerfreundliche Auslegung" oder „Vorsichtsprinzip" bei Persönlichkeitsverletzungen durch die Medien, AfP 2004, 485ff.; *Teubel*, Deutung einer Äußerung – willkürliche Rechtsanwendung?, NJW 2005, 3245ff.; *Wenzel*, Tatsachenbehauptungen und Meinungsäußerungen, NJW 1968, 2353ff.; *Wolter*, Meinung – Tatsachen – Einstufung – Deutung, Der Staat 36 (1997), 426ff. 1532

A. Überblick

In diesem Teil soll es um Äußerungen gehen, die entweder unrichtig oder wegen ihres Inhalts unzulässig sind. Im Einzelnen sind dabei mehrere Kategorien voneinander zu trennen. Sie unterliegen jeweils eigenen Anforderungen und sollen zunächst im Überblick vorgestellt werden. 1533

I. Unrichtigkeit und inhaltliche Unzulässigkeit

Die „**Unrichtigkeit**" von Äußerungen ist ein Beurteilungskriterium mit uralten religiösen und rechtsgeschichtlichen Wurzeln, dessen Berechtigung im Ausgangspunkt ohne weiteres einleuchtet. Es handelt sich um einen Maßstab, der 1534 prinzipiell für alle Rechtsgebiete und vermutlich in jedem Recht der Welt gilt. Ein berechtigtes Interesse an unrichtigen Informationen kann es von Rechts wegen nicht geben.[1] Die Tücke steckt freilich im Detail. Zum einen lassen sich nur bestimmte Äußerungen sinnvoll darauf überprüfen, ob sie „unrichtig" sind. Der Maßstab passt für Tatsachenäußerungen, insbesondere aber nicht für das Äußern von Meinungen. Er würde in solchen Konstellationen nicht auf die Überprüfung von Wahrheit oder Unwahrheit, sondern auf die Feststellung der „richtigen Gesinnung" hinauslaufen. Zum anderen bleibt festzulegen, was unter Unrichtigkeit zu verstehen ist. Dabei stellen sich vor allem Fragen nach der Beweislast und nach der Beurteilung von Konstellationen, in denen sich die Unrichtigkeit erst herausstellt, nachdem eine Äußerung gemacht wurde.

1535 Die Kategorie der **„inhaltlichen Unzulässigkeit"** ist auf Äußerungen gemünzt, für die der Richtigkeitsmaßstab nicht passt oder nicht ausreicht. Ihr Anwendungsbereich sind die bereits angesprochenen Meinungsäußerungen, zum Beispiel satirische Beiträge, Warentests und Boykottaufrufe. Die inhaltliche Unzulässigkeit ist aber auch im Zusammenhang etwa mit pornografischen oder gewaltverherrlichenden Äußerungen relevant. In solchen Fällen geht es darum, der Äußerungsfreiheit im Interesse Einzelner oder im Hinblick auf Rechtsgüter der Allgemeinheit bestimmte äußerste Grenzen zu setzen. Damit steht kein einheitlicher Maßstab infrage, sondern es geht um eine Vielzahl von Anforderungen, die durch jeweils unterschiedliche Schutzanliegen und rechtliche Interessen bestimmt werden. Grenzen zum Schutz individueller Rechte ergeben sich vor allem aus dem Deliktsrecht, das zum Beispiel den Einzelnen vor öffentlicher Schmähung und Unternehmen vor unfairen Bewertungen in Warentests sichert. Der Schutz von Allgemeinheitsinteressen wird hauptsächlich durch das öffentliche Recht und das Strafrecht bewerkstelligt. Sie schränken die Möglichkeiten der Medien ebenfalls ein, beispielsweise in speziellen Regeln über Jugendschutz und den Schutz der Menschenwürde oder durch den Straftatbestand der Volksverhetzung.

II. Tatsache und Meinung

1536 Die vielleicht wichtigsten Kategorien des gesamten Äußerungs- und Medienrechts sind die Tatsache und die Meinung. Die Tatsache betrifft etwas Geschehenes oder Bestehendes, das in die Wirklichkeit getreten und einer objektiven Klärung und dem Beweis zugänglich ist.[2] Dagegen sind Meinungen durch Elemente der Stellungnahme und des Dafürhaltens gekennzeichnet und deshalb

1 „... there is no constitutional value in false statements of fact. Neither the intentional lie nor the careless error materially advances society's interest in unhibite, robust, and wide-open debate on public issues" *Powel* J. in Gertz v. Welch, 418 U.S. 323, 340 (1974).

2 Statt vieler BGH vom 16.6.1998 (IM-Sekretär), BGHZ 139, 95, 102 (h.M.).

nicht als wahr oder unwahr erweisbar.[3] Tatsachen sind sozusagen „objektiv" und „empirisch", Meinungen „subjektiv" und „normativ".[4]

Tatsachen- und Meinungsäußerungen werden rechtlich unterschiedlich behandelt. Aus Sicht des **öffentlichen Informationsinteresses** kann nämlich jede Meinung – und sei sie noch so absonderlich oder ungewöhnlich – sinnvoll zur öffentlichen Meinungsbildung beitragen. Meinungen können nur an Maßstäben gemessen werden, die von der Überzeugung des Urteilenden, von gesellschaftlichen Vorstellungen, politischen Ansichten und Erfahrungen abhängen. Solche Maßstäbe sind in einer pluralen, auf Meinungsvielfalt und Ideenwettstreit ausgerichteten Gesellschaft notwendig subjektiv und kontrovers. Die „Richtigkeit" von Werturteilen und den dabei verwendeten Wertmaßstäben ist im Gegensatz zur Wahrheit von Tatsachenbehauptungen nach den Grundvorstellungen eines liberalen Verfassungsstaats nicht beweisbar.[5] Meinungen lassen sich in ihrer „Richtigkeit" nicht durch eine Beweiserhebung feststellen und darauf überprüfen, ob ein bestimmter Vorgang als solcher stattgefunden hat. Es gibt in diesem Sinne keine „unrichtigen" Ideen oder Meinungen.[6] Es ist vielmehr die Aufgabe des öffentlichen Dialogs zu klären, welche Meinungen und Deutungsweisen die Gesellschaft und der Einzelne für sich akzeptieren und welche sie ablehnen. Das Entwickeln solcher Maßstäbe kann nicht die Aufgabe des Rechts oder von Richtern („Sozialingenieuren") sein.[7] Demgegenüber hängt der Wert, den Tatsachenäußerungen für die öffentliche Meinungsbildung haben, zentral von ihrer Richtigkeit oder Unrichtigkeit ab. Falsche Tatsachenangaben bzw. die Annahme, es hätten Vorgänge stattgefunden, die in Wirklichkeit nicht stattgefunden haben, helfen der Meinungsbildung nicht weiter.[8] Die Überprüfung von Tatsachenäußerungen unterliegt daher anderen Maßstäben als denen, die im Zusammenhang mit Meinungen gelten. Tatsachenäußerungen können von den Gerichten sinnvoll im Wege des prozessualen Beweisverfahrens auf „Richtigkeit" bzw. darauf überprüft werden, ob sich der angeführte tatsächliche Vorgang ereignet hat oder nicht. Eine zentrale Aufgabe der Gerichte liegt gerade in der Aufklärung und Feststellung von Sachverhalten und tatsächlichen Geschehnissen. Sie sind die Instanz, die von Rechts wegen die Wahrheit oder Unwahrheit einer Tatsachenäußerung zu klären hat. 1537

Meinungs- und Tatsachenäußerungen sind zugleich in unterschiedlichem Maß von legitimen **Interessen des Äußernden** getragen.[9] Nach Art. 5 Abs. 1 Satz 1538

3 Statt vieler BVerfG vom 13.4. 1994 (Auschwitzlüge), BVerfGE 90, 241, 247.

4 Larenz/*Canaris*, Schuldrecht II/2, 13. Auflage 1994, § 79 I 2, S. 464f.

5 *Rüthers* FS Löffler 1980, 303, 307.

6 „... there is no such thing as a false idea. However pernicious an opinon may seem, we depend for its correction not on the conscience of judges and juries but on the competition of other ideas", *Powel* J. in Gertz v. Welch, 418 U.S. 323, 339f. (1974).

7 BGH vom 21.6. 1966 (Höllenfeuer), BGHZ 45, 296, 308; BGH vom 30.5. 1978 (Böll/Walden I), NJW 1978, 1797, 1798.

8 BVerfG vom 9.10. 1991 (Kritische Bayer-Aktionäre), BVerfGE 85, 1, 15.

9 BVerfG vom 9.10. 1991 (Kritische Bayer-Aktionäre), BVerfGE 85, 1, 16f.; BVerfG vom 17.10. 2002, NJW 2003, 1109f. mwN.

1 GG soll jeder frei sagen können, was er denkt, selbst wenn er keine nachprüfbaren Gründe für sein Urteil abgeben kann.[10] Eine Meinung soll auch derjenige haben und äußern können, der sie rein subjektiv und nicht auf einer Tatsachengrundlage bildet. Das Äußern von Meinungen trägt daher seine verfassungsrechtliche Schutzberechtigung in sich. Das Äußern von Tatsachen unterliegt demgegenüber einem strengeren verfassungsrechtlichen Maßstab. Insbesondere gilt der Satz, dass die Vermutung zugunsten der Zulässigkeit der freien Rede spreche, hier nur in eingeschränkter Form.[11]

1539 Aus diesen Unterschieden ergibt sich eine typisierte Schutzhierarchie, die für die rechtliche Beurteilung von Tatsachen- und Meinungsäußerungen differenzierende und sachlich unterschiedliche Anforderungen kennt.[12] Meinungs- und Tatsachenäußerungen können zwar den Einzelnen in gleicher Schwere in seiner Persönlichkeit verletzen bzw. in der Öffentlichkeit stigmatisieren,[13] werden aber dennoch verschieden behandelt. Werturteile, die nicht auf „Schmähkritik“ hinauslaufen, sind in besonderer Weise „frei“ und vom Betroffenen fast durchweg hinzunehmen. Dagegen genießt ein Betroffener gegenüber unzutreffenden Tatsachen grundsätzlich Schutz, während er vor zutreffenden Tatsachen nur im Einzelfall gesichert wird.

B. Auslegung medialer Äußerungen

1540 Die rechtliche Behandlung medialer Äußerungen, zum Beispiel die Einordnung als Tatsachen- oder Meinungsäußerung, Schmähung oder Boykottaufruf, bestimmt sich entscheidend nach ihrem Inhalt. Dieser ist wiederum durch Auslegung zu ermitteln. Wie der Inhalt medialer Äußerungen zu bestimmen ist bzw. wie öffentliche Mitteilungen auszulegen sind, ist eine Grundfrage des Medienrechts. Sie hat hohe theoretische und praktische Bedeutung. Die Praxis sieht sich Anforderungen gegenüber, die in ihrem Zusammenwirken sehr komplex sind. Die derzeit geltenden Kriterien sind inhaltlich zum Teil vage umrissen und Gegenstand einer kasuistischen und keineswegs schwankungsfreien Rechtsprechung. Überdies bestehen zwischen der verfassungsrechtlichen Judikatur und der ordentlichen Gerichtsbarkeit latente Wertungsdifferenzen.

---

10 BVerfG vom 11.5. 1976, BVerfGE 42, 163, 170f.; BVerfG vom 22.6. 1982 (NPD Europas), BVerfGE 61, 1, 7; BVerfG vom 25.8. 1994 (Soldaten sind Mörder), NJW 1994, 2943. Dazu kritisch *Zippelius* FS Hubmann 1985, 511, 516f.

11 BVerfG vom 9.10. 1991 (Kritische Bayer-Aktionäre), BVerfGE 85, 1, 15.

12 BVerfG vom 17.10. 2002, NJW 2003, 1109ff. mwN.

13 Tendenziell ebenso *Zippelius* FS Hubmann 1985, 511, 518; a.A. *Paschke*, Medienrecht, Rdn. 255, der das Gefährdungspotenzial von Werturteilen wegen des subjektiven Bezugs für geringer hält als das von Tatsachenbehauptungen, die gegenüber dem Rezipienten die Vorstellung objektiver Wahrheit erwecken könnten; ähnlich *Reinhardt* FS Lange 1970, 195, 198f.

Die Problematik wird am Beispiel der **Soldaten sind Mörder-Entscheidung** des BVerfG deutlich. Im Streitfall hatten Strafgerichte in dem Aufkleber „Soldaten sind Mörder" eine strafbare Volksverhetzung gesehen. Das BVerfG urteilte anders und stützte sich dazu maßgeblich auf eine andere Auslegung der Äußerung.[14] Das BVerfG sah in der Bezeichnung „Mörder" nicht die Beschuldigung, Angehörige der Bundeswehr hätten Mordtaten begangen. Es verstand den Aufkleber aufgrund des Gesamtzusammenhangs bzw. der gemeinsamen Verwendung mit einem anderen, eindeutig pazifistisch orientierten Aufkleber und aufgrund des Umstands, dass die abgedruckte Aussage als Zitat des 1935 gestorbenen Schriftstellers *Kurt Tucholsky* gekennzeichnet war, auch nicht so, dass er sich speziell gegen Soldaten der Bundeswehr richte. Die Strafgerichte hatten in den Augen des BVerfG außerdem weder den Adressatenkreis des Aufklebers richtig ermittelt, noch der Mehrdeutigkeit des Aufklebertextes angemessen Rechnung getragen. Das Urteil lässt das Pendel ganz weit zugunsten des Äußernden ausschlagen. Es ist für diese Linie scharf kritisiert worden[15] und lässt für Auslegungen, die den Einzelnen für seine Äußerungen einstehen lassen, im Grunde keinen Raum mehr.[16] In anderen Urteilen, insbesondere in der späteren **Willkürliche Rechtsanwendung-Entscheidung** (siehe Rdnr. 1560),[17] hat das Gericht dagegen zu einer Auslegung gefunden, die den Schutzinteressen des von der Äußerung Betroffenen stärker entgegenkommt. 1541

I. Vorfragen

Der Auslegungsmaßstab wird durch Anforderungen beeinflusst, die zum Teil spiegelbildlichen Charakter haben. Zugleich kann sich die Auslegungsfrage aus dem Blickwinkel verschiedener Rechtsgebiete stellen, insbesondere aus delikts-, straf- und verfassungsrechtlicher Sicht. Die Annahme, es gäbe einen für alle Rechtsmaterien gleichermaßen geltenden, „einheitlichen" Auslegungsmaßstab, wäre daher vorschnell. Es scheint vielmehr treffender, von Auslegungskriterien zu sprechen, die **weitgehend einheitlich gelten, im Einzelfall aber durch Besonderheiten der jeweils betroffenen Rechtsmaterie beeinflusst** werden können. 1542

---

14 BVerfG vom 25. 8. 1994 (Soldaten sind Mörder), NJW 1994, 2943f.; siehe auch BVerfG vom 10. 10. 1995 (Nato-Herbstmanöver), BVerfGE 93, 266ff. Zu den Entscheidungen *Lorenz* NJ 1994, 561ff.; *Grasnick* JZ 1995, 162ff.; *Steinkamm* NZWehrR 1995, 45ff.; *Campbell* NStZ 1995, 328f.; *R. Stark* JuS 1995, 689ff.; rechtsvergleichend und zur Bewertung aus Sicht der EMRK *Nolte* AfP 1996, 313ff.

15 *Herdegen* NJW 1994, 2933f. „Deutung, die sehr konstruiert wirkt, eine Art forensischer Kathederblüte, die dem Mörderprädikat das Gewicht nimmt"; *Sendler* ZRP 1994, 343, 344ff.; *Ossenbühl* JZ 1995, 633, 640f.; *Gounalakis* NJW 1996, 481ff.; *Zuck* JZ 1996, 364f.; *Kriele* NJW 1994, 1897ff.; gegen Kriele wiederum *Soehring* NJW 1994, 2926ff.

16 „Es genügt im Allgemeinen bereits, wenn eine Formulierung oder Darstellung hinreichend spitzfindig ist, um dem BVerfG, verständnisvoll, wie es ist, eine Interpretation zu ermöglichen, die den Anschein eines gewissen Rests von Harmlosigkeit erwecken kann ... [es] kann bei hinreichender Intelligenz und sprachlicher Gewandtheit nicht schwer fallen, Invektiven mit einem Rest von Zweideutigkeit so zu formulieren, dass sie für jeden Kenner eindeutig diffamieren, aber liebevollen Interpreten – so auch dem BVerfG – die Chance lassen, dem Schmäh dank seiner zweideutigen Eindeutigkeit eine eindeutige Zweideutigkeit unterzuschieben und dann die Alternative herauszudestillieren, die den Ehrabschneider ungeschoren lässt", *Sendler* ZRP 1994, 343, 349.

17 BVerfG vom 18. 3. 2005 (Willkürliche Rechtsanwendung), NJW 2005, 2138f.

1. Delikts- und Strafrecht

1543 Das Deliktsrecht, dem wohl die meisten einschlägigen Entscheidungen zuzurechnen sind, und das Strafrecht müssen den Auslegungsmaßstab vornehmlich durch das geschützte Rechtsgut bestimmen. Die äußerungsdeliktischen Tatbestände wollen den Betroffenen hauptsächlich vor Schmälerungen seines Ansehens in den Augen Dritter schützen. Dann muss es grundsätzlich darauf ankommen, **wie die angesprochenen Adressaten die Äußerung verstehen**. Maßgebend ist der objektive Sinngehalt und das Verständnis eines unvoreingenommenen und verständigen Publikums.[18] Soweit Äußerungstatbestände bereits die bloße Eignung zur Schädigung oder Herabwürdigung etc. ausreichen lassen, greifen sie bereits ein, wenn die **Adressaten die Äußerung in einer entsprechenden Weise verstehen könnten**. Gleiches gilt für den Persönlichkeitsschutz. Er erfasst bereits eine Veröffentlichung, die ihrer Natur nach geeignet ist, in einer für den Betreffenden peinlichen Weise missverstanden zu werden, denn bereits diese Möglichkeit kann genügen, um bei dem Betroffenen Hemmungen und Ängste vor spöttischen Bemerkungen und Hänseleien auszulösen.[19]

1544 Die §§823 Abs.2 Satz 1 BGB, 186 StGB sollen beispielsweise vor Äußerungen sichern, die „verächtlich machen" oder „in der öffentlichen Meinung herabwürdigen" können. §824 BGB schützt vor Äußerungen, die das Verhalten von Geschäftspartnern verändern und dadurch dem Betroffenen schaden bzw. ihn in seinem geschäftlichen Fortkommen beeinträchtigen können. Ebenso wie die bloße Äußerung gegenüber dem Verletzten mangels eines Schutzbedürfnisses keinen Anspruch auslöst,[20] ist es zivilrechtlich auch unschädlich, wenn einzelne Adressaten die Äußerung unzutreffend verstehen. In ähnlicher Weise kann auch das allgemeine Persönlichkeitsrecht die „soziale Geltung des Verletzten in der Öffentlichkeit" vor Angriffen schützen.[21]

1545 Auf die **subjektive Absicht des Sich-Äußernden** kommt es dagegen nicht an.[22] Sie spielt für die Auslegung keine Rolle. Auf dieser Stufe der rechtlichen Prüfung geht es allein um die Frage, ob Rechtsinteressen des Betroffenen objektiv beeinträchtigt wurden. Die subjektiven Beweggründe können aber im Rahmen der weiteren Prüfung wichtig sein, insbesondere für das Verschulden. Ebenso ist das **Verständnis des von der Äußerung Betroffenen unbeachtlich**.[23] Das Äußerungsrecht zieht einen solchen Auslegungsmaßstab – letztlich aus medienrechtlichen Überlegungen – nicht heran, um sowohl die Meinungs- und die

---

18 BGH vom 22.11. 2005 (Unvollständige Berichterstattung), NJW 2006, 601, 602 Rdnr.14 mwN.

19 BGH vom 10.11. 1961 (Hochzeitsbild), GRUR 1962, 211, 212; BVerfG vom 14.7. 2004, NJW 2004, 3619, 3620.

20 RG vom 17.2. 1921, RGZ 101, 335, 338f.

21 BGH vom 14.11. 1995 (Willy Brandt), NJW 1996, 593.

22 BGH vom 22.11. 2005 (Unvollständige Berichterstattung), NJW 2006, 601, 602 Rdnr.14.

23 BGH vom 22.11. 2005 (Unvollständige Berichterstattung), NJW 2006, 601, 602 Rdnr.14.

Pressefreiheit des Äußernden als auch die Informationsinteressen der Allgemeinheit nicht von vornherein drastisch zu beschränken. Es hat stattdessen zahlreiche Differenzierungen entwickelt, die den legitimen Schutzinteressen des Betroffenen in anderer Weise Rechnung tragen. Insbesondere erkennt es ein Recht auf Selbstbestimmung an. Danach kann der Einzelne grundsätzlich bestimmen, dass die Medien bestimmte Äußerungen nicht veröffentlichen dürfen, zum Beispiel weil sie vertraulich gemacht wurden, etwa „unter vier Augen" oder in einem privaten Brief. Ebenso wird der Betroffene davor geschützt, dass ihm Äußerungen zugerechnet werden, die er nicht gemacht hat. Im Übrigen hängt die Frage, ob ein Betroffener die Publikation öffentlich zugänglicher Informationen hinzunehmen hat, nicht nur davon ab, wie diese vom Adressatenkreis verstanden werden. Der Betroffene kann nämlich im Extremfall selbst gegenüber inhaltlich uneingeschränkt zutreffenden Äußerungen Schutz genießen.

Das Schutzanliegen des Persönlichkeitsrechts spricht an sich dafür, die Auslegung auch 1546
am Verständnis des Betroffenen zu orientieren. Der Persönlichkeitsschutz müsste theoretisch eingreifen, wenn die Äußerung allein vom Betroffenen in einer bestimmten Weise verstanden wird. Praktische Bedeutung hat dies beispielsweise für die Veröffentlichung eines Nacktbildes, auf dem der Abgebildete von anderen zwar nicht erkannt werden kann, aber infolge der Veröffentlichung gleichwohl fürchtet, erkannt zu werden. Wenn der Betroffene die Äußerung in belastender Weise versteht, dann kann sie bei ihm eine psychische Verletzungsspirale auch dann in Gang setzen, wenn andere Personen die Äußerung nicht als verletzend ansehen. Das Recht trägt diesem Umstand nicht im Rahmen der Auslegung, wohl aber durch die Annahme Rechnung, dass eine solche Reaktion des Betroffenen die Persönlichkeitsbeeinträchtigung schwerwiegender machen kann.

2. Verfassungsrecht

Das Verfassungsrecht will den Äußernden in seiner Meinungsfreiheit sichern 1547
und fragt daher auch danach, um welches Anliegen es dem Äußernden geht bzw. wie die Äußerung aus seiner Sicht gemeint ist. Diese Betrachtungsweise ist mit der zivil- und strafrechtlichen im Prinzip nicht zu vereinbaren, doch darf diese „Divergenz" zwischen den einzelnen Auslegungsmaßstäben gleichwohl nicht überbewertet werden. Sie hat bislang vornehmlich in Sonderkonstellationen (Auslegung von Bildern, Zitate) eine Rolle gespielt. Für die Auslegung von sprachlichen Äußerungen neigt auch das BVerfG den von den ordentlichen Gerichten entwickelten Anforderungen zu und stellt auf den Sinn ab, den eine Äußerung nach dem Verständnis eines unvoreingenommenen und verständigen Publikums hat.[24]

Das Abstimmungsproblem taucht beispielsweise auf, wenn für die Auslegung von Bil- 1548
dern zu entscheiden ist, ob dabei auch Anhaltspunkte zu berücksichtigen sind, die außerhalb des Bildes bzw. des entsprechenden Medienbeitrags liegen. Relevant geworden ist die Frage in einem wettbewerbsrechtlichen Zusammenhang und den **Schockwerbung-**

24 BVerfG vom 10. 10. 1995 (Nato-Herbstmanöver), BVerfGE 93, 266, 295.

Entscheidungen von BVerfG und BGH. Die zivilrechtlichen Auslegungsmaßstäbe sprechen dafür, im Rahmen der Bildinterpretation nur solche Aspekte heranzuziehen, die auch dem Adressaten des Bildes bekannt oder erkennbar sind.[25] Das BVerfG hat dagegen maßgeblich auf die Motive des „Äußernden" abgestellt, die er in einem separat veröffentlichten Buch beschrieben hatte und die den Adressaten schwerlich erkennbar waren.[26]

1549 Das BVerfG beschränkt die **Überprüfung fachgerichtlicher Entscheidungen** prinzipiell darauf, ob die Fachgerichte gerade die Bedeutung und Tragweite des betroffenen Grundrechts verkannt haben.[27] Bei der Beurteilung äußerungsrechtlicher Fälle ist das BVerfG jedoch ausgeprochen sensibel. Es hat sich exakt zu der Superrevisionsinstanz gemacht, die es nach eigenem Bekunden gerade nicht sein will und von der ihm auch deshalb abzuraten ist, weil die Fachgerichte in der Würdigung von konkret-individuellen Sachverhalten sozusagen „näher dran" und im Allgemeinen erfahrener sind als Bundesverfassungsrichter.[28] Dabei geht die Nachprüfung durch das BVerfG umso weiter, je größer die rechtliche Sanktion ist, die dem Sich-Äußernden droht.[29] Das Gericht prüft deshalb im Zusammenhang mit äußerungsrechtlichen Straftatbeständen besonders eingehend, weil es der Bestrafung wegen kriminellen Unrechts bereits für sich genommen eine größere Intensität zumisst als einer zivilgerichtlichen Verurteilung zu Unterlassung, Widerruf oder Schadensersatz.[30]

1550 Im Zusammenhang mit Eingriffen in die Meinungsfreiheit werden grundrechtliche Vorgaben bereits verkannt, wenn die Äußerung unzutreffend erfasst oder gewürdigt wird. Das ist zum Beispiel der Fall, wenn ihr ein Inhalt zugemessen wird, den sie nicht hat, oder wenn sich das Fachgericht unter mehreren objektiv möglichen Deutungen für die zur Verurteilung führende entscheidet, ohne die anderen unter Angabe überzeugender Gründe auszuschließen.[31] Fachgerichte verstoßen ferner gegen die Verfassung, wenn sie eine **Äußerung unzutreffend als Tatsachenbehauptung**, Formalbeleidigung oder Schmähkritik und gerade nicht als Werturteil einstufen,[32] das in besonders weitreichendem Maße grundrechtlichen Schutz genießt. Ebenso liegt ein verfassungsrechtlich relevanter Fehler vor, wenn eine **Äußerung fälschlich als Wertung** und nicht als

25 Z.B. BGH vom 6.7. 1995 (H.I.V. POSITIVE I), GRUR 1995, 600, 601.

26 BVerfG vom 12.12. 2000 (Schockwerbung I), BVerfGE 102, 347, 360; eingehend *Schuppert* AfP 2003, 113, 114ff.

27 BVerfG vom 10.6. 1964, BVerfGE 18, 85, 92f.

28 *Ossenbühl* Bitburger Gespräche Jb 1999/I, S.73, 86.

29 BVerfG vom 7.12. 1976, BVerfGE 43, 130, 136.

30 BVerfG vom 7.12. 1976, BVerfGE 43, 130, 136.

31 BVerfG vom 7.12. 1976, BVerfGE 43, 130, 136f.; BVerfG vom 14.4. 1989, NJW 1990, 1980, 1981; BVerfG vom 26.6. 1990 (Zwangsdemokrat), BVerfGE 82, 272, 280f.; BVerfG vom 25.8. 1994 (Soldaten sind Mörder), NJW 1994, 2943; BVerfG vom 13.2. 1996, BVerfGE 94, 1, 9; Überblick zu den verfassungsrechtlichen Anforderungen bei *Grimm* NJW 1995, 1697ff.

32 BVerfG vom 20.4. 1982 (Kredithaie), BVerfGE 60, 234, 242; BVerfG vom 22.6. 1982 (NPD Europas), BVerfGE 61, 1, 10; BVerfG vom 26.6. 1990 (Zwangsdemokrat), BVerfGE 82, 272, 281; eingehend *Wolter* Der Staat 36 (1997), 426ff.

Tatsache eingeordnet wird, so dass der Wahrheitsgehalt der zu Grunde gelegten Tatsachen nicht überprüft wird und eine konkrete Abwägung unter Berücksichtigung aller Umstände des Einzelfalls unterbleibt.[33] Das Verfassungsrecht soll nach Einschätzung des BVerfG gleichwohl noch Spielräume lassen. Das Gericht hält es für möglich, dass eine Äußerung unter Beachtung der verfassungsrechtlichen Anforderungen zivilrechtlich sowohl als Meinung, aber auch als Tatsachenäußerung gewertet werden kann.[34]

II. Grundanforderungen

Aus medienrechtlicher Sicht lassen sich für die Auslegung massenmedialer Äußerungen bestimmte Kriterien typisieren. Es handelt sich insoweit um **„allgemeine Regeln"**, als dass sie eine große Schnittmenge mit den im Einzelnen unterschiedlichen delikts-, straf- und verfassungsrechtlichen Anforderungen haben. Die daneben für bestimmte Äußerungen wie Zitate oder satirische Beiträge geltenden Sondermaßstäbe werden an späterer Stelle behandelt. 1551

1. Angesprochener Verkehrskreis

Für die Auslegung massenmedialer Äußerungen muss es auf das **Verständnis der Adressatenschaft** ankommen, an die sich die Äußerung wendet. So lässt sich insbesondere erreichen, dass der Inhalt von Wortinformationen nach der „Sprache" beurteilt wird, die der angesprochene Adressatenkreis kennt und versteht.[35] Maßgebend sind das Verständnis, das die Äußerung bei den angesprochenen Verkehrskreisen auslöst, sowie der Wortlaut und die äußere Form, in die eine Veröffentlichung gekleidet ist.[36] Entscheidend ist, wie die Mehrheit der Adressaten die Äußerung versteht. Die Aufgabe der Massenmedien liegt darin, möglichst vielen Personen Informationen zutreffend zu vermitteln. Die Medien erfüllen ihre gesellschaftlichen Aufgaben also gerade dann richtig, wenn die von ihnen verbreiteten Meldungen von möglichst vielen der angesprochenen Adressaten richtig verstanden werden. Versteht der überwiegende Adressatenkreis die im Wege der Massenkommunikation verbreitete Meldung richtig, so muss die Meldung grundsätzlich zulässig sein. 1552

Das **abweichende Verständnis Einzelner** ist unerheblich. Wenn etwa ein Fernsehbericht korrekt verstanden wird, so kann die bloße Möglichkeit, dass einzelne Zuschauer den 1553

---

33 BVerfG vom 17.10.2002, NJW 2003, 1109, 1110.

34 BVerfG vom 13.2.1996, BVerfGE 94, 1, 10; dazu *Zacker* DÖV 1997, 238ff.; *Hufen* JuS 1997, 367f.; *Wiegandt* KritV 1997, 19ff.

35 Siehe Rdnr. 1432ff.

36 BVerfG vom 25.8.1994 (Soldaten sind Mörder), NJW 1994, 2943f.; BGH vom 16.6.1998 (IM-Sekretär), BGHZ 139, 95, 102; BGH vom 30.5.2000 (Babycaust), NJW 2000, 3421, 3422.

Beitrag missverstehen könnten, keine Haftungsansprüche begründen.[37] Es kommt grundsätzlich auch nicht darauf an, welchen Inhalt der Äußernde mitteilen wollte. Ein **vom Äußernden gemeinter**, dem maßgeblichen Adressaten aber weder direkt noch aufgrund der Umstände erkennbarer Inhalt ist nicht maßgeblich.[38] Eine solche Abweichung kann aber in anderen Zusammenhängen relevant sein, z.B. für die Frage, ob der Äußernde in Wahrnehmung berechtigter Interessen tätig geworden ist oder ob er schuldhaft gehandelt hat. Im Zusammenhang mit **Tatbeständen, die bereits eine bloße Schädigungseignung der Äußerung ausreichen lassen**, ist im Schrifttum jüngst vorgeschlagen worden, nicht auf das Mehrheitsverständnis abzustellen. Vielmehr soll ausreichen, dass bereits ein maßgeblicher Teil der Adressatenschaft die Äußerung in schädigungsrelevanter Weise versteht.[39]

2. Massenkommunikation

1554 Die Auslegung hat die Besonderheiten der Massenkommunikation zu beachten. Während bei einer zwischen zwei Beteiligten gemachten Äußerung auch die Interessenlage der individuellen Parteien und die von ihnen jeweils verfolgten Zwecke und Ziele wichtig sein können,[40] darf dies für die Kommunikation durch Medien keine Rolle spielen. Für die Auslegung kommt es umso stärker auf den sozusagen objektiven Gehalt einer Mitteilung an, je mehr diese anonym und in einem Massenverfahren gemacht wird.[41] Die Auslegung hat ebenso das **Informationsverhalten der vom Massenmedium angesprochenen Nutzer sowie die journalistische Darstellungsform** (siehe Rdnr. 918ff.) zu berücksichtigen. Deutlich hervorgehobene Äußerungen sind anders auszulegen als „Kleingedrucktes", flüchtig wahrgenommene und primär auf den „Kiosk-Leser" gemünzte Überschriften anders als Texte, die der Leser intensiv studiert.

1555 Im Streitfall der **Petra Kelly-Entscheidung** hatte die Bild-Zeitung auf der Titelseite die Überschrift „Petra Kelly nackt – 80.000 DM" platziert und darunter die Unterzeile: „*Petra Kelly* nackt. Sie will 80.000 DM". In der Bewertung durch das OLG Hamburg entstand durch die Gestaltung der Titelschlagzeile auf der Frontseite der Eindruck, die seinerzeit sehr bekannte Politikerin sei bereit, sich gegen Zahlung hoher Geldbeträge nackt abbilden zu lassen. Grundsätzlich könne zwar keine Presseberichterstattung davor sicher sein, bei ganz oberflächlicher Betrachtung durch den Leser missverstanden zu werden, doch müssten jedenfalls für die streitige Schlagzeile strenge Anforderungen gelten.[42] Eine solche Titelzeile auf der ersten Seite sei dazu bestimmt, das Interesse beispielsweise auch solcher Personen anzulocken, die lediglich die Titelzeile lesen, weil sie diese nur beiläufig mitlesen konnen, etwa in Verkehrsmitteln, oder weil sie sich davon überzeugen wollen, ob der Erwerb der Zeitung lohnt. Es sei also gerade die Bestimmung des Textes,

---

37 BGH vom 10.12. 1991, NJW 1992, 1312, 1313.

38 BGH vom 16.6. 1998 (IM-Sekretär), BGHZ 139, 95, 102 „... Erfassung des objektiven Sinns".

39 *Helle* AfP 2006, 110, 112ff.

40 BGH vom 27.1. 1987, NJW-RR 1987, 829, 830.

41 Schluss aus BGH vom 20.6. 1978 (Schufa-Nachmeldung), NJW 1978, 2151, 2152.

42 OLG Hamburg vom 21.5. 1987 (Petra Kelly), NJW-RR 1988, 737, 738.

selbstständig und unabhängig von dem übrigen Inhalt des angekündigten Artikels wahrgenommen zu werden. Es sei für das Blatt vorhersehbar, dass die Titelzeile häufig nur flüchtig und ohne Blick auf die Unterzeile wahrgenommen werde. In diesem Bereich müsse die Presse jedenfalls erkennbare Möglichkeiten naheliegender Fehlvorstellungen dieser Leser ausräumen. Die Titelzeile sei daher eigenständig auszulegen. Es sei folglich unbeachtlich, dass der von ihr hervorgerufene ehrverletzende Eindruck durch die Darstellung des Sachverhalts im kleingedruckten Fließtext korrigiert werde.

Die Auslegung muss zugleich berücksichtigen, dass menschliches Informations- 1556
und Aufmerksamkeitsverhalten **medienspezifisch unterschiedlich** sein kann. Dementsprechend bezieht die Judikatur ihre Aussagen oftmals auf bestimmte Medien, ohne sich dabei jedoch allzu sehr festzulegen.[43]

Für die Auslegung von Äußerungen in **Zeitungen** ist entscheidend, wie die Angabe von 1557
den Lesern der betreffenden Zeitschrift verstanden wird.[44] Dabei stellt der BGH auf das Verständnis des durchschnittlichen Lesers ab.[45] Bei Äußerungen in einem **Hörfunkinterview** kommt es auf den unbefangenen Hörer an,[46] bei einem in türkischer Sprache gehaltenen Hörfunkprogramm für türkische Mitbürger auf den türkischen Durchschnittshörer.[47] In gleicher Weise ist für die Inhaltsbestimmung von **Fernsehbeiträgen** der unbefangene Empfänger bzw. der durchschnittliche Fernsehzuschauer maßgeblich.[48]

3. Gesamteindruck

Maßgebend für die Auslegung ist grundsätzlich der inhaltliche Gesamteindruck 1558
der relevanten Äußerung.[49] Es kommt also nicht auf den Wortsinn als solchen, sondern auf den Sinn an, der sich nach **Gesamtinhalt, Färbung und Übermittlungsweise der Äußerung** als nächstliegend aufdrängt.[50] Eine Äußerung ist in dem Gesamtzusammenhang zu beurteilen, in dem sie gefallen ist. Sie darf nicht aus dem sie betreffenden Kontext herausgelöst und rein isoliert für sich betrachtet werden.[51] Es darf insbesondere nicht sein, dass inhaltlich rechtswidrige Äußerungen allein deshalb sanktionslos bleiben, weil sie in eine besonders kunstvolle, den Anschein von Freundlichkeit erweckende Formulierung gekleidet sind. Wird beispielsweise im Zusammenhang mit der Aussage, die Authentizität bestimmter Memoiren sei „nicht sichergestellt“, durch weitere Hinweise der Eindruck erweckt, die vorgebrachten Zweifel an der Authentizität seien durch

43 BGH vom 10.12. 1991 (Poller), NJW 1992, 1312, 1313 „... unter Berücksichtigung der Eigengesetzlichkeiten des jeweils infrage stehenden Mediums“.
44 BGH vom 20.10. 1987 (Mit Verlogenheit zum Geld), NJW 1988, 1589f.
45 BGH vom 30.5. 2000 (Babycaust), NJW 2000, 3421, 3422.
46 BGH vom 30.5. 1974, MDR 1974, 921.
47 BGH vom 12.2. 1985 (Türkol), NJW 1985, 1621, 1622.
48 BGH vom 26.11. 1996 (Stern TV), NJW 1997, 1148, 1149.
49 BGH vom 30.1. 1996 (Lohnkiller), BGHZ 132, 13, 20 mwN.
50 BGH vom 26.1. 1951 (Möbelbezugsstoffe), GRUR 1951, 283, 285.
51 BGH vom 25.3. 1997, NJW 1997, 2513.

hinreichende Beweismittel gedeckt, so kann dies letztlich auf die Behauptung hinauslaufen, die Verlegerin habe die Authentizität der Memoiren nicht genügend überprüft und diese seien nicht authentisch.[52]

1559 Die Maßgeblichkeit des Gesamtzusammenhangs berechtigt weder zur Unterstellung von Äußerungen, die gar nicht gemacht wurden,[53] noch gewährt sie einen Freibrief für die Annahme **„versteckter" oder „zwischen den Zeilen" gemachter Aussagen**. Bei der haftungsrechtlichen Einbeziehung einer solchen, aus dem Gesamtzusammenhang gewonnenen Sinninterpretation ist aufgrund von Art. 5 Abs. 1 Satz 1 GG Vorsicht geboten. Die bloße Möglichkeit, dass Leser Zusammenhänge für „versteckte" Behauptungen herstellen, die ein in Streit stehender Text nicht mit hinreichender Klarheit liefert, reicht für die Haftung nicht aus. Ein solches Verständnis würde einseitig auf den Ehrenschutz abstellen und außer Acht lassen, dass Ehrenschutz und Kritikfreiheit nach der Wertordnung der Verfassung als gleichrangig gegeneinander abzuwägen sind.[54]

1560 Wie kompliziert die juristischen Fallstricke sein können, macht die **Willkürliche Rechtsanwendung-Entscheidung** des BVerfG deutlich. Sie ist zugleich ein Gegenpart zu den Urteilen, in denen das BVerfG den Interessen des Äußernden im Rahmen der Auslegung sehr weit entgegengekommen ist. Im Streitfall hatte der Beklagte auf einer Versammlung eines SPD-Ortsvereins über den späteren Beschwerdeführer, der Wirtschaftsberater und zugleich Vorsitzender des SPD-Unterbezirks war, geäußert, dieser habe „permanent den damaligen Wirtschaftsminister ... belegt, um Aufträge für die eigene Firma zu bekommen und persönliche Vorteile zu erlangen". Das LG Stralsund sah darin gleich zwei Aussagen. In seinen Augen wurde dem Beschwerdeführer zum einen vorgeworfen, er versuche, sich durch seine Stellung in der SPD und die dadurch möglichen Kontakte zum damaligen Landesvorsitzenden und Wirtschaftsminister berufliche Vorteile zu verschaffen. Da sich dieser Vorwurf als unwahr herausstellte, gab das LG der Unterlassungsklage insoweit statt. Zum anderen sah das LG in der Äußerung jedoch den Vorwurf, das Verhalten des Beschwerdeführers sei auch insgesamt darauf gerichtet gewesen, die innerparteiliche Position zum eigenen Vorteil auszunutzen. Insoweit wies das Gericht die Klage ab, weil sich weder die Wahrheit noch die Unwahrheit der Aussage feststellen ließ. Das BVerfG trat dieser zweiten Deutung jedoch entgegen. Die streitige Äußerung werfe ihrem Wortlaut nach dem Beschwerdeführer lediglich vor, aus seinem Kontakt zum Wirtschaftsminister berufliche und persönliche Vorteile zu erstreben. Den Vorwurf, auch die innerparteiliche Position insgesamt zum eigenen Vorteil auszunuten, enthalte sie gerade nicht.[55] Das LG hätte daher allein über die tatsächlich aufgestellte Äußerung entscheiden müssen. Wenn das Gericht dabei aufgrund der Beweisaufnahme zu der Auffassung gelangt sein sollte, das Gesamtverhalten des Beschwerdeverfahrens sei kritikwürdig gewesen und daher sein vollständiges Obsiegen im Unterlassungsprozess „unbillig", so seien dies gleichwohl sachfremde Erwägungen, die das LG nicht zur Teilabweisung des Unterlassungsanspruch berechtigten. Kurz: Selbst wenn der Beschwerdeführer „Dreck am

52 BGH vom 30.5. 1974, MDR 1974, 921.

53 BVerfG vom 18.3. 2005 (Willkürliche Rechtsanwendung), NJW 2005, 2138, 2139.

54 BGH vom 8.7. 1980, BGHZ 78, 9, 14 mwN; BGH vom 12.5. 1987 (Chemiegift), NJW 1987, 2225, 2227.

55 BVerfG vom 18.3. 2005 (Willkürliche Rechtsanwendung), NJW 2005, 2138, 2139; dazu mit Kritik im Einzelnen *Teubel* NJW 2005, 3245ff.

Stecken" gehabt haben sollte, so kann ihn das gegenüber unwahren Äußerungen nicht rechtlos stellen.

4. In dubio pro libertate

Die aktuelle Judikatur hat auf die angesprochene „Divergenz" zwischen Zivil- 1561
und Verfassungsrecht mit der Schaffung der Auslegungsregel reagiert, dass bei mehreren möglichen Deutungen zumeist diejenige maßgeblich ist, **die dem Äußernden bzw. dem In-Anspruch-Genommenen günstiger** ist.[56] Diese Lehre löst das Abstimmungsproblem nicht vollständig auf, hat sich gleichwohl für die Praxis bislang offenbar als brauchbares Hilfsinstrument erwiesen. Sie greift aber erst und nur dann ein, wenn nach den traditionellen Auslegungmaßstäben auch tatsächlich mehrere Deutungen in Betracht kommen.

Eine solche, den Äußernden begünstigende Auslegungsregel hat im Hinblick 1562
auf den verfassungsrechtlich intendierten Schutz der Meinungsfreiheit dann Sinn, wenn dem Äußernden andernfalls rechtliche „Sanktionen" drohen, zum Beispiel eine strafrechtliche Verurteilung[57] oder eine zivilrechtliche Verpflichtung zu Schadensersatz, Widerruf oder Berichtigung. Die Auslegungsregel gilt dagegen **nicht, soweit der Betroffene die Unterlassung der Äußerung verlangt.**[58] Ist eine gemachte Äußerung mehrdeutig und führen eine oder mehrere Deutungsvarianten zu einer Verletzung der Persönlichkeit eines anderen, so steht dem Betroffenen ein Unterlassungsanspruch zu. Der Äußernde muss sich in Zukunft eindeutig ausdrücken und darf nicht zulasten des Betroffenen mit missverständlichen Formulierungen spielen. Ebenso sollte die Auslegungsregel **nicht im Gegendarstellungsrecht** angewendet werden.[59] Auch hier droht dem Äußernden keine rechtliche Sanktionierung, sondern lediglich eine Entgegnung des Betroffenen, die der Öffentlichkeit dessen Sicht der Dinge mitteilt. Aus medienrechtlicher Warte kommt weiterhin hinzu, dass eine Gegendarstellung gerade dann besonderen Informationswert haben und zur weiteren Klärung beitragen kann, wenn die ursprüngliche Äußerung mehrere Deutungsvarianten zulässt.

---

56 BGH vom 16.6. 1998 (IM-Sekretär), BGHZ 139, 95, 104; BGH vom 7.12. 1999 (Sticheleien von Horaz), BGHZ 143, 199, 212; siehe auch BVerfG vom 10.7. 2002 (Hingerl), NJW 2002, 3767; BVerfG vom 26.6. 1990 (Zwangsdemokrat), BVerfGE 82, 272, 283. Eingehende Kritik bei *Krüger* ZUM 2003, 347ff.; ebenfalls kritisch *Dietlein* JR 1999, 246f.

57 BVerfG vom 24.5. 2006 (Babycaust), AfP 2006, 349, 352.

58 BVerfG vom 25.10. 2005 (IM-Sekretär), NJW 2006, 207, 209; dazu *Hochhuth* NJW 2006, 189ff. mwN.; kritisch *Helle* AfP 2006, 110, 112ff. OLG Köln 14.2. 2006, AfP 2006, 365, 367f.

59 Ebenso *Burkhardt* in: Wenzel, Das Recht der Wort- und Bildberichterstattung, § 11 Rz. 41; a.A. *Soehring*, Presserecht, Tz. 29.12.

III. Auslegung von Bildern

1563 Bilder können in gleicher Weise wie Wortäußerungen Tatsachenangaben oder Meinungen[60] sowie falsch, wahr oder unzulässige Schmähkritik sein. Für die Auslegung von Bildern kommt es im Ausgangspunkt ebenfalls auf das Verständnis des durchschnittlichen Adressaten bzw. Betrachters an.[61] Da Bilder anders wirken als Worte und vom Adressaten anders aufgenommen werden, können die für sprachliche Äußerungen geltenden Auslegungsregeln aber nicht durchweg auf die Auslegung von Bildern übertragen werden. Der Inhalt bildlicher Aussagen ist gegenüber dem von Wortäußerungen unsicherer zu ermitteln, da Bilder im Unterschied zu verbalen Äußerungen weniger aus sich selbst heraus verständlich sind. Besonders häufig gewinnen sie ihren Inhalt erst durch Interpretationen und den Rückgriff auf Umstände, die außerhalb des Bildes liegen.

1564 Die genauen Anforderungen hängen maßgeblich davon ab, welchen **Informationszwecken** das betreffende Bild dient, ob es also seinem Anliegen nach auf Dokumentation, Auseinandersetzung oder Illustration zielt.[62] Ein Bild, das der entscheidende Träger einer Information ist und zum Beispiel ein bestimmtes tatsächliches Geschehen dokumentieren soll, ist strenger zu beurteilen als ein Bild, das lediglich zur Illustration von Sprachinformationen dient. Ist das Bild mit einem Wortbeitrag verbunden, so sind optische und verbale Äußerung im Gesamtzusammenhang zu betrachten und auf diese Weise auch der Aussagegehalt des Bildes zu bestimmen.[63] Die Einordnung, ob das Bild eigenständigen Dokumentationswert oder nur illustrierenden Informationscharakter hat, kann vom Gegenstand des Bildes, aber auch davon abhängen, wie das Bild präsentiert wird. Ein Dokumentationsinteresse ist umso eher in Betracht zu ziehen, je deutlicher die verwendeten Bilder in der betreffenden Berichterstattung als eigenständiger Informationsträger herausgehoben werden. Bedeutung hat dieser Gesichtspunkt bisher erlangt, wenn Hör-, Schrift- und bildliche Signale in audiovisuellen Medien verschiedene Inhalte transportieren und in der Wahrnehmung durch den Nutzer einen unterschiedlichen Stellenwert haben.

1565 Im Streitfall der **Poller-Entscheidung** hatte das Fernsehen über Schmiergelder berichtet, die für „Unmassen von Pollern" an einen Bezirksleiter des Straßenbauamts geflossen seien. Dabei zeigte es mehrere Sekunden lang Poller eines entsprechenden Typs. Rechtlich ist zu entscheiden, ob darin die Aussage liegt, die Schmiergelder stammten von dem für Fachleute erkennbaren, einzigen Hersteller dieser Poller. Im Streitfall schied aufgrund der Umstände ein Dokumentationsinteresse aus. Das gezeigte Bild diente zur Illustration der Fernsehreportage. Es fungierte gerade nicht als eigenständiger Informationsträger,[64] sondern sollte die betreffenden Informationen für den Zuschauer lediglich

60 BVerfG vom 23.3. 1971, BVerfGE 30, 336, 352; BVerfG vom 12.12. 2000 (Schockwerbung I), BVerfGE 102, 347, 359 „sprechende Bilder mit meinungsbildendem Inhalt".

61 BGH vom 30.9. 2003 (Fotomontage I), BGHZ 156, 206, 211, 215.

62 *Beater* AfP 2005, 133, 135f. mwN. Siehe Rdnr. 1257ff.

63 BGH vom 30.9. 2003 (Fotomontage I), BGHZ 156, 206, 214.

64 BGH vom 10.12. 1991 (Poller), NJW 1992, 1312, 1313; siehe auch BVerfG vom 25.9. 1992 (Kriminaldirektor), NJW 1993, 1463.

bildlich untermauern. Das Bild durfte daher in seiner Bedeutung nicht überinterpretiert werden und erlaubte keine Erweiterung des Aussagegehalts über das gesprochene Wort hinaus. Es gibt ein legitimes Bedürfnis des Mediums Fernsehen, Gesagtes auch „ins Bild zu setzen". Dieses Bedürfnis würde zu sehr eingeengt, wenn bei der Auswahl von illustrierenden Bildern stets darauf Bedacht genommen werden müsste, ob hinter ihrer Bedeutung für die bildliche Umsetzung des gesprochenen Wortes auch weiter reichende Sinnaussagen entdeckt werden könnten.[65]

Dies schließt es nicht aus, dass der Bildinformation im Einzelfall doch eine maßgeb- 1566
liche Bedeutung zukommt. In diesem Sinne hat die **Nitratgehalt-Entscheidung** geurteilt. Im Streitfall hatte eine Fernsehreportage Kritik an nitratbelastetem Mineralwasser geübt und die Forderung erhoben, dass auf Etiketten von Mineralwasserflaschen künftig auch der Nitratgehalt angegeben wird. Gleichzeitig hatte sie bildschirmfüllend das Etikett einer bestimmten Mineralwasserflasche gezeigt. Der BGH sah im Gesamtgehalt der Reportage die Aussage, das Wasser der gezeigten Marke sei nitratbelastet.[66] Im Unterschied zum Poller-Fall drängte sich der Bezug zum Betroffenen stärker auf und war auch dem Nichtfachmann erkennbar.

Bewusste Eingriffe des Darstellenden in den möglichen Aussagegehalt von Bil- 1567
dern, zum Beispiel das Verändern von Bildern in Gestalt von Fotomontagen oder sonstige Maßnahmen, die darauf zielen, beim Adressaten einen bewusst beeinflussten oder gar „falschen" Eindruck hervorzurufen, können durch ein entsprechendes Auseinandersetzungsinteresse legitimiert sein. Ist beispielweise ein Bild für den Betrachter ohne weiteres als Fotomontage erkennbar, so enthält es keine dahingehende Tatsachenbehauptung, die Abbildung entspreche der Realität und die verfremdet abgebildete Person sehe tatsächlich so aus wie auf der Abbildung.[67]

Solche Fragen betrifft die **Fotomontage I-Entscheidung**. Im Streitfall war der Vor- 1568
standsvorsitzende der Telekom AG in verfremdeter Weise auf einem von Rissen durchzogenen, bröckelnden „T", das dem Firmenemblem der Telekom entnommen war, sitzend dargestellt. Solche Bilder, die ihre Wirkung gerade daraus erlangen, dass sie erkennbar und bewusst verändert worden sind, müssen nach anderen Anforderungen ausgelegt werden als Bilder, die ein tatsächliches Geschehnis dokumentieren bzw. beweisen wollen. Der **BGH** entnahm der veränderten Abbildung unter Rückgriff auf den damit verbundenen Wortbeitrag die Aussage, dass der Abgebildete selbstherrlich über den Problemen throne und nicht wahrnehme, was unter ihm geschehe und in welchen krisenhaften Schwierigkeiten sich das von ihm geleitete Weltunternehmen befinde. Die von der Vorinstanz gesehene Gefahr einer „unterschwelligen Manipulation" dadurch, dass das Gesicht des Betroffenen „insgesamt länger, die Wangen fleischiger und breiter, der Kinnbereich fülliger, der Hals kürzer und dicker und die Hautfarbe blasser" erschienen, hielt das Gericht für irrelevant.

Die Entscheidung verdient **Kritik**, denn sie vernachlässigt, dass es im Streitfall um die 1569
Abbildung eines Menschen ging. Da Bilder stärker emotionale Wirkungen erzielen als

65 BGH vom 10.12.1991 (Poller), NJW 1992, 1312, 1313.
66 BGH vom 10.11.1987 (Nitratgehalt), VersR 1988, 1182f.
67 BGH vom 30.9.2003 (Fotomontage I), BGHZ 156, 206, 211f.; dazu weitgehend zustimmend *Bacher* EWiR 2004, 179f.; *Kübler* JZ 2004, 579f.; *Vinck* LMK 2004, 50f.; kritisch *Beater* AfP 2005, 133, 136.

Wortäußerungen, sind Fotomontagen in besonderer Weise geeignet, den Betroffenen auf einer emotionalen Ebene lächerlich zu machen. Gegenüber solchen Angriffen kann sich der Betroffene im Grunde überhaupt nicht und schon gar nicht mit sachlichen Einlassungen wehren. Wer solche emotionalen Angriffe rechtlich privilegiert, begünstigt „Auseinandersetzungen“, die von einem Austausch sachlicher Argumente prinzipbedingt gerade wegführen.

1570 Das **BVerfG** hat im Ergebnis zugunsten des Abgebildeten entschieden. Es nahm an, das Bild würde dem Betrachter keinen Anhaltspunkt für die Manipulation der Gesichtszüge liefern, sondern beanspruche insoweit den Anschein, eine fotografische Abbildung zu sein. Die Darstellung suggeriere Authentizität und stelle damit die unzutreffende Tatsachenaussage auf, der Abgebildete sehe auch in Wirklichkeit so aus wie auf dem verwendeten Bild.[68] Auslegungsrechtlich orientiert sich das Gericht damit an den Informationsfunktionen von Bildern bzw. an der Dokumentationsfunktion des betreffenden Bildausschnitts.

68 BVerfG vom 14.2. 2005 (Fotomontage), AfP 2005, 171, 173; dazu kritisch *von Becker* AfP 2005, 247ff.

§ 19: Tatsachenäußerungen

Ausgewählte Literatur

Brömmekamp, „Aus gut informierten Kreisen war zu hören ...", AfP 2002, 141ff.; *Forkel*, Das BVerfG, das Zitieren und die Meinungsfreiheit, JZ 1994, 637ff.; *Frömming*, Zur Haftung der Medien für persönlichkeitsverletzende Zitate, FS Engelschall 1996, 47ff.; *Hubmann*, Kritikfreiheit, Zitierfreiheit und Interpretationsvorbehalt, UFITA 94 (1982), 51ff.; *Pärn*, Tatsachenmitteilung und Tatsachenbehauptung, NJW 1979, 2544ff.; *Rühl*, Tatsachen – Interpretationen – Wertungen, Grundfragen einer anwendungsorientierten Grundrechtsdogmatik der Meinungsfreiheit, 1998; *ders.*, Tatsachenbehauptungen und Wertungen, AfP 2000, 17ff.; *Stegmann*, Tatsachenbehauptung und Werturteil in der deutschen und französischen Presse, 2004. 1571

A. Ausgangsfragen

Unrichtige Tatsachenäußerungen sind weder von legitimierenden Informationsinteressen getragen, noch für den öffentlichen Meinungsbildungsprozess hilfreich.[1] Sie belasten zugleich einen etwaigen Betroffenen zu Unrecht und sind auch aus diesem Grund typischerweise rechtswidrig. Werden Tatsachen ohne Kenntnis ihrer Unwahrheit geäußert, so kann die Äußerung aber gleichwohl in Wahrnehmung berechtigter Interessen aufgestellt worden und deshalb gerechtfertigt sein.[2] Daher müssen unrichtige Äußerungen im Hinblick auf die Meinungs- und Pressefreiheit straf- und zivilrechtlich **u.U. hingenommen werden, sofern die veröffentlichenden Medien ihrer journalistischen Sorgfaltspflicht nachgekommen sind.**[3] Kann das Medienunternehmen nach diesen Maßstäben bei der Veröffentlichung einer Tatsache von deren Richtigkeit ausgehen, so wird es vor bestimmten zivilrechtlichen Ansprüchen geschützt, wenn sich später doch die Unrichtigkeit herausstellt. Im Einzelnen ist dabei nach der Art des Anspruchs zu unterscheiden. Ansprüche auf Schadensersatz oder Geldentschädigung scheiden durchweg aus, während solche auf Unterlassung oder auf bestimmte Formen der Beseitigung möglich bleiben (siehe Rdnr. 1919, 1940).[4] 1572

---

1 BVerfG vom 3.6. 1980 (Böll/Walden), BVerfGE 54, 208, 219; BVerfG vom 22.6. 1982 (NPD Europas), BVerfGE 61, 1, 8; BGH vom 12.2. 1985 (Türkol), NJW 1985, 1621, 1623; BGH vom 20.5. 1986 (Kriegsrichter), NJW 1987, 1398f.

2 Grundlegend BGH vom 22.12. 1959 (Alte Herren), BGHZ 31, 308, 312f.

3 Zur Recherche- und Sorgfaltspflicht siehe Rdnr. 1158ff.

4 Z.B. BGH vom 21.2. 1989, NJW 1989, 1923, 1924; BGH vom 30.11. 1971 (Freispruch), BGHZ 57, 325, 328.

1573 Unrichtige Tatsachenangaben durch Medien werden vom Recht nicht als solche bekämpft, sondern sind juristisch nur relevant, sofern sie **individuelle Schutzpositionen oder Straftatbestände** verletzen.[5] Manche dieser Rechte und Normen sind ausdrücklich allein auf Äußerungen anwendbar, die Tatsachen zum Gegenstand haben.[6] Aus medienrechtlicher Warte sind als Beispiele vor allem der Gegendarstellungsanspruch, der kraft Gesetzes nur im Zusammenhang mit Tatsachenbehauptungen in Betracht kommt,[7] und der Widerrufsanspruch zu nennen, den die Rechtsprechung allein gegenüber unwahren Tatsachenbehauptungen gewährt.[8] Andere Regelungen können dagegen im Ausgangspunkt auch sonstige Formen von Äußerungen erfassen,[9] doch trennen sie im Rahmen der weiteren Anforderungen ebenfalls zwischen Tatsachen und Meinungen und unterwerfen die Tatsachenäußerung speziellen Anforderungen.[10] Die jeweiligen Tatbestände sehen die Unrichtigkeit von Tatsachenäußerungen durchweg als Kriterium für die Schutzwürdigkeit des Betroffenen an, selbst wenn sie diesen Punkt im Einzelnen unterschiedlich handhaben. Sie unterscheiden sich weiterhin auch in den sonstigen materiellen Anforderungen. Ebenso ist die Beweislast im Zusammenhang mit Tatsachenbehauptungen anspruchsabhängig und kann daher namentlich für den Unterlassungsanspruch und den Widerrufsanspruch unterschiedlich sein.[11]

1574 Auf der Ebene **persönlicher Schutzinteressen** ist vor allem das allgemeine Persönlichkeitsrecht wichtig. Es ermöglicht gegenüber Tatsachenangaben einen sehr weitreichenden Schutz. In bestimmten Konstellationen kommt es einem allgemeinen „Verbot von Unwahrheit" sehr nahe, insbesondere wenn die Medien einer Person Äußerungen zurechnen, die der Betreffende gar nicht gemacht hat. Zusätzlich dazu statuieren die – vor der richterlichen Schaffung des Persönlichkeitsrechts erlassenen – §§ 823 Abs. 2 Satz 1 BGB, 185 ff. StGB einen speziellen Schutz der persönlichen Ehre.[12] Für die Medien haben im Zusammenhang mit Tatsachenäußerungen freilich allein die §§ 186 f. StGB Bedeutung. Sie sichern die soziale Geltung des Einzelnen in den Augen seiner Mitmenschen und erfassen daher nur solche Tatsachen, die geeignet sind, den Betroffenen „verächtlich zu machen oder in der öffentlichen Meinung herabzuwürdigen".[13]

1575 **Unternehmerische bzw. geschäftliche Interessen** werden vor allem durch das Recht am Unternehmen und § 824 BGB geschützt, die freilich nur gegen bestimmte Tatsachenangaben sichern.[14] Das Recht am Unternehmen setzt Äußerungen voraus, die betriebsbezogen sind und relevante unternehmerische Interessen, insbesondere die betriebliche

---

5 Siehe Rdnr. 345, 372 ff., 1165 f., 1220 ff.

6 Insbesondere §§ 824, 823 Abs. 2 Satz 1 BGB, 186 f. StGB.

7 Z.B. § 10 Abs. 1 Satz 1 LPrG MV.

8 § 1004 Abs. 1 Satz 1 BGB analog; statt vieler BGH vom 19. 12. 1960, BGHZ 34, 99, 102 f. mwN.

9 §§ 823 Abs. 1, 823 Abs. 2 Satz 1 BGB, 185 StGB.

10 Tröndle/*Fischer*, § 185 StGB Rn. 5; Soergel/*Beater*, § 823 BGB Anh. IV Rz. 177 ff., Rz. 191 ff., § 823 BGB Anh. V Rz. 83 ff., Rz. 91 ff. jeweils mwN.

11 Dazu *Leipold* FS Hubmann 1985, 271 ff. mwN.

12 Dazu Tröndle/*Fischer*, Vor § 185 StGB Rn. 3 mwN.

13 Dazu BGH vom 29. 11. 1955, BGHSt 8, 325 f.

14 Siehe Rdnr. 365 ff., 384 ff.

Außendarstellung, beeinträchtigen. § 824 BGB erfasst allein solche Tatsachen, die kreditgefährdende Tendenz haben oder geeignet sind, sonstige Nachteile für den Erwerb und das geschäftliche Fortkommen herbeizuführen.

B. Tatsachenbegriff

Die „Unrichtigkeit" ist als rechtliches Beurteilungskriterium nur für Äußerungen angebracht, die Tatsachen mitteilen (siehe Rdnr. 1534). Eine Tatsache ist **etwas Geschehenes oder Bestehendes, das in die Wirklichkeit getreten und einer objektiven Klärung und dem Beweis zugänglich** ist.[15] Tatsachen haben einen deskriptiven, empirischen Gehalt und beziehen sich auf einen bestimmten geschichtlichen Vorgang.[16] Entsprechende Äußerungen lassen sich von Gerichten darauf überprüfen, ob das betreffende tatsächliche Ereignis stattgefunden hat oder nicht bzw. ob nach dem Ergebnis einer etwaigen Beweisaufnahme „eine tatsächliche Behauptung für wahr oder für nicht wahr zu erachten" ist.[17] 1576

Für die Einordnung als Tatsache und die Abgrenzung von Meinungen kommt es nicht auf Äußerlichkeiten, sondern auf den **Inhalt der gemachten Aussage** an, der im Wege der Auslegung zu ermitteln ist. Dafür ist vor allem die sprachliche Formulierung ein wichtiger Anhaltspunkt, aufgrund der Vielgestaltigkeit und Komplexität von Sprache (siehe Rdnr. 1432ff.) zugleich aber auch kein zwingend ausschlaggebendes Kriterium. Eine Tatsachenäußerung kann beispielsweise auch in einem Fragesatz einer Titelzeile liegen[18] sowie in der Mitteilung eines Verdachts, eines Gerüchts und einer bloßen Möglichkeit,[19] wenn die beanstandeten Äußerungen einen Tatsachenkern enthalten.[20] Ebenso kann sich hinter der Form eines Urteils das Behaupten einer Tatsache verbergen, wenn und soweit bei dem Adressaten zugleich die Vorstellung von konkreten, in die Wertung eingekleideten Vorgängen hervorgerufen wird.[21] Umgekehrt kann eine sich scheinbar auf Tatsachen beschränkende Äußerung eine Meinungsäußerung sein.[22] Enthält eine Aussage sowohl Tatsachenelemente als auch wertende Aspekte, so 1577

15 RG vom 17.2. 1921, RGZ 101, 335, 338; BGH vom 26.10. 1951 (Constanze I), BGHZ 3, 270, 274; BGH vom 16.6. 1998 (IM-Sekretär), BGHZ 139, 95, 102; grundsätzlich auch *Burkardt* in: Wenzel, Das Recht der Wort- und Bildberichterstattung, § 4 Rz. 69ff.; *Stegmann*, Tatsachenbehauptung und Werturteil in der deutschen und französischen Presse, 2005, S. 218ff., 229ff.; differenzierend *Rühl* AfP 2000, 17ff.; kritisch *Kübler* AcP 172 (1972), 176ff.; Erman/*Schieman*, § 824 BGB Rdz. 3.

16 BGH vom 12.5. 1987 (Chemiegift), NJW 1987, 2225, 2226; BGH vom 28.6. 1994, NJW-RR 1994, 1242, 1243.

17 § 286 Abs. 1 Satz 1 ZPO.

18 BGH vom 9.12. 2003, NJW 2004, 1034, 1035.

19 BGH vom 20.6. 1978 (Schufa-Nachmeldung), NJW 1978, 2151f.

20 BGH vom 30.5. 1974, MDR 1974, 921.

21 BGH vom 26.10. 1951 (Constanze I), BGHZ 3, 270, 273; BGH vom 30.1. 1996 (Lohnkiller), BGHZ 132, 13, 21.

22 BGH vom 26.10. 1951 (Constanze I), BGHZ 3, 270, 274.

kommt es für die Abgrenzung auf die Gesamtwirkung und das „Schwergewicht der Aussage“[23] an. Die Gerichte tendieren in solchen Fällen dazu, im Zweifel eine Wertung anzunehmen.[24]

1578 Das entscheidende Kriterium für die Annahme einer Tatsachenangabe ist, dass sich die Äußerung **der Grundrichtung nach auf überprüfbare Ereignisse bezieht.**[25] Unsubstanziierte Urteile, zum Beispiel über den Wert gewerblicher Leistungen, sind dagegen in der Regel einer beweismäßigen Nachprüfung nicht zugänglich und als Meinung einzuordnen.[26] Ein Anhaltspunkt für den Tatsachencharakter kann sein, dass eine Äußerung gegenüber dem Adressaten Wahrheitsgehalt für sich in Anspruch nimmt.[27] Ein für die Zukunft angekündigtes Verhalten ist keine dem Beweis zugängliche Tatsache, doch kann darin zugleich die Behauptung einer gegenwärtigen Absicht, eine so genannte innere Tatsache, liegen.[28]

1579 Der Vorwurf **„übler Geschäftemacherei“** betrifft Tatsachen, wenn er sich auf bestimmte Einzelvorgänge bezieht, während er eine bloße Meinung ist, falls darin eine moralische Beurteilung der allgemeinen Haltung und geschäftlichen Betätigung einer Person liegt.[29] Der Äußerung, jemand sei **„pleite gegangen“** oder habe pleite gemacht, wohnt ein Tatsachengehalt inne, sofern sie beispielsweise zum Ausdruck bringt, der betreffende Geschäftsmann sei „zahlungsunfähig“, „in Konkurs gefallen“ oder in eine vergleichbare Situation geraten. Der Begriff „pleite“ kann aber auch in einem Zusammenhang verwendet werden, in dem wertende Betrachtungen der Gesamtaussage derart ihr Gepräge geben, dass insgesamt von einer Meinungsäußerung auszugehen ist. Letzteres ist der Fall, wenn der Begriff des „Pleitegehens“ in einen Kontext eingebunden ist, in dem er hinter die Wertung der wirtschaftlichen Tätigkeit des Betroffenen als deren untrennbarer Bestandteil zurücktritt und sich in diesem Rahmen als im Tatsächlichen nicht konkretisierte, pauschale und gänzlich substanzarme Aussage darstellt.[30]

1580 Eine Äußerung über **„schwarzen Filz“** in der Kreisverwaltung läuft auf Tatsachenangaben hinaus, wenn sie mit Beispielen unterlegt wird und dabei den Eindruck hervorruft, der stellvertretende Leiter des Kreisbauamtes habe seine Einstellung nicht seiner fachlichen Eignung, sondern den Parteifreunden zu verdanken.[31] Die Äußerung, ein Arzt habe **jeweils überdurchschnittlich lang operiert**, es sei dabei häufig zu starken Blutungen gekommen und die Patientinnen hätten davon nichts erfahren, wurde als Tatsachenangabe gewertet, weil sie auf der Grundlage von Aufzeichnungen über die Operati-

---

23 BGH vom 17.11. 1992, NJW 1993, 930, 932.
24 Siehe Rdnr. 1612f.
25 BGH vom 20.12. 1988 (Filmbesprechung), GRUR 1989, 222, 223; BGH vom 17.11. 1992, NJW 1993, 930, 932.
26 BGH vom 13.10. 1964 (Lüftungsanlage), NJW 1965, 35, 36.
27 BGH vom 20.10. 1987 (Mit Verlogenheit zum Geld), GRUR 1988, 402, 403.
28 BGH vom 25.11. 1997, NJW 1998, 1223, 1224; dazu *Ulrich* LM BGB §824 Nr. 34.
29 BGH vom 26.10. 1951 (Constanze I), BGHZ 3, 270, 274; siehe auch BGH vom 30.5. 1974, MDR 1974, 921.
30 BGH vom 28.6. 1994, NJW 1994, 2614, 2615; dazu *Dressler* Bitburger Gespräche Jb 1995/II, S. 125, 129ff.
31 BGH vom 9.2. 1982 (Schwarzer Filz), NJW 1982, 1805.

onen beweisbar sei.[32] Die Aussage, ein Chemieunternehmen habe „**Chemiegift einfach weggekippt**“, betrifft eine Tatsache, wenn sie sich auf einen bestimmten geschichtlichen Vorgang bezieht und ein unbefangener Durchschnittsleser die Angabe dahingehend verstehen muss, das Unternehmen habe deshalb „Gift“ in die Kanalisation „weggekippt“, weil die von ihm eingeleiteten chemischen Stoffe nach Menge und Anteil an dem gesamten Abwasser eine giftige Wirkung entfalten konnten.[33]

Enthält eine Äußerung einen **rechtlichen Fachbegriff**, so deutet dies darauf hin, dass 1581
sie als Rechtsauffassung und damit als Meinungsäußerung einzustufen ist.[34] Wenn sich der Vorwurf, jemand betreibe ein illegales Verschiebegeschäft mit Pelzfellen und Reptilhäuten auf einen konkreten Vorgang bezieht, dann wird diese Tatsache aber nicht bereits durch die Bezeichnung als „illegal“ zur Meinungsäußerung.[35] Wenn die Bezeichnung „illegal“ dagegen keine Vorstellung von konkreten, möglicherweise auch in eine Wertung eingekleideten, Vorgängen hervorruft, wird sie in aller Regel als rechtliche Bewertung und damit als Meinung anzusehen sein.[36] Gleiches gilt für den Vorwurf von „Befangenheit und Bestechung“.[37] Wer einen Widerstandskämpfer „Landesverräter“ nennt, weil dieser während des Zweiten Weltkriegs in Schweden Verhandlungen mit Vertretern der Feindmächte geführt hat, äußert keine Tatsache, sondern ein politisches Werturteil.[38]

Tatsachenaussagen durch **Fotos** kommen vor allem in Betracht, wenn die Aufnahme 1582
der Dokumentation dient.[39] Fotos von Personen können die Tatsachenaussage aufstellen, der Abgebildete sehe auch in Wirklichkeit so aus wie auf dem verwendeten Bild. Eine solche Deutung ist auch in Bezug auf Bildausschnitte möglich, die den Anschein beanspruchen, eine authentische fotografische Abbildung zu sein, und dem Betrachter keinen Anhaltspunkt für die Manipulation gezeigter Gesichtszüge liefern.[40]

C. „Unrichtige“ Tatsachenangaben

Tatsachenangaben können **in unterschiedlicher Weise „unrichtig“ sein**. Man 1583
trennt je nach Beweislast zwischen unwahren[41] und nicht erweislich wahren,[42] also solchen Tatsachen, deren Unwahrheit nicht feststeht oder vom Beweispflichtigen nicht nachgewiesen werden kann. Auch das Äußern nicht erweislich wahrer Tatsachen kann Unrecht sein, ist aber milder zu beurteilen als eine unwahre Angabe. Von solchen Äußerungen sind wiederum „verfälschende“ Tatsa-

32 BGH vom 26.11. 1996 (Stern TV), NJW 1997, 1148, 1149; dazu *Helle* JZ 1997, 786ff.; *Wagener/Meister* KH 1997, 579f.
33 BGH vom 12.5. 1987 (Chemiegift), NJW 1987, 2225, 2226; dazu *Reichold* EWiR 1987, 891f.
34 BGH vom 16.11. 2004, NJW 2005, 279, 282 mwN.
35 BGH vom 17.11. 1992, NJW 1993, 930, 931.
36 BGH vom 22.6. 1982 (NPD von Europa), NJW 1982, 2246, 2247.
37 BGH vom 27.4. 1999, NJW-RR 1999, 1251, 1252f.
38 BGH vom 6.5. 1958 (Landesverräter), BGHSt 11, 329, 330.
39 Siehe Rdnr. 919f., 1258.
40 BVerfG vom 22.3. 2005 (Fotomontage), AfP 2005, 171, 173.
41 §§ 824, 823 Abs. 2 Satz 1 BGB, 187 StGB.
42 §§ 823 Abs. 2 Satz 1 BGB, 186 StGB; siehe auch § 4 Nr. 8 UWG.

chenangaben zu trennen, die zwar für sich betrachtet wahr sein mögen, im Ergebnis aber doch irgendwie unzutreffende tatsächliche Vorstellungen erzeugen.

I. Unwahre Tatsachen

1584 Eine Tatsache ist unwahr, wenn sie der Wahrheit zuwiderläuft. Maßgeblich ist, ob das angeführte tatsächliche **Ereignis real stattgefunden hat bzw. noch stattfindet** oder nicht. Die Prüfung der Unwahrheit setzt die exakte Klärung voraus, welcher Inhalt der betreffenden Äußerung im Wege der Auslegung beizumessen ist.

1585 Besonders deutlich wird dieser Zusammenhang bei Verwechslungen oder Namensgleichheiten. Diese können ein Auslegungsproblem aufwerfen, das erst im Zusammenhang mit dem Unwahrheitserfordernis in voller Schärfe deutlich wird. Ist etwa die Mitteilung einer tatsächlich erfolgten Eröffnung eines Insolvenzverfahrens erkennbar auf eine bestimmte Gesellschaft bezogen, so ist sie nicht deshalb unwahr, weil es unter dem gleichen Namen auch ein nicht insolvent gewordenes Einzelhandelsunternehmen gibt.[43] Die **Schufa-Nachmeldung-Entscheidung** betraf eine Mitteilung der Schufa an angeschlossene Kreditinstitute, in der zu den Kontonummern des Betroffenen angegeben wurde, dass gegen eine namensgleiche andere Person, deren abweichende Adresse korrekt mitgeteilt wurde, Haftbefehle erlassen worden waren. Die Auskunft wurde als nicht unwahr angesehen,[44] obwohl sie bei oberflächlicher Lektüre eine Verwechslung und die unzutreffende Annahme hervorrufen konnte, die Haftbefehle richteten sich gegen den Betroffenen. Die Entscheidung erklärt sich daraus, dass sich die Auslegung anonymer Massenauskünfte in besonderer Weise am Wortlaut festmachen muss. Im Streitfall war weiterhin zu beachten, dass die Auskunft an sachverständige Adressaten (Banken) gerichtet war.

1586 Wenn eine Erklärung **sowohl wahre als auch unwahre Tatsachenangaben enthält**, lässt sich das Eingreifen der betreffenden Schutznorm ebenfalls nur in engem Zusammenhang mit der Auslegung beurteilen. Kommt einzelnen Angaben im Wege der Auslegung ein eigenständiges Gewicht zu, so ist jeweils deren Unwahrheit erforderlich. Sind die einzelnen Angaben dagegen aufgrund des Gesamteindrucks als eine einheitliche Aussage zu verstehen, so kommt es auf deren Unwahrheit an. § 824 BGB beispielsweise kommt auch in Betracht, wenn in einer Reportage eine wertende Aussage sowohl mit wahren als auch mit unzutreffenden Tatsachen unterlegt wird und sich der Kern des gesamten Berichts in einem falschen Licht darstellt[45] oder wenn im Rahmen eines Werbevergleichs wesentliche Punkte verschwiegen werden, die für den Gesamtvergleich ins Gewicht fallen.[46]

---

43 BGH vom 19.3. 1957, NJW 1957, 1149; dazu *Löffler* NJW 1957, 1149f.

44 BGH vom 20.6. 1978 (Schufa-Nachmeldung), NJW 1978, 2151, 2152; dazu zustimmend *Schaffland* BB 1978, 1587; kritisch *Deutsch* JZ 1979, 104f.; durchweg ablehnend *Simon* NJW 1979, 265f.

45 BGH vom 13.1. 1987, NJW 1987, 1403, 1404; dazu *Schwerdtner* EWiR 1987, 589f.

46 BGH vom 6.10. 1964 (Gewerkschaft ÖTV), BGHZ 42, 210, 219.

In **zeitlicher Hinsicht** soll für die Unwahrheit der Moment der Behauptung oder Weitergabe maßgebend sein.[47] Da Tatsachen jedoch einen konkreten tatsächlichen Vorgang betreffen und zukünftige Ereignisse keine Tatsachen sind, kann sich der Wahrheitsgehalt einer Äußerung schwerlich ändern. Geschehenes lässt sich nicht ungeschehen machen. Das RG hat dementsprechend angenommen, dass die spätere Änderung der Verhältnisse eine wahre Tatsache nicht unwahr werden lässt.[48] Eine nochmalige inhaltsgleiche Äußerung kann aber zur Haftung führen, wenn sie die inzwischen veränderten Verhältnisse falsch wiedergibt. Ebenso kann eine unwahre Angabe zwar nicht wahr werden, doch kann eine weiterhin aufrechterhaltene Aussage so zu verstehen sein, dass sie sich auf die nunmehr geänderten Verhältnisse bezieht und diese korrekt benennt. 1587

Im **Zivilprozess** können beeinträchtigende Tatsachenbehauptungen ohne Rücksicht auf die Beweislast dann als unrichtig angesehen werden, wenn ihr Urheber im Rechtsstreit eine nähere Substanziierung verweigert, obwohl sie ihm nach eigener Darstellung ohne weiteres möglich sein müsste (siehe auch Rdnr. 1605).[49] Eine Behauptung kann auch dann unrichtig sein, wenn sie durch Belegtatsachen gestützt wird. Einem von der Tatsachenbehauptung nachteilig in seinem Persönlichkeitsrecht Betroffenen darf die Möglichkeit, die Unwahrheit im Verfahren geltend zu machen, nicht unter Berufung auf das Vorliegen von Belegtatsachen abgeschnitten werden.[50] 1588

II. Nicht erweislich wahre Tatsachen

Einzelne Tatbestände lassen den Äußernden dafür einstehen, dass die von ihm mitgeteilten Tatsachen nicht erweislich wahr sind bzw. dass er ihre Wahrheit nicht vor Gericht beweisen kann. Für die Medien ist vor allem der Tatbestand der **üblen Nachrede** (§§ 823 Abs. 2 Satz 1 BGB, 186 StGB) wichtig.[51] Äußerungen, deren Richtigkeit oder Unrichtigkeit nicht feststeht, sind juristisch anders zu bewerten als erwiesen falsche Äußerungen. Einem Betroffenen ist die Hinnahme einer Äußerung, die möglicherweise zutreffend ist, eher zuzumuten als die einer erwiesen falschen Angabe. An der Unwahrheit darf man nicht gemessen werden. Es ist aber zumutbar, sich Äußerungen zu stellen, die möglicherweise wahr sind. 1589

Aus Sicht des modernen Medienrechts sind Regelungen wie § 186 StGB, der noch aus der Kaiserzeit stammt, nicht unproblematisch. Wenn die Presse wegen 1590

47 BGH vom 30.5. 1974, MDR 1974, 921; Esser/*Weyers*, Schuldrecht II/2, 8. Auflage 2000, § 57 I 1, S. 206.
48 RG vom 19.6. 1907, RGZ 66, 227, 231.
49 BGH vom 9.7. 1974, NJW 1974, 1710, 1771; BGH vom 30.5. 1974, MDR 1974, 921, 922; *Burkhardt* in: Wenzel, Das Recht der Wort- und Bildberichterstattung, § 12 Rz. 133.
50 BVerfG vom 27.8. 2003, NJW 2004, 592.
51 § 4 Nr. 8 UWG ist auf Wettbewerbshandlungen beschränkt und greift daher für Äußerungen der Medien in der Regel nicht ein.

ihrer besonderen staatspolitischen Bedeutung frei sein soll, dann muss sie Raum zum Atmen haben. Sie darf insbesondere keiner Gefährdungshaftung für nicht perfekt recherchierte Berichte ausgesetzt sein. Bereits die Befürchtung, behauptete Tatsachen nicht völlig verifizieren zu können, könnte die Presse davon abhalten, über Vorgänge zu berichten und ihrer Informations- und Kontrollaufgabe nachzukommen. Eine solche Haftung würde zu einer Selbstzensur der Presse führen, die sich auf die gesamte Öffentlichkeit auswirken würde und in ihren Folgen genauso schwerwiegend wäre wie eine staatliche Zensur.

1591 Mit solchen Überlegungen hat die legendäre Entscheidung **New York Times v. Sullivan** einen grundlegenden Wandel im amerikanischen Pressehaftungsrecht eingeleitet. Im Streitfall hatte eine Zeitung einen Aufruf gegen bestimmte staatliche Rassendiskriminierungen abgedruckt, die seinerzeit eines der brisantesten innenpolitischen Themen in den USA waren. Da der Aufruf einzelne unwahre Details enthielt, wurde die Zeitung von Vorinstanzen zur Leistung von Schadensersatz verurteilt. Der US-Supreme Court entschied anders. Die Last der Presse, durchweg die Wahrheit ihrer Aussagen beweisen zu müssen, würde in den Augen der Richter keineswegs darauf hinauslaufen, nur Falschbehauptungen zu verbannen. Sie würde angesichts der Haftungs- und Schadensersatzrisiken ggf. auch wahre, aber eben nicht sicher beweisbare Tatsachen unveröffentlicht lassen.[52]

1592 § 186 StGB ist nach wie vor geltendes Recht. In strafrechtlicher Hinsicht kehrt die Regelung den Grundsatz um, dass sich Zweifel im Tatsächlichen zugunsten des Täters auswirken.[53] Sie enthält aber keine formelle Beweisregel. Die materielle Wahrheit ist vielmehr vom Gericht von Amts wegen zu erforschen. In zivilrechtlicher Hinsicht ist die Vorschrift dagegen vielfach modifiziert worden. Grundsätzlich müssen Medien umso stärker Rücksicht auf die Interessen des Beeinträchtigten nehmen, je weniger sicher der Wahrheitsgehalt ihrer Äußerungen feststeht.[54] Ebenso ist bei der Bemessung eines etwaigen Entschädigungsanspruchs zu beachten, dass die Angabe möglicherweise wahr ist.[55] Im Übrigen ist vor allem **nach Ansprüchen zu unterscheiden**. Ein Anspruch auf Widerruf einer Äußerung ist nur möglich, wenn die Unwahrheit der behaupteten Tatsache feststeht bzw. bewiesen ist.[56] Er scheidet also im Falle eines non liquet durchweg aus. Für die anderen Ansprüche sehen die Gerichte in § 186 StGB zwar im Ausgangspunkt eine in das Deliktsrecht transformierte Beweisregel,[57]

---

52 „Under such a rule, would-be critics of official conduct may be deterred from voicing their criticism, even though it is believed to be true and even though it is in fact true, because of doubt whether it can be proved in court or fear of the expense of having to do so", *Brennan* J. in New York Times v. Sullivan, 376 U.S. 254, 279 (1964).

53 Tröndle/*Fischer*, § 186 StGB Rn. 11.

54 Siehe Rdnr. 1181.

55 BGH vom 9.7. 1985, BGHZ 95, 212, 215.

56 BGH vom 5.6. 1962 (Eheversprechen), BGHZ 37, 187, 189; BGH vom 3.3. 1970, MDR 1970, 579f. Siehe Rdnr. 1946.

57 BGH vom 12.2. 1985 (Türkol), NJW 1985, 1621, 1622; BGH vom 30.1. 1996 (Lohnkiller), BGHZ 132, 13, 23.

haben aber zugleich eine Reihe differenzierender Anforderungen entwickelt.[58] Beruft sich der auf Unterlassung oder auf Schadensersatz in Anspruch genommene Beklagte auf die Wahrnehmung berechtigter Interessen (§ 193 StGB), so ist für die hiernach vorzunehmende Güterabwägung die Wahrheit der geäußerten Tatsachen solange zu unterstellen, als nicht deren Unwahrheit festgestellt ist. Ist auf dieser Grundlage ein berechtigtes Interesse an der Äußerung zu bejahen, so trifft den Kläger die Beweislast für die Unwahrheit der Behauptung.[59] Die Ersatzpflicht beurteilt sich in solchen Fällen also **letztlich nach „allgemeinen" medienrechtlichen Grundsätzen**, nämlich nach einer Güterabwägung. Sie hängt maßgeblich davon ab, welches Informationsinteresse der Öffentlichkeit bestand und ob das Medienunternehmen hinreichend sorgfältige Recherchen über den Wahrheitsgehalt der Äußerung angestellt hat und deshalb die Äußerung zur Wahrnehmung berechtigter Interessen für erforderlich halten durfte bzw. darf.[60]

Ist ein öffentliches Informationsinteresse zu bejahen und ist das Medienunternehmen 1593
seiner Sorgfaltspflicht nachgekommen, so wird es vor Haftungsansprüchen geschützt. Hat das Medienunternehmen dagegen seiner Sorgfaltspflicht nicht genügt, so ist es der Last des Wahrheitsbeweises in vollem Umfang ausgesetzt. So lag es in der **Reichstagsbrand-Entscheidung**. Im Streitfall hatte ein Journalist 1960 die Behauptung aufgestellt, der Kläger sei 1933 bei der Inbrandsetzung des Reichstagsgebäudes führend beteiligt gewesen. Die Veröffentlichung behandelte zweifellos Fragen von besonderer öffentlicher Bedeutung. Sie war gleichwohl rechtswidrig. Sie belastete den Kläger massiv, es gab aber zugleich nur schwache, höchst zweifelhafte Anhaltspunkte für ihre Richtigkeit. Außerdem war die Beweisführung des Verletzers zu angeführten Hilfstatsachen in entscheidenden Punkten negativ ausgefallen.[61]

III. Verfälschende Tatsachen

Die Angabe von Tatsachen, die einzeln für sich genommen wahr sind, kann die 1594
Dinge dennoch in ein falsches Licht stellen. Solche Äußerungen können prinzipiell genauso verletzen wie unwahre Äußerungen.[62] Sie sind jedenfalls dann in gleicher Weise zu behandeln, wenn es um bewusst unvollständige Berichterstat-

58 Überblick bei *Burkhardt* in: Wenzel, Das Recht der Wort- und Bildberichterstattung, § 12 Rz. 138ff. mwN.

59 BGH vom 12.2. 1985 (Türkol), NJW 1985, 1621, 1622f.; dazu *Krämer* WuB IV A §§ 823, 824 BGB 2.85.

60 BGH vom 30.1. 1996 (Lohnkiller), BGHZ 132, 13, 23f. mwN.; BGH vom 16.6. 1998 (IM-Sekretär), BGHZ 139, 95, 105; dazu *Jutzi* NJ 1998, 593f.; *Schiemann* LM GG Art. 5 Nr. 92; *Dietlein* JR 1999, 246f.

61 BGH vom 11.1. 1966 (Reichstagsbrand), NJW 1966, 647, 648.

62 BGH vom 22.12. 1959 (Alte Herren), BGHZ 31, 308, 311f.; BVerfG vom 25.1. 1961 (Auf der Wolga verhaftet), BVerfGE 12, 113, 128ff.; BGH vom 3.5. 1977 (Abgeordnetenbestechung), NJW 1977, 1288, 1289; BGH vom 1.12. 1981 (Böll/Walden II), NJW 1982, 635, 636.

tungen geht.[63] Ebenso scheidet eine Wahrnehmung berechtigter Interessen durchweg aus, wenn der verfälschende Eindruck gezielt herbeigeführt wird und bewusst lediglich „Teilwahrheiten“ berichtet werden.[64] Werden dem Leser Tatsachen mitgeteilt, aus denen er erkennbar eigene Schlussfolgerungen ziehen soll, so dürfen hierbei keine wesentlichen Tatsachen verschwiegen werden, die dem Vorgang ein anderes Gewicht geben.[65]

1595 Ein Bericht, der eine Person namentlich nennt und sich eingehend mit ihr befasst, darf nicht so weitreichende Kürzungen enthalten, dass der Leser ein entstelltes negatives Bild dieser Person erhält, weil ihm nur einseitige Ausschnitte mitgeteilt werden.[66] Eine Gerichtsreportage ist rechtswidrig, wenn sie den Eindruck erweckt, die Entlassung eines bekannten Fachmanns für Datenverarbeitung sei gerichtlich bestätigt worden, obwohl das Gericht nur über den Antrag auf Wiederherstellung der aufschiebenden Wirkung und gar nicht über die eigentliche Anfechtungsklage entschieden hat.[67]

IV. „Unrichtige" Bilder

1596 Die eben vorgestellten Grundsätze gelten auch für Tatsachen, die in Bildern mitgeteilt werden. Die Schwierigkeiten in der rechtlichen Beurteilung einer solchen Bildberichterstattung liegen hauptsächlich in der Auslegung ihrer Äußerungen, nicht dagegen im Maßstab für die Unrichtigkeit. Bildaussagen können zum einen der Wahrheit zuwiderlaufen. Das wird vor allem bei **Veränderungen am Bild oder am Bildinhalt selbst** in Betracht kommen. Denkbar sind namentlich technische Veränderungen im Rahmen der Bildbearbeitung[68] oder unrichtige Arrangements bei gestellten Aufnahmen.

1597 Zum anderen können Bilder etwas in ein falsches Licht setzen und dadurch verfälschende Tatsachenaussagen sein. Dies ist insbesondere dann wichtig, wenn der **ursprüngliche Kontext des Bildes verändert** wird. Eine solche Veränderung kann bereits dadurch eintreten, dass eine Fotografie eine Ausnahmekonstellation betrifft, aber der Ausnahmecharakter aus dem Bild selbst nicht hervorgeht.[69] Wird eine derartige Aufnahme veröffentlicht, ohne dass auf ihren tatsächlichen Hintergrund hingewiesen wird, so kann darin schon eine Verfälschung liegen. In vielen Fällen ergibt sich der Inhalt der fraglichen Aussage erst aus dem

---

63 BGH vom 26.10. 1999 (Der Schmiergeldmann), NJW 2000, 656, 657; BGH vom 22.11. 2005 (Unvollständige Berichterstattung), NJW 2006, 601, 603 Rdnr. 18.

64 Vgl. BVerfG vom 25.1. 1961 (Auf der Wolga verhaftet), BVerfGE 12, 113, 131.

65 BGH vom 26.10. 1999 (Der Schmiergeldmann), NJW 2000, 656, 657; dazu *Trautner* IBR 2000, 152. BGH vom 25.11. 2003, NJW 2004, 598, 600; BGH vom 22.11. 2005 (Unvollständige Berichterstattung), NJW 2006, 601, 603 Rdnr. 18.

66 BGH vom 22.12. 1959 (Alte Herren), BGHZ 31, 308, 316.

67 BGH vom 30.1. 1979 (Exdirektor), GRUR 1979, 421, 422.

68 BGH vom 8.11. 2005 (Fotomontage II), NJW 2006, 603, 605 Rdnr. 19 „wenn das Foto über rein reproduktionstechnisch bedingte und für den Aussagegehalt unbedeutende Veränderungen hinaus verändert wurde“.

69 Siehe *M. G. Müller*, Grundlagen der visuellen Kommunikation, 2003, S. 93 mwN.

Zusammenwirken des Bildes mit weiteren Umständen. Der Kontext kann sich zum Beispiel aufgrund von Untertiteln oder Erläuterungen ändern, die dem Foto beigefügt werden. In ähnlicher Weise kann es sich schließlich auswirken, wenn ein Foto bewusst nur in Teilen gezeigt wird, so dass bestimmte Bildinformationen entfallen und Fehlinterpretationen wahrscheinlich werden.[70]

D. Zitate und Angaben über Informationsquellen

Die Rechtsprechung **wendet den strengen Unrichtigkeitsmaßstab auch auf** 1598
Angaben über Informationsquellen an. Es ist überzeugend, die Medien auch insoweit zur Wahrheit zu verpflichten. Wenn etwa ein Zeitschriftenartikel als „Originalbericht" einer berühmten Person angekündigt wird, obwohl er lediglich von Dritten zusammengestellt wurde, dann ist diese Ankündigung unwahr.[71] Aus medienrechtlichem Blickwinkel werden Leser, Zuschauer und Hörer dadurch vor falschen Annahmen über die Authentizität von Medienbeiträgen geschützt, und die Öffentlichkeit kann bei der Meinungsbildung auch die Qualität und Glaubwürdigkeit der jeweiligen Informationsquelle mit einbeziehen. Aus Sicht möglicher Betroffener spricht weiterhin das Selbstbestimmungsrecht für diese Linie. Es verlangt, dass Äußerungen so wiedergegeben werden, wie der Äußernde sie gemeint hat.[72]

I. Anforderungen an Zitate

In jedem Zitat steckt die inzidente Tatsachenbehauptung, der **Zitierte habe sich** 1599
so geäußert, wie er zitiert wird.[73] Wird die Äußerung unzutreffend wiedergegeben, so ist das Zitat unrichtig und kann dem Dokumentations- und Authentizitätsanliegen, aus dem sich die Zulässigkeit von Zitaten maßgeblich rechtfertigt, nicht dienen. Auf den Inhalt der untergeschobenen Äußerungen kommt es grundsätzlich nicht an. Wer etwa den Inhalt eines Gutachtens falsch wiedergibt, stellt eine unzutreffende Tatsachenaussage auf, auch wenn die betreffenden Passagen des Gutachens selbst als Meinungsäußerung einzuordnen sein sollten.[74]

---

70 Zu einem Extrembeispiel *M.G.Müller*, Grundlagen der visuellen Kommunikation, 2003, S. 102f. mwN.

71 BGH vom 20.12. 1967 (Kennedy-Bericht), NJW 1968, 644, 645f.; dazu *Wenzel* NJW 1968, 644f.; *von Falck* GRUR 1968, 266.

72 BGH vom 25.5. 1954 (Leserbriefe), BGHZ 13, 334, 339; BVerfG vom 3.6. 1980 (Böll/Walden), BVerfGE 54, 208, 217; BGH vom 1.12. 1981 (Böll/Walden II), NJW 1982, 635, 636.

73 BVerfG vom 3.6. 1980 (Böll/Walden), BVerfGE 54, 208, 220; BGH vom 27.1. 1998 (Rechte Professoren), NJW 1998, 1391; BVerfG vom 30.9. 2003 (Bundesscheiße), NJW 2004, 590, 591.

74 Gutachterliche Stellungnahmen ordnet die Rspr. in der Regel als Meinungsäußerung ein, siehe BGH vom 18.10. 1977, NJW 1978, 751f. (grafologisches Gutachten); BGH vom

Falschzitate beeinträchtigen grundsätzlich das Persönlichkeitsrecht des Betroffenen und zwar unabhängig davon, ob die untergeschobenen Äußerungen als solche möglicherweise „wahr" sind oder vom Zitierten „hätten stammen können".[75] Anders liegt es nur, wenn eine Angabe im Ausnahmefall trotz ihrer Unwahrheit keine persönlichkeitsbeeinträchtigende Wirkung hat, zum Beispiel weil sie einen irrelevanten Aspekt betrifft.[76]

1600 Die Wiedergabe tatsächlich aufgestellter Äußerungen ist **an der Gedankenführung des Zitierten, am Kontext und an der Stoßrichtung der Äußerung zu orientieren**, selbst wenn der unkritische Durchschnittshörer oder -leser die Äußerungen des Zitierten vielleicht anders verstehen konnte.[77] Dabei ist vom Zitierenden und namentlich von Massenmedien größte Sorgfalt zu verlangen, da das Gebot, richtig zu zitieren, die journalistische Arbeit selbst in eiligen Fällen nicht nennenswert belastet.[78] Jedes Vermengen zwischen dem Zitat und eigenen Bewertungen oder Kommentierungen des Zitierenden ist unzulässig.[79] Ob das Zitat in diesem Sinne richtig oder verfälschend ist, beurteilt sich wiederum danach, wie der durchschnittliche Adressat die Äußerung des zitierenden Mediums versteht.

1601 Die verfassungsrechtlichen Anforderungen an Zitate hat das BVerfG vor allem in der **Böll/Walden-Entscheidung** definiert. Im Streitfall berichtete die „Tagesschau" über einen Staatsakt anlässlich der Beisetzung des Präsidenten des Berliner Kammergerichts, der von Terroristen ermordet worden war. Anschließend setzte sich ein Journalist in einem Kommentar mit dem geistig-politischen „Klima" in der Bundesrepublik auseinander. Er sprach Intellektuellen und Politikern eine erhebliche Mitverantwortung an Terrorakten zu, da sie einen Nährboden geschaffen hätten, der „vom Unkraut der Ideologie, der Komplizenschaft, des Sympathisantentums, dem Opportunismus und der Leisetreterei überwuchert" sei. In diesem Zusammenhang zitierte er wörtlich aus Schriften des Beschwerdeführers. Darin wurde der Rechtsstaat als „Misthaufen" bezeichnet, von „Resten verfaulender Macht, die mit rattenhafter Wut verteidigt" würden, gesprochen und der Staat beschuldigt, die Terroristen „in gnadenloser Jagd" zu verfolgen. Der BGH hatte die Zitate danach beurteilt, wie die Schriften vom Durchschnittsleser oder -hörer zu verstehen waren, und sah sie daraufhin als „richtig" an.[80] Das BVerfG sah darin einen Verfassungsverstoß, da auf diese Weise ein breites Spektrum zulässiger Deutungen ent-

---

23.2. 1999, NJW 1999, 2736, 2737; kritisch *Schneider* MDR 1978, 613ff.; eingehend *Pärn* NJW 1979, 2544ff.

75 BGH vom 1.12. 1981 (Böll/Walden II), NJW 1982, 635, 686.

76 BGH vom 15.11. 2005, NJW 2006, 609 Rdnr. 10f.

77 BGH vom 1.12. 1981 (Böll/Walden II), NJW 1982, 635, 636; dazu zustimmend *Wenzel* AfP 1982, 32ff.; ablehnend *Roellecke* AfP 1982, 91f.; *Hubmann* UFITA 94 (1982), 51, 57ff. BGH vom 15.11. 2005, NJW 2006, 609, 610 Rdnr. 15. BGH vom 30.5. 1978 (Böll/Walden I), NJW 1978, 1797, 1798f. hatte noch auf das Verständnis des Durchschnittshörers oder -zuschauers abgestellt, wurde aber durch BVerfG vom 3.6. 1980 (Böll/Walden), BVerfGE 54, 208, 218ff. korrigiert.

78 *Frömming* FS Engelschall 1996, 47, 50; ähnlich BVerfG vom 3.6. 1980 (Böll/Walden), BVerfGE 54, 208, 220.

79 *Frömming* FS Engelschall 1996, 47, 51.

80 BGH vom 30.5. 1978 (Böll/Walden I), NJW 1978, 1797, 1798f.

stehe, die nicht mehr dem entsprächen, was der Zitierte zum Ausdruck bringen wollte.[81] Da das Zitat als Beleg für eine kritische Wertung eine besonders scharfe Waffe des Meinungskampfes sei, müsse der Zitierende ganz exakt zwischen Zitat und eigener Bewertung unterscheiden. Wenn eine zitierte Äußerung mehrere Deutungen zulasse, dann müsse der Zitierende seine eigene Deutung der Äußerung als solche kenntlich machen.

Die **Rechte Professoren-Entscheidung** betraf ein Zitat aus einem Beitrag des Klägers 1602
in einer Gedächtnisschrift für einen Historiker. Der Originaltext war in lateinischer Sprache verfasst und beschäftigte sich mit dem Bestehen von Vernichtungslagern in der NS-Zeit bzw. mit dem Bestreiten der Existenz solcher Lager. Die vom Kläger verwandten Formulierungen („... veram fabulam esse nego") ließen unterschiedliche Übersetzungen bzw. Deutungen zu. Die Beklagte nahm in einem Zeitschriftenartikel darauf Bezug und zitierte die betreffenden Passagen in deutscher Übersetzung mit dem Inhalt, der Kläger würde die Holocaustverbrechen ausdrücklich leugnen. Sie hatte damit nur eine von mehreren möglichen Übersetzungsbedeutungen berücksichtigt und den unzutreffenden Eindruck erweckt, der Inhalt der zitierten Formulierung wäre eindeutig in dieser Weise zu verstehen. Der Zeitungsartikel gab insbesondere nicht zu erkennen, dass auch Übersetzungen möglich waren, die auf eine andere inhaltliche Färbung hinausgelaufen wären. Darin lag eine Verletzung der Persönlichkeit des Klägers, dem die „Entscheidung über sein eigenes Wort" genommen wurde.[82] Der Kläger konnte jedoch nur die Unterlassung solcher Zitate verlangen, die darauf hinauslaufen, ihm eine eindeutige Leugnung der Holocaustverbrechen zuzuschreiben. Seine persönlichkeitsrechtlichen Interessen werden nicht verletzt, wenn die Beklagte in einem Vorbehalt deutlich macht, dass sie die zitierte Bedeutung für eine richtige Übersetzung hält, aber dass daneben auch inhaltlich andere Übersetzungen möglich sind. Macht der Zitierende deutlich, dass es sich um seine Interpretation einer mehrdeutigen Aussage handelt, dann muss der Betroffene dies als Meinungsäußerung des Zitierenden hinnehmen.

II. Berufung auf anonyme Quellen

Schwierige und noch nicht endgültig ausgeurteilte Fragen tauchen auf, wenn 1603
Medien sich auf Quellen berufen, deren Identität sie nicht offenlegen. Wenn sich eine Berichterstattung beispielsweise auf Informationen „aus dem Umfeld des Ministers" beruft, dann verleiht diese Angabe der Mitteilung besonderen Glaubwürdigkeitswert. Sie sollte dann in grundsätzlich gleicher Weise wie Zitate als Tatsachenäußerung angesehen werden,[83] dass sich eine Person, die dem Ministerium zugerechnet werden kann, in der angeführten Weise geäußert hat. Eine Äußerung wie „aus Rennkreisen war zu hören, dass XY schon mehrfach wegen Wettbetrugs verurteilt wurde" stellt also zwei Tatsachenbehauptungen auf, nämlich dass XY verurteilt wurde und dass in Rennkreisen derartiges zu hören war.

81 BVerfG vom 3.6. 1980 (Böll/Walden), BVerfGE 54, 208, 220f.

82 BGH vom 27.1. 1998 (Rechte Professoren), NJW 1998, 1391, 1392; dazu *Helle* EWiR 1998, 351f.

83 Ebenso OLG Köln vom 23.10. 2001 (Justizkreise), AfP 2002, 524f.; *Brömmekamp* AfP 2002, 141.

1604 Im Streitfall der **Justizkreise-Entscheidung** des OLG Köln hatte eine Zeitung über den Vorstandsvorsitzenden einer Bank berichtet und dabei u.a. mitgeteilt, Justizkreise gingen davon aus, dass die Staatsanwaltschaft gegen den Manager Anklage wegen Beihilfe zur Steuerhinterziehung erhebe. Das Gericht sah darin eine Tatsachenäußerung. Die Zeitung habe letztlich mitgeteilt, ihre Mitarbeiter hätten Informationsgespräche geführt und dabei aus dem Mund von sachinformierten Angehörigen der „Justizkreise" deren Annahme gehört, es werde voraussichtlich zu einer Anklageerhebung kommen.[84] Es handele sich um die Wiedergabe von (angeblich) abgegebenen Erklärungen Dritter ihrem Gesprächspartner gegenüber und die Richtigkeit oder Unrichtigkeit dieser Mitteilung stehe dem Beweis offen.

1605 Solche Konstellationen können zugleich die Frage nach dem Verhältnis zwischen der zivilprozessualen Darlegungslast und dem **Informantenschutz** aufwerfen. Nach den bereits angesprochenen prozessrechtlichen Regeln (siehe Rdnr. 1588) trifft ein Medienunternehmen, das ehrverletzende Äußerungen im Sinne von § 186 StGB aufstellt, unabhängig von der Beweislast grundsätzlich eine erweiterte Darlegungslast. Nach diesen Anforderungen kann von der Unwahrheit der bestrittenen Äußerung ausgegangen werden, solange die betreffende Partei ihrer Darlegungslast nicht entspricht. Damit stellt sich die Frage, ob das Medienunternehmen der Darlegungslast nur genügt, wenn es den Informanten benennt und damit seine Quelle preisgibt. Das OLG Köln hat angenommen, dass das Medienunternehmen wenigstens nähere Umstände vortragen muss, aus denen auf die Richtigkeit der Information geschlossen werden kann. Geschehe dies nicht, dann müsse das beklagte Medienunternehmen die prozessualen Folgen seiner Rücksichtnahme auf den Informanten in Kauf nehmen.[85] Den Richtern ist in ihrer Annahme zuzustimmen, dass der Schutz des betroffenen Einzelnen vor unzutreffenden Äußerungen nicht achtlos dem Informantenschutz geopfert werden darf. Es bietet sich in solchen Fällen an, § 446 ZPO entsprechend anzuwenden,[86] um Platz für Einzelfallerwägungen zu lassen.

III. Sonstige Konstellationen

1606 Eine eindeutige Verletzung des Persönlichkeitsrechts sind **erfundene Interviews.**[87] Sie sind typischerweise eine schwere Beeinträchtigung, da der Leser mit der Etikettierung von Äußerungen als Interview oder Zitat eine besondere Authentizität verbindet.[88] Ob eine Zeitungsveröffentlichung den Anschein eines

84 OLG Köln vom 23.10. 2001 (Justizkreise), AfP 2002, 524, 525.
85 OLG Köln vom 23.10. 2001 (Justizkreise), AfP 2002, 524, 525; zustimmend *Brömmekamp* AfP 2002, 141, 143ff.
86 *Burkhardt* in: Wenzel, Das Recht der Wort- und Bildberichterstattung, § 12 Rz. 134. BGH vom 14.1. 1975 (Metzeler), AfP 1975, 801, 802f. hat die Lösung dagegen über § 448 ZPO gesucht.
87 BGH vom 8.12. 1964 (Soraya), NJW 1965, 685, 686; BGH vom 15.11. 1994 (Caroline I), BGHZ 128, 1, 7.
88 OLG München vom 2.5. 2000, NJW-RR 2001, 42f.

Interviews erweckt, ist entsprechend den allgemeinen Auslegungsgrundsätzen nach dem Verständnis eines unbefangenen Durchschnittslesers und dem allgemeinen Sprachgebrauch zu beurteilen. Die Ankündigung eines Interviews ist beispielsweise anzunehmen, wenn eine auflagenstarke Illustrierte auf der Titelseite großflächig mitteilt, dass eine Prominente zum ersten Mal „exklusiv" über bestimmte Themen ihres Privatlebens spreche.[89] Das ungenaue oder auch ausschmückende Zitieren von Äußerungen durch ein Massenblatt ist aber nicht zu beanstanden, wenn die Art der Darstellung im Kern richtig ist und inhaltlich nicht in Persönlichkeitsrechte eingreift.[90]

Das **Verändern schriftlicher Aufzeichnungen**, zum Beispiel von Leserbrie- 1607 fen,[91] beeinträchtigt das Persönlichkeitsrecht, wenn die Aufzeichnungen dadurch eine andere Färbung oder Tendenz erhalten, als sie der Betreffende durch die von ihm gewählte Fassung und die Art der von ihm erlaubten Veröffentlichung zum Ausdruck gebracht hat.[92] Es spielt dafür keine Rolle, ob die Veränderung in Streichungen oder Zusätzen oder darin liegt, dass Äußerungen zwar wortgetreu wiedergegeben, aber in einen unzutreffenden Zusammenhang gestellt werden. Ist der Leserbrief ein Schriftwerk, so sind weiterhin auch urheberrechtliche Schranken zu beachten, insbesondere das Verbot von Entstellungen.[93]

Rechtsprechung und Schrifttum gestehen den Medien in gewissen Grenzen 1608 das Recht zu, **persönlichkeitsverletzende Äußerungen Dritter wortlautgetreu zitieren** zu dürfen.[94] Praktische Bedeutung hat dies für die Frage, ob der Betroffene neben dem Zitierten auch den Zitierenden in Anspruch nehmen kann. Die näheren Einzelheiten dieser nicht unproblematischen Linie werden an späterer Stelle behandelt (siehe Rdnr. 1879ff.).

89 BGH vom 15.11. 1994 (Caroline I), BGHZ 128, 1, 7.
90 BGH vom 27.10. 1967 (Lengede), GRUR 1968, 209, 210; dazu *Bußmann* GRUR 1968, 211f.
91 Dazu *Langohr* MDR 1989, 959ff.
92 BGH vom 25.5. 1954 (Leserbriefe), BGHZ 13, 334, 339.
93 § 14 UrhG.
94 BGH vom 30.1. 1996 (Lohnkiller), BGHZ 132, 13, 18f.; dazu *Marly* LM BGB § 823 (Ah) Nr. 123; *Helle* EWiR 1996, 453f. KG vom 29.2. 2000 (Bundesscheiße), AfP 2001, 65f.; *Burkhardt* in: Wenzel, Das Recht der Wort- und Bildberichterstattung, § 4 Rz. 102ff.; im Grundsatz auch *Frömming* FS Engelschall 1996, 47, 57ff.

§ 20: Meinungsäußerungen

Ausgewählte Literatur

1609 *Assmann/Kübler*, Testhaftung und Testwerbung, ZHR 142 (1978), 413ff.; *T. Brinkmann*, Gewerbekritik zwischen freier Meinungsäußerung und Warentest, NJW 1987, 2721ff.; *Eidenmüller*, Der unliebsame Kritiker: Theaterkritik und Schmähkritik, NJW 1991, 1439ff.; *Gounalakis*, Freiräume und Grenzen politischer Karikatur und Satire, NJW 1995, 809ff.; *Hillgruber/Schemmer*, Darf Satire wirklich alles?, JZ 1992, 946ff.; *Koppe/Zagouras*, Haftung für Produktkritik, GRUR 2005, 1011ff.; *Kübler*, Öffentliche Kritik an gewerblichen Erzeugnissen und beruflichen Leistungen, AcP 172 (1972), 177ff.; *ders.*, Meinungsäußerung durch Kunst, FS Mahrenholz 1994, 303ff.; *Löhr*, Boykottaufruf und Recht auf freie Meinungsäußerung, WRP 1975, 581ff.; *Meinberg*, Hauptsache, es schmeckt? Hedonisch-sensorische Konsumentenurteile als Qualitätsmaßstab im Rahmen vergleichender Lebensmitteltests, ZLR 1999, 1ff.; *Möllers*, Zur Zulässigkeit des Verbraucherboykotts – Brent Spar und Mururoa, NJW 1996, 1374ff.; *Ricker*, Unternehmensschutz und Pressefreiheit, 1989; *Rühl*, Tatsachen – Interpretationen – Wertungen, Grundfragen einer anwendungsorientierten Grundrechtsdogmatik der Meinungsfreiheit, 1998; *Schricker*, Öffentliche Kritik an gewerblichen Erzeugnissen und beruflichen Leistungen, AcP 172 (1972), 203ff.; *Tettinger*, Die Ehre – ein ungeschütztes Verfassungsgut?, 1995; *Weick*, Der Boykott zur Verfolgung nichtwirtschaftlicher Interessen, 1971.

A. Ausgangsfragen

1610 Nunmehr geht es um Äußerungen, die nicht wie Tatsachenäußerungen am Maßstab der Unrichtigkeit gemessen werden, sondern anderen Anforderungen unterliegen. Insbesondere soll über die „Richtigkeit" von Werturteilen nicht die Justiz, sondern der mündige und zum eigenen Urteil im Kampf der Meinungen aufgerufene Bürger befinden (siehe Rdnr. 1720ff.). Er kann nach Einschätzung der Gerichte selbst erkennen, was beispielsweise von einer Kritik zu halten ist, die auf eine Begründung verzichtet und in hämisch-ironischer oder schimpfend-polternder Art die Gegenmeinung angreift.[1]

I. Einordnungskriterien

1611 Das Recht arbeitet allein mit den Kategorien Tatsache und Meinung. „Meinung" ist daher im Grundsatz alles, was keine Tatsache ist. Die Meinung ist als Werturteil durch die subjektive Beziehung des Sich-Äußernden zum Inhalt seiner

---

1 BGH vom 21.6. 1966 (Höllenfeuer), BGHZ 45, 296, 308; ähnlich BGH vom 5.5. 1981, NJW 1981, 2117, 2119.

Aussage geprägt, **durch Elemente der Stellungnahme und des Dafürhaltens gekennzeichnet** und deshalb nicht als wahr oder unwahr erweisbar.[2] Die Einordnung einer Äußerung als Meinung und die Abgrenzung zur Tatsache bestimmen sich nach den bereits vorgestellten Auslegungsmaßstäben. Maßgebend sind der inhaltliche Gesamteindruck und der Zusammenhang der Äußerung. Beispielsweise ist die Angabe, die Herausgabe eines bestimmten Buches durch einen Wissenschaftler sei seine „Hauptleistung nach dem Krieg" gewesen, eine Meinungsäußerung, wenn sie ersichtlich ironisch gemeint ist und die Wendung „Hauptleistung" gewissermaßen das „negative Spitzenprodukt" des Betreffenden kennzeichnen soll.[3]

Enthält eine Aussage **sowohl Tatsachenelemente als auch wertende Aspekte,** 1612
so kommt es für die Abgrenzung abermals auf die Gesamtwirkung und das „Schwergewicht der Aussage"[4] an. Eine Meinung ist anzunehmen, wenn die subjektive Wertung so im Vordergrund steht, dass der substanzarme tatsächliche Gehalt einer einzelnen Äußerung ganz zurücktritt.[5] Die Gerichte tendieren dazu, im Zweifel eine Wertung anzunehmen. Bedeutung hat dies namentlich im Zusammenhang mit verfassungsrechtlich privilegierten Äußerungen. Wenn eine Äußerung, in der sich Tatsachen und Meinungen vermengen, in entscheidender Weise durch die Elemente der Stellungnahme, des Dafürhaltens oder Meinens geprägt ist, so wird sie als Werturteil und Meinungsäußerung in vollem Umfang grundrechtlich geschützt.[6] Im Falle einer derartigen engen Verknüpfung von Berichterstattung und Bewertung darf der Grundrechtsschutz nicht dadurch verkürzt werden, dass ein tatsächliches Element aus dem Zusammenhang gerissen und isoliert betrachtet wird.[7] Nach diesen Maßstäben können beispielsweise Ausführungen in einem Artikel eines Nachrichtenmagazins, die einerseits der Berichterstattung, andererseits der Meinungsbildung dienen, in ihrer Gesamtheit von der Schutzwirkung des Art. 5 Abs. 1 Satz 1 GG erfasst und aus diesem Grund als Meinungsäußerung zu bewerten sein.[8] Enthält ein solcher

---

2 BVerfG vom 22.6. 1982 (NPD Europas), BVerfGE 61, 1, 8; BVerfG vom 9.10. 1991 (Kritische Bayer-Aktionäre), BVerfGE 85, 1, 14; BVerfG vom 13.4. 1994 (Auschwitzlüge), BVerfGE 90, 241, 247; BGH vom 16.6. 1998 (IM-Sekretär), BGHZ 139, 95, 102.

3 BGH 20.5. 1986 (Kriegsrichter), NJW 1987, 1398, 1399.

4 BGH vom 17.11. 1992, NJW 1993, 930, 932.

5 BGH vom 21.6. 1966 (Höllenfeuer), BGHZ 45, 296, 304; BGH vom 30.5. 1974, MDR 1974, 921.

6 BVerfG vom 22.6. 1982 (NPD Europas), BVerfGE 61, 1, 9; dazu *Schmitt Glaeser* JZ 1983, 95ff.; *von der Decken* NJW 1983, 1400ff. BGH vom 25.3. 1997 (Flugblatt), NJW 1997, 2513, 2514; dazu *Kleine-Cosack* EWiR 1997, 601f. BVerfG vom 16.7. 2003 (Marsch in den Untergang), NJW 2004, 277, 278 lässt in solchen Fällen einen Schutz gegen Meinungsäußerungen aber unter etwas erleichterten Voraussetzungen zu, wenn die Meinung auf einer unrichtigen Tatsachenbehauptung aufbaut.

7 BVerfG 9.10. 1991 (Kritische Bayer-Aktionäre), BVerfGE 85, 1, 15f.; BGH vom 28.6. 1994, NJW 1994, 2614, 2615.

8 BGH vom 28.6. 1994, NJW 1994, 2614, 2615; dazu *Kohl* LM BGB § 823 (Ah) Nr. 114; zustimmend *Helle* EWiR 1994, 1087f.

Artikel aber weitere Angaben, die nicht mit Wertungen verknüpft sind und ihnen gegenüber eigenständigen Gehalt haben, so können diese als Tatsachen einzuordnen sein.[9]

1613 Diese Linie ist für die Einordnung der Äußerungen von Privatpersonen überzeugend. Dagegen ist sie **im Hinblick auf Äußerungen von Medien problematisch** und sollte nur zurückhaltend verfolgt werden. Sie eröffnet den Medienunternehmen Möglichkeiten, durch das Vermischen von Tatsachen- und Wertungselementen sowohl Haftungsrisiken als auch den Mühen einer journalistisch exakten Recherche auszuweichen.[10] Gerade die klare Trennung zwischen Meinung und Tatsache ermöglicht eine exakte Informationsgrundlage. Sie ist zum Teil sogar ausdrücklich gesetzlich vorgeschrieben[11] und gilt der Kommunikationswissenschaft als Kriterium für „qualitativ guten Journalismus".[12] Das Medienrecht muss zu den von ihm selbst propagierten Maßstäben stehen und sollte Demagogie und unseriösen Journalismus nicht indirekt privilegieren.

II. Beurteilungsmaßstäbe im Überblick

1614 Während das Recht Tatsachenäußerungen allein an dem einheitlichen Kriterium der Richtigkeit misst, kennt es für die Beurteilung von Meinungsäußerungen verschiedene Maßstäbe. Im Grundsatz werden Äußerungen, die keine Tatsachenangaben sind, an dem Verbot der so genannten Schmähung gemessen. Es handelt sich um eine Art Grundkategorie, um die es zunächst gehen soll. Da die Einordnung als Schmähung nur sehr zurückhaltend in Betracht gezogen wird, gibt es im Ergebnis gegenüber zahlreichen Meinungsäußerungen keinen Schutz. Dies gilt erst recht für satirische Äußerungen, die sogar noch großzügiger behandelt werden und fast keinen rechtlichen Grenzen unterliegen. Für Äußerungen, die sich gegen ein Unternehmen richten, ist im Übrigen nochmals zu unterscheiden. Warentests werden nicht allein am Maßstab der Schmähung gemessen und insgesamt etwas strenger beurteilt. Boykottaufrufe schließlich sind sogar weitgehend unzulässig.

1615 Innerhalb der Kategorien Satire und Schmähung wenden die Gerichte für betroffene **Unternehmen und Private** grundsätzlich dieselben Maßstäbe an. Das verdient Kritik, da Einzelpersonen gegenüber öffentlicher Stigmatisierung vielfach besonders schutzwürdig sind. Es ist daher vorzugswürdig, die Beurteilung stärker davon abhängig zu machen, welche Schutzinteressen aufseiten des Betroffenen infrage stehen. Zugleich sind für persönlich verletzende Äußerungen

---

9 BGH vom 28.6.1994, NJW 1994, 2614, 2615.

10 So die berechtigte Kritik von *Kepplinger* Bitburger Gespräche Jb 1999/I, S.15, 27ff.; ähnlich *Stürner* JZ 1994, 865, 868 „falsche Steuerungsfunktion für den Journalismus"; *Stark*, Ehrenschutz in Deutschland 1996, S.48ff.; *Ossenbühl* Bitburger Gespräche Jb 1999/I, S.73, 81f.

11 §§10 Abs.1 Satz 4 RStV, 11 Abs.2 Satz 3 MDStV. Siehe Rdnr.1118f.

12 *Pürer*, Publizistik- und Kommunikationswissenschaft, S.203.

zusätzliche Beurteilungskriterien zu befürworten, namentlich eine stärkere Unterscheidung zwischen Äußerungen von **Medien** und von **Privatpersonen**.

B. Schmähung

I. Allgemeines

Beeinträchtigungen in Gestalt von Werturteilen hat der Betroffene in weiten 1616
Grenzen hinzunehmen. Die Meinungsfreiheit erfordert es in den Augen der Gerichte, dass **auch in der Art der Meinungsäußerung große Freiheit** gewährt und bei der Annahme einer Beleidigungsabsicht Zurückhaltung geübt wird.[13] Der Einzelne soll wegen wertender Äußerungen grundsätzlich keinen gerichtlichen Sanktionen ausgesetzt werden. Bereits die bloße Befürchtung solcher Folgen bringt die Gefahr mit sich, die öffentliche „Diskussion zu lähmen oder einzuengen und damit Wirkungen herbeizuführen, die der Funktion der Freiheit der Meinungsäußerung in der durch das Grundgesetz konstituierten Ordnung zuwiderlaufen".[14] Deshalb soll bei dem Äußern bloßer Meinungen – anders als im Zusammenhang mit Tatsachenäußerungen – grundsätzlich keine Rücksicht auf die Interessen des Betroffenen genommen werden müssen. Werturteile lösen also nicht bereits deshalb eine Haftung aus, weil die geäußerte Kritik starke, überspitzte oder gar polemisierende Ausdrücke enthält[15] oder weil andere sie für falsch oder ungerecht halten.[16] Die Rechtsprechung sieht beispielsweise geschäftsschädigende Werturteile grundsätzlich erst dann als Verletzung des Rechts am Unternehmen an, wenn sie „böswillige oder gehässige Schmähkritik" sind.[17] Über Äußerungen, die unterhalb dieser Schwelle liegen, sollen eben nicht die Juristen, sondern der einzelne Bürger bzw. der öffentliche Meinungsprozess richten. Bei diesem **„Wagnis der Freiheit"** wird es hingenommen, dass das Recht nicht gegenüber jeder unangemessen scharfen Meinungsäußerung Schutz gewährt. Dabei werden die Grenzen für abwertende Werturteile gegenüber dem Interesse an der Wahrung des Rufs des Betroffenen nach der Judikatur weit gezogen.[18] Die Form und der „Pfeffer" einer Äußerung oder Darstellung sollen grundsätzlich dem Selbstbestimmungsrecht des Äußernden bzw. der journalistischen Entscheidungsfreiheit der Medien unterliegen.[19] Der Äußernde darf sich scharfer Polemik bedienen. Er ist weder auf eine sachlich angemessene

---

13 BGH vom 21.6. 1966 (Höllenfeuer), BGHZ 45, 296, 308.
14 BVerfG vom 13.5. 1980 (Römerberg-Gespräche), BVerfGE 54, 129, 139 mwN.
15 BGH vom 12.5. 1987 (Chemiegift), NJW 1987, 2225, 2227 mwN.; dazu *Reichold* EWiR 1987, 891f.
16 BGH vom 29.1. 2002, NJW 2002, 1192, 1193 mwN.
17 BGH vom 21.6. 1966 (Höllenfeuer), BGHZ 45, 296, 310.
18 Z.B. BGH vom 5.5. 1981, NJW 1981, 2117, 2119.
19 *Burkardt* in: Wenzel, Das Recht der Wort- und Bildberichterstattung, §6 Rz.70 mwN.

noch auf die Formulierung beschränkt, die den Betroffenen am wenigsten beeinträchtigt.[20]

1617 Grundlegend ist die **Höllenfeuer-Entscheidung**. Im Streitfall hatte eine konfessionell gebundene Wochenzeitung eine Illustrierte erheblich kritisiert, da diese sich z.B. nach dem „Maßstab der Straße" richte. Das kritisierte Blatt schoss schärfstens zurück. Für solche Pressefehden, bei denen ein Medienunternehmen die redaktionelle, politische oder inhaltliche Linie des jeweils anderen kritisiert, hat die Rspr. kaum Grenzen gezogen und selbst „gehässige Schimpfereien" zugelassen.[21] Insbesondere ist es einem attackierten Unternehmen erlaubt, „drastisch" zurückzuschlagen.[22] Die frühere **Constanze I-Entscheidung** hatte demgegenüber noch angenommen, dass Werturteile eine Haftung bereits auslösen, wenn sie nach Inhalt, Form und Begleitumständen über das zur Erreichung eines rechtlich gebilligten Zweckes objektiv Erforderliche hinausgehen.[23]

1618 Der Maßstab der „böswilligen oder gehässigen Schmähkritik" ist durch die Höllenfeuer-Entscheidung für den deliktischen Unternehmensschutz entwickelt worden, wird von den Gerichten aber auch im Rahmen des allgemeinen Persönlichkeitsrechts angewandt. Zugleich legen sie den **Begriff der Schmähkritik** wegen seines die Meinungsfreiheit verdrängenden Effekts eng aus (zur Kritik siehe Rdnr. 1627f.).[24] Schmähkritik setzt danach voraus, dass bei der Äußerung nicht mehr die Auseinandersetzung in der Sache, sondern die Diffamierung des Betroffenen im Vordergrund steht, der jenseits polemischer und überspitzter Kritik herabgesetzt und gleichsam an den Pranger gestellt werden soll.[25] Da es der Sinn jeder zur Meinungsbildung beitragenden öffentlichen Äußerung sei, Aufmerksamkeit zu erregen, seien angesichts der heutigen Reizüberflutung aller Art einprägsame, auch starke Formulierungen hinzunehmen.[26]

II. Unternehmerische Schutzinteressen

1619 Eine Verletzung des Rechts am Unternehmen kommt lediglich unter sehr engen Voraussetzungen und im Grunde allein dann in Betracht, wenn es dem Kritiker

---

20 BGH vom 21.6. 1966 (Höllenfeuer), BGHZ 45, 296, 310; BGH vom 20.5. 1986 (Kriegsrichter), NJW 1987, 1398 „... in scharfer und abwertender Kritik bestehen, mit übersteigerter Polemik vorgetragen werden oder ironisch formuliert sind"; BGH vom 28.6. 1994, NJW-RR 1994, 1246, 1247.

21 BGH vom 21.6. 1966 (Höllenfeuer), BGHZ 45, 296, 309.

22 BGH vom 21.6. 1966 (Höllenfeuer), BGHZ 45, 296, 310.

23 BGH vom 26.10. 1951 (Constanze I), BGHZ 3, 270, 281; BGH vom 18.2. 1962, NJW 1963, 484, 485 stellte in ähnlicher Weise darauf ab, ob die Kritik im Wege „objektiver Sachlichkeit" vorgetragen wurde.

24 BGH vom 30.5. 2000 (Babycaust), NJW 2000, 3421, 3422.

25 BGH vom 29.1. 2002, NJW 2002, 1192, 1193; BGH vom 10.11. 1994, NJW-RR 1995, 301, 303; BGH vom 5.2. 1980 (Straßen- und Autolobby), NJW 1980, 1685. In Bezug auf das allgemeine Persönlichkeitsrecht ähnlich BGH vom 30.5. 2000 (Babycaust), NJW 2000, 3421, 3422; BGH vom 7.12. 1999 (Sticheleien von Horaz), BGHZ 143, 199, 209.

26 BGH vom 30.5. 2000 (Babycaust), NJW 2000, 3421, 3422.

erkennbar und ausschließlich darum geht, zu verunglimpfen oder zu beleidigen.[27]

In dem **Vergleich eines Verlagsunternehmens mit einem Lebensmittelhändler**, bei dem man ein Pfund Käse verlange und bezahle, dann aber zuhause feststelle, dass man nur 100 Gramm bekommen habe, sah der BGH keine Schmähkritik, weil sich die geäußerte Kritik auf das Geschäftsgebaren so genannter Zuschussverlage bezog und dem Vergleich daher der erforderliche Sachbezug keineswegs fehle.[28] Gleiches hat das Gericht für Äußerungen der Eisenbahner-Gewerkschaft angenommen, nach denen **der Autolobby jedes Mittel recht** sei, um Verlagerungen des Güterverkehrs von der Straße auf die Schiene zu verhindern, weil ihr Geschäftemacherei vor Vernunft gehe.[29] Auch bei Äußerungen eines Architekten über eine Unternehmensberatungsgesellschaft, diese sei eine **Liechtensteiner Briefkastenfirma**, betreibe **Titelverleih für Ablassgeld** und **Dummenfang**, stand danach nicht die Diffamierung der Person im Vordergrund. Die Äußerungen waren nämlich z.T. durch Tatsachenangaben unterlegt und hatten eine erhebliche aufklärende Bedeutung für die erreichten Kreise. Insgesamt lag die Annahme fern, es sei dem Äußernden nicht (auch) um eine Aufdeckung von – jedenfalls von ihm als Übel angesehenen – Praktiken und um eine kämpferische Auseinandersetzung mit ihren Verursachern gegangen.[30] 1620

In der Äußerung einer Gewerkschaftszeitung, Belegschaftsmitglieder seien nicht bereit, sich einem „**Halsabschneider** auszuliefern", hat der BGH dagegen eine Schmähkritik gesehen.[31] Es handele sich um ein diffamierendes Schimpfwort, das den Betreffenden in die Nähe von Gewaltverbrechern stelle und dessen Gebrauch zwar möglicherweise in Bezug auf Kreditpraktiken erlaubt bleiben müsse, aber jedenfalls im Zusammenhang mit Arbeitsverhältnissen zu untersagen sei. 1621

Die Außendarstellung des Unternehmens kann auch durch die **Bezugnahme auf geschäftliche Marken oder Kennzeichen** beeinträchtigt werden, deren Bekanntheit und Wertschätzung das Unternehmen durch Werbeinvestitionen aufgebaut und aufrechterhalten hat. Das Unternehmen wird in solchen Fällen nicht nur in seinem Ansehen nach außen, sondern auch im Hinblick auf die Aussicht beeinträchtigt, die zur Bekanntmachung der Marke gemachten Investitionen zu amortisieren. Soweit das Recht am Unternehmen nicht aus Subsidiaritätsgründen gegenüber MarkenG und UWG zurücktritt, kann es im Rahmen der Gesamtabwägung insbesondere darauf ankommen, ob die Aussage diskriminierende Tendenz hat und welches Interesse der Äußernde an der gemachten Aussage und dem Bezug zur Marke hat. Dieses Interesse kann in der sachlichen Auseinandersetzung liegen und die Bekanntheit und den Werbewert der Marke 1622

---

27 BGH vom 20.3. 1986 (Gastrokritiker), NJW 1987, 1082, 1083 „nur das Ziel verfolgt, … zu verunglimpfen oder zu beleidigen".

28 BGH vom 29.1. 2002, NJW 2002, 1192, 1193; dazu zustimmend *Kübler* JZ 2002, 665f.; kritisch *Helle* EWiR 2002, 905f.

29 BGH vom 5.2. 1980 (Straßen- und Autolobby), NJW 1980, 1685, 1686; dazu *Hollmann* JA 1980, 669f.

30 BGH vom 10.11. 1994 (Dubioses Geschäftsgebaren), NJW-RR 1995, 301, 303; dazu *Oellers* EWiR 1995, 195f.

31 BGH vom 1.2. 1977 (Halsabschneider), GRUR 1977, 801, 803; dazu zustimmend *Ohlgart* GRUR 1977, 804f.; *Klette* AfP 1978, 36f.

herabsetzen. Zielt die Handlung dagegen allein darauf, das fremde geschäftliche Ansehen für eigene kommerzielle Ziele auszubeuten, so ist die Meinungsfreiheit gerade nicht einschlägig und die Schutzwürdigkeit des betroffenen Unternehmens grundsätzlich höher zu veranschlagen.

1623 Die **Mordoro-Entscheidung** sah eine „Anti-Werbung“, die eine Reklame eines bestimmten Zigarettenherstellers satirisch verballhornte, als zulässig an. Sie räumte der Meinungsfreiheit und dem Allgemeinheitsinteresse an der öffentlichen Auseinandersetzung mit Gesundheitsgefahren gegenüber den schutzwürdigen Interessen des betroffenen Markeninhabers im Streitfall Vorrang ein. Das Unternehmen durfte in dieser Weise beeinträchtigt werden, weil sich die Kritik nicht speziell gegen das Unternehmen, sondern gegen den Konsum von Zigaretten schlechthin wendete, und weil ferner der sachliche Bezug zu den Gesundheitsgefahren gegeben war.[32] Das beeinträchtigte Unternehmen wurde in den Augen des BGH weder diskriminiert noch diffamierend herabgewürdigt, sondern in der Sache nur „beispielhaft“ herausgegriffen.

III. Persönliche Schutzinteressen

1624 Die Judikatur hat den Maßstab der Schmähkritik auf Äußerungen übertragen, die einen Einzelnen treffen bzw. am Persönlichkeitsrecht zu messen sind.[33] Diese Übertragung geschah ohne sonderliches Nachdenken über ihre Richtigkeit[34] und ist bis heute wenig problematisiert worden. Das BVerfG geht auch in solchen Fällen von einer grundsätzlichen Vermutung für die Zulässigkeit der freien Rede aus, wenn es sich um einen Beitrag zum geistigen Meinungskampf in einer die Öffentlichkeit wesentlich berührenden Frage handelt.[35] Mit zahlreichen kritischen Stimmen im Schrifttum ist freilich Skepsis darüber angebracht, dass diese Linie tatsächlich zu einer Stärkung des öffentlichen Meinungsbildungsprozesses und nicht zum Gegenteil führt, nämlich einer Senkung von Mindeststandards der auch in der Demokratie unverzichtbaren Achtung des Angegriffenen und der Tendenz zur Verrohung politischer Umgangsformen.[36]

---

32 BGH vom 17.4. 1984 (Mordoro), BGHZ 91, 117, 122ff.; dazu zustimmend *Schulze zur Wiesche* GRUR 1984, 687f.; im Ergebnis auch *Hubmann* JZ 1984, 942f.; kritisch *Moench* NJW 1984, 2920ff.

33 Z.B. BGH vom 20.5. 1986 (Kriegsrichter), NJW 1987, 1398f.; BGH vom 28.6. 1994, NJW-RR 1994, 1246, 1247; BGH vom 7.12. 1999 (Sticheleien von Horaz), BGHZ 143, 199, 208ff.

34 BGH vom 6.4. 1976 – VI ZR 246/74 (PANORAMA) unter B.IV.4.a (insoweit weder in BGHZ 66, 182ff., noch in NJW 1976, 1198ff. abgedruckt); BGH vom 1.12. 1981 (Böll/Walden II), NJW 1982, 635, 636.

35 Z.B. BVerfG vom 13.5. 1980 (Römerberg-Gespräche), BVerfGE 54, 129, 137f.

36 Siehe insbesondere *Tettinger*, Die Ehre – ein ungeschütztes Verfassungsgut?, 1995, S.27 mwN.; *von der Decken* NJW 1983, 1400ff.; *Mackeprang*, Ehrenschutz im Verfassungsstaat, 1990, S.141ff.; *Forkel* JZ 1994, 637, 640ff.; *Kiesel* NVwZ 1992, 1129, 1133ff.; *Kriele* NJW 1994, 1897ff.; *Ossenbühl* JZ 1995, 633ff.; *Schmitt Glaeser* NJW 1996, 873ff.; *Stark*, Ehrenschutz in Deutschland, 1996, S.112ff. Kraftvolles Plädoyer für die Linie des BVerfG

1. Klassische Schmähungen

Äußerungen, die selbst die äußerste Grenze verbotener Schmähung überschreiten, sind auf jeden Fall eine Verletzung des Persönlichkeitsrechts. 1625

Eine Persönlichkeitsverletzung ist mit der **Fernsehansagerin-Entscheidung** anzunehmen, wenn eine Illustrierte eine Fernsehansagerin u.a. mit den Wendungen kritisiert, sie passe „in ein zweitklassiges Tingeltangel auf der Reeperbahn", sehe aus wie eine „ausgemolkene Ziege" und bei ihrem Anblick werde den Zuschauern „die Milch sauer". Es bleibt der Presse unbenommen, die Leistungen einer Ansagerin zu kritisieren und auch ihr den Fernsehzuschauern bekanntes äußeres Erscheinungsbild negativ zu würdigen, doch laufen die gewählten Formulierungen auf ein bloßes Herabwürdigen der Person hinaus.[37] Die Äußerung zielte auf eine reißerische Schlagzeile, nicht auf ein legitimierendes öffentliches Informationsinteresse. Auf reine Schmähung läuft eine **Literaturkritik** hinaus, die einen Autor als einen „der verlogensten, ja korruptesten" sowie als „z.T. pathologischen, z.T. ganz harmlosen Knallkopf" bezeichnet, der schon in jungen Jahren „steindumm, kenntnislos und talentfrei" gewesen sei und bei dessen Werken es sich um „häufig widerwärtigen Dreck" handele.[38] Die Bezeichnung eines früheren Sportarztes der DDR als „**Mengele des DDR-Doping-Systems**" ist ebenfalls als Schmähung eingeordnet worden.[39] 1626

2. Grundsatzkritik, Differenzierungen, Einzelkonstellationen

Das Kriterium der Schmähkritik ist problematisch und sollte von den Zivilgerichten differenzierter als bisher genutzt werden. Durch die Fixierung auf Schmähungen werden zum einen die **Maßstäbe, die von den Gerichten in der Sache herangezogen werden, nicht richtig formuliert**. Zum anderen bringt das Kriterium der Schmähung die Gefahr mit sich, den Persönlichkeitsschutz zu pauschal zu handhaben und **im Ergebnis unangemessen zu verkürzen**.[40] Dies liegt daran, dass die Maßstäbe aus der Höllenfeuer-Entscheidung vorschnell verallgemeinert worden sind. Die Entscheidung betraf Werturteile, die sich gegen Unternehmen richten und gewerbeschädigend sind. In solchen Fällen spricht einiges dafür, den Leser bzw. die Öffentlichkeit urteilen zu lassen. Die Persönlichkeit des einzelnen Menschen darf dagegen nicht in gleicher Weise dem Urteil Dritter überlassen bleiben und auf einen Schutz gegen Schmähung beschränkt werden. Ebenso wenig ist einzusehen, warum die „heutige Reizüberflutung" zulasten des Persönlichkeitsschutzes des Einzelnen gehen soll. Selbst das so sorgsam auf die Sicherung der Meinungsfreiheit bedachte BVerfG hat das Argu- 1627

---

dagegen bei *Kübler* KritV 2000, 313ff.; siehe auch *Senfft*, Schmäher vor Gericht, 1993, S. 3ff.; *Grimm* NJW 1995, 1697ff.; *Dressler* Bitburger Gespräche Jb 1995/II, S. 125ff.

37 BGH vom 5.3.1963 (Fernsehansagerin), BGHZ 39, 124, 127f.; siehe auch BVerfG vom 4.3.2003, NJW 2004, 2371ff. „fette hässliche Griechenhure".

38 BVerfG vom 25.2.1993, AfP 1993, 476, 477; dazu *Senfft*, Schmäher vor Gericht, 1993, S. 3ff., 30f.

39 BVerfG vom 24.5.2006 (Mengele-Vergleich), NJW 2006, 3266, 3267.

40 Aus verfassungsrechtlicher Sicht ähnlich *Stark*, Ehrenschutz in Deutschland, 1996, S. 68ff.

ment der Reizüberflutung zurückgewiesen.[41] Die Rechtsprechung des BGH leistet hier Erosionen Vorschub, denen das Recht gerade entgegenwirken sollte. Ebenso wie das Persönlichkeitsrecht im Einzelfall vor verletzenden Wahrheiten schützen kann, muss es auch gegenüber Meinungsäußerungen eingreifen können, die **den Einzelnen in besonderem Ausmaß bloßstellen und öffentlich anprangern**, unabhängig davon, ob die äußerste Grenze der Schmähkritik überschritten ist.

1628 Aus diesen Gründen ist das Bewusstsein für die Notwendigkeit zusätzlicher Differenzierungen wieder stärker zu betonen. Entsprechende Anforderungen sind vom BGH früher in ähnlicher Weise bereits formuliert worden, im Anschluss an eine vom BGH zu eng verstandene Entscheidung des BVerfG[42] aber nicht mehr offen propagiert worden und so vorschnell aus dem Blickwinkel der wissenschaftlichen Diskussion herausgefallen. **Im Ausgangspunkt ist eine gewisse Rücksichtspflicht des Äußernden** im Zusammenhang mit solchen Meinungsäußerungen zu befürworten, die eine starke Prangerwirkung entfalten, insbesondere weil sie über die Massenmedien transportiert werden und sich ganz ausdrücklich auf eine bestimmte Person beziehen. Die Kritik muss dann nach Art und Aussagegehalt nicht sachlich, aber sachbezogen sein, in einem inneren Zusammenhang zu dem erörterten Gegenstand stehen[43] und im Hinblick auf die von ihr ausgelöste Prangerwirkung hinnehmbar sein. Diese Rücksichtspflicht kann aber in bestimmten Fällen verringert sein oder sogar ganz entfallen. Dabei ist im Einzelnen zwischen den Medienfunktionen, den einzelnen Stufen des öffentlichen Meinungsbildungsprozesses, dem jeweiligen öffentlichen Informationsinteresse und der Schwere der Persönlichkeitsbeeinträchtigung zu unterscheiden.

1629 Auch der BGH selbst denkt möglicherweise über eine Kursakzentuierung nach, die die Persönlichkeit wieder stärker schützen würde. In der **Kirchlicher Sektenbeauftragter-Entscheidung** macht das Gericht die rechtliche Zulässigkeit beeinträchtigender Meinungsäußerungen auch davon abhängig, dass sich der Handelnde über Tätigkeiten des Betroffenen geäußert hat, ohne sich von dessen Arbeit ein persönliches Bild gemacht oder sonst nähere Informationen eingeholt zu haben.[44] Das Urteil betrifft die Äußerungen des Sektenbeauftragten einer öffentlich-rechtlich korporierten Religionsgemeinschaft, die nach den bisherigen Maßstäben als Werturteile einzuordnen wären und den Betroffenen u.a. als Führer einer „Psychosekte" bezeichneten, die auf dem „grauen Psychomarkt" „pseudoreligiösen Mischmasch" betreibe. Die Richter leiten aus der gesteigerten Sachkompetenz, die gerade kirchliche Sektenbeauftragte in den Augen der Öffentlichkeit für solche Fragen besäßen, eine damit korrespondierende erhöhte Verantwortung ab,[45] wie

41 BVerfG vom 11.5. 1976, BVerfGE 42, 143, 152f.

42 BVerfG vom 11.5. 1976, BVerfGE 42, 163, 170f.

43 BGH vom 18.6. 1974, NJW 1974, 1762.

44 BGH vom 20.2. 2003 (Kirchlicher Sektenbeauftragter), BGHZ 154, 54, 63; dazu *Wissmann* NJW 2003, 3455ff.; *Ehlers* JZ 2004, 196ff.; *Thiel* JR 2004, 148f.; zustimmend *Wilms* NJW 2003, 2070ff.

45 BGH vom 20.2. 2003 (Kirchlicher Sektenbeauftragter), BGHZ 154, 54, 63.

sie typischerweise auch für Massenmedien angenommen wird. Die Äußerung könne daher „nicht ohne weiteres als bloßes Werturteil rechtmäßig" sein. Vielmehr müsse vom Sektenbeauftragten zwar nicht Neutralität, wohl aber „ein angemessener Grad an Sorgfalt, Sachlichkeit und Wahrhaftigkeit" verlangt werden. Er dürfe ein den Betroffenen sowohl persönlich als auch als wirtschaftlichen Unternehmer existenziell berührendes Urteil nicht abgeben, „ohne sich zuvor hinreichende tatsächliche Anhaltspunkte für eine solche Abqualifizierung verschafft zu haben".[46] Das Urteil kehrt zu dem Ausgangspunkt zurück, dass es auch im Zusammenhang mit Meinungsäußerungen Sorgfalts- und Rücksichtspflichten gegenüber dem Betroffenen gibt.

a. Wahlkampf- und politische Äußerungen

Das Äußern von Werturteilen im öffentlichen Meinungskampf kann im Hinblick auf die **Demokratiefunktion** der Medien haftungsrechtlich selbst dann irrelevant sein, wenn es außerhalb des öffentlichen Meinungskampfes zur Verurteilung wegen Beleidigung und zur Zahlung von Schmerzensgeld führen würde.[47] Deshalb darf es insbesondere für Meinungsäußerungen im Wahlkampf kaum rechtliche Grenzen geben. Die Rechtsprechung erkennt zu Recht eine Notwendigkeit an, den eigenen politischen Standpunkt möglichst „wirkungsvoll" bzw. durch polemische Überzeichnungen und vereinfachende Verkürzungen deutlich machen zu können.[48] 1630

Die Aussage, die CSU sei die **„NPD Europas"**, ist danach als öffentliche Kritik an dem politischen Gegner und als Auseinandersetzung zwischen Wahlkampfparteien von der Meinungsfreiheit gedeckt.[49] Die Bezeichnung eines früheren Landesministers für Arbeit, Gesundheit und Soziales als **„Oberfaschist"** in einem Zeitungskommentar, der den Betroffenen zugleich in die Nähe des Nationalsozialismus rückte, ist als Persönlichkeitsverletzung eingeordnet worden,[50] während die Bezeichnung eines dominanten Oppositionspolitikers als **„Zwangsdemokrat"** für zulässig gehalten wurde.[51] 1631

b. Informationsfunktion der Medien

Die rechtliche Beurteilung muss im Zusammenhang mit Medien weiterhin davon abhängen, ob der Äußernde mit seiner Meinung zugleich Tatsachen mitteilt, die dem Adressaten eine kritische Beurteilung der präsentierten Meinung ermöglichen. Diese Anforderung ist nicht unproblematisch, da nach Art. 5 Abs. 1 GG jeder frei sagen können soll, was er denkt, selbst wenn er keine nachprüf- 1632

46 BGH vom 20.2.2003 (Kirchlicher Sektenbeauftragter), BGHZ 154, 54, 63.
47 BVerfG vom 13.5. 1980 (Römerberg-Gespräche), BVerfGE 54, 129, 137.
48 BGH vom 15.11. 1983 (Wahlkampfrede), NJW 1984, 1102, 1103; BVerfG vom 22.6. 1982 (NPD Europas), BVerfGE 61, 1, 11f.
49 BVerfG vom 22.6. 1982 (NPD Europas), BVerfGE 61, 1, 10ff.; dazu *Schmitt Glaeser* JZ 1983, 95ff.; kritisch *von der Decken* NJW 1983, 1400ff.
50 BGH vom 25.11. 1986 (Oberfaschist), BGHZ 99, 133, 135.
51 BVerfG vom 26.6. 1990 (Zwangsdemokrat), BVerfGE 82, 272, 283ff.; dazu *Tettinger* JZ 1990, 1074f.

baren Gründe für sein Urteil abgeben kann.[52] Für das Zivilrecht hat der Haftungssenat des BGH[53] ein derartiges Kriterium im Anschluss an eine frühere Entscheidung des BVerfG durchweg abgelehnt, obwohl das verfassungsgerichtliche Urteil einen derart strikten Kurs nicht unbedingt gebietet.[54] Nach einer neueren Entscheidung des BVerfG kann außerdem im Rahmen der Abwägung zulasten des Äußernden berücksichtigt werden, dass seine Meinungsäußerung, die wertende und tatsächliche Bestandteile enthält, auf der Behauptung einer unwahren Tatsache aufbaut.[55] Im Ergebnis sollte jedenfalls von **Medien** verlangt werden, dass sie die tatsächliche Basis ehrverletzender Bewertungen dem Leser, Hörer oder Zuschauer zumindest erkennbar machen. Medienunternehmen ist ein solches Untermauern mit Tatsachenangaben möglich und derartige Pflichten sind im Hinblick auf die Bedeutung der Massenmedien für die öffentliche Meinungsbildung auch geboten. Je weniger die Medien dieser Pflicht nachkommen, desto stärker fallen die legitimen Schutzinteressen des Betroffenen ins Gewicht. Die vom Haftungssenat des BGH geäußerte Befürchtung, dass ein solcher Belegzwang die Meinungsfreiheit erheblich einschränken würde,[56] hat in Bezug auf Privat- bzw. Einzelpersonen Gewicht. Für Medien, die ohnehin zur Recherche und zur Sorgfalt verpflichtet sind, trifft sie dagegen nicht zu.

1633 Die **Greenpeace-Entscheidung** sah die bundesweite Plakataktion einer Umweltschutzorganisation, die den Vorstandsvorsitzenden eines Chemieunternehmens im Portrait zeigte und unter Namensnennung als Klimaruinierer bezeichnete, als zulässige Meinungsäußerung an, hinter der das Persönlichkeitsrecht zurücktreten müsse.[57] Dem ist im Ergebnis zuzustimmen. Zum einen wurde der Betroffene in seiner Eigenschaft als Verantwortungsträger des betreffenden Unternehmens dargestellt und keine gegen die Privatperson gerichtete Prangerwirkung erzeugt.[58] Zum anderen war die Äußerung in weitem Maße mit zutreffenden Tatsachenangaben über die vom Unternehmen ausgestoßenen Schadstoffe und die Wirkung von FCKW auf die Ozonschicht unterlegt.

---

52 BVerfG vom 11.5. 1976, BVerfGE 42, 163, 170f.; BVerfGE vom 22.6. 1982 (NPD Europas), BVerfGE 61, 1, 7; BVerfG vom 25.8. 1994 (Soldaten sind Mörder), NJW 1994, 2943. Dazu kritisch *Zippelius* FS Hubmann 1985, 511, 516f.

53 BGH vom 18.6. 1974, NJW 1974, 1762, 1763; BGH vom 20.5. 1986 (Kriegsrichter), NJW 1987, 1398, 1399; großzügiger dagegen der Wettbewerbssenat des BGH, siehe BGH vom 30.10. 1981 (Großbanken-Restquoten), GRUR 1982, 234, 235 zu § 1 UWG a.F.

54 Nach BVerfG vom 11.5. 1976, BVerfGE 42, 163, 170 ist es nur unzulässig, die Zulässigkeit ehrverletzender wertender Äußerungen im politischen Meinungskampf ohne Rücksicht auf die dargelegten Umstände „schlechthin" an die Voraussetzung zu binden, dass dem Leser gleichzeitig Tatsachen mitgeteilt werden, die ihm eine kritische Beurteilung der Wertung ermöglichen.

55 BVerfG vom 16.7. 2003 (Marsch in den Untergang), NJW 2004, 277, 278.

56 BGH vom 18.6. 1974, NJW 1974, 1762, 1763.

57 BGH vom 12.10. 1993 (Greenpeace), NJW 1994, 124, 126f.; dazu *Kohl* LM GG Art 1 Nr. 44; *Nieper* EWiR 1994, 133f.; *Würkner* NJW 1994, 914ff.; *Dressler* Bitburger Gespräche Jb 1995/II, S. 125, 136f.; kritisch *Helle* JZ 1994, 416ff.; *Emmerich* WiB 1994, 163f. BVerfG vom 8.4. 1999, NJW 1999, 2358f. hat die Verfassungsbeschwerde nicht angenommen.

58 BGH vom 12.10. 1993 (Greenpeace), NJW 1994, 124, 126.

Der Vorwurf, Leiter der Kassenärztlichen Vereinigung hätten ihre Dienstfunktionen missbraucht und sich grob unkollegial verhalten, erschien dem BGH zwar als „scharf", aber angesichts des öffentlichen Informationsinteresses noch nicht als Schmähkritik.[59] Auch hier ist zu beachten, dass der Beklagte seine Äußerung mit Tatsachenangaben unterlegt hatte, deren Richtigkeit Gegenstand eines separaten Verfahrens war. 1634

c. Prozedurale Kriterien

Wer öffentlich Kritik auf sich lenkt, muss u.U. auch eine scharfe übersteigerte Kritik an seiner Person durch seine Gegner hinnehmen, die sich in ihrer entgegengesetzten Grundeinstellung angegriffen fühlen und seinen Standpunkt als unangemessen oder anstößig empfinden könnten.[60] Dies folgt nicht aus einem häufig bemühten Recht des anderen „zum Gegenschlag". Wenn über den betreffenden Vorgang jedoch bereits Öffentlichkeit hergestellt ist, so kann ein provokant vorgetragener Angriff auch ein korrespondierendes Informationsinteresse der Allgemeinheit an der entsprechenden Antwort auslösen. Wegen der Bedeutung von Rede und Gegenrede für die Bildung der öffentlichen Meinung kann insbesondere eine Antwort erlaubt sein, die dem Niveau und der Sprache der ersten Äußerung und deren Wirkung auf die öffentliche Meinung entspricht.[61] 1635

d. Schwere der Persönlichkeitsbeeinträchtigung

Schließlich kommt es nach den allgemeinen deliktsrechtlichen Grundsätzen auch darauf an, wie schwer der Betroffene in seinen persönlichen Interessen betroffen wird. Hier sind namentlich **Unterscheidungen zwischen natürlichen Personen und Organsationen oder Unternehmen** angebracht, sofern diese persönlichkeitsrechtlichen Schutz genießen. 1636

Die **Babycaust-Entscheidung** hat in Flugblättern, die in unmittelbarer Nähe zu einem Klinikum bzw. einer Abtreibungspraxis verteilt wurden und sich gegen die Möglichkeit legaler Abtreibungen richteten, im Ergebnis keine Persönlichkeitsrechtsverletzung gesehen.[62] Die Flugblätter wandten sich gegen den „Kinder-Mord im Mutterschoß auf dem Gelände des Klinikums. Damals: Holocaust – heute: Babycaust". Sie nannten den dort tätigen Frauenarzt persönlich und stellten ihn als „Tötungs-Spezialist für ungeborene Kinder" vor. Die Entscheidung hatte allein über die Klage des Klinikumträgers bzw. einer juristischen Person zu urteilen und lehnte diese ab.[63] Das verdient Zustimmung, da es aufseiten des Trägers allein um unternehmerische Interessen ging. 1637

---

59 BGH vom 17. 12. 1991, NJW 1992, 1314, 1316.
60 BGH vom 18. 6. 1974, NJW 1974, 1762, 1763 mwN.; BGH vom 25. 11. 1986 (Oberfaschist), BGHZ 99, 133, 136.
61 BVerfG vom 25. 1. 1961 (Auf der Wolga verhaftet), BVerfGE 12, 113, 129f. Siehe Rdnr. 947, 999.
62 BGH vom 30. 5. 2000 (Babycaust), NJW 2000, 3421ff.; dazu *Dulitz* JA 2001, 89ff.; *Ehmann* LM GG Art 5 Nr. 94; *Vahle* DVP 2001, 307; *Bölke* NJW 2004, 2352ff.
63 BGH vom 30. 5. 2000 (Babycaust), NJW 2000, 3421, 3423.

1638 Davon zu unterscheiden ist die Frage, ob auch das persönliche Anprangern des Frauenarztes zulässig ist. Sie ist mit der **Stoppt rechtswidrige Abtreibungen-Entscheidung**, die einen vergleichbaren Streitfall betraf, entschieden zu verneinen.[64] Die Beurteilung von Meinungsäußerungen hat nach den Wirkungen auf den Betroffenen zu unterscheiden und kann gerade nicht auf das pauschale Einheitskriterium der Schmähkritik begrenzt werden. Die Flugblätter sind in Bezug auf den Frauenarzt geradezu der Inbegriff eines persönlichen Anprangerns.[65] Sie setzen den Betroffenen nicht allein der – wie auch immer – sachbezogenen Kritik aus, sondern drohen ihm auch auf der Schiene einer gesellschaftlichen Ächtung.

C. Satire

1639 Satire ist der Inbegriff des Anprangerns und durch eine bewusst verletzende Zielrichtung charakterisiert. Sie läuft im Kern auf ein Herabwürdigen der Person, also auf das hinaus, vor dem im Zusammenhang mit Werturteilen selbst die sehr äußerungsfreundliche Judikatur Schutz gewährt. Im Gegensatz zu „bloßen“ Werturteilen wird Satire jedoch vom geltenden Recht gerade wegen dieser per se persönlichkeitsverletzenden Eigenschaften mit kaum nennenswerten Grenzen zugelassen.[66] Satire ist damit das effektivste und zugleich rechtlich risikoloseste Mittel, die Persönlichkeit eines anderen zu verletzen.

1640 Die zentrale rechtliche Ursache für diese – de lege lata wohl nicht angreifbare, rechtspolitisch gleichwohl problematische – Linie ist die **Kunstfreiheit**. Art. 5 Abs. 3 GG greift im Zusammenhang mit Satire zwar nicht zwingend ein,[67] ist aber zumindest doch häufig einschlägig. Die Kunstfreiheit gewährt kein Recht zu unwahren ehrverletzenden Behauptungen.[68] Auch dürfen selbst Kunstwerke weder die Menschenwürde verletzen, noch sich rücksichtslos über den allgemeinen Achtungsanspruch des Betroffenen hinwegsetzen.[69] Wird aber eine Meinungsäußerung in die Form eines Kunstwerks gekleidet, so kann der Freiheitsspielraum des Äußernden gegenüber der Persönlichkeitssphäre des Betroffenen weiter zu ziehen sein als bei solchen Meinungsäußerungen, die nicht den Rang

---

64 BGH vom 1.4. 2003 (Stoppt rechtswidrige Abtreibungen), NJW 2003, 2011f.; dazu *Diehl* ZfSch 2003, 340; *Katzenmeier* GesR 2003, 280; kritisch *Burkiczak* JR 2003, 472ff. A.A. (zulässige Meinungsäußerung) OLG Karlsruhe vom 23.4. 2003, NJW 2003, 2029ff.; dazu kritisch *Seitz* NJW 2003, 3523f.

65 BGH vom 1.4. 2003 (Stoppt rechtswidrige Abtreibungen), NJW 2003, 2011f. „... ersichtlich eine Prangerwirkung gegen den als Einzelperson genannten Arzt erzeugt“.

66 Überblick zur Behandlung von Satire durch Straf-, Zivil- und Verfassungsrecht bei *Würtenberger* NJW 1983, 1144ff.; kritisch *Zechlin* NJW 1984, 1091ff.

67 Dazu BVerfG vom 25.3. 1992 („geb. Mörder“), BVerfGE 86, 1, 9; BVerfG vom 10.7. 2002 (Hingerl), NJW 2002, 3767; BGH vom 30.9. 2003 (Fotomontage), BGHZ 156, 206, 208.

68 BGH vom 3.6. 1975 (Geist von Oberzell), NJW 1975, 1882, 1883; BGH vom 8.6. 1982 (Moritat), BGHZ 84, 237, 238.

69 BVerfG vom 24.2. 1971 (Mephisto), BVerfGE 30, 173, 195; BGH vom 7.12. 1999 (Sticheleien von Horaz), BGHZ 143, 199, 208.

eines Kunstwerks erreichen.[70] Die Kunstfreiheit verlangt, die Aussage eines Kunstwerkes an der Arbeit selbst zu messen und darin auch ihrem zeitlichen Bezug Rechnung zu tragen.[71] Je stärker das durch ein Kunstwerk entworfene Persönlichkeitsbild beansprucht, sich mit der sozialen Wirklichkeit des Dargestellten zu identifizieren, desto schutzwürdiger ist das Interesse des Betroffenen an „wirklichkeitsgetreuer" Darstellung seiner Person.[72] Ist dagegen die satirische, d.h. eine gerade bewusst von der sozialen Wirklichkeit abweichende, überzeichnete Zielrichtung erkennbar, so genießt die betreffende Äußerung besonderen Schutz.[73] Nach allgemeiner – aufgrund ihrer verfassungsrechtlichen Fundierung nicht angreifbarer – Meinung ist insbesondere zu berücksichtigen, dass vornehmlich Karikatur und Satire von Verkürzungen und Vereinfachungen leben, die stets die Gefahr von Missverständnissen implizieren.[74]

Der eigentliche Grund für die großzügige Behandlung von Satire im deutschen Recht 1641
dürfte eher in **kulturpsychologischen Aspekten** bzw. in dem zu finden sein, was der Sozialwissenschaftler *Turner* als „blending" beschreibt. Er verweist dazu auf äußerst aggressive, blutige und rituelle Hahnenkämpfe auf Bali, bei denen den Tieren zusätzlich Klingen an die Krallen gebunden werden.[75] Die Kämpfe führen fast immer zum Tod eines Hahns und sind mit hohen Wettsummen verbunden. Der Eigentümer des unterliegenden Hahns wird durch die Niederlage gesellschaftlich beschämt und verliert in aller Regel einen erheblichen Teil seines Vermögens. Zugleich ist der soziale Druck zur Teilnahme an den Kämpfen und Wetten so hoch, dass der Einzelne dem seit Jahrhunderten bestehenden Männerritual nicht ausweichen kann. Auf diese Weise erhält die balinesische Gesellschaft, in der Gewalt und Aggression im Übrigen strengstens tabuisiert sind, ein Ventil, ansonsten verbotene Aggressionen und Emotionen auszuleben. Die Parallele zur Behandlung der Satire nach deutschem Recht drängt sich in meinen Augen geradezu auf. Satire schafft ein **gesellschaftlich akzeptiertes Ventil** für Dinge wie Schadenfreude, Lust am Verletzen und bösartige Häme, die ansonsten verpönt sind und doch untrennbar zum Menschen gehören. Zugleich ist es aufschlussreich, dass ein solches Ventil umso stärker geöffnet wird, je „geistreicher" und verletzender bzw. je „satirischer" die betreffende Äußerung ist.

I. Aussagekern

Für die rechtliche Beurteilung von satirischen Beiträgen ist zwischen dem Aus- 1642
sagegehalt und dem vom Verfasser gewählten satirischen Gewand zu trennen.[76]

70 BGH vom 20.3. 1968 (Mephisto), BGHZ 50, 133, 145; Überblick und Prüfungsschema bei *Brauneck* ZUM 2000, 137ff.
71 BGH vom 8.6. 1982 (Moritat), BGHZ 84, 237, 243; dazu *Zechlin* NJW 1983, 1195f.; *Steffen* LM BGB § 823 Nr. 80; im Ergebnis zustimmend *Jacobs* GRUR 1982, 629f.
72 BGH vom 8.6. 1982 (Moritat), BGHZ 84, 237, 239.
73 BGH vom 30.9. 2003 (Fotomontage), BGHZ 156, 206, 211ff.
74 BGH vom 8.6. 1982 (Moritat), BGHZ 84, 237, 243; BGH vom 7.12. 1999 (Sticheleien von Horaz), BGHZ 143, 199, 210f.
75 *Turner*, Cognitive Dimensions of Social Science, Oxford New York, 2001, S. 9ff.; dazu *Engel* RabelsZ 68 (2004), 415ff.
76 BVerfG vom 3.6. 1987 (Strauß-Karikatur), BVerfGE 75, 369, 377f.; BVerfG vom 12.11.

Der Aussagekern ist anhand von „satire- bzw. werkgerechten" Maßstäben zu ermitteln.[77] Er läuft vielfach gerade auf das Gegenteil dessen hinaus, was der Äußernde scheinbar sagen will. Der auf diese Weise ermittelte Inhalt der Aussage wird an den allgemeinen Maßstäben gemessen, ist also im Zweifelsfall als Meinungsäußerung zu werten und nimmt ggf. an allen Haftungsprivilegien teil, die für Meinungsäußerungen gelten. Die Gerichte legen satirische Äußerungen zumeist so aus, dass sie keine rechtliche Sanktionierung mit sich bringen.

1643 Wenn ein Chemieunternehmen als **„absolute Spitze"** in der Schadstoffproduktion bezeichnet wird, so liegt darin eine negative Bewertung.[78] Wenn ein Gedicht in ironischem Ton vorgibt, von der Unschuld einer bestimmten Person überzeugt zu sein und sich dazu auf erkennbar törichte und naive Überlegungen stützt, so äußert der Verfasser dadurch die Meinung, von der Unschuld gerade nicht überzeugt zu sein.[79] Die damit verbundene Warnung an eine Straftatverdächtige, sich vor **„Schleimschmarotzerpack"** zu hüten, das auf ihrer Seite stünde und aufrichtigen Trost in dieser schweren Zeit spenden wolle, wendet sich in der Wahrnehmung des BGH nicht gegen die Verdächtige, sondern kritisiert allein ihre Parteigänger und deren in den Augen des Verfassers unkritische Haltung zum Ermittlungsverfahren.[80] Die Passage einer Gedichtesammlung über einen Bankier, nach der **„die von ihm bezahlten Politiker über Gesetzen [schwitzen], die ihm genehm sind und seine Gegner zerfetzen"**, hat der BGH als Hinweis auf geleistete Parteispenden eingeordnet. Das Gericht lehnte es ab, darin einen impliziten Vorwurf einer Abgeordnetenbestechung zu sehen, obwohl ein beachtlicher Teil der Leser die Äußerung in diesem Sinne verstand und sich eine solche Deutung aufgrund späterer Ereignisse aufdrängte.[81]

II. Satirische Einkleidung

1644 Vom Aussagekern ist die künstlerische bzw. satirische Einkleidung zu unterscheiden. Sie unterliegt nochmals großzügigeren Maßstäben[82] und wird kaum jemals rechtlich unzulässig sein. Die der Satire wesenseigenen Begleiterschei-

1997 (Münzen-Erna), NJW 1998, 1386, 1387; BGH vom 7.12. 1999 (Sticheleien von Horaz), BGHZ 143, 199, 209; BVerfG vom 10.7. 2002 (Hingerl), NJW 2002, 3767.

77 BGH vom 8.6. 1982 (Moritat), BGHZ 84, 237, 241; BVerfG vom 25.3. 1992 („geb. Mörder"), BVerfGE 86, 1, 9; BGH vom 7.12. 1999 (Sticheleien von Horaz), BGHZ 143, 199, 209ff.; BVerfG vom 10.7. 2002 (Hingerl), NJW 2002, 3767 „der spezifische Charakter der einzelnen Meinungskundgabe berücksichtigt werden".

78 BGH vom 12.10. 1993 (Greenpeace), NJW 1994, 124, 126. Die Entscheidung betrifft im Übrigen entgegen häufigen Annahmen keine Satire.

79 BGH vom 7.12. 1999 (Sticheleien von Horaz), BGHZ 143, 199, 210; dazu *Peters* LM BGB §823 (Ah) Nr. 130; *Bayreuther* JA 2000, 622ff.; *van Look* WuB IV A §823 BGB 1.00; zustimmend *Kübler* JZ 2000, 622f.

80 BGH vom 7.12. 1999 (Sticheleien von Horaz), BGHZ 143, 199, 211f.

81 BGH vom 8.6. 1982 (Moritat), BGHZ 84, 237, 243; dazu *Zechlin* NJW 1983, 1195f.; *Steffen* LM BGB §823 Nr. 80; im Ergebnis zustimmend *Jacobs* GRUR 1982, 629f.

82 BVerfG vom 12.11. 1997 (Münzen-Erna), NJW 1998, 1386, 1387; dazu *Dörr* JuS 1998, 1053f. BGH vom 7.12. 1999 (Sticheleien von Horaz), BGHZ 143, 199, 210f.; dazu z.T. kritisch (öffentlicher Diskurs steht nicht über der Menschenwürde des Individuums) *van Look* WuB IV A §823 BGB 1.00.

nungen sind grundsätzlich hinzunehmen, insbesondere Übertreibungen, Verzerrungen, Verfremdungen und eine erkennbar unernste, bis hin zu Albernheiten geprägte Sprache, die zum Lachen reizen will.[83] Gleiches gilt für sachlich unzutreffende Bezeichnungen und absichtliche „Versprecher".[84]

Im Streitfall der **„geb. Mörder"-Entscheidung** hatte ein Satiremagazin eine ständige Rubrik „Die sieben peinlichsten Persönlichkeiten" geführt, die Namen von verschiedenen, meist öffentlich bekannten Personen mit einem schlagwortartigen Zusatz auflistete und im Begleittext eine nähere Begründung für die Auswahl gab. In der Rubrik wurde auch ein Querschnittsgelähmter mit Vor- und Zunamen und mit dem Klammerzusatz „geb. Mörder" genannt. Der Begleittext führte dazu aus: „*Noch öbszöner ist freilich die Vorstellung, dass ein Querschnittsgelähmter im Rollstuhl unbedingt zu einer Wehrübung einrückt. Nicht, weil er müsste – nein, er wollte unbedingt. Gegen alle Widerstände der von solchem Kampfeseifer verblüfften Bundeswehrführung hat M.R. … seinen eisernen Willen durchgesetzt und freut sich nun ‚unheimlich' aufs Kriegspielen. ‚Dein Kopf ist doch völlig o.k.' will er sich gesagt haben, ‚warum solltest du der Bundeswehr nicht weiterhin als Reserve-Offizier nützlich sein?' … Dass man Soldaten fürderhin ganz ungestraft als »potenzielle Mörder« bezeichnen darf, hat ganz unterschiedliche Gemüter schwer erregt. Vom wildgewordenen Rentner (‚Pfui Teufel') bis zum zahmen Bundespräsidenten haben sämtliche Militaristen prompt den Restverstand verloren vor Empörung. R.v.Weizäcker hat das tödlichste Argument gefunden: ‚Soldaten sind Bürger und ebenso wenig Mörder wie die anderen Bürger. Sie haben nämlich den Auftrag, Mord zu verhindern'. Mörder sind nämlich immer nur die anderen Soldaten, klar.*" Das BVerfG sah diesen Beitrag als zulässige Meinungsäußerung an.[85] Dagegen ordnete das Gericht einen späteren Brief des Magazins an die Leser, der auf die Schmerzensgeldforderung des Betroffenen antwortete und diese mit scharfen Worten ablehnte („*… dass ein Krüppel, nämlich Sie, granatenscharf darauf ist, in einer Organisation, nämlich der Bundeswehr, Dienst zu tun, deren Zweck es ist, Menschen zu Krüppeln oder gar totzuschießen …*"), mit den Zivilgerichten als Schmähung bzw. schwere Persönlichkeitsrechtsverletzung ein.[86] Der Brief war in den Augen der Richter nämlich nicht durch das für eine Satire Typische geprägt, insbesondere nicht durch Übertreibung, Verzerrung und Verfremdung. 1645

Die **Strauß-Karikatur-Entscheidung** ist einer der seltenen Fälle, in denen die Gerichte Satire als unzulässig angesehen haben. Sie betraf eine Karikatur, die den bayerischen Ministerpräsidenten *Franz Josef Strauß* als sich sexuell betätigendes Schwein zeigte, das mit einem die richterliche Amtstracht tragenden Schwein kopulierte. Das Urteil sah darin einen Angriff auf die menschliche Würde des Karikierten, da nicht seine menschlichen Züge, seine persönlichen Eigenarten, sondern vielmehr gezeigt werden solle, dass er ausgesprochen „tierische" Wesenszüge habe und sich entsprechend benehme.[87] Gerade die Darstellung sexuellen Verhaltens, das beim Menschen zum schutz- 1646

---

83 BGH vom 7.12. 1999 (Sticheleien von Horaz), BGHZ 143, 199, 210f.
84 BGH vom 7.12. 1999 (Sticheleien von Horaz), BGHZ 143, 199, 211.
85 BVerfG vom 25.3. 1992 („geb. Mörder"), BVerfGE 86, 1, 9ff.; dazu *Hillgruber* JZ 1992, 946ff.; *Schmidt de Caluwe* NVwZ 1992, 1166ff.; *Schöbener* NZWehrR 1993, 45ff.; *Scholz* AfP 1996, 323ff.
86 BVerfG vom 25.3. 1992 („geb. Mörder"), BVerfGE 86, 1, 13f.
87 BVerfG vom 3.6. 1987 (Strauß-Karikatur), BVerfGE 75, 369, 379f.; dazu *Würkner* NJW 1988, 317ff.; *Rubel* JA 1988, 277ff.; *Hufen* JuS 1989, 136f.; rechtsvergleichend *Kübler* FS Mahrenholz 1994, 303, 307ff.; *Gounalakis* NJW 1995, 809ff. Für das amerikanische

würdigen Kern seines Intimlebens gehöre, solle den Betroffenen als Person entwerten, ihn seiner Würde als Mensch entkleiden.

D. Waren- und sonstige Tests

1647 Während allgemeine Kritik an unternehmerischer Tätigkeit zulässig ist, wenn ein öffentliches Informationsinteresse besteht und der Kritiker weder Unwahres äußert, noch die äußerste Grenze der Schmähung überschreitet, unterliegt die Beurteilung von Tests von Waren oder sonstigen unternehmerischen Produkten und Dienstleistungen Besonderheiten. Soweit solche Testaussagen als Meinungsäußerungen eingeordnet werden, gelten für sie eigenständige Maßstäbe. Der Betroffene wird dann nicht allein vor Schmähung und Diskriminierung geschützt, sondern u.U. auch vor bestimmten Formen „unsachlicher" Kritik.

1648 Der rechtliche Maßstab für Warentests hat sich **medienrechtlich bedingt gewandelt**. Solche Tests kamen in Deutschland ab den späten 50er Jahren auf. Sie wurden zunächst unter Rückgriff auf die wettbewerbsrechtlichen Anforderungen beurteilt und daher auch dann als unzulässig angesehen, wenn sie von Medien stammten.[88] Das Wettbewerbsrecht hielt vergleichende Werbung seit der Hellegold-Entscheidung[89] des RG generell für wettbewerbswidrig. Der seit 2002 bestehende § 6 UWG hat diese Linie zwar liberalisiert, lässt aber vergleichende Aussagen nur zu, wenn sie sich u.a. auf nachprüfbare, d.h. auf Eigenschaften beziehen, die als solche einem sachlichen Nachweis zugänglich sind.[90] Persönliche Einschätzungen, z.B. Gastronomietests, die nun einmal zwingend vom individuellen Geschmack des Testessers beeinflusst werden, sind danach nicht zulässig. In bewusster Abkehr von den wettbewerbsrechtlichen Anforderungen hat der BGH bereits 1966 Warentests durch Medien allein dem Deliktsrecht unterworfen,[91] dessen Maßstäbe er ungleich äußerungs- und testfreudiger ausgestaltet hat. Im Ergebnis lässt das Gericht Warentests weitgehend zu, da die Medien auf diese Weise eine Markttransparenz schaffen, die sowohl im Interesse der Verbraucher als auch im „volkswirtschaftlichen Gesamtinteresse" an Markttransparenz liegt.[92]

Recht hat Hustler Magazine and Flynt v. Falwell, 485 U.S. 46ff. (1988) sogar Parodien solcher Art zugelassen.

88 Baumbach/*Hefermehl*, Wettbewerbs- und Warenzeichenrecht, 8. Auflage 1960, § 1 UWG Rdn. 22ff., 40ff.; *Schönherr/Bußmann*, Vergleichende Reklame und Warentest in rechtsvergleichender Sicht, 1964, S. 16ff.; dagegen bereits frühzeitig für die Zulässigkeit plädierend *Borck*, Über die wettbewerbsrechtliche Zulässigkeit sogenannter Querschnitt-Tests, 1960, S. 7ff.

89 RG vom 6.10. 1931 (Hellegold), GRUR 1931, 1299ff.; siehe auch RG vom 4.5. 1934 (Konfektionswatten), GRUR 1934, 473, 476 mwN.

90 BGH vom 23.4. 1998 (Preisvergleichsliste II), GRUR 1999, 69, 71 mwN.

91 BGH vom 18.10. 1966 (Warentest I), GRUR 1967, 113f.

92 BGH vom 9.12. 1975 (Warentest II), BGHZ 65, 325, 332; BGH vom 21.2. 1989, NJW 1989, 1923.

I. Tests zwischen Meinungs- und Tatsachenkategorie

Die Einordnung von Warentests als Meinungs- oder Tatsachenäußerung hat entscheidende Bedeutung für die einschlägige Rechtsgrundlage und den damit verbundenen Beurteilungsmaßstab. Die Annahme einer Tatsachenäußerung hat mehr oder weniger zwingend die Anwendung von § 824 BGB und die Beschränkung auf die schroffe Unterscheidung zwischen wahr und unwahr zur Folge. Werden Tests dagegen als Wertung angesehen, so sind sie allein am Recht am Unternehmen zu messen, das variablen Maßstäben folgt. Dieses Recht ermöglicht es den Gerichten ungleich eher, sozusagen „warentestspezifische" Kriterien zu entwickeln. Es überrascht daher nicht, dass die Rechtsprechung[93] dazu tendiert, Tests dem Gesamteindruck nach als Meinungsäußerungen einzuordnen. Der Betroffene wende sich nämlich typischerweise nicht gegen unwahre Tatsachenangaben, sondern in erster Linie gegen die im Testbericht getroffene Gesamtbewertung. Es handele sich daher **in der Regel um Urteile** und damit um Wertungen, auf die insbesondere § 824 BGB nicht zugeschnitten sei.[94] 1649

Die Linie erklärt sich wesentlich durch die Berücksichtigung von typisierten Informationsinteressen der Verbraucherschaft. Verbraucher machen ihre Kaufentscheidung typischerweise von einem Gesamturteil und nicht von einzelnen Teilaspekten abhängig. Ihre Belange und ihr Entscheidungsverhalten können daher durch die bloße Unterscheidung richtiger und falscher Tatsachenangaben nicht ausreichend erfasst werden.[95] Die Einordnung als Meinungsäußerung gilt jedoch nicht absolut. Unter bestimmten Voraussetzungen können unzutreffende Tatsachenangaben, die im Rahmen des Tests gemacht werden, auch separat angegriffen werden und Ansprüche aus § 824 BGB auslösen. Ein Testbericht kann in solchen Fällen nach seinem schwerpunktmäßigen Inhalt und der Verselbstständigung seiner zugrunde gelegten Umstände als tatsächliche Behauptung zu behandeln sein.[96] Eine falsche Tatsachenangabe im Zusammenhang mit Warentests fällt dann unter § 824 BGB, wenn die **fragliche Angabe für die Kaufentscheidung maßgebliche Bedeutung hat**.[97] Das kommt namentlich in Betracht, wenn die Einzelangabe für die Einordnung der Produktqualität entscheidend ist oder wichtige Sicherheitsinteressen betrifft oder sich auf einen als repräsentativ ausgewiesenen Durchschnittspreis[98] bezieht. 1650

93 BGH vom 9. 12. 1975 (Warentest II), BGHZ 65, 325, 328ff.; BGH vom 10. 3. 1987, NJW 1987, 2222, 2223.

94 BGH vom 9. 12. 1975 (Warentest II), BGHZ 65, 325, 328, 330; dazu *Löhr* AfP 1976, 36ff.; *Martino* MA 1976, 109ff.; *Hart* GRUR 1983, 691ff.; *Schimmel* JA 1999, 110ff.; zustimmend *Tilmann* NJW 1976, 624f.; differenzierend *Schricker* GRUR 1976, 274ff.; *E. Deutsch* JZ 1976, 451f.

95 *Beater*, Unlauterer Wettbewerb, § 15 Rdnr. 9ff.

96 BGH vom 9. 12. 1975 (Warentest II), BGHZ 65, 325, 329.

97 BGH vom 21. 2. 1989, NJW 1989, 1923 „Grundlage für sein eigenes Qualitätsurteil".

98 BGH vom 3. 12. 1985 (Warentest III), NJW 1986, 981.

II. Spezielle Anforderungen an Warentests

1651 Der Rückgriff auf das Deliktsrecht und die grundsätzliche Einordnung als Meinungsäußerung ermöglichen es den Gerichten, Tests im Hinblick auf ihren volkswirtschaftlichen Nutzen und zur Gewinnung von Markttransparenz durch Verbraucheraufklärung in weiten Grenzen als zulässig einzuordnen. Zugleich werden Warentests jedoch wegen ihrer besonderen Bedeutung für den Wettbewerb von den Gerichten zu Recht an strengeren Anforderungen als denen gemessen, die für das Äußern kritischer Meinungen über Unternehmen, einzelne gewerbliche Leistungen oder Praktiken gelten.[99]

1652 Warentests sind in ihrer Zulässigkeit grundsätzlich unabhängig davon zu beurteilen, ob sie von staatlicher Seite bzw. der Stiftung Warentest oder von privaten Institutionen stammen.[100] Die besondere Reichweite und Akzeptanz von Vergleichen insbesondere der Stiftung Warentest können aber im Rahmen der Abwägung zu beachten sein. Ein Vergleichstest ist nur rechtmäßig, wenn die Untersuchung **neutral, sachkundig und im Bemühen um objektive Richtigkeit** vorgenommen worden ist.[101] Dies setzt voraus, dass sowohl die Art des Vorgehens bei der Prüfung als auch die aus den Untersuchungen gezogenen Schlüsse vertretbar, d.h. diskutabel, erscheinen.[102] Der Tester hat sich vor Durchführung des Tests wie ein normaler Kunde zu verhalten.[103] Er darf daher Drucker, die nicht als baugleich erkennbar sind und mit unterschiedlichen Druckerkabeln geliefert werden, unterschiedlich bewerten, wenn ein Fabrikat aufgrund des im Lieferumfang enthaltenen Druckerkabels die Funkentstörprüfung nicht besteht.[104] Warentests sind in ihren Prüfungsanforderungen nicht automatisch an DIN-Normen gebunden.[105] Das Ausscheiden von Produkten, die im Testbereich „Sicherheitsprüfung" nicht einmal DIN-Norm-Anforderungen entsprechen, vom weiteren Prüfungsverfahren verstößt aber nicht gegen die bei vergleichenden Warentests gebotene Neutralität.[106]

1653 Ein Test ist im Übrigen rechtswidrig, wenn er nach den allgemeinen Regeln als **Schmähung** einzuordnen ist. Der Gesamteindruck eines Tests kann bereits

99 Zu dieser Unterscheidung *T. Brinkmann* NJW 1987, 2721, 2723ff.

100 A.A. (grundsätzlich strengere Beurteilung der Stiftung Warentest und staatlicher Institutionen) *Assmann/Kübler* ZHR 142 (1978), 413, 423ff. mwN.; ebenso wohl *Mathy/Wendt* AfP 1982, 144, 148.

101 BGH vom 9.12. 1975 (Warentest II), BGHZ 65, 325, 334; BGH vom 10.3. 1987, NJW 1987, 2222, 2223; BGH vom 21.2. 1989, NJW 1989, 1923; BGH vom 17.6. 1997, NJW 1997, 2593, 2594.

102 BGH vom 9.12. 1975 (Warentest II), BGHZ 65, 325, 335; BGH vom 10.3. 1987, NJW 1987, 2222, 2223; BGH vom 17.6. 1997, NJW 1997, 2593, 2594.

103 BGH vom 17.6. 1997, NJW 1997, 2593, 2594.

104 BGH vom 17.6. 1997, NJW 1997, 2593, 2594; dazu *Foerste* EWiR 1997, 885f.; zustimmend *Meyer* WiB 1997, 1044.

105 BGH vom 10.3. 1987, NJW 1987, 2222, 2223f.

106 BGH vom 10.3. 1987, NJW 1987, 2222, 2224; dazu *Vieweg* NJW 1987, 2726f.; *Emmerich* JuS 1987, 743f.; zustimmend *Kreft* EWiR 1987, 585f.; *Reich* VuR 1987, 222ff.; *Dallmayr* VersR 2000, 909f.; weitgehend auch *Klette* WRP 1987, 604f.

durch den Gebrauch einzelner übermäßig unangemessener Formulierungen geprägt werden und die Haftung kann bereits deshalb eingreifen, weil sich der Äußernde eindeutig im Ton „vergriffen“ hat. In solchen Fällen ist die Wortwahl in aller Regel ein klares Indiz dafür, dass es dem Äußernden nicht um Sachfragen, sondern um das Verletzen eines anderen geht.

III. Verwandte Konstellationen, Einzelkriterien

Der eben vorgestellte Sondermaßstab (Neutralität, Sachkunde und Richtigkeitsbemühen) ist für typische Vergleichstests entwickelt worden und greift in solchen Fällen unzweifelhaft ein. Inwieweit er auch für andere Formen der Kritik an unternehmerischen Leistungen (Filmbesprechungen, Bericht über das Produkt eines einzigen Herstellers etc.) gilt, ist von den Gerichten bislang noch nicht allgemein geklärt worden und im Einzelfall zu entscheiden.[107] Eine Anwendung der Warentestgrundsätze liegt umso näher, je mehr die betreffende Äußerung „Vergleichscharakter“ hat und darauf bezogen ist, dem Adressaten „wirtschaftlichen Rat“ zu geben bzw. ihn bei der Auswahl zwischen miteinander konkurrierenden Angeboten zu unterstützen. 1654

Für **Restaurantkritiken** gelten besonders großzügige Maßstäbe.[108] Sie sind stärker am allgemeinen Maßstab der Schmähkritik zu messen, da sie sich einer objektiven Beurteilung in weitgehendem Maße entziehen und es von den persönlichen Eindrücken und Empfindungen des Kritikers abhängt, wie er die angebotene Leistung bewertet.[109] Das Testverfahren muss sich aber um Objektivität bemühen und einem Mindestmaß an Neutralität und Sachkunde genügen. Daher darf sich ein Urteil über das Angebot an Speisen und Getränken nicht allein auf den Genuss einer einzigen Tasse Cappuccino stützen,[110] noch ist es dem Kritiker erlaubt, die angebotenen Gerichte als „wie eine Portion Pinscherkot“ auf den Teller „hingeschissen“ zu beschreiben.[111] 1655

Eine **Kritik z.B. an Filmen, Theater-, Schauspiel- oder Musikaufführungen** ist nach der Rspr. nicht schon bereits deshalb eine unzulässige Schmähung, weil sie darauf verzichtet, dem Leser „Bezugspunkte“ an die Hand zu geben und ihm so eine eigene Bewertung zu erleichtern.[112] Verzichtet die Kritik auf solche Verständnishilfen, so soll darin aber ein Anzeichen für die Diffamierungsabsicht des Kritikers liegen können.[113] Legt eine Filmrezension infolge einer Verwechslung dem scheinbar besprochenen Werk einen völlig unzutreffenden Inhalt bei, so ist nach der **Filmbesprechung-Entscheidung** von falschen Tatsachenangaben auszugehen[114] und die Besprechung rechtswidrig. 1656

---

107 *T. Brinkmann* NJW 1987, 2721, 2724f.
108 Dazu *Mathy/Wendt* AfP 1982, 144, 148ff.; *Meinberg* ZLR 1999, 1, 7ff.
109 BGH vom 20.3. 1986 (Gastrokritiker), NJW 1987, 1082, 1083.
110 OLG München vom 9.7. 1993, NJW 1994, 1964, 1965.
111 OLG Frankfurt vom 24.11. 1989 (Pinscherkot), NJW 1990, 2002 mit weiteren Kostproben.
112 BGH vom 18.6. 1974, NJW 1974, 1762, 1764; zu Recht strenger *Eidenmüller* NJW 1991, 1439, 1441.
113 BGH vom 18.6. 1974, NJW 1974, 1762, 1764.
114 BGH vom 20.12. 1988 (Filmbesprechung), GRUR 1989, 222, 223f.

E. Boykottaufrufe

1657 Boykottaufrufe unterliegen nochmals anderen Anforderungen. Soweit sie unwahre Tatsachenangaben enthalten, wird der Betroffene vielfach bereits aus diesem Grund über § 824 BGB oder das Recht am Unternehmen Schutz genießen. Entsprechende Aufrufe sind aber selbst dann streng zu beurteilen, wenn sie auf zutreffenden Angaben beruhen oder gar keine Tatsachen mitteilen. Boykotte können nämlich direkt „zur Existenzvernichtung des betroffenen Unternehmens oder zu sonstigen wirtschaftlich schwersten Folgen" führen[115] und sind eine der gefährlichsten ökonomischen Bedrohungen überhaupt. Sie unterliegen daher insbesondere strikten Verhältnismäßigkeitsanforderungen. Für die Medien sind vor allem die deliktsrechtlichen Beurteilungsmaßstäbe wichtig. Für § 823 Abs. 1 BGB ist insbesondere Raum, wenn der Boykottaufruf legitimen Zwecken im Rahmen des öffentlichen Meinungskampfes dient. Der deliktische Haftungsmaßstab ist allerdings etwas unscharf definiert, da er sich bislang aus vergleichsweise wenigen höchstgerichtlichen Entscheidungen ableitet. Dagegen sind Boykottaufrufe, die geschäftliche oder Konkurrenteninteressen verfolgen, in der Regel nach kartell- oder wettbewerbsrechtlichen Normen zu beurteilen.[116] Diese Normen sind strenger als das Deliktsrecht und sehen wirtschaftlich motivierte Boykotte im Grundsatz als unzulässig an.[117]

1658 Die **Bezeichnung „Boykott"** soll auf den irischen Gutsverwalter *Charles Cunnigham Boycott* zurückgehen.[118] Er war ein Freund brutaler und strengster Methoden und sah sich eines Tages einem von der irischen Landliga veranlassten „Totalboykott" gegenüber. Alle seine Arbeiter kündigten unmittelbar vor Beginn der Erntezeit, Dienstboten verließen sein Haus, Kutscher wollten ihn nicht mehr fahren, Hotelbesitzer gewährten ihm keine Unterkunft, Kaufleute verkauften ihm keine Lebensmittel mehr und die Eisenbahngesellschaft verweigerte den Transport seines Mastviehs. Boycott war ruiniert und musste Irland verlassen, kehrte jedoch später zurück und wechselte in das Lager seiner früheren Gegner.

I. Boykottbegriff

1659 Von einem „Boykott" lässt sich nur sprechen und die nachfolgenden strengen Zulässigkeitsanforderungen sind nur berechtigt, wenn der fragliche **Aufruf auf die Einschaltung Dritter gerichtet** ist.[119] Es steht grundsätzlich[120] jedermann

---

115 BGH vom 10.5. 1957 (Spätheimkehrer), BGHZ 24, 200, 206.

116 §§21 Abs.1 GWB, 3, 4 Nr.10 UWG.

117 BGH vom 13.11. 1979 (Denkzettel-Aktion), GRUR 1980, 242, 244; *Beater*, Unlauterer Wettbewerb, §21 Rdnr.31ff.

118 *Herkner*, in: Jahrbuch für Nationalökonomie und Statistik, Bd.55 (Dritte Folge Bd.21), 1890, S.449, 475ff.

119 BGH vom 12.3. 1965 (Milchboykott), GRUR 1965, 440, 442 mwN; BGH vom 27.4. 1999 (Sitzender Krankentransport), GRUR 1999, 1031, 1032 mwN.

120 Für marktbeherrschende Unternehmen ziehen die Art.82 EGV, §§19f. GWB kartellrechtliche Grenzen.

frei, Unternehmen, mit denen er sich überworfen hat, zu „boykottieren“, indem er keine Geschäfte mehr mit ihnen macht. Darin liegt ein ohne weiteres zulässiger Einsatz der eigenen geschäftspolitischen Möglichkeiten. Das Verhalten bekommt aufgrund des Massenaspekts aber eine andere Qualität, wenn jemand andere auffordert, dasselbe zu tun und sie so für seine Zwecke einsetzt.[121] Dann sieht sich das boykottierte Unternehmen nicht mehr dem Verlust eines einzelnen Geschäftspartners gegenüber, sondern wird im Extremfall um sämtliche Geschäftsmöglichkeiten gebracht. Ein Einschalten Dritter liegt vor, wenn der Adressat des Aufrufs in seiner Entscheidung über die Befolgung frei ist, also keinem Weisungsrecht des Auffordernden unterliegt. Das ist insbesondere stets bei Boykottaufrufen anzunehmen, die sich an die Verbraucher wenden. Aufforderungen an weisungsgebundene Gehilfen, ausführende Organe oder Tochterunternehmen, die der Leitung des auffordernden Mutterunternehmens unterstellt sind,[122] erfüllen den Boykotttatbestand dagegen nicht.[123]

Der Aufruf darf sich ferner nicht in einer bloßen Meinungsäußerung, einem 1660
zulässigen Behaupten von wahren Tatsachen oder einer sonstigen zulässigen Äußerung über das betroffene Unternehmen erschöpfen. Ein Boykottaufruf ist anzunehmen, wenn der Aufrufer bewusst und gezielt in geschäftliche Abläufe eingreifen will und versucht, in einer partikularen Auseinandersetzung **die Interessen einer Gruppe gegenüber einem Unternehmen durchzusetzen** oder zumindest zu einer solchen Durchsetzung beizutragen.[124] Die Adressaten und Boykottierten müssen hinreichend bestimmt sein, doch braucht der Adressat nicht mit dem Ausführenden der Sperre identisch zu sein. Es genügt die Aufforderung an den Adressaten, andere Personen zu einem Boykottverhalten zu bewegen.[125] Die Handlung muss die Adressaten dazu animieren, den **Betroffenen vom Geschäftsverkehr auszuschließen**[126] bzw. keine Geschäfte mehr mit dem Boykottierten zu machen.[127] Boykottwirkungen können aber auch durch das Auffordern zu „Gegenmaßnahmen“ erreicht werden, deren Inhalt den aufgeforderten Personen überlassen wird.[128]

Für die Beurteilung, ob eine an einen größeren Leserkreis gerichtete Äuße- 1661
rung zum Boykott auffordert, gelten die allgemeinen **Auslegungsgrundsätze**. Danach ist über den Wortlaut der Verlautbarung hinaus auf die Aussage des

121 Zum Massenaspekt siehe Rdnr. 13ff.

122 §291 Abs. 1 Satz 1 1.Alt AktG.

123 BGH vom 18.11. 1955 (Gesangbuch), BGHZ 19, 72, 77f.; BGH vom 10.10. 1989 (Neugeborenentransporte), GRUR 1990, 474, 475; BGH vom 26.10. 1972 (Ersatzteile für Registrierkassen), GRUR 1973, 277.

124 BGH vom 2.2. 1984 (Kundenboykott), GRUR 1984, 461, 462 mwN.

125 BGH vom 13.11. 1979 (Denkzettel-Aktion), GRUR 1980, 242, 243.

126 BGH vom 22.7. 1999 (Kartenlesegerät), GRUR 2000, 340, 342 mwN.

127 §21 Abs. 1 GWB spricht insoweit von „Liefersperren oder Bezugssperren“, was nach BGH vom 22.7. 1999 (Kartenlesegerät), GRUR 2000, 344, 346 auch das Verbot gesellschaftsrechtlicher Beteiligung umfassen kann.

128 BGH vom 8.1. 1960 (Schleuderpreise), GRUR 1960, 331, 335.

Textes in seiner Gesamtheit abzustellen.[129] Eine Boykottaufforderung kann im Übrigen auch versteckt erfolgen,[130] setzt aber ein Tun voraus, das irgendwie Breitenwirkung entfaltet und über das bloße Einstellen eigener Geschäftsbeziehungen hinauszielt.

II. Verhältnismäßigkeitsanforderungen, geistiger Meinungskampf

1662 Deliktsrechtlich ist ein Boykottaufruf nur rechtmäßig,[131] wenn er ein Mittel des geistigen Meinungskampfes in einer die Öffentlichkeit wesentlich berührenden Frage ist, sich gegen den richtigen Adressaten wendet, den Verhältnismäßigkeitskriterien genügt und nicht mit wirtschaftlichen Machtmitteln durchgesetzt wird. Die Zulässigkeit setzt damit insbesondere voraus, dass der Boykottaufruf im Einzelfall seinen Grund nicht in eigenen Interessen wirtschaftlicher Art hat, sondern in der Sorge um **politische, wirtschaftliche, soziale oder kulturelle Belange erfolgt und zur Einwirkung auf die öffentliche Meinung gedacht** ist.[132] Will der Aufrufende die angesprochenen Dritten in Form von geschäftlichen Vor- oder Nachteilen zur Beachtung des Aufrufs anhalten, so ist der Boykottaufruf unzulässig. Die Meinungsfreiheit schützt allein die geistige Auseinandersetzung, nicht dagegen das gewaltsame Durchsetzen eigener Vorstellungen durch ökonomischen oder sonstigen Zwang. Die Meinung, dass Boykottaufrufe, die mit zutreffenden Tatsachenbehauptungen motiviert werden, grundsätzlich rechtmäßig seien,[133] ist zu großzügig und deshalb abzulehnen. Sie verzichtet ohne Not auf Differenzierungsmöglichkeiten hinsichtlich des öffentlichen Informationsinteresses und unterschätzt meines Erachtens das besondere Zerstörungspotenzial von Boykotten.

1663 Die **Spätheimkehrer-Entscheidung** sah 1957 einen Zeitungsaufruf als unverhältnismäßig an, der ein als sittlich verwerflich empfundenes Verhalten einer Hauseigentümerin gegenüber einem Spätheimkehrer anprangerte und unter Nennung des Namens der Vermieterin stillschweigend dazu aufforderte, die gewerbliche Tätigkeit der Hauseigentümerin zu boykottieren. Die Beeinträchtigung traf damit den gewerblichen Tätigkeitsbereich der Dame, der mit dem beanstandeten Verhalten überhaupt nichts zu tun hatte.[134] Anlass und Ansatzpunkt des Boykotts waren nicht miteinander identisch.

1664 Dagegen war in der – ebenfalls in der Nachkriegszeit angesiedelten – **Lüth-Entscheidung** der Aufruf, die Werke eines stark NS-belasteten Drehbuchverfassers und Regisseurs zu boykottieren, von der Meinungsfreiheit gedeckt. Der Boykottaufruf wandte

129 BGH vom 22.1. 1985 (Ideal-Standard), GRUR 1985, 468, 496.

130 BGH vom 10.5. 1957 (Spätheimkehrer), BGHZ 24, 200, 204f.

131 Dazu Staudinger/*Oechsler* (2003) §826 BGB Rn.408ff. mwN.; Staudinger/*Hager* (1999) §823 BGB Rn. D 41ff. mwN.; Larenz/*Canaris*, Schuldrecht II/2, 13. Auflage 1994, §81 III 3, S.551ff.; *Möllers* NJW 1996, 1374ff.; *Beisenwenger*, Der nichtwettbewerbliche Boykott, 1998, S.270ff.

132 BVerfG vom 15.11. 1982 (X), BVerfGE 62, 230, 244; BGH vom 22.1. 1985 (Ideal-Standard), GRUR 1985, 468, 469f.

133 MünchKomm/*Wagner*, §823 BGB RdNr.204.

134 BGH vom 10.5. 1957 (Spätheimkehrer), BGHZ 24, 200, 207.

sich in seinen Wirkungen exakt gegen denjenigen und den Tätigkeitsbereich, die auch der sachliche Anlass für den Boykott waren. Er war überdies von einem politischen und kulturpolitischen Bestreben getragen und betraf nichts weniger als „eine für das deutsche Volk wesentliche Frage".[135] Die **Blinkfüer-Entscheidung** sah dagegen eine auf politischen Motiven beruhende Aufforderung zum Boykott eines Presseunternehmens nicht mehr als durch die Meinungsfreiheit gedeckt an, da die Aufforderung nicht mit der Kraft geistiger Argumente, sondern mit wirtschaftlichen Machtmitteln durchgesetzt werden sollte.[136]

Den Aufruf einer Tageszeitung, die Wohnungspolitik einer großen Wohnungsverwal- 1665
tung mit einem befristeten kollektiven Mietboykott zu bekämpfen, hielten die **Mietboykott-Entscheidungen** von BGH und BVerfG für rechtswidrig, da die Meinungs- und Pressefreiheit eine solche Aufforderung zum Vertragsbruch im Streitfall nicht deckte.[137] Ein Grundrechtsschutz aus Art. 5 Abs. 1 GG kommt grundsätzlich in Betracht, wenn sich ein Boykottaufruf argumentativer Mittel bedient, ohne die Entscheidungsfreiheit der Adressaten – z.B. durch wirtschaftlichen Druck – einzuengen.[138] Der Umstand, dass zu einem Vertragsbruch aufgerufen wird, ist im Rahmen der Schrankenbestimmung nach Art. 5 Abs. 2 GG zu berücksichtigen. Der Aufruf zu einem organisierten und rechtswidrigen oder vertragswidrigen Verhalten gegenüber einem bestimmten Unternehmen kann aber nur unter besonderen Umständen gerechtfertigt sein. Eine solche Rechtfertigung schied auch nach Ansicht des BVerfG im Streitfall aus, weil der Boykottaufruf zum Ausdruck des Protests nicht notwendig war.

---

135 BVerfG vom 15. 1. 1958 (Lüth), BVerfGE 7, 198, 216; dazu *Dürig* DÖV 1958, 194; *Roellecke* DRiZ 1994, 81ff.; *G. Odendahl* JA 1996, 100f.; *K. Odendahl* JA 1998, 933ff.; *Grimm* DRiZ 2000, 148ff.; *Rüthers* Bitburger Gespräche Jb 1999/I, S. 3ff.; *Kübler* KritV 2000, 313ff.

136 BVerfG vom 26. 2. 1969 (Blinkfüer), BVerfGE 25, 256, 264ff.; dazu *Menger* VerwArch 61 (1970), 82ff. Dagegen hatte BGH vom 10. 7. 1963 (Blinkfüer), GRUR 1964, 77ff. den Aufruf im Ergebnis für zulässig gehalten.

137 BGH vom 29. 1. 1985 (Mietboykott), NJW 1985, 1620, 1621; dazu zustimmend *Hufen* JuS 1986, 192ff.

138 BVerfG vom 27. 10. 1987 (Mietboykott), NJW 1989, 381, 382.

§ 21: Jugendschutz und sonstige Allgemeinheitsinteressen

Ausgewählte Literatur

1666 *Bauer*, Grundgesetz und „Schmutz- und Schundgesetz", JZ 1965, 41 ff.; *Bornemann*, Der Jugendmedienschutz-Staatsvertrag der Länder, NJW 2003, 787 ff.; *Dörr*, Freiheit der Medien und Schutz der Menschenwürde am Beispiel von „Big Brother", FS Herrmann 2002, 21 ff.; *Empt*, Virtuelle Kinderpornografie als verfassungsrechtlich geschützte Meinungsfreiheit?, ZUM 2002, 613 ff.; *Engels/Stulz-Herrnstadt*, Einschränkungen für die Presse nach dem Jugendschutzgesetz, AfP 2003, 97 ff.; *Hartwig*, „Big Brother"und die Folgen, JZ 2000, 967 ff.; *Hinrichs*, „Big Brother" und die Menschenwürde, NJW 2000, 2173 ff.; *Holznagel*, Meinungsfreiheit oder Free Speech im Internet, AfP 2002, 128 ff.; *Huster*, Individuelle Menschenwürde oder öffentliche Ordnung?, NJW 2000, 3477 ff.; *Kepplinger*, Wirkung von Gewaltdarstellungen in den Massenmedien, in: Noelle-Neumann/Schulz/Wilke (Hrsg.), Lexikon Publizistik Massenkommunikation, 1997, S. 571 ff.; *Köhler*, Zur Frage der Strafbarkeit des Leugnens von Völkermordtaten, NJW 1985, 2389 ff.; *Krebs*, Gewalt und Pornographie im Fernsehen – Verführung oder Therapie?, in: Merten/Schmidt/Weischenberg (Hrsg.), Die Wirklichkeit der Medien, 1994, S. 352 ff.; *Liesching*, Das neue Jugendschutzgesetz, NJW 2002, 3281 ff.; *ders.*, Neue Entwicklungen und Problemstellungen des strafrechtlichen Jugendmedienschutzes, AfP 2004, 496 ff.; *Ostendorf*, Im Streit: Die strafrechtliche Verfolgung der „Auschwitzlüge", NJW 1985, 1062 ff.; *Ring*, Jugendschutz im Spannungsfeld zwischen Selbstregulierung der Medien und staatlicher Medienkontrolle, AfP 2004, 9 ff.; *Rossen-Stadtfeld*, Die Konzeption Regulierter Selbstregulation und ihre Ausprägung im Jugendmedienschutz, AfP 2004, 1 ff.; *Stettner*, Der neue Jugendmedienschutz-Staatsvertrag – eine Problemsicht, ZUM 2003, 425 ff.; *Ulrich*, Defizite bei der Regulierung der Selbstregulierung, MMR 2005, 743 ff.; *Weigend*, Gewaltdarstellung in den Medien, FS Herrmann 2002, 35 ff.

A. Ausgangsfragen

1667 Das Recht setzt den Medien auch im Hinblick auf bestimmte Allgemeinheitsinteressen äußerungsrechtliche Grenzen und verbietet zum Beispiel jugendgefährdende oder gewaltverherrlichende Darstellungen. Dabei geht es um einen Schutz von Rechtsgütern, die nicht einem einzelnen Individuum, sondern der „Allgemeinheit" zustehen und damit gewissermaßen subjektlos sind. Solche Regeln sind über mehrere Rechtsgebiete und sowohl über Bundes- wie Landesgesetze verstreut, was diesen Bereich unübersichtlich macht. Einschlägige Bestimmungen finden sich vor allem im Strafrecht sowie in speziellen verwaltungsrechtlichen und zum Teil auch in mediengesetzlichen Vorschriften. Das Zivilrecht spielt hier im Grunde keine Rolle, weil es sich eben auf subjektive Rechte bzw. Rechte von Einzelsubjekten bezieht.

Normen zum Schutz von Allgemeinheitsinteressen werfen in **materiell-rechtlicher Hinsicht** erhebliche Schwierigkeiten auf. Das erste Problem liegt häufig bereits in der Definition der geschützten Interessen. Sie lassen sich inhaltlich meist kaum fassen. Oft bleibt lediglich der Rückgriff auf Dinge wie die „sittlichen und religiösen Überzeugungen der Bevölkerung“[1] oder den „öffentlichen Frieden“ übrig, das „allerneutralste und farbloseste aller Rechtsgüter“.[2] Zugleich enthalten die einschlägigen Normen in aller Regel Tatbestandsvoraussetzungen, unter die nur schwer subsumiert werden kann. Das Urteil darüber, ob etwa eine Fernsehsendung die Menschenwürde verletzt, pornografisch ist oder grausame oder unmenschliche Gewalttätigkeiten gegen Menschen in einer Art schildert, die solche Gewalt verherrlicht, setzt in erhöhtem Maß Wertungen voraus und ist stark zeit-, sitten- und kulturgebunden. Entsprechende Entscheidungen gehen über die traditionellen Grenzen juristischer Tätigkeit hinaus und führen fast zwingend zu kontroversen Ergebnissen. Aus medienrechtlicher Sicht kommt hinzu, dass zahlreiche der entsprechenden Vorschriften an sich ein Wissen über Kausalzusammenhänge und über Wirkungsfolgen der Medienberichterstattung verlangen, das wir nicht haben. Namentlich Entscheidungen über mögliche jugendgefährdende Wirkungen müssen vielfach auf der Grundlage eines unzureichenden Wissens über solche Fragen getroffen werden. 1668

Auch in **sanktionsrechtlicher Hinsicht** bestehen Besonderheiten. Die Verletzung von Allgemeinheitsinteressen zieht typischerweise straf- und u.U. jugendschutz- bzw. verwaltungsrechtliche Folgen nach sich. Die Sanktionierung liegt damit grundsätzlich allein in der Hand von Behörden bzw. den Staatsanwaltschaften, den Ordnungsbehörden sowie den rundfunk- und mediendiensterechtlichen Aufsichtsinstanzen. Die besonders effektiven zivilrechtlichen Sanktionierungsmöglichkeiten scheiden dagegen aus, weil bzw. sofern sich die verletzte Vorschrift auf den Schutz von Allgemeinheitsgütern beschränkt und daneben nicht zumindest auch dem Schutz individueller Interessen dient. Die Verletzung des Pornografieverbots löst beispielsweise keine individuellen Rechte Einzelner aus, die sich durch die pornografische Darstellung verletzt fühlen.[3] 1669

B. Jugendschutz

Der Jugendschutz hat verschiedene bundes- und landesgesetzliche Grundlagen[4] und ist ein unübersichtliches Rechtsgebiet. An dieser Stelle sind hauptsächlich 1670

---

1 §§ 3 Satz 3 RStV, 5 Abs. 3 Satz 3 ZDF-StV.

2 *Weigend* FS Herrmann 2002, 35, 40f.; siehe auch Tröndle/*Fischer*, § 131 StGB Rn. 2f. mwN.

3 BGH vom 13.4. 1975 (Porno-Schriften), BGHZ 64, 178, 180 mwN.; dazu *von Falck* GRUR 1975, 504f.

4 Einen Überblick auch über die einschlägigen sozial- und arbeitsrechtlichen Normen geben Nikles/Roll/Spürck/Umbach, Teil I A: Einführung, Rn. 37ff. mwN.

der JMStV und das JuSchG wichtig. Sie enthalten medienrechtlich relevante Vorschriften, die im Weiteren zumindest skizziert werden sollen. Der **JMStV** regelt den Schutz im Zusammenhang mit elektronischen Informations- und Kommunikationsmedien.[5] Er erfasst dazu sowohl Angebote im Rundfunk[6] als auch in Telemedien, d.h. in Mediendiensten und in Telediensten im Sinne von MDStV und TDG.[7] Das **JuSchG** betrifft den allgemeinen Jugendschutz.[8] Es deckt dabei auch den Bereich der Printmedien ab, denn es bezieht sich u.a. auf „Trägermedien", d.h. auf Medien mit Texten, Bildern oder Tönen auf gegenständlichen Trägern, die zur Weitergabe geeignet, zur unmittelbaren Wahrnehmung bestimmt oder in einem Vorführ- oder Spielgerät eingebaut sind.[9] Daneben enthalten auch Normen des StGB jugendschutzrechtliche Regeln.

1671 Zweck der genannten Vorschriften ist der Schutz von Kindern und Jugendlichen vor medialen Angeboten, die deren **Entwicklung oder Erziehung beeinträchtigen oder gefährden**.[10] Geschützt wird die Entwicklung zu einer Persönlichkeit, die sich eigenverantwortlich innerhalb der sozialen Gesellschaft frei entfaltet.[11] Der Jugendmedienschutz richtet sich dazu gegen Gefahren, die von den Inhalten in den Medien ausgehen. Er soll Kinder und Jugendliche vor schädlichen Inhalten abschirmen. Die Gefahren, die der Medienkonsum unabhängig von den einzelnen Inhalten bei Minderjährigen verursachen kann (z.B. Verhaltensstörungen bei so genannten Vielsehern, Wirklichkeitsverlust durch Vermischung realer und virtueller Welten), hat er dagegen nicht zum Inhalt.[12] Ebenso wenig dient der Jugendmedienschutz dazu, Kindern und Jugendlichen den Umgang mit Medien und den von ihnen transportierten Inhalten zu lehren.[13]

1672 Der Schutz der Jugend ist ein Ziel von verfassungsrechtlichem Rang und ein wichtiges Gemeinschaftsanliegen.[14] Zugleich ist jedoch bei Schaffung und Anwendung von Jugendschutznormen zu beachten, dass diese in **Kommunikati-**

---

5 §2 Abs.1 JMStV.

6 Maßgeblich ist der gesetzliche Rundfunkbegriff im Sinne von §2 Abs.1 RStV, Amtliche Begründung zu §3 Abs.2 Nr.1 JMStV, LT-Drucks. Bayern 14/10246, S.15. Zum gesetzlichen Rundfunkbegriff siehe Rdnr.254ff.

7 §3 Abs.2 JMStV.

8 Z.B. den Schutz im Zusammenhang mit „Tanzveranstaltungen", Spielhallen und Glücksspielen sowie mit jugendgefährdenden Veranstaltungen und Orten, §§5ff. JuSchG.

9 §1 Abs.2 JuSchG. Zu den Voraussetzungen im Einzelnen Nikles/Roll/Spürck/Umbach, §1 JuSchG Rn.16ff.; *Liesching* NJW 2002, 3281, 3283.

10 So §1 JMStV für den Bereich der elektronischen Medien.

11 Eingehend und überzeugend Löffler/*Altenhain*, BT JSchutz Einleitung Rdnr.30 mwN. Die h.M. stellt in ihren Formulierungen demgegenüber auf den Schutz vor verfassungswidrigen Grundhaltungen ab, z.B. BVerwG vom 3.3. 1987, BVerwGE 77, 75, 83; Nikles/Roll/Spürck/Umbach, §18 JuSchG Rn.4.

12 Löffler/*Altenhain*, BT JSchutz Einleitung Rdnr.24 mwN.

13 Löffler/*Altenhain*, BT JSchutz Einleitung Rdnr.24 mwN.

14 BVerfG vom 23.3. 1971, BVerfGE 30, 336, 348; BVerfG vom 13.1. 1988, BVerfGE 77, 346, 356. Zur dahinter stehenden sozial-kulturellen Schutzidee, ihren Wandlungen und den jugendrelevanten gesellschaftlichen Veränderungen Nikles/Roll/Spürck/Umbach, Teil I A: Einführung, Rn.2ff.

onsfreiheiten eingreifen können und ggf. speziellen verfassungsrechtlichen Anforderungen genügen müssen.[15] Daher darf beispielsweise eine Schrift nicht deshalb als jugendgefährdend indiziert werden, weil sie geschichtliche Vorgänge falsch darstellt.[16] Ebenso dürfen Schriften, die „durch Bild für Nacktkultur werben", nicht generell als jugendgefährdend angesehen werden, weil dies im Einzelfall auch Schriften treffen kann, gegen die vom Standpunkt des Jugendschutzes aus nichts einzuwenden ist.[17]

I. Jugendgefährdende Inhalte

Die Entscheidung, welche Medieninhalte jugendgefährdend sind, verlangt schwierige Einschätzungen über die Wirkungen von Medien. Kinder und Jugendliche können namentlich psychischen, seelischen und auch physischen Schaden nehmen, indem sie „geschockt" oder dazu animiert werden, gefährliche bzw. verbotene Verhaltensweisen nachzuahmen.[18] In Betracht kommen vor allem Gewaltdarstellungen, angsteinflößende sowie übertriebene sexualbezogene Inhalte und intolerante Äußerungen bis hin zum Totalitarismus. Die **Wirkungszusammenhänge zwischen Medieninhalten, Medienkonsum und der Entwicklung von Kindern und Jugendlichen** haben freilich keinen naturgesetzlichen Charakter. Sie sind von einer kaum überschaubaren Vielfalt von Einzelfaktoren abhängig und lassen sich in keiner Weise nach empirisch zweifelsfrei belegten Ursache-Wirkung-Kontexten beurteilen oder gar steuern.[19] 1673

Die **KJM** (Kommission für Jugendmedienschutz, § 14 JMStV) hat eingehende „Kriterien für die Aufsicht im Rundfunk und in den Telemedien" normiert.[20] Danach bestimmt sich die Einordnung als jugendgefährdend oder entwicklungsbeeinträchtigend u.a. nach Alter, Geschlecht und sozialem Kontext der Jugendlichen und nach angebotsspezifischen Wirkungen (Nachahmungsanreiz, Ängstigung). In Bezug auf **Gewaltdarstellungen** spielen etwa deren Kontext und mögliche Gewalterwartungen, die Folgen der Gewalt, die Nachvollziehbarkeit und Verständlichkeit der Handlung, quantitative und qualitative Kriterien sowie die Fragen eine Rolle, in welchem Maß Gewalt als Konfliktlösungsstrategie dargestellt wird und ob gewaltausübende Personen Identifikationsangebote liefern. Die Beurteilung **sexueller Darstellungen** bestimmt sich u.a. nach Kontext, Intention und Perspektive der Darstellung, Verharmlosung oder Idealisierung von Prostitution und einer möglichen Verknüpfung mit Gewalt. 1674

Der Gesetzgeber versucht, den speziellen Einschätzungs- und Prognoseproblemen, die das Jugendschutzrecht mit sich bringt, in verschiedener Weise gerecht 1675

15 Siehe Rdnr. 108, 112ff.
16 BVerfG vom 11.1. 1994 (Wahrheit für Deutschland), BVerfGE 90, 1, 20f. Siehe Rdnr. 114.
17 BVerfG vom 23.3. 1971, BVerfGE 30, 336, 354.
18 Nikles/Roll/Spürck/Umbach, § 4 JMStV Rn. 1.
19 Statt vieler Nikles/Roll/Spürck/Umbach, Teil I A: Einführung, Rn. 8; Löffler/*Altenhain*, BT JSchutz Einleitung Rdnr. 33ff. mwN.
20 Siehe http://www.kjm-online.de.

zu werden. In materiell-rechtlicher Hinsicht stuft er zum Teil zwischen einzelnen Altersgruppen ab und trennt u.a. zwischen Kindern (unter 14 Jahre) und Jugendlichen (14 bis 17 Jahre).[21] In regelungstechnischer Hinsicht arbeitet der Gesetzgeber mit **sehr unterschiedlichen Instrumenten**. Vielfach überträgt er Einschätzungen über jugendgefährdende Wirkungen auf sachverständige Instanzen. Soweit solche Jugendschutzgremien Entscheidungen treffen, können diese rechtlich maßgeblich und für die Medien bindend sein.[22] Wenn etwa ein Film als „Freigegeben ab sechzehn Jahren" eingeordnet wird, so darf er im Fernsehen nur zwischen 22 Uhr und 6 Uhr gesendet werden.[23] Ebenso bindet das Jugendschutzrecht Einrichtungen der freiwilligen Selbstkontrolle zum Teil in die gesetzlichen Regelungen mit ein.[24] Das Rechtsgebiet kennt andererseits aber auch kasuistische Einzelregelungen und allgemeine Auffangtatbestände, die dem Rechtsanwender das schwierige Urteil über jugendgefährdende Wirkungen in vollem Umfang abverlangen.

1. Liste jugendgefährdender Medien

1676 In die Liste jugendgefährdender Medien sind Trägermedien, also insbesondere Schriften, sowie Telemedien aufzunehmen, die geeignet sind, die Entwicklung von Kindern oder Jugendlichen oder ihre Erziehung zu einer eigenverantwortlichen und gemeinschaftsfähigen Persönlichkeit zu gefährden (§ 18 Abs. 1 Satz 1 JuSchG). Dagegen sind ausschließlich für das Fernsehen produzierte Beiträge bzw. Sendungen nach dem bewusst gewählten Wortlaut der Vorschrift nicht indizierungsfähig.[25] Über die Aufnahme in die Liste entscheidet die Bundesprüfstelle für jugendgefährdende Medien. Ihre Mitglieder kommen aus den Bereichen von Kunst, Literatur, Buchhandel und Verlegerschaft, von den Anbietern von Bildträgern und von Telemedien sowie von den Trägern der freien und der öffentlichen Jugendhilfe, aus der Lehrerschaft und den Kirchen.[26]

1677 Die Entscheidung über die Aufnahme hat **nicht zwischen den verschiedenen Altersstufen zu trennen**, sondern ist in Bezug auf alle Kinder und Jugendliche gleichermaßen zu treffen. Als jugendgefährdend zählen in diesem Zusammenhang vor allem unsittliche, verrohend wirkende, zu Gewalttätigkeit, Verbrechen oder Rassenhass anreizende Medien.[27] Ebenfalls aufzunehmen sind Träger- und Telemedien, deren Inhalt nach einer rechtskräftigen gerichtlichen Entscheidung

---

21 §§ 1 Abs. 1 Nr. 1, Nr. 2 JuSchG, 3 Abs. 1 JMStV.

22 Siehe z.B. § 5 Abs. 3 Satz 1 JMStV (gesetzliche Vermutung einer Eignung von Filmen zur Entwicklungsbeeinträchtigung).

23 §§ 14 Abs. 2 Nr. 4 JuSchG , 5 Abs. 4 Satz 2 JMStV.

24 §§ 19 JMStV, 18 Abs. 6 Satz 3 JuSchG.

25 Zu dieser Sonderbehandlung des Rundfunks zu Recht sehr kritisch *Bornemann* NJW 2003, 787, 789 „in hohem Maße inkonsequent".

26 § 19 JuSchG.

27 § 18 Abs. 1 Satz 2 JuSchG.

gegen bestimmte Straftatbestände verstößt.[28] Ein Medium darf aber nicht allein deshalb in die Liste aufgenommen werden, weil es einen politischen, sozialen, religiösen oder weltanschaulichen Inhalt hat.[29] Weiterhin dürfen keine Medien indiziert werden, die der Kunst oder der Wissenschaft dienen.[30] Ebenso darf kein Medium aufgenommen werden, das im öffentlichen Interesse liegt, es sei denn, dass die Art der Darstellung zu beanstanden ist.[31] Mögliche Anwendungsfälle sind jugendgefährdende Inhalte, deren Verbreitung trotz der möglichen Anreizung Minderjähriger zur Nachahmung etwa aus Gründen der Verbrechensbekämpfung, des Gesundheitsschutzes oder der Sexualaufklärung erforderlich sind.[32] Indizierte Inhalte dürfen Kindern oder Jugendlichen weder als Trägermedium[33] zugänglich gemacht noch im Rundfunk gesendet werden.[34] Den Telemedien kann dagegen das Angebot bestimmter indizierter Inhalte erlaubt sein.[35]

2. Kennzeichnung von Filmen

Das Jugendschutzrecht sieht ferner insbesondere die Kennzeichnung von Filmen vor (§14 JuSchG). Sie ist ausdrücklich **auf bestimmte Altersstufen bezogen**. Danach darf ein Film nur für die Altersstufe freigegeben werden, innerhalb derer er die Entwicklung von Kindern und Jugendlichen oder ihre Erziehung zu einer eigenverantwortlichen und gemeinschaftsfähigen Persönlichkeit nicht mehr beeinträchtigen kann.[36] Die Altersbeschränkungen reichen von „Freigegeben ohne Altersbeschränkung" bis zu „Keine Jugendfreigabe".[37] Zuständig für die Einordnung sind die obersten Landesbehörden bzw. Organisationen der freiwilligen Selbstkontrolle. 1678

3. Einzelverbote

Das Jugendschutzrecht kennt weiterhin umfangreiche Kataloge von einzelnen Verbotstatbeständen.[38] Über das Eingreifen dieser Vorschriften ist im Wege der „normalen" Rechtsanwendung zu entscheiden, d.h. es sind keine speziellen Fach- bzw. Jugendschutzgremien in den Entscheidungsvorgang eingeschaltet. 1679

28 §18 Abs.5 JuSchG.
29 §18 Abs.3 Nr.1 JuSchG. Siehe auch BVerfG vom 11.1. 1994 (Wahrheit für Deutschland), BVerfGE 90, 1ff. und Rdnr. 114, 478f.
30 §18 Abs.3 Nr.2 JuSchG.
31 §18 Abs.3 Nr.3 JuSchG.
32 Nikles/Roll/Spürck/Umbach, §18 JuSchG Rn. 12 a.E.
33 §15 Abs.1 JuSchG.
34 §4 Abs.2 Nr.2 JMStV.
35 §4 Abs.2 Satz 2 JMStV. Siehe Rdnr. 1684f.
36 Etwas andere Formulierung in §14 Abs.1 JuSchG.
37 §14 Abs.2 Nr.1–5 JuSchG.
38 §§4 Abs.1, Abs.2 Nr.1 JMStV, 15 Abs.2 JuSchG.

Die einzelnen Verbote betreffen besonders gravierende Konstellationen und zumeist strafbare Inhalte. Sie gelten altersunabhängig in Bezug auf alle Kinder und Jugendliche. Sie erfassen über den Jugendschutz hinaus beispielsweise auch Dinge wie das Aufstacheln zum Hass gegen Teile der Bevölkerung, Gewaltverherrlichung oder Pornografie und werden daher erst zusammen mit den strafrechtlichen Vorschriften vorgestellt (siehe Rdnr. 1687ff.).

4. Offensichtlich schwere Jugendgefährdung

1680 Das Jugendschutzrecht kennt als allgemeinen Tatbestand zunächst das Verbot der offensichtlich schweren Jugendgefährdung (§§ 4 Abs. 2 Nr. 3 JMStV, 15 Abs. 2 Nr. 5 JuSchG). Das Verbot ist altersunabhängig und auf Darstellungen gemünzt, die das Risiko gravierender sozialethischer Desorientierung mit sich bringen.[39] Danach sind Angebote und Inhalte in Massenmedien unzulässig, wenn sie offensichtlich geeignet sind, die Entwicklung von Kindern und Jugendlichen oder ihre Erziehung zu einer eigenverantwortlichen und gemeinschaftsfähigen Persönlichkeit schwer zu gefährden. Die Beurteilung ist für alle Medien nach demselben Maßstab[40] und ohne Altersunterscheidung, d.h. für alle Kinder und Jugendliche einheitlich zu treffen. Maßgebend ist, ob sich aus dem Gesamteindruck oder aus besonders ins Auge springenden Einzelheiten für jeden unbefangenen Beobachter eine Gefährdung für durchschnittliche Kinder und Jugendliche ergibt.[41] Für Rundfunk und Telemedien ist außerdem die besondere Wirkungsform des Verbreitungsmediums zu berücksichtigen. Rundfunk und Telemedien können mit bewegten Bild- und Tonfolgen arbeiten und daher ungleich stärker als die Printmedien emotionale Wirkungen erzielen.[42]

1681 Die **Freak Show-Entscheidung** betraf verschiedene Sendungen, die ein Musikspartensender im Nachmittagsprogramm ausstrahlte. U.a. wurde eine „Mutprobe" gezeigt, die das Fällen eines über 5 m hohen Baumes verlangte und bei der sich eine Person, um dazu zu gehören, einer Gefahr aussetzen musste. In einer anderen Szene wurde einer der Mitspieler, dessen Kopf durch einen Helm geschützt war, wie ein Rammbock zum Zerschlagen einer Autoscheibe „benutzt". Die Landesmedienanstalt hatte die Darstellungen beanstandet, weil sie Gefahren verharmlosten, dem Erziehungsziel eines verantwortungsvollen Umgangs mit den Mitmenschen und dem eigenen Körper widersprächen und Nachahmungsgefahren auslösten. Das VG München lehnte eine offensichtlich schwere Jugendgefährdung jedoch ab.[43] Durchschnittlich entwickelte Jugendliche könnten erkennen, dass es sich bei der Mutprobe um einen „Stunt" handele, wie sie ihn aus Actionfil-

---

39 Nikles/Roll/Spürck/Umbach, § 15 JuSchG Rn. 93; a.A. Löffler/*Altenhain*, BT JSchutz § 15 JuSchG Rdnr. 33, der die Vorschrift wegen ihrer Unbestimmtheit eng auslegen und nur auf Inhalte anwenden will, die unsittlich sind, verrohend wirken, zu Gewalttätigkeit, Verbrechen oder Rassenhass anreizen.

40 Nikles/Roll/Spürck/Umbach, § 4 JMStV Rn. 31.

41 VG München vom 4. 11. 2004 (Freak Show), ZUM 2005, 252, 254 mwN.

42 Siehe Rdnr. 910, 915.

43 VG München vom 4. 11. 2004 (Freak Show), ZUM 2005, 252, 255ff.; dazu *Liesching* ZUM 2005, 224ff.

men kennen würden. Außerdem sei die Nachahmungsgefahr gering, weil das Fällen eines derartigen Baumes eine Kraft und Geschicklichkeit voraussetze, die Jugendliche nicht in ausreichendem Maße hätten. Die „Rammbock"-Sequenz entspreche in ihrer Absurdität nicht der Alltagswelt von Kindern und Jugendlichen. Sie sei für Kinder und Jugendliche als Spielszene erkennbar, in der nicht ernsthaft allgemeine Werte infrage gestellt werden sollten.

5. Entwicklungsbeeinträchtigung

Für den Bereich der elektronischen Medien gibt es einen weiteren allgemeinen Tatbestand, nämlich das **Verbot entwicklungsbeeinträchtigender Angebote** (§5 Abs.1 JMStV). Es gilt für Angebote, die nicht generell, sondern nur für bestimmte Altersstufen zur Entwicklungsbeeinträchtigung geeignet sind. Im Einzelnen stellt dieses Verbot daher geringere qualitative Anforderungen als sie im Zusammenhang mit der offensichtlich schweren Jugendgefährdung verlangt werden.[44] Das Verbot gilt nicht für Nachrichtensendungen sowie Sendungen zum politischen Zeitgeschehen im Rundfunk und für vergleichbare Angebote in Telemedien, soweit ein berechtigtes Interesse gerade an dieser Form der Darstellung oder Berichterstattung vorliegt.[45] 1682

II. Unzulässige Handlungen, Sicherungsvorkehrungen

Der Jugendschutz wendet sich allein dagegen, dass jugendgefährdende Inhalte Minderjährigen zugänglich gemacht werden. Eine Übermittlung an Erwachsene erfasst und verbietet er grundsätzlich nicht. Im Einzelnen müssen die Medien jedoch unterschiedliche Vorkehrungen treffen. Hier ist sowohl nach der Art und Schwere der Jugendgefährdung als auch zwischen JuSchG und JMStV bzw. zwischen Trägermedien, Telemedien und Rundfunk zu differenzieren. 1683

Besonders strenge Anforderungen gelten naturgemäß für Inhalte, die **Kinder und Jugendliche jeden Alters gefährden**. Soweit solche Inhalte in gedruckter Form perpetuiert bzw. Trägermedien sind und in die Liste jugendgefährdender Medien aufgenommen wurden, dürfen sie Kindern oder Jugendlichen in keiner Form irgendwie zugänglich gemacht werden.[46] Dasselbe gilt für bestimmte schwer jugendgefährdende Trägermedien, selbst wenn sie nicht auf der Liste stehen.[47] Das Verbreiten oder Weiterleiten entsprechender Trägermedien an Erwachsene ist als solches jugendschutzrechtlich grundsätzlich irrelevant, doch können in bestimmten Konstellationen auch solche Vorgänge sowohl vom Ju- 1684

44 Amtliche Begründung zu §5 Abs.1 JMStV, LT-Drucks. Bayern 14/10246, S.17; Nikles/Roll/Spürck/Umbach, §5 JMStV Rn.1, Rn.3.
45 §5 Abs.6 JMStV.
46 Zu den einzelnen Modalitäten siehe §15 Abs.1 Nr.1, Nr.2, Nr.4, Nr.6 JuSchG.
47 §15 Abs.2 JuSchG.

gendschutzrecht als auch vom Strafrecht erfasst werden.[48] Für die **Telemedien** ist zu unterscheiden. Jugendgefährdende Angebote im Sinne von §4 Abs.1 JMStV sind durchweg unzulässig (absolut unzulässige Angebote). Dieses Verbot bezieht sich auf besonders gravierende Inhalte, die vielfach zugleich Gegenstand von Strafvorschriften sind (siehe Rdnr.1693ff., 1697ff.), zum Beispiel auf volksverhetzende Angebote (Nr.3, Nr.4), das Anleiten zu bestimmten Straftaten (Nr.6), gewalt- oder kriegsverherrlichende Darstellungen (Nr.5, Nr.7) sowie auf harte Pornografie (Nr.10). Eine andere Regelung gilt dagegen für jugendgefährdende Angebote im Sinne von §4 Abs.2 Satz 1 JMStV (grundsätzlich unzulässige Angebote), also für pornografische Inhalte unterhalb der Schwelle harter Pornografie (Nr.1), für bestimmte indizierte, aber nicht strafbare Inhalte (Nr.2) und Inhalte, die vom allgemeinen Verbot der offensichtlich schweren Jugendgefährdung erfasst werden (Nr.3). Ihr Angebot ist in Telemedien erlaubt, sofern der Anbieter sicherstellt, dass dieses nur Erwachsenen zugänglich gemacht wird.[49] Die Erlaubnis solcher jugendgefährdender Inhalte ist jedoch ausdrücklich auf Telemedien beschränkt. Sie gilt nicht für den **Rundfunk**. Im Rundfunk sind Inhalte im Sinne von §4 Abs.1, Abs.2 JMStV durchweg unzulässig.[50]

1685 Die **Gefährliche Gespielinnen-Entscheidung** des BVerwG betrifft die Frage, welche Vorkehrungen ein Pay-TV-Unternehmen treffen muss, um sicherzustellen, dass von ihm gesendete pornografische Filme nicht von Minderjährigen gesehen werden können. Das bloße Senden zur Nachtzeit und in verschlüsselter Form reicht nicht aus, um den Pornografietatbestand auszuschließen. Es sind vielmehr weitere wirksame Vorkehrungen erforderlich, die es im Sinne einer „effektiven Barriere" regelmäßig verhindern, dass Minderjährige den Film wahrnehmen können.[51] Über eine Codierung des Programms hinaus muss durch eine zuverlässige Alterskontrolle sichergestellt sein, dass entsprechende Decodiereinrichtungen tatsächlich nur an Erwachsene abgegeben werden. Außerdem ist nach dem Urteil zu beachten, dass erzieherisches Handeln in manchen sozialen Bindungen nicht oder nur unzureichend stattfindet. Nach neueren Annahmen sollen überdies 20% der 15- bis 16-Jährigen und 40% der 16- und 17-Jährigen den PIN-Code der Eltern kennen.[52] Die Richter verlangen daher über den Einsatz der allgemeinen Decodiereinrichtungen hinaus ein weiteres, im System angelegtes wirkungsvolles Hindernis und die Gewährleistung, dass die zur Überwindung dieser zusätzlichen Sperre erforderlichen Voraussetzungen ebenfalls nur Erwachsenen zugänglich gemacht werden.[53]

1686 Für Rundfunkveranstalter und Anbieter von Telemedien gelten zum Teil jugendschutzrechtliche Anforderungen, die zwischen Altersstufen unterscheiden. Solche Medien müssen im Zusammenhang mit entwicklungsbeeinträchtigenden

---

48 Siehe z.B. §§86 StGB, 15 Abs.2 Nr.1 1.Alt JuSchG (Verbreiten von Propagandamitteln verfassungswidriger Organisationen).

49 §4 Abs.2 Satz 2 JMStV.

50 VG München vom 4.11. 2004 (Freak Show), ZUM 2005, 252, 254.

51 BVerwG vom 20.2. 2002 (Gefährliche Gespielinnen), JZ 2002, 1057, 1059; dazu *Hörnle* JZ 2002, 1062ff. Siehe auch *Liesching* AfP 2004, 496f.

52 *Hörnle* JZ 2002, 1062, 1064 mwN.

53 BVerwG vom 20.2. 2002 (Gefährliche Gespielinnen), JZ 2002, 1057, 1060.

Angeboten, insbesondere wenn sie **altersbeschränkte Filme** zeigen, dafür Sorge tragen, dass Kinder oder Jugendliche der betroffenen Altersstufen diese Filme üblicherweise nicht wahrnehmen (§5 Abs. 1 JMStV). Die Ausschlussanforderungen liegen unter denen von §4 Abs. 2 Satz 2 JMStV und ein völlig sicherer Ausschluss von Kindern und Jugendlichen ist nicht erforderlich.[54] Das Medienunternehmen kann dazu die Wahrnehmung des Filmes durch Kinder oder Jugendliche der betroffenen Altersstufe durch **technische oder sonstige Mittel** unmöglich machen oder wesentlich erschweren.[55] Für die Telemedien kommen vor allem Zugangssperren bzw. Jugendschutzprogramme in Betracht. Wesentlich erschwert ist der Zugang, wenn Kinder und Jugendliche der betroffenen Altersstufe mit durchschnittlichen Computerkenntnissen die vom Programm errichteten Hindernisse üblicherweise nicht überwinden können.[56] Dabei müssen die zu überwindenden Hürden umso höher sein, je älter die auszuschließende Altersstufe ist.[57] Gleiches gilt für entsprechende Zugangssicherungen oder Sperrvorrichtungen von Pay-TV-Veranstaltern. Medienunternehmen können dem Jugendschutz aber auch dadurch genügen, dass sie den Film zu einer Zeit zeigen, in der er von Kindern und Jugendlichen der betroffenen Altersgruppe üblicherweise nicht mehr gesehen wird.[58] Für das Free-TV entscheidet die Einordnung von Filmen folglich darüber, zu welcher **Sendezeit** sie gezeigt werden dürfen.[59] Nicht jugendfreie Filme dürfen nur zwischen 23 Uhr und 6 Uhr und Filme mit der Freigabe ab 16 Jahren nur zwischen 22 Uhr und 6 Uhr gezeigt werden. Bei Filmen, die unter 12 Jahren nicht freigegeben sind, ist bei der Wahl der Sendezeit dem Wohl jüngerer Kinder Rechnung zu tragen.

C. Sonstige Allgemeinheitsinteressen

I. Ausgangsfragen

Das Recht setzt den Medien im Hinblick auf Allgemeinheitsinteressen zahlreiche weitere äußerungsrechtliche Grenzen. Diese Interessen und Grenzen sind nicht in einer Generalklausel über unzulässige Medieninhalte normiert. Eine derartige Vorschrift wäre verfassungsrechtlich problematisch. Sie würde eine umfassende Aufsicht über die Medien ermöglichen, die unser Recht nicht kennt und gegen deren Einführung die Medien erfolgreich Widerstand leisten würden (siehe Rdnr. 1711 ff.). Es gibt aus diesen Gründen allein eine **Ansammlung di-** 1687

54 Amtliche Begründung zu §5 Abs. 3 JMStV, LT-Drucks. Bayern 14/10246, S. 17.
55 §5 Abs. 3 Nr. 1 JMStV.
56 Nikles/Roll/Spürck/Umbach, §5 JMStV Rn. 9.
57 Nikles/Roll/Spürck/Umbach, §5 JMStV Rn. 9.
58 §5 Abs. 3 Nr. 2 JMStV. Zur rechtspolitischen Richtigkeit der Regelung in Zeiten, in denen nahezu jeder Familienhaushalt über Video- bzw. DVD-Rekorder verfügt, skeptisch Nikles/Roll/Spürck/Umbach, §5 JMStV Rn. 10.
59 §5 Abs. 4 JMStV.

verser Einzelverbote, die zum Schutz verschiedener Allgemeinheitsinteressen dienen. Ihre praktische Bedeutung ist unterschiedlich und in vielen Fällen gering. Im Weiteren sollen einzelne Verbotsregelungen vorgestellt werden.

1688 Einschlägige Normen finden sich vor allem im Strafrecht und in den Jugendschutznormen. Letztere beschränken sich nämlich nicht zwingend auf die Sicherung von Kindern und Heranwachsenden, sondern dienen zum Teil auch dem allgemeinen Schutz der Menschenwürde. Sie kennen umfangreiche Verbotskataloge[60] und sind auch auf mediale Angebote gemünzt, die durch das Strafgesetzbuch geschützte Rechtsgüter verletzen.[61] Die einschlägigen jugendschutzrechtlichen Vorschriften nehmen zum Teil ausdrücklich auf einzelne Straftatbestände Bezug.[62] Sie sind jedoch eigenständig auszulegen, es besteht also keine materiellrechtliche Bindung an das Strafrecht.[63] Die jugendschutz- bzw. medienrechtliche Beurteilung ist insbesondere unabhängig davon, ob die subjektiven Tatbestandsvoraussetzungen der betreffenden Strafnormen erfüllt sind.[64] Träger- und Telemedien sind jedoch in die Liste jugendgefährdender Schriften aufzunehmen, wenn es zu einer entsprechenden rechtskräftigen strafgerichtlichen Verurteilung gekommen ist.[65]

1689 Zahlreiche strafrechtliche Normen verwenden den **Begriff der „Schrift"** und können im Ergebnis sowohl im Zusammenhang mit Texten als auch mit Ton- und Bildträgern oder mit Datenspeichern bzw. für alle Medien eingreifen. Unter einer Schrift versteht die Rechtsprechung Gedankenäußerungen in Gestalt von Buchstaben, Bildern oder Zeichen, die zur Vervielfältigung oder anderweitigen Verbreitung bestimmt sind.[66] Auch wenn diese Definition im Einzelnen umstritten ist, so fällt jedenfalls die klassische Presse in diese Kategorie. Den Schriften stellt § 11 Abs. 3 StGB bestimmte Darstellungen gleich, nämlich Abbildungen, Ton- und Bildträger sowie Datenspeicher. Datenspeicher wiederum sind die auf einem Speichermedium – etwa auf der Festplatte eines Servers – gespeicherten Daten, zum Beispiel digitalisierte Fotos.[67]

1690 Da die einschlägigen Vorschriften in Meinungs- und Medienfreiheiten eingreifen, wird bei der Auslegung häufig zwischen dem von ihnen verfolgten Schutzanliegen und namentlich der **Meinungs-, Presse- und Kunstfreiheit des Äußernden** abzuwägen sein.[68] Das BVerfG hat beispielsweise im Zusammenhang mit karikierenden bzw. satirischen Persiflagen der Bundesflagge und des

---

60 §§ 4 Abs. 1 JMStV, 15 Abs. 2 JuSchG.
61 § 1 JMStV.
62 §§ 4 Abs. 1 Nr. 1, Nr. 2, Nr. 6 JMStV, 15 Abs. 2 Nr. 1 JuSchG
63 § 4 Abs. 1, Abs. 2 JMStV „unbeschadet"; siehe auch Löffler/*Altenhain*, BT JSchutz § 15 JuSchG Rdnr. 12.
64 Amtliche Begründung zu § 4 Abs. 1 JMStV, LT-Drucks. Bayern 14/10246, S. 15.
65 § 18 Abs. 5 JuSchG.
66 BGH vom 22. 12. 1959, BGHSt 13, 375, 376 mwN.
67 BGH vom 27. 7. 2001, BGHSt 47, 55, 58.
68 Siehe Rdnr. 65, 108.

Deutschlandlieds der Kunstfreiheit Vorrang vor dem strafrechtlichen Schutz der Staatssymbole eingeräumt.[69] Allgemein zur Satire siehe Rdnr. 1639ff.

II. Verunglimpfung staatlicher Institutionen

Das Strafrecht sichert bestimmte staatliche Organe und Institutionen vor öffentlichen Herabsetzungen, knüpft die Strafverfolgung aber zum Teil an die Ermächtigung des betroffenen Staatsorgans.[70] Die relevanten Vorschriften gelten für staats- und verfassungsfeindliche Bestrebungen rechts- wie linksradikaler Kräfte gleichermaßen. Nach der Formulierung einer früheren Entscheidung des BGH darf es sich nicht wiederholen, „dass die vom Gesetz besonders geschützten Repräsentanten, Symbole und Einrichtungen der Bundesrepublik bei Gerichten in berechtigten Fällen keinen oder keinen ausreichenden Schutz finden, wie das bei vereinzelten Entscheidungen des früheren Reichsgerichts zutraf (‚schwarz-rot-hühnereigelb', ‚Judenrepublik'), aber auch sonst bei Strafgerichten der Weimarer Zeit vorkam".[71] Staatliche Institutionen können ihre Funktion auf Dauer nur dann erfüllen, wenn ihre öffentliche Anerkennung und gesellschaftliche Akzeptanz zumindest einen Mindestschutz vor unsachlichen Angriffen genießen.[72] 1691

§ 90 StGB schützt Amt und Person des **Bundespräsidenten** vor öffentlichen Verunglimpfungen, d.h. vor Ehrenkränkungen, die nach Form, Inhalt, Begleitumständen oder Beweggrund erheblich sind.[73] Politische Kritik hat vor herabsetzenden Äußerungen über den Bundespräsidenten Halt zu machen. Sie muss sich auf sachliche Formen beschränken und darf den Bundespräsidenten beispielsweise nicht durch den Vergleich mit dem Vorsitzenden eines Kaninchenzuchtvereins lächerlich machen.[74] § 90a StGB sichert insbesondere davor, dass die **Bundesrepublik** sowie die **Bundesländer** und ihre **verfassungsmäßige Ordnung** beschimpft oder böswillig verächtlich gemacht werden (Abs. 1 Nr. 1). Die Äußerung muss die Bundesrepublik bzw. das Bundesland gerade in der verfassungsmäßigen Ordnung treffen, also im weiteren Sinn politisch ausgerichtet sein.[75] Beschimpfen ist eine durch Form oder Inhalt besonders verletzende Äußerung der Missachtung, namentlich durch den Vorwurf eines besonders schimpflichen oder verachtungswürdigen Verhaltens oder Zustands.[76] Harte politische Kritik reicht als solche nicht aus, selbst wenn sie offenkundig unberech- 1692

69 BVerfG vom 7.3. 1990 (Bundesflagge), BVerfGE 81, 278, 289ff.; dazu *Wolf* JA 1990, 397ff. BVerfG vom 7.3. 1990 (Deutschlandlied), BVerfGE 81, 298, 304ff.; dazu *Gusy* JZ 1990, 640f.; *Hufen* JuS 1991, 687ff.

70 §§ 90 Abs. 4, 90b Abs. 2 StGB.

71 BGH vom 1.12. 1961, BGHSt 16, 338, 341 mwN.

72 Vgl. BVerfG vom 10.10. 1995 (Nato-Herbstmanöver), BVerfGE 93, 266, 293.

73 BGH vom 28.1. 1959, BGHSt 12, 364, 365ff.

74 BGH vom 1.12. 1961, BGHSt 16, 338, 340.

75 Tröndle/*Fischer*, § 90a StGB Rn. 4 mwN.

76 BGH vom 7.1. 1955, BGHSt 7, 110.

tigt, unsachlich und uneinsichtig ist. Ein Verächtlichmachen liegt dagegen bereits bei jeder, auch der bloß wertenden Äußerung vor, durch die die Bundesrepublik oder ein Land als der Achtung der Staatsbürger unwert oder unwürdig hingestellt wird.[77] Es ist daher nur dann strafwürdiges Unrecht, wenn der Betreffende böswillig handelt. § 90a Abs. 1 Nr. 2 StGB sichert weiterhin davor, dass die Farben, die Flagge, das Wappen oder die Hymne der Bundesrepublik oder eines ihrer Länder verunglimpft werden. Das Verbot der **verfassungsfeindlichen Verunglimpfung von Verfassungsorganen** schießlich erfasst Schriften, die Gesetzgebungsorgane, Regierungen und Verfassungsgerichte von Bund oder Ländern oder deren Mitglieder in dieser Eigenschaft in einer das Ansehen des Staates gefährdenden Weise verunglimpfen und sich dadurch absichtlich für Bestrebungen einsetzen, die gegen den Bestand der Bundesrepublik oder gegen Verfassungsgrundsätze gerichtet sind (§ 90b StGB).

III. Öffentliche Ordnung

1693 Straf- und Medienrecht verbieten zum Schutz des Allgemeinheitsinteresses an einem friedlichen Zusammenleben im Staat[78] die **Volksverhetzung** und erfassen dazu u.a. volksverhetzende Schriften und Rundfunkübertragungen.[79] Tathandlungen sind das Aufstacheln zum Hass gegen Teile der Bevölkerung oder gegen eine nationale, rassische, religiöse oder durch ihr Volkstum bestimmte Gruppe, das Auffordern zu Gewalt- und Willkürmaßnahmen gegen solche Bevölkerungsteile oder Gruppen sowie das Angreifen der Menschenwürde anderer, indem Teile der Bevölkerung oder eine der genannten Gruppen beschimpft, böswillig verächtlich gemacht oder verleumdet werden.[80]

1694 §§ 4 Abs. 1 Nr. 4 JMStV, 130 Abs. 3, Abs. 4 StGB verbieten die **„Auschwitzlüge"** in den Medien, d.h. Schriften oder Rundfunksendungen, die den unter der Herrschaft des Nationalsozialismus begangenen Völkermord in einer Weise billigen, leugnen oder verharmlosen, die geeignet ist, den öffentlichen Frieden zu stören. Die Vorschrift ist als ein allgemeines Gesetz, das „dem Schutz der Menschlichkeit dient", verfassungsrechtlich unproblematisch.[81] Stellt ein Ausländer entsprechende Äußerungen auf einem ausländischen Server in das Internet und ist der Server den Internetnutzern in Deutschland zugänglich, so greift die Vorschrift ein, wenn die Äußerungen konkret zur Friedensstörung im Inland geeignet sind.[82]

1695 Ebenfalls verboten ist die **Anleitung zu Straftaten,**[83] d.h. u.a. zu bestimmten Fällen des Landfriedensbruchs und diversen Gewaltverbrechen.

---

77 BGH vom 7. 1. 1955, BGHSt 7, 110, 111.

78 BGH vom 16. 11. 1993 (Auschwitzlüge), NStZ 1994, 140.

79 §§ 4 Abs. 1 Nr. 3 JMStV, 15 Abs. 2 Nr. 1 JuSchG, 130 StGB.

80 § 130 Abs. 2 Nr. 1, Nr. 2 StGB.

81 BVerfG vom 13. 4. 1994 (Auschwitzlüge), BVerfGE 90, 241, 251 mwN.

82 BGH vom 12. 12. 2000, BGHSt 46, 212, 220ff.

83 §§ 4 Abs. 1 Nr. 6 JMStV, 15 Abs. 2 Nr. 1 JuSchG, 130a StGB.

Den Medien ist weiterhin die **Gewaltverherrlichung** verboten.[84] Das Verbot gilt nicht für die Berichterstattung über Vorgänge des Zeitgeschehens oder der Geschichte,[85] um im Hinblick auf Meinungs- und Informationsfreiheit eine straflose Berichterstattung zu ermöglichen. Es greift jedoch für Schilderungen ein, die den Zweck der Berichterstattung nur als Vorwand oder Anlass für die Verbreitung von Gewaltdarstellungen nehmen. Die Entscheidung, wo die Grenzen zwischen berechtigtem Berichterstattungsanliegen und strafbaren Missbrauchspraktiken liegen, ist freilich wenig geklärt[86] und letztlich dem Einzelfall überlassen. 1696

IV. Pornografie

1. Pornografiebegriff

Medien- und Strafrecht kennen ein weitreichendes Pornografieverbot,[87] das gegenüber allen Medien gilt. Der Begriff der Pornografie ist seit jeher schwer zu definieren gewesen. Inhaltlich uneingeschränkt überzeugend – und strafrechtlich gleichermaßen völlig unbrauchbar – ist der berühmte Satz des amerikanischen Verfassungsrichters *Stewart*: Ich kann es nicht definieren, aber ich erkenne es, wenn ich es sehe.[88] Die deutschen Gerichte stellen darauf ab, ob die betreffende Darstellung in ihrem Inhalt **unter Hintansetzung sonstiger menschlicher Bezüge sexuelle Vorgänge in grob aufdringlicher, anreißerischer Weise in den Vordergrund rückt** und ausschließlich oder überwiegend auf die Erregung sexueller Reize abzielt.[89] Zugleich sind bei der Auslegung des Begriffs etwaige verfassungsrechtliche Wertungen zu berücksichtigen, insbesondere die Kunstfreiheit. Ein pornografischer Roman kann Kunst im Sinne von Art. 5 Abs. 3 Satz 1 GG sein und damit grundrechtlichen Schutz genießen,[90] jedoch kommt der Kunstfreiheit kein automatischer Vorrang inbesondere gegenüber Jugendschutznormen zu.[91] 1697

Im praktischen Ergebnis wird strafbare Pornografie vor allem in Bezug auf Fotos und vertonte oder unvertonte Filme, weniger dagegen im Zusammenhang 1698

---

84 §§ 4 Abs. 1 Nr. 5 JMStV, 15 Abs. 2 Nr. 1 JuSchG, 131 StGB.

85 §§ 131 Abs. 3 StGB, 4 Abs. 1 Satz 2 JMStV.

86 Tröndle/*Fischer*, § 131 StGB Rn. 16 mwN.

87 §§ 4 Abs. 2 Nr. 1 JMStV, 15 Abs. 2 Nr. 1 JuSchG, 184 StGB.

88 „I shall not today attempt further to define the kinds of material I understand to be embraced within that shorthand description; and perhaps I could never succeed in intelligibly doing so. But I know it when I see it, and the motion picture involved in this case is not that", *Stewart* J. in Jacobellis v. Ohio, 378 U.S. 184, 197 (1964).

89 BGH vom 21. 6. 1990, BGHSt 37, 55, 59 f.; dazu *Maiwald* JZ 1990, 1141 ff.; *d'Heur* StV 1991, 165 ff.; *Vultejus* NJ 1991, 170; *Schwarz* JZ 1992, 956 ff. Siehe auch BVerwG vom 20. 2. 2002 (Gefährliche Gespielinnen), JZ 2002, 1057, 1060.

90 BVerfG vom 27. 11. 1990 (Josephine Mutzenmacher), BVerfGE 83, 130, 138 f.; BGH vom 21. 6. 1990, BGHSt 37, 55, 57 ff.

91 BGH vom 21. 6. 1990, BGHSt 37, 55, 64 f. mwN.

mit Texten[92] in Betracht kommen. Der Grund dafür liegt letztlich in den Unterschieden zwischen Bild und Text.[93] Bilder wirken spontan und typischerweise emotional intensiver als bloße Worte.

2. Tathandlungen

1699 Das Strafrecht verbietet die Pornografie nicht als solche, wohl aber einen umfangreichen Katalog bestimmter Tathandlungen. Die einzelnen Tatbestandsvarianten sind vor allem darauf bezogen, Jugendliche zu schützen[94] sowie das Öffentlichmachen[95] und das Aufzwingen[96] von Pornografie zu verhindern. Für das Zugänglichmachen pornografischer „Schriften" an Orten, die Minderjährigen zugänglich sind oder von ihnen eingesehen werden können,[97] reicht bereits die abstrakte Möglichkeit aus, dass die Pornografie von Minderjährigen wahrgenommen wird. Deshalb ist beispielsweise das Ausstrahlen pornografischer Filme grundsätzlich als Zugänglichmachen anzusehen.[98] Ebenso sind pornografische Pay-per-View-Angebote grundsätzlich unzulässig bzw. strafbar,[99] sofern nicht ausreichende Sicherungsvorkehrungen im Sinne von § 4 Abs. 2 Satz 2 JMStV getroffen wurden (siehe Rdnr. 1684f.).

1700 Weiterhin wird bestraft, wer eine pornografische **Darbietung durch Rundfunk verbreitet** (§ 184c StGB). Der Anwendungsbereich der Vorschrift ist aber entgegen dem ersten Anschein gering. Die Norm ist vom Gesetzgeber durch das Tatbestandsmerkmal „Darbietung" bewusst auf Liveübertragungen beschränkt worden und soll ergänzend lediglich sicherstellen, dass auch solche Übertragungen strafrechtlich erfasst werden.[100]

3. Harte Pornografie

1701 So genannte harte Pornografie, die Gewalttätigkeiten oder sexuelle Handlungen von Menschen mit Tieren (§ 184a StGB) oder den sexuellen Missbrauch von Kindern (§ 184b StGB) zum Gegenstand hat, ist mit einer erhöhten Strafe bedroht und in den Medien durchweg verboten.[101] Hier sind insbesondere auch das Verbreiten und Zugänglichmachen strafbar. Ein Verbreiten harter Pornografie im

---

92 Ein früherer Anwendungsfall soll „Ulysses" von *James Joyce* gewesen sein. Heute ist das Werk – dem kraftvollen Monolog der „Penelope" im Schlusskapitel zum Trotz – strafrechtlich unbedenklich.

93 Siehe Rdnr. 1252ff.

94 § 184 Abs. 1 Nr. 1, Nr. 2, Nr. 3a, Nr. 5 StGB.

95 § 184 Abs. 1 Nr. 3, Nr. 4, Nr. 7 StGB.

96 § 184 Abs. 1 Nr. 6 StGB.

97 § 184 Abs. 1 Nr. 2 StGB.

98 Schönke/Schröder/*Lenckner*/*Perron*, § 184 StGB Rn. 15 mwN.

99 §§ 4 Abs. 2 Nr. 1 JMStV, 184 Abs. 1 Nr. 7 StGB.

100 BVerwG vom 20. 2. 2002 (Gefährliche Gespielinnen), JZ 2002, 1057, 1058f. mwN.

101 §§ 4 Abs. 1 Nr. 10 JMStV, 15 Abs. 2 Nr. 1 JuSchG.

Internet nimmt die Rechtsprechung bereits an, wenn die betreffende Datei auf dem Rechner des Internetnutzers angekommen ist.[102] Es ist nicht erforderlich, dass die übertragene Datei auf einem permanenten Speichermedium gespeichert wird. Zugleich ist es unerheblich, ob der Nutzer die Möglichkeit des Zugriffs auf die Daten genutzt oder ob der Anbieter die Daten übermittelt hat. Ein Zugänglichmachen harter Pornografie im Internet liegt vor, wenn die Datei zum Lesezugriff ins Internet gestellt wird.[103] Die bloße Zugriffsmöglichkeit reicht aus, ein Zugriff des Internetnutzers ist nicht erforderlich.

D. Menschenwürde

Den Medien sind schließlich auch Darstellungen verboten, die gegen die Menschenwürde verstoßen. § 4 Abs. 1 Nr. 8 JMStV normiert für die elektronischen Medien einen entsprechenden allgemeinen Tatbestand und das sonstige Recht kennt Verbote, die zumindest auch auf Verletzungen der Menschenwürde abstellen.[104] Verletzungen sind vor allem denkbar, wenn sich ein Angriff gegen „den unverzichtbaren und unableitbaren Persönlichkeitskern anderer, gegen deren Menschsein richtet“.[105] Es lässt sich freilich nicht generell, sondern immer nur in Ansehung des konkreten Einzelfalls sagen, ob die Menschenwürde verletzt ist.[106] Medienrechtlich ist in jedem Fall eine erhebliche Verletzungsintensität erforderlich.[107] Nach den gesetzlichen Regelungen kommt ein Verstoß gegen die Menschenwürde insbesondere für Darstellungen von Menschen in Betracht, die sterben oder schweren körperlichen oder seelischen Leiden ausgesetzt sind. Dies gilt auch für Wiedergaben eines tatsächlichen Geschehens, sofern kein berechtigtes Interesse gerade für diese Form der Darstellung oder Berichterstattung vorliegt.[108] Eine Einwilligung des Betroffenen ist in solchen Fällen unbeachtlich.[109] 1702

Das Fernsehformat **„Big Brother“** zeigte u. a. das Zusammenleben von Personen, die über eine längere Zeit in einer Art Wohnlandschaft wohnten, keinen freien Informationszugang zum Zeitgeschehen außerhalb ihrer Fernsehwelt hatten und mit mehr oder weniger versteckten Kameras und Mikrofonen beobachtet wurden. Alle Teilnehmer waren umfassend über den Inhalt der Sendung aufgeklärt worden. Das Format bekräftigt alle Vorurteile und Voreingenommenheiten gegenüber dem privaten Rundfunk auf das 1703

102 BGH vom 27. 7. 2001, BGHSt 47, 55, 59; dazu jeweils mit Kritik im Detail *Kudlich* JZ 2002, 310 ff.; *Gercke* MMR 2001, 678 ff.; *Lindemann/Wachsmuth* JR 2002, 206 ff.
103 BGH vom 27. 7. 2001, BGHSt 47, 55, 60.
104 §§ 15 Abs. 2 Nr. 3 JuSchG, 130 Abs. 2 Nr. 1, 131 Abs. 1 StGB.
105 OLG Hamburg vom 18. 2. 1975 (Leserbrief), NJW 1975, 1088 zu § 130 StGB; dazu *Geilen* NJW 1976, 279 f.
106 BVerfG vom 15. 12. 1970, BVerfGE 30, 1, 25.
107 Nikles/Roll/Spürck/Umbach, § 4 JMStV Rn. 22.
108 Zur verwandten Problematik beim Recht am eigenen Bild siehe Rdnr. 1292.
109 § 4 Abs. 1 Nr. 8 a. E. JMStV.

Trefflichste. Die h.M. sieht es als zulässig an,[110] vor allem aufgrund des Einverständnisses der „Bewohner". „Die Würde des Menschen ist antastbar geworden, weil viele Menschen es erlauben, sobald sie eine Kamera sehen".[111]

1704 Urteile, die einen Verstoß gegen die Menschenwürde bejahen, sind rar. Einer dieser seltenen Fälle ist die **APPD-Entscheidung** des OVG Koblenz.[112] Sie ist bereits an anderer Stelle behandelt worden (siehe Rdnr. 580f.).

---

110 *Huster* NJW 2000, 3477ff.; *Dörr* FS Herrmann 2002, 21ff.; *Höfling* in: Sachs, Art. 1 GG Rdn. 28; a.A. *Hinrichs* NJW 2000, 2173, 2174ff.; tendenziell auch *Hartwig* JZ 2000, 967ff.

111 DER SPIEGEL vom 28.2.2000, S. 16.

112 OVG Koblenz vom 7.9.2005 (APPD), NJW 2005, 3593.

VIII. Teil: Aufsicht, Sanktionen, Ansprüche

§22: Macht und Kontrolle der Medien

Ausgewählte Literatur

Büttner/von Gottberg (Hrsg.), Staatliche Kontrolle und selbstregulative Steuerung – Demokratische Willensbildung am Beispiel des Jugendmedienschutzes, 2002; *Calliess*, Inhalt, Dogmatik und Grenzen der Selbstregulierung im Medienbereich, AfP 2002, 465ff.; *Degenhart*, Empfiehlt es sich, die Rechte und Pflichten der Medien präziser zu regeln und dabei den Rechtsschutz des Einzelnen zu verbessern?, DVBl 1990, 910ff.; *Diederichsen*, Die Flucht des Gesetzgebers aus der politischen Verantwortung, 1974; *di Fabio*, Persönlichkeitsrechte im Kraftfeld der Medienwirkung – Zur ethischen Dimension der Medienfreiheit, Bitburger Gespräche Jb 1999/I, S. 159ff.; *Frye*, Die Staatsaufsicht über die öffentlich-rechtlichen Rundfunkanstalten, 2001; *C. Gotzmann*, Die Staatsaufsicht über die öffentlich-rechtlichen Rundfunkanstalten, 2003; *N. Gottzmann*, Möglichkeiten und Grenzen der freiwilligen Selbstkontrolle in der Presse und der Werbung, 2005; *Groß*, Zum Pressestraf- und Pressestrafverfahrensrecht, AfP 1998, 358ff.; *Hoffmann/Sarcinellli*, Politische Wirkungen der Medien, in: Wilke (Hrsg.), Mediengeschichte in der Bundesrepublik Deutschland, 1999, 720ff.; *Kepplinger*, Das Interesse der Allgemeinheit und die Eigeninteressen der Medien, ZRP 2000, 134ff.; *ders.*, Warum die Macht der Fernsehbilder wächst. Verbale und visuelle Informationen in den Fernsehnachrichten vor den Bundestagswahlen 1998 und 2002, in: Holtz-Bacha (Hrsg.), Massenmedien im Wahlkampf, 2003, S. 82ff.; *Kepplinger/Maurer*, Abschied vom rationalen Wähler – Warum Wahlen im Fernsehen entschieden werden, 2005; *T. Meyer*, Mediokratie – Die Kolonisierung der Politik durch die Medien, 2001; *Noelle-Neumann*, Das doppelte Meinungsklima. Der Einfluss des Fernsehens im Wahlkampf 1976, Politische Vierteljahresschrift, 18 (1977), 408ff.; *dies.*, Wirkung der Massenmedien auf die Meinungsbildung, in: Noelle-Neumann/Schulz/Wilke (Hrsg.), Lexikon Publizistik Massenkommunikation, 1997, S. 518ff.; *dies.*, Die Schweigespirale. Öffentliche Meinung – unsere soziale Haut, 6. Auflage 2001; *Ossenbühl*, Medien zwischen Macht und Recht, JZ 1995, 633ff.; *Schmitt Glaeser*, Die Macht der Medien in der Gewaltenteilung, JöR 50 (2002), 169ff.; *Schweizer*, Selbstkontrolle der Printmedien, FS Herrmann 2002, 121ff.; *Schwerdtner*, Empfiehlt es sich, die Rechte und Pflichten der Medien präziser zu regeln und dabei den Rechtsschutz des Einzelnen zu verbessern?, JZ 1990, 769ff.; *Spindler*, Die öffentlich-rechtliche Störerhaftung der Access-Provider, K&R 2002, 398ff.; *Stürner*, Empfiehlt es sich, die Rechte und Pflichten der Medien präziser zu regeln und dabei den Rechtsschutz des Einzelnen zu verbessern?, Gutachten A für den 58. DJT, Verhdlg. DJT 1990; *ders.*, Die verlorene Ehre des Bundesbürgers, JZ 1994, 865ff.; *ders.*, Pressefreiheit und Persönlichkeitsschutz im Selbstverständnis der Printmedien, Bitburger Gespräche Jb 1999/I, S. 105ff. 1705

A. Vierte Gewalt

I. Medien, öffentliche Meinung und Politik

1706 Das Grundgesetz dachte in seiner ursprünglichen Vorstellung in Art. 21 Abs. 1 Satz 1 GG die aktive politische Willensbildung vor allem den Parteien zu.[1] Sie sollen die Teilhabe der Bürger an staatlichen Entscheidungen organisieren, auf die Gestaltung der öffentlichen Meinungsbildung einwirken, die politische Entwicklung in Parlament und Regierung beeinflussen und einen ständigen Dialog zwischen Volk und Staatsorganen schaffen.[2] Die Medien hatten in diesem Konzept die Bedeutung eines bloßen Mittlers, der die öffentliche Meinungsbildung ermöglicht und unterstützt. Die Medien sind jedoch keine „Randfiguren der holzverarbeitenden Industrie"[3] geblieben und längst gleichermaßen **Medium wie Faktor der öffentlichen Meinungsbildung.**[4] Rundfunk und Presse haben die den Parteien zugedachte Funktion als „Trend- und Agendasetter" mehr und mehr übernommen. Sie diktieren als „Vierte Gewalt"[5] den Parteien nun ihrerseits sowohl den Themenblock dessen, was politisch abzuarbeiten ist, als auch die Art und Weise, in der das zu geschehen hat. Staatsrechtlich ist die Bezeichnung als Vierte Gewalt nicht korrekt und wird zum Teil heftig kritisiert,[6] da die Medien zwar öffentliche Funktionen wahrnehmen und staatliche Institutionen kontrollieren, aber selbst keine staatliche Gewalt sind.

1707 „Die Gesellschaft ist darüber zur Mediengesellschaft, die Demokratie zur Mediendemokratie geworden. In ihr spiegeln die Medien das politische Geschehen nicht mehr nur wieder, sondern drücken ihm nun selbst ihren Stempel auf. Medien und Politik tauschen dadurch gleichsam die Rollen: Es sind weniger die Medien, die die politischen Akteure beobachten, damit sich die Staatsbürger eine vernünftige Meinung bilden können, sondern es sind umgekehrt die politischen Akteure, die das Mediensystem beobachten, um zu lernen, wie sie sich darin zu präsentieren haben".[7]

1708 Es wäre jedoch voreilig, aus dieser Entwicklung allgemein auf den Einfluss von Medien zu schließen. Welchen Einfluss Medien haben, lässt sich schwerlich exakt bemessen und ist von zahlreichen, sich wandelnden Kriterien abhängig. Zu bedenken sind Aspekte wie das Medienverhalten und das politische Interesse

---

1 BVerfG vom 23.10. 1952 (Sozialistische Reichspartei), BVerfGE 2, 1, 10ff.

2 §1 Abs. 1, Abs. 2 ParteiG.

3 Die Formulierung wird *Willy Brandt* zugeschrieben, siehe *Hofmann* DIE ZEIT vom 25.8. 2005, S. 40.

4 BVerfG vom 28.2. 1961 (Deutschland-Fernsehen), BVerfGE 12, 205, 260; §11 Abs. 1 Satz 1 RStV.

5 Der populäre Begriff wird zum Teil bis auf *de Montesquieu*, Esprit des lois, 1784, zurückgeführt und ist für das deutsche Schrifttum vor allem durch *Löffler*, Presserecht Bd. 1, 2. Auflage 1969, Grundlagen/Bedeutung, Anm. 57ff. akzentuiert worden.

6 Z.B. *Bethge* in: Sachs, Art. 5 GG Rdn. 67f., der sogar von einem „lebensgefährlichen Bild" spricht.

7 *Volkmann* JZ 2003, 366, 368.

sowie die politische Bildung von Bürgern, die Medienlandschaft selbst, die verfassungsrechtlichen Rahmenbedingungen etc. Speziell für das Verhältnis von Politik und Medien gehen Stimmen im kommunikations- und politikwissenschaftlichen Schrifttum nicht allgemein von der Übermacht einer Seite, sondern eher von einer symbiotischen Beziehung, einer Art Tauschverhältnis oder symmetrischen Interaktions- und Reflexionsbeziehung aus.[8] Beide Seiten können gleichermaßen „Jäger" wie „Gejagter" in einem sein.

Dies schließt es nicht aus, dass Medien eine zentrale bzw. aktiv gestaltende Rolle haben 1709
können. Die Meinungsforscherin *Elisabeth Noelle-Neumann* brachte in ihrer **Theorie der Schweigespirale** die knappe Niederlage der Unions-Parteien bei der Bundestagswahl 1976 mit den Medien, namentlich dem öffentlich-rechtlichen Rundfunk, in Verbindung. Die meisten Journalisten im öffentlich-rechtlichen Rundfunk seien aufgrund einer mehrheitlich sozialliberalen Orientierung vom Wahlsieg der damaligen Koalition überzeugt gewesen. Diese Ansicht habe sich als Meinungsklima zumindest auf Vielseher politischer Sendungen übertragen. Die sozialpsychologische Isolationsfurcht, d.h. der Wunsch, nicht zur Minderheit zu gehören bzw. eine Sanktionierung durch eine abweichende öffentliche Meinung zu vermeiden, habe ein entsprechendes Wahlverhalten begünstigt und als Zünglein an der Waage letztlich den Ausschlag gegeben.[9]

Der Laie wird vergleichbare Zusammenhänge wohl vor allem mit Amerika in Verbin- 1710
dung bringen, dessen **Wahlkämpfe ein besonderes Medienspektakel** sind. Von *Abraham Lincoln* heißt es häufig, er wäre zu heutigen Zeiten niemals gewählt worden, da es ihm an entsprechender Telegenität bzw. an „Mediencharisma" gefehlt hätte. Umgekehrt haben mit *Ronald Reagan* und *Arnold Schwarzenegger* ehemalige Hollywoodgrößen die Wahlen zum Präsidenten bzw. zum kalifornischen Gouverneur gewonnen. Auch mancher **Fußballtrainer** schiebt seine Entlassung einer feindlichen Berichterstattung durch die Medien zu. *Berti Vogts* ist als Trainer der DFB-Nationalmannschaft nicht an fehlender Kompetenz, sondern an mangelnder öffentlicher Akzeptanz („Bundes-Berti") und damit letztlich an einem fehlenden Geschick im Umgang mit Massenmedien gescheitert. Auch wenn sich solche Zusammenhänge notwendigerweise nicht mit naturgesetzlicher Schärfe untermauern lassen, so finden sich doch auch im wissenschaftlichen Schrifttum eindeutige Anhaltspunkte. So befragte beispielsweise eine Untersuchung elf Gruppen von jeweils fünfhundert repräsentativ ausgewählten Bürgern zwischen 1998 und 2002 danach, wer der beste Kanzler sei, und setzte dies in Relation zu den Fernsehnachrichten im jeweiligen Zeitraum. Als Folge leitet die Untersuchung ab, dass ein **über das Fernsehen vermitteltes Erscheinungsbild eines Politikers** größere Bedeutung für dessen Wahlchancen hat als das tatsächliche Wissen der Wähler um dessen Politik.[10]

---

8 *Hoffmann/Sarcinelli* in: Wilke (Hrsg.), Mediengeschichte der Bundesrepublik Deutschland, 1999, S. 720, 721 mwN.

9 Detailliert *Noelle-Neumann* Politische Vierteljahresschrift 18 (1977), 408ff.; allgemeiner *dies.*, Die Schweigespirale. Öffentliche Meinung – unsere soziale Haut, 6. Auflage 2001, S. 23ff., 59ff., 84ff., 229ff. mwN.; dazu *Salmon/Glynn* in: Salwen/Don (Hrsg.), An Integrated Approach to Communication Theory and Research, New York 1996, 165ff.; kritisch *Scherer*, Massenmedien, Meinungsklima und Einstellung. Eine Untersuchung zur Theorie der Schweigespirale, 1990.

10 *Kepplinger/Maurer*, Abschied vom rationalen Wähler – Warum Wahlen im Fernsehen entschieden werden, 2005, S. 129ff.

II. Medien, Gesetzgeber und Rechtsprechung

1711 Die Fähigkeit der Medien, die Massen zu erreichen, Diskussionsthemen zu setzen und Meinungstendenzen zu beeinflussen, verleiht ihnen in eigenen Angelegenheiten eine machtvolle Position gegenüber den Parlamenten. Es gibt keine „Branche", die so erfolgreich Lobbyismus für eigene Interessen betreiben kann und betreibt wie die Medien. Eigeninteressen der Massenmedien werden oft vorschnell mit den Interessen der Allgemeinheit gleichgesetzt, was in dieser Form zu Gefahren führt.[11] Dass der Gesetzgeber den Medien nahezu keine rechtlichen Schranken setzt, ist nicht allein mit verfassungspolitischer Rücksicht oder gar Weisheit, sondern mitunter schlicht mit Entscheidungsschwäche und der Flucht aus der politischen Verantwortung[12] zu erklären. Im Zweifel beugen sich Politik und Gesetzgeber den Medien und verzichten auf die Verabschiedung von Regeln, deren Schaffung von den Medien bekämpft wird.

1712 Das prominenteste Beispiel ist das **allgemeine Persönlichkeitsrecht**. Der Bundestag hat u.a. Ende der 50er Jahre einen Versuch unternommen, die zivilrechtlichen Schutzmöglichkeiten gegenüber der Presse umfassend zu regeln.[13] Er ist dabei aber kläglich gescheitert und seiner politischen Verantwortung letztlich ausgewichen. Obwohl der Entwurf im Wesentlichen nur die Entwicklung der Judikatur nachzeichnete und in weiten Teilen von der Wissenschaft getragen wurde, wurden dem Gesetzgeber pressefeindliche Motive unterstellt mit der Folge, dass es nicht einmal zu einer einzigen Lesung im Bundestag kam. Der Einfluss der Medien war bereits vor einem halben Jahrhundert groß genug, um unliebsame Gesetze zu verhindern. Es erscheint fast als logische Folge, dass nicht nur die Anerkennung des Persönlichkeitsrechts, sondern auch seine weitere Ausbildung, die Entwicklung des persönlichkeitsrechtlichen Entschädigungsanspruchs und dessen Ausgestaltung als medienrechtliches „Präventionsinstrument" allein von den Zivilgerichten und nicht vom Parlament geleistet wurde. Zur Ehrenrettung des Parlamentarismus ist freilich hinzuzufügen, dass beispielsweise der schweizerische Gesetzgeber die Kraft zu entsprechenden Regelungen gefunden hat.[14]

1713 Die Möglichkeit, dass die Gerichte die medienrechtliche Regelungsohnmacht des Gesetzgebers ausgleichen und so zumindest solche Kontrolldefizite abmildern, die schlechthin inakzeptabel sind, ist keine Beruhigung. Zum einen sind

11 *Kepplinger* Bitburger Gespräche Jb 1999/I, S. 15, 16ff. mwN.; *ders.* ZRP 2000, 134ff.

12 Dazu *Diederichsen*, Die Flucht des Gesetzgebers aus der politischen Verantwortung, 1974, S. 1, 56ff. mwN.

13 Siehe den „Entwurf eines Gesetzes zur Neuregelung des zivilrechtlichen Persönlichkeits- und Ehrenschutzes" vom 15. Mai 1959, BT-Drucks. III/1237; dazu *Löffler* NJW 1959, 1ff.; *Weitnauer* DB 1959, 45ff.; *ders.* NJW 1959, 313ff.; *Koebel* JZ 1959, 276ff.; 45. Verhdlg DJT (1964); rechtsvergleichend *Schmidt-Dahlenburg*, Der zivilrechtliche Ehrenschutz in England im Hinblick auf den gegenwärtigen und künftigen Ehrenschutz im deutschen Bürgerlichen Recht, 1962, S. 118ff. Siehe ferner Referentenentwurf eines „Gesetzes zur Änderung und Ergänzung schadensersatzrechtlicher Vorschriften" (1967); dazu *Kübler* JZ 1968, 542ff.; *Nipperdey* NJW 1967, 1985ff.

14 Art. 49 OR, Art. 28g ff. ZGB; dazu und zu weiteren Rechten *von Bar* RabelsZ 59 (1995), 203ff.

die Gerichte sowohl aus Gründen der Gewaltenteilung als auch aufgrund ihres eigenen Selbstverständnisses zur Zurückhaltung verpflichtet und deshalb auf „Notmaßnahmen" beschränkt. Zum anderen wird eine Schutzphilosophie, die nicht auf sachlicher Einsicht in ihre Richtigkeit, sondern schlicht auf dem Zurückweichen der Legislative vor einer politisch mächtigen Interessengruppe basiert, immer ein „Geschmäckle" behalten.

Darüber hinaus gibt es auch in der Rechtsprechung **Tendenzen, Interessen der Medien im Zweifel anderen rechtlichen Interessen überzuordnen** und Eigeninteressen der Medien zu Interessen der Allgemeinheit zu verklären. Zum entscheidenden Motor dieser Linie hat sich das BVerfG gemacht. Man kann in diesem Zusammenhang nicht so weit gehen zu sagen, dass in der Verfassung allein dasjenige steht, was die zuständigen Richter aus ihr herauslesen. Das Gericht hat den Freiheiten der Medien aber höchste Priorität eingeräumt. Es hat wiederholt dazu tendiert, Art. 5 Abs. 1 GG in ungeschriebener Veränderung des Verfassungstextes zum wichtigsten Grundrecht umzudefinieren und es noch vor die Menschenwürde zu setzen. Entsprechende Auswirkungen zeigen sich aber auch bei der Rechtsprechung zur einfachgesetzlichen Ebene, weil diese stets das medienfreundliche BVerfG im Hinterkopf behalten muss. 1714

Es darf vermutet werden, dass die richterrechtlichen Maßstäbe auch **durch indirekte Mechanismen zugunsten der Medien beeinflusst** werden, ohne dass dies den Beteiligten bewusst zu sein braucht. Es erscheint beispielsweise denkbar, dass die Medien bereits durch die Auswahl der Verfahren, die sie bis zum BVerfG treiben, die Rechtsentwicklung in einer ihnen günstigen Weise beeinflussen. Ebenso sieht sich das einzelne Medienopfer typischerweise einer juristischen Übermacht gegenüber. Wer aufgrund einer entsprechenden Spezialisierung vor Gericht die besseren Argumente vorbringt, wird früher oder später auch den Inhalt der Rechtsprechung in einem ihm günstigen Sinne beeinflussen können. Ein solcher Eindruck drängt sich beispielsweise für das Gegendarstellungsrecht auf, das von der herrschenden Meinung in einer Weise verstanden wird, die Medien ziemlich weitgehend vor Gegendarstellungen schützt.[15] Wer sich demgegenüber zum Don Quichotte aufschwingt und als Ehemann von Prinzessin Caroline den Massenmedien die Stirn bietet, läuft Gefahr, von nun an dem „Interesse" der gesamten Zunft ausgesetzt zu sein. Der Preis für diesen Wagemut ist hoch. Er besteht in einer schleichenden öffentlichen Stigmatisierung durch Medienberichte. In diesen Berichten geht es nur vordergründig darum, wo und wie der Betreffende etwa bei einem Besuch der Weltausstellung einem menschlichen Bedürfnis nachkommt oder dass er ein Verkehrsdelikt begangen hat.[16] 1715

15 Z.B. anhand der Definition des Betroffenheitskriteriums und des Alles-oder-Nichts-Prinzips. Siehe Rdnr. 1829ff., 1848. Ein weiteres Beispiel ist BVerfG vom 25. 1. 1984 (Wallraff), BVerfGE 66, 116ff. Siehe Rdnr. 1149f.

16 BGH vom 15. 11. 2005 (Verkehrsdelikt), NJW 2006, 599ff. Siehe Rdnr. 986.

B. Allgemeine Kontrollmechanismen

I. Grundphilosophie

1716 „Die Medien sind in den westlichen Ländern zur größten Macht geworden, mächtiger als die Legislative, die Exekutive und die Jurisdiktion. Man möchte daher fragen: Durch welches Gesetz sind sie gewählt worden, und wem sind sie verantwortlich?“[17] Diese Frage des russischen Literaten und Regimekritikers *Alexander Solschenizyn* zielt direkt auf ein kaum lösbares Dilemma. Welche Macht kontrolliert den mächtigen Kontrolleur? Die Problematik wird noch drängender, wenn Journalisten sich selbst nicht als Mediatoren, sondern bewusst als Meinungsmacher begreifen, ihre eigene Meinung mit der „öffentlichen“ gleichsetzen und ein geradezu missionarisches Rollenverständnis entwickeln.[18] Dann droht, dass die Meinungen einer Berufsgruppe, die vielleicht 0,05% der Bevölkerung ausmacht, mit dem Faktor von Zeitungsauflagen und Fernsehreichweiten multipliziert werden.

1717 Der lange Kampf gegen die Zensur und spätestens die Schaffung entsprechender verfassungsrechtlicher Garantien durch Art. 5 Abs. 1 Satz 2, Satz 3 GG haben mit der Etablierung von Medienfreiheiten und allen damit verbundenen positiven Folgen zugleich ein gravierendes Kontrollvakuum mit sich gebracht. An die Stelle einer die öffentliche Meinungsbildung beeinträchtigenden Kontrolle durch die Zensur sind Freiheiten getreten, die sehr weite oder möglicherweise überhaupt keine effektiven Grenzen mehr haben und gerade durch diese fehlende Korrektur in ihren positiven Wirkungen gefährdet werden können.[19] Das deutsche Recht hat sich im Kern dazu entwickelt, jedenfalls auf eine direkte Kontrolle der Medien weitgehend zu verzichten. Lässt man die oben angedeuteten Bedenken zur politischen Schwäche des Gesetzgebers beiseite, so kann man Solschenizyn auf die Überzeugung verweisen,[20] dass es **im Gesamtergebnis besser ist, den Medien freien Lauf zu lassen** und die damit verbundenen posi-

---

17 *Solschenizyn*, zitiert nach Stürner JZ 1994, 865, 867.

18 Zu diesem Selbstverständnis speziell der deutschen Journalisten *Donsbach* Bitburger Gespräche Jb 1999/I, S. 49, 53 ff. mwN.

19 „... der Thematisierungskompetenz und Artikulationsfunktion der Massenmedien im Prozess der öffentlichen Meinung [kann] nicht mehr sehr viel Positives abgewonnen werden. Dass die Massenmedien darüber bestimmen, was auf die Tagesordnung kommt, und niemand in der Lage ist, daran etwas zu ändern, führt nicht nur bei den von Medien Angegriffenen, Verletzten, Beleidigten, Verleumdeten, sondern auch bei jenen, deren Anliegen von den Medien nicht richtig, nicht hinreichend oder gar nicht artikuliert werden, zu einem Gefühl der Ohnmacht und des Ausgeliefertseins, und damit zu einem Gefühl, dessen Erweckung man in einem freiheitlichen Verfassungsstaat eigentlich niemandem mehr erlauben wollte, dem Staat nicht, aber auch nicht irgendwelchen gesellschaftlichen Kräften. Die Medien haben diese Macht“, *Schmitt Glaeser* JöR 50 (2002), 167, 175 mwN.

20 „... and remain intensely skeptical about those measures that would allow government to insinuate itself into the editorial rooms of this Nation's press“, *White* J. in Miami Herald Publishing Co v. Tornillo, 418 U.S. 241, 259 (1974).

tiven Effekte der öffentlichen Information, der öffentlichen Kontrolle und des öffentlichen Dialogs zu erreichen,[21] selbst wenn diese mit dem hohen Preis erkauft werden müssen, dass Medien im Einzelfall die Öffentlichkeit falsch informieren oder Unrecht verursachen.

Die wichtigste Wurzel dieser Grundphilosophie ist verfassungsgeschicht- 1718
licher Natur. Sie liegt in dem **Übergang Deutschlands zur Demokratie**, für deren Etablierung, Absicherung und Funktionieren unabhängige freie Massenmedien unabdingbar sind.[22] Zugleich hängt sie untrennbar mit der **Abschaffung der Vorzensur** durch Art. 5 Abs. 1 Satz 3 GG zusammen. Das durch das Grundgesetz begründete System der Nachzensur ist gegenüber dem Vorzensursystem im Ergebnis vorzugswürdig, auch wenn beide Systeme im Einzelnen mit unterschiedlichen Vor- und Nachteilen verbunden sind (siehe Rdnr. 80f.).

Mit der Abschaffung des Vorzensursystems hat man auch dessen Vorteile be- 1719
seitigt. Diese Vorteile zeigen sich gerade dann, wenn es um die Sanktionierungsfrage geht. Die Vorzensur beruht im Grundsatz auf der – sympathischen – Überlegung, dass es besser ist, das Entstehen von Unrecht zu verhindern, als Unrecht zuzulassen und den Betreffenden im Nachhinein zu bestrafen. Sie entlastet den Sich-Äußernden von Haftungs- und Strafbarkeitsrisiken. Die Frage ist aber, wie man diese Vorzüge im Verhältnis zu den negativen Auswirkungen der Vorzensur bewertet. Über die Problematik ist seit jeher gestritten worden. Der Gesandte *von Berg* brachte sie bereits 1818 in seinem Vortrag vor der Bundesversammlung des Deutschen Bundes vorbildlich auf den Punkt: Die Bewertung der Vorzensur hing für ihn von der Frage ab, „ob die Eigenthümlichkeit dieses Mittels zur Verhütung der Preßmißbräuche nicht nachtheilgere Wirkungen hervorbringe, als der Mißbrauch der Presse selbst besorgen läßt, und ob nicht in der Anwendung ein Unterdrückungs-System entstehe, welches den Geistesverkehr auf eine gemeingefährliche Weise gefährdet? Wäre dieß nothwendige Folge der Zensur; so müßte sie unbedingt verworfen werden als ein Werk der Finsternis, bestimmt zum Gegengewicht gegen jene herrliche Erfindung, welche das Licht der Aufklärung unwiderruflich durch alle Welttheile zu verbreiten bestimmt ist ...“.[23] *von Berg* und auch die Mehrheit im Deutschen Bund wollten der Zensur solche Wirkungen nicht zusprechen. Die heutige Einschätzung ist dagegen eine völlig andere. Die Freiheit der Medien von staatlicher Vorzensur ist unverzichtbar für das Entstehen einer **öffentlichen Kontrolle des Staates** (siehe Rdnr. 24) und ebenso für den heute als besonders wichtig eingestuften **öffentlichen Wettbewerb der Meinungen** (siehe Rdnr. 470ff.). Die Neuerung durch das Grundgesetz liegt in der Bewertung der Nachteile, die ein Vorzensursystem mit sich bringt.

---

21 Zu diesen Funktionen der Massenmedien siehe Rdnr. 21ff.

22 Zur Demokratiefunktion der Massenmedien siehe Rdnr. 35.

23 *von Berg*, Vortrag vom 18. 10. 1818 vor der Bundesversammlung des Deutschen Bundes, abgedruckt in *Collmann*, Quellen, Materialien und Kommentar des gemein deutschen Preßrechts, 1844, S. 175, 225.

1. Beispiel: Die Höllenfeuer-Entscheidung

1720 In den konkreten Ausprägungen lässt sich die Mediengläubigkeit des deutschen Rechts vor allem auf die Höllenfeuer-Entscheidung (zum Streitfall und weiteren Einzelheiten siehe Rdnr. 1616ff.) zurückführen. Dieses Urteil stützte sich maßgeblich auf solche Überlegungen und erhob sie ausdrücklich zum Begründungsmaßstab. Es beschränkte den Schutz Betroffener gegenüber beeinträchtigenden Meinungsäußerungen auf die äußerste Grenze der Schmähkritik und brach insoweit mit der früheren Rechtsprechung. Die Richter ließen bewusst selbst „gehässige Schimpfereien" zu und erlaubten es einem attackierten Unternehmen, „drastisch" zurückzuschlagen. Dahinter steht die Vorstellung, dass „der mündige und zum eigenen Urteil im Kampf der Meinungen aufgerufene Bürger in der freiheitlichen Demokratie selbst fähig ist, zu erkennen, was von einer Kritik zu halten ist, die auf eine Begründung verzichtet und in hämisch-ironischer oder schimpfend-polternder Art die Gegenmeinung angreift. Gegenüber diesem Wagnis der Freiheit [sei] es hinzunehmen, dass das Recht dem Betroffenen nicht gegenüber jeder unangemessen scharfen Meinungsäußerung Schutz gewährt".[24]

1721 Dieser Linie liegt eine **wichtige Ausgangswertung** zugrunde, deren Inhalt man sich genau bewusst machen muss und deren Berechtigung nicht so eindeutig auf der Hand liegt, wie es auf den ersten Blick scheinen mag. Man verzichtet im Zweifel auf eine „Bestrafung" desjenigen, der einen anderen öffentlich herabsetzt, und benachteiligt den Betroffenen. Überspitzt formuliert wirkt sich das öffentliche Interesse zugunsten des „Täters" und zulasten des „Opfers" aus, das nicht nur seines öffentlichen Ansehens, sondern auch des rechtlichen Schutzes beraubt wird. Das BVerfG möchte verhindern, dass schon die bloße Furcht vor einer möglichen Sanktionierung zur inneren Zensur führt und den Einzelnen und die Medien davon abhält, sich öffentlich zu positionieren.[25] Schon solche Befürchtungen tragen die Gefahr in sich, die „Diskussion zu lähmen oder einzuengen und damit Wirkungen herbeizuführen, die der Funktion der Freiheit der Meinungsäußerung in der durch das Grundgesetz konstituierten Ordnung zuwiderlaufen".[26]

1722 Die Höllenfeuer-Entscheidung stammt von 1966. Sie ist rechtsgeschichtlich maßgeblich als Folge und Reaktion auf zwei gravierende innenpolitische Vorgänge der Adenauer-Ära zu erklären. Der erste war der **Versuch der Adenauer-Regierung, einen Staatsrundfunk zu schaffen** und die Rundfunkfreiheit auf diese Weise letztlich auszuhebeln. Er wurde 1961 vom BVerfG in der Deutschland-Fernsehen-Entscheidung gestoppt.[27] Der andere war die **Spiegelaffäre** aus dem Jahr 1962/1963. Sie betraf einen Versuch des damaligen Innenministers *Franz Josef Strauß*, Journalisten durch massives Vorgehen einzuschüchtern und so eine regierungskritische Berichterstattung durch die Presse zu verhin-

---

24 BGH vom 21.6. 1966 (Höllenfeuer), BGHZ 45, 296, 308 mwN.

25 Z.B. BVerfG vom 17.12. 1976, BVerfGE 43, 130, 136 „einschüchternde Wirkung".

26 BVerfG vom 13.5. 1980 (Römerberg-Gespräche), BVerfGE 54, 129, 139.

27 BVerfG vom 28.2. 1961 (Deutschland-Fernsehen), BVerfGE 12, 205ff. Siehe Rdnr. 212.

dern. Die Affäre führte zu einer schweren innenpolitischen Krise und aus juristischer Sicht zur grundlegenden Spiegel-Entscheidung des BVerfG.[28] Beide Ereignisse leiteten nicht weniger als einen dramatischen öffentlichen Bewusstseinswandel ein. Darin lag die entscheidende Zäsur gegenüber der Linie aus den 50er Jahren.[29] Sie ließ das Pendel der weiteren Entwicklung (über)weit und endgültig zugunsten der Medien ausschlagen.

2. Bedenken

In der Sache hat die gezeigte äußerungsfreundliche Linie Tücken und lässt viel 1723 Raum für **Kritik** (siehe auch Rdnr. 1624, 1627f.). Es geht dem öffentlichen Meinungskampf kein Argument verloren, wenn von Medien und öffentlichen Äußerungen verlangt wird, die erträglichen Formen des zwischenmenschlichen Verkehrs einzuhalten.[30] Das BVerfG gebraucht das Argument der Selbstzensur einseitig und legt die daraus folgenden Konsequenzen nicht offen. Eine „einschüchternde Wirkung" ist nicht nur bei jenen zu befürchten, die andere beleidigen oder in ein falsches Licht setzen, sondern in gleichem Maße auch bei denen, die von öffentlichen Äußerungen verletzt werden bzw. um die politische, geschäftliche oder persönliche Reputation fürchten müssen.[31] Die mächtige Prangerwirkung, die Massenmedien auslösen können, ist ihrerseits ein gewaltiges Einschüchterungsinstrument. Daneben fußt die Philosophie der Höllenfeuer-Entscheidung noch in weiterer Hinsicht auf optimistischen bzw. sehr medienfreundlichen Annahmen. Ist die allgemeine Medienkompetenz von Lesern, Zuschauern und Nutzern so hoch, dass sie Äußerungen in und von Medien mit der angemessenen Distanz begegnen und nicht dazu tendieren, etwas zu glauben, gerade weil es in der Zeitung stand oder im Rundfunk gesendet wurde?[32] Wird ferner ein Betroffener in der Aussicht, die mündigen Bürger um ihn herum werden die beeinträchtigende Äußerung schon richtig zu würdigen wissen, wirklich eine ausreichende Hilfe und Kompensation finden? Ebenso ist es schließlich auch fraglich, ob etwa persönliche Dinge der Beurteilung der mündigen Bürger überlassen und in gleichem Atemzug der Herrschaft des Betroffenen entzogen werden sollten. In den Augen zahlreicher Kritiker und auch dieses Buches haben die Rechtsprechung und namentlich das BVerfG diesen „Freibrief für die Medien" ins Uferlose erstreckt und den Schutz Betroffener und des Einzelnen wiederholt vernachlässigt.[33]

28 BVerfG vom 5.8. 1966 (Spiegel), BVerfGE 20, 162ff. Siehe Rdnr. 18.
29 Namentlich BGH vom 26.10. 1951 (Constanze I), BGHZ 3, 270, 281; ähnlich noch BGH vom 18.2. 1962, NJW 1963, 484, 485.
30 *Ossenbühl* Bitburger Gespräche Jb 1999/I, S. 73, 80.
31 *Schmitt Glaeser* JöR 50 (2002), 169, 179f. mwN.
32 *Donsbach* Bitburger Gespräche Jb 1999/I, S. 49, 60ff. mwN. zeichnet insoweit ein bestürzendes Bild.
33 Etwa BGH vom 21.4. 1998 (Appartement-Hotelanlage), BGHZ 138, 311ff. Siehe Rdnr. 1116ff. BVerfG vom 15.12. 1999 (Caroline von Monaco), BVerfGE 101, 361ff. Siehe Rdnr. 970ff.

II. Direkte und indirekte Kontrolle

1724 Das deutsche Recht kennt aus den angesprochenen Gründen keine allgemeine Medienaufsicht und kein systematisches Medienordnungsrecht, sondern nur ein **bruchstückhaftes Sammelsurium unterschiedlicher Instrumente zur „Kontrolle“ der Medien**. Während behördliche Aufsichtskompetenzen für den Bereich der Presse völlig fehlen, gibt es für den privaten und den öffentlich-rechtlichen Rundfunk sowie für die Telemedien bestimmte Aufsichtsinstanzen. Deren Befugnisse reichen im Einzelnen allerdings unterschiedlich weit und sind zum Teil auf sehr enge Anwendungsbereiche beschränkt. Daneben kennt das Medienrecht mit der Gegendarstellung nur ein einziges, prinzipiell für alle Medien bestehendes Korrekturinstrument. Ansonsten können im Einzelfall das allgemeine Zivilrecht und Strafrecht eingreifen, denen mittelbar Kontrollfunktionen gegenüber den Medien zugewachsen sind. Es handelt sich allerdings in beiden Fällen um strukturell unvollkommene Kontrollen, deren Effektivität überdies durch eine sehr medienfreundliche Gesetzgebung und Rechtsprechung beschränkt worden ist. Dies hat Lücken entstehen lassen, die das Medienrecht bewusst in Kauf nimmt. Darin liegt eine bemerkenswerte, fast schon etwas widersprüchlich anmutende Konsequenz. Obwohl es die öffentlichen Funktionen von Medien und die damit verbundenen Gemeinwohlinteressen sind, die die Tätigkeit der Medien so wichtig machen und zur Ausbildung des modernen Medienrechts geführt haben, wird doch gerade die Erfüllung dieser öffentlichen Aufgaben und Gemeinwohlinteressen vom Recht kaum durch Kontrollinstrumente sichergestellt.

1725 Einzelne schweizerische Kantone kennen **behördliche Berichtigungsrechte gegenüber den Medien** und zugleich zivilrechtliche Gegendarstellungsansprüche betroffener Einzelner. Die behördlichen Befugnisse sind auf Korrekturen im öffentlichen Interesse beschränkt und bezwecken keinen Individualschutz, der sich bewusst allein nach den zivilrechtlichen Anforderungen beurteilen soll.[34] Bei einer gewissen Interpretationsfreude lässt sich darin ein zweigeteiltes Kontrollsystem erkennen, das über das Zivilrecht individuelle Rechte schützt und mit Hilfe der behördlichen Kompetenzen auch Meldungen erfassen kann, die die „Allgemeinheit“ schädigen. Eine sonderliche praktische Bedeutung haben diese behördlichen Korrekturbefugnisse aber offenbar nicht.[35] Sie sind auf Einzelbereiche beschränkt. Beispielsweise können Medien dazu verpflichtet werden, eine vom zuständigen Gericht angeordnete und formulierte Berichtigung zu ihrer Gerichtsberichterstattung zu veröffentlichen.[36]

34 BG vom 12.11. 1986, BGE 112 Ia, 398, 406.
35 *Bänninger*, Die Gegendarstellung in der Praxis, Zürich 1998, S. 46f. mwN.
36 § 136 GVG des Kantons Zürich; § 15 Gerichtsorganisationsgesetz des Kantons Aargau; dazu BG vom 2.3. 1987, BGE 113 Ia, 309ff.

1. Öffentliche Meinungsvielfalt

Der wohl wichtigste indirekte Kontrollmechanismus ist die öffentliche Meinungsvielfalt, nach deren Schaffung und Gewährleistung das Medienrecht intensiv strebt. Sie kann eine Kontrolle der Medien durch öffentliche Rede und Gegenrede erreichen und sowohl auf die Öffentlichkeit als auch auf die Medien selbst zurückgehen. Eine Kontrolle durch **Teile der Öffentlichkeit, die selbst keine Medien sind** (Verbände, Öffentlichkeitsabteilungen von Unternehmen oder Organisationen, Bürgerinitiativen, Parteien etc.), sieht sich freilich erheblichen Schwierigkeiten gegenüber. Ein erstes Gegengewicht bieten zunächst die eigenen Wirklichkeitserfahrungen und Umweltbeobachtungen sowohl des Einzelnen als auch der Gesamtheit aller Personen, die sich eine Meinung bilden und diese auch äußern. Es handelt sich freilich um eine Korrektur, die vielfach nur theoretische Bedeutung hat und insbesondere für den politischen Bereich keine Rolle spielt. Der Bereich der Politik ist für den Einzelnen persönlich nicht oder nur kaum erfahrbar. Es handelt sich durchweg um Vorgänge außerhalb der eigenen Lebenswelt, die nur in Form von „Medienwirklichkeit" fassbar und auch für Fachleute oft nur in Form von „Dokumentenwirklichkeit" zugänglich sind.[37] Ein weiteres Gegengewicht kann durch andere, für die öffentliche Meinungsdiskussion ebenfalls maßgebliche Institutionen wie die politischen Parteien, die Interessenverbände sowie die Öffentlichkeitsabteilungen von Unternehmen, Regierungen und anderen staatlichen Organen gebildet werden. Das Problem besteht jedoch darin, dass solche Stellen letztlich wieder auf die Medien bzw. darauf angewiesen sind, dass ihre Standpunkte von den Medien aufgegriffen und an die breite Öffentlichkeit weitertransportiert werden. Diese Institutionen haben zwar bessere Chancen als der Einzelne, „bei den ‚Schleusenwärtern der Kommunikation' schon aus Quotengründen Gehör zu finden. Aber auch sie müssen durch das Nadelöhr der Medien, wenn sie in den Raum der öffentlichen Wahrnehmung gelangen wollen. Auch sie müssen sich der Prozedur der medialen Filterung unterwerfen".[38] 1726

Die andere Form der öffentlichen Kontrolle ist die **Kontrolle durch die Medien selbst**. Auch sie hat von vornherein ihre Grenzen.[39] Für den öffentlich-rechtlichen Rundfunk wird publizistische Vielfalt vor allem durch die Verpflichtung zum Binnenpluralismus angestrebt,[40] die jedoch in der Praxis auf erhebliche Umsetzungsschwierigkeiten stößt und in ihren konkreten Erscheinungsformen vielfach kritisiert wird. Für die außenpluralistischen Medien wie die Presse und die Telemedien soll Vielfalt insbesondere durch die Gewährung von Tendenzfreiheit und das Sichern des ökonomischen Wettbewerbs zwischen den einzelnen 1727

37 *Schmitt Glaeser* JöR 50 (2002), 169, 176 mwN.
38 *Schmitt Glaeser* JöR 50 (2002), 169, 178 mwN.
39 „Die deutsche Presse [war] schon immer stärker darin, Dritte vorzuführen, als in der Kunst, sich selbst infrage zu stellen", *Bissinger* DIE ZEIT vom 17.11.2005, S.39.
40 Siehe Rdnr. 483, 495ff.

Medienunternehmen erreicht werden,[41] doch liegt auch darin kein Königsweg. Daneben sieht sich die Kontrolle durch andere Medien prinzipiellen Hürden gegenüber. Sie kann weder vor einem Kollektivversagen der Medien sichern, noch einen Schutz im Einzelfall oder einen Schutz individuell Betroffener leisten. Zugleich machen Medien als Unternehmen, die ökonomischen Zwängen unterliegen, primär solche „Fehler" von konkurrierenden Medien öffentlich, die sich publikumswirksam bzw. auflagensteigernd vermarkten lassen.[42]

2. Öffentliche Gegenwehr Betroffener

1728 Indirekte Korrekturwirkungen können sich im Prinzip auch durch eine **öffentliche Gegenwehr** ergeben, wenn also der Betroffene selbst an die Öffentlichkeit geht und auf die Berichterstattung antwortet. Dieser Gedanke liegt dem Gegendarstellungsrecht zentral zugrunde (siehe Rdnr. 1791, 1794f.), er könnte aber auch in weiteren Zusammenhängen herangezogen werden. Die Gerichte haben vor allem in früheren Entscheidungen immer wieder die Möglichkeit zur Selbsthilfe bzw. zum öffentlichen Widerspruch berücksichtigt und zum Teil sogar in ihre Abwägungen einfließen lassen.[43]

1729 Es ist jedoch allgemein Vorsicht damit geboten, solche Aspekte zu berücksichtigen.[44] Entsprechende Überlegungen kommen etwa in Betracht, wenn es einem Beteiligten aufgrund eigener öffentlicher Äußerungen zugemutet werden kann, scharfe öffentliche Reaktionen Betroffener hinzunehmen.[45] Ansonsten kann jedoch allein die Möglichkeit, dass sich ein Betroffener wehren kann, ein rechtswidriges Angriffsverhalten nicht rechtmäßig machen. Zugleich kommt eine Reihe weiterer Aspekte hinzu. Persönlich gefärbte Angriffe können einen Verletzten leicht zu Überreaktionen veranlassen und überfordern. Nur „ausgebuffte Medienprofis" haben die Erfahrung und das notwendige Wissen, um mit solchen Situationen interessengerecht umgehen zu können. Ebenso darf der Wert einer öffentlichen Gegenrede als Kontrollmittel gegenüber den Medien nicht allzu hoch angesetzt werden. Eine derartige Gegenwehr zwingt den Betroffenen, den Weg in die Öffentlichkeit zu gehen. Sie steht nur Personen offen, die auch einen entsprechenden Zugang zu Massenmedien haben, etwa Politikern. Davon unabhängig ist der Wert der öffentlichen „Selbsthilfe" namentlich

---

41 Siehe Rdnr. 482, 485ff.

42 So ist etwa eine angebliche fehlgeschlagene Penisverlängerung des Chefredakteurs der Bild-Zeitung genüsslich von der Konkurrenz aufgegriffen worden. Siehe Berliner Zeitung vom 20. 11. 2002, S. 3; Der Tagesspiegel vom 20. 11. 2002, S. 3; taz vom 18. 1. 2003, S. 18.

43 BVerfG vom 15. 1. 1958 (Lüth), BVerfGE 7, 198, 219; BGH vom 21. 11. 1961 (Vertriebenenfunktionär), NJW 1962, 152; BGH vom 2.7. 1963 (Elektronische Orgeln), NJW 1963, 1871, 1872; BGH vom 30.5. 1978 (Böll/Walden I), NJW 1978, 1797, 1801; BGH vom 5.5. 1981 (Abgeordnetenprivileg), NJW 1981, 2117, 2119.

44 Ebenfalls kritisch *Burkardt* in: Wenzel, Das Recht der Wort- und Bildberichterstattung, §6 Rz. 70.

45 Siehe Rdnr. 982ff.

dann fraglich, wenn sie sich gegen ein oder gar mehrere Medienunternehmen richtet. Die öffentliche Gegenwehr Einzelner gegen die Massenmedien ist bislang stets erfolglos gewesen. Wer sich gegenüber Parlamenten und Regierungen durchsetzen kann, ist auch dem Einzelnen überlegen.

In der Einschätzung *Noelle-Neumanns* ist der Einzelne, der in den Medien negativ „ausgestellt" wird, „einer unbegrenzten gesichtslosen Öffentlichkeit ... preisgegeben. Er kann sich nicht verteidigen, er kann sich nicht wehren, das Instrument der ‚Gegendarstellung' ist grotesk in seiner Schwäche, in seiner hölzernen Fremdheit zwischen polierten Medieninhalten. Aber auch wer – ohne zum inneren Kreis der journalistischen Torhüter zu gehören – freiwillig etwa in einer Talkshow des Fernsehens auftritt oder ein Fernsehinterview gibt, legt seinen Kopf in den Rachen eines Tigers".[46] 1730

3. Kontrolle durch den Markt

Eine indirekte Kontrolle der Medien durch den Markt funktioniert im Grundsatz nicht und kann vernachlässigt werden. Sie würde voraussetzen, dass Nutzer solchen Medien, die Falsches verbreiten oder sonstwie rechtswidrig handeln, ihre „Gunst" und damit Einnahmen entziehen. Solche Mechanismen greifen im Medienbereich aber aus unterschiedlichen Gründen kaum ein. Zunächst steht bereits das **Neugier- und Voyeurverhalten** von Lesern und Zuschauern einer effektiven Sanktionierung der Medien vielfach entgegen.[47] Sie sind oftmals gerade an Veröffentlichungen interessiert, die andere verletzen und rechtswidrig sind. Es ist ihnen dabei gleichgültig, ob Beiträge inhaltlich zutreffen. Der Markt ist in solchen Fällen nicht in der Lage, Rechte betroffener Dritter zu schützen. 1731

Weiterhin setzen Marktmechanismen die Entgeltlichkeit von Gütern voraus, an der es im Bereich der Medien häufig fehlt. Marktkonforme Auslesemechanismen setzen stets knappe Güter voraus. Sie versagen, wenn es keinen Preis und damit **keinen Anreiz zur wohlüberlegten Auswahl** gibt. Nachfrager gehen mit „kostenlosen" Angeboten anders um als mit entgeltlichen. Viele Medien stehen dem Nutzer „kostenlos" zur Verfügung, weil sie sich über Werbeeinnahmen (privater Rundfunk, Telemedien) finanzieren. Der Marktmechanismus kann in solchen Fällen allenfalls eingeschränkt funktionieren, indem die Werbeeinnahmen sinken, weil die Nutzerquote zurückgeht. Der öffentlich-rechtliche Rundfunk lässt sich ebenfalls als in diesem Sinne „kostenlos" einordnen. Bei diesem Medium ist das vom Nutzer zu leistende „Entgelt" unabhängig davon, ob und in welchem Umfang das Medium tatsächlich in Anspruch genommen wird. Die Rundfunkgebühr wird bereits durch das Bereithalten eines Empfangsgeräts ausgelöst und entsteht völlig unabhängig davon, ob der Betreffende die öffentlich-rechtlichen Sender überhaupt nutzt.[48] 1732

---

46 *Noelle-Neumann*, Die Schweigespirale. Öffentliche Meinung – unsere soziale Haut, 6. Auflage 2001, S. 223.

47 Zu diesem Effekt bei Persönlichkeitsverletzungen siehe Rdnr. 1749.

48 Siehe Rdnr. 688.

1733 Schließlich kommen Einzelaspekte und bestimmte **rechtliche Regeln hinzu, die einer indirekten Kontrolle entgegenwirken.** Marktmechanismen sind in Bezug auf den öffentlich-rechtlichen Rundfunk bewusst generell außer Kraft gesetzt worden. Am ehesten können sie für Medien eingreifen, die sich aus direkten Entgelten finanzieren. Der wichtigste Fall sind Zeitungen, die sich über ihren Verkaufserlös finanzieren. Aber auch hier gibt es Einschränkungen. Insbesondere scheidet das Vertragsrecht als Regulator aus. Der Abonnementvertrag gibt dem Käufer einer Zeitung keinen vertraglichen Anspruch auf die Richtigkeit des Inhalts. Nach der Rechtsprechung lösen falsche oder rechtswidrige Zeitungsmeldungen keine Gewährleistungsansprüche des Zeitungskäufers aus,[49] so dass eine unmittelbare Sanktionierung durch die Käufer und Abonnenten bzw. durch den Markt nicht möglich ist oder zumindest erheblich beschränkt wird.

III. Öffentliches Recht

1734 Die Möglichkeit, Medien durch staatliche Behörden und im Rahmen des öffentlichen Rechts zu kontrollieren, stößt auf **höchste verfassungsrechtliche Hürden** (siehe Rdnr. 143, 235, 597) und ist nur in eng limitierten Teilbereichen überhaupt zulässig. Das Herstellen von Öffentlichkeit und die besonderen Funktionen der Medien für ein demokratisches Gemeinwesen sind Aufgaben, die systembedingt nach „Staatsfreiheit" verlangen.[50] Die Kontrolle staatlicher Organe und das Vermitteln eines selbstbestimmten öffentlichen Meinungsbildungsprozesses sind nur unabhängigen, nicht aber staatlich gelenkten Medien möglich.

1735 Eine behördliche Fachaufsicht, die „in der Sache selbst" bzw. auch nach Zweckmäßigkeitsüberlegungen entscheidet und den Medien beispielsweise das inhaltliche Programm vorgibt oder es zensiert, wird durch die Verfassung schlechthin verboten. Dagegen ist eine reine Rechtsaufsicht, die über die Einhaltung medienrechtlicher Normen wacht, zum Beispiel solcher von RStV, ZDF-StV und MDStV,[51] grundsätzlich möglich. Der Zuschnitt solcher Aufsichtskompetenzen ist im Einzelnen aber kompliziert und hängt auch von der binnenpluralistischen oder außenpluralistischen Grundstruktur der betreffenden Medien ab.[52] Eine entsprechende Aufsicht gibt es – in jeweils unterschiedlicher Form und Intensität – für den privaten und den öffentlich-rechtlichen Rundfunk sowie für die Telemedien, während sie für die Presse vollständig fehlt.

1736 Der weitgehende Ausschluss einer Kontrolle der Medien durch spezielle Aufsichtsinstitutionen ist systembedingt **mit Sanktionslücken und Informations-**

49 RG vom 20.6. 1935, RGZ 148, 154, 158f.

50 BVerfG vom 28.2. 1961 (Deutschland-Fernsehen), BVerfGE 12, 205, 262f.; BVerfG vom 5.2. 1991 (WDR), BVerfGE 83, 238, 322f.

51 Siehe z.B. §§ 38 RStV, 31 ZDF-StV, 22 MDStV (= § 59 RStV-E).

52 Zur Unterscheidung zwischen Außen- und Binnenpluralismus siehe Rdnr. 481ff.

defiziten verbunden. Sie sind der Preis, den die gewollte Freiheit der Medien verlangt. Bedeutung hat dies vor allem, wenn eine unzutreffende oder unzureichend recherchierte Pressemeldung kein Individuum verletzt, sondern nur die „Allgemeinheit" schädigt (siehe Rdnr. 1165).[53] Wenn etwa eine Zeitschrift gegen die journalistische Sorgfaltspflicht verstößt und in einem allgemeinen Preisbericht unzutreffende Preisangaben über Goggomobile macht, ohne sich dabei auf einzelne Händler zu beziehen, dann scheiden zivilrechte Ansprüche aus. Ein Autohändler kann dagegen selbst dann nicht nach §824 BGB klagen, wenn ihm durch die falsche Information Gewinne entgehen.[54] Nach der hier vertretenen Ansicht ist immerhin ein Gegendarstellungsrecht des geschädigten Autohändlers in Betracht zu ziehen,[55] die herrschende Meinung lehnt auch diese Möglichkeit ab. Ebenfalls zu Sanktionslücken kann es kommen, wenn eine falsche Äußerung die Allgemeinheit und einen Einzelnen trifft. Das Zivilrecht bietet nämlich keine Gewähr für die Sanktionierung, weil es den Betroffenen nicht zur Beschreitung des Rechtswegs zwingt. Sieht er von der Durchsetzung seiner Rechte ab, so bleibt die Falschmeldung ebenfalls ohne Folgen.

IV. Zivilrecht

Das Zivilrecht schützt spezielle individuelle Rechte, die den Medien Grenzen 1737 setzen und bereits im Einzelnen dargestellt worden sind (siehe §6). Das ermöglicht es dem Einzelnen, seine Rechte gegenüber den Medien selbst durchzusetzen. Auf diese Weise wird die **Eigeninitiative Betroffener mittelbar für eine Kontrolle der Medien genutzt**. Eine solche Nutzung privaten Engagements für die Förderung öffentlicher Zwecke ist im deutschen Recht nicht ungewöhnlich und spielt beispielsweise im Wettbewerbs- und Kartellrecht eine wichtige Rolle.[56] Sie hat gegenüber verwaltungs- und strafrechtlichen Sanktionsinstrumenten häufig den Vorteil einer besonders effizienten und direkten Wirkung.

Ein **Beispiel für einen Effektivitätsunterschied** zwischen Zivil- und Strafrecht zeigt die 1738 Entwicklung des Gegendarstellungsrechts. Das ReichspreßG sah keinen zivilrechtlichen Anspruch auf Gegendarstellung vor. Wurde die Gegendarstellung zu Unrecht verweigert, so löste dies auf Antrag des Betroffenen allein strafrechtliche Konsequenzen aus,[57] doch lief diese Sanktionierung in der Praxis weitgehend leer. Nach Gründung der Bundesrepublik und vor der Schaffung der LPrG kam daraufhin eine Diskussion auf, ob die Gegendarstellungsnorm ein Schutzgesetz im Sinne von §823 Abs. 2 Satz 1 BGB ist.[58] Dahinter stand das Bestreben, mit der Annahme eines Schutzgesetzes die Möglichkeit einer zivilgerichtlichen Klage zu eröffnen und so ein effektives staatliches System zur

53 Löffler/*Steffen*, §6 LPG Rdnr. 23.
54 BGH vom 13. 10. 1964 (Goggomobile), NJW 1965, 36f. Siehe Rdnr. 1222.
55 Siehe Rdnr. 1834f.
56 Siehe etwa *Beater*, Unlauterer Wettbewerb, §30 Rdnr. 4.
57 §19 Nr. 3 ReichspreßG.
58 BayObLG vom 10. 7. 1958, NJW 1958, 1825f.; OLG Köln vom 12. 4. 1962, NJW 1962, 1348, 1349; ablehnend *Soehring* AfP 1978, 81ff.

Durchsetzung von Rechten für die Gegendarstellung und letztlich die Kontrolle der Medien nutzen zu können. Die im Anschluss daran geschaffenen LPrG machten den Streit obsolet, indem sie das Gegendarstellungsrecht als zivilrechtlichen Anspruch ausgestalteten.

1. Subjektive Rechte als unvollkommener medienrechtlicher Kontrollmechanismus

1739 Macht ein Berechtigter gegenüber den Medien Ansprüche geltend und verhindert er damit beispielweise den Abdruck eines rechtswidrigen Artikels, so trägt er zur Kontrolle der Medien bei. Der Effekt, zur Überwachung von Medien beizutragen und rechtswidrigem Handeln von Medien entgegenzuwirken, ist den betreffenden subjektiven Rechten aber zufällig zugewachsen. Sie können stets nur ein prinzipiell limitiertes Instrument zur Kontrolle von Medien sein, auch wenn sie erhebliche praktische Bedeutung haben. Ein grundsätzlich limitierender Aspekt ist zunächst, dass eben **nur der unmittelbar Verletzte** zivilrechtlich gegen die Äußerung vorgehen kann, während lediglich mittelbar Betroffene keinen Schutz genießen.[59] Weiterhin liegt es bei einem subjektiven Recht **allein in der Entscheidung des Rechtsinhabers, ob er gegen Verletzungen einschreitet** oder darauf verzichtet. Aus Sicht des Berechtigten kann es ohne weiteres sinnvoll sein, die Risiken der Rechtsverfolgung zu scheuen und der Gefahr auszuweichen, dass ein Gerichtsverfahren der fraglichen Äußerung weitere Publizität verschafft und die Verletzung auf diese Weise noch vertieft. Die Medien können also durchaus darauf hoffen, für Rechtsverletzungen nicht einstehen zu müssen.

1740 Individuelle Rechte überlassen ihrem Inhaber auch die Entscheidung, **auf welche rechtliche Weise er sich ggf. wehren will**. Daher bestimmt sich auch die Art der Sanktion vornehmlich nach der Entscheidung eines Individuums und allenfalls in zweiter Linie nach medienrechtlichen Kriterien. Die einzelnen Optionen des Berechtigten und die daran geknüpften rechtlichen Anforderungen sind freilich in erheblichem Maß von medienrechtlichen Aspekten beeinflusst.

1741 Der Betroffene muss entscheiden, ob er gegenüber einer öffentlich verletzenden Äußerung **seinerseits Öffentlichkeit suchen oder vermeiden** will. Wünscht er Öffentlichkeit, so wird er Ansprüche auf Berichtigung oder gar Widerruf in Betracht ziehen. Will er Öffentlichkeit vermeiden, so wird er über Unterlassungsansprüche nachdenken. Im Extremfall erreicht der Berechtigte durch einen vorbeugenden Unterlassungsanspruch, dass es gar nicht erst zu einer Verletzung in der Öffentlichkeit kommt. Für die zivilrechtlichen Ansprüche ist ferner entscheidend, dass sie **dem Schutzanliegen des Berechtigten** verpflichtet

59 Zum Persönlichkeitsrecht z.B. BGH vom 6.12. 2005 (Mordkommission Köln), NJW 2006, 605, 608 Rdnr. 21. Siehe Rdnr. 345. Zum Unternehmensdeliktsrecht z.B. BGH vom 2.7. 1963 (Elektronische Orgeln), NJW 1963, 1871f. Siehe Rdnr. 372ff., 397.

sind. Der Verletzte darf daher nicht indirekt auf eine der beiden genannten Verteidigungsstrategien beschränkt und so um legitime Wahlmöglichkeiten gebracht werden. So darf beispielsweise ein Anspruch auf Geldentschädigung für eine schwere Persönlichkeitsverletzung nicht dadurch ausgeschlossen werden, dass der Verletzte bewusst auf eine Gegendarstellung oder einen Widerruf verzichtet hat, um eine weitere Publizität zu vermeiden.[60]

Dagegen ist der **Gegendarstellungsanspruch** hauptsächlich einem medien- 1742
rechtlichen Anliegen verpflichtet. Er basiert primär auf dem Prinzip der Information durch Rede und Gegenrede und nicht auf dem Anliegen, etwa die Persönlichkeit vor dem gleißenden Licht der Öffentlichkeit zu bewahren. Der Anspruchsberechtigte kann deshalb zwar frei über das Geltendmachen des Anspruchs entscheiden, im Übrigen eröffnet der Anspruch aber allein den „Weg in die Publizität".

2. Verstöße gegen medienrechtliche Normen und Pflichten

Einzelne zivilrechtliche Bestimmungen knüpfen an die Verletzung spezieller 1743
Gesetzesnormen an, unter die auch medienrechtliche Vorschriften und Pflichten fallen können. Danach kann die Verletzung bestimmter Normen zivilrechtliche Ansprüche auslösen. Ein medienrechtlich unzulässiges Verhalten kann also direkte zivilrechtliche Folgen haben. Gleichwohl ermöglicht das Zivilrecht auf diesem Wege keine allgemeine Sanktionierung medienrechtlichen Unrechts. Es hat vielmehr unterschiedliche Bedeutung, weil es das Entstehen von Ansprüchen von zusätzlichen Anforderungen an den Charakter der verletzten Norm abhängig macht.

Medienrechtliche Normverstöße haben eine gewisse zivilrechtliche Relevanz, 1744
soweit sie wettbewerbliche Zusammenhänge betreffen. Das Wettbewerbsrecht sieht für seinen Anwendungsbereich Verstöße gegen Vorschriften, die auch dazu bestimmt sind, im Interesse der Marktteilnehmer das Marktverhalten zu regeln, als Wettbewerbsverstoß an. Eine solche Zielrichtung bzw. ein **wettbewerbsrechtlich relevanter Rechtsbruch** im Sinne der §§3, 4 Nr. 11 UWG kommt vor allem in Betracht, wenn Medien gegen Werbenormen oder Vorschriften über ihre Finanzierung verstoßen (siehe Rdnr. 789).

Dagegen kann der Verstoß gegen **deliktische Schutzgesetze** im Sinne von 1745
§823 Abs. 2 Satz 1 BGB zwar prinzipiell ebenfalls Ansprüche eröffnen, doch scheidet diese Möglichkeit bei medienrechtlichen Normverstößen im Ergebnis aus. Erfasst werden nämlich nur Verstöße gegen solche Normen, die zumindest auch auf einen Schutz von bestimmten Rechtsgütern oder Interessen des Einzelnen zielen.[61] Die Vorschrift muss also nicht nur im Allgemeinheitsinteresse, son-

60 Siehe Rdnr. 1990.
61 BGH vom 26.2. 1993, BGHZ 122, 1, 3f. mwN.; grundlegend *Spickhoff*, Gesetzesverstoß und Haftung, 1998, S. 97ff. mwN.

dern zumindest auch im Interesse des Anspruchstellers etwas verbieten. Bezweckt die fragliche Bestimmung allein den Schutz von Allgemeinheitsinteressen, zum Beispiel in Gestalt des Pornografieverbots,[62] so löst der Verstoß keinen deliktischen Anspruch aus.

1746 Aus Sicht des Medienrechts hat diese deliktsrechtliche Einordnung namentlich in solchen Fällen praktische Bedeutung, in denen eine unwahre Berichterstattung zwar gegen medienrechtliche Anforderungen, aber nicht gegen private Rechte verstößt. Der wichtigste Anwendungsfall sind **Verstöße gegen die journalistische Sorgfaltspflicht** (siehe Rdnr. 1165f.). Die h.M. sieht die gesetzliche Verpflichtung zur journalistischen Sorgfalt nicht als deliktisches Schutzgesetz an,[63] sondern begreift diese Pflicht allein als ein Korrelat zur öffentlichen Aufgabe der Medien. Sie spricht ihr ein individuelles Schutzanliegen ab, so dass die Pflichtverletzung als solche keine Ansprüche Einzelner auslöst. Die herrschende Meinung ist jedoch in ihrer Begründung zu kritisieren. Die Sorgfaltspflicht wird nach allgemeiner Ansicht und Praxis ganz maßgeblich durch die Schutzinteressen derer bestimmt, auf die sich eine entsprechende Veröffentlichung der Medien bezieht.[64] Der Grund dafür, die Sorgfaltspflicht nicht als deliktische Schutznorm zu begreifen, kann also nicht in einem fehlenden individuellen Schutzbezug liegen.[65] Die herrschende Linie rechtfertigt sich aber aus dem Sanktionierungsgesichtspunkt. Deutlich wird dies, wenn etwa das Fernsehen ungenügend recherchierte Berichte über den Keimbefall von Seefischen sendet, ohne dabei auf Einzelpersonen oder bestimmte Unternehmen einzugehen.[66] Das richtige Gegenmittel zu solchen Fehlinformationen liegt darin, betroffenen Unternehmen und Interessengruppen ein Gegendarstellungsrecht zu gewähren. Der Möglichkeit, dass jeder einzelne Leser einen zivilrechtlichen Anspruch geltend machen kann, bedarf es nicht.

3. Zivilrechtliche Berücksichtigung von Allgemeinheitsinteressen

1747 Das Zivilrecht dient dem Schutz individueller Rechte, nicht dem von Allgemeinheitsinteressen. Eine Berücksichtigung von Allgemeinheitsinteressen stellt das Zivilrecht daher vor hohe, manchmal sogar systemübersteigende Hürden. Das Gebiet kann in seinen Grundstrukturen berührt sein, wenn etwa bei zivilrechtlichen Abwägungen öffentliche Interessen berücksichtigt werden müssen. Das für die Medien wichtige Äußerungsdeliktsrecht ist dafür ein Paradebeispiel. Es

62 BGH vom 13.4. 1975 (Porno-Schriften), BGHZ 64, 178, 180 mwN.

63 Z.B. Löffler/*Steffen*, §6 LPG Rdnr. 17; *Soehring*, Presserecht, Tz. 2.26ff.; *Ricker*, Handbuch des Presserechts, 39.Kap. Rdz. 10; a.A. *Rhode*, Publizistische Sorgfalt und redaktionelle Rechtspflichten, 2004, S.27ff.

64 Siehe Rdnr. 1167.

65 Insoweit gleicher Ansicht *Rhode*, Publizistische Sorgfalt und redaktionelle Rechtspflichten, 2004, S.28.

66 AG Köln vom 11.4. 1988 (Nematoden-Befall), AfP 1988, 390f. Siehe Rdnr. 1166.

ist in seiner Ausgangsstruktur allein auf Schädiger und Geschädigten zugeschnitten, muss mit dem öffentlichen Informationsinteresse aber nunmehr auch die Belange einer dritten Partei, nämlich der Öffentlichkeit berücksichtigen.[67] Im Ergebnis ist dem Zivilrecht eine **Berücksichtigung von Allgemeinheitsinteressen nur in Ausnahme- oder Einzelkonstellationen möglich**.

Das öffentliche Informationsinteresse spielt in Bezug auf eine Kontrolle der Medien 1748
durch das Zivilrecht nur eine begrenzte Rolle, weil es die Befugnisse der Medien typischerweise gerade ausweitet und nicht beschränkt. Das Zivilrecht hat die wenigen Möglichkeiten, das öffentliche Informationsinteresse zu einer erweiterten Kontrolle der Medien zu nutzen, bislang kaum aufgegriffen. Ein wichtiger möglicher Anwendungsfall ist der Berichtigungsanspruch. Es wäre denkbar, diesen Anspruch inhaltlich umso weiter zu fassen, je stärker die betreffende Angelegenheit öffentliche Informationsinteressen berührt.

a. Sanktionierung durch Abschreckung und Geldentschädigung

Einer der wenigen Anwendungsfälle, in denen das Zivilrecht medienrechtlich 1749
motivierte Allgemeinheitsinteressen berücksichtigt, ist die umstrittene Rechtsprechung zur **Geldentschädigung eines in seiner Persönlichkeit Verletzten** (siehe Rdnr. 1986ff.). Wird das Persönlichkeitsrecht vorsätzlich mit dem Ziel der Auflagensteigerung und Gewinnerzielung verletzt, dann ist nach der Rechtsprechung des BGH der vom Medienunternehmen erzielte Gewinn als Bemessungsfaktor in die Entscheidung über die Höhe der Geldentschädigung einzubeziehen.[68] Der BGH bemüht dabei Präventions- und Abschreckungsmomente, die sich mit den klassischen zivilrechtlichen Maßstäben nicht decken. Diese Linie legitimiert sich aus einem medienrechtlichen Sanktionsdefizit, das mit dem Schutz eines individuellen Rechtsinhabers im Ausgangspunkt nichts zu tun hat. Das Presserecht kennt keine Sanktionsinstanz oder -mechanismen, wie sie in anderen Wirtschaftsbereichen existieren und dort für die Einhaltung rechtlicher Grenzen sorgen, zum Beispiel in Gestalt der Versicherungs- und Bankenaufsicht oder der Kartellbehörden. Die über das Deliktsrecht geschaffene spezielle Sanktion ist zur Kompensation eines Marktversagens erforderlich. Gegenüber Persönlichkeitsverletzungen durch die Medien ist der Markt zur Regulierung nicht in der Lage, da unseriöse Illustrierte auch in Kenntnis ihrer mangelnden Seriösität vom Publikum gekauft und gelesen werden. Zum Teil haben sie sogar gerade wegen ihres reißerischen unwahren Zuschnitts kommerziellen Erfolg, denn die Interessen Betroffener sind keineswegs deckungsgleich mit denen der

67 Siehe Rdnr. 937ff.; *Beater* JZ 2004, 889ff.

68 BGH vom 15.11. 1994 (Caroline I), BGHZ 128, 1, 16; BGH vom 5.12. 1995 (Caroline II), NJW 1996, 984, 985; BGH vom 5.10. 2004 (Tochter von Caroline von Hannover), BGHZ 160, 299, 301ff.

Käufer von Illustrierten, die sich vielfach am Schicksal anderer weiden wollen.[69]

1750 Wenn man den Abschreckungsgedanken akzeptiert, dann bleibt die Frage, ob der zur Abschreckung erforderliche Entschädigungsbetrag dem Geschädigten zugute kommen soll. Sie ist in meinen Augen zwanglos und ganz eindeutig zu bejahen.[70] Die dahinter stehende rechtspolitische Linie, dass ein **Einzelner in berechtigter Weise öffentliche Aufgaben wahrnimmt und dafür ein Entgelt erhält**, trifft in Deutschland durchweg auf Unverständnis,[71] aber völlig zu Unrecht. In der Sache erfüllt der in seinem Persönlichkeitsrecht verletzte Kläger eine öffentliche bzw. medienrechtliche Aufgabe, die sonst nicht wahrgenommen werden könnte, und er erhält dafür ein erfolgsabhängiges Entgelt. Der Abschreckungsbetrag muss exakt von dem Unternehmen gezahlt werden, das gegen die medienrechtlichen Grenzen verstoßen hat. Er fließt allein demjenigen zu, der verletzt worden ist und sich um das Abstellen dieses Verstoßes verdient gemacht hat. Warum darin eine Ungerechtigkeit liegen soll, ist nicht einsichtig. Auch Missbrauchsgefahren sind grundsätzlich kaum zu befürchten, da die Klage nur dem Betroffenen möglich ist und nur dann zur Entschädigungspflicht führt, wenn und soweit sie berechtigt ist. Der Kläger erhält die Entschädigung also nur, wenn er ein tatsächlich bestehendes öffentliches Sanktionierungsdefizit füllt, während er ansonsten leer ausgeht und die Prozesskosten tragen muss.

b. Wettbewerbsrechtliche Verbandsklage

1751 Für den Bereich des unlauteren Wettbewerbs hat der Gesetzgeber durch die **Klagemöglichkeiten für gewerbliche Verbände und Verbrauchereinrichtungen**[72] eine wichtige weitere Möglichkeit geschaffen, öffentliche Sanktionierungsinteressen über das Zivilrecht zu bedienen. Die Sanktionierung von Wettbewerbsverstößen soll gerade nicht davon abhängen, ob sich ein betroffener Konkurrent zur Klage entschließt. Das Wettbewerbsrecht will „Auswüchsen des Wettbewerbs auch im öffentlichen Interesse entgegentreten und daher die Verfolgung der betreffenden Rechtsverletzungen nicht dem Belieben des unmit-

69 Zu diesem Voyeurverhalten *Luntz* message 2000/2.

70 A.A. *Gounalakis* AfP 1998, 10, 17.

71 So z.B. im Wettbewerbsrecht, siehe dazu *Beater*, Unlauterer Wettbewerb, 2002, § 30 Rdnr. 63, 124. Auch der in § 10 UWG normierte Gewinnabschöpfungsanspruch steht nicht dem klagenden Verband zu, sondern kommt dem Bundeshaushalt zugute. Die Amtliche Begründung dazu nimmt an, dass ansonsten die Gefahr bestünde, „dass der Anspruch aus dem letztlich sachfremden Motiv der Einnahmeerzielung heraus geltend gemacht würde", BT-Drucks. 15/1487, S. 25. Wieso das Motiv der Einnahmeerzielung aber „sachfremd" sein soll, erläutert die Amtliche Begründung nicht. Jeder Rechtsanwalt wird tätig, um auf diese Weise Geld zu verdienen. Wieso er deshalb die Ausübung seines Berufs von „sachfremden" Motiven abhängig macht, ist nicht ersichtlich.

72 § 8 Abs. 3 Nr. 2, Nr. 3 UWG.

telbar Verletzten allein überlassen".[73] Eine solche Verbandsklage greift auch gegenüber Medienunternehmen ein, sofern das UWG auf deren Handeln anwendbar ist.[74]

V. Strafrecht

Das Strafrecht trägt zur Kontrolle der Medien bei, ist aber ebenfalls auf unvoll- 1752
kommene Kontrollmöglichkeiten beschränkt. Anders als das Zivilrecht erfasst es nicht nur individuelle Rechte und Interessen, sondern kann auch solche der Allgemeinheit schützen, zum Beispiel staatliche Geheimhaltungsinteressen, die öffentliche Ordnung oder das sittliche Sexualempfinden der Gemeinschaft.[75] Das Strafrecht ermöglicht die schärfsten Sanktionen, die unser Recht kennt. Es kann daher besonders ausgeprägte Kontroll- und Abschreckungseffekte erzielen, setzt dafür prinzipbedingt aber stets Konstellationen voraus, in denen selbst die äußerste Grenze strafbaren Unrechts verletzt ist. Gegenüber rechtswidrigen Handlungen geringerer Schwere greift das Strafrecht nicht ein. Es kann in der Regel auch nur vorsätzlich begangene Delikte erfassen.[76] Wegen des nulla poena sine lege-Grundsatzes[77] ist die strafrechtliche Ahndung auch zwingend an die Wortlautgrenze der jeweiligen Strafnormen gebunden und auf solche Delikte beschränkt, die der Gesetzgeber bereits geregelt hat.

Das Strafrecht kennt weder einen Sondermaßstab für die Medien,[78] noch eine 1753
allgemein auf Medien gemünzte Strafnorm oder gar einen Tatbestand, der – als Gegenstück zu den §§ 823 Abs. 2 Satz 1 BGB, 4 Nr. 11 UWG – die Verletzung von Mediengesetzen unter Strafe stellt. Für Presse, Rundfunk und Telemedien normieren die einschlägigen Landesrechte allerdings jeweils spezielle Verbotsregeln, die im Zusammenhang mit den medienspezifischen Aufsichtsregeln behandelt werden. Das StGB enthält weiterhin zahlreiche Normen, die sich auf Schriften[79] und auf Rechtsgüter beziehen, die auch durch Äußerungen in und von Massenmedien verletzt werden können bzw. der Berichterstattung Grenzen ziehen.[80]

Die einzelnen **materiellen Straftatbestände des StGB** decken – der ultima 1754
ratio-Doktrin des Strafrechts entsprechend – jeweils nur eng umrissene Konstellationen ab. Soweit sie bestimmte medienrelevante Allgemeinheitsgüter sichern und etwa Volksverhetzung, Gewaltverherrlichung oder Pornografiedar-

73 RG vom 24. 1. 1928 (Markenverband), RGZ 120, 47, 49.
74 Siehe Rdnr. 736 ff.
75 §§ 93 ff., 130 ff., 184 StGB.
76 § 15 StGB.
77 Art. 103 Abs. 2 GG; § 1 StGB.
78 BGH vom 19. 1. 1962 („Rheinische Stimme"), BGHSt 17, 38, 39 ff. (Berufsverbot für Journalisten nach §§ 70 ff. StGB).
79 § 11 Abs. 3 StGB; zum Begriff der Schrift siehe Rdnr. 1689.
80 Überblicksdarstellungen dazu bei *Soehring*, Presserecht, Tz. 12.5 ff.; *Paschke*, Medienrecht, Rn. 955 ff.

stellungen unter Strafe stellen,[81] sind sie bereits im Zusammenhang mit den weiteren rechtlichen Normen zum Schutz von Allgemeinheitsinteressen vorgestellt worden.[82] Weiterhin normiert das StGB insbesondere spezielle Beleidigungs-[83] und Vertraulichkeitstatbestände.[84] Sie werden hier nicht weiter behandelt, weil diese Delikte überwiegend nur auf Antrag des Verletzten verfolgt werden und in den einschlägigen Fällen bereits das Zivilrecht Schutz bietet. Zugleich lässt sich ein einstweiliger Rechtsschutz, der das Eintreten oder Vertiefen von Schädigungen verhindern kann, nur im Zivilprozess,[85] nicht aber im Rahmen des Strafverfahrens erreichen.

1755 Die **strafrechtliche Verantwortlichkeit** bestimmt sich nach den allgemeinen Regeln über Täterschaft und Teilnahme,[86] die zum Teil durch einzelne medienspezifische Vorschriften ergänzt werden. Persönlich strafrechtlich verantwortlich kann nur sein, wer als Täter, Anstifter oder Gehilfe selbst einen konkreten Beitrag zur Tat geleistet hat. Fehlt dem Journalisten eine von der jeweiligen Strafnorm verlangte spezielle Tätereigenschaft, dann kann er als Anstifter oder Gehilfe strafbar sein, zum Beispiel wegen Anstiftung oder Beihilfe zur Verletzung von Dienstgeheimnissen.[87]

C. Medienspezifische Kontrollmechanismen

1756 Es gibt spezielle presse-, rundfunk- und mediendiensterechtliche Regelungen, die für die einzelnen Medien unterschiedliche Kontrollinstrumente vorsehen. Einige dieser Unterscheidungen sind auf die rechtsgeschichtliche Entwicklung des Medienrechts zurückzuführen, das eben in einzelnen, zeitlich stark gegeneinander versetzten Etappen entstanden ist. Andere Regeln erklären sich aus inhaltlichen Gründen, namentlich aus der Trennung zwischen Außen- und Binnenpluralismus oder aus den unterschiedlichen Informations- und Wirkungsweisen der jeweiligen Medien.[88] Es handelt sich um Straf- und Ordnungswidrigkeitstatbestände sowie um Befugnisse bestimmter Aufsichtsgremien. In Bezug auf die zivilrechtliche Haftung, die ebenso wie die Gegendarstellung an späterer Stelle behandelt wird (siehe §§23f.), treffen die einzelnen Mediengesetze dagegen keine speziellen Regelungen.

---

81 §§130, 131, 140, 184 StGB.
82 Siehe Rdnr. 1691ff., 1697ff.
83 §§185ff., 194 StGB.
84 §§201ff., 205 StGB.
85 §§935ff. ZPO.
86 *Soehring*, Presserecht, Tz. 26.4ff. mwN.; §19 Abs. 1 LPrG MV.
87 §§353b Abs. 1 Satz 1, 26, 27 Abs. 1 StGB.
88 Zu den unterschiedlichen Informations- und Wirkungsweisen der einzelnen Medien siehe Rdnr. 905ff.

I. Presse

Für die Presse bestehen historisch bedingt zahlreiche Straf- und Ordnungswidrigkeitstatbestände. Sie knüpfen an spezielle presserechtliche Pflichten an und sind – mit Unterschieden im Detail – in dem jeweiligen LPrG normiert (z.B. §§19ff. LPrG MV).[89] Dabei wird terminologisch häufig zwischen **Presseordnungsdelikten**, die Zuwiderhandlungen gegen äußere Ordnungsanforderungen sind (z.B. Verstöße gegen die Impressumspflicht),[90] und **Presseinhaltsdelikten** getrennt, die durch ein Druckwerk einen Straftatbestand erfüllen bzw. strafbare Inhalte betreffen.[91] Presseinhaltsdelikte setzen die körperliche Verbreitung eines an ein Druckwerk gegenständlich gebundenen strafbaren Inhalts voraus.[92] Die einschlägigen Regelungen sind dadurch streng auf die Presse beschränkt und nicht auf Rundfunk- oder Internetdelikte anwendbar. Für Pressedelikte ist die Verjährungsfrist auf ein Jahr, sechs oder drei Monate verkürzt,[93] weil sie ihrem äußeren Tatbestand nach typischerweise offen und klar erkennbar zutage treten.[94] Soweit das Presserecht dagegen keine vorrangigen Regeln enthält, gelten die Bestimmungen des allgemeinen Strafrechts.[95] So ist beispielsweise das bloße wörtliche Vorlesen einer Druckschrift kein Verbreiten im Sinne des Presserechts[96] und daher allein nach StGB zu beurteilen. 1757

1. Presserechtliche Ordnungspflichten

Der Verstoß gegen die presserechtlichen Ordnungspflichten[97] ist in der Regel eine Ordnungswidrigkeit.[98] Dies gilt namentlich für den Verstoß gegen die **Impressumspflicht**, für die je nach Fallkonstellation vor allem der verantwortliche Redakteur oder der Verleger haften kann. Hat das betreffende Druckwerk einen strafbaren Inhalt, so ist der vorsätzliche Verstoß gegen die Impressumspflicht sogar eine Straftat.[99] Der BGH hat es dagegen abgelehnt, den Verstoß gegen die presserechtliche Impressumspflicht als einen wettbewerblichen Rechtsbruch anzusehen. Die betreffenden Vorschriften dienten der Durchsetzung zivilrechtlicher Individualansprüche und der Sicherung der strafrechtlichen Verfolgung 1758

---

89 Einen Überblick gibt *Groß*, Presserecht, Rn. 646ff., 650ff. mwN.
90 Löffler/*Kühl*, §21 LPG Rdnr. 17f.; §20 LPrG MV.
91 BGH vom 14.6. 1996 (Beruf Neonazi), AfP 1997, 467, 468; Löffler/*Kühl*, §20 LPG Rdnr. 20; Tröndle/*Fischer*, §78 StGB Rn. 7; §19 Abs. 2 LPrG MV.
92 BGH vom 12.12. 2000, BGHSt 46, 212, 215f. mwN.
93 Z.B. §22 LPrG MV.
94 BGH vom 3.10. 1962, BGHSt 18, 63, 65.
95 Löffler/*Kühl*, §21 LPG Rdnr. 20; §19 Abs. 1 LPrG MV.
96 BGH vom 3.10. 1962, BGHSt 18, 63, 64f. Siehe z.B. §22 Abs. 1 Nr. 1 LPrG MV.
97 Zu diesen Pflichten siehe Rdnr. 192ff.
98 Z.B. §21 LPrG MV; *Fechner/Mayer* (Hrsg.), Vorschriftensammlung Medienrecht, §15 PresseG mwN.
99 Z.B. §20 Nr. 3 LPrG MV; *Fechner/Mayer* (Hrsg.), Vorschriftensammlung Medienrecht, §14 Nr. 3 PresseG mwN.

von Pressedelikten. Es handele sich daher um Normen, die keine „Ordnung des Wettbewerbs" bezweckten.[100]

2. Verantwortlicher Redakteur

1759 Der verantwortliche Redakteur (zum Begriff siehe Rdnr. 187) unterliegt einer erhöhten Verantwortung. Für ihn bestehen einzelne spezielle Ordnungswidrigkeitstatbestände und vor allem **besondere Strafvorschriften**. Der verantwortliche Redakteur periodischer Druckwerke ist verpflichtet, diese von strafbarem Inhalt freizuhalten. Er ist nach manchen Pressegesetzen strafbar, wenn er vorsätzlich oder fahrlässig gegen diese Pflicht verstößt und der Verstoß für den strafbaren Inhalt ursächlich ist (z.B. § 19 Abs. 2 Nr. 1 LPrG MV). Der Unrechtsgehalt einer solchen Straftat liegt nicht unmittelbar in dem durch den Zeitungsinhalt herbeigeführten strafrechtlichen Erfolg, sondern darin, dass die Verantwortlichen ihre Pflicht, für die strafrechtliche Reinheit des Druckwerks Sorge zu tragen, schuldhaft verletzt haben.[101] Die Verantwortlichkeit erstreckt sich auf das gesamte Druckwerk, also auf den gesamten redaktionellen Teil und auf den Anzeigenteil, sofern nicht für bestimmte redaktionelle Teile andere Personen als verantwortlicher Redakteur und ein Verantwortlicher für den Anzeigenteil bestellt sind.[102] Die Verantwortlichkeit anderer Personen, zum Beispiel von Verfassern von Artikeln oder Leserbriefen oder von Inserenten, ändert an der Haftung des verantwortlichen Redakteurs nichts.[103]

1760 Zu Einzelfragen der strafrechtlichen Redakteurshaftung bezieht die **Mescalero-Artikel-Entscheidung** Stellung. Im Streitfall hatte eine Zeitschrift einen Artikel wiedergegeben, der den objektiven Tatbestand der Verunglimpfung des Staates[104] erfüllte. Eine Haftung der Angeklagten als Täter oder Teilnehmer nach allgemeinem Strafrecht schied jedoch aus, weil sie sich die Äußerungen des Artikels nicht zu eigen gemacht hatten. Damit blieb allein die Möglichkeit einer presserechtlichen Strafbarkeit als verantwortliche Redakteure. Da es für die Stellung als verantwortlicher Redakteur auf die tatsächlichen Verhältnisse ankommt, ist es möglich, dass eine solche Funktion durch eine Person wahrgenommen wird, die presserechtlich nicht als verantwortlicher Redakteur tätig werden darf. Im Schrifttum wird dazu vorgeschlagen, nach dem Normwortlaut des jeweiligen LPrG zu unterscheiden.[105] Besage die Norm, dass jemand nicht als verantwortlicher Redakteur tätig sein „kann", dann könne er auch kein tauglicher Täter sein. Anderes gelte, wenn das Verbot der Bestellung milder formuliert sei und der Gesetzeswortlaut von „darf nicht tätig sein" spreche. Der BGH folgte dem nicht, sondern knüpfte die Strafbar-

---

100 BGH vom 13.7. 1989 (Impressumspflicht), GRUR 1989, 830, 832. In Bezug auf das Webimpressum iSv. § 6 TDG (= §§ 5f. TMG-E) neuerdings anders BGH vom 20.7. 2006 (Anbieterkennzeichnung im Internet), NJW 2006, 3633, 3634 Rdnr. 15.

101 BGH vom 23.8. 1979 (Mescalero-Artikel), NJW 1980, 67.

102 Löffler/*Kühl*, § 20 LPG Rdnr. 123; *Groß*, Presserecht, Rn. 658; siehe auch § 7 Abs. 2 Satz 2ff. LPrG MV.

103 *Groß*, Presserecht, Rn. 658.

104 § 90a Abs. 1 Nr. 1 StGB.

105 Löffler/*Kühl*, § 20 LPG Rdnr. 126f. mwN.

keit allein an das tatsächliche Agieren als verantwortlicher Redakteur.[106] Das verhindert das Aufreißen neuerlicher Haftungslücken und verdient Zustimmung.

Die **„Radikal"-Entscheidung** betrifft die Abgrenzung zwischen der besonderen strafrechtlichen Verantwortung des verantwortlichen Redakteurs und der Strafbarkeit nach den allgemeinen Regeln über Täterschaft und Teilnahme. Im Streitfall waren in der Zeitschrift „Radikal" mehrere Artikel erschienen, die das KG als öffentliche Aufforderung zu Straftaten, als Billigung von Straftaten und als Werbung für eine terroristische Vereinigung[107] ansah. Das Impressum nannte wechselnde Einzelpersonen als presserechtlich Verantwortliche und offenbar auch die beiden Angeklagten. Diese hatten mit anderen einen eingetragenen Verein gegründet, der als Herausgeber genannt wurde und als „Schutzschild" dienen sollte, hinter dem das Redaktionskollektiv anonym bleiben und davor geschützt werden sollte, für Veröffentlichungen strafbaren Inhalts belangt zu werden. Der BGH stellte fest, dass die Angeklagten keine presserechtliche Sonderhaftung traf, weil sie keine tatsächliche Stellung als verantwortliche Redakteure innehatten. Es kam jedoch insbesondere eine Haftung wegen Beihilfe in Betracht. Wer duldet, dass die Herstellungs- und Vertriebskosten einer periodischen Druckschrift über seine Konten abgewickelt werden und er im Impressum der Zeitschrift zum Schein als Herausgeber genannt wird, kann sich wegen Beihilfe zu den durch die Veröffentlichungen begangenen Äußerungsdelikten strafbar machen.[108] Eine Täterschaft hätte im Streitfall vorausgesetzt, dass die Angeklagten den jeweiligen strafbaren Inhalt der Veröffentlichungen auch als eigene Meinungsäußerung mitgetragen hätten und mittragen wollten, sie also mit diesem Willen auf das tatbestandserfüllende Verhalten der Redakteure, Herausgeber oder Verleger Einfluss genommen oder maßgeblich bei der Herstellung oder dem Vertrieb der jeweiligen „Tatausgabe" mitgewirkt hätten. 1761

Wer vorsätzlich **als verantwortlicher Redakteur zeichnet**, obwohl er die presserechtlichen Voraussetzungen nicht erfüllt, macht sich ebenfalls strafbar.[109] 1762

Eine etwaige **zivilrechtliche Haftung** des verantwortlichen Redakteurs bestimmt sich dagegen nicht nach den presserechtlichen Normen, sondern allein nach den allgemeinen zivilrechtlichen Maßstäben.[110] Die Rechtsprechung sieht die einschlägigen presserechtlichen Strafnormen weder als deliktisches Schutzgesetz an, noch kennt das Zivilrecht eine Haftung des verantwortlichen Redakteurs allein aufgrund seiner presserechtlichen Funktion und Stellung. Die zivilrechtliche Haftung beurteilt sich vielmehr danach, welche konkreten Pflichten dem betreffenden Redakteur im Einzelfall oblagen und ob er diese verletzt hat.[111] 1763

106 BGH vom 23.8. 1979 (Mescalero-Artikel), NJW 1980, 67; dazu *Mückenburger* KJ 1980, 208ff.

107 §§111 Abs.1, 140 Nr.2, 129a Abs.3 StGB.

108 BGH vom 20.2. 1990 („Radikal"), BGHSt 36, 363, 368ff.

109 Z.B. §20 Nr.2 LPrG MV; *Fechner/Mayer* (Hrsg.), Vorschriftensammlung Medienrecht, §14 Nr.2 PresseG mwN.

110 BGH vom 7.12. 1976 (Editorial), NJW 1977, 626, 627. Siehe Rdnr.1896.

111 Siehe Rdnr.1906.

3. Verleger

1764 Der Verleger (zum Begriff siehe Rdnr. 185) macht sich strafbar bzw. begeht eine Ordnungswidrigkeit, wenn er einen „unzulässigen" verantwortlichen Redakteur bestellt oder gegen die Impressums-, die Ablieferungs- oder die Pflicht zur Kenntlichmachung von Anzeigen verstößt.[112] Der Verleger nicht periodischer Druckwerke hat außerdem eine Aufsichtspflicht, kraft derer er verhindern muss, dass mittels des Druckwerks strafbare Handlungen begangen werden. Verletzt er diese Pflicht schuldhaft und ist die Pflichtverletzung für die strafbare Handlung ursächlich geworden, so macht er sich nach manchen Presserechten ebenfalls strafbar.[113]

4. Selbstkontrolle der Presse

1765 Wer sich gegen Veröffentlichungen oder Vorgänge in der deutschen Presse wenden möchte, kann den **Deutschen Presserat** anrufen.[114] Der Presserat ist ein eingetragener Verein, der von den Verbänden der Zeitungs- und Zeitschriftenverleger und Journalistengewerkschaften gegründet worden ist. Er ist eine Einrichtung zur freiwilligen Selbstkontrolle der Presse. Er erarbeitet publizistische Grundsätze, den so genannten Pressekodex, und entscheidet über Beschwerden.

1766 Die Legitimation und Rechtmäßigkeit des Presserats ist nach seiner Gründung zunächst in Zweifel gezogen worden und Gegenstand der unveröffentlichten **Stern-Entscheidung** des OLG Hamburg.[115] Im Streitfall hatte sich die iranische Botschaft beim Auswärtigen Amt über einen Bericht des „Stern" mit dem Titel „Tausendundeine Macht" beschwert. Der Presserat nahm dies zum Anlass für eine umfassende Stellungnahme betreffend den Ehrenschutz ausländischer Staatsoberhäupter. Dabei äußerte er in Bezug auf den genannten Artikel eine Missbilligung der „geschmacklosen, aber auch persönlich und menschlich herabwürdigenden Berichte, die unter Einbruch in die Sphäre des privaten Lebens fremder Staatsoberhäupter oder ihrer Angehörigen veröffentlicht worden sind". Der Stern erhob daraufhin Klage und stellte die Zulässigkeit des Presserats infrage. Das OLG sah jedoch keine verfassungs-, wettbewerbs- oder kartellrechtliche Zulässigkeitshürden, die seitdem auch nicht wieder ernsthaft in die Diskussion gekommen sind.[116]

1767 Der **Pressekodex**[117] verpflichtet u.a. auf die Achtung vor der Wahrheit und wahrhaftige Unterrichtung als oberste Gebote der Presse. Veröffentlichte Nachrichten oder Behauptungen, die sich nachträglich als falsch erweisen, hat das

---

112 §§ 20 Nr. 1, Nr. 2, 21 Abs. 1 Nr. 1, Nr. 2, Nr. 4, Abs. 2 LPrG MV.
113 Z.B. § 19 Abs. 2 Nr. 2 LPrG MV.
114 Allgemein zur Selbstkontrolle der Printmedien durch den Presserat *Schweizer* FS Herrmann 2002, 121 ff.; *Stürner* Bitburger Gespräche Jb 1999/I, S. 105 ff.
115 OLG Hamburg vom 17. 12. 1959 (Stern) – 3 U 141, 142, 143/1959.
116 Siehe *Löffler* AfP 1960, 150 ff.; *N. Gottzmann*, Möglichkeiten und Grenzen der freiwilligen Selbstkontrolle in der Presse und der Werbung, 2005, S. 55 f., 170 ff.
117 Abgedruckt bei Löffler/*Löffler*, BT StandesR, Anhang A. Ab 2007 gilt eine novellierte Fassung. Sie ist abgedruckt unter http://www.presserat.de.

Publikationsorgan, das sie gebracht hat, unverzüglich von sich aus in angemessener Weise richtigzustellen. Die bei einem Informations- oder Hintergrundgespräch vereinbarte Vertraulichkeit ist grundsätzlich zu wahren. Ebenso dürfen redaktionelle Veröffentlichungen wegen der Verantwortlichkeit der Presse gegenüber der Öffentlichkeit nicht durch private oder geschäftliche Interessen Dritter beeinflusst werden. Rechtliche Verbindlichkeit haben die Standesregeln nicht.[118]

Nach der **Beschwerdeordnung**[119] kann sich jedermann beim Presserat über Veröffentlichungen oder Vorgänge in der deutschen Presse beschweren, zum Beispiel der BGH über die Bild-Zeitung wegen einer Prozessberichterstattung.[120] Der Presserat kann aber auch von sich aus ein Beschwerdeverfahren einleiten. Erweist sich eine Beschwerde als begründet, so können daraufhin ein Hinweis, eine Missbilligung oder eine Rüge ausgesprochen werden.[121] Bei Abwägung der Frage, ob eine Missbilligung oder eine Rüge ausgesprochen oder nur ein Hinweis gegeben wird, sind u.a. die Schwere des Verstoßes, seine Folge für den durch die Veröffentlichung Betroffenen sowie eventuelle Schritte des Publikationsorgans zur Minderung solcher Folgen und/oder zur Vermeidung von Wiederholungen zu berücksichtigen.[122] Rügen sind in dem betroffenen Publikationsorgan grundsätzlich abzudrucken,[123] ohne dass damit jedoch eine gerichtlich einklagbare Rechtspflicht begründet würde. 1768

Die Erklärungen des Presserats, zum Beispiel die Einschätzung, der Verleger einer Zeitschrift habe gegen seine journalistische Sorgfaltspflicht verstoßen, sind für sich genommen grundsätzlich als **Werturteile** ohne Tatsachenkern zu bewerten.[124] Das hat Bedeutung, wenn ein Betroffener zivilrechtlich gegen Äußerungen des Presserats vorgehen will, die er für unzutreffend hält. Da das Deliktsrecht den Schutz gegen Meinungsäußerungen an hohe Anforderungen knüpft, kommen zivilrechtliche Ansprüche nur höchst selten bzw. allein im Fall von Schmähungen in Betracht.[125] 1769

118 Nach BGH vom 30.1. 1979 (Exdirektor), NJW 1979, 1041 kann das Standesrecht, namentlich die Regelungen des Pressekodex, von den Gerichten bei der Bestimmung der Pflichten der Medien aber als Auslegungsmaxime berücksichtigt werden.

119 Abgedruckt bei Löffler/*Löffler*, BT StandesR, Anhang B.

120 Pressemitteilung dpa vom 2.2. 2004. Das Blatt hatte in Bezug auf BGH vom 7.6. 2001, NStZ 2001, 595 u.a. vom „Saustall Justiz" gesprochen, Mitglieder des Senats als „Skandalrichter" bezeichnet und wie auf Verbrecherfotos mit Augenbalken abgebildet.

121 § 12 Abs. 3 BeschwerdeO.

122 § 13 BeschwerdeO.

123 § 15 BeschwerdeO.

124 OLG Köln vom 11.7. 2006, AfP 2006, 374, 376.

125 Siehe § 20.

II. Öffentlich-rechtlicher Rundfunk

1. Selbstkontrolle

1770 Der öffentlich-rechtliche Rundfunk ist in besonderer Weise „staatsfrei“ (siehe Rdnr. 235, 686). Die Rundfunkanstalten sind deshalb „binnenplural“ strukturiert und verfügen über eigene „Kontrollorgane“, die zum Beispiel die Einhaltung der Programmgrundsätze überwachen.[126] Eine solche **interne Revision** ermöglicht eine Selbstkontrolle auf der fachlichen wie zur rechtlichen Ebene durch Gremien, die „staatsfern“ zusammengesetzt und zur Gewährleistung von Meinungsvielfalt verpflichtet sind. Jenseits dieser Selbstkontrolle gibt es keine Fachaufsicht durch externe Dritte. Insbesondere besteht keine entsprechende staatliche oder behördliche Aufsichtskompetenz. Die bewusste Ausgestaltung des Rundfunkorganisationsrechts darf nicht durch staatliche Aufsichtsbefugnisse unterlaufen werden, die einen indirekten staatlichen Einfluss auf den Zuschnitt und den Inhalt des Programms erlauben würden.[127] Die Rundfunkanstalten unterliegen grundsätzlich auch keiner Rechtsaufsicht, wenn man von der beschränkten staatlichen Rechtsaufsicht (dazu sogleich) einmal absieht. Ebenso wenig gibt es ein einklagbares Recht oder eine allgemeine Kontrollbefugnis von Rundfunkteilnehmern auf die Einhaltung der rundfunkrechtlichen Vorschriften, zum Beispiel der Regeln über die Programmgestaltung und das Verbot, religiöse Empfindungen der Bevölkerung zu verletzen.[128] Fach- oder Rechtsaufsichtseffekte können schließlich auch nicht auf sonstigen Umwegen, zum Beispiel mit Hilfe des Arbeitsrechts, etabliert werden.

1771 Im Streitfall der **Report-Entscheidung** des LAG Baden-Württemberg hatte der Journalist *Franz Alt* dagegen geklagt, dass ihm die Alleinmoderation des Magazins „Report“ entzogen worden war. Er stützte sein Vorbringen u.a. darauf, dass seine Absetzung und die Neukonzeption der Sendung auf mehr oder weniger massiven politischen Einflussnahmen von außen beruht hätten. Das LAG sah es nicht als Aufgabe der Arbeitsgerichte an, zu überprüfen, welche Einflüsse der Programmgestaltung letztlich zugrunde lägen und ob diese als sachlich anerkannt werden könnten oder nicht. Dies sei vielmehr Sache der zuständigen Rundfunkorgane.[129] Es sei beklagenswert, falls für die Rundfunkorgane Parteiloyalität wichtiger sein sollte als der Sinn für journalistische Qualifikation und Kompetenz. Gleiches gälte, falls das oberste Kriterium für die Programmgestaltung nur noch die Gefälligkeit gegenüber Politikern, Verbänden und Konzernen sein sollte. Dabei handele es sich jedoch nicht um eine arbeitsrechtliche Angelegenheit, sondern um ein rundfunkpolitisches Problem. Ihm könne nicht mit arbeitsrechtlichen Mitteln, sondern nur dadurch begegnet werden, dass die Rundfunkorgane mit Persönlichkeiten besetzt würden, die solchen Einflüssen widerstehen könnten.

---

126 Z.B. §§ 20 Abs. 1 Satz 2 ZDF-StV (Fernsehrat des ZDF), 18 Abs. 1 Satz 3 NDR-StV (Rundfunkrat des NDR).

127 BVerfG vom 28.2. 1961 (Deutschland-Fernsehen), BVerfGE 12, 205, 261.

128 VG Mainz vom 14.9. 1984, NVwZ 1985, 136.

129 LAG Baden-Württemberg vom 14.9. 1988 (Report), AfP 1988, 391, 396. Zu den weiteren Aspekten der Entscheidung siehe Rdnr. 550.

2. Beschränkte staatliche Rechtsaufsicht

Die öffentlich-rechtlichen Rundfunkanstalten können aufgrund des verfassungsrechtlichen Gebots der Staatsferne „höchstens einer beschränkten staatlichen Rechtsaufsicht unterworfen" sein.[130] Die dogmatische Rechtfertigung dieser Aufsicht und die Einzelheiten ihrer „Beschränkungen" sind umstritten,[131] da die Rundfunkanstalten zwar eine öffentliche, aber eben keine staatliche Aufgabe wahrnehmen. Wenn der Gesetzgeber eine staatliche Aufsicht vorsieht, dann darf diese allenfalls eine Rechtsaufsicht sein. Die Aufsicht muss wegen der besonderen Staatsferne und der binnenpluralistischen Strukturziele im Hinblick auf die Aufsichtsmittel und das Aufsichtsverfahren beschränkt sein und darf weder Eingriffe in die Meinungsfreiheit noch in die Programmautonomie erlauben.[132] 1772

Die einschlägigen Rundfunkgesetze treffen unterschiedliche Regelungen. Die meisten von ihnen sehen eine **staatliche Rechtsaufsicht durch die Landesregierungen** vor.[133] In den seltenen Fällen, in denen der Gesetzgeber keine Regelung trifft, haben die Gerichte ebenfalls eine staatliche Aufsichtskompetenz bejaht.[134] Die staatliche Aufsicht erlaubt eine Selbstinformation der zuständigen Stelle, zum Beispiel durch die Teilnahme eines Regierungsvertreters an den Sitzungen von Rundfunkräten, Auskunftsverlangen, Hinweise und schließlich förmliche Anweisungen an das zuständige Organ der Rundfunkanstalt, bestimmte Dinge zu veranlassen oder zu unterlassen.[135] Aufsichtsmaßnahmen sind grundsätzlich nur zulässig, wenn die zuständigen Organe der Rundfunkanstalt die ihnen obliegenden Pflichten nicht oder nicht hinreichend erfüllen. Die rechtsaufsichtsführenden Landesregierungen sind dabei berechtigt und verpflichtet, der Rundfunkanstalt im Einzelfall eine angemessene Frist zur Wahrnehmung ihrer Pflichten zu setzen. Die Aufsichtsnormen begründen keinen Anspruch privater Rundfunkveranstalter darauf, dass die Rechtsaufsicht gegen die möglicherweise rechtswidrig handelnde Rundfunkanstalt einschreitet.[136] 1773

130 BVerfG vom 28.2. 1961 (Deutschland-Fernsehen), BVerfGE 12, 205, 261.
131 Überblick bei *Hesse*, Rundfunkrecht, 4. Kapitel Rz. 108ff. mwN.; zur verfassungsrechtlichen Zulässigkeit und möglichen Erforderlichkeit einer staatlichen Aufsicht *Frye*, Die Staatsaufsicht über die öffentlich-rechtlichen Rundfunkanstalten, 2001, S. 72ff., 93ff.
132 Herrmann/*Lausen*, Rundfunkrecht, §14 Rn. 2, 27ff. mwN.; zu Aufsichtsmaßstäben, Aufsichtsmitteln und Verfahrensfragen eingehend *Frye*, Die Staatsaufsicht über die öffentlich-rechtlichen Rundfunkanstalten, 2001, S. 123ff., 139ff., 165ff.
133 Z.B. §§31 Abs. 1 ZDF-StV, 37 Abs. 1 NDR-StV. Überblicke bei *Hesse*, Rundfunkrecht, 4. Kapitel Rz. 113; *Gersdorf*, Grundzüge des Rundfunkrechts, Rn. 360 jeweils mwN. Zur abweichenden Regelung in Hessen, die eine Staatsaufsicht bewusst ausschließt, eingehend Herrmann/*Lausen*, Rundfunkrecht, §14 Rn. 4f., 7ff. mwN.; *C. Gotzmann*, Die Staatsaufsicht über die öffentlich-rechtlichen Rundfunkanstalten, 2003, S. 198ff.
134 OVG Berlin vom 23.1. 1969 (Sender Freies Berlin), DVBl 1969, 881f.; dazu *Jank* DVBl 1969, 883f. Inzident auch VGH München vom 11.6. 1964, DVBl 1964, 642ff.
135 Herrmann/*Lausen*, Rundfunkrecht, §14 Rn. 32ff. mwN.
136 VGH Baden-Württemberg vom 27.4. 1999, DÖV 1999, 880.

1774 Die **Fall Brückner-Entscheidung** des VG Mainz, eines der wenigen Urteile zu diesem Bereich, macht die Besonderheiten der rundfunkrechtlichen Staatsaufsicht deutlich. Der Streitfall betraf eine politische Berichterstattung des konservativen „ZDF-Magazins". Darin wurde der damaligen Niedersächsischen SPD-Landesregierung vorgeworfen, einen Universitätsprofessor, dem Verbindungen zur terroristischen Szene nachgesagt wurden, nicht rechtzeitig vom Dienst suspendiert und damit zu lange einen offensichtlichen Verfassungsfeind geduldet zu haben. Die kritisierte Landesregierung sah in der Reportage einen Verstoß gegen die Pflicht zur wahrheitsgemäßen Berichterstattung. Sie legte daraufhin bei der Hessischen SPD-Landesregierung Rechtsaufsichtsbeschwerde ein. Diese entsprach dem Anliegen und erließ einen entsprechenden Bescheid gegen das ZDF. Auf die Klage des ZDF wurde der Bescheid vom VG Mainz fünf Jahre (!) später aufgehoben. Nach dem Urteil muss für eine Rechtsaufsicht des Staates über die Rundfunkanstalten grundsätzlich auch die Möglichkeit bestehen, die Rechtmäßigkeit der Programmgestaltung und -darbietungen zu kontrollieren.[137] Eine Rechtsaufsicht, die nicht auch den Programmbereich umfassen würde, wäre weitgehend inhaltsleer und damit mehr oder weniger unwirksam. Da jedoch zugleich die Tätigkeit der Rundfunkanstalten von staatlicher Beeinflussung freigehalten werden müsse, dürfe der Staat nur dann im Rahmen von Aufsichtsmaßnahmen eingreifen, wenn der staatliche Verantwortungsbereich tangiert sei, also wenn etwa die Selbstverwaltungsorganisation der Rundfunkanstalt gestört sei oder die ihr obliegenden Angelegenheiten nicht wahrnehme. Der Staat dürfe daher erst und nur dann eingreifen, wenn die Kontrollorgane der Rundfunkanstalt die ihnen übertragenen Aufgaben nicht wahrnähmen oder bei der Wahrnehmung die Rechtsordnung missachteten.

3. Prinzipielle Schwachstellen

1775 Die Philosophie, den öffentlich-rechtlichen Rundfunk von einer externen Kontrolle im Grunde zu befreien und ganz auf eine Eigenkontrolle durch die binnenpluralistische Organisation der Rundfunkanstalten zu setzen, ist nicht ohne Tücken. Jede Form einer **internen Kontrolle ist mit prinzipiellen Schwachpunkten verbunden**, etwa mit dem Risiko einer zu großen Nähe zwischen dem Kontrolleur und dem Kontrollierten und vor allem mit der Gefahr gleichgerichteter Interessen. Die Möglichkeit einer staatlichen Rechtsaufsicht ist dafür offensichtlich kein ausreichender Ausgleich. Die Staatsaufsicht hat keine praktische Bedeutung, von ihr ist seit Bestehen des öffentlich-rechtlichen Rundfunks fast überhaupt nicht Gebrauch gemacht worden.[138] Auch dafür gibt es eine eindeutige Erklärung. Greift eine Landesregierung im Wege der Aufsicht ein, so muss sie stets den öffentlich postulierten Vorwurf einer Verfolgung unzulässiger parteipolitischer Interessen fürchten. Gegen die Medien lässt sich auf Dauer schwerlich mit Erfolg regieren und Politik machen.

1776 Die **rechtspolitische Richtigkeit** dieses Kontrolldefizits ist inzwischen wachsender Kritik ausgesetzt. Sie wird vor allem vom privaten Rundfunk formuliert.

---

137 VG Mainz vom 19.12. 1978 (Fall Brückner), JZ 1979, 303, 304; dazu *Starck* JZ 1979, 305ff.; *Fromm* VR 1979, 349ff.; *ders.* FuR 1980, 414ff.

138 Einen Überblick zu den wenigen Anwendungsfällen gibt *C.Gotzmann*, Die Staatsaufsicht über die öffentlich-rechtlichen Rundfunkanstalten, 2003, S.3ff. mwN.

Er unterliegt nach eigenem Vorbringen einer ungleich effizienteren Aufsicht durch die Landesmedienanstalten und sieht entsprechende „Wettbewerbsnachteile“. Substanzlos ist das Vorbringen nicht. Beispielsweise hat der zunehmende Konkurrenzdruck zwischen den Sendern beim öffentlich-rechtlichen Rundfunk zu einem Ansteigen unzulässiger Schleichwerbung geführt. Die Staatsaufsicht ist insoweit nicht eingeschritten. Die internen Kontrollgremien haben sich an dieser Praxis, die für den betreffenden Sender mit handfesten wirtschaftlichen Vorteilen verbunden sein kann, über viele Jahre hinweg nicht gestört. Sie nahmen eine entsprechende Tätigkeit nolens volens erst auf, nachdem die Missstände durch einen externen Journalisten weithin öffentlich gemacht und belegt wurden.[139] An einer Verschlechterung der eigenen finanziellen Ausstattung ist kein Organ der Welt interessiert, selbst wenn es als rundfunkrechtliches Kontrollgremium binnenpluralistisch zusammengesetzt ist.

III. Privater Rundfunk

Der private Rundfunk unterliegt einer besonderen Aufsicht durch die **Landesmedienanstalten**, deren Kompetenzen sich nach dem RStV und den entsprechenden Landesgesetzen bestimmen. Die Landesmedienanstalten sind für die Zulassung privater Rundfunkveranstalter zuständig.[140] Sie überprüfen vor und nach der Zulassung, ob der Veranstalter die geltenden Bestimmungen zur Sicherung der Meinungsvielfalt und die sonstigen Vorschriften des RStV einhält (§§35 Abs. 1 Satz 1, 38 Abs. 1 Satz 1 RStV). Da die privaten Rundfunkveranstalter verfassungsrechtlich Programmautonomie genießen, muss sich die Aufsicht auf eine reine Rechtmäßigkeitskontrolle beschränken. Programmliche Beanstandungen sind deshalb nur möglich, soweit sie sich aus einer Verletzung der gesetzlichen Bestimmungen ergeben. 1777

Die Befugnisse und **Aufsichtsmittel** der Medienanstalten bestimmen sich im Einzelnen nach dem jeweiligen Landesrecht.[141] Die privaten Rundfunkunternehmen sind – angesichts der Flüchtigkeit des Mediums – gesetzlich verpflichtet, ihre Sendungen zu speichern und die entsprechenden Aufzeichnungen der Medienanstalt ggf. vorzulegen.[142] Die Aufsichtsmittel reichen im Einzelnen unterschiedlich weit von der bloßen Feststellung des Gesetzesverstoßes durch Hinweis und der förmlichen Beanstandung bis zum Widerruf der Zulassung des Rundfunkveranstalters. Darüber hinaus gibt es einen sehr umfangreichen Katalog von Ordnungswidrigkeitstatbeständen (§49 RStV), für dessen Überwachung in der Regel ebenfalls die Landesmedienanstalten zuständig sind. Er erfasst u.a. Verstöße gegen das Verbot unzulässiger Sendungen, Verstöße gegen Werberegulierungen und Verstöße gegen die Zulassungspflicht. Eine solche 1778

139 Vgl. OLG München vom 20.1.2005 (Marienhof), AfP 2005, 371ff.
140 Siehe Rdnr. 523ff.
141 Dazu *Gersdorf*, Grundzüge des Rundfunkrechts, Rn. 429f.
142 Dazu BVerfG vom 26.2.1997 (Radio Dryeckland), BVerfGE 95, 220, 234ff.

Ordnungswidrigkeit kann mit einer Geldbuße von bis zu 500.000 € geahndet werden. Darüber hinaus steht das Verbreiten von Sendungen unter Strafe, die wegen ihrer offensichtlichen Eignung, Kinder oder Jugendliche sittlich schwer zu gefährden, unzulässig sind.[143]

1779 Entscheidungen der Landesmedienanstalten sind in vollem Umfang **verwaltungsgerichtlich überprüfbar**, soweit sie Materien ohne Bezug zur Meinungsvielfalt betreffen, zum Beispiel Verstöße gegen Werbezeitbeschränkungen oder die rein quantitative Einordnung von Eigen- und Auftragsproduktionen.[144] Anders liegt es dagegen mit Maßnahmen zur Sicherung der Meinungs- und Programmvielfalt, zum Beispiel bei Entscheidungen darüber, welche Programme bei der Kabelbelegung vorrangig zu berücksichtigen sind.[145] In diesen Angelegenheiten steht den Anstalten ein Beurteilungsspielraum zu,[146] der sich aus ihrer binnenpluralistischen Organisationsverfassung erklärt. Solche Entscheidungen sind daher von den Gerichten nur eingeschränkt auf die Einhaltung bestimmter „technischer" Anforderungen überprüfbar, wie die Vollständigkeit der Sachverhaltsermittlung, die ordnungsgemäße Durchführung des Verfahrens und das Verbot, sachfremde Kriterien zu berücksichtigen.

1780 Die Landesmedienanstalten **unterliegen ihrerseits einer begrenzten staatlichen Rechtsaufsicht**, die allein der Aufgabe zu dienen hat, die Einhaltung der zur Gewährleistung der Rundfunkfreiheit ergangenen Bestimmungen sicherzustellen.[147] Einen staatlichen Einfluss auf redaktionelle Inhalte darf auch sie nicht eröffnen.

IV. Telemedien

1781 Für die Telemedien bestehen unterschiedliche Kontrollmechanismen, die sich zum Teil an die presserechtlichen Regeln anlehnen, aber auch eine Aufsicht durch Landesbehörden kennen.

1. Aufsicht

1782 Die Einhaltung der Bestimmungen des MDStV bzw. der Bestimmungen für Telemedien wird durch eine nach Landesrecht bestimmte **Aufsichtsbehörde** überwacht (§ 22 Abs. 1 Satz 2 MDStV = § 59 Abs. 2 RStV-E). Die Behörde ist berechtigt, Angebote im Rahmen der Aufsicht unentgeltlich abzurufen.[148] Ihre sachliche Zuständigkeit erfasst Mediendienste, die zum Beispiel gegen den

143 § 23 JMStV. Siehe Rdnr. 1680.
144 VG Bremen vom 14.6. 1991, AfP 1991, 664, 666.
145 Bay VGH vom 20.12. 1996, AfP 1997, 579, 580.
146 Hahn/Vesting/*Bumke*, § 20 RStV Rn. 50f. mwN.
147 BVerfG vom 16.6. 1981 (FRAG), BVerfGE 57, 295, 326.
148 § 22 Abs. 6 MDStV (= § 59 Abs. 7 Satz 1 RStV-E).

Jugendschutz[149] oder die Werbe- und Sponsoringvorschriften[150] verstoßen. Es handelt sich um eine abschließende Regelung, so dass ein subsidiärer Rückgriff auf die polizei- und ordnungsrechtlichen Generalklauseln nicht zulässig ist.[151]

Die Aufsichtsbehörde hat unter Beachtung des Verhältnismäßigkeitsgrundsatzes die **zur Beseitigung des Verstoßes erforderlichen Maßnahmen** zu treffen (§ 22 Abs. 2 Satz 1 MDStV = § 59 Abs. 3 RStV-E), also insbesondere Angebote zu untersagen und deren Sperrung anzuordnen.[152] Sind Maßnahmen gegenüber dem Content-Provider[153] nicht durchführbar oder nicht Erfolg versprechend, so kann die Behörde nach Ermessen Sperrungsmaßnahmen auch gegen Anbieter von fremden Inhalten[154] richten, soweit eine Sperrung technisch möglich und zumutbar ist (§ 22 Abs. 3 Satz 1 MDStV = § 59 Abs. 4 Satz 1 RStV-E).[155] Greift ein Angebot in Rechte Dritter ein und ist für den Dritten der Rechtsweg eröffnet, so soll die Aufsichtsbehörde nur dann Anordnungen treffen, wenn dies aus Gründen des Gemeinwohls geboten ist (§ 22 Abs. 4 MDStV = § 59 Abs. 5 RStV-E). 1783

Die wohl erste ordnungsrechtliche Sperrungsverfügung wurde 2001 von der Bezirksregierung Düsseldorf angeordnet. Sie sah die beanstandeten Seiten als volksverhetzend, kriegsverherrlichend und offensichtlich geeignet an, Kinder und Jugendliche schwer zu gefährden. Da die Seiten in den USA bereitgehalten wurden, richtete sich die Verfügung gegen eine Vielzahl von nordrhein-westfälischen Internetzugangsanbietern. Die Klage eines dieser Access-Provider wies das OVG NRW in der **www.sturmfront.org-Entscheidung** ab. Es hielt die Sperrung dem Kläger für zumutbar, weil die Aufsichtsbehörde nach glaubhafter eigener Darlegung keine weiteren Möglichkeiten zur Verfügung standen, gegen den Verantwortlichen im Ausland einzuschreiten oder ein Einschreiten zu veranlassen.[156] Ebenso habe die Aufsichtsbehörde das ihr im Rahmen von § 22 Abs. 3 MDStV zustehende Ermessen richtig ausgeübt, weil die von ihr aufgezeigte Möglichkeit der sog. DNS-Sperrung offenkundig gegeben und die Sperrungsverfügung im Übrigen auch erforderlich und angemessen gewesen sei.[157] 1784

Die Aufsichtsbehörde ist dagegen insbesondere **nicht zu einer Überprüfung berechtigt, ob der Anbieter der journalistischen Recherche- und Sorgfaltspflicht nachgekommen ist** (§ 22 Abs. 2 Satz 1 MDStV = § 59 Abs. 3 Satz 1 RStV-E). Eine derartige Kompetenz würde mittelbar einen staatlichen Einfluss auf redaktionelle Inhalte eröffnen, den es auch für die Telemedien nicht geben darf. 1785

149 § 12 MDStV.
150 § 13 MDStV (= § 58 RStV-E).
151 *Spindler* K&R 2002, 398, 400.
152 § 22 Abs. 2 Satz 2ff. MDStV (= § 59 Abs. 3 Satz 2 RStV-E).
153 § 6 Abs. 1 MDStV (= § 7 Abs. 1 TMG-E). Siehe Rdnr. 1910.
154 §§ 7–9 MDStV (= §§ 8–10 TMG-E). Siehe Rdnr. 1911.
155 OVG NRW vom 19. 3. 2003 (www.sturmfront.org), AfP 2003, 280, 283.
156 OVG NRW vom 19. 3. 2003 (www.sturmfront.org), AfP 2003, 280, 282.
157 OVG NRW vom 19. 3. 2003 (www.sturmfront.org), AfP 2003, 280, 284; dazu *Spindler/Volkmann* MMR 2003, 353ff.; *Rosenkranz* VR 2003, 213ff.; kritisch *Vassilaik* CR 2003, 367f.

Ebenso stehen der Aufsichtsbehörde keine Kompetenzen darüber zu, ob der Anbieter seine Pflichten in Bezug auf mögliche Gegendarstellungen erfüllt. Die Durchsetzung von Gegendarstellungsansprüchen bestimmt sich nach den zivilrechtlichen und zivilprozessualen Anforderungen, die nicht durch eine zusätzliche Behördenzuständigkeit beeinflusst werden sollen.

1786 Gegen Entscheidungen der Aufsichtsbehörde ist der **Rechtsweg** zur Verwaltungsgerichtsbarkeit eröffnet.[158] Gegen deren Entscheidungen kann vor dem BVerwG Revision auch mit dem Vorbringen eingelegt werden, dass das angefochtene Urteil auf der Verletzung von Bestimmungen des MDStV und damit auf einer Verletzung von Landesrecht beruht. § 23 MDStV eröffnet so die Möglichkeit einer einheitlichen Rechtsprechung für das gesamte Bundesgebiet und soll einer schädlichen Rechtszersplitterung auf diese Weise vorbeugen.[159]

2. Ordnungswidrigkeiten- und Strafrecht

1787 Das Mediendiensterecht kennt weiterhin einen umfangreichen Katalog von Ordnungswidrigkeitstatbeständen (§ 24 MDStV). Er erfasst u.a. Verstöße gegen die Informationspflicht, das Anbieten unzulässiger Dienste und das Aufrechterhalten von Angeboten, deren Sperrung die Aufsichtsbehörde angeordnet hat. Darüber hinaus steht das Anbieten von Mediendiensten, die wegen ihrer offensichtlichen Eignung, Kinder oder Jugendliche schwer zu gefährden, unzulässig sind, unter Strafe.[160] Verletzungen der Informationspflicht sind darüber hinaus nach neuerer Rechtsprechung ein Rechtsbruch im Sinne der §§ 3, 4 Nr. 11 UWG und lösen wettbewerbsrechtliche Ansprüche aus.[161]

1788 In Bezug auf das materielle Strafrecht ist für die Telemedien zu beachten, dass auch Datenspeicher strafrechtliche „Schriften" sind.[162] Ein Verbreiten im Internet nimmt die Rechtsprechung bereits an, wenn die betreffende Datei auf dem Rechner des Internetnutzers angekommen ist.[163] Nach denselben Maßstäben liegt ein Zugänglichmachen im Internet vor, wenn die Datei zum Lesezugriff ins Internet gestellt wird.[164]

1789 Die viel diskutierte **CompuServe-Entscheidung** des LG München I betrifft Fragen der strafrechtlichen Verantwortlichkeit als Täter oder Gehilfe im Zusammenhang mit Inter-

---

158 § 40 VwGO.

159 Amtliche Begründung zu § 19 MDStV 1997, LT NRW Drucks. 12/1954, S. 48; *Maennel* in Engel-Flechsig/Maennel/Tettenborn, § 19 MDStV 1997 Rdnr. 1.

160 § 23 JMStV. Siehe Rdnr. 1680.

161 BGH vom 20.7. 2006 (Anbieterkennzeichnung im Internet), NJW 2006, 3633, 3634 Rdnr. 15; OLG Naumburg vom 16.3. 2006 (Unvollständiges Webimpressum), K&R 2006, 414, 415. Siehe Rdnr. 295. Zur abweichenden Einordnung von Verletzungen der presserechtlichen Impressumspflicht durch frühere Urteile des BGH siehe Rdnr. 1758.

162 § 11 Abs. 3 StGB. Siehe Rdnr. 1689.

163 BGH vom 27.7. 2001, BGHSt 47, 55, 59 im Zusammenhang mit § 184 Abs. 3 Nr. 1 StGB und so genannter harter Pornografie. Siehe Rdnr. 1701.

164 BGH vom 27.7. 2001, BGHSt 47, 55, 60.

netdelikten. Die betreffenden Seiten enthielten gewalt-, kinder- und tierpornografische Darstellungen und stammten von der amerikanischen Firma CompuServe USA. Der Angeklagte war Geschäftsführer der CompuServe Deutschland, die als deutsche Tochter des amerikanischen Unternehmens als Access-Provider tätig war. Das Gericht hatte darüber zu entscheiden, ob er für das Zugänglichmachen der Seiten verantwortlich war. Die Vorinstanz hatte angenommen, dass arbeitsteilig tätige Teilorganisationen von Diensteanbietern als Mittäter des Diensteanbieters strafrechtlich mitverantwortlich sind.[165] Das LG sprach den Angeklagten dagegen frei.[166] Eine Täterschaft schied in den Augen der Richter aus, weil das vom Angeklagten geführte Unternehmen der Muttergesellschaft völlig untergeordnet gewesen sei und es ihm daher an der notwendigen Tatherrschaft gefehlt habe. Ebenso war keine strafrechtliche Beihilfe gegeben, weil der Angeklagte keine entsprechende Garantenpflicht gehabt hatte und ein entsprechendes Vorbringen gegenüber der Muttergesellschaft außerdem mit Sicherheit erfolglos geblieben wäre. Das Gericht berief sich außerdem auf die speziellen tele- bzw. mediendiensterechtlichen Bestimmungen über die Verantwortlichkeit von Access-Providern,[167] die es im Rahmen der strafrechtlichen Schuldfrage berücksichtigte.[168] Ein Diensteanbieter, der fremde Inhalte lediglich zum Abrufnutzer durchleite, ohne auf sie Einfluss nehmen zu können, habe für diese Inhalte nicht einzustehen.

---

165 AG München vom 28.5. 1998 (CompuServe), NJW 1998, 2836, 2837f.; dazu kritisch *Hoeren* NJW 1998, 2792; *Kühne* NJW 1999, 188ff.

166 LG München I vom 17.11. 1999 (CompuServe), NJW 2000, 1051f.; dazu *Kühne* NJW 2000, 1003f.

167 Die Entscheidung bezog sich auf § 5 TDG a.F. Die heutigen Äquivalente sind die §§ 6 Abs. 2, 7ff. MDStV, 8 Abs. 2, 9ff. TDG (= §§ 7ff. TMG-E). Siehe auch Rdnr. 1911.

168 LG München I vom 17.11. 1999 (CompuServe), NJW 2000, 1051f.

§ 23: Gegendarstellung

Ausgewählte Literatur

1790 *Bänninger*, Die Gegendarstellung in der Praxis – Unter besonderer Berücksichtigung der bundesgerichtlichen und kantonalen Rechtsprechung, Zürich 1998; *Bethge*, Probleme des Gegendarstellungsrechts im öffentlich-rechtlichen Rundfunk, DÖV 1987, 309ff.; *Bruns*, Zur Frage der Aktualitätsgrenze im Gegendarstellungsrecht, AfP 1996, 246ff.; *Damm*, Gegendarstellung als Schlagzeile?, AfP 1994, 270ff.; *Dürr*, Der Gegendarstellungsanspruch im Internet, 2000; *Flechsig/Karg*, Inhalt und Umfang der Nachbesserungsmöglichkeiten im Gegendarstellungsrecht, ZUM 2006, 177ff.; *Groß*, Die Gegendarstellung im Spiegel von Literatur und Rechtsprechung, AfP 2003, 497ff.; *Hassert*, Das Recht der Rundfunkgegendarstellung, 1997; *Helle*, Begrenzung der Gegendarstellung im MDStV, CR 1998, 672ff.; *Klute*, Das Recht der Gegendarstellung im Rundfunkrecht der neuen Bundesländer, AfP 1993, 542ff.; *Koch*, Rechtsschutz durch Gegendarstellung in Frankreich und Deutschland, 1995; *Korte*, Das Recht auf Gegendarstellung im Wandel der Medien, 2002; *Kreuzer*, Persönlichkeitsschutz und Entgegnungsanspruch, FS Geiger 1974, 61ff.; *Krüger*, Die Tatsachenbehauptung im Gegendarstellungsrecht, AfP 1999, 41f.; *Kübler*, Gegendarstellung und Grundgesetz, AfP 1995, 629ff.; *Ory*, Impressum und Gegendarstellung in Mediendiensten, AfP 1998, 465ff.; *Recknagel*, Das Recht der Gegendarstellung bei Meldungen von Nachrichtenagenturen, 1999; *Schmits*, Das Recht der Gegendarstellung und das right of reply – Eine rechtsvergleichende Studie über die Entgegnungskonzeptionen in Deutschland und England, 1997; *Seitz/Schmidt/Schoener*, Der Gegendarstellungsanspruch in Presse, Film, Funk und Fernsehen, 3. Auflage 1998; *Soehring*, Gegendarstellungsrecht: Deliktsrecht?, AfP 1978, 81ff.; *Weimann*, Information durch Gegendarstellung?, FS Schweizer 1999, 347ff.

A. Ausgangsfragen

1791 Der Anspruch auf Gegendarstellung gewährt einem Betroffenen ein **Recht auf Verschaffung von Öffentlichkeit**. Er ist insoweit den bereits behandelten sonstigen Rechten Dritter auf Verbreitung oder Berücksichtigung im Programm[1] ähnlich, greift aber anders als diese nur im Zusammenhang mit einer Berichterstattung ein, die vom Anspruchsgegner stammt und den Anspruchsteller „betrifft". Die Gegendarstellung hat deshalb Züge eines medienrechtlichen Kontrollinstruments, dessen Effektivität freilich begrenzt ist.[2] Der Entgegnungsanspruch hat zugleich Gemeinsamkeiten mit den klassischen zivilrechtlichen Ansprüchen auf Unterlassung, Beseitigung oder Schadensersatz. Er muss den-

---

1 Z.B. Wahlwerbespots der Parteien, Sendezeit für Dritte nach § 42 RStV. Siehe Rdnr. 558ff.

2 Siehe Rdnr. 1739, 1742, 1799.

noch anders verstanden werden als seine zivilrechtlichen Verwandten, weil er eigenständigen Maßstäben folgt. Das Gegendarstellungsrecht setzt auf das Prinzip von öffentlicher Rede und Widerrede, über deren jeweilige „Richtigkeit" allein die öffentliche Meinung in eigener Kompetenz urteilen soll. Eine juristische „Richtigkeitsgewähr" für den Inhalt der Gegendarstellung bzw. eine richterliche Überprüfung der Richtigkeit oder Zulässigkeit der angegriffenen Erstberichterstattung umfasst es nicht.

I. Rechtsgeschichte

Das Gegendarstellungsrecht ist rechtshistorisch eine Folgeerscheinung der 1792
Französischen Revolution.[3] Die mit der Einführung der Pressefreiheit verbundene Abschaffung einer präventiven Zensur führte naturgemäß zum Ansteigen verletzender und missbräuchlicher Berichte. Der französische Abgeordnete *Dulaure* schlug daraufhin 1799 vor, die Eigentümer und Redakteure von periodischen Druckschriften zu verpflichten, die Entgegnung einer in ihrer Ehre angegriffenen Person innerhalb von fünf Tagen unentgeltlich abzudrucken. Seine Begründungen verwiesen u.a. auf den Schutz des Einzelnen und des Publikums, die Waffengleichheit zwischen Presse und Betroffenen und das Ungenügen der Strafklage. Sie führten 1822 zur Schaffung einer ersten gesetzlichen Anspruchsnorm, die jedermann, der in einer periodischen Druckschrift genannt oder erwähnt wurde, ein „droit de réponse" gewährte. In Deutschland kam es dagegen ungleich zögerlicher zu solchen Regelungen, da sich die Zensur hier länger hielt und erst allmählich überwunden werden konnte.[4] Eine erste Bestimmung fand sich 1831 im badischen Pressegesetz. In Preußen verpflichtete eine Kabinettsordre von 1842 die Behörden, dem Bericht von Unwahrheiten und entstellten Tatsachen in Zeitungen dadurch entgegenzuwirken, dass „jeder solcher falschen Mittheilung augenblicklich die Wahrheit durch Berichtigung der Thatsachen in denselben Blättern gegenüber gestellt werde, welche sich der Verfälschung schuldig gemacht haben".[5] In diesem Zwang für die Redaktionen, „das Urtheil über sich selbst zu veröffentlichen", sah *Friedrich Wilhelm IV.* das wirksamste aller möglichen Mittel und zugleich eine „Pflicht der Obrigkeit gegen den Leserkreis".

1874 brachte §11 ReichspreßG eine für das gesamte Deutsche Reich geltende 1793
Regelung. Die öffentliche Presse sollte „bei dem Einfluß, den sie besitzt und der hohen Aufgabe, die ihr gestellt ist, nicht der Pflicht … [ausweichen können], nachweisbare Unrichtigkeiten, die sie gebracht hat, auch selber wieder in das rechte Licht zu stellen. Die Annahme, daß die Gesamtheit der Presse auf einer so hohen sittlichen Stufe steht, um dieser moralischen Pflicht auch ohne recht-

3 *Kreuzer* FS Geiger 1974, 61, 62ff. mwN.
4 *Berner*, Lehrbuch des Deutschen Preßrechtes, S. 49ff. Siehe Rdnr. 121f., 126ff.
5 *Berner*, Lehrbuch des Deutschen Preßrechtes, S. 81.

lichen Zwang nachzukommen, [sei] leider mit den tatsächlichen Erfahrungen nicht in Einklang zu bringen ...".[6] Die Vorschrift sah für periodische Druckschriften daher eine Pflicht zur „Berichtigung" mitgeteilter Tatsachen vor, wenn eine beteiligte Behörde oder Privatperson dies verlangte, die Berichtigung vom Einsender unterzeichnet war, sich auf tatsächliche Angaben beschränkte und keinen strafbaren Inhalt hatte. Die Pflicht diente jedoch – entgegen dem aus heutiger Sicht missverständlichen Normwortlaut – nicht der Feststellung der materiellen Wahrheit. Die Presse musste eine „Berichtigung" ggf. auch dann abdrucken, wenn diese inhaltlich „unwahr" war.[7] Bei der späteren Schaffung der einzelnen Landespresserechte, die bewusst den passenderen Begriff „Gegendarstellung" einführten,[8] diente das Gegendarstellungsrecht des ReichspreßG mehreren Bundesländern zur Orientierung.[9] Es lebt zum Teil noch in heutigen Bestimmungen fort.

II. Sinn und Berechtigung von Gegendarstellungen

1794 Der Anspruch auf Gegendarstellung hat nach heutigem Verständnis eine Doppelfunktion. Er dient zum einen dem **Interesse der Öffentlichkeit und der Medien selbst an Information**, die dem Leser neben der Information durch das jeweilige Medienunternehmen auch die Sicht des Betroffenen vermittelt.[10] Die Gegendarstellung kann einer einseitigen Unterrichtung der Leserschaft dadurch vorbeugen, dass dem Betroffenen das rechtliche Gehör in dem Presseorgan gesichert und damit dem Grundsatz „audiatur et altera pars" (lat.: auch die andere Partei wird gehört) Rechnung getragen wird. Der Betroffene soll die Möglichkeit haben, die behandelten Vorgänge der Leserschaft aus seiner Sicht darzustellen. Es wäre keine sachgemäße Unterrichtung der Öffentlichkeit, wenn demjenigen praktisch das Wort abgeschnitten wird, mit dessen Verhältnissen sich ein Presseorgan in breiten Ausführungen befasst.[11] Dabei nimmt es das Gesetz in Kauf, dass möglicherweise auch Gegenerklärungen veröffentlicht werden müssen, die in der Auswahl und Darstellung der Tatsachen einseitig sind.

---

6 Bericht der Siebenten Kommission über den Gesetz-Entwurf über die Presse, Verhdlg. RT, 2. Legislaturperiode, I. Session 1874, 3. Band: Anlagen, Aktenstück/Drucksache Nr. 67, S. 251.

7 *Löffler*, Presserecht, 1. Auflage 1955, § 11 ReichspreßG Anm. 3ff.

8 Siehe z.B. BayObLG vom 10.7. 1958, NJW 1958, 1825 mwN. zum damaligen LPrG Bayern.

9 *Kreuzer* FS Geiger 1974, 61, 74ff. mwN.

10 BVerfG vom 14.1. 1998 (Gegendarstellung auf Titelseite), BVerfGE 97, 125, 146; BGH vom 6.4. 1976 (PANORAMA), BGHZ 66, 182, 195 spricht sogar von einem Interesse an „sachlich richtiger Information"; BGH vom 6.12. 1966, NJW 1967, 562.

11 BGH vom 10.3. 1964 (Uhren-Weiß), NJW 1964, 1132, 1134.

Die Gegendarstellung hat zum anderen – und nach herrschender Meinung sogar in erster Linie[12] – die Aufgabe, das Persönlichkeitsrecht des **Betroffenen zu schützen**, indem sie ihm eine öffentliche Selbstverteidigung ermöglicht. Er erhält gegenüber bestimmten Beeinträchtigungen durch Medien das Recht, an gleicher Stelle und mit entsprechendem Publizitätsgrad die ihn betreffende Darstellung durch seine Wortmeldung, seine Sicht des mitgeteilten Sachverhalts zu vervollständigen.[13] Der Gegendarstellungsanspruch ist ein Korrelat zur Reichweite und zum Einfluss der Berichterstattung durch Medien, auf die ein Betroffener, dem seine Angelegenheiten unzutreffend dargestellt erscheinen, in der Regel nicht mit Aussicht auf dieselbe publizistische Wirkung antworten kann. Zum Ausgleich dieses Gefälles obliegt dem Gesetzgeber eine aus dem allgemeinen Persönlichkeitsrecht folgende Schutzpflicht, den Einzelnen wirksam gegen Einwirkungen der Medien auf seine Individualsphäre zu schützen. Dazu gehört, dass der von einer Darstellung in den Medien Betroffene die rechtlich gesicherte Möglichkeit hat, ihr mit seiner eigenen Darstellung entgegenzutreten.[14] 1795

Im US-amerikanischen Recht hat der US-Supreme Court in **Miami Herald Publishing Co v. Tornillo** ein „right to reply" für den Bereich der Presse von Verfassungs wegen weitgehend abgeschafft. Das Urteil fußt auf der Überzeugung, dass es keinen rechtlichen Zwang für die Presse geben dürfe, etwas drucken zu müssen, was sie nicht drucken wolle.[15] Aus Sicht des deutschen Rechts schießen die Begründung und das aus ihr folgende prinzipielle Verbot gesetzlicher Gegendarstellungsnormen gleichwohl über das Ziel hinaus. Der Streitfall betraf ein Gesetz, das politischen Kandidaten für öffentliche Wahlämter das Recht zusprach, auf jede sie betreffende Berichterstattung in der Presse kostenlos antworten zu dürfen, also namentlich auch auf reine Bewertungen. Die Befürchtung der Richter, die Presse könne deshalb einem konzilianten Kurs zuneigen, erscheint daher in einem etwas milderen Licht. Zugleich ist zu beachten, dass Kandidaten für politische Ämter vielfach einen ungleich besseren Zugang zu Medien haben als Privatpersonen (siehe auch Rdnr. 1831ff.). Ob es rechtspolitisch richtig ist, deshalb mehr oder weniger jede Form von Gegendarstellung auszuschließen, steht dagegen auf einem anderen Blatt. 1796

Ein konzeptionelles Gegenstück dazu ist das **schweizerische Recht**.[16] Es kennt neben dem in Art. 28g ff. ZGB geregelten zivilrechtlichen Gegendarstellungsanspruch nach wie vor ein behördliches Berichtigungsrecht und setzt die Medien damit einer doppelten Kontrollmöglichkeit aus. Die Gegendarstellung ist dabei als privatrechtliches Institut 1797

---

12 Statt vieler BGH vom 6.4. 1976 (PANORAMA), BGHZ 66, 182, 195; BVerfG vom 14.1. 1998 (Gegendarstellung auf Titelseite), BVerfGE 97, 125, 146; Löffler/*Sedelmeier*, §11 LPG Rdnr. 22.

13 BGH vom 6.4. 1976 (PANORAMA), BGHZ 66, 182, 195 mwN.; vertiefend *Kübler* AfP 1995, 629, 630f., der u.a. von einem durch die Meinungsfreiheit garantierten „Recht auf Teilnahme an der öffentlichen Meinungsbildung" ausgeht.

14 BVerfG vom 4.11. 1986 (Niedersachsen), BVerfGE 73, 118, 201; BVerfG vom 14.1. 1998 (Gegendarstellung auf Titelseite), BVerfGE 97, 125, 146.

15 „... the compulsion exerted by government on a newspaper to print that which it would not otherwise print. The clear implication has been that any such a compulsion to publish that which ‚reason' tells them should not be published is unconstitutional", *Burger* J. in Miami Herald Publishing Co v. Tornillo, 418 U.S. 241, 256 (1974).

16 Überblick dazu bei *Bänninger*, Die Gegendarstellung in der Praxis, Zürich 1998, insbesondere S. 41ff., 46ff.

strikt auf den persönlichen Schutz Betroffener ausgerichtet. Dagegen steht das behördliche Berichtigungsrecht den Behörden nur im öffentlichen Interesse gegenüber Tatsachenangaben zu, die mit der Ausübung hoheitlicher Befugnisse zusammenhängen bzw. geeignet sind, die Öffentlichkeit irrezuführen.[17]

1798 Die **praktische Berechtigung von Gegendarstellungsansprüchen** wird im Schrifttum zum Teil in Zweifel gezogen. In manchen Augen tragen Gegendarstellungen nicht wirklich zur Information der Allgemeinheit bei, unabhängig davon, ob sie sich auf ein bloßes Dementi beschränken oder ergänzende Tatsachenmitteilungen machen, die in Konkurrenz zur Erstmitteilung treten.[18] Darauf ist zum einen zu entgegnen, dass jede Gegendarstellung zumindest insofern ein zusätzliches Informationselement enthält, als sich ein scheinbar eindeutiger Sachverhalt aufgrund der Gegendarstellung nunmehr als streitig darstellt.[19] Zum anderen kommt eine wichtige Komponente hinzu, die sowohl den öffentlichen Meinungsbezug als auch den persönlichkeitsrechtlichen Aspekt von Gegendarstellungen betrifft. Es gibt eine Tendenz, das eigene Verhalten nach anderen Maßstäben als das Verhalten anderer Personen zu beurteilen. Eigenes Verhalten wird ungleich stärker aus Handlungsnotwendigkeiten und der Rücksichtnahme auf äußere Umstände erklärt, während das Verhalten anderer Personen vorrangig auf deren eigene Entscheidung bzw. darauf zurückgeführt wird, dass sie „eben so sind, wie sie sind".[20] Dieser Effekt erklärt sich in Teilen daraus, dass grundsätzlich nur der Handelnde selbst zuverlässig alle Motive seines Tuns kennen kann. Dritte sind weniger umfassend informiert und damit letztlich auf unsichere Erklärungshypothesen angewiesen.[21] Gegendarstellungen können diesem prinzipiellen Informationsgefälle entgegenwirken. Sie dienen damit sowohl dem öffentlichen Informationsinteresse als auch den Persönlichkeitsinteressen des Betroffenen. Ein Großteil aller Persönlichkeitsverletzungen durch die Medien liegt gerade darin, dass sich Betroffene öffentlich falsch wiedergegeben oder dargestellt finden.[22]

III. Gegendarstellung als medienrechtliches Institut

1799 Die Gegendarstellung ist ein genuin medienrechtliches Institut, aber **kein Instrument zur allgemeinen Kontrolle der Medien**. Der Anspruch auf Gegendar-

---

17 BG vom 12.11. 1986, BGE 112 Ia, 398, 406.
18 *Weimann* FS Schweizer 1999, 347, 357ff.
19 *Kübler* AfP 1995, 629, 631.
20 *Miller/Lawson*, The Effect of an Informational Option on the Fundamental Attribution Error, in: Personality and Social Psychology Bulletin 15 (1989), 194ff.; *Burger*, Changes in Attributions over Time: The Ephemeral Fundamental Attribution Error, in: Social Cognition 9 (1991), 182ff. mwN.
21 Zu den Gründen im Einzelnen *Werth*, Psychologie für die Wirtschaft – Grundlagen und Anwendungen, 2004, S.122ff. mwN.
22 *Kepplinger/Glaab*, in: Beater/Habermeier (Hrsg.), Persönlichkeitsverletzungen durch die Medien, 2005, S.117, 124ff.

stellung wird durch einengende Voraussetzungen bewusst begrenzt, um den Schutz Einzelner nicht zulasten der Pressefreiheit zu überdehnen.[23] Er greift allein im Zusammenhang mit „Tatsachenbehauptungen“ ein, steht nur „Betroffenen“ zu und ist nach Gegenstand und Umfang durch die Erstmitteilung begrenzt. Es hängt damit von der Entscheidung des Betroffenen ab, ob es überhaupt zu einer „Kontrolle“ der Medien kommt bzw. ob die Öffentlichkeit durch eine Gegendarstellung zusätzlich informiert wird.

Nach früherem Verständnis war die Gegendarstellung wegen ihrer Informa- 1800
tionswirkung ein öffentlich-rechtliches Institut.[24] In den Anfängen der Bundesrepublik wurde sie dann zunächst als gemischtrechtlicher Anspruch mit öffentlich-rechtlichem Einschlag angesehen,[25] um schließlich von den Gerichten endgültig **dem Zivilrecht zugeschlagen** zu werden.[26] Die damalige Diskussion[27] und die einschlägigen Entscheidungen wurden jedoch allein unter dem Blickwinkel geführt bzw. gefällt, den Zivilrechtsweg zu eröffnen und damit ein effektives staatliches System für die praktische Durchsetzung des Gegendarstellungsrechts nutzbar zu machen. Es ist sinnvoll, den Rechtsweg zu den Zivilgerichten zu ermöglichen,[28] deren Praxis und Prozessrecht auf Streitigkeiten zwischen nichtstaatlichen Parteien zugeschnitten sind. Zugleich urteilen auf diese Weise exakt dieselben Instanzen über die Gegendarstellung, die im Zusammenhang mit Äußerungen in den Medien auch über Ansprüche Betroffener auf Unterlassung, Berichtigung, Widerruf und Schadensersatz zu entscheiden haben.

Die Zuordnung zum Zivil- und Deliktsrecht war durch Rechtswegüberle- 1801
gungen bedingt, hat aber zugleich zur Folge gehabt, dass auch die materiell-deliktsrechtlichen Anforderungen auf die Gegendarstellung übertragen wurden. Dies geschah mehr oder weniger unbewusst. Eine nähere Diskussion, ob es sachgerecht ist, Gegendarstellungsansprüche den materiellen Kriterien des Äußerungsdeliktsrechts zu unterwerfen, hat jedoch nicht stattgefunden. Man muss sich bewusst machen, dass der Gegendarstellungsanspruch in materiell-rechtlicher Hinsicht **anderen Maßstäben als die zivilrechtlichen Ansprüche** folgen kann[29] und dass die zivilrechtlichen Regeln für das Gegendarstellungsrecht jedenfalls nicht in „reiner“ Form angemessen sind. Die Gegendarstellung kann aufgrund ihrer doppelten Zweckrichtung und des Mischcharakters des Medien-

---

23 BVerfG vom 14. 1. 1998 (Gegendarstellung auf der Titelseite), BVerfGE 97, 125, 147.
24 *Häntzschel*, § 11 ReichspreßG Anm. 1 f.
25 OLG Köln vom 10. 4. 1961, NJW 1962, 48 ff.; *Löffler*, Presserecht, 1. Auflage 1955, § 11 ReichspreßG Anm. 15, 129, 138 f.; *Uhlitz* NJW 1962, 526 f.; *Groß* NJW 1963, 479 f. jeweils mwN.
26 BGH vom 6. 4. 1976 (PANORAMA), BGHZ 66, 182, 195 mwN.
27 Z.B. BayObLG vom 10. 7. 1958, NJW 1958, 1825 f.; OLG Köln vom 12. 4. 1962, NJW 1962, 1348, 1349; *Soehring* AfP 1978, 81 ff.
28 § 13 GVG; einzelne LPrG schreiben ausdrücklich den ordentlichen Rechtsweg vor, z.B. § 10 Abs. 4 Satz 1 LPrG MV; *Fechner/Mayer* (Hrsg.), Vorschriftensammlung Medienrecht, § 10 Abs. 4 Satz 1 PresseG mwN.
29 Ähnlich *Groß*, Presserecht, Rn. 463 f.

rechts weder „rein" öffentlich-rechtlich noch ausschließlich zivilrechtlich eingeordnet werden. Die **Überlagerung durch öffentliche Informationsinteressen** wird beispielsweise daran deutlich, dass nach Ablauf bestimmter Ausschlussfristen keine Gegendarstellung mehr verlangt werden kann. Die Regelung erklärt sich nicht aus Schutzinteressen des Betroffenen, da sie ihm sogar Rechte abschneidet. Sie rechtfertigt sich auch nicht aus Interessen des an sich zum Abdruck verpflichteten Medienunternehmens. Die mit Gegendarstellungen verbundenen Belastungen des Medienunternehmens (Verlust an Druckfläche oder Sendezeit, Beschränkung in der Ausgestaltung des eigenen Produkts etc.) sind nämlich unabhängig davon, wie lange die mit der Entgegnung angegriffene Erstmitteilung zeitlich zurückliegt. Die Ausschlussfrist erklärt sich vielmehr aus dem öffentlichen Informationsanliegen. Der Öffentlichkeit ist nur mit einer Gegendarstellung gedient, die in engem zeitlichen Zusammenhang mit dem Abdruck der Erstmitteilung steht.[30] Die Gegendarstellung ist daher im Vergleich zu den Ansprüchen nach BGB deutlich zeitnäher durchsetzbar und bewusst so ausgestaltet, „schnelle Hilfe" zu bieten. Sie ist andererseits darauf beschränkt, Schutz durch das Herstellen von Öffentlichkeit zu ermöglichen, während sie namentlich gegenüber den persönlichkeitsrechtlichen Interessen an Isolation und Ungestörtheit blind ist. Der Anspruch hat eine – dem Zivilrecht fremde – „formale" Natur, aufgrund derer er weder eine Rechtsverletzung verlangt, noch inhaltlich über die Richtigkeit oder Zulässigkeit der Erstdarstellung urteilt. Er bleibt dadurch weit hinter der Überzeugungskraft zivilrechtlicher Unterlassungs- oder Widerrufsansprüche zurück.

1802 Der Zuschnitt des Gegendarstellungsrechts und seine Abgrenzung gegenüber den klassischen zivilrechtlichen Ansprüchen lassen sich beispielhaft an einer der Fallkonstellationen der **Gegendarstellung auf Titelseite-Entscheidung** des BVerfG verdeutlichen.[31] Die von der Beschwerdeführerin verlegte Illustrierte hatte einen Artikel über eine angeblich bevorstehende „Traumhochzeit" der Schwimmsportlerin *Franziska van Almsick* veröffentlicht und diesen unter dem Logo der Zeitschrift auf der Titelseite angekündigt. Darin hieß es in unterschiedlich großen Schrifttypen: *„Dieses Glück ist ihr mehr wert als alle Medaillen / Franzi van Almsick / Traumhochzeit mit ihrem Freund Steffen"*. Der Artikel im Heftinnern bestand aus einem zweiseitigen bebilderten Bericht. Die von der Schwimmerin auf der Titelseite erwirkte **Gegendarstellung**[32] lautete: *„Gegendarstellung: Auf der Titelseite von DAS NEUE SCHNELL UND AKTUELL Nr. 31/96 heißt es ‚Franzi van Almsick Traumhochzeit mit ihrem Freund Steffen'. Hierzu stelle ich fest: Ich habe derzeit keinerlei Heiratsabsichten. Berlin, den 20.8.96. Franziska van Almsick"*. Später, d.h. im Anschluss an das gerichtliche Verfahren, konnte die Schwimmerin auch ihren zivilrechtlichen Anspruch auf **Berichtigung**[33] durch die Zeitschrift durchsetzen. Die Zeitschrift musste daraufhin ebenfalls auf der Titelseite folgenden Text abdrucken: *„Richtigstellung: Auf der Titelseite von DAS NEUE SCHNELL UND AKTUELL vom*

30 *Bruns* AfP 1996, 246, 247.

31 BVerfG vom 14.1. 1998 (Gegendarstellung auf Titelseite), BVerfGE 97, 125, 130ff. mwN.

32 Nach § 11 LPrG Hamburg.

33 §§ 1004 Abs. 1 Satz 1, 823 Abs. 1 BGB analog.

27. 7. 1996 haben wir behauptet, ‚Franzi van Almsick / Traumhochzeit mit ihrem Freund Steffen‘. Hierzu stellen wir richtig, dass Franziska van Almsick und Steffen Zesner keine Heiratsabsichten haben. Der Verlag“. Die Schwimmerin machte wegen der Falschberichterstattung weiterhin einen Anspruch auf **Geldentschädigung** geltend,[34] den das OLG Hamburg im Streitfall jedoch nicht als begründet ansah. Die infrage stehende Persönlichkeitsbeeinträchtigung sei unter Berücksichtigung aller Umstände nicht derart gravierend, dass eine solche Kompensation erforderlich sei. Vielmehr habe die Richtigstellung durch die Illustrierte die Rechtsbeeinträchtigung der Klägerin bereits genügend ausgeglichen.[35]

B. Rechtsgrundlagen

I. Gesetzliche Normen

Der Anspruch auf Gegendarstellung ist in den landesrechtlichen Pressegeset- 1803
zen,[36] in verschiedenen rundfunkrechtlichen Staatsverträgen[37] oder Landesrundfunkgesetzen[38] sowie in § 14 MDStV (= § 56 RStV-E) normiert. Die Materie ist also **medienspezifisch** geregelt, so dass keine für alle Medien einheitlichen Anforderungen bestehen. Außerdem gibt es für Presse und Rundfunk keine Regelung, die für das gesamte Bundesgebiet einheitlich gilt. Der Gegendarstellungsanspruch wird vielmehr durch **Landesrechte** bestimmt, die zum Teil voneinander abweichen[39] und eine bundeseinheitliche Revisionsrechtsprechung durch BGH oder BVerwG ausschließen. Es gibt allerdings einzelne ältere Urteile des BGH zur Gegendarstellung nach ReichspreßG, das bis Anfang der 60er Jahre weitgehend bundeseinheitlich galt. In seltenen Fällen werden die Bundesgerichte auch inzident mit Fragen der Gegendarstellung befasst.

Instanzgerichtliche Entscheidungen zur Gegendarstellung können sowohl 1804
vom Betroffenen als auch vom Abdruckpflichtigen unter den allgemeinen Voraussetzungen mit der Verfassungsbeschwerde angegriffen werden. Der Gegendarstellungsanspruch ist im verfassungsrechtlichen Persönlichkeitsrecht verankert.[40] Er greift zugleich in die Pressefreiheit ein, da er dem zum Abdruck verpflichteten Medienunternehmen die freie Disposition über redaktionelle Inhalte

34 § 823 Abs. 1 BGB iVm. Art. 2 Abs. 1 GG.

35 OLG Hamburg vom 16. 9. 1997, AfP 1999, 68, 69.

36 Z.B. § 10 LPrG MV; *Fechner/Mayer* (Hrsg.), Vorschriftensammlung Medienrecht, § 10 PresseG mwN.

37 Z.B. § 9 ZDF-StV; siehe auch Art. 23 Abs. 1 RL 97/36/EG vom 30. 6. 1997 über Fernsehtätigkeit, ABl. EG 1997, L 202/60 = GRUR Int. 1998, 120ff.

38 Z.B. § 18 LRG Bayern, 24 LRG MV.

39 In den Augen *Stürners*, Gutachten A für den 58. DJT, 1990, S. 95 hat sich „außerhalb der Reichweite revisionsgerichtlicher Kontrolle eine prozessuale Subkultur gebildet, die den Gegendarstellungsanspruch nicht selten an den Hürden lokaler oberlandesgerichtlicher Rechtsprechung scheitern lässt“.

40 BVerfG vom 8. 2. 1983 (Türken in Bingen), BVerfGE 63, 131, 142.

sowie über redaktionelle Fläche bzw. Sendezeit nimmt, das Vertrauen in das Medium beeinträchtigt und Abschreckungseffekte mit sich bringen kann.[41] Der Anspruch bedarf daher einer gesetzlichen Grundlage im Sinne von Art. 5 Abs. 2 GG.[42] Die Frage, ob sich der Gegendarstellungsanspruch auch aus § 823 Abs. 1 BGB bzw. dem allgemeinen Persönlichkeitsrecht ableiten lässt, ist bislang nicht endgültig geklärt.

1805 Die Frage ist Gegenstand der **Märkische Oderzeitung-Entscheidung** des BVerfG. Der Streitfall betraf einen Artikel über die Nutzungen von Mülldeponien, zu dem das betroffene Unternehmen eine Gegendarstellung erwirken wollte. Da es seinerzeit in Brandenburg noch kein LPrG gab, leitete das angerufene Kreisgericht Frankfurt/O. den Gegendarstellungsanspruch aus § 823 Abs. 1 BGB iVm. Art. 2 Abs. 1 GG ab, da diese Normen einen Anspruch auf Naturalherstellung durch Rücknahme unwahrer Behauptungen vorsähen und die vom Kläger begehrte Gegendarstellung demgegenüber nur ein wesensgleiches Minus sei.[43] Das Bezirksgericht Frankfurt/O. nahm zu dieser Rechtsgrundlage nicht Stellung und ging davon aus, dass die Zeitung jedenfalls aus presserechtlichen Grundsätzen zu verurteilen sei.[44] Das BVerfG entschied anders. Der Gegendarstellungsanspruch sei zwar zum Schutz der Persönlichkeit von Verfassungs wegen geboten, doch werde damit nicht auf das Erfordernis einer gesetzlichen Ausgestaltung im Sinne von Art. 5 Abs. 2 GG verzichtet.[45] Allgemeine presserechtliche Grundsätze, auf die das Bezirksgericht zurückgegriffen hatte, reichten deshalb keinesfalls als Rechtsgrundlage aus. Etwas anderes käme allenfalls dann für eine Übergangszeit in Betracht, wenn der von einem Pressebericht Betroffene ohne einen Gegendarstellungsanspruch völlig schutzlos wäre. Ein solcher Fall sei aber insbesondere nicht gegeben, wenn der Betroffene gegen ehrverletzende Presseberichte zivilrechtliche Widerrufs- oder Unterlassungsansprüche geltend machen könne. Diese seien zwar an höhere Voraussetzungen gebunden als die presserechtlichen Gegendarstellungen, verhinderten aber jedenfalls, dass das Persönlichkeitsrecht Angriffen Dritter schutzlos ausgesetzt sei. Das BVerfG nahm dagegen nicht abschließend dazu Stellung, ob § 823 Abs. 1 BGB iVm. Art. 2 Abs. 1 GG eine ausreichende Rechtsgrundlage sei. In seinen Augen hatten die Gerichte nämlich bereits deshalb gegen die Verfassung verstoßen, weil sie nicht in genügendem Maße auf ihre Rechtsauffassung hingewiesen und den Verfahrensbeteiligten daher kein ausreichendes rechtliches Gehör iSv. Art. 103 Abs. 2 GG gewährt hatten.

II. Anwendbares Recht

1806 Die Anwendbarkeit des Landesrechts bestimmt sich in entsprechender Anwendung von Art. 40 Abs. 1 Satz 1 EGBGB. Nach dieser Vorschrift kommt es auf das Recht des Ortes an, an dem der Verpflichtete „gehandelt“ bzw. an dem sich

41 BVerfG vom 8.2. 1983 (Türken in Bingen), BVerfGE 63, 131, 143f. zur Rundfunkfreiheit; *Weimann* FS Schweizer 1999, 347, 349 mwN.

42 BVerfG vom 19.2. 1993 (Märkische Oderzeitung), AfP 1993, 474, 475.

43 KreisG Frankfurt/O. vom 16.3. 1992 – 2 c 34/92.

44 BezirksG Frankfurt/O. vom 12.8. 1992 – 12 S 44/92.

45 BVerfG vom 19.2. 1993 (Märkische Oderzeitung), AfP 1993, 474, 475.

die schadensursächliche Handlung zugetragen hat.[46] Für Äußerungen in den Medien muss daher der Ort maßgebend sein, an dem das Medienunternehmen den betreffenden Beitrag willentlich in die Öffentlichkeit gebracht hat. Für Gegendarstellungen in der **Presse** ist folglich der Erscheinungsort des betreffenden Blatts maßgebend,[47] also der Ort, an dem das Druckwerk mit Willen des Verlegers der Öffentlichkeit zugänglich gemacht wird.[48] Das ist in der Regel der Verlagsort, da dort normalerweise die Ausgabe des Druckwerks, die Verteilung an das Publikum bzw. die Versendung an den Händler beginnt. Der Verlagsort ist auch entscheidend, wenn die gesamte Auflage an eine rechtlich selbstständige Vertriebsgesellschaft mit Sitz im Geltungsbereich eines anderen Pressegesetzes versendet wird.[49] Es kann nicht sein, dass sich der Verleger durch das bloße Verschicken der gesamten Auflage aussuchen kann, welchem Recht er unterliegt. Werden aber zum Beispiel regional selbstständige Ausgaben herausgegeben, so können Erscheinungsort und Verlagsort auseinanderfallen.[50]

Für Gegendarstellungen im **öffentlich-rechtlichen Rundfunk** bestimmt sich 1807
das anwendbare Recht grundsätzlich nach dem Ort des Sitzes der ausstrahlenden Rundfunkanstalt.[51] Ausstrahlende Anstalt ist regelmäßig diejenige, mit deren Willen die betreffende Sendung an die Öffentlichkeit gelangt. Maßgebend ist der „geistige Ursprungsort“, nicht der Ort, an dem sich die technischen Anlagen der betreffenden Anstalt befinden.[52] Für den **privaten Rundfunk** treffen die einzelnen Landesrundfunk- bzw. Mediengesetze jeweils Regelungen. Maßgeblich ist das Recht der Medienanstalt, die die Zulassung für den ausstrahlenden Sender erteilt hat. Es kommt nicht darauf an, wo der Sender seinen Sitz hat oder früher hatte.[53]

Ein Sonderproblem warfen lange Zeit Gegendarstellungen zu Sendungen auf, die im 1808
ARD-Gemeinschaftsprogramm ausgestrahlt wurden.[54] Nunmehr ist die Frage in Art. 8 ARD-StV geregelt.[55] Danach ist für die Gegendarstellung allein das Recht maßgebend, das für die Landesrundfunkanstalt gilt, die die Sendung in das Gemeinschaftsprogramm

46 BGH vom 28.2. 1996, BGHZ 132, 105, 117; *von Bar*, Internationales Privatrecht, Besonderer Teil, 1991, § 6 Rdn. 661.
47 Seitz/*Schmidt*/Schoener, Der Gegendarstellungsanspruch, Rn. 44; *Burkardt* in: Wenzel, Das Recht der Wort- und Bildberichterstattung, § 11 Rz. 32.
48 BGH vom 13.7. 1989 (Impressumspflicht), GRUR 1989, 830, 831; Löffler/*Sedelmeier*, § 8 LPG Rdnr. 18ff.; Seitz/*Schmidt*/Schoener, Der Gegendarstellungsanspruch, Rn. 44.
49 Seitz/*Schmidt*/Schoener, Der Gegendarstellungsanspruch, Rn. 45 mwN.
50 Seitz/*Schmidt*/Schoener, Der Gegendarstellungsanspruch, Rn. 45 mwN.
51 Seitz/*Schmidt*/Schoener, Der Gegendarstellungsanspruch, Rn. 47 mwN.; *Burkardt* in: Wenzel, Das Recht der Wort- und Bildberichterstattung, § 11 Rz. 32.
52 Seitz/*Schmidt*/Schoener, Der Gegendarstellungsanspruch, Rn. 47.
53 OLG München vom 14.11. 1997 (PRO 7), AfP 1998, 89.
54 Zum früheren Recht OLG München vom 10.4. 1992, AfP 1992, 304ff.; OLG München vom 18.9. 1996, AfP 1997, 823f.
55 Die Vorschrift ist verfassungsrechtlich unbedenklich, BVerfG vom 17.1. 2005, NJW 2005, 1343, 1344. Rechtspolitische Kritik an der Norm übt *Burkardt* in: Wenzel, Das Recht der Wort- und Bildberichterstattung, § 11 Rz. 310.

eingebracht hat. Die gegen diese Landesrundfunkanstalt erwirkte Gegendarstellung ist von allen Landesrundfunkanstalten zu verbreiten, die an dem betreffenden Gemeinschaftsprogramm beteiligt waren.

1809 Auf im Ausland erscheinende Berichte ist grundsätzlich **ausländisches Recht** anzuwenden.[56] Sieht das ausländische Recht keinen entsprechenden Anspruch vor, so kann der Betroffene keine Gegendarstellung verlangen. Für den Bereich der EG ist zu beachten, dass Art. 23 Abs. 1 RL 97/36/EG über Fernsehtätigkeit[57] den Mitgliedstaaten die Schaffung eines Rechts auf Gegendarstellung auferlegt. Die Regelung beschränkt sich allerdings auf einen Mindeststandard, da sie einen solchen Anspruch nur im Zusammenhang mit falschen Tatsachenbehauptungen vorsieht.

C. Anspruchsvoraussetzungen

I. Erstmitteilung in bestimmten Medien

1810 Es gibt kein allgemeines, sondern nur ein medienspezifisches Recht auf Entgegnung.[58] Der Anspruch ist **nur gegenüber solchen Massenmedien möglich, die in besonderer Weise dem öffentlichen Dialog dienen**.[59] Medienrechtlich erklärt sich die Beschränkung vor allem daraus, dass typischerweise nur eine Entgegnung in diesen Medien die Gewähr bietet, in etwa denselben Adressaten- und Leserkreis erreichen zu können wie es die angegriffene Erstmitteilung getan hat.[60] Das Anliegen, der öffentlichen Meinungsbildung zu dienen und die Gefahr einer möglichen Fehlinformation der Allgemeinheit durch die Erstmitteilung zu verringern, indem der Betroffene entgegnet, setzt zwingend voraus, dass **Erstmitteilung und Gegendarstellung dasselbe Publikum erreichen**. Im Zusammenhang mit Äußerungen vor einem Zufallspublikum, das in dieser Weise nie mehr zusammenfinden wird, hat eine spätere Gegendarstellung keinen Sinn. Als weiterer Gesichtspunkt kommt hinzu, dass Äußerungen in den einschlägigen Medien aufgrund ihres Verbreitungsgrades für den Betroffenen besonders wichtig und bedrohlich sind. Das strukturelle Ungleichgewicht im Publizitätsgrad von Erstmitteilung und Entgegnung ist typischerweise vor allem dann ge-

56 *Burkardt* in: Wenzel, Das Recht der Wort- und Bildberichterstattung, § 11 Rz. 32.
57 RL 97/36/EG vom 30. 6. 1997 über Fernsehtätigkeit, ABl. EG 1997, L 202/60 = GRUR Int. 1998, 120 ff.
58 Art. 1 Nr. 1 (§ 20 BGB) der Regierungsvorlage eines Gesetzes zur Neuordnung des zivilrechtlichen Persönlichkeits- und Ehrenschutzes sah ein allgemeines Gegendarstellungsrecht vor, das gegen jede öffentliche Tatsachenbehauptung eine Entgegnung gewährt, BT-Drucks. III/1237, S. 3 f.; dazu *Erdsiek* UFITA 29 (1959 III), 1 ff.
59 Siehe Rdnr. 29.
60 Ähnlich Seitz/*Schmidt*/Schoener, Der Gegendarstellungsanspruch, Rn. 37 f.; vertiefend *Korte*, Das Recht auf Gegendarstellung im Wandel der Medien, 2001, S. 84 ff.

geben, wenn sich der Betroffene gegen eine Äußerung in den genannten Massenmedien wehren will.

Presserechtlich kommen Gegendarstellungen daher nur gegenüber Äußerungen in Betracht, die in einem periodischen Druckwerk gemacht worden sind (z.B. § 10 Abs. 1 Satz 1 LPrG MV),[61] scheiden also insbesondere im Zusammenhang mit Büchern aus. Aus denselben Gründen kann im Zusammenhang mit Äußerungen von Mediendiensten der Gegendarstellungsanspruch nicht gegen jedermann geltend gemacht werden, der eine Homepage unterhält, sondern nur gegenüber Anbietern von journalistisch-redaktionell gestalteten Angeboten im Sinne von § 10 Abs. 3 MDStV (= § 54 Abs. 2 RStV-E).[62] Ebenso ist ein rundfunkrechtlicher Anspruch auf Gegendarstellung nur denkbar, wenn das äußernde Medium als Rundfunk im Sinne von § 2 Abs. 1 RStV einzuordnen ist. 1811

Besondere Fragen ergeben sich im Zusammenhang mit Meldungen, die von **Nachrichtenagenturen** verbreitet werden.[63] Der Gegendarstellungsanspruch gegen das Medium, das die Meldung übernommen und veröffentlicht hat, bestimmt sich nach den allgemeinen Regeln, also je nach Zuschnitt des Mediums nach Presserecht, Rundfunkrecht oder dem Recht der Telemedien. Der Anspruch gegen die Nachrichtenagentur kann sich vornehmlich aus dem Presserecht ergeben, hängt aber davon ab, ob die entsprechende landespresserechtliche Regelung auch auf Nachrichtenagenturen anwendbar ist. Die Landesrechte weichen hier im Detail voneinander ab. Einzelne Rechte erklären das Gegendarstellungsrecht ausdrücklich auch auf Nachrichtenagenturen für anwendbar.[64] Die übrigen Gesetze ordnen Meldungen von Nachrichtenagenturen zwar als Druckwerke ein,[65] treffen aber keine explizite Bestimmung darüber, ob sie auch gegendarstellungsfähig sind. Hier kommt es darauf an, ob die Meldungen nach den allgemeinen Maßstäben als periodische Druckwerke einzuordnen sind. 1812

II. Publizistischer Charakter der Erstmitteilung

Der publizistische Zuschnitt der Erstmitteilung ist weitgehend unerheblich. Grundsätzlich kommt die Gegendarstellung im Zusammenhang mit allen Äußerungen in Presse, Rundfunk oder Mediendiensten in Betracht. 1813

61 *Fechner/Mayer* (Hrsg.), Vorschriftensammlung Medienrecht, § 10 Abs. 1 Satz 1 PresseG mwN. Zum Begriff des periodischen Druckwerks siehe Rdnr. 179f.

62 § 14 Abs. 1 Satz 1 MDStV (= § 56 Abs. 1 RStV-E); LG Düsseldorf vom 29. 4. 1998, AfP 1998, 420; dazu kritisch *Helle* CR 1998, 672ff.

63 Dazu *Recknagel*, Das Recht der Gegendarstellung bei Meldungen von Nachrichtenagenturen, 1999, S. 111ff. mwN.

64 Art. 17 LPrG Bayern, § 15 Abs. 1 LPrG Sachsen.

65 Z.B. § 6 Abs. 2 LPrG MV; *Fechner/Mayer* (Hrsg.), Vorschriftensammlung Medienrecht, § 6 Abs. 2 PresseG mwN.

1. Beiträge, Anzeigen, Leserbriefe etc.

1814 Der klassische Anwendungsbereich der Gegendarstellung betrifft **redaktionelle Beiträge**. Dabei kann der Entgegnungsanspruch schon durch eine bloße Überschrift ausgelöst werden, sofern diese bereits für sich Tatsachen behauptet.[66] Für andere als redaktionelle Äußerungen kann dagegen zu unterscheiden sein. Manche Landesrechte stellen Behauptungen, die in **Werbeanzeigen oder Werbeeinschaltungen** mit geschäftlichem Charakter gemacht werden, ausdrücklich vom Gegendarstellungsanspruch frei.[67] Dahinter steht die Überlegung, dass geschäftliche Konkurrenzkämpfe zwischen Unternehmen und Gruppen nicht auf dem Rücken und auf Kosten der Medien ausgetragen werden sollen.[68] Der Ausschluss des Entgegnungsanspruchs greift daher nicht für Anzeigen ein, die anderen als geschäftlichen Zwecken dienen,[69] so dass insbesondere Wahlkampfanzeigen gegendarstellungsfähig sind.[70] Soweit das Landesrecht keine entsprechende Bestimmung vorsieht,[71] ist umstritten, ob gegenüber geschäftlichen Anzeigen eine Gegendarstellung verlangt werden kann. Dies ist mit der h.M. zu bejahen,[72] da das Grundanliegen von Gegendarstellungen auch insoweit eine ergänzende Information der Öffentlichkeit durch die Widerrede des Betroffenen gebietet. Es ist beispielsweise nicht einzusehen, weshalb ein Prominenter, der zu Unrecht in einer Werbeanzeige genannt wird, keinen Entgegnungsanspruch haben soll.[73] Gegendarstellungen sind weiterhin auch gegenüber Äußerungen in **Leserbriefen** möglich. Mangels einer gesetzlichen Ausnahmeregelung muss dasselbe auch für Äußerungen in **Sendebeiträgen Dritter** gelten, die eine Rundfunkanstalt kraft Gesetzes verbreiten bzw. ausstrahlen muss, also für Äußerungen in Regierungsverlautbarungen und in Werbespots politischer Parteien und Vereinigungen.[74] Die Einbeziehung solcher Sendungen in das Gegendarstellungsrecht ist bislang allerdings weder näher diskutiert noch entscheidungsrelevant geworden.

1815 Eine weitere Frage ist, ob gegenüber **Behauptungen in einer Gegendarstellung** eine Gegendarstellung verlangt werden kann. Sie stellt sich, wenn eine Ge-

---

66 Zu einer solchen Konstellation BVerfG vom 16.7. 2003 (Marsch in den Untergang), NJW 2004, 277ff. Siehe Rdnr. 929, 1555. Siehe auch OLG Karlsruhe vom 4.9. 1992, AfP 1992, 307f. zu einer Behauptung auf der Titelseite einer Illustrierten, die im Innenteil des Heftes relativiert wird.

67 Z.B. §§11 Abs.2 Nr.3 LPrG Bremen, 11 Abs.2 Nr.2 LPrG Niedersachsen.

68 *Koebel* NJW 1964, 1108, 1109 mwN. zum früheren LPrG BW.

69 *Burkhardt* in: Wenzel, Das Recht der Wort- und Bildberichterstattung, §11 Rz.65; *Groß*, Presserecht, Rn.482.

70 *Seitz/Schmidt/Schoener* NJW 1980, 1553, 1554 mwN.

71 Z.B. LPrG MV; *Fechner/Mayer* (Hrsg.), Vorschriftensammlung Medienrecht, §10 PresseG mwN.

72 *Burkhardt* in: Wenzel, Das Recht der Wort- und Bildberichterstattung, §11 Rz.66 mwN.; *Groß*, Presserecht, Rn.482; Seitz/*Schmidt*/Schoener, Der Gegendarstellungsanspruch, Rn.286; a.A. Löffler/*Sedelmeier*, §11 LPG Rdnr.71.

73 Seitz/*Schmidt*/Schoener, Der Gegendarstellungsanspruch, Rn.286.

74 Dazu Herrmann/*Lausen*, Rundfunkrecht, §10 Rn.63, Rn.70ff. Siehe Rdnr.573ff.

gendarstellung Tatsachen mitteilt, die in der Erstmitteilung nicht enthalten waren und die einen Dritten betreffen, der daraufhin seinerseits eine Gegendarstellung zur ersten Gegendarstellung begehrt. Für das Rundfunkrecht schließen zahlreiche gesetzliche Bestimmungen einen Entgegnungsanspruch ausdrücklich aus.[75] Für den gesetzlich nicht geregelten Bereich und namentlich für die Presse ist die Beurteilung umstritten. Ablehnende Stimmen begründen ihre Linie damit, dass die Medien insoweit allein einer gesetzlichen Pflicht nachkämen.[76] Sie hätten die Aussagen daher, anders als in den anderen Konstellationen, nicht freiwillig veröffentlicht bzw. nicht „aufgestellt". Andere Stimmen im Schrifttum sprechen sich dafür aus, dass der betroffene Dritte in solchen Konstellationen eine Gegendarstellung verlangen kann.[77] Dabei ist zunächst zu beachten, dass eine Gegendarstellung, deren Inhalt das Persönlichkeitsrecht eines Dritten erheblich verletzt, nicht auf einem berechtigten Interesse beruht und daher von den Medien zurückgewiesen werden kann.[78] Dem Dritten nutzt dies jedoch nichts, wenn der Anspruchsgegner auf diesen Einwand verzichtet und die verletzende Gegendarstellung veröffentlicht. Soweit eine Gegendarstellung nicht durch das Gesetz ausdrücklich ausgeschlossen ist, sollte sie jedenfalls dann möglich sein, wenn der Dritte durch die Gegendarstellung erstmals betroffen wird. Eine unangemessene Härte liegt darin für die Medien nicht, denn sie haben sozusagen „den Stein ins Rollen gebracht". Die Gegendarstellung des Dritten ist eine Folgewirkung der Tatsachenbehauptung, die in der Erstmitteilung aufgestellt wurde.

Äußerungen des Medienunternehmens auf die Gegendarstellung sind ihrerseits gegendarstellungsfähig, soweit sie neue Tatsachenbehauptungen enthalten.[79] 1816

2. Parlamentsberichterstattung

Das Entgegnungsrecht ist vom thematischen Gegenstand der Erstmitteilung unabhängig und erfasst insbesondere sämtliche Beiträge mit politischem, wirtschaftlichem oder integrativem Gehalt. Der Anspruch ist jedoch in bestimmten Fällen der Parlamentsberichterstattung ausgeschlossen. Es besteht eine Ausnahme für wahrheitsgetreue Berichte über die öffentlichen Sitzungen des Bundestags, des Landtags und bestimmter weiterer öffentlicher Gremien, die in beson- 1817

75 Z.B. §9 Abs.7 ZDF-StV.

76 Löffler/*Sedelmeier*, §11 LPG Rdnr.77; *Burkhardt* in: Wenzel, Das Recht der Wort- und Bildberichterstattung, §11 Rz.68 mwN.

77 Seitz/*Schmidt*/Schoener, Der Gegendarstellungsanspruch, Rn.289, der eine Gegendarstellung jedenfalls dann zulässt, wenn der Dritte durch die Gegendarstellung schwerwiegend in seinem Persönlichkeitsrecht betroffen wird; ähnlich *Groß*, Presserecht, Rn.477.

78 Siehe Rdnr.1838ff.

79 Löffler/*Sedelmeier*, §11 LPG Rdnr.77 a.E.

derer Weise „frei" sind.[80] Zahlreiche Mediengesetze ziehen daraus zu Recht den Schluss, dass deshalb gegenüber solchen Berichten keine Gegendarstellung möglich ist.[81] Das besondere Interesse an der authentischen Dokumentation derartiger Sitzungen[82] schließt es nämlich aus, über ihren Ablauf und Inhalt durch das Prinzip von Rede und Gegenrede zu informieren. Wenn ein solcher Bericht wahrheitsgemäß ist, was ggf. von den Gerichten überprüft werden muss, so ist eine Entgegnung darauf nicht hilfreich. Soweit die einschlägigen Mediengesetze keine entsprechende Bestimmung enthalten,[83] müssen Gegendarstellungen in entsprechender Anwendung der Art. 42 Abs. 3 GG und § 37 StGB ebenfalls ausgeschlossen sein.[84]

III. Tatsachenbehauptung

1818 Die Gegendarstellung ist durchweg nur gegenüber **Tatsachen** möglich (zum Tatsachenbegriff siehe Rdnr. 1576ff.). Eine Gegendarstellung kann daher beispielsweise auch im Zusammenhang mit Zitaten[85] oder bildlichen Tatsachenaussagen[86] möglich sein. Jede Tatsachenangabe löst grundsätzlich einen eigenen Gegendarstellungsanspruch aus. Wenn ein und derselbe Artikel mehrere Tatsachen mitteilt, so ist es allein Sache des Betroffenen zu entscheiden, welche Punkte der Erstmitteilung er in der Gegendarstellung aufgreift.[87] Geht der Betroffene gegen mehrere oder gegen alle Angaben des Artikels vor, so ist er grundsätzlich gehalten, seine Entgegnung zu einem Gegendarstellungsbündel zusammenzufassen.[88] Es gibt keine „Gegendarstellung auf Raten",[89] die dem öffentlichen Informationsanliegen zuwiderlaufen und das Gegendarstellungsrecht zu einem „Kampfinstrument" des Betroffenen denaturieren würde.

1819 Die **Beschränkung auf Tatsachen** ist verfassungsgemäß,[90] aber durch die Verfassung keineswegs zwingend vorgegeben. Ihre rechtspolitische Richtigkeit wird mit guten Gründen in Zweifel gezogen. Die strikte äußerungsrechtliche

---

80 Art. 42 Abs. 3 GG.
81 §§ 14 Abs. 4 MDStV (= § 56 Abs. 4 RStV-E), 10 Abs. 5 LPrG MV; *Fechner/Mayer* (Hrsg.), Vorschriftensammlung Medienrecht, § 10 Abs. 5 PresseG mwN.; *Soehring*, Presserecht, Tz. 29.15f.
82 Siehe Rdnr. 1176, 1440.
83 Z.B. LPrG Bayern.
84 Seitz/*Schmidt*/Schoener, Der Gegendarstellungsanspruch, Rn. 277.
85 OLG Hamburg vom 14.4. 1994 (Menschenjäger H), NJW-RR 1994, 1179, 1180; OLG Karlsruhe vom 12.5. 1999, AfP 1999, 373, 374; *Frömming* FS Engelschall 1996, 47, 49, 56. Siehe Rdnr. 1598ff. Der Gegendarstellungsanspruch besteht auch gegenüber Zitaten im Rundfunk *Burkhardt* in: Wenzel, Das Recht der Wort- und Bildberichterstattung, § 11 Rz. 291f. mwN.
86 LG München I vom 7.5. 2003, AfP 2003, 373ff. Siehe Rdnr. 1596.
87 OLG Hamburg vom 20.10. 1994, NJW-RR 1995, 1053.
88 *Burkhardt* in: Wenzel, Das Recht der Wort- und Bildberichterstattung, § 11 Rz. 48ff.
89 LG Oldenburg vom 5.11. 1986, AfP 1986, 80, 81.
90 BVerfG vom 14.1. 1998 (Gegendarstellung auf Titelseite), BVerfGE 97, 125, 145ff.

Unterscheidung zwischen Tatsachen und Meinungen erklärt sich aus dem Anliegen, im Interesse der öffentlichen Information und Meinungsbildung einen möglichst weiten und sanktionsfreien Raum für Stellungnahmen und persönliche Einschätzungen zu gewährleisten. Eine Entgegnung auf Meinungen und der Mechanismus von Rede und Gegenrede, auf dem die Gegendarstellung beruht, würden dieses Anliegen nicht wesentlich stören und den öffentlichen Dialog fördern. Viele Angelegenheiten erlangen ihre öffentliche Bedeutung sogar allein daraus, dass ihre Bewertung unendlich schwer fällt. Ein Beispiel ist etwa die Diskussion über das staatliche Folterverbot.[91] Auch der beste Journalist, der über entsprechende Vorkommnisse schreibt, kann stets nur versuchen, sich in derartige Situationen hineinzudenken. Es kann der öffentlichen Information nur förderlich sein, dem betreffenden Polizeibeamten eine Möglichkeit der Entgegnung aus erster Hand zu geben. Die persönlichkeitsrechtliche Komponente des Gegendarstellungsrechts, die den sozialen Geltungsanspruch des Einzelnen[92] betrifft, legt eine Ausweitung auf Meinungsäußerungen ohnehin nahe.[93] Die Befürchtung, dass eine solche Ausweitung des Gegendarstellungsrechts die Medien überfluten und hemmen könnte,[94] darf demgegenüber nicht vorschnell beiseite geschoben werden, sollte aber keinesfalls zu Denkverboten verführen.

Der Blick auf ausländische Rechte legt es nahe, den „Überflutungsaspekt“ nicht als sach- 1820
liches Argument, sondern hauptsächlich als ein politisch wirksames Instrument zur Verteidigung lobbyistischer Interessen der Medien anzusehen.[95] In **England** hat das Überflutungsargument sogar dazu geführt, dass der Gesetzgeber eine Schaffung von Gegendarstellungsansprüchen generell abgelehnt hat.[96] Auch der Blick auf die ausgeprägte Gegenposition dazu, sprich auf das **französische Recht**, ist aufschlussreich. Es hat nämlich die Gegendarstellung seit jeher nicht auf Tatsachenäußerungen beschränkt[97] und kann damit auch in der Praxis bestehen. Die Gerichte haben den in der deutschen Diskussion beschworenen „Horrorentwicklungen“ erfolgreich entgegenwirken können, indem sie für Gegendarstellungen zu Meinungsäußerungen verlangen, dass die Gegenäußerung in einem ausgewogenen Verhältnis zu der Erstveröffentlichung stehen muss.[98] Das läuft auf ähnliche Kriterien hinaus, wie sie das deutsche Recht im Zusammenhang mit Widerrufs- und Berichtigungsansprüchen ebenfalls kennt.

---

91 Siehe LG Frankfurt a.M. vom 20.12.2004 (Daschner), NJW 2005, 692ff.; BVerfG vom 14.12.2004 (Daschner), NJW 2005, 656f.

92 Dazu siehe Rdnr. 340ff.

93 *Kreuzer* FS Geiger 1974, 61, 98ff.; *Stürner* JZ 1994, 865, 876; *Ossenbühl* JZ 1995, 633, 642; medienspezifisch differenzierend *Rösler* ZRP 1999, 507, 508f.

94 Z.B. *Bischoff* DÖV 1987, 318, 321, der ein Verkommen von Presse und Rundfunk zur „Dalli-Dalli-Veranstaltung“ befürchtete; demgegenüber kritisch und mit Darstellung des Meinungsstands *Hassert*, Das Recht der Rundfunkgegendarstellung, 1997, S. 39ff. mwN.

95 Zur „Macht“ der Medien in eigenen Angelegenheiten siehe Rdnr. 1706ff., 1711ff.

96 Dazu *Schmits*, Das Recht der Gegendarstellung und das right of reply – Eine rechtsvergleichende Studie über die Entgegnungskonzeptionen in Deutschland und England, 1997, S. 149ff., 170f., 172ff. jeweils mwN.

97 Allgemein zum französischen Modell *Kreuzer* FS Geiger 1974, 61, 89ff.

98 Rechtsvergleichend *Koch*, Rechtsschutz durch Gegendarstellung in Frankreich und Deutschland, 1995, S. 94ff. mwN.

1821 Ob die Erstveröffentlichung Tatsachenangaben enthält, ist grundsätzlich nach den **allgemeinen Auslegungsregeln** zu bestimmen. Die praktische Klärung kann im Zusammenhang mit Gegendarstellungsansprüchen zum Teil etwas leichter fallen, wenn die Sachdarstellung der Erstmitteilung mit der Sachdarstellung der Gegendarstellung verglichen wird. Dann lässt sich oftmals treffsicherer ermitteln, ob der Verfasser der Erstmitteilung und der Verfasser der Gegendarstellung unterschiedliche Sachverhalte mitteilen und sich im Tatsächlichen oder aber in der Beurteilung des tatsächlichen Sachverhalts unterscheiden.[99] In **Abweichung** von den allgemeinen Auslegungsregeln gilt für das Gegendarstellungsrecht jedoch nicht der Satz, dass Ausführungen bei mehreren in Betracht kommenden Deutungen in einem dem Äußernden günstigen Sinne auszulegen und im Zweifel als Meinungsäußerung einzuordnen sind.[100] Es gibt in Anbetracht des speziellen medienrechtlichen Charakters von Gegendarstellungen keinen Grund, die Möglichkeit einer Gegendarstellung im Zweifel auszuschließen. Gegendarstellungen können gerade im Zusammenhang mit mehrdeutigen Erstäußerungen besonders gut zur näheren Aufklärung beitragen und auf diese Weise zu einem Gewinn an öffentlicher Information führen.

1822 Der Anspruch **setzt keine Unwahrheit oder eine sonstige Nachteiligkeit der Tatsachenangabe voraus.**[101] Es reicht, dass die Angabe den Anspruchsteller inhaltlich „betrifft". Das Gegendarstellungsrecht will eben nicht die Justiz über die Richtigkeit oder Glaubhaftigkeit der im Erstbericht gemachten Behauptungen urteilen lassen, sondern dem Betroffenen eine umgehende öffentliche Entgegnung ermöglichen. Eine zeitnahe Entgegnung wäre aber gefährdet oder gar unmöglich, wenn die Gegendarstellung eine Unwahrheit der ursprünglichen Darstellung verlangen und ggf. ein aufwändiges gerichtliches Beweisverfahren erfordern würde.

1823 Zahlreiche Normtexte verlangen ferner ein **Behaupten** von Tatsachen.[102] Damit wird jedoch nicht – wie zum Beispiel im Rahmen von Widerrufsansprüchen (siehe Rdnr. 1868f.) – vorausgesetzt, dass sich das äußernde Medium die Aussage inhaltlich zu eigen machen muss. Die Gegendarstellung greift auch im Zusammenhang mit einem bloßen Verbreiten von Tatsachen ein, setzt also keine eigene Positionierung des Äußernden voraus.[103] Auch Angaben, die von den Medien

---

99 Löffler/*Sedelmeier*, § 11 LPG Rdnr. 97.

100 Ebenso *Burkhardt* in: Wenzel, Das Recht der Wort- und Bildberichterstattung, § 11 Rz. 41; siehe auch LG München vom 21. 12. 2005, AfP 2006, 379, 380; a. A. *Soehring*, Presserecht, Tz. 29.12. Siehe Rdnr. 1561 f.

101 Der durch Art. 23 Abs. 1 RL 97/36/EG vom 30. 6. 1997 über Fernsehtätigkeit, ABl. EG 1997, L 202/60 = GRUR Int. 1998, 120ff. vorgeschriebene gemeinschaftsrechtliche Mindeststandard bleibt dahinter zurück und ist auf Gegendarstellungen gegenüber falschen Tatsachen beschränkt.

102 Z.B. § 10 Abs. 1 Satz 1 LPrG MV; *Fechner/Mayer* (Hrsg.), Vorschriftensammlung Medienrecht, § 10 Abs. 1 Satz 1 PresseG mwN.; §§ 9 Abs. 1 ZDF-StV, 24 Abs. 1 LRG MV, 14 Abs. 1 Satz 1 MDStV (= § 56 Abs. 1 Satz 1 RStV-E).

103 *Korte*, Das Recht auf Gegendarstellung im Wandel der Medien, 2001, S. 123ff.; *Burk-*

lediglich weitergegeben werden, gelangen nämlich an die Öffentlichkeit und können dazu führen, dass sich ein Betroffener falsch dargestellt fühlt. Eine Gegendarstellung kann daher auch in solchen Fällen zur öffentlichen Information beitragen und muss folglich möglich sein.

Die „Tatsachenbehauptung" muss schließlich **„aufgestellt"** worden sein. Das 1824
setzt voraus, dass die Tatsache öffentlich mitgeteilt, d.h. den Mediennutzern zur Kenntnis gebracht worden ist.[104] Es gibt keine vorbeugende Gegendarstellung gegen eine erst bevorstehende Berichterstattung.[105] Der Betroffene hat also keinen Anspruch darauf, dass die Gegendarstellung in dem gleichen Heft der Zeitschrift erscheint, in dem auch die Erstmitteilung veröffentlicht wird. Die Informationsinteressen der Allgemeinheit und die berechtigten Interessen des Betroffenen sind ausreichend gewahrt, wenn die Gegendarstellung zeitlich erst nach der Erstmitteilung veröffentlicht wird. Im Übrigen bleibt dem Betroffenen stets die Möglichkeit, die Veröffentlichung der Erstmitteilung mit Hilfe des vorbeugenden Unterlassungsanspruchs zu verhindern.

IV. Anspruchsberechtigte

1. Jede Person oder Stelle

Als Anspruchsberechtigter kommt jede „Person oder Stelle" in Betracht,[106] also 1825
natürliche und juristische Personen des Privat- und des öffentlichen Rechts sowie alle sonstigen Personenvereinigungen, die jedenfalls eine partielle Rechtsfähigkeit haben und vor Gericht klagen können.[107] Der Begriff wird beispielsweise auch auf nicht rechtsfähige Vereine, politische Vereine, Gewerkschaften, Behörden, Gerichte, die Bundesregierung, Ministerien und Gesetzgebungsorgane erstreckt. Es ist richtig, den Kreis potenzieller Klageberechtigter weit zu ziehen. Aus medienrechtlicher Sicht muss es darauf ankommen, ob der Anspruchsteller als solcher Gegenstand der öffentlichen Berichterstattung bzw. des öffentlichen Meinungsbildungsprozesses ist. Die beispielhaft aufgeführten Stellen sind typischerweise besonders häufig Thema der öffentlichen Debatte. Eine von ihnen

---

hardt in: Wenzel, Das Recht der Wort- und Bildberichterstattung, § 11 Rz. 46 mwN.; *Soehring*, Presserecht, Tz. 29.13; Löffler/*Sedelmeier*, § 11 LPG Rdnr. 107. Zwischen redaktionsfremden und gegendarstellungsunfähigen Äußerungen einerseits und sich vom Rundfunk zu eigen gemachten, gegendarstellungsfähigen Äußerungen Dritter differenzierend *Hassert*, Das Recht der Rundfunkgegendarstellung, 1997, S. 76ff., 83ff.

104 Löffler/*Sedelmeier*, § 11 LPG Rdnr. 106.

105 OLG Celle vom 17.3. 1988, NJW-RR 1989, 182, 183.

106 Z.B. § 10 Abs. 1 Satz 1 LPrG MV; *Fechner/Mayer* (Hrsg.), Vorschriftensammlung Medienrecht, § 10 Abs. 1 Satz 1 PresseG mwN.; §§ 24 Abs. 1 LRG MV, 14 Abs. 1 Satz 1 MDStV (= § 56 Abs. 1 Satz 1 RStV-E). Ähnlich Art. 23 Abs. 1 RL 97/36/EG über Fernsehtätigkeit vom 30.6. 1997, ABl. EG 1997, L 202/60 = GRUR Int. 1998, 120ff. „jede natürliche oder juristische Person".

107 Statt vieler *Soehring*, Presserecht, Tz. 29.9 mwN.; *Burkhardt* in: Wenzel, Das Recht der Wort- und Bildberichterstattung, § 11 Rz. 71ff. mwN.

betriebene Gegendarstellung wird daher ein besonderes Informationsinteresse bedienen.

2. Betroffenheit

1826 Der Anspruchsteller muss durch die aufgestellte Tatsachenbehauptung „betroffen“ sein.[108] Der Anspruch steht im Grundsatz jedem zu, der die Unrichtigkeit einer ihn betreffenden veröffentlichten Tatsache behauptet. Betroffenheit setzt keine ausdrückliche Nennung, wohl aber einen gewissen **Bezug zum Anspruchsteller** voraus. Betroffen sein kann selbst jemand, der vom Berichtsverfasser nicht gemeint war, der aber nach dem Verständnis des unbefangenen Durchschnittslesers als angesprochen in Betracht kommt,[109] denn es droht in einem solchen Fall sowohl eine unzutreffende Information der Öffentlichkeit als auch eine Beeinträchtigung von Persönlichkeitsrechten der scheinbar gemeinten Person. Es gibt jedoch keine „Populargegendarstellungsklage“ für jedermann, der sich auf Kosten der Medien eine öffentliche Bühne schaffen möchte. Ein Bericht über eine politische Partei löst beispielsweise keine Gegendarstellungsansprüche für jedes einzelne Parteimitglied, geschweige denn für jeden wahlberechtigten Bürger aus. Andererseits verlangt die Betroffenheit nicht, dass eine Verletzung in eigenen Rechten angeführt wird. Die ganz h.M. fordert aber eine individuelle oder unmittelbare Betroffenheit und lässt es nicht ausreichen, dass der Anspruchsteller lediglich generell berührt ist.[110] Die Abgrenzung wirft in der Praxis große und wohl unvermeidbare Schwierigkeiten auf, die zu einer vielfältigen Kasuistik geführt haben[111] und gleich noch näher thematisiert werden (siehe Rdnr. 1829ff.). **Inhaltlich** kann auch eine scheinbar positive Meldung einen Anspruch auf Gegendarstellung auslösen. Ein Beispiel ist die Meldung, ein Theater sei über Monate hinaus ausverkauft.[112] Sie ist geschäftsgefährdend, weil sie dazu führen kann, dass sich das interessierte Publikum nicht mehr um Eintrittskarten bemüht.

1827 Gibt es **mehrere Betroffene**, so ist grundsätzlich jeder berechtigt, mit einer eigenen Darstellung zu Wort zu kommen.[113] Dies gilt im Prinzip auch, wenn sie

---

108 Z.B. §10 Abs.1 Satz 1 LPrG MV; *Fechner/Mayer* (Hrsg.), Vorschriftensammlung Medienrecht, §10 Abs.1 Satz 1 PresseG mwN.; §§24 Abs.1 LRG MV, 14 Abs.1 Satz 1 MDStV (= §56 Abs.1 Satz 1 RStV-E).

109 BayOblG vom 22.6. 1961, NJW 1961, 2075f. mwN.; OLG Hamburg vom 19.1. 1986, AfP 1986, 137f.; Seitz/*Schmidt*/Schoener, Der Gegendarstellungsanspruch, Rn.66.

110 Löffler/*Sedelmeier*, §11 LPG Rdnr.58 mwN.; *Soehring*, Presserecht, Tz. 13.27ff.; *Burkhardt* in: Wenzel, Das Recht der Wort- und Bildberichterstattung, §11 Rz.77ff.; Seitz/*Schmidt*/Schoener, Der Gegendarstellungsanspruch, Rn.67ff.

111 Übersichten dazu bei Seitz/*Schmidt*/Schoener, Der Gegendarstellungsanspruch, Rn.69ff.; *Burkhardt* in: Wenzel, Das Recht der Wort- und Bildberichterstattung, §11 Rz.78ff.

112 *Soehring*, Presserecht, Tz. 29.10.

113 OLG Karlsruhe vom 7.7. 2006, AfP 2006, 372, 373; *Burkhardt* in: Wenzel, Das Recht der Wort- und Bildberichterstattung, §11 Rz.59 mwN.

in ihren Gegendarstellungen die gleiche Schilderung geben. Im Einzelfall kann aber anderes gelten, insbesondere wenn die Veröffentlichung einer Vielzahl inhaltsgleicher Gegendarstellungen das Medienunternehmen unangemessen belasten würde.[114] Der bloße Mehrfachabdruck hat als solcher keinen zusätzlichen Informationswert und wird daher nicht vom Grundanliegen des Gegendarstellungsrechts gedeckt. Den Schutzinteressen der Betroffenen und dem Informationsbedürfnis der Öffentlichkeit über die Anzahl der Entgegnungen lässt sich in solchen Fällen durch eine gemeinsame Gegendarstellung Rechnung tragen, in der jeder betroffene Anspruchsteller namentlich erscheint.

Die **Menschenjäger H-Entscheidung** betrifft eine Gegendarstellung im Zusammenhang 1828
mit einem Zitat. Ein Boulevardblatt hatte u.a. über den Antragsteller geschrieben: *„Die Süddeutsche Zeitung nannte* [den Antragsteller] *einen Menschenjäger, und der Münchener Staranwalt B sagt über ihn: ‚Er beherrscht es perfekt, seine Umwelt zu täuschen'"*. Der Antragsteller begehrte dazu die Veröffentlichung folgender Gegendarstellung: *„In dem Artikel wurde behauptet, dass der Münchener Staranwalt B über mich gesagt hätte: ‚Er beherrscht es perfekt, seine Umwelt zu täuschen.' Ich stelle fest: Herr Rechtsanwalt B hat einen solchen Ausspruch über mich zu keinem Zeitpunkt getan"*. Das OLG Hamburg gab dem Begehren des Antragstellers statt und bejahte die Betroffenheit.[115] Es liege auf der Hand, dass gerade durch die Schilderung negativer Äußerungen Dritter eine ganz empfindliche Beeinträchtigung herbeigeführt werden könne. Das werde umso mehr der Fall sein, je größer die Autorität der in der Erstmitteilung zitierten Person sei. Zugleich sei rechtlich ohne weiteres denkbar, dass der Zitierte ebenfalls eine Gegendarstellung erwirken könne.[116] Dies gelte selbst dann, wenn die Gegendarstellungen einander widersprechen würden.

3. Differenzierung nach Medienfunktionen

Die Gerichte tendieren dazu, die Betroffenheit anhand deliktsrechtlicher Maß- 1829
stäbe zu beurteilen. Sie sehen denjenigen als Betroffenen an, der gegenüber einer Äußerung grundsätzlich auch BGB-Ansprüche geltend machen könnte. Dem ist nur teilweise zuzustimmen. Beeinträchtigt eine Äußerung nach den deliktischen Maßstäben eine Person in ihren rechtlichen Interessen, so ist sie auch medienrechtlich betroffen und kann eine Gegendarstellung verlangen. Es ist jedoch problematisch, die Möglichkeit der Gegendarstellung von vornherein kategorisch zu versagen, wenn jemand durch die Äußerung nach den zivilrechtlichen Maßstäben nicht in seinen deliktsrechtlichen Interessen beeinträchtigt wird. Die ausschließliche Orientierung an den deliktischen Maßstäben wird dem eigenständigen medienrechtlichen Charakter des Gegendarstellungsrechts nicht gerecht. Sie erklärt insbesondere nicht, warum die deliktsrechtlich begründeten Ergebnisse auch im Hinblick auf das **Informationsinteresse der Öffentlichkeit**,

---

114 *Burkhardt* in: Wenzel, Das Recht der Wort- und Bildberichterstattung, § 11 Rz. 59 mwN.; Seitz/*Schmidt*/Schoener, Der Gegendarstellungsanspruch, Rn. 199.
115 OLG Hamburg vom 14.4. 1994 (Menschenjäger H), NJW-RR 1994, 1179, 1180.
116 OLG Hamburg vom 14.4. 1994 (Menschenjäger H), NJW-RR 1994, 1179, 1181.

dem das Gegendarstellungsrecht ebenfalls dient, sachgerecht sind. In Abweichung vom herrschenden Verständnis sollte die Betroffenheit im Sinne des Gegendarstellungsrechts nicht von vornherein blind an die deliktischen Maßstäbe gekoppelt werden. Im Interesse zusätzlicher öffentlicher Informationen ist der Gegendarstellungsanspruch vielmehr auch in Konstellationen in Betracht zu ziehen, die vom Deliktsrecht nicht erfasst werden. Damit wird die Notwendigkeit, die Medien vor einer Überflutung mit Gegendarstellungen zu sichern, nicht beiseite geschoben. Sie entbindet jedoch weder davon, über vorzugswürdige Lösungen nachzudenken, noch darf sie vorschnell als argumentative „Allzweckwaffe" zu einer pauschalen Bevorzugung der Medien missbraucht werden.

1830 Medienrechtliche Beurteilungsmaßstäbe ergeben sich vor allem aus den unterschiedlichen Funktionen von Medien bzw. dem unterschiedlichen Charakter von Informationen. Soweit Äußerungen, insbesondere Beiträge mit unterhaltendem Charakter, die **Integrationsfunktion** der Medien betreffen,[117] ist die Orientierung an den deliktsrechtlichen Maßstäben sachgerecht. Berührt die Äußerung jemanden in seiner Persönlichkeit oder sonstigen rechtlichen Interessen, so kann er Gegendarstellung verlangen. Ein darüber hinausgehendes Interesse an einer weiteren Aufklärung bzw. an einer Entgegnung auf Tatsachenangaben besteht nicht, da der integrative Effekt von Unterhaltungsinformationen nicht von ihrer Richtigkeit oder Unrichtigkeit abhängt und beispielsweise auch durch rein fiktive Inhalte erreicht werden kann.[118] Der Informationswert solcher Angaben würde durch Gegendarstellungen von Personen, die der ursprüngliche Beitrag nicht erkennbar angesprochen hat, in keiner Weise positiv gesteigert werden.

1831 Die rechtliche Beurteilung ist schwieriger, wenn die **Demokratiefunktion** und insbesondere Politiker betroffen sind. Entgegnungen wären aus Sicht des öffentlichen Meinungsbildungsprozesses insbesondere dann positiv zu bewerten, wenn die Erstmitteilung Angelegenheiten betrifft, an denen ein besonderes Informationsinteresse besteht. Hier kann eine Gegendarstellung sinnvoll zu einer verbesserten öffentlichen Information beitragen. Als Ausgangspunkt ist gleichwohl eindeutig, dass nicht jedem Wahlberechtigten ein Gegendarstellungsrecht zugestanden werden kann. Es lässt sich aber überlegen, ob etwa politische Funktionsträger auf Berichte entgegnen dürfen, die ihre amtliche oder politische Tätigkeit betreffen. In den bislang relevant gewordenen Konstellationen haben es die Gerichte aber zu Recht abgelehnt, das Gegendarstellungsrecht über die zivilrechtlichen Grenzen hinaus auszudehnen.

1832 Im Streitfall der **Pershing II-Raketen-Entscheidung** hatte ein politisches Fernsehmagazin u.a. mitgeteilt, der Verteidigungsminister habe auf eine Anfrage des Magazins darüber, ob im Zusammenhang mit der Diskussion über die Raketenstationierung mit falschen Zahlen operiert werde, bis zum Ausstrahlungszeitpunkt der Sendung keine Antwort ge-

117 Zur Integrationsfunktion siehe Rdnr. 40ff.
118 Siehe Rdnr. 961.

geben. Außerdem hatte die Sendung gemeldet, dass bei einem Raketen-Transportunfall die transportierte Rakete mit einem Plutonium-Sprengkopf ausgerüstet gewesen sei und dass drei aus den USA eingeflogene Raketen in einem US-Stützpunkt montiert worden seien, obwohl die Ursache für den Transportunfall noch nicht ermittelt gewesen war. Das OLG Köln sah das Gegendarstellungsbegehren des Verteidigungsministers als berechtigt an, soweit es sich gegen die Angabe wandte, er habe ein Frageschreiben nicht beantwortet. Das Gericht nahm aber an, dass ein Minister nicht bereits dann im Sinne des Gegendarstellungsrechtes betroffen ist, wenn allgemein Tatsachen behauptet werden, aus denen Argumente gegen seine Politik hergeleitet werden könnten. So liege es mit den Äußerungen über den Transportunfall und die Montage der Raketen.[119] Die Begründung leitet das Gericht aus dem Persönlichkeitsrecht ab. Das Gegendarstellungsrecht schütze die persönliche Selbstbestimmung und gewähre dem Betroffenen ein Recht auf Selbstverteidigung gegenüber Äußerungen, die in irgendeiner Weise etwas über ihn als Person aussagten. An diesem personalen Bezug fehle es jedoch, wenn nicht mehr von einem Einzelnen selbst die Rede sei, sondern allein von „Feldern", die Gegenstand seines Interesses und seines Handelns seien. Bei einem Politiker gehe es nicht mehr um die Darstellung seiner Person, wenn Tatsachen behauptet würden, die für den Bereich der Politik relevant seien, in dem er sich betätige. Das Gegendarstellungsrecht würde sonst „in unerträglicher Weise ausgedehnt" werden.

M.E. sind die Gründe andere und haben **nichts mit dem Persönlichkeitsrecht zu tun**, 1833
das einem Betroffenen grundsätzlich auch Schutz vor Äußerungen im Zusammenhang mit seiner beruflichen Tätigkeit bieten kann.[120] Die Begründung ergibt sich im Streitfall daraus, dass einem Minister problemlos Möglichkeiten offenstehen, den Angaben auch ohne Gegendarstellung mit gleicher Öffentlichkeitswirkung entgegentreten zu können. Die Gegendarstellung soll dem Betroffenen die Möglichkeit einer öffentlichen Gegenrede verschaffen, die ihm sonst faktisch nicht möglich wäre. Sie ist nicht auf Politiker und Funktionsträger gemünzt, die ohnehin Teil des öffentlichen Dialogs sind und in besonderem Maße Zugang zu Massenmedien haben. Es ist daher nicht notwendig, solchen Personen auch dann Entgegnungsrechte einzuräumen, wenn sie nicht „persönlich" betroffen sind.

Nochmals anders liegt es, wenn Äußerungen die **Wirtschaftsfunktion** der Me- 1834
dien betreffen. Soweit sich ein anderes Medienunternehmen gegen die Äußerung wendet, gibt es wie bei Politikern kein Bedürfnis danach, die Anspruchsberechtigung auszuweiten. Medienunternehmen haben per se Zugang zur Öffentlichkeit und können sich in eigenen Angelegenheiten bestens öffentlich wehren. Ansonsten kann es jedoch sehr überlegenswert sein, die Anspruchsberechtigung weiter zu fassen, als es das Deliktsrecht tut. Im Unterschied zu den Politikern und den Medien steht „normalen" Unternehmen der Zugang zur öffentlichen Wahrnehmung typischerweise nicht in gleicher Weise offen.

Nach herrschendem Verständnis ist Betroffenheit nicht gegeben, wenn ein Medienunter- 1835
nehmen allgemein über die Wirtschaftslage in einer Branche berichtet. Die bereits behandelte **Goggomobile-Entscheidung** lehnte das Schadensersatzbegehren eines Autohänd-

119 OLG Köln vom 2.7.1985 (Pershing II-Raketen), NJW-RR 1986, 418.
120 Z.B. BGH vom 24.10.1961 (Waffenhandel), BGHZ 36, 77, 80f.; zum persönlichkeitsrechtlichen Schutz der Individualsphäre Soergel/*Beater*, § 823 BGB Anh. IV Rz. 45.

lers ab, der durch unzutreffende Preisangaben über Goggomobile in einem allgemeinen Marktbericht wirtschaftliche Einbußen erlitten hatte.[121] Die h.M. versagt in Anlehnung an das Deliktsrecht dem Händler auch die Möglichkeit einer Gegendarstellung.[122] Demgegenüber hatte das RG eine großzügigere Linie eingeschlagen,[123] nach der eine Gegendarstellung im Beispielsfall wohl möglich gewesen wäre. M.E. wäre das eine sinnvolle Ausfüllung des Gegendarstellungsrechts. Wenn sich der Händler zu einer öffentlichen Entgegnung an gleicher Stelle entschließt, dann wird er diese schon im Eigeninteresse informativ halten und auf inhaltlich möglichst sattelfeste Angaben stützen, die einer möglichen Folgedebatte auch standhalten. Die h.M. beschwört hier die „Gefahr uferloser Ausweitung", ohne dass eine solche Gefahr wirklich erwiesen ist. Im Goggomobile-Fall wäre lediglich dem beeinträchtigten Händler und nicht jedermann die Möglichkeit der Gegendarstellung eröffnet. Es ist auch keineswegs sicher, dass Scharen von Händlern die Medien nun mit Gegendarstellungen lahmlegen würden. Ein Unternehmen, das zwar Einbußen erleidet oder befürchten muss, aber im betreffenden Artikel nicht als solches erkennbar gemacht wird, wird es sich im eigenen ökonomischen Interesse sehr genau überlegen, ob es seinerseits durch eine Gegendarstellung an die Öffentlichkeit tritt und der Angelegenheit dadurch zusätzliche Publizität verleiht.

V. Weitere Anforderungen im Überblick

1836 Der Anspruch auf Gegendarstellung ist an weitere Voraussetzungen geknüpft, die zwar im Grundsatz einheitlich sind, im Detail aber häufig landesrechtlichen oder medienspezifischen Besonderheiten unterliegen. Es bestehen insbesondere zeitliche Voraussetzungen. Zahlreiche Bestimmungen sehen vor, dass die Gegendarstellung **unverzüglich** verlangt werden muss.[124] Die Voraussetzung dient der Beschleunigung und erklärt sich daraus, dass der Informationswert von Gegendarstellungen umso höher ist, je zeitnäher sie erscheinen. Ob Unverzüglichkeit vorliegt, bestimmt sich nach den Umständen des Einzelfalls. Dem Betroffenen muss eine ausreichende Zeitspanne zur Überlegung zustehen.[125] Die Gegendarstellung muss ferner dem Passivlegitimierten **in druckfertiger Gestalt zugeleitet** werden und muss **Schriftformerfordernisse** einhalten.[126] Die Mediengesetze sehen weiterhin **Ausschlussfristen** vor, innerhalb derer die Gegendarstellung dem Anspruchsgegner zugegangen sein muss.[127] Diese Fristen dürfen

121 BGH vom 13.10. 1964 (Goggomobile), NJW 1965, 36f. Siehe Rdnr. 1222. Ähnlich AG Köln vom 11.4. 1988 (Nematoden-Befall), AfP 1988, 390f. Siehe Rdnr. 1166.

122 Löffler/*Sedelmeier*, § 11 LPG Rdnr. 58; *Soehring*, Presserecht, Tz. 13.30.

123 RG vom 9.10. 1880, RGSt 3, 40, 41 zu § 11 ReichspreßG.

124 Z.B. § 10 Abs. 2 Satz 4 LPrG MV; *Fechner/Mayer* (Hrsg.), Vorschriftensammlung Medienrecht, § 10 Abs. 2 Satz 5 PresseG mwN.; § 14 Abs. 1 Satz 1 MDStV (= § 56 Abs. 1 Satz 1 RStV-E).

125 *Groß*, Presserecht, Rn. 498 mwN.; rechtspolitische Kritik übt *Burkhardt* in: Wenzel, Das Recht der Wort- und Bildberichterstattung, § 11 Rz. 167ff.

126 Zu diesen Anforderungen *Soehring*, Presserecht, Tz. 29.27ff., Tz. 29.33ff.

127 Z.B. § 10 Abs. 2 Satz 4 LPrG MV (drei Monate nach der Erstveröffentlichung); *Fechner/Mayer* (Hrsg.), Vorschriftensammlung Medienrecht, § 10 Abs. 2 Satz 5 PresseG mwN. (drei Monate nach der Erstveröffentlichung); §§ 9 Abs. 3 Satz 3 ZDF-StV (zwei Monate), 14

aber nicht so kurz bemessen werden, dass sie von Betroffenen vielfach gar nicht eingehalten werden können und der Gegendarstellungsanspruch damit weitgehend leerzulaufen droht.[128]

Nach **Rundfunkrecht**[129] kann der Betroffene zur Vorbereitung der Gegendarstellung die Überlassung eines Manuskripts der ihn betreffenden Sendung verlangen. Der Anspruch ist zum Teil gesetzlich normiert[130] und folgt für Landesrechte ohne entsprechende Regelung im Übrigen aus den § 242 BGB, Art. 2 Abs. 1 GG. Das mit Verfassungsrang ausgestattete Gegendarstellungsrecht würde entwertet, wenn der Anspruch aus faktischen Gründen nahezu niemals durchsetzbar wäre.[131] Anspruchsgegner ist beim öffentlich-rechtlichen Rundfunk die betreffende Rundfunkanstalt und beim privaten Rundfunk je nach Landesrecht entweder der Veranstalter oder der Anbieter.[132] Nach **Presserecht**[133] richtet sich der Anspruch auf Gegendarstellung gegen den Verleger und den verantwortlichen Redakteur.[134] 1837

VI. Fehlendes berechtigtes Interesse

Der Anspruch scheidet aus, wenn der Anspruchsteller **kein berechtigtes Interesse an der Gegendarstellung** hat.[135] Die Beschränkung ergibt sich aus den allgemeinen Grenzen des Rechtsmissbrauchs und des Schikaneverbots.[136] Maßgebend ist daher stets ein Urteil im Einzelfall, auch wenn sich in der Praxis typische Konstellationen herausgebildet haben.[137] Ein Ausschluss des Anspruchs 1838

Abs. 2 Nr. 4 MDStV (= § 56 Abs. 2 Nr. 4 RStV-E) (sechs Wochen nach dem letzten Tage des Angebots des beanstandeten Textes).

128 BVerfG vom 8. 2. 1983 (Türken in Bingen), BVerfGE 63, 131, 144 ff. zu einer Regelung des NDR-StV, die eine Ausschlussfrist von zwei Wochen vorsah. Zu der Entscheidung *Kühle* AfP 1983, 337 f.

129 Dazu statt vieler Herrmann/*Lausen*, Rundfunkrecht, § 24 Rn. 1 ff.; *Burkhardt* in: Wenzel, Das Recht der Wort- und Bildberichterstattung, § 11 Rz. 283 ff.

130 Z. B. § 14 Abs. 2 ZDF-StV; Art. 29 Abs. 2, Art. 18 Abs. 5 Satz 1 Mediengesetz Bayern.

131 *Soehring*, Presserecht, Tz. 29.65.

132 *Burkhardt* in: Wenzel, Das Recht der Wort- und Bildberichterstattung, § 11 Rz. 301 ff. mwN.

133 Dazu statt vieler *Soehring*, Presserecht, § 29.

134 § 10 Abs. 1 LPrG MV; *Fechner/Mayer* (Hrsg.), Vorschriftensammlung Medienrecht, § 10 Abs. 1 Satz 1 PresseG mwN.

135 § 14 Abs. 2 Nr. 1 MDStV (= § 56 Abs. 1 Nr. 1 RStV-E); BGH vom 31. 3. 1965 (Bamfolin II), NJW 1965, 1230; OLG München vom 20. 1. 1999, AfP 1999, 497 f. mwN.; *Burkhardt* in: Wenzel, Das Recht der Wort- und Bildberichterstattung, § 11 Rz. 52 ff. BVerfG vom 14. 1. 1998 (Gegendarstellung auf Titelseite), BVerfGE 97, 125, 148 deutet an, dass sich die Beschränkung verfassungsrechtlich aus dem „Schutzzweck" des Gegendarstellungsanspruchs ergäbe. Danach scheidet der Anspruch aus, „soweit es um Tatsachenbehauptungen geht, die sich in nennenswerter Weise auf das Persönlichkeitsbild des Betroffenen auswirken können". Ein Beispiel nennt die Entscheidung nicht.

136 OLG München vom 20. 1. 1999, AfP 1999, 497, 498.

137 Seitz/*Schmidt*/Schoener, Der Gegendarstellungsanspruch, Rn. 251 ff. führt beispielsweise auf: Widersinnigkeit, offensichtliche Unwahrheit oder irreführender Charakter der darf nicht vorschnell in Betracht gezogen werden, um das Schutzanliegen des Gegendarstellungsanspruchs nicht leerlaufen zu lassen. Die Darlegungs- und Beweislast für ein fehlendes berechtigtes Interesse trägt der in Anspruch Genommene.[138]

1839 Der Anspruch ist ausgeschlossen, wenn der **Inhalt der begehrten Gegendarstellung** auch bei großzügigster Einschätzung nicht sinnvoll zur weiteren Information beitragen kann bzw. sogar zur Fehlinformation führen würde. Das Entgegnungsrecht kann danach also nur in Extremfällen entfallen. Das gilt insbesondere, wenn das berechtigte Interesse mit dem Hinweis bestritten wird, die verlangte Gegendarstellung sei **unwahr**. Der Gesetzgeber hat den Gegendarstellungsanspruch bewusst einfach und förmlich ausgestaltet, um so eine schnelle Durchsetzung zu ermöglichen und die Gerichte von einer Richtigkeitsüberprüfung zu entlasten. Dieses Anliegen darf nicht durch die Hintertür umgangen werden. Der Anspruch ist in solchen Fällen also lediglich ausgeschlossen, wenn die begehrte Gegendarstellung den „Stempel der Lüge" geradezu im Gesicht trägt[139] oder wenn die Unwahrheit der Gegendarstellung gerichtsbekannt ist.

1840 Das berechtigte Interesse kann weiterhin fehlen, wenn sich das **bezweckte Informationsanliegen bereits verwirklicht** hat oder mit der konkret begehrten Gegendarstellung nicht erreicht werden kann. Das kommt in Betracht, wenn die Gegendarstellung der Sache nach eine bloße Bestätigung der Erstmitteilung enthält[140] oder wenn der Anspruchsgegner bereits von sich aus die Erstmitteilung in einer Weise berichtigt hat, die entweder entstandene Fehlvorstellungen hinreichend sicher ausräumt oder dem Anliegen der konkret geforderten Gegendarstellung voll entspricht.[141] Die Berechtigung kann ebenso im Zusammenhang mit bloßen Belanglosigkeiten fehlen,[142] etwa wenn sich die Entgegnung auf Zeit-, Größen- oder ähnliche Angaben bezieht, die letztlich keine inhaltliche Bedeutung haben.

Gegendarstellung, Einwilligung, mehrfache Entgegnung, Richtigstellung durch das Medium selbst, Überschreiten der Aktualitätsgrenze, entstellende Wiedergabe der Erstmitteilung, Reklame, Beeinträchtigung Dritter.

138 OLG München vom 20.1.1999, AfP 1999, 497, 498; *Burkhardt* in: Wenzel, Das Recht der Wort- und Bildberichterstattung, § 11 Rz. 52ff.

139 OLG München vom 20.1.1999, AfP 1999, 497, 498 mwN.; OLG Karlsruhe vom 11.11.2005, NJW 2006, 621, 622; in der Sache ebenso BVerfG vom 14.1.1998 (Gegendarstellung auf Titelseite), BVerfGE 97, 125, 148; BVerfG vom 24.8.2001, NJW 2002, 356, 357 „offensichtliche Unwahrheit"; *Burkhardt* in: Wenzel, Das Recht der Wort- und Bildberichterstattung, § 11 Rz. 127 mwN.

140 *Burkhardt* in: Wenzel, Das Recht der Wort- und Bildberichterstattung, § 11 Rz. 54.

141 OLG Köln vom 4.4.2000, NJW-RR 2001, 337; *Burkhardt* in: Wenzel, Das Recht der Wort- und Bildberichterstattung, § 11 Rz. 54.

142 *Burkhardt* in: Wenzel, Das Recht der Wort- und Bildberichterstattung, § 11 Rz. 53.

D. Anforderungen an die Gegendarstellung

I. Inhalt

Die Gegendarstellung ist nur zulässig bzw. nur von einem berechtigten Interesse getragen, wenn ihr Inhalt zahlreichen Anforderungen genügt.[143] Sie kann dem gesetzlichen Informationsanliegen nur dienen, wenn sie dem Leser, Zuschauer oder Nutzer verständlich macht, um welchen Bericht und welchen thematischen Gegenstand es ihr überhaupt geht und welche Position der Betroffene demgegenüber einnimmt. Die Gegendarstellung muss daher inhaltlich **sachgerecht an die Erstmitteilung anknüpfen**, d.h. diese korrekt bezeichnen und diejenigen Tatsachenangaben nennen, gegen die sie sich wendet. Sie muss sich thematisch mit dem von ihr in Bezug genommenen Teil der Erstmitteilung befassen und ihr entweder eine abweichende Diktion entgegensetzen oder zumindest die Richtigkeit der Erstmitteilung abstreiten. 1841

Nach der **Zweierlei Maß-Entscheidung** ist die Gegendarstellung inhaltlich nicht darauf beschränkt, stets entgegengesetzte Tatsachenbehauptungen aufstellen zu müssen. Im Streitfall hatte ein Boulevardblatt in einem Kommentar moniert, dass die ARD in der „Tagesschau" um 20.00 Uhr allein über eine Anti-Atom-Demonstration in Nürnberg berichtet, aber von einer Demonstration von 1400 Betriebsräten in Obrigheim für Atomenergie und sichere Arbeitsplätze „kein einziges Bild" gezeigt hatte. Der Sender verwahrte sich gegen den impliziten Vorwurf der Einseitigkeit und verwies darauf, dass in einer späteren Nachrichtensendung um 21.50 Uhr auch mit Bild über die Gewerkschafter-Demonstration berichtet worden war. Das OLG Hamburg hielt auch eine Gegendarstellung für zulässig, die Tatsachenbehauptungen aufstellt, die die Erstmitteilung nur ergänzen, und zwar mit dem Ziel, so einem unzutreffenden Eindruck entgegenzuwirken, den die Erstmitteilung dem Leser vermittelt hat.[144] 1842

Das LG Darmstadt hat in der **Millyet-Entscheidung** zu Recht angenommen, dass die Gegendarstellung in derselben Sprache wie die Erstmitteilung erfolgen muss.[145] Im Streitfall hatte sich ein Islamischer Verein gegen einen Artikel gewandt, der in türkischer Sprache in der Zeitung Millyet erschienen war. Dies folgt aus dem Sinn und Zweck der Gegendarstellung (siehe Rdnr. 1794f.). Die Gegendarstellung kann nur dann dasselbe Publikum wie die Erstmitteilung erreichen, wenn sie in derselben ausländischen Sprache abgedruckt wird wie der Artikel, auf den sie sich bezieht. 1843

Die Gegendarstellung muss sich grundsätzlich darauf beschränken, **Tatsachen mitzuteilen.**[146] Sie darf außerdem **nicht irreführen,**[147] da sie eben auch eine korrekte Information der Öffentlichkeit ermöglichen soll. Eine Entgegnung ist ir- 1844

143 Muster einer Gegendarstellung bei *Seitz*/Schmidt/Schoener, Der Gegendarstellungsanspruch, S. 408.

144 OLG Hamburg vom 14.5.1987 (Zweierlei Maß), AfP 1987, 625, 626.

145 LG Darmstadt vom 20.8.2004 (Millyet), AfP 2005, 484, 485; dazu *Karaahmetoglu* AfP 2005, 433; *Sedelmeier* AfP 2005, 524ff.

146 Z.B. §10 Abs. 2 Satz 3 LPrG MV; *Fechner/Mayer* (Hrsg.), Vorschriftensammlung Medienrecht, §10 Abs. 2 Satz 3 PresseG mwN.; §10 Abs. 2 Nr. 3 MDStV (= §56 Abs. 2 Nr. 3 RStV-E).

147 Seitz/*Schmidt*/Schoener, Der Gegendarstellungsanspruch, Rn. 261ff. mwN.

reführend, wenn sie zum Beispiel aufgrund von Einseitigkeiten oder Unvollständigkeiten einen unrichtigen Eindruck herbeiführt und dem Leser oder Hörer Schlussfolgerungen aufzwingt, die mit der Wahrheit nicht im Einklang stehen.[148] Beispielsweise muss eine Gegendarstellung, die sich gegen eine von der Presse nur zitierte Äußerung eines Dritten wendet, in ihrem Wortlaut für den Leser deutlich machen, dass sie nicht eine eigene Behauptung der Redaktion zum Gegenstand hat.[149] Die Gegendarstellung darf der Zeitung keine Behauptung als eigene zuschreiben, die diese nicht aufgestellt hat. Die Entgegnung darf oder muss u.U. sogar ergänzende Erläuterungen machen, wenn diese zur Klarstellung des Sachverhalts erforderlich sind.[150] Eine Gegendarstellung darf auf Halbwahrheiten nicht ihrerseits mit Halbwahrheiten erwidern.

1845 Im Streitfall der **Stasi-Vorwurf-Entscheidung** hatte ein Magazin unter der Überschrift „*Gregor Gysi* – neue Indizien – Bundestagsausschuss erhärtet Stasi-Vorwurf" einen Artikel veröffentlicht und diesen im Inhaltsverzeichnis mit den Worten: „Gauck: Neues Gutachten über Gysi" angekündigt. Der Kläger begehrte eine Gegendarstellung mit dem Inhalt, es gebe keinen Entwurf des Bundestagsausschusses für Wahlprüfung, Immunität und Geschäftsordnung, aus dem sich neue Indizien gegen ihn ergeben könnten. Es gäbe nämlich keinen Entwurf des Ausschusses und deshalb könne es auch nichts geben, was den Stasi-Vorwurf gegen ihn erhärte. Das OLG München sah die begehrte Gegendarstellung als unzulässig an. Sie würde vom Leser so verstanden, als habe der angegriffene Bericht in der Realität keine Grundlage, als sei er aus der Luft gegriffen und es sei auch nichts im Werden und Entstehen.[151] Die Entgegnung ging nämlich mit keinem Wort darauf ein, dass es einen entsprechenden Vorentwurf eines Abgeordneten gab. Dieser Entwurf war bereits an den Vorsitzenden und die vier Berichterstatter im Überprüfungsverfahren weitergeleitet worden. Die Gegendarstellung hätte diesen Umstand zwar nicht ausführlich erläutern, wohl aber zumindest kurz darauf hinweisen müssen, dass nur ein Entwurf eines Ausschussmitglieds vorlag. Nach dem sog. Alles-oder-nichts-Grundsatz (siehe Rdnr. 1848) war die Klage daher abzuweisen.

1846 Die Gegendarstellung darf schließlich **keinen strafbaren Inhalt** haben,[152] also insbesondere gegenüber Dritten keine üble Nachrede im Sinne von § 186 StGB sein. Das in Anspruch genommene Medienunternehmen darf sich in solchen Fällen darauf berufen, dass die den Dritten betreffende Behauptung der Gegendarstellung unzutreffend ist.[153] Dagegen sind Gegendarstellungen, deren Inhalt gegen sonstige Rechtsnormen (Verschwiegenheitspflichten, Werbeverbote etc.), aber nicht gegen Strafgesetze verstößt, im Grundsatz zulässig. In Ausnahmefällen kann aber das berechtigte Interesse an der Gegendarstellung verneint wer-

---

148 OLG München vom 29.1. 1992, AfP 1992, 171, 172.
149 OLG Karlsruhe vom 12.5. 1999, AfP 1999, 373, 374f. mwN.
150 *Soehring*, Presserecht, Tz. 29.19.
151 OLG München vom 13.3. 1998 (Stasi-Vorwurf), AfP 1998, 515, 517.
152 Z.B. § 10 Abs. 2 Satz 3 LPrG MV; *Fechner/Mayer* (Hrsg.), Vorschriftensammlung Medienrecht, § 10 Abs. 2 Satz 3 PresseG mwN.; § 14 Abs. 2 Nr. 3 MDStV (= § 56 Abs. 2 Nr. 3 RStV-E).
153 *Soehring*, Presserecht, Tz. 29.23.

den, zum Beispiel bei persönlichkeitsrechtlich unzulässigen Angaben über Dritte.[154]

II. Umfang

Die Gegendarstellung darf ihrem Umfang nach nicht unangemessen lang sein. 1847
Sie darf **nur den Raum beanspruchen, der zu einer klaren und konzentrierten Widerlegung der Erstmitteilung erforderlich** ist.[155] Nach den Landespresserechten ist die Entgegnung angemessen, wenn sie den Umfang der Erstmitteilung nicht überschreitet.[156] Es sind jedoch flexible Beurteilungen erforderlich. Maßgebend ist zum einen nicht die fragliche Erstveröffentlichung insgesamt, sondern nur der Teil, den die Gegendarstellung betrifft. Zum anderen ist das Überschreiten des Umfangs der Erstmitteilung kein zwingendes Indiz für eine unangemessene Länge der Gegendarstellung.[157] Zum Teil wird eine unverhältnismäßige Länge erst angenommen, wenn der Text der Gegendarstellung den beanstandeten Text um mehr als das Doppelte übersteigt.[158] Die Widerlegung einer Tatsachenaussage beansprucht häufig mehr Raum als deren positive Behauptung. Unnötige Weitschweifigkeiten und „Geschwätzigkeit" machen die Gegendarstellung aber unangemessen. Das Überschreiten des erforderlichen Umfangs macht die Gegendarstellung nach den meisten Rechten unzulässig. Abweichend davon sehen einzelne Landespresserechte vor, dass für die Gegendarstellung ein Annoncenentgelt zu zahlen ist, soweit sie über den angemessenen Umfang hinausgeht.[159]

III. Alles-oder-nichts-Grundsatz

Genügt die begehrte Gegendarstellung auch nur einer Voraussetzung nicht, so 1848
ist der Anspruchsgegner nach einem „Alles-oder-nichts-Grundsatz" berechtigt, sie **insgesamt zurückzuweisen**.[160] Die Gegendarstellung ist also bereits insgesamt unzulässig, wenn nur ein Teil der begehrten Entgegnung unzulässig ist. Der Anspruchsteller muss dann innerhalb der Ausschlussfrist ggf. eine veränderte Gegendarstellung zuleiten, wird also mit erheblichen Risiken belastet. Das wirft die Frage auf, ob darin nicht eine ungerechtfertigte Risikoverlagerung zugunsten der Medien liegt. Man muss freilich zugestehen, dass diese Risikoverteilung im Kern richtig ist. Der Anspruchsteller hat es prinzipiell in der

154 *Soehring*, Presserecht, Tz. 29.24.
155 Seitz/*Schmidt*/Schoener, Der Gegendarstellungsanspruch, Rn. 235.
156 Z.B. § 10 Abs. 2 Satz 3 LPrG MV; *Fechner/Mayer* (Hrsg.), Vorschriftensammlung Medienrecht, § 10 Abs. 2 Satz 2 PresseG mwN.
157 *Soehring*, Presserecht, Tz. 29.26.
158 OLG München vom 10. 12. 1997, AfP 1999, 72, 73.
159 §§ 10 Abs. 3 Satz 3 LPrG Hessen, 10 Abs. 2 Satz 4 LPrG Bayern.
160 *Burkardt* in: Wenzel, Das Recht der Wort- und Bildberichterstattung, § 11 Rz. 212; Seitz/*Schmidt*/Schoener, Der Gegendarstellungsanspruch, Rn. 294.

Hand, durch die richtige Gestaltung seines Verlangens unzulässige Inhalte zu vermeiden. Umgekehrt soll es der Presse nicht offenstehen, einen – in ihren Augen – zulässigen Teil aus der Entgegnung herauszuschälen und abzudrucken.[161]

1849 Davon zu unterscheiden ist, ob eine **Änderung der Gegendarstellung im Prozess** möglich ist, ohne dass zuvor eine erneute Zuleitung an den Anspruchsgegner erfolgen muss. Die einzelnen Landesgerichte weichen hier voneinander ab. Manche Entscheidungen erlauben nur die Bereinigung von grammatischen Ungenauigkeiten oder offensichtlicher Schreibfehler,[162] andere lassen Änderungen jedenfalls unter bestimmten Bedingungen oder sogar grundsätzlich zu.[163] Da die Gegendarstellung höchstpersönlichen Charakter hat, setzt eine Änderung stets das Einverständnis des Betroffenen voraus und kann nicht durch das Gericht selbst bewirkt werden.[164]

E. Veröffentlichung und Archivierung der Gegendarstellung

1850 Der Anspruchsverpflichtete muss die Gegendarstellung in bestimmter Art und Weise veröffentlichen. Es gilt das **Prinzip der gleichen publizistischen Wirkung** („Waffengleichheit").[165] Die Gegendarstellung muss grundsätzlich an gleichartiger Stelle wie die Erstmitteilung veröffentlicht werden. Im Extremfall ist sie sogar auf der Titelseite abzudrucken.[166] Die Titelseite muss jedoch ihre Funktion behalten können, eine Identifizierung des Blatts zu ermöglichen und das Interesse des Publikums zu erregen,[167] so dass noch ausreichend Raum für Hinweise auf andere Heftbeiträge bleiben muss.[168] Die Gegendarstellung darf nicht in Form eines Leserbriefs oder einer Leserzuschrift wiedergegeben werden[169] und ist in derselben Schriftgröße wie die Erstmitteilung zu veröffentlichen. Enthält die Gegendarstellung eine Abbildung, so ist diese grundsätzlich in gleicher Technik, Farbe und Größe zu bringen, wie die in der Erstmitteilung

---

161 BGH vom 10.3. 1964 (Uhren-Weiß), NJW 1964, 1132, 1134.

162 OLG Hamburg vom 20.10. 1994, NJW-RR 1995, 1053, 1054 mwN.

163 OLG Köln vom 2.7. 1985 (Pershing II-Raketen), NJW-RR 1986, 418, 419; OLG München vom 13.3. 1998 (Stasi-Vorwurf), AfP 1998, 515, 517; OLG München vom 6.11. 1998, AfP 2000, 172, 173.

164 OLG München vom 14.11. 1997 (Tina Shopping), AfP 1998, 89, 90.

165 BVerfG vom 14.1. 1998 (Gegendarstellung auf Titelseite), BVerfGE 97, 125, 148; *Soehring*, Presserecht, Tz. 29.53.

166 BVerfG vom 14.1. 1998 (Gegendarstellung auf Titelseite), BVerfGE 97, 125, 151; dazu *Eggert* AfP 1998, 169ff.; *Ernst* NJW-CoR 1998, 304; *Häußler* JA 1999, 276ff.

167 BVerfG vom 14.1. 1998 (Gegendarstellung auf Titelseite), BVerfGE 97, 125, 151.

168 BGH vom 15.11. 1994 (Caroline I), BGHZ 128, 1, 9 zum zivilrechtlichen Widerrufsanspruch; OLG Karlsruhe vom 11.11. 2005, NJW 2006, 621, 622f.

169 OLG Köln vom 10.4. 1961, NJW 1962, 48, 50; § 10 Abs. 3 Satz 4 LPrG MV; *Fechner/Mayer* (Hrsg.), Vorschriftensammlung Medienrecht, § 10 Abs. 3 Satz 1 a.E. PresseG mwN.

enthaltende Abbildung.[170] Gegendarstellungen im Rundfunk sind in derselben Sendereihe oder zur gleichen Sendezeit zu verlesen, wenn die Erstmitteilung nicht im Rahmen einer regelmäßig ausgestrahlten Sendung gemacht wurde. Der Betroffene hat keinen Anspruch darauf, die Darstellung selbst zu verlesen. Ein Recht auf einen „Gegenfilm" wird überwiegend abgelehnt oder jedenfalls nur für Ausnahmekonstellationen in Betracht gezogen.[171] Ohnehin könnten als Entgegnung nur solche Filmbilder in Betracht kommen, die Dokumentationsfunktion haben und authentisch sind.[172] Gegendarstellungen im Internet sind in gleicher Aufmachung wie die Tatsachenbehauptung und in unmittelbarer Verknüpfung zu ihr anzubieten.[173]

Die Gegendarstellung muss **aktuell veröffentlicht werden**. Presserechtlich 1851
ist sie in der Nummer zu bringen, die dem Empfang der Einsendung oder der Zustellung der gerichtlichen Entscheidung als nächste folgt und die für den Druck noch nicht abgeschlossen ist.[174] Gegendarstellungen im Internet sind unverzüglich und so lange anzubieten, wie auch die Tatsachenbehauptung der Erstmitteilung angeboten wird.[175] Wird die Tatsachenbehauptung nicht mehr angeboten oder endet das Angebot vor Ablauf eines Monats nach Aufnahme der Gegendarstellung, so ist die Gegendarstellung an vergleichbarer Stelle so lange anzubieten, wie es der Betroffene verlangt, höchstens jedoch einen Monat.[176]

Für den Abdruck von Gegendarstellungen zu Meldungen von **Nachrichtenagenturen** 1852
gelten Besonderheiten. Die einschlägigen presserechtlichen Anforderungen sind auf Zeitungen und Zeitschriften, nicht aber auf Nachrichtenagenturen zugeschnitten und bedürfen daher der Modifikation. Nachrichtenagenturen geben täglich bis zu mehrere hundert Meldungen heraus, die u.U. jede für sich als eigenständiges Druckwerk anzusehen sind. Es ist daher sachgerecht, die Agentur zu einer unverzüglichen Verbreitung zu verpflichten, ihr jedoch eine angemessene Frist zur Prüfung und Bearbeitung zuzubilligen.[177]

Die Veröffentlichung darf **keine Einschaltungen und Weglassungen** enthalten. 1853
Nach h.M. ist die Redaktion grundsätzlich nicht gehindert, sich zur Gegendarstellung zu äußern, zum Beispiel in Form eines so genannten Redaktionsschwanzes.[178] Den Medien steht das Recht einer **Erwiderung** zu, die sich jedoch

---

170 *Burkardt* in: Wenzel, Das Recht der Wort- und Bildberichterstattung, §11 Rz.191 mwN.

171 *Burkardt* in: Wenzel, Das Recht der Wort- und Bildberichterstattung, §11 Rz.294 mwN.; *Hassert*, Das Recht der Rundfunkgegendarstellung, 1997, S.73ff. mwN.

172 Zu den Informationsfunktionen von Bildern siehe Rdnr. 1257ff.

173 §14 Abs.1 Satz 2, Satz 3 MDStV (= §56 Abs.1 Satz 2, Satz 3 RStV-E). *Dürr*, Der Gegendarstellungsanspruch im Internet, 2000, S.283ff., 294ff.

174 Z.B. §10 Abs.3 Satz 1 LPrG MV; *Fechner/Mayer* (Hrsg.), Vorschriftensammlung Medienrecht, §10 Abs.3 Satz 1 PresseG mwN.

175 §14 Abs.1 Satz 1, Satz 3 MDStV (= §56 Abs.1 Satz 1, Satz 3 RStV-E).

176 §14 Abs.1 Satz 4 MDStV (= §56 Abs.1 Satz 4 RStV-E).

177 *Recknagel*, Das Recht der Gegendarstellung bei Meldungen von Nachrichtenagenturen, 2000, S.120.

178 *Burkardt* in: Wenzel, Das Recht der Wort- und Bildberichterstattung, §11 Rz.199ff.

ihrerseits auf tatsächliche Angaben beschränken muss[179] und im Falle einer Gegendarstellung im Internet nicht unmittelbar mit der Gegendarstellung verknüpft werden darf.[180] Redaktionen sind berechtigt, in einer redaktionellen Anmerkung auf der Richtigkeit der früheren eigenen Darstellung zu beharren oder sie inhaltlich zu wiederholen bzw. zu vertiefen. Die redaktionelle Anmerkung muss aber drucktechnisch bzw. auf sonstige Weise deutlich von der Gegendarstellung getrennt sein und darf die Gegendarstellung nicht gestalterisch oder drucktechnisch „erschlagen".[181] „Glossierungen" der Gegendarstellung, zum Beispiel in Gestalt von hämischen Kommentaren oder sonstigem „Raisonieren", sind unzulässig.[182]

1854 Wird die Gegendarstellung fehlerhaft, d.h. unter Verstoß gegen die eben vorgestellten Pflichten veröffentlicht, so ist der Veröffentlichungsanspruch des Betroffenen nicht ordnungsgemäß erfüllt worden. Der Betroffene kann dann eine erneute Veröffentlichung der Gegendarstellung verlangen.

1855 Für den Rundfunk und die Telemedien löst die Gegendarstellung weiterhin eine besondere **Archivierungspflicht** aus.[183] Die Entgegnung ist „zu den gespeicherten Daten zu nehmen und für dieselbe Zeitdauer aufzubewahren wie die Daten selbst".

---

179 Z.B. §10 Abs.3 Satz 3 LPrG MV; *Fechner/Mayer* (Hrsg.), Vorschriftensammlung Medienrecht, §10 Abs.3 Satz 3 PresseG mwN.

180 §14 Abs.1 Satz 5 MDStV (= §56 Abs.1 Satz 5 RStV-E).

181 Seitz/*Schmidt*/Schoener, Der Gegendarstellungsanspruch, Rn.436 mwN.

182 Seitz/*Schmidt*/Schoener, Der Gegendarstellungsanspruch, Rn.435f. mwN.; *Soehring*, Presserecht, Tz. 29.59 mwN.

183 Z.B. §§41 Abs.2 BDSG, 42 Abs.2 NDR-StV, 20 Abs.2 MDStV (= §57 Abs.3 RStV-E). Siehe Rdnr.1096.

§ 24: Zivilrechtliche Haftung für Äußerungen

Ausgewählte Literatur

Damm/Rehbock, Widerruf, Unterlassung und Schadensersatz in Presse und Rundfunk, 2. Auflage 2001; *Democh*, Die Entwicklung des Strafschadens als Sanktion, AfP 2002, 237ff.; *Dünnwald*, Der Geldentschädigungsanspruch: Ein wirksames Mittel gegen Persönlichkeitsrechtsverletzungen durch die Medien?, ZUM 2000, 949ff.; *Frömming*, Zur Haftung der Medien für persönlichkeitsverletzende Zitate, FS Engelschall 1996, 47ff.; *Gounalakis*, Persönlichkeitsschutz und Geldersatz, AfP 1998, 10ff.; *Haedicke*, „Lex informatica" oder allgemeines Deliktsrecht?, CR 1999, 309ff.; *Lange*, Schutz des allgemeinen Persönlichkeitsrechts durch zivilrechtliche Prävention?, VersR 1999, 274ff.; *Peifer*, Persönlichkeitsschaden und Geldersatz, ZVglRWiss 96 (1997), 74ff.; *Prinz*, Geldentschädigung bei Persönlichkeitsverletzungen durch Medien, NJW 1996, 953ff.; *Rötelmann*, Persönlichkeitsrechte, insbesondere der Widerruf ehrenrühriger Behauptungen, NJW 1971, 1636ff.; *Rücker*, Notice and take down-Verfahren für die deutsche Providerhaftung? – Zur Begrenzung der Unterlassungshaftung von Online-Diensten durch das Verbot allgemeiner Überwachungspflichten, CR 2005, 347ff.; *Siemes*, Gewinnabschöpfung bei Zwangskommerzialisierung der Persönlichkeit durch die Presse, AcP 201 (2001), 202ff.; *Spindler*, Verantwortlichkeit und Haftung für Hyperlinks im neuen Recht, MMR 2002, 495ff.; *ders.*, Die Verantwortlichkeit der Provider für „Sich-zu-Eigen-gemachte" Inhalte und für beaufsichtigte Nutzer, MMR 2004, 440ff.; *Steffen*, Schmerzensgeld bei Persönlichkeitsverletzung durch Medien, NJW 1997, 10ff.; *Stürner*, Persönlichkeitsschutz und Geldersatz, AfP 1998, 1ff.; *Wagner*, Geldersatz für Persönlichkeitsverletzungen, ZEuP 2000, 200ff. 1856

A. Ausgangsfragen

Das Zivilrecht trägt zur Kontrolle der Medien bei, doch ist dieser Kontrolleffekt unvollkommen (siehe Rdnr. 1739ff.) und dem Gebiet nur mehr oder weniger zufällig zugewachsen. Das Zivilrecht bezweckt den Schutz individueller Rechte und keine Kontrolle von Medien. Die zivilrechtlichen Ansprüche sind daher in ihrem Ausgangspunkt an anderen Maßstäben und Strukturen ausgerichtet, als sie aus medienrechtlicher Sicht sachgerecht wären. Die zivilrechtliche Haftung umfasst eine große Zahl von Ansprüchen, die im Grundsatz wie im Detail Unterschiede mit sich bringen, zum Beispiel unterschiedliche Voraussetzungen, Beweislast- und Verjährungsregeln und die Eröffnung unterschiedlicher Rechtsfolgen. Zugleich wird die Materie sowohl durch verfassungsrechtliche Überlagerungen als auch durch gesetzliche Bestimmungen und richterlich geschaffene, ungeschriebene Normen bestimmt, was sie weiter verkompliziert. Diese Vielfalt macht die zivilrechtliche Haftung der Medien zu einer Spezialistenmaterie. 1857

I. „System" der zivilrechtlichen Anspruchsgrundlagen

1858 Der Hauptbezugspunkt der zivilrechtlichen Ansprüche ist das **verletzte individuelle Recht**. Dementsprechend sind viele Ansprüche auf den Schutz eines bestimmten Rechts bezogen. Die verschiedenen **Rechtsgrundlagen von Ansprüchen** sind daher strikt voneinander zu trennen. Grundsätzlich ergibt sich die Anspruchsgrundlage daraus, welches Rechtsgut aufseiten des Anspruchstellers verletzt worden ist. Die Verletzung des Persönlichkeitsrechts hat beispielsweise Ansprüche aus §823 Abs.1 BGB zur Folge, die Verletzung von Urheberrechten solche aus §§97ff. UrhG usw. Zugleich kann der deliktsrechtliche Schadensersatzanspruch anderen Maßstäben unterliegen als der Schadensersatzanspruch des Urhebers. Ebenso löst beispielsweise der Verstoß gegen Schutzgesetze im Sinne von §823 Abs.2 Satz 1 BGB allein Klagerechte des unmittelbar Betroffenen aus, während ein Verstoß gegen wettbewerbsrechtliche Normen auch Unterlassungsansprüche von Verbänden oder Verbrauchereinrichtungen zur Folge haben kann.[1]

1859 Es ist jedoch nicht so, dass es zum Schutz jedes einzelnen Rechtsguts jeweils eine bestimmte zivilrechtliche Norm gibt, die etwaige Ansprüche des Rechtsinhabers umfassend und einheitlich regelt. Die Anspruchsnormen bilden **kein konsistentes Gesamtsystem**. Sie lassen sich viel eher mit einem bunten Garten vergleichen, in dem einige Pflanzen voller Leben sind und heftig blühen, während andere erst noch wachsen müssen und nochmals andere bereits absterben. Die einzelnen Pflanzen bzw. Anspruchsgrundlagen sind von Gesetzgeber und Gerichten nicht „in einem Guss" geschaffen worden. Manche von ihnen wurden bewusst gepflanzt, andere haben sich im Laufe der Zeit selbst angesiedelt.

1860 Es kann sein, dass **Verletzungen von mehreren Anspruchsgrundlagen erfasst** werden. Beispielsweise können Beeinträchtigungen des Persönlichkeitsrechts Ansprüche aus §823 Abs.1 BGB und aus §§823 Abs.2 Satz 1 BGB, 185ff. StGB auslösen. Das Nebeneinander dieser Anspruchsgrundlagen erklärt sich aus ihrer rechtshistorischen Entwicklung.[2] Das BGB hatte in seiner ursprünglichen Konzeption den Persönlichkeitsschutz bewusst nicht umfassend gewährt, sondern nur gegenüber vorsätzlichem Unrecht. Die Schaffung des allgemeinen Persönlichkeitsrechts durch die Gerichte veränderte diese Konzeption und ermöglicht zum Beispiel einen Schutz gegenüber fahrlässigen Beeinträchtigungen. Zugleich blieben jedoch die früher geschaffenen Normen in Kraft und können daher „neben" §823 Abs.1 BGB eingreifen. Ein weiteres Beispiel für eine solche Konkurrenz von Ansprüchen zeigt sich bei der Verletzung von Urheberrechten. Sie kann neben Ansprüchen aus §§97ff. UrhG auch solche nach BGB auslösen, da der Gesetzgeber dem Urheber einen „zusätzlichen" Schutz durch das allgemeine Zivilrecht nicht abschneiden will.[3]

---

1 §8 Abs.3 Nr.2–4 UWG.
2 Siehe Rdnr.68, 330ff.
3 §97 Abs.3 UrhG.

Weiterhin **erfassen manche Anspruchsnormen die Verletzung unterschiedlicher Rechte**. Das Hauptbeispiel ist § 823 Abs. 1 BGB, der bei Verletzungen sowohl des Persönlichkeitsrechts als auch des Rechts am Unternehmen einschlägig ist. Der Grund für diese „Mehrgleisigkeit“ der Vorschrift liegt darin, dass sie von den Gerichten als Rechtsgrundlage für die Entwicklung von solchen Schutztatbeständen genommen worden ist, die vom Gesetzgeber nicht geregelt worden sind. 1861

Schließlich kann die **Anspruchsgrundlage von der begehrten Rechtsfolge abhängen**. Insbesondere regeln manche Normen allein den verschuldensabhängigen Anspruch auf Schadensersatz,[4] während der verschuldensunabhängige Unterlassungsanspruch sich nach anderen Bestimmungen beurteilt.[5] Darüber hinaus sehen die einzelnen Gebiete zum Teil unterschiedliche Rechtsfolgen vor.[6] 1862

II. Äußerungsdeliktsrecht, sonstige Rechtsgebiete

Aus Sicht des Medienrechts ist vor allem die zivilrechtliche Haftung im Zusammenhang mit Äußerungen von und in den Massenmedien wichtig, die im Vordergrund der weiteren Darstellung steht. Die Haftung bestimmt sich **hauptsächlich nach dem Äußerungsdeliktsrecht**, das Ansprüche auf Unterlassung, Berichtigung, Widerruf, Schadensersatz und Geldentschädigung kennt. Die Einzelheiten dieser Ansprüche bestimmen sich weitgehend nach Richterrecht. Sie hängen maßgeblich davon ab, welches deliktische Rechtsgut beeinträchtigt ist. 1863

Die **deliktischen Anspruchsstrukturen** lassen sich am Beispiel des Persönlichkeitsrechts skizzieren, das aus Sicht der Medien zugleich das wichtigste Schutzrecht ist. Inhalt und Reichweite der Rechtsfolgen von Persönlichkeitsverletzungen werden in zahlreichen Punkten durch Abwägungen bestimmt, wie sie in ähnlicher Weise bereits für die Beurteilung erforderlich sind, ob überhaupt eine rechtswidrige Verletzung besteht. Dabei kann nach Art und Schwere des Verstoßes, dem Gewicht möglicher Gegeninteressen und dem Grad des Verletzerverschuldens zu differenzieren sein. Darüber hinaus unterscheiden sich die einzelnen Rechtsfolgen und Ansprüche in ihren Detailvoraussetzungen. Manche greifen nur bei bestimmten Persönlichkeitsverletzungen ein. Zum Beispiel können Widerruf und Berichtigung nur im Zusammenhang mit Behauptungen bzw. mit Tatsachenäußerungen verlangt werden. Manche Ansprüche und Rechtsfolgen sind an spezielle Voraussetzungen gebunden. Beispielsweise setzt der Anspruch auf Geldentschädigung eine besonders schwere Verletzung der Persönlichkeit voraus. Ebenso hängt die Beweislast für die Wahrheit von Tatsa- 1864

---

4 Z.B. §§ 823 Abs. 1 BGB, 9 UWG.

5 Z.B. §§ 1004 Abs. 1 Satz 2, 823 Abs. 1 BGB analog, 8 UWG.

6 Z.B. §§ 97 Abs. 1 Satz 2 UrhG (Herausgabe des Verletzergewinns), 98f. UrhG (Vernichtung oder Überlassung).

chenbehauptungen davon ab, was für ein Anspruch infrage steht. Sie kann daher für den Unterlassungsanspruch und den Widerrufsanspruch unterschiedlich sein.[7]

1865 Urheberrechtliche und wettbewerbsrechtliche Ansprüche spielen im Zusammenhang mit Äußerungen von und in Medien eine untergeordnete Rolle und stehen daher im Hintergrund der weiteren Darstellung. **Ansprüche von Urhebern** sind in der Praxis vor allem im Zusammenhang mit der Bildberichterstattung bedeutsam. Ihren Inhalt und die näheren Einzelheiten hat der Gesetzgeber in den §§ 97ff. UrhG vergleichsweise detailliert geregelt. **Wettbewerbsrechtliche Ansprüche** nach den §§ 8ff. UWG kommen in Bezug auf Medienunternehmen vor allem in Betracht, soweit es um die wirtschaftliche Tätigkeit der Medien geht, insbesondere um Werbe- und Vertriebspraktiken. Äußerungen der Medien sind dagegen typischerweise keine Wettbewerbshandlung und daher in der Regel nicht am UWG, sondern an den deliktsrechtlichen Maßstäben zu messen.

B. Aufstellen eigener und Wiedergeben fremder Äußerungen

1866 Das Haftungsrecht macht die Haftung maßgeblich davon abhängig, ob der Äußernde **eine eigene Aussage aufstellt oder aber Erklärungen anderer Personen weiterträgt**. Für eine rechtswidrige „eigene" Ausführung hat der Äußernde durchweg einzustehen, während das bloße Weitertragen von Darlegungen anderer Personen nach abweichenden und milderen Maßstäben beurteilt wird. Aus medienrechtlicher Sicht geht es darum, dass dem Veröffentlichen von Inhalten aufseiten der Medien Unterschiedliches zugrunde liegen kann. Es kann zum einen sein, dass Medien im Rahmen der Meinungsbildung und ihrer öffentlichen **Dialogfunktion**[8] mit Äußerungen selbst Stellung beziehen und beispielsweise zum Ausdruck bringen, dass sie aufgrund ihrer eigenen Recherche von der Richtigkeit mitgeteilter Fakten überzeugt sind. Es ist zum anderen auch möglich, dass Medien in Ausübung ihrer öffentlichen **Informationsfunktion**[9] Meldungen, Nachrichten o.ä. ohne eigene Bewertung oder Stellungnahme schlicht weitertransportieren. U.U. weist ein Medienunternehmen sogar ausdrücklich darauf hin, dass es sich um eine fremde oder eine Information handelt, die bislang noch nicht überprüft bzw. bestätigt werden konnte.

1867 Die Unterscheidung zwischen „eigenen" Aussagen und dem schlichten „Weitertragen" von Aussagen anderer Personen ist gesetzlich geregelt, soweit es um das Äußern von **Tatsachen** geht. Die einschlägigen Normen trennen insoweit zwischen dem „Behaupten" und dem „Verbreiten".[10] Die beiden Varianten unterscheiden sich in der Haltung des Äußernden zum Inhalt der Äußerung. Sie

---

7 Dazu *Leipold* FS Hubmann 1985, 271ff. mwN.
8 Zur Dialogfunktion der Medien siehe Rdnr. 26ff.
9 Zur Informationsfunktion der Medien siehe Rdnr. 22.
10 §§ 824 Abs. 1 BGB, 4 Nr. 8 UWG, 186 StGB.

sind als rechtliche Kategorien weithin bekannt und sollen daher zunächst vorgestellt werden (I.–II.). Eine ausdrückliche gesetzliche Regelung fehlt dagegen für den Fall, dass eigene **Meinungen** geäußert oder fremde Meinungsäußerungen wiedergegeben werden. Solche Fragen werden im Anschluss behandelt (III.). Danach folgt die Darstellung bestimmter Einzel- und Problemkonstellationen (IV.).

I. Behaupten

Behaupten ist das Mitteilen von Tatsachen **aus eigenem Wissen** oder von Tatsa- 1868
chenangaben Dritter, die sich der Äußernde **aus eigener Überzeugung ihrer Richtigkeit** zu eigen macht.[11] Für Behauptungen hat der Äußernde stets einzustehen, sofern die Äußerung die sonstigen Haftungsvoraussetzungen erfüllt, also zum Beispiel Persönlichkeitsrechte beeinträchtigt und nicht in Ausübung berechtigter Interessen erfolgt. Behauptungen haben im Rahmen der öffentlichen Meinungsbildung eine andere Bedeutung als das bloße Verbreiten, weil der Behauptende seine eigene Kompetenz „in die Waagschale wirft". Behauptungen verletzen den Betroffenen also anders und in vielen Fällen schwerer als das bloße Verbreiten von Tatsachenäußerungen anderer Personen.

Unzulässige Behauptungen bringen aus diesen Gründen ein **besonderes In-** 1869
teresse an Kompensation mit sich. Sie können daher spezielle Rechtsfolgen nach sich ziehen, zum Beispiel eine höhere Geldentschädigung des in seiner Persönlichkeit Verletzten.[12] Vor allem aber können sie Widerrufsansprüche des Betroffenen auslösen, während es gegenüber dem bloßen Verbreiten rechtswidriger Äußerungen keinen Anspruch auf Widerruf,[13] sondern allenfalls einen Anspruch auf Berichtigung gibt. Der Widerruf von Behauptungen dient zur Korrektur des überschießenden Beitrags, den der Äußernde mit seiner eigenen Positionierung erbracht hat und der sowohl die öffentliche Meinungsbildung als auch Schutzinteressen des Betroffenen beeinträchtigt. Hat sich der Äußernde dagegen nicht selbst positioniert, sondern lediglich fremde Angaben verbreitet, dann braucht weder ein „überschießender Meinungsbeitrag" ausgeglichen werden, noch wird dem Äußernden das Eingestehen eigener Fehler in gleicher Weise abverlangt.

---

11 BGH vom 20.6. 1969 (Hormoncreme), GRUR 1969, 624, 627.

12 BGH vom 30.1. 1996 (Lohnkiller), BGHZ 132, 13, 27 mwN. „Bedeutung und Tragweite des Eingriffs".

13 Dazu BGH vom 6.4. 1976 (PANORAMA), BGHZ 66, 182, 189.

II. Verbreiten

1. Grundanforderungen

1870 Für bloßes Verbreiten wird grundsätzlich milder gehaftet. Verbreiten ist die **Weitergabe fremder Tatsachenangaben, die sich der Äußernde nicht zu eigen macht.**[14] Es liegt beispielsweise in der Weitergabe eines Gerüchts, eines Verdachts[15] oder von Angaben unter dem Hinweis, sie stammten von einem Dritten.[16] Auch solche Äußerungen können zur Haftung führen. Wenn die „Ausgangsinformation" inhaltlich nicht zutrifft, so führt die Weiterverbreitung zu einer falschen Information der Öffentlichkeit oder zur Vertiefung einer bereits bestehenden Falschinformation. Die Hinnahme solcher Äußerungen kann dem Betroffenen nicht zugemutet werden. Seine rechtlichen Interessen blieben letztlich schutzlos, wenn einer Haftung für Falschaussagen bereits durch bloße Hilfsformulierungen ausgewichen werden könnte.

1871 Bei einer Beteiligung mehrerer kann zweifelhaft sein, wer „Verbreiter" ist bzw. ob nur eine oder mehrere eigenständige Verbreitungshandlungen vorliegen. Wer lediglich einen anderen zu Wort kommen lässt, also keinen inhaltlichen Einfluss nimmt und dem anderen nur das technische Hilfsmittel zur Verbreitung verleiht, verbreitet dessen Aussage nicht. So können beispielsweise die Post oder die Bundesbahn nicht für den Inhalt von Zeitschriften verantwortlich gemacht werden, die sie befördern. Es bedarf vielmehr einer wertenden Inhaltsbestimmung bzw. einer **„intellektuellen" Verbreitung.**[17] Ein derartiges „intellektuelles" Verbreiten durch die Medien und eine entsprechende Haftung kommen insbesondere in Betracht, wenn die fragliche Mitteilung im Rahmen eines redaktionellen Beitrags gemacht wird. Sie ist dann in ihrer Bedeutung bereits dadurch beeinflusst worden, dass das berichtende Medienunternehmen die Äußerung als solche aufgegriffen hat. Zugleich macht der redaktionelle Teil typischerweise den besonderen Informationswert von Medien aus und ist die Basis dafür, dass Medien ihre wichtigen öffentlichen Funktionen erfüllen können. Informationen können zu öffentlicher Information, Kontrolle und öffentlichem Dialog aber nur dann sinnvoll beitragen, wenn sie inhaltlich zutreffen und dementsprechend vorab von den Medien überprüft wurden.[18]

2. Verbreitungsbegriff und journalistische Sorgfaltspflicht

1872 Das Bejahen einer Verbreitungshandlung bedeutet noch nicht, dass der Verbreiter auch im Ergebnis für die weitergetragene Äußerung haftet. Für die Medien

---

14 BGH vom 20.6. 1969 (Hormoncreme), GRUR 1969, 624, 627; BGH vom 23.2. 1995 (Schwarze Liste), GRUR 1995, 427, 428.

15 BGH vom 17.11. 1992 (Ketten-Mafia), NJW 1993, 525, 526.

16 BGH vom 20.6. 1969 (Hormoncreme), GRUR 1969, 624, 627.

17 *Burkhardt* in: Wenzel, Das Recht der Wort- und Bildberichterstattung, § 10 Rz. 202.

18 Siehe Rdnr. 1158f.

scheidet eine Verbreitungshaftung durchweg aus, wenn sie die Regeln der **journalistischen Sorgfaltspflicht** beachtet bzw. die verbreitete Äußerung zuvor auf ihren Wahrheitsgehalt überprüft haben.[19] Die Haftung greift dagegen ein, wenn die Medien auf eine ihnen ohne weiteres mögliche Überprüfung des Wahrheitsgehalts der Meldung verzichten oder die Meldung publizieren, obwohl das Ergebnis der Recherche gegen die Richtigkeit der Meldung spricht.[20] Medien können sich daher vor der Verbreiterhaftung stets durch ausreichende Recherche sichern.

Bei Liveübertragungen, Dokumentationen von Meinungsständen und bestimmten weiteren Konstellationen, auf die noch eingegangen wird, stellt die h.M. die Medien in einem noch weitergehenden Maße von Haftungsrisiken frei. 1873 Dies geschieht, indem bereits ein **Verbreiten verneint wird, obwohl die Medien rechtswidrige Äußerungen oder Informationen veröffentlichen bzw. allgemein zugänglich machen**. Die Haftung scheidet in solchen Fällen nach h.M. also unabhängig davon aus, ob die Medien überhaupt recherchiert haben. Diese Linie läuft auf eine **Entlastung von der Sorgfaltspflicht** hinaus. Sie entbindet die Medien davon, für die Veröffentlichung nicht überprüfter rechtswidriger Informationen einstehen zu müssen, obwohl Äußerungen, die über die Massenmedien transportiert werden, typischerweise sowohl für die öffentliche Meinungsbildung wichtig als auch für den einzelnen Betroffenen besonders verletzungsträchtig sind. Es ist problematisch, ein Verbreiten haftungsrechtlich gerade dann abzulehnen, wenn es im Wege der Massenkommunikation und damit in der gefährlichsten Form überhaupt geschieht.

3. Einengung des Verbreitungsbegriffs am Beispiel von Livesendungen

Die beschriebene Entlastung von der journalistischen Sorgfaltspflicht ist erstmals im Zusammenhang mit der Liveberichterstattung relevant geworden (zu 1874 weiteren Konstellationen siehe Rdnr. 1886ff., 1892). Wenn Äußerungen Dritter derart in eine Rundfunk- oder Fernsehsendung integriert werden, dass die Sendung den Eindruck eines Spiels mit verteilten Rollen und nicht mehr den der bloßen Überlassung eines Mitteilungsmediums macht, so liegt nach der Rechtsprechung ein dem Sender zuzurechnendes Verbreiten vor.[21] Die Gerichte urteilen aber anders, wenn der Sender eine Rundfunk- oder Fernsehdiskussion live ausstrahlt oder eine Aufzeichnung einer solchen Diskussion sendet und die fraglichen Äußerungen nicht „bearbeitet“. Dann kann er zwar ggf. Störer im Sinne von § 1004 Abs. 1 BGB sein und auf Unterlassung oder Beseitigung haften. Er ist

19 Zur journalistischen Sorgfaltspflicht siehe Rdnr. 1167, 1169ff.
20 BGH vom 3.5.1977 (Abgeordnetenbestechung), NJW 1977, 1288, 1289 (insoweit nicht in BGHZ 68, 331ff.).
21 BGH vom 6.4.1976 (PANORAMA), BGHZ 66, 182, 190.

nach der Rechtsprechung aber **kein Verbreiter bzw. Schädiger** im Sinne der §§823ff. BGB und haftet dementsprechend nicht auf Schadensersatz.[22]

1875 Grundlegend ist die **PANORAMA-Entscheidung**, die erstmals über die Verbreitungshaftung speziell des Fernsehens urteilte. Sie betraf keine Livesendung, sondern einen recherchierten Beitrag eines politischen Fernsehmagazins, nahm aber in diesem Zusammenhang umfassend dazu Stellung, welche Besonderheiten sich aus der Rolle des Fernsehens sowie aus den „Möglichkeiten und Zwängen fernsehgerechter Darstellung“ ergäben.[23] Nach dem Urteil widerspricht es „Wesen und Funktion“ des Mediums Fernsehen, wenn das Fernsehen neben oder gar anstelle des eigentlichen Urhebers der Äußerung in Anspruch genommen werden könnte.

1876 Diese Judikatur ist erheblich zu kritisieren und argumentiert mit „Zwängen“, die in dieser Form nicht akzeptiert werden können. Es ist ungerecht und verträgt sich nicht mit der Ausgangswertung der §§823f. BGB, wenn man das Risiko von Liveübertragungen dem Geschädigten zuweist und die Medien aus der Verantwortung entlässt. Bei Liveübertragungen scheidet eine Schadenshaftung der Medien freilich mangels Verschuldens aus, wenn der Sender die verletzende Äußerung nicht konkret vorhersehen bzw. nicht verhindern konnte. De lege ferenda ist daher eine Gefährdungshaftung der Medien zu befürworten. Strahlt der Rundfunk einen Beitrag dagegen zeitversetzt aus, so ist eine entsprechende Überprüfung möglich und muss im Interesse Betroffener auch verlangt werden. Genauso wie im Zusammenhang mit Werbebeiträgen und Leserbriefen (siehe Rdnr. 1889ff.) sollten die Medien jedenfalls für grobe Fahrlässigkeit einstehen müssen und verpflichtet sein, zeitversetzt ausgestrahlte Liveaufnahmen auf eindeutig erkennbare Verletzungen zu überprüfen.

III. Veröffentlichen eigener und fremder Meinungen

1877 Beim Äußern eigener und Wiedergeben fremder Meinungen spricht man nicht von „Behaupten“ und meist auch nicht von „Verbreiten“, um die verschiedenen Beurteilungsmaßstäbe für Tatsachen- und Meinungsäußerungen nicht miteinander zu vermengen. In Bezug auf die Behandlung von Meinungen haben sich allerdings noch keine vergleichbaren Bezeichnungen durchgesetzt. Man muss sogar sagen, dass selbst die inhaltlichen Beurteilungsmaßstäbe intransparent sind und in aller Regel nur indirekt diskutiert werden.

1878 Wird eine **Meinung als eigene geäußert**, so ist die rechtliche Behandlung vergleichsweise einfach. Überschreitet die Äußerung die großzügigen Zulässigkeitsgrenzen, die für Meinungsäußerungen bestehen, so hat ihr Urheber haftungsrechtlich für das von ihm verursachte Unrecht einzustehen.

---

22 BGH vom 6.4.1976 (PANORAMA), BGHZ 66, 182, 188.

23 BGH vom 6.4.1976 (PANORAMA), BGHZ 66, 182, 188; dazu *Mathy/Gerhardt* AfP 1976, 85ff.; *Katzenberger* GRUR 1976, 656ff.; *„XX“* JA 1976, 507ff.; *Bettermann* NJW 1977, 513ff.; kritisch *Eschenlohr* NJW 1976, 1198ff.; *Grossmann/Lenz* FuR 1976, 581ff.

Komplizierter liegt es, wenn eine **fremde Meinungsäußerung weitergetragen** wird. Man spricht dann in aller Regel nicht von „Verbreiten". Im Einzelnen ist zu unterscheiden. Gibt das Medienunternehmen eine fremde Meinungsäußerung unrichtig wieder, so liegt darin ein unrichtiges Zitat.[24] Es verletzt den Zitierten in Rechten und verschafft ihm zivilrechtliche Ansprüche gegen das Medienunternehmen, sofern dieses mit dem Falschzitat gegen die journalistische Sorgfaltspflicht verstoßen hat. Ebenso kann die unrichtige Wiedergabe einer fremden Meinungsäußerung auch denjenigen in Rechten verletzen, den die zitierte Äußerung inhaltlich betrifft. Davon ist der Fall zu unterscheiden, dass ein Medienunternehmen eine fremde Meinungsäußerung korrekt zitiert und die zitierte Äußerung als solche einen rechtswidrigen Inhalt hat. Nach den für das Verbreiten von Tatsachen geltenden Grundmaßstäben müssten die Medien für die Wiedergabe solcher Äußerungen an sich haften. Ebenso wie die h.M. jedoch den Verbreitungsbegriff einschränkt, nimmt sie auch in Bezug auf Meinungsäußerungen an, dass die Medien jedenfalls unter bestimmten Voraussetzungen nicht für das Veröffentlichen rechtswidriger fremder Meinungsäußerungen haften. Rechtsprechung und Schrifttum gestehen den Medien in gewissen Grenzen namentlich das **Recht zu, persönlichkeitsverletzende Äußerungen Dritter wortlautgetreu zitieren zu dürfen**.[25] Nach dieser Linie kann der Verletzte das zitierende Medienunternehmen haftungsrechtlich nicht in Anspruch nehmen, wenn das Zitat als solches korrekt ist. Nach herrschendem Verständnis leistet, wer eine Meinungsäußerung unzulässigen Inhalts wortgetreu weitergibt, nur dann einen eigenen haftungsrechtlichen Tatbeitrag, wenn er sich den **Inhalt des Zitats zu eigen macht**. Solidarisiert sich der Zitierende mit dem Zitat, so haftet er zusammen mit dem Zitierten. Dasselbe muss gelten, wenn das Medienunternehmen falsch zitiert und dadurch der ursprünglichen Verletzung eine eigenständige weitere hinzufügt. Gibt das Medienunternehmen das Zitat dagegen korrekt und ohne inhaltliche Befürwortung wieder, so kann sich der Betroffene nur an den Zitierten halten. 1879

Einen drastischen Anwendungsfall zeigt die **Bundesscheiße-Entscheidung**. Im Streitfall wurde der Liedermacher *Wolf Biermann* mit dem auf den Kläger, den letzten Innenminister und stellvertretenden Ministerpräsidenten der DDR, gemünzten Satz zitiert: „Der Mann ist solche Bundesscheiße, da möchte man überhaupt nicht reintreten". Der Kläger nahm das zitierende Boulevardblatt auf Geldentschädigung in Anspruch. Das KG konnte jedoch keine hinreichend schwere Verletzung des Persönlichkeitsrechts durch das Blatt erkennen, da der fragliche Artikel den Ausspruch nur referiere und keine inhaltliche Billigung erkennen lasse.[26] 1880

24 Siehe Rdnr. 1599.
25 BGH vom 30.1. 1996 (Lohnkiller), BGHZ 132, 13, 18f.; dazu *Marly* LM BGB §823 (Ah) Nr. 123; *Helle* EWiR 1996, 453f. KG vom 29.2. 2000 (Bundesscheiße), AfP 2001, 65f.; BVerfG vom 30.9. 2003 (Bundesscheiße), NJW 2004, 590, 591; *Burkhardt* in: Wenzel, Das Recht der Wort- und Bildberichterstattung, §4 Rz. 102ff.; im Grundsatz auch *Frömming* FS Engelschall 1996, 47, 57ff.
26 KG vom 29.2. 2000 (Bundesscheiße), AfP 2001, 65, 66; bestätigend BVerfG vom 30.9. 2003 (Bundesscheiße), NJW 2004, 590, 591.

1881 Diese, vom BGH ursprünglich im Zusammenhang mit Liveübertragungen entwickelte Linie,[27] verdient **Kritik**. Die Persönlichkeit muss grundsätzlich auch gegenüber demjenigen Schutz genießen, der persönlichkeitsverletzende Äußerungen wissentlich weiterträgt und diesen Äußerungen dadurch möglicherweise sogar größere Breitenwirkung verleiht, als sie ursprünglich hatten. Das erstmalige Herstellen von Öffentlichkeit durch die verletzende Äußerung darf auch im Zusammenhang mit Zitaten nicht dazu führen, dass der Betroffene gegenüber weiteren Beeinträchtigungen entrechtet wird.[28] Immerhin wollen neuere Stimmen eine Haftung bzw. ein Zueigenmachen bereits annehmen, wenn dem Leser eine solche Billigung „zwischen den Zeilen vermittelt" wird.[29] Meines Erachtens geht dies nicht weit genug, da es ein berechtigtes öffentliches Informationsinteresse an diffamierenden Äußerungen nicht geben kann.[30] Mit der Verbreitung des Zitatinhalts ist eine Verletzung des Persönlichkeitsrechts indiziert, doch kann eine unzulässige Beeinträchtigung im Einzelfall ausscheiden. Das kommt namentlich in Betracht, wenn dem Verletzten durch das Zitat keine ungewollte Publizität aufgedrängt wird und zugleich der zitierende Beitrag seinem Gesamtzusammenhang nach dem rechtswidrigen Inhalt der zitierten Äußerung entgegenwirkt und deren verletzende Wirkung im Ergebnis entschärft, zum Beispiel aufgrund der Beifügung eines klarstellenden oder erläuternden Zusatzes.[31]

IV. Einzel- und Problemkonstellationen

1882 Ein wichtiges Kriterium dafür, ob das Veröffentlichen fremder Äußerungen zur Haftung führt, ist der **publizistische Zuschnitt der Veröffentlichung**. Ist die fremde Äußerung als Teil des redaktionellen Inhalts anzusehen und wird sie sozusagen „intellektuell" verbreitet bzw. weitergetragen (siehe Rdnr. 1871), so ist eine Zurechnung der Äußerung zum verbreitenden oder zitierenden Medienunternehmen tendenziell zu befürworten. Die Haftung beurteilt sich dann im Ergebnis danach, ob die Medien ihrer Sorgfaltspflicht nachgekommen sind. Das ist sinnvoll. Redaktionell transportierte Informationen haben im Rahmen der öffentlichen Meinungsbildung einen höheren Stellenwert als rein „technisch" weitertransportierte Informationen. Es ist deshalb wichtig, dass sie vorab auf Richtigkeit überprüft werden müssen. Steht dagegen ein rein „technischer" Transport fremder Äußerungen infrage, so kann dies im Ergebnis eine haf-

27 BGH vom 6.4. 1976 (PANORAMA), BGHZ 66, 182, 188f. Siehe Rdnr. 1875.

28 Siehe Rdnr. 997.

29 KG vom 29.2. 2000 (Bundesscheiße), AfP 2001, 65, 66; *Burkhardt* in: Das Recht der Wenzel, Wort- und Bildberichterstattung § 4 Rz. 102ff.

30 A. A. KG vom 29.2. 2000 (Bundesscheiße), AfP 2001, 65, 66; bestätigt von BVerfG vom 30.9. 2003, NJW 2004, 590, 591. Zwischen Intim-, Privat- und Individualsphäre differenzierend *Frömming* FS Engelschall 1996, 47, 59ff.

31 Insoweit ähnlich wohl *Rüthers/Berghaus* JZ 1987, 1093, 1097; zu einem „klarstellenden Zusatz" siehe auch BGH vom 8.7. 1980 (Das Medizin-Syndikat I), BGHZ 78, 9, 20.

tungsrechtliche Verantwortlichkeit ausschließen. In solchen Fällen ziehen die Gerichte die Haftung aber zu Recht in Betracht, wenn das Medienunternehmen vorsätzlich oder grob fahrlässig gehandelt hat. Daraus ergibt sich eine **Stufung der Haftungsfolgen**. „Redaktionelles" Verbreiten unterliegt der vollen journalistischen Sorgfaltspflicht, während für rein „technisches" Weitertragen jedenfalls bei grobem Verschulden gehaftet werden kann.

Im Einzelnen stellt sich die Haftungsfrage in unterschiedlichen Zusammen- 1883
hängen und Konstellationen. Die Diskussion wird zum Teil durch spezielle gesetzliche Wertungen bestimmt und für unterschiedliche Fallgruppen geführt. Meistens wird dabei nicht explizit zwischen dem Verbreiten von Tatsachenäußerungen und dem Zitieren fremder Meinungsäußerungen unterschieden. Die einschlägigen Urteile beschränken sich in ihren Aussagen jeweils auf die konkret infrage stehende Äußerungsform. Sie haben eine Gleichbehandlung des Weitertragens fremder Tatsachen- und Meinungsäußerungen bislang nicht ausdrücklich ausgesprochen, laufen in der Sache aber mehr oder weniger auf einen einheitlichen Maßstab hinaus.

1. Parlamentsberichterstattung

Die Haftung von Medien scheidet nach Art. 42 Abs. 3 GG, § 37 StGB aus, soweit 1884
sie im Rahmen der Parlamentsberichterstattung verletzende Äußerungen wahrheitsgetreu, d.h. authentisch wiedergeben.[32]

Der einzelne Abgeordnete wird durch seine **Immunität** vor einer Haftung für seine Äu- 1885
ßerungen geschützt, die er im Parlament oder in einem der Parlamentsausschüsse gemacht hat, sofern es sich nicht um eine verleumderische Beleidigung handelt.[33] Eine sich daraus ableitende Sonderkonstellation betrifft die Entscheidung **Adam v. Ward**. Im Streitfall hatte ein Abgeordneter in einer Rede im englischen Parlament eine schwere verbale Attacke gegen einen General geritten. Der Angegriffene wehrte sich mit einer gleichermaßen verletzenden Erklärung, die von Zeitungen im ganzen britischen Königreich unverändert veröffentlicht wurde. Die Richter lehnten eine Haftung des Generals ab, weil er sich als Opfer einer im Parlament ausgesprochenen Ehrkränkung in gleichfalls ungehinderter Weise öffentlich wehren dürfe. Dieses „right of reply privilege" berechtige zugleich auch die Presse, die mündliche Erwiderung veröffentlichen zu dürfen, sofern sie dabei nicht böswillig handele.[34] Das deutsche Recht würde tendenziell zu denselben Ergebnissen gelangen. Aufgrund des Vorverhaltens des Parlamentariers und der sonstigen Umstände des „Angriffs" wäre der General prinzipiell berechtigt, in gleicher Münze zurückzuzahlen.[35] Wenn jedoch die Äußerung des Generals rechtens ist, dann darf sie grundsätzlich auch von den Medien der Öffentlichkeit zugänglich gemacht werden.

---

32 Siehe Rdnr. 1176, 1440.
33 Art. 46 Abs. 1 GG; § 36 StGB.
34 Adam v. Ward, [1917] A.C. 309, 318ff. Siehe auch *Schmits*, Das Recht der Gegendarstellung und das right of reply – Eine rechtsvergleichende Studie über die Entgegnungskonzeption in Deutschland und England, 1997, S. 169 mwN.
35 Siehe Rdnr. 946f., 982f.

2. Meinungsdokumentation, Distanzierung

1886 Der BGH lehnt eine deliktische Haftung ab, wenn die Wiedergabe schlicht Teil einer **Dokumentation des Meinungsstands** ist, in der – gleichsam wie auf einem „Markt der Meinungen" – Äußerungen und Stellungnahmen verschiedener Seiten zusammen- und gegenübergestellt werden.[36] Nach neuerer Judikatur kann die Haftung schließlich sogar allgemein ausscheiden, wenn der Äußernde lediglich Aussagen Dritter wiedergibt und sich von diesen **selbst und ernsthaft distanziert**.[37]

1887 Auch diese Rechtsprechung begegnet erheblichen Bedenken,[38] weil sie wichtige Maßstäbe unzulässig verschiebt. Zunächst ist dem Ansatz zu widersprechen, den Medien müsse bei der Dokumentation des Meinungsstands auch die Mitteilung rechtswidriger Äußerungen erlaubt sein. Ein Interesse an der Verbreitung von Inhalten, die einen Einzelnen verletzen und deren Mitteilung nicht von öffentlichen Informationsinteressen gedeckt ist, gibt es nicht. Die Verletzung des Betroffenen durch rechtswidrige Angaben wird außerdem nicht weniger schlimm dadurch, dass im Rahmen des „Meinungsstands" auch andere, den Betroffenen möglicherweise entlastende Inhalte mitgeteilt werden. Eine derartige „Kompensation" kann im Rahmen der Verbreitungshaftung keine Rolle spielen. Verletzungen werden in keiner Weise dadurch aufgehoben, dass sie von den Medien öffentlich gemacht werden.

1888 Soweit die Rechtsprechung im Zusammenhang mit Tatsachenäußerungen ein Verbreiten ablehnt, läuft sie darauf hinaus, die **Verbreitungshaftung contra legem abzuschaffen**. Sie nimmt dem Betroffenen den von den §§ 823f. BGB gerade bezweckten Schutz gegenüber unberechtigten Angriffen und schießt im Hinblick auf die erwünschten Spielräume für Massenmedien über das Ziel hinaus. Der angemessene Ort zur Berücksichtigung solcher Aspekte ist allein die Prüfung, ob der Äußernde seiner Sorgfaltspflicht nachgekommen bzw. in Wahrnehmung berechtigter Interessen tätig geworden ist. Diese Anforderungen bieten ausreichend Raum, um beispielsweise einer Fernsehsendung das Zusammenstellen von eigenständigen und kontroversen Äußerungen von Wissenschaftlern zu ihrem Fachgebiet zu ermöglichen. Die Regel, dass der Sender nur bei Einhaltung seiner Sorgfaltspflicht von der Haftung befreit wird, darf nicht durch die Hintertür einer restriktiven Auslegung des Tatbestandsmerkmals „Verbreiten" abgeschafft werden. Ist die Sorgfaltspflicht nicht erfüllt und verdient der Schutz

---

36 BGH vom 20.6. 1969 (Hormoncreme), GRUR 1969, 624, 627; dazu *Krieger* GRUR 1969, 629; *Wenzel* NJW 1970, 187. BGH vom 30.1. 1996 (Lohnkiller), BGHZ 132, 13, 19.

37 BGH vom 30.1. 1996 (Lohnkiller), BGHZ 132, 13, 18f. mwN; dazu *Marly* LM BGB § 823 (Ah) Nr. 123; zustimmend *Helle* EWiR 1996, 453f. BGH vom 26.11. 1996 (Stern TV), NJW 1997, 1148, 1149; dazu *Wagener/Meister* KH 1997, 579f.; kritisch *Helle* JZ 1997, 786ff. BGH vom 20.2. 2003 (Kirchlicher Sektenbeauftragter), NJW 2003, 1308, 1311 (insoweit nicht in BGHZ 154, 54ff.).

38 RGRK/*Steffen* § 824 BGB Rdn. 24; *Helle* JZ 1997, 786, 789f.; *Soehring*, Presserecht, Tz. 16.15.

des Betroffenen im Einzelfall Vorrang, so gibt es kein legitimes Bedürfnis, den Anspruchsgegner von der Haftung freizustellen.

3. Leserbriefe, Werbeäußerungen

Für Äußerungen Dritter, die von den Medien nicht im Rahmen von redaktionellen Beiträgen veröffentlicht werden, gelten andere Maßstäbe. Für den Inhalt von **Leserbriefen** haften die Medien grundsätzlich nicht, sofern sie sich ausreichend von deren Inhalt distanzieren.[39] Der Hinweis darauf, dass der Inhalt der Leserbriefe allein die Ansicht der Einsender wiedergibt und mit der Auffassung der Redaktion nicht unbedingt übereinstimmt, reicht für einen Ausschluss der Haftung aus. Der h.M. ist insoweit zuzustimmen. Äußerungen in Leserbriefen sind anders zu bewerten als das Anführen von Angaben Dritter in redaktionellen Beiträgen. Sind Leserbriefe als solche erkennbar, so wird ihr Inhalt von vornherein nur als die Äußerung des einzelnen Absenders wahrgenommen. Sie sind kein Bestandteil redaktioneller Äußerungen. Die „Verbreitung" durch die Medien hat rein „mechanischen", aber gerade keinen intellektuellen Charakter. Ebenso sind Mitteilungen zu beurteilen, die im Rahmen von **Anzeigen** oder **Werbebeiträgen** gemacht werden.[40] 1889

Eine Haftung der Medien kann sich in diesen Fällen aber aus der Verletzung einer **speziellen Prüfungspflicht** ergeben. Die Medien müssen nämlich Leserbriefe und Werbeangaben darauf überprüfen, ob sie Interessen Dritter in schwerer Weise beeinträchtigen und beispielsweise erkennbar die Persönlichkeit verletzen oder fremden Kredit gefährden.[41] Die Prüfungspflicht setzt insbesondere ein, wenn im Einzelfall Anlass zu Zweifeln an der inhaltlichen Zulässigkeit von Leserbrief oder Werbeanzeige besteht.[42] Die Medien haben dabei für grobe Fahrlässigkeit einzustehen. Gleiches gilt für die Frage, ob die Mitteilung wettbewerbswidrig ist oder Urheberrechte verletzt. 1890

Die **Pressehaftung I-Entscheidung** hat die Störerhaftung von Verlegern und Anzeigenredakteuren für die Verbreitung **wettbewerbswidriger Anzeigen** auf solche Fälle begrenzt, in denen die Wettbewerbswidrigkeit der Anzeige grob fahrlässig nicht erkannt wurde.[43] Dasselbe gilt für den Abdruck von Anzeigen mit urheberrechtsverletzendem Inhalt.[44] Ein Presseorgan haftet also nicht, wenn es im Zusammenhang mit einem solchen Verstoß lediglich normal oder leicht fahrlässig handelt. Das Gericht berief sich dazu auf die verfassungsrechtliche Sonderstellung der Presse, aber auch darauf, dass die Presse 1891

---

39 BGH vom 27.5. 1986 (Ostkontakte), NJW 1986, 2503, 2505; *Burkhardt* in: Wenzel, Das Recht der Wort- und Bildberichterstattung, § 10 Rz. 212 mwN.
40 BGH vom 20.6. 1972 (Geschäftsaufgabe), BGHZ 59, 76, 80.
41 BGH vom 20.6. 1972 (Geschäftsaufgabe), BGHZ 59, 76, 80f.; BGH vom 27.5. 1986 (Ostkontakte), NJW 1986, 2503, 2505. Siehe Rdnr. 1175.
42 Zu Einzelheiten *Burkhardt* in: Wenzel, Das Recht der Wort- und Bildberichterstattung, § 10 Rz. 215f. mwN.
43 BGH vom 26.4. 1990 (Pressehaftung I), GRUR 1990, 1012, 1014 mwN.
44 BGH vom 15.10. 1998 (Möbelklassiker), NJW 1999, 1960f.

unter Zeitdruck stehe und eine umgehende Überprüfung sämtlicher Anzeigen auf Gesetzesverstöße die Arbeit der Presse unzumutbar erschweren würde. Es handelt sich nicht um einen medienrechtlichen Sondermaßstab. Die Beurteilung erklärt sich vielmehr daraus, dass sich eine Pflicht zur umfassenden Prüfung sämtlicher Anzeigen zu einer nicht zumutbaren Belastung summieren würde. Deshalb gilt derselbe Maßstab auch für Nichtmedienunternehmen, die im Rahmen einer gleichen Interessenkonstellation agieren.[45]

4. Hyperlinks

1892 Die rechtliche Behandlung von Hyperlinks ist in den Normen über die Telemedien nicht speziell geregelt. Ihre **äußerungsrechtliche Einordnung** bestimmt sich nach denselben Grundsätzen, die für die Verbreitungshaftung gelten.[46] Es gibt also keine äußerungsrechtliche Behandlung von Hyperlinks als solchen, sondern es kommt auf den **Zuschnitt des konkret infrage stehenden Hyperlinks** an. Der Linksetzer haftet, wenn er sich die durch den Link vermittelte Information zu eigen macht.[47] Dabei kommt es auf die Gesamtaussage an, in die der Hyperlink eingebettet ist, ihren Zweck und ihre konkrete Präsentation. Soweit ein Hyperlink als eigenständige Aussage einzuordnen ist, begründet er im Rahmen der Sorgfaltspflicht eine Verpflichtung zur Überprüfung des verlinkten Angebots in angemessenen Zeitabständen.[48] Ist der Hyperlink dagegen als Vermittlung einer fremden Aussage anzusehen, so begründet er nach h.M. keine Schadensersatzhaftung. Der Linksetzer kann aber u.U. als Störer in Betracht kommen.

1893 Das Setzen von Hyperlinks ist **urheberrechtlich** prinzipiell unbedenklich. Verweist der Hyperlink auf eine Webseite mit einem urheberrechtlich geschützten Werk, so liegt darin keine Verletzung des Vervielfältigungsrechts des Urhebers.[49]

1894 Grundlegend ist die **Paperboy-Entscheidung**. Im Streitfall hatten die Beklagten im Internet einen Suchdienst für tagesaktuelle Nachrichten angeboten, insbesondere für Zeitungsnachrichten. Der angebotene Suchdienst wertete die Webseiten von mehreren hundert Nachrichtenanbietern aus. Er erfasste nur tagesaktuelle Informationen und wies auf Anfrage diejenigen Veröffentlichungen in Form einer Auflistung nach, die den vom Nutzer vorgegebenen Suchkriterien entsprachen. Zugleich wurden aus der betreffenden Veröffentlichung Stichworte und Textpassagen angegeben, um den Inhalt der Veröffentlichung näher zu kennzeichnen. Die aufgelisteten Suchergebnisse gaben ihre Quelle an. Diese Angabe war als Hyperlink ausgestaltet, über den der Nutzer die angegebene Datei unmittelbar aufrufen konnte. Der BGH sah in solchen Links keine Verstöße gegen Urheberrechte, Schutzrechte von Datenbankherstellern und das Wettbewerbsrecht.[50]

45 *Beater*, Unlauterer Wettbewerb, §30 Rdnr. 48.
46 *Burkhardt* in: Wenzel, Das Recht der Wort- und Bildberichterstattung, §10 Rz. 249 mwN.; *Spindler* MMR 2002, 495, 498ff.
47 *Burkhardt* in: Wenzel, Das Recht der Wort- und Bildberichterstattung, §10 Rz. 249.
48 *Burkhardt* in: Wenzel, Das Recht der Wort- und Bildberichterstattung, §10 Rz. 249.
49 BGH vom 17.7. 2003 (Paperboy), BGHZ 156, 1, 11 mwN.
50 BGH vom 17.7. 2003 (Paperboy), BGHZ 156, 1, 10ff.; dazu *Klett* K&R 2003, 561f.;

Die **Unterlassungshaftung** bzw. die Einordnung des Linksetzers als Störer beurteilt sich danach, ob er den ihn treffenden Prüfungspflichten nachgekommen ist. Der Umfang dieser Pflichten richtet sich nach dem Gesamtzusammenhang, in dem der Link verwendet wird, und dem Zweck des Hyperlinks. Außerdem kommt es darauf an, welche Kenntnis der den Link Setzende von den Umständen hat, die dafür sprechen, dass die Webseite oder der Internetauftritt, auf die der Link verweist, rechtswidrigem Handeln dient, und welche Möglichkeiten er hat, die Rechtswidrigkeit dieses Handelns in zumutbarer Weise zu erkennen.[51] 1895

C. Haftende Personen

I. Ausgangsfragen

Welche Person haftet, bestimmt sich nach **zivilrechtlichen Maßstäben**. Auf etwaige medienrechtliche Bestimmungen über presse-, rundfunk- oder mediendiensterechtliche Verantwortlichkeiten kommt es dagegen grundsätzlich nicht an,[52] doch können sich solche Normen in bestimmten Konstellationen auf die zivilrechtlichen Anforderungen auswirken.[53] 1896

Für eine Äußerung hat insbesondere derjenige einzustehen, der sie gemacht hat. Daneben können Ansprüche auch gegen weitere Personen gegeben sein. Zum Beispiel kann jemand für die Äußerung mitursächlich geworden sein oder eine rechtswidrige Veröffentlichung trotz einer entsprechenden Überwachungspflicht nicht verhindert haben. Ebenso kann jemand haften, weil er in der Lage ist, eine Wiederholung der Aussage zu verhindern oder ihre Folgen zu beseitigen. Die Haftung erfordert grundsätzlich, dass die in Anspruch genommene Person von der Äußerung bzw. von dem Transport der Äußerung an Dritte weiß. Ein unwissentliches Zugänglichmachen reicht nicht aus. Ein Unternehmen kann aber aufgrund von Organisationsverschulden oder nach §831 Abs.1 Satz 1 BGB dafür einzustehen haben, dass Mitarbeiter pflichtwidrig Informati- 1897

Wiebe MMR 2003, 724f.; *Hoeren* GRUR 2004, 1ff.; *Loewenheim* WuB V B §1 UWG 1.04; *Berger* CR 2004, 360ff.; im Grundsatz zustimmend *Ernst* MMR 2003, 860f.; *Nolte* CR 2003, 924ff.; *Spindler* JZ 2004, 150ff.; *Heydn* NJW 2004, 1361ff.; *Baars/Wimmers* JR 2004, 288f.; mit Kritik im Detail *Neubauer* TMR 2003, 444ff.; *Buchner* AfP 2003, 510ff.; differenzierend *Ott* WRP 2004, 52ff.

51 BGH vom 1.4. 2004 (Schöner Wetten), BGHZ 158, 343, 352f. (zu §1 UWG a.F. und einem gegen §284 StGB verstoßenden Glücksspiel); dazu *Hoffmann* MMR 2004, 532f.; *Gloy* EWiR 2004, 939f.; *Micklitz* LMK 2004, 229f.

52 BGH vom 26.10. 1951 (Constanze I), BGHZ 3, 270, 275; BGH vom 10.5. 1957 (Spätheimkehrer), BGHZ 24, 200, 210f.; BGH vom 7.12. 1976 (Editorial), NJW 1977, 626, 627 für den presserechtlich verantwortlichen Redakteur. Nach BGH vom 6.7. 1954 (Constanze II), BGHZ 14, 163, 175 kann sich aus Presserechtsnormen aber u.U. „ein gewisser Anhaltspunkt dafür gewinnen [lassen], wer der rechte Beklagte für einen negatorischen Beseitigungsanspruch ist".

53 Siehe BGH vom 23.9. 2003 (Rassistische Hetze), NJW 2003, 3764f. mwN. zu §5 Abs.2 TDG a.F.

onen an Außenstehende weitergeben.[54] Für die zivilrechtliche Haftung ist weiterhin allein das Verhalten desjenigen maßgebend, der in Anspruch genommen werden soll. Der Einzelne haftet nur, sofern und soweit er entweder selbst in relevanter Weise zu der Verletzung beigetragen oder für das Verhalten anderer Personen einzustehen hat.

1898 Nach der **Krebs-Behandlungsmethoden-Entscheidung** des OLG München haftet ein Interviewter in vollem Umfang für seine eigenen Äußerungen, nicht aber für einen Sinngehalt, der sich erst aus dem Zusammenhang ergibt, in den die Redaktion den Interviewtext stellt.[55] Im Streitfall hatte die Vorsitzende des Vereins „Frauenselbsthilfe nach Krebs" in einem Interview auf die Frage nach den Kosten, die jeder Patient im Schnitt aus eigener Tasche für solche Therapien aufwenden müsse, geantwortet: *„Sicherlich einige 100 DM im Quartal. Vor allem in der akuten Phase. Es kommt auch vor, dass Patienten und Angehörige Haus und Hof verkaufen. Zum Beispiel für die Methoden von Herrn K, Herrn H oder die Sauerstofftherapie nach Herrn A."* Das Interview ließ für sich genommen nicht die Interpretation zu, der Antragsteller fordere von seinen Patienten für die Durchführung seiner Methode ein überhöhtes Entgelt, das Patienten zum Verkauf von Familienvermögen zwinge. Dagegen waren die Aussagen der Vorsitzenden anders zu verstehen, wenn man sie aus der Sicht eines unbefangenen Durchschnittslesers im Gesamteindruck mit dem Artikel auslegte, in den die veröffentlichende Illustrierte das Interview eingebettet hatte. Eine solche Sinnveränderung hatte die Vorsitzende jedoch nicht veranlasst mit der Folge, dass dafür nicht sie, sondern allein die Illustrierte hätte haftbar gemacht werden können.

1. Anspruchsspezifische Unterscheidungen

1899 Für die Passivlegitimation ist grundsätzlich zwischen den einzelnen Rechtsfolgen zu trennen, da sich die Passivlegitimation für die einzelnen Ansprüche an sich nach unterschiedlichen dogmatischen Ausgangspunkten bestimmt. Trotz dieser Verschiedenheiten gelangt die Praxis vielfach zu ähnlichen oder u.U. sogar denselben Ergebnissen. Alle Ansprüche setzen nämlich im Ausgangspunkt einen **adäquat kausalen „Beitrag" des Betreffenden zur Verletzung des geschützten Gutes** voraus. Diese Zurechnung wird weitgehend einheitlich beurteilt. Dabei wird gefragt, ob dem Betreffenden eine Haftung für die Folgen seines Tuns oder Unterlassens billigerweise zugemutet werden kann.[56] Die sich daraus ergebenden Grundlinien sollen im Weiteren vorgestellt werden. Auf die verbleibenden Unterschiede wird später im Zusammenhang mit den einzelnen Ansprüchen eingegangen.

1900 Der **Schadensersatzanspruch** richtet sich gegen den deliktisch Handelnden bzw. gegen den Täter, der die Äußerung selbst gemacht hat, sowie gegen Unter-

---

54 BGH vom 17.11. 1992 (Ketten-Mafia), NJW 1993, 525, 528.
55 OLG München vom 3.5. 1996 (Krebs-Behandlungsmethoden), NJW 1997, 804.
56 BGH vom 23.10. 1951, BGHZ 3, 261, 267 (zur adäquaten Kausalität bei der Schadensersatzhaftung); BGH vom 11.3. 2004 (Internet-Versteigerung), BGHZ 158, 236, 251 (für die Unterlassungs- bzw. Störerhaftung).

lassungstäter und gegen Mittäter (§830 Abs. 1 Satz 1 BGB). Zum Schadensersatz ist ebenso verpflichtet, wem die Äußerung eines „Organs“ zugerechnet wird (§31 BGB), wer in seinem Medienunternehmen nicht ausreichend Vorsorge gegen die Veröffentlichung rechtswidriger Äußerungen getroffen hat (sog. Organisationshaftung, §823 Abs. 1 BGB) oder wer im Zusammenhang mit der Einschaltung von Verrichtungsgehilfen verantwortlich ist (§831 Abs. 1 Satz 1 BGB). Schließlich können auch Anstifter und Gehilfen (§830 Abs. 2 BGB) auf Schadensersatz haften, zum Beispiel wenn sie Tatsachenangaben zwar nicht selbst intellektuell verbreitet, wohl aber bewusst die Verbreitung ermöglicht haben. Jenseits dieser Tatbestände besteht keine Haftung. Der Ersatzanspruch setzt außerdem zwingend ein Verschulden des Anspruchsgegners voraus und scheidet gegenüber schuldlos agierenden Personen durchweg aus.

Der **Unterlassungsanspruch** setzt ebenfalls eine rechtswidrige Handlung 1901
voraus, doch muss diese nicht unbedingt eine Handlung des Anspruchsgegners gewesen sein. Der Anspruch kann sich im Unterschied zum Schadensersatzanspruch also auch gegen jemanden richten, der weder eine eigene Äußerung gemacht noch fremde Aussagen verbreitet oder zitiert hat bzw. weder Täter, Mittäter, Anstifter oder Gehilfe ist. Außerdem ist der Anspruch verschuldensunabhängig, kann also auch eine Person verpflichten, die weder vorsätzlich noch fahrlässig gehandelt hat. Die Passivlegitimation bestimmt sich vielmehr nach eigenen Regeln. §1004 Abs. 1 BGB beschränkt sich dazu auf den Hinweis, dass sich der Anspruch gegen den „**Störer**“ richtet. Der Störerbegriff wird vom Gesetzgeber nicht näher bestimmt und erst durch eine zum Teil etwas unübersichtliche Rechtsprechung ausgefüllt. Die Unterlassungspflicht trifft zum Beispiel auch denjenigen, der die unzulässige Handlung eines Dritten gutgläubig unterstützt hat, aber die Mittel und die rechtliche Möglichkeit besitzt, den Dritten an der Störungshandlung zu hindern.[57] Eine Störerhaftung der Medien für rechtswidrige Anzeigeninhalte ist beispielsweise nur gegeben, wenn das Medienunternehmen grob fahrlässig gehandelt bzw. seine spezielle Prüfungspflicht verletzt hat.[58]

2. Medienspezifische Unterscheidungen

Die Passivlegitimation bestimmt sich für Presse und Rundfunk nach denselben 1902
Grundregeln.[59] Diese gelten auch für die Haftung für Äußerungen in den **Telemedien**. Die damit zusammenhängenden Fragen werden aber erst seit wenigen Jahren intensiver diskutiert und sind noch nicht durchweg geklärt. Für die Telemedien trennen die speziellen medienrechtlichen Normen zwischen „eigenen“ und „fremden“ Informationen. Der Diensteanbieter ist für eigene Informati-

57 BGH vom 6. 7. 1954 (Constanze II), BGHZ 14, 163, 174.
58 Siehe Rdnr. 1890.
59 *Soehring*, Presserecht, Tz. 28.1ff.

onen, die er zur Nutzung bereithält, nach den allgemeinen Gesetzen verantwortlich.[60] Für diesen Bereich bestehen keine medienspezifischen Besonderheiten. Davon ist die Einstandspflicht für „fremde" Informationen zu unterscheiden.[61] Sie kann besondere Interessenlagen berühren, die sich ggf. auch auf die zivilrechtliche Haftung auswirken (siehe Rdnr. 1911 ff.).

II. Verleger, Unternehmensinhaber

1903 Im Zusammenhang mit Äußerungen in Druckwerken oder im Rundfunk kommen zunächst der Verleger bzw. der Rundfunkveranstalter als Anspruchsgegner in Betracht. Ihre Haftung kann sich aus eigenen Äußerungen, vor allem aber aus Äußerungen solcher Personen ergeben, für deren Handeln sie rechtlich einzustehen haben. Verleger bzw. Rundfunkveranstalter haften nach den §§ 31, 831 Abs. 1 Satz 1 BGB und haben darüber hinaus nach § 823 Abs. 1 BGB auch allgemein für **Organisationsverschulden** einzustehen. Der Unternehmer muss aufgrund der allgemeinen deliktsrechtlichen Organisationspflicht eine betriebliche Struktur schaffen, die eine ordnungsgemäße Geschäftsführung und Beaufsichtigung gewährleistet und den Aufsichtsorganen eine laufende Kontrolle des Personals ermöglicht.[62] Die Überprüfungs- und Organisationspflichten des Medienunternehmers werden von den Gerichten so streng gefasst, dass sie nach Ansichten im Schrifttum letztlich stets auf eine Haftung der Verlage bzw. der Betriebsinhaber hinauslaufen.[63] In gleicher Weise hat der Verleger auch im Rahmen der Störerhaftung für Handlungen oder Äußerungen von Organen oder Verrichtungsgehilfen einzustehen und wird ggf. als „mittelbarer" Störer angesehen. Wenn etwa seinem Blatt eine Druckschrift beigefügt wird, die einen Dritten widerrechtlich beeinträchtigt, dann ist dem Verleger diese Beeinträchtigung mittelbar zuzurechnen, wenn er die Möglichkeit hatte, auf den Inhalt oder den Vertrieb der beigefügten Druckschrift Einfluss zu nehmen.[64]

1904 Der Verleger kann seine Überwachungspflicht **auf Fachkräfte bzw. Redakteure übertragen**, muss diese aber sorgfältig auswählen und ihnen Weisungen geben, die geeignet sind, der Verbreitung unrichtiger Meldungen im Rahmen des Möglichen entgegenzuwirken.[65] Er darf sich nicht darauf verlassen, dass die Schriftleiter von selbst wissen, was sie zu tun und zu unterlassen haben, um zu verhindern, dass unwahre Mitteilungen in die Zeitung gelangen.[66] Schaltet der Verleger eines Restaurantführers „Testesser" als Verrichtungsgehilfen ein, so

---

60 §§ 6 Abs. 1 MDStV, 8 Abs. 1 TDG (= § 7 Abs. 1 TMG-E) (sog. Content-Provider).

61 §§ 6 Abs. 2, 7 ff. MDStV, 8 Abs. 2, 9 ff. TDG (= §§ 7 Abs. 2, 8 ff. TMG-E).

62 Z.B. BGH vom 18.6. 1985, BGHZ 95, 63, 71 ff.; Esser/*Weyers*, Schuldrecht BT II/2, 8. Auflage 2000, § 58 I 2c, S. 213 f.

63 *Soehring*, Presserecht, Tz. 28.1 ff. mwN.

64 BGH vom 26.10. 1951 (Constanze I), BGHZ 3, 270, 275 f. mwN.

65 RG vom 20.6. 1935, RGZ 148, 154, 162.

66 RG vom 20.6. 1935, RGZ 148, 154, 162; BGH vom 19.3. 1957, NJW 1957, 1149, 1150; BGH vom 15.11. 1977 (Alkoholtest), NJW 1978, 210; dazu *Fezer* GRUR 1978, 190 ff.

sind, wenn deren Berichte einschneidende Auswirkungen für betroffene Restaurants haben können, an den Entlastungsbeweis des Verlegers hohe Anforderungen zu stellen.[67] Diese gebieten in der Regel eine weitere Überprüfung des Lokals, wenn eine vernichtende, existenzgefährdende Kritik infrage steht.[68] Beauftragt der Verleger betriebsfremde Dritte mit der Stoffprüfung, so muss er sich über ihre Sachkunde vergewissern, sie eingehend über ihre Pflichten aufklären und deren Einhaltung durch Organe überwachen lassen.[69]

Strenge Sondermaßstäbe gelten im Zusammenhang mit „**heißen Eisen**", also für Veröffentlichungen, die den Umständen nach für den Betroffenen besonders gefährlich sein können. Der Verleger muss solche Beiträge entweder selbst überprüfen[70] oder er muss die erforderliche Inhaltskontrolle an Organe im Sinne von §§30, 31 BGB übertragen, für deren Handeln er verschuldensunabhängig einzustehen hat.[71] Zieht er zu dieser Aufgabe gleichwohl eigene Mitarbeiter ohne eine Organstellung im Sinne von §§30, 31 BGB oder einen externen Dritten heran, so muss er sich so behandeln lassen, als habe er dem Beauftragten eine Organstellung eingeräumt, und haftet nach §31 BGB analog.[72] Wann ein solches „heißes Eisen" bzw. ein derart schwerer Eingriff anzunehmen ist, lässt sich nur anhand der konkreten Umstände des Einzelfalls beurteilen. Dabei sind insbesondere Art und Schwere der Beeinträchtigung, ihr Anlass und Beweggrund und der Grad des Verschuldens zu berücksichtigen.[73] 1905

III. Mitarbeiter, Verfasser, sonstige Beteiligte

Mitarbeiter haften nicht bereits aufgrund einer besonderen Funktion oder einer sich daraus ergebenden allgemeinen Verkehrssicherungspflicht, sondern grundsätzlich nur, wenn und soweit sie **im konkreten Fall mit der Stoffprüfung oder der Veröffentlichung befasst** sind.[74] Das technische Personal eines Medienunternehmens kann sich grundsätzlich darauf verlassen, dass Stoffprüfung und 1906

67 BGH vom 12.6. 1997 (Restaurantführer), NJW-RR 1998, 250, 252; siehe auch BGH vom 3.12. 1985 (Warentest III), NJW 1986, 981, 982.

68 BGH vom 12.6. 1997 (Restaurantführer), NJW-RR 1998, 250, 252.

69 BGH vom 18.2. 1962, NJW 1963, 484, 485.

70 BGH vom 6.7. 1954 (Constanze II), BGHZ 14, 163, 178; BGH vom 15.11. 1977 (Alkoholtest), NJW 1978, 210.

71 BGH vom 10.5. 1957 (Spätheimkehrer), BGHZ 24, 200, 213; BGH vom 5.3. 1963 (Fernsehansagerin), BGHZ 39, 124, 130; BGH vom 8.7. 1980 (Das Medizin-Syndikat II), NJW 1980, 2810, 2811.

72 BGH vom 8.7. 1980 (Das Medizin-Syndikat II), NJW 1980, 2810, 2811; dazu zustimmend *Wild* GRUR 1980, 1111f.; kritisch *Herschel* FuR 1981, 293f. BGH vom 12.6. 1997 (Restaurantführer), NJW-RR 1998, 250, 252.

73 BGH vom 12.6. 1997 (Restaurantführer), NJW-RR 1998, 250, 252.

74 BGH vom 26.1. 1979 (Metro II), GRUR 1979, 411ff.; dazu *Hollmann* JA 1979, 378; zustimmend *Wild* GRUR 1979, 425; *Soehring*, Presserecht, Tz. 28.7ff.; RGRK/*Steffen*, §824 BGB Rdn. 33.

Interessenabwägung von anderen Kontrollinstanzen wahrgenommen werden.[75] Für die Haftung anderer Personen, namentlich des Herausgebers und der Mitarbeiter des Medienunternehmens, die inhaltlich/publizistische Aufgaben wahrnehmen, kommt es auf die konkreten Umstände an. Der verantwortliche Redakteur haftet für Unterlassen, wenn er einen persönlichkeitsrechtsverletzenden Artikel, der in seinen publizistischen Verantwortungsbereich fällt, vor Erscheinen kennt und das Erscheinen gleichwohl nicht verhindert.[76] Dasselbe soll nach einem obiter dictum des BGH auch gelten, wenn der Redakteur pflichtwidrig auf die ihm übertragene Inhaltskontrolle verzichtet.[77]

1907 Der **Verfasser**[78] des rechtsverletzenden Beitrags wird grundsätzlich haften, doch kann fraglich sein, welche Personen den Beitrag erarbeitet und konkret daran mitgewirkt haben. In Betracht kommen Autoren, Rechercheure, Redakteure und Moderatoren. Wenn eine Autorin eine Biografie verfasst und die darin enthaltenen Informationen einem Dritten zu Zwecken der Verbreitung „in jeder möglichen Form und in jedem möglichen Medium" zur Verfügung stellt, dann haftet sie als Verbreiter, wenn der Dritte Auszüge aus der Biografie im Internet zugänglich macht.[79]

1908 Die Haftung des **Informanten** als mittelbarer Täter oder Anstifter verlangt, dass der Informant Bedingungen setzt, die nach den ihm bekannten Umständen die objektive Möglichkeit des eingetretenen Erfolges nicht unerheblich erhöhen.[80] Der Informant kann sich darauf verlassen, dass die Presse seine Mitteilung ihrer Recherchepflicht entsprechend überprüft.[81] Er hat aber einzustehen, wenn seine Darstellung einseitig oder missverständlich oder in der Schärfe überzeichnet ist und ihm dies den Umständen nach erkennbar sein musste.[82]

1909 Die Haftung von **Presseagenturen** bestimmt sich nach den allgemeinen Maßstäben. Stellt eine Presseagentur Material und zugleich Angaben bereit, die nur zur internen Information dienen, aber von der Redaktion eigenmächtig veröffentlicht werden, so kann die Presseagentur für diese Veröffentlichung als Störer verantwortlich sein.[83] Dies kommt namentlich in Betracht, wenn eine entsprechende Veröffentlichung nach dem gewöhnlichen Lauf der Dinge naheliegt und die Agentur keine durchgreifenden Sicherungsvorkehrungen getroffen hat, zum Beispiel in Gestalt einer ausdrücklichen vertraglichen Einzelvereinbarung.[84]

75 *Soehring*, Presserecht, Tz. 28.7; RGRK/*Steffen*, § 824 BGB Rdn. 33.
76 BGH vom 7.12.1976 (Editorial), NJW 1977, 626, 627; dazu *Hollmann* JA 1977, 258ff.; wegen der z.T. zu weit gefassten Urteilsformulierungen zu Recht kritisch *Soehring* AfP 1977, 330ff.
77 BGH vom 7.12.1976 (Editorial), NJW 1977, 626, 627f.
78 Dazu BGH vom 26.1.1979 (Metro II), GRUR 1979, 411ff.
79 OGH vom 22.2.2001 (R's Homepage), K&R 2001, 429, 430.
80 BGH vom 11.5.1973, NJW 1973, 1460, 1461.
81 RGRK/*Steffen*, § 824 BGB Rdn. 33.
82 BGH vom 11.5.1973, NJW 1973, 1460, 1461 mwN.
83 BGH vom 9.12.2003 (Luftbildaufnahmen II), NJW 2004, 762, 765.
84 BGH vom 9.12.2003 (Luftbildaufnahmen II), NJW 2004, 762, 765.

IV. Telemedien

Die „Haftung" der Telemedien beurteilt sich nicht allein nach den Vorschriften des BGB. Sie bestimmt sich auch nach den Normen von MDStV oder TDG bzw. des TMG, die spezielle Regeln für die „Verantwortlichkeit" von Diensteanbietern kennen. Nach diesen Bestimmungen ist, wer als Diensteanbieter auf einer Webseite „eigene" Informationen zur Nutzung bereithält oder sich Informationen Dritter zu eigen macht, für deren Inhalt als so genannter **Content-Provider** nach den allgemeinen Gesetzen verantwortlich.[85] Ein solcher Anbieter haftet daher zivilrechtlich in gleicher Weise wie ein Privater. Wenn etwa der Betreiber eines Online-Informationsdienstes auf seinen Seiten unrichtige und persönlichkeitsverletzende oder kreditgefährdende Tatsachenbehauptungen verbreitet, dann kann er deliktsrechtlich zum Schadensersatz verpflichtet sein.[86] Wird die betreffende Information durch einen Anbieter von Mediendiensten bereitgestellt, so haftet dieser wie ein Presse- oder Rundfunkunternehmen. 1910

Andere Anforderungen gelten für Diensteanbieter, die keine „eigenen" Informationen bereitstellen und die daher lediglich für „fremde" Informationen verantwortlich sein können. Betroffen sind Anbieter, die Kunden auf ihrem Server lediglich Speicherplatz zur Verfügung stellen (**Host- oder Service-Provider**), sowie so genannte **Access-Provider**, die den Zugang zu Medien- und Telediensten vermitteln. Nach den Vorschriften des Medien- und Telediensterechts sind Anbieter, die zum Beispiel nur fremde Informationen in einem Kommunikationsnetz übermitteln, grundsätzlich nicht verpflichtet, die betreffenden Informationen zu überwachen oder nach Umständen zu forschen, die auf eine rechtswidrige Tätigkeit hinweisen.[87] Zugleich können sie aber zur Entfernung oder Sperrung der Nutzung solcher Informationen verpflichtet sein.[88] Der Gesetzgeber hat diesen Normen eine „**Filterwirkung**" in dem Sinne zugedacht, dass eine zivil- oder strafrechtliche Haftung nur möglich ist, wenn der Anbieter auch nach den einschlägigen medien- bzw. telediensterechtlichen Vorschriften für den Inhalt der Informationen verantwortlich ist.[89] Ein **Schadensersatzanspruch** kommt danach nur in Betracht, wenn der Anbieter nach den §§ 7ff. MDStV, 9ff. TDG (= §§ 7ff. TMG-E) medien- bzw. telediensterechtlich verantwortlich ist und weiterhin auch die allgemeinen zivilrechtlichen Anspruchsvoraussetzungen erfüllt sind.[90] 1911

---

85 §§ 6 Abs. 1 MDStV, 8 Abs. 1 TDG (= § 7 Abs. 1 TMG-E); *Spindler* MMR 2004, 440ff. mwN.

86 LG Hamburg vom 21. 1. 2005, K&R 2005, 283ff.

87 §§ 6 Abs. 2 Satz 1 MDStV, 7 Abs. 2 Satz 1 TDG (= § 7 Abs. 2 Satz 1 TMG-E).

88 §§ 6 Abs. 2 Satz 2 MDStV, 7 Abs. 2 Satz 2 TDG (= § 7 Abs. 2 Satz 2 TMG-E).

89 Amtliche Begründung zu §§ 8ff. TDG BT-Drucks. 14/6098, S. 23; BGH vom 23. 9. 2003 (Rassistische Hetze), NJW 2003, 3764, 3765 mwN. (zu § 5 Abs. 2 TDG a.F.).

90 *Burkhardt* in: Wenzel, Das Recht der Wort- und Bildberichterstattung, § 10 Rz. 236 mwN.

1912 Der BGH hat dazu erstmals in der **Rassistische Hetze-Entscheidung** geurteilt.[91] Im Streitfall wendete sich der Kläger gegen Internetseiten, die nach seinem Vorbringen „übelste rassistisch-neonazistische Beschimpfungen in volksverhetzender Art sowie Morddrohungen und Anstiftung zu Straftaten" gegen ihn enthielten. Im Urteil ging es jedoch nicht um eine Schadensersatzklage gegen die Betreiber der fraglichen Webseite, sondern gegen einen Provider, der lediglich den Zugang zum Kommunikationsnetz vermittelt hatte. Dieser ist „internetrechtlich" für fremde Informationen nicht verantwortlich, wenn er diese weder ausgewählt noch verändert, die Übermittlung nicht veranlasst und den Adressaten der Information nicht ausgewählt hat.[92] Die zivilrechtliche Schadensersatzpflicht hätte deshalb u.a. vorausgesetzt, dass der Beklagte den Inhalt der fraglichen Internetseiten positiv gekannt hätte und es ihm technisch möglich und zumutbar gewesen wäre, die Nutzung der Seiten zu verhindern. Die Darlegungs- und Beweispflicht dafür oblag dem Kläger, der einen solchen Beweis jedoch nicht führen konnte.

1913 Dagegen entfalten das Medien- und Telediensterecht **keine „Filterwirkung" gegenüber Unterlassungsansprüchen**.[93] Die Haftung als Störer bestimmt sich vielmehr nach den zivilrechtlichen Maßstäben. Betreibt etwa ein Unternehmen im Internet eine Plattform für Fremdversteigerungen, so ist es ihm nicht zuzumuten, jedes Angebot vor der Veröffentlichung im Internet auf eine mögliche Rechtsverletzung hin zu untersuchen.[94] Ein Unterlassungsanspruch gegen einen Diensteanbieter, der fremde Informationen für einen Nutzer speichert, kommt vor allem bei einer entsprechenden Kenntnis des Diensteanbieters von den rechtswidrigen Inhalten in Betracht.[95] Der Anspruchsteller muss also ggf. für eine solche Kenntnis sorgen bzw. dem Diensteanbieter einen entsprechenden Hinweis geben. Wird der Diensteanbieter mit Erlangen der Kenntnis unverzüglich tätig, um die betreffende Information zu entfernen oder den Zugang zu ihr zu sperren, so ist er im Übrigen „nicht verantwortlich",[96] also vor Schadensersatzansprüchen sicher.

---

91 BGH vom 23.9.2003 (Rassistische Hetze), NJW 2003, 3764f. (zu § 5 Abs. 2 TDG a.F.); dazu *Spindler* CR 2004, 50f.; *Hoeren* MMR 2004, 168f.; *Burghardt* WuB I B 5 Datenschutz 2.04.

92 §§ 7 Abs. 1 MDStV, 9 Abs. 1 TDG (= § 8 Abs. 1 TMG-E).

93 BGH vom 11.3.2004 (Internet-Versteigerung), BGHZ 158, 236, 244ff. (zum markenrechtlichen Unterlassungsanspruch); dazu *Volkmann* CR 2004, 767ff.; *Neubauer* K&R 2004, 482ff.; *Ernst* ZUM 2004, 836f.; *Spindler* JZ 2005, 37ff.; *Lement* GRUR 2005, 210ff.; *Rücker* CR 2005, 347ff.; *Sessinghaus* WRP 2005, 697ff.; zustimmend *Hartwig* EWiR 2004, 1143f. kritisch *Hoeren* MMR 2004, 672f.; differenzierend *Leible/Sosnitza* NJW 2004, 3225ff.

94 BGH vom 11.3.2004 (Internet-Versteigerung), BGHZ 158, 236, 251f. mwN.

95 *Burkhardt* in: Wenzel, Das Recht der Wort- und Bildberichterstattung, § 10 Rz. 237; BGH vom 11.3.2004 (Internet-Versteigerung), BGHZ 158, 236, 252.

96 §§ 9 Nr. 2 MDStV, 11 Nr. 2 TDG (= § 10 Nr. 2 TMG-E).

D. Anspruch auf Unterlassung

Der Unterlassungsanspruch[97] wirkt in die Zukunft. Er erfasst sowohl Verletzungen, die bereits einmal passiert sind und deren Wiederholung droht (**Verletzungsunterlassungsanspruch**), als auch Verletzungen, die erstmalig zu befürchten sind (**vorbeugender Unterlassungsanspruch**).[98] Der Anspruch greift auch gegenüber verletzenden Äußerungen ein. Er ist ein zentrales Schutzinstrument für denjenigen Betroffenen, der Öffentlichkeit möglichst vermeiden und in Isolationsinteressen geschützt werden möchte. Maßgebend ist, ob das öffentliche Informationsinteresse im Einzelfall gegenüber den legitimen Schutzinteressen des Betroffenen zurücktreten muss. 1914

Aus medienrechtlicher Sicht kann der Unterlassungsanspruch dazu führen, dass Medien bestimmte Informationen niemals veröffentlichen dürfen. Das **US-amerikanische** und das **englische Recht** scheuen eine solche Konsequenz. Sie halten sich deshalb extrem damit zurück, gegenüber Äußerungen von Medien Unterlassungsansprüche zu gewähren.[99] Man will verhindern, dass die Arbeitsmöglichkeiten der Presse bzw. die Informations- und Meinungsfreiheit übermäßig beschnitten werden. Die Presse soll nicht davon abgehalten werden können, etwas zu veröffentlichen, was sie veröffentlichen möchte. Wenn sie etwas Unzulässiges publiziert, soll sie dafür lediglich im Nachhinein zur Verantwortung gezogen werden können.[100] 1915

I. Anwendungskonstellationen

Welche Arten von Äußerungen der Unterlassungsanspruch erfasst, bestimmt sich danach, welchen Schutz das betroffene Rechtsgut bzw. die einschlägige Anspruchsgrundlage bietet. Beispielsweise kann das allgemeine Persönlichkeitsrecht prinzipiell gegenüber allen Formen von Äußerungen eingreifen, während die §§ 824, 823 Abs. 2 Satz 1 BGB, 186 StGB auf Tatsachenäußerungen beschränkt sind. Im Detail können je nach den Anforderungen der einschlägigen Anspruchsgrundlage Besonderheiten zu beachten sein. 1916

Da der Unterlassungsanspruch auf die Zukunft zielt, kann er auch Tatsachenangaben erfassen, deren **Unwahrheit sich erst nach ihrer Äußerung herausgestellt** hat. Ist der Anspruchsgegner ursprünglich seiner Sorgfaltspflicht nachge- 1917

---

97 §§ 1004 Abs. 1 Satz 2, 823ff. BGB analog, 97 Abs. 1 Satz 1 2. Alt UrhG, 8 Abs. 1 Satz 1 2. Alt UWG.

98 Ausdrücklich § 8 Abs. 1 Satz 2 UWG. Für §§ 1004 Abs. 1 Satz 2, 823ff. BGB analog, 97 Abs. 1 Satz 1 2. Alt UrhG gilt kraft Richterrechts dasselbe; BGH vom 19. 6. 1951 (Widia), BGHZ 2, 394, 395f.

99 New York Times v. U.S., 403 U.S. 713ff. (1971); Fraser v. Evans, [1969] 1 Q.B. 349ff.; Schering v. Falkman, [1981] 2 All E.R. 321, 329ff. mwN. unter Rückgriff auf Art. 10 EMRK.

100 „The press is not to be restrained in advance from publishing whatever it thinks right to publish... It can publish whatever it chooses to publish. But it does so at its own risk", Lord *Denning* M.R. in Schering v. Falkman, [1981] 2 All E.R. 321, 330 mwN.

kommen und hat er deshalb in Wahrnehmung berechtigter Interessen gehandelt, so muss er die Äußerung für die Zukunft unterlassen, wenn sich deren Falschheit später herausstellt[101] und die Gefahr besteht, dass sie erneut gemacht wird. Weist die Anspruchsnorm, zum Beispiel § 824 Abs. 1 BGB, dem Unterlassungsgläubiger die **Beweislast** für die Unwahrheit der Tatsache zu, so kann er dieser Pflicht nicht ohne weiteres dadurch ausweichen, dass er seinen Anspruch stattdessen auf §§ 1004 Abs. 1 Satz 2, 823 Abs. 2 Satz 1 BGB, 186 StGB analog stützt.[102] Ein Unterlassungsanspruch aus diesen Vorschriften kommt zwar auch in Betracht, wenn die Unwahrheit nicht erwiesen ist. Er scheidet aber aus, wenn sich der Anspruchsgegner auf ein Recht zu seiner Äußerung berufen kann, weil er die Äußerung zur Wahrnehmung berechtigter Interessen für erforderlich halten durfte.[103] Bei der Prüfung, ob der Mitteilende berechtigte Interessen wahrgenommen hat, ist wiederum zu seinen Gunsten davon auszugehen, dass seine Aussage wahr ist.[104]

II. Wiederholungsgefahr

1918 Ist es bereits zu einer Verletzung gekommen, so setzt der Unterlassungsanspruch Wiederholungsgefahr voraus. Diese beurteilt sich maßgeblich nach der **Willensrichtung des Schuldners**, weil es von ihm abhängt, ob er die Äußerung erneut aufstellt oder zu ihrer erneuten Verbreitung beiträgt. Da Willensrichtung und Entscheidungen des Anspruchsgegners von Außenstehenden aber schwer zu beurteilen und nur begrenzt vorhersagbar sind, spricht nach der Rechtsprechung eine tatsächliche Vermutung für das Vorliegen der Wiederholungsgefahr. Die Regeln über die Vermutung der Wiederholungsgefahr und deren mögliche Widerlegung sind zunächst von den Wettbewerbsgerichten entwickelt[105] und dann auf das Äußerungsrecht übertragen worden.[106] Die deliktsrechtlichen Anforderungen sind aber nicht ganz so streng wie die des Wettbewerbsrechts.[107] Wettbewerbliche Verstöße sind nämlich vorwiegend durch starke kommerzielle Interessen des Verletzers geprägt, während Verletzungen im deliktischen bzw. medienrechtlichen Bereich typischerweise auf unterschiedliche und vielfältige Motivationen zurückgehen.[108] Daher werden im Medienrecht zum Teil zusätzliche Kriterien berücksichtigt, insbesondere die Schwere des Eingriffs, die Um-

---

101 BGH vom 7.2. 1984 (Bundesbahnplanungsvorhaben), BGHZ 90, 113, 126f.; BGH vom 21.2. 1989, NJW 1989, 1923, 1924.

102 Siehe Rdnr. 1592f.

103 BGH vom 12.5. 1987 (Chemiegift), NJW 1987, 2225, 2226.

104 BGH vom 12.2. 1985 (Türkol), NJW 1985, 1621, 1622; dazu *Krämer* WuB IV A §§ 823, 824 BGB 2.85. BGH vom 12.5. 1987 (Chemiegift), NJW 1987, 2225, 2226.

105 BGH vom 16.11. 1954 (Holländische Obstbäume), GRUR 1955, 342, 345 mwN.

106 BGH vom 8.7. 1980 (Das Medizin-Syndikat I), NJW 1980, 2801, 2805 mwN. (insoweit nicht in BGHZ 78, 9ff.); BGH vom 27.5. 1986 (Ostkontakte), NJW 1986, 2503, 2505.

107 BGH vom 8.2. 1994 (Bilanzanalyse), NJW 1994, 1281, 1283.

108 *Burkhardt* in: Wenzel, Das Recht der Wort- und Bildberichterstattung, § 12 Rz. 8.

stände der Verletzungshandlung, der fallbezogene Grad der Wahrscheinlichkeit einer Wiederholung und, soweit die Wiederholungsvermutung entkräftet werden soll, u.U. auch die konkrete Motivation des Verletzers.

Ist eine Verletzung ihrem Sinngehalt nach wiederholbar, so wird die Wieder- 1919
holungsgefahr **auch für das Äußerungs- und Medienrecht vermutet**[109] und muss vom Anspruchsteller nicht besonders dargelegt werden. Veröffentlichungen in Presse oder Rundfunk tragen die Wiederholungsgefahr unabhängig davon in sich, ob nach Stoff und Inhalt der Veröffentlichung eine erneute Erörterung berechtigt erscheint oder aufgrund des Vorverhaltens des Verletzers naheliegt.[110] Es gibt jedoch Ausnahmen. Die wichtigste greift ein, wenn das veröffentlichende Medium seiner journalistischen Sorgfaltspflicht nachgekommen ist bzw. in Wahrnehmung berechtigter Interessen gehandelt hat und sich die Unwahrheit der Äußerung erst nachträglich herausstellt. In solchen Fällen greift der Unterlassungsanspruch nur, wenn Erstbegehungsgefahr besteht. Die Gefahr, dass eine falsche Behauptung erneut aufgestellt wird, wird dann nicht automatisch vermutet, sobald sich die Unwahrheit herausstellt, sondern muss konkret anhand der Umstände des Einzelfalls festgestellt werden.[111] Die Vermutung greift gegenüber Medienunternehmen weiterhin nicht ein, soweit die Verletzung auf einen Leserbrief zurückgeht. Da Leserbriefe gewöhnlich nur einmal und in zeitlichem Zusammenhang mit ihrer Einsendung von der Zeitung veröffentlicht werden, liegt eine Wiederholungsgefahr grundsätzlich fern und müsste im Einzelfall begründet und dargelegt werden.[112] Dagegen kann gegenüber dem Verfasser des Leserbriefs die Wiederholungsgefahr grundsätzlich vermutet werden.[113]

Zur **Ausräumung der Wiederholungsgefahr** reicht die bloße Erklärung, man 1920
werde die fragliche Handlung künftig unterlassen, nicht aus.[114] Vielmehr ist grundsätzlich die Abgabe einer strafbewehrten Unterlassungsverpflichtungserklärung erforderlich.[115] Die Verpflichtung muss ernst gemeint sein, d.h. auf ei-

109 BGH vom 27.5. 1986 (Ostkontakte), NJW 1986, 2503, 2505 mwN.; BGH vom 8.2. 1994 (Bilanzanalyse), NJW 1994, 1281, 1283; *Burkhardt* in: Wenzel, Das Recht der Wort- und Bildberichterstattung, § 12 Rz. 8f. mwN.; *Prinz/Peters*, Medienrecht, Rz. 334 mwN.

110 So noch die frühere Rspr.: BGH vom 26.5. 1965 (Wo ist mein Kind), GRUR 1966, 157, 159; dazu *Löffler* GRUR 1966, 159. BGH vom 11.1. 1966 (Reichstagsbrand), NJW 1966, 647, 649.

111 BGH vom 27.5. 1986 (Ostkontakte), NJW 1986, 2503, 2505; BGH vom 12.5. 1987 (Chemiegift), NJW 1987, 2225, 2227; dazu *Reichold* EWiR 1987, 891f. *Prinz/Peters*, Medienrecht, Rz. 333; *Burkhardt* in: Wenzel, Das Recht der Wort- und Bildberichterstattung, § 12 Rz. 9.

112 BGH vom 27.5. 1986 (Ostkontakte), NJW 1986, 2503, 2505.

113 *Burkhardt* in: Wenzel, Das Recht der Wort- und Bildberichterstattung, § 12 Rz. 16.

114 BGH vom 6.3. 1951 (Piek-fein), BGHZ 1, 241, 248; BGH vom 17.11. 1960 (Familie Schölermann), GRUR 1961, 138, 140; BGH vom 11.1. 1966 (Reichstagsbrand), NJW 1966, 647, 649.

115 BGH vom 12.7. 1984, NJW 1985, 191; BGH vom 8.2. 1994 (Bilanzanalyse), NJW 1994, 1281, 1283.

nen ernstlichen Unterlassungswillen schließen lassen.[116] Erforderlich ist dafür ein rechtswirksamer Vertrag oder eine einseitige, vom Gegner nicht angenommene Verpflichtungserklärung,[117] in denen der Anspruchsgegner die Unterlassung jeweils uneingeschränkt, bedingungslos und unwiderruflich zusagt und eine angemessene Vertragsstrafe für jeden Fall der Zuwiderhandlung verspricht.[118] Bestehen an der Ernstlichkeit auch nur geringe Zweifel, etwa weil die Unterwerfungserklärung inhaltlich nicht ganz eindeutig ist, so reicht sie nicht aus, die Besorgnis eines künftigen Rechtsverstoßes auszuräumen.[119] Die Vermutung der Wiederholungsgefahr kann im Einzelfall auch in sonstiger Weise widerlegt werden, doch bestehen dafür hohe Anforderungen.[120] Die bloße Feststellung, dass der Angreifer daran gehindert ist, seinen Angriff in derselben Form erneut vorzunehmen, reicht beispielsweise nicht unbedingt aus.[121] Ebenso ist die Wiederholungsgefahr nicht ausgeschlossen, wenn das auf Unterlassung in Anspruch genommene Unternehmen in Liquidation tritt, aber der Liquidator den Klageabweisungsantrag nach wie vor mit der Begründung aufrechterhält, die beanstandete Handlung sei berechtigt gewesen.[122]

III. Erstbegehungsgefahr

1921 Richtet sich der Anspruch gegen Verletzungen, die noch nicht verwirklicht wurden, aber drohend bevorstehen, so setzt er eine **Erstbegehungsgefahr** voraus.[123] Eine solche Gefahr verlangt ernsthafte und greifbare Anhaltspunkte für die Annahme, der Anspruchsgegner werde sich in naher Zukunft einer näher bezeichneten rechtswidrigen Maßnahme bedienen.[124] Sie liegt insbesondere nahe, wenn in einer Redaktion bereits ein fertig formulierter Artikel ausgearbeitet worden ist, weil die Ausarbeitung im Zweifel selbst dann Veröffentlichungszwecken dient, wenn die endgültige Entscheidung über die Veröffentlichung noch nicht gefallen ist.[125] Dagegen begründet eine bloße Recherche für sich betrachtet nach

---

116 BGH vom 9.11. 1995 (Wegfall der Wiederholungsgefahr I), GRUR 1996, 290, 291 mwN.; dazu *Gloy* EWiR 1996, 281f.; *Berlit* WiB 1996, 272f.

117 BGH vom 12.7. 1984, NJW 1985, 191.

118 §§241 Abs. 1 Satz 2, 339 BGB.

119 BGH vom 16.11. 1995 (Wegfall der Wiederholungsgefahr II), GRUR 1996, 379, 380 mwN.

120 *Burkhardt* in: Wenzel, Das Recht der Wort- und Bildberichterstattung, §12 Rz. 17ff. mwN.

121 BGH vom 8.7. 1980 (Das Medizin-Syndikat I), BGHZ 78, 9, 17ff.; dazu *Wild* GRUR 1980, 1111.

122 BGH vom 6.7. 1954 (Constanze II), BGHZ 14, 163, 169; dazu kritisch *Burkhardt* in: Wenzel, Das Recht der Wort- und Bildberichterstattung, §12 Rz. 18.

123 BGH vom 19.6. 1951 (Widia), BGHZ 2, 394, 395f.

124 BGH vom 14.7. 1993 (Geld-zurück-Garantie), GRUR 1994, 57, 58.

125 OLG Hamburg vom 12.10. 1999 (Fernsehteam), AfP 2000, 188, 189 mwN.; *Burkhardt* in: Wenzel, Das Recht der Wort- und Bildberichterstattung, §12 Rz. 35.

h.M. noch keine Begehungsgefahr,[126] doch kann insoweit zu unterscheiden sein.

Im Streitfall der **Morbus Parkinson-Entscheidung** wurde vorbeugend Unterlassung der Behauptung begehrt, bei der Hüftoperation einer Patientin sei es durch das Abrutschen mit der Knochenfräse zu einer tödlichen Gefäßverletzung gekommen, und das Abrutschen sei auf die Erkrankung des Operateurs und Antragstellers zurückzuführen. Das verklagte Medienunternehmen plante einen Beitrag zur institutionalisierten Kontrolle von Ärzten, und der von ihm beauftragte Redakteur war im Rahmen seiner Recherchearbeiten auch auf die infrage stehende Operation und die leichte Parkinson-Erkrankung des Operateurs gestoßen. Es war jedoch noch ganz offen, welchen Inhalt der geplante Beitrag haben und ob er überhaupt auf den betreffenden Vorgang eingehen würde. Insbesondere hatte der Journalist seine Recherche noch gar nicht abgeschlossen und bemühte sich um ein Gespräch mit dem Arzt, um diesem Gelegenheit zur Stellungnahme zu geben und dessen Sicht der Dinge zu erfahren. Es konnte daher nicht davon ausgegangen werden, dass die vom Antragsteller vorbeugend bekämpfte Rechtsverletzung überhaupt greifbar bevorstand. Es würde die Presse unerträglich belasten und einschüchtern, falls sie immer schon dann, wenn sie über eine Person auch nur recherchiere, bereits mit Unterlassungsansprüchen überzogen werden könnte.[127] 1922

Dagegen hat das OLG München in der **Dubiose Geschäftemacher-Entscheidung** die Erstbegehungsgefahr bejaht. Im Streitfall war ein Fernsehteam unter Verletzung des Hausrechts in die Räume einer Kanzlei eingedrungen und hatte dabei Bildaufnahmen gemacht. Das Gericht gab dem Begehren statt,[128] eine Ausstrahlung oder sonstige Verbreitung der beanstandeten Filmsequenz zu unterlassen. Dem ist zuzustimmen, weil der Antragsteller zum fraglichen Zeitpunkt keine Person der Zeitgeschichte war. Es war daher keine Berechtigung ersichtlich, die von ihm gemachten Aufnahmen zu veröffentlichen. Im Unterschied zum Morbus Parkinson-Fall war eine Verletzung persönlichkeitsrechtlicher Interessen durch die Existenz der Bilder auch bereits vorgeprägt. 1923

IV. Sachliche Reichweite

Der Unterlassungsanspruch sichert nicht allein gegenüber identischen Verletzungsfällen, sondern ebenso gegen Handlungen, die jedenfalls im „Kern" auf eine Wiederholung der ersten Verletzung hinauslaufen.[129] Es darf dem Verletzer nicht möglich sein, sich dem rechtlichen Unterlassungsverbot einfach durch das Ändern der Verletzungsform zu entziehen. Wenn sich der Sachverhalt dagegen 1924

126 OLG Hamburg vom 15.8. 1991 (Morbus Parkinson), AfP 1992, 279f.; LG Frankfurt a.M. vom 20.11. 1990, AfP 1991, 545, 546; *Burkhardt* in: Wenzel, Das Recht der Wort- und Bildberichterstattung, § 12 Rz. 35.

127 OLG Hamburg vom 15.8. 1991 (Morbus Parkinson), AfP 1992, 279, 280.

128 OLG München vom 30.10. 1991 (Dubiose Geschäftemacher), AfP 1992, 78, 80f. Siehe auch Rdnr. 994. In der Sache ähnlich *Prinz/Peters*, Medienrecht, Rz. 331; ablehnend *Burkhardt* in: Wenzel, Das Recht der Wort- und Bildberichterstattung, § 12 Rz. 36.

129 BGH vom 22.2. 1952 (Zwilling), BGHZ 5, 189, 193f. „Kern der Verletzungsform"; BGH vom 5.3. 1998 (Fotovergrößerungen), GRUR 1998, 1039, 1040; BGH vom 29.6. 2000 (Filialleiterfehler), GRUR 2000, 907, 909; BGH vom 16.2. 1989 (Professorenbezeichnung in der Arztwerbung I), GRUR 1989, 445, 446 mwN. „Charakteristische der konkreten Verletzungsform".

durch das Aufkommen neuer Tatsachen ändert, so ist der neue Sachverhalt grundsätzlich nicht vom Unterlassungsverbot erfasst. In Bezug auf Äußerungen kann der sachliche Umfang schwer zu bestimmen sein und eine Einzelfallabwägung erfordern. Einerseits wird das bloße Untersagen wörtlicher Wiederholung häufig leer laufen. Andererseits darf der Unterlassungsanspruch weder auf einen Inhalt erstreckt werden, der über den der gemachten Äußerung hinausgeht,[130] noch kann er verallgemeinernd alle Äußerungen erfassen, die den Ruf des Betroffenen beeinträchtigen könnten.[131] Die Meinungsfreiheit setzt dem Schutzumfang Grenzen. Im Zusammenhang mit ehrverletzenden Meinungsäußerungen muss die Verurteilung zur Unterlassung daher **auf das zum Rechtsgüterschutz unbedingt Erforderliche beschränkt** werden.[132] Es kann im Einzelfall sogar sein, dass nur eine wörtliche Wiederholung untersagt werden darf.

1925 Im Streitfall der **Gewerkschaftspresse-Entscheidung** hatte sich ein Informationsblatt unter dem Titel „Deutschland Magazin – Noch ein rechtsradikales Hetzblatt" mit der ersten Ausgabe einer neuen Zeitschrift beschäftigt und dabei u.a. ausgeführt, die rechtsradikale, nationalistische Presse vermehre sich in der Bundesrepublik in einem erschreckenden Tempo. Die Verantwortlichen der Zeitschrift erhoben dagegen Unterlassungsklage mit dem Antrag, der Gegenpartei zu verbieten, wörtlich oder sinngemäß die Behauptung aufzustellen oder zu verbreiten, das Deutschland-Magazin sei ein rechtsradikales Hetzblatt. Das OLG gab dem Unterlassungsbegehren mit Billigung des BVerfG nur statt, soweit es eine wörtliche Wiederholung zum Inhalt hatte, nicht aber in Bezug auf die Unterlassung „sinngemäßer" Ausführungen.[133] Der Anspruchsgegner dürfe nicht an der Äußerung eines bestimmten Gedankeninhalts gehindert werden. Es müsse ihm dabei grundsätzlich erlaubt sein, seine Kritik zu wiederholen und dabei seine Geringschätzung klar und sogar drastisch kundzutun.

1926 Der Unterlassungsanspruch kann im Einzelfall durch das Übermaßverbot beschränkt sein. Wenn lediglich **Teile eines Gesamtwerks** unzulässig sind, zum Beispiel bestimmte Passagen eines Buchs,[134] einzelne Textstellen eines Theaterstücks[135] oder ein einzelner Artikel eines Nachrichtenmagazins, dann kann ein Gesamtverbot legitime Gegeninteressen (Meinungs-, Presse-, Kunstfreiheit, wirtschaftliche Interessen) unverhältnismäßig einschränken. Es ist daher im Einzelfall abzuwägen, ob lediglich Passagen des Buchs geschwärzt, Teile eines Films herausgeschnitten, Vorbemerkungen gemacht werden müssen etc.

130 BGH vom 8.7. 1980 (Das Medizin-Syndikat I), NJW 1980, 2801, 2804 (insoweit nicht in BGHZ 78, 9ff.).

131 §253 Abs.2 Nr.2 ZPO; OLG Hamburg vom 22.7. 1993, NJW-RR 1994, 290.

132 BVerfG vom 19.2. 2004, NJW 2004, 1942, 1943.

133 BVerfG vom 11.5. 1976 (Gewerkschaftspresse), BVerfGE 42, 143, 151.

134 BGH vom 20.3. 1968 (Mephisto), NJW 1968, 1773, 1778; BGH vom 20.1. 1981 (Aufmacher II), NJW 1981, 1366, 1369.

135 BGH vom 3.6. 1975 (Geist von Oberzell), NJW 1975, 1882, 1884f.; dazu *Wronka* WRP 1976, 230f.; *Fischötter* GRUR 1976, 212f.; *Hartmann* JuS 1976, 649ff.; *Hubmann* JZ 1975, 639f.

V. Passivlegitimation, Störer

Der Anspruch richtet sich gegen den Störer. Für zivilrechtliche Ansprüche ergibt sich dies aus dem Wortlaut des § 1004 Abs. 1 BGB und für urheber- und wettbewerbsrechtliche Ansprüche daraus, dass die Rechtsprechung zu diesen Gebieten den Störerbegriff des BGB übernommen hat.[136] Nach h.M. ist Störer, wer einen Störungszustand entweder durch seine eigene Handlung adäquat herbeigeführt hat bzw. herbeizuführen droht (Handlungsstörer) oder ihn aufrechterhält (Zustandsstörer), soweit die Beseitigung des Zustands zumindest mittelbar von seinem Willen abhängt und er zur Abhilfe in der Lage ist.[137] Die Haftung folgt also entweder aus einem aktiven Handeln oder einem pflichtwidrigen Unterlassen. Sie ist grundsätzlich für jeden zu bejahen, der einen adäquat kausalen Beitrag für die Veröffentlichung der verletzenden Äußerung geleistet hat (siehe Rdnr. 1899, 1901). Hat der Betreffende die rechtswidrige Beeinträchtigung bzw. Äußerung nicht selbst vorgenommen, so setzt eine Haftung als Störer die Verletzung von Prüfungspflichten voraus.[138] Sind bei einer Beeinträchtigung mehrere Personen beteiligt, so richtet sich der Anspruch gegen jeden einzelnen Störer. Ist die Störereigenschaft zu bejahen, so kommt es im Übrigen nicht darauf an, welchen Tatbeitrag der Einzelne nach Art und Umfang geleistet hat und welches Interesse er an der Verwirklichung der Störung hat.[139] 1927

Der Unterlassungsanspruch kann sich abweichend vom Schadensersatzanspruch auch gegen jemanden richten, der die betreffende Äußerung nicht „intellektuell“, sondern **lediglich „technisch“ verbreitet** (siehe Rdnr. 1871). Als Störer kommt danach beispielsweise auch in Betracht, wer etwa mit der Herstellung oder dem Vertrieb einer Druckschrift befasst ist (Setzer, Drucker, Grossist, Buchhändler) oder in sonstiger Weise technisch zur Veröffentlichung rechtswidriger Inhalte beiträgt (z.B. Filmverleiher).[140] 1928

Die **Alleinimporteur-Entscheidung** hat die Unterlassungshaftung des Alleinimporteurs einer jugoslawischen Illustrierten bejaht. Zwei bestimmte Ausgaben der Illustrierten, von der etwa 20.000 Exemplare nach Deutschland eingeführt wurden, enthielten unzulässige unwahre Angaben über die politische Vergangenheit des Klägers, der Vorsitzender einer Exilkroaten-Vereinigung war. Der BGH sah die Beklagte als Störer an, weil sie durch den Import und den Vertrieb der fraglichen Druckschriften den Störungszustand mit herbeigeführt habe und auch in Zukunft an der Herbeiführung mitwirken 1929

---

136 Zum UWG BGH vom 6.7. 1954 (Constanze II), BGHZ 14, 163, 174 mwN. (ganz h.M.); kritisch *Schünemann* WRP 1998, 120, 122f.; *Beater*, Unlauterer Wettbewerb, § 30 Rdnr. 39ff. mwN. Zum UrhG BGH vom 18.5. 1955 (Grundig-Reporter), BGHZ 17, 266, 291; BGH vom 29.5. 1964 (Personalausweise), BGHZ 42, 118, 124.

137 BGH vom 10.6. 1977, BGHZ 69, 118, 122ff.; BGH vom 2.3. 1984, BGHZ 90, 255, 266 mwN.; Bamberger/Roth/*Fritzsche*, § 1004 BGB Rn. 14ff. mwN.

138 BGH vom 11.3. 2004 (Internet-Versteigerung), BGHZ 158, 236, 251 mwN.

139 BGH vom 3.2. 1976 (Alleinimporteur), NJW 1976, 799, 800; BGH vom 27.5. 1986 (Ostkontakte), NJW 1986, 2503, 2504.

140 *Burkhardt* in: Wenzel, Das Recht der Wort- und Bildberichterstattung, § 12 Rz. 61f. mwN.

werde.[141] Wenn bloße Vertriebsorgane wie die Beklagte keine Kenntnis der die Tatbestandsmäßigkeit und die Rechtswidrigkeit begründenden Umstände hätten, so stehe dies zwar einem Schadensersatzanspruch, nicht aber schon dem negatorischen Unterlassungsbegehren entgegen. Ein Betroffener müsse die rechtliche Möglichkeit haben, auch bereits im Vertrieb befindliche Schriften „anhalten" zu können, bei denen sich Autor und Verleger darauf berufen könnten, sie seien ihrer weiteren Einflussnahme bereits entzogen. Es ist aber wichtig, dass die Beklagte nicht verpflichtet war, die von ihr importierte Illustrierte grundsätzlich auf ihre rechtliche Zulässigkeit zu überprüfen. Sie hatte allein die Pflicht, von den von ihr jeweils eingeführten Exemplaren eine Ausgabe daraufhin durchzusehen, ob diese solche Behauptungen über den Kläger enthielt, wie sie im Ausspruch des gerichtlichen Unterlassungsurteils bezeichnet waren.[142]

1930 Nach der **Schriftsetzer-Entscheidung** des KG ist auch der Setzer einer Zeitung verpflichtet, die Wiederholung unwahrer Tatsachenbehauptungen zu verhindern. Ein Anspruch auf Unterlassung ehrenrühriger Äußerungen kommt auch ihm gegenüber in Betracht. Dazu muss sich der Anspruch auf Manuskripte beziehen, deren thematischer Gegenstand konkret dargelegt wurde, und die von einer bestimmten Zeitung eingereicht werden. Außerdem müssen die sich daraus ergebenden Prüfungspflichten dem Setzer zumutbar sein.[143]

E. Anspruch auf Beseitigung, Widerruf, Berichtigung

I. Ausgangsfragen

1931 Das Zivilrecht kennt mehrere Rechtsnormen, die einen Anspruch auf „Beseitigung" zusprechen.[144] Die Bezeichnung „Beseitigungsanspruch" ruft freilich leicht einen falschen Eindruck hervor. Es handelt sich nämlich **nicht um einen einheitlichen Anspruch mit fest umrissenen Voraussetzungen und einer exakt definierten Rechtsfolge**. Der Anspruch ist vielmehr extrem ausdifferenziert und variabel. Er soll deshalb zunächst in seiner „Grundform" vorgestellt werden. Danach geht es um die medienrechtlich besonders wichtigen Fälle, in denen der Anspruch dazu dienen soll, die öffentlichen Wirkungen rechtswidriger Äußerungen zu „beseitigen". Es hat sich eingebürgert, in solchen Konstellationen allein von Ansprüchen auf Widerruf bzw. auf Berichtigung zu sprechen. Es handelt sich im Grundsatz um „spezielle" Beseitigungsansprüche. Sie leiten sich im Ausgangspunkt aus dem „allgemeinen" Beseitigungsanspruch und dessen Voraussetzungen ab, doch sind im Detail zahlreiche Besonderheiten zu beachten.

---

141 BGH vom 3.2. 1976 (Alleinimporteur), NJW 1976, 799, 800; dazu *Walchshöfer* ZZP 90 (1977), 186ff.; *Fischötter* GRUR 1977, 117ff.

142 BGH vom 3.2. 1976 (Alleinimporteur), NJW 1976, 799, 801.

143 KG vom 26.9. 1986 (Schriftsetzer), AfP 1987, 427, 428; dazu kritisch und einschränkend *Burkhardt* in: Wenzel, Das Recht der Wort- und Bildberichterstattung, §12 Rz. 61.

144 §§1004 Abs. 1 Satz 1, 823ff. BGB analog, 97 Abs. 1 Satz 1 1. Alt UrhG, 8 Abs. 1 Satz 1 1. Alt UWG.

1. Grundanforderungen und Abgrenzungen

Der Anspruch ist allgemein auf die Beseitigung eines **fortdauernden rechtswidrigen Störungszustands** gerichtet, der zum Beispiel durch eine Verletzung der Persönlichkeit oder eines Urheberrechts entstanden ist. Er kann auch im Zusammenhang mit verletzenden Äußerungen in Massenmedien eingreifen.[145] Beseitigung kann dann beispielsweise bedeuten, dass Äußerungen, die irgendwie in perpetuierter Form aufgestellt werden und dadurch dauerhaft zugänglich sind, getilgt werden. Relevant ist dies namentlich für die Telemedien. Erscheint etwa auf einer Internetseite eine unzulässige Angabe, so muss diese ggf. durch Löschung beseitigt werden. Im Unterschied zum Rundfunk oder zur Presse reicht hier eine bloße Unterlassungspflicht nicht aus, soweit die Telemedien „permanente" Informationswirkungen haben.[146] Eine unzulässige Äußerung in Presse oder Rundfunk lässt sich für die Zukunft bereits dadurch verhindern, dass die Medien insoweit zur Untätigkeit verpflichtet werden. Dagegen lässt sich eine im Internet veröffentlichte Meldung für die Zukunft nur verhindern, indem der Anspruchsgegner zu einem aktiven Tun, sprich zur Beseitigung verpflichtet wird. 1932

Wird das Persönlichkeitsrecht durch das **unzulässige Aufnehmen eines Gesprächs** auf einen Tonträger oder durch ein **unzulässiges Speichern personenbezogener Daten** verletzt, so dauert die Verletzung solange an, wie sich die Aufzeichnung ungelöscht im Fremdbesitz befindet. Der Verletzte hat in solchen Fällen einen Anspruch auf Löschung.[147] Der Anspruch kann sich dabei auch gegen jemanden richten, der die Aufnahme nicht gemacht hat, aber im Besitz des Tonbands ist und es als Beweismittel einsetzen will.[148] Wenn das Persönlichkeitsrecht durch die **unzulässige Anfertigung von Bildnissen** verletzt wurde, dann läuft der Beseitigungsanspruch auf einen Vernichtungsanspruch hinaus. 1933

Beseitigung ist etwas anderes als Unterlassung, die neben der Beseitigung verlangt werden kann. Der Unterlassungsanspruch ist auf ein Untätigbleiben in der Zukunft gerichtet, während Beseitigung ein **aktives Tun verlangt**. Der Beseitigungsanspruch setzt einen fortdauernden Störungszustand voraus und erlischt, wenn der Störungszustand wegfällt.[149] Wenn etwa eine Zeitung einen rechtswidrigen Warentest veröffentlicht, so verpflichtet sie der Unterlassungsanspruch dazu, den Warentest kein weiteres Mal zu drucken. Der Beseitigungsanspruch 1934

---

145 BGH vom 6.7. 1954 (Constanze II), BGHZ 14, 163, 173; BGH vom 19.12. 1960, BGHZ 34, 99, 102f.; BGH vom 17.2. 1987, NJW-RR 1987, 754, 755. RG vom 9.1. 1905, RGZ 60, 12, 17ff. hatte einen zivilrechtlichen Anspruch auf Widerruf ursprünglich abgelehnt, weil dieser eine Art der Strafe sei, die vom StGB gerade abgelehnt werde. Gegenüber dem Widerrufsanspruch ebenfalls kritisch *Leipold* ZZP 84 (1971), 150ff.

146 Siehe Rdnr. 917.

147 BGH vom 20.5. 1958, BGHZ 27, 284, 290f.; BGH vom 22.5. 1984, BGHZ 91, 233, 241; BGH vom 13.10. 1987, NJW 1988, 1016, 1017.

148 BGH vom 13.10. 1987, NJW 1988, 1016, 1017.

149 BGH vom 4.2. 1993 (Maschinenbeseitigung), WRP 1993, 396, 398.

kann demgegenüber dazu führen, dass die Zeitung beispielsweise den Test in korrekter Fassung erneut abdrucken oder seine Unrichtigkeit öffentlich einräumen muss, um die bei der Leserschaft entstandene Fehlvorstellung zu „beseitigen".

1935 Beseitigung ist außerdem von der Naturalrestitution zu unterscheiden,[150] die auf eine komplette Wiederherstellung des ursprünglichen Zustands gerichtet ist und nur im Rahmen des Schadensersatzanspruchs geschuldet wird. Die Verpflichtung zur Beseitigung bleibt auf der Rechtsfolgenseite hinter dem Schadensersatz zurück, da sie eben **nur auf die Beseitigung einer fortwährenden Störungsquelle** und nicht darauf gerichtet ist, auch sämtliche sonstigen Verletzungsfolgen auszugleichen. Im Fall des rechtswidrigen Warentests kann der Beseitigungsanspruch möglicherweise einen Anspruch auf Widerruf begründen, aber zum Beispiel keinen Anspruch auf Ersatz des Gewinns,[151] der dem verletzten Unternehmen durch den Testfehler entgangen ist. Trotz dieser klaren Unterscheidung in der Zivilrechtsdogmatik gibt es in der Praxis gleichwohl **fließende Übergänge**. Dies gilt namentlich, wenn der Gläubiger den Widerruf einer Äußerung begehrt, da Widerruf sowohl im Wege des Beseitigungsanspruchs als auch im Rahmen der Naturalrestitution verlangt werden kann. Der Beseitigungsanspruch ist im Unterschied zum Schadensersatzanspruch verschuldensunabhängig, ein mögliches Verschulden des Anspruchsgegners kann aber im Rahmen der Abwägungen eine Rolle spielen, die zur Bestimmung des Anspruchsinhalts erforderlich sind. Kann der Gläubiger ein Verschulden des Anspruchsgegners beweisen, so kann er im Rahmen der Naturalrestitution auch in Bezug auf die Äußerung besonders weitreichende Rechte geltend machen.

2. Beseitigung von öffentlichen Äußerungswirkungen

1936 Die Verpflichtung zur „Beseitigung" wird auch auf die **Wirkungen von rechtswidrigen Äußerungen** erstreckt. Ist eine Information rechtswidrig veröffentlicht und dementsprechend von Lesern, Zuschauern oder Nutzern aufgenommen worden, so ist sie „in den Köpfen" und wirkt damit als Verletzungsquelle fort. Der Verletzte kann daher einen Anspruch auf Beseitigung dieser „Störungsquelle" haben. Ein derartiger Beseitigungsanspruch läuft darauf hinaus, dass ein Medienunternehmen die öffentlichen Wirkungen seiner rechtswidrigen Äußerung korrigiert, etwa durch öffentlichen Widerruf, Berichtigung oder Klarstellung. Die dadurch bedingte Möglichkeit einer scharfen **zivilrechtlichen „Korrektur" der Medien** ist verfassungskonform.[152] Die Pressefreiheit gebietet es beispielsweise nicht, dass unwahre Behauptungen unberichtigt bleiben, wenn sie Rechte Dritter fortwirkend beeinträchtigen. Ebenso ist es verfassungsrecht-

150 §249 Abs.1 BGB; RG vom 5.11. 1935 (Gummiwaren), RGZ 148, 114, 123ff.; a.A. (Beseitigung setzt Verschulden voraus) früher RG vom 12.1. 1920, RGZ 97, 343, 345.
151 §252 BGB.
152 BVerfG vom 14.1. 1998 (Gegendarstellung auf Titelseite), BVerfGE 97, 125, 148ff.

lich unproblematisch, dass der Beseitigungsanspruch kein Verschulden voraussetzt. Das Risiko, dass die Medien unter Einhaltung ihrer Sorgfaltspflicht falsche Angaben machen, darf nämlich nicht allein dem Betroffenen aufgebürdet werden.[153]

Aus Sicht des Verletzten sind Ansprüche auf Widerruf oder Berichtigung 1937
freilich ein zweischneidiges Schwert. Sie bieten nämlich **allein die Option einer öffentlichen Gegenwehr**. Solche Instrumente sind für den Betroffenen geradezu kontraproduktiv, wenn er in Isolationsinteressen beeinträchtigt worden ist und weiterhin Schutz vor der Öffentlichkeit haben möchte. Zugleich ist zu beachten, dass sich nicht jede Äußerung sinnvoll „beseitigen" lässt. Eine öffentliche „Korrektur" kann sogar Gefahr laufen, die geschehene Verletzung nochmals zu vertiefen.

Einer Anekdote zufolge soll ein berühmter Kollege in Bezug auf BGHZ 5, 337ff. einmal 1938
geäußert haben, der BGH sei nicht in der Lage, einen für die Anfängerübung geeigneten Fall zu lösen. Zum Widerruf aufgefordert, soll er erklärt haben: Ich widerrufe die Behauptung, der BGH könne Fälle nicht lösen, die für eine Anfängerübung geeignet sind. Fälle, die für eine Anfängerübung geeignet sind, kann der BGH lösen![154]

a. Terminologie und Voraussetzungen

Die Voraussetzungen und Rechtsfolgen des Beseitigungsanspruchs sind vom 1939
Gesetzgeber nur kursorisch geregelt. Sie müssen, soweit es um Ansprüche in Bezug auf die Wirkungen von Äußerungen geht, von den Gerichten **grundrechtskonform konkretisiert werden**.[155] Dies hat dazu geführt, dass der Anspruch erhebliche Unwägbarkeiten und Rechtsunsicherheit mit sich bringt. Es fehlt bereits eine einheitliche Terminologie. Die Gerichte sprechen meist allgemein von „Widerrufsanspruch", unterscheiden in der Sache jedoch unterschiedliche Formen des Widerrufs. Im Schrifttum finden sich sehr zahlreiche Unterscheidungen und Benennungen,[156] ohne dass sich bislang einheitliche Kategorien gebildet hätten. Diese Variabilität setzt sich in den materiellen Anforderungen fort. Es gibt zwar nicht so viele Formen von Beseitigungsansprüchen wie es Gerichtsurteile gibt, doch ist auch die verbleibende Bandbreite schwer übersehbar und vom Einzelfall abhängig. Diese Unsicherheiten wirken sich für den Verletzten unmittelbar aus, weil er als Kläger im Zivilprozess einen hinreichend bestimmten Klageantrag stellen,[157] also exakt angeben muss, welche „Beseitigungs-

153 BVerfG vom 14.1.1998 (Gegendarstellung auf Titelseite), BVerfGE 97, 125, 150.
154 Zitiert nach Erman/*Ehmann*, 10. Auflage 2000, Anh §12 BGB Rdz. 751.
155 BVerfG vom 14.1.1998 (Gegendarstellung auf Titelseite), BVerfGE 97, 125, 150.
156 *Damm*/Rehbock, Widerruf, Unterlassung und Schadensersatz, RN. 609 mwN. listet ca. 20 verschiedene Unterteilungen auf, u.a.: Widerruf, einfacher Widerruf, eingeschränkter Widerruf, qualifizierter Widerruf, vorläufiger Widerruf, Richtigstellung, Distanzierung, Ergänzung, berichtigende Ergänzung, nachträgliche Ergänzung, Nichtaufrechterhalten, berichtigende Kommentierung, einstweilige Erklärung.
157 §253 Abs.1 Nr.2 ZPO.

erklärung" er vom Beklagten begehrt und wie diese veröffentlicht werden soll. Der Kläger ist dabei weder gezwungen, die am weitesten reichende Erklärung zu fordern, noch ist er auf Anträge beschränkt, die eine vollständige Beseitigung der Störung zum Inhalt haben. Zugleich urteilen die Gerichte nur darüber, ob die vom Kläger begehrte Erklärung zur Beseitigung notwendig, geeignet und zumutbar ist. Das begünstigt eine auf den Einzelfall orientierte und beschränkte Judikatur und hat der Ausbildung schärfer umrissener Anforderungen tendenziell entgegengewirkt.

1940 Der Anspruch kann gegenüber allen Medien eingreifen. Er setzt im Ausgangspunkt voraus, dass die Äußerung einen **objektiv rechtswidrigen Störungszustand hervorgerufen hat und dieser noch besteht**.[158] Speziell für die praktisch wichtigen Ansprüche auf Widerruf und Berichtigung ist zu beachten, dass diese nur gegenüber Tatsachenäußerungen eingreifen, nicht aber im Zusammenhang mit Meinungsäußerungen. Eine Beseitigungserklärung kann auch dann verlangt werden, wenn der Äußernde zunächst in Wahrnehmung berechtigter Interessen gehandelt hat bzw. das veröffentlichende Medienunternehmen seiner journalistischen Sorgfaltspflicht nachgekommen ist und sich die Unwahrheit der Äußerung erst danach herausstellt. Insbesondere schließt §824 Abs. 2 BGB bewusst nur die Schadensersatzpflicht, nicht aber Ansprüche anderen Inhalts aus.[159] Der fortdauernde Störungscharakter ist zu vermuten, wenn die verletzende Äußerung druckschriftlich verbreitet worden ist.[160] Dasselbe muss für Äußerungen gelten, die über andere Massenmedien, also namentlich über Fernsehen oder Hörfunk, transportiert werden. Die Störung wird auch nicht durch den Abdruck einer Gegendarstellung beseitigt. Die Ansprüche auf Gegendarstellung und auf Beseitigungserklärung können vielmehr unabhängig voneinander geltend gemacht werden.[161] Ob eine freiwillige Richtigstellung durch das Medienunternehmen die Störung beseitigt, richtet sich danach, ob die Richtigstellung im Einzelfall denselben publizistischen Aufmerksamkeits- und Wirkungswert hat wie die ursprüngliche Äußerung.[162]

---

158 BGH vom 13.10. 1964 (Lüftungsanlage), NJW 1965, 35, 36; BGH vom 20.12. 1967 (Kennedy-Bericht), NJW 1968, 644, 645.

159 Die Rspr. sieht zwar in §824 Abs. 2 BGB einen allgemeinen Rechtfertigungsgrund, behilft sich in solchen Fällen aber mit der Annahme, der Beseitigungsanspruch setze „nicht schlechthin" rechtswidriges Handeln voraus, BGH vom 12.1. 1960 (Plagiatsvorwurf I), JZ 1960, 701, 702 mwN.; BGH vom 30.11. 1971 (Freispruch), BGHZ 57, 325, 328. Siehe dazu kritisch Rdnr. 381.

160 BGH vom 20.12. 1967 (Kennedy-Bericht), NJW 1968, 644, 645; dazu *Wenzel* NJW 1968, 644f.

161 *Damm*/Rehbock, Widerruf, Unterlassung und Schadensersatz, RN. 641; *Gamer* in: Wenzel, Das Recht der Wort- und Bildberichterstattung, §13 Rz. 41 jeweils mwN.

162 *Gamer* in: Wenzel, Das Recht der Wort- und Bildberichterstattung, §13 Rz. 40 mwN. verlangt dafür eine Berichtigung in gleicher Form und an gleicher Stelle wie die Erstmitteilung.

b. Anspruchsinhalt

Auch der exakte Inhalt des Anspruchs hängt von Interessenabwägungen und zahlreichen Differenzierungen ab. Geschuldet wird die Maßnahme, die zur Beseitigung oder Milderung[163] des Störungszustands notwendig und geeignet ist und dem Anspruchsgegner unter Abwägung der Belange beider Parteien auch zugemutet werden kann.[164] Was zur Beseitigung geeignet, erforderlich und zumutbar ist, hängt zunächst von der **Art und Schwere der Störung** bzw. von der Verbreitungsweise sowie vom Inhalt der infrage stehenden Äußerung ab. Die geschuldete Beseitigungserklärung reicht umso weiter, je mehr die betroffene Thematik öffentliche Informationsinteressen berührt und je stärker die Erstmitteilung den Betroffenen verletzt hat. 1941

Die **Zumutbarkeit für den Schuldner** ist anhand aller Umstände des Einzelfalls zu beurteilen. In Betracht kommen namentlich der Grad eines möglichen Verschuldens des Schuldners, das Ausmaß, in dem sich der Schuldner mit der fraglichen Äußerung identifiziert hat, die mit der Beseitigung verbundenen Kosten und Härten und die möglichen Auswirkungen auf das Ansehen des Verletzers. Unter Abwägung der Interessen ist die schonendste Maßnahme zu wählen, die zur Beseitigung des Störungszustands geeignet ist.[165] Dies führt zu einer abstufenden Schichtung der Rechtsfolgen. Die Pflichten des Schuldners reichen umso weiter, je erheblicher und schwerer der zu Unrecht erhobene Vorwurf und der sich daraus ergebende fortwirkende Störungszustand sind.[166] Umgekehrt schuldet der Anspruchsgegner eine weitreichende und ihn belastende Maßnahme grundsätzlich nur, wenn und soweit mildere Maßnahmen zur Beseitigung nicht ausreichen. 1942

c. Passivlegitimation

Der Anspruch richtet sich gegen den „Störer" (§ 1004 Abs. 1 Satz 1 BGB), d.h. gegen denjenigen, der zur „Beseitigung" in der Lage ist. Die Passivlegitimation hängt damit von der Art der zu beseitigenden Äußerung ab. Zugleich muss der Verpflichtete die Beseitigungserklärung selbst abgeben und kann dazu ggf. im Wege der Zwangsvollstreckung angehalten werden.[167] Wird der Widerruf einer Behauptung begehrt, so richtet sich der Anspruch allein gegen denjenigen, der 1943

163 BGH vom 20.5. 1969, MDR 1969, 651; BGH vom 10.12. 1969 (Remington), NJW 1970, 557, 558; BGH vom 20.12. 1983, BGHZ 89, 198, 201f.
164 BGH vom 22.12. 1959 (Alte Herren), BGHZ 31, 308, 320f.; BGH vom 28.6. 1994, NJW 1994, 2614, 2616; dazu *Helle* EWiR 1994, 1087f.; *Kohl* LM BGB §823 (Ah) Nr. 114.
165 BGH vom 12.1. 1960 (Plagiatsvorwurf I), JZ 1960, 701, 703; BGH vom 30.11. 1971 (Freispruch), BGHZ 57, 325, 333.
166 BGH vom 10.12. 1969 (Remington), NJW 1970, 557, 559; dazu *Droste* GRUR 1970, 258. Gegen solche Differenzierungen *Ritter* ZZP 84 (1971), 163ff.
167 *Gamer* in: Wenzel, Das Recht der Wort- und Bildberichterstattung, §13 Rz. 87 mwN.

die Behauptung aufgestellt hat. Nur der Behauptende hat sich entsprechend „positioniert“ (siehe Rdnr. 1868f.). Daher kann nur er selbst diese „Positionierung“ wirksam beseitigen. Steht dagegen lediglich ein Verbreiten infrage, so kommt als Anspruchsgegner grundsätzlich jeder in Betracht, der die Äußerung „intellektuell“ (siehe Rdnr. 1871) verbreitet hat. Ansprüche gegen jemanden, der lediglich „technisch“ zur Verbreitung beigetragen hat, scheiden dagegen durchweg aus.

II. Widerruf

1944 Der Anspruch darauf, dass der Anspruchsgegner seine Äußerung widerruft, ist eine spezielle Variante des allgemeinen Beseitigungsanspruchs und hat hohe medienrechtliche Bedeutung. Er ist die stärkste Form einer „Beseitigung“ durch öffentliche Erklärung und eine besonders weitreichende Korrektur der Medien durch das Zivilrecht. Der Widerrufsanspruch ist daher an strenge Anforderungen gebunden. Er ist zwingend auf **Tatsachenangaben** beschränkt, die auch in versteckter Form[168] oder in Gestalt von Bildveröffentlichungen wie Fotomontagen oder Retuschen gemacht worden sein können.[169] Er scheidet gegenüber Meinungen durchweg aus,[170] weil aus verfassungsrechtlichen Gründen niemand gezwungen werden kann, seiner Meinung öffentlich abzuschwören.

1945 Der Widerrufsanspruch setzt weiterhin voraus, dass der Anspruchsteller durch das **Behaupten** unwahrer Tatsachen verletzt wurde, erfasst also bloßes Verbreiten (siehe Rdnr. 1869) nicht.[171] Gibt der Äußernde eine fremde Tatsachenaussage wieder, so kommt ein Widerruf nur in Betracht, wenn sich der Anspruchsgegner mit der Äußerung des Dritten identifiziert hat, so dass sie als seine eigene Äußerung erscheint.[172] Eine solche Identifizierung ist jedoch, wenn die Äußerung von einem Fernsehsender ausgestrahlt wird, nur zurückhaltend anzunehmen. Dadurch allein, dass das Fernsehen Äußerungen Dritter ausstrahlt, ohne sich zugleich ausdrücklich von ihnen zu distanzieren, identifiziert es sich regelmäßig noch nicht mit ihnen.[173]

1946 Schließlich muss auch die **Unwahrheit feststehen bzw. bewiesen sein.**[174] Das Recht darf niemanden dazu verpflichten, etwas als unrichtig zu bezeichnen, was

---

168 BGH vom 9.2. 1982 (Schwarzer Filz), NJW 1982, 1805, 1806.

169 Erman/*Ehmann*, Anh § 12 BGB Rdz. 334 mwN.

170 BGH vom 17.6. 1953, BGHZ 10, 104, 105f.; BGH vom 18.10. 1977, NJW 1978, 751; BGH vom 22.6. 1982 (NPD von Europa), NJW 1982, 2246; BGH vom 15.11. 1994 (Caroline I), BGHZ 128, 1, 6ff.; kritisch Erman/*Ehmann*, Anh § 12 BGB Rdz. 336 mwN.

171 BGH vom 5.6. 1962 (Eheversprechen), BGHZ 37, 187, 189; BGH vom 9.12. 1975 (Warentest II), BGHZ 65, 325, 337; BGH vom 14.6. 1977 (Wohnstättengemeinschaft), BGHZ 69, 181, 182; BGH vom 11.4. 1989, NJW 1989, 2941, 2942.

172 BGH vom 6.4. 1976 (PANORAMA), BGHZ 66, 182, 189.

173 BGH vom 6.4. 1976 (PANORAMA), BGHZ 66, 182, 189.

174 BGH vom 5.6. 1962 (Eheversprechen), BGHZ 37, 187, 189; BGH vom 3.3. 1970, MDR 1970, 579f.; *Leipold* FS Hubmann 1985, 271, 276ff.

möglicherweise wahr ist.[175] Ist die Wahrheit der Tatsache zweifelhaft, so kann kein Widerruf verlangt werden. Ansprüche auf Beseitigungserklärungen anderen Inhalts sowie auf Unterlassung und Schadensersatz bleiben dagegen möglich.

Die weiteren Einzelheiten des Widerrufsanspruchs hängen von Abwägungen 1947
ab. Der Anspruch hat daher keine durchweg einheitlich definierten Voraussetzungen und er ist auch nicht auf eine exakt definierte Rechtsfolge beschränkt. Sein Inhalt bestimmt sich danach, was **im Einzelfall zur Beseitigung erforderlich und zumutbar** ist. Die Praxis unterscheidet dazu zwischen dem uneingeschränkten und dem eingeschränkten Widerruf, die jeweils verschiedene Anforderungen haben und gleich noch vorgestellt werden. Bei den notwendigen Abwägungen ist zu bedenken, dass der Widerrufsanspruch weder zur Genugtuung des Berechtigten noch zur Demütigung des Anspruchsgegners dient.[176] Er scheidet beispielsweise aus, wenn die Widerrufsklage nicht die Beseitigung des Störungszustands bezweckt, sondern lediglich dazu benutzt wird, die andere Seite ins Unrecht gesetzt zu sehen und sich auf diese Weise Genugtuung zu verschaffen.[177] Das **Verbot einer Demütigung** ist freilich keineswegs unproblematisch und wird von den Gerichten auch nicht immer durchgehalten. Die Berechtigung dieses Dogmas lässt sich zumindest für den Schadensersatzanspruch in Zweifel ziehen, soweit es um Ehr- und Persönlichkeitsverletzungen geht. Mit kritischen Stimmen im Schrifttum[178] lässt sich durchaus überlegen, ob die Naturalrestitution nicht auch solche Elemente mit umfassen muss. Die Besonderheiten der verletzten menschlichen Psyche können dazu führen, dass rein informationelle und finanzielle Kompensationen letztlich eben doch keine ausreichende Wiedergutmachung für Verletzungen der Persönlichkeit sind.[179]

1. Uneingeschränkter Widerruf

Ist der Schuldner zum uneingeschränkten Widerruf verpflichtet, so muss er die 1948
Behauptung als Eingeständnis ihrer Unwahrheit zurücknehmen. Ein derartiger Anspruch wird in aller Regel nur im Zusammenhang mit schweren Verletzungen und vor allem dann zugesprochen werden, wenn der Anspruchsgegner grob fahrlässig oder gar vorsätzlich gehandelt hat. Der Schuldner wird aber nicht gezwungen, einen Überzeugungswandel, der nicht stattgefunden hat, nach außen zu bekennen. Ist er nach wie vor von der Richtigkeit überzeugt, so darf er seiner

175 BGH vom 5.6. 1962 (Eheversprechen), BGHZ 37, 187, 190.
176 BGH vom 22.12. 1959 (Alte Herren), BGHZ 31, 308, 321; BGH vom 20.12. 1967 (Kennedy-Bericht), NJW 1968, 644, 646; BGH vom 20.12. 1983, BGHZ 89, 198, 202.
177 BGH vom 14.6. 1977 (Wohnstättengemeinschaft), NJW 1977, 1681, 1682 (insoweit nicht in BGHZ 69, 181ff.); dazu *Steffen* LM BGB § 1004 Nr. 144; kritisch *Nordemann* GRUR 1977, 748.
178 *Gotthardt* in: Beater/Habermeier (Hrsg.), Verletzungen von Persönlichkeitsrechten durch die Medien, 2005, S. 1ff.
179 Zum historischen Beispiel der „Fehde des Sichar" *Kaufmann* JuS 1961, 85ff.

Widerrufserklärung hinzufügen, dass er zu ihrer Abgabe verurteilt worden ist.[180]

1949 Einen denkbaren Anwendungsfall zeigt die **Wahlkampfrede-Entscheidung**. Hier hatte der Beklagte den „roten Oberstadtdirektor von Essen" in einer Wahlkampfrede bezichtigt, Protest- und Störaktionen gegen den damaligen Kanzlerkandidaten *Franz Josef Strauß* u.a. mit städtischen Mitteln rechtswidrig unterstützt zu haben. Obwohl im Rahmen von Wahlkämpfen polemische Überzeichnungen und vereinfachende Kritik am „anderen Lager" im Interesse der politischen Zuspitzung zulässig sind, lief die Äußerung im Kern doch auf eine unwahre Tatsachenbehauptung hinaus. Sie war unzutreffend, verletzte den Kläger in persönlichen und beruflichen Interessen stark und war zugleich geeignet, nachhaltig und öffentlich gegen ihn Stimmung zu machen. Da auf einen groben Klotz ein grober Keil gehört, wäre ein Anspruch auf uneingeschränkten Widerruf ohne weiteres in Betracht gekommen. Das Gericht musste darüber jedoch nicht urteilen, weil der Kläger keinen Widerruf, sondern lediglich die „Richtigstellung der Äußerung" verlangt hatte.[181] Die Richter gaben dem Antrag statt.

2. Eingeschränkter Widerruf

1950 Dagegen rückt der eingeschränkte Widerruf lediglich von der früheren Äußerung ab. Der Schuldner kann dabei insbesondere die Erklärung schulden, dass die ursprüngliche Aussage nicht mehr aufrechterhalten wird. Eine Verpflichtung zu einem eingeschränkten Widerruf kann beispielsweise bestehen, wenn eine Äußerung in Wahrnehmung berechtigter Interessen aufgestellt wurde und sich erst später als falsch erweist.[182] Bestehen „keine ernstlichen Anhaltspunkte" für die Wahrheit der Äußerung, ohne dass ihre Unwahrheit zur vollen Überzeugung des Gerichts bewiesen ist, so kann nach der Rechtsprechung die Erklärung geschuldet sein, der Vorwurf werde mangels Beweises nicht mehr aufrechterhalten.[183]

1951 Der BGH hat in der **Wohnstättengemeinschaft-Entscheidung** aber eine prinzipielle Grenze gezogen. Hier hatte der Kläger einen abgeschwächten Widerruf in dem Sinne verlangt, dass die Behauptung nicht aufrechterhalten werde, weil sie nicht bewiesen werden könne. Ein eingeschränkter Widerruf ist danach zwingend an die Voraussetzung

180 BVerfG vom 28.1. 1970 (Korruptionsvorwurf), BVerfG 28, 1, 9f.; BGH vom 3.5. 1977 (Abgeordnetenbestechung), BGHZ 68, 331, 337f.; zu diesem Aspekt der Entscheidung *Steffen* LM BGB §823 (Ah) Nr.58; *Hoth* GRUR 1977, 678f.

181 BGH vom 15.11. 1983 (Wahlkampfrede), NJW 1984, 1102, 1103. Der Klageantrag lautete: „In meiner Wahlkampfrede vom 14.9. 1979 in Köln habe ich dem Oberstadtdirektor der Stadt Essen, Herrn Dr. F., vorgeworfen, er habe mit seiner Unterschrift die Schulen zu Protest- und Störaktionen gegen mich aufgefordert und mit Geldern der Steuerzahler den akustischen Terror der radikalen Linken unterstützt, um einen demokratischen Redner die Abhaltung seiner Versammlung unmöglich zu machen. Ich stelle richtig, dass Herr Dr. F. nicht persönlich an den Vorgängen beteiligt war, von denen ich gesprochen habe."

182 Larenz/*Canaris*, Schuldrecht II/2, 13. Auflage 1994, §88 I 2a; BGH vom 12.1. 1960 (Plagiatsvorwurf I), JZ 1960, 701, 703; dazu *Fischötter* GRUR 1960, 504f.

183 BGH vom 5.6. 1962 (Eheversprechen), NJW 1962, 1438 mwN.; BGH vom 11.1. 1966 (Reichstagsbrand), NJW 1966, 647, 649.

geknüpft, dass – wenn schon die Unwahrheit der Behauptung nicht festgestellt werden kann – doch bei objektiver Beurteilung ernstliche Anhaltspunkte für die Wahrheit des Vorwurfs fehlen. Er scheide dagegen stets aus, wenn es „durchaus möglich" sei, dass die Behauptung zutreffe bzw. solange der Kläger ernsthafte Anhaltspunkte für die Wahrheit der Behauptung nicht ausgeräumt habe.[184] Dies gilt nach dem Urteil selbst im Rahmen der Beweislastregel des § 186 StGB. Es kann also sein, dass der Äußernde wegen übler Nachrede bestraft wird und Schadensersatz leisten muss, aber nicht zum Widerruf seiner Behauptung verpflichtet werden kann.

Im Streitfall der **Kennedy-Bericht-Entscheidung** hatte die beklagte Illustrierte unter 1952
der Überschrift „Jacqueline Kennedy: Mein Mann John" einen „Originalbericht" angekündigt, obwohl der betreffende Beitrag nicht von *Jacqueline Kennedy* verfasst und lediglich eine Zusammenstellung von Sekundärmaterialien war. Die Klägerin, ein Konkurrenzblatt, warf der Beklagten daraufhin eine „Fälschung" vor. Die Beklagte wehrte sich, bezeichnete dabei den Vorwurf als „unwahr, böswillig und leichtfertig" und wurde im Weiteren auf Widerruf dieser Formulierung verklagt. Der BGH gestand der Klägerin nur einen eingeschränkten Widerruf zu, um eine Demütigungswirkung auszuschließen.[185] Die Beklagte wurde insbesondere nicht dazu verpflichtet, sich nachdrücklich selbst der Fälschung bezichtigen zu müssen. Im Streitfall ging es eben um eine Pressefehde. Der Anspruch auf Widerruf darf in solchen Fällen nicht zu einem „Kampfmittel" denaturiert werden, das allein darauf abzielt, das andere Publikationsorgan zu treffen.[186]

3. Veröffentlichung des Widerrufs

In der Regel wird für den Widerruf dieselbe **Erklärungs- und Verbreitungsweise** angeraten sein, in der auch die ursprüngliche rechtswidrige Behauptung 1953
aufgestellt wurde. Das im Gegendarstellungsrecht (siehe Rdnr. 1850) geltende Prinzip der gleichen publizistischen Wirkung kann dafür als Anhaltspunkt dienen.[187] Entfaltet beispielsweise die Veröffentlichung einer Illustrierten ihre rechtsbeeinträchtigende Wirkung bereits auf der Titelseite, so muss auch der Widerruf grundsätzlich auf der Titelseite erfolgen.[188] Die Maßstäbe des Gegendarstellungsrechts lassen sich jedoch nicht durchweg übertragen,[189] da der Widerrufsanspruch elastischeren Anforderungen als die Gegendarstellung folgt und beispielsweise auch von der Schwere der Verletzung und dem Grad eines möglichen Verschuldens abhängt.

Die **Caroline I-Entscheidung** sah die Pflicht, den Widerruf auf der Titelseite zu drucken, in einem Streitfall als verhältnismäßig an, der ein erfundenes Interview betraf, das 1954

184 BGH vom 14. 6. 1977 (Wohnstättengemeinschaft), BGHZ 69, 181, 182f.; dazu *Steffen* LM BGB § 1004 Nr. 144; kritisch *Nordemann* GRUR 1977, 748.
185 BGH vom 20. 12. 1967 (Kennedy-Bericht), NJW 1968, 644, 646.
186 Ähnlich *Damm*/Rehbock, Widerruf, Unterlassung und Schadensersatz, RN. 646.
187 BVerfG vom 14. 1. 1998 (Gegendarstellung auf Titelseite), BVerfGE 97, 125, 148; *Soehring*, Presserecht, Tz. 31.23 mwN.
188 BGH vom 15. 11. 1994 (Caroline I), BGHZ 128, 1, 9 mwN.; zu diesem Aspekt der Entscheidung zustimmend *Schlechtriem* JZ 1995, 362ff.; *Schiemann* DZWir 1995, 202ff.
189 Ablehnend z.B. *Damm*/Rehbock, Widerruf, Unterlassung und Schadensersatz, RN. 677f. mwN.; inzident auch BGH vom 20. 5. 1969 (Cellulitis), GRUR 1969, 555, 558.

auf der Titelseite mit der Überschrift „Exklusiv – Caroline spricht zum 1. Mal – Von Traurigkeit, Hass auf die Welt, Glückssuche" angekündigt worden war. Die Pflicht zum Widerruf dürfe die Funktion der Titelseite, als Aushängeschild des Blattes die Aufmerksamkeit des Lesers zu erwecken und auf die Schwerpunkte des Heftes zu lenken, nicht über Gebühr beeinträchtigen und müsse hinreichend Raum für Hinweise auf andere Heftbeiträge lassen.[190] Die Veröffentlichung des Widerrufs müsse aber andererseits geeignet sein, die Beseitigung der Rechtsbeeinträchtigung des Betroffenen im Rahmen des Möglichen zu erreichen. Der Widerruf müsse daher nach seiner optischen Wirkung möglichst denselben Leserkreis wie die Erstmitteilung erreichen können. Hierzu zählten nicht nur die Käufer der Zeitschrift, sondern auch die sog. „Kiosk-Leser". Er müsse geeignet sein, bei dem Leser nach Möglichkeit den Grad an Aufmerksamkeit zu erzeugen, den die bekämpfte unwahre Mitteilung beansprucht hatte.

1955 Die bereits etwas ältere **Cellulitis-Entscheidung** betraf einen Beitrag des „Spiegel". Der Artikel berichtete über ein Unternehmen, das eine Cellulitiskur anbot. Er erwähnte u.a., dass der Kläger, der bei der Werbung für die Cellulitiskur mitgewirkt hatte, in diesem Zusammenhang wegen eines Verstoßes gegen das Heilmittelrecht strafrechtlich verurteilt worden sei. In Wirklichkeit war der Kläger jedoch freigesprochen worden. Nach Rechtshängigkeit der Widerrufsklage teilte das Blatt in seiner Rubrik „Rückspiegel" unter Bezugnahme auf den beanstandeten Artikel mit, dass das Strafurteil nicht den Kläger, sondern eine andere Person betreffe, nämlich einen Gesellschafter des Herstellerunternehmens. Der „Rückspiegel" hatte als Rubrik einen festen Platz am Ende der jeweiligen Wochenausgabe des „Spiegel". Der BGH sah den Widerruf im „Rückspiegel" als ausreichend an, obwohl der Erstartikel im vorderen Teil der Zeitschrift erschienen war.[191]

III. Berichtigung, Klarstellung, Distanzierung

1956 Der Anspruch auf Berichtigung ist ein weiterer medienrechtlich besonders wichtiger Spezialfall der Beseitigung. Er hat einen anderen Inhalt als der Anspruch auf Widerruf. Der Berichtigungsanspruch verpflichtet den Anspruchsgegner nicht dazu, von der ursprünglichen Äußerung abzurücken. Er ermöglicht es ihm, das „Gesicht" zu wahren. In vielen Fällen läuft dies schlicht auf eine „mildere" Form des Widerrufs hinaus.[192] In anderen Konstellationen kann der Schuldner zu aufklärenden Ergänzungen verpflichtet sein. Der konkrete Inhalt auch dieses Anspruchs hängt von Abwägungen bzw. davon ab, was zur Beseitigung des Störungszustands notwendig, geeignet und zumutbar ist. Dementsprechend kann der Anspruch je nach Einzelfall **zu unterschiedlich weitreichenden Beseitigungserklärungen verpflichten**. Am weitesten geht die ausdrückliche öffentliche „Berichtigung". Unterhalb dieser Stufe kann eine Verpflichtung zur öffentlichen „Klarstellung" oder zur schlichten „Distanzierung" bestehen.

190 BGH vom 15.11.1994 (Caroline I), BGHZ 128, 1, 8f.; zu diesem Aspekt der Entscheidung zustimmend *Schlechtriem* JZ 1995, 362ff.; *Schiemann* DZWir 1995, 202ff.

191 BGH vom 20.5.1969 (Cellulitis), GRUR 1969, 555, 558; dazu *Micheli* GRUR 1969, 559f.

192 *Soehring*, Presserecht, Tz. 31.13; siehe z.B. BGH vom 15.11.1983 (Wahlkampfrede), NJW 1984, 1102, 1103.

1. Äußerung von Tatsachen

Der Anspruch ist ebenfalls allein im Zusammenhang mit **Tatsachenangaben** gegeben, im Übrigen aber an mildere Voraussetzungen als der Widerruf gebunden. Er ist **nicht auf Behauptungen beschränkt**, sondern kann bereits eingreifen, wenn die Tatsache lediglich verbreitet wird. Von jemandem, der eine unzulässige Äußerung lediglich verbreitet oder zugelassen hat, ohne sie sich zu eigen zu machen, kann in der Regel lediglich ein Klarstellen der Äußerung verlangt werden. 1957

Die **PANORAMA-Entscheidung** hat einen Anspruch auf Distanzierung zugeprochen, wenn Medien Behauptungen Dritter verbreiten und sich nicht bereits in der Erstmitteilung von der Behauptung distanziert haben. Die Entscheidungsbegründung ist freilich auf einen sehr speziellen Einzelfall bezogen. Im Streitfall ging es um von Dritten übernommene Äußerungen, die jedoch derart in die eigene kritische Stellungnahme der Autoren der Sendung eingebettet waren, dass die Sendung insgesamt als eine eigene Kritik des Fernsehens erschien.[193] Einen nennenswerten praktischen Anwendungsbereich hat die „Distanzierung" als eigenständiger Anspruch bislang nicht. 1958

Interessante Abgrenzungsfragen lässt die **Nachrichtenagentur-Entscheidung** des OLG Frankfurt a.M. sichtbar werden.[194] Wenn ein Blatt eine Nachricht unter Hinweis auf eine entsprechende Agenturmeldung (z.B.: „wie dpa meldet") druckt und sich mit der Meldung nicht identifiziert, dann kann es allenfalls zur Berichtigung verpflichtet sein. Dagegen kann von der Nachrichtenagentur grundsätzlich Widerruf verlangt werden. Die Agentur ist verpflichtet, die Widerrufserklärung an ihre Vertragspartner, also an die Medien weiterzugeben, denen sie auch die fehlerhafte Erstmitteilung übermittelt hat.[195] 1959

2. Anforderungen an den Wahrheitsgehalt

Ansprüche auf Berichtigung oder Klarstellung stellen auch in Bezug auf die Unwahrheit der geäußerten Tatsache geringere Anforderungen, als es der Widerrufsanspruch tut. Deshalb kommt ein Anspruch auf Berichtigung in der Regel bereits in Betracht, wenn eine verletzende Behauptung nur **zum Teil unwahr** ist.[196] Lediglich eine reine Klarstellung kann verlangt werden, wenn die **Unwahrheit geäußerter Tatsachen nicht feststeht oder nicht evident ist** sowie bei mehrdeutigen, versteckten Äußerungen[197] oder bei unvollständigen oder inhaltlich verzerrten Darstellungen.[198] 1960

Ein Sonderfall sind **persönlichkeitsverletzende wahre Tatsachen**. Ein „Widerruf" scheidet durchweg aus,[199] weil niemand zum Behaupten von Unwahr- 1961

---

193 BGH vom 6.4. 1976 (PANORAMA), BGHZ 66, 182, 190f.

194 OLG Frankfurt a.M. vom 14.7. 1970 (Nachrichtenagentur), AfP 1972, 228.

195 *Damm*/Rehbock, Widerruf, Unterlassung und Schadensersatz, RN. 664.

196 BGH vom 22.6. 1982 (NPD von Europa), NJW 1982, 2246, 2248; BGH vom 15.11. 1983, NJW 1984, 1102, 1103; BGH vom 17.2. 1987, NJW-RR 1987, 754, 755 mwN.

197 BGH vom 8.7. 1980 (Das Medizin-Syndikat I), BGHZ 78, 9, 18, 20; offenbar a.A. *Soehring*, Presserecht, Tz. 31.6.

198 *Damm*/Rehbock, Widerruf, Unterlassung und Schadensersatz, RN. 661 mwN.

199 LG Regensburg vom 18.12. 1995, NJW-RR 1996, 537, 538.

heiten gezwungen werden darf. Stimmen im Schrifttum nehmen an, dass der Verletzte in solchen Fällen auch keinen Abdruck einer redaktionellen Erklärung darüber verlangen könne, dass die Veröffentlichung unrechtmäßig war.[200] Dem ist jedoch zu widersprechen, soweit eine schwere und vorsätzliche Persönlichkeitsverletzung infrage steht, die einen Anspruch auf Geldentschädigung rechtfertigen würde. In solchen Fällen gibt es keinen Grund, eine derartige Erklärung von vornherein aus dem Kreis möglicher Maßnahmen zur Naturalrestitution herauszunehmen.

1962 Das OLG Hamburg hat in der **Versteck des Phantoms-Entscheidung** einen Anspruch auf eine redaktionelle Erklärung dagegen ausgeschlossen. Im Streitfall hatte eine Zeitschrift in einem wahrheitsgemäßen, bebilderten Bericht über einen Schriftsteller u.a. dessen Wohnadressen und „Stammrestaurants" angegeben. Der Kläger begehrte daraufhin eine entsprechende redaktionelle Erklärung. Ein solcher Anspruch ist auf „Genugtuung" und „Wiedergutmachung" gerichtet und nicht auf eine reine Störungsbeseitigung. Das Gericht lehnte aber auch die prinzipielle Möglichkeit ab, dass der deliktische Anspruch eine solche Rechtsfolge sozusagen als Minus gegenüber dem Entschädigungsanspruch enthalten könnte. Die Rechtsordnung sehe einen Anspruch, der „zum Zweck schierer Genugtuung" diene, nicht vor und seine Schaffung würde die verfassungsrechtliche Kompetenz der Gerichte übersteigen bzw. deren Bindung an das Gesetz verletzen.[201]

3. Veröffentlichung, Folge- und Verdachtsberichterstattung

1963 Die Beseitigungserklärung ist in aller Regel **in der gleichen Weise wie die ursprüngliche Äußerung zu veröffentlichen**. Es gelten insoweit dieselben Grundsätze wie für die Veröffentlichung von Widerrufen (siehe Rdnr. 1953). Die Beseitigungspflicht begründet **keine Pflicht zur Folgeberichterstattung**.[202] Die grundrechtliche Programmfreiheit schützt die Medien davor, Dinge veröffentlichen zu müssen, die sie nicht öffentlich machen wollen (siehe Rdnr. 144). Es ist grundsätzlich Sache der Medien, allein und nach eigenem Ermessen über die Inhalte, den Zuschnitt und die Dauer ihrer Berichterstattung zu entscheiden. Sie sind nicht verpflichtet, die Berichterstattung über ein einmal aufgegriffenes Thema bei neuen Entwicklungen fortzusetzen oder im Zusammenhang mit einer Verdachtsberichterstattung nachzuforschen, ob sich der Verdacht bewahrheitet hat oder nicht.[203] Zivilrechtliche Ansprüche müssen sich daher auch im äußersten Fall auf die Ergänzung der Erstmitteilung beschränken. Eine solche Pflicht zur Ergänzung kann vor allem im Zusammenhang mit der **Verdachtsberichterstattung** entstehen. Berichtet die Presse über eine strafgerichtliche Verurteilung, ohne auf die fehlende Rechtskraft hinzuweisen, und wird der Betref-

---

200 *Soehring*, Presserecht, Tz. 31.11.
201 OLG Hamburg vom 27.5. 1993 (Versteck des Phantoms), NJW-RR 1994, 1437, 1438.
202 *Soehring*, Presserecht, Tz. 31.16.
203 BVerfG vom 28.4. 1997 (Sexueller Missbrauch), NJW 1997, 2589.

fende später freigesprochen, so hat er ein Recht auf Beseitigung des Störungszustands durch ergänzende Erklärung.[204]

Im Streitfall der **Sexueller Missbrauch-Entscheidung** hatte die beklagte Illustrierte über eine aufsehenerregende Mordtat von Jugendlichen berichtet. Sie hatte dabei u.a. ausgeführt, dass einer der Täter jahrelang von seinem leiblichen Vater sexuell missbraucht worden sei. Der Vater wurde später jedoch vom Strafgericht mangels Beweisen freigesprochen, ohne dass der Verdacht gegen ihn ausgeräumt werden konnte. Das OLG Hamburg gestand ihm daraufhin einen Anspruch gegen die Beklagte auf Abdruck einer „ergänzenden Meldung" mit dem Inhalt zu, dass er in der Zwischenzeit von dem Vorwurf eines sexuellen Missbrauchs rechtskräftig freigesprochen wurde.[205] Das BVerfG hat die dagegen eingelegte Verfassungsbeschwerde nicht zur Entscheidung angenommen und keine übermäßige Beeinträchtigung der Pressefreiheit erkennen können.[206] Der Presse müsse eine Verdachtsberichterstattung erlaubt sein, auch wenn diese stets das Risiko der Unrichtigkeit in sich trage. Es sei im Interesse eines angemessenen Ausgleichs zwischen Pressefreiheit und Persönlichkeitsrecht aber nicht zu beanstanden, wenn die Zivilgerichte dem Betroffenen das Recht zubilligten, eine ergänzende Mitteilung über den für ihn günstigen Ausgang des Strafverfahrens zu verlangen. Ein solcher Ergänzungsanspruch sei den Medien auch zuzumuten, zumal von der Illustrierten kein Abrücken von der anfänglichen Meldung verlangt werde und sie den nachträglich eingetretenen Freispruch nur mitteilen müsse, wenn der Betroffene dies verlange. 1964

IV. Veröffentlichung der Unterlassungsverpflichtung, Feststellungsklage

Der BGH hat im Zusammenhang mit **rufschädigenden Meinungsäußerungen** einen Anspruch auf Veröffentlichung einer strafbewehrten Unterlassungsverpflichtung anerkannt, wenn die unzulässige Meinungsäußerung öffentlich erfolgt ist und die Publikation der Unterwerfungserklärung zur Beseitigung der noch andauernden Folgen der Äußerung für das Ansehen des Verletzten erforderlich ist.[207] Ob ein solcher Anspruch auch in Bezug auf persönlichkeitsverletzende Tatsachenangaben in Betracht kommt, hat das Gericht ausdrücklich offengelassen.[208] 1965

Ungefähr zehn Jahre vor dieser Rechtsprechung hat die **Abgeordnetenbestechung-Entscheidung** geurteilt, dass für eine Klage auf Feststellung der Unwahrheit einer Tatsachenbehauptung oder der Rechtswidrigkeit einer Persönlichkeitsverletzung zum Zwecke des zivilrechtlichen Ehrenschutzes nach geltendem Recht „kein Raum" sei. Der Streitfall betraf rechtswidrige Tatsachenangaben, die dem Kläger Bestechungsversuche gegenüber 1966

204 BGH vom 30.11.1971 (Freispruch), BGHZ 57, 325, 327.
205 OLG Hamburg vom 18.2.1997 – 7 U 136/96 (nicht veröffentlicht).
206 BVerfG vom 28.4.1997 (Sexueller Missbrauch), NJW 1997, 2589.
207 BGH vom 25.11.1986 (Oberfaschist), BGHZ 99, 133, 137ff.; dazu zustimmend *Medicus* EWiR 1987, 153f.; *Reichold* NJW 1987, 1402f.; speziell zur Veröffentlichung in Presse und Rundfunk *Flechsig/Hertel/Vahrenhold* NJW 1994, 2441ff. Siehe auch §§200 StGB, 12 Abs. 3 UWG.
208 BGH vom 25.11.1986 (Oberfaschist), BGHZ 99, 133, 139f.

Politikern vorwarfen und deutschlandweit größte Aufmerksamkeit erregt hatten.[209] Die Vorinstanz erkannte ein besonderes materiell-rechtliches Bedürfnis nach richterlicher Feststellung der Rechtswidrigkeit der betreffenden Presseveröffentlichung zur Beseitigung ihrer Folgen, die nicht auf andere Weise angemessen abgewehrt werden konnten. Der BGH folgte dem nicht.[210] Er sah die Vorzüge eines solchen Feststellungsurteils als nicht derart durchschlagend an, als dass deshalb der zivilrechtliche Ehrenschutz neu gestaltet und den Gerichten eine neue Art eines Urteilsausspruchs übertragen werden müsse. Zugleich hatte das Gericht Bedenken, ob sich eine derartige „Einspannung des Richters in Funktionen der Parteien" noch mit der Aufgabe jedenfalls des Zivilrichters vertrage.

F. Anspruch auf Schadensersatz, Bereicherungshaftung

I. Grundanforderungen

1967 Die Anforderungen zivilrechtlicher Schadensersatzansprüche **bestimmen sich nach dem verletzten Rechtsgut bzw. der einschlägigen Anspruchsnorm**[211] und setzen im Zusammenhang mit Äußerungen durchweg Verschulden voraus. Dabei wird weder nach der Schwere der tatbestandlichen Verletzung noch nach dem Grad des Verschuldens differenziert. Bereits leichte Verletzungen und geringfügige Fahrlässigkeit verpflichten zur Naturalrestitution und zum vollen Ersatz entstandener Vermögensschäden. Eine besonders schwere Verletzung ist auch dann nicht erforderlich, wenn wegen der Verletzung von kommerziellen Persönlichkeitsinteressen Ersatz verlangt wird.[212] Der Schadensersatzanspruch ist daher streng vom Anspruch auf Geldentschädigung für immaterielle Einbußen zu unterscheiden. Der Entschädigungsanspruch wird an späterer Stelle vorgestellt, weil er anderen Anforderungen als der Schadensersatzanspruch folgt und dabei auch nach der Schwere der Verletzung und des Verschuldens differenziert (siehe Rdnr. 1988).

1968 Die **Verschuldens- bzw. Sorgfaltsanforderungen** bestimmen sich nach den allgemeinen Regeln (§§ 276, 827f. BGB). Die im Verkehr erforderliche Sorgfalt verlangt allgemein, dass jedermann vor dem persönlichen Bereich des Mitmenschen Zurückhaltung bewahrt und sich davor hütet, ihn zu verletzen.[213] Die Medien müssen der speziellen journalistischen Sorgfaltspflicht genügen (siehe Rdnr. 1158ff.). Die Sorgfaltsanforderungen sind umso höher, je gravierender die betreffende Handlung im Falle ihrer Unzulässigkeit für den Verletzten wäre.[214]

209 Siehe Rdnr. 1159.

210 BGH vom 3.5. 1977 (Abgeordnetenbestechung), BGHZ 68, 331, 334ff.; dazu *Sedelmeier* AfP 1977, 377ff.; *Steffen* LM BGB § 823 (Ah) Nr. 58; zustimmend *Hoth* GRUR 1977, 678f.

211 §§ 823ff. BGB, 97 Abs. 1 Satz 1 3. Alt UrhG, 9 Satz 1 UWG.

212 BGH vom 1.12. 1999 (Marlene Dietrich), BGHZ 143, 214, 228.

213 BGH vom 18.3. 1959 (Caterina Valente), BGHZ 30, 7, 15.

214 BGH vom 3.5. 1977 (Abgeordnetenbestechung), NJW 1977, 1288, 1289; BVerfG vom 25.8. 2005, NJW 2006, 595, 596.

So reicht z.B. der bloße Erwerb eines **Fotos** von einem Berufsfotografen oder einer Presse- und Werbeagentur zur Erfüllung der Prüfungspflicht typischerweise nicht aus.[215] Vielfach wird gerade in solchen Fällen eine besondere Nachfrage erforderlich sein. Wer das Bildnis einer anderen Person eigennützig zu kommerziellen Zwecken, insbesondere zu Werbezwecken, verwenden will, muss, weil eine typischerweise besonders schwere Verletzung der Persönlichkeit infrage steht, von sich aus prüfen, ob und wieweit er dazu befugt ist.[216] 1969

Ein **Irrtum** über die Zulässigkeit der Veröffentlichung ist grundsätzlich unbeachtlich 1970 und kann nur im Ausnahmefall das Verschulden und die Ersatzpflicht ausschließen.[217] Auch unzutreffende Einschätzungen der Rechtslage schließen die Schadensersatzhaftung in der Regel nicht aus, wenn das handelnde Unternehmen die Umstände kannte, aus denen sich die Rechtswidrigkeit ergibt, oder sich ihrer Kenntnis bewusst verschlossen hat.[218] Dies gilt selbst dann, wenn die maßgebliche Rechtsfrage zuvor noch nicht höchstrichterlich entschieden wurde.[219] Der Verletzer soll das Risiko einer zweifelhaften Rechtslage nicht dem Verletzten zuschieben können.[220]

Sollen Medien wegen der von ihnen veröffentlichten Werbung **wettbewerbsrechtlich** 1971 **auf Schadensersatz** in Anspruch genommen werden, so ist §9 Satz 2 UWG zu beachten. Die Vorschrift sieht ein „**Presseprivileg**" vor, aufgrund dessen Redakteure, Verleger, Drucker oder Verbreiter von periodischen Druckschriften im Zusammenhang mit irreführenden Werbeangaben nur für vorsätzliches Handeln einstehen müssen. Eine Haftung auch für Fahrlässigkeit würde die Presse in der Abwicklung des regelmäßig existenznotwendigen Anzeigengeschäfts unzumutbar belasten.[221] Stimmen im Schrifttum[222] nehmen an, dass sich die Vorschrift nicht auf Ansprüche wegen irreführender Werbung beschränkt, sondern bei vergleichbarer Interessenlage ihrem Sinn und Zweck nach sowohl andere Formen unzulässiger Werbung als auch Ansprüche aus anderer Rechtsgrundlage erfasst. Eine derartige Analogie kann insbesondere in Betracht gezogen werden, wenn im Zusammenhang mit dem Abdruck von Werbeanzeigen deliktische Ansprüche infrage kommen.

---

215 BGH vom 10.11. 1961 (Hochzeitsbild), GRUR 1962, 211, 214; dazu *Bußmann* GRUR 1962, 214. BGH vom 27.11. 1979 (Wahlkampf-Illustrierte), NJW 1980, 994, 995; dazu zustimmend *Klosterfelde* GRUR 1980, 261f.

216 BGH vom 26.1. 1971 (Pariser Liebestropfen), NJW 1971, 698, 700; BGH vom 22.1. 1985 (Humanbiologischer Schulunterricht), NJW 1985, 1617, 1619.

217 Siehe BGH vom 14.4. 1992 (Blacky Fuchsberger), NJW 1992, 2084f.

218 BGH vom 9.10. 1959 (Bambi), GRUR 1960, 144, 146; vorsichtiger aber BGH vom 27.1. 1959 (Abitz II), GRUR 1960, 200, 202.

219 Siehe etwa BGH vom 8.1. 1960 (Schleuderpreise), GRUR 1960, 331, 332ff.; dazu kritisch *Bußmann*, GRUR 1960, 336; BGH vom 20.11. 1975 (Rossignol), WuW 1976, 249, 253 = WuW/E BGH 1391ff.; dazu kritisch *Kroitzsch*, GRUR 1976, 182, 185f. mwN.; für eine Sonderkonstellation großzügiger BGH vom 11.10. 2001 (Sportwetten-Genehmigung), GRUR 2002, 269, 270.

220 BGH vom 10.10. 1989 (Neugeborenentransporte), GRUR 1990, 474, 476 mwN.

221 *Henning-Bodewig* GRUR 1985, 258, 259.

222 *Henning-Bodewig* GRUR 1985, 258, 261; *Erdmann* in: Großkomm. UWG, 1. Auflage 1991ff., §13 B Rdn. 160; a.A. BGH vom 26.4. 1990 (Pressehaftung I), GRUR 1990, 1012, 1014; *Piper* FS Vieregge 1995, 715, 732; *Knöpfle* JZ 1990, 1085, 1086.

II. Schadensersatz nach allgemeinem Zivilrecht

1972 Die Ersatzfähigkeit von Schäden verlangt nach den allgemeinen zivilrechtlichen Maßstäben einen adäquat kausalen Zusammenhang zwischen der anspruchsbegründenden Handlung und dem eingetretenen Schaden (**haftungsausfüllende Kausalität**). Es sind nur Nachteile ersatzfähig, die dem Geschädigten als Folge der tatbestandlichen Handlung in seinem Vermögen tatsächlich entstehen.[223] Maßgeblich ist, wie der Verletzte gegenüber dem eingetretenen Zustand stünde, wenn es nicht zu der rechtswidrigen Handlung bzw. Äußerung gekommen wäre.[224] Schäden sind nur ersetzbar, soweit sie gerade auf die rechtswidrige Handlung zurückzuführen sind. Wer etwa nach §824 Abs.1 BGB verpflichtet ist, muss den Schaden ersetzen, der dem Betroffenen aus der Falschangabe und der daraus resultierenden Gefährdung seiner geschützten wirtschaftlichen Belange entstanden ist. Wenn in einer Reportage eine wertende Aussage sowohl mit wahren als auch mit unzutreffenden Tatsachen unterlegt wird und sich deshalb der Kern des gesamten Berichts in einem falschen Licht darstellt, dann ist nur der Schaden ersatzfähig, der gerade durch das unwahre Mehr an tatsächlichen Behauptungen entstanden ist.[225]

1973 Berechnung und Ersatz des Schadens bestimmen sich nach den §§249ff. BGB. Der Anspruch auf **Naturalrestitution** (§249 Abs.1 BGB) erfasst im Rahmen der Erforderlichkeit und Verhältnismäßigkeit auch solche Kosten, die der Verletzte aufwenden muss, um fortlaufende Störungen seines Rechts zu beseitigen, zum Beispiel durch Zeitungsanzeigen.[226] Er greift ein, wenn ein Warenhersteller, der wegen eines Presseangriffs auf sein Produkt nach §824 Abs.1 BGB ersatzberechtigt ist, zur Schadensminderung eine Richtigstellung als „Werbeanzeige" im Anzeigenteil der verantwortlichen Zeitung auf deren Kosten veröffentlicht,[227] und dies erforderlich ist. Die Erforderlichkeit ist aufgrund einer Würdigung der Umstände des Einzelfalls und unter voller Berücksichtigung der schutzwürdigen Belange auch des Schädigers zu prüfen.[228] Die Ersatzfähigkeit der Anzeigekosten setzt daher in der Regel voraus, dass der Betroffene dem Angriff auf seinen wirtschaftlichen Ruf nicht durch eine presserechtliche Gegendarstellung begegnen kann.[229] Eine auf Kosten des Angreifers durchgeführte Anzeigenaktion ist zum Beispiel zulässig, wenn ein ungewöhnlich hoher Schaden droht, dem

---

223 BGH vom 17.1. 1995, NJW 1995, 1023, 1024; BGH vom 8.11. 2001, NJW 2002, 292, 293.

224 BGH vom 27.10. 1998, NJW 1999, 136.

225 BGH vom 13.1. 1987, NJW 1987, 1403, 1404.

226 BGH vom 6.4. 1976 (PANORAMA), BGHZ 66, 182, 191ff.

227 BGH vom 15.11. 1977 (Alkoholtest), BGHZ 70, 39, 42; dazu *Fezer* GRUR 1978, 190ff.; *Hollmann* JA 1978, 174ff.; *Steffen* LM BGB §824 Nr.21.

228 BGH vom 6.4. 1976 (PANORAMA), BGHZ 66, 182, 192ff; BGH vom 3.12. 1985 (Warentest III), NJW 1986, 981, 982; dazu *Scheidhauer* JA 1986, 375ff.; zustimmend *Bunte* EWiR 1986, 143f.; *Horn* WuB IV A §824 BGB 1.86.

229 BGH vom 6.4. 1976 (PANORAMA), BGHZ 66, 182, 193ff.; BGH vom 3.12. 1985 (Warentest III), NJW 1986, 981, 982.

durch eine Gegendarstellung nicht so zeitig oder so gezielt wie etwa durch Anzeigen begegnet werden kann, oder wenn sich das Verfahren der Gegendarstellung hinzieht.[230] Ist eine Anzeige erforderlich, so darf sie nach der Rechtsprechung aber jedenfalls für den aufmerksamen Leser beider Veröffentlichungen nicht beziehungslos neben der Falschmeldung stehen. Die Anzeige muss dem orientierten Leser vielmehr die Zusammenhänge aufzeigen, da andernfalls von einer Richtigstellung der vorangegangenen falschen Behauptungen nicht gesprochen werden kann.[231]

Verlangt der Anspruchsteller Ersatz für **entgangenen Gewinn** (§ 252 BGB), 1974
so muss er Tatsachen darlegen, die darauf schließen lassen, dass er ohne die Rechtsverletzung entweder nach dem gewöhnlichen Lauf der Dinge oder nach den besonderen Umständen des Falles höhere Einnahmen erzielt haben würde, als es tatsächlich der Fall gewesen ist.[232]

III. Sonderkonstellationen

Während das Zivilrecht strikt zwischen Schaden, Bereicherungshaftung und 1975
Geschäftsanmaßung trennt, hat das Immaterialgüterrecht Sonderregeln entwickelt,[233] die von der Rechtsprechung auch auf das Wettbewerbsrecht[234] und auf bestimmte Persönlichkeitsverletzungen übertragen worden sind. Diese Sonderregeln sehen über das Zivilrecht hinaus zwei **zusätzliche Formen der „Schadensberechnung“** vor, so dass der Verletzte insgesamt zwischen drei verschiedenen „Berechnungsmethoden“ wählen kann.

Für die Medien haben diese Sonderregeln hauptsächlich im Zusammenhang 1976
mit **urheberrechtlichen Ansprüchen** Bedeutung. Der BGH hat die besonderen Formen der Schadensberechnung auch zugelassen, wenn **vermögenswerte Bestandteile des Persönlichkeitsrechts** verletzt worden sind. Eine dafür erforderliche Verletzung des Rechts auf kommerzielle Selbstbestimmung (siehe Rdnr. 339) liegt beispielsweise vor, wenn die Befugnis einer bekannten Persönlichkeit zur wirtschaftlichen Vermarktung ihrer Popularität und eines damit verbundenen Images von Dritten beeinträchtigt wird. Der Verletzte wird dann in einem immateriellen Gut verletzt und kann für den eingetretenen Schaden in gleicher Weise wie der Inhaber anderer vermögenswerter Ausschließlichkeitsrechte Ersatz verlangen.[235] Da die vermögenswerten Bestandteile des Persön-

---

230 BGH vom 3.12.1985 (Warentest III), NJW 1986, 981, 982.

231 BGH vom 6.4.1979, NJW 1979, 2197, 2198; dazu *Bauer* GRUR 1979, 806f.

232 BGH vom 18.3.1959 (Caterina Valente), BGHZ 30, 7, 16.

233 Zur Entwicklung und zu weiteren Einzelheiten statt vieler *Meier-Beck* GRUR 2005, 617ff. mwN.

234 BGH vom 22.4.1993 (Kollektion Holiday), BGHZ 122, 262, 267; *Beater*, Unlauterer Wettbewerb, § 30 Rdnr. 75ff. mwN.

235 BGH vom 1.12.1999 (Der blaue Engel), NJW 2000, 2201, 2201; BGH vom 1.12.1999 (Marlene Dietrich), BGHZ 143, 214, 228; Soergel/*Beater*, § 823 BGB Anh. IV Rz. 143ff., 242.

lichkeitsrechts vererblich sind, können postmortale Verletzungen zu Schadensersatzansprüchen von Erben führen.[236]

1977 Aus persönlichkeitsrechtlicher Sicht grundlegend ist die **Marlene Dietrich-Entscheidung**. Sie erstreckte das Persönlichkeitsrecht über den ursprünglichen ideellen Schutz hinaus ausdrücklich auf kommerzielle Interessen der Persönlichkeit und stellte zugleich fest, dass ein solchermaßen Verletzter nach immaterialgüterrechtlichen Maßstäben Schadensersatz verlangen kann.[237] Die Entscheidung macht weiterhin deutlich, dass es bei Veröffentlichungen der Medien oft an der erforderlichen „kommerziellen" Nutzung fehlen wird. Im Streitfall ging es um die geschäftliche Auswertung des „Marlene-Kults", u.a. durch die Produktion eines Musicals „Sag mir, wo die Blumen sind", die Benennung einer Kleinwagensonderserie mit „Marlene" und um Werbung, die Abbildungen von *Marlene Dietrich* verwendete. Eine rein publizistische Berichterstattung über Marlene Dietrich wird von diesen Sonderregeln nicht erfasst.

1. Herausgabe des Verletzergewinns

1978 Der Urheber hat die Möglichkeit, im Rahmen des Schadensersatzes statt des entgangenen Gewinns den Gewinn zu verlangen, den der Verletzer durch die Verletzung des Urheberrechts erzielt hat.[238] Die Regelung erklärt sich aus den **Besonderheiten geistigen Eigentums**, denen die Maßstäbe des BGB nicht durchweg gerecht werden, weil sie primär auf körperliche Verletzungen von Menschen und von Sacheigentum bezogen sind. Bei der Verletzung immaterieller Güter stößt die Berechnung von Schäden vielfach auf besondere Schwierigkeiten. Es ist einem Urheber oft kaum möglich, eine Vermögenseinbuße konkret zu belegen und zu beweisen. Zugleich gibt es Konstellationen, in denen dem Berechtigten nach den Kriterien des Bürgerlichen Rechts kein Schaden entsteht, es aber gleichwohl unbillig wäre, dem Urheber keinen Ausgleichsanspruch zu gewähren. Derselbe Anspruch kann nach neuerer Rechtsprechung auch bei bestimmten Persönlichkeitsverletzungen, nämlich bei **Verletzungen der kommerziellen Selbstbestimmung** geltend gemacht werden.[239]

1979 Ergibt sich der Ersatzanspruch aus anderen Normen bzw. verletzt die fragliche Äußerung andere Rechtsgüter, so steht dem Verletzten diese besondere Möglichkeit der Schadensberechnung nicht offen. Ein Anspruch auf Herausgabe des Gewinns, den der Anspruchsgegner durch die Verletzung erzielt hat, kann sich dann allein unter den Voraussetzungen der Geschäftsanmaßung ergeben (§§ 667 2.Alt, 687 Abs. 2 BGB). Der Anspruch ist auf vorsätzliches Handeln

236 BGH vom 1.12. 1999 (Marlene Dietrich), BGHZ 143, 214, 220ff.

237 BGH vom 1.12. 1999 (Marlene Dietrich), BGHZ 143, 214, 219, 228; dazu *Wagner* GRUR 2000, 717ff.; *Ullmann* WRP 2000, 1049, 1051ff; *Vinck* LM BGB § 823 (Ah) Nr. 131; *Frommeyer* JuS 2002, 13ff.; *Peukert* ZUM 2000, 710ff.; zustimmend *Staudinger/Schmidt* Jura 2001, 241ff.; *Götting* NJW 2001, 585ff.; *Ladeur* ZUM 2000, 879, 885ff.; ablehnend *Schack* JZ 2000, 1060ff.

238 § 97 Abs. 1 Satz 2 UrhG.

239 BGH vom 1.12. 1999 (Marlene Dietrich), BGHZ 143, 214, 232.

beschränkt und setzt weiterhin voraus, dass ein „fremdes" Geschäft geführt und der fragliche Gewinn „aus" der Geschäftsanmaßung erlangt wurde. Er kommt deshalb nur in Betracht, wenn der Handelnde die positive kommerzielle Nutzungsbefugnis eines absoluten Rechts beeinträchtigt, auf die gleich noch eingegangen wird. An diesem Kriterium wird es bei typischen deliktischen Verletzungen, etwa bei einer Verletzung der geschäftlichen Ehre im Sinne von §824 Abs.1 BGB, in der Regel gerade fehlen.

2. Fiktive Lizenzgebühr, Wertersatz

Nach den immaterialgüterrechtlichen Sonderregeln kann der Ersatzberechtigte 1980
statt des Verletzergewinns auch eine angemessene Lizenzgebühr für die Benutzung des ihm zustehenden Rechts fordern. Diese Art der Schadensberechnung ist für das Urheberrecht gewohnheitsrechtlich anerkannt.[240] Sie ist von den Gerichten zunächst auf bestimmte Persönlichkeitsverletzungen[241] und dann allgemein auf alle Verletzungen der kommerziellen Selbstbestimmung übertragen worden.[242] Sie basiert auf Praktikabilitätserwägungen und auf der Überlegung, dass niemand, der unerlaubt in solche ausschließlichen Rechte eingreift, besser stehen soll, als er im Falle eines ordnungsgemäßen Rechtserwerbs stünde.[243]

Der Anspruch beläuft sich auf den Betrag, den vernünftige Vertragspartner 1981
als Vergütung für die vom Verletzer vorgenommenen Benutzungshandlungen vereinbart hätten.[244] Maßgeblich ist der **objektive Wert der Nutzungsberechtigung.**[245] Soweit es branchenübliche Vergütungssätze und Tarife für die Nutzung gibt, zum Beispiel für die Verwendung von Pressefotos, sind diese als Maßstab für die Festsetzung der angemessenen Lizenzgebühr heranzuziehen.[246] Der Lizenzanspruch deckt sich damit auf der Rechtsfolgenseite mehr oder weniger mit dem **bereicherungsrechtlichen Anspruch auf Wertersatz** bzw. mit dem Anspruch aus Eingriffskondiktion nach §§812 Abs.1 Satz 1 2.Alt, 818 Abs.2 BGB. Das „Nebeneinander" beider Anspruchsgrundlagen ist vor allem rechtshistorisch zu erklären. Das Immaterialgüterrecht hat den Anspruch als Schadensersatzanspruch zu einer Zeit ausgebildet, als das allgemeine Bereicherungsrecht noch nicht in gleicher Weise entwickelt war und insbesondere die Anforderungen der Eingriffskondiktion anders definiert wurden als heute. Zugleich haben frühere Entscheidungen zum Persönlichkeitsrecht nicht eindeutig zwischen Schadensersatzanspruch und Wertersatzanspruch getrennt. Es fällt deshalb

240 BGH vom 10.7. 1986 (Videolizenzvertrag), GRUR 1987, 37, 39.
241 BGH vom 8.5. 1956 (Paul Dahlke), BGHZ 20, 345, 353.
242 BGH vom 1.12. 1999 (Der blaue Engel), NJW 2000, 2201, 2201; BGH vom 1.12. 1999 (Marlene Dietrich), BGHZ 143, 214, 228; Soergel/*Beater*, §823 BGB Anh. IV Rz.143ff., 242.
243 BGH vom 8.5. 1956 (Paul Dahlke), BGHZ 20, 345, 353.
244 BGH vom 6.10. 2005 (Pressefotos), NJW 2006, 615, 616 Rdnr.23 mwN.
245 BGH vom 6.10. 2005 (Pressefotos), NJW 2006, 615, 616 Rdnr.26.
246 BGH vom 6.10. 2005 (Pressefotos), NJW 2006, 615, 616 Rdnr.27 mwN.

heutzutage nicht ganz leicht, die Notwendigkeit eines verschuldensabhängigen Anspruchs auf Zahlung einer angemessenen Lizenzgebühr zu begründen, wenn der verschuldensunabhängige Bereicherungsanspruch auf dieselbe Rechtsfolge hinausläuft. Die Unterscheidung ist gleichwohl wichtig, weil Schadensersatzanspruch und Wertersatzanspruch jedenfalls im Detail mit unterschiedlichen Anforderungen und Auswirkungen verbunden sind.[247]

1982 In Bezug auf Persönlichkeitsverletzungen kommen Lizenz- wie Wertersatzanspruch gleichermaßen nur für **Persönlichkeitsaspekte mit wirtschaftlichem Bezug** in Betracht. Ein derartiger Zuweisungsgehalt ist für das Recht am eigenen Bild[248] sowie für das Recht am eigenen Namen[249] anerkannt und darüber hinaus allgemein für sämtliche geschützten kommerziellen Persönlichkeitsinteressen zu bejahen.[250] Der deliktische Lizenzanspruch und der bereicherungsrechtliche Anspruch setzen nicht voraus, dass der Betroffene mit dem Verletzer auch tatsächlich einen Lizenzvertrag abgeschlossen hätte.[251] Sie sind aber streng vom **Anspruch auf Geldentschädigung abzugrenzen** und scheiden bei Beeinträchtigungen solcher Elemente der Persönlichkeit aus, die keinen wirtschaftlichen Bezug haben.[252] Verletzt eine Veröffentlichung andere Elemente der Persönlichkeit als die kommerzielle Selbstbestimmung, zum Beispiel Isolationsinteressen oder den sozialen Geltungsanspruch, so können dem Verletzten keine Ansprüche auf die fiktive Lizenzgebühr oder auf Wertersatz, u.U. aber ein Anspruch auf Geldentschädigung zustehen (siehe Rdnr. 1986). Wenn der Verletzte niemals bereit gewesen wäre, die ihn betreffende Äußerung gegen Entgelt zu erlauben, dann kann darin ein starkes Indiz dafür liegen, dass es um andere als wirtschaftliche Persönlichkeitsinteressen geht.

1983 In diesem Sinne sind auch bestimmte – z.T. missverständliche – Formulierungen in früheren Urteilen zu verstehen. Danach schieden Ansprüche auf Lizenzgebühr oder auf Wertersatz aus, wenn der Betroffene die infrage stehende wirtschaftliche Nutzung seiner Persönlichkeit, z.B. die Verwertung seines Namens oder Bildnisses zur Werbung, schlechthin abgelehnt bzw. einer Lizenzierung niemals zugestimmt hätte.[253] In den einschlägigen Fällen

---

247 Bedeutung hat dies z.B. für die Schadensminderungspflicht und im Hinblick auf die Sondermaßstäbe, die das Bereicherungsrecht im Rahmen von Mehrpersonenverhältnissen aufgrund des Dogmas vom Vorrang der Leistungskondiktion kennt.

248 BGH vom 8.5. 1956 (Paul Dahlke), BGHZ 20, 345, 355; BGH vom 26.6. 1979, NJW 1979, 2205, 2206; BGH vom 14.10. 1986 (Nena), NJW-RR 1987, 231; BGH vom 14.4. 1992 (Blacky Fuchsberger), NJW 1992, 2084, 2085.

249 BGH vom 26.6. 1981 (Carrera), BGHZ 81, 75, 81f.; dazu *Falk* FuR 1983, 183ff.; *Reinicke* JA 1982, 34ff.; zustimmend *Alff* LM GG Nr. 32 zu Art. 1; *Wild* GRUR 1981, 848.

250 Erman/*Ehmann* Anh § 12 Rdz 353; in diese Richtung bereits frühzeitig *Schlechtriem* FS Hefermehl 1976, 445, 454ff.; Soergel/*Beater*, § 823 BGB Anh IV Rz. 146ff. mwN.

251 Vgl. BGH vom 17.6. 1992 (Tchibo/Rolex II), BGHZ 119, 20, 26 (zum Wettbewerbsrecht); zum Persönlichkeitsrecht nunmehr BGH vom 26.10. 2006 (Rücktritt des Finanzministers), NJW 2007, 689, 690 Rdnr. 12.

252 Larenz/*Canaris*, Schuldrecht II/2, 13. Auflage 1994, § 69 I 1d.

253 BGH vom 14.2. 1958 (Herrenreiter), BGHZ 26, 349, 353; BGH vom 18.3. 1959 (Caterina Valente), BGHZ 30, 7, 17; BGH vom 19.9. 1961 (Ginsengwurzel), BGHZ 35, 363, 366.

ging es nicht um kommerzielle Interessen. Die Betroffenen wurden nicht in Vermarktungsinteressen beeinträchtigt, sondern **z.B. öffentlich erniedrigt oder mit Schmähkritik überzogen**. Es ging mit anderen Worten nicht um Beeinträchtigungen des Vermögens bzw. um Vermögensschäden, sondern um Verletzungen des sozialen Geltungsanspruchs.

IV. Schadensvermeidung und -minderung

Jeder Geschädigte ist zur Abwehr oder Minderung des Schadens verpflichtet (§ 254 Abs. 2 Satz 1 BGB). Er muss dazu die Maßnahmen ergreifen, die ein ordentlicher und verständiger Mensch nach Treu und Glauben zur Schadensabwendung oder -minderung vornehmen würde. Der Mehrschaden, der durch das Unterlassen von Schadensminderungsmaßnahmen entsteht, ist in der Regel allein dem Verletzten aufzuerlegen. Der von einer Äußerung in den Medien Betroffene kann aufgrund seiner Schadensvermeidungspflicht insbesondere gehalten sein, vor Einleitung des gerichtlichen Verfahrens zunächst zu versuchen, den Äußernden zur Abgabe einer Unterlassungserklärung zu veranlassen.[254] Für wettbewerbsrechtliche Streitigkeiten sieht der Gesetzgeber sogar ausdrücklich vor, dass der Anspruchsteller den Anspruchsgegner vor der Einleitung eines gerichtlichen Verfahrens abmahnen soll.[255] Allgemein können dem Betroffenen nach § 93 ZPO Kostennachteile drohen, wenn er direkt Klage erhebt, ohne zuvor abgemahnt zu haben. 1984

G. Anspruch auf Geldentschädigung

Das Zivilrecht kennt im Zusammenhang mit Handlungen, die nicht zu vermögensrechtlichen, sondern zu immateriellen Beeinträchtigungen führen, schließlich auch Ansprüche auf Geldentschädigung. Ein solcher Anspruch ist für das Urheberrecht ausdrücklich gesetzlich geregelt und setzt u.a. die Verletzung von **Urheberpersönlichkeitsrechten** voraus.[256] 1985

Die Rechtsprechung gewährt einen Anspruch auf Geldentschädigung weiterhin auch bei **bestimmten Verletzungen des allgemeinen Persönlichkeitsrechts**. Praktische Bedeutung hat dies vor allem für Unterhaltungsmedien, die allzu übermütig über Einzelne berichten. Der Anspruch besteht neben demjenigen auf Schadensersatz und muss auch selbstständig und ausdrücklich neben diesem geltend gemacht werden.[257] Er kann aber nur im Zusammenhang mit Verletzungen einer lebenden Person entstehen. Postmortale Verletzungen lösen dagegen keine Entschädigungsansprüche von Rechtsnachfolgern oder Erben des 1986

254 OLG München vom 2.2.2000, AfP 2001, 69, 70.
255 § 12 Abs. 1 Satz 1 UWG.
256 § 97 Abs. 2 UrhG.
257 BGH vom 18.3.1959 (Caterina Valente), BGHZ 30, 7, 18.

Verstorbenen aus.[258] Der Anspruch leitet sich aus §823 Abs.1 BGB iVm. Art.1, 2 Abs.1 GG ab, hat eigenständigen Charakter und unterliegt anderen Maßstäben als denen des §253 BGB.[259]

1987 Die Judikatur zum persönlichkeitsrechtlichen Entschädigungsanspruch war in ihrer verfassungsrechtlichen Zulässigkeit zunächst umstritten. Sie ist später vom BVerfG[260] und mittelbar auch vom Gesetzgeber[261] bestätigt worden und hat inzwischen gewohnheitsrechtlichen Status erlangt. Nach §§253, 847 BGB a.F. (heute: §253 Abs.1, Abs.2 BGB) konnten Persönlichkeitsverletzungen keinen Anspruch auf „Schmerzensgeld" auslösen, weil das BGB in seiner Ausgangskonzeption kein allgemeines Persönlichkeitsrecht anerkannte und den Kreis möglicher Schmerzensgeldansprüche abschließend aufzählte. Der BGH rückte von dieser Linie durch die Anerkennung des allgemeinen Persönlichkeitsrechts ab und ließ diesen Strukturwandel auch auf die Rechtsfolgenseite durchschlagen. Grundlegend ist die **Herrenreiter-Entscheidung**. Sie gewährte einem Brauereibesitzer entgegen §253 Abs.1 BGB einen finanziellen Ausgleich dafür, dass er ohne sein Wissen durch eine Abbildung zum Inhalt einer Werbung für Potenzmittel gemacht worden war. Es wäre in den Augen des BGH eine unerträgliche Missachtung des verfassungsrechtlichen Schutzes der Persönlichkeit gewesen, wenn man ein allgemeines Persönlichkeitsrecht zivilrechtlich zwar im Grunde anerkenne, es aber weitgehend unwirksam ließe.[262]

I. Voraussetzungen

1988 Der Anspruch auf Geldentschädigung basiert auf dem Gedanken, dass die Persönlichkeit andernfalls gegenüber erheblichen Beeinträchtigungen ohne rechtlichen Schutz bliebe.[263] Er besteht deshalb nur unter bestimmten Voraussetzungen, über die im Rahmen einer Gesamtwertung zu entscheiden ist.[264] Erforderlich ist erstens eine **schwerwiegende Beeinträchtigung des Persönlichkeitsrechts.**[265] Angesichts der Unbestimmtheit des Persönlichkeitsrechts ist

258 BGH vom 5.3.1974, VersR 1974, 758; BGH vom 6.12.2005 (Mordkommission Köln), BGHZ 165, 203, 206f. mwN.

259 BGH vom 19.9.1961 (Ginsengwurzel), BGHZ 35, 363, 368ff.; dazu *Mertens* JuS 1962, 261ff. BGH vom 15.11.1994 (Caroline I), BGHZ 128, 1, 15; BGH vom 5.12.1995 (Caroline II), NJW 1996, 984, 985; BGH vom 12.12.1995, NJW 1996, 985, 987; BGH vom 1.12.1999 (Marlene Dietrich), BGHZ 143, 214, 218f. mwN.; dazu kritisch *Peifer* JR 1996, 420ff., der sich für §253 Abs.2 BGB analog ausspricht; ebenso *Funkel*, Schutz der Persönlichkeit durch Ersatz immaterieller Schäden in Geld, 2001, S.154ff.; ursprünglich auch BGH vom 14.2.1958 (Herrenreiter), BGHZ 26, 349, 356.

260 BVerfG vom 14.2.1973 (Soraya), BVerfGE 34, 269, 280ff.; dazu *Kübler* JZ 1973, 667f.; *Schwabe* DVBl 1973, 788ff.; *Menger* VerwArch 65 (1974), 195ff.; *Knieper* ZRP 1974, 137ff.

261 Amtliche Begründung zu §253 BGB, BT-Drucks. 14/7752, S.24f.

262 BGH vom 14.2.1958 (Herrenreiter), BGHZ 26, 349, 354f.

263 BGH vom 5.12.1995 (Caroline II), NJW 1996, 984, 985; BGH vom 1.12.1999 (Marlene Dietrich), BGHZ 143, 214, 218f. mwN.

264 BGH vom 17.3.1970, NJW 1970, 1077; BGH vom 26.1.1971 (Pariser Liebestropfen), NJW 1971, 698, 700; Übersicht bei *Steffen* NJW 1997, 10ff. mwN. Die Voraussetzungen sind nach BVerfG vom 26.8.2003, NJW 2004, 591f. verfassungsrechtlich unbedenklich.

265 BGH vom 19.9.1961 (Ginsengwurzel), BGHZ 35, 363, 368f.; BGH vom 5.3.1963 (Fernsehansagerin), BGHZ 39, 124, 133; BGH vom 26.1.1971 (Pariser Liebestropfen), NJW 1971, 698, 699; BGH vom 30.1.1979 (Exdirektor), NJW 1979, 1041; BGH vom 15.11.

es nur in solchen Fällen angemessen, dem Verletzer eine derart weitreichende Haftung aufzuerlegen.[266] Die Verletzungsschwere hängt vor allem von Bedeutung und Tragweite des Eingriffs, von Anlass und Beweggrund des Rechtsverletzers sowie vom Grad seines Verschuldens, aber u.U. auch vom Verhalten des Schädigers nach der Verletzungshandlung und einem etwaigen Mitverschulden des Betroffenen ab.[267] Bei Beeinträchtigungen von verhältnismäßig geringem Ausmaß kann eine Entschädigung verlangt werden, wenn ein schweres Verschulden des Verletzers vorliegt.[268] Wenn nämlich das Vorgehen in besonderem Maße boshaft oder rücksichtslos ist, kann auf eine Genugtuung durch Geldentschädigung billigerweise nicht verzichtet werden.

Ein schweres Verschulden ist etwa anzunehmen, wenn das Recht am eigenen Bild wiederholt und hartnäckig aus wirtschaftlichen Motiven verletzt wird, selbst wenn die einzelne Bildveröffentlichung – jeweils für sich betrachtet – nicht als schwerwiegend einzustufen ist.[269] Generell stellt die Rechtsprechung bei Verletzungen der bildlichen Selbstbestimmung geringere Anforderungen, weil gegen eine solche Rechtsverletzung typischerweise keine anderen Abwehrmöglichkeiten als der Anspruch auf Geldentschädigung zu Gebote stehen.[270] 1989

Der Anspruch setzt als zweites voraus, dass die **Verletzung nicht bereits auf andere Weise hinreichend ausgeglichen werden kann.**[271] Eine Entschuldigung, die nicht vom Schädiger ausgeht, genügt dafür nicht.[272] Ebenso reicht der Abdruck einer Gegendarstellung aufgrund einer entsprechenden presserechtlichen Verpflichtung grundsätzlich nicht aus, um die erlittene Verletzung hinreichend auszugleichen.[273] Im Einzelfall kann aber insbesondere ein Widerruf bereits ein angemessenes und geeignetes Mittel für einen solchen Ausgleich sein. Das kommt etwa in Betracht, wenn der Anspruchsgegner kein Rechtsmittel gegen das Unterlassungsurteil eingelegt hat und ein Widerruf schon frühzeitig in kor- 1990

1994 (Caroline I), BGHZ 128, 1, 12; BGH vom 30.1. 1996 (Lohnkiller), BGHZ 132, 13, 27. Ebenso BAG vom 14.3. 1989, BAGE 61, 209, 215.

266 BGH vom 19.9. 1961 (Ginsengwurzel), BGHZ 35, 363, 368.

267 Siehe Rdnr. 349ff.

268 BGH vom 12.12. 1995, NJW 1996, 985, 986.

269 BGH vom 12.12. 1995, NJW 1996, 985, 986; dazu *Vinck* LM BGB § 823 (Ah) Nr. 121; *Prinz* NJW 1996, 953ff.

270 BGH vom 12.12. 1995, NJW 1996, 985, 986.

271 BGH vom 17.3. 1970, NJW 1970, 1077f.; BGH vom 26.1. 1971 (Pariser Liebestropfen), NJW 1971, 698, 699; BVerfG vom 14.2. 1973 (Soraya), BVerfGE 34, 269, 286; BGH vom 7.12. 1976 (Editorial), NJW 1977, 626, 628; BGH vom 30.1. 1979 (Exdirektor), NJW 1979, 1041; BGH vom 15.11. 1994 (Caroline I), BGHZ 128, 1, 12; BGH vom 30.1. 1996 (Lohnkiller), BGHZ 132, 13, 27. Rechtsvergleichend und für ein restriktiveres Verständnis plädierend *Peifer* ZVglRWiss 96 (1997), 74ff.

272 BVerfG vom 4.3. 2003, NJW 2004, 2371, 2373 in Bezug auf eine schwere Beleidigung.

273 BGH vom 8.12. 1964 (Soraya), NJW 1965, 685, 686.

rekter Weise veröffentlicht wurde.[274] Die Entschädigung ist dagegen erforderlich, wenn der Verletzer ein erfundenes „Exklusivinterview“ druckt und keinen Widerruf leistet[275] oder wenn der Widerruf verweigert wird und erst spät aufgrund richterlicher Entscheidung zustande kommt.[276] Gleiches gilt, wenn die Beeinträchtigung einem Widerruf nicht zugänglich ist,[277] zum Beispiel weil die bildliche Selbstbestimmung verletzt wurde.[278] Ebenso darf m.E. eine Entschädigung nicht ausgeschlossen sein, wenn der Verletzte zwar eine Gegendarstellung oder einen Widerruf hätte erwirken können, darauf aber verzichtet hat, um aus legitimen Erwägungen heraus eine weitere Publizität des Vorgangs zu vermeiden.

1991 Eine Widerrufs- oder Berichtigungserklärung, die in ihrer publizistischen Darstellungs- und Aufmerksamkeitswirkung hinter der Erstdarstellung zurückbleibt, wird eine schwere Verletzung typischerweise nicht hinreichend ausgleichen. Deutlich macht dies z.B. die **Petra Kelly-Entscheidung**. Im Streitfall rief eine reißerisch aufgemachte große Titelschlagzeile unzutreffende Vorstellungen hervor, die aber im Berichtstext korrigiert wurden. Die Titelzeile begründete gleichwohl eine eigenständige Persönlichkeitsverletzung, weil sie darauf angelegt war, auch von vielen Personen gelesen zu werden, die z.B. als sog. Kiosk-Leser nur die Schlagzeile und nicht den dazu gehörenden Artikel lesen.[279] Das Boulevardblatt veröffentlichte daraufhin auf Seite 1 einer Folgeausgabe einen berichtigenden Text. Dieser hatte als eher unauffällige Notiz jedoch nicht annähernd den gleichen Aufmerksamkeitswert wie die Erstveröffentlichung und konnte eben nur die ständigen Leser des Blatts, nicht aber die Kiosk-Leser erreichen.[280]

II. Bemessung

1992 Der Entschädigungsanspruch dient anderen Zwecken als der Schmerzensgeldanspruch nach § 253 Abs. 2 BGB, nämlich **primär der Genugtuung** des Opfers[281] sowie insbesondere bei Verletzungen durch Massenmedien **auch der Prävention**, während der Ausgleich für erlittene Unbill im Hintergrund steht.[282] Die Höhe der Entschädigung ist unter Würdigung aller Umstände festzulegen. Dabei sind u.a. die wirtschaftlichen Verhältnisse der Beteiligten, das Maß des Verschuldens seitens des Verletzers, dessen etwaiger mittels der Persönlichkeitsrechtsverletzung erzielter Gewinn sowie negative Auswirkungen auf das psy-

274 BGH vom 17.3. 1970, NJW 1970, 1077, 1078.
275 BGH vom 8.12. 1964 (Soraya), NJW 1965, 685, 686.
276 BGH vom 29.10. 1968 (Korruptionsvorwurf), GRUR 1969, 147, 150.
277 BGH vom 26.1. 1965 (Gretna Green), JZ 1965, 411, 413.
278 BGH vom 26.1. 1971 (Pariser Liebestropfen), NJW 1971, 698, 699; BGH vom 12.12. 1995, NJW 1996, 985, 986.
279 Siehe Rdnr. 1555.
280 OLG Hamburg vom 21.5. 1987 (Petra Kelly), NJW-RR 1988, 737, 738.
281 BGH vom 15.11. 1994 (Caroline I), BGHZ 128, 1, 15 mwN; BGH vom 12.12. 1995, NJW 1996, 985, 987; BGH vom 26.11. 1996 (Stern TV), NJW 1997, 1148, 1150.
282 BGH vom 7.12. 1976 (Editorial), NJW 1977, 626, 628.

chische Befinden des Verletzten zu berücksichtigen.[283] Im Fall bösartiger Schmähungen kann aufgrund der Genugtuungsfunktion eine „symbolische" Entschädigung erforderlich und angemessen sein.[284] Wird die Geldentschädigung wegen einer nicht erweislich wahren rufschädigenden Behauptung aus §§823 Abs. 2 Satz 1 BGB, 186 StGB begehrt, so ist die stets offenbleibende Möglichkeit mit zu berücksichtigen, dass die inkriminierte Behauptung wahr sein kann.[285] Hat der Betroffene auf eigene Schritte gegen eine Presseveröffentlichung zunächst verzichtet, obwohl er unschwer beispielsweise eine Gegendarstellung hätte erreichen können, so kann die geschuldete Geldentschädigung zu mindern sein.[286]

Bei Verletzungen von Persönlichkeitsrechten durch die **Massenpresse** gelten 1993
für die Bestimmung der Anspruchshöhe bestimmte, medienrechtlich motivierte Besonderheiten. Wird das Persönlichkeitsrecht des Betroffenen vorsätzlich mit dem Ziel der Auflagensteigerung und Gewinnerzielung verletzt, dann gebietet der Gedanke der Prävention, den vom Medienunternehmen **erzielten Gewinn als Bemessungsfaktor** in die Entscheidung über die Höhe der Geldentschädigung einzubeziehen.[287] Diese Rechtsprechung rechtfertigt sich aus **speziellen medienrechtlichen Implikationen** (siehe Rdnr. 1749). Die Geldentschädigung kann nur dann wirklich schützen und zur Kontrolle allzu forscher Boulevardblätter führen, wenn sie für das Presseorgan „fühlbar" ist und von ihr ein echter „Hemmungseffekt" ausgeht.[288] Ob diese Linie auch für andere Massenmedien als die Presse gilt, hat der BGH bislang noch nicht entscheiden müssen. Hier ist zu beachten, dass namentlich der private Rundfunk einer speziellen Aufsicht unterliegt, auf deren Kompetenzen das Deliktsrecht möglicherweise Rücksicht nehmen muss.

Der grundlegende Ausgangspunkt dieser Rechtsprechung ist die **Caroline I-Entschei- 1994
dung**,[289] die im Schrifttum heftig diskutiert worden ist[290] und an deren Linie der BGH nachdrücklich festgehalten hat.[291] Das Verfahren hatte ein erfundenes Interview mit der

---

283 BGH vom 15. 11. 1994 (Caroline I), BGHZ 128, 1, 15f.
284 BGH vom 7. 12. 1976 (Editorial), NJW 1977, 626, 628.
285 BGH vom 9. 7. 1985, BGHZ 95, 212, 215.
286 BGH vom 30. 1. 1979 (Exdirektor), NJW 1979, 1041; dazu *Hollmann* JA 1979, 378; zu diesem Aspekt der Entscheidung kritisch *Wild* GRUR 1979, 425.
287 BGH vom 15. 11. 1994 (Caroline I), BGHZ 128, 1, 16; BGH vom 5. 12. 1995 (Caroline II), NJW 1996, 984, 985; BGH vom 5. 10. 2004 (Tochter von Caroline von Hannover), BGHZ 160, 299, 301ff.
288 BGH vom 15. 11. 1994 (Caroline I), BGHZ 128, 1, 15f.; BGH vom 5. 12. 1995 (Caroline II), NJW 1996, 984, 985.
289 BGH vom 15. 11. 1994 (Caroline I), BGHZ 128, 1ff. Siehe auch Rdnr. 1954.
290 *Deutsch* LM BGB §823 (Ah) Nr. 122; *Prinz* NJW 1996, 953ff.; *Steffen* NJW 1997, 10ff.; kritisch *Peifer* JR 1996, 420ff.; *Lange* VersR 1999, 274ff. Siehe auch *Hoppe*, Persönlichkeitsschutz durch Haftungsrecht, 2001, S. 116ff.; rechtsvergleichend *Minelli* ZUM 1996, 73ff.; *Stürner* AfP 1998, 1ff.; *ders.* FS Großfeld 1999, 1201ff.; *Amelung*, Der Schutz der Privatheit im Zivilrecht, 2002, S. 289ff.; *von Gerlach* VersR 2002, 917ff.
291 BGH vom 5. 10. 2004 (Tochter von Caroline von Hannover), BGHZ 160, 299, 301ff.; dazu *Ebert* VersR 2005, 127ff.

Prinzessin zum Gegenstand. Im Ergebnis wurde der Klägerin ein Entschädigungsbetrag von 180.000 DM zugesprochen.[292] Diese Summe liegt über dem, was die Gerichte z.B. im Zusammenhang mit dem Unfalltod von Kindern oder einer ungewöhnlich grausamen, mehrfachen Vergewaltigung als Schmerzensgeld gewährt haben.[293] Daraus, dass die Geldentschädigung für Persönlichkeitsverletzungen durch die Presse typischerweise höher ist als das Schmerzensgeld nach §253 Abs.2 BGB, folgt kein entscheidendes Argument gegen die Richtigkeit der Caroline I-Rechtsprechung. Die unterschiedliche Behandlung ist im Schrifttum zwar erheblich kritisiert worden,[294] rechtfertigt sich aber daraus, dass es im ersten Fall nicht nur um den Ausgleich einer erlittenen Beeinträchtigung, sondern auch um Präventionsgesichtspunkte bzw. eine Sanktionierung der Presse geht.[295] Der Präventionsgedanke trägt die Unterscheidung, wenn man sich des medienrechtlichen Bezugs der Caroline I-Judikatur bewusst wird. Das Recht kann auch gegenüber Vorsatztätern, z.B. gegenüber Sexualverbrechern, auf Prävention und Abschreckung setzen. Um ein Wirtschafts- bzw. Medienunternehmen von der Publikation eines rechtswidrigen Artikels abzuschrecken, wird es typischerweise höherer „Strafsummen" bedürfen, als zur Abschreckung eines individuellen Straftäters. Im Übrigen sind die Abschreckungsmechanismen weitgehend identisch, soweit sich die Entschädigungshöhe am Gewinn- und Umsatzplus des Medienunternehmens bzw. an den Vermögensverhältnissen des Straftäters orientiert.[296] Die unterschiedliche Entschädigungshöhe ist dann schlicht eine Folge der unterschiedlichen Vermögensverhältnisse des jeweiligen Schädigers.

1995 Ergänzend ist zu bedenken, dass **Abschreckungsinstrumente gerade gegenüber Medienunternehmen besonders effektiv** und daher in erhöhtem Maße sinnvoll sind. Medien, die einen publikumswirksamen persönlichkeitsverletzenden Reißer bringen, haben keinerlei Aussicht darauf, dass die Tat bzw. die Persönlichkeitsverletzung und ihre „Täterschaft" unbemerkt bleiben. Der Straftäter wird dagegen mit mehr oder weniger Berechtigung darauf hoffen, nicht gefasst zu werden. Der weitere Unterschied ergibt sich daraus, dass es im Fall der Medien um das Handeln eines Unternehmens geht, dessen Entscheidung typischerweise die eines Gremiums ist, sowie sachkundig, kostenorientiert und nach Beratung getroffen wird. Ökonomische Überlegungen spielen für Unternehmensentscheidungen die zentrale Rolle. Das Handeln des Straftäters ist damit letztlich nicht vergleichbar. Die Gründe, die einen Menschen zum Sexual- oder Schwerverbrecher machen, sind bei aller Vielfältigkeit wohl doch weitgehend anderer Natur.

---

292 OLG Hamburg vom 25.7. 1996 (Caroline I), NJW 1996, 2870, 2871ff.

293 LG Frankfurt a.M. vom 24.2. 1998, NJW 1998, 2294, 2295.

294 Mit unterschiedlichen Argumenten im Einzelnen *Seitz* NJW 1996, 2848, 2849; *Henne* Jura 2002, 335ff.; siehe auch *Wagner* VersR 2000, 1305ff. mwN.; differenzierend *Ullmann* WRP 2000, 1049, 1052f. mit dem Vorschlag, stärker zwischen Verletzungen von kommerziellen und immateriellen Persönlichkeitsinteressen zu unterscheiden; die Caroline-Rspr. verteidigen *Steffen* NJW 1997, 10, 12f.; *Prinz* NJW 1996, 953ff.; siehe auch *von Bar* NJW 1980, 1724, 1727f.

295 BGH vom 15.11. 1994 (Caroline I), BGHZ 128, 1, 15f. BVerfG vom 8.3. 2000, NJW 2000, 2187f. hat einen Verstoß gegen den Gleichbehandlungsgrundsatz abgelehnt; dazu *Müller* DB 2001, 83ff.; zustimmend *Ullmann* WRP 2000, 1049ff.; grundsätzlich auch *Dünnwald* ZUM 2000, 949ff., der sich für Ausweitungen des Entschädigungsanspruchs ausspricht; kritisch *Hoppe* VersR 2000, 1114f.

296 Vgl. BGH vom 6.7. 1955, BGHZ 18, 149, 155ff., 159 „wirtschaftliche Verhältnisse des Schädigers"; BGH vom 15.11. 1994 (Caroline I), BGHZ 128, 117, 120 mwN; §40 Abs.2 StGB.

Normenverzeichnis

Stichwortverzeichnis

Entscheidungsverzeichnis

I. Europäischer Gerichtshof für Menschenrechte

II. Reichsgericht

III. Bundesverfassungsgericht

IV. Bundesgerichtshof

V. Andere Gerichte/Entscheidungsinstanzen

VI. Entscheidungsbezeichnungen

Greenpeace-Entscheidung: BGH vom 12.10.1993
Großbanken-Restquoten-Entscheidung: BGH vom 30.10.1981
Grundbucheinsicht-Entscheidung: BVerfG vom 28.8.2000
Gruner & Jahr I-Entscheidung: BGH vom 2.10.1984
Herrenreiter-Entscheidung: BGH vom 14.2.1958
Hertel/Schweiz-Entscheidung: EuGHMR vom 25.8.1998
Hessen 3-Entscheidung: BVerfG vom 6.10.1992
Hochzeits-Fotograf-Entscheidung: OLG München vom 17.1.1991
Höllenfeuer-Entscheidung: BGH vom 21.6.1966
Humanbiologischer Schulunterricht-Entscheidung: BGH vom 22.1.1985
Informationsdienst-Entscheidung: BGH vom 10.12.1987
Intime Beziehungen-Entscheidung: BGH vom 15.12.1987
Junge Freiheit-Entscheidung: BVerfG vom 24.5.2005
Justizkreise-Entscheidung: OLG Köln vom 23.10.2001
Kennedy-Bericht-Entscheidung: BGH vom 20.12.1967
Kirchlicher Sektenbeauftragter-Entscheidung: BGH vom 20.2.2003
Kölner Volksblatt-Entscheidung: BVerfG vom 6.2.1979
K.O.M.I.T.E.E.-Entscheidung: BGH vom 24.11.1995
Körperwelten-Entscheidung: BVerfG vom 1.2.2005
Krebs-Behandlungsmethoden-Entscheidung: OLG München vom 3.5.1996
Kredithaie-Entscheidung: BGH vom 14.1.1969
Kreditschutz-Entscheidung: BGH vom 28.11.1952
Kritische Bayer Aktionäre-Entscheidung: BVerfG vom 9.10.1991
Kronprinzessin Cäcilie-Entscheidung: OLG Köln vom 14.10.1952
Künstliches Mineralwasser-Entscheidung: RG vom 10.1.1902
Kurzberichterstattung-Entscheidung: BVerfG vom 17.2.1998
Lebach-Entscheidungen: BVerfG vom 5.6.1973; BVerfG vom 25.11.1999
Lengede-Entscheidung: BGH vom 27.10.1967
Leserbriefe-Entscheidung: BGH vom 25.5.1954
Liedtextwiedergabe I-Entscheidung: BGH vom 7.3.1985
Li-La-Launebär-Entscheidung: OVG Lüneburg vom 15.12.1998
Lohnkiller-Entscheidung: BGH vom 30.1.1996
Luftbildaufnahmen-Entscheidungen: BGH vom 9.12.2003
Lüth-Entscheidung: BVerfG vom 15.1.1958
Marienhof-Entscheidung: OLG München vom 20.1.2005
Märkische Oderzeitung-Entscheidung: BVerfG vom 19.2.1993
Marktpreis-Entscheidung: OLG Hamburg vom 4.3.2004
Marlene Dietrich-Entscheidung: BGH vom 1.12.1999
Marsch in den Untergang-Entscheidung: BVerfG vom 16.7.2003
Mehrwertsteuer-Entscheidung: BVerfG vom 27.7.1971
Menschenjäger H-Entscheidung: OLG Hamburg vom 14.4.1994
Mescalero-Artikel-Entscheidung: BGH vom 23.8.1979
Mietboykott-Entscheidung: BGH vom 29.1.1985
Millyet-Entscheidung: LG Darmstadt vom 20.8.2004
Mitwohnzentrale.de-Entscheidung: BGH vom 17.5.2001
Monika Weimar-Entscheidungen: OLG Frankfurt a.M. vom 24.3.1998; OLG Hamburg vom 3.12.1997
Morbus Parkinson-Entscheidung: OLG Hamburg vom 15.8.1991
Mörder unter uns-Entscheidung: BGH vom 12.10.1965
Mordoro-Entscheidung: BGH vom 17.4.1984
Motorboot-Fachzeitschrift-Entscheidung: BGH vom 14.3.1991
Nachrichtenagentur-Entscheidung: OLG Frankfurt a.M. vom 14.7.1970
Nacktaufnahmen-Entscheidung: BGH vom 2.7.1974
Nato-Herbstmanöver-Entscheidung: BVerfG vom 10.10.1995